『경학원잡지』색인 2 – 인명(하)

편 찬 책 임 | 변은진
색인어 추출 | 전병무, 이주실, 이태규
입력 및 정리 | 문경득, 김정화, 진서금, 강지원
검       수 | 변주승, 변은진, 문경득, 김정화

# 『경학원잡지』 색인 2 – 인명(하)

초판 1쇄 발행  2020년 12월 30일

지은이 | 변은진 외
펴낸이 | 윤관백
펴낸곳 | 도서출판 선인
등 록 | 제5-77호(1998.11.4)
주 소 | 서울시 마포구 마포대로 4다길 4 곳마루빌딩 1층
전 화 | 02)718-6252/6257
팩 스 | 02)718-6253
E-mail | sunin72@chol.com

정가  45,000원
ISBN  979-11-6068-436-0  94900
      979-11-6068-434-6(세트)

※ 이 저서는 2018년 대한민국 교육부와 한국연구재단의 지원을 받아 수행된 연구임
   (NRF-2018SA6A3A01045347)

전주대 한국고전학연구소 HK+연구단 자료총서 06

# 『경학원잡지』 색인 2 - 인명(하)

변은진 외 편

 도서
출판 선인

# 자료총서를 발간하며

우리는 현재 탈유교사회에 살고 있습니다. 유가 경전을 통해 심성 수양과 철리 탐색을 주로 하던 문·사·철의 영역을 넘어 이학과 공학, 또 학제간의 융복합을 시도하여 새로운 결과물을 산출하는 시대에 살고 있습니다. 뿐만 아니라 디지털 혁명에 기반하여 물리적·디지털적·생물학적 공간의 경계가 희석되는 기술융합의 시대, 4차 산업혁명의 시대를 마주하고 있습니다. 그럼에도 한 발짝 더 이면으로 들어가 보면 유교문화는 여전히 재코드화되어 가족, 학교, 직장 등 가장 낮은 단위에서 실체적 힘으로 작동하고 있음 또한 부인할 수 없습니다.

전주대학교 한국고전학연구소는 『여지도서』와 『추안급국안』의 역주 사업을 밑돌로 삼아 2010년에 출범하였습니다. 한국고전번역원의 '권역별 거점연구소 협동번역사업'에 선정되어 10년간 조선시대 문집을 다수 번역하였고, 2020년부터 다시 10년간의 사업을 시작합니다. 또한 한국학중앙연구원의 기초자료사업 지원으로 '근현대 유학자 사회관계망 분석 및 자료수집연구'를 9년째 수행하고 있으며, 2014년에는 한국연구재단 대학중점연구소 사업으로 '근현대 지역공동체 변화와 유교이데올로기'연구도 진행했습니다.

본 연구소는 유교문화 연구에 특화된 연구소입니다. 2018년에는 그간의 연구 성과를 바탕으로 한국연구재단의 인문한국플러스 사업에 '유교문화의 탈영토화, 공존의 인간학과 미래 공동체'라는 아젠다로 선정되어 본 연구소가 한 번 더 도약하는 계기를 마련하였습니다.

이번에 간행하는 자료총서는 이 인문한국플러스 사업의 일환으로서 정전을 재해석하고 새로운 문화지형을 구축하고자 하는 연구과정에서 산출된 성과물입니다. 본 연구단의 근현대 유교문화 관련 자료아카이브 구축의 방향은 다음과 같이 세 분야를 대상으로 하고 있습니다. 첫째는 일제강점기 이후 전국 단위로 조직된 유교단체가 발간한 기관지 자료, 둘째는 오늘날 향교에서 소장하고 있는 근현대 문서 자료, 셋째는 근대 이후 유림들이 생산한 문집 자료입니다.

자료총서 6권 『경학원잡지』 색인 2 - 인명(하)'는 『경학원잡지』 제1~48호 내에 있는 인명의 색인(ㅇ~ㅎ)을 수록한 것입니다. 『경학원잡지』는 일제강점기의 대표적인 관변 유교단체 기관지로서 우리 근현대 유교문화의 굴절과 변용을 이해하는 데 매우 중요한 자료임에도 불구하고, 그간 학계에서는 많이 활용되지 못한 게 사실입니다. 수록된 기사들이 대부분은 한문으로, 나머지는 국한문으로, 그리고 일부는 일본어로 되어 있기 때문에 접근이 용이하지 않은 점이 그 이유의 하나였다고 생각합니다. 이에 본 연구단에서는 이러한 어려움을 일정하게 해소하기 위하여, 『경학원잡지』 인명 색인집 편찬을 기획하였습니다. 방대하고 난해한 자료를 대상으로 하다 보니 다소간의 오류나 누락 등이 있을 수 있는 점에 대해 양해를 부탁드립니다. 부족한 이 책이 향후 우리 학계에서 유용하게 활용될 수 있기를 기대해 봅니다.

이와 같이 본 연구단에서는 그간 학계에 많이 소개되지 않은 자료들을 포함하여 근현대 유교문화를 재가공하고 새롭게 해석할 수 있는 자료들을 꾸준히 발굴 소개할 것입니다. 이는 앞으로 우리의 근현대 유교문화를 보다 풍부하게 연구할 수 있는 토대로 기능할 것입니다. 본 연구단의 자료총서가 근현대 유교문화를 탐색하는 통로가 되고, 공존을 지향하는 우리의 미래공동체를 환하게 열 수 있는 든든한 디딤돌이 되기를 바랍니다.

본 자료총서가 나올 때까지 많은 분들의 도움을 받았습니다. 먼저 본 연구단을 물심양면으로 지원해주신 이호인 총장님을 비롯한 교직원들께 감사의 말씀을 올립니다. 출판 환경이 녹록치 않은 상황에서도 흔쾌히 본 총서를 출판해주신 윤관백 사장님 이하 직원들께도 사의를 표합니다. 무엇보다도 지속적으로 새로운 자료를 수집하고 자료총서를 기획 추진한 본 연구단의 자료팀 식구들, 특히 빼곡한 자료를 하나하나 들춰가며 궂은일을 감내한 연구보조원 선생님들께 심심한 감사를 전합니다. 아울러 옆에서 지켜보며 든든히 지원해준 본 연구단의 모든 식구들에게도 고마움을 전합니다.

2020년 12월

전주대 한국고전학연구소장, 인문한국플러스연구단장  변주승

# 목   차

## 경학원잡지 인명색인 (ㅇ~ㅎ)

# 경학원잡지 인명색인 (ㅇ~ㅎ)

※ 일러두기

1. 본 색인집의 인명 색인은 『경학원잡지』 제1~48호(1913.12~1944.04)에 포함된 인명들을 대상으로 추출하였다.

2. 인명 추출의 원칙은 쪽수를 기준으로 하였다. 즉 같은 쪽 내에서 동일인은 1회만 추출했으며, 동일 기사 내에서 쪽이 다를 경우는 중복 추출함을 원칙으로 했다.

3. 자와 호, 시호 등은 별도로 추출함을 원칙으로 했다. 개별 인명의 풀 네임이 아닌 성씨·직함·별칭 등의 사례도 필요하다고 판단될 경우 색인에 포함시켰다.

4. 수록 내용은 연번, 색인어 원문, 색인어 현대어(독음), 색인어가 수록된 『경학원잡지』의 각 호수, 쪽수, 발행일, 기사명/필자, 비고의 순으로 구성하였다.

5. 연번의 순서는 현대어(독음) 기준 가나다순으로 정렬하였다.

6. 색인어 원문은 자료상의 표기대로, 현대어(독음)는 이를 한글 독음으로 기입함을 원칙으로 했다. 중국인명과 일본인명도 한글 독음으로 기입했으며, 비고란에 요미카타 등을 기입하였다. 다만, 서양인명의 경우는 현대어와 독음을 병기하는 것을 원칙으로 했다[예시: 원문-湯若望 / 현대어(독음)-아담 샬(탕약망) / 비고-Adam Schall].

7. 『경학원잡지』 각 호의 본문 외에 앞부분에 별도로 삽입된 인사말·사진·휘호 등의 경우는 별도로 [   ] 속에 쪽수를 기입하였다.

8. 발행일과 기사명/필자 등은 『일제강점기 유교단체 기관지 기사목록』(자료총서 01)을 준용하였다.

9. 비고의 경우 각각의 색인어 인명을 파악하는 데 도움이 될 만한 사항들, 예컨대 해당 인명의 풀 네임, 요미카타 등 현대어, 원문의 표기방식, 기타 참고사항 등을 기입하였다.

| 번호 | 원문 | 현대어(독음) | 호 | 쪽 | 발행일 | 기사명 / 필자 | 비고 |
|---|---|---|---|---|---|---|---|
| 11117 | 阿桂 | 아계 | 18 | 10 | 1918.09 | 經學管見(續) / 尹寧求 | |
| 11118 | 兒寬 | 아관 | 1 | 22 | 1913.12 | 經學當明者 四 / 呂圭亨 | 前漢의 문관 |
| 11119 | 兒寬 | 아관 | 9 | 21 | 1915.12 | 經學管見(下) / 尹寧求 | 前漢의 문관 |
| 11120 | 兒寬 | 아관 | 12 | 4 | 1916.12 | 經學說(續) / 李容稙 | 前漢의 문관 |
| 11121 | 아담 | 아담 | 32 | 14 | 1930.12 | 講題 現代世相과 儒學의 本領 / 渡邊信治 | |
| 11122 | 湯若望 | 아담 샬<br>(탕약망) | 3 | 27 | 1914.06 | 格致管見(續) / 李鼎煥 | Adam<br>Schall,<br>독일 신부 |
| 11123 | 湯若望 | 아담 샬<br>(탕약망) | 6 | 15 | 1915.03 | 格致管見(續) / 李鼎煥 | Adam<br>Schall,<br>독일 신부 |
| 11124 | 兒島 | 아도 | 28 | 49 | 1927.12 | 日誌大要 | 고지마<br>겐키치로<br>(児島献吉郎) |
| 11125 | 兒島高信 | 아도고신 | 45 | 21 | 1940.12 | 朝鮮儒林大會(朝鮮儒道聯合會創立總會) 會錄概要〉朝鮮儒道聯合會役員名簿(昭和十四年十一月一日現在) | 고지마<br>다카노부 |
| 11126 | 兒嶋高信 | 아도고신 | 45 | 147 | 1940.12 | 咸鏡北道儒道聯合會結成式〉咸鏡北道儒道聯合會結成式會長式辭要旨 / 兒嶋高信 | 고지마<br>다카노부 |
| 11127 | 兒島獻吉郎 | 아도헌길랑 | 28 | 48 | 1927.12 | 日誌大要 | 고지마<br>겐키치로 |
| 11128 | 兒島獻吉郎 | 아도헌길랑 | 28 | 66 | 1927.12 | 講說〉講題 孔夫子의 集大成 / 兒島獻吉郎 | 고지마<br>겐키치로 |
| 11129 | 아리쓰도-돌 | 아리스토텔레스 | 19 | 49 | 1918.12 | 講說〉講題 化學과 人生(大正七年六月八日第二十九回講演) / 片山 嵓 | Aristoteles |
| 11130 | 아리쓰도-돌 | 아리스토텔레스 | 19 | 50 | 1918.12 | 講說〉講題 化學과 人生(大正七年六月八日第二十九回講演) / 片山 嵓 | Aristoteles |
| 11131 | 이라스도트리 | 아리스토텔레스 | 10 | 65 | 1916.03 | 講說〉儒教의 根本義(大正四年十月九日第十五回講演) | Aristoteles |
| 11132 | 鵝峰 | 아봉 | 18 | 53 | 1918.09 | 講說〉講題 內地의 宋學(大正七年五月十一日第二十八回講演) / 今關壽麿 | 하야시 가호<br>(林鵝峰) |
| 11133 | 阿部千一 | 아부천일 | 40 | 17 | 1936.08 | 平壤文廟移轉紀跡碑文 / 高橋敏 | 아베 센이치 |
| 11134 | 亞聖 | 아성 | 4 | 36 | 1914.09 | 樂章 | 顏子, 顏淵 |
| 11135 | 亞聖 | 아성 | 5 | 84 | 1914.12 | 講說〉講題 謹庠序之教申之以孝悌之義(大正三年十月十日第八回講演)〉續演 / 呂圭亨 | |
| 11136 | 亞聖 | 아성 | 14 | 54 | 1917.07 | 講說〉講題 德之不修學之不講聞義不能徒不善不能改是吾憂也(大正六年四月十四日第二十二回講演)〉續演 / 呂圭亨 | 顏子, 顏淵 |
| 11137 | 亞聖 | 아성 | 16 | 52 | 1918.03 | 講說〉講題 存其心養其性所以事天也(大正六年十月十四日江陵郡講演)〉續演 / 鄭鳳時 | |

| 번호 | 원문 | 현대어(독음) | 호 | 쪽 | 발행일 | 기사명 / 필자 | 비고 |
|---|---|---|---|---|---|---|---|
| 11138 | 亞聖 | 아성 | 26 | 13 | 1925.12 | 四書講解總說 / 元泳義 | |
| 11139 | 亞聖 | 아성 | 26 | 70 | 1925.12 | 講說〉講題 儒家事業 / 金完鎭 | |
| 11140 | 亞聖 | 아성 | 30 | 52 | 1929.12 | 講說〉講題 仰至聖孔夫子 / 福士末之助 | |
| 11141 | 亞聖 | 아성 | 31 | 17 | 1930.08 | 講題 德者本也財者末也 / 成樂賢 | |
| 11142 | 亞聖 | 아성 | 39 | 35 | 1935.10 | 東京斯文會主催儒道大會狀況〉演說要旨 / 大倉喜七郎 | |
| 11143 | 亞聖 | 아성 | 42 | 49 | 1937.12 | 文廟享祀位次及聖賢姓名爵號考 / 金完鎭 | 孟子 |
| 11144 | 亞聖 | 아성 | 43 | 10 | 1938.12 | 善惡皆天理論 / 權純九 | 孟子 |
| 11145 | 亞聖 | 아성 | 42 | 60 | 1937.12 | 文廟享祀位次及聖賢姓名爵號考 / 金完鎭 | 孟子 |
| 11146 | 亞聖公 | 아성공 | 2 | 36 | 1914.03 | 大成殿神位圖 | 孟子 |
| 11147 | 亞聖公 | 아성공 | 2 | 41 | 1914.03 | 笏記 | |
| 11148 | 亞聖公 | 아성공 | 2 | 42 | 1914.03 | 笏記 | |
| 11149 | 亞聖公 | 아성공 | 8 | 35 | 1915.09 | 賢關記聞 / 李大榮 | |
| 11150 | 亞聖公 | 아성공 | 10 | 49 | 1916.03 | 賢關記聞(續) / 李大榮 | |
| 11151 | 亞聖公 | 아성공 | 10 | 50 | 1916.03 | 賢關記聞(續) / 李大榮 | |
| 11152 | 亞聖公 | 아성공 | 19 | 29 | 1918.12 | 賢關記聞(續) / 李大榮 | |
| 11153 | 亞聖公 | 아성공 | 42 | 46 | 1937.12 | 文廟享祀位次及聖賢姓名爵號考 / 金完鎭 | 孟子 |
| 11154 | 亞聖公 | 아성공 | 2 | 36 | 1914.03 | 大成殿神位圖 | 孟子 |
| 11155 | 兒玉 | 아옥 | 31 | 9 | 1930.08 | 講題 我國近時의 立法과 儒道와의 關係 / 武部欽一 | 고다마 |
| 11156 | 兒玉 | 아옥 | 31 | 28 | 1930.08 | 日誌大要 | 고다마 |
| 11157 | 兒玉 | 아옥 | 31 | 30 | 1930.08 | 日誌大要 | 고다마 |
| 11158 | 兒玉 | 아옥 | 31 | 31 | 1930.08 | 日誌大要 | 고다마 |
| 11159 | 兒玉 | 아옥 | 31 | 33 | 1930.08 | 日誌大要 | 고다마 |
| 11160 | 兒玉 | 아옥 | 32 | 36 | 1930.12 | 日誌大要 | 고다마 |
| 11161 | 五邱壽王 | 아우구스투스 (오구수왕) | 9 | 10 | 1915.12 | 格致管見(續) / 李鼎煥 | Augustus |
| 11162 | 阿知 | 아지 | 41 | 18 | 1937.02 | 博士王仁傳 / 李學魯 | |
| 11163 | 阿知和安彦 | 아지화안언 | 35 | 28 | 1932.12 | 日誌大要 | 아치와 야스히코, 朝鮮神宮 宮司 |
| 11164 | 阿知和安彦 | 아지화안언 | 45 | 22 | 1940.12 | 朝鮮儒林大會(朝鮮儒道聯合會創立總會) 會錄槪要〉朝鮮儒道聯合會役員名簿(昭和十四年十一月一日現在) | 아치와 야스히코, 朝鮮神宮 宮司 |
| 11165 | 阿直岐 | 아직기 | 3 | 61 | 1914.06 | 日誌大要 | |
| 11166 | 阿直岐 | 아직기 | 41 | 16 | 1937.02 | 博士王仁傳 / 李學魯 | |

| 번호 | 원문 | 현대어(독음) | 호 | 쪽 | 발행일 | 기사명 / 필자 | 비고 |
|---|---|---|---|---|---|---|---|
| 11167 | 阿直岐 | 아직기 | 41 | 17 | 1937.02 | 博士王仁傳 / 李學魯 | 원문은 阿眞岐로 오기됨 |
| 11168 | 鵝興君 | 아흥군 | 32 | 41 | 1930.12 | 地方報告>地方儒林狀況>[成樂賢의 報告] | |
| 11169 | 岳珂 | 악가 | 11 | 16 | 1916.06 | 經學管見(續) / 尹寧求 | |
| 11170 | 岳珂 | 악가 | 16 | 8 | 1918.03 | 經學管見(續) / 尹寧求 | |
| 11171 | 樂頎 | 악기 | 5 | 39 | 1914.12 | 孔子年報(續) / 呂圭亨 | |
| 11172 | 樂頎 | 악기 | 5 | 41 | 1914.12 | 孔子年報(續) / 呂圭亨 | |
| 11173 | 樂史 | 악사 | 18 | 7 | 1918.09 | 經學管見(續) / 尹寧求 | |
| 11174 | 鄂爾泰 | 악이태 | 18 | 11 | 1918.09 | 經學管見(續) / 尹寧求 | |
| 11175 | 偓佺 | 악전 | 9 | 5 | 1915.12 | 經說(續) / 韓晩容 | |
| 11176 | 樂正氏 | 악정씨 | 10 | 14 | 1916.03 | 經學管見(續) / 尹寧求 | |
| 11177 | 樂正氏 | 악정씨 | 10 | 20 | 1916.03 | 經學管見(續) / 尹寧求 | |
| 11178 | 樂正氏 | 악정씨 | 31 | 4 | 1930.08 | 經學源流 / 權純九 | |
| 11179 | 樂正子 | 악정자 | 31 | 4 | 1930.08 | 經學源流 / 權純九 | |
| 11180 | 樂正子春 | 악정자춘 | 3 | 64 | 1914.06 | 講說>講題 孝子所以事君也弟者所以事長也慈者所以使衆也(大正三年三月三日第五回講演) / 李容植 | |
| 11181 | 樂正子春 | 악정자춘 | 5 | 53 | 1914.12 | 容思衍(續) / 李鼎煥 | |
| 11182 | 岳濬 | 악준 | 18 | 10 | 1918.09 | 經學管見(續) / 尹寧求 | |
| 11183 | 樂歆 | 악해 | 42 | 46 | 1937.12 | 文廟享祀位次及聖賢姓名爵號考 / 金完鎭 | 建城侯 |
| 11184 | 樂歆 | 악해 | 8 | 35 | 1915.09 | 賢關記聞 / 李大榮 | |
| 11185 | 樂歆 | 악해 | 30 | [11] | 1929.12 | 李龍眠畵宣聖及七十二弟子像贊(金石萃編) | |
| 11186 | 樂歆 | 악해 | 42 | 54 | 1937.12 | 文廟享祀位次及聖賢姓名爵號考 / 金完鎭 | 建城侯, 원문은 姓樂名歆 |
| 11187 | 安 | 안 | 15 | 54 | 1917.10 | 講說>光州郡鄕校講演(大正六年四月二十六日)>說諭(賞品授與式日) / 元應常 | |
| 11188 | 安 | 안 | 17 | 72 | 1918.07 | 地方報告>[李秉會의 報告] | 安裕 |
| 11189 | 安 | 안 | 30 | 15 | 1929.12 | 白川鄕校重修記 / 鄭鳳時 | 安珦 |
| 11190 | 安 | 안 | 31 | 23 | 1930.08 | 講題 儒者爲人所需 / 李大榮 | 安珦, 원문은 文成安公 |
| 11191 | 安 | 안 | 32 | 38 | 1930.12 | 日誌大要 | 安寅植 |
| 11192 | 安 | 안 | 32 | 41 | 1930.12 | 地方報告>地方儒林狀況>[成樂賢의 報告] | 安敏學 |
| 11193 | 安 | 안 | 39 | 49 | 1935.10 | 日誌大要 | 安寅植 |
| 11194 | 安 | 안 | 40 | 33 | 1936.08 | 日誌大要 | 安寅植 |
| 11195 | 安 | 안 | 41 | 34 | 1937.02 | 日誌大要 | 安寅植 |
| 11196 | 安 | 안 | 41 | 36 | 1937.02 | 文廟秋季釋奠狀況 | 安寅植 |

| 번호 | 원문 | 현대어(독음) | 호 | 쪽 | 발행일 | 기사명 / 필자 | 비고 |
|---|---|---|---|---|---|---|---|
| 11197 | 安 | 안 | 44 | 74 | 1939.10 | 日誌大要(自昭和十三年六月 至昭和十三年十二月) | 安寅植 |
| 11198 | 安 | 안 | 44 | 75 | 1939.10 | 日誌大要(自昭和十三年六月 至昭和十三年十二月) | 安寅植 |
| 11199 | 安 | 안 | 44 | 76 | 1939.10 | 日誌大要(自昭和十三年六月 至昭和十三年十二月) | 安寅植 |
| 11200 | 安 | 안 | 44 | 80 | 1939.10 | 日誌大要(自昭和十三年六月 至昭和十三年十二月) | 安寅植 |
| 11201 | 安 | 안 | 44 | 83 | 1939.10 | 日誌大要(自昭和十三年六月 至昭和十三年十二月) | 安寅植 |
| 11202 | 安 | 안 | 44 | 84 | 1939.10 | 日誌大要(自昭和十三年六月 至昭和十三年十二月) | 安寅植 |
| 11203 | 安 | 안 | 45 | 9 | 1940.12 | 朝鮮儒林大會(朝鮮儒道聯合會創立總會) 會錄概要 | 安寅植 |
| 11204 | 安 | 안 | 45 | 110 | 1940.12 | 慶尙南道儒道聯合會結成式 | 安寅植 |
| 11205 | 安 | 안 | 45 | 123 | 1940.12 | 平安南道儒道聯合會結成式 | 安寅植 |
| 11206 | 安 | 안 | 45 | 129 | 1940.12 | 平安北道儒道聯合會結成式 | 安寅植 |
| 11207 | 安 | 안 | 45 | 142 | 1940.12 | 咸鏡北道儒道聯合會結成式 | 安寅植 |
| 11208 | 安 | 안 | 45 | [1] | 1940.12 | 凡例 | 安寅植 |
| 11209 | 安 | 안 | 46 | 33 | 1941.12 | 明倫專門學院日誌大要(昭和十四年七月ヨリ昭和十六年六月マデ) | 安寅植 |
| 11210 | 晏 | 안 | 6 | 1 | 1915.03 | 緖論 / 呂圭亨 | 晏子 |
| 11211 | 晏 | 안 | 6 | 60 | 1915.03 | 講說〉講題 善養吾浩然之氣(大正三年十一月二十一日第九回講演) / 李容植 | |
| 11212 | 晏 | 안 | 17 | 30 | 1918.07 | 洙澳問答 / 元泳義 | 晏嬰 |
| 11213 | 晏 | 안 | 24 | 8 | 1923.12 | 經義問對(續) / 沈璿澤 | |
| 11214 | 晏 | 안 | 47 | 28 | 1943.01 | 論語要義 / 崔浩然 | 晏嬰 |
| 11215 | 顔 | 안 | 1 | 33 | 1913.12 | 天下文明說 / 李學魯 | 顔子, 顔回 |
| 11216 | 顔 | 안 | 5 | 21 | 1914.12 | 格致管見(續) / 李鼎煥 | |
| 11217 | 顔 | 안 | 6 | 58 | 1915.03 | 講說〉講題 善養吾浩然之氣(大正三年十一月二十一日第九回講演) / 李容植 | |
| 11218 | 顔 | 안 | 8 | 3 | 1915.09 | 儒敎論 / 呂圭亨 | |
| 11219 | 顔 | 안 | 10 | 21 | 1916.03 | 經學淺知錄 / 金文演 | |
| 11220 | 顔 | 안 | 10 | 31 | 1916.03 | 享官廳記 / 洪貴達 撰 | |
| 11221 | 顔 | 안 | 11 | 39 | 1916.06 | 經義答問 / 黃敦秀 | |
| 11222 | 顔 | 안 | 11 | 65 | 1916.06 | 講說〉講題 人能弘道(大正四年三月十一日第十六回講演) / 李容植 | |
| 11223 | 顔 | 안 | 12 | 6 | 1916.12 | 經學管見(續) / 尹寧求 | |

| 번호 | 원문 | 현대어(독음) | 호 | 쪽 | 발행일 | 기사명 / 필자 | 비고 |
|------|------|-------------|----|----|--------|--------------|------|
| 11224 | 顔 | 안 | 12 | 33 | 1916.12 | 讀書私記(續) / 洪鍾佶 | |
| 11225 | 顔 | 안 | 12 | 81 | 1916.12 | 地方報告〉[鄭準民의 報告] | |
| 11226 | 顔 | 안 | 15 | 49 | 1917.10 | 講說〉光州郡鄕校演講(大正六年四月二十六日)〉講題 子莫執中執中爲近之執中無權猶執一也 / 李容稙 | |
| 11227 | 顔 | 안 | 17 | 16 | 1918.07 | 中庸章句問對(續) / 朴長鴻 | |
| 11228 | 顔 | 안 | 19 | 29 | 1918.12 | 賢關記聞(續) / 李大榮 | |
| 11229 | 顔 | 안 | 19 | 57 | 1918.12 | 講說〉講題 孝弟也者其爲仁之本歟(大正七年十月十二日第三十一回講演) / 李容稙 | |
| 11230 | 顔 | 안 | 21 | 68 | 1921.03 | 三洙瑣談(續) / 元泳義 | |
| 11231 | 顔 | 안 | 23 | 19 | 1922.12 | 孔夫子忌辰四十周甲追慕辭 / 吳憲泳 | |
| 11232 | 顔 | 안 | 29 | 28 | 1928.12 | 三洙瑣談(續) / 元泳義 | |
| 11233 | 顔刻 | 안각 | 26 | 18 | 1925.12 | 三洙瑣談(續) / 元泳義 | |
| 11234 | 安甲洙 | 안갑수 | 25 | 38 | 1924.12 | 日誌大要 | |
| 11235 | 安甲洙 | 안갑수 | 25 | 39 | 1924.12 | 日誌大要 | |
| 11236 | 安甲洙 | 안갑수 | 26 | 41 | 1925.12 | 日誌大要 | |
| 11237 | 安甲洙 | 안갑수 | 26 | 42 | 1925.12 | 日誌大要 | |
| 11238 | 安江英洲 | 안강영주 | 46 | 18 | 1941.12 | 釋奠狀況〉昭和十六年春季釋奠狀況 | |
| 11239 | 安江英洲 | 안강영주 | 47 | 37 | 1943.01 | 釋奠狀況〉昭和十六年秋季釋奠狀況 | |
| 11240 | 安江英洲 | 안강영주 | 47 | 39 | 1943.01 | 釋奠狀況〉昭和十七年春季釋奠狀況 | |
| 11241 | 安江英洲 | 안강영주 | 48 | 52 | 1944.04 | 釋奠狀況〉昭和十八年春季釋奠狀況 | |
| 11242 | 安江英洲 | 안강영주 | 48 | 54 | 1944.04 | 釋奠狀況〉昭和十八年秋季釋奠狀況 | |
| 11243 | 安岡正篤 | 안강정독 | 35 | 27 | 1932.12 | 日誌大要 | 야스오카 마사히로 |
| 11244 | 安岡正篤 | 안강정독 | 36 | 54 | 1933.12 | 評議員會狀況〉事業經過報告 / 俞萬兼 | 야스오카 마사히로 |
| 11245 | 安謙植 | 안겸식 | 19 | 22 | 1918.12 | 安州郡鄕校重修記 / 金允植 | |
| 11246 | 安庚錫 | 안경석 | 12 | 83 | 1916.12 | 地方報告〉[安庚錫의 報告] | |
| 11247 | 顔高 | 안고 | 30 | [6] | 1929.12 | 李龍眠畵宣聖及七十二弟子像贊(金石萃編) | |
| 11248 | 顔高 | 안고 | 42 | 47 | 1937.12 | 文廟享祀位次及聖賢姓名爵號考 / 金完鎭 | 雷澤侯 |
| 11249 | 顔高 | 안고 | 42 | 53 | 1937.12 | 文廟享祀位次及聖賢姓名爵號考 / 金完鎭 | 雷澤侯, 원문은 姓顔名高 |
| 11250 | 安敎翼 | 안교익 | 36 | 37 | 1933.12 | 孝烈行蹟〉[金思敏 等의 보고] | |
| 11251 | 安敎煥 | 안교환 | 39 | 17 | 1935.10 | 湯島聖堂孔子祭典狀況 | |
| 11252 | 安敎煥 | 안교환 | 39 | 31 | 1935.10 | 東京斯文會主催儒道大會狀況 | |
| 11253 | 安敎煥 | 안교환 | 39 | 50 | 1935.10 | 日誌大要 | |

| 번호 | 원문 | 현대어(독음) | 호 | 쪽 | 발행일 | 기사명 / 필자 | 비고 |
|---|---|---|---|---|---|---|---|
| 11254 | 安敎煥 | 안교환 | 45 | 28 | 1940.12 | 朝鮮儒林大會(朝鮮儒道聯合會創立總會) 會錄概要〉朝鮮儒道聯合會役員名簿(昭和十四年十一月一日現在) | |
| 11255 | 安圭承 | 안규승 | 45 | 36 | 1940.12 | 朝鮮儒林大會(朝鮮儒道聯合會創立總會) 會錄概要〉朝鮮儒道聯合會役員名簿(昭和十四年十一月一日現在) | |
| 11256 | 安圭臣 | 안규신 | 28 | 43 | 1927.12 | 日誌大要 | |
| 11257 | 安祿山 | 안녹산 | 46 | 63 | 1941.12 | 講演及講習〉時局と婦道實踐(講演速記) / 永田種秀 | |
| 11258 | 安瑭 | 안당 | 37 | 39 | 1934.10 | 地方儒林狀況〉[李大榮의 보고]〉書院狀況 | 원문은 安貞愍公瑭 |
| 11259 | 安瑭 | 안당 | 41 | 21 | 1937.02 | 敎化編年(續) / 李大榮 | |
| 11260 | 安瑭 | 안당 | 41 | 24 | 1937.02 | 敎化編年(續) / 李大榮 | |
| 11261 | 安瑭 | 안당 | 43 | 15 | 1938.12 | 敎化編年(續) / 李大榮 | |
| 11262 | 安德守 | 안덕수 | 35 | 37 | 1932.12 | 孝烈行蹟〉[洪光鉉 等의 보고] | |
| 11263 | 安悳遠 | 안덕원 | 47 | 42 | 1943.01 | 釋奠狀況〉昭和十七年秋季釋奠狀況 | |
| 11264 | 安德鎬 | 안덕호 | 25 | 74 | 1924.12 | 地方報告〉[安德鎬의 報告] | |
| 11265 | 安濤 | 안도 | 19 | 22 | 1918.12 | 安州郡鄕校重修記 / 金允植 | |
| 11266 | 安道煥 | 안도환 | 18 | 81 | 1918.09 | 地方報告〉[安道煥의 報告] | |
| 11267 | 安道煥 | 안도환 | 19 | 77 | 1918.12 | 地方報告〉[安道煥의 報告] | |
| 11268 | 安道煥 | 안도환 | 21 | 94 | 1921.03 | 地方報告〉[安道煥의 報告] | |
| 11269 | 安東權氏 | 안동 권씨 | 30 | 79 | 1929.12 | 地方報告〉[申鍾榮 等의 報告] | |
| 11270 | 安東權氏 | 안동 권씨 | 35 | 39 | 1932.12 | 孝烈行蹟〉[安周淵 等의 보고] | |
| 11271 | 安東金氏 | 안동 김씨 | 32 | 51 | 1930.12 | 地方報告〉孝烈行蹟〉[都始澤 等의 보고] | |
| 11272 | 安東億 | 안동억 | 38 | 38 | 1935.03 | 孝烈行蹟〉[金熏熙의 보고] | |
| 11273 | 安東正會 | 안동정회 | 46 | 24 | 1941.12 | 經學院日誌大要(昭和十四年七月ヨリ昭和十六年六月マテ) | 金正會 |
| 11274 | 安東正會 | 안동정회 | 48 | 53 | 1944.04 | 釋奠狀況〉昭和十八年秋季釋奠狀況 | 金正會 |
| 11275 | 安斗京 | 안두경 | 38 | 38 | 1935.03 | 孝烈行蹟〉[金熏熙의 보고] | |
| 11276 | 安樂公 | 안락공 | 14 | 6 | 1917.07 | 經學管見(續) / 尹寧求 | |
| 11277 | 顔路 | 안로 | 3 | 31 | 1914.06 | 孔子年報(續) / 呂圭亨 | |
| 11278 | 顔路 | 안로 | 10 | 46 | 1916.03 | 賢關記聞(續) / 李大榮 | |
| 11279 | 安晩洙 | 안만수 | 45 | 30 | 1940.12 | 朝鮮儒林大會(朝鮮儒道聯合會創立總會) 會錄概要〉朝鮮儒道聯合會役員名簿(昭和十四年十一月一日現在) | |
| 11280 | 安冕鎬 | 안면호 | 23 | 84 | 1922.12 | 地方報告〉[柳雲赫의 報告] | |
| 11281 | 安明植 | 안명식 | 37 | 54 | 1934.10 | 文廟釋奠狀況〉[安明植의 보고] | |
| 11282 | 安明植 | 안명식 | 38 | 48 | 1935.03 | 文廟釋奠狀況〉地方文廟秋期釋奠狀況表 | |

| 번호 | 원문 | 현대어(독음) | 호 | 쪽 | 발행일 | 기사명 / 필자 | 비고 |
|---|---|---|---|---|---|---|---|
| 11283 | 安明植 | 안명식 | 39 | 53 | 1935.10 | 文廟釋奠狀況〉地方文廟春期釋奠狀況表 | |
| 11284 | 安明植 | 안명식 | 40 | 37 | 1936.08 | 文廟釋奠狀況〉[地方文廟春期釋奠狀況表] | |
| 11285 | 安夢龍 | 안몽룡 | 44 | 92 | 1939.10 | 明倫專門學院記事〉研究科第二回入學許可者 | |
| 11286 | 安夢龍 | 안몽룡 | 46 | 14 | 1941.12 | 釋奠狀況〉昭和十四年秋季釋奠狀況 | |
| 11287 | 安夢龍 | 안몽룡 | 46 | 15 | 1941.12 | 釋奠狀況〉昭和十五年春季釋奠狀況 | |
| 11288 | 安夢龍 | 안몽룡 | 46 | 16 | 1941.12 | 釋奠狀況〉昭和十五年秋季釋奠狀況 | |
| 11289 | 安夢祥 | 안몽상 | 43 | 21 | 1938.12 | 江華忠烈祠享祀位次及祝文式 | |
| 11290 | 安武 | 안무 | 40 | 25 | 1936.08 | 平壤文廟移建落成式竝儒林大會狀況 | 야스타케 다다오 (安武直夫) |
| 11291 | 安武 | 안무 | 40 | 27 | 1936.08 | 平壤文廟移建落成式竝儒林大會狀況 | 야스타케 다다오 (安武直夫) |
| 11292 | 顔無繇 | 안무요 | 30 | [6] | 1929.12 | 李龍眠畵宣聖及七十二弟子像贊(金石萃編) | |
| 11293 | 顔無繇 | 안무요 | 42 | 59 | 1937.12 | 文廟享祀位次及聖賢姓名爵號考 / 金完鎮 | 曲阜侯, 원문은 姓顔名無繇, 顔子의 父 |
| 11294 | 安文成 | 안문성 | 11 | 26 | 1916.06 | 經學淺知錄(續) / 金文演 | 安裕 |
| 11295 | 安文成 | 안문성 | 11 | 56 | 1916.06 | 賢關記聞(續) / 李大榮 | 安裕 |
| 11296 | 安文成 | 안문성 | 11 | 59 | 1916.06 | 三月十四日瞻拜開城文廟識感 / 李大榮 | |
| 11297 | 安文成公 | 안문성공 | 8 | 43 | 1915.09 | 日誌大要 | 安珦 |
| 11298 | 安文成公 | 안문성공 | 11 | 56 | 1916.06 | 賢關記聞(續) / 李大榮 | |
| 11299 | 安文成公 | 안문성공 | 12 | 72 | 1916.12 | 講說〉講題 女爲君子儒無爲小人儒(大正五年五月十三日開城郡鄕校講演) / 李學魯 | |
| 11300 | 安文成公 | 안문성공 | 13 | 38 | 1917.03 | 日誌大要 | |
| 11301 | 安文成公 | 안문성공 | 15 | 83 | 1917.10 | 地方報告〉[秋永求의 報告] | 安珦 |
| 11302 | 安文成公 | 안문성공 | 19 | 19 | 1918.12 | 雲山郡文廟祭官案序 / 申鉉求 | 安珦 |
| 11303 | 安文成公 | 안문성공 | 20 | 40 | 1920.03 | 求禮文廟修繕同志會發起會席上演說 / 高墉柱 | 安珦 |
| 11304 | 安嵋山 | 안미산 | 37 | 42 | 1934.10 | 和安嵋山元朝韻 / 成樂賢 | 安寅植 |
| 11305 | 安敏學 | 안민학 | 32 | 41 | 1930.12 | 地方報告〉地方儒林狀況〉[成樂賢의 報告] | 원문은 敏學 |
| 11306 | 安倍季嚴 | 안배계엄 | 39 | 23 | 1935.10 | 湯島聖堂孔子祭典狀況〉孔子祭舞樂曲目竝配役 | 아베 스에요시 |
| 11307 | 安炳謙 | 안병겸 | 14 | 74 | 1917.07 | 地方報告〉[金俊璜의 報告] | |
| 11308 | 安炳謙 | 안병겸 | 19 | 22 | 1918.12 | 安州郡鄕校重修記 / 金允植 | |
| 11309 | 安秉斗 | 안병두 | 43 | 24 | 1938.12 | 孝烈行蹟〉[安秉斗의 보고] | 청주군 문의 문묘 直員 |
| 11310 | 安秉烈 | 안병렬 | 26 | 84 | 1925.12 | 地方報告〉[安秉烈의 報告] | |

| 번호 | 원문 | 현대어(독음) | 호 | 쪽 | 발행일 | 기사명 / 필자 | 비고 |
|------|------|------------|----|----|--------|-------------|------|
| 11311 | 安秉律 | 안병률 | 37 | 71 | 1934.10 | 明倫學院第五回入學許可者名簿 | |
| 11312 | 安秉律 | 안병률 | 40 | 35 | 1936.08 | 文廟釋奠狀況〉[秋期釋奠 擧行] | |
| 11313 | 安秉律 | 안병률 | 42 | 71 | 1937.12 | 第五回卒業式狀況及第八回新入生名簿〉第五回卒業生名簿 | |
| 11314 | 安秉述 | 안병술 | 35 | 30 | 1932.12 | 文廟釋奠狀況〉[安秉述의 보고] | |
| 11315 | 安柄直 | 안병직 | 30 | 16 | 1929.12 | 白川鄕校重修記 / 鄭鳳時 | |
| 11316 | 安柄直 | 안병직 | 30 | 34 | 1929.12 | 祭粢料傳達式狀況 | |
| 11317 | 安柄直 | 안병직 | 45 | 36 | 1940.12 | 朝鮮儒林大會(朝鮮儒道聯合會創立總會) 會錄槪要〉朝鮮儒道聯合會役員名簿(昭和十四年十一月一日現在) | |
| 11318 | 安炳弘 | 안병홍 | 19 | 22 | 1918.12 | 安州郡鄕校重修記 / 金允植 | |
| 11319 | 安本吉成 | 안본길성 | 48 | 63 | 1944.04 | 經學院日誌大要(昭和十七年七月ヨリ昭和十八年六月マテ) | |
| 11320 | 顔師古 | 안사고 | 7 | 40 | 1915.06 | 論語考證(續) / 金文演 | |
| 11321 | 顔師古 | 안사고 | 10 | 20 | 1916.03 | 經學管見(續) / 尹寧求 | |
| 11322 | 顔師古 | 안사고 | 12 | 13 | 1916.12 | 孟子緖論 / 金文演 | |
| 11323 | 顔師古 | 안사고 | 14 | 3 | 1917.07 | 經學管見(續) / 尹寧求 | |
| 11324 | 顔師古 | 안사고 | 17 | 5 | 1918.07 | 經學管見(續) / 尹寧求 | |
| 11325 | 顔師古 | 안사고 | 20 | 14 | 1920.03 | 經學管見(續) / 尹寧求 | |
| 11326 | 安錫圭 | 안석규 | 33 | 35 | 1931.12 | 聲討顚末 | |
| 11327 | 安錫鳳 | 안석봉 | 28 | 75 | 1927.12 | 地方報告〉[安錫鳳의 報告] | |
| 11328 | 安錫鎭 | 안석진 | 26 | 81 | 1925.12 | 地方報告〉[孔在煥의 報告] | |
| 11329 | 安錫泰 | 안석태 | 44 | 90 | 1939.10 | 明倫專門學院記事〉本科第十回入學許可者 | |
| 11330 | 安錫泰 | 안석태 | 46 | 14 | 1941.12 | 釋奠狀況〉昭和十四年秋季釋奠狀況 | |
| 11331 | 安錫泰 | 안석태 | 46 | 15 | 1941.12 | 釋奠狀況〉昭和十五年春季釋奠狀況 | |
| 11332 | 安錫泰 | 안석태 | 46 | 16 | 1941.12 | 釋奠狀況〉昭和十五年秋季釋奠狀況 | |
| 11333 | 安省中 | 안성중 | 43 | 18 | 1938.12 | 敎化編年(續) / 李大榮 | |
| 11334 | 安世哲 | 안세철 | 25 | 80 | 1924.12 | 地方報告〉[安世哲의 報告] | |
| 11335 | 安淳煥 | 안순환 | 13 | 65 | 1917.03 | 講說〉朝鮮의 化學工業(大正五年九月七日第二十回講演) / 今津 明 | |
| 11336 | 安淳煥 | 안순환 | 23 | 57 | 1922.12 | 日誌大要 | |
| 11337 | 顔習齋 | 안습재 | 10 | 23 | 1916.03 | 經學淺知錄 / 金文演 | 顔元 |
| 11338 | 安承龜 | 안승구 | 33 | 32 | 1931.12 | 聲討顚末 | |
| 11339 | 安承龜 | 안승구 | 33 | 34 | 1931.12 | 聲討顚末 | |
| 11340 | 安承龜 | 안승구 | 37 | 39 | 1934.10 | 地方儒林狀況〉[李大榮의 보고]〉書院狀況 | |
| 11341 | 安承琦 | 안승기 | 31 | 62 | 1930.08 | 入學許可者名簿 | |
| 11342 | 安承琦 | 안승기 | 33 | 43 | 1931.12 | 文廟釋奠狀況 | |

| 번호 | 원문 | 현대어(독음) | 호 | 쪽 | 발행일 | 기사명 / 필자 | 비고 |
|---|---|---|---|---|---|---|---|
| 11343 | 安承琦 | 안승기 | 34 | 32 | 1932.03 | 日誌大要 | |
| 11344 | 安承琦 | 안승기 | 35 | 75 | 1932.12 | 明倫學院第一回卒業生名簿 | |
| 11345 | 安乘律 | 안승률 | 42 | 71 | 1937.12 | 第五回卒業式狀況及第八回新入生名簿〉第五回卒業生名簿 | |
| 11346 | 安承翼 | 안승익 | 16 | 57 | 1918.03 | 地方報告〉[鄭鳳時의 報告] | |
| 11347 | 安承欽 | 안승흠 | 30 | 16 | 1929.12 | 白川鄕校重修記 / 鄭鳳時 | |
| 11348 | 顔辛 | 안신 | 42 | 47 | 1937.12 | 文廟享祀位次及聖賢姓名爵號考 / 金完鎭 | 陽穀侯 |
| 11349 | 顔辛 | 안신 | 42 | 52 | 1937.12 | 文廟享祀位次及聖賢姓名爵號考 / 金完鎭 | 陽穀侯, 원문은 姓顔名辛 |
| 11350 | 安信永 | 안신영 | 44 | 77 | 1939.10 | 日誌大要(自昭和十三年六月 至昭和十三年十二月) | |
| 11351 | 安心遠 | 안심원 | 26 | 93 | 1925.12 | 地方報告〉[全大榮 等의 報告] | |
| 11352 | 安心遠 | 안심원 | 26 | 94 | 1925.12 | 地方報告〉[尹暻學 等의 報告] | |
| 11353 | 顔氏 | 안씨 | 1 | 18 | 1913.12 | 經學當明者 二 / 呂圭亨 | |
| 11354 | 顔氏 | 안씨 | 3 | 31 | 1914.06 | 孔子年報(續) / 呂圭亨 | 顔徵在, 공자의 母 |
| 11355 | 顔氏 | 안씨 | 10 | 19 | 1916.03 | 經學管見(續) / 尹寧求 | |
| 11356 | 顔氏 | 안씨 | 10 | 46 | 1916.03 | 賢關記聞(續) / 李大榮 | 顔無繇, 안자의 父 |
| 11357 | 顔氏 | 안씨 | 15 | 36 | 1917.10 | 講說〉講題 子曰君子之道四某未能一焉所求乎子以事父未能也所求乎臣以事君未能也所求乎弟以事兄未能也所求乎朋友先施之未能也(大正六年五月十二日第二十三回講演)〉續演 / 呂圭亨 | |
| 11358 | 顔氏 | 안씨 | 15 | 37 | 1917.10 | 講說〉講題 子曰君子之道四某未能一焉所求乎子以事父未能也所求乎臣以事君未能也所求乎弟以事兄未能也所求乎朋友先施之未能也(大正六年五月十二日第二十三回講演)〉續演 / 呂圭亨 | |
| 11359 | 顔氏 | 안씨 | 20 | 29 | 1920.03 | 三洙瑣談(續) / 元泳義 | |
| 11360 | 顔氏 | 안씨 | 20 | 31 | 1920.03 | 三洙瑣談(續) / 元泳義 | |
| 11361 | 顔氏 | 안씨 | 31 | 4 | 1930.08 | 經學源流 / 權純九 | |
| 11362 | 顔氏 | 안씨 | 42 | 59 | 1937.12 | 文廟享祀位次及聖賢姓名爵號考 / 金完鎭 | 顔無繇 |
| 11363 | 顔安樂 | 안안락 | 10 | 14 | 1916.03 | 經學管見(續) / 尹寧求 | |
| 11364 | 顔淵 | 안연 | 1 | 1 | 1913.12 | 經學院雜誌序 / 李容稙 | |
| 11365 | 顔淵 | 안연 | 2 | 62 | 1914.03 | 講說〉講題 克己復禮(大正二年十月十一日第三回講演)〉敷演 / 李容稙 | |
| 11366 | 顔淵 | 안연 | 2 | 64 | 1914.03 | 講說〉講題 克己復禮(大正二年十月十一日第三回講演)〉敷演 / 李鼎煥 | |

| 번호 | 원문 | 현대어(독음) | 호 | 쪽 | 발행일 | 기사명 / 필자 | 비고 |
|---|---|---|---|---|---|---|---|
| 11367 | 顏淵 | 안연 | 2 | 66 | 1914.03 | 講說〉講題 克己復禮(大正二年十月十一日第三回講演)〉讀論 / 黃敦秀 | |
| 11368 | 顏淵 | 안연 | 3 | 39 | 1914.06 | 講士視察見聞所記 / 呂圭亨 | |
| 11369 | 顏淵 | 안연 | 4 | 42 | 1914.09 | 孔子年報(續) / 呂圭亨 | |
| 11370 | 顏淵 | 안연 | 5 | 12 | 1914.12 | 華山問答(續) / 李容稙 | |
| 11371 | 顏淵 | 안연 | 5 | 42 | 1914.12 | 孔子年報(續) / 呂圭亨 | |
| 11372 | 顏淵 | 안연 | 5 | 52 | 1914.12 | 容思衍(續) / 李鼎煥 | |
| 11373 | 顏淵 | 안연 | 5 | 72 | 1914.12 | 講說〉講題 道也者不可須臾離也(大正三年九月二十九日第七回講演) / 李容稙 | |
| 11374 | 顏淵 | 안연 | 5 | 74 | 1914.12 | 講說〉講題 道也者不可須臾離也(大正三年九月二十九日第七回講演)〉續演 / 呂圭亨 | |
| 11375 | 顏淵 | 안연 | 6 | 9 | 1915.03 | 華山問答(續) / 李容稙 | |
| 11376 | 顏淵 | 안연 | 6 | 12 | 1915.03 | 華山問答(續) / 李容稙 | |
| 11377 | 顏淵 | 안연 | 6 | 13 | 1915.03 | 華山問答(續) / 李容稙 | |
| 11378 | 顏淵 | 안연 | 7 | 26 | 1915.06 | 孔子年報(續) / 呂圭亨 | |
| 11379 | 顏淵 | 안연 | 7 | 27 | 1915.06 | 孔子年報(續) / 呂圭亨 | |
| 11380 | 顏淵 | 안연 | 7 | 36 | 1915.06 | 容思衍(續) / 李鼎煥 | |
| 11381 | 顏淵 | 안연 | 7 | 42 | 1915.06 | 論語分類一覽(續) / 金文演 | |
| 11382 | 顏淵 | 안연 | 7 | 50 | 1915.06 | 讀書私記 / 洪鐘佶 | |
| 11383 | 顏淵 | 안연 | 7 | 76 | 1915.06 | 講說〉講題 孔子聖之時者也(大政四年三月十八日第十回講演)〉敷演 / 梁鳳濟 | |
| 11384 | 顏淵 | 안연 | 8 | 19 | 1915.09 | 孔子年報(續) / 呂圭亨 | |
| 11385 | 顏淵 | 안연 | 8 | 20 | 1915.09 | 孔子年報(續) / 呂圭亨 | |
| 11386 | 顏淵 | 안연 | 9 | 7 | 1915.12 | 讀書警心說 / 韓昌愚 | |
| 11387 | 顏淵 | 안연 | 9 | 26 | 1915.12 | 孔子年報(續) / 呂圭亨 | |
| 11388 | 顏淵 | 안연 | 10 | 87 | 1916.03 | 地方報告〉[李鶴在의 報告] | |
| 11389 | 顏淵 | 안연 | 10 | 89 | 1916.03 | 地方報告〉[李鶴在의 報告] | |
| 11390 | 顏淵 | 안연 | 10 | 90 | 1916.03 | 地方報告〉[李鶴在의 報告] | |
| 11391 | 顏淵 | 안연 | 11 | 9 | 1916.06 | 經論 / 韓晩容 | |
| 11392 | 顏淵 | 안연 | 11 | 11 | 1916.06 | 經學說(續) / 李容稙 | |
| 11393 | 顏淵 | 안연 | 11 | 12 | 1916.06 | 經學說(續) / 李容稙 | |
| 11394 | 顏淵 | 안연 | 12 | 27 | 1916.12 | 孔門間同答異 / 鄭淳默 | |
| 11395 | 顏淵 | 안연 | 12 | 34 | 1916.12 | 讀書私記(續) / 洪鍾佶 | |
| 11396 | 顏淵 | 안연 | 12 | 76 | 1916.12 | 講說〉講題 善養吾浩然之氣(大正五年九月二十九日海州郡鄕校講演) / 李容稙 | |
| 11397 | 顏淵 | 안연 | 12 | 77 | 1916.12 | 講說〉講題 善養吾浩然之氣(大正五年九月二十九日海州郡鄕校講演) / 李容稙 | |

| 번호 | 원문 | 현대어(독음) | 호 | 쪽 | 발행일 | 기사명 / 필자 | 비고 |
|---|---|---|---|---|---|---|---|
| 11398 | 顏淵 | 안연 | 13 | 50 | 1917.03 | 講說〉講題 人有不爲也而後可以有爲(大正五年九月七日第二十回講演) / 李容稙 | |
| 11399 | 顏淵 | 안연 | 13 | 51 | 1917.03 | 講說〉講題 人有不爲也而後可以有爲(大正五年九月七日第二十回講演) / 李容稙 | |
| 11400 | 顏淵 | 안연 | 14 | 12 | 1917.07 | 溫故而知新可以爲師矣 / 田中玄黃 | |
| 11401 | 顏淵 | 안연 | 14 | 26 | 1917.07 | 四書小註辨疑(續) / 李鶴在 | |
| 11402 | 顏淵 | 안연 | 14 | 54 | 1917.07 | 講說〉講題 德之不修學之不講聞義不能徙不善不能改是吾憂也(大正六年四月十四日第二十二回講演)〉續演 / 呂圭亨 | |
| 11403 | 顏淵 | 안연 | 15 | 44 | 1917.10 | 講說〉講題 己所不欲勿施於人(大正六年六月十六日第二十四回講演) / 李容稙 | |
| 11404 | 顏淵 | 안연 | 17 | 55 | 1918.07 | 講說〉講題 君子無終食之間違仁造次必於是顚沛必於是(大正七年三月二十一日第二十七回講演) / 李容稙 | |
| 11405 | 顏淵 | 안연 | 17 | 68 | 1918.07 | 地方報告〉[韓昌愚의 報告] | |
| 11406 | 顏淵 | 안연 | 19 | 24 | 1918.12 | 三洙瑣談(續) / 元泳義 | |
| 11407 | 顏淵 | 안연 | 22 | 10 | 1922.03 | 中庸說 / 李學魯 | |
| 11408 | 顏淵 | 안연 | 23 | 5 | 1922.12 | 中庸說(續) / 李學魯 | |
| 11409 | 顏淵 | 안연 | 23 | 6 | 1922.12 | 經義問對(續) / 沈璿澤 | |
| 11410 | 顏淵 | 안연 | 24 | 2 | 1923.12 | 論語疑義問答 / 鄭萬朝 | |
| 11411 | 顏淵 | 안연 | 27 | 50 | 1926.12 | 釋奠에 就ᄒ야(續) / 佐藤廣治 | |
| 11412 | 顏淵 | 안연 | 28 | 69 | 1927.12 | 講說〉講題 孔夫子의 集大成 / 兒島獻吉郎 | |
| 11413 | 顏淵 | 안연 | 29 | 57 | 1928.12 | 講說〉講題 道德的精神 / 白井成允 | |
| 11414 | 顏淵 | 안연 | 30 | 23 | 1929.12 | 中庸問對(續) / 崔基鉉 | |
| 11415 | 顏淵 | 안연 | 30 | 52 | 1929.12 | 講說〉講題 仰至聖孔夫子 / 福士末之助 | |
| 11416 | 顏淵 | 안연 | 31 | 17 | 1930.08 | 講題 德者本也財者末也 / 成樂賢 | |
| 11417 | 顏淵 | 안연 | 31 | 21 | 1930.08 | 講題 窮塞禍患不以動其心行吾義而已 / 李學魯 | |
| 11418 | 顏淵 | 안연 | 33 | 4 | 1931.12 | 經筵問對箚記 / 權純九 | |
| 11419 | 顏淵 | 안연 | 34 | 2 | 1932.03 | 生三事一論 / 李學魯 | |
| 11420 | 顏淵 | 안연 | 37 | 1 | 1934.10 | 心學說 / 李學魯 | |
| 11421 | 顏淵 | 안연 | 37 | 7 | 1934.10 | 東洋에 斯文이 有함 / 福士末之助 | |
| 11422 | 顏淵 | 안연 | 38 | 39 | 1935.03 | 挽宜齋朴司成 / 韓昌愚 | |
| 11423 | 顏淵 | 안연 | 40 | 5 | 1936.08 | 儒敎의 眞髓 / 鄭萬朝 | |
| 11424 | 顏淵 | 안연 | 41 | 8 | 1937.02 | 天地人 / 羅一鳳 | |
| 11425 | 顏淵 | 안연 | 44 | 41 | 1939.10 | 經儒學 / 金誠鎭 | |
| 11426 | 顏淵 | 안연 | 45 | 86 | 1940.12 | 忠淸南道儒道聯合會結成式〉東亞ノ建設ト儒道ノ精神 / 安寅植 | |

| 번호 | 원문 | 현대어(독음) | 호 | 쪽 | 발행일 | 기사명 / 필자 | 비고 |
|---|---|---|---|---|---|---|---|
| 11427 | 晏嬰 | 안영 | 3 | 34 | 1914.06 | 孔子年報(續) / 呂圭亨 | |
| 11428 | 晏嬰 | 안영 | 4 | 38 | 1914.09 | 孔子年報(續) / 呂圭亨 | |
| 11429 | 晏嬰 | 안영 | 4 | 39 | 1914.09 | 孔子年報(續) / 呂圭亨 | |
| 11430 | 晏嬰 | 안영 | 6 | 38 | 1915.03 | 孔子年報(續) / 呂圭亨 | |
| 11431 | 晏嬰 | 안영 | 8 | 2 | 1915.09 | 儒敎論 / 呂圭亨 | |
| 11432 | 晏嬰 | 안영 | 16 | 7 | 1918.03 | 經學管見(續) / 尹寧求 | |
| 11433 | 晏嬰 | 안영 | 44 | 40 | 1939.10 | 經儒學 / 金誠鎭 | 齊의 재상 |
| 11434 | 安庸模 | 안용모 | 33 | 54 | 1931.12 | 文廟釋奠狀況〉[安庸模의 보고] | |
| 11435 | 安龍善 | 안용선 | 46 | 26 | 1941.12 | 孝烈行跡報告 其二 / 安龍善 | 비인문묘<br>直員 |
| 11436 | 安禹燮 | 안우섭 | 20 | 36 | 1920.03 | 求禮郡文廟重修捐義錄小序 / 金商翊 | |
| 11437 | 安禹鉉 | 안우현 | 28 | 85 | 1927.12 | 地方報告〉[朴英鉉 等의 報告] | |
| 11438 | 安雲龍 | 안운룡 | 35 | 77 | 1932.12 | 明倫學院昭和七年度第三回入學許可者名簿 | |
| 11439 | 安雲龍 | 안운룡 | 36 | 25 | 1933.12 | 文廟釋奠狀況〉[秋期釋奠 擧行] | |
| 11440 | 安雲龍 | 안운룡 | 37 | 46 | 1934.10 | 文廟釋奠狀況〉[秋期釋奠 擧行] | |
| 11441 | 安雲龍 | 안운룡 | 37 | 51 | 1934.10 | 文廟釋奠狀況〉[春期釋奠 擧行] | |
| 11442 | 安雲龍 | 안운룡 | 37 | 70 | 1934.10 | 明倫學院第三回卒業生名簿 | |
| 11443 | 安雲龍 | 안운룡 | 39 | 51 | 1935.10 | 文廟釋奠狀況〉[春期釋奠 擧行] | |
| 11444 | 安雲龍 | 안운룡 | 39 | 57 | 1935.10 | 第三回卒業生名簿(新規第一回昭和十年三月) | |
| 11445 | 安雲燮 | 안운섭 | 20 | 37 | 1920.03 | 求禮郡文廟重修捐義錄小序 / 金商翊 | |
| 11446 | 安原慶鎭 | 안원경진 | 46 | 16 | 1941.12 | 釋奠狀況〉昭和十五年秋季釋奠狀況 | 安慶鎭 |
| 11447 | 安原慶鎭 | 안원경진 | 46 | 18 | 1941.12 | 釋奠狀況〉昭和十六年春季釋奠狀況 | 安慶鎭 |
| 11448 | 安原慶鎭 | 안원경진 | 47 | 37 | 1943.01 | 釋奠狀況〉昭和十六年秋季釋奠狀況 | 安慶鎭 |
| 11449 | 安裕 | 안유 | 11 | 26 | 1916.06 | 經學淺知錄(續) / 金文演 | 원문은 裕 |
| 11450 | 安裕 | 안유 | 11 | 56 | 1916.06 | 賢關記聞(續) / 李大榮 | 원문은 裕 |
| 11451 | 安裕 | 안유 | 15 | 53 | 1917.10 | 講說〉光州郡鄕校講演(大正六年四月二十六日)〉說諭(賞品授與式日) / 元應常 | |
| 11452 | 安裕 | 안유 | 17 | 72 | 1918.07 | 地方報告〉[李秉會의 報告] | 원문은 裕 |
| 11453 | 安裕 | 안유 | 25 | 41 | 1924.12 | 日誌大要 | |
| 11454 | 安裕 | 안유 | 30 | 34 | 1929.12 | 祭粢料傳達式狀況 | 安珦의 初名 |
| 11455 | 安裕 | 안유 | 30 | 57 | 1929.12 | 講說〉講題 朝鮮의 在한 聖學道統 : 李退溪先生을 憶함 / 赤木萬二郎 | 安珦의 初名 |
| 11456 | 安裕 | 안유 | 40 | 9 | 1936.08 | 朝鮮儒敎의 大觀 / 鄭鳳時 | 文成公 |
| 11457 | 安裕 | 안유 | 42 | 47 | 1937.12 | 文廟享祀位次及聖賢姓名爵號考 / 金完鎭 | 文成公 |
| 11458 | 安裕 | 안유 | 42 | 57 | 1937.12 | 文廟享祀位次及聖賢姓名爵號考 / 金完鎭 | 安珦,<br>원문은 裕 |
| 11459 | 安裕 | 안유 | 43 | 17 | 1938.12 | 敎化編年(續) / 李大榮 | 安珦의 初名 |

| 번호 | 원문 | 현대어(독음) | 호 | 쪽 | 발행일 | 기사명 / 필자 | 비고 |
|---|---|---|---|---|---|---|---|
| 11460 | 安裕 | 안유 | 43 | 19 | 1938.12 | 教化編年(續) / 李大榮 | 安珦의 初名 |
| 11461 | 安裕 | 안유 | 44 | 48 | 1939.10 | 嘉言善行 / 李昇圭 | 安珦의 初名 |
| 11462 | 顔由 | 안유 | 3 | 31 | 1914.06 | 孔子年報(續) / 呂圭亨 | |
| 11463 | 安有燦 | 안유찬 | 46 | 16 | 1941.12 | 釋奠狀況〉昭和十五年秋季釋奠狀況 | |
| 11464 | 安膺模 | 안응모 | 33 | 46 | 1931.12 | 文廟釋奠狀況〉[安膺模의 보고] | |
| 11465 | 安寅植 | 안인식 | 31 | 54 | 1930.08 | 事務報告 / 神尾弌春 | |
| 11466 | 安寅植 | 안인식 | 31 | 60 | 1930.08 | 明倫學院職員名簿 | |
| 11467 | 安寅植 | 안인식 | 32 | 36 | 1930.12 | 日誌大要 | |
| 11468 | 安寅植 | 안인식 | 32 | 37 | 1930.12 | 日誌大要 | |
| 11469 | 安寅植 | 안인식 | 33 | 21 | 1931.12 | 壽松帖〉敬賀鄭提學先生喜壽 / 安寅植 | |
| 11470 | 安寅植 | 안인식 | 33 | 29 | 1931.12 | 聲討顚末 | |
| 11471 | 安寅植 | 안인식 | 33 | 42 | 1931.12 | 文廟釋奠狀況 | |
| 11472 | 安寅植 | 안인식 | 33 | 49 | 1931.12 | 文廟釋奠狀況〉[本院秋期釋奠에 대한 보고] | |
| 11473 | 安寅植 | 안인식 | 34 | 31 | 1932.03 | 日誌大要 | |
| 11474 | 安寅植 | 안인식 | 34 | 47 | 1932.03 | 評議員會狀況 | |
| 11475 | 安寅植 | 안인식 | 34 | 55 | 1932.03 | 明倫學院職員名簿 | |
| 11476 | 安寅植 | 안인식 | 35 | 25 | 1932.12 | 孝壽帖〉賀韻 / 安寅植 | |
| 11477 | 安寅植 | 안인식 | 35 | 29 | 1932.12 | 文廟釋奠狀況 | |
| 11478 | 安寅植 | 안인식 | 35 | 72 | 1932.12 | 明倫學院職員名簿 | |
| 11479 | 安寅植 | 안인식 | 35 | 73 | 1932.12 | 明倫學院職員名簿 | |
| 11480 | 安寅植 | 안인식 | 36 | 21 | 1933.12 | 澹圃姜講師挽 / 安寅植 | |
| 11481 | 安寅植 | 안인식 | 36 | 25 | 1933.12 | 文廟釋奠狀況〉[秋期釋奠 擧行] | |
| 11482 | 安寅植 | 안인식 | 36 | 29 | 1933.12 | 文廟釋奠狀況〉[春期釋奠 擧行] | |
| 11483 | 安寅植 | 안인식 | 36 | 65 | 1933.12 | 明倫學院職員名簿 | |
| 11484 | 安寅植 | 안인식 | 37 | 42 | 1934.10 | 五十元朝述懷 / 安寅植 | |
| 11485 | 安寅植 | 안인식 | 37 | 43 | 1934.10 | 日誌大要 | |
| 11486 | 安寅植 | 안인식 | 37 | 45 | 1934.10 | 文廟釋奠狀況〉[秋期釋奠 擧行] | |
| 11487 | 安寅植 | 안인식 | 37 | 51 | 1934.10 | 文廟釋奠狀況〉[春期釋奠 擧行] | |
| 11488 | 安寅植 | 안인식 | 37 | 66 | 1934.10 | 明倫學院職員名簿 | |
| 11489 | 安寅植 | 안인식 | 38 | 43 | 1935.03 | 文廟釋奠狀況〉[秋期釋奠 擧行] | |
| 11490 | 安寅植 | 안인식 | 39 | 8 | 1935.10 | 精神指導에 對하야(每日申報 昭和十年 七月 十四日 心田開發에 關한 寄稿) / 安寅植 | |
| 11491 | 安寅植 | 안인식 | 39 | 17 | 1935.10 | 湯島聖堂孔子祭典狀況 | |
| 11492 | 安寅植 | 안인식 | 39 | 30 | 1935.10 | 東京斯文會主催儒道大會狀況 | |
| 11493 | 安寅植 | 안인식 | 39 | 47 | 1935.10 | 挽崔講師崙熙 / 安寅植 | |
| 11494 | 安寅植 | 안인식 | 39 | 50 | 1935.10 | 日誌大要 | |

| 번호 | 원문 | 현대어(독음) | 호 | 쪽 | 발행일 | 기사명 / 필자 | 비고 |
|---|---|---|---|---|---|---|---|
| 11495 | 安寅植 | 안인식 | 39 | 51 | 1935.10 | 文廟釋奠狀況〉[春期釋奠 擧行] | |
| 11496 | 安寅植 | 안인식 | 40 | 34 | 1936.08 | 日誌大要 | |
| 11497 | 安寅植 | 안인식 | 40 | 35 | 1936.08 | 文廟釋奠狀況〉[秋期釋奠 擧行] | |
| 11498 | 安寅植 | 안인식 | 40 | 54 | 1936.08 | 鄭茂亭先生追悼錄〉輓詞 / 黃錫龍 | |
| 11499 | 安寅植 | 안인식 | 41 | 33 | 1937.02 | 日誌大要 | |
| 11500 | 安寅植 | 안인식 | 41 | 37 | 1937.02 | 文廟秋季釋奠狀況 | |
| 11501 | 安寅植 | 안인식 | 41 | 58 | 1937.02 | 經學院職員名簿(昭和十一年十一月一日) | |
| 11502 | 安寅植 | 안인식 | 41 | 61 | 1937.02 | 明倫學院職員名簿(昭和十一年一月一日現在) | |
| 11503 | 安寅植 | 안인식 | 42 | 34 | 1937.12 | 日誌大要 | |
| 11504 | 安寅植 | 안인식 | 42 | 35 | 1937.12 | 日誌大要 | |
| 11505 | 安寅植 | 안인식 | 42 | 36 | 1937.12 | 日誌大要 | |
| 11506 | 安寅植 | 안인식 | 42 | 37 | 1937.12 | 日誌大要 | |
| 11507 | 安寅植 | 안인식 | 42 | 38 | 1937.12 | 文廟春季釋奠狀況 | |
| 11508 | 安寅植 | 안인식 | 42 | 73 | 1937.12 | 第五回卒業式狀況及第八回新入生名簿 | |
| 11509 | 安寅植 | 안인식 | 43 | 53 | 1938.12 | 日誌大要 | |
| 11510 | 安寅植 | 안인식 | 43 | 57 | 1938.12 | 日誌大要 | |
| 11511 | 安寅植 | 안인식 | 43 | 58 | 1938.12 | 文廟秋季釋奠狀況 | |
| 11512 | 安寅植 | 안인식 | 43 | 66 | 1938.12 | 文廟春季釋奠狀況 | |
| 11513 | 安寅植 | 안인식 | 43 | 71 | 1938.12 | [명륜학원 행사] | |
| 11514 | 安寅植 | 안인식 | 44 | 78 | 1939.10 | 文廟秋季釋奠狀況 | |
| 11515 | 安寅植 | 안인식 | 44 | 81 | 1939.10 | 日誌大要(自昭和十三年六月 至昭和十三年十二月) | |
| 11516 | 安寅植 | 안인식 | 44 | 86 | 1939.10 | 文廟春季釋奠狀況 | |
| 11517 | 安寅植 | 안인식 | 45 | 6 | 1940.12 | 朝鮮儒林大會(朝鮮儒道聯合會創立總會) 會錄槪要 | |
| 11518 | 安寅植 | 안인식 | 45 | 23 | 1940.12 | 朝鮮儒林大會(朝鮮儒道聯合會創立總會) 會錄槪要〉朝鮮儒道聯合會役員名簿(昭和十四年十一月一日現在) | |
| 11519 | 安寅植 | 안인식 | 45 | 24 | 1940.12 | 朝鮮儒林大會(朝鮮儒道聯合會創立總會) 會錄槪要〉朝鮮儒道聯合會役員名簿(昭和十四年十一月一日現在) | |
| 11520 | 安寅植 | 안인식 | 45 | 47 | 1940.12 | 京畿道儒道聯合會結成式 | |
| 11521 | 安寅植 | 안인식 | 45 | 56 | 1940.12 | 忠淸北道儒道聯合會結成式 | |
| 11522 | 安寅植 | 안인식 | 45 | 65 | 1940.12 | 忠淸南道儒道聯合會結成式 | |
| 11523 | 安寅植 | 안인식 | 45 | 76 | 1940.12 | 忠淸南道儒道聯合會結成式〉東亞ノ建設ト儒道ノ精神 / 安寅植 | |
| 11524 | 安寅植 | 안인식 | 45 | 92 | 1940.12 | 全羅北道儒道聯合會結成式 | |

| 번호 | 원문 | 현대어(독음) | 호 | 쪽 | 발행일 | 기사명 / 필자 | 비고 |
|---|---|---|---|---|---|---|---|
| 11525 | 安寅植 | 안인식 | 45 | 104 | 1940.12 | 慶尙北道儒道聯合會結成式 | |
| 11526 | 安寅植 | 안인식 | 45 | 110 | 1940.12 | 慶尙南道儒道聯合會結成式 | |
| 11527 | 安寅植 | 안인식 | 45 | 117 | 1940.12 | 黃海道儒道聯合會結成式 | |
| 11528 | 安寅植 | 안인식 | 45 | 129 | 1940.12 | 平安北道儒道聯合會結成式 | |
| 11529 | 安寅植 | 안인식 | 45 | 135 | 1940.12 | 咸鏡南道儒道聯合會結成式 | |
| 11530 | 安寅植 | 안인식 | 46 | 13 | 1941.12 | 釋奠狀況〉昭和十四年秋季釋奠狀況 | |
| 11531 | 安寅植 | 안인식 | 46 | 14 | 1941.12 | 釋奠狀況〉昭和十四年秋季釋奠狀況 | |
| 11532 | 安寅植 | 안인식 | 46 | 16 | 1941.12 | 釋奠狀況〉昭和十五年秋季釋奠狀況 | |
| 11533 | 安寅植 | 안인식 | 46 | 20 | 1941.12 | 經學院日誌大要(昭和十四年七月ヨリ昭和十六年六月マテ) | |
| 11534 | 安寅植 | 안인식 | 46 | 21 | 1941.12 | 經學院日誌大要(昭和十四年七月ヨリ昭和十六年六月マテ) | |
| 11535 | 安寅植 | 안인식 | 46 | 22 | 1941.12 | 經學院日誌大要(昭和十四年七月ヨリ昭和十六年六月マテ) | |
| 11536 | 安寅植 | 안인식 | 46 | 23 | 1941.12 | 經學院日誌大要(昭和十四年七月ヨリ昭和十六年六月マテ) | |
| 11537 | 安寅植 | 안인식 | 46 | 24 | 1941.12 | 經學院日誌大要(昭和十四年七月ヨリ昭和十六年六月マテ) | |
| 11538 | 安寅植 | 안인식 | 46 | 25 | 1941.12 | 經學院日誌大要(昭和十四年七月ヨリ昭和十六年六月マテ) | |
| 11539 | 安寅植 | 안인식 | 46 | 34 | 1941.12 | 全羅南道儒林大會 | |
| 11540 | 安寅植 | 안인식 | 46 | 42 | 1941.12 | 江原道儒道聯合會結成式 | |
| 11541 | 安寅植 | 안인식 | 46 | 51 | 1941.12 | 講演及講習〉主婦講演會 | |
| 11542 | 安寅植 | 안인식 | 47 | 36 | 1943.01 | 釋奠狀況〉昭和十六年秋季釋奠狀況 | |
| 11543 | 安寅植 | 안인식 | 47 | 37 | 1943.01 | 釋奠狀況〉昭和十六年秋季釋奠狀況 | |
| 11544 | 安寅植 | 안인식 | 47 | 38 | 1943.01 | 釋奠狀況〉昭和十七年春季釋奠狀況 | |
| 11545 | 安寅植 | 안인식 | 47 | 41 | 1943.01 | 釋奠狀況〉昭和十七年秋季釋奠狀況 | |
| 11546 | 安寅植 | 안인식 | 47 | 45 | 1943.01 | 經學院日誌大要(昭和十六年七月ヨリ昭和十七年六月マテ) | |
| 11547 | 安寅植 | 안인식 | 47 | 46 | 1943.01 | 經學院日誌大要(昭和十六年七月ヨリ昭和十七年六月マテ) | |
| 11548 | 安寅植 | 안인식 | 48 | 51 | 1944.04 | 釋奠狀況〉昭和十八年春季釋奠狀況 | |
| 11549 | 安寅植 | 안인식 | 48 | 53 | 1944.04 | 釋奠狀況〉昭和十八年秋季釋奠狀況 | |
| 11550 | 安寅植 | 안인식 | 48 | 62 | 1944.04 | 經學院日誌大要(昭和十七年七月ヨリ昭和十八年六月マテ) | |
| 11551 | 晏子 | 안자 | 3 | 34 | 1914.06 | 孔子年報(續) / 呂圭亨 | |
| 11552 | 晏子 | 안자 | 5 | 38 | 1914.12 | 孔子年報(續) / 呂圭亨 | |
| 11553 | 晏子 | 안자 | 6 | 45 | 1915.03 | 論語考證 / 金文演 | |

| 번호 | 원문 | 현대어(독음) | 호 | 쪽 | 발행일 | 기사명 / 필자 | 비고 |
|---|---|---|---|---|---|---|---|
| 11554 | 顔子 | 안자 | 1 | 3 | 1913.12 | 經學院雜誌序 / 鄭鳳時 | |
| 11555 | 顔子 | 안자 | 2 | 36 | 1914.03 | 大成殿神位圖 | 兗國復聖公 |
| 11556 | 顔子 | 안자 | 2 | 59 | 1914.03 | 講說〉講題 克己復禮(大正二年十月十一日第三回講演) / 張錫周 | |
| 11557 | 顔子 | 안자 | 2 | 63 | 1914.03 | 講說〉講題 克己復禮(大正二年十月十一日第三回講演)〉敷演 / 鄭鳳時 | |
| 11558 | 顔子 | 안자 | 2 | 84 | 1914.03 | 地方報告〉[金光鉉의 報告] | |
| 11559 | 顔子 | 안자 | 3 | 34 | 1914.06 | 孔子年報(續) / 呂圭亨 | |
| 11560 | 顔子 | 안자 | 3 | 47 | 1914.06 | 講士視察見聞所記 / 呂圭亨 | |
| 11561 | 顔子 | 안자 | 5 | 15 | 1914.12 | 華山問答(續) / 李容稙 | |
| 11562 | 顔子 | 안자 | 5 | 18 | 1914.12 | 經義講論 十六條 / 李商永 | |
| 11563 | 顔子 | 안자 | 5 | 88 | 1914.12 | 關東講說〉講題 道不遠人 / 池台源 | |
| 11564 | 顔子 | 안자 | 6 | 63 | 1915.03 | 地方報告〉[韓昌愚 巡講] | |
| 11565 | 顔子 | 안자 | 6 | 65 | 1915.03 | 地方報告〉[金光鉉 巡講] | |
| 11566 | 顔子 | 안자 | 7 | 38 | 1915.06 | 容思衍(續) / 李鼎煥 | |
| 11567 | 顔子 | 안자 | 7 | 41 | 1915.06 | 論語考證(續) / 金文演 | |
| 11568 | 顔子 | 안자 | 7 | 42 | 1915.06 | 論語分類一覽(續) / 金文演 | |
| 11569 | 顔子 | 안자 | 7 | 49 | 1915.06 | 讀書私記 / 洪鐘佶 | |
| 11570 | 顔子 | 안자 | 7 | 72 | 1915.06 | 講說〉講題 孔子聖之時者也(大政四年三月十八日第十回講演)〉敷演 / 鄭鳳時 | |
| 11571 | 顔子 | 안자 | 8 | 11 | 1915.09 | 華山問答(續) / 李容稙 | |
| 11572 | 顔子 | 안자 | 8 | 29 | 1915.09 | 容思衍(續) / 李鼎煥 | |
| 11573 | 顔子 | 안자 | 8 | 35 | 1915.09 | 賢關記聞 / 李大榮 | |
| 11574 | 顔子 | 안자 | 8 | 48 | 1915.09 | 講說〉講題 苟日新日日新又日新(大政四年四月十七日第十一回講演)〉敷演 / 鄭鳳時 | |
| 11575 | 顔子 | 안자 | 10 | 46 | 1916.03 | 賢關記聞(續) / 李大榮 | |
| 11576 | 顔子 | 안자 | 10 | 66 | 1916.03 | 講說〉儒敎의 根本義(大正四年十月九日第十五回講演) | |
| 11577 | 顔子 | 안자 | 11 | 23 | 1916.06 | 經學管見(續) / 尹寧求 | |
| 11578 | 顔子 | 안자 | 11 | 46 | 1916.06 | 讀書私記(第八號續) / 洪鐘佶 | |
| 11579 | 顔子 | 안자 | 11 | 47 | 1916.06 | 讀書私記(第八號續) / 洪鐘佶 | |
| 11580 | 顔子 | 안자 | 12 | 57 | 1916.12 | 講說〉講題 博學於文約之以禮(大正五年五月十三日第十八回講演) / 李容稙 | |
| 11581 | 顔子 | 안자 | 12 | 59 | 1916.12 | 講說〉講題 博學於文約之以禮(大正五年五月十三日第十八回講演) / 呂圭亨 | |
| 11582 | 顔子 | 안자 | 13 | 51 | 1917.03 | 講說〉講題 人有不爲也而後可以有爲(大正五年九月七日第二十回講演) / 李容稙 | |
| 11583 | 顔子 | 안자 | 14 | 14 | 1917.07 | 溫故而知新可以爲師矣 / 田中玄黃 | |

| 번호 | 원문 | 현대어(독음) | 호 | 쪽 | 발행일 | 기사명 / 필자 | 비고 |
|------|------|-------------|----|----|--------|-------------|------|
| 11584 | 顔子 | 안자 | 14 | 25 | 1917.07 | 四書小註辨疑(續) / 李鶴在 | |
| 11585 | 顔子 | 안자 | 15 | 22 | 1917.10 | 經義問對 / 李載烈 | |
| 11586 | 顔子 | 안자 | 15 | 42 | 1917.10 | 講說>講題 朝鮮工業의 促進>續演(大正六年五月十二日第二十三回講演) / 俞星濬 | |
| 11587 | 顔子 | 안자 | 15 | 50 | 1917.10 | 講說>光州郡鄕校演講(大正六年四月二十六日)>講題 子莫執中執中爲近之執中無權猶執一也 / 李容稙 | |
| 11588 | 顔子 | 안자 | 16 | 52 | 1918.03 | 講說>講題 存其心養其性所以事天也(大正六年十月十四日江陵郡講演)>續演 / 鄭鳳時 | |
| 11589 | 顔子 | 안자 | 17 | 36 | 1918.07 | 經義問對 / 李載烈 | |
| 11590 | 顔子 | 안자 | 17 | 55 | 1918.07 | 講說>講題 君子無終食之間違仁造次必於是顚沛必於是(大正七年三月二十一日第二十七回講演) / 李容稙 | |
| 11591 | 顔子 | 안자 | 17 | 76 | 1918.07 | 地方報告>[金在昌 등의 報告] | |
| 11592 | 顔子 | 안자 | 17 | 77 | 1918.07 | 地方報告>[金在昌 등의 報告] | |
| 11593 | 顔子 | 안자 | 17 | 80 | 1918.07 | 地方報告>[金在昌 등의 報告] | |
| 11594 | 顔子 | 안자 | 18 | 28 | 1918.09 | 三洙瑣談 / 元泳義 | |
| 11595 | 顔子 | 안자 | 19 | 56 | 1918.12 | 講說>講題 子路人告之以有過則喜(大正七年九月七日第三十回講演)>續演 / 呂圭亨 | |
| 11596 | 顔子 | 안자 | 20 | 10 | 1920.03 | 庸學問對 / 朴昇東 | |
| 11597 | 顔子 | 안자 | 23 | 6 | 1922.12 | 經義問對(續) / 沈璿澤 | |
| 11598 | 顔子 | 안자 | 23 | 7 | 1922.12 | 經義問對(續) / 沈璿澤 | |
| 11599 | 顔子 | 안자 | 23 | 14 | 1922.12 | 經義問答 / 韓昌愚 | |
| 11600 | 顔子 | 안자 | 23 | 66 | 1922.12 | 講說>講題 師道(大正十一年五月七日追慕禮式時) / 赤木萬二郎 | |
| 11601 | 顔子 | 안자 | 25 | 28 | 1924.12 | 釋奠에 就하야(續) / 佐藤廣治 | |
| 11602 | 顔子 | 안자 | 26 | 19 | 1925.12 | 三洙瑣談(續) / 元泳義 | |
| 11603 | 顔子 | 안자 | 26 | 55 | 1925.12 | 講說>講題 堯舜之道孝悌而已 / 成樂賢 | |
| 11604 | 顔子 | 안자 | 26 | 62 | 1925.12 | 講說>講題 君子時中 / 沈璿澤 | |
| 11605 | 顔子 | 안자 | 26 | 64 | 1925.12 | 講說>講題 德者本也財者末也 / 鄭鳳時 | |
| 11606 | 顔子 | 안자 | 26 | 65 | 1925.12 | 講說>講題 德者本也財者末也 / 鄭鳳時 | |
| 11607 | 顔子 | 안자 | 27 | 21 | 1926.12 | 經義問對 / 韓昌愚 | |
| 11608 | 顔子 | 안자 | 27 | 28 | 1926.12 | 中庸問對 / 沈璿澤 | |
| 11609 | 顔子 | 안자 | 27 | 34 | 1926.12 | 三洙瑣談(續) / 元泳義 | |
| 11610 | 顔子 | 안자 | 27 | 67 | 1926.12 | 講說>講題 子以四敎文行忠信 / 鄭鳳時 | |
| 11611 | 顔子 | 안자 | 30 | 23 | 1929.12 | 中庸問對(續) / 崔基鉉 | |
| 11612 | 顔子 | 안자 | 30 | 58 | 1929.12 | 講說>講題 朝鮮의 在한 聖學道統 : 李退溪先生을 憶함 / 赤木萬二郎 | |

| 번호 | 원문 | 현대어(독음) | 호 | 쪽 | 발행일 | 기사명 / 필자 | 비고 |
|---|---|---|---|---|---|---|---|
| 11613 | 顔子 | 안자 | 32 | 9 | 1930.12 | 經義問答 / 韓昌愚 | |
| 11614 | 顔子 | 안자 | 33 | 4 | 1931.12 | 經筵問對箚記 / 權純九 | |
| 11615 | 顔子 | 안자 | 34 | 3 | 1932.03 | 天理人欲說 / 元弘植 | |
| 11616 | 顔子 | 안자 | 34 | 11 | 1932.03 | 祭任君龍宰文 / 明倫學院生徒一同 | |
| 11617 | 顔子 | 안자 | 35 | 2 | 1932.12 | 以好問供勸學說 / 李學魯 | |
| 11618 | 顔子 | 안자 | 35 | 5 | 1932.12 | 經傳解釋通例 / 李學魯 | |
| 11619 | 顔子 | 안자 | 36 | 9 | 1933.12 | 居然亭記 / 李學魯 | |
| 11620 | 顔子 | 안자 | 37 | 2 | 1934.10 | 心學說 / 李學魯 | |
| 11621 | 顔子 | 안자 | 39 | 17 | 1935.10 | 湯島聖堂孔子祭典狀況 | |
| 11622 | 顔子 | 안자 | 39 | 19 | 1935.10 | 湯島聖堂孔子祭典狀況〉孔子祭神位及陳設圖 昭和十年四月三十日 / 財團法人 斯文會祭典部 | |
| 11623 | 顔子 | 안자 | 39 | 20 | 1935.10 | 湯島聖堂孔子祭典狀況〉四配位陣設圖 | |
| 11624 | 顔子 | 안자 | 39 | 32 | 1935.10 | 東京斯文會主催儒道大會狀況〉式辭 / 德川家達 | |
| 11625 | 顔子 | 안자 | 39 | 34 | 1935.10 | 東京斯文會主催儒道大會狀況〉演說要旨 / 井上哲次郎 | |
| 11626 | 顔子 | 안자 | 42 | 46 | 1937.12 | 文廟享祀位次及聖賢姓名爵號考 / 金完鎭 | 兗國復聖公 |
| 11627 | 顔子 | 안자 | 42 | 48 | 1937.12 | 文廟享祀位次及聖賢姓名爵號考 / 金完鎭 | |
| 11628 | 顔子 | 안자 | 42 | 59 | 1937.12 | 文廟享祀位次及聖賢姓名爵號考 / 金完鎭 | |
| 11629 | 顔子 | 안자 | 42 | 60 | 1937.12 | 文廟享祀位次及聖賢姓名爵號考 / 金完鎭 | |
| 11630 | 顔宰 | 안재 | 30 | [10] | 1929.12 | 李龍眠畵宣聖及七十二弟子像贊(金石萃編) | |
| 11631 | 安在燦 | 안재찬 | 46 | 17 | 1941.12 | 釋奠狀況〉昭和十六年春季釋奠狀況 | |
| 11632 | 安在晦 | 안재회 | 38 | 46 | 1935.03 | 文廟釋奠狀況〉地方文廟秋期釋奠狀況表 | |
| 11633 | 安定 | 안정 | 4 | 9 | 1914.09 | 經學 / 朴長鴻 | 胡瑗 |
| 11634 | 安井小太郎 | 안정소태랑 | 39 | 31 | 1935.10 | 東京斯文會主催儒道大會狀況 | 야스이 고타로 |
| 11635 | 安楨俊 | 안정준 | 27 | 79 | 1926.12 | 地方報告〉[任洪章의 報告] | |
| 11636 | 安定胡 | 안정호 | 6 | 44 | 1915.03 | 容思衍(續) / 李鼎煥 | |
| 11637 | 顔祖 | 안조 | 8 | 35 | 1915.09 | 賢關記聞 / 李大榮 | |
| 11638 | 顔祖 | 안조 | 42 | 47 | 1937.12 | 文廟享祀位次及聖賢姓名爵號考 / 金完鎭 | 富陽侯 |
| 11639 | 顔祖 | 안조 | 42 | 53 | 1937.12 | 文廟享祀位次及聖賢姓名爵號考 / 金完鎭 | 富陽侯, 원문은 姓顔名祖 |
| 11640 | 安鍾默 | 안종묵 | 16 | 58 | 1918.03 | 地方報告〉[安鍾默의 報告] | |
| 11641 | 安鍾默 | 안종묵 | 20 | 35 | 1920.03 | 金堤郡鄕校靑衿契發起通文 | |
| 11642 | 安鍾默 | 안종묵 | 20 | 58 | 1920.03 | 地方報告〉[趙翰誠 등의 報告] | |

| 번호 | 원문 | 현대어(독음) | 호 | 쪽 | 발행일 | 기사명 / 필자 | 비고 |
|---|---|---|---|---|---|---|---|
| 11643 | 安鍾默 | 안종묵 | 21 | 93 | 1921.03 | 地方報告〉[趙翰誠의 報告] | |
| 11644 | 安鍾永 | 안종영 | 25 | 41 | 1924.12 | 日誌大要 | |
| 11645 | 安鍾元 | 안종원 | 45 | 28 | 1940.12 | 朝鮮儒林大會(朝鮮儒道聯合會創立總會) 會錄概要〉朝鮮儒道聯合會役員名簿(昭和十四年十一月一日現在) | |
| 11646 | 安鍾哲 | 안종철 | 45 | 23 | 1940.12 | 朝鮮儒林大會(朝鮮儒道聯合會創立總會) 會錄概要〉朝鮮儒道聯合會役員名簿(昭和十四年十一月一日現在) | |
| 11647 | 安周淵 | 안주연 | 35 | 40 | 1932.12 | 孝烈行蹟〉[安周淵 等의 보고] | |
| 11648 | 顔芝 | 안지 | 37 | 20 | 1934.10 | 學說 / 權純九 | |
| 11649 | 顔之僕 | 안지복 | 30 | [6] | 1929.12 | 李龍眠畵宣聖及七十二弟子像贊(金石萃編) | |
| 11650 | 顔之僕 | 안지복 | 42 | 46 | 1937.12 | 文廟享祀位次及聖賢姓名爵號考 / 金完鎭 | 宛句侯 |
| 11651 | 顔之僕 | 안지복 | 42 | 54 | 1937.12 | 文廟享祀位次及聖賢姓名爵號考 / 金完鎭 | 宛句侯, 원문은 姓顔名之僕 |
| 11652 | 顔振鴻 | 안진홍 | 39 | 16 | 1935.10 | 湯島聖堂孔子祭典狀況 | |
| 11653 | 顔振鴻 | 안진홍 | 39 | 30 | 1935.10 | 東京斯文會主催儒道大會狀況 | |
| 11654 | 顔徵在 | 안징재 | 2 | 28 | 1914.03 | 孔子年譜 / 呂圭亨 | 공자의 母 |
| 11655 | 顔徵在 | 안징재 | 14 | 65 | 1917.07 | 地方報告〉[宋在永의 報告]〉釋奠祭文 / 黃義民 | 공자의 母 |
| 11656 | 安處順 | 안처순 | 12 | 40 | 1916.12 | 賢關記聞(續) / 李大榮 | |
| 11657 | 安處順 | 안처순 | 20 | 23 | 1920.03 | 求禮郡文廟重修記 / 金商翊 | |
| 11658 | 安處順 | 안처순 | 20 | 39 | 1920.03 | 求禮文廟修繕同志會發起會席上演說 / 高墉柱 | |
| 11659 | 安處順 | 안처순 | 41 | 23 | 1937.02 | 教化編年(續) / 李大榮 | |
| 11660 | 安川 | 안천 | 48 | 62 | 1944.04 | 經學院日誌大要(昭和十七年七月ヨリ昭和十八年六月マテ) | 야스카와 히로타다 (安川博雄) |
| 11661 | 安川明吾 | 안천명오 | 46 | 24 | 1941.12 | 經學院日誌大要(昭和十四年七月ヨリ昭和十六年六月マテ) | |
| 11662 | 安川博雄 | 안천박웅 | 48 | 52 | 1944.04 | 釋奠狀況〉昭和十八年春季釋奠狀況 | 야스카와 히로타다 |
| 11663 | 安川博雄 | 안천박웅 | 48 | 53 | 1944.04 | 釋奠狀況〉昭和十八年秋季釋奠狀況 | 야스카와 히로타다 |
| 11664 | 安川博雄 | 안천박웅 | 48 | 61 | 1944.04 | 經學院日誌大要(昭和十七年七月ヨリ昭和十八年六月マテ) | 야스카와 히로타다 |
| 11665 | 安川彬 | 안천빈 | 48 | 63 | 1944.04 | 感謝一束 | |
| 11666 | 岸川作一 | 안천작일 | 31 | 63 | 1930.08 | [판권사항] | |
| 11667 | 安軸 | 안축 | 12 | 39 | 1916.12 | 賢關記聞(續) / 李大榮 | |
| 11668 | 安琛 | 안침 | 21 | 75 | 1921.03 | 鄕校財産沿革 / 金完鎭 | |

| 번호 | 원문 | 현대어(독음) | 호 | 쪽 | 발행일 | 기사명 / 필자 | 비고 |
|---|---|---|---|---|---|---|---|
| 11669 | 顔噲 | 안쾌 | 30 | [7] | 1929.12 | 李龍眠畵宣聖及七十二弟子像贊(金石萃編) | |
| 11670 | 顔噲 | 안쾌 | 42 | 46 | 1937.12 | 文廟享祀位次及聖賢姓名爵號考 / 金完鎭 | 濟陰侯 |
| 11671 | 顔噲 | 안쾌 | 42 | 55 | 1937.12 | 文廟享祀位次及聖賢姓名爵號考 / 金完鎭 | 濟陰侯, 원문은 姓顔名噲 |
| 11672 | 顔濁鄒 | 안탁추 | 5 | 42 | 1914.12 | 孔子年報(續) / 呂圭亨 | |
| 11673 | 顔濁鄒 | 안탁추 | 7 | 25 | 1915.06 | 孔子年報(續) / 呂圭亨 | |
| 11674 | 安彭命 | 안팽명 | 10 | 30 | 1916.03 | 享官廳記 / 洪貴達 撰 | |
| 11675 | 晏平仲 | 안평중 | 6 | 38 | 1915.03 | 孔子年報(續) / 呂圭亨 | |
| 11676 | 晏平仲 | 안평중 | 14 | 66 | 1917.07 | 地方報告〉[宋在永의 報告])釋奠祭文 / 黃義民 | 晏嬰 |
| 11677 | 晏平仲 | 안평중 | 15 | 37 | 1917.10 | 講說〉講題 子曰君子之道四某未能一焉所求乎子以事父未能也所求乎臣以事君未能也所求乎弟以事兄未能也所求乎朋友先施之未能也(大正六年五月十二日第二十三回講演)〉續演 / 呂圭亨 | |
| 11678 | 晏平仲 | 안평중 | 26 | 66 | 1925.12 | 講說〉講題 德者本也財者末也 / 鄭鳳時 | |
| 11679 | 晏平仲 | 안평중 | 31 | 18 | 1930.08 | 講題 德者本也財者末也 / 成樂賢 | |
| 11680 | 顔何 | 안하 | 8 | 35 | 1915.09 | 賢關記聞 / 李大榮 | |
| 11681 | 顔何 | 안하 | 42 | 46 | 1937.12 | 文廟享祀位次及聖賢姓名爵號考 / 金完鎭 | 堂邑侯 |
| 11682 | 顔何 | 안하 | 42 | 54 | 1937.12 | 文廟享祀位次及聖賢姓名爵號考 / 金完鎭 | 堂色侯, 원문은 姓顔名何 |
| 11683 | 安珦 | 안향 | 18 | 51 | 1918.09 | 講說〉講題 內地의 宋學(大正七年五月十一日第二十八回講演) / 今關壽麿 | |
| 11684 | 安珦 | 안향 | 42 | 57 | 1937.12 | 文廟享祀位次及聖賢姓名爵號考 / 金完鎭 | 원문은 本名玉邊向字, 向은 珦의 오기 |
| 11685 | 安赫遠 | 안혁원 | 35 | 45 | 1932.12 | 孝烈行蹟〉[安赫遠의 보고] | |
| 11686 | 安鉉重 | 안현중 | 27 | 85 | 1926.12 | 地方報告〉[高基顥의 報告] | |
| 11687 | 安鉉重 | 안현중 | 28 | 71 | 1927.12 | 地方報告〉[高基顥의 報告] | |
| 11688 | 顔鴻振 | 안홍진 | 39 | 31 | 1935.10 | 東京斯文會主催儒道大會狀況 | |
| 11689 | 安廓 | 안확 | 10 | 72 | 1916.03 | 地方報告〉[成樂賢의 報告] | |
| 11690 | 顔回 | 안회 | 5 | 72 | 1914.12 | 講說〉講題 道也者不可須臾離也(大正三年九月二十九日第七回講演) / 李容植 | |
| 11691 | 顔回 | 안회 | 6 | 38 | 1915.03 | 孔子年報(續) / 呂圭亨 | |
| 11692 | 顔回 | 안회 | 7 | 41 | 1915.06 | 論語考證(續) / 金文演 | |
| 11693 | 顔回 | 안회 | 7 | 49 | 1915.06 | 讀書私記 / 洪鐘佶 | |

| 번호 | 원문 | 현대어(독음) | 호 | 쪽 | 발행일 | 기사명 / 필자 | 비고 |
|------|------|------------|-----|-----|--------|-------------|------|
| 11694 | 顔回 | 안회 | 15 | 49 | 1917.10 | 講說〉光州郡鄕校演講(大正六年四月二十六日)〉講題 子莫執中執中爲近之執中無權猶執一也 / 李容植 | |
| 11695 | 顔回 | 안회 | 17 | 17 | 1918.07 | 中庸章句問對(續) / 朴長鴻 | |
| 11696 | 顔回 | 안회 | 24 | 28 | 1923.12 | 釋奠에 就하야 / 佐藤廣治 | |
| 11697 | 顔回 | 안회 | 30 | [1] | 1929.12 | 李龍眠畵宣聖及七十二弟子像贊(金石萃編) | |
| 11698 | 顔回 | 안회 | 42 | 48 | 1937.12 | 文廟享祀位次及聖賢姓名爵號考 / 金完鎭 | 顔子, 원문은 姓顔諱回 |
| 11699 | 安晦軒 | 안회헌 | 29 | 16 | 1928.12 | 新興郡文廟刱建記 / 魏大源 | |
| 11700 | 安孝參 | 안효삼 | 46 | 14 | 1941.12 | 釋奠狀況〉昭和十四年秋季釋奠狀況 | |
| 11701 | 安孝參 | 안효삼 | 46 | 15 | 1941.12 | 釋奠狀況〉昭和十五年春季釋奠狀況 | |
| 11702 | 安孝參 | 안효삼 | 44 | 79 | 1939.10 | 文廟秋季釋奠狀況 | |
| 11703 | 安孝參 | 안효삼 | 44 | 86 | 1939.10 | 文廟春季釋奠狀況 | |
| 11704 | 安孝參 | 안효삼 | 46 | 16 | 1941.12 | 釋奠狀況〉昭和十五年秋季釋奠狀況 | |
| 11705 | 安孝日 | 안효일 | 32 | 41 | 1930.12 | 地方報告〉地方儒林狀況〉[成樂賢의 報告] | |
| 11706 | 安興根 | 안흥근 | 45 | 41 | 1940.12 | 朝鮮儒林大會(朝鮮儒道聯合會創立總會) 會錄槪要〉朝鮮儒道聯合會役員名簿(昭和十四年十一月一日現在) | |
| 11707 | 安熙 | 안희 | 12 | 9 | 1916.12 | 經學管見(續) / 尹寧求 | |
| 11708 | 亞歷山大 | 알렉산더 대왕(아력산대) | 36 | 51 | 1933.12 | 評議員會狀況〉開會辭 / 鄭萬朝 | Alexandros the Great |
| 11709 | 岩本光雨 | 암본광우 | 48 | 52 | 1944.04 | 釋奠狀況〉昭和十八年春季釋奠狀況 | |
| 11710 | 岩本光雨 | 암본광우 | 48 | 53 | 1944.04 | 釋奠狀況〉昭和十八年秋季釋奠狀況 | |
| 11711 | 岩本壯雄 | 암본장웅 | 48 | 52 | 1944.04 | 釋奠狀況〉昭和十八年春季釋奠狀況 | |
| 11712 | 岩本壯雄 | 암본장웅 | 48 | 54 | 1944.04 | 釋奠狀況〉昭和十八年秋季釋奠狀況 | |
| 11713 | 闇齋 | 암재 | 17 | 50 | 1918.07 | 講說〉講題 國民道德은 何也오(大正六年十一月十日第二十六回講演) / 立柄敎俊 | 야마자키 안사이(山崎闇齋) |
| 11714 | 闇齋 | 암재 | 18 | 54 | 1918.09 | 講說〉講題 內地의 宋學(大正七年五月十一日第二十八回講演) / 今關壽麿 | 야마자키 안사이(山崎闇齋) |
| 11715 | 岩佐重一 | 암좌중일 | 26 | 43 | 1925.12 | 日誌大要 | 이와사시게이치 |
| 11716 | 岩村 | 암촌 | 44 | 89 | 1939.10 | 明倫專門學院記事 | 이와무라시게오(岩村重雄) |
| 11717 | 岩村棟 | 암촌동 | 48 | 52 | 1944.04 | 釋奠狀況〉昭和十八年春季釋奠狀況 | |
| 11718 | 岩村棟 | 암촌동 | 48 | 53 | 1944.04 | 釋奠狀況〉昭和十八年秋季釋奠狀況 | |

| 번호 | 원문 | 현대어(독음) | 호 | 쪽 | 발행일 | 기사명 / 필자 | 비고 |
|---|---|---|---|---|---|---|---|
| 11719 | 岩村俊雄 | 암촌준웅 | 45 | 27 | 1940.12 | 朝鮮儒林大會(朝鮮儒道聯合會創立總會) 會錄槪要〉朝鮮儒道聯合會役員名簿(昭和十四年十一月一日現在) | 이와무라 시게오 |
| 11720 | 岩村重雄 | 암촌중웅 | 44 | 88 | 1939.10 | 明倫專門學院記事 | 이와무라 시게오 |
| 11721 | 鴨居悠 | 압거유 | 45 | 26 | 1940.12 | 朝鮮儒林大會(朝鮮儒道聯合會創立總會) 會錄槪要〉朝鮮儒道聯合會役員名簿(昭和十四年十一月一日現在) | |
| 11722 | 哀 | 애 | 9 | 28 | 1915.12 | 孔子年報(續) / 呂圭亨 | 哀公 |
| 11723 | 哀公 | 애공 | 2 | 29 | 1914.03 | 孔子年譜 / 呂圭亨 | |
| 11724 | 哀公 | 애공 | 2 | 32 | 1914.03 | 孔子年譜 / 呂圭亨 | |
| 11725 | 哀公 | 애공 | 5 | 44 | 1914.12 | 孔子年報(續) / 呂圭亨 | |
| 11726 | 哀公 | 애공 | 7 | 23 | 1915.06 | 孔子年報(續) / 呂圭亨 | |
| 11727 | 哀公 | 애공 | 7 | 24 | 1915.06 | 孔子年報(續) / 呂圭亨 | |
| 11728 | 哀公 | 애공 | 8 | 1 | 1915.09 | 儒教論 / 呂圭亨 | |
| 11729 | 哀公 | 애공 | 8 | 20 | 1915.09 | 孔子年報(續) / 呂圭亨 | |
| 11730 | 哀公 | 애공 | 12 | 28 | 1916.12 | 孔門間同答異 / 鄭淳默 | |
| 11731 | 哀公 | 애공 | 14 | 68 | 1917.07 | 地方報告〉[宋在永의 報告]〉釋奠祭文 / 黃義民 | |
| 11732 | 哀公 | 애공 | 20 | 51 | 1920.03 | 講說〉孔子誕辰及其道義辨 / 高墉柱 | |
| 11733 | 哀公 | 애공 | 25 | 63 | 1924.12 | 講說〉講題 儒教者의 辯 / 朴箕陽 | |
| 11734 | 哀公 | 애공 | 26 | 23 | 1925.12 | 三洙瑣談(續) / 元泳義 | |
| 11735 | 哀公 | 애공 | 31 | 3 | 1930.08 | 經學源流 / 權純九 | |
| 11736 | 哀公 | 애공 | 31 | 19 | 1930.08 | 講題 德者本也財者末也 / 魏大源 | |
| 11737 | 哀公 | 애공 | 34 | 49 | 1932.03 | 評議員會狀況 | |
| 11738 | 哀公 | 애공 | 35 | 1 | 1932.12 | 宗教說 / 權純九 | |
| 11739 | 哀公 | 애공 | 36 | 5 | 1933.12 | 經義問對(續) / 韓昌愚 | |
| 11740 | 哀公 | 애공 | 42 | 48 | 1937.12 | 文廟享祀位次及聖賢姓名爵號考 / 金完鎭 | |
| 11741 | 哀公 | 애공 | 44 | 31 | 1939.10 | 儒教의 起源과 流派 / 李昇圭 | |
| 11742 | 哀公 | 애공 | 44 | 36 | 1939.10 | 經儒學 / 金誠鎭 | |
| 11743 | 哀公 | 애공 | 47 | 30 | 1943.01 | 儒林覺醒論 / 金誠鎭 | |
| 11744 | 愛新覺那 | 애신각나 | 6 | 15 | 1915.03 | 格致管見(續) / 李鼎煥 | 淸의 황족 성씨 |
| 11745 | 艾井鉉祓 | 애정현욱 | 48 | 52 | 1944.04 | 釋奠狀況〉昭和十八年春季釋奠狀況 | |
| 11746 | 艾井鉉祓 | 애정현욱 | 48 | 54 | 1944.04 | 釋奠狀況〉昭和十八年秋季釋奠狀況 | |
| 11747 | 櫻井 | 앵정 | 22 | 82 | 1922.03 | 地方報告〉[盧一愚의 報告] | 사쿠라마치 |
| 11748 | 櫻町天皇 | 앵정 천황 | 48 | 49 | 1944.04 | 嘉言善行 / 李敬植 | 사쿠라마치 천황 |

| 번호 | 원문 | 현대어(독음) | 호 | 쪽 | 발행일 | 기사명 / 필자 | 비고 |
|---|---|---|---|---|---|---|---|
| 11749 | 櫻町天皇 | 앵정 천황 | 48 | 50 | 1944.04 | 嘉言善行 / 李敬植 | 사쿠라마치 천황 |
| 11750 | 冶谷 | 야곡 | 32 | 41 | 1930.12 | 地方報告〉地方儒林狀況〉[成樂賢의 報告] | 趙克善 |
| 11751 | 野口遵 | 야구준 | 45 | 32 | 1940.12 | 朝鮮儒林大會(朝鮮儒道聯合會創立總會) 會錄槪要〉朝鮮儒道聯合會役員名簿(昭和十四年十一月一日現在) | 노구치 시타가우 |
| 11752 | 野本榮太郎 | 야본영태랑 | 28 | 52 | 1927.12 | 日誌大要〉修理工事一覽表 | 노모토 에이타로 |
| 11753 | 冶城宋氏 | 야성 송씨 | 33 | 11 | 1931.12 | 孝子司饔院奉事白公行狀 / 成樂賢 | |
| 11754 | 野世溪 | 야세계 | 45 | 123 | 1940.12 | 平安南道儒道聯合會結成式 | 노세타니 간료 (野世溪閑了) |
| 11755 | 野世溪閑了 | 야세계한료 | 44 | 74 | 1939.10 | 日誌大要(自昭和十三年六月 至昭和十三年十二月) | 노세타니 간료 |
| 11756 | 野世溪閑了 | 야세계한료 | 44 | 76 | 1939.10 | 日誌大要(自昭和十三年六月 至昭和十三年十二月) | 노세타니 간료 |
| 11757 | 野世溪閑了 | 야세계한료 | 44 | 88 | 1939.10 | 明倫專門學院記事 | 노세타니 간료 |
| 11758 | 耶律履 | 야율리 | 9 | 22 | 1915.12 | 經學管見(下) / 尹寧求 | 金의 정치가, 耶律阿保機의 후손 |
| 11759 | 耶律儼 | 야율엄 | 14 | 10 | 1917.07 | 經學管見(續) / 尹寧求 | 遼의 정치가 |
| 11760 | 冶隱 | 야은 | 31 | 24 | 1930.08 | 講題 儒者爲人所需 / 李大榮 | |
| 11761 | 野隱 | 야은 | 23 | 88 | 1922.12 | 地方報告〉[乾元祠 新建 關聯 報告] | 田祿生 |
| 11762 | 野田新吾 | 야전신오 | 45 | 25 | 1940.12 | 朝鮮儒林大會(朝鮮儒道聯合會創立總會) 會錄槪要〉朝鮮儒道聯合會役員名簿(昭和十四年十一月一日現在) | 노다 신고 |
| 11763 | 若汝 | 약여 | 36 | 38 | 1933.12 | 孝烈行蹟〉[李奎燮 等의 보고] | 金觀顯 |
| 11764 | 若膺 | 약응 | 10 | 25 | 1916.03 | 經學淺知錄 / 金文演 | 段玉裁 |
| 11765 | 揚 | 양 | 4 | 6 | 1914.09 | 學說 / 呂圭亨 | 楊雄 |
| 11766 | 揚 | 양 | 5 | 90 | 1914.12 | 關東講說〉講題 道不遠人 / 丁相燮 | 揚雄 |
| 11767 | 梁 | 양 | 3 | 61 | 1914.06 | 日誌大要 | |
| 11768 | 楊 | 양 | 1 | 28 | 1913.12 | 庸言 / 金允植 | |
| 11769 | 楊 | 양 | 5 | 85 | 1914.12 | 講說〉講題 謹庠序之敎申之以孝悌之義(大正三年十月十日第八回講演)〉續演 / 呂圭亨 | 楊朱 |
| 11770 | 楊 | 양 | 5 | 97 | 1914.12 | 關東講說〉講題 道不遠人 / 吳致翊 | |
| 11771 | 楊 | 양 | 6 | 60 | 1915.03 | 講說〉講題 善養吾浩然之氣(大正三年十一月二十一日第九回講演) / 李容植 | |
| 11772 | 楊 | 양 | 10 | 4 | 1916.03 | 經論 / 金元祐 | |

| 번호 | 원문 | 현대어(독음) | 호 | 쪽 | 발행일 | 기사명 / 필자 | 비고 |
|------|------|------------|----|----|--------|--------------|------|
| 11773 | 楊 | 양 | 10 | 21 | 1916.03 | 經學淺知錄 / 金文演 | 楊時 |
| 11774 | 楊 | 양 | 11 | 3 | 1916.06 | 經論 / 韓晩容 | |
| 11775 | 楊 | 양 | 15 | 52 | 1917.10 | 講說〉光州郡鄕校演講(大正六年四月二十六日)〉講演結辭 / 鄭崙秀 | 楊朱 |
| 11776 | 楊 | 양 | 16 | 20 | 1918.03 | 閒窓問對 / 朴昇東 | |
| 11777 | 楊 | 양 | 16 | 51 | 1918.03 | 講說〉講題 存其心養其性所以事天也(大正六年十月十四日江陵郡講演)〉續演 / 鄭鳳時 | |
| 11778 | 楊 | 양 | 18 | 19 | 1918.09 | 博川郡鄕校儒林契券序 / 金允植 | |
| 11779 | 楊 | 양 | 22 | 4 | 1922.03 | 禮辭(於儒道振興會臨時總會席上) / 金完鎭 | |
| 11780 | 楊 | 양 | 25 | 59 | 1924.12 | 講說〉講題 修道之謂敎 / 沈璿澤 | |
| 11781 | 楊 | 양 | 26 | 1 | 1925.12 | 仁義와 現代思潮 / 服部宇之吉 | 楊朱 |
| 11782 | 楊 | 양 | 26 | 13 | 1925.12 | 四書講解總說 / 元泳義 | |
| 11783 | 楊 | 양 | 26 | 70 | 1925.12 | 講說〉講題 儒家事業 / 金完鎭 | |
| 11784 | 楊 | 양 | 29 | 27 | 1928.12 | 三洙瑣談(續) / 元泳義 | |
| 11785 | 楊 | 양 | 35 | 1 | 1932.12 | 宗敎說 / 權純九 | |
| 11786 | 楊 | 양 | 35 | 2 | 1932.12 | 宗敎說 / 權純九 | |
| 11787 | 楊 | 양 | 39 | 14 | 1935.10 | 農村振興과 儒林의 覺醒(每日申報社說抄錄)－時運時變에 適應하라 | 楊子 |
| 11788 | 楊 | 양 | 40 | 12 | 1936.08 | 心田開發에 對한 儒敎 / 鄭鳳時 | 楊子 |
| 11789 | 楊 | 양 | 40 | 16 | 1936.08 | 文房四友說 / 韓昌愚 | |
| 11790 | 煬 | 양 | 8 | 11 | 1915.09 | 華山問答(續) / 李容稙 | 隋 煬帝 |
| 11791 | 梁 | 양 | 28 | 39 | 1927.12 | 碧棲梁講士挽章 / 金完鎭 | |
| 11792 | 兩程子 | 양 정자 | 11 | 66 | 1916.06 | 講說〉講題 人能弘道(大正四年三月十一日第十六回講演) / 李容稙 | 程顥와 程頤 |
| 11793 | 楊侃 | 양간 | 17 | 5 | 1918.07 | 經學管見(續) / 尹寧求 | |
| 11794 | 楊簡 | 양간 | 11 | 16 | 1916.06 | 經學管見(續) / 尹寧求 | |
| 11795 | 楊簡 | 양간 | 12 | 8 | 1916.12 | 經學管見(續) / 尹寧求 | |
| 11796 | 楊甲 | 양갑 | 11 | 15 | 1916.06 | 經學管見(續) / 尹寧求 | |
| 11797 | 楊倞 | 양경 | 21 | 14 | 1921.03 | 經學管見(續) / 尹寧求 | |
| 11798 | 良景 | 양경 | 40 | 15 | 1936.08 | 鄭隱溪翁六十一壽序 / 權純九 | |
| 11799 | 陽穀侯 | 양곡후 | 42 | 47 | 1937.12 | 文廟享祀位次及聖賢姓名爵號考 / 金完鎭 | 顔辛 |
| 11800 | 陽穀侯 | 양곡후 | 42 | 52 | 1937.12 | 文廟享祀位次及聖賢姓名爵號考 / 金完鎭 | 顔辛 |
| 11801 | 襄公 | 양공 | 2 | 29 | 1914.03 | 孔子年譜 / 呂圭亨 | |
| 11802 | 襄公 | 양공 | 2 | 30 | 1914.03 | 孔子年譜 / 呂圭亨 | |
| 11803 | 襄公 | 양공 | 2 | 31 | 1914.03 | 孔子年譜 / 呂圭亨 | |
| 11804 | 襄公 | 양공 | 20 | 50 | 1920.03 | 講說〉孔子誕辰及其道義辨 / 高墉柱 | |
| 11805 | 襄公 | 양공 | 20 | 51 | 1920.03 | 講說〉孔子誕辰及其道義辨 / 高墉柱 | |

| 번호 | 원문 | 현대어(독음) | 호 | 쪽 | 발행일 | 기사명 / 필자 | 비고 |
|---|---|---|---|---|---|---|---|
| 11806 | 楊縮 | 양관 | 12 | 11 | 1916.12 | 孟子緒論 / 金文演 | |
| 11807 | 楊縮 | 양관 | 12 | 12 | 1916.12 | 孟子緒論 / 金文演 | |
| 11808 | 楊廣 | 양광 | 44 | 58 | 1939.10 | 朝鮮詩學考 / 李昇圭 | 隋 煬帝 |
| 11809 | 楊光輔 | 양광보 | 9 | 21 | 1915.12 | 經學管見(下) / 尹寧求 | |
| 11810 | 梁邱 | 양구 | 31 | 6 | 1930.08 | 經學源流 / 權純九 | 梁丘賀 |
| 11811 | 梁丘據 | 양구거 | 5 | 38 | 1914.12 | 孔子年報(續) / 呂圭亨 | |
| 11812 | 楊龜山 | 양구산 | 9 | 19 | 1915.12 | 經學管見(下) / 尹寧求 | 楊時 |
| 11813 | 楊龜山 | 양구산 | 27 | 18 | 1926.12 | 易經講解總說 / 元泳義 | 楊時 |
| 11814 | 梁丘賀 | 양구하 | 9 | 18 | 1915.12 | 經學管見(下) / 尹寧求 | |
| 11815 | 梁權錫 | 양권석 | 20 | 37 | 1920.03 | 求禮郡文廟重修捐義錄小序 / 金商翊 | |
| 11816 | 楊貴妃 | 양귀비 | 46 | 63 | 1941.12 | 講演及講習〉時局と婦道實踐(講演速記) / 永田種秀 | |
| 11817 | 梁奎煥 | 양규환 | 20 | 37 | 1920.03 | 求禮郡文廟重修捐義錄小序 / 金商翊 | |
| 11818 | 梁根永 | 양근영 | 39 | 58 | 1935.10 | 明倫學院第六回入學許可者名簿(昭和十年度) | |
| 11819 | 梁根永 | 양근영 | 41 | 37 | 1937.02 | 文廟秋季釋奠狀況 | |
| 11820 | 梁根永 | 양근영 | 42 | 38 | 1937.12 | 文廟春季釋奠狀況 | |
| 11821 | 梁根永 | 양근영 | 43 | 59 | 1938.12 | 文廟秋季釋奠狀況 | |
| 11822 | 梁根永 | 양근영 | 43 | 72 | 1938.12 | 第六回卒業式狀況及第九回新入生名簿〉第六回卒業生名簿 | |
| 11823 | 梁基煥 | 양기환 | 38 | 44 | 1935.03 | 文廟釋奠狀況〉地方文廟秋期釋奠狀況表 | |
| 11824 | 梁斗煥 | 양두환 | 19 | 20 | 1918.12 | 雲山郡文廟祭官案序 / 申鉉求 | |
| 11825 | 梁斗煥 | 양두환 | 19 | 83 | 1918.12 | 地方報告〉[梁斗煥의 報告] | |
| 11826 | 楊萬里 | 양만리 | 21 | 17 | 1921.03 | 經學管見(續) / 尹寧求 | |
| 11827 | 陽明 | 양명 | 6 | 39 | 1915.03 | 孔子年報(續) / 呂圭亨 | |
| 11828 | 陽明 | 양명 | 10 | 23 | 1916.03 | 經學淺知錄 / 金文演 | 王守仁 |
| 11829 | 陽明 | 양명 | 30 | 29 | 1929.12 | 三洙瑣談(續) / 元泳義 | |
| 11830 | 陽明 | 양명 | 30 | 58 | 1929.12 | 講說〉講題 朝鮮의 在한 聖學道統 : 李退溪先生을 憶함 / 赤木萬二郎 | 王守仁 |
| 11831 | 陽明 | 양명 | 30 | 59 | 1929.12 | 講說〉講題 朝鮮의 在한 聖學道統 : 李退溪先生을 憶함 / 赤木萬二郎 | 王守仁 |
| 11832 | 陽明 | 양명 | 44 | 43 | 1939.10 | 大學主旨 / 崔浩然 | 王守仁, 원문은 陽明王氏 |
| 11833 | 楊名時 | 양명시 | 12 | 10 | 1916.12 | 經學管見(續) / 尹寧求 | |
| 11834 | 楊名時 | 양명시 | 13 | 3 | 1917.03 | 經學管見(續) / 尹寧求 | |
| 11835 | 梁武 | 양무 | 32 | 3 | 1930.12 | 經學源流(續) / 權純九 | |
| 11836 | 梁武帝 | 양무제 | 3 | 43 | 1914.06 | 講士視察見聞所記 / 呂圭亨 | |

| 번호 | 원문 | 현대어(독음) | 호 | 쪽 | 발행일 | 기사명 / 필자 | 비고 |
|---|---|---|---|---|---|---|---|
| 11837 | 楊墨 | 양묵 | 8 | 67 | 1915.09 | 地方報告〉[成樂賢의 報告] | |
| 11838 | 梁文教 | 양문교 | 20 | 38 | 1920.03 | 求禮郡文廟重修捐義錄小序 / 金商翊 | |
| 11839 | 梁伯 | 양백 | 30 | [5] | 1929.12 | 李龍眠畵宣聖及七十二弟子像贊(金石萃編) | |
| 11840 | 梁伯 | 양백 | 42 | 52 | 1937.12 | 文廟享祀位次及聖賢姓名爵號考 / 金完鎭 | 梁鱣 |
| 11841 | 楊伯起 | 양백기 | 17 | 22 | 1918.07 | 朔州郡儒林植樹組合契券序 / 金允植 | |
| 11842 | 梁白善 | 양백선 | 35 | 76 | 1932.12 | 明倫學院昭和七年度第三回入學許可者名簿 | |
| 11843 | 梁白善 | 양백선 | 36 | 29 | 1933.12 | 文廟釋奠狀況〉[春期釋奠 擧行] | |
| 11844 | 梁白善 | 양백선 | 36 | 53 | 1933.12 | 評議員會狀況〉事業經過報告 / 俞萬兼 | |
| 11845 | 梁白善 | 양백선 | 37 | 46 | 1934.10 | 文廟釋奠狀況〉[秋期釋奠 擧行] | |
| 11846 | 梁白善 | 양백선 | 37 | 69 | 1934.10 | 明倫學院第三回卒業生名簿 | |
| 11847 | 梁白善 | 양백선 | 39 | 51 | 1935.10 | 文廟釋奠狀況〉[春期釋奠 擧行] | |
| 11848 | 梁白善 | 양백선 | 39 | 56 | 1935.10 | 第三回卒業生名簿(新規第一回昭和十年三月) | |
| 11849 | 梁範錫 | 양범석 | 35 | 32 | 1932.12 | 文廟釋奠狀況〉[梁範錫의 보고] | |
| 11850 | 梁範錫 | 양범석 | 36 | 32 | 1933.12 | 文廟釋奠狀況〉[梁範錫의 보고] | |
| 11851 | 梁範錫 | 양범석 | 38 | 35 | 1935.03 | 地方儒林狀況〉[梁範錫의 보고] | |
| 11852 | 梁範錫 | 양범석 | 38 | 48 | 1935.03 | 文廟釋奠狀況〉地方文廟秋期釋奠狀況表 | |
| 11853 | 梁父侯 | 양보후 | 8 | 35 | 1915.09 | 賢關記聞 / 李大榮 | |
| 11854 | 梁父侯 | 양보후 | 42 | 46 | 1937.12 | 文廟享祀位次及聖賢姓名爵號考 / 金完鎭 | 公肩定 |
| 11855 | 梁父侯 | 양보후 | 42 | 53 | 1937.12 | 文廟享祀位次及聖賢姓名爵號考 / 金完鎭 | 公肩定 |
| 11856 | 梁鳳濟 | 양봉제 | 1 | 34 | 1913.12 | 聞經學院雜誌刱刊有呈 / 梁鳳濟 | |
| 11857 | 梁鳳濟 | 양봉제 | 1 | 52 | 1913.12 | 日誌大要 | |
| 11858 | 梁鳳濟 | 양봉제 | 1 | 58 | 1913.12 | 本院職員錄 大正二年十二月 日 現在 | |
| 11859 | 梁鳳濟 | 양봉제 | 2 | 58 | 1914.03 | 日誌大要 | |
| 11860 | 梁鳳濟 | 양봉제 | 2 | 85 | 1914.03 | 地方報告〉[梁鳳濟의 報告] | |
| 11861 | 梁鳳濟 | 양봉제 | 3 | 61 | 1914.06 | 日誌大要 | |
| 11862 | 梁鳳濟 | 양봉제 | 3 | [0] | 1914.06 | [經學院視察團旅行紀念] | |
| 11863 | 梁鳳濟 | 양봉제 | 6 | 57 | 1915.03 | 日誌大要 | |
| 11864 | 梁鳳濟 | 양봉제 | 7 | 65 | 1915.06 | 日誌大要 | |
| 11865 | 梁鳳濟 | 양봉제 | 7 | 74 | 1915.06 | 講說〉講題 孔子聖之時者也(大政四年三月十八日第十回講演)〉敷演 / 梁鳳濟 | |
| 11866 | 梁鳳濟 | 양봉제 | 9 | [19] | 1915.12 | 卽位大禮式獻頌文 / 梁鳳濟 | |
| 11867 | 梁鳳濟 | 양봉제 | 16 | 33 | 1918.03 | 日誌大要 | |
| 11868 | 梁鳳濟 | 양봉제 | 17 | 70 | 1918.07 | 地方報告〉[梁鳳濟의 報告] | |
| 11869 | 梁鳳濟 | 양봉제 | 18 | 43 | 1918.09 | 日誌大要 | |
| 11870 | 梁鳳濟 | 양봉제 | 18 | 44 | 1918.09 | 日誌大要 | |

| 번호 | 원문 | 현대어(독음) | 호 | 쪽 | 발행일 | 기사명 / 필자 | 비고 |
|---|---|---|---|---|---|---|---|
| 11871 | 梁鳳濟 | 양봉제 | 18 | 59 | 1918.09 | 講說〉講題 道在邇而求諸遠事在易而求諸難(大正七年五月十五日義州郡鄕校講演)〉敷演 / 梁鳳濟 | |
| 11872 | 梁鳳濟 | 양봉제 | 19 | 81 | 1918.12 | 地方報告〉[博川郡 儒林契 組織 消息] | |
| 11873 | 梁鳳濟 | 양봉제 | 22 | 48 | 1922.03 | 故經學院副提學久庵朴公挽詞 / 梁鳳濟 | |
| 11874 | 梁鳳濟 | 양봉제 | 23 | 85 | 1922.12 | 地方報告〉[梁鳳濟의 報告] | |
| 11875 | 梁鳳濟 | 양봉제 | 25 | 74 | 1924.12 | 地方報告〉[梁鳳濟의 報告] | |
| 11876 | 梁鳳濟 | 양봉제 | 27 | 54 | 1926.12 | 日誌大要 | |
| 11877 | 梁鳳濟 | 양봉제 | 28 | 46 | 1927.12 | 日誌大要 | |
| 11878 | 楊士奇 | 양사기 | 16 | 7 | 1918.03 | 經學管見(續) / 尹寧求 | |
| 11879 | 楊士奇 | 양사기 | 20 | 14 | 1920.03 | 經學管見(續) / 尹寧求 | |
| 11880 | 壤駟赤 | 양사적 | 30 | [8] | 1929.12 | 李龍眠畵宣聖及七十二弟子像贊(金石萃編) | |
| 11881 | 壤駟赤 | 양사적 | 42 | 47 | 1937.12 | 文廟享祀位次及聖賢姓名爵號考 / 金完鎭 | 上邽侯 |
| 11882 | 壤駟赤 | 양사적 | 42 | 53 | 1937.12 | 文廟享祀位次及聖賢姓名爵號考 / 金完鎭 | 上邽侯, 원문은 姓壤名駟赤 |
| 11883 | 梁泗川 | 양사천 | 28 | 76 | 1927.12 | 地方報告〉[鄭性謨 等의 報告] | |
| 11884 | 梁泗川 | 양사천 | 28 | 77 | 1927.12 | 地方報告〉[鄭性謨 等의 報告] | |
| 11885 | 梁錫煥 | 양석환 | 38 | 36 | 1935.03 | 地方儒林狀況〉[尹永泰의 보고] | |
| 11886 | 梁聖善 | 양성선 | 45 | 40 | 1940.12 | 朝鮮儒林大會(朝鮮儒道聯合會創立總會) 會錄槪要〉朝鮮儒道聯合會役員名簿(昭和十四年十一月一日現在) | |
| 11887 | 梁誠之 | 양성지 | 8 | 24 | 1915.09 | 尊經閣記 / 徐居正 撰 | |
| 11888 | 楊紹復 | 양소복 | 19 | 8 | 1918.12 | 經學管見(續) / 尹寧求 | |
| 11889 | 楊守泗 | 양수사 | 37 | 24 | 1934.10 | 敎化編年 / 李大榮 | |
| 11890 | 楊守陳 | 양수진 | 31 | 24 | 1930.08 | 靜雲精舍存藁序 / 鄭萬朝 | |
| 11891 | 楊循吉 | 양순길 | 7 | 42 | 1915.06 | 論語考證(續) / 金文演 | |
| 11892 | 梁承勳 | 양승숙 | 48 | 57 | 1944.04 | 一. 孝烈行跡報告 其三 / 李㙷演 | |
| 11893 | 楊時 | 양시 | 8 | 35 | 1915.09 | 賢關記聞 / 李大榮 | |
| 11894 | 楊時 | 양시 | 10 | 51 | 1916.03 | 賢關記聞(續) / 李大榮 | |
| 11895 | 楊時 | 양시 | 11 | 22 | 1916.06 | 經學管見(續) / 尹寧求 | |
| 11896 | 楊時 | 양시 | 12 | 7 | 1916.12 | 經學管見(續) / 尹寧求 | |
| 11897 | 楊時 | 양시 | 17 | 4 | 1918.07 | 經學管見(續) / 尹寧求 | |
| 11898 | 楊時 | 양시 | 21 | 19 | 1921.03 | 經學管見(續) / 尹寧求 | |
| 11899 | 楊時 | 양시 | 42 | 47 | 1937.12 | 文廟享祀位次及聖賢姓名爵號考 / 金完鎭 | 將樂伯 |
| 11900 | 楊時 | 양시 | 42 | 57 | 1937.12 | 文廟享祀位次及聖賢姓名爵號考 / 金完鎭 | 將樂伯, 원문은 性楊名時, 性은 姓의 오기 |

| 번호 | 원문 | 현대어(독음) | 호 | 쪽 | 발행일 | 기사명 / 필자 | 비고 |
|---|---|---|---|---|---|---|---|
| 11901 | 楊時偉 | 양시위 | 16 | 8 | 1918.03 | 經學管見(續) / 尹寧求 | |
| 11902 | 揚氏 | 양씨 | 6 | 2 | 1915.03 | 緒論 / 呂圭亨 | |
| 11903 | 楊氏 | 양씨 | 1 | 26 | 1913.12 | 庸言 / 金允植 | |
| 11904 | 楊氏 | 양씨 | 4 | 59 | 1914.09 | 講說〉講題 文質彬彬然後君子(大正三年六月十三日第六回講演) | |
| 11905 | 楊氏 | 양씨 | 4 | 60 | 1914.09 | 講說〉講題 文質彬彬然後君子(大正三年六月十三日第六回講演) | |
| 11906 | 楊氏 | 양씨 | 10 | 7 | 1916.03 | 經學說 / 李容稙 | |
| 11907 | 楊氏 | 양씨 | 10 | 8 | 1916.03 | 經學說 / 李容稙 | |
| 11908 | 楊氏 | 양씨 | 15 | 36 | 1917.10 | 講說〉講題 子曰君子之道四某未能一焉所求乎子以事父未能也所求乎臣以事君未能也所求乎弟以事兄未能也所求乎朋友先施之未能也(大正六年五月十二日第二十三回講演) / 朴齊斌 | |
| 11909 | 楊氏 | 양씨 | 16 | 44 | 1918.03 | 講說〉講題 林放問禮之本(大正六年九月二十七日平壤府鄉校講演) / 朴齊斌 | |
| 11910 | 楊氏 | 양씨 | 35 | 7 | 1932.12 | 心性情理氣圖解 / 元弘植 | |
| 11911 | 楊氏 | 양씨 | 38 | 27 | 1935.03 | 性理 | |
| 11912 | 楊氏 | 양씨 | 41 | 10 | 1937.02 | 我 / 金誠鎭 | |
| 11913 | 梁襄王 | 양양왕 | 26 | 19 | 1925.12 | 三洙瑣談(續) / 元泳義 | |
| 11914 | 梁梧鳳 | 양오봉 | 47 | 47 | 1943.01 | 經學院日誌大要(昭和十六年七月ヨリ昭和十七年六月マテ) | |
| 11915 | 養窩 | 양와 | 32 | 42 | 1930.12 | 地方報告〉地方儒林狀況〉[成樂賢의 報告] | 李世龜 |
| 11916 | 梁王 | 양왕 | 11 | 52 | 1916.06 | 讀書私記(第八號續) / 洪鐘佶 | |
| 11917 | 襄王 | 양왕 | 12 | 13 | 1916.12 | 孟子緒論 / 金文演 | |
| 11918 | 襄王 | 양왕 | 12 | 17 | 1916.12 | 孟子緒論 / 金文演 | |
| 11919 | 楊用脩 | 양용수 | 16 | 15 | 1918.03 | 詩經篤辨 / 金文演 | |
| 11920 | 梁佑贊 | 양우찬 | 25 | 78 | 1924.12 | 地方報告〉[韓永錫 等의 報告] | |
| 11921 | 揚雄 | 양웅 | 1 | 19 | 1913.12 | 經學當明者 二 / 呂圭亨 | |
| 11922 | 揚雄 | 양웅 | 4 | 4 | 1914.09 | 學說 / 呂圭亨 | |
| 11923 | 揚雄 | 양웅 | 4 | 6 | 1914.09 | 學說 / 呂圭亨 | |
| 11924 | 揚雄 | 양웅 | 4 | 45 | 1914.09 | 孔子年報(續) / 呂圭亨 | |
| 11925 | 揚雄 | 양웅 | 6 | 1 | 1915.03 | 緒論 / 呂圭亨 | |
| 11926 | 揚雄 | 양웅 | 6 | 5 | 1915.03 | 緒論 / 呂圭亨 | |
| 11927 | 揚雄 | 양웅 | 8 | 35 | 1915.09 | 賢關記聞 / 李大榮 | |
| 11928 | 揚雄 | 양웅 | 10 | 51 | 1916.03 | 賢關記聞(續) / 李大榮 | |
| 11929 | 揚雄 | 양웅 | 16 | 45 | 1918.03 | 講說〉講題 林放問禮之本(大正六年九月二十七日平壤府鄉校講演) / 朴齊斌 | |

| 번호 | 원문 | 현대어(독음) | 호 | 쪽 | 발행일 | 기사명 / 필자 | 비고 |
|------|------|------------|----|----|--------|--------------|------|
| 11930 | 揚雄 | 양웅 | 16 | 46 | 1918.03 | 講說〉講題 林放問禮之本(大正六年九月二十七日平壤府鄕校講演) / 朴齊斌 | |
| 11931 | 揚雄 | 양웅 | 17 | 27 | 1918.07 | 閒窓問對(續) / 朴昇東 | |
| 11932 | 楊雄 | 양웅 | 1 | 7 | 1913.12 | 論說 / 呂圭亨 | 揚雄 |
| 11933 | 楊雄 | 양웅 | 9 | 17 | 1915.12 | 經學管見(上) / 尹寧求 | 揚雄 |
| 11934 | 楊雄 | 양웅 | 21 | 16 | 1921.03 | 經學管見(續) / 尹寧求 | 揚雄 |
| 11935 | 楊雄 | 양웅 | 21 | 20 | 1921.03 | 經學管見(續) / 尹寧求 | 揚雄 |
| 11936 | 楊雄 | 양웅 | 24 | 29 | 1923.12 | 釋奠에 就하야 / 佐藤廣治 | 揚雄 |
| 11937 | 梁元植 | 양원식 | 33 | 35 | 1931.12 | 聲討顚末 | |
| 11938 | 楊子 | 양자 | 3 | 63 | 1914.06 | 講說〉講題 孝子所以事君也弟者所以事長也慈者所以使衆也(大正三年三月三日第五回講演) / 李容稙 | |
| 11939 | 楊子 | 양자 | 12 | 12 | 1916.12 | 孟子緖論 / 金文演 | |
| 11940 | 楊子 | 양자 | 16 | 51 | 1918.03 | 講說〉講題 存其心養其性所以事天也(大正六年十月十四日江陵郡講演)〉續演 / 鄭鳳時 | 揚雄으로 추정됨 |
| 11941 | 楊子 | 양자 | 25 | 64 | 1924.12 | 講說〉講題 儒敎者의 辯 / 朴箕陽 | |
| 11942 | 楊子 | 양자 | 26 | 2 | 1925.12 | 仁義와 現代思潮 / 服部宇之吉 | |
| 11943 | 楊子 | 양자 | 26 | 3 | 1925.12 | 仁義와 現代思潮 / 服部宇之吉 | |
| 11944 | 楊子 | 양자 | 26 | 4 | 1925.12 | 仁義와 現代思潮 / 服部宇之吉 | |
| 11945 | 楊子 | 양자 | 26 | 5 | 1925.12 | 仁義와 現代思潮 / 服部宇之吉 | |
| 11946 | 楊子 | 양자 | 29 | 28 | 1928.12 | 三洙瑣談(續) / 元泳義 | |
| 11947 | 楊子 | 양자 | 35 | 8 | 1932.12 | 心性情理氣圖解 / 元弘植 | |
| 11948 | 楊子 | 양자 | 36 | 3 | 1933.12 | 經義問對(續) / 韓昌愚 | |
| 11949 | 楊子 | 양자 | 39 | 3 | 1935.10 | 性善說 / 李學魯 | |
| 11950 | 楊子 | 양자 | 46 | 7 | 1941.12 | 大學序文先儒論辨 / 金誠鎭 | 楊朱 |
| 11951 | 襄子 | 양자 | 3 | 33 | 1914.06 | 孔子年報(續) / 呂圭亨 | |
| 11952 | 梁自善 | 양자선 | 37 | 46 | 1934.10 | 文廟釋奠狀況〉[秋期釋奠 擧行] | |
| 11953 | 梁自善 | 양자선 | 37 | 69 | 1934.10 | 明倫學院第三回卒業生名簿 | |
| 11954 | 楊子雲 | 양자운 | 10 | 5 | 1916.03 | 經論 / 金元祐 | |
| 11955 | 楊子雲 | 양자운 | 16 | 15 | 1918.03 | 詩經蔦辨 / 金文演 | |
| 11956 | 楊爵 | 양작 | 16 | 5 | 1918.03 | 經學管見(續) / 尹寧求 | |
| 11957 | 梁在奎 | 양재규 | 45 | 38 | 1940.12 | 朝鮮儒林大會(朝鮮儒道聯合會創立總會) 會錄槪要〉朝鮮儒道聯合會役員名簿(昭和十四年十一月一日現在) | |
| 11958 | 梁在祺 | 양재기 | 20 | 37 | 1920.03 | 求禮郡文廟重修捐義錄小序 / 金商翊 | |
| 11959 | 梁在鳳 | 양재봉 | 45 | 39 | 1940.12 | 朝鮮儒林大會(朝鮮儒道聯合會創立總會) 會錄槪要〉朝鮮儒道聯合會役員名簿(昭和十四年十一月一日現在) | |

| 번호 | 원문 | 현대어(독음) | 호 | 쪽 | 발행일 | 기사명 / 필자 | 비고 |
|---|---|---|---|---|---|---|---|
| 11960 | 梁在昶 | 양재창 | 45 | 29 | 1940.12 | 朝鮮儒林大會(朝鮮儒道聯合會創立總會) 會錄槪要〉朝鮮儒道聯合會役員名簿(昭和十四年十一月一日現在) | |
| 11961 | 梁鱣 | 양전 | 30 | [5] | 1929.12 | 李龍眠畵宣聖及七十二弟子像贊(金石萃編) | |
| 11962 | 梁鱣 | 양전 | 42 | 46 | 1937.12 | 文廟享祀位次及聖賢姓名爵號考 / 金完鎭 | 千乘侯 |
| 11963 | 梁鱣 | 양전 | 42 | 52 | 1937.12 | 文廟享祀位次及聖賢姓名爵號考 / 金完鎭 | 千乘侯, 원문은 姓梁名鱣 |
| 11964 | 楊廷和 | 양정화 | 16 | 4 | 1918.03 | 經學管見(續) / 尹寧求 | |
| 11965 | 煬帝 | 양제 | 32 | 4 | 1930.12 | 經學源流(續) / 權純九 | |
| 11966 | 煬帝 | 양제 | 32 | 5 | 1930.12 | 經學源流(續) / 權純九 | |
| 11967 | 煬帝 | 양제 | 32 | 6 | 1930.12 | 經學源流(續) / 權純九 | |
| 11968 | 梁宗鎬 | 양종호 | 20 | 38 | 1920.03 | 求禮郡文廟重修捐義錄小序 / 金商翊 | |
| 11969 | 楊朱 | 양주 | 4 | 6 | 1914.09 | 學說 / 呂圭亨 | |
| 11970 | 楊朱 | 양주 | 9 | 10 | 1915.12 | 格致管見(續) / 李鼎煥 | |
| 11971 | 楊朱 | 양주 | 15 | 49 | 1917.10 | 講說〉光州郡鄕校演講(大正六年四月二十六日)〉講題 子莫執中執中爲近之執中無權猶執一也 / 李容稙 | |
| 11972 | 楊朱 | 양주 | 15 | 50 | 1917.10 | 講說〉光州郡鄕校演講(大正六年四月二十六日)〉講題 子莫執中執中爲近之執中無權猶執一也 / 李容稙 | |
| 11973 | 楊朱 | 양주 | 16 | 50 | 1918.03 | 講說〉講題 存其心養其性所以事天也(大正六年十月十四日江陵郡講演)〉續演 / 鄭鳳時 | |
| 11974 | 楊朱 | 양주 | 18 | 58 | 1918.09 | 講說〉講題 道在邇而求諸遠事在易而求諸難(大正七年五月十五日義州郡鄕校講演) / 李容稙 | |
| 11975 | 楊朱 | 양주 | 19 | 73 | 1918.12 | 講說〉講題 孟懿子問孝(大正七年十一月十六日第三十二回講演) / 朴齊斌 | |
| 11976 | 楊朱 | 양주 | 26 | 30 | 1925.12 | 釋奠에 就ᄒ야(續) / 佐藤廣治 | |
| 11977 | 楊朱 | 양주 | 39 | 3 | 1935.10 | 性善說 / 李學魯 | |
| 11978 | 楊駿 | 양준 | 10 | 48 | 1916.03 | 賢關記聞(續) / 李大榮 | |
| 11979 | 楊中立 | 양중립 | 27 | 32 | 1926.12 | 三洙瑣談(續) / 元泳義 | |
| 11980 | 楊津 | 양진 | 1 | 20 | 1913.12 | 經學當明者 三 / 呂圭亨 | |
| 11981 | 楊津 | 양진 | 1 | 21 | 1913.12 | 經學當明者 三 / 呂圭亨 | |
| 11982 | 楊震 | 양진 | 2 | 70 | 1914.03 | 講說〉講題 必愼其獨(大正二年十一月八日第四回講演)〉敷演 / 李容稙 | |
| 11983 | 楊震 | 양진 | 2 | 71 | 1914.03 | 講說〉講題 必愼其獨(大正二年十一月八日第四回講演)〉敷演 / 鄭鳳時 | |
| 11984 | 陽震 | 양진 | 16 | 17 | 1918.03 | 詩經蓋辨 / 金文演 | |

| 번호 | 원문 | 현대어(독음) | 호 | 쪽 | 발행일 | 기사명 / 필자 | 비고 |
|------|------|------|----|----|--------|---------------|------|
| 11985 | 楊瑒 | 양창 | 32 | 6 | 1930.12 | 經學源流(續) / 權純九 | |
| 11986 | 陽處父 | 양처보 | 6 | 45 | 1915.03 | 論語考證 / 金文演 | |
| 11987 | 暘川 | 양천 | 33 | 10 | 1931.12 | 陽川朴公遺墟碑 / 魏大源 | 朴榮勳 |
| 11988 | 梁川武春 | 양천무춘 | 48 | 52 | 1944.04 | 釋奠狀況〉昭和十八年春季釋奠狀況 | |
| 11989 | 梁川徵主 | 양천징주 | 47 | 41 | 1943.01 | 釋奠狀況〉昭和十七年秋季釋奠狀況 | |
| 11990 | 梁川徵主 | 양천징주 | 48 | 52 | 1944.04 | 釋奠狀況〉昭和十八年春季釋奠狀況 | |
| 11991 | 梁鐵堅 | 양철견 | 23 | 88 | 1922.12 | 地方報告〉[乾元祠 新建 關聯 報告] | |
| 11992 | 梁太種 | 양태종 | 43 | 29 | 1938.12 | 儒林特志〉[姜錫圭의 보고]〉祭需品奉納者氏名及物名 | |
| 11993 | 楊泰洪 | 양태홍 | 19 | 37 | 1918.12 | 日誌大要 | |
| 11994 | 梁判鎭 | 양판진 | 39 | 58 | 1935.10 | 明倫學院第六回入學許可者名簿(昭和十年度) | |
| 11995 | 梁判鎭 | 양판진 | 42 | 38 | 1937.12 | 文廟春季釋奠狀況 | |
| 11996 | 梁判鎭 | 양판진 | 43 | 59 | 1938.12 | 文廟秋季釋奠狀況 | |
| 11997 | 梁判鎭 | 양판진 | 43 | 73 | 1938.12 | 第六回卒業式狀況及第九回新入生名簿〉第六回卒業生名簿 | |
| 11998 | 陽平侯 | 양평후 | 42 | 55 | 1937.12 | 文廟享祀位次及聖賢姓名爵號考 / 金完鎭 | 琴張 |
| 11999 | 陽平侯 | 양평후 | 42 | 47 | 1937.12 | 文廟享祀位次及聖賢姓名爵號考 / 金完鎭 | 琴張 |
| 12000 | 楊何 | 양하 | 27 | 17 | 1926.12 | 易經講解總說 / 元泳義 | |
| 12001 | 梁夏永 | 양하영 | 23 | 88 | 1922.12 | 地方報告〉[乾元祠 新建 關聯 報告] | |
| 12002 | 梁項生 | 양항생 | 9 | 20 | 1915.12 | 經學管見(下) / 尹寧求 | |
| 12003 | 良鄕伯 | 양향백 | 42 | 56 | 1937.12 | 文廟享祀位次及聖賢姓名爵號考 / 金完鎭 | 盧植 |
| 12004 | 良鄕伯 | 양향백 | 42 | 46 | 1937.12 | 文廟享祀位次及聖賢姓名爵號考 / 金完鎭 | 盧植 |
| 12005 | 楊鉉澤 | 양현택 | 38 | 44 | 1935.03 | 文廟釋奠狀況〉地方文廟秋期釋奠狀況表 | |
| 12006 | 梁惠 | 양혜 | 5 | 82 | 1914.12 | 講說〉講題 謹庠序之敎申之以孝悌之義(大正三年十月十日第八回講演)〉敷演 / 鄭鳳時 | 梁惠王 |
| 12007 | 梁惠 | 양혜 | 30 | 49 | 1929.12 | 講說〉講題 旣庶矣富之旣富矣敎之 / 李學魯 | 梁惠王 |
| 12008 | 梁惠 | 양혜 | 31 | 19 | 1930.08 | 講題 德者本也財者末也 / 魏大源 | 梁惠王 |
| 12009 | 梁惠王 | 양혜왕 | 5 | 80 | 1914.12 | 講說〉講題 謹庠序之敎申之以孝悌之義(大正三年十月十日第八回講演) / 李容稙 | |
| 12010 | 梁惠王 | 양혜왕 | 8 | 70 | 1915.09 | 地方報告〉[崔東吉의 報告] | |
| 12011 | 梁惠王 | 양혜왕 | 9 | 31 | 1915.12 | 賢關記聞(續) / 李大榮 | |
| 12012 | 梁惠王 | 양혜왕 | 11 | 49 | 1916.06 | 讀書私記(第八號續) / 洪鐘佶 | |
| 12013 | 梁惠王 | 양혜왕 | 12 | 12 | 1916.12 | 孟子緖論 / 金文演 | |
| 12014 | 梁惠王 | 양혜왕 | 13 | 39 | 1917.03 | 講說〉講題 五畝之宅樹之以桑(大正五年六月十日第十九回講演) / 李容稙 | |
| 12015 | 梁惠王 | 양혜왕 | 17 | 29 | 1918.07 | 洙澳問答 / 元泳義 | |
| 12016 | 梁惠王 | 양혜왕 | 17 | 30 | 1918.07 | 洙澳問答 / 元泳義 | |

| 번호 | 원문 | 현대어(독음) | 호 | 쪽 | 발행일 | 기사명 / 필자 | 비고 |
|---|---|---|---|---|---|---|---|
| 12017 | 梁惠王 | 양혜왕 | 17 | 31 | 1918.07 | 洙澳問答 / 元泳義 | |
| 12018 | 梁惠王 | 양혜왕 | 24 | 8 | 1923.12 | 經義問對(續) / 沈璿澤 | |
| 12019 | 梁惠王 | 양혜왕 | 28 | 55 | 1927.12 | 講說〉講題 謹庠序之敎申之以孝悌之義 / 鄭鳳時 | |
| 12020 | 梁惠王 | 양혜왕 | 30 | 2 | 1929.12 | 仁義說示友人 / 鄭萬朝 | |
| 12021 | 陽虎 | 양호 | 2 | 31 | 1914.03 | 孔子年譜 / 呂圭亨 | |
| 12022 | 陽虎 | 양호 | 3 | 31 | 1914.06 | 孔子年報(續) / 呂圭亨 | |
| 12023 | 陽虎 | 양호 | 4 | 40 | 1914.09 | 孔子年報(續) / 呂圭亨 | |
| 12024 | 陽虎 | 양호 | 4 | 41 | 1914.09 | 孔子年報(續) / 呂圭亨 | |
| 12025 | 陽虎 | 양호 | 5 | 42 | 1914.12 | 孔子年報(續) / 呂圭亨 | |
| 12026 | 陽虎 | 양호 | 5 | 43 | 1914.12 | 孔子年報(續) / 呂圭亨 | 원문은 虎 |
| 12027 | 陽虎 | 양호 | 30 | 47 | 1929.12 | 講說〉講題 旣庶矣富之旣富矣敎之 / 鄭鳳時 | |
| 12028 | 陽湖趙翼 | 양호조익 | 6 | 45 | 1915.03 | 論語考證 / 金文演 | |
| 12029 | 梁鴻志 | 양홍지 | 39 | 30 | 1935.10 | 東京斯文會主催儒道大會狀況 | |
| 12030 | 陽貨 | 양화 | 6 | 50 | 1915.03 | 論語分類一覽 / 金文演 | |
| 12031 | 陽貨 | 양화 | 7 | 51 | 1915.06 | 讀書私記 / 洪鐘佶 | |
| 12032 | 陽貨 | 양화 | 26 | 18 | 1925.12 | 三洙瑣談(續) / 元泳義 | |
| 12033 | 梁會奎 | 양회규 | 33 | 37 | 1931.12 | 聲討顚末 | |
| 12034 | 魚潭 | 어담 | 45 | 25 | 1940.12 | 朝鮮儒林大會(朝鮮儒道聯合會創立總會) 會錄槪要〉朝鮮儒道聯合會役員名簿(昭和十四年十一月一日現在) | |
| 12035 | 魚世謙 | 어세겸 | 8 | 24 | 1915.09 | 尊經閣記 / 徐居正 撰 | |
| 12036 | 御手洗辰雄 | 어수세진웅 | 45 | 26 | 1940.12 | 朝鮮儒林大會(朝鮮儒道聯合會創立總會) 會錄槪要〉朝鮮儒道聯合會役員名簿(昭和十四年十一月一日現在) | 미타라이 다츠오 |
| 12037 | 漁陽伯 | 어양백 | 30 | [10] | 1929.12 | 李龍眠畵宣聖及七十二弟子像贊(金石萃編) | |
| 12038 | 漁陽伯 | 어양백 | 42 | 54 | 1937.12 | 文廟享祀位次及聖賢姓名爵號考 / 金完鎭 | 燕汲 |
| 12039 | 魚元善 | 어원선 | 31 | 62 | 1930.08 | 入學許可者名簿 | |
| 12040 | 魚元善 | 어원선 | 32 | 37 | 1930.12 | 日誌大要 | |
| 12041 | 魚元善 | 어원선 | 35 | 30 | 1932.12 | 文廟釋奠狀況 | |
| 12042 | 魚元善 | 어원선 | 35 | 74 | 1932.12 | 明倫學院第一回卒業生名簿 | |
| 12043 | 魚元善 | 어원선 | 36 | 25 | 1933.12 | 文廟釋奠狀況〉[秋期釋奠 擧行] | |
| 12044 | 魚元善 | 어원선 | 36 | 30 | 1933.12 | 文廟釋奠狀況〉[春期釋奠 擧行] | |
| 12045 | 魚元善 | 어원선 | 36 | 70 | 1933.12 | 明倫學院補習科第一回修了生名簿 | |
| 12046 | 魚允迪 | 어윤적 | 23 | 39 | 1922.12 | 孔夫子忌辰四十周甲追慕禮式及紀念事業發起文 | |
| 12047 | 魚允迪 | 어윤적 | 23 | 56 | 1922.12 | 日誌大要 | |

| 번호 | 원문 | 현대어(독음) | 호 | 쪽 | 발행일 | 기사명 / 필자 | 비고 |
|---|---|---|---|---|---|---|---|
| 12048 | 魚允迪 | 어윤적 | 23 | 57 | 1922.12 | 日誌大要 | |
| 12049 | 魚允迪 | 어윤적 | 30 | 35 | 1929.12 | 祭粢料傳達式狀況 | |
| 12050 | 魚允迪 | 어윤적 | 31 | 54 | 1930.08 | 事務報告 / 神尾弌春 | |
| 12051 | 魚允迪 | 어윤적 | 31 | 60 | 1930.08 | 明倫學院職員名簿 | |
| 12052 | 魚允迪 | 어윤적 | 32 | 39 | 1930.12 | 日誌大要 | |
| 12053 | 魚允迪 | 어윤적 | 33 | 28 | 1931.12 | 聲討顚末 | |
| 12054 | 魚允迪 | 어윤적 | 34 | 29 | 1932.03 | 賀崔君崙熙大庭稼圃詞伯七一長筵 / 魚允迪 | |
| 12055 | 魚允迪 | 어윤적 | 34 | 55 | 1932.03 | 明倫學院職員名簿 | |
| 12056 | 魚允迪 | 어윤적 | 34 | 56 | 1932.03 | 明倫學院評議會員名簿 | |
| 12057 | 魚允迪 | 어윤적 | 35 | 72 | 1932.12 | 明倫學院職員名簿 | |
| 12058 | 魚允迪 | 어윤적 | 36 | 20 | 1933.12 | 澹圃姜講師挽 / 魚允迪 | |
| 12059 | 魚允迪 | 어윤적 | 36 | 64 | 1933.12 | 明倫學院職員名簿 | |
| 12060 | 魚允迪 | 어윤적 | 36 | 66 | 1933.12 | 明倫學院評議員名簿 | |
| 12061 | 魚允迪 | 어윤적 | 37 | 40 | 1934.10 | 地方儒林狀況〉[李大榮의 보고]〉書院狀況 | |
| 12062 | 魚允迪 | 어윤적 | 37 | 44 | 1934.10 | 日誌大要 | |
| 12063 | 魚允迪 | 어윤적 | 37 | 67 | 1934.10 | 明倫學院評議員名簿 | |
| 12064 | 魚允中 | 어윤중 | 24 | 13 | 1923.12 | 彝峯金公遺墟碑文 / 成岐運 | |
| 12065 | 彦陵張氏 | 언릉 장씨 | 13 | 2 | 1917.03 | 經學管見(續) / 尹寧求 | |
| 12066 | 言偃 | 언언 | 2 | 36 | 1914.03 | 大成殿神位圖 | 子游, 吳公 |
| 12067 | 言偃 | 언언 | 30 | [2] | 1929.12 | 李龍眠畵宣聖及七十二弟子像贊(金石萃編) | |
| 12068 | 言偃 | 언언 | 42 | 46 | 1937.12 | 文廟享祀位次及聖賢姓名爵號考 / 金完鎭 | 吳公 |
| 12069 | 言偃 | 언언 | 42 | 50 | 1937.12 | 文廟享祀位次及聖賢姓名爵號考 / 金完鎭 | 吳公, 원문은 姓言名偃 |
| 12070 | 彦鎬 | 언호 | 33 | 4 | 1931.12 | 經筵問對箚記 / 權純九 | |
| 12071 | 彦鎬 | 언호 | 33 | 5 | 1931.12 | 經筵問對箚記 / 權純九 | |
| 12072 | 彦鎬 | 언호 | 33 | 6 | 1931.12 | 經筵問對箚記 / 權純九 | |
| 12073 | 嚴 | 엄 | 45 | 135 | 1940.12 | 咸鏡南道儒道聯合會結成式 | 嚴昌燮 |
| 12074 | 嚴幹 | 엄간 | 11 | 4 | 1916.06 | 經論 / 韓晩容 | |
| 12075 | 嚴京松 | 엄경송 | 36 | 72 | 1933.12 | 明倫學院第四回入學許可者名簿 | |
| 12076 | 嚴京松 | 엄경송 | 37 | 45 | 1934.10 | 文廟釋奠狀況〉[秋期釋奠 擧行] | |
| 12077 | 嚴京松 | 엄경송 | 37 | 46 | 1934.10 | 文廟釋奠狀況〉[秋期釋奠 擧行] | |
| 12078 | 嚴京松 | 엄경송 | 37 | 51 | 1934.10 | 文廟釋奠狀況〉[春期釋奠 擧行] | |
| 12079 | 嚴京松 | 엄경송 | 38 | 44 | 1935.03 | 文廟釋奠狀況〉[秋期釋奠 擧行] | |
| 12080 | 嚴京松 | 엄경송 | 39 | 52 | 1935.10 | 文廟釋奠狀況〉[春期釋奠 擧行] | |
| 12081 | 嚴京松 | 엄경송 | 40 | 35 | 1936.08 | 文廟釋奠狀況〉[秋期釋奠 擧行] | |
| 12082 | 嚴京松 | 엄경송 | 40 | 62 | 1936.08 | 第四回卒業式狀況及第七回新入生名簿〉第四回卒業生名簿 | |

| 번호 | 원문 | 현대어(독음) | 호 | 쪽 | 발행일 | 기사명 / 필자 | 비고 |
|---|---|---|---|---|---|---|---|
| 12083 | 嚴京松 | 엄경송 | 41 | 35 | 1937.02 | 文廟春季釋奠狀況 | |
| 12084 | 嚴箕變 | 엄기변 | 39 | 53 | 1935.10 | 文廟釋奠狀況〉地方文廟春期釋奠狀況表 | |
| 12085 | 嚴箕變 | 엄기섭 | 38 | 47 | 1935.03 | 文廟釋奠狀況〉地方文廟秋期釋奠狀況表 | |
| 12086 | 嚴琦永 | 엄기영 | 38 | 45 | 1935.03 | 文廟釋奠狀況〉地方文廟秋期釋奠狀況表 | |
| 12087 | 嚴達煥 | 엄달환 | 37 | 44 | 1934.10 | 日誌大要 | |
| 12088 | 嚴達煥 | 엄달환 | 37 | 68 | 1934.10 | 明倫學院評議員名簿 | |
| 12089 | 嚴達煥 | 엄달환 | 38 | 51 | 1935.03 | 第五會評議員會狀況 | |
| 12090 | 嚴達煥 | 엄달환 | 41 | 63 | 1937.02 | 明倫學院評議員名簿(昭和十一年一月一日) | |
| 12091 | 嚴達煥 | 엄달환 | 43 | 43 | 1938.12 | 故大提學鄭鳳時先生輓詞 / 嚴達煥 | |
| 12092 | 嚴達煥 | 엄달환 | 45 | 27 | 1940.12 | 朝鮮儒林大會(朝鮮儒道聯合會創立總會) 會錄概要〉朝鮮儒道聯合會役員名簿(昭和十四年十一月一日現在) | |
| 12093 | 嚴僕射 | 엄 복야 | 30 | 36 | 1929.12 | 祭粢料傳達式狀況 / 鄭萬朝 | 嚴武 |
| 12094 | 嚴思溶 | 엄사용 | 4 | 67 | 1914.09 | 地方報告〉[嚴思溶과 池瑀錫의 報告] | |
| 12095 | 嚴嵩 | 엄숭 | 16 | 5 | 1918.03 | 經學管見(續) / 尹寧求 | |
| 12096 | 嚴植 | 엄식 | 32 | 3 | 1930.12 | 經學源流(續) / 權純九 | |
| 12097 | 嚴原正士 | 엄원정사 | 46 | 33 | 1941.12 | 明倫專門學院日誌大要(昭和十四年七月ヨリ昭和十六年六月マデ) | 嚴達煥 |
| 12098 | 嚴允變 | 엄윤섭 | 45 | 29 | 1940.12 | 朝鮮儒林大會(朝鮮儒道聯合會創立總會) 會錄概要〉朝鮮儒道聯合會役員名簿(昭和十四年十一月一日現在) | |
| 12099 | 嚴日變 | 엄일섭 | 48 | 57 | 1944.04 | 一. 孝烈行跡報告 其三 / 李㙔演 | |
| 12100 | 嚴柱明 | 엄주명 | 45 | 32 | 1940.12 | 朝鮮儒林大會(朝鮮儒道聯合會創立總會) 會錄概要〉朝鮮儒道聯合會役員名簿(昭和十四年十一月一日現在) | |
| 12101 | 嚴柱完 | 엄주완 | 45 | 21 | 1940.12 | 朝鮮儒林大會(朝鮮儒道聯合會創立總會) 會錄概要〉朝鮮儒道聯合會役員名簿(昭和十四年十一月一日現在) | |
| 12102 | 嚴柱儀 | 엄주의 | 44 | 53 | 1939.10 | 孝烈行蹟〉[曹冕承의 보고] | |
| 12103 | 嚴柱儀 | 엄주의 | 44 | 54 | 1939.10 | 孝烈行蹟〉[曹冕承의 보고] | 원문은 柱儀 |
| 12104 | 嚴昌變 | 엄창섭 | 35 | 63 | 1932.12 | 評議員會狀況〉事業經過報告 / 高木善人 | |
| 12105 | 嚴昌變 | 엄창섭 | 37 | 44 | 1934.10 | 日誌大要 | |
| 12106 | 嚴昌變 | 엄창섭 | 37 | 65 | 1934.10 | 明倫學院職員名簿 | |
| 12107 | 嚴昌變 | 엄창섭 | 38 | 51 | 1935.03 | 第五會評議員會狀況 | |
| 12108 | 嚴昌變 | 엄창섭 | 41 | 33 | 1937.02 | 日誌大要 | |
| 12109 | 嚴昌變 | 엄창섭 | 45 | 24 | 1940.12 | 朝鮮儒林大會(朝鮮儒道聯合會創立總會) 會錄概要〉朝鮮儒道聯合會役員名簿(昭和十四年十一月一日現在) | |

| 번호 | 원문 | 현대어(독음) | 호 | 쪽 | 발행일 | 기사명 / 필자 | 비고 |
|---|---|---|---|---|---|---|---|
| 12110 | 嚴泰燮 | 엄태섭 | 16 | 57 | 1918.03 | 地方報告〉[鄭鳳時의 報告] | |
| 12111 | 嚴彭祖 | 엄팽조 | 10 | 14 | 1916.03 | 經學管見(續) / 尹寧求 | |
| 12112 | 呂 | 여 | 19 | 56 | 1918.12 | 講說〉講題 子路人告之以有過則喜(大正七年九月七日第三十回講演)〉續演 / 呂圭亨 | 呂尙 |
| 12113 | 呂 | 여 | 22 | 50 | 1922.03 | 故經學院講士荷亭呂公輓詞 / 朴箕陽 | 呂圭亨 |
| 12114 | 厲 | 여 | 31 | 3 | 1930.08 | 經學源流 / 權純九 | |
| 12115 | 余古農 | 여고농 | 10 | 24 | 1916.03 | 經學淺知錄 / 金文演 | 余蕭客 |
| 12116 | 黎公 | 여공 | 2 | 36 | 1914.03 | 大成殿神位圖 | 端木賜 |
| 12117 | 黎公 | 여공 | 42 | 46 | 1937.12 | 文廟享祀位次及聖賢姓名爵號考 / 金完鎭 | 端木賜 |
| 12118 | 黎公 | 여공 | 42 | 49 | 1937.12 | 文廟享祀位次及聖賢姓名爵號考 / 金完鎭 | 端木賜, 子貢 |
| 12119 | 呂圭庠 | 여규상 | 26 | 88 | 1925.12 | 地方報告〉[呂圭庠 等의 報告] | |
| 12120 | 呂圭台 | 여규태 | 17 | 37 | 1918.07 | 經義問對 / 呂圭台 | |
| 12121 | 呂圭弼 | 여규필 | 9 | 42 | 1915.12 | 日誌大要 | |
| 12122 | 呂圭亨 | 여규형 | 1 | 7 | 1913.12 | 論說 / 呂圭亨 | |
| 12123 | 呂圭亨 | 여규형 | 1 | 16 | 1913.12 | 經學當明者 一 / 呂圭亨 | |
| 12124 | 呂圭亨 | 여규형 | 1 | 46 | 1913.12 | 日誌大要 | |
| 12125 | 呂圭亨 | 여규형 | 1 | 56 | 1913.12 | 日誌大要 | |
| 12126 | 呂圭亨 | 여규형 | 1 | 57 | 1913.12 | 日誌大要 | |
| 12127 | 呂圭亨 | 여규형 | 1 | 58 | 1913.12 | 本院職員錄 大正二年十二月 日 現在 | |
| 12128 | 呂圭亨 | 여규형 | 1 | 59 | 1913.12 | 本院職員錄 大正二年十二月 日 現在 | |
| 12129 | 呂圭亨 | 여규형 | 1 | 64 | 1913.12 | 講說〉大正二年六月十四日第一回演講〉(講章益者三友損者三友)〉續演 / 呂圭亨 | |
| 12130 | 呂圭亨 | 여규형 | 1 | 68 | 1913.12 | 講說〉大正二年九月四日第二回演講〉(講章此之謂絜矩之道)〉敷演 / 呂圭亨 | |
| 12131 | 呂圭亨 | 여규형 | 2 | 1 | 1914.03 | 經學院雜誌 第二號 序 / 呂圭亨 | |
| 12132 | 呂圭亨 | 여규형 | 2 | 12 | 1914.03 | 經學當明者五之續論 / 呂圭亨 | |
| 12133 | 呂圭亨 | 여규형 | 2 | 13 | 1914.03 | 格致管見 / 李鼎煥 | |
| 12134 | 呂圭亨 | 여규형 | 2 | 27 | 1914.03 | 孔子年譜 / 呂圭亨 | |
| 12135 | 呂圭亨 | 여규형 | 2 | 51 | 1914.03 | 日誌大要 | |
| 12136 | 呂圭亨 | 여규형 | 2 | 73 | 1914.03 | 講說〉講題 必愼其獨(大正二年十一月八日第四回講演)〉續演 / 呂圭亨 | |
| 12137 | 呂圭亨 | 여규형 | 3 | 1 | 1914.06 | 經學院雜誌 第三號 序 / 呂圭亨 | |
| 12138 | 呂圭亨 | 여규형 | 3 | 9 | 1914.06 | 論四經讀法(上篇) / 呂圭亨 | |
| 12139 | 呂圭亨 | 여규형 | 3 | 12 | 1914.06 | 錄學校編纂敎科書鹽谷世弘氏所撰中江藤樹一段 / 呂圭亨 | |
| 12140 | 呂圭亨 | 여규형 | 3 | 29 | 1914.06 | 孔子年報(續) / 呂圭亨 | |

| 번호 | 원문 | 현대어(독음) | 호 | 쪽 | 발행일 | 기사명 / 필자 | 비고 |
|---|---|---|---|---|---|---|---|
| 12141 | 呂圭亨 | 여규형 | 3 | 56 | 1914.06 | 日誌大要 | |
| 12142 | 呂圭亨 | 여규형 | 3 | 60 | 1914.06 | 日誌大要 | |
| 12143 | 呂圭亨 | 여규형 | 3 | 69 | 1914.06 | 講說〉講題 孝子所以事君也弟者所以事長也慈者所以使衆也(大正三年三月三日第五回講演)〉續演 / 呂圭亨 | |
| 12144 | 呂圭亨 | 여규형 | 3 | [0] | 1914.06 | [經學院視察團旅行紀念] | |
| 12145 | 呂圭亨 | 여규형 | 4 | 2 | 1914.09 | 學說 / 呂圭亨 | |
| 12146 | 呂圭亨 | 여규형 | 4 | 23 | 1914.09 | 張橫渠正蒙書中第七大心編讀解私記 / 呂圭亨 | |
| 12147 | 呂圭亨 | 여규형 | 4 | 38 | 1914.09 | 孔子年報(續) / 呂圭亨 | |
| 12148 | 呂圭亨 | 여규형 | 4 | 53 | 1914.09 | 日誌大要 | |
| 12149 | 呂圭亨 | 여규형 | 4 | 61 | 1914.09 | 講說〉講題 文質彬彬然後君子(大正三年六月十三日第六回講演) | |
| 12150 | 呂圭亨 | 여규형 | 5 | 1 | 1914.12 | 論四經讀法(下篇) / 呂圭亨 | |
| 12151 | 呂圭亨 | 여규형 | 5 | 25 | 1914.12 | 定性書演解 / 呂圭亨 | |
| 12152 | 呂圭亨 | 여규형 | 5 | 37 | 1914.12 | 孔子年報(續) / 呂圭亨 | |
| 12153 | 呂圭亨 | 여규형 | 5 | 68 | 1914.12 | 日誌大要 | |
| 12154 | 呂圭亨 | 여규형 | 5 | 69 | 1914.12 | 日誌大要 | |
| 12155 | 呂圭亨 | 여규형 | 5 | 74 | 1914.12 | 講說〉講題 道也者不可須臾離也(大正三年九月二十九日第七回講演)〉續演 / 呂圭亨 | |
| 12156 | 呂圭亨 | 여규형 | 5 | 84 | 1914.12 | 講說〉講題 謹庠序之敎申之以孝悌之義(大正三年十月十日第八回講演)〉續演 / 呂圭亨 | |
| 12157 | 呂圭亨 | 여규형 | 6 | 1 | 1915.03 | 緒論 / 呂圭亨 | |
| 12158 | 呂圭亨 | 여규형 | 6 | 20 | 1915.03 | 新舊曆法解說 / 洪鐘佶 | |
| 12159 | 呂圭亨 | 여규형 | 6 | 35 | 1915.03 | 孔子年報(續) / 呂圭亨 | |
| 12160 | 呂圭亨 | 여규형 | 6 | 57 | 1915.03 | 日誌大要 | |
| 12161 | 呂圭亨 | 여규형 | 6 | 61 | 1915.03 | 講說〉講題 善養吾浩然之氣(大正三年十一月二十一日第九回講演) / 李容稙 | |
| 12162 | 呂圭亨 | 여규형 | 7 | 1 | 1915.06 | 學說 / 呂圭亨 | |
| 12163 | 呂圭亨 | 여규형 | 7 | 23 | 1915.06 | 孔子年報(續) / 呂圭亨 | |
| 12164 | 呂圭亨 | 여규형 | 7 | 65 | 1915.06 | 日誌大要 | |
| 12165 | 呂圭亨 | 여규형 | 7 | 66 | 1915.06 | 日誌大要 | |
| 12166 | 呂圭亨 | 여규형 | 7 | 67 | 1915.06 | 日誌大要 | |
| 12167 | 呂圭亨 | 여규형 | 7 | 76 | 1915.06 | 講說〉講題 孔子聖之時者也(大政四年三月十八日第十回講演)〉續演 / 呂圭亨 | |
| 12168 | 呂圭亨 | 여규형 | 8 | 19 | 1915.09 | 孔子年報(續) / 呂圭亨 | |
| 12169 | 呂圭亨 | 여규형 | 8 | 44 | 1915.09 | 日誌大要 | |
| 12170 | 呂圭亨 | 여규형 | 8 | 50 | 1915.09 | 講說〉講題 苟日新日日新又日新(大政四年四月十七日第十一回講演)〉續演 / 呂圭亨 | |

| 번호 | 원문 | 현대어(독음) | 호 | 쪽 | 발행일 | 기사명 / 필자 | 비고 |
|---|---|---|---|---|---|---|---|
| 12171 | 呂圭亨 | 여규형 | 8 | 56 | 1915.09 | 講說〉講題 道不遠人(大政四年五月八日第十二回講演)〉續演 / 呂圭亨 | |
| 12172 | 呂圭亨 | 여규형 | 9 | 1 | 1915.12 | 序 / 呂圭亨 | |
| 12173 | 呂圭亨 | 여규형 | 9 | 25 | 1915.12 | 孔子年報(續) / 呂圭亨 | |
| 12174 | 呂圭亨 | 여규형 | 9 | 43 | 1915.12 | 日誌大要 | |
| 12175 | 呂圭亨 | 여규형 | 9 | 46 | 1915.12 | 日誌大要 | |
| 12176 | 呂圭亨 | 여규형 | 9 | 58 | 1915.12 | 講說〉講題 三人行必有我師(大正四年六月十二日第十三回講演) / 呂圭亨 | |
| 12177 | 顔無繇 | 안무요 | 42 | 48 | 1937.12 | 文廟享祀位次及聖賢姓名爵號考 / 金完鎭 | 曲阜侯, 안자의 父 |
| 12178 | 呂圭亨 | 여규형 | 9 | [9] | 1915.12 | 卽位大禮式獻頌文 / 呂圭亨 | |
| 12179 | 呂圭亨 | 여규형 | 10 | 63 | 1916.03 | 講說〉講題 生財有大道(大正四年十月九日第十五回講演) / 呂圭亨 | |
| 12180 | 呂圭亨 | 여규형 | 11 | 62 | 1916.06 | 日誌大要 | |
| 12181 | 呂圭亨 | 여규형 | 11 | 64 | 1916.06 | 日誌大要 | |
| 12182 | 呂圭亨 | 여규형 | 11 | 67 | 1916.06 | 講說〉講題 人能弘道(大正四年三月十一日第十六回講演)〉續演 / 呂圭亨 | |
| 12183 | 呂圭亨 | 여규형 | 11 | 74 | 1916.06 | 講說〉浴乎沂風乎舞雩詠而歸(大正五年四月八日第十七回講演) / 呂圭亨 | |
| 12184 | 呂圭亨 | 여규형 | 12 | 48 | 1916.12 | 日誌大要 | |
| 12185 | 呂圭亨 | 여규형 | 12 | 50 | 1916.12 | 日誌大要 | |
| 12186 | 呂圭亨 | 여규형 | 12 | 51 | 1916.12 | 日誌大要 | |
| 12187 | 呂圭亨 | 여규형 | 12 | 58 | 1916.12 | 講說〉講題 博學於文約之以禮(大正五年五月十三日第十八回講演) / 呂圭亨 | |
| 12188 | 呂圭亨 | 여규형 | 12 | [5] | 1916.12 | 立太子禮獻頌文 / 呂圭亨 | |
| 12189 | 呂圭亨 | 여규형 | 13 | 44 | 1917.03 | 講說〉講題 五畝之宅樹之以桑(大正五年六月十日第十九回講演)〉續演 / 呂圭亨 | |
| 12190 | 呂圭亨 | 여규형 | 13 | 52 | 1917.03 | 講說〉講題 人有不爲也而後可以有爲(大正五年九月七日第二十回講演)〉續演 / 呂圭亨 | |
| 12191 | 呂圭亨 | 여규형 | 14 | 39 | 1917.07 | 日誌大要 | |
| 12192 | 呂圭亨 | 여규형 | 14 | 42 | 1917.07 | 日誌大要 | |
| 12193 | 呂圭亨 | 여규형 | 14 | 45 | 1917.07 | 講說〉講題 物有本末事有終始知所先後則近道矣(大正六年二月二十四日第二十一回講演)〉續演 / 呂圭亨 | |
| 12194 | 呂圭亨 | 여규형 | 14 | 53 | 1917.07 | 講說〉講題 德之不修學之不講聞義不能徙不善不能改是吾憂也(大正六年四月十四日第二十二回講演)〉續演 / 呂圭亨 | |
| 12195 | 呂圭亨 | 여규형 | 15 | 33 | 1917.10 | 日誌大要 | |
| 12196 | 呂圭亨 | 여규형 | 15 | 34 | 1917.10 | 日誌大要 | |

| 번호 | 원문 | 현대어(독음) | 호 | 쪽 | 발행일 | 기사명 / 필자 | 비고 |
|---|---|---|---|---|---|---|---|
| 12197 | 呂圭亨 | 여규형 | 15 | 36 | 1917.10 | 講說〉講題 子曰君子之道四某未能一焉所求乎子以事父未能也所求乎臣以事君未能也所求乎弟以事兄未能也所求乎朋友先施之未能也(大正六年五月十二日第二十三回講演)〉續演 / 呂圭亨 | |
| 12198 | 呂圭亨 | 여규형 | 15 | 45 | 1917.10 | 講說〉講題 己所不欲勿施於人(大正六年六月十六日第二十四回講演)〉續演 / 呂圭亨 | |
| 12199 | 呂圭亨 | 여규형 | 15 | 62 | 1917.10 | 講說〉大邱高等普通學校講演(大正六年五月十六日)〉警告嶺南人士 / 呂圭亨 | |
| 12200 | 呂圭亨 | 여규형 | 16 | 32 | 1918.03 | 日誌大要 | |
| 12201 | 呂圭亨 | 여규형 | 16 | 38 | 1918.03 | 講說〉講題 聞一善言見一善行若決江河(大正六年九月二十二日第二十五回講演)〉續演 / 呂圭亨 | |
| 12202 | 呂圭亨 | 여규형 | 17 | 39 | 1918.07 | 日誌大要 | |
| 12203 | 呂圭亨 | 여규형 | 17 | 43 | 1918.07 | 日誌大要 | |
| 12204 | 呂圭亨 | 여규형 | 17 | 45 | 1918.07 | 講說〉講題 君子有大道必忠信以得之驕泰以失之(大正六年十一月十日第二十六回講演)〉續演 / 呂圭亨 | |
| 12205 | 呂圭亨 | 여규형 | 17 | 56 | 1918.07 | 講說〉講題 君子無終食之間違仁造次必於是顚沛必於是(大正七年三月二十一日第二十七回講演)〉續演 / 呂圭亨 | |
| 12206 | 呂圭亨 | 여규형 | 18 | 43 | 1918.09 | 日誌大要 | |
| 12207 | 呂圭亨 | 여규형 | 18 | 47 | 1918.09 | 講說〉講題 見義不爲無勇也(大正七年五月十一日第二十八回講演)〉續演 / 呂圭亨 | |
| 12208 | 呂圭亨 | 여규형 | 19 | 18 | 1918.12 | 會寧郡鄕校慕聖契序 / 呂圭亨 | |
| 12209 | 呂圭亨 | 여규형 | 19 | 32 | 1918.12 | 日誌大要 | |
| 12210 | 呂圭亨 | 여규형 | 19 | 35 | 1918.12 | 日誌大要 | |
| 12211 | 呂圭亨 | 여규형 | 19 | 37 | 1918.12 | 日誌大要 | |
| 12212 | 呂圭亨 | 여규형 | 19 | 55 | 1918.12 | 講說〉講題 子路人告之以有過則喜(大正七年九月七日第三十回講演)〉續演 / 呂圭亨 | |
| 12213 | 呂圭亨 | 여규형 | 19 | 58 | 1918.12 | 講說〉講題 孝弟也者其爲仁之本歟(大正七年十月十二日第三十一回講演)〉續演 / 呂圭亨 | |
| 12214 | 呂圭亨 | 여규형 | 19 | 73 | 1918.12 | 講說〉講題 孟懿子問孝(大正七年十一月十六日第三十二回講演)〉續演 / 呂圭亨 | |
| 12215 | 呂圭亨 | 여규형 | 20 | 1 | 1920.03 | 講學言 / 呂圭亨 | |
| 12216 | 呂圭亨 | 여규형 | 21 | 1 | 1921.03 | 論說(寄書第二) / 呂圭亨 | |
| 12217 | 呂圭亨 | 여규형 | 22 | 23 | 1922.03 | 故講士荷亭呂公圭亨祭文 | |
| 12218 | 呂圭亨 | 여규형 | 22 | 55 | 1922.03 | 日誌大要 | |
| 12219 | 呂圭亨 | 여규형 | 22 | 56 | 1922.03 | 日誌大要 | |

| 번호 | 원문 | 현대어(독음) | 호 | 쪽 | 발행일 | 기사명 / 필자 | 비고 |
|---|---|---|---|---|---|---|---|
| 12220 | 呂圭亨 | 여규형 | 40 | 14 | 1936.08 | 心田開發에 對한 儒敎 / 鄭鳳時 | |
| 12221 | 呂柟 | 여남 | 12 | 10 | 1916.12 | 經學管見(續) / 尹寧求 | |
| 12222 | 呂大臨 | 여대림 | 2 | 11 | 1914.03 | 華山問答 / 李容植 | |
| 12223 | 呂大臨 | 여대림 | 11 | 22 | 1916.06 | 經學管見(續) / 尹寧求 | |
| 12224 | 呂大臨 | 여대림 | 12 | 7 | 1916.12 | 經學管見(續) / 尹寧求 | |
| 12225 | 呂大臨 | 여대림 | 44 | 37 | 1939.10 | 經儒學 / 金誠鎭 | |
| 12226 | 呂大防 | 여대방 | 16 | 8 | 1918.03 | 經學管見(續) / 尹寧求 | |
| 12227 | 呂東萊 | 여동래 | 11 | 11 | 1916.06 | 經學說(續) / 李容植 | |
| 12228 | 呂東萊 | 여동래 | 17 | 2 | 1918.07 | 經學管見(續) / 尹寧求 | |
| 12229 | 呂東萊 | 여동래 | 46 | 11 | 1941.12 | 嘉言善行 / 李昇圭 | |
| 12230 | 呂洞賓 | 여동빈 | 9 | 5 | 1915.12 | 經說(續) / 韓晩容 | |
| 12231 | 黎立武 | 여립무 | 12 | 7 | 1916.12 | 經學管見(續) / 尹寧求 | |
| 12232 | 黎立武 | 여립무 | 12 | 8 | 1916.12 | 經學管見(續) / 尹寧求 | |
| 12233 | 呂晩村 | 여만촌 | 10 | 22 | 1916.03 | 經學淺知錄 / 金文演 | 呂留良 |
| 12234 | 呂明鉉 | 여명현 | 11 | 62 | 1916.06 | 日誌大要 | |
| 12235 | 呂文穆 | 여문목 | 16 | 52 | 1918.03 | 講說〉講題 存其心養其性所以事天也(大正六年十月十四日江陵郡講演)〉續演 / 鄭鳳時 | |
| 12236 | 呂伯恭 | 여백공 | 10 | 21 | 1916.03 | 經學淺知錄 / 金文演 | |
| 12237 | 呂本中 | 여본중 | 21 | 20 | 1921.03 | 經學管見(續) / 尹寧求 | |
| 12238 | 呂鳳魯 | 여봉로 | 33 | 36 | 1931.12 | 聲討顚末 | |
| 12239 | 呂不韋 | 여불위 | 25 | 22 | 1924.12 | 釋奠에 就하야(續) / 佐藤廣治 | |
| 12240 | 礪山宋氏 | 여산 송씨 | 28 | 77 | 1927.12 | 地方報告〉[鄭性謨 等의 報告] | |
| 12241 | 礪山宋氏 | 여산 송씨 | 35 | 40 | 1932.12 | 孝烈行蹟〉[韓喆敎의 보고] | |
| 12242 | 余蕭客 | 여소객 | 10 | 24 | 1916.03 | 經學淺知錄 / 金文演 | 원문은 蕭客 |
| 12243 | 余蕭客 | 여소객 | 11 | 18 | 1916.06 | 經學管見(續) / 尹寧求 | |
| 12244 | 余蕭客 | 여소객 | 34 | 5 | 1932.03 | 最近經學考 / 權純九 | |
| 12245 | 如水 | 여수 | 40 | 60 | 1936.08 | 鄭茂亭先生追悼錄〉節山博士輓茂亭太史揭載斯文會誌次韻却寄 / 江原善槌 | |
| 12246 | 汝式 | 여식 | 42 | 58 | 1937.12 | 文廟享祀位次及聖賢姓名爵號考 / 金完鎭 | 趙憲 |
| 12247 | 呂新吾 | 여신오 | 22 | 21 | 1922.03 | 人道指南序 / 成岐運 | |
| 12248 | 驪氏 | 여씨 | 6 | 38 | 1915.03 | 孔子年報(續) / 呂圭亨 | |
| 12249 | 呂氏 | 여씨 | 18 | 61 | 1918.09 | 講說〉講題 道在邇而求諸遠事在易而求諸難(大正七年五月十五日義州郡鄕校講演)〉尾附 / 梁鳳濟 | |
| 12250 | 呂氏 | 여씨 | 25 | 23 | 1924.12 | 釋奠에 就하야(續) / 佐藤廣治 | 呂不韋 |
| 12251 | 呂氏 | 여씨 | 30 | 3 | 1929.12 | 仁義說示友人 / 鄭萬朝 | 呂大鈞 |

| 번호 | 원문 | 현대어(독음) | 호 | 쪽 | 발행일 | 기사명 / 필자 | 비고 |
|---|---|---|---|---|---|---|---|
| 12252 | 廣鶚 | 여악 | 14 | 10 | 1917.07 | 經學管見(續) / 尹寧求 | |
| 12253 | 黎陽公 | 여양공 | 42 | 49 | 1937.12 | 文廟享祀位次及聖賢姓名爵號考 / 金完鎭 | 端木賜 |
| 12254 | 汝陽侯 | 여양후 | 42 | 51 | 1937.12 | 文廟享祀位次及聖賢姓名爵號考 / 金完鎭 | 南宮适 |
| 12255 | 汝陽侯 | 여양후 | 42 | 46 | 1937.12 | 文廟享祀位次及聖賢姓名爵號考 / 金完鎭 | 南宮适 |
| 12256 | 余如古 | 여여고 | 16 | 1 | 1918.03 | 經學管見(續) / 尹寧求 | |
| 12257 | 呂榮公 | 여영공 | 5 | 48 | 1914.12 | 容思衍(續) / 李鼎煥 | 希哲 |
| 12258 | 麗玉 | 여옥 | 44 | 57 | 1939.10 | 朝鮮詩學考 / 李昇圭 | |
| 12259 | 呂鈺鉉 | 여옥현 | 17 | 42 | 1918.07 | 日誌大要 | |
| 12260 | 呂鈺鉉 | 여옥현 | 29 | 39 | 1928.12 | 日誌大要 | |
| 12261 | 呂鈺鉉 | 여옥현 | 30 | 42 | 1929.12 | 日誌大要 | |
| 12262 | 呂鈺鉉 | 여옥현 | 30 | 44 | 1929.12 | 日誌大要 | |
| 12263 | 呂龍鉉 | 여용현 | 19 | 1 | 1918.12 | 學說 / 呂龍鉉 | |
| 12264 | 呂運律 | 여운률 | 26 | 41 | 1925.12 | 日誌大要 | |
| 12265 | 呂留良 | 여유량 | 10 | 22 | 1916.03 | 經學淺知錄 / 金文演 | 원문은 留良 |
| 12266 | 呂游楊侯 | 여유양후 | 23 | 11 | 1922.12 | 經義問對(續) / 沈璿澤 | |
| 12267 | 余有丁 | 여유정 | 5 | 41 | 1914.12 | 孔子年報(續) / 呂圭亨 | |
| 12268 | 余有丁 | 여유정 | 5 | 46 | 1914.12 | 孔子年報(續) / 呂圭亨 | |
| 12269 | 余允文 | 여윤문 | 11 | 24 | 1916.06 | 經學管見(續) / 尹寧求 | |
| 12270 | 余載 | 여재 | 13 | 4 | 1917.03 | 經學管見(續) / 尹寧求 | |
| 12271 | 汝定 | 여정 | 28 | 73 | 1927.12 | 地方報告〉[魏大源의 報告] | 魏定國의 字 |
| 12272 | 呂祖謙 | 여조겸 | 8 | 35 | 1915.09 | 賢關記聞 / 李大榮 | |
| 12273 | 呂祖謙 | 여조겸 | 21 | 11 | 1921.03 | 經學管見(續) / 尹寧求 | |
| 12274 | 呂祖謙 | 여조겸 | 21 | 17 | 1921.03 | 經學管見(續) / 尹寧求 | |
| 12275 | 呂祖謙 | 여조겸 | 21 | 21 | 1921.03 | 經學管見(續) / 尹寧求 | |
| 12276 | 呂祖謙 | 여조겸 | 42 | 47 | 1937.12 | 文廟享祀位次及聖賢姓名爵號考 / 金完鎭 | 開封伯 |
| 12277 | 呂祖謙 | 여조겸 | 42 | 57 | 1937.12 | 文廟享祀位次及聖賢姓名爵號考 / 金完鎭 | 開封伯, 원문은 姓呂名祖謙 |
| 12278 | 余宗燁 | 여종엽 | 23 | 84 | 1922.12 | 地方報告〉[余宗燁의 報告] | |
| 12279 | 余琮燁 | 여종엽 | 33 | 35 | 1931.12 | 聲討顚末 | |
| 12280 | 呂中 | 여중 | 21 | 12 | 1921.03 | 經學管見(續) / 尹寧求 | |
| 12281 | 呂徹鉉 | 여철현 | 9 | 51 | 1915.12 | 日誌大要 | |
| 12282 | 呂泰鉉 | 여태현 | 12 | 53 | 1916.12 | 日誌大要 | |
| 12283 | 呂夏卿 | 여하경 | 21 | 11 | 1921.03 | 經學管見(續) / 尹寧求 | |
| 12284 | 呂惠卿 | 여혜경 | 8 | 11 | 1915.09 | 華山問答(續) / 李容植 | |
| 12285 | 黎侯 | 여후 | 30 | [2] | 1929.12 | 李龍眠畵宣聖及七十二弟子像贊(金石萃編) | |

| 번호 | 원문 | 현대어(독음) | 호 | 쪽 | 발행일 | 기사명 / 필자 | 비고 |
|---|---|---|---|---|---|---|---|
| 12286 | 黎候 | 여후 | 42 | 49 | 1937.12 | 文廟享祀位次及聖賢姓名爵號考 / 金完鎭 | 端木賜 |
| 12287 | 驪興閔氏 | 여흥 민씨 | 30 | 74 | 1929.12 | 地方報告〉[洪淳益 等의 報告] | |
| 12288 | 驪興閔氏 | 여흥 민씨 | 28 | 87 | 1927.12 | 地方報告〉[吉基淳 等의 報告] | |
| 12289 | 驪興府院君 | 여흥부원군 | 7 | 28 | 1915.06 | 文廟碑銘幷序 | |
| 12290 | 驪興府院君 | 여흥부원군 | 8 | 34 | 1915.09 | 賢關記聞 / 李大榮 | |
| 12291 | 驪姬 | 여희 | 27 | 34 | 1926.12 | 三洙瑣談(續) / 元泳義 | |
| 12292 | 呂希哲 | 여희철 | 4 | 47 | 1914.09 | 容思衍 / 李鼎煥 | |
| 12293 | 呂希哲 | 여희철 | 6 | 42 | 1915.03 | 容思衍(續) / 李鼎煥 | |
| 12294 | 呂希哲 | 여희철 | 11 | 22 | 1916.06 | 經學管見(續) / 尹寧求 | |
| 12295 | 呂希哲 | 여희철 | 21 | 22 | 1921.03 | 經學管見(續) / 尹寧求 | |
| 12296 | 酈道元 | 역도원 | 1 | 22 | 1913.12 | 經學當明者 四 / 呂圭亨 | |
| 12297 | 酈道元 | 역도원 | 14 | 8 | 1917.07 | 經學管見(續) / 尹寧求 | |
| 12298 | 酈道元 | 역도원 | 18 | 11 | 1918.09 | 經學管見(續) / 尹寧求 | |
| 12299 | 易東 | 역동 | 44 | 49 | 1939.10 | 嘉言善行 / 李昇圭 | 禹倬의 별칭 |
| 12300 | 翟夷 | 역이 | 2 | 27 | 1914.03 | 孔子年譜 / 呂圭亨 | |
| 12301 | 酈食其 | 역이기 | 6 | 6 | 1915.03 | 緖論 / 呂圭亨 | |
| 12302 | 衍 | 연 | 20 | 28 | 1920.03 | 三洙瑣談(續) / 元泳義 | |
| 12303 | 蓮溪 | 연계 | 4 | 18 | 1914.09 | 格致管見(續) / 李鼎煥 | 淸의 人 |
| 12304 | 蓮溪 | 연계 | 37 | 25 | 1934.10 | 孝烈行蹟[權益相의 보고] | |
| 12305 | 兗公 | 연공 | 30 | [1] | 1929.12 | 李龍眠畵宣聖及七十二弟子像賛(金石萃編) | |
| 12306 | 兗公 | 연공 | 42 | 48 | 1937.12 | 文廟享祀位次及聖賢姓名爵號考 / 金完鎭 | 顔回 |
| 12307 | 兗國公 | 연국공 | 4 | 36 | 1914.09 | 樂章 | 顔子 |
| 12308 | 兗國公 | 연국공 | 42 | 48 | 1937.12 | 文廟享祀位次及聖賢姓名爵號考 / 金完鎭 | 顔回 |
| 12309 | 兗國復聖公 | 연국복성공 | 2 | 36 | 1914.03 | 大成殿神位圖 | 顔子 |
| 12310 | 兗國復聖公 | 연국복성공 | 42 | 46 | 1937.12 | 文廟享祀位次及聖賢姓名爵號考 / 金完鎭 | 顔子 |
| 12311 | 兗國復聖公 | 연국복성공 | 42 | 48 | 1937.12 | 文廟享祀位次及聖賢姓名爵號考 / 金完鎭 | 顔子 |
| 12312 | 延圭烘 | 연규홍 | 45 | 38 | 1940.12 | 朝鮮儒林大會(朝鮮儒道聯合會創立總會) 會錄槪要〉朝鮮儒道聯合會役員名簿(昭和十四年十一月一日現在) | |
| 12313 | 燕伋 | 연급 | 30 | [10] | 1929.12 | 李龍眠畵宣聖及七十二弟子像賛(金石萃編) | |
| 12314 | 燕伋 | 연급 | 42 | 46 | 1937.12 | 文廟享祀位次及聖賢姓名爵號考 / 金完鎭 | 汧源侯, 원문은 燕汲으로 오기됨 |
| 12315 | 燕伋 | 연급 | 42 | 54 | 1937.12 | 文廟享祀位次及聖賢姓名爵號考 / 金完鎭 | 汧源侯, 원문은 姓燕名伋 |
| 12316 | 研堂 | 연당 | 30 | 17 | 1929.12 | 祭研堂李講士文 / 朴初陽 | |

| 번호 | 원문 | 현대어(독음) | 호 | 쪽 | 발행일 | 기사명 / 필자 | 비고 |
|---|---|---|---|---|---|---|---|
| 12317 | 研堂李公 | 연당이공 | 30 | 17 | 1929.12 | 祭研堂李講士文 / 朴初陽 | |
| 12318 | 延陵季子 | 연릉계자 | 25 | 16 | 1924.12 | 三洙瑣談(續) / 元泳義 | |
| 12319 | 延陵季子 | 연릉계자 | 25 | 17 | 1924.12 | 三洙瑣談(續) / 元泳義 | 季札, 吳의 정치가 |
| 12320 | 延陵季子 | 연릉계자 | 26 | 33 | 1925.12 | 釋奠에 就ᄒ야(續) / 佐藤廣治 | 季札, 吳의 정치가 |
| 12321 | 燕山 | 연산 | 11 | 53 | 1916.06 | 賢關記聞(續) / 李大榮 | |
| 12322 | 燕山 | 연산 | 21 | 98 | 1921.03 | 地方報告〉[柳庠烈의 報告] | |
| 12323 | 燕山 | 연산 | 25 | 64 | 1924.12 | 講說〉講題 儒敎者의 辯 / 朴箕陽 | 燕山君 |
| 12324 | 燕山 | 연산 | 33 | 9 | 1931.12 | 司直金公墓碑銘并序 / 金完鎭 | |
| 12325 | 燕山 | 연산 | 41 | 23 | 1937.02 | 敎化編年(續) / 李大榮 | |
| 12326 | 燕山 | 연산 | 43 | 15 | 1938.12 | 敎化編年(續) / 李大榮 | 燕山君 |
| 12327 | 燕山君 | 연산군 | 30 | 59 | 1929.12 | 講說〉講題 朝鮮의 在한 聖學道統 : 李退溪先生을 憶함 / 赤木萬二郎 | |
| 12328 | 衍聖公 | 연성공 | 2 | 29 | 1914.03 | 孔子年譜 / 呂圭亨 | |
| 12329 | 衍聖公 | 연성공 | 4 | 8 | 1914.09 | 學說 / 呂圭亨 | |
| 12330 | 燕昭王 | 연소왕 | 6 | 48 | 1915.03 | 論語考證 / 金文演 | |
| 12331 | 延安田氏 | 연안 전씨 | 47 | 48 | 1943.01 | 一. 孝烈行跡報告 其一 / 文孟坤 | |
| 12332 | 燕巖 | 연암 | 48 | 43 | 1944.04 | 朝鮮詩學考(前號續) / 李昇圭 | 朴趾源 |
| 12333 | 燕王噲 | 연왕 쾌 | 12 | 16 | 1916.12 | 孟子緒論 / 金文演 | 燕噲 |
| 12334 | 淵雲 | 연운 | 3 | 9 | 1914.06 | 論四經讀法(上篇) / 呂圭亨 | 子淵(王褒)과 子雲(揚雄) |
| 12335 | 延李璉燮 | 연이연섭 | 46 | 17 | 1941.12 | 釋奠狀況〉昭和十六年春季釋奠狀況 | 李璉燮 |
| 12336 | 延李璉燮 | 연이연섭 | 47 | 37 | 1943.01 | 釋奠狀況〉昭和十六年秋季釋奠狀況 | 李璉燮 |
| 12337 | 延李璉燮 | 연이연섭 | 47 | 38 | 1943.01 | 釋奠狀況〉昭和十七年春季釋奠狀況 | 李璉燮 |
| 12338 | 延李璉燮 | 연이연섭 | 47 | 42 | 1943.01 | 釋奠狀況〉昭和十七年秋季釋奠狀況 | 李璉燮 |
| 12339 | 淵齋翁 | 연재옹 | 29 | 28 | 1928.12 | 三洙瑣談(續) / 元泳義 | |
| 12340 | 延再項 | 연재욱 | 43 | 32 | 1938.12 | 皇軍慰問詩 / 延再項 | |
| 12341 | 延振鎔 | 연진용 | 45 | 34 | 1940.12 | 朝鮮儒林大會(朝鮮儒道聯合會創立總會) 會錄槪要〉朝鮮儒道聯合會役員名簿(昭和十四年十一月一日現在) | |
| 12342 | 蓮村驥一 | 연촌기일 | 46 | 24 | 1941.12 | 經學院日誌大要(昭和十四年七月ヨリ昭和十六年六月マテ) | 張驥植 |
| 12343 | 蓮村驥一 | 연촌기일 | 47 | 36 | 1943.01 | 釋奠狀況〉昭和十六年秋季釋奠狀況 | 張驥植 |
| 12344 | 燕噲 | 연쾌 | 12 | 72 | 1916.12 | 講說〉講題 女爲君子儒無爲小人儒(大正五年五月十三日開城郡鄕校講演) / 李學魯 | |
| 12345 | 燕噲 | 연쾌 | 34 | 3 | 1932.03 | 天理人欲說 / 元弘植 | |

| 번호 | 원문 | 현대어(독음) | 호 | 쪽 | 발행일 | 기사명 / 필자 | 비고 |
|---|---|---|---|---|---|---|---|
| 12346 | 延平 | 연평 | 21 | 21 | 1921.03 | 經學管見(續) / 尹寧求 | |
| 12347 | 延平 | 연평 | 30 | 61 | 1929.12 | 講說〉講題 朝鮮의 在한 聖學道統 : 李退溪先生을 憶함 / 赤木萬二郎 | |
| 12348 | 延平李氏 | 연평 이씨 | 5 | 9 | 1914.12 | 道也者不可須臾離論 / 李鶴在 | |
| 12349 | 延平李氏 | 연평 이씨 | 8 | 10 | 1915.09 | 華山問答(續) / 李容稙 | |
| 12350 | 延風 | 연풍 | 32 | 41 | 1930.12 | 地方報告〉地方儒林狀況〉[成樂賢의 報告] | 河緯地, 원문은 迎風으로 오기됨 |
| 12351 | 列 | 열 | 8 | 6 | 1915.09 | 經說 本論附 / 韓晚容 | |
| 12352 | 列 | 열 | 13 | 53 | 1917.03 | 講說〉講題 人有不爲也而後可以有爲(大正五年九月七日第二十回講演)〉續演 / 呂圭亨 | 列子 |
| 12353 | 列 | 열 | 14 | 3 | 1917.07 | 經學管見(續) / 尹寧求 | 列侯 |
| 12354 | 列 | 열 | 21 | 16 | 1921.03 | 經學管見(續) / 尹寧求 | 列子 |
| 12355 | 列 | 열 | 21 | 17 | 1921.03 | 經學管見(續) / 尹寧求 | 列子 |
| 12356 | 列 | 열 | 47 | 28 | 1943.01 | 論語要義 / 崔浩然 | 列子 |
| 12357 | 悅卿 | 열경 | 9 | 31 | 1915.12 | 賢關記聞(續) / 李大榮 | 金時習 |
| 12358 | 烈公 | 열공 | 48 | 39 | 1944.04 | 儒敎の進むべき道 / 朱柄乾 | 도쿠가와 나리아키(德川齊昭)의 諡號 |
| 12359 | 烈女申婦 | 열녀 신부 | 27 | 9 | 1926.12 | 烈女申婦張孺人碑 / 金完鎭 | |
| 12360 | 烈女崔氏 | 열녀 최씨 | 26 | 74 | 1925.12 | 地方報告〉[黃圭轍 等의 報告] | |
| 12361 | 烈婦裵氏 | 열부 배씨 | 30 | 78 | 1929.12 | 地方報告〉[文泳卓 等의 報告] | |
| 12362 | 烈婦李氏 | 열부 이씨 | 26 | 89 | 1925.12 | 地方報告〉[尹柱英의 報告] | |
| 12363 | 烈婦李氏 | 열부 이씨 | 27 | 86 | 1926.12 | 地方報告〉[高彦柱 等의 報告] | |
| 12364 | 烈婦崔氏 | 열부 최씨 | 27 | 11 | 1926.12 | 烈婦崔氏旌閭重修記 / 崔定鉉 | |
| 12365 | 烈成公 | 열성공 | 22 | 72 | 1922.03 | 地方報告〉[宋圭鎭의 報告] | 黃守身 |
| 12366 | 列禦寇 | 열어구 | 8 | 2 | 1915.09 | 儒敎論 / 呂圭亨 | 鄭의 列子 |
| 12367 | 列禦寇 | 열어구 | 9 | 10 | 1915.12 | 格致管見(續) / 李鼎煥 | 鄭의 列子 |
| 12368 | 列禦寇 | 열어구 | 9 | 59 | 1915.12 | 講說〉講題 三人行必有我師(大正四年六月十二日第十三回講演) / 呂圭亨 | 鄭의 列子 |
| 12369 | 列禦寇 | 열어구 | 44 | 40 | 1939.10 | 經儒學 / 金誠鎭 | 鄭의 列子 |
| 12370 | 列子 | 열자 | 6 | 3 | 1915.03 | 緒論 / 呂圭亨 | 列御寇 |
| 12371 | 列子 | 열자 | 26 | 2 | 1925.12 | 仁義와 現代思潮 / 服部宇之吉 | 列御寇 |
| 12372 | 濂 | 염 | 5 | 94 | 1914.12 | 關東講說〉講題 道不遠人 / 鄭顯成 | 周敦頤, 濂溪 |
| 12373 | 濂 | 염 | 7 | 3 | 1915.06 | 學說 / 呂圭亨 | |
| 12374 | 濂 | 염 | 10 | 21 | 1916.03 | 經學淺知錄 / 金文演 | |

| 번호 | 원문 | 현대어(독음) | 호 | 쪽 | 발행일 | 기사명 / 필자 | 비고 |
|---|---|---|---|---|---|---|---|
| 12375 | 濂 | 염 | 21 | 2 | 1921.03 | 論説(寄書第二) / 呂圭亨 | |
| 12376 | 濂 | 염 | 30 | 38 | 1929.12 | 杏壇 / 元弘植 | |
| 12377 | 濂 | 염 | 37 | 2 | 1934.10 | 心學説 / 李學魯 | |
| 12378 | 濂 | 염 | 40 | 16 | 1936.08 | 文房四友説 / 韓昌愚 | |
| 12379 | 冉 | 염 | 12 | 33 | 1916.12 | 讀書私記(續) / 洪鍾佶 | |
| 12380 | 冉 | 염 | 12 | 34 | 1916.12 | 讀書私記(續) / 洪鍾佶 | |
| 12381 | 廉潔 | 염결 | 42 | 47 | 1937.12 | 文廟享祀位次及聖賢姓名爵號考 / 金完鎭 | 胙城侯 |
| 12382 | 廉潔 | 염결 | 8 | 35 | 1915.09 | 賢關記聞 / 李大榮 | |
| 12383 | 廉潔 | 염결 | 42 | 54 | 1937.12 | 文廟享祀位次及聖賢姓名爵號考 / 金完鎭 | 胙城侯, 원문은 姓廉名潔 |
| 12384 | 冉耕 | 염경 | 2 | 36 | 1914.03 | 大成殿神位圖 | 伯牛, 郕公 |
| 12385 | 冉耕 | 염경 | 7 | 44 | 1915.06 | 論語分類一覽(續) / 金文演 | |
| 12386 | 冉耕 | 염경 | 30 | [2] | 1929.12 | 李龍眠畵宣聖及七十二弟子像賛(金石萃編) | |
| 12387 | 冉耕 | 염경 | 42 | 46 | 1937.12 | 文廟享祀位次及聖賢姓名爵號考 / 金完鎭 | 郕公 |
| 12388 | 冉耕 | 염경 | 42 | 49 | 1937.12 | 文廟享祀位次及聖賢姓名爵號考 / 金完鎭 | 郕公, 원문은 姓冉名耕 |
| 12389 | 濂溪 | 염계 | 10 | 20 | 1916.03 | 經學管見(續) / 尹寧求 | |
| 12390 | 濂溪 | 염계 | 11 | 9 | 1916.06 | 經論 / 韓晩容 | |
| 12391 | 濂溪 | 염계 | 12 | 7 | 1916.12 | 經學管見(續) / 尹寧求 | |
| 12392 | 濂溪 | 염계 | 17 | 1 | 1918.07 | 經學管見(續) / 尹寧求 | |
| 12393 | 濂溪 | 염계 | 36 | 9 | 1933.12 | 居然亭記 / 李學魯 | |
| 12394 | 濂溪 | 염계 | 42 | 50 | 1937.12 | 文廟享祀位次及聖賢姓名爵號考 / 金完鎭 | 周敦頤 |
| 12395 | 冉季 | 염계 | 30 | [11] | 1929.12 | 李龍眠畵宣聖及七十二弟子像賛(金石萃編) | |
| 12396 | 冉季 | 염계 | 42 | 46 | 1937.12 | 文廟享祀位次及聖賢姓名爵號考 / 金完鎭 | 諸城侯 |
| 12397 | 冉季 | 염계 | 42 | 52 | 1937.12 | 文廟享祀位次及聖賢姓名爵號考 / 金完鎭 | 諸城侯, 원문은 姓冉名季 |
| 12398 | 鹽谷 | 염곡 | 3 | 13 | 1914.06 | 錄學校編纂教科書鹽谷世弘氏所撰中江藤樹一段 / 呂圭亨 | 시오노야 세이코 (鹽谷世弘) |
| 12399 | 鹽谷世弘 | 염곡세홍 | 3 | 12 | 1914.06 | 錄學校編纂教科書鹽谷世弘氏所撰中江藤樹一段 / 呂圭亨 | 시오노야 세이코 |
| 12400 | 鹽谷溫 | 염곡온 | 30 | 4 | 1929.12 | 中學漢文論(文貴在譯者) / 鹽谷 溫 | 시오노야 온 |
| 12401 | 鹽谷溫 | 염곡온 | 35 | 27 | 1932.12 | 日誌大要 | 시오노야 온 |
| 12402 | 鹽谷溫 | 염곡온 | 36 | 54 | 1933.12 | 評議員會狀況〉事業經過報告 / 俞萬兼 | 시오노야 온 |

| 번호 | 원문 | 현대어(독음) | 호 | 쪽 | 발행일 | 기사명 / 필자 | 비고 |
|---|---|---|---|---|---|---|---|
| 12403 | 鹽谷溫 | 염곡온 | 47 | 46 | 1943.01 | 經學院日誌大要(昭和十六年七月ヨリ昭和十七年六月マテ) | 시오노야 온 |
| 12404 | 冉求 | 염구 | 2 | 36 | 1914.03 | 大成殿神位圖 | 子有 |
| 12405 | 冉求 | 염구 | 4 | 43 | 1914.09 | 孔子年報(續) / 呂圭亨 | |
| 12406 | 冉求 | 염구 | 6 | 35 | 1915.03 | 孔子年報(續) / 呂圭亨 | |
| 12407 | 冉求 | 염구 | 6 | 36 | 1915.03 | 孔子年報(續) / 呂圭亨 | |
| 12408 | 冉求 | 염구 | 7 | 44 | 1915.06 | 論語分類一覽(續) / 金文演 | |
| 12409 | 冉求 | 염구 | 18 | 61 | 1918.09 | 講說〉講題 道在邇而求諸遠事在易而求諸難(大正七年五月十五日義州郡鄕校講演)〉告詞(賞品授與式時) / 梁鳳濟 | 원문은 求 |
| 12410 | 冉求 | 염구 | 23 | 20 | 1922.12 | 中庸演箚序 / 鄭萬朝 | |
| 12411 | 冉求 | 염구 | 24 | 24 | 1923.12 | 三洙瑣談(續) / 元泳義 | |
| 12412 | 冉求 | 염구 | 30 | [2] | 1929.12 | 李龍眠畵宣聖及七十二弟子像贊(金石萃編) | |
| 12413 | 冉求 | 염구 | 42 | 46 | 1937.12 | 文廟享祀位次及聖賢姓名爵號考 / 金完鎭 | 徐公 |
| 12414 | 冉求 | 염구 | 42 | 49 | 1937.12 | 文廟享祀位次及聖賢姓名爵號考 / 金完鎭 | 徐公, 원문은 姓冉名求 |
| 12415 | 廉奎鎭 | 염규진 | 33 | 37 | 1931.12 | 聲討顚末 | |
| 12416 | 濂洛諸賢 | 염낙제현 | 12 | 57 | 1916.12 | 講說〉講題 博學於文約之以禮(大正五年五月十三日第十八回講演) / 李容稙 | |
| 12417 | 廉道殷 | 염도은 | 46 | 15 | 1941.12 | 釋奠狀況〉昭和十五年春季釋奠狀況 | |
| 12418 | 濂洛 | 염락 | 47 | 28 | 1943.01 | 儒林覺醒論 / 金誠鎭 | 周敦頤와 程顥와 程頤(이들이 살던 곳인 濂溪와 洛陽) |
| 12419 | 閻百詩 | 염백시 | 10 | 22 | 1916.03 | 經學淺知錄 / 金文演 | 閻若璩 |
| 12420 | 冉伯牛 | 염백우 | 6 | 13 | 1915.03 | 華山問答(續) / 李容稙 | |
| 12421 | 冉伯牛 | 염백우 | 11 | 12 | 1916.06 | 經學說(續) / 李容稙 | |
| 12422 | 廉祥洙 | 염상수 | 20 | 60 | 1920.03 | 地方報告〉[金聲基의 報告] | |
| 12423 | 閻若璩 | 염약거 | 10 | 22 | 1916.03 | 經學淺知錄 / 金文演 | 원문은 若璩 |
| 12424 | 閻若璩 | 염약거 | 11 | 18 | 1916.06 | 經學管見(續) / 尹寧求 | |
| 12425 | 閻若璩 | 염약거 | 12 | 10 | 1916.12 | 經學管見(續) / 尹寧求 | |
| 12426 | 閻若璩 | 염약거 | 12 | 17 | 1916.12 | 孟子緖論 / 金文演 | |
| 12427 | 閻若璩 | 염약거 | 13 | 2 | 1917.03 | 經學管見(續) / 尹寧求 | |
| 12428 | 閻若璩 | 염약거 | 19 | 24 | 1918.12 | 三洙瑣談(續) / 元泳義 | 원문은 閻氏若璩 |
| 12429 | 閻若璩 | 염약거 | 34 | 4 | 1932.03 | 最近經學考 / 權純九 | |

| 번호 | 원문 | 현대어(독음) | 호 | 쪽 | 발행일 | 기사명 / 필자 | 비고 |
|---|---|---|---|---|---|---|---|
| 12430 | 冉雍 | 염옹 | 2 | 36 | 1914.03 | 大成殿神位圖 | |
| 12431 | 冉雍 | 염옹 | 7 | 45 | 1915.06 | 論語分類一覽(續) / 金文演 | |
| 12432 | 冉雍 | 염옹 | 30 | [1] | 1929.12 | 李龍眠畵宣聖及七十二弟子像贊(金石萃編) | |
| 12433 | 冉雍 | 염옹 | 42 | 46 | 1937.12 | 文廟享祀位次及聖賢姓名爵號考 / 金完鎭 | 薛公 |
| 12434 | 冉雍 | 염옹 | 42 | 49 | 1937.12 | 文廟享祀位次及聖賢姓名爵號考 / 金完鎭 | 薛公, 원문은 姓冉名雍 |
| 12435 | 冉牛 | 염우 | 12 | 75 | 1916.12 | 講說〉講題 善養吾浩然之氣(大正五年九月二十九日海州郡鄕校講演) / 李容植 | 冉求, 冉有 |
| 12436 | 冉牛 | 염우 | 28 | 69 | 1927.12 | 講說〉講題 孔夫子의 集大成 / 兒島獻吉郎 | 冉求, 冉有 |
| 12437 | 廉愚哲 | 염우철 | 16 | 82 | 1918.03 | 地方報告〉[廉愚哲의 報告] | |
| 12438 | 鹽原 | 염원 | 42 | 7 | 1937.12 | 現下의 時局에 就하야 / 鹽原時三郎 | 시오하라 도키사부로 (鹽原時三郎) |
| 12439 | 鹽原 | 염원 | 43 | 7 | 1938.12 | 朝鮮敎育令에 對한 鹽原 學務局長談 / 鹽原時三郎 | 시오하라 도키사부로 (鹽原時三郎) |
| 12440 | 鹽原 | 염원 | 43 | 58 | 1938.12 | 文廟秋季釋奠狀況 | 시오하라 도키사부로 (鹽原時三郎) |
| 12441 | 鹽原 | 염원 | 44 | 75 | 1939.10 | 日誌大要(自昭和十三年六月 至昭和十三年十二月) | 시오하라 도키사부로 (鹽原時三郎) |
| 12442 | 鹽原 | 염원 | 44 | 82 | 1939.10 | 日誌大要(自昭和十三年六月 至昭和十三年十二月) | 시오하라 도키사부로 (鹽原時三郎) |
| 12443 | 鹽原 | 염원 | 44 | 85 | 1939.10 | 文廟春季釋奠狀況 | 시오하라 도키사부로 (鹽原時三郎) |
| 12444 | 鹽原 | 염원 | 44 | 89 | 1939.10 | 明倫專門學院記事 | 시오하라 도키사부로 (鹽原時三郎) |
| 12445 | 鹽原 | 염원 | 45 | 6 | 1940.12 | 朝鮮儒林大會(朝鮮儒道聯合會創立總會) 會錄槪要 | 시오하라 도키사부로 (鹽原時三郎) |
| 12446 | 鹽原 | 염원 | 45 | 9 | 1940.12 | 朝鮮儒林大會(朝鮮儒道聯合會創立總會) 會錄槪要 | 시오하라 도키사부로 (鹽原時三郎) |
| 12447 | 鹽原 | 염원 | 45 | 11 | 1940.12 | 朝鮮儒林大會(朝鮮儒道聯合會創立總會) 會錄槪要〉朝鮮儒林大會ニ於ケル學務局長訓話要旨 / 鹽原時三郎 | 시오하라 도키사부로 (鹽原時三郎) |

| 번호 | 원문 | 현대어(독음) | 호 | 쪽 | 발행일 | 기사명 / 필자 | 비고 |
|---|---|---|---|---|---|---|---|
| 12448 | 鹽原 | 염원 | 46 | 13 | 1941.12 | 釋奠狀況〉昭和十四年秋季釋奠狀況 | 시오하라 도키사부로 (鹽原時三郎) |
| 12449 | 鹽原 | 염원 | 46 | 14 | 1941.12 | 釋奠狀況〉昭和十五年春季釋奠狀況 | 시오하라 도키사부로 (鹽原時三郎) |
| 12450 | 鹽原 | 염원 | 46 | 15 | 1941.12 | 釋奠狀況〉昭和十五年秋季釋奠狀況 | 시오하라 도키사부로 (鹽原時三郎) |
| 12451 | 鹽原時三郎 | 염원시삼랑 | 42 | 36 | 1937.12 | 日誌大要 | 시오하라 도키사부로 |
| 12452 | 鹽原時三郎 | 염원시삼랑 | 45 | 13 | 1940.12 | 朝鮮儒林大會(朝鮮儒道聯合會創立總會) 會錄概要〉朝鮮儒林大會ニ於ケル學務局長訓話要旨 / 鹽原時三郎 | 시오하라 도키사부로 |
| 12453 | 鹽原時三郎 | 염원시삼랑 | 45 | 22 | 1940.12 | 朝鮮儒林大會(朝鮮儒道聯合會創立總會) 會錄概要〉朝鮮儒道聯合會役員名簿(昭和十四年十一月一日現在) | 시오하라 도키사부로 |
| 12454 | 鹽原時三郎 | 염원시삼랑 | 46 | 24 | 1941.12 | 經學院日誌大要(昭和十四年七月ヨリ昭和十六年六月マテ) | 시오하라 도키사부로 |
| 12455 | 冉孺 | 염유 | 30 | [6] | 1929.12 | 李龍眠畵宣聖及七十二弟子像贊(金石萃編) | |
| 12456 | 冉孺 | 염유 | 42 | 46 | 1937.12 | 文廟享祀位次及聖賢姓名爵號考 / 金完鎭 | 臨沂侯 |
| 12457 | 冉孺 | 염유 | 42 | 52 | 1937.12 | 文廟享祀位次及聖賢姓名爵號考 / 金完鎭 | 臨沂侯, 원문은 姓冉名孺 |
| 12458 | 冉有 | 염유 | 4 | 43 | 1914.09 | 孔子年報(續) / 呂圭亨 | |
| 12459 | 冉有 | 염유 | 5 | 80 | 1914.12 | 講說〉講題 謹庠序之敎申之以孝悌之義(大正三年十月十日第八回講演) / 李容植 | |
| 12460 | 冉有 | 염유 | 7 | 23 | 1915.06 | 孔子年報(續) / 呂圭亨 | |
| 12461 | 冉有 | 염유 | 10 | 9 | 1916.03 | 經學說 / 李容植 | |
| 12462 | 冉有 | 염유 | 11 | 72 | 1916.06 | 講說〉浴乎沂風乎舞雩詠而歸(大正五年四月八日第十七回講演) / 鄭鳳時 | |
| 12463 | 冉有 | 염유 | 11 | 73 | 1916.06 | 講說〉浴乎沂風乎舞雩詠而歸(大正五年四月八日第十七回講演) / 鄭鳳時 | |
| 12464 | 冉有 | 염유 | 11 | 74 | 1916.06 | 講說〉浴乎沂風乎舞雩詠而歸(大正五年四月八日第十七回講演) / 呂圭亨 | |
| 12465 | 冉有 | 염유 | 12 | 28 | 1916.12 | 孔門問同答異 / 鄭淳默 | |
| 12466 | 冉有 | 염유 | 14 | 67 | 1917.07 | 地方報告〉[宋在永의 報告]〉釋奠祭文 / 黃羲民 | |
| 12467 | 冉有 | 염유 | 26 | 63 | 1925.12 | 講說〉講題 君子時中 / 沈璿澤 | |
| 12468 | 冉有 | 염유 | 30 | 46 | 1929.12 | 講說〉講題 旣庶矣富之旣富矣敎之 / 鄭鳳時 | |

| 번호 | 원문 | 현대어(독음) | 호 | 쪽 | 발행일 | 기사명 / 필자 | 비고 |
|---|---|---|---|---|---|---|---|
| 12469 | 冉有 | 염유 | 30 | 49 | 1929.12 | 講說〉講題 旣庶矣富之旣富矣敎之 / 李學魯 | |
| 12470 | 冉有 | 염유 | 30 | 52 | 1929.12 | 講說〉講題 仰至聖孔夫子 / 福士末之助 | |
| 12471 | 冉有 | 염유 | 37 | 7 | 1934.10 | 東洋에 斯文이 有함 / 福士末之助 | |
| 12472 | 冉有 | 염유 | 37 | 13 | 1934.10 | 東洋에 斯文이 有함 / 福士末之助 | |
| 12473 | 冉子 | 염자 | 12 | 27 | 1916.12 | 孔門問同答異 / 鄭淳默 | |
| 12474 | 廉章雨 | 염장우 | 43 | 26 | 1938.12 | 孝烈行蹟〉[李昌威의 보고] | |
| 12475 | 廉鼎燮 | 염정섭 | 35 | 43 | 1932.12 | 孝烈行蹟〉[金鶴九 等의 보고] | |
| 12476 | 炎帝 | 염제 | 3 | 39 | 1914.06 | 講士視察見聞所記 / 呂圭亨 | |
| 12477 | 炎帝 | 염제 | 9 | 18 | 1915.12 | 經學管見(下) / 尹寗求 | |
| 12478 | 厭次侯 | 염차후 | 42 | 54 | 1937.12 | 文廟享祀位次及聖賢姓名爵號考 / 金完鎭 | 榮旂 |
| 12479 | 厭次侯 | 염차후 | 42 | 47 | 1937.12 | 文廟享祀位次及聖賢姓名爵號考 / 金完鎭 | 榮旂 |
| 12480 | 廉致翼 | 염치익 | 30 | 41 | 1929.12 | 日誌大要 | |
| 12481 | 廉絜 | 염혈 | 30 | [8] | 1929.12 | 李龍眠畵宣聖及七十二弟子像贊(金石萃編) | |
| 12482 | 葉公黨 | 엽공당 | 24 | 27 | 1923.12 | 三洙瑣談(續) / 元泳義 | |
| 12483 | 葉山圭崗 | 엽산규설 | 48 | 62 | 1944.04 | 經學院日誌大要(昭和十七年七月ヨリ昭和十八年六月マテ) | |
| 12484 | 靈 | 영 | 7 | 37 | 1915.06 | 容思衍(續) / 李鼎煥 | 靈帝 |
| 12485 | 永嘉薛氏 | 영가 설씨 | 8 | 11 | 1915.09 | 華山問答(續) / 李容稙 | |
| 12486 | 潁考叔 | 영고숙 | 27 | 34 | 1926.12 | 三洙瑣談(續) / 元泳義 | |
| 12487 | 靈公 | 영공 | 25 | 6 | 1924.12 | 論語疑義問答(續) / 鄭萬朝 | |
| 12488 | 靈公 | 영공 | 5 | 43 | 1914.12 | 孔子年報(續) / 呂圭亨 | |
| 12489 | 靈公 | 영공 | 2 | 32 | 1914.03 | 孔子年譜 / 呂圭亨 | |
| 12490 | 靈光金氏 | 영광 김씨 | 27 | 77 | 1926.12 | 地方報告〉[姜永邰의 報告] | |
| 12491 | 靈光丁氏 | 영광 정씨 | 26 | 78 | 1925.12 | 地方報告〉[朴熏陽 等의 報告] | |
| 12492 | 營丘伯 | 영구백 | 30 | [11] | 1929.12 | 李龍眠畵宣聖及七十二弟子像贊(金石萃編) | |
| 12493 | 營丘伯 | 영구백 | 42 | 53 | 1937.12 | 文廟享祀位次及聖賢姓名爵號考 / 金完鎭 | 后處 |
| 12494 | 榮旂 | 영기 | 30 | [5] | 1929.12 | 李龍眠畵宣聖及七十二弟子像贊(金石萃編) | |
| 12495 | 榮旂 | 영기 | 42 | 47 | 1937.12 | 文廟享祀位次及聖賢姓名爵號考 / 金完鎭 | 厭次侯 |
| 12496 | 榮旂 | 영기 | 42 | 54 | 1937.12 | 文廟享祀位次及聖賢姓名爵號考 / 金完鎭 | 厭次侯, 원문은 姓榮名旂 |
| 12497 | 永樂 | 영락 | 7 | 28 | 1915.06 | 文廟碑銘幷序 | |
| 12498 | 鈴木 | 영목 | 46 | 13 | 1941.12 | 釋奠狀況〉昭和十四年秋季釋奠狀況 | 스즈키 요시유키 (鈴木美通), 19사단장 |
| 12499 | 鈴木隆 | 영목륭 | 15 | 34 | 1917.10 | 日誌大要 | 스즈키 다카시 |

| 번호 | 원문 | 현대어(독음) | 호 | 쪽 | 발행일 | 기사명 / 필자 | 비고 |
|---|---|---|---|---|---|---|---|
| 12500 | 鈴木隆 | 영목륭 | 15 | 62 | 1917.10 | 講說〉大邱高等普通學校講演(大正六年五月十六日)〉祝辭 / 鈴木隆 | 스즈키 다카시 |
| 12501 | 鈴木甚助 | 영목신조 | 44 | 84 | 1939.10 | 日誌大要(自昭和十三年六月 至昭和十三年十二月) | 스즈키 진스케 |
| 12502 | 鈴木銀藏 | 영목은장 | 20 | 54 | 1920.03 | 地方報告〉[權鳳洙의 報告] | 스즈키 긴조 |
| 12503 | 鈴木正文 | 영목정문 | 45 | 26 | 1940.12 | 朝鮮儒林大會(朝鮮儒道聯合會創立總會) 會錄槪要〉朝鮮儒道聯合會役員名簿(昭和十四年十一月一日現在) | 스즈키 마사후미 |
| 12504 | 鈴木春松 | 영목춘송 | 45 | 20 | 1940.12 | 朝鮮儒林大會(朝鮮儒道聯合會創立總會) 會錄槪要〉朝鮮儒道聯合會役員名簿(昭和十四年十一月一日現在) | 스즈키 하루마츠 |
| 12505 | 英廟 | 영묘 | 23 | 87 | 1922.12 | 地方報告〉[金煥容의 報告] | 英祖 |
| 12506 | 寗武 | 영무 | 2 | 31 | 1914.03 | 孔子年譜 / 呂圭亨 | |
| 12507 | 寗武子 | 영무자 | 5 | 43 | 1914.12 | 孔子年報(續) / 呂圭亨 | |
| 12508 | 寗武子 | 영무자 | 26 | 19 | 1925.12 | 三洙瑣談(續) / 元泳義 | |
| 12509 | 穎伯 | 영백 | 30 | [5] | 1929.12 | 李龍眠畵宣聖及七十二弟子像贊(金石萃編) | |
| 12510 | 穎伯 | 영백 | 42 | 55 | 1937.12 | 文廟享祀位次及聖賢姓名爵號考 / 金完鎭 | 陳亢 |
| 12511 | 英甫 | 영보 | 42 | 58 | 1937.12 | 文廟享祀位次及聖賢姓名爵號考 / 金完鎭 | 宋時烈 |
| 12512 | 靈山辛氏 | 영산 신씨 | 25 | 75 | 1924.12 | 地方報告〉[梁鳳濟의 報告] | |
| 12513 | 永錫 | 영석 | 36 | 8 | 1933.12 | 族姪寅赫子婦密陽朴氏孝烈紀蹟碑銘 / 鄭萬朝 | 朴永錫 |
| 12514 | 永松麟爕 | 영송인섭 | 47 | 37 | 1943.01 | 釋奠狀況〉昭和十六年秋季釋奠狀況 | |
| 12515 | 永松麟爕 | 영송인섭 | 47 | 39 | 1943.01 | 釋奠狀況〉昭和十七年春季釋奠狀況 | |
| 12516 | 嬰陽王 | 영양왕 | 44 | 58 | 1939.10 | 朝鮮詩學考 / 李昇圭 | 고구려 高元 |
| 12517 | 寗嬴 | 영영 | 6 | 45 | 1915.03 | 論語考證 / 金文演 | |
| 12518 | 寧王 | 영왕 | 13 | 5 | 1917.03 | 經學管見(續) / 尹寗求 | 朱宸濠 |
| 12519 | 寧王 | 영왕 | 48 | 25 | 1944.04 | (十月十五日於經學院秋季釋典)時局と儒道 / 鈴川壽男 | 朱宸濠 |
| 12520 | 靈王 | 영왕 | 23 | 61 | 1922.12 | 講說〉講題 凡有血氣者莫不尊親(大正十一年五月七日追慕禮式時) / 李魯學 | |
| 12521 | 寧越辛氏 | 영월 신씨 | 18 | 79 | 1918.09 | 地方報告〉[尹定普의 報告] | |
| 12522 | 泳義 | 영의 | 17 | 30 | 1918.07 | 洙澳問答 / 元泳義 | |
| 12523 | 泳義 | 영의 | 18 | 25 | 1918.09 | 三洙瑣談 / 元泳義 | |
| 12524 | 泳義 | 영의 | 18 | 26 | 1918.09 | 三洙瑣談 / 元泳義 | |
| 12525 | 泳義 | 영의 | 21 | 71 | 1921.03 | 三洙瑣談(續) / 元泳義 | |
| 12526 | 泳義 | 영의 | 26 | 12 | 1925.12 | 四書講解總說 / 元泳義 | |
| 12527 | 泳義 | 영의 | 26 | 13 | 1925.12 | 四書講解總說 / 元泳義 | |
| 12528 | 泳義 | 영의 | 26 | 14 | 1925.12 | 四書講解總說 / 元泳義 | |
| 12529 | 泳義 | 영의 | 27 | 17 | 1926.12 | 易經講解總說 / 元泳義 | |

| 번호 | 원문 | 현대어(독음) | 호 | 쪽 | 발행일 | 기사명 / 필자 | 비고 |
|---|---|---|---|---|---|---|---|
| 12530 | 泳義 | 영의 | 27 | 18 | 1926.12 | 易經講解總說 / 元泳義 | |
| 12531 | 靈齋 | 영재 | 22 | 72 | 1922.03 | 地方報告〉[宋圭鎭의 報告] | 李益朴 |
| 12532 | 永田 | 영전 | 46 | 34 | 1941.12 | 全羅南道儒林大會 | 金秉旭,<br>永田種秀 |
| 12533 | 永田 | 영전 | 46 | 42 | 1941.12 | 江原道儒道聯合會結成式 | 金秉旭,<br>永田種秀 |
| 12534 | 永田 | 영전 | 46 | 50 | 1941.12 | 講演及講習〉主婦講演會 | 金秉旭,<br>永田種秀 |
| 12535 | 永田種秀 | 영전종수 | 46 | 51 | 1941.12 | 講演及講習〉主婦講演會 | 金秉旭 |
| 12536 | 永田種秀 | 영전종수 | 46 | 52 | 1941.12 | 講演及講習〉時局と婦道實踐(講演速記) / 永田種秀 | 金秉旭 |
| 12537 | 永田種秀 | 영전종수 | 46 | 68 | 1941.12 | 講演及講習〉行事日程(於經學院明倫堂) | 金秉旭 |
| 12538 | 永井文雄 | 영정문웅 | 48 | 62 | 1944.04 | 經學院日誌大要(昭和十七年七月ヨリ昭和十八年六月マテ) | 나가이<br>후미오 |
| 12539 | 英祖 | 영조 | 8 | 34 | 1915.09 | 賢關記聞 / 李大榮 | |
| 12540 | 英祖 | 영조 | 8 | 37 | 1915.09 | 賢關記聞 / 李大榮 | |
| 12541 | 英祖 | 영조 | 8 | 39 | 1915.09 | 賢關記聞 / 李大榮 | |
| 12542 | 英祖 | 영조 | 10 | 47 | 1916.03 | 賢關記聞(續) / 李大榮 | |
| 12543 | 英祖 | 영조 | 10 | 52 | 1916.03 | 賢關記聞(續) / 李大榮 | |
| 12544 | 英祖 | 영조 | 10 | 53 | 1916.03 | 賢關記聞(續) / 李大榮 | |
| 12545 | 英祖 | 영조 | 10 | 54 | 1916.03 | 賢關記聞(續) / 李大榮 | |
| 12546 | 英祖 | 영조 | 11 | 57 | 1916.06 | 賢關記聞(續) / 李大榮 | |
| 12547 | 英祖 | 영조 | 11 | 58 | 1916.06 | 賢關記聞(續) / 李大榮 | |
| 12548 | 英祖 | 영조 | 15 | 26 | 1917.10 | 賢關記聞(十三號續) / 李大榮 | |
| 12549 | 英祖 | 영조 | 16 | 24 | 1918.03 | 賢關記聞(續) / 李大榮 | |
| 12550 | 英祖 | 영조 | 17 | 58 | 1918.07 | 講說〉講題 朝鮮氣象에 就ㅎ야(大正七年三月二十一日第二十七回講演) / 平田德太郎 | |
| 12551 | 英祖 | 영조 | 18 | 29 | 1918.09 | 賢關記聞(續) / 李大榮 | |
| 12552 | 英祖 | 영조 | 18 | 31 | 1918.09 | 賢關記聞(續) / 李大榮 | |
| 12553 | 英祖 | 영조 | 19 | 27 | 1918.12 | 賢關記聞(續) / 李大榮 | |
| 12554 | 英祖 | 영조 | 19 | 29 | 1918.12 | 賢關記聞(續) / 李大榮 | |
| 12555 | 英祖 | 영조 | 20 | 25 | 1920.03 | 賢關記聞(續) / 李大榮 | |
| 12556 | 英祖 | 영조 | 20 | 30 | 1920.03 | 三洙瑣談(續) / 元泳義 | |
| 12557 | 英祖 | 영조 | 21 | 63 | 1921.03 | 賢關記聞(續) / 李大榮 | |
| 12558 | 英祖 | 영조 | 27 | 11 | 1926.12 | 烈婦崔氏旌閭重修記 / 崔定鉉 | |
| 12559 | 英祖 | 영조 | 32 | 40 | 1930.12 | 地方報告〉地方儒林狀況〉[成樂賢의 報告] | |
| 12560 | 英祖 | 영조 | 37 | 39 | 1934.10 | 地方儒林狀況〉[李大榮의 보고]〉書院狀況 | |

| 번호 | 원문 | 현대어(독음) | 호 | 쪽 | 발행일 | 기사명 / 필자 | 비고 |
|---|---|---|---|---|---|---|---|
| 12561 | 英祖 | 영조 | 42 | 58 | 1937.12 | 文廟享祀位次及聖賢姓名爵號考 / 金完鎮 | |
| 12562 | 寧宗 | 영종 | 19 | 9 | 1918.12 | 經學管見(續) / 尹寧求 | 宋의 寧宗, 趙擴 |
| 12563 | 寧宗 | 영종 | 42 | 50 | 1937.12 | 文廟享祀位次及聖賢姓名爵號考 / 金完鎮 | 宋의 寧宗, 趙擴 |
| 12564 | 英宗 | 영종 | 9 | 35 | 1915.12 | 賢關記聞(續) / 李大榮 | |
| 12565 | 英宗 | 영종 | 24 | 32 | 1923.12 | 釋奠에 就하야 / 佐藤廣治 | |
| 12566 | 英宗 | 영종 | 42 | 57 | 1937.12 | 文廟享祀位次及聖賢姓名爵號考 / 金完鎮 | 明의 正統帝, 朱祁鎮 |
| 12567 | 鈴川 | 영천 | 46 | 22 | 1941.12 | 經學院日誌大要(昭和十四年七月ヨリ昭和十六年六月マテ) | 스즈카와 도시오 (鈴川壽男) |
| 12568 | 鈴川 | 영천 | 48 | 52 | 1944.04 | 釋奠狀況〉昭和十八年秋季釋奠狀況 | 스즈카와 도시오 (鈴川壽男) |
| 12569 | 永川李氏 | 영천 이씨 | 43 | 25 | 1938.12 | 孝烈行蹟〉[權重林의 보고] | |
| 12570 | 鈴川壽男 | 영천수남 | 48 | 22 | 1944.04 | (十月十五日於經學院秋季釋典)時局と儒道 / 鈴川壽男 | 스즈카와 도시오 |
| 12571 | 穎川候 | 영천후 | 42 | 50 | 1937.12 | 文廟享祀位次及聖賢姓名爵號考 / 金完鎮 | 顓孫師 |
| 12572 | 穎川侯 | 영천후 | 42 | 46 | 1937.12 | 文廟享祀位次及聖賢姓名爵號考 / 金完鎮 | 顓孫師 |
| 12573 | 鈴平文雄 | 영평문웅 | 47 | 38 | 1943.01 | 釋奠狀況〉昭和十七年春季釋奠狀況 | |
| 12574 | 鈴平文雄 | 영평문웅 | 46 | 16 | 1941.12 | 釋奠狀況〉昭和十五年秋季釋奠狀況 | |
| 12575 | 鈴平文雄 | 영평문웅 | 46 | 18 | 1941.12 | 釋奠狀況〉昭和十六年春季釋奠狀況 | |
| 12576 | 鈴平文雄 | 영평문웅 | 47 | 37 | 1943.01 | 釋奠狀況〉昭和十六年秋季釋奠狀況 | |
| 12577 | 鈴平璿容 | 영평선용 | 47 | 41 | 1943.01 | 釋奠狀況〉昭和十七年秋季釋奠狀況 | |
| 12578 | 令狐德棻 | 영호덕분 | 14 | 8 | 1917.07 | 經學管見(續) / 尹寧求 | 唐의 史家 |
| 12579 | 羿 | 예 | 5 | 81 | 1914.12 | 講說〉講題 謹庠序之敎申之以孝悌之義(大正三年十月十日第八回講演) / 李容植 | |
| 12580 | 羿 | 예 | 7 | 38 | 1915.06 | 論語考證(續) / 金文演 | |
| 12581 | 羿 | 예 | 7 | 39 | 1915.06 | 論語考證(續) / 金文演 | |
| 12582 | 豫國公 | 예국공 | 2 | 36 | 1914.03 | 大成殿神位圖 | 程顥 |
| 12583 | 豫國公 | 예국공 | 8 | 35 | 1915.09 | 賢關記聞 / 李大榮 | 程顥 |
| 12584 | 豫國公 | 예국공 | 10 | 51 | 1916.03 | 賢關記聞(續) / 李大榮 | 程顥 |
| 12585 | 豫國公 | 예국공 | 42 | 46 | 1937.12 | 文廟享祀位次及聖賢姓名爵號考 / 金完鎮 | 程顥 |
| 12586 | 豫國公 | 예국공 | 42 | 50 | 1937.12 | 文廟享祀位次及聖賢姓名爵號考 / 金完鎮 | 程顥 |
| 12587 | 禮農 | 예농 | 9 | 21 | 1915.12 | 經學管見(下) / 尹寧求 | |
| 12588 | 芮斗基 | 예두기 | 33 | 35 | 1931.12 | 聲討顛末 | |
| 12589 | 芮斗基 | 예두기 | 38 | 47 | 1935.03 | 文廟釋奠狀況〉地方文廟秋期釋奠狀況表 | |

| 번호 | 원문 | 현대어(독음) | 호 | 쪽 | 발행일 | 기사명 / 필자 | 비고 |
|---|---|---|---|---|---|---|---|
| 12590 | 芮斗基 | 예두기 | 39 | 43 | 1935.10 | 地方儒林狀況〉[芮斗基의 보고] | |
| 12591 | 穢麻呂 | 예마려 | 48 | 49 | 1944.04 | 嘉言善行 / 李敬植 | 와케베노키타나마로(別部穢麻呂), 아케노키요마로(和気清麻呂)의 異名 |
| 12592 | 郳伯 | 예백 | 30 | [4] | 1929.12 | 李龍眠畫宣聖及七十二弟子像賛(金石萃編) | |
| 12593 | 郳伯 | 예백 | 42 | 51 | 1937.12 | 文廟享祀位次及聖賢姓名爵號考 / 金完鎭 | 公晳哀 |
| 12594 | 倪復 | 예복 | 13 | 4 | 1917.03 | 經學管見(續) / 尹寧求 | |
| 12595 | 倪思 | 예사 | 12 | 15 | 1916.12 | 孟子緖論 / 金文演 | |
| 12596 | 倪思 | 예사 | 14 | 4 | 1917.07 | 經學管見(續) / 尹寧求 | |
| 12597 | 倪士毅 | 예사의 | 12 | 10 | 1916.12 | 經學管見(續) / 尹寧求 | |
| 12598 | 耶 | 예수(야) | 47 | 28 | 1943.01 | 論語要義 / 崔浩然 | Jesus Christ |
| 12599 | 耶蘇 | 예수(야소) | 3 | 5 | 1914.06 | 儒敎尊尙說 / 張錫周 | Jesus Christ |
| 12600 | 耶蘇 | 예수(야소) | 10 | 67 | 1916.03 | 講說〉儒敎의 根本義(大正四年十月九日第十五回講演) | Jesus Christ |
| 12601 | 耶蘇 | 예수(야소) | 16 | 77 | 1918.03 | 地方報告〉[宋在永의 報告]〉奬學에 就ㅎ야 / 淺井安行 | Jesus Christ |
| 12602 | 耶蘇 | 예수(야소) | 32 | 17 | 1930.12 | 講題 現代世相과 儒學의 本領 / 渡邊信治 | Jesus Christ |
| 12603 | 耶蘇 | 예수(야소) | 32 | 18 | 1930.12 | 講題 現代世相과 儒學의 本領 / 渡邊信治 | Jesus Christ |
| 12604 | 耶穌 | 예수(야소) | 40 | 13 | 1936.08 | 心田開發에 對한 儒敎 / 鄭鳳時 | Jesus Christ |
| 12605 | 倪氏 | 예씨 | 19 | 16 | 1918.12 | 四書小註辨疑(續) / 李鶴在 | |
| 12606 | 睿宗 | 예종 | 15 | 53 | 1917.10 | 講說〉光州郡鄕校講演(大正六年四月二十六日)〉說諭(賞品授與式日) / 元應常 | |
| 12607 | 睿宗 | 예종 | 37 | 24 | 1934.10 | 敎化編年 / 李大榮 | |
| 12608 | 睿宗 | 예종 | 42 | 48 | 1937.12 | 文廟享祀位次及聖賢姓名爵號考 / 金完鎭 | 唐의 睿宗, 李旦 |
| 12609 | 睿宗 | 예종 | 47 | 33 | 1943.01 | 朝鮮詩學考(第十四號續) / 李昇圭 | 고려의 王俣 |
| 12610 | 芮宗錫 | 예종석 | 45 | 29 | 1940.12 | 朝鮮儒林大會(朝鮮儒道聯合會創立總會) 會錄槪要〉朝鮮儒道聯合會役員名簿(昭和十四年十一月一日現在) | |
| 12611 | 傲 | 오 | 7 | 40 | 1915.06 | 論語考證(續) / 金文演 | |

| 번호 | 원문 | 현대어(독음) | 호 | 쪽 | 발행일 | 기사명 / 필자 | 비고 |
|------|------|-------------|-----|-----|--------|--------------|------|
| 12612 | 㬵 | 오 | 5 | 81 | 1914.12 | 講說〉講題 謹庠序之敎申之以孝悌之義(大正三年十月十日第八回講演) / 李容植 | |
| 12613 | 㬵 | 오 | 7 | 38 | 1915.06 | 論語考證(續) / 金文演 | |
| 12614 | 㬵 | 오 | 7 | 39 | 1915.06 | 論語考證(續) / 金文演 | |
| 12615 | 㬵 | 오 | 7 | 40 | 1915.06 | 論語考證(續) / 金文演 | |
| 12616 | 吳 | 오 | 30 | 77 | 1929.12 | 地方報告〉[金宅壽의 報告] | 吳贊甲 |
| 12617 | 吳 | 오 | 37 | 56 | 1934.10 | 文廟釋奠狀況〉[朴昌夏의 보고] | 吳泰餘 |
| 12618 | 吳建泳 | 오건영 | 38 | 44 | 1935.03 | 文廟釋奠狀況〉地方文廟秋期釋奠狀況表 | |
| 12619 | 吳景濟 | 오경제 | 12 | 55 | 1916.12 | 日誌大要 | |
| 12620 | 吳公 | 오공 | 42 | 50 | 1937.12 | 文廟享祀位次及聖賢姓名爵號考 / 金完鎭 | 言偃 |
| 12621 | 吳公 | 오공 | 2 | 36 | 1914.03 | 大成殿神位圖 | 言偃 |
| 12622 | 吳公 | 오공 | 42 | 46 | 1937.12 | 文廟享祀位次及聖賢姓名爵號考 / 金完鎭 | 言偃 |
| 12623 | 吳寬 | 오관 | 18 | 9 | 1918.09 | 經學管見(續) / 尹寧求 | |
| 12624 | 奧貫正卿 | 오관정경 | 48 | 50 | 1944.04 | 嘉言善行 / 李敬植 | 오쿠누키 마사노리, 오쿠누키 유잔(奧貫友山) |
| 12625 | 吳國公 | 오국공 | 42 | 57 | 1937.12 | 文廟享祀位次及聖賢姓名爵號考 / 金完鎭 | 將樂伯 楊時 |
| 12626 | 吳國東 | 오국동 | 12 | 55 | 1916.12 | 日誌大要 | |
| 12627 | 吳國泳 | 오국영 | 45 | 28 | 1940.12 | 朝鮮儒林大會(朝鮮儒道聯合會創立總會) 會錄槪要〉朝鮮儒道聯合會役員名簿(昭和十四年十一月一日現在) | |
| 12628 | 吳君化 | 오군화 | 13 | 47 | 1917.03 | 講說〉立身致富之要訣(大正五年六月十日第十九回講演) / 村上唯吉 | |
| 12629 | 吳圭瑞 | 오규서 | 33 | 35 | 1931.12 | 聲討顚末 | |
| 12630 | 吳兢 | 오긍 | 16 | 1 | 1918.03 | 經學管見(續) / 尹寧求 | |
| 12631 | 吳起 | 오기 | 25 | 5 | 1924.12 | 論語疑義問答(續) / 鄭萬朝 | |
| 12632 | 吳起 | 오기 | 31 | 4 | 1930.08 | 經學源流 / 權純九 | |
| 12633 | 吳琪淳 | 오기순 | 20 | 37 | 1920.03 | 求禮郡文廟重修捐義錄小序 / 金商翊 | |
| 12634 | 吳基泳 | 오기영 | 33 | 35 | 1931.12 | 聲討顚末 | |
| 12635 | 吳騏泳 | 오기영 | 20 | 38 | 1920.03 | 求禮郡文廟重修捐義錄小序 / 金商翊 | |
| 12636 | 吳基洪 | 오기홍 | 23 | 27 | 1922.12 | 山淸郡明倫堂重建記 / 金翰植 | |
| 12637 | 吳基洪 | 오기홍 | 23 | 86 | 1922.12 | 地方報告〉[金性在의 報告] | |
| 12638 | 吳南洪 | 오남홍 | 25 | 38 | 1924.12 | 日誌大要 | |
| 12639 | 吳德全 | 오덕전 | 48 | 44 | 1944.04 | 朝鮮詩學考(前號續) / 李昇圭 | 吳世才의 字 |
| 12640 | 吳斗南 | 오두남 | 7 | 39 | 1915.06 | 論語考證(續) / 金文演 | |
| 12641 | 吳斗善仁 | 오두선인 | 20 | 36 | 1920.03 | 求禮郡文廟重修捐義錄小序 / 金商翊 | |

| 번호 | 원문 | 현대어(독음) | 호 | 쪽 | 발행일 | 기사명 / 필자 | 비고 |
|---|---|---|---|---|---|---|---|
| 12642 | 吳斗煥 | 오두환 | 24 | 76 | 1923.12 | 講說〉講題 設爲庠序學校以敎之皆所明人倫也 / 李學魯 | 원문은 吳公斗煥 |
| 12643 | 吳斗煥 | 오두환 | 24 | 89 | 1923.12 | 地方報告〉[李學魯의 報告] | |
| 12644 | 吳斗煥 | 오두환 | 45 | 28 | 1940.12 | 朝鮮儒林大會(朝鮮儒道聯合會創立總會) 會錄槪要〉朝鮮儒道聯合會役員名簿(昭和十四年十一月一日現在) | |
| 12645 | 吳萊 | 오래 | 21 | 17 | 1921.03 | 經學管見(續) / 尹寧求 | |
| 12646 | 於陵 | 오릉 | 15 | 56 | 1917.10 | 講說〉泰仁鄕校講演(大正六年五月一日)〉講題 士不可以不弘毅任重而道遠 / 李容植 | |
| 12647 | 於陵仲子 | 오릉중자 | 6 | 10 | 1915.03 | 華山問答(續) / 李容植 | 陳仲子 |
| 12648 | 吳命恒 | 오명항 | 23 | 87 | 1922.12 | 地方報告〉[金煥容의 報告] | |
| 12649 | 吳武泳 | 오무영 | 14 | 39 | 1917.07 | 日誌大要 | |
| 12650 | 吳文正公 | 오문정공 | 37 | 20 | 1934.10 | 學說 / 權純九 | 吳澄 |
| 12651 | 五味保義 | 오미보의 | 44 | 84 | 1939.10 | 日誌大要(自昭和十三年六月 至昭和十三年十二月) | 고미 야스요시 |
| 12652 | 吳秉南 | 오병남 | 45 | 31 | 1940.12 | 朝鮮儒林大會(朝鮮儒道聯合會創立總會) 會錄槪要〉朝鮮儒道聯合會役員名簿(昭和十四年十一月一日現在) | |
| 12653 | 吳炳肅 | 오병숙 | 32 | 49 | 1930.12 | 地方報告〉孝烈行蹟〉[吳炳肅 等의 보고] | |
| 12654 | 吳炳肅 | 오병숙 | 32 | 50 | 1930.12 | 地方報告〉孝烈行蹟〉[吳炳肅 等의 보고] | |
| 12655 | 吳炳翼 | 오병익 | 20 | 36 | 1920.03 | 求禮郡文廟重修捐義錄小序 / 金商翊 | |
| 12656 | 吳炳日 | 오병일 | 33 | 37 | 1931.12 | 聲討顚末 | |
| 12657 | 吳炳哲 | 오병철 | 38 | 42 | 1935.03 | 日誌大要 | |
| 12658 | 吳秉熙 | 오병희 | 20 | 37 | 1920.03 | 求禮郡文廟重修捐義錄小序 / 金商翊 | |
| 12659 | 吳鳳泳 | 오봉영 | 28 | 43 | 1927.12 | 日誌大要 | |
| 12660 | 吳鳳泳 | 오봉영 | 36 | 24 | 1933.12 | 日誌大要 | |
| 12661 | 吳鳳泳 | 오봉영 | 36 | 66 | 1933.12 | 明倫學院評議員名簿 | |
| 12662 | 吳鳳泳 | 오봉영 | 37 | 68 | 1934.10 | 明倫學院評議員名簿 | |
| 12663 | 吳鳳泳 | 오봉영 | 40 | 43 | 1936.08 | 成竹似先生追悼錄〉挽故成均館博士成竹似先生 / 吳鳳泳 | |
| 12664 | 吳鳳泳 | 오봉영 | 40 | 53 | 1936.08 | 鄭茂亭先生追悼錄〉輓詞 / 吳鳳泳 | |
| 12665 | 吳鳳泳 | 오봉영 | 41 | 63 | 1937.02 | 明倫學院評議員名簿(昭和十一年一月一日) | |
| 12666 | 吳鳳泳 | 오봉영 | 43 | 45 | 1938.12 | 故大提學鄭鳳時先生輓詞 / 吳鳳泳 | |
| 12667 | 吳鳳泳 | 오봉영 | 45 | 27 | 1940.12 | 朝鮮儒林大會(朝鮮儒道聯合會創立總會) 會錄槪要〉朝鮮儒道聯合會役員名簿(昭和十四年十一月一日現在) | |
| 12668 | 五峰胡氏 | 오봉호씨 | 5 | 7 | 1914.12 | 道也者不可須臾離論 / 李鶴在 | 胡宏 |
| 12669 | 吳師道 | 오사도 | 6 | 48 | 1915.03 | 論語考證 / 金文演 | |

| 번호 | 원문 | 현대어(독음) | 호 | 쪽 | 발행일 | 기사명 / 필자 | 비고 |
|---|---|---|---|---|---|---|---|
| 12670 | 吳師道 | 오사도 | 15 | 18 | 1917.10 | 詩經蔫辨 / 金文演 | |
| 12671 | 吳師道 | 오사도 | 16 | 1 | 1918.03 | 經學管見(續) / 尹寧求 | |
| 12672 | 吳師道 | 오사도 | 17 | 2 | 1918.07 | 經學管見(續) / 尹寧求 | |
| 12673 | 奧山仙三 | 오산선삼 | 39 | 50 | 1935.10 | 日誌大要 | 오쿠야마 센조 |
| 12674 | 奧山仙三 | 오산선삼 | 41 | 61 | 1937.02 | 明倫學院職員名簿(昭和十一年一月一日現在) | 오쿠야마 센조 |
| 12675 | 奧山仙三 | 오산선삼 | 42 | 34 | 1937.12 | 日誌大要 | 오쿠야마 센조 |
| 12676 | 奧山仙三 | 오산선삼 | 45 | 25 | 1940.12 | 朝鮮儒林大會(朝鮮儒道聯合會創立總會) 會錄槪要〉朝鮮儒道聯合會役員名簿(昭和十四年十一月一日現在) | 오쿠야마 센조 |
| 12677 | 奧山仙三 | 오산선삼 | 45 | 32 | 1940.12 | 朝鮮儒林大會(朝鮮儒道聯合會創立總會) 會錄槪要〉朝鮮儒道聯合會役員名簿(昭和十四年十一月一日現在) | 오쿠야마 센조 |
| 12678 | 奧山仙三 | 오산선삼 | 45 | 41 | 1940.12 | 朝鮮儒林大會(朝鮮儒道聯合會創立總會) 會錄槪要〉朝鮮儒道聯合會役員名簿(昭和十四年十一月一日現在) | 오쿠야마 센조 |
| 12679 | 吳相兆 | 오상조 | 42 | 38 | 1937.12 | 文廟春季釋奠狀況 | |
| 12680 | 吳相兆 | 오상조 | 42 | 72 | 1937.12 | 第五回卒業式狀況及第八回新入生名簿〉第八回入學許可者名簿 | |
| 12681 | 吳相兆 | 오상조 | 43 | 59 | 1938.12 | 文廟秋季釋奠狀況 | |
| 12682 | 吳相兆 | 오상조 | 43 | 67 | 1938.12 | 文廟春季釋奠狀況 | |
| 12683 | 吳相俊 | 오상준 | 20 | 38 | 1920.03 | 求禮郡文廟重修捐義錄小序 / 金商翊 | |
| 12684 | 吳相勳 | 오상훈 | 30 | 71 | 1929.12 | 地方報告〉[崔仁鶴 等의 報告] | |
| 12685 | 吳生 | 오생 | 34 | 11 | 1932.03 | 祭任君龍宰文 / 明倫學院生徒一同 | |
| 12686 | 吳錫禹 | 오석우 | 23 | 40 | 1922.12 | 孔夫子忌辰四十周甲追慕禮式及紀念事業發起文 | |
| 12687 | 五聖 | 오성 | 10 | 31 | 1916.03 | 享官廳記 / 洪貴達 撰 | |
| 12688 | 五聖 | 오성 | 29 | 16 | 1928.12 | 新興郡文廟刱建記 / 魏大源 | |
| 12689 | 吳成鉉 | 오성현 | 46 | 13 | 1941.12 | 釋奠狀況〉昭和十四年秋季釋奠狀況 | |
| 12690 | 吳世才 | 오세재 | 48 | 44 | 1944.04 | 朝鮮詩學考(前號續) / 李昇圭 | |
| 12691 | 吳世煒 | 오세호 | 45 | 26 | 1940.12 | 朝鮮儒林大會(朝鮮儒道聯合會創立總會) 會錄槪要〉朝鮮儒道聯合會役員名簿(昭和十四年十一月一日現在) | |
| 12692 | 吾孫子勝 | 오손자승 | 14 | 42 | 1917.07 | 日誌大要 | 아비코 마사루 |
| 12693 | 吾孫子勝 | 오손자승 | 14 | 54 | 1917.07 | 講說〉法律과 道德(大正六年四月十四日第二十二回講演) / 吾孫子 勝 | 아비코 마사루 |

| 번호 | 원문 | 현대어(독음) | 호 | 쪽 | 발행일 | 기사명 / 필자 | 비고 |
|---|---|---|---|---|---|---|---|
| 12694 | 吳氏 | 오씨 | 7 | 40 | 1915.06 | 論語考證(續) / 金文演 | |
| 12695 | 吳億齡 | 오억령 | 37 | 39 | 1934.10 | 地方儒林狀況〉[李大榮의 보고]〉書院狀況 | 원문은 吳文肅公億齡 |
| 12696 | 吳英根 | 오영근 | 35 | 42 | 1932.12 | 孝烈行蹟〉[白宗基 等의 보고] | |
| 12697 | 吳永斗 | 오영두 | 35 | 37 | 1932.12 | 孝烈行蹟〉[洪光鉉 等의 보고] | |
| 12698 | 吳琓 | 오완 | 16 | 34 | 1918.03 | 日誌大要 | |
| 12699 | 吳龍濟 | 오용제 | 21 | 94 | 1921.03 | 地方報告〉[吳龍濟의 報告] | |
| 12700 | 吳原根 | 오원근 | 26 | 88 | 1925.12 | 地方報告〉[呂圭庠 等의 報告] | |
| 12701 | 吳原根 | 오원근 | 26 | 89 | 1925.12 | 地方報告〉[呂圭庠 等의 報告] | |
| 12702 | 吳元東 | 오원동 | 36 | 34 | 1933.12 | 文廟釋奠狀況〉[吳元東의 보고] | |
| 12703 | 吳元東 | 오원동 | 37 | 50 | 1934.10 | 文廟釋奠狀況〉[吳元東의 보고] | |
| 12704 | 吳元東 | 오원동 | 38 | 42 | 1935.03 | 日誌大要 | |
| 12705 | 吳元東 | 오원동 | 38 | 48 | 1935.03 | 文廟釋奠狀況〉地方文廟秋期釋奠狀況表 | |
| 12706 | 吳元東 | 오원동 | 39 | 53 | 1935.10 | 文廟釋奠狀況〉地方文廟春期釋奠狀況表 | |
| 12707 | 吳元東 | 오원동 | 45 | 34 | 1940.12 | 朝鮮儒林大會(朝鮮儒道聯合會創立總會) 會錄槪要〉朝鮮儒道聯合會役員名簿(昭和十四年十一月一日現在) | |
| 12708 | 吳原東 | 오원동 | 35 | 33 | 1932.12 | 文廟釋奠狀況〉[吳原東의 보고] | |
| 12709 | 吳允迪 | 오윤적 | 33 | 9 | 1931.12 | 司直金公墓碑銘并序 / 金完鎭 | |
| 12710 | 吳恩泳 | 오은영 | 38 | 42 | 1935.03 | 日誌大要 | |
| 12711 | 吳隱之 | 오은지 | 6 | 40 | 1915.03 | 孔子年報(續) / 呂圭亨 | |
| 12712 | 吳隱之 | 오은지 | 19 | 3 | 1918.12 | 學說 / 呂龍鉉 | |
| 12713 | 吳益洙 | 오익수 | 45 | 8 | 1940.12 | 朝鮮儒林大會(朝鮮儒道聯合會創立總會) 會錄槪要 | |
| 12714 | 吳仁傑 | 오인걸 | 14 | 4 | 1917.07 | 經學管見(續) / 尹寧求 | |
| 12715 | 吳任臣 | 오임신 | 17 | 6 | 1918.07 | 經學管見(續) / 尹寧求 | |
| 12716 | 吳臨川 | 오임천 | 29 | 23 | 1928.12 | 三洙瑣談(續) / 元泳義 | |
| 12717 | 吳臨川 | 오임천 | 27 | 17 | 1926.12 | 易經講解總說 / 元泳義 | |
| 12718 | 吳在鳳 | 오재봉 | 23 | 57 | 1922.12 | 日誌大要 | |
| 12719 | 吳在植 | 오재식 | 40 | 63 | 1936.08 | 第四回卒業式狀況及第七回新入生名簿〉明倫學院第七回入學許可者名簿 | |
| 12720 | 吳正根 | 오정근 | 45 | 20 | 1940.12 | 朝鮮儒林大會(朝鮮儒道聯合會創立總會) 會錄槪要〉朝鮮儒道聯合會役員名簿(昭和十四年十一月一日現在) | |
| 12721 | 吳廷煥 | 오정환 | 38 | 49 | 1935.03 | 文廟釋奠狀況〉地方文廟秋期釋奠狀況表 | |
| 12722 | 五帝 | 오제 | 3 | 9 | 1914.06 | 論四經讀法(上篇) / 呂圭亨 | 皇帝·顓頊·帝嚳·堯·舜 |

| 번호 | 원문 | 현대어(독음) | 호 | 쪽 | 발행일 | 기사명 / 필자 | 비고 |
|---|---|---|---|---|---|---|---|
| 12723 | 五帝 | 오제 | 7 | 27 | 1915.06 | 孔子年報(續) / 呂圭亨 | 皇帝·顓頊·帝嚳·堯·舜 |
| 12724 | 五帝 | 오제 | 7 | 76 | 1915.06 | 講說〉講題 孔子聖之時者也(大政四年三月十八日第十回講演)〉敷演 / 梁鳳濟 | 皇帝·顓頊·帝嚳·堯·舜 |
| 12725 | 五帝 | 오제 | 8 | 2 | 1915.09 | 儒敎論 / 呂圭亨 | 皇帝·顓頊·帝嚳·堯·舜 |
| 12726 | 五帝 | 오제 | 8 | 3 | 1915.09 | 儒敎論 / 呂圭亨 | 皇帝·顓頊·帝嚳·堯·舜 |
| 12727 | 五帝 | 오제 | 8 | 51 | 1915.09 | 講說〉講題 苟日新日日新又日新(大政四年四月十七日第十一回講演)〉續演 / 呂圭亨 | 皇帝·顓頊·帝嚳·堯·舜 |
| 12728 | 五帝 | 오제 | 9 | [11] | 1915.12 | 卽位大禮式獻頌文 / 成樂賢 | 皇帝·顓頊·帝嚳·堯·舜 |
| 12729 | 五帝 | 오제 | 30 | 2 | 1929.12 | 雜誌第三十號發行說 / 權純九 | 皇帝·顓頊·帝嚳·堯·舜 |
| 12730 | 五帝 | 오제 | 44 | 40 | 1939.10 | 經儒學 / 金誠鎭 | 皇帝·顓頊·帝嚳·堯·舜 |
| 12731 | 吳鍾燮 | 오종섭 | 38 | 46 | 1935.03 | 文廟釋奠狀況〉地方文廟秋期釋奠狀況表 | |
| 12732 | 吳鐘泳 | 오종영 | 2 | 26 | 1914.03 | 奉呈經學院 / 孔喆鎔 | |
| 12733 | 吳竣 | 오준 | 3 | 48 | 1914.06 | 講士視察見聞所記 / 呂圭亨 | |
| 12734 | 吳駿善 | 오준선 | 38 | 40 | 1935.03 | 日誌大要 | 浚石 |
| 12735 | 吳遵禮 | 오준예 | 33 | 9 | 1931.12 | 司直金公墓碑銘幷序 / 金完鎭 | |
| 12736 | 吳鎭 | 오진 | 14 | 9 | 1917.07 | 經學管見(續) / 尹寧求 | |
| 12737 | 吳眞子 | 오진자 | 12 | 9 | 1916.12 | 經學管見(續) / 尹寧求 | |
| 12738 | 吳澄 | 오징 | 9 | 26 | 1915.12 | 孔子年報(續) / 呂圭亨 | |
| 12739 | 吳澄 | 오징 | 10 | 51 | 1916.03 | 賢關記聞(續) / 李大榮 | |
| 12740 | 吳澄 | 오징 | 11 | 20 | 1916.06 | 經學管見(續) / 尹寧求 | |
| 12741 | 吳澄 | 오징 | 19 | 74 | 1918.12 | 講說〉講題 孟懿子問孝(大正七年十一月十六日第三十二回講演)〉續演 / 呂圭亨 | |
| 12742 | 吳澄 | 오징 | 26 | 24 | 1925.12 | 三洙瑣談(續) / 元泳義 | |
| 12743 | 吳采烈 | 오채열 | 44 | 82 | 1939.10 | 日誌大要(自昭和十三年六月 至昭和十三年十二月) | 원문은 吳釆烈로 오기됨 |
| 12744 | 吳采烈 | 오채열 | 44 | 86 | 1939.10 | 文廟春季釋奠狀況 | 원문은 吳釆烈로 오기됨 |
| 12745 | 吳采烈 | 오채열 | 45 | 37 | 1940.12 | 朝鮮儒林大會(朝鮮儒道聯合會創立總會) 會錄概要〉朝鮮儒道聯合會役員名簿(昭和十四年十一月一日現在) | 원문은 吳釆烈로 오기됨 |
| 12746 | 烏川僑源 | 오천교원 | 46 | 68 | 1941.12 | 講演及講習〉行事日程(於經學院明倫堂) | 鄭僑源, 烏川僑源 |
| 12747 | 吳草廬 | 오초려 | 10 | 22 | 1916.03 | 經學淺知錄 / 金文演 | |

| 번호 | 원문 | 현대어(독음) | 호 | 쪽 | 발행일 | 기사명 / 필자 | 비고 |
|------|------|------------|-----|------|--------|---------------|------|
| 12748 | 吳草廬 | 오초려 | 11 | 9 | 1916.06 | 經論 / 韓晚容 | |
| 12749 | 奧村信吉 | 오촌신길 | 28 | 72 | 1927.12 | 地方報告〉[金鍾烈의 報告] | 오쿠무라 노부요시 |
| 12750 | 吳楸灘 | 오추탄 | 37 | 40 | 1934.10 | 地方儒林狀況〉[李大榮의 보고]〉書院狀況 | 吳允謙 |
| 12751 | 吳致翊 | 오치익 | 5 | 96 | 1914.12 | 關東講說〉講題 道不遠人 / 吳致翊 | |
| 12752 | 吳台煥 | 오태환 | 34 | 15 | 1932.03 | 思想善導에 關한 意見書 / 吳台煥 | |
| 12753 | 吳台煥 | 오태환 | 39 | 50 | 1935.10 | 日誌大要 | |
| 12754 | 吳采烈 | 오판열 | 44 | 86 | 1939.10 | 文廟春季釋奠狀況 | |
| 12755 | 五覇 | 오패 | 7 | 27 | 1915.06 | 孔子年報(續) / 呂圭亨 | 齊桓公·晉文公·秦穆公·宋襄公·楚莊王 |
| 12756 | 吳平 | 오평 | 17 | 5 | 1918.07 | 經學管見(續) / 尹寧求 | |
| 12757 | 吳憲泳 | 오헌영 | 1 | 5 | 1913.12 | 經學院雜誌祝辭 / 吳憲泳 | |
| 12758 | 吳憲泳 | 오헌영 | 1 | 46 | 1913.12 | 日誌大要 | |
| 12759 | 吳憲泳 | 오헌영 | 1 | 52 | 1913.12 | 日誌大要 | |
| 12760 | 吳憲泳 | 오헌영 | 1 | 58 | 1913.12 | 本院職員錄 大正二年十二月 日 現在 | |
| 12761 | 吳憲泳 | 오헌영 | 1 | 78 | 1913.12 | 地方報告 大正元年始〉[吳憲泳의 報告] | |
| 12762 | 吳憲泳 | 오헌영 | 1 | 80 | 1913.12 | 地方報告 大正元年始〉[曹協承의 報告] | |
| 12763 | 吳憲泳 | 오헌영 | 1 | 91 | 1913.12 | 地方報告 大正元年始〉[吳憲泳의 報告] | |
| 12764 | 吳憲泳 | 오헌영 | 2 | 58 | 1914.03 | 日誌大要 | |
| 12765 | 吳憲泳 | 오헌영 | 2 | 75 | 1914.03 | 地方報告〉[吳憲泳의 報告] | |
| 12766 | 吳憲泳 | 오헌영 | 3 | 61 | 1914.06 | 日誌大要 | |
| 12767 | 吳憲泳 | 오헌영 | 3 | [0] | 1914.06 | [經學院視察團旅行紀念] | |
| 12768 | 吳憲泳 | 오헌영 | 4 | 66 | 1914.09 | 地方報告〉[吳憲泳의 報告] | |
| 12769 | 吳憲泳 | 오헌영 | 6 | 62 | 1915.03 | 地方報告〉[吳憲泳 巡講] | |
| 12770 | 吳憲泳 | 오헌영 | 9 | [14] | 1915.12 | 卽位大禮式獻頌文 / 吳憲泳 | |
| 12771 | 吳憲泳 | 오헌영 | 12 | 54 | 1916.12 | 日誌大要 | |
| 12772 | 吳憲泳 | 오헌영 | 12 | [9] | 1916.12 | 立太子禮獻頌文 / 吳憲泳 | |
| 12773 | 吳憲泳 | 오헌영 | 23 | 19 | 1922.12 | 孔夫子忌辰四十周甲追慕辭 / 吳憲泳 | |
| 12774 | 吳憲泳 | 오헌영 | 25 | 65 | 1924.12 | 講說〉講題 明倫 / 李大榮 | |
| 12775 | 吳憲泳 | 오헌영 | 27 | 61 | 1926.12 | 日誌大要 | |
| 12776 | 吳炯淳 | 오형순 | 20 | 38 | 1920.03 | 求禮郡文廟重修捐義錄小序 / 金商翊 | |
| 12777 | 吳浩 | 오호 | 11 | 18 | 1916.06 | 經學管見(續) / 尹寧求 | |
| 12778 | 奧好寬 | 오호관 | 39 | 23 | 1935.10 | 湯島聖堂孔子祭典狀況〉孔子祭舞樂曲目竝配役 | |
| 12779 | 吳晥 | 오환 | 11 | 25 | 1916.06 | 經學淺知錄(續) / 金文演 | |

| 번호 | 원문 | 현대어(독음) | 호 | 쪽 | 발행일 | 기사명 / 필자 | 비고 |
|---|---|---|---|---|---|---|---|
| 12780 | 吳晦根 | 오회근 | 44 | 52 | 1939.10 | 孝烈行蹟〉[趙聖夏의 보고] | |
| 12781 | 吳獲 | 오획 | 6 | 60 | 1915.03 | 講說〉講題 善養吾浩然之氣(大正三年十一月二十一日第九回講演) / 李容稙 | 원문은 獲 |
| 12782 | 吳侯 | 오후 | 30 | [2] | 1929.12 | 李龍眠畵宣聖及七十二弟子像贊(金石萃編) | |
| 12783 | 吳候 | 오후 | 42 | 50 | 1937.12 | 文廟享祀位次及聖賢姓名爵號考 / 金完鎭 | 言偃 |
| 12784 | 玉溪盧氏 | 옥계 노씨 | 11 | 44 | 1916.06 | 四書小註辨疑 / 李鶴在 | |
| 12785 | 玉溪盧氏 | 옥계 노씨 | 12 | 29 | 1916.12 | 四書小註辨疑(續) / 李鶴在 | |
| 12786 | 玉溪盧氏 | 옥계 노씨 | 12 | 30 | 1916.12 | 四書小註辨疑(續) / 李鶴在 | |
| 12787 | 玉溪盧氏 | 옥계 노씨 | 14 | 43 | 1917.07 | 講說〉講題 物有本末事有終始知所先後則近道矣(大正六年二月二十四日第二十一回講演) / 李容稙 | |
| 12788 | 玉名友彦 | 옥명우언 | 45 | 25 | 1940.12 | 朝鮮儒林大會(朝鮮儒道聯合會創立總會) 會錄槪要〉朝鮮儒道聯合會役員名簿(昭和十四年十一月一日現在) | 다마나 도모히코 |
| 12789 | 玉峰 | 옥봉 | 34 | 8 | 1932.03 | 烈女水原白氏碑銘 並序 / 沈璿澤 | |
| 12790 | 玉善出 | 옥선출 | 19 | 76 | 1918.12 | 地方報告〉[崔榮則의 報告] | 원문은 玉君善出 |
| 12791 | 玉氏 | 옥씨 | 19 | 76 | 1918.12 | 地方報告〉[崔榮則의 報告] | |
| 12792 | 玉凝溪 | 옥응계 | 15 | 83 | 1917.10 | 地方報告〉[秋永求의 報告] | |
| 12793 | 玉川 | 옥천 | 37 | 41 | 1934.10 | 地方儒林狀況〉[李大榮의 보고]〉書院狀況 | 趙堪의 호 |
| 12794 | 沃川 陸氏 | 옥천 육씨 | 46 | 27 | 1941.12 | 孝烈行跡報告 其三 / 朴尙錫 | |
| 12795 | 溫公 | 온공 | 2 | 71 | 1914.03 | 講說〉講題 必愼其獨(大正二年十一月八日第四回講演)〉敷演 / 鄭鳳時 | |
| 12796 | 溫公 | 온공 | 5 | 54 | 1914.12 | 容思衍(續) / 李鼎煥 | |
| 12797 | 溫公 | 온공 | 8 | 33 | 1915.09 | 讀書私記(續) / 洪鐘佶 | |
| 12798 | 溫公 | 온공 | 15 | 80 | 1917.10 | 地方報告〉[成樂賢의 報告] | |
| 12799 | 溫公 | 온공 | 27 | 20 | 1926.12 | 經義問對 / 韓昌愚 | |
| 12800 | 溫國公 | 온국공 | 8 | 35 | 1915.09 | 賢關記聞 / 李大榮 | 司馬光 |
| 12801 | 溫國公 | 온국공 | 42 | 47 | 1937.12 | 文廟享祀位次及聖賢姓名爵號考 / 金完鎭 | 司馬光 |
| 12802 | 溫國公 | 온국공 | 42 | 56 | 1937.12 | 文廟享祀位次及聖賢姓名爵號考 / 金完鎭 | 司馬光 |
| 12803 | 溫州 | 온주 | 21 | 18 | 1921.03 | 經學管見(續) / 尹寧求 | |
| 12804 | 雍 | 옹 | 5 | 52 | 1914.12 | 容思衍(續) / 李鼎煥 | |
| 12805 | 吳壽山 | 옹수산 | 41 | 19 | 1937.02 | 夜歸亭記 / 權純九 | |
| 12806 | 雝疽 | 옹저 | 25 | 15 | 1924.12 | 三洙瑣談(續) / 元泳義 | |
| 12807 | 雍正 | 옹정 | 11 | 25 | 1916.06 | 經學淺知錄(續) / 金文演 | |
| 12808 | 雍正 | 옹정 | 14 | 10 | 1917.07 | 經學管見(續) / 尹寧求 | |
| 12809 | 窪兼雅 | 와겸아 | 39 | 23 | 1935.10 | 湯島聖堂孔子祭典狀況〉孔子祭舞樂曲目並配役 | |

| 번호 | 원문 | 현대어(독음) | 호 | 쪽 | 발행일 | 기사명 / 필자 | 비고 |
|---|---|---|---|---|---|---|---|
| 12810 | 洼丹 | 와단 | 9 | 20 | 1915.12 | 經學管見(下) / 尹寧求 | |
| 12811 | ワンワイタヤコン | 완 와이타야쿤 | 48 | 14 | 1944.04 | 大東亞共同宣言の解說 | Wan Waithayakon, 태국 왕자 |
| 12812 | 宛句侯 | 완구후 | 42 | 46 | 1937.12 | 文廟享祀位次及聖賢姓名爵號考 / 金完鎭 | 顏之僕 |
| 12813 | 宛句侯 | 완구후 | 42 | 54 | 1937.12 | 文廟享祀位次及聖賢姓名爵號考 / 金完鎭 | 顏之僕 |
| 12814 | 宛邱侯 | 완구후 | 42 | 50 | 1937.12 | 文廟享祀位次及聖賢姓名爵號考 / 金完鎭 | 顓孫師 |
| 12815 | 阮元 | 완원 | 34 | 5 | 1932.03 | 最近經學考 / 權純九 | |
| 12816 | 完原君 | 완원군 | 16 | 70 | 1918.03 | 地方報告〉[李範轍의 報告] | 成宗의 4남 李憕 |
| 12817 | 翫月堂 | 완월당 | 28 | 87 | 1927.12 | 地方報告〉[吉基淳 等의 報告] | 吳應鼎 |
| 12818 | 阮逸 | 완일 | 13 | 3 | 1917.03 | 經學管見(續) / 尹寧求 | |
| 12819 | 莞子 | 완자 | 17 | 80 | 1918.07 | 地方報告〉[金在昌 등의 報告] | |
| 12820 | 王 | 왕 | 3 | 45 | 1914.06 | 講士視察見聞所記 / 呂圭亨 | 王守仁 |
| 12821 | 王 | 왕 | 10 | 22 | 1916.03 | 經學淺知錄 / 金文演 | |
| 12822 | 王 | 왕 | 10 | 23 | 1916.03 | 經學淺知錄 / 金文演 | 王守仁 |
| 12823 | 王 | 왕 | 10 | 24 | 1916.03 | 經學淺知錄 / 金文演 | |
| 12824 | 王 | 왕 | 21 | 67 | 1921.03 | 三洙瑣談(續) / 元泳義 | |
| 12825 | 王 | 왕 | 32 | 4 | 1930.12 | 經學源流(續) / 權純九 | 王肅 |
| 12826 | 王 | 왕 | 40 | 16 | 1936.08 | 文房四友說 / 韓昌愚 | 魏晉시대 人 |
| 12827 | 王 | 왕 | 44 | 44 | 1939.10 | 大學主旨 / 崔浩然 | 王守仁 |
| 12828 | 王 | 왕 | 47 | 28 | 1943.01 | 論語要義 / 崔浩然 | 王守仁 |
| 12829 | 王開祖 | 왕개조 | 21 | 18 | 1921.03 | 經學管見(續) / 尹寧求 | 宋대 人 |
| 12830 | 王巨仁 | 왕거인 | 44 | 59 | 1939.10 | 朝鮮詩學考 / 李昇圭 | 신라의 문인 |
| 12831 | 王儉 | 왕검 | 25 | 26 | 1924.12 | 釋奠에 就하야(續) / 佐藤廣治 | |
| 12832 | 王季 | 왕계 | 3 | 64 | 1914.06 | 講說〉講題 孝子所以事君也弟者所以事長也慈者所以使衆也(大正三年三月三日第五回講演) / 李容稙 | |
| 12833 | 王季 | 왕계 | 15 | 14 | 1917.10 | 四書小註辨疑(續) / 李鶴在 | |
| 12834 | 王季 | 왕계 | 24 | 6 | 1923.12 | 中庸說(續) / 李學魯 | |
| 12835 | 王季 | 왕계 | 26 | 32 | 1925.12 | 釋奠에 就ㅎ야(續) / 佐藤廣治 | |
| 12836 | 王季 | 왕계 | 36 | 2 | 1933.12 | 經義問對(續) / 韓昌愚 | |
| 12837 | 王崑繩 | 왕곤승 | 10 | 24 | 1916.03 | 經學淺知錄 / 金文演 | |
| 12838 | 王觀濤 | 왕관도 | 11 | 67 | 1916.06 | 講說〉講題 人能弘道(大正四年三月十一日第十六回講演)〉續演 / 呂圭亨 | |
| 12839 | 王光 | 왕광 | 39 | 38 | 1935.10 | 東京斯文會主催儒道大會狀況〉演說要旨 / 矢野恒太 | |

| 번호 | 원문 | 현대어(독음) | 호 | 쪽 | 발행일 | 기사명 / 필자 | 비고 |
|---|---|---|---|---|---|---|---|
| 12840 | 王光烈 | 왕광렬 | 39 | 30 | 1935.10 | 東京斯文會主催儒道大會狀況 | |
| 12841 | 王光烈 | 왕광열 | 39 | 30 | 1935.10 | 東京斯文會主催儒道大會狀況 | |
| 12842 | 王蘭泉 | 왕난천 | 10 | 24 | 1916.03 | 經學淺知錄 / 金文演 | 王昶 |
| 12843 | 王旦 | 왕단 | 32 | 6 | 1930.12 | 經學源流(續) / 權純九 | |
| 12844 | 王當 | 왕당 | 17 | 1 | 1918.07 | 經學管見(續) / 尹寧求 | |
| 12845 | 王導 | 왕도 | 14 | 92 | 1917.07 | 地方報告〉[黃敦秀의 報告]〉答辭 / 朴昇和 | |
| 12846 | 王道思 | 왕도사 | 35 | 10 | 1932.12 | 慶壽帖序 / 朴豊緖 | |
| 12847 | 王覽 | 왕람 | 15 | 65 | 1917.10 | 講說〉大邱高等普通學校講演(大正六年五月十六日)〉常棣章講說 / 朴昇東 | |
| 12848 | 王郎 | 왕랑 | 1 | 65 | 1913.12 | 講說〉大正二年六月十四日第一回演講〉(講章益者三友損者三友)〉續演 / 呂圭亨 | |
| 12849 | 王良 | 왕량 | 12 | 14 | 1916.12 | 孟子緖論 / 金文演 | |
| 12850 | 王鯉 | 왕리 | 26 | 93 | 1925.12 | 地方報告〉[權在吾 等의 報告] | |
| 12851 | 王鯉 | 왕리 | 26 | 96 | 1925.12 | 地方報告〉[高光俊 等의 報告] | |
| 12852 | 王莽 | 왕망 | 4 | 8 | 1914.09 | 學說 / 呂圭亨 | |
| 12853 | 王莽 | 왕망 | 8 | 11 | 1915.09 | 華山問答(續) / 李容稙 | |
| 12854 | 王莽 | 왕망 | 12 | 72 | 1916.12 | 講說〉講題 女爲君子儒無爲小人儒(大正五年五月十三日開城郡鄕校講演) / 黃敦秀 | |
| 12855 | 王莽 | 왕망 | 27 | 46 | 1926.12 | 釋奠에 就ㅎ야(續) / 佐藤廣治 | |
| 12856 | 王莽 | 왕망 | 34 | 3 | 1932.03 | 天理人欲說 / 元弘植 | 원문은 賊莽 |
| 12857 | 王莽 | 왕망 | 42 | 59 | 1937.12 | 文廟享祀位次及聖賢姓名爵號考 / 金完鎭 | |
| 12858 | 王猛 | 왕맹 | 8 | 1 | 1915.09 | 儒教論 / 呂圭亨 | |
| 12859 | 王猛 | 왕맹 | 8 | 2 | 1915.09 | 儒教論 / 呂圭亨 | |
| 12860 | 王猛 | 왕맹 | 44 | 40 | 1939.10 | 經儒學 / 金誠鎭 | 前漢의 游俠 |
| 12861 | 王明 | 왕명 | 15 | 65 | 1917.10 | 講說〉大邱高等普通學校講演(大正六年五月十六日)〉常棣章講說 / 朴昇東 | 王子 李明 |
| 12862 | 王鳴盛 | 왕명성 | 10 | 24 | 1916.03 | 經學淺知錄 / 金文演 | 원문은 鳴盛 |
| 12863 | 王鳴盛 | 왕명성 | 10 | 25 | 1916.03 | 經學淺知錄 / 金文演 | |
| 12864 | 王懋 | 왕무 | 10 | 17 | 1916.03 | 經學管見(續) / 尹寧求 | |
| 12865 | 王鏊 | 왕무 | 4 | 41 | 1914.09 | 孔子年報(續) / 呂圭亨 | |
| 12866 | 王鏊 | 왕무 | 5 | 43 | 1914.12 | 孔子年報(續) / 呂圭亨 | |
| 12867 | 汪武曹 | 왕무조 | 11 | 38 | 1916.06 | 經義答問 / 黃敦秀 | |
| 12868 | 王懋竑 | 왕무횡 | 12 | 16 | 1916.12 | 孟子緖論 / 金文演 | |
| 12869 | 王懋竑 | 왕무횡 | 16 | 8 | 1918.03 | 經學管見(續) / 尹寧求 | |
| 12870 | 王密 | 왕밀 | 2 | 70 | 1914.03 | 講說〉講題 必愼其獨(大正二年十一月八日第四回講演)〉敷演 / 李容稙 | |

| 번호 | 원문 | 현대어(독음) | 호 | 쪽 | 발행일 | 기사명 / 필자 | 비고 |
|---|---|---|---|---|---|---|---|
| 12871 | 王半山 | 왕반산 | 12 | 57 | 1916.12 | 講說〉講題 博學於文約之以禮(大正五年五月十三日第十八回講演) / 李容稙 | |
| 12872 | 王勃 | 왕발 | 4 | 6 | 1914.09 | 學說 / 呂圭亨 | |
| 12873 | 王勃 | 왕발 | 8 | 21 | 1915.09 | 孔子年報(續) / 呂圭亨 | |
| 12874 | 王勃 | 왕발 | 9 | 20 | 1915.12 | 經學管見(下) / 尹寧求 | |
| 12875 | 王方慶 | 왕방경 | 16 | 7 | 1918.03 | 經學管見(續) / 尹寧求 | |
| 12876 | 王柏 | 왕백 | 44 | 43 | 1939.10 | 大學主旨 / 崔浩然 | 南宋의 학자 |
| 12877 | 王輔嗣 | 왕보사 | 11 | 2 | 1916.06 | 經論 / 韓晩容 | |
| 12878 | 王輔嗣 | 왕보사 | 31 | 6 | 1930.08 | 經學源流 / 權純九 | |
| 12879 | 王溥 | 왕부 | 19 | 8 | 1918.12 | 經學管見(續) / 尹寧求 | |
| 12880 | 王符 | 왕부 | 21 | 16 | 1921.03 | 經學管見(續) / 尹寧求 | |
| 12881 | 王袞 | 왕부 | 6 | 40 | 1915.03 | 孔子年報(續) / 呂圭亨 | |
| 12882 | 王夫之 | 왕부지 | 10 | 23 | 1916.03 | 經學淺知錄 / 金文演 | 원문은 夫之 |
| 12883 | 王師旭 | 왕사욱 | 20 | 38 | 1920.03 | 求禮郡文廟重修捐義錄小序 / 金商翊 | |
| 12884 | 王士點 | 왕사점 | 18 | 7 | 1918.09 | 經學管見(續) / 尹寧求 | |
| 12885 | 王士禎 | 왕사정 | 1 | 15 | 1913.12 | 論說 / 呂圭亨 | |
| 12886 | 王士禎 | 왕사정 | 19 | 8 | 1918.12 | 經學管見(續) / 尹寧求 | |
| 12887 | 王士俊 | 왕사준 | 18 | 10 | 1918.09 | 經學管見(續) / 尹寧求 | |
| 12888 | 王士駿 | 왕사준 | 16 | 8 | 1918.03 | 經學管見(續) / 尹寧求 | |
| 12889 | 王祥 | 왕상 | 1 | 20 | 1913.12 | 經學當明者 三 / 呂圭亨 | |
| 12890 | 王祥 | 왕상 | 1 | 21 | 1913.12 | 經學當明者 三 / 呂圭亨 | |
| 12891 | 王祥 | 왕상 | 8 | 32 | 1915.09 | 讀書私記(續) / 洪鐘佶 | |
| 12892 | 王祥 | 왕상 | 26 | 79 | 1925.12 | 地方報告〉[宋相弼의 報告] | |
| 12893 | 王祥 | 왕상 | 33 | 11 | 1931.12 | 孝子司饔院奉事白公行狀 / 成樂賢 | |
| 12894 | 王象之 | 왕상지 | 20 | 18 | 1920.03 | 經學管見(續) / 尹寧求 | |
| 12895 | 王象之 | 왕상지 | 20 | 19 | 1920.03 | 經學管見(續) / 尹寧求 | |
| 12896 | 王恕 | 왕서 | 16 | 4 | 1918.03 | 經學管見(續) / 尹寧求 | |
| 12897 | 王西莊 | 왕서장 | 10 | 24 | 1916.03 | 經學淺知錄 / 金文演 | 王鳴盛 |
| 12898 | 王錫 | 왕석 | 13 | 2 | 1917.03 | 經學管見(續) / 尹寧求 | |
| 12899 | 王船山 | 왕선산 | 10 | 23 | 1916.03 | 經學淺知錄 / 金文演 | 王夫之 |
| 12900 | 王世貞 | 왕세정 | 8 | 21 | 1915.09 | 孔子年報(續) / 呂圭亨 | |
| 12901 | 王世貞 | 왕세정 | 16 | 2 | 1918.03 | 經學管見(續) / 尹寧求 | |
| 12902 | 王世泰 | 왕세태 | 20 | 37 | 1920.03 | 求禮郡文廟重修捐義錄小序 / 金商翊 | |
| 12903 | 王昭素 | 왕소소 | 9 | 20 | 1915.12 | 經學管見(下) / 尹寧求 | |
| 12904 | 王孫賈 | 왕손가 | 9 | 28 | 1915.12 | 孔子年報(續) / 呂圭亨 | |
| 12905 | 王宋 | 왕송 | 12 | 12 | 1916.12 | 孟子緖論 / 金文演 | |

| 번호 | 원문 | 현대어(독음) | 호 | 쪽 | 발행일 | 기사명 / 필자 | 비고 |
|------|------|------------|----|----|--------|-------------|------|
| 12906 | 王守德 | 왕수덕 | 39 | 30 | 1935.10 | 東京斯文會主催儒道大會狀況 | |
| 12907 | 王守仁 | 왕수인 | 8 | 35 | 1915.09 | 賢關記聞 / 李大榮 | |
| 12908 | 王守仁 | 왕수인 | 12 | 7 | 1916.12 | 經學管見(續) / 尹寧求 | |
| 12909 | 王粹煥 | 왕수환 | 20 | 37 | 1920.03 | 求禮郡文廟重修捐義錄小序 / 金商翊 | |
| 12910 | 王肅 | 왕숙 | 3 | 29 | 1914.06 | 孔子年報(續) / 呂圭亨 | |
| 12911 | 王肅 | 왕숙 | 10 | 17 | 1916.03 | 經學管見(續) / 尹寧求 | |
| 12912 | 王肅 | 왕숙 | 10 | 51 | 1916.03 | 賢關記聞(續) / 李大榮 | |
| 12913 | 王肅 | 왕숙 | 21 | 14 | 1921.03 | 經學管見(續) / 尹寧求 | |
| 12914 | 王肅 | 왕숙 | 31 | 4 | 1930.08 | 經學源流 / 權純九 | |
| 12915 | 王肅 | 왕숙 | 37 | 20 | 1934.10 | 學說 / 權純九 | |
| 12916 | 王肅 | 왕숙 | 44 | 37 | 1939.10 | 經儒學 / 金誠鎭 | |
| 12917 | 王肅本 | 왕숙본 | 2 | 8 | 1914.03 | 華山問答 / 李容稙 | |
| 12918 | 王升 | 왕승 | 12 | 10 | 1916.12 | 經學管見(續) / 尹寧求 | |
| 12919 | 王植 | 왕식 | 21 | 19 | 1921.03 | 經學管見(續) / 尹寧求 | |
| 12920 | 王新建 | 왕신건 | 11 | 9 | 1916.06 | 經論 / 韓晩容 | |
| 12921 | 王氏 | 왕씨 | 12 | 9 | 1916.12 | 經學管見(續) / 尹寧求 | |
| 12922 | 王氏 | 왕씨 | 25 | 63 | 1924.12 | 講說〉講題 儒敎者의 辯 / 朴箕陽 | |
| 12923 | 王安石 | 왕안석 | 3 | 10 | 1914.06 | 論四經讀法(上篇) / 呂圭亨 | |
| 12924 | 王安石 | 왕안석 | 4 | 45 | 1914.09 | 孔子年報(續) / 呂圭亨 | |
| 12925 | 王安石 | 왕안석 | 8 | 5 | 1915.09 | 經說 本論附 / 韓晩容 | |
| 12926 | 王安石 | 왕안석 | 8 | 50 | 1915.09 | 講說〉講題 苟日新日日新又日新(大政四年四月十七日第十一回講演)〉續演 / 呂圭亨 | |
| 12927 | 王安石 | 왕안석 | 8 | 51 | 1915.09 | 講說〉講題 苟日新日日新又日新(大政四年四月十七日第十一回講演)〉續演 / 呂圭亨 | |
| 12928 | 王安石 | 왕안석 | 9 | 29 | 1915.12 | 孔子年報(續) / 呂圭亨 | |
| 12929 | 王安石 | 왕안석 | 11 | 21 | 1916.06 | 經學管見(續) / 尹寧求 | |
| 12930 | 王安石 | 왕안석 | 13 | 11 | 1917.03 | 原儒 / 鄭崙秀 | |
| 12931 | 王安石 | 왕안석 | 17 | 2 | 1918.07 | 經學管見(續) / 尹寧求 | |
| 12932 | 王安石 | 왕안석 | 21 | 19 | 1921.03 | 經學管見(續) / 尹寧求 | |
| 12933 | 王安石 | 왕안석 | 21 | 20 | 1921.03 | 經學管見(續) / 尹寧求 | |
| 12934 | 王安石 | 왕안석 | 32 | 6 | 1930.12 | 經學源流(續) / 權純九 | |
| 12935 | 王安石 | 왕안석 | 32 | 7 | 1930.12 | 經學源流(續) / 權純九 | |
| 12936 | 王嵓 | 왕암 | 10 | 17 | 1916.03 | 經學管見(續) / 尹寧求 | |
| 12937 | 王若虛 | 왕약허 | 12 | 9 | 1916.12 | 經學管見(續) / 尹寧求 | |
| 12938 | 王陽 | 왕양 | 10 | 19 | 1916.03 | 經學管見(續) / 尹寧求 | 王吉 |
| 12939 | 王陽明 | 왕양명 | 10 | 22 | 1916.03 | 經學淺知錄 / 金文演 | 王守仁 |

| 번호 | 원문 | 현대어(독음) | 호 | 쪽 | 발행일 | 기사명 / 필자 | 비고 |
|---|---|---|---|---|---|---|---|
| 12940 | 王陽明 | 왕양명 | 11 | 23 | 1916.06 | 經學管見(續) / 尹寧求 | 王守仁 |
| 12941 | 王陽明 | 왕양명 | 19 | 23 | 1918.12 | 三洙瑣談(續) / 元泳義 | 王守仁 |
| 12942 | 王陽明 | 왕양명 | 24 | 82 | 1923.12 | 講說〉講題 時代之儒敎 / 金完鎭 | 王守仁 |
| 12943 | 王陽明 | 왕양명 | 28 | 11 | 1927.12 | 中庸問對(續) / 沈璿澤 | 王守仁 |
| 12944 | 王陽明 | 왕양명 | 32 | 16 | 1930.12 | 講題 現代世相과 儒學의 本領 / 渡邊信治 | 王守仁 |
| 12945 | 王陽明 | 왕양명 | 48 | 25 | 1944.04 | (十月十五日於經學院秋季釋典)時局と儒道 / 鈴川壽男 | 王守仁 |
| 12946 | 王陽明 | 왕양명 | 48 | 26 | 1944.04 | (十月十五日於經學院秋季釋典)時局と儒道 / 鈴川壽男 | 王守仁 |
| 12947 | 王弇州 | 왕엄주 | 5 | 46 | 1914.12 | 孔子年報(續) / 呂圭亨 | |
| 12948 | 王延 | 왕연 | 19 | 62 | 1918.12 | 講說〉講題 孝弟也者其爲仁之本歟(大正七年十月十二日第三十一回講演)〉敷演 / 李晩奎 | 前趙의 효자 |
| 12949 | 王延壽 | 왕연수 | 16 | 17 | 1918.03 | 詩經蔿辨 / 金文演 | |
| 12950 | 王念孫 | 왕염손 | 34 | 5 | 1932.03 | 最近經學考 / 權純九 | |
| 12951 | 王林 | 왕영 | 16 | 2 | 1918.03 | 經學管見(續) / 尹寧求 | |
| 12952 | 汪咏溪 | 왕영계 | 39 | 30 | 1935.10 | 東京斯文會主催儒道大會狀況 | |
| 12953 | 王永樂 | 왕영락 | 39 | 30 | 1935.10 | 東京斯文會主催儒道大會狀況 | |
| 12954 | 王鏊 | 왕오 | 18 | 9 | 1918.09 | 經學管見(續) / 尹寧求 | |
| 12955 | 王鳴盛 | 왕오성 | 34 | 5 | 1932.03 | 最近經學考 / 權純九 | |
| 12956 | 王完 | 왕완 | 20 | 30 | 1920.03 | 三洙瑣談(續) / 元泳義 | |
| 12957 | 王堯臣 | 왕요신 | 20 | 13 | 1920.03 | 經學管見(續) / 尹寧求 | |
| 12958 | 王龍溪 | 왕용계 | 11 | 10 | 1916.06 | 經論 / 韓晩容 | |
| 12959 | 王元感 | 왕원감 | 10 | 20 | 1916.03 | 經學管見(續) / 尹寧求 | |
| 12960 | 王元規 | 왕원규 | 32 | 4 | 1930.12 | 經學源流(續) / 權純九 | |
| 12961 | 王元度 | 왕원도 | 9 | 21 | 1915.12 | 經學管見(下) / 尹寧求 | |
| 12962 | 王遠知 | 왕원지 | 9 | 20 | 1915.12 | 經學管見(下) / 尹寧求 | |
| 12963 | 汪越 | 왕월 | 14 | 3 | 1917.07 | 經學管見(續) / 尹寧求 | |
| 12964 | 王韋 | 왕위 | 7 | 27 | 1915.06 | 孔子年報(續) / 呂圭亨 | |
| 12965 | 汪吟龍 | 왕음룡 | 39 | 30 | 1935.10 | 東京斯文會主催儒道大會狀況 | |
| 12966 | 王應麟 | 왕응린 | 2 | 33 | 1914.03 | 孔子年譜 / 呂圭亨 | |
| 12967 | 王應麟 | 왕응린 | 4 | 44 | 1914.09 | 孔子年報(續) / 呂圭亨 | |
| 12968 | 王應麟 | 왕응린 | 10 | 13 | 1916.03 | 經學管見(續) / 尹寧求 | |
| 12969 | 王應麟 | 왕응린 | 15 | 2 | 1917.10 | 經學管見(續) / 尹寧求 | |
| 12970 | 王應麟 | 왕응린 | 20 | 14 | 1920.03 | 經學管見(續) / 尹寧求 | |
| 12971 | 王應麟 | 왕응린 | 21 | 12 | 1921.03 | 經學管見(續) / 尹寧求 | |
| 12972 | 王應麟 | 왕응린 | 32 | 6 | 1930.12 | 經學源流(續) / 權純九 | |
| 12973 | 王義之 | 왕의지 | 37 | 22 | 1934.10 | 敎化編年 / 李大榮 | |

| 번호 | 원문 | 현대어(독음) | 호 | 쪽 | 발행일 | 기사명 / 필자 | 비고 |
|---|---|---|---|---|---|---|---|
| 12974 | 王仁 | 왕인 | 3 | 61 | 1914.06 | 日誌大要 | |
| 12975 | 王仁 | 왕인 | 17 | 48 | 1918.07 | 講說〉講題 國民道德은 何也오(大正六年十一月十日第二十六回講演) / 立柄教俊 | |
| 12976 | 王仁 | 왕인 | 22 | 22 | 1922.03 | 經學院釋奠參拜時告文 / 工藤一記等 | |
| 12977 | 王仁 | 왕인 | 24 | 12 | 1923.12 | 經學院釋奠參拜時告文 / 服部宇之吉 | |
| 12978 | 王仁 | 왕인 | 30 | 8 | 1929.12 | 中學漢文論(文貴在譯者) / 鹽谷 溫 | |
| 12979 | 王仁 | 왕인 | 41 | 16 | 1937.02 | 博士王仁傳 / 李學魯 | |
| 12980 | 王仁 | 왕인 | 41 | 17 | 1937.02 | 博士王仁傳 / 李學魯 | |
| 12981 | 王仁 | 왕인 | 41 | 18 | 1937.02 | 博士王仁傳 / 李學魯 | |
| 12982 | 王寅 | 왕인 | 17 | 32 | 1918.07 | 賢關記聞(續) / 李大榮 | |
| 12983 | 王寅旭 | 왕인욱 | 10 | 22 | 1916.03 | 經學淺知錄 / 金文演 | |
| 12984 | 王逸 | 왕일 | 6 | 46 | 1915.03 | 論語考證 / 金文演 | |
| 12985 | 王逸 | 왕일 | 7 | 39 | 1915.06 | 論語考證(續) / 金文演 | |
| 12986 | 王日則 | 왕일칙 | 20 | 41 | 1920.03 | 求禮郡文廟重修落成式韻 / 王日則 | |
| 12987 | 王子 | 왕자 | 30 | 58 | 1929.12 | 講說〉講題 朝鮮의 在한 聖學道統：李退溪先生을 憶함 / 赤木萬二郎 | 王守仁 |
| 12988 | 王子 | 왕자 | 30 | 59 | 1929.12 | 講說〉講題 朝鮮의 在한 聖學道統：李退溪先生을 憶함 / 赤木萬二郎 | 王守仁 |
| 12989 | 王子喬 | 왕자교 | 9 | 5 | 1915.12 | 經說(續) / 韓晩容 | |
| 12990 | 王子安 | 왕자안 | 9 | 4 | 1915.12 | 經說(續) / 韓晩容 | |
| 12991 | 汪長洲 | 왕장주 | 3 | 67 | 1914.06 | 講說〉講題 孝子所以事君也弟者所以事長也慈者所以使衆也(大正三年三月三日第五回講演)〉敷演 / 黃敦秀 | |
| 12992 | 王在沼 | 왕재소 | 20 | 22 | 1920.03 | 求禮郡文廟重修記 / 金商翊 | |
| 12993 | 王在沼 | 왕재소 | 20 | 23 | 1920.03 | 求禮郡文廟重修記 / 金商翊 | |
| 12994 | 王在沼 | 왕재소 | 20 | 37 | 1920.03 | 求禮郡文廟重修捐義錄小序 / 金商翊 | |
| 12995 | 王正基 | 왕정기 | 20 | 37 | 1920.03 | 求禮郡文廟重修捐義錄小序 / 金商翊 | |
| 12996 | 汪精衞 | 왕정위 | 48 | 9 | 1944.04 | 大東亞共同宣言の解説 | 왕징웨이 |
| 12997 | 王宗元 | 왕종원 | 11 | 17 | 1916.06 | 經學管見(續) / 尹寧求 | |
| 12998 | 王澍 | 왕주 | 20 | 21 | 1920.03 | 經學管見(續) / 尹寧求 | |
| 12999 | 王澍 | 왕주 | 20 | 22 | 1920.03 | 經學管見(續) / 尹寧求 | |
| 13000 | 王仲淹 | 왕중엄 | 10 | 21 | 1916.03 | 經學淺知錄 / 金文演 | |
| 13001 | 王之樞 | 왕지추 | 15 | 5 | 1917.10 | 經學管見(續) / 尹寧求 | |
| 13002 | 王質 | 왕질 | 16 | 8 | 1918.03 | 經學管見(續) / 尹寧求 | |
| 13003 | 王昶 | 왕창 | 10 | 24 | 1916.03 | 經學淺知錄 / 金文演 | 원문은 昶 |
| 13004 | 汪逌喜 | 왕천희 | 20 | 5 | 1920.03 | 中庸章句問對(續) / 朴長鴻 | |
| 13005 | 王轍 | 왕철 | 36 | 2 | 1933.12 | 經義問對(續) / 韓昌愚 | |

| 번호 | 원문 | 현대어(독음) | 호 | 쪽 | 발행일 | 기사명 / 필자 | 비고 |
|---|---|---|---|---|---|---|---|
| 13006 | 王蠋賢 | 왕촉현 | 12 | 14 | 1916.12 | 孟子緒論 / 金文演 | |
| 13007 | 王充 | 왕충 | 11 | 24 | 1916.06 | 經學管見(續) / 尹寧求 | |
| 13008 | 王充 | 왕충 | 15 | 18 | 1917.10 | 詩經蔫辨 / 金文演 | |
| 13009 | 王充 | 왕충 | 26 | 30 | 1925.12 | 釋奠에 就ᄒ야(續) / 佐藤廣治 | |
| 13010 | 王充耘 | 왕충운 | 12 | 9 | 1916.12 | 經學管見(續) / 尹寧求 | |
| 13011 | 王沈 | 왕침 | 21 | 16 | 1921.03 | 經學管見(續) / 尹寧求 | |
| 13012 | 王稱 | 왕칭 | 15 | 5 | 1917.10 | 經學管見(續) / 尹寧求 | |
| 13013 | 王坦 | 왕탄 | 13 | 6 | 1917.03 | 經學管見(續) / 尹寧求 | |
| 13014 | 王台輔 | 왕 태보 | 20 | 38 | 1920.03 | 求禮郡文廟重修捐義錄小序 / 金商翊 | |
| 13015 | 王通 | 왕통 | 5 | 54 | 1914.12 | 容思衍(續) / 李鼎煥 | |
| 13016 | 王通 | 왕통 | 6 | 1 | 1915.03 | 緒論 / 呂圭亨 | |
| 13017 | 王通 | 왕통 | 8 | 34 | 1915.09 | 賢關記聞 / 李大榮 | |
| 13018 | 王通 | 왕통 | 11 | 4 | 1916.06 | 經論 / 韓晚容 | |
| 13019 | 王通 | 왕통 | 21 | 17 | 1921.03 | 經學管見(續) / 尹寧求 | |
| 13020 | 王彪 | 왕표 | 11 | 3 | 1916.06 | 經論 / 韓晚容 | |
| 13021 | 王弼 | 왕필 | 1 | 8 | 1913.12 | 論說 / 呂圭亨 | |
| 13022 | 王弼 | 왕필 | 6 | 46 | 1915.03 | 論語考證 / 金文演 | |
| 13023 | 王弼 | 왕필 | 6 | 47 | 1915.03 | 論語考證 / 金文演 | |
| 13024 | 王弼 | 왕필 | 9 | 18 | 1915.12 | 經學管見(下) / 尹寧求 | |
| 13025 | 王弼 | 왕필 | 10 | 51 | 1916.03 | 賢關記聞(續) / 李大榮 | |
| 13026 | 王弼 | 왕필 | 22 | 62 | 1922.03 | 講說〉一貫之道 / 宇野哲人 | |
| 13027 | 王弼 | 왕필 | 24 | 62 | 1923.12 | 講說〉講題 知天命說 / 服部宇之吉 | |
| 13028 | 王弼 | 왕필 | 32 | 5 | 1930.12 | 經學源流(續) / 權純九 | |
| 13029 | 王韓 | 왕한 | 19 | 3 | 1918.12 | 學說 / 呂龍鉉 | |
| 13030 | 王獻之 | 왕헌지 | 9 | 35 | 1915.12 | 賢關記聞(續) / 李大榮 | 원문은 獻之 |
| 13031 | 王亨統 | 왕형통 | 4 | 18 | 1914.09 | 格致管見(續) / 李鼎煥 | 원문은 王氏亨統, 淸의 人 |
| 13032 | 王煥 | 왕환 | 20 | 53 | 1920.03 | 地方報告〉[權鳳洙의 報告] | |
| 13033 | 王驩 | 왕환 | 11 | 24 | 1916.06 | 經學管見(續) / 尹寧求 | |
| 13034 | 王驩 | 왕환 | 11 | 51 | 1916.06 | 讀書私記(第八號續) / 洪鐘佶 | |
| 13035 | 王驩 | 왕환 | 11 | 52 | 1916.06 | 讀書私記(第八號續) / 洪鐘佶 | |
| 13036 | 王回 | 왕회 | 17 | 1 | 1918.07 | 經學管見(續) / 尹寧求 | |
| 13037 | 王欽若 | 왕흠약 | 2 | 33 | 1914.03 | 孔子年譜 / 呂圭亨 | |
| 13038 | 王羲之 | 왕희지 | 9 | 35 | 1915.12 | 賢關記聞(續) / 李大榮 | 원문은 羲之 |
| 13039 | 王羲之 | 왕희지 | 14 | 6 | 1917.07 | 經學管見(續) / 尹寧求 | |

| 번호 | 원문 | 현대어(독음) | 호 | 쪽 | 발행일 | 기사명 / 필자 | 비고 |
|---|---|---|---|---|---|---|---|
| 13040 | 繚 | 요 | 7 | 41 | 1915.06 | 論語考證(續) / 金文演 | |
| 13041 | 堯 | 요 | 1 | 2 | 1913.12 | 經學院雜誌序 / 鄭鳳時 | |
| 13042 | 堯 | 요 | 1 | 16 | 1913.12 | 經學當明者 一 / 呂圭亨 | |
| 13043 | 堯 | 요 | 1 | 19 | 1913.12 | 經學當明者 二 / 呂圭亨 | |
| 13044 | 堯 | 요 | 1 | 25 | 1913.12 | 庸言 / 金允植 | |
| 13045 | 堯 | 요 | 1 | 27 | 1913.12 | 庸言 / 金允植 | |
| 13046 | 堯 | 요 | 1 | 33 | 1913.12 | 天下文明說 / 李學魯 | |
| 13047 | 堯 | 요 | 1 | 70 | 1913.12 | 講說〉大正二年九月四日第二回演講〉(講章此之謂絜矩之道)〉敷演 / 鄭鳳時 | |
| 13048 | 堯 | 요 | 1 | 72 | 1913.12 | 講說〉大正二年九月四日第二回演講〉(講章此之謂絜矩之道)〉敷演 / 鄭鳳時 | |
| 13049 | 堯 | 요 | 1 | 76 | 1913.12 | 地方報告 大正元年始〉[黃敦秀의 報告] | |
| 13050 | 堯 | 요 | 2 | 3 | 1914.03 | 祝辭 / 金昶源 | |
| 13051 | 堯 | 요 | 2 | 7 | 1914.03 | 華山問答 / 李容稙 | |
| 13052 | 堯 | 요 | 2 | 9 | 1914.03 | 華山問答 / 李容稙 | |
| 13053 | 堯 | 요 | 2 | 10 | 1914.03 | 華山問答 / 李容稙 | |
| 13054 | 堯 | 요 | 2 | 13 | 1914.03 | 格致管見 / 李鼎煥 | |
| 13055 | 堯 | 요 | 2 | 34 | 1914.03 | 孔子年譜 / 呂圭亨 | |
| 13056 | 堯 | 요 | 2 | 72 | 1914.03 | 講說〉講題 必愼其獨(大正二年十一月八日第四回講演)〉敷演 / 李鼎煥 | |
| 13057 | 堯 | 요 | 2 | 73 | 1914.03 | 講說〉講題 必愼其獨(大正二年十一月八日第四回講演)〉敷演 / 李鼎煥 | |
| 13058 | 堯 | 요 | 2 | 91 | 1914.03 | 地方報告〉[成樂賢의 報告] | |
| 13059 | 堯 | 요 | 3 | 27 | 1914.06 | 格致管見(續) / 李鼎煥 | |
| 13060 | 堯 | 요 | 3 | 35 | 1914.06 | 孔子年報(續) / 呂圭亨 | |
| 13061 | 堯 | 요 | 3 | 68 | 1914.06 | 講說〉講題 孝子所以事君也弟者所以事長也慈者所以使衆也(大正三年三月三日第五回講演)〉敷演 / 李鶴在 | |
| 13062 | 堯 | 요 | 4 | 3 | 1914.09 | 學說 / 呂圭亨 | |
| 13063 | 堯 | 요 | 4 | 65 | 1914.09 | 地方報告〉[黃敦秀의 報告] | |
| 13064 | 堯 | 요 | 5 | 43 | 1914.12 | 孔子年報(續) / 呂圭亨 | |
| 13065 | 堯 | 요 | 5 | 48 | 1914.12 | 容思衍(續) / 李鼎煥 | |
| 13066 | 堯 | 요 | 5 | 73 | 1914.12 | 講說〉講題 道也者不可須臾離也(大正三年九月二十九日第七回講演)〉敷演 / 鄭鳳時 | |
| 13067 | 堯 | 요 | 5 | 83 | 1914.12 | 講說〉講題 謹庠序之教申之以孝悌之義(大正三年十月十日第八回講演)〉敷演 / 鄭鳳時 | |
| 13068 | 堯 | 요 | 5 | 85 | 1914.12 | 講說〉講題 謹庠序之教申之以孝悌之義(大正三年十月十日第八回講演)〉續演 / 呂圭亨 | |

| 번호 | 원문 | 현대어(독음) | 호 | 쪽 | 발행일 | 기사명 / 필자 | 비고 |
|---|---|---|---|---|---|---|---|
| 13069 | 堯 | 요 | 5 | 88 | 1914.12 | 關東講說〉講題 道不遠人 / 池台源 | |
| 13070 | 堯 | 요 | 5 | 90 | 1914.12 | 關東講說〉講題 道不遠人 / 丁相燮 | |
| 13071 | 堯 | 요 | 5 | 96 | 1914.12 | 關東講說〉講題 道不遠人 / 吳致翊 | |
| 13072 | 堯 | 요 | 6 | 3 | 1915.03 | 緒論 / 呂圭亨 | |
| 13073 | 堯 | 요 | 6 | 7 | 1915.03 | 書雜誌後 / 黃敦秀 | |
| 13074 | 堯 | 요 | 6 | 13 | 1915.03 | 華山問答(續) / 李容稙 | |
| 13075 | 堯 | 요 | 6 | 19 | 1915.03 | 新舊曆法解說 / 洪鐘佶 | |
| 13076 | 堯 | 요 | 6 | 37 | 1915.03 | 孔子年報(續) / 呂圭亨 | |
| 13077 | 堯 | 요 | 6 | 39 | 1915.03 | 孔子年報(續) / 呂圭亨 | |
| 13078 | 堯 | 요 | 6 | 47 | 1915.03 | 論語考證 / 金文演 | |
| 13079 | 堯 | 요 | 6 | 50 | 1915.03 | 論語分類一覽 / 金文演 | |
| 13080 | 堯 | 요 | 6 | 64 | 1915.03 | 地方報告〉[金光鉉 巡講] | |
| 13081 | 堯 | 요 | 7 | 2 | 1915.06 | 學說 / 呂圭亨 | |
| 13082 | 堯 | 요 | 7 | 27 | 1915.06 | 孔子年報(續) / 呂圭亨 | |
| 13083 | 堯 | 요 | 7 | 29 | 1915.06 | 文廟碑銘并序 | |
| 13084 | 堯 | 요 | 7 | 39 | 1915.06 | 論語考證(續) / 金文演 | |
| 13085 | 堯 | 요 | 7 | 49 | 1915.06 | 讀書私記 / 洪鐘佶 | |
| 13086 | 堯 | 요 | 7 | 70 | 1915.06 | 講說〉講題 孔子聖之時者也(大政四年三月十八日第十回講演) / 李容稙 | |
| 13087 | 堯 | 요 | 7 | 73 | 1915.06 | 講說〉講題 孔子聖之時者也(大政四年三月十八日第十回講演)〉敷演 / 鄭鳳時 | |
| 13088 | 堯 | 요 | 7 | 74 | 1915.06 | 講說〉講題 孔子聖之時者也(大政四年三月十八日第十回講演)〉敷演 / 梁鳳濟 | |
| 13089 | 堯 | 요 | 8 | 7 | 1915.09 | 經說 本論附 / 韓晚容 | |
| 13090 | 堯 | 요 | 8 | 11 | 1915.09 | 華山問答(續) / 李容稙 | |
| 13091 | 堯 | 요 | 8 | 22 | 1915.09 | 孔子年報(續) / 呂圭亨 | |
| 13092 | 堯 | 요 | 8 | 33 | 1915.09 | 讀書私記(續) / 洪鐘佶 | |
| 13093 | 堯 | 요 | 8 | 48 | 1915.09 | 講說〉講題 苟日新日日新又日新(大政四年四月十七日第十一回講演)〉敷演 / 鄭鳳時 | |
| 13094 | 堯 | 요 | 8 | 51 | 1915.09 | 講說〉講題 苟日新日日新又日新(大政四年四月十七日第十一回講演)〉續演 / 呂圭亨 | |
| 13095 | 堯 | 요 | 8 | 54 | 1915.09 | 講說〉講題 道不遠人(大政四年五月八日第十二回講演)〉敷演 / 鄭鳳時 | |
| 13096 | 堯 | 요 | 8 | 67 | 1915.09 | 地方報告〉[成樂賢의 報告] | |
| 13097 | 堯 | 요 | 8 | 68 | 1915.09 | 地方報告〉[成樂賢의 報告] | |
| 13098 | 堯 | 요 | 9 | 16 | 1915.12 | 經學管見(上) / 尹寧求 | |
| 13099 | 堯 | 요 | 9 | 18 | 1915.12 | 經學管見(下) / 尹寧求 | |

| 번호 | 원문 | 현대어(독음) | 호 | 쪽 | 발행일 | 기사명 / 필자 | 비고 |
|---|---|---|---|---|---|---|---|
| 13100 | 堯 | 요 | 9 | 45 | 1915.12 | 日誌大要 | |
| 13101 | 堯 | 요 | 9 | 46 | 1915.12 | 日誌大要 | |
| 13102 | 堯 | 요 | 9 | 55 | 1915.12 | 講說〉講題 三人行必有我師(大正四年六月十二日第十三回講演) / 鄭鳳時 | |
| 13103 | 堯 | 요 | 9 | [13] | 1915.12 | 卽位大禮式獻頌文 / 鄭鳳鉉 | |
| 13104 | 堯 | 요 | 9 | [21] | 1915.12 | 卽位大禮式獻頌文 / 李鶴在 | |
| 13105 | 堯 | 요 | 10 | 7 | 1916.03 | 經學說 / 李容稙 | |
| 13106 | 堯 | 요 | 10 | 8 | 1916.03 | 經學說 / 李容稙 | |
| 13107 | 堯 | 요 | 10 | 9 | 1916.03 | 經學說 / 李容稙 | |
| 13108 | 堯 | 요 | 10 | 10 | 1916.03 | 經學管見(續) / 尹寧求 | |
| 13109 | 堯 | 요 | 10 | 12 | 1916.03 | 經學管見(續) / 尹寧求 | |
| 13110 | 堯 | 요 | 10 | 33 | 1916.03 | 典祀廳記 / 李淑瑊 撰 | |
| 13111 | 堯 | 요 | 10 | 64 | 1916.03 | 講說〉儒敎의 根本義(大正四年十月九日第十五回講演) | |
| 13112 | 堯 | 요 | 10 | 65 | 1916.03 | 講說〉儒敎의 根本義(大正四年十月九日第十五回講演) | |
| 13113 | 堯 | 요 | 11 | 75 | 1916.06 | 講說〉浴乎沂風乎舞雩詠而歸(大正五年四月八日第十七回講演) / 呂圭亨 | |
| 13114 | 堯 | 요 | 12 | 4 | 1916.12 | 經學說(續) / 李容稙 | |
| 13115 | 堯 | 요 | 12 | 6 | 1916.12 | 經學說(續) / 李容稙 | |
| 13116 | 堯 | 요 | 12 | 11 | 1916.12 | 孟子緖論 / 金文演 | |
| 13117 | 堯 | 요 | 12 | 12 | 1916.12 | 孟子緖論 / 金文演 | |
| 13118 | 堯 | 요 | 12 | 28 | 1916.12 | 孔門問同答異 / 鄭淳默 | |
| 13119 | 堯 | 요 | 12 | 33 | 1916.12 | 讀書私記(續) / 洪鍾佶 | |
| 13120 | 堯 | 요 | 12 | 47 | 1916.12 | 奉讀經學院雜誌興感 / 韓弘斗 | |
| 13121 | 堯 | 요 | 12 | 67 | 1916.12 | 講說〉講題 女爲君子儒無爲小人儒(大正五年五月十三日開城郡鄕校講演) / 李容稙 | |
| 13122 | 堯 | 요 | 12 | 72 | 1916.12 | 講說〉講題 女爲君子儒無爲小人儒(大正五年五月十三日開城郡鄕校講演) / 李學魯 | |
| 13123 | 堯 | 요 | 12 | 74 | 1916.12 | 講說〉講題 善養吾浩然之氣(大正五年九月二十九日海州郡鄕校講演) / 李容稙 | |
| 13124 | 堯 | 요 | 12 | 76 | 1916.12 | 講說〉講題 善養吾浩然之氣(大正五年九月二十九日海州郡鄕校講演) / 李容稙 | |
| 13125 | 堯 | 요 | 12 | [77] | 1916.12 | 講說〉講題 善養吾浩然之氣(大正五年九月二十九日海州郡鄕校講演) / 李容稙 | |
| 13126 | 堯 | 요 | 12 | 78 | 1916.12 | 地方報告〉[韓昌愚의 報告] | |
| 13127 | 堯 | 요 | 12 | 87 | 1916.12 | 地方報告〉[朴長鴻의 報告] | |
| 13128 | 堯 | 요 | 12 | [2] | 1916.12 | 立太子禮獻頌文 / 李容稙 | |

| 번호 | 원문 | 현대어(독음) | 호 | 쪽 | 발행일 | 기사명 / 필자 | 비고 |
|---|---|---|---|---|---|---|---|
| 13129 | 堯 | 요 | 12 | [3] | 1916.12 | 立太子禮獻頌文 / 李人稙 | |
| 13130 | 堯 | 요 | 12 | [8] | 1916.12 | 立太子禮獻頌文 / 朴昇東 | |
| 13131 | 堯 | 요 | 13 | 11 | 1917.03 | 原敎 / 鄭崙秀 | |
| 13132 | 堯 | 요 | 13 | 19 | 1917.03 | 四書小註辨疑(續) / 李鶴在 | |
| 13133 | 堯 | 요 | 13 | 32 | 1917.03 | 釋奠日有感 / 朴昇東 | |
| 13134 | 堯 | 요 | 13 | 53 | 1917.03 | 講說〉講題 人有不爲也而後可以有爲(大正五年九月七日第二十回講演)〉續演 / 呂圭亨 | |
| 13135 | 堯 | 요 | 14 | 13 | 1917.07 | 溫故而知新可以爲師矣 / 田中玄黃 | |
| 13136 | 堯 | 요 | 14 | 19 | 1917.07 | 庸學問對 / 朴長鴻 | |
| 13137 | 堯 | 요 | 14 | 73 | 1917.07 | 地方報告〉[金潤卿의 報告] | |
| 13138 | 堯 | 요 | 14 | 74 | 1917.07 | 地方報告〉[金潤卿의 報告] | |
| 13139 | 堯 | 요 | 14 | 80 | 1917.07 | 地方報告〉[金光鉉의 報告] | |
| 13140 | 堯 | 요 | 15 | 5 | 1917.10 | 經學管見(續) / 尹寧求 | |
| 13141 | 堯 | 요 | 15 | 31 | 1917.10 | 日誌大要 | |
| 13142 | 堯 | 요 | 15 | 36 | 1917.10 | 講說〉講題 子曰君子之道四某未能一焉所求乎子以事父未能也所求乎臣以事君未能也所求乎弟以事兄未能也所求乎朋友先施之未能也(大正六年五月十二日第二十三回講演) / 朴齊斌 | |
| 13143 | 堯 | 요 | 15 | 43 | 1917.10 | 講說〉講題 己所不欲勿施於人(大正六年六月十六日第二十四回講演) / 李容稙 | |
| 13144 | 堯 | 요 | 15 | 54 | 1917.10 | 講說〉泰仁鄕校講演(大正六年五月一日)〉講題 士不可以不弘毅任重而道遠 / 李容稙 | |
| 13145 | 堯 | 요 | 15 | 61 | 1917.10 | 講說〉大邱高等普通學校講演(大正六年五月十六日)〉講題 志於道據於德依於仁游於藝 / 李容稙 | |
| 13146 | 堯 | 요 | 15 | 70 | 1917.10 | 講說〉大邱高等普通學校講演(大正六年五月十六日)〉儒敎의 庶民的 發展 / 高橋亨 | |
| 13147 | 堯 | 요 | 15 | 79 | 1917.10 | 地方報告〉[成樂賢의 報告] | |
| 13148 | 堯 | 요 | 16 | 16 | 1918.03 | 詩經篤辨 / 金文演 | |
| 13149 | 堯 | 요 | 16 | 38 | 1918.03 | 講說〉講題 聞一善言見一善行若決江河(大正六年九月二十二日第二十五回講演)〉續演 / 呂圭亨 | |
| 13150 | 堯 | 요 | 16 | 39 | 1918.03 | 講說〉講題 聞一善言見一善行若決江河(大正六年九月二十二日第二十五回講演)〉續演 / 呂圭亨 | |
| 13151 | 堯 | 요 | 16 | 48 | 1918.03 | 講說〉講題 存其心養其性所以事天也(大正六年十月十四日江陵郡講演) / 李容稙 | |
| 13152 | 堯 | 요 | 16 | 50 | 1918.03 | 講說〉講題 存其心養其性所以事天也(大正六年十月十四日江陵郡講演)〉續演 / 鄭鳳時 | |

| 번호 | 원문 | 현대어(독음) | 호 | 쪽 | 발행일 | 기사명 / 필자 | 비고 |
|---|---|---|---|---|---|---|---|
| 13153 | 堯 | 요 | 16 | 65 | 1918.03 | 地方報告〉[劉光澤의 報告] / 姜星熙 | |
| 13154 | 堯 | 요 | 17 | 13 | 1918.07 | 論語釋義 / 李明宰 | |
| 13155 | 堯 | 요 | 17 | 16 | 1918.07 | 中庸章句問對(續) / 朴長鴻 | |
| 13156 | 堯 | 요 | 17 | 56 | 1918.07 | 講說〉講題 君子無終食之間違仁造次必於是顚沛必於是(大正七年三月二十一日第二十七回講演)〉續演 / 呂圭亨 | |
| 13157 | 堯 | 요 | 17 | 68 | 1918.07 | 地方報告〉[韓昌愚의 報告] | |
| 13158 | 堯 | 요 | 18 | 49 | 1918.09 | 講說〉講題 內地의 宋學(大正七年五月十一日第二十八回講演) / 今關壽麿 | |
| 13159 | 堯 | 요 | 18 | 50 | 1918.09 | 講說〉講題 內地의 宋學(大正七年五月十一日第二十八回講演) / 今關壽麿 | |
| 13160 | 堯 | 요 | 18 | 59 | 1918.09 | 講說〉講題 道在邇而求諸遠事在易而求諸難(大正七年五月十五日義州郡鄉校講演) / 李容稙 | |
| 13161 | 堯 | 요 | 18 | 60 | 1918.09 | 講說〉講題 道在邇而求諸遠事在易而求諸難(大正七年五月十五日義州郡鄉校講演)〉敷演 / 梁鳳濟 | |
| 13162 | 堯 | 요 | 18 | 74 | 1918.09 | 地方報告〉[成樂賢의 報告] | |
| 13163 | 堯 | 요 | 18 | 83 | 1918.09 | 地方報告〉[李台煥의 報告] | |
| 13164 | 堯 | 요 | 19 | 2 | 1918.12 | 學說 / 呂龍鉉 | |
| 13165 | 堯 | 요 | 19 | 19 | 1918.12 | 雲山郡文廟祭官案序 / 申鉉求 | |
| 13166 | 堯 | 요 | 19 | 54 | 1918.12 | 講說〉講題 子路人告之以有過則喜(大正七年九月七日第三十回講演) / 李容稙 | |
| 13167 | 堯 | 요 | 19 | 73 | 1918.12 | 講說〉講題 孟懿子問孝(大正七年十一月十六日第三十二回講演)〉續演 / 呂圭亨 | |
| 13168 | 堯 | 요 | 20 | 31 | 1920.03 | 三洙瑣談(續) / 元泳義 | |
| 13169 | 堯 | 요 | 21 | 2 | 1921.03 | 論說(寄書第二) / 呂圭亨 | |
| 13170 | 堯 | 요 | 21 | 4 | 1921.03 | 老生常談 / 金完鎭 | |
| 13171 | 堯 | 요 | 21 | 67 | 1921.03 | 三洙瑣談(續) / 元泳義 | |
| 13172 | 堯 | 요 | 21 | 68 | 1921.03 | 三洙瑣談(續) / 元泳義 | |
| 13173 | 堯 | 요 | 21 | 87 | 1921.03 | 十月之望與李石庭明倫堂玩月(六十韻) / 鄭崙秀 | |
| 13174 | 堯 | 요 | 22 | 1 | 1922.03 | 序 / 朴箕陽 | |
| 13175 | 堯 | 요 | 22 | 6 | 1922.03 | 中庸說 / 李學魯 | |
| 13176 | 堯 | 요 | 22 | 10 | 1922.03 | 中庸說 / 李學魯 | |
| 13177 | 堯 | 요 | 22 | 16 | 1922.03 | 經義問對 / 沈璿澤 | |
| 13178 | 堯 | 요 | 22 | 66 | 1922.03 | 講說〉文質彬彬然後君子(大正十年六月十五日禮山郡白日場講演) / 成樂賢 | |
| 13179 | 堯 | 요 | 22 | 70 | 1922.03 | 講說〉子路人告之以有過則喜 / 成樂賢 | |

| 번호 | 원문 | 현대어(독음) | 호 | 쪽 | 발행일 | 기사명 / 필자 | 비고 |
|---|---|---|---|---|---|---|---|
| 13180 | 堯 | 요 | 23 | 1 | 1922.12 | 中庸說(續) / 李學魯 | |
| 13181 | 堯 | 요 | 23 | 14 | 1922.12 | 經義問答 / 韓昌愚 | |
| 13182 | 堯 | 요 | 23 | 18 | 1922.12 | 孔夫子忌辰四十周甲追慕辭 / 金東振 | |
| 13183 | 堯 | 요 | 23 | 20 | 1922.12 | 孔夫子忌辰四十周甲追慕辭 / 申泰岳 | |
| 13184 | 堯 | 요 | 23 | 46 | 1922.12 | (孔夫子忌辰四十周甲追慕禮式奠爵禮)告文 | |
| 13185 | 堯 | 요 | 23 | 47 | 1922.12 | 三洙瑣談(二十一號續) / 元泳義 | |
| 13186 | 堯 | 요 | 23 | 61 | 1922.12 | 講說〉講題 凡有血氣者莫不尊親(大正十一年五月七日追慕禮式時) / 李魯學 | |
| 13187 | 堯 | 요 | 23 | 62 | 1922.12 | 講說〉講題 凡有血氣者莫不尊親(大正十一年五月七日追慕禮式時) / 李魯學 | |
| 13188 | 堯 | 요 | 23 | 65 | 1922.12 | 講說〉講題 師道(大正十一年五月七日追慕禮式時) / 赤木萬二郎 | |
| 13189 | 堯 | 요 | 23 | 75 | 1922.12 | 講說〉講題 不出家而成敎於國 / 成樂賢 | |
| 13190 | 堯 | 요 | 23 | 77 | 1922.12 | 講說〉講題 不出家而成敎於國 / 成樂賢 | |
| 13191 | 堯 | 요 | 23 | 78 | 1922.12 | 講說〉講題 儒道 / 鄭準民 | |
| 13192 | 堯 | 요 | 24 | 1 | 1923.12 | 論語疑義問答 / 鄭萬朝 | |
| 13193 | 堯 | 요 | 24 | 20 | 1923.12 | 讀書私記(十三號續) / 洪鍾佶 | |
| 13194 | 堯 | 요 | 24 | 26 | 1923.12 | 三洙瑣談(續) / 元泳義 | |
| 13195 | 堯 | 요 | 24 | 74 | 1923.12 | 講說〉講題 大學之道在明明德在新民 / 申泰岳 | |
| 13196 | 堯 | 요 | 24 | 75 | 1923.12 | 講說〉講題 設爲庠序學校以敎之皆所明人倫也 / 李學魯 | |
| 13197 | 堯 | 요 | 24 | 76 | 1923.12 | 講說〉講題 設爲庠序學校以敎之皆所明人倫也 / 李學魯 | |
| 13198 | 堯 | 요 | 24 | 82 | 1923.12 | 講說〉講題 時代之儒敎 / 金完鎭 | |
| 13199 | 堯 | 요 | 24 | 86 | 1923.12 | 講說〉講題 時代之儒敎 / 金完鎭 | |
| 13200 | 堯 | 요 | 25 | 47 | 1924.12 | 講說〉講題 郁郁乎文哉 / 成樂賢 | |
| 13201 | 堯 | 요 | 25 | 49 | 1924.12 | 講說〉講題 儒道 / 鄭鳳時 | |
| 13202 | 堯 | 요 | 25 | 61 | 1924.12 | 講說〉講題 三綱五倫說 / 鄭準民 | |
| 13203 | 堯 | 요 | 25 | 64 | 1924.12 | 講說〉講題 儒敎者의 辯 / 朴箕陽 | |
| 13204 | 堯 | 요 | 26 | 13 | 1925.12 | 四書講解總說 / 元泳義 | |
| 13205 | 堯 | 요 | 26 | 14 | 1925.12 | 四書講解總說 / 元泳義 | |
| 13206 | 堯 | 요 | 26 | 21 | 1925.12 | 三洙瑣談(續) / 元泳義 | |
| 13207 | 堯 | 요 | 26 | 30 | 1925.12 | 釋奠에 就ᄒ야(續) / 佐藤廣治 | |
| 13208 | 堯 | 요 | 26 | 53 | 1925.12 | 講說〉講題 堯舜之道孝悌而已 / 成樂賢 | |
| 13209 | 堯 | 요 | 26 | 54 | 1925.12 | 講說〉講題 堯舜之道孝悌而已 / 成樂賢 | |
| 13210 | 堯 | 요 | 26 | 55 | 1925.12 | 講說〉講題 堯舜之道孝悌而已 / 成樂賢 | |
| 13211 | 堯 | 요 | 26 | 62 | 1925.12 | 講說〉講題 君子時中 / 沈璿澤 | |

| 번호 | 원문 | 현대어(독음) | 호 | 쪽 | 발행일 | 기사명 / 필자 | 비고 |
|---|---|---|---|---|---|---|---|
| 13212 | 堯 | 요 | 27 | 23 | 1926.12 | 中庸問對 / 沈璿澤 | |
| 13213 | 堯 | 요 | 27 | 64 | 1926.12 | 講說〉講題 儒是 / 金完鎭 | |
| 13214 | 堯 | 요 | 27 | 82 | 1926.12 | 地方報告〉[金商璉의 報告] | |
| 13215 | 堯 | 요 | 28 | 65 | 1927.12 | 講說〉講題 吾道一以貫之 / 沈璿澤 | |
| 13216 | 堯 | 요 | 28 | 68 | 1927.12 | 講說〉講題 孔夫子의 集大成 / 兒島獻吉郎 | |
| 13217 | 堯 | 요 | 29 | 1 | 1928.12 | 儒道說 / 鄭鳳時 | |
| 13218 | 堯 | 요 | 29 | 15 | 1928.12 | 坡州郡文廟齋則序 / 李學魯 | |
| 13219 | 堯 | 요 | 29 | 28 | 1928.12 | 三洙瑣談(續) / 元泳義 | |
| 13220 | 堯 | 요 | 29 | 56 | 1928.12 | 講說〉講題 道德的精神 / 白井成允 | |
| 13221 | 堯 | 요 | 30 | 24 | 1929.12 | 中庸問對(續) / 崔基鉉 | |
| 13222 | 堯 | 요 | 30 | 27 | 1929.12 | 中庸問對(續) / 崔基鉉 | |
| 13223 | 堯 | 요 | 30 | 58 | 1929.12 | 講說〉講題 朝鮮의 在한 聖學道統 : 李退溪先生을 憶함 / 赤木萬二郎 | |
| 13224 | 堯 | 요 | 30 | 67 | 1929.12 | 講說〉講題 朝鮮의 在한 聖學道統 : 李退溪先生을 憶함 / 赤木萬二郎 | |
| 13225 | 堯 | 요 | 30 | [1] | 1929.12 | 李龍眠畵宣聖及七十二弟子像贊(金石萃編) | |
| 13226 | 堯 | 요 | 31 | 16 | 1930.08 | 講題 修身齊家治國平天下 / 成樂賢 | |
| 13227 | 堯 | 요 | 31 | 18 | 1930.08 | 講題 德者本也財者末也 / 成樂賢 | |
| 13228 | 堯 | 요 | 32 | 31 | 1930.12 | 學校視察日記 / 俞鎭贊 | |
| 13229 | 堯 | 요 | 33 | 8 | 1931.12 | 朱夫子誕降八百年紀念祭告文 / 鄭鳳時 | |
| 13230 | 堯 | 요 | 33 | 15 | 1931.12 | 聞曲阜兵變上蔣中正書 / 李學魯 | |
| 13231 | 堯 | 요 | 34 | 1 | 1932.03 | 生三事一論 / 李學魯 | |
| 13232 | 堯 | 요 | 34 | 3 | 1932.03 | 天理人欲說 / 元弘植 | |
| 13233 | 堯 | 요 | 34 | 23 | 1932.03 | 社會敎育에 關한 意見書 / 申錫麟 | |
| 13234 | 堯 | 요 | 35 | 5 | 1932.12 | 經傳解釋通例 / 李學魯 | |
| 13235 | 堯 | 요 | 35 | 7 | 1932.12 | 心性情理氣圖解 / 元弘植 | |
| 13236 | 堯 | 요 | 36 | 1 | 1933.12 | 窮養達施論 / 權純九 | |
| 13237 | 堯 | 요 | 37 | 1 | 1934.10 | 心學說 / 李學魯 | |
| 13238 | 堯 | 요 | 37 | 2 | 1934.10 | 心學說 / 李學魯 | |
| 13239 | 堯 | 요 | 37 | 5 | 1934.10 | 天道人道說 / 元弘植 | |
| 13240 | 堯 | 요 | 38 | 19 | 1935.03 | 改正朔不易時月論 / 權純九 | |
| 13241 | 堯 | 요 | 38 | 27 | 1935.03 | 性理 | |
| 13242 | 堯 | 요 | 39 | 1 | 1935.10 | 心田開發論 / 權純九 | |
| 13243 | 堯 | 요 | 39 | 3 | 1935.10 | 性善說 / 李學魯 | |
| 13244 | 堯 | 요 | 40 | 6 | 1936.08 | 儒敎의 眞髓 / 鄭萬朝 | |
| 13245 | 堯 | 요 | 40 | 9 | 1936.08 | 朝鮮儒敎의 大觀 / 鄭鳳時 | |

| 번호 | 원문 | 현대어(독음) | 호 | 쪽 | 발행일 | 기사명 / 필자 | 비고 |
|------|------|------------|-----|-----|--------|---------------|------|
| 13246 | 堯 | 요 | 40 | 12 | 1936.08 | 心田開發論 / 柳萬馨 | |
| 13247 | 堯 | 요 | 40 | 12 | 1936.08 | 心田開發에 對한 儒敎 / 鄭鳳時 | |
| 13248 | 堯 | 요 | 40 | 54 | 1936.08 | 鄭茂亭先生追悼錄〉輓詞 / 黃錫龍 | |
| 13249 | 堯 | 요 | 41 | 43 | 1937.02 | 經學院永年勤續職員褒彰式狀況〉祝辭 / 李學魯 | |
| 13250 | 堯 | 요 | 44 | 27 | 1939.10 | 儒敎의 起源과 流派 / 李昇圭 | |
| 13251 | 堯 | 요 | 44 | 30 | 1939.10 | 儒敎의 起源과 流派 / 李昇圭 | |
| 13252 | 堯 | 요 | 44 | 32 | 1939.10 | 經儒學 / 金誠鎭 | |
| 13253 | 堯 | 요 | 44 | 34 | 1939.10 | 經儒學 / 金誠鎭 | |
| 13254 | 堯 | 요 | 44 | 43 | 1939.10 | 大學主旨 / 崔浩然 | |
| 13255 | 堯 | 요 | 45 | 89 | 1940.12 | 忠淸南道儒道聯合會結成式〉東亞ノ建設ト儒道ノ精神 / 安寅植 | |
| 13256 | 堯 | 요 | 46 | 7 | 1941.12 | 大學序文先儒論辨 / 金誠鎭 | |
| 13257 | 堯 | 요 | 46 | 11 | 1941.12 | 嘉言善行 / 李昇圭 | |
| 13258 | 堯 | 요 | 48 | 37 | 1944.04 | 儒敎の進むべき道 / 朱柄乾 | |
| 13259 | 堯 | 요 | 48 | 38 | 1944.04 | 儒敎の進むべき道 / 朱柄乾 | |
| 13260 | 姚 | 요 | 2 | 25 | 1914.03 | 經學院講筵吟 / 朴昇東 | |
| 13261 | 澆 | 요 | 7 | 38 | 1915.06 | 論語考證(續) / 金文演 | |
| 13262 | 澆 | 요 | 7 | 39 | 1915.06 | 論語考證(續) / 金文演 | |
| 13263 | 澆 | 요 | 7 | 40 | 1915.06 | 論語考證(續) / 金文演 | |
| 13264 | 姚江 | 요강 | 8 | 50 | 1915.09 | 講說〉講題 苟日新日日新又日新(大政四年四月十七日第十一回講演)〉敷演 / 沈鍾舜 | |
| 13265 | 姚景衡 | 요경형 | 25 | 15 | 1924.12 | 三洙瑣談(續) / 元泳義 | |
| 13266 | 姚鼐 | 요내 | 10 | 26 | 1916.03 | 經學淺知錄 / 金文演 | 원문은 鼐 |
| 13267 | 廖道南 | 요도남 | 17 | 3 | 1918.07 | 經學管見(續) / 尹寧求 | |
| 13268 | 遼東公 | 요동공 | 2 | 69 | 1914.03 | 講說〉講題 必愼其獨(大正二年十一月八日第四回講演)〉敷演 / 李容稙 | 魏의 翟黑子 |
| 13269 | 聊伯 | 요백 | 30 | [8] | 1929.12 | 李龍眠畵宣聖及七十二弟子像贊(金石萃編) | |
| 13270 | 聊伯 | 요백 | 42 | 52 | 1937.12 | 文廟享祀位次及聖賢姓名爵號考 / 金完鎭 | 伯虔 |
| 13271 | 堯夫 | 요부 | 4 | 9 | 1914.09 | 經學 / 朴長鴻 | 邵雍 |
| 13272 | 堯夫 | 요부 | 42 | 50 | 1937.12 | 文廟享祀位次及聖賢姓名爵號考 / 金完鎭 | 邵雍 |
| 13273 | 姚思廉 | 요사렴 | 14 | 7 | 1917.07 | 經學管見(續) / 尹寧求 | |
| 13274 | 聊城侯 | 요성후 | 8 | 35 | 1915.09 | 賢關記聞 / 李大榮 | 鄡單 |
| 13275 | 聊城侯 | 요성후 | 42 | 53 | 1937.12 | 文廟享祀位次及聖賢姓名爵號考 / 金完鎭 | 鄡單 |
| 13276 | 聊城侯 | 요성후 | 42 | 46 | 1937.12 | 文廟享祀位次及聖賢姓名爵號考 / 金完鎭 | 鄡單 |
| 13277 | 堯舜 | 요순 | 2 | 61 | 1914.03 | 講說〉講題 克己復禮(大正二年十月十一日第三回講演) / 張錫周 | 堯와 舜 |

| 번호 | 원문 | 현대어(독음) | 호 | 쪽 | 발행일 | 기사명 / 필자 | 비고 |
|---|---|---|---|---|---|---|---|
| 13278 | 堯舜 | 요순 | 2 | 62 | 1914.03 | 講說〉講題 克己復禮(大正二年十月十一日第三回講演)〉敷演 / 李容穑 | 堯와 舜 |
| 13279 | 堯舜 | 요순 | 2 | 79 | 1914.03 | 地方報告〉[李鶴在의 報告] | 堯와 舜 |
| 13280 | 堯舜 | 요순 | 2 | 86 | 1914.03 | 地方報告〉[梁鳳濟의 報告] | 堯와 舜 |
| 13281 | 堯舜 | 요순 | 3 | 7 | 1914.06 | 經學說 / 韓昌愚 | 堯와 舜 |
| 13282 | 堯舜 | 요순 | 4 | 56 | 1914.09 | 講說〉講題 文質彬彬然後君子(大正三年六月十三日第六回講演) | 堯와 舜 |
| 13283 | 堯舜 | 요순 | 5 | 74 | 1914.12 | 講說〉講題 道也者不可須臾離也(大正三年九月二十九日第七回講演)〉續演 / 鄭鳳時 | 堯와 舜 |
| 13284 | 饒雙峯 | 요쌍봉 | 22 | 20 | 1922.03 | 經義問對 / 沈璿澤 | |
| 13285 | 饒雙峰 | 요쌍봉 | 24 | 7 | 1923.12 | 經義問對(續) / 沈璿澤 | |
| 13286 | 饒雙峰 | 요쌍봉 | 30 | 20 | 1929.12 | 大學問對(續) / 沈璿澤 | |
| 13287 | 饒雙峰 | 요쌍봉 | 30 | 21 | 1929.12 | 大學問對(續) / 沈璿澤 | |
| 13288 | 姚氏 | 요씨 | 15 | 17 | 1917.10 | 詩經蔦辨 / 金文演 | |
| 13289 | 姚氏 | 요씨 | 15 | 20 | 1917.10 | 經義問對 / 權重國 | |
| 13290 | 饒氏 | 요씨 | 19 | 13 | 1918.12 | 四書小註辨疑(續) / 李鶴在 | |
| 13291 | 饒氏 | 요씨 | 32 | 8 | 1930.12 | 經義問答 / 韓昌愚 | |
| 13292 | 饒氏 | 요씨 | 48 | 42 | 1944.04 | 儒道綱領 / 金誠鎭 | |
| 13293 | 姚虞 | 요우 | 18 | 9 | 1918.09 | 經學管見(續) / 尹寧求 | |
| 13294 | 姚元之 | 요원지 | 7 | 77 | 1915.06 | 講說〉講題 孔子聖之時者也(大政四年三月十八日第十回講演)〉續演 / 呂圭亨 | |
| 13295 | 了佐 | 요좌 | 3 | 14 | 1914.06 | 錄學校編纂敎科書鹽谷世弘氏所撰中江藤樹一段 / 呂圭亨 | |
| 13296 | 姚之駰 | 요지인 | 15 | 6 | 1917.10 | 經學管見(續) / 尹寧求 | |
| 13297 | 姚察 | 요찰 | 14 | 7 | 1917.07 | 經學管見(續) / 尹寧求 | |
| 13298 | 姚姬傳 | 요희전 | 10 | 26 | 1916.03 | 經學淺知錄 / 金文演 | 姚鼐 |
| 13299 | 龍 | 용 | 12 | 33 | 1916.12 | 讀書私記(續) / 洪鍾佶 | |
| 13300 | 龍 | 용 | 12 | 34 | 1916.12 | 讀書私記(續) / 洪鍾佶 | |
| 13301 | 龍 | 용 | 36 | 5 | 1933.12 | 經義問對(續) / 韓昌愚 | |
| 13302 | 龍溪 | 용계 | 40 | 43 | 1936.08 | 成竹似先生追悼錄〉挽故成均館博士成竹似先生 / 李學魯 | |
| 13303 | 龍溪 | 용계 | 17 | 72 | 1918.07 | 地方報告〉[李秉會의 報告] | 李連松 |
| 13304 | 龍廬陵 | 용여릉 | 27 | 18 | 1926.12 | 易經講解總說 / 元泳義 | |
| 13305 | 龍雲 | 용운 | 30 | 80 | 1929.12 | 地方報告〉[申大均의 報告] | |
| 13306 | 龍元照明 | 용원조명 | 48 | 52 | 1944.04 | 釋奠狀況〉昭和十八年春季釋奠狀況 | |
| 13307 | 龍元照明 | 용원조명 | 48 | 54 | 1944.04 | 釋奠狀況〉昭和十八年秋季釋奠狀況 | |
| 13308 | 庸衛 | 용위 | 30 | [8] | 1929.12 | 李龍眠畵宣聖及七十二弟子像賛(金石萃編) | |

| 번호 | 원문 | 현대어(독음) | 호 | 쪽 | 발행일 | 기사명 / 필자 | 비고 |
|---|---|---|---|---|---|---|---|
| 13309 | 龍釰 | 용일 | 30 | 80 | 1929.12 | 地方報告〉[申大均의 報告] | |
| 13310 | 容稙 | 용직 | 12 | 51 | 1916.12 | 日誌大要 | |
| 13311 | 榕村 | 용촌 | 13 | 3 | 1917.03 | 經學管見(續) / 尹寧求 | |
| 13312 | 尤 | 우 | 29 | 25 | 1928.12 | 三洙瑣談(續) / 元泳義 | |
| 13313 | 尤 | 우 | 29 | 28 | 1928.12 | 三洙瑣談(續) / 元泳義 | |
| 13314 | 愚 | 우 | 38 | 20 | 1935.03 | 改正朔不易時月論 / 權純九 | |
| 13315 | 牛 | 우 | 22 | 14 | 1922.03 | 經學講論 / 成樂賢 | |
| 13316 | 牛 | 우 | 23 | 15 | 1922.12 | 孔夫子忌辰四十周甲追慕辭 / 李學魯 | |
| 13317 | 牛 | 우 | 30 | 31 | 1929.12 | 三洙瑣談(續) / 元泳義 | 牛溪 成渾 |
| 13318 | 禹 | 우 | 1 | 2 | 1913.12 | 經學院雜誌序 / 鄭鳳時 | 禹王 |
| 13319 | 禹 | 우 | 1 | 70 | 1913.12 | 講說〉大正二年九月四日第二回演講〉(講章此之謂絜矩之道)〉敷演 / 鄭鳳時 | 禹王 |
| 13320 | 禹 | 우 | 1 | 72 | 1913.12 | 講說〉大正二年九月四日第二回演講〉(講章此之謂絜矩之道)〉敷演 / 鄭鳳時 | 禹王 |
| 13321 | 禹 | 우 | 1 | 76 | 1913.12 | 地方報告 大正元年始〉[黃敦秀의 報告] | 禹王 |
| 13322 | 禹 | 우 | 2 | 7 | 1914.03 | 華山問答 / 李容稙 | |
| 13323 | 禹 | 우 | 2 | 77 | 1914.03 | 地方報告〉[李鶴在의 報告] | |
| 13324 | 禹 | 우 | 2 | 78 | 1914.03 | 地方報告〉[李鶴在의 報告] | |
| 13325 | 禹 | 우 | 4 | 41 | 1914.09 | 孔子年報(續) / 呂圭亨 | |
| 13326 | 禹 | 우 | 5 | 43 | 1914.12 | 孔子年報(續) / 呂圭亨 | |
| 13327 | 禹 | 우 | 5 | 73 | 1914.12 | 講說〉講題 道也者不可須臾離也(大正三年九月二十九日第七回講演)〉敷演 / 鄭鳳時 | |
| 13328 | 禹 | 우 | 5 | 81 | 1914.12 | 講說〉講題 謹庠序之敎申之以孝悌之義(大正三年十月十日第八回講演) / 李容稙 | |
| 13329 | 禹 | 우 | 6 | 3 | 1915.03 | 緖論 / 呂圭亨 | |
| 13330 | 禹 | 우 | 6 | 7 | 1915.03 | 書雜誌後 / 黃敦秀 | |
| 13331 | 禹 | 우 | 6 | 50 | 1915.03 | 論語分類一覽 / 金文演 | |
| 13332 | 禹 | 우 | 6 | 58 | 1915.03 | 講說〉講題 善養吾浩然之氣(大正三年十一月二十一日第九回講演) / 李容稙 | |
| 13333 | 禹 | 우 | 6 | 65 | 1915.03 | 地方報告〉[金光鉉 巡講] | |
| 13334 | 禹 | 우 | 7 | 30 | 1915.06 | 文廟碑銘幷序 | |
| 13335 | 禹 | 우 | 7 | 31 | 1915.06 | 文廟碑銘幷序 | |
| 13336 | 禹 | 우 | 7 | 39 | 1915.06 | 論語考證(續) / 金文演 | |
| 13337 | 禹 | 우 | 7 | 73 | 1915.06 | 講說〉講題 孔子聖之時者也(大政四年三月十八日第十回講演)〉敷演 / 鄭鳳時 | |
| 13338 | 禹 | 우 | 7 | 74 | 1915.06 | 講說〉講題 孔子聖之時者也(大政四年三月十八日第十回講演)〉敷演 / 梁鳳濟 | |

| 번호 | 원문 | 현대어(독음) | 호 | 쪽 | 발행일 | 기사명 / 필자 | 비고 |
|---|---|---|---|---|---|---|---|
| 13339 | 禹 | 우 | 8 | 48 | 1915.09 | 講說〉講題 苟日新日日新又日新(大政四年四月十七日第十一回講演)〉敷演 / 鄭鳳時 | |
| 13340 | 禹 | 우 | 8 | 49 | 1915.09 | 講說〉講題 苟日新日日新又日新(大政四年四月十七日第十一回講演)〉敷演 / 鄭鳳時 | |
| 13341 | 禹 | 우 | 8 | 51 | 1915.09 | 講說〉講題 苟日新日日新又日新(大政四年四月十七日第十一回講演)〉續演 / 呂圭亨 | |
| 13342 | 禹 | 우 | 8 | 54 | 1915.09 | 講說〉講題 道不遠人(大政四年五月八日第十二回講演)〉敷演 / 鄭鳳時 | |
| 13343 | 禹 | 우 | 9 | 55 | 1915.12 | 講說〉講題 三人行必有我師(大正四年六月十二日第十三回講演) / 鄭鳳時 | |
| 13344 | 禹 | 우 | 9 | [13] | 1915.12 | 卽位大禮式獻頌文 / 鄭鳳鉉 | |
| 13345 | 禹 | 우 | 10 | 4 | 1916.03 | 經論 / 金元祐 | |
| 13346 | 禹 | 우 | 10 | 7 | 1916.03 | 經學說 / 李容植 | |
| 13347 | 禹 | 우 | 10 | 9 | 1916.03 | 經學說 / 李容植 | |
| 13348 | 禹 | 우 | 12 | 11 | 1916.12 | 孟子緖論 / 金文演 | |
| 13349 | 禹 | 우 | 12 | 33 | 1916.12 | 讀書私記(續) / 洪鍾佶 | |
| 13350 | 禹 | 우 | 12 | 34 | 1916.12 | 讀書私記(續) / 洪鍾佶 | |
| 13351 | 禹 | 우 | 12 | 76 | 1916.12 | 講說〉講題 善養吾浩然之氣(大正五年九月二十九日海州郡鄕校講演) / 李容植 | |
| 13352 | 禹 | 우 | 12 | 87 | 1916.12 | 地方報告〉[朴長鴻의 報告] | |
| 13353 | 禹 | 우 | 13 | 11 | 1917.03 | 原敎 / 鄭崙秀 | |
| 13354 | 禹 | 우 | 13 | 33 | 1917.03 | 贈冥冥先生 / 今關壽麿 | |
| 13355 | 禹 | 우 | 14 | 13 | 1917.07 | 溫故而知新可以爲師矣 / 田中玄黃 | |
| 13356 | 禹 | 우 | 14 | 19 | 1917.07 | 庸學問對 / 朴長鴻 | |
| 13357 | 禹 | 우 | 15 | 13 | 1917.10 | 四書小註辨疑(續) / 李鶴在 | |
| 13358 | 禹 | 우 | 15 | 49 | 1917.10 | 講說〉光州郡鄕校演講(大正六年四月二十六日)〉講題 子莫執中執中爲近之執中無權猶執一也 / 李容植 | |
| 13359 | 禹 | 우 | 15 | 50 | 1917.10 | 講說〉光州郡鄕校演講(大正六年四月二十六日)〉講題 子莫執中執中爲近之執中無權猶執一也 / 李容植 | |
| 13360 | 禹 | 우 | 16 | 48 | 1918.03 | 講說〉講題 存其心養其性所以事天也(大正六年十月十四日江陵郡講演) / 李容植 | |
| 13361 | 禹 | 우 | 17 | 16 | 1918.07 | 中庸章句問對(續) / 朴長鴻 | |
| 13362 | 禹 | 우 | 18 | 4 | 1918.09 | 學說 / 李明宰 | |
| 13363 | 禹 | 우 | 18 | 50 | 1918.09 | 講說〉講題 內地의 宋學(大正七年五月十一日第二十八回講演) / 今關壽麿 | |
| 13364 | 禹 | 우 | 18 | 60 | 1918.09 | 講說〉講題 道在邇而求諸遠事在易而求諸難(大正七年五月十五日義州郡鄕校講演)〉敷演 / 梁鳳濟 | |

| 번호 | 원문 | 현대어(독음) | 호 | 쪽 | 발행일 | 기사명 / 필자 | 비고 |
|---|---|---|---|---|---|---|---|
| 13365 | 禹 | 우 | 18 | 74 | 1918.09 | 地方報告〉[成樂賢의 報告] | |
| 13366 | 禹 | 우 | 19 | 55 | 1918.12 | 講說〉講題 子路人告之以有過則喜(大正七年九月七日第三十回講演) / 李容稙 | |
| 13367 | 禹 | 우 | 19 | 56 | 1918.12 | 講說〉講題 子路人告之以有過則喜(大正七年九月七日第三十回講演)〉續演 / 呂圭亨 | |
| 13368 | 禹 | 우 | 20 | 10 | 1920.03 | 庸學問對 / 朴昇東 | |
| 13369 | 禹 | 우 | 20 | 31 | 1920.03 | 三洙瑣談(續) / 元泳義 | |
| 13370 | 禹 | 우 | 21 | 68 | 1921.03 | 三洙瑣談(續) / 元泳義 | |
| 13371 | 禹 | 우 | 22 | 1 | 1922.03 | 序 / 朴箕陽 | |
| 13372 | 禹 | 우 | 22 | 6 | 1922.03 | 中庸說 / 李學魯 | |
| 13373 | 禹 | 우 | 22 | 66 | 1922.03 | 講說〉文質彬彬然後君子(大正十年六月十五日禮山郡白日場講演) / 成樂賢 | |
| 13374 | 禹 | 우 | 22 | 69 | 1922.03 | 講說〉子路人告之以有過則喜 / 成樂賢 | |
| 13375 | 禹 | 우 | 23 | 1 | 1922.12 | 中庸說(續) / 李學魯 | |
| 13376 | 禹 | 우 | 23 | 65 | 1922.12 | 講說〉講題 師道(大正十一年五月七日追慕禮式時) / 赤木萬二郎 | |
| 13377 | 禹 | 우 | 24 | 76 | 1923.12 | 講說〉講題 設爲庠序學校以敎之皆所明人倫也 / 李學魯 | |
| 13378 | 禹 | 우 | 25 | 49 | 1924.12 | 講說〉講題 儒道 / 鄭鳳時 | |
| 13379 | 禹 | 우 | 25 | 66 | 1924.12 | 講說〉講題 明倫 / 李大榮 | |
| 13380 | 禹 | 우 | 26 | 14 | 1925.12 | 四書講解總說 / 元泳義 | |
| 13381 | 禹 | 우 | 26 | 20 | 1925.12 | 三洙瑣談(續) / 元泳義 | |
| 13382 | 禹 | 우 | 27 | 21 | 1926.12 | 經義問對 / 韓昌愚 | |
| 13383 | 禹 | 우 | 27 | 23 | 1926.12 | 中庸問對 / 沈璿澤 | |
| 13384 | 禹 | 우 | 27 | 34 | 1926.12 | 三洙瑣談(續) / 元泳義 | |
| 13385 | 禹 | 우 | 28 | 6 | 1927.12 | 理氣分合論 / 李學魯 | |
| 13386 | 禹 | 우 | 29 | 15 | 1928.12 | 坡州郡文廟齋則序 / 李學魯 | |
| 13387 | 禹 | 우 | 29 | 56 | 1928.12 | 講說〉講題 道德的精神 / 白井成允 | |
| 13388 | 禹 | 우 | 30 | 58 | 1929.12 | 講說〉講題 朝鮮의 在한 聖學道統 : 李退溪先生을 憶함 / 赤木萬二郎 | |
| 13389 | 禹 | 우 | 30 | 67 | 1929.12 | 講說〉講題 朝鮮의 在한 聖學道統 : 李退溪先生을 憶함 / 赤木萬二郎 | |
| 13390 | 禹 | 우 | 31 | 3 | 1930.08 | 經學源流 / 權純九 | |
| 13391 | 禹 | 우 | 33 | 15 | 1931.12 | 聞曲阜兵變上蔣中正書 / 李學魯 | |
| 13392 | 禹 | 우 | 37 | 1 | 1934.10 | 心學說 / 李學魯 | |
| 13393 | 禹 | 우 | 37 | 2 | 1934.10 | 心學說 / 李學魯 | |
| 13394 | 禹 | 우 | 38 | 19 | 1935.03 | 改正朔不易時月論 / 權純九 | |

| 번호 | 원문 | 현대어(독음) | 호 | 쪽 | 발행일 | 기사명 / 필자 | 비고 |
|---|---|---|---|---|---|---|---|
| 13395 | 禹 | 우 | 40 | 9 | 1936.08 | 朝鮮儒敎의 大觀 / 鄭鳳時 | |
| 13396 | 禹 | 우 | 40 | 12 | 1936.08 | 心田開發에 對한 儒敎 / 鄭鳳時 | |
| 13397 | 禹 | 우 | 41 | 13 | 1937.02 | 正心에 對하야 / 李輔相 | |
| 13398 | 禹 | 우 | 43 | 30 | 1938.12 | 皇軍慰問詩 / 柳正秀 | |
| 13399 | 禹 | 우 | 44 | 34 | 1939.10 | 經儒學 / 金誠鎭 | |
| 13400 | 禹 | 우 | 44 | 83 | 1939.10 | 日誌大要(自昭和十三年六月 至昭和十三年十二月) | 禹顯誠 |
| 13401 | 虞 | 우 | 1 | 31 | 1913.12 | 天下文明說 / 李學魯 | 有虞氏, 舜 |
| 13402 | 虞 | 우 | 1 | 33 | 1913.12 | 天下文明說 / 李學魯 | 有虞氏, 舜 |
| 13403 | 虞 | 우 | 2 | 93 | 1914.03 | 地方報告〉[成樂賢의 報告] | |
| 13404 | 虞 | 우 | 8 | 20 | 1915.09 | 孔子年報(續) / 呂圭亨 | |
| 13405 | 虞 | 우 | 11 | 41 | 1916.06 | 經義答問 / 黃敦秀 | |
| 13406 | 虞 | 우 | 12 | 81 | 1916.12 | 地方報告〉[鄭準民의 報告] | |
| 13407 | 虞 | 우 | 13 | 4 | 1917.03 | 經學管見(續) / 尹寧求 | 有虞氏, 舜 |
| 13408 | 虞 | 우 | 14 | 67 | 1917.07 | 地方報告〉[宋在永의 報告]〉釋奠祭文 / 黃羲民 | 有虞氏, 舜 |
| 13409 | 虞 | 우 | 23 | 14 | 1922.12 | 經義問答 / 韓昌愚 | 有虞氏, 舜 |
| 13410 | 虞 | 우 | 23 | 17 | 1922.12 | 孔夫子忌辰四十周甲追慕辭 / 金東振 | |
| 13411 | 虞 | 우 | 26 | 15 | 1925.12 | 四書講解總說 / 元泳義 | |
| 13412 | 虞 | 우 | 26 | 59 | 1925.12 | 講說〉講題 今日吾人之急先務 / 鄭鳳時 | 有虞氏, 舜 |
| 13413 | 虞 | 우 | 27 | 21 | 1926.12 | 經義問對 / 韓昌愚 | |
| 13414 | 虞 | 우 | 29 | 15 | 1928.12 | 坡州郡文廟齋則序 / 李學魯 | |
| 13415 | 虞 | 우 | 31 | 3 | 1930.08 | 經學源流 / 權純九 | |
| 13416 | 虞 | 우 | 33 | 16 | 1931.12 | 聞曲阜兵變上蔣中正書 / 李學魯 | |
| 13417 | 虞 | 우 | 35 | 1 | 1932.12 | 宗敎說 / 權純九 | |
| 13418 | 虞 | 우 | 36 | 5 | 1933.12 | 經義問對(續) / 韓昌愚 | |
| 13419 | 虞 | 우 | 39 | 7 | 1935.10 | 送李君往浙江序 / 金文演 | 有虞氏, 舜 |
| 13420 | 虞 | 우 | 41 | 18 | 1937.02 | 博士王仁傳 / 李學魯 | |
| 13421 | 虞 | 우 | 44 | 32 | 1939.10 | 經儒學 / 金誠鎭 | 有虞氏, 舜 |
| 13422 | 虞 | 우 | 44 | 34 | 1939.10 | 經儒學 / 金誠鎭 | 有虞氏, 舜 |
| 13423 | 虞 | 우 | 44 | 44 | 1939.10 | 大學主旨 / 崔浩然 | 有虞氏, 舜 |
| 13424 | 虞 | 우 | 48 | 46 | 1944.04 | 朝鮮詩學考(前號續) / 李昇圭 | 有虞氏, 舜 |
| 13425 | 虞卿 | 우경 | 31 | 4 | 1930.08 | 經學源流 / 權純九 | |
| 13426 | 牛溪 | 우계 | 30 | 32 | 1929.12 | 三洙瑣談(續) / 元泳義 | 成渾 |
| 13427 | 牛溪 | 우계 | 33 | 11 | 1931.12 | 孝子司饔院奉事白公行狀 / 成樂賢 | 成渾 |
| 13428 | 牛溪 | 우계 | 37 | 40 | 1934.10 | 地方儒林狀況〉[李大榮의 보고]〉書院狀況 | 成渾 |
| 13429 | 牛溪 | 우계 | 37 | 41 | 1934.10 | 登望慕堂用板上韻 / 成樂賢 | 成渾 |

| 번호 | 원문 | 현대어(독음) | 호 | 쪽 | 발행일 | 기사명 / 필자 | 비고 |
|------|------|------------|----|----|--------|--------------|------|
| 13430 | 牛溪 | 우계 | 42 | 58 | 1937.12 | 文廟享祀位次及聖賢姓名爵號考 / 金完鎭 | 成渾 |
| 13431 | 于公 | 우공 | 44 | 59 | 1939.10 | 朝鮮詩學考 / 李昇圭 | |
| 13432 | 于堂 | 우당 | 30 | 17 | 1929.12 | 祭于堂尹副學文 / 鄭萬朝 | 尹喜求 |
| 13433 | 于堂 | 우당 | 30 | 38 | 1929.12 | 挽于堂尹副學 / 元弘植 | 尹喜求 |
| 13434 | 愚堂 | 우당 | 40 | 55 | 1936.08 | 鄭茂亭先生追悼錄〉輓詞 / 金承烈 | |
| 13435 | 于堂尹公 | 우당윤공 | 30 | 17 | 1929.12 | 祭于堂尹副學文 / 鄭萬朝 | 尹喜求 |
| 13436 | 牛島 | 우도 | 33 | 25 | 1931.12 | 日誌大要 | 우시지마 쇼조 (牛島省三) |
| 13437 | 牛島 | 우도 | 33 | 48 | 1931.12 | 文廟釋奠狀況〉[本院秋期釋奠에 대한 보고] | 우시지마 쇼조 (牛島省三) |
| 13438 | 牛島省三 | 우도성삼 | 45 | 21 | 1940.12 | 朝鮮儒林大會(朝鮮儒道聯合會創立總會) 會錄槪要〉朝鮮儒道聯合會役員名簿(昭和十四年十一月一日現在) | 우시지마 쇼조 |
| 13439 | 禹燉圭 | 우돈규 | 45 | 39 | 1940.12 | 朝鮮儒林大會(朝鮮儒道聯合會創立總會) 會錄槪要〉朝鮮儒道聯合會役員名簿(昭和十四年十一月一日現在) | |
| 13440 | 郵良 | 우량 | 12 | 14 | 1916.12 | 孟子緖論 / 金文演 | |
| 13441 | 雩婁伯 | 우루백 | 30 | [5] | 1929.12 | 李龍眠畵宣聖及七十二弟子像贊(金石萃編) | |
| 13442 | 雩婁伯 | 우루백 | 42 | 54 | 1937.12 | 文廟享祀位次及聖賢姓名爵號考 / 金完鎭 | 榮旂 |
| 13443 | 우루비안 | 우루비안 | 14 | 56 | 1917.07 | 講說〉法律과 道德(大正六年四月十四日第二十二回講演) / 吾孫子 勝 | 프랑스 학자 |
| 13444 | 尤羨 | 우무 | 20 | 13 | 1920.03 | 經學管見(續) / 尹寗求 | |
| 13445 | 郵無正 | 우무정 | 12 | 14 | 1916.12 | 孟子緖論 / 金文演 | |
| 13446 | 郵無恤 | 우무휼 | 12 | 14 | 1916.12 | 孟子緖論 / 金文演 | |
| 13447 | 虞槃 | 우반 | 10 | 16 | 1916.03 | 經學管見(續) / 尹寗求 | |
| 13448 | 虞翻 | 우번 | 6 | 47 | 1915.03 | 論語考證 / 金文演 | |
| 13449 | 虞翻 | 우번 | 16 | 1 | 1918.03 | 經學管見(續) / 尹寗求 | |
| 13450 | 禹伏龍 | 우복룡 | 8 | 39 | 1915.09 | 賢關記聞 / 李大榮 | |
| 13451 | 雨峯 | 우봉 | 25 | 12 | 1924.12 | 湯島詩帖序 / 鄭萬朝 | 金收一 |
| 13452 | 雨峯 | 우봉 | 40 | 45 | 1936.08 | 成竹似先生追悼錄〉挽故成均館博士成竹似先生 / 金完鎭 | |
| 13453 | 雨峯 | 우봉 | 40 | 55 | 1936.08 | 鄭茂亭先生追悼錄〉輓詞 / 金承烈 | |
| 13454 | 雨峯 | 우봉 | 40 | 59 | 1936.08 | 鄭茂亭先生追悼錄〉節山博士輓茂亭太史揭載斯文會誌次韻却寄 / 俞鎭贊 | 金完鎭 |
| 13455 | 雨師 | 우사 | 9 | 5 | 1915.12 | 經說(續) / 韓晚容 | |

| 번호 | 원문 | 현대어(독음) | 호 | 쪽 | 발행일 | 기사명 / 필자 | 비고 |
|---|---|---|---|---|---|---|---|
| 13456 | 友山 | 우산 | 48 | 50 | 1944.04 | 嘉言善行 / 李敬植 | 오쿠누키 유잔(奧貫友山), 본명은 오쿠누키 마사노리(奧貫正卿) |
| 13457 | 愚山 | 우산 | 35 | 8 | 1932.12 | 心性情理氣圖解 / 元弘植 | |
| 13458 | 禹象鼎 | 우상정 | 30 | 77 | 1929.12 | 地方報告>[禹象鼎의 報告] | |
| 13459 | 禹錫珪 | 우석규 | 29 | 39 | 1928.12 | 日誌大要 | |
| 13460 | 禹錫珪 | 우석규 | 37 | 53 | 1934.10 | 文廟釋奠狀況>[禹錫珪의 보고] | |
| 13461 | 禹錫珪 | 우석규 | 38 | 48 | 1935.03 | 文廟釋奠狀況>地方文廟秋期釋奠狀況表 | |
| 13462 | 禹性傳 | 우성전 | 11 | 54 | 1916.06 | 賢關記聞(續) / 李大榮 | |
| 13463 | 虞世南 | 우세남 | 1 | 21 | 1913.12 | 經學當明者 三 / 呂圭亨 | |
| 13464 | 虞世南 | 우세남 | 10 | 3 | 1916.03 | 經論 / 金元祐 | |
| 13465 | 虞世南 | 우세남 | 11 | 3 | 1916.06 | 經論 / 韓晩容 | |
| 13466 | 禹壽淵 | 우수연 | 45 | 40 | 1940.12 | 朝鮮儒林大會(朝鮮儒道聯合會創立總會) 會錄概要>朝鮮儒道聯合會役員名簿(昭和十四年十一月一日現在) | |
| 13467 | 禹淳 | 우순 | 45 | 33 | 1940.12 | 朝鮮儒林大會(朝鮮儒道聯合會創立總會) 會錄概要>朝鮮儒道聯合會役員名簿(昭和十四年十一月一日現在) | |
| 13468 | 虞舜 | 우순 | 1 | 64 | 1913.12 | 講說>大正二年六月十四日第一回演講>(講章 益者三友損者三友)>續演 / 呂圭亨 | |
| 13469 | 虞舜 | 우순 | 1 | 65 | 1913.12 | 講說>大正二年六月十四日第一回演講>(講章 益者三友損者三友)>續演 / 呂圭亨 | |
| 13470 | 虞舜 | 우순 | 3 | 63 | 1914.06 | 講說>講題 孝子所以事君也弟者所以事長也慈者所以使衆也(大正三年三月三日第五回講演) / 李容稙 | |
| 13471 | 虞舜 | 우순 | 5 | 84 | 1914.12 | 講說>講題 謹庠序之敎申之以孝悌之義(大正三年十月十日第八回講演)>敷演 / 鄭鳳時 | |
| 13472 | 虞舜 | 우순 | 8 | 66 | 1915.09 | 地方報告>[成樂賢의 報告] | |
| 13473 | 虞舜 | 우순 | 9 | 16 | 1915.12 | 經學管見(上) / 尹寧求 | |
| 13474 | 虞舜 | 우순 | 16 | 80 | 1918.03 | 地方報告>[鄭準民의 報告] | |
| 13475 | 虞舜 | 우순 | 19 | 57 | 1918.12 | 講說>講題 孝弟也者其爲仁之本歟(大正七年十月十二日第三十一回講演) / 李容稙 | |
| 13476 | 虞舜 | 우순 | 41 | 3 | 1937.02 | 正心 / 李大榮 | 有虞氏 舜 |
| 13477 | 虞舜 | 우순 | 43 | 37 | 1938.12 | 皇軍慰問詩 / 張昌奎 | 有虞氏 舜 |
| 13478 | 虞舜氏 | 우순씨 | 13 | 10 | 1917.03 | 原敎 / 鄭崙秀 | 有虞氏 舜 |
| 13479 | 虞淳熙 | 우순희 | 19 | 74 | 1918.12 | 講說>講題 孟懿子問孝(大正七年十一月十六日第三十二回講演)>續演 / 呂圭亨 | |

| 번호 | 원문 | 현대어(독음) | 호 | 쪽 | 발행일 | 기사명 / 필자 | 비고 |
|---|---|---|---|---|---|---|---|
| 13480 | 禹僧山 | 우승산 | 43 | 28 | 1938.12 | 儒林特志〉[姜錫圭의 보고]〉祭需品奉納者氏名及物名 | |
| 13481 | 羽柴秀吉 | 우시수길 | 48 | 50 | 1944.04 | 嘉言善行 / 李敬植 | 하시바 히데요시, 도요토미 히데요시 (豊臣秀吉) |
| 13482 | 于愼行 | 우신행 | 2 | 33 | 1914.03 | 孔子年譜 / 呂圭亨 | |
| 13483 | 于愼行 | 우신행 | 4 | 39 | 1914.09 | 孔子年報(續) / 呂圭亨 | |
| 13484 | 尤庵 | 우암 | 10 | 54 | 1916.03 | 賢關記聞(續) / 李大榮 | 宋時烈 |
| 13485 | 尤庵 | 우암 | 32 | 42 | 1930.12 | 地方報告〉地方儒林狀況〉[成樂賢의 報告] | 宋時烈 |
| 13486 | 尤庵 | 우암 | 35 | 9 | 1932.12 | 心性情理氣圖解 / 元弘植 | 宋時烈 |
| 13487 | 尤庵 | 우암 | 37 | 37 | 1934.10 | 地方儒林狀況〉[李大榮의 보고]〉書院狀況 | 宋時烈 |
| 13488 | 尤庵 | 우암 | 37 | 40 | 1934.10 | 地方儒林狀況〉[李大榮의 보고]〉書院狀況 | 宋時烈 |
| 13489 | 尤庵 | 우암 | 42 | 58 | 1937.12 | 文廟享祀位次及聖賢姓名爵號考 / 金完鎭 | 宋時烈 |
| 13490 | 尤庵 | 우암 | 46 | 4 | 1941.12 | 大學序文先儒論辨 / 金誠鎭 | 宋時烈 |
| 13491 | 尤庵 | 우암 | 46 | 6 | 1941.12 | 大學序文先儒論辨 / 金誠鎭 | 宋時烈 |
| 13492 | 尤庵 | 우암 | 46 | 7 | 1941.12 | 大學序文先儒論辨 / 金誠鎭 | 宋時烈 |
| 13493 | 尤庵 | 우암 | 46 | 8 | 1941.12 | 大學序文先儒論辨 / 金誠鎭 | 宋時烈 |
| 13494 | 尤庵 | 우암 | 46 | 9 | 1941.12 | 大學序文先儒論辨 / 金誠鎭 | 宋時烈 |
| 13495 | 尤庵 | 우암 | 46 | 10 | 1941.12 | 大學序文先儒論辨 / 金誠鎭 | 宋時烈 |
| 13496 | 尤庵 | 우암 | 48 | 42 | 1944.04 | 儒道綱領 / 金誠鎭 | 宋時烈 |
| 13497 | 宇野 | 우야 | 15 | 42 | 1917.10 | 講說〉講題 朝鮮工業의 促進〉續演(大正六年五月十二日第二十三回講演) / 俞星濬 | 우노 사부로 (宇野三郞) |
| 13498 | 宇野 | 우야 | 15 | 43 | 1917.10 | 講說〉講題 朝鮮工業의 促進〉續演(大正六年五月十二日第二十三回講演) / 俞星濬 | 우노 사부로 (宇野三郞) |
| 13499 | 宇野 | 우야 | 22 | 58 | 1922.03 | 日誌大要 | 우노 데츠토 (宇野哲人) |
| 13500 | 宇野 | 우야 | 22 | 59 | 1922.03 | 日誌大要 | 우노 데츠토 (宇野哲人) |
| 13501 | 宇野三郞 | 우야삼랑 | 15 | 33 | 1917.10 | 日誌大要 | 우노 사부로 |
| 13502 | 宇野三郞 | 우야삼랑 | 15 | 38 | 1917.10 | 講說〉講題 朝鮮工業의 促進(大正六年五月十二日第二十三回講演) / 宇野三郞 | 우노 사부로 |
| 13503 | 宇野哲人 | 우야철인 | 22 | 23 | 1922.03 | 故講士荷亭呂公圭亨祭文 | 우노 데츠토 |
| 13504 | 宇野哲人 | 우야철인 | 22 | 57 | 1922.03 | 日誌大要 | 우노 데츠토 |
| 13505 | 宇野哲人 | 우야철인 | 33 | 23 | 1931.12 | 日誌大要 | 우노 데츠토 |
| 13506 | 宇野哲人 | 우야철인 | 34 | 52 | 1932.03 | 評議員會狀況 | 우노 데츠토 |
| 13507 | 禹易東 | 우역동 | 11 | 26 | 1916.06 | 經學淺知錄(續) / 金文演 | 禹倬 |
| 13508 | 尤瑛 | 우영 | 7 | 26 | 1915.06 | 孔子年報(續) / 呂圭亨 | |

| 번호 | 원문 | 현대어(독음) | 호 | 쪽 | 발행일 | 기사명 / 필자 | 비고 |
|---|---|---|---|---|---|---|---|
| 13509 | 禹王 | 우왕 | 44 | 28 | 1939.10 | 儒敎의 起源과 流派 / 李昇圭 | |
| 13510 | 宇垣 | 우원 | 29 | 37 | 1928.12 | 日誌大要 | 우가키 가즈시게 (宇垣 一成) |
| 13511 | 宇垣 | 우원 | 29 | 40 | 1928.12 | 日誌大要 | 우가키 가즈시게 (宇垣 一成) |
| 13512 | 宇垣 | 우원 | 33 | 25 | 1931.12 | 日誌大要 | 우가키 가즈시게 (宇垣 一成) |
| 13513 | 宇垣 | 우원 | 33 | 26 | 1931.12 | 日誌大要 | 우가키 가즈시게 (宇垣 一成) |
| 13514 | 宇垣 | 우원 | 33 | 48 | 1931.12 | 文廟釋奠狀況〉[本院秋期釋奠에 대한 보고] | 우가키 가즈시게 (宇垣 一成) |
| 13515 | 宇垣 | 우원 | 35 | 26 | 1932.12 | 日誌大要 | 우가키 가즈시게 (宇垣 一成) |
| 13516 | 宇垣 | 우원 | 35 | 28 | 1932.12 | 日誌大要 | 우가키 가즈시게 (宇垣 一成) |
| 13517 | 宇垣 | 우원 | 35 | 29 | 1932.12 | 文廟釋奠狀況 | 우가키 가즈시게 (宇垣 一成) |
| 13518 | 宇垣 | 우원 | 36 | 23 | 1933.12 | 日誌大要 | 우가키 가즈시게 (宇垣 一成) |
| 13519 | 宇垣 | 우원 | 36 | 24 | 1933.12 | 文廟釋奠狀況〉[秋期釋奠 擧行] | 우가키 가즈시게 (宇垣 一成) |
| 13520 | 宇垣 | 우원 | 36 | 29 | 1933.12 | 文廟釋奠狀況〉[春期釋奠 擧行] | 우가키 가즈시게 (宇垣 一成) |
| 13521 | 宇垣 | 우원 | 37 | 44 | 1934.10 | 日誌大要 | 우가키 가즈시게 (宇垣 一成) |
| 13522 | 宇垣 | 우원 | 37 | 45 | 1934.10 | 文廟釋奠狀況〉[秋期釋奠 擧行] | 우가키 가즈시게 (宇垣 一成) |
| 13523 | 宇垣 | 우원 | 37 | 50 | 1934.10 | 文廟釋奠狀況〉[春期釋奠 擧行] | 우가키 가즈시게 (宇垣 一成) |

| 번호 | 원문 | 현대어(독음) | 호 | 쪽 | 발행일 | 기사명 / 필자 | 비고 |
|---|---|---|---|---|---|---|---|
| 13524 | 宇垣 | 우원 | 38 | 41 | 1935.03 | 日誌大要 | 우가키 가즈시게 (宇垣 一成) |
| 13525 | 宇垣 | 우원 | 38 | 43 | 1935.03 | 文廟釋奠狀況〉[秋期釋奠 擧行] | 우가키 가즈시게 (宇垣 一成) |
| 13526 | 宇垣 | 우원 | 39 | 49 | 1935.10 | 日誌大要 | 우가키 가즈시게 (宇垣 一成) |
| 13527 | 宇垣 | 우원 | 39 | 51 | 1935.10 | 文廟釋奠狀況〉[春期釋奠 擧行] | 우가키 가즈시게 (宇垣 一成) |
| 13528 | 宇垣 | 우원 | 40 | 32 | 1936.08 | 日誌大要 | 우가키 가즈시게 (宇垣 一成) |
| 13529 | 宇垣 | 우원 | 40 | 34 | 1936.08 | 文廟釋奠狀況〉[秋期釋奠 擧行] | 우가키 가즈시게 (宇垣 一成) |
| 13530 | 宇垣一成 | 우원일성 | 35 | 59 | 1932.12 | 評議員會狀況〉告辭 / 宇垣一成 | 우가키 가즈시게 |
| 13531 | 宇垣一成 | 우원일성 | 35 | 67 | 1932.12 | 第一回學生卒業式狀況〉誨告 / 宇垣一成 | 우가키 가즈시게 |
| 13532 | 宇垣一成 | 우원일성 | 36 | 58 | 1933.12 | 第二回學生卒業式狀況〉告辭 / 宇垣 一成 | 우가키 가즈시게 |
| 13533 | 宇垣一成 | 우원일성 | 36 | [2] | 1933.12 | 聲明 / 宇垣一成 | 우가키 가즈시게 |
| 13534 | 宇垣一成 | 우원일성 | 38 | 2 | 1935.03 | 諭告 / 宇垣一成 | 우가키 가즈시게 |
| 13535 | 宇垣一成 | 우원일성 | 39 | [1] | 1935.10 | 儒敎의 使命에 邁往함을 望함 / 宇垣一成 | 우가키 가즈시게 |
| 13536 | 宇垣一成 | 우원일성 | 41 | 33 | 1937.02 | 日誌大要 | 우가키 가즈시게 |
| 13537 | 迂齋 | 우재 | 11 | 56 | 1916.06 | 賢關記聞(續) / 李大榮 | 趙持謙 |
| 13538 | 禹在柬 | 우재석 | 16 | 36 | 1918.03 | 日誌大要 | |
| 13539 | 禹在鼎 | 우재정 | 38 | 48 | 1935.03 | 文廟釋奠狀況〉地方文廟秋期釋奠狀況表 | |
| 13540 | 虞帝 | 우제 | 9 | [16] | 1915.12 | 卽位大禮式獻頌文 / 鄭鳳時 | |
| 13541 | 虞帝 | 우제 | 9 | [9] | 1915.12 | 卽位大禮式獻頌文 / 黃敦秀 | |
| 13542 | 禹宗林 | 우종림 | 45 | 33 | 1940.12 | 朝鮮儒林大會(朝鮮儒道聯合會創立總會) 會錄槪要〉朝鮮儒道聯合會役員名簿(昭和十四年十一月一日現在) | |

| 번호 | 원문 | 현대어(독음) | 호 | 쪽 | 발행일 | 기사명 / 필자 | 비고 |
|---|---|---|---|---|---|---|---|
| 13543 | 禹鍾益 | 우종익 | 24 | 89 | 1923.12 | 地方報告〉[李學魯의 報告] | |
| 13544 | 宇佐美 | 우좌미 | 1 | 47 | 1913.12 | 日誌大要 | 우사미 가츠오 (宇佐美勝夫) |
| 13545 | 宇佐美 | 우좌미 | 9 | 42 | 1915.12 | 日誌大要 | 우사미 가츠오 (宇佐美勝夫) |
| 13546 | 宇佐美 | 우좌미 | 12 | 52 | 1916.12 | 日誌大要 | 우사미 가츠오 (宇佐美勝夫) |
| 13547 | 宇佐美勝夫 | 우좌미승부 | 5 | 68 | 1914.12 | 日誌大要 | 우사미 가츠오 |
| 13548 | 宇佐美勝夫 | 우좌미승부 | 5 | 76 | 1914.12 | 講說〉講題 道也者不可須臾離也(大正三年九月二十九日第七回講演)〉講說 / 宇佐美勝夫 | 우사미 가츠오 |
| 13549 | 宇佐神 | 우좌신 | 48 | 49 | 1944.04 | 嘉言善行 / 李敬植 | 우사노하치만신 (宇佐八幡神) |
| 13550 | 虞仲 | 우중 | 8 | 20 | 1915.09 | 孔子年報(續) / 呂圭亨 | |
| 13551 | 于仲文 | 우중문 | 44 | 58 | 1939.10 | 朝鮮詩學考 / 李昇圭 | 隋의 장군 |
| 13552 | 禹鎭埜 | 우진야 | 16 | 34 | 1918.03 | 日誌大要 | |
| 13553 | 禹昌命 | 우창명 | 24 | 13 | 1923.12 | 彝峯金公遺墟碑文 / 成岐運 | |
| 13554 | 禹昌植 | 우창식 | 33 | 37 | 1931.12 | 聲討顚末 | |
| 13555 | 禹哲亨 | 우철형 | 44 | 82 | 1939.10 | 日誌大要(自昭和十三年六月 至昭和十三年十二月) | |
| 13556 | 牛塚虎太郎 | 우총호태랑 | 39 | 28 | 1935.10 | 湯島聖堂孔子祭典狀況〉祝辭 / 牛塚虎太 | 우시츠카 도라타로, 원문은 牛塚虎太로 오기됨 |
| 13557 | 禹倬 | 우탁 | 44 | 49 | 1939.10 | 嘉言善行 / 李昇圭 | |
| 13558 | 禹倬 | 우탁 | 11 | 26 | 1916.06 | 經學淺知錄(續) / 金文演 | 원문은 倬 |
| 13559 | 禹湯文武 | 우탕문무 | 10 | 64 | 1916.03 | 講說〉講題 生財有大道(大正四年十月九日第十五回講演) / 呂圭亨 | 禹王·湯王·文王·武王 |
| 13560 | 禹秦命 | 우태명 | 33 | 37 | 1931.12 | 聲討顚末 | |
| 13561 | 禹泰鼎 | 우태정 | 45 | 31 | 1940.12 | 朝鮮儒林大會(朝鮮儒道聯合會創立總會) 會錄槪要〉朝鮮儒道聯合會役員名簿(昭和十四年十一月一日現在) | |
| 13562 | 禹翰相 | 우한상 | 29 | 69 | 1928.12 | 地方報告〉[禹翰相의 報告] | |
| 13563 | 禹翰相 | 우한상 | 45 | 39 | 1940.12 | 朝鮮儒林大會(朝鮮儒道聯合會創立總會) 會錄槪要〉朝鮮儒道聯合會役員名簿(昭和十四年十一月一日現在) | |

| 번호 | 원문 | 현대어(독음) | 호 | 쪽 | 발행일 | 기사명 / 필자 | 비고 |
|---|---|---|---|---|---|---|---|
| 13564 | 禹顯誠 | 우현성 | 44 | 82 | 1939.10 | 日誌大要(自昭和十三年六月 至昭和十三年十二月) | |
| 13565 | 禹顯誠 | 우현성 | 44 | 86 | 1939.10 | 文廟春季釋奠狀況 | |
| 13566 | 禹顯誠 | 우현성 | 45 | 36 | 1940.12 | 朝鮮儒林大會(朝鮮儒道聯合會創立總會) 會錄槪要〉朝鮮儒道聯合會役員名簿(昭和十四年十一月一日現在) | |
| 13567 | 禹顯誠 | 우현성 | 45 | 42 | 1940.12 | 朝鮮儒林大會(朝鮮儒道聯合會創立總會) 會錄槪要〉朝鮮儒道聯合會役員名簿(昭和十四年十一月一日現在) | |
| 13568 | 禹顯誠 | 우현성 | 46 | 13 | 1941.12 | 釋奠狀況〉昭和十四年秋季釋奠狀況 | |
| 13569 | 禹顯誠 | 우현성 | 46 | 14 | 1941.12 | 釋奠狀況〉昭和十四年秋季釋奠狀況 | |
| 13570 | 禹顯誠 | 우현성 | 46 | 15 | 1941.12 | 釋奠狀況〉昭和十五年春季釋奠狀況 | |
| 13571 | 禹顯誠 | 우현성 | 46 | 16 | 1941.12 | 釋奠狀況〉昭和十五年秋季釋奠狀況 | |
| 13572 | 禹顯誠 | 우현성 | 46 | 17 | 1941.12 | 釋奠狀況〉昭和十六年春季釋奠狀況 | |
| 13573 | 禹顯誠 | 우현성 | 46 | 20 | 1941.12 | 經學院日誌大要(昭和十四年七月ヨリ昭和十六年六月マテ) | |
| 13574 | 禹顯誠 | 우현성 | 46 | 21 | 1941.12 | 經學院日誌大要(昭和十四年七月ヨリ昭和十六年六月マテ) | |
| 13575 | 禹顯誠 | 우현성 | 46 | 23 | 1941.12 | 經學院日誌大要(昭和十四年七月ヨリ昭和十六年六月マテ) | |
| 13576 | 禹顯誠 | 우현성 | 47 | 36 | 1943.01 | 釋奠狀況〉昭和十六年秋季釋奠狀況 | |
| 13577 | 禹顯誠 | 우현성 | 47 | 37 | 1943.01 | 釋奠狀況〉昭和十六年秋季釋奠狀況 | |
| 13578 | 禹顯誠 | 우현성 | 47 | 38 | 1943.01 | 釋奠狀況〉昭和十七年春季釋奠狀況 | |
| 13579 | 禹顯誠 | 우현성 | 47 | 41 | 1943.01 | 釋奠狀況〉昭和十七年秋季釋奠狀況 | |
| 13580 | 禹顯誠 | 우현성 | 47 | 46 | 1943.01 | 經學院日誌大要(昭和十六年七月ヨリ昭和十七年六月マテ) | |
| 13581 | 禹顯誠 | 우현성 | 48 | 51 | 1944.04 | 釋奠狀況〉昭和十八年春季釋奠狀況 | |
| 13582 | 禹顯誠 | 우현성 | 48 | 53 | 1944.04 | 釋奠狀況〉昭和十八年秋季釋奠狀況 | |
| 13583 | 禹炯鼎 | 우형정 | 33 | 47 | 1931.12 | 文廟釋奠狀況〉[禹炯鼎의 보고] | |
| 13584 | 虞胡公 | 우호공 | 5 | 44 | 1914.12 | 孔子年報(續) / 呂圭亨 | |
| 13585 | 牛弘 | 우홍 | 10 | 20 | 1916.03 | 經學管見(續) / 尹寧求 | |
| 13586 | 于欽 | 우흠 | 18 | 9 | 1918.09 | 經學管見(續) / 尹寧求 | |
| 13587 | 雲溪 | 운계 | 23 | 87 | 1922.12 | 地方報告〉[金煥容의 報告] | |
| 13588 | 郱公 | 운공 | 2 | 36 | 1914.03 | 大成殿神位圖 | 冉耕 |
| 13589 | 郱公 | 운공 | 42 | 49 | 1937.12 | 文廟享祀位次及聖賢姓名爵號考 / 金完鎭 | 冉耕 |
| 13590 | 鄆國公 | 운국공 | 42 | 56 | 1937.12 | 文廟享祀位次及聖賢姓名爵號考 / 金完鎭 | 司馬光 |
| 13591 | 雲峯胡氏 | 운봉호씨 | 12 | 28 | 1916.12 | 四書小註辨疑(續) / 李鶴在 | |
| 13592 | 雲峯胡氏 | 운봉호씨 | 12 | 30 | 1916.12 | 四書小註辨疑(續) / 李鶴在 | |

| 번호 | 원문 | 현대어(독음) | 호 | 쪽 | 발행일 | 기사명 / 필자 | 비고 |
|------|------|------------|----|----|--------|-------------|------|
| 13593 | 雲峯胡氏 | 운봉호씨 | 12 | 32 | 1916.12 | 四書小註辨疑(續) / 李鶴在 | |
| 13594 | 雲峯胡氏 | 운봉호씨 | 12 | 34 | 1916.12 | 讀書私記(續) / 洪鍾佶 | |
| 13595 | 雲峯胡氏 | 운봉호씨 | 13 | 18 | 1917.03 | 四書小註辨疑(續) / 李鶴在 | |
| 13596 | 雲峯胡氏 | 운봉호씨 | 13 | 19 | 1917.03 | 四書小註辨疑(續) / 李鶴在 | |
| 13597 | 雲峯胡氏 | 운봉호씨 | 13 | 20 | 1917.03 | 四書小註辨疑(續) / 李鶴在 | |
| 13598 | 雲峯胡氏 | 운봉호씨 | 13 | 21 | 1917.03 | 四書小註辨疑(續) / 李鶴在 | |
| 13599 | 雲峯胡氏 | 운봉호씨 | 15 | 13 | 1917.10 | 四書小註辨疑(續) / 李鶴在 | |
| 13600 | 雲峯胡氏 | 운봉호씨 | 15 | 14 | 1917.10 | 四書小註辨疑(續) / 李鶴在 | |
| 13601 | 雲峯胡氏 | 운봉호씨 | 17 | 8 | 1918.07 | 四書小註辨疑(續) / 李鶴在 | |
| 13602 | 雲峯胡氏 | 운봉호씨 | 17 | 10 | 1918.07 | 四書小註辨疑(續) / 李鶴在 | |
| 13603 | 雲峯胡氏 | 운봉호씨 | 17 | 44 | 1918.07 | 講說〉講題 君子有大道必忠信以得之驕泰以失之(大正六年十一月十日第二十六回講演) / 李容稙 | |
| 13604 | 雲峯胡氏 | 운봉호씨 | 18 | 13 | 1918.09 | 四書小註辨疑(續) / 李鶴在 | |
| 13605 | 雲峯胡氏 | 운봉호씨 | 19 | 3 | 1918.12 | 學說 / 呂龍鉉 | |
| 13606 | 雲峯胡氏 | 운봉호씨 | 21 | 22 | 1921.03 | 四書小註辨疑(第十九號續) / 李鶴在 | |
| 13607 | 雲峯胡氏 | 운봉호씨 | 21 | 23 | 1921.03 | 四書小註辨疑(第十九號續) / 李鶴在 | |
| 13608 | 雲峯胡氏 | 운봉호씨 | 21 | 24 | 1921.03 | 四書小註辨疑(第十九號續) / 李鶴在 | |
| 13609 | 雲峰胡氏 | 운봉호씨 | 11 | 42 | 1916.06 | 四書小註辨疑 / 李鶴在 | |
| 13610 | 雲峰胡氏 | 운봉호씨 | 11 | 43 | 1916.06 | 四書小註辨疑 / 李鶴在 | |
| 13611 | 雲峰胡氏 | 운봉호씨 | 11 | 45 | 1916.06 | 四書小註辨疑 / 李鶴在 | |
| 13612 | 雲峰胡氏 | 운봉호씨 | 14 | 25 | 1917.07 | 四書小註辨疑(續) / 李鶴在 | |
| 13613 | 雲峰胡氏 | 운봉호씨 | 14 | 26 | 1917.07 | 四書小註辨疑(續) / 李鶴在 | |
| 13614 | 雲峰胡氏 | 운봉호씨 | 19 | 13 | 1918.12 | 四書小註辨疑(續) / 李鶴在 | |
| 13615 | 雲峰胡氏 | 운봉호씨 | 19 | 15 | 1918.12 | 四書小註辨疑(續) / 李鶴在 | |
| 13616 | 雲峰胡氏 | 운봉호씨 | 46 | 5 | 1941.12 | 大學序文先儒論辨 / 金誠鎭 | 元의 胡炳文 |
| 13617 | 鄆城侯 | 운성후 | 42 | 55 | 1937.12 | 文廟享祀位次及聖賢姓名爵號考 / 金完鎭 | 孔忠 |
| 13618 | 鄆城侯 | 운성후 | 42 | 46 | 1937.12 | 文廟享祀位次及聖賢姓名爵號考 / 金完鎭 | 孔忠 |
| 13619 | 雲養 | 운양 | 7 | 67 | 1915.06 | 日誌大要 | 金允植 |
| 13620 | 雲養 | 운양 | 7 | 68 | 1915.06 | 日誌大要 | 金允植 |
| 13621 | 雲養 | 운양 | 8 | 41 | 1915.09 | 警告學界 / 經學院 | 金允植 |
| 13622 | 雲養 | 운양 | 12 | 20 | 1916.12 | 謹呈雲養先生書 / 寺內正毅 | 金允植 |
| 13623 | 雲養 | 운양 | 12 | 21 | 1916.12 | 謹呈雲養先生書 / 寺內正毅 | 金允植 |
| 13624 | 雲海 | 운해 | 42 | 57 | 1937.12 | 文廟享祀位次及聖賢姓名爵號考 / 金完鎭 | 崔致遠 |
| 13625 | 鄆侯 | 운후 | 30 | [2] | 1929.12 | 李龍眠畵宣聖及七十二弟子像贊(金石萃編) | |
| 13626 | 鄆候 | 운후 | 42 | 49 | 1937.12 | 文廟享祀位次及聖賢姓名爵號考 / 金完鎭 | 冉耕 |

| 번호 | 원문 | 현대어(독음) | 호 | 쪽 | 발행일 | 기사명 / 필자 | 비고 |
|---|---|---|---|---|---|---|---|
| 13627 | 蔚珍君 | 울진군 | 27 | 9 | 1926.12 | 烈女申婦張孺人碑 / 金完鎭 | |
| 13628 | 蔚珍君 | 울진군 | 27 | 76 | 1926.12 | 地方報告〉[申泰岳의 報告] | |
| 13629 | 雄略天皇 | 웅략 천황 | 46 | 62 | 1941.12 | 講演及講習〉時局と婦道實踐(講演速記) / 永田種秀 | 유랴쿠 천황 |
| 13630 | 熊方 | 웅방 | 14 | 4 | 1917.07 | 經學管見(續) / 尹寧求 | |
| 13631 | 熊朋來 | 웅붕래 | 11 | 16 | 1916.06 | 經學管見(續) / 尹寧求 | |
| 13632 | 熊朋來 | 웅붕래 | 13 | 3 | 1917.03 | 經學管見(續) / 尹寧求 | |
| 13633 | 熊朋來 | 웅붕래 | 19 | 23 | 1918.12 | 三洙瑣談(續) / 元泳義 | |
| 13634 | 熊安生 | 웅안생 | 25 | 25 | 1924.12 | 釋奠에 就하야(續) / 佐藤廣治 | |
| 13635 | 熊安生 | 웅안생 | 25 | 26 | 1924.12 | 釋奠에 就하야(續) / 佐藤廣治 | |
| 13636 | 熊安生 | 웅안생 | 32 | 4 | 1930.12 | 經學源流(續) / 權純九 | |
| 13637 | 熊澤蕃山 | 웅택번산 | 30 | 62 | 1929.12 | 講說〉講題 朝鮮의 在한 聖學道統 : 李退溪先生을 憶함 / 赤木萬二郎 | 구마자와 반잔 (熊澤蕃山) |
| 13638 | ワシントン | 워싱턴 | 46 | 60 | 1941.12 | 講演及講習〉時局と婦道實踐(講演速記) / 永田種秀 | Geroge Washington |
| 13639 | ワシントン | 워싱턴 | 46 | 61 | 1941.12 | 講演及講習〉時局と婦道實踐(講演速記) / 永田種秀 | Geroge Washington |
| 13640 | 袁 | 원 | 27 | 47 | 1926.12 | 釋奠에 就ᄒ야(續) / 佐藤廣治 | 袁世凱 |
| 13641 | 元嘉靖 | 원가정 | 12 | 40 | 1916.12 | 賢關記聞(續) / 李大榮 | |
| 13642 | 袁康 | 원강 | 17 | 5 | 1918.07 | 經學管見(續) / 尹寧求 | |
| 13643 | 元景夏 | 원경하 | 21 | 65 | 1921.03 | 賢關記聞(續) / 李大榮 | 원문은 元忠文景夏 |
| 13644 | 轅固 | 원고 | 10 | 13 | 1916.03 | 經學管見(續) / 尹寧求 | |
| 13645 | 轅固 | 원고 | 31 | 5 | 1930.08 | 經學源流 / 權純九 | |
| 13646 | 轅固生 | 원고생 | 1 | 8 | 1913.12 | 論說 / 呂圭亨 | |
| 13647 | 轅固生 | 원고생 | 12 | 11 | 1916.12 | 孟子緒論 / 金文演 | |
| 13648 | 轅固生 | 원고생 | 31 | 4 | 1930.08 | 經學源流 / 權純九 | |
| 13649 | 轅固生 | 원고생 | 31 | 5 | 1930.08 | 經學源流 / 權純九 | |
| 13650 | 薗廣高 | 원광고 | 39 | 22 | 1935.10 | 湯島聖堂孔子祭典狀況〉孔子祭舞樂曲目竝配役 | |
| 13651 | 薗廣茂 | 원광무 | 39 | 22 | 1935.10 | 湯島聖堂孔子祭典狀況〉孔子祭舞樂曲目竝配役 | |
| 13652 | 袁宏 | 원굉 | 15 | 2 | 1917.10 | 經學管見(續) / 尹寧求 | |
| 13653 | 元奎常 | 원규상 | 38 | 45 | 1935.03 | 文廟釋奠狀況〉地方文廟秋期釋奠狀況表 | |
| 13654 | 元奎常 | 원규상 | 39 | 53 | 1935.10 | 文廟釋奠狀況〉地方文廟春期釋奠狀況表 | |
| 13655 | 元大圭 | 원대규 | 21 | 97 | 1921.03 | 地方報告〉[翰若愚의 報告] | |

| 번호 | 원문 | 현대어(독음) | 호 | 쪽 | 발행일 | 기사명 / 필자 | 비고 |
|------|------|-------------|-----|-----|--------|---------------|------|
| 13656 | 元悳常 | 원덕상 | 45 | 23 | 1940.12 | 朝鮮儒林大會(朝鮮儒道聯合會創立總會) 會錄槪要〉朝鮮儒道聯合會役員名簿(昭和十四年十一月一日現在) | |
| 13657 | 元敦常 | 원돈상 | 31 | 37 | 1930.08 | 地方報告〉各郡文廟釋奠狀況〉[元敦常의 보고] | |
| 13658 | 元敦常 | 원돈상 | 35 | 43 | 1932.12 | 孝烈行蹟〉[元敦常 等의 보고] | |
| 13659 | 元斗衡 | 원두형 | 12 | 87 | 1916.12 | 地方報告〉[朴長鴻의 報告] | |
| 13660 | 元龍 | 원룡 | 12 | 9 | 1916.12 | 經學管見(續) / 尹寧求 | |
| 13661 | 元㕝喜 | 원방희 | 45 | 40 | 1940.12 | 朝鮮儒林大會(朝鮮儒道聯合會創立總會) 會錄槪要〉朝鮮儒道聯合會役員名簿(昭和十四年十一月一日現在) | |
| 13662 | 原伯 | 원백 | 30 | [3] | 1929.12 | 李龍眠畫宣聖及七十二弟子像贊(金石萃編) | |
| 13663 | 原伯 | 원백 | 42 | 51 | 1937.12 | 文廟享祀位次及聖賢姓名爵號考 / 金完鎭 | 原憲 |
| 13664 | 袁甫 | 원보 | 12 | 8 | 1916.12 | 經學管見(續) / 尹寧求 | |
| 13665 | 袁燮 | 원섭 | 12 | 8 | 1916.12 | 經學管見(續) / 尹寧求 | |
| 13666 | 元聖 | 원성 | 4 | 36 | 1914.09 | 樂章 | 子思 |
| 13667 | 元聖 | 원성 | 40 | 9 | 1936.08 | 朝鮮儒敎의 大觀 / 鄭鳳時 | 周公 |
| 13668 | 元聖 | 원성 | 40 | 12 | 1936.08 | 心田開發에 對한 儒敎 / 鄭鳳時 | 周公 |
| 13669 | 袁世凱 | 원세개 | 27 | 46 | 1926.12 | 釋奠에 就ㅎ야(續) / 佐藤廣治 | 위안스카이 |
| 13670 | 袁世凱 | 원세개 | 28 | 70 | 1927.12 | 講說〉講題 孔夫子의 集大成 / 兒島獻吉郎 | 위안스카이 |
| 13671 | 元世健 | 원세건 | 20 | 55 | 1920.03 | 地方報告〉[金東勳의 報告] | |
| 13672 | 元始 | 원시 | 42 | 55 | 1937.12 | 文廟享祀位次及聖賢姓名爵號考 / 金完鎭 | 穀梁赤 |
| 13673 | 薗十一郞 | 원십일랑 | 39 | 23 | 1935.10 | 湯島聖堂孔子祭典狀況〉孔子祭舞樂曲目竝配役 | 소노쥬이치로 |
| 13674 | 元氏 | 원씨 | 35 | 45 | 1932.12 | 孝烈行蹟〉[利川郡鄕校의 보고] | |
| 13675 | 元岳鉉 | 원악현 | 18 | 8 | 1918.09 | 經學管見(續) / 尹寧求 | |
| 13676 | 原壤 | 원양 | 1 | 62 | 1913.12 | 講說〉大正二年六月十四日第一回演講〉(講章 益者三友損者三友)〉敷演 / 權寧瑀 | |
| 13677 | 原壤 | 원양 | 1 | 65 | 1913.12 | 講說〉大正二年六月十四日第一回演講〉(講章 益者三友損者三友)〉續演 / 呂圭亨 | |
| 13678 | 原壤 | 원양 | 6 | 53 | 1915.03 | 論語分類一覽 / 金文演 | |
| 13679 | 原壤 | 원양 | 9 | 53 | 1915.12 | 講說〉講題 三人行必有我師(大正四年六月十二日第十三回講演) / 朴箕陽 | |
| 13680 | 原壤 | 원양 | 15 | 37 | 1917.10 | 講說〉講題 子曰君子之道四某未能一焉所求乎子以事父未能也所求乎臣以事君未能也所求乎弟以事兄未能也所求乎朋友先施之未能也(大正六年五月十二日第二十三回講演)〉續演 / 呂圭亨 | |
| 13681 | 袁彦道 | 원언도 | 14 | 6 | 1917.07 | 經學管見(續) / 尹寧求 | |

| 번호 | 원문 | 현대어(독음) | 호 | 쪽 | 발행일 | 기사명 / 필자 | 비고 |
|---|---|---|---|---|---|---|---|
| 13682 | 袁榮法 | 원영법 | 39 | 30 | 1935.10 | 東京斯文會主催儒道大會狀況 | |
| 13683 | 元泳義 | 원영의 | 17 | 29 | 1918.07 | 洙澳問答 / 元泳義 | |
| 13684 | 元泳義 | 원영의 | 18 | 23 | 1918.09 | 三洙瑣談 / 元泳義 | |
| 13685 | 元泳義 | 원영의 | 18 | 27 | 1918.09 | 三洙瑣談 / 元泳義 | |
| 13686 | 元泳義 | 원영의 | 19 | 23 | 1918.12 | 三洙瑣談(續) / 元泳義 | |
| 13687 | 元泳義 | 원영의 | 20 | 28 | 1920.03 | 三洙瑣談(續) / 元泳義 | |
| 13688 | 元泳義 | 원영의 | 21 | 65 | 1921.03 | 三洙瑣談(續) / 元泳義 | |
| 13689 | 元泳義 | 원영의 | 23 | 46 | 1922.12 | 三洙瑣談(二十一號續) / 元泳義 | |
| 13690 | 元泳義 | 원영의 | 24 | 24 | 1923.12 | 三洙瑣談(續) / 元泳義 | |
| 13691 | 元泳義 | 원영의 | 25 | 14 | 1924.12 | 三洙瑣談(續) / 元泳義 | |
| 13692 | 元泳義 | 원영의 | 26 | 11 | 1925.12 | 四書講解總說 / 元泳義 | |
| 13693 | 元泳義 | 원영의 | 26 | 18 | 1925.12 | 三洙瑣談(續) / 元泳義 | |
| 13694 | 元泳義 | 원영의 | 27 | 15 | 1926.12 | 易經講解總說 / 元泳義 | |
| 13695 | 元泳義 | 원영의 | 27 | 30 | 1926.12 | 三洙瑣談(續) / 元泳義 | |
| 13696 | 元泳義 | 원영의 | 28 | 29 | 1927.12 | 三洙瑣談(續) / 元泳義 | |
| 13697 | 元泳義 | 원영의 | 29 | 23 | 1928.12 | 三洙瑣談(續) / 元泳義 | |
| 13698 | 元泳義 | 원영의 | 30 | 29 | 1929.12 | 三洙瑣談(續) / 元泳義 | |
| 13699 | 元泳義 | 원영의 | 32 | 24 | 1930.12 | 三洙瑣談(十三號續) / 元泳義 | |
| 13700 | 元泳義 | 원영의 | 33 | 12 | 1931.12 | 三洙瑣談(續) / 元泳義 | |
| 13701 | 元泳義 | 원영의 | 34 | 12 | 1932.03 | 三洙瑣談(續) / 元泳義 | |
| 13702 | 元熊 | 원웅 | 10 | 18 | 1916.03 | 經學管見(續) / 尹寧求 | |
| 13703 | 元胤洙 | 원윤수 | 45 | 32 | 1940.12 | 朝鮮儒林大會(朝鮮儒道聯合會創立總會) 會錄槪要〉朝鮮儒道聯合會役員名簿(昭和十四年十一月一日現在) | |
| 13704 | 元應常 | 원응상 | 15 | 32 | 1917.10 | 日誌大要 | |
| 13705 | 元應常 | 원응상 | 15 | 53 | 1917.10 | 講說〉光州郡鄕校講演(大正六年四月二十六日)〉說諭(賞品授與式日) / 元應常 | |
| 13706 | 元應常 | 원응상 | 21 | 45 | 1921.03 | 鄕校財産管理規則施行細則 | |
| 13707 | 元應常 | 원응상 | 21 | 62 | 1921.03 | 朝鮮總督府江原道諭告第二號 | |
| 13708 | 元應常 | 원응상 | 25 | 42 | 1924.12 | 日誌大要 | |
| 13709 | 元應常 | 원응상 | 45 | 31 | 1940.12 | 朝鮮儒林大會(朝鮮儒道聯合會創立總會) 會錄槪要〉朝鮮儒道聯合會役員名簿(昭和十四年十一月一日現在) | |
| 13710 | 元應常 | 원응상 | 45 | 65 | 1940.12 | 忠淸南道儒道聯合會結成式 | |
| 13711 | 原應常 | 원응상 | 21 | 52 | 1921.03 | 掌議에 關혼 規程 | |
| 13712 | 元逸 | 원일 | 15 | 2 | 1917.10 | 經學管見(續) / 尹寧求 | |

| 번호 | 원문 | 현대어(독음) | 호 | 쪽 | 발행일 | 기사명 / 필자 | 비고 |
|---|---|---|---|---|---|---|---|
| 13713 | 薗一雄 | 원일웅 | 39 | 23 | 1935.10 | 湯島聖堂孔子祭典狀況〉孔子祭舞樂曲目竝配役 | |
| 13714 | 園田寬 | 원전관 | 30 | 36 | 1929.12 | 祭粢料傳達式狀況 | 소노다 히로시(園田寬) |
| 13715 | 元田東野 | 원전동야 | 18 | 56 | 1918.09 | 講說〉講題 內地의 宋學(大正七年五月十一日 第二十八回講演) / 今關壽麿 | 모토다 나가자네(元田永孚), 東野는 雅號 |
| 13716 | 元田永孚 | 원전영부 | 30 | 68 | 1929.12 | 講說〉講題 朝鮮의 在한 聖學道統 : 李退溪先生을 憶함 / 赤木萬二郎 | 모토다 나가자네 |
| 13717 | 元田永孚 | 원전영부 | 31 | 8 | 1930.08 | 講題 我國近時의 立法과 儒道와의 關係 / 武部欽一 | 모토다 나가자네 |
| 13718 | 元正天皇 | 원정 천황 | 48 | 48 | 1944.04 | 嘉言善行 / 李敬植 | 겐쇼 천황 |
| 13719 | 原正鼎 | 원정정 | 45 | 20 | 1940.12 | 朝鮮儒林大會(朝鮮儒道聯合會創立總會) 會錄槪要〉朝鮮儒道聯合會役員名簿(昭和十四年十一月一日現在) | 하라 세테이 |
| 13720 | 元鼎喜 | 원정희 | 45 | 30 | 1940.12 | 朝鮮儒林大會(朝鮮儒道聯合會創立總會) 會錄槪要〉朝鮮儒道聯合會役員名簿(昭和十四年十一月一日現在) | |
| 13721 | 元帝 | 원제 | 1 | 8 | 1913.12 | 論說 / 呂圭亨 | |
| 13722 | 元帝 | 원제 | 20 | 30 | 1920.03 | 三洙瑣談(續) / 元泳義 | |
| 13723 | 元帝 | 원제 | 21 | 12 | 1921.03 | 經學管見(續) / 尹寧求 | |
| 13724 | 元宗 | 원종 | 20 | 18 | 1920.03 | 經學管見(續) / 尹寧求 | |
| 13725 | 遠宗 | 원종 | 11 | 18 | 1916.06 | 經學管見(續) / 尹寧求 | |
| 13726 | 遠宗 | 원종 | 13 | 2 | 1917.03 | 經學管見(續) / 尹寧求 | |
| 13727 | 元宗大王 | 원종대왕 | 8 | 39 | 1915.09 | 賢關記聞 / 李大榮 | |
| 13728 | 袁俊翁 | 원준옹 | 12 | 9 | 1916.12 | 經學管見(續) / 尹寧求 | |
| 13729 | 袁俊翁 | 원준옹 | 12 | 10 | 1916.12 | 經學管見(續) / 尹寧求 | |
| 13730 | 愿中 | 원중 | 42 | 57 | 1937.12 | 文廟享祀位次及聖賢姓名爵號考 / 金完鎭 | 李侗 |
| 13731 | 元持常 | 원지상 | 45 | 36 | 1940.12 | 朝鮮儒林大會(朝鮮儒道聯合會創立總會) 會錄槪要〉朝鮮儒道聯合會役員名簿(昭和十四年十一月一日現在) | |
| 13732 | 薗進 | 원진 | 39 | 23 | 1935.10 | 湯島聖堂孔子祭典狀況〉孔子祭舞樂曲目竝配役 | |
| 13733 | 袁采 | 원채 | 21 | 21 | 1921.03 | 經學管見(續) / 尹寧求 | |
| 13734 | 元村文重 | 원촌문중 | 48 | 52 | 1944.04 | 釋奠狀況〉昭和十八年春季釋奠狀況 | |
| 13735 | 袁樞 | 원추 | 15 | 3 | 1917.10 | 經學管見(續) / 尹寧求 | |
| 13736 | 元就 | 원취 | 48 | 50 | 1944.04 | 嘉言善行 / 李敬植 | 모리 모토나리(毛利元就) |

| 번호 | 원문 | 현대어(독음) | 호 | 쪽 | 발행일 | 기사명 / 필자 | 비고 |
|---|---|---|---|---|---|---|---|
| 13737 | 原亢 | 원항 | 8 | 35 | 1915.09 | 賢關記聞 / 李大榮 | |
| 13738 | 原亢 | 원항 | 42 | 47 | 1937.12 | 文廟享祀位次及聖賢姓名爵號考 / 金完鎭 | 樂平侯 |
| 13739 | 原亢 | 원항 | 42 | 54 | 1937.12 | 文廟享祀位次及聖賢姓名爵號考 / 金完鎭 | 樂平侯, 원문은 姓原名亢 |
| 13740 | 元行沖 | 원행충 | 19 | 74 | 1918.12 | 講說〉講題 孟懿子問孝(大正七年十一月十六日第三十二回講演)〉續演 / 呂圭亨 | |
| 13741 | 原憲 | 원헌 | 7 | 46 | 1915.06 | 論語分類一覽(續) / 金文演 | |
| 13742 | 原憲 | 원헌 | 17 | 76 | 1918.07 | 地方報告〉[金在昌 등의 報告] | |
| 13743 | 原憲 | 원헌 | 17 | 77 | 1918.07 | 地方報告〉[金在昌 등의 報告] | |
| 13744 | 原憲 | 원헌 | 30 | [3] | 1929.12 | 李龍眠畫宣聖及七十二弟子像贊(金石萃編) | |
| 13745 | 原憲 | 원헌 | 42 | 46 | 1937.12 | 文廟享祀位次及聖賢姓名爵號考 / 金完鎭 | 任城侯 |
| 13746 | 原憲 | 원헌 | 42 | 51 | 1937.12 | 文廟享祀位次及聖賢姓名爵號考 / 金完鎭 | 任城侯, 원문은 姓原名憲 |
| 13747 | 袁憲 | 원헌 | 14 | 7 | 1917.07 | 經學管見(續) / 尹寧求 | |
| 13748 | 元好問 | 원호문 | 14 | 10 | 1917.07 | 經學管見(續) / 尹寧求 | |
| 13749 | 元弘植 | 원홍식 | 17 | 42 | 1918.07 | 日誌大要 | |
| 13750 | 元弘植 | 원홍식 | 30 | 38 | 1929.12 | 杏壇 / 元弘植 | |
| 13751 | 元弘植 | 원홍식 | 34 | 2 | 1932.03 | 天理人欲說 / 元弘植 | |
| 13752 | 元弘植 | 원홍식 | 35 | 5 | 1932.12 | 心性情理氣圖解 / 元弘植 | |
| 13753 | 元弘植 | 원홍식 | 37 | 4 | 1934.10 | 天道人道說 / 元弘植 | |
| 13754 | 元弘植 | 원홍식 | 38 | 40 | 1935.03 | 思樂泮水薄采其芹 / 元弘植 | |
| 13755 | 元晦 | 원회 | 42 | 50 | 1937.12 | 文廟享祀位次及聖賢姓名爵號考 / 金完鎭 | 朱熹 |
| 13756 | 越國公 | 월국공 | 42 | 57 | 1937.12 | 文廟享祀位次及聖賢姓名爵號考 / 金完鎭 | 李侗 |
| 13757 | 月金亨鎭 | 월금형진 | 47 | 41 | 1943.01 | 釋奠狀況〉昭和十七年秋季釋奠狀況 | 金亨鎭 |
| 13758 | 月堂 | 월당 | 46 | 29 | 1941.12 | 孝烈行跡報告 其五 / 金鍾鏵 | 林九齡의 號 |
| 13759 | 月川 | 월천 | 17 | 24 | 1918.07 | 安東高山書院重興祝詞 / 高橋亨 | |
| 13760 | 月川趙公 | 월천조공 | 26 | 10 | 1925.12 | 奉化郡重修學記 / 尹喜求 | 趙穆 |
| 13761 | 衛 | 위 | 40 | 16 | 1936.08 | 文房四友說 / 韓昌愚 | 魏晉시대 人 |
| 13762 | 衛世子 | 위 세자 | 11 | 81 | 1916.06 | 地方報告〉[李敏獻의 報告] | |
| 13763 | 衛敬仲 | 위경중 | 15 | 16 | 1917.10 | 詩經蔿辨 / 金文演 | |
| 13764 | 魏啓龍 | 위계룡 | 33 | 35 | 1931.12 | 聲討顚末 | |
| 13765 | 魏啓龍 | 위계룡 | 35 | 38 | 1932.12 | 孝烈行蹟〉[魏啓龍 等의 보고] | |
| 13766 | 魏啓善 | 위계선 | 32 | 23 | 1930.12 | 士人魏元良事蹟碑銘 / 沈璿澤 | 원문은 啓善 |
| 13767 | 衛公 | 위공 | 2 | 36 | 1914.03 | 大成殿神位圖 | 仲由 |
| 13768 | 衛公 | 위공 | 42 | 46 | 1937.12 | 文廟享祀位次及聖賢姓名爵號考 / 金完鎭 | 仲由 |

| 번호 | 원문 | 현대어(독음) | 호 | 쪽 | 발행일 | 기사명 / 필자 | 비고 |
|---|---|---|---|---|---|---|---|
| 13769 | 衛公 | 위공 | 42 | 49 | 1937.12 | 文廟享祀位次及聖賢姓名爵號考 / 金完鎭 | 仲由, 子路 |
| 13770 | 衛公 | 위공 | 42 | 50 | 1937.12 | 文廟享祀位次及聖賢姓名爵號考 / 金完鎭 | 仲由, 子路 |
| 13771 | 魏公 | 위공 | 2 | 36 | 1914.03 | 大成殿神位圖 | 卜商 |
| 13772 | 魏公 | 위공 | 42 | 46 | 1937.12 | 文廟享祀位次及聖賢姓名爵號考 / 金完鎭 | 卜商 |
| 13773 | 魏公 | 위공 | 42 | 50 | 1937.12 | 文廟享祀位次及聖賢姓名爵號考 / 金完鎭 | 卜商, 子夏 |
| 13774 | 魏公 | 위공 | 46 | 11 | 1941.12 | 嘉言善行 / 李昇圭 | 韓琦 |
| 13775 | 衛宏 | 위굉 | 10 | 13 | 1916.03 | 經學管見(續) / 尹寧求 |  |
| 13776 | 魏國公 | 위국공 | 8 | 35 | 1915.09 | 賢關記聞 / 李大榮 | 許衡 |
| 13777 | 魏國公 | 위국공 | 42 | 57 | 1937.12 | 文廟享祀位次及聖賢姓名爵號考 / 金完鎭 | 許衡 |
| 13778 | 魏國公 | 위국공 | 42 | 47 | 1937.12 | 文廟享祀位次及聖賢姓名爵號考 / 金完鎭 | 許衡 |
| 13779 | 韋基喆 | 위기철 | 45 | 34 | 1940.12 | 朝鮮儒林大會(朝鮮儒道聯合會創立總會) 會錄槪要〉朝鮮儒道聯合會役員名簿(昭和十四年十一月一日現在) |  |
| 13780 | 葦南 | 위남 | 28 | 85 | 1927.12 | 地方報告〉[朴英鉉 等의 報告] | 朴熙中 |
| 13781 | 魏澹 | 위담 | 14 | 7 | 1917.07 | 經學管見(續) / 尹寧求 |  |
| 13782 | 魏大源 | 위대원 | 24 | 57 | 1923.12 | 日誌大要 |  |
| 13783 | 魏大源 | 위대원 | 28 | 38 | 1927.12 | 壽星詩帖 / 魏大源 |  |
| 13784 | 魏大源 | 위대원 | 28 | 73 | 1927.12 | 地方報告〉[魏大源의 報告] |  |
| 13785 | 魏大源 | 위대원 | 29 | 16 | 1928.12 | 新興郡文廟刱建記 / 魏大源 |  |
| 13786 | 魏大源 | 위대원 | 29 | 33 | 1928.12 | 聚奎帖 / 魏大源 |  |
| 13787 | 魏大源 | 위대원 | 29 | 36 | 1928.12 | 大樹帖 / 魏大源 |  |
| 13788 | 魏大源 | 위대원 | 29 | 79 | 1928.12 | 地方報告〉[魏大源의 報告] |  |
| 13789 | 魏大源 | 위대원 | 30 | 38 | 1929.12 | 雪重帖 / 魏大源 |  |
| 13790 | 魏大源 | 위대원 | 30 | 46 | 1929.12 | 日誌大要 |  |
| 13791 | 魏大源 | 위대원 | 31 | 19 | 1930.08 | 講題 德者本也財者末也 / 魏大源 |  |
| 13792 | 魏大源 | 위대원 | 32 | 33 | 1930.12 | 視察不二農場贈藤井組合長 / 魏大源 |  |
| 13793 | 魏大源 | 위대원 | 32 | 35 | 1930.12 | 崧陽書院叅拜敬次板上韻 / 魏大源 |  |
| 13794 | 魏大源 | 위대원 | 33 | 10 | 1931.12 | 陽川朴公遺墟碑 / 魏大源 |  |
| 13795 | 魏大源 | 위대원 | 33 | 20 | 1931.12 | 壽松帖〉敬賀鄭提學先生喜壽 / 魏大源 |  |
| 13796 | 魏大源 | 위대원 | 33 | 29 | 1931.12 | 聲討顚末 |  |
| 13797 | 魏大源 | 위대원 | 35 | 25 | 1932.12 | 孝壽帖〉賀韻 / 魏大源 |  |
| 13798 | 魏大源 | 위대원 | 36 | 10 | 1933.12 | 東萊鄭氏孝行實蹟碑文 / 魏大源 |  |
| 13799 | 魏大源 | 위대원 | 38 | 42 | 1935.03 | 日誌大要 |  |
| 13800 | 魏大源 | 위대원 | 40 | 42 | 1936.08 | 成竹似先生追悼錄〉挽故成均館博士成竹似先生 / 金勛卿 |  |
| 13801 | 魏大源 | 위대원 | 40 | 52 | 1936.08 | 鄭茂亭先生追悼錄〉輓詞 / 李尙鎬 |  |

| 번호 | 원문 | 현대어(독음) | 호 | 쪽 | 발행일 | 기사명 / 필자 | 비고 |
|---|---|---|---|---|---|---|---|
| 13802 | 魏大源 | 위대원 | 41 | 60 | 1937.02 | 經學院講士名簿(昭和十一年十一月一日) | |
| 13803 | 魏大源 | 위대원 | 43 | 41 | 1938.12 | 故大提學鄭鳳時先生輓詞 / 魏大源 | |
| 13804 | 魏大源 | 위대원 | 45 | 27 | 1940.12 | 朝鮮儒林大會(朝鮮儒道聯合會創立總會) 會錄概要〉朝鮮儒道聯合會役員名簿(昭和十四年十一月一日現在) | |
| 13805 | 衛滿 | 위만 | 16 | 68 | 1918.03 | 地方報告〉[劉光澤의 報告] / 姜星熙 | |
| 13806 | 衛滿 | 위만 | 28 | 2 | 1927.12 | 朝鮮詩文變遷論 / 鄭萬朝 | |
| 13807 | 魏默深 | 위묵심 | 11 | 25 | 1916.06 | 經學淺知錄(續) / 金文演 | |
| 13808 | 衛文子 | 위문자 | 7 | 23 | 1915.06 | 孔子年報(續) / 呂圭亨 | |
| 13809 | 魏文候 | 위문후 | 9 | 29 | 1915.12 | 孔子年報(續) / 呂圭亨 | |
| 13810 | 韋放 | 위방 | 44 | 37 | 1939.10 | 經儒學 / 金誠鎭 | |
| 13811 | 衛伯 | 위백 | 30 | [9] | 1929.12 | 李龍眠畵宣聖及七十二弟子像贊(金石萃編) | |
| 13812 | 衛伯 | 위백 | 42 | 55 | 1937.12 | 文廟享祀位次及聖賢姓名爵號考 / 金完鎭 | 遑瑗 |
| 13813 | 魏象樞 | 위상추 | 10 | 24 | 1916.03 | 經學淺知錄 / 金文演 | 원문은 象樞 |
| 13814 | 魏石生 | 위석생 | 10 | 24 | 1916.03 | 經學淺知錄 / 金文演 | 魏裔介 |
| 13815 | 衛宣公 | 위선공 | 16 | 15 | 1918.03 | 詩經蒦辨 / 金文演 | 衛晉 |
| 13816 | 韋昭 | 위소 | 12 | 14 | 1916.12 | 孟子緖論 / 金文演 | |
| 13817 | 韋昭 | 위소 | 16 | 1 | 1918.03 | 經學管見(續) / 尹寧求 | |
| 13818 | 韋昭 | 위소 | 37 | 20 | 1934.10 | 學說 / 權純九 | |
| 13819 | 魏收 | 위수 | 14 | 7 | 1917.07 | 經學管見(續) / 尹寧求 | |
| 13820 | 威烈王 | 위열왕 | 15 | 2 | 1917.10 | 經學管見(續) / 尹寧求 | |
| 13821 | 威烈王 | 위열왕 | 21 | 12 | 1921.03 | 經學管見(續) / 尹寧求 | |
| 13822 | 衛靈公 | 위영공 | 2 | 31 | 1914.03 | 孔子年譜 / 呂圭亨 | |
| 13823 | 衛靈公 | 위영공 | 2 | 70 | 1914.03 | 講說〉講題 必愼其獨(大正二年十一月八日第四回講演)〉敷演 / 李容稙 | |
| 13824 | 衛靈公 | 위영공 | 5 | 42 | 1914.12 | 孔子年報(續) / 呂圭亨 | |
| 13825 | 衛靈公 | 위영공 | 5 | 46 | 1914.12 | 孔子年報(續) / 呂圭亨 | |
| 13826 | 衛靈公 | 위영공 | 6 | 49 | 1915.03 | 論語分類一覽 / 金文演 | |
| 13827 | 衛靈公 | 위영공 | 9 | 28 | 1915.12 | 孔子年報(續) / 呂圭亨 | |
| 13828 | 衛靈公 | 위영공 | 9 | 29 | 1915.12 | 孔子年報(續) / 呂圭亨 | |
| 13829 | 衛靈公 | 위영공 | 15 | 55 | 1917.10 | 講說〉泰仁鄕校講演(大正六年五月一日)〉講題 士不可以不弘毅任重而道遠 / 李容稙 | |
| 13830 | 衛靈公 | 위영공 | 25 | 5 | 1924.12 | 論語疑義問答(續) / 鄭萬朝 | |
| 13831 | 衛靈公 | 위영공 | 26 | 21 | 1925.12 | 三洙瑣談(續) / 元泳義 | |
| 13832 | 魏裔介 | 위예개 | 10 | 24 | 1916.03 | 經學淺知錄 / 金文演 | 원문은 裔介 |
| 13833 | 威王 | 위왕 | 12 | 16 | 1916.12 | 孟子緖論 / 金文演 | |
| 13834 | 偉元 | 위원 | 28 | 75 | 1927.12 | 地方報告〉[李勉應의 報告] | |

| 번호 | 원문 | 현대어(독음) | 호 | 쪽 | 발행일 | 기사명 / 필자 | 비고 |
|---|---|---|---|---|---|---|---|
| 13835 | 魏元良 | 위원량 | 32 | 23 | 1930.12 | 士人魏元良事蹟碑銘 / 沈璿澤 | |
| 13836 | 魏元良 | 위원량 | 32 | 24 | 1930.12 | 士人魏元良事蹟碑銘 / 沈璿澤 | 원문은 元良 |
| 13837 | 魏袁王 | 위원왕 | 12 | 17 | 1916.12 | 孟子緒論 / 金文演 | |
| 13838 | 韋日孫 | 위일손 | 32 | 19 | 1930.12 | 講題 現代世相과 儒學의 本領 / 渡邊信治 | |
| 13839 | 韋日欽 | 위일흠 | 26 | 54 | 1925.12 | 講說〉講題 堯舜之道孝悌而已 / 成樂賢 | |
| 13840 | 薳子馮 | 위자빙 | 6 | 45 | 1915.03 | 論語考證 / 金文演 | |
| 13841 | 衛定姜 | 위정강 | 16 | 14 | 1918.03 | 詩經蒐辨 / 金文演 | |
| 13842 | 魏楨坤 | 위정곤 | 28 | 44 | 1927.12 | 日誌大要 | |
| 13843 | 魏楨國 | 위정국 | 28 | 73 | 1927.12 | 地方報告〉[魏大源의 報告] | |
| 13844 | 魏楨南 | 위정남 | 26 | 41 | 1925.12 | 日誌大要 | |
| 13845 | 魏楨瑀 | 위정우 | 31 | 32 | 1930.08 | 日誌大要 | |
| 13846 | 魏廷萱 | 위정훤 | 12 | 10 | 1916.12 | 經學管見(續) / 尹寧求 | |
| 13847 | 魏徵 | 위징 | 4 | 8 | 1914.09 | 學說 / 呂圭亨 | |
| 13848 | 魏徵 | 위징 | 10 | 3 | 1916.03 | 經論 / 金元祐 | |
| 13849 | 魏徵 | 위징 | 10 | 17 | 1916.03 | 經學管見(續) / 尹寧求 | |
| 13850 | 魏徵 | 위징 | 14 | 8 | 1917.07 | 經學管見(續) / 尹寧求 | |
| 13851 | 魏徵 | 위징 | 16 | 7 | 1918.03 | 經學管見(續) / 尹寧求 | |
| 13852 | 魏燦奎 | 위찬규 | 20 | 38 | 1920.03 | 求禮郡文廟重修捐義錄小序 / 金商翊 | |
| 13853 | 魏淸德 | 위청덕 | 39 | 31 | 1935.10 | 東京斯文會主催儒道大會狀況 | |
| 13854 | 魏環極 | 위환극 | 10 | 24 | 1916.03 | 經學淺知錄 / 金文演 | 魏象樞 |
| 13855 | 韋煥章 | 위환장 | 39 | 30 | 1935.10 | 東京斯文會主催儒道大會狀況 | |
| 13856 | 魏桓晉 | 위환진 | 27 | 59 | 1926.12 | 日誌大要 | |
| 13857 | 魏孝文 | 위효문 | 32 | 4 | 1930.12 | 經學源流(續) / 權純九 | |
| 13858 | 魏侯 | 위후 | 30 | [2] | 1929.12 | 李龍眠畵宣聖及七十二弟子像贊(金石萃編) | |
| 13859 | 魏候 | 위후 | 42 | 50 | 1937.12 | 文廟享祀位次及聖賢姓名爵號考 / 金完鎭 | 卜商, 子夏 |
| 13860 | 衛侯 | 위후 | 30 | [2] | 1929.12 | 李龍眠畵宣聖及七十二弟子像贊(金石萃編) | |
| 13861 | 衛侯 | 위후 | 42 | 49 | 1937.12 | 文廟享祀位次及聖賢姓名爵號考 / 金完鎭 | 仲由, 子路 |
| 13862 | 禹逸遜 | 월슨 (우일손) | 38 | 25 | 1935.03 | 東洋에斯文이有함(續) / 福士末之助 | Thomas Woodrow Wilson |
| 13863 | 幽 | 유 | 7 | 25 | 1915.06 | 孔子年報(續) / 呂圭亨 | |
| 13864 | 幽 | 유 | 11 | 49 | 1916.06 | 讀書私記(第八號續) / 洪鐘佶 | |
| 13865 | 幽 | 유 | 11 | 50 | 1916.06 | 讀書私記(第八號續) / 洪鐘佶 | |
| 13866 | 幽 | 유 | 15 | 17 | 1917.10 | 詩經蒐辨 / 金文演 | |
| 13867 | 幽 | 유 | 31 | 3 | 1930.08 | 經學源流 / 權純九 | |
| 13868 | 幽 | 유 | 38 | 21 | 1935.03 | 改正朔不易時月論 / 權純九 | |

| 번호 | 원문 | 현대어(독음) | 호 | 쪽 | 발행일 | 기사명 / 필자 | 비고 |
|---|---|---|---|---|---|---|---|
| 13869 | 游 | 유 | 10 | 21 | 1916.03 | 經學淺知錄 / 金文演 | 游酢 |
| 13870 | 由 | 유 | 6 | 52 | 1915.03 | 論語分類一覽 / 金文演 | 子路 |
| 13871 | 由 | 유 | 7 | 44 | 1915.06 | 論語分類一覽(續) / 金文演 | 子路 |
| 13872 | 由 | 유 | 8 | 26 | 1915.09 | 容思衍(續) / 李鼎煥 | 子游 |
| 13873 | 由 | 유 | 11 | 72 | 1916.06 | 講說〉浴乎沂風乎舞雩詠而歸(大正五年四月八日第十七回講演) / 鄭鳳時 | |
| 13874 | 由 | 유 | 15 | 21 | 1917.10 | 經義問對 / 李載烈 | |
| 13875 | 由 | 유 | 18 | 61 | 1918.09 | 講說〉講題 道在邇而求諸遠事在易而求諸難(大正七年五月十五日義州郡鄉校講演)〉告詞(賞品授與式時) / 梁鳳濟 | 子游 |
| 13876 | 劉 | 유 | 18 | 77 | 1918.09 | 地方報告〉[劉錫祚의 報告] | 劉錫祚 |
| 13877 | 俞 | 유 | 32 | 39 | 1930.12 | 日誌大要 | 俞鎭贊 |
| 13878 | 俞 | 유 | 32 | 41 | 1930.12 | 地方報告〉地方儒林狀況〉[成樂賢의 報告] | 俞應孚 |
| 13879 | 俞 | 유 | 37 | 44 | 1934.10 | 日誌大要 | 俞鎭贊 |
| 13880 | 俞 | 유 | 39 | 49 | 1935.10 | 日誌大要 | 俞鎭贊 |
| 13881 | 俞 | 유 | 40 | 33 | 1936.08 | 日誌大要 | 俞鎭贊 |
| 13882 | 俞 | 유 | 41 | 34 | 1937.02 | 日誌大要 | 俞鎭贊 |
| 13883 | 俞 | 유 | 41 | 38 | 1937.02 | 經學院先職諸先生追悼式狀況 | 俞鎭贊 |
| 13884 | 俞 | 유 | 41 | 55 | 1937.02 | 定州儒林會發會式狀況 | 俞鎭贊 |
| 13885 | 俞 | 유 | 42 | 34 | 1937.12 | 日誌大要 | 俞鎭贊 |
| 13886 | 俞 | 유 | 42 | 35 | 1937.12 | 日誌大要 | 俞鎭贊 |
| 13887 | 俞 | 유 | 43 | 57 | 1938.12 | 日誌大要 | 俞鎭贊 |
| 13888 | 俞 | 유 | 44 | 76 | 1939.10 | 日誌大要(自昭和十三年六月 至昭和十三年十二月) | 俞夏濬 |
| 13889 | 俞 | 유 | 45 | 56 | 1940.12 | 忠淸北道儒道聯合會結成式 | 俞萬兼 |
| 13890 | 俞 | 유 | 46 | 22 | 1941.12 | 經學院日誌大要(昭和十四年七月ヨリ昭和十六年六月マテ) | 俞鎭贊 |
| 13891 | 俞 | 유 | 47 | 41 | 1943.01 | 釋奠狀況〉昭和十七年秋季釋奠狀況 | 俞萬兼 |
| 13892 | 俞 | 유 | 48 | 51 | 1944.04 | 釋奠狀況〉昭和十八年春季釋奠狀況 | 俞萬兼 |
| 13893 | 劉乾思 | 유건사 | 10 | 15 | 1916.03 | 經學管見(續) / 尹寧求 | |
| 13894 | 裕慶 | 유경 | 36 | 10 | 1933.12 | 東萊鄭氏孝行實蹟碑文 / 魏大源 | |
| 13895 | 劉敬演 | 유경연 | 20 | 38 | 1920.03 | 求禮郡文廟重修捐義錄小序 / 金商翊 | |
| 13896 | 俞棨 | 유계 | 11 | 27 | 1916.06 | 經學淺知錄(續) / 金文演 | 원문은 棨 |
| 13897 | 劉繼莊 | 유계장 | 10 | 23 | 1916.03 | 經學淺知錄 / 金文演 | 劉獻廷 |
| 13898 | 劉貢父 | 유공보 | 14 | 4 | 1917.07 | 經學管見(續) / 尹寧求 | |
| 13899 | 劉寬 | 유관 | 6 | 42 | 1915.03 | 容思衍(續) / 李鼎煥 | |
| 13900 | 劉光祿 | 유광록 | 29 | 19 | 1928.12 | 孺人慶州金氏烈行紀蹟碑 / 金完鎭 | |

| 번호 | 원문 | 현대어(독음) | 호 | 쪽 | 발행일 | 기사명 / 필자 | 비고 |
|------|------|-------------|----|----|--------|---------------|------|
| 13901 | 劉光伯 | 유광백 | 32 | 4 | 1930.12 | 經學源流(續) / 權純九 | |
| 13902 | 劉光澤 | 유광택 | 16 | 10 | 1918.03 | 㫌善郡鄕校靑衿錄序 / 金允植 | 원문은 劉君光澤 |
| 13903 | 劉光澤 | 유광택 | 16 | 57 | 1918.03 | 地方報告〉[鄭鳳時의 報告] | |
| 13904 | 劉光澤 | 유광택 | 16 | 62 | 1918.03 | 地方報告〉[劉光澤의 報告] | |
| 13905 | 劉光澤 | 유광택 | 17 | 21 | 1918.07 | 㫌善郡鄕校重修記 / 李容植 | 원문은 劉君光澤 |
| 13906 | 劉光澤 | 유광택 | 18 | 68 | 1918.09 | 地方報告〉[劉光澤의 報告] | |
| 13907 | 劉光澤 | 유광택 | 18 | 72 | 1918.09 | 地方報告〉[劉光澤의 報告] / 劉光澤 | |
| 13908 | 劉光表 | 유광표 | 16 | 57 | 1918.03 | 地方報告〉[鄭鳳時의 報告] | |
| 13909 | 劉魁 | 유괴 | 16 | 5 | 1918.03 | 經學管見(續) / 尹寧求 | |
| 13910 | 劉昫 | 유구 | 10 | 3 | 1916.03 | 經論 / 金元祐 | |
| 13911 | 劉昫 | 유구 | 21 | 11 | 1921.03 | 經學管見(續) / 尹寧求 | |
| 13912 | 俞國濬 | 유국준 | 43 | 31 | 1938.12 | 皇軍慰問詩 / 俞國濬 | |
| 13913 | 劉軌思 | 유궤사 | 10 | 13 | 1916.03 | 經學管見(續) / 尹寧求 | |
| 13914 | 劉瑾 | 유근 | 13 | 4 | 1917.03 | 經學管見(續) / 尹寧求 | |
| 13915 | 劉瑾 | 유근 | 16 | 5 | 1918.03 | 經學管見(續) / 尹寧求 | |
| 13916 | 劉祁 | 유기 | 14 | 10 | 1917.07 | 經學管見(續) / 尹寧求 | |
| 13917 | 有吉 | 유길 | 24 | 60 | 1923.12 | 日誌大要 | 아리요시 주이치 (有吉忠一) |
| 13918 | 有吉 | 유길 | 25 | 37 | 1924.12 | 日誌大要 | 아리요시 주이치 (有吉忠一) |
| 13919 | 俞潘溪 | 유뇌계 | 11 | 27 | 1916.06 | 經學淺知錄(續) / 金文演 | 俞好仁 |
| 13920 | 庚大鉉 | 유대현 | 24 | 94 | 1923.12 | 地方報告〉[庚大鉉의 報告] | |
| 13921 | 劉德豊 | 유덕풍 | 22 | 76 | 1922.03 | 地方報告〉[劉德豊의 報告] | |
| 13922 | 劉斗煥 | 유두환 | 23 | 84 | 1922.12 | 地方報告〉[柳雲赫의 報告] | |
| 13923 | 劉斗換 | 유두환 | 31 | 35 | 1930.08 | 地方報告〉各郡文廟釋奠狀況〉[柳豊烈의 보고] | |
| 13924 | 俞得煥 | 유득환 | 23 | 21 | 1922.12 | 益山郡礪山文廟重修記 / 成岐運 | |
| 13925 | 由利公正 | 유리공정 | 30 | 65 | 1929.12 | 講說〉講題 朝鮮의 在한 聖學道統 : 李退溪先生을 憶함 / 赤木萬二郎 | 유리 기미마사, 유리 고세이 |
| 13926 | 琉璃王 | 유리왕 | 44 | 58 | 1939.10 | 朝鮮詩學考 / 李昇圭 | |
| 13927 | 俞萬兼 | 유만겸 | 35 | 27 | 1932.12 | 日誌大要 | |
| 13928 | 俞萬兼 | 유만겸 | 35 | 72 | 1932.12 | 明倫學院職員名簿 | |
| 13929 | 俞萬兼 | 유만겸 | 36 | 64 | 1933.12 | 明倫學院職員名簿 | |
| 13930 | 俞萬兼 | 유만겸 | 37 | 44 | 1934.10 | 日誌大要 | |

| 번호 | 원문 | 현대어(독음) | 호 | 쪽 | 발행일 | 기사명 / 필자 | 비고 |
|---|---|---|---|---|---|---|---|
| 13931 | 俞萬兼 | 유만겸 | 38 | 51 | 1935.03 | 第五會評議員會狀況 | |
| 13932 | 俞萬兼 | 유만겸 | 45 | 21 | 1940.12 | 朝鮮儒林大會(朝鮮儒道聯合會創立總會) 會錄槪要〉朝鮮儒道聯合會役員名簿(昭和十四年十一月一日現在) | |
| 13933 | 俞萬兼 | 유만겸 | 45 | 62 | 1940.12 | 忠淸北道儒道聯合會結成式〉忠淸北道儒道聯合會結成式會長告辭要旨 / 俞萬兼 | |
| 13934 | 俞萬兼 | 유만겸 | 47 | 11 | 1943.01 | 內務部長會議ニ於ナル田中政務總監訓示要旨－朝鮮靑年特別鍊成令實施－ / 田中武雄 | |
| 13935 | 俞萬兼 | 유만겸 | 48 | 53 | 1944.04 | 釋奠狀況〉昭和十八年秋季釋奠狀況 | |
| 13936 | 俞萬兼 | 유만겸 | 48 | 62 | 1944.04 | 經學院日誌大要(昭和十七年七月ヨリ昭和十八年六月マテ) | |
| 13937 | 俞玟珏 | 유매각 | 38 | 45 | 1935.03 | 文廟釋奠狀況〉地方文廟秋期釋奠狀況表 | |
| 13938 | 俞明載 | 유명재 | 46 | 13 | 1941.12 | 釋奠狀況〉昭和十四年秋季釋奠狀況 | |
| 13939 | 俞明洪 | 유명홍 | 45 | 38 | 1940.12 | 朝鮮儒林大會(朝鮮儒道聯合會創立總會) 會錄槪要〉朝鮮儒道聯合會役員名簿(昭和十四年十一月一日現在) | |
| 13940 | 劉文公 | 유문공 | 3 | 35 | 1914.06 | 孔子年報(續) / 呂圭亨 | |
| 13941 | 劉文琪 | 유문기 | 10 | 25 | 1916.03 | 經學淺知錄 / 金文演 | |
| 13942 | 劉芳 | 유방 | 32 | 3 | 1930.12 | 經學源流(續) / 權純九 | |
| 13943 | 劉秉紀 | 유병기 | 38 | 49 | 1935.03 | 文廟釋奠狀況〉地方文廟秋期釋奠狀況表 | |
| 13944 | 劉秉紀 | 유병기 | 39 | 55 | 1935.10 | 文廟釋奠狀況〉地方文廟春期釋奠狀況表 | |
| 13945 | 俞炳學 | 유병학 | 20 | 46 | 1920.03 | 日誌大要 | |
| 13946 | 劉寶楠 | 유보남 | 24 | 66 | 1923.12 | 講說〉講題 知天命說 / 服部宇之吉 | |
| 13947 | 劉寶楠 | 유보남 | 34 | 5 | 1932.03 | 最近經學考 / 權純九 | |
| 13948 | 劉寶楠 | 유보남 | 10 | 25 | 1916.03 | 經學淺知錄 / 金文演 | |
| 13949 | 劉逢祿 | 유봉록 | 34 | 5 | 1932.03 | 最近經學考 / 權純九 | |
| 13950 | 俞鳳棲 | 유봉서 | 28 | 4 | 1927.12 | 朝鮮詩文變遷論 / 鄭萬朝 | 俞莘煥 |
| 13951 | 劉奉世 | 유봉세 | 14 | 4 | 1917.07 | 經學管見(續) / 尹寧求 | |
| 13952 | 孺悲 | 유비 | 7 | 47 | 1915.06 | 論語分類一覽(續) / 金文演 | |
| 13953 | 劉士元 | 유사원 | 32 | 4 | 1930.12 | 經學源流(續) / 權純九 | |
| 13954 | 劉向夏 | 유상하 | 18 | 77 | 1918.09 | 地方報告〉[劉錫祚의 報告] | |
| 13955 | 俞相晦 | 유상회 | 11 | 82 | 1916.06 | 地方報告〉[黃敦秀의 報告] | |
| 13956 | 劉恕 | 유서 | 14 | 7 | 1917.07 | 經學管見(續) / 尹寧求 | |
| 13957 | 劉恕 | 유서 | 15 | 2 | 1917.10 | 經學管見(續) / 尹寧求 | |
| 13958 | 劉恕 | 유서 | 21 | 11 | 1921.03 | 經學管見(續) / 尹寧求 | |
| 13959 | 劉錫祚 | 유석조 | 16 | 60 | 1918.03 | 地方報告〉[劉錫祚의 報告] | |
| 13960 | 劉錫祚 | 유석조 | 17 | 71 | 1918.07 | 地方報告〉[劉錫祚의 報告] | |

| 번호 | 원문 | 현대어(독음) | 호 | 쪽 | 발행일 | 기사명 / 필자 | 비고 |
|------|------|------|------|------|------|------|------|
| 13961 | 劉錫祚 | 유석조 | 18 | 76 | 1918.09 | 地方報告〉[劉錫祚의 報告] | |
| 13962 | 劉錫祚 | 유석조 | 19 | 77 | 1918.12 | 地方報告〉[劉錫祚의 報告] | |
| 13963 | 劉錫祚 | 유석조 | 21 | 96 | 1921.03 | 地方報告〉[趙泰鉉의 報告] | |
| 13964 | 劉錫祚 | 유석조 | 22 | 81 | 1922.03 | 地方報告〉[劉錫祚의 報告] | |
| 13965 | 劉錫祚 | 유석조 | 23 | 86 | 1922.12 | 地方報告〉[朴瓚鎬의 報告] | |
| 13966 | 劉錫祚 | 유석조 | 24 | 91 | 1923.12 | 地方報告〉[劉錫祚의 報告] | |
| 13967 | 有仙 | 유선 | 23 | 88 | 1922.12 | 地方報告〉[乾元祠 新建 關聯 報告] | 金若玄 |
| 13968 | 俞星濬 | 유성준 | 15 | 33 | 1917.10 | 日誌大要 | |
| 13969 | 俞星濬 | 유성준 | 15 | 42 | 1917.10 | 講說〉講題 朝鮮工業의 促進〉續演(大正六年五月十二日第二十三回講演) / 俞星濬 | |
| 13970 | 劉昭 | 유소 | 14 | 4 | 1917.07 | 經學管見(續) / 尹寧求 | |
| 13971 | 俞松 | 유송 | 20 | 18 | 1920.03 | 經學管見(續) / 尹寧求 | |
| 13972 | 劉秀 | 유수 | 25 | 51 | 1924.12 | 講說〉講題 儒素 / 金完鎭 | |
| 13973 | 劉壽安 | 유수안 | 22 | 74 | 1922.03 | 地方報告〉[成樂賢의 報告] | |
| 13974 | 유스치니안 | 유스티니아누스 1세 | 31 | 11 | 1930.08 | 講題 我國近時의 立法과 儒道와의 關係 / 武部欽一 | Justinianus I |
| 13975 | 劉承 | 유승 | 12 | 8 | 1916.12 | 經學管見(續) / 尹寧求 | |
| 13976 | 俞承健 | 유승건 | 30 | 81 | 1929.12 | 地方報告〉[金麗星의 報告] | |
| 13977 | 劉時擧 | 유시거 | 15 | 2 | 1917.10 | 經學管見(續) / 尹寧求 | |
| 13978 | 俞市南 | 유시남 | 11 | 27 | 1916.06 | 經學淺知錄(續) / 金文演 | 俞棨 |
| 13979 | 劉時鍾 | 유시종 | 31 | 33 | 1930.08 | 日誌大要 | |
| 13980 | 俞莘煥 | 유신환 | 28 | 4 | 1927.12 | 朝鮮詩文變遷論 / 鄭萬朝 | 원문은 莘煥 |
| 13981 | 游氏 | 유씨 | 5 | 11 | 1914.12 | 華山問答(續) / 李容稙 | |
| 13982 | 遊氏 | 유씨 | 18 | 83 | 1918.09 | 地方報告〉[李台煥의 報告] | |
| 13983 | 劉安 | 유안 | 12 | 12 | 1916.12 | 孟子緒論 / 金文演 | 원문은 安 |
| 13984 | 劉晏 | 유안 | 9 | 46 | 1915.12 | 日誌大要 | |
| 13985 | 劉晏 | 유안 | 17 | 69 | 1918.07 | 地方報告〉[韓昌愚의 報告] | |
| 13986 | 劉安世 | 유안세 | 16 | 3 | 1918.03 | 經學管見(續) / 尹寧求 | |
| 13987 | 劉安世 | 유안세 | 17 | 2 | 1918.07 | 經學管見(續) / 尹寧求 | |
| 13988 | 有若 | 유약 | 30 | [4] | 1929.12 | 李龍眠畵宣聖及七十二弟子像贊(金石萃編) | |
| 13989 | 有若 | 유약 | 42 | 47 | 1937.12 | 文廟享祀位次及聖賢姓名爵號考 / 金完鎭 | 平陰侯 |
| 13990 | 有若 | 유약 | 42 | 52 | 1937.12 | 文廟享祀位次及聖賢姓名爵號考 / 金完鎭 | 平陰侯,<br>원문은<br>姓有名若 |
| 13991 | 劉於義 | 유어의 | 18 | 10 | 1918.09 | 經學管見(續) / 尹寧求 | |
| 13992 | 俞彦鎬 | 유언호 | 33 | 3 | 1931.12 | 經筵問對箚記 / 權純九 | |
| 13993 | 劉淵 | 유연 | 14 | 6 | 1917.07 | 經學管見(續) / 尹寧求 | |

| 번호 | 원문 | 현대어(독음) | 호 | 쪽 | 발행일 | 기사명 / 필자 | 비고 |
|---|---|---|---|---|---|---|---|
| 13994 | 悠然堂 | 유연당 | 33 | 10 | 1931.12 | 陽川朴公遺墟碑 / 魏大源 | |
| 13995 | 劉延豊 | 유연풍 | 27 | 53 | 1926.12 | 日誌大要 | |
| 13996 | 劉永淑 | 유영숙 | 33 | 49 | 1931.12 | 文廟釋奠狀況〉[本院秋期釋奠에 대한 보고] | |
| 13997 | 劉永淑 | 유영숙 | 34 | 59 | 1932.03 | 明倫學院昭和六年度入學許可者名簿 | |
| 13998 | 劉永淑 | 유영숙 | 35 | 30 | 1932.12 | 文廟釋奠狀況 | |
| 13999 | 劉永植 | 유영식 | 16 | 57 | 1918.03 | 地方報告〉[鄭鳳時의 報告] | |
| 14000 | 劉永周 | 유영주 | 29 | 44 | 1928.12 | 日誌大要 | |
| 14001 | 劉永周 | 유영주 | 29 | 45 | 1928.12 | 日誌大要 | |
| 14002 | 劉永夏 | 유영하 | 26 | 46 | 1925.12 | 日誌大要 | |
| 14003 | 劉永夏 | 유영하 | 26 | 47 | 1925.12 | 日誌大要 | |
| 14004 | 劉永夏 | 유영하 | 29 | 44 | 1928.12 | 日誌大要 | |
| 14005 | 劉永夏 | 유영하 | 29 | 45 | 1928.12 | 日誌大要 | |
| 14006 | 劉禮植 | 유예식 | 25 | 38 | 1924.12 | 日誌大要 | |
| 14007 | 幽王 | 유왕 | 6 | 47 | 1915.03 | 論語考證 / 金文演 | |
| 14008 | 幽王 | 유왕 | 38 | 20 | 1935.03 | 改正朔不易時月論 / 權純九 | |
| 14009 | 幽王 | 유왕 | 38 | 21 | 1935.03 | 改正朔不易時月論 / 權純九 | |
| 14010 | 幽王 | 유왕 | 46 | 63 | 1941.12 | 講演及講習〉時局と婦道實踐(講演速記) / 永田種秀 | |
| 14011 | 劉禹錫 | 유우석 | 48 | 43 | 1944.04 | 朝鮮詩學考(前號續) / 李昇圭 | 唐의 재상 |
| 14012 | 劉友益 | 유우익 | 21 | 14 | 1921.03 | 經學管見(續) / 尹寧求 | |
| 14013 | 劉原淥 | 유원록 | 10 | 22 | 1916.03 | 經學淺知錄 / 金文演 | 원문은 原淥 |
| 14014 | 劉原父 | 유원보 | 10 | 15 | 1916.03 | 經學管見(續) / 尹寧求 | |
| 14015 | 劉元城 | 유원성 | 5 | 54 | 1914.12 | 容思衍(續) / 李鼎煥 | |
| 14016 | 劉元城 | 유원성 | 7 | 35 | 1915.06 | 容思衍(續) / 李鼎煥 | |
| 14017 | 俞應孚 | 유응부 | 32 | 41 | 1930.12 | 地方報告〉地方儒林狀況〉[成樂賢의 報告] | 원문은 應孚 |
| 14018 | 俞應鎭 | 유응진 | 16 | 31 | 1918.03 | 日誌大要 | |
| 14019 | 劉應彌 | 유응필 | 23 | 24 | 1922.12 | 通川郡文廟重修記 / 朴箕陽 | |
| 14020 | 劉毅 | 유의 | 31 | 18 | 1930.08 | 講題 德者本也財者末也 / 成樂賢 | |
| 14021 | 劉毅 | 유의 | 31 | 20 | 1930.08 | 講題 德者本也財者末也 / 魏大源 | |
| 14022 | 劉義慶 | 유의경 | 4 | 6 | 1914.09 | 學說 / 呂圭亨 | |
| 14023 | 劉義慶 | 유의경 | 10 | 6 | 1916.03 | 經論 / 金元祐 | |
| 14024 | 劉因 | 유인 | 12 | 9 | 1916.12 | 經學管見(續) / 尹寧求 | |
| 14025 | 儒人朴氏 | 유인 박씨 | 29 | 81 | 1928.12 | 地方報告〉[柳春錫 等의 報告] | |
| 14026 | 劉寅勛 | 유인훈 | 48 | 56 | 1944.04 | 一. 孝烈行跡報告 其二 / 姜鶴榮 | |
| 14027 | 有子 | 유자 | 3 | 65 | 1914.06 | 講說〉講題 孝子所以事君也弟者所以事長也慈者所以使衆也(大正三年三月三日第五回講演) / 李容稙 | |

| 번호 | 원문 | 현대어(독음) | 호 | 쪽 | 발행일 | 기사명 / 필자 | 비고 |
|---|---|---|---|---|---|---|---|
| 14028 | 有子 | 유자 | 4 | 53 | 1914.09 | 講說〉講題 文質彬彬然後君子(大正三年六月十三日第六回講演) | |
| 14029 | 有子 | 유자 | 5 | 80 | 1914.12 | 講說〉講題 謹庠序之敎申之以孝悌之義(大正三年十月十日第八回講演) / 李容稙 | |
| 14030 | 有子 | 유자 | 5 | 84 | 1914.12 | 講說〉講題 謹庠序之敎申之以孝悌之義(大正三年十月十日第八回講演)〉續演 / 呂圭亨 | |
| 14031 | 有子 | 유자 | 7 | 43 | 1915.06 | 論語分類一覽(續) / 金文演 | |
| 14032 | 有子 | 유자 | 8 | 60 | 1915.09 | 地方報告〉[李鶴在의 報告] | |
| 14033 | 有子 | 유자 | 11 | 48 | 1916.06 | 讀書私記(第八號續) / 洪鐘佶 | |
| 14034 | 有子 | 유자 | 17 | 12 | 1918.07 | 論語釋義 / 李明宰 | |
| 14035 | 有子 | 유자 | 17 | 56 | 1918.07 | 講說〉講題 君子無終食之間違仁造次必於是顚沛必於是(大正七年三月二十一日第二十七回講演)〉續演 / 呂圭亨 | |
| 14036 | 有子 | 유자 | 19 | 57 | 1918.12 | 講說〉講題 孝弟也者其爲仁之本歟(大正七年十月十二日第三十一回講演) / 李容稙 | |
| 14037 | 有子 | 유자 | 19 | 58 | 1918.12 | 講說〉講題 孝弟也者其爲仁之本歟(大正七年十月十二日第三十一回講演)〉續演 / 呂圭亨 | |
| 14038 | 有子 | 유자 | 22 | 18 | 1922.03 | 經義問對 / 沈璿澤 | |
| 14039 | 有子 | 유자 | 37 | 20 | 1934.10 | 學說 / 權純九 | |
| 14040 | 劉子元 | 유자원 | 21 | 10 | 1921.03 | 經學管見(續) / 尹寧求 | |
| 14041 | 劉子元 | 유자원 | 37 | 20 | 1934.10 | 學說 / 權純九 | |
| 14042 | 劉焯 | 유작 | 10 | 13 | 1916.03 | 經學管見(續) / 尹寧求 | |
| 14043 | 劉焯 | 유작 | 10 | 15 | 1916.03 | 經學管見(續) / 尹寧求 | |
| 14044 | 游酢 | 유작 | 11 | 22 | 1916.06 | 經學管見(續) / 尹寧求 | |
| 14045 | 劉璋 | 유장 | 7 | 77 | 1915.06 | 講說〉講題 孔子聖之時者也(大政四年三月十八日第十回講演)〉續演 / 呂圭亨 | |
| 14046 | 俞在炳 | 유재병 | 23 | 21 | 1922.12 | 益山郡礪山文廟重修記 / 成岐運 | |
| 14047 | 俞在煥 | 유재환 | 23 | 88 | 1922.12 | 地方報告〉[李芳雨의 報告] | |
| 14048 | 劉載厚 | 유재후 | 18 | 77 | 1918.09 | 地方報告〉[劉錫祚의 報告] | |
| 14049 | 有諸 | 유제 | 32 | 41 | 1930.12 | 地方報告〉地方儒林狀況〉[成樂賢의 報告] | 趙克善 |
| 14050 | 俞鍾植 | 유종식 | 43 | 24 | 1938.12 | 孝烈行蹟〉[金三鉉의 보고] | |
| 14051 | 劉宗禹 | 유종우 | 30 | 15 | 1929.12 | 白川鄕校重修記 / 鄭鳳時 | |
| 14052 | 劉宗周 | 유종주 | 11 | 23 | 1916.06 | 經學管見(續) / 尹寧求 | |
| 14053 | 劉宗周 | 유종주 | 12 | 7 | 1916.12 | 經學管見(續) / 尹寧求 | |
| 14054 | 劉中壘 | 유중루 | 1 | 20 | 1913.12 | 經學當明者 三 / 呂圭亨 | |
| 14055 | 劉蕺山 | 유즙산 | 10 | 23 | 1916.03 | 經學淺知錄 / 金文演 | |
| 14056 | 劉摯 | 유지 | 10 | 18 | 1916.03 | 經學管見(續) / 尹寧求 | |
| 14057 | 劉知幾 | 유지기 | 10 | 15 | 1916.03 | 經學管見(續) / 尹寧求 | |

| 번호 | 원문 | 현대어(독음) | 호 | 쪽 | 발행일 | 기사명 / 필자 | 비고 |
|------|------|------------|----|----|--------|--------------|------|
| 14058 | 劉知幾 | 유지기 | 21 | 10 | 1921.03 | 經學管見(續) / 尹寧求 | |
| 14059 | 劉知幾 | 유지기 | 21 | 11 | 1921.03 | 經學管見(續) / 尹寧求 | |
| 14060 | 劉直齋 | 유직재 | 10 | 22 | 1916.03 | 經學淺知錄 / 金文演 | 淸의 劉原淥, 直齋는 호 |
| 14061 | 劉珍 | 유진 | 15 | 4 | 1917.10 | 經學管見(續) / 尹寧求 | |
| 14062 | 劉珍 | 유진 | 31 | 6 | 1930.08 | 經學源流 / 權純九 | |
| 14063 | 俞鎭九 | 유진구 | 32 | 44 | 1930.12 | 地方報告>地方儒林狀況>[李學魯의 報告] | |
| 14064 | 劉鎭淳 | 유진순 | 45 | 25 | 1940.12 | 朝鮮儒林大會(朝鮮儒道聯合會創立總會) 會錄槪要>朝鮮儒道聯合會役員名簿(昭和十四年十一月一日現在) | |
| 14065 | 俞鎭永 | 유진영 | 20 | 53 | 1920.03 | 地方報告>[李芳雨의 報告] | |
| 14066 | 劉辰翁 | 유진옹 | 14 | 4 | 1917.07 | 經學管見(續) / 尹寧求 | |
| 14067 | 俞鎭元 | 유진원 | 29 | 71 | 1928.12 | 地方報告>[康來夏 等의 報告] | |
| 14068 | 俞鎭贊 | 유진찬 | 30 | 16 | 1929.12 | 送金亨三歸堤川 / 俞鎭贊 | |
| 14069 | 俞鎭贊 | 유진찬 | 30 | 36 | 1929.12 | 祭粢料傳達式狀況 / 俞鎭贊 | |
| 14070 | 俞鎭贊 | 유진찬 | 30 | 38 | 1929.12 | 挽于堂尹副學 / 俞鎭贊 | |
| 14071 | 俞鎭贊 | 유진찬 | 30 | 46 | 1929.12 | 日誌大要 | |
| 14072 | 俞鎭贊 | 유진찬 | 31 | 29 | 1930.08 | 日誌大要 | |
| 14073 | 俞鎭贊 | 유진찬 | 31 | 32 | 1930.08 | 日誌大要 | |
| 14074 | 俞鎭贊 | 유진찬 | 32 | 28 | 1930.12 | 學校視察日記 / 俞鎭贊 | |
| 14075 | 俞鎭贊 | 유진찬 | 32 | 36 | 1930.12 | 日誌大要 | |
| 14076 | 俞鎭贊 | 유진찬 | 33 | 18 | 1931.12 | 壽松帖>敬賀鄭提學先生喜壽 / 俞鎭贊 | |
| 14077 | 俞鎭贊 | 유진찬 | 33 | 28 | 1931.12 | 聲討顚末 | |
| 14078 | 俞鎭贊 | 유진찬 | 33 | 42 | 1931.12 | 文廟釋奠狀況 | |
| 14079 | 俞鎭贊 | 유진찬 | 33 | 48 | 1931.12 | 文廟釋奠狀況>[本院秋期釋奠에 대한 보고] | |
| 14080 | 俞鎭贊 | 유진찬 | 34 | 56 | 1932.03 | 明倫學院評議會員名簿 | |
| 14081 | 俞鎭贊 | 유진찬 | 35 | 22 | 1932.12 | 孝壽帖>賀韻 / 俞鎭贊 | |
| 14082 | 俞鎭贊 | 유진찬 | 35 | 27 | 1932.12 | 日誌大要 | |
| 14083 | 俞鎭贊 | 유진찬 | 35 | 29 | 1932.12 | 文廟釋奠狀況 | |
| 14084 | 俞鎭贊 | 유진찬 | 36 | 20 | 1933.12 | 濟圃姜講師挽 / 俞鎭贊 | |
| 14085 | 俞鎭贊 | 유진찬 | 36 | 25 | 1933.12 | 文廟釋奠狀況>[秋期釋奠 擧行] | |
| 14086 | 俞鎭贊 | 유진찬 | 36 | 29 | 1933.12 | 文廟釋奠狀況>[春期釋奠 擧行] | |
| 14087 | 俞鎭贊 | 유진찬 | 36 | 66 | 1933.12 | 明倫學院評議員名簿 | |
| 14088 | 俞鎭贊 | 유진찬 | 37 | 45 | 1934.10 | 文廟釋奠狀況>[秋期釋奠 擧行] | |
| 14089 | 俞鎭贊 | 유진찬 | 37 | 51 | 1934.10 | 文廟釋奠狀況>[春期釋奠 擧行] | |
| 14090 | 俞鎭贊 | 유진찬 | 37 | 67 | 1934.10 | 明倫學院評議員名簿 | |

| 번호 | 원문 | 현대어(독음) | 호 | 쪽 | 발행일 | 기사명 / 필자 | 비고 |
|---|---|---|---|---|---|---|---|
| 14091 | 俞鎭贊 | 유진찬 | 38 | 43 | 1935.03 | 文廟釋奠狀況〉[秋期釋奠 擧行] | |
| 14092 | 俞鎭贊 | 유진찬 | 39 | 30 | 1935.10 | 東京斯文會主催儒道大會狀況 | |
| 14093 | 俞鎭贊 | 유진찬 | 39 | 45 | 1935.10 | 挽崔講師崟熙 / 俞鎭贊 | |
| 14094 | 俞鎭贊 | 유진찬 | 39 | 50 | 1935.10 | 日誌大要 | |
| 14095 | 俞鎭贊 | 유진찬 | 39 | 51 | 1935.10 | 文廟釋奠狀況〉[春期釋奠 擧行] | |
| 14096 | 俞鎭贊 | 유진찬 | 40 | 35 | 1936.08 | 文廟釋奠狀況〉[秋期釋奠 擧行] | |
| 14097 | 俞鎭贊 | 유진찬 | 40 | 48 | 1936.08 | 鄭茂亭先生追悼錄〉祭文 / 俞鎭贊 | |
| 14098 | 俞鎭贊 | 유진찬 | 40 | 59 | 1936.08 | 鄭茂亭先生追悼錄〉節山博士輓茂亭太史揭載斯文會誌次韻却寄 / 俞鎭贊 | |
| 14099 | 俞鎭贊 | 유진찬 | 41 | 30 | 1937.02 | 挽成竹似先生 | |
| 14100 | 俞鎭贊 | 유진찬 | 41 | 35 | 1937.02 | 文廟春季釋奠狀況 | |
| 14101 | 俞鎭贊 | 유진찬 | 41 | 37 | 1937.02 | 文廟秋季釋奠狀況 | |
| 14102 | 俞鎭贊 | 유진찬 | 41 | 58 | 1937.02 | 經學院職員名簿(昭和十一年十一月一日) | |
| 14103 | 俞鎭贊 | 유진찬 | 41 | 62 | 1937.02 | 明倫學院評議員名簿(昭和十一年一月一日) | |
| 14104 | 俞鎭贊 | 유진찬 | 42 | 37 | 1937.12 | 文廟春季釋奠狀況 | |
| 14105 | 俞鎭贊 | 유진찬 | 43 | 39 | 1938.12 | 故大提學鄭鳳時先生輓詞 / 俞鎭贊 | |
| 14106 | 俞鎭贊 | 유진찬 | 43 | 49 | 1938.12 | 鄭松里先生追悼錄〉吊辭 / 俞鎭贊 等 | |
| 14107 | 俞鎭贊 | 유진찬 | 43 | 57 | 1938.12 | 日誌大要 | |
| 14108 | 俞鎭贊 | 유진찬 | 43 | 58 | 1938.12 | 文廟秋季釋奠狀況 | |
| 14109 | 俞鎭贊 | 유진찬 | 43 | 65 | 1938.12 | 文廟春季釋奠狀況 | |
| 14110 | 俞鎭贊 | 유진찬 | 44 | 78 | 1939.10 | 文廟秋季釋奠狀況 | |
| 14111 | 俞鎭贊 | 유진찬 | 44 | 85 | 1939.10 | 文廟春季釋奠狀況 | |
| 14112 | 俞鎭贊 | 유진찬 | 45 | 21 | 1940.12 | 朝鮮儒林大會(朝鮮儒道聯合會創立總會) 會錄槪要〉朝鮮儒道聯合會役員名簿(昭和十四年十一月一日現在) | |
| 14113 | 俞鎭贊 | 유진찬 | 45 | 142 | 1940.12 | 咸鏡北道儒道聯合會結成式 | |
| 14114 | 俞鎭贊 | 유진찬 | 46 | 13 | 1941.12 | 釋奠狀況〉昭和十四年秋季釋奠狀況 | |
| 14115 | 俞鎭贊 | 유진찬 | 46 | 14 | 1941.12 | 釋奠狀況〉昭和十五年春季釋奠狀況 | |
| 14116 | 俞鎭贊 | 유진찬 | 46 | 16 | 1941.12 | 釋奠狀況〉昭和十五年秋季釋奠狀況 | |
| 14117 | 俞鎭贊 | 유진찬 | 46 | 17 | 1941.12 | 釋奠狀況〉昭和十六年春季釋奠狀況 | |
| 14118 | 俞鎭贊 | 유진찬 | 46 | 21 | 1941.12 | 經學院日誌大要(昭和十四年七月ヨリ昭和十六年六月マテ) | |
| 14119 | 俞鎭贊 | 유진찬 | 46 | 33 | 1941.12 | 明倫專門學院日誌大要(昭和十四年七月ヨリ昭和十六年六月マデ) | |
| 14120 | 俞鎭贊 | 유진찬 | 47 | 36 | 1943.01 | 釋奠狀況〉昭和十六年秋季釋奠狀況 | |
| 14121 | 俞鎭贊 | 유진찬 | 47 | 38 | 1943.01 | 釋奠狀況〉昭和十七年春季釋奠狀況 | |
| 14122 | 俞鎭贊 | 유진찬 | 47 | 41 | 1943.01 | 釋奠狀況〉昭和十七年秋季釋奠狀況 | |

| 번호 | 원문 | 현대어(독음) | 호 | 쪽 | 발행일 | 기사명 / 필자 | 비고 |
|---|---|---|---|---|---|---|---|
| 14123 | 兪鎭贊 | 유진찬 | 48 | 51 | 1944.04 | 釋奠狀況〉昭和十八年春季釋奠狀況 | |
| 14124 | 兪鎭贊 | 유진찬 | 48 | 62 | 1944.04 | 經學院日誌大要(昭和十七年七月ヨリ昭和十八年六月マテ) | |
| 14125 | 兪鎭枃 | 유진표 | 29 | 38 | 1928.12 | 日誌大要 | |
| 14126 | 劉次莊 | 유차장 | 20 | 16 | 1920.03 | 經學管見(續) / 尹寧求 | |
| 14127 | 劉敞 | 유창 | 11 | 15 | 1916.06 | 經學管見(續) / 尹寧求 | |
| 14128 | 劉敞 | 유창 | 14 | 4 | 1917.07 | 經學管見(續) / 尹寧求 | |
| 14129 | 劉敞 | 유창 | 21 | 19 | 1921.03 | 經學管見(續) / 尹寧求 | |
| 14130 | 劉敞 | 유창 | 32 | 7 | 1930.12 | 經學源流(續) / 權純九 | |
| 14131 | 柳昌麟 | 유창린 | 12 | 55 | 1916.12 | 日誌大要 | |
| 14132 | 兪昌濬 | 유창준 | 21 | 90 | 1921.03 | 日誌大要 | |
| 14133 | 兪昌濬 | 유창준 | 21 | 93 | 1921.03 | 日誌大要 | |
| 14134 | 兪昌濬 | 유창준 | 22 | 54 | 1922.03 | 日誌大要 | |
| 14135 | 兪拓基 | 유척기 | 32 | 42 | 1930.12 | 地方報告〉地方儒林狀況〉[成樂賢의 報告] | 원문은<br>兪公拓基 |
| 14136 | 游酢 | 유초 | 12 | 7 | 1916.12 | 經學管見(續) / 尹寧求 | |
| 14137 | 劉村隱 | 유촌은 | 3 | 1 | 1914.06 | 經學院雜誌 第三號 序 / 呂圭亨 | |
| 14138 | 劉聰 | 유총 | 14 | 6 | 1917.07 | 經學管見(續) / 尹寧求 | |
| 14139 | 劉醜 | 유추 | 10 | 13 | 1916.03 | 經學管見(續) / 尹寧求 | |
| 14140 | 兪致珏 | 유치각 | 40 | 36 | 1936.08 | 文廟釋奠狀況〉[地方文廟春期釋奠狀況表] | |
| 14141 | 兪致珪 | 유치규 | 40 | 36 | 1936.08 | 文廟釋奠狀況〉[地方文廟春期釋奠狀況表] | |
| 14142 | 兪致永 | 유치영 | 28 | 82 | 1927.12 | 地方報告〉[金祐濟의 報告] | 서산군수 |
| 14143 | 劉泰卨 | 유태설 | 45 | 27 | 1940.12 | 朝鮮儒林大會(朝鮮儒道聯合會創立總會) 會錄槪要〉朝鮮儒道聯合會役員名簿(昭和十四年十一月一日現在) | |
| 14144 | 劉統勳 | 유통훈 | 18 | 10 | 1918.09 | 經學管見(續) / 尹寧求 | |
| 14145 | 劉彭翊 | 유팽익 | 39 | 30 | 1935.10 | 東京斯文會主催儒道大會狀況 | |
| 14146 | 劉平甫 | 유평보 | 21 | 21 | 1921.03 | 經學管見(續) / 尹寧求 | |
| 14147 | 游夏 | 유하 | 10 | 14 | 1916.03 | 經學管見(續) / 尹寧求 | 子游와 子夏 |
| 14148 | 兪夏濬 | 유하준 | 36 | 23 | 1933.12 | 日誌大要 | |
| 14149 | 兪夏濬 | 유하준 | 37 | 44 | 1934.10 | 日誌大要 | |
| 14150 | 兪夏濬 | 유하준 | 37 | 45 | 1934.10 | 文廟釋奠狀況〉[秋期釋奠 擧行] | |
| 14151 | 兪夏濬 | 유하준 | 37 | 51 | 1934.10 | 文廟釋奠狀況〉[春期釋奠 擧行] | |
| 14152 | 兪夏濬 | 유하준 | 37 | 66 | 1934.10 | 明倫學院職員名簿 | |
| 14153 | 兪夏濬 | 유하준 | 38 | 41 | 1935.03 | 日誌大要 | |
| 14154 | 兪夏濬 | 유하준 | 38 | 43 | 1935.03 | 文廟釋奠狀況〉[秋期釋奠 擧行] | |
| 14155 | 兪夏濬 | 유하준 | 38 | 44 | 1935.03 | 文廟釋奠狀況〉[秋期釋奠 擧行] | |

| 번호 | 원문 | 현대어(독음) | 호 | 쪽 | 발행일 | 기사명 / 필자 | 비고 |
|---|---|---|---|---|---|---|---|
| 14156 | 俞夏濬 | 유하준 | 38 | 51 | 1935.03 | 第五會評議員會狀況 | |
| 14157 | 俞夏濬 | 유하준 | 39 | 47 | 1935.10 | 挽崔講師崙熙 / 俞夏濬 | |
| 14158 | 俞夏濬 | 유하준 | 39 | 51 | 1935.10 | 文廟釋奠狀況〉[春期釋奠 擧行] | |
| 14159 | 俞夏濬 | 유하준 | 39 | 52 | 1935.10 | 文廟釋奠狀況〉[春期釋奠 擧行] | |
| 14160 | 俞夏濬 | 유하준 | 40 | 35 | 1936.08 | 文廟釋奠狀況〉[秋期釋奠 擧行] | |
| 14161 | 俞夏濬 | 유하준 | 40 | 55 | 1936.08 | 鄭茂亭先生追悼錄〉輓詞 / 金承烈 | |
| 14162 | 俞夏濬 | 유하준 | 41 | 35 | 1937.02 | 文廟春季釋奠狀況 | |
| 14163 | 俞夏濬 | 유하준 | 41 | 37 | 1937.02 | 文廟秋季釋奠狀況 | |
| 14164 | 俞夏濬 | 유하준 | 41 | 59 | 1937.02 | 經學院職員名簿(昭和十一年十一月一日) | |
| 14165 | 俞夏濬 | 유하준 | 41 | 62 | 1937.02 | 明倫學院職員名簿(昭和十一年一月一日現在) | |
| 14166 | 俞夏濬 | 유하준 | 42 | 36 | 1937.12 | 日誌大要 | |
| 14167 | 俞夏濬 | 유하준 | 42 | 38 | 1937.12 | 文廟春季釋奠狀況 | |
| 14168 | 俞夏濬 | 유하준 | 43 | 45 | 1938.12 | 故大提學鄭鳳時先生輓詞 / 俞夏濬 | |
| 14169 | 俞夏濬 | 유하준 | 43 | 57 | 1938.12 | 日誌大要 | |
| 14170 | 俞夏濬 | 유하준 | 43 | 59 | 1938.12 | 文廟秋季釋奠狀況 | |
| 14171 | 俞夏濬 | 유하준 | 43 | 66 | 1938.12 | 文廟春季釋奠狀況 | |
| 14172 | 俞夏濬 | 유하준 | 44 | 77 | 1939.10 | 日誌大要(自昭和十三年六月 至昭和十三年十二月) | |
| 14173 | 俞夏濬 | 유하준 | 44 | 78 | 1939.10 | 文廟秋季釋奠狀況 | |
| 14174 | 俞夏濬 | 유하준 | 44 | 82 | 1939.10 | 日誌大要(自昭和十三年六月 至昭和十三年十二月) | |
| 14175 | 柳下惠 | 유하혜 | 28 | 68 | 1927.12 | 講說〉講題 孔夫子의 集大成 / 兒島獻吉郎 | |
| 14176 | 柳下惠 | 유하혜 | 1 | 13 | 1913.12 | 論說 / 呂圭亨 | |
| 14177 | 柳下惠 | 유하혜 | 4 | 43 | 1914.09 | 孔子年報(續) / 呂圭亨 | |
| 14178 | 柳下惠 | 유하혜 | 6 | 11 | 1915.03 | 華山問答(續) / 李容稙 | |
| 14179 | 柳下惠 | 유하혜 | 7 | 70 | 1915.06 | 講說〉講題 孔子聖之時者也(大政四年三月十八日第十回講演) / 李容稙 | |
| 14180 | 柳下惠 | 유하혜 | 7 | 71 | 1915.06 | 講說〉講題 孔子聖之時者也(大政四年三月十八日第十回講演) / 李容稙 | |
| 14181 | 柳下惠 | 유하혜 | 7 | 72 | 1915.06 | 講說〉講題 孔子聖之時者也(大政四年三月十八日第十回講演)〉敷演 / 鄭鳳時 | |
| 14182 | 柳下惠 | 유하혜 | 7 | 76 | 1915.06 | 講說〉講題 孔子聖之時者也(大政四年三月十八日第十回講演)〉敷演 / 梁鳳濟 | |
| 14183 | 柳下惠 | 유하혜 | 7 | 77 | 1915.06 | 講說〉講題 孔子聖之時者也(大政四年三月十八日第十回講演)〉續演 / 呂圭亨 | |
| 14184 | 柳下惠 | 유하혜 | 8 | 20 | 1915.09 | 孔子年報(續) / 呂圭亨 | |
| 14185 | 柳下惠 | 유하혜 | 8 | 64 | 1915.09 | 地方報告〉[韓昌愚의 報告] | |

| 번호 | 원문 | 현대어(독음) | 호 | 쪽 | 발행일 | 기사명 / 필자 | 비고 |
|---|---|---|---|---|---|---|---|
| 14186 | 柳下惠 | 유하혜 | 10 | 8 | 1916.03 | 經學說 / 李容稙 | |
| 14187 | 柳下惠 | 유하혜 | 13 | 26 | 1917.03 | 讀書私記(續) / 洪鍾佶 | |
| 14188 | 柳下惠 | 유하혜 | 24 | 9 | 1923.12 | 經義問對(續) / 沈璿澤 | |
| 14189 | 俞漢泳 | 유한영 | 26 | 76 | 1925.12 | 地方報告〉[尹時薰의 報告] | |
| 14190 | 惟咸 | 유함 | 33 | 11 | 1931.12 | 孝子司甕院奉事白公行狀 / 成樂賢 | |
| 14191 | 劉海鍾 | 유해종 | 45 | 32 | 1940.12 | 朝鮮儒林大會(朝鮮儒道聯合會創立總會) 會錄概要〉朝鮮儒道聯合會役員名簿(昭和十四年十一月一日現在) | |
| 14192 | 劉向 | 유향 | 1 | 31 | 1913.12 | 天下文明說 / 李學魯 | |
| 14193 | 劉向 | 유향 | 3 | 9 | 1914.06 | 論四經讀法(上篇) / 呂圭亨 | |
| 14194 | 劉向 | 유향 | 6 | 1 | 1915.03 | 緒論 / 呂圭亨 | |
| 14195 | 劉向 | 유향 | 8 | 35 | 1915.09 | 賢關記聞 / 李大榮 | |
| 14196 | 劉向 | 유향 | 9 | 20 | 1915.12 | 經學管見(下) / 尹寧求 | |
| 14197 | 劉向 | 유향 | 17 | 1 | 1918.07 | 經學管見(續) / 尹寧求 | |
| 14198 | 劉向 | 유향 | 19 | 74 | 1918.12 | 講說〉講題 孟懿子問孝(大正七年十一月十六日第三十二回講演)〉續演 / 呂圭亨 | |
| 14199 | 劉向 | 유향 | 21 | 15 | 1921.03 | 經學管見(續) / 尹寧求 | |
| 14200 | 劉向 | 유향 | 31 | 4 | 1930.08 | 經學源流 / 權純九 | |
| 14201 | 劉向 | 유향 | 37 | 20 | 1934.10 | 學說 / 權純九 | |
| 14202 | 劉向 | 유향 | 42 | 46 | 1937.12 | 文廟享祀位次及聖賢姓名爵號考 / 金完鎭 | 彭城伯 |
| 14203 | 劉向 | 유향 | 42 | 56 | 1937.12 | 文廟享祀位次及聖賢姓名爵號考 / 金完鎭 | 彭城伯, 원문은 姓劉名向 |
| 14204 | 劉向 | 유향 | 44 | 34 | 1939.10 | 經儒學 / 金誠鎭 | |
| 14205 | 劉向 | 유향 | 44 | 41 | 1939.10 | 經儒學 / 金誠鎭 | |
| 14206 | 劉獻之 | 유헌지 | 32 | 4 | 1930.12 | 經學源流(續) / 權純九 | |
| 14207 | 劉炫 | 유현 | 2 | 58 | 1914.03 | 講說〉講題 克己復禮(大正二年十月十一日第三回講演) / 張錫周 | |
| 14208 | 劉炫 | 유현 | 10 | 13 | 1916.03 | 經學管見(續) / 尹寧求 | |
| 14209 | 劉炫 | 유현 | 10 | 15 | 1916.03 | 經學管見(續) / 尹寧求 | |
| 14210 | 劉炫 | 유현 | 37 | 20 | 1934.10 | 學說 / 權純九 | |
| 14211 | 劉炯奎 | 유형규 | 16 | 57 | 1918.03 | 地方報告〉[鄭鳳時의 報告] | |
| 14212 | 俞好仁 | 유호인 | 11 | 27 | 1916.06 | 經學淺知錄(續) / 金文演 | 원문은 好仁 |
| 14213 | 劉泓鍾 | 유홍종 | 18 | 81 | 1918.09 | 地方報告〉[安道煥의 報告] | |
| 14214 | 劉泓鍾 | 유홍종 | 24 | 16 | 1923.12 | 平康郡鄕校重修記 / 鄭萬朝 | |
| 14215 | 劉泓鍾 | 유홍종 | 24 | 88 | 1923.12 | 地方報告〉[權炳河의 報告] | |
| 14216 | 有華 | 유화 | 5 | 48 | 1914.12 | 容思衍(續) / 李鼎煥 | |

| 번호 | 원문 | 현대어(독음) | 호 | 쪽 | 발행일 | 기사명 / 필자 | 비고 |
|---|---|---|---|---|---|---|---|
| 14217 | 俞弘濬 | 유횡준 | 27 | 59 | 1926.12 | 日誌大要 | |
| 14218 | 俞弘濬 | 유횡준 | 28 | 44 | 1927.12 | 日誌大要 | |
| 14219 | 俞弘濬 | 유횡준 | 28 | 48 | 1927.12 | 日誌大要 | |
| 14220 | 俞弘濬 | 유횡준 | 29 | 39 | 1928.12 | 日誌大要 | |
| 14221 | 俞弘濬 | 유횡준 | 29 | 44 | 1928.12 | 日誌大要 | |
| 14222 | 俞弘濬 | 유횡준 | 29 | 45 | 1928.12 | 日誌大要 | |
| 14223 | 俞弘濬 | 유횡준 | 30 | 41 | 1929.12 | 日誌大要 | |
| 14224 | 俞弘濬 | 유횡준 | 30 | 42 | 1929.12 | 日誌大要 | |
| 14225 | 俞弘濬 | 유횡준 | 30 | 45 | 1929.12 | 日誌大要 | |
| 14226 | 俞弘濬 | 유횡준 | 31 | 30 | 1930.08 | 日誌大要 | |
| 14227 | 俞弘濬 | 유횡준 | 31 | 33 | 1930.08 | 日誌大要 | |
| 14228 | 劉昫 | 유후 | 14 | 8 | 1917.07 | 經學管見(續) / 尹寧求 | |
| 14229 | 俞侯燁 | 유후엽 | 29 | 17 | 1928.12 | 新興郡文廟刱建記 / 魏大源 | |
| 14230 | 劉歆 | 유흠 | 8 | 5 | 1915.09 | 經說 本論附 / 韓晚容 | |
| 14231 | 劉歆 | 유흠 | 10 | 6 | 1916.03 | 經論 / 金元祐 | |
| 14232 | 劉歆 | 유흠 | 10 | 17 | 1916.03 | 經學管見(續) / 尹寧求 | |
| 14233 | 劉歆 | 유흠 | 31 | 5 | 1930.08 | 經學源流 / 權純九 | |
| 14234 | 劉歆 | 유흠 | 44 | 37 | 1939.10 | 經儒學 / 金誠鎭 | |
| 14235 | 劉熙 | 유희 | 12 | 14 | 1916.12 | 孟子緖論 / 金文演 | |
| 14236 | 劉熙 | 유희 | 19 | 10 | 1918.12 | 經學管見(續) / 尹寧求 | |
| 14237 | 劉熙 | 유희 | 27 | 41 | 1926.12 | 釋奠에 就ㅎ야(續) / 佐藤廣治 | |
| 14238 | 劉熙 | 유희 | 44 | 37 | 1939.10 | 經儒學 / 金誠鎭 | |
| 14239 | 劉義仲 | 유희중 | 21 | 11 | 1921.03 | 經學管見(續) / 尹寧求 | |
| 14240 | 庚熙泰 | 유희태 | 37 | 17 | 1934.10 | 茂長文廟重修記 / 金寗漢 | |
| 14241 | 陸 | 육 | 3 | 45 | 1914.06 | 講士視察見聞所記 / 呂圭亨 | 陸九淵 |
| 14242 | 陸 | 육 | 10 | 15 | 1916.03 | 經學管見(續) / 尹寧求 | 陸賈 |
| 14243 | 陸 | 육 | 10 | 22 | 1916.03 | 經學淺知錄 / 金文演 | |
| 14244 | 陸 | 육 | 10 | 23 | 1916.03 | 經學淺知錄 / 金文演 | 陸九淵 |
| 14245 | 陸 | 육 | 10 | 24 | 1916.03 | 經學淺知錄 / 金文演 | |
| 14246 | 陸 | 육 | 13 | 2 | 1917.03 | 經學管見(續) / 尹寧求 | 陸九淵 |
| 14247 | 陸 | 육 | 21 | 67 | 1921.03 | 三洙瑣談(續) / 元泳義 | |
| 14248 | 陸 | 육 | 44 | 44 | 1939.10 | 大學主旨 / 崔浩然 | 陸九淵 |
| 14249 | 陸 | 육 | 47 | 28 | 1943.01 | 論語要義 / 崔浩然 | 陸九淵 |
| 14250 | 陸賈 | 육가 | 8 | 50 | 1915.09 | 講說〉講題 苟日新日日新又日新(大政四年四月十七日第十一回講演)〉續演 / 呂圭亨 | |

| 번호 | 원문 | 현대어(독음) | 호 | 쪽 | 발행일 | 기사명 / 필자 | 비고 |
|------|------|------------|----|----|--------|--------------|------|
| 14251 | 陸賈 | 육가 | 8 | 51 | 1915.09 | 講說〉講題 苟日新日日新又日新(大政四年四月十七日第十一回講演)〉續演 / 呂圭亨 | |
| 14252 | 陸賈 | 육가 | 28 | 5 | 1927.12 | 朝鮮詩文變遷論 / 鄭萬朝 | |
| 14253 | 陸賈 | 육가 | 4 | 5 | 1914.09 | 學說 / 呂圭亨 | |
| 14254 | 陸稼書 | 육가서 | 10 | 24 | 1916.03 | 經學淺知錄 / 金文演 | 陸隴其 |
| 14255 | 陸賈 | 육고 | 21 | 14 | 1921.03 | 經學管見(續) / 尹寧求 | |
| 14256 | 陸九淵 | 육구연 | 8 | 35 | 1915.09 | 賢關記聞 / 李大榮 | |
| 14257 | 陸九淵 | 육구연 | 10 | 20 | 1916.03 | 經學管見(續) / 尹寧求 | |
| 14258 | 陸九淵 | 육구연 | 11 | 16 | 1916.06 | 經學管見(續) / 尹寧求 | |
| 14259 | 陸機 | 육기 | 14 | 6 | 1917.07 | 經學管見(續) / 尹寧求 | |
| 14260 | 陸機 | 육기 | 41 | 4 | 1937.02 | 正心 / 李大榮 | |
| 14261 | 陸隴其 | 육농기 | 10 | 24 | 1916.03 | 經學淺知錄 / 金文演 | 원문은 隴其 |
| 14262 | 陸隴其 | 육농기 | 12 | 10 | 1916.12 | 經學管見(續) / 尹寧求 | |
| 14263 | 陸隴其 | 육농기 | 13 | 2 | 1917.03 | 經學管見(續) / 尹寧求 | |
| 14264 | 陸德明 | 육덕명 | 7 | 39 | 1915.06 | 論語考證(續) / 金文演 | |
| 14265 | 陸德明 | 육덕명 | 10 | 20 | 1916.03 | 經學管見(續) / 尹寧求 | |
| 14266 | 陸德明 | 육덕명 | 11 | 4 | 1916.06 | 經論 / 韓晚容 | |
| 14267 | 陸德明 | 육덕명 | 11 | 15 | 1916.06 | 經學管見(續) / 尹寧求 | |
| 14268 | 陸德明 | 육덕명 | 11 | 24 | 1916.06 | 經學管見(續) / 尹寧求 | |
| 14269 | 陸德明 | 육덕명 | 11 | 26 | 1916.06 | 經學淺知錄(續) / 金文演 | |
| 14270 | 陸德明 | 육덕명 | 14 | 3 | 1917.07 | 經學管見(續) / 尹寧求 | |
| 14271 | 陸麗 | 육려 | 46 | 27 | 1941.12 | 孝烈行跡報告 其三 / 朴尙錫 | 원문은 麗, 고려의 문신 |
| 14272 | 陸璉 | 육련 | 32 | 3 | 1930.12 | 經學源流(續) / 權純九 | |
| 14273 | 陸放翁 | 육방옹 | 26 | 68 | 1925.12 | 講說〉講題 邦有道貧且賤焉恥也 / 成樂賢 | |
| 14274 | 陸炳淑 | 육병숙 | 46 | 27 | 1941.12 | 孝烈行跡報告 其三 / 朴尙錫 | |
| 14275 | 陸普 | 육보 | 46 | 27 | 1941.12 | 孝烈行跡報告 其三 / 朴尙錫 | |
| 14276 | 陸桴亭 | 육부정 | 10 | 22 | 1916.03 | 經學淺知錄 / 金文演 | 陸世儀 |
| 14277 | 陸桴亭 | 육부정 | 10 | 23 | 1916.03 | 經學淺知錄 / 金文演 | |
| 14278 | 陸象山 | 육상산 | 24 | 82 | 1923.12 | 講說〉講題 時代之儒敎 / 金完鎭 | 陸九淵 |
| 14279 | 陸象山 | 육상산 | 48 | 25 | 1944.04 | (十月十五日於經學院秋季釋典)時局と儒道 / 鈴川壽男 | 陸九淵 |
| 14280 | 陸善經 | 육선경 | 11 | 24 | 1916.06 | 經學管見(續) / 尹寧求 | |
| 14281 | 六先生 | 육선생 | 34 | 34 | 1932.03 | 地方儒林狀況〉[鄭汝鉉의 보고] | 宋朝六賢, 周敦頤·程顥·程頤·邵雍·張載·朱熹 |

| 번호 | 원문 | 현대어(독음) | 호 | 쪽 | 발행일 | 기사명 / 필자 | 비고 |
|---|---|---|---|---|---|---|---|
| 14282 | 陸世儀 | 육세의 | 10 | 22 | 1916.03 | 經學淺知錄 / 金文演 | 원문은 世儀 |
| 14283 | 陸偁 | 육수 | 10 | 17 | 1916.03 | 經學管見(續) / 尹寧求 | |
| 14284 | 陸偁 | 육수 | 11 | 3 | 1916.06 | 經論 / 韓晩容 | |
| 14285 | 陸秀夫 | 육수부 | 31 | 21 | 1930.08 | 講題 窮塞禍患不以動其心行吾義而已 / 李學魯 | |
| 14286 | 陸氏 | 육씨 | 11 | 16 | 1916.06 | 經學管見(續) / 尹寧求 | |
| 14287 | 陸氏 | 육씨 | 12 | 8 | 1916.12 | 經學管見(續) / 尹寧求 | |
| 14288 | 陸氏 | 육씨 | 17 | 29 | 1918.07 | 閒窓問對(續) / 朴昇東 | |
| 14289 | 陸氏 | 육씨 | 27 | 35 | 1926.12 | 三洙瑣談(續) / 元泳義 | |
| 14290 | 陸氏 | 육씨 | 30 | 3 | 1929.12 | 仁義說示友人 / 鄭萬朝 | |
| 14291 | 陸乂 | 육애 | 10 | 19 | 1916.03 | 經學管見(續) / 尹寧求 | |
| 14292 | 陸雲 | 육운 | 41 | 4 | 1937.02 | 正心 / 李大榮 | |
| 14293 | 陸子 | 육자 | 30 | 58 | 1929.12 | 講說〉講題 朝鮮의 在한 聖學道統：李退溪先生을 憶함 / 赤木萬二郎 | 陸九淵 |
| 14294 | 陸績 | 육적 | 41 | 8 | 1937.02 | 天地人 / 羅一鳳 | |
| 14295 | 陸終 | 육종 | 6 | 46 | 1915.03 | 論語考證 / 金文演 | |
| 14296 | 陸質 | 육질 | 10 | 15 | 1916.03 | 經學管見(續) / 尹寧求 | 원문은 質 |
| 14297 | 陸澄 | 육징 | 37 | 20 | 1934.10 | 學說 / 權純九 | |
| 14298 | 陸平湖 | 육평호 | 20 | 5 | 1920.03 | 中庸章句問對(續) / 朴長鴻 | |
| 14299 | 陸海吉 | 육해길 | 37 | 29 | 1934.10 | 孝烈行蹟〉[張漢錫의 보고] | |
| 14300 | 六賢 | 육현 | 20 | 31 | 1920.03 | 三洙瑣談(續) / 元泳義 | 宋朝六賢, 周敦頤·程顥·程頤·邵雍·張載·朱熹 |
| 14301 | 六賢 | 육현 | 29 | 15 | 1928.12 | 坡州郡文廟齋則序 / 李學魯 | 宋朝六賢, 周敦頤·程顥·程頤·邵雍·張載·朱熹 |
| 14302 | 六賢 | 육현 | 30 | 58 | 1929.12 | 講說〉講題 朝鮮의 在한 聖學道統：李退溪先生을 憶함 / 赤木萬二郎 | 宋朝六賢, 周敦頤·程顥·程頤·邵雍·張載·朱熹 |
| 14303 | 允 | 윤 | 21 | 66 | 1921.03 | 三洙瑣談(續) / 元泳義 | |
| 14304 | 尹 | 윤 | 27 | 54 | 1926.12 | 日誌大要 | 尹喜求 |
| 14305 | 尹 | 윤 | 27 | 57 | 1926.12 | 日誌大要 | 尹喜求 |
| 14306 | 尹 | 윤 | 11 | 56 | 1916.06 | 賢關記聞(續) / 李大榮 | 尹星駿 |

| 번호 | 원문 | 현대어(독음) | 호 | 쪽 | 발행일 | 기사명 / 필자 | 비고 |
|---|---|---|---|---|---|---|---|
| 14307 | 尹 | 윤 | 30 | 17 | 1929.12 | 祭于堂尹副學文 / 鄭萬朝 | 尹喜求 |
| 14308 | 尹 | 윤 | 30 | 38 | 1929.12 | 挽于堂尹副學 / 元弘植 | |
| 14309 | 尹 | 윤 | 30 | 45 | 1929.12 | 日誌大要 | 尹喜求 |
| 14310 | 尹 | 윤 | 44 | 73 | 1939.10 | 日誌大要(自昭和十三年六月 至昭和十三年十二月) | 尹德榮 |
| 14311 | 尹 | 윤 | 44 | 74 | 1939.10 | 日誌大要(自昭和十三年六月 至昭和十三年十二月) | 尹德榮 |
| 14312 | 尹 | 윤 | 44 | 75 | 1939.10 | 日誌大要(自昭和十三年六月 至昭和十三年十二月) | 尹德榮 |
| 14313 | 尹 | 윤 | 44 | 80 | 1939.10 | 日誌大要(自昭和十三年六月 至昭和十三年十二月) | 尹德榮 |
| 14314 | 尹 | 윤 | 44 | 82 | 1939.10 | 日誌大要(自昭和十三年六月 至昭和十三年十二月) | 尹德榮 |
| 14315 | 尹 | 윤 | 44 | 83 | 1939.10 | 日誌大要(自昭和十三年六月 至昭和十三年十二月) | 尹炳晧 |
| 14316 | 尹 | 윤 | 44 | 84 | 1939.10 | 日誌大要(自昭和十三年六月 至昭和十三年十二月) | 尹德榮 |
| 14317 | 尹 | 윤 | 44 | 89 | 1939.10 | 明倫專門學院記事 | 尹德榮 |
| 14318 | 尹 | 윤 | 45 | 6 | 1940.12 | 朝鮮儒林大會(朝鮮儒道聯合會創立總會) 會錄槪要 | 尹德榮 |
| 14319 | 尹 | 윤 | 45 | 9 | 1940.12 | 朝鮮儒林大會(朝鮮儒道聯合會創立總會) 會錄槪要 | 尹德榮 |
| 14320 | 尹 | 윤 | 45 | 13 | 1940.12 | 朝鮮儒林大會(朝鮮儒道聯合會創立總會) 會錄槪要〉朝鮮儒林大會ニ於ケル學務局長訓話要旨 / 鹽原時三郎 | 尹德榮 |
| 14321 | 尹 | 윤 | 45 | 47 | 1940.12 | 朝鮮儒道聯合會總裁推戴式〉總裁挨拶要旨 / 大野綠一郎 | 尹德榮 |
| 14322 | 尹 | 윤 | 45 | 47 | 1940.12 | 京畿道儒道聯合會結成式 | 尹德榮 |
| 14323 | 尹 | 윤 | 45 | 56 | 1940.12 | 忠淸北道儒道聯合會結成式 | 尹德榮 |
| 14324 | 尹 | 윤 | 45 | 65 | 1940.12 | 忠淸南道儒道聯合會結成式 | 尹德榮 |
| 14325 | 尹 | 윤 | 45 | 70 | 1940.12 | 忠淸南道儒道聯合會結成式〉忠淸南道儒道聯合會結成式會長式辭要旨 / 李聖根 | 尹德榮 |
| 14326 | 尹 | 윤 | 45 | 92 | 1940.12 | 全羅北道儒道聯合會結成式 | 尹德榮 |
| 14327 | 尹 | 윤 | 45 | 96 | 1940.12 | 全羅北道儒道聯合會結成式 〉全羅北道儒道聯合會結成式會長式辭要旨 | 尹德榮 |
| 14328 | 尹 | 윤 | 45 | 104 | 1940.12 | 慶尙北道儒道聯合會結成式 | 尹德榮 |
| 14329 | 尹 | 윤 | 45 | 110 | 1940.12 | 慶尙南道儒道聯合會結成式 | 尹德榮 |
| 14330 | 尹 | 윤 | 45 | 117 | 1940.12 | 黃海道儒道聯合會結成式 | 尹德榮 |
| 14331 | 尹 | 윤 | 45 | 123 | 1940.12 | 平安南道儒道聯合會結成式 | 尹德榮 |

| 번호 | 원문 | 현대어(독음) | 호 | 쪽 | 발행일 | 기사명 / 필자 | 비고 |
|---|---|---|---|---|---|---|---|
| 14332 | 尹 | 윤 | 45 | 129 | 1940.12 | 平安北道儒道聯合會結成式 | 尹德榮 |
| 14333 | 尹 | 윤 | 45 | 135 | 1940.12 | 咸鏡南道儒道聯合會結成式 | 尹德榮 |
| 14334 | 尹 | 윤 | 45 | 142 | 1940.12 | 咸鏡北道儒道聯合會結成式 | 尹德榮 |
| 14335 | 尹 | 윤 | 45 | [1] | 1940.12 | 凡例 | 尹德榮 |
| 14336 | 尹 | 윤 | 46 | 20 | 1941.12 | 經學院日誌大要(昭和十四年七月ヨリ昭和十六年六月マテ) | 尹德榮 |
| 14337 | 尹 | 윤 | 46 | 21 | 1941.12 | 經學院日誌大要(昭和十四年七月ヨリ昭和十六年六月マテ) | 尹德榮 |
| 14338 | 尹 | 윤 | 46 | 22 | 1941.12 | 經學院日誌大要(昭和十四年七月ヨリ昭和十六年六月マテ) | 尹德榮 |
| 14339 | 尹 | 윤 | 46 | 23 | 1941.12 | 經學院日誌大要(昭和十四年七月ヨリ昭和十六年六月マテ) | 尹德榮 |
| 14340 | 尹 | 윤 | 46 | 32 | 1941.12 | 明倫專門學院日誌大要(昭和十四年七月ヨリ昭和十六年六月マテ) | 尹德榮 |
| 14341 | 尹艮齋 | 윤간재 | 11 | 57 | 1916.06 | 賢關記聞(續) / 李大榮 | 尹星駿 |
| 14342 | 尹甲炳 | 윤갑병 | 45 | 25 | 1940.12 | 朝鮮儒林大會(朝鮮儒道聯合會創立總會) 會錄概要〉朝鮮儒道聯合會役員名簿(昭和十四年十一月一日現在) | |
| 14343 | 尹甲錫 | 윤갑석 | 31 | 39 | 1930.08 | 地方報告〉孝烈行蹟[韓鳳燮 等의 보고] | |
| 14344 | 尹建榮 | 윤건영 | 44 | 78 | 1939.10 | 文廟秋季釋奠狀況 | |
| 14345 | 尹暻學 | 윤경학 | 26 | 94 | 1925.12 | 地方報告〉[尹暻學 等의 報告] | |
| 14346 | 尹景赫 | 윤경혁 | 32 | 47 | 1930.12 | 地方報告〉各郡文廟釋奠狀況〉[尹景赫의 보고] | |
| 14347 | 尹景赫 | 윤경혁 | 35 | 35 | 1932.12 | 文廟釋奠狀況〉[尹景赫의 보고] | |
| 14348 | 尹景赫 | 윤경혁 | 38 | 48 | 1935.03 | 文廟釋奠狀況〉地方文廟秋期釋奠狀況表 | |
| 14349 | 尹景赫 | 윤경혁 | 40 | 37 | 1936.08 | 文廟釋奠狀況〉[地方文廟春期釋奠狀況表] | |
| 14350 | 尹榮 | 윤계 | 43 | 20 | 1938.12 | 江華忠烈祠享祀位次及祝文式 | |
| 14351 | 尹奎炳 | 윤규병 | 38 | 49 | 1935.03 | 文廟釋奠狀況〉地方文廟秋期釋奠狀況表 | |
| 14352 | 尹奎炳 | 윤규병 | 39 | 54 | 1935.10 | 文廟釋奠狀況〉地方文廟春期釋奠狀況表 | |
| 14353 | 尹瑾植 | 윤근식 | 35 | 40 | 1932.12 | 孝烈行蹟〉[金瀋容 等의 보고] | 원문은 尹公瑾植 |
| 14354 | 尹金孫 | 윤금손 | 10 | 30 | 1916.03 | 享官廳記 / 洪貴達 撰 | |
| 14355 | 尹汲 | 윤급 | 10 | 53 | 1916.03 | 賢關記聞(續) / 李大榮 | |
| 14356 | 尹起莘 | 윤기신 | 21 | 14 | 1921.03 | 經學管見(續) / 尹寧求 | |
| 14357 | 尹起泰 | 윤기태 | 16 | 59 | 1918.03 | 地方報告〉[南相台의 報告] | |
| 14358 | 尹佶模 | 윤길모 | 41 | 25 | 1937.02 | 一. 孝烈行蹟〉[尹佶模의 보고] | |
| 14359 | 尹吉甫 | 윤길보 | 16 | 15 | 1918.03 | 詩經篤辨 / 金文演 | |
| 14360 | 尹吉甫 | 윤길보 | 27 | 34 | 1926.12 | 三洙瑣談(續) / 元泳義 | |

| 번호 | 원문 | 현대어(독음) | 호 | 쪽 | 발행일 | 기사명 / 필자 | 비고 |
|---|---|---|---|---|---|---|---|
| 14361 | 尹吉重 | 윤길중 | 45 | 29 | 1940.12 | 朝鮮儒林大會(朝鮮儒道聯合會創立總會) 會錄槪要〉朝鮮儒道聯合會役員名簿(昭和十四年十一月一日現在) | |
| 14362 | 尹達永 | 윤달영 | 38 | 49 | 1935.03 | 文廟釋奠狀況〉地方文廟秋期釋奠狀況表 | |
| 14363 | 尹大鉉 | 윤대현 | 36 | 71 | 1933.12 | 明倫學院第四回入學許可者名簿 | |
| 14364 | 尹大鉉 | 윤대현 | 37 | 51 | 1934.10 | 文廟釋奠狀況〉[春期釋奠 擧行] | |
| 14365 | 尹大鉉 | 윤대현 | 38 | 44 | 1935.03 | 文廟釋奠狀況〉[秋期釋奠 擧行] | |
| 14366 | 尹大鉉 | 윤대현 | 40 | 35 | 1936.08 | 文廟釋奠狀況〉[秋期釋奠 擧行] | |
| 14367 | 尹大鉉 | 윤대현 | 40 | 62 | 1936.08 | 第四回卒業式狀況及第七回新入生名簿〉第四回卒業生名簿 | |
| 14368 | 尹德基 | 윤덕기 | 45 | 33 | 1940.12 | 朝鮮儒林大會(朝鮮儒道聯合會創立總會) 會錄槪要〉朝鮮儒道聯合會役員名簿(昭和十四年十一月一日現在) | |
| 14369 | 尹德基 | 윤덕기 | 45 | 41 | 1940.12 | 朝鮮儒林大會(朝鮮儒道聯合會創立總會) 會錄槪要〉朝鮮儒道聯合會役員名簿(昭和十四年十一月一日現在) | |
| 14370 | 尹德榮 | 윤덕영 | 43 | 47 | 1938.12 | 訓辭 / 尹德榮 | |
| 14371 | 尹德榮 | 윤덕영 | 43 | 57 | 1938.12 | 日誌大要 | |
| 14372 | 尹德榮 | 윤덕영 | 43 | 72 | 1938.12 | 第六回卒業式狀況及第九回新入生名簿 | |
| 14373 | 尹德榮 | 윤덕영 | 44 | 16 | 1939.10 | 時局의 認識과 儒林의 覺醒(昭和十三年 十月十五日 秋季釋奠後 經學院 明倫堂 講演) / 尹德榮 | |
| 14374 | 尹德榮 | 윤덕영 | 44 | 78 | 1939.10 | 文廟秋季釋奠狀況 | |
| 14375 | 尹德榮 | 윤덕영 | 44 | 85 | 1939.10 | 文廟春季釋奠狀況 | |
| 14376 | 尹德榮 | 윤덕영 | 45 | 3 | 1940.12 | 慶會樓總督招宴二於ケル大提學答辭要旨 / 尹德榮 | |
| 14377 | 尹德榮 | 윤덕영 | 45 | 6 | 1940.12 | 朝鮮儒林大會(朝鮮儒道聯合會創立總會) 會錄槪要 | |
| 14378 | 尹德榮 | 윤덕영 | 45 | 14 | 1940.12 | 朝鮮儒林大會(朝鮮儒道聯合會創立總會) 會錄槪要〉朝鮮儒林大會二於ケル經學院大提學訓示要旨 / 尹德榮 | |
| 14379 | 尹德榮 | 윤덕영 | 45 | 20 | 1940.12 | 朝鮮儒林大會(朝鮮儒道聯合會創立總會) 會錄槪要〉朝鮮儒道聯合會役員名簿(昭和十四年十一月一日現在) | |
| 14380 | 尹德榮 | 윤덕영 | 45 | 43 | 1940.12 | 朝鮮儒道聯合會總裁推戴式〉總裁推戴式二關スル案內狀 / 尹德榮 | |
| 14381 | 尹德榮 | 윤덕영 | 45 | 45 | 1940.12 | 朝鮮儒道聯合會總裁推戴式〉總裁推戴ノ辭要旨 / 尹德榮 | |
| 14382 | 尹德榮 | 윤덕영 | 45 | 46 | 1940.12 | 朝鮮儒道聯合會總裁推戴式〉總裁挨拶要旨 / 大野綠一郎 | |

| 번호 | 원문 | 현대어(독음) | 호 | 쪽 | 발행일 | 기사명 / 필자 | 비고 |
|---|---|---|---|---|---|---|---|
| 14383 | 尹德榮 | 윤덕영 | 45 | 55 | 1940.12 | 京畿道儒道聯合會結成式〉京畿道儒道聯合會結成式ニ於ケル朝鮮儒道聯合會長告辭要旨 / 尹德榮 | |
| 14384 | 尹德榮 | 윤덕영 | 45 | 65 | 1940.12 | 忠淸南道儒道聯合會結成式 | |
| 14385 | 尹德榮 | 윤덕영 | 45 | [0] | 1940.12 | 會長 子爵 尹德榮閣下, 副會長 子爵 閔丙奭閣下, 副會長 速水滉閣下 | |
| 14386 | 尹德榮 | 윤덕영 | 45 | [1] | 1940.12 | 凡例 | |
| 14387 | 尹德榮 | 윤덕영 | 46 | 13 | 1941.12 | 釋奠狀況〉昭和十四年秋季釋奠狀況 | |
| 14388 | 尹德榮 | 윤덕영 | 46 | 14 | 1941.12 | 釋奠狀況〉昭和十五年春季釋奠狀況 | |
| 14389 | 尹德榮 | 윤덕영 | 46 | 19 | 1941.12 | 故經學院大提學從二位勳一等子爵尹德榮先生追悼錄 | |
| 14390 | 尹德玄 | 윤덕현 | 40 | 37 | 1936.08 | 文廟釋奠狀況〉[地方文廟春期釋奠狀況表] | |
| 14391 | 尹焞 | 윤돈 | 11 | 22 | 1916.06 | 經學管見(續) / 尹寧求 | |
| 14392 | 尹焞 | 윤돈 | 21 | 20 | 1921.03 | 經學管見(續) / 尹寧求 | |
| 14393 | 尹燉 | 윤돈 | 5 | 44 | 1914.12 | 孔子年報(續) / 呂圭亨 | |
| 14394 | 尹同爕 | 윤동섭 | 44 | 79 | 1939.10 | 文廟秋季釋奠狀況 | |
| 14395 | 尹同爕 | 윤동섭 | 44 | 87 | 1939.10 | 文廟春季釋奠狀況 | |
| 14396 | 尹同爕 | 윤동섭 | 46 | 14 | 1941.12 | 釋奠狀況〉昭和十四年秋季釋奠狀況 | |
| 14397 | 尹同爕 | 윤동섭 | 46 | 15 | 1941.12 | 釋奠狀況〉昭和十五年春季釋奠狀況 | |
| 14398 | 尹東壽 | 윤동수 | 23 | 59 | 1922.12 | 日誌大要 | |
| 14399 | 尹東壽 | 윤동수 | 25 | 38 | 1924.12 | 日誌大要 | |
| 14400 | 尹東壽 | 윤동수 | 25 | 39 | 1924.12 | 日誌大要 | |
| 14401 | 尹東準 | 윤동준 | 29 | 44 | 1928.12 | 日誌大要 | |
| 14402 | 尹斗善 | 윤두선 | 28 | 47 | 1927.12 | 日誌大要 | |
| 14403 | 尹岦 | 윤립 | 33 | 9 | 1931.12 | 司直金公墓碑銘并序 / 金完鎭 | |
| 14404 | 尹萬紀 | 윤만기 | 23 | 88 | 1922.12 | 地方報告〉[乾元祠 新建 關聯 報告] | |
| 14405 | 尹萬儀 | 윤만의 | 46 | 13 | 1941.12 | 釋奠狀況〉昭和十四年秋季釋奠狀況 | |
| 14406 | 倫明 | 윤명 | 39 | 30 | 1935.10 | 東京斯文會主催儒道大會狀況 | 輔仁大學教授 |
| 14407 | 尹命爕 | 윤명섭 | 44 | 78 | 1939.10 | 文廟秋季釋奠狀況 | |
| 14408 | 尹命爕 | 윤명섭 | 44 | 79 | 1939.10 | 文廟秋季釋奠狀況 | |
| 14409 | 尹命爕 | 윤명섭 | 44 | 87 | 1939.10 | 文廟春季釋奠狀況 | |
| 14410 | 尹命爕 | 윤명섭 | 45 | 33 | 1940.12 | 朝鮮儒林大會(朝鮮儒道聯合會創立總會) 會錄概要〉朝鮮儒道聯合會役員名簿(昭和十四年十一月一日現在) | |
| 14411 | 尹命爕 | 윤명섭 | 45 | 41 | 1940.12 | 朝鮮儒林大會(朝鮮儒道聯合會創立總會) 會錄概要〉朝鮮儒道聯合會役員名簿(昭和十四年十一月一日現在) | |

| 번호 | 원문 | 현대어(독음) | 호 | 쪽 | 발행일 | 기사명 / 필자 | 비고 |
|---|---|---|---|---|---|---|---|
| 14412 | 尹命燮 | 윤명섭 | 46 | 13 | 1941.12 | 釋奠狀況〉昭和十四年秋季釋奠狀況 | |
| 14413 | 尹命燮 | 윤명섭 | 46 | 14 | 1941.12 | 釋奠狀況〉昭和十四年秋季釋奠狀況 | |
| 14414 | 尹命燮 | 윤명섭 | 46 | 15 | 1941.12 | 釋奠狀況〉昭和十五年春季釋奠狀況 | |
| 14415 | 尹命燮 | 윤명섭 | 46 | 16 | 1941.12 | 釋奠狀況〉昭和十五年秋季釋奠狀況 | |
| 14416 | 尹命燮 | 윤명섭 | 47 | 36 | 1943.01 | 釋奠狀況〉昭和十六年秋季釋奠狀況 | |
| 14417 | 尹命燮 | 윤명섭 | 47 | 37 | 1943.01 | 釋奠狀況〉昭和十六年秋季釋奠狀況 | |
| 14418 | 尹命燮 | 윤명섭 | 47 | 41 | 1943.01 | 釋奠狀況〉昭和十七年秋季釋奠狀況 | |
| 14419 | 尹命燮 | 윤명섭 | 48 | 51 | 1944.04 | 釋奠狀況〉昭和十八年春季釋奠狀況 | |
| 14420 | 尹命燮 | 윤명섭 | 48 | 52 | 1944.04 | 釋奠狀況〉昭和十八年春季釋奠狀況 | |
| 14421 | 尹命燮 | 윤명섭 | 48 | 53 | 1944.04 | 釋奠狀況〉昭和十八年秋季釋奠狀況 | |
| 14422 | 尹明燮 | 윤명섭 | 47 | 38 | 1943.01 | 釋奠狀況〉昭和十七年春季釋奠狀況 | |
| 14423 | 尹明齋 | 윤명재 | 11 | 27 | 1916.06 | 經學淺知錄(續) / 金文演 | 尹拯 |
| 14424 | 尹明齋 | 윤명재 | 28 | 3 | 1927.12 | 朝鮮詩文變遷論 / 鄭萬朝 | 尹拯 |
| 14425 | 尹明學 | 윤명학 | 23 | 51 | 1922.12 | 長湍郡文廟重修韻 / 尹明學 | |
| 14426 | 尹茂榮 | 윤무영 | 27 | 58 | 1926.12 | 日誌大要 | |
| 14427 | 尹茂榮 | 윤무영 | 27 | 59 | 1926.12 | 日誌大要 | |
| 14428 | 尹茂榮 | 윤무영 | 28 | 47 | 1927.12 | 日誌大要 | |
| 14429 | 尹茂榮 | 윤무영 | 28 | 48 | 1927.12 | 日誌大要 | |
| 14430 | 尹茂榮 | 윤무영 | 29 | 38 | 1928.12 | 日誌大要 | |
| 14431 | 尹茂榮 | 윤무영 | 29 | 39 | 1928.12 | 日誌大要 | |
| 14432 | 尹茂榮 | 윤무영 | 29 | 45 | 1928.12 | 日誌大要 | |
| 14433 | 尹茂榮 | 윤무영 | 30 | 42 | 1929.12 | 日誌大要 | |
| 14434 | 尹茂榮 | 윤무영 | 45 | 34 | 1940.12 | 朝鮮儒林大會(朝鮮儒道聯合會創立總會) 會錄概要〉朝鮮儒道聯合會役員名簿(昭和十四年十一月一日現在) | |
| 14435 | 尹美村 | 윤미촌 | 11 | 27 | 1916.06 | 經學淺知錄(續) / 金文演 | 尹宣擧 |
| 14436 | 尹敏 | 윤민 | 31 | 5 | 1930.08 | 經學源流 / 權純九 | |
| 14437 | 尹伯奇 | 윤백기 | 16 | 15 | 1918.03 | 詩經蔦辨 / 金文演 | |
| 14438 | 尹白浩 | 윤백호 | 11 | 27 | 1916.06 | 經學淺知錄(續) / 金文演 | 尹鑴 |
| 14439 | 尹別洞 | 윤별동 | 11 | 26 | 1916.06 | 經學淺知錄(續) / 金文演 | 尹祥 |
| 14440 | 尹屛溪 | 윤병계 | 11 | 27 | 1916.06 | 經學淺知錄(續) / 金文演 | 尹鳳九 |
| 14441 | 尹丙求 | 윤병구 | 45 | 38 | 1940.12 | 朝鮮儒林大會(朝鮮儒道聯合會創立總會) 會錄概要〉朝鮮儒道聯合會役員名簿(昭和十四年十一月一日現在) | |
| 14442 | 尹秉紀 | 윤병기 | 39 | 52 | 1935.10 | 文廟釋奠狀況〉[春期釋奠 擧行] | |
| 14443 | 尹炳德 | 윤병덕 | 38 | 44 | 1935.03 | 文廟釋奠狀況〉地方文廟秋期釋奠狀況表 | |
| 14444 | 尹炳錫 | 윤병석 | 44 | 87 | 1939.10 | 文廟春季釋奠狀況 | |

| 번호 | 원문 | 현대어(독음) | 호 | 쪽 | 발행일 | 기사명 / 필자 | 비고 |
|---|---|---|---|---|---|---|---|
| 14445 | 尹炳善 | 윤병선 | 19 | 82 | 1918.12 | 地方報告〉[朴晩赫의 報告] | |
| 14446 | 尹炳善 | 윤병선 | 23 | 24 | 1922.12 | 通川郡文廟重修記 / 朴箕陽 | |
| 14447 | 尹炳善 | 윤병선 | 23 | 85 | 1922.12 | 地方報告〉[尹炳善의 報告] | |
| 14448 | 尹秉善 | 윤병선 | 22 | 77 | 1922.03 | 地方報告〉[尹秉善의 報告] | |
| 14449 | 尹秉燮 | 윤병섭 | 45 | 41 | 1940.12 | 朝鮮儒林大會(朝鮮儒道聯合會創立總會) 會錄槪要〉朝鮮儒道聯合會役員名簿(昭和十四年十一月一日現在) | |
| 14450 | 尹秉純 | 윤병순 | 4 | 52 | 1914.09 | 參講演有感 / 尹秉純 | |
| 14451 | 尹秉純 | 윤병순 | 7 | 54 | 1915.06 | 日誌大要 | |
| 14452 | 尹秉純 | 윤병순 | 9 | 40 | 1915.12 | 日誌大要 | |
| 14453 | 尹秉純 | 윤병순 | 9 | 42 | 1915.12 | 日誌大要 | |
| 14454 | 尹秉純 | 윤병순 | 11 | 62 | 1916.06 | 日誌大要 | |
| 14455 | 尹秉純 | 윤병순 | 12 | 53 | 1916.12 | 日誌大要 | |
| 14456 | 尹秉純 | 윤병순 | 14 | 39 | 1917.07 | 日誌大要 | |
| 14457 | 尹秉純 | 윤병순 | 16 | 32 | 1918.03 | 日誌大要 | |
| 14458 | 尹秉純 | 윤병순 | 17 | 42 | 1918.07 | 日誌大要 | |
| 14459 | 尹秉純 | 윤병순 | 19 | 30 | 1918.12 | 日誌大要 | |
| 14460 | 尹秉純 | 윤병순 | 19 | 31 | 1918.12 | 日誌大要 | |
| 14461 | 尹秉純 | 윤병순 | 20 | 46 | 1920.03 | 日誌大要 | |
| 14462 | 尹秉純 | 윤병순 | 20 | 49 | 1920.03 | 日誌大要 | |
| 14463 | 尹秉純 | 윤병순 | 21 | 90 | 1921.03 | 日誌大要 | |
| 14464 | 尹秉純 | 윤병순 | 21 | 93 | 1921.03 | 日誌大要 | |
| 14465 | 尹秉純 | 윤병순 | 22 | 54 | 1922.03 | 日誌大要 | |
| 14466 | 尹秉純 | 윤병순 | 22 | 58 | 1922.03 | 日誌大要 | |
| 14467 | 尹秉純 | 윤병순 | 23 | 55 | 1922.12 | 日誌大要 | |
| 14468 | 尹秉純 | 윤병순 | 23 | 60 | 1922.12 | 日誌大要 | |
| 14469 | 尹秉純 | 윤병순 | 24 | 55 | 1923.12 | 日誌大要 | |
| 14470 | 尹秉純 | 윤병순 | 24 | 59 | 1923.12 | 日誌大要 | |
| 14471 | 尹秉純 | 윤병순 | 25 | 38 | 1924.12 | 日誌大要 | |
| 14472 | 尹秉純 | 윤병순 | 25 | 44 | 1924.12 | 日誌大要 | |
| 14473 | 尹秉純 | 윤병순 | 26 | 41 | 1925.12 | 日誌大要 | |
| 14474 | 尹秉純 | 윤병순 | 26 | 46 | 1925.12 | 日誌大要 | |
| 14475 | 尹秉純 | 윤병순 | 27 | 53 | 1926.12 | 日誌大要 | |
| 14476 | 尹秉純 | 윤병순 | 27 | 59 | 1926.12 | 日誌大要 | |
| 14477 | 尹秉純 | 윤병순 | 28 | 44 | 1927.12 | 日誌大要 | |
| 14478 | 尹秉純 | 윤병순 | 28 | 48 | 1927.12 | 日誌大要 | |

| 번호 | 원문 | 현대어(독음) | 호 | 쪽 | 발행일 | 기사명 / 필자 | 비고 |
|---|---|---|---|---|---|---|---|
| 14479 | 尹秉純 | 윤병순 | 29 | 39 | 1928.12 | 日誌大要 | |
| 14480 | 尹秉純 | 윤병순 | 29 | 44 | 1928.12 | 日誌大要 | |
| 14481 | 尹秉純 | 윤병순 | 30 | 42 | 1929.12 | 日誌大要 | |
| 14482 | 尹秉純 | 윤병순 | 30 | 44 | 1929.12 | 日誌大要 | |
| 14483 | 尹秉純 | 윤병순 | 31 | 30 | 1930.08 | 日誌大要 | |
| 14484 | 尹秉純 | 윤병순 | 31 | 33 | 1930.08 | 日誌大要 | |
| 14485 | 尹秉純 | 윤병순 | 32 | 38 | 1930.12 | 日誌大要 | |
| 14486 | 尹秉純 | 윤병순 | 33 | 43 | 1931.12 | 文廟釋奠狀況 | |
| 14487 | 尹秉純 | 윤병순 | 33 | 50 | 1931.12 | 文廟釋奠狀況〉[本院秋期釋奠에 대한 보고] | |
| 14488 | 尹秉純 | 윤병순 | 35 | 30 | 1932.12 | 文廟釋奠狀況 | |
| 14489 | 尹秉純 | 윤병순 | 36 | 25 | 1933.12 | 文廟釋奠狀況〉[秋期釋奠 擧行] | |
| 14490 | 尹秉純 | 윤병순 | 36 | 30 | 1933.12 | 文廟釋奠狀況〉[春期釋奠 擧行] | |
| 14491 | 尹秉純 | 윤병순 | 37 | 46 | 1934.10 | 文廟釋奠狀況〉[秋期釋奠 擧行] | |
| 14492 | 尹秉純 | 윤병순 | 37 | 51 | 1934.10 | 文廟釋奠狀況〉[春期釋奠 擧行] | |
| 14493 | 尹秉純 | 윤병순 | 38 | 44 | 1935.03 | 文廟釋奠狀況〉[秋期釋奠 擧行] | |
| 14494 | 尹秉純 | 윤병순 | 40 | 35 | 1936.08 | 文廟釋奠狀況〉[秋期釋奠 擧行] | |
| 14495 | 尹秉純 | 윤병순 | 41 | 35 | 1937.02 | 文廟春季釋奠狀況 | |
| 14496 | 尹秉純 | 윤병순 | 41 | 37 | 1937.02 | 文廟秋季釋奠狀況 | |
| 14497 | 尹秉純 | 윤병순 | 42 | 38 | 1937.12 | 文廟春季釋奠狀況 | |
| 14498 | 尹炳億 | 윤병억 | 48 | 51 | 1944.04 | 釋奠狀況〉昭和十八年春季釋奠狀況 | |
| 14499 | 尹炳殷 | 윤병은 | 38 | 46 | 1935.03 | 文廟釋奠狀況〉地方文廟秋期釋奠狀況表 | |
| 14500 | 李秉懿 | 윤병의 | 21 | 90 | 1921.03 | 日誌大要 | |
| 14501 | 尹炳益 | 윤병익 | 16 | 62 | 1918.03 | 地方報告〉[尹炳益의 報告] | |
| 14502 | 尹炳益 | 윤병익 | 17 | 18 | 1918.07 | 堤川郡鄕校儒林契劵序 / 金允植 | 원문은 尹君炳益 |
| 14503 | 尹炳日 | 윤병일 | 23 | 59 | 1922.12 | 日誌大要 | |
| 14504 | 尹秉柱 | 윤병주 | 33 | 37 | 1931.12 | 聲討顚末 | |
| 14505 | 尹炳杓 | 윤병표 | 27 | 87 | 1926.12 | 地方報告〉[成秉鎬 等의 報告] | 원문은 炳杓 |
| 14506 | 尹炳杓 | 윤병표 | 29 | 19 | 1928.12 | 孺人慶州金氏烈行紀蹟碑 / 金完鎭 | |
| 14507 | 尹秉憲 | 윤병헌 | 33 | 35 | 1931.12 | 聲討顚末 | |
| 14508 | 尹炳晧 | 윤병호 | 44 | 82 | 1939.10 | 日誌大要(自昭和十三年六月 至昭和十三年十二月) | |
| 14509 | 尹炳晧 | 윤병호 | 44 | 85 | 1939.10 | 文廟春季釋奠狀況 | |
| 14510 | 尹炳晧 | 윤병호 | 44 | 87 | 1939.10 | 文廟春季釋奠狀況 | |
| 14511 | 尹炳晧 | 윤병호 | 44 | 99 | 1939.10 | [판권사항] | |
| 14512 | 尹炳晧 | 윤병호 | 45 | 9 | 1940.12 | 朝鮮儒林大會(朝鮮儒道聯合會創立總會) 會錄槪要 | |

| 번호 | 원문 | 현대어(독음) | 호 | 쪽 | 발행일 | 기사명 / 필자 | 비고 |
|---|---|---|---|---|---|---|---|
| 14513 | 尹炳晧 | 윤병호 | 45 | 25 | 1940.12 | 朝鮮儒林大會(朝鮮儒道聯合會創立總會) 會錄槪要〉朝鮮儒道聯合會役員名簿(昭和十四年十一月一日現在) | |
| 14514 | 尹炳晧 | 윤병호 | 45 | 148 | 1940.12 | [판권사항] | |
| 14515 | 尹炳晧 | 윤병호 | 46 | 13 | 1941.12 | 釋奠狀況〉昭和十四年秋季釋奠狀況 | |
| 14516 | 尹炳晧 | 윤병호 | 46 | 14 | 1941.12 | 釋奠狀況〉昭和十五年春季釋奠狀況 | |
| 14517 | 尹炳晧 | 윤병호 | 46 | 15 | 1941.12 | 釋奠狀況〉昭和十五年春季釋奠狀況 | |
| 14518 | 尹炳晧 | 윤병호 | 46 | 16 | 1941.12 | 釋奠狀況〉昭和十五年秋季釋奠狀況 | |
| 14519 | 尹炳晧 | 윤병호 | 46 | 20 | 1941.12 | 經學院日誌大要(昭和十四年七月ヨリ昭和十六年六月マテ) | |
| 14520 | 尹炳晧 | 윤병호 | 46 | 21 | 1941.12 | 經學院日誌大要(昭和十四年七月ヨリ昭和十六年六月マテ) | |
| 14521 | 尹炳晧 | 윤병호 | 46 | 22 | 1941.12 | 經學院日誌大要(昭和十四年七月ヨリ昭和十六年六月マテ) | |
| 14522 | 尹炳晧 | 윤병호 | 46 | 23 | 1941.12 | 經學院日誌大要(昭和十四年七月ヨリ昭和十六年六月マテ) | |
| 14523 | 尹炳晧 | 윤병호 | 47 | 45 | 1943.01 | 經學院日誌大要(昭和十六年七月ヨリ昭和十七年六月マテ) | |
| 14524 | 尹炳晧 | 윤병호 | 47 | 46 | 1943.01 | 經學院日誌大要(昭和十六年七月ヨリ昭和十七年六月マテ) | |
| 14525 | 尹炳晧 | 윤병호 | 47 | 52 | 1943.01 | [판권사항] | |
| 14526 | 尹炳晧 | 윤병호 | 46 | 72 | 1941.12 | [판권사항] | |
| 14527 | 尹炳喜 | 윤병희 | 44 | 86 | 1939.10 | 文廟春季釋奠狀況 | |
| 14528 | 尹炳喜 | 윤병희 | 45 | 29 | 1940.12 | 朝鮮儒林大會(朝鮮儒道聯合會創立總會) 會錄槪要〉朝鮮儒道聯合會役員名簿(昭和十四年十一月一日現在) | |
| 14529 | 尹普榮 | 윤보영 | 21 | 90 | 1921.03 | 日誌大要 | |
| 14530 | 尹復榮 | 윤복영 | 45 | 21 | 1940.12 | 朝鮮儒林大會(朝鮮儒道聯合會創立總會) 會錄槪要〉朝鮮儒道聯合會役員名簿(昭和十四年十一月一日現在) | |
| 14531 | 尹鳳九 | 윤봉구 | 11 | 27 | 1916.06 | 經學淺知錄(續) / 金文演 | 원문은 鳳九 |
| 14532 | 尹鳳九 | 윤봉구 | 32 | 42 | 1930.12 | 地方報告〉地方儒林狀況〉[成樂賢의 報告] | 원문은 尹公鳳九 |
| 14533 | 尹奉來 | 윤봉래 | 20 | 38 | 1920.03 | 求禮郡文廟重修捐義錄小序 / 金商翊 | |
| 14534 | 尹鳳燮 | 윤봉섭 | 38 | 45 | 1935.03 | 文廟釋奠狀況〉地方文廟秋期釋奠狀況表 | |
| 14535 | 尹鳳燮 | 윤봉섭 | 39 | 41 | 1935.10 | 孝烈行蹟〉[尹鳳燮의 보고] | |
| 14536 | 尹祥 | 윤상 | 8 | 38 | 1915.09 | 賢關記聞 / 李大榮 | |
| 14537 | 尹祥 | 윤상 | 11 | 26 | 1916.06 | 經學淺知錄(續) / 金文演 | 원문은 祥 |
| 14538 | 尹祥 | 윤상 | 18 | 31 | 1918.09 | 賢關記聞(續) / 李大榮 | |

| 번호 | 원문 | 현대어(독음) | 호 | 쪽 | 발행일 | 기사명 / 필자 | 비고 |
|---|---|---|---|---|---|---|---|
| 14539 | 尹祥 | 윤상 | 21 | 64 | 1921.03 | 賢關記聞(續) / 李大榮 | 원문은<br>尹別洞祥 |
| 14540 | 尹祥 | 윤상 | 37 | 21 | 1934.10 | 敎化編年 / 李大榮 | |
| 14541 | 尹相覺 | 윤상각 | 26 | 36 | 1925.12 | 江陵文廟重修落成韻 / 尹相覺 | |
| 14542 | 尹相穆 | 윤상목 | 23 | 88 | 1922.12 | 地方報告〉[乾元祠 新建 關聯 報告] | |
| 14543 | 尹相泰 | 윤상태 | 45 | 31 | 1940.12 | 朝鮮儒林大會(朝鮮儒道聯合會創立總會) 會錄槪要〉朝鮮儒道聯合會役員名簿(昭和十四年十一月一日現在) | |
| 14544 | 尹相鶴 | 윤상학 | 35 | 13 | 1932.12 | 思想善導에 就하야(特히 朝鮮事情에 鑑하야) / 尹相鶴 | |
| 14545 | 尹相鶴 | 윤상학 | 36 | 10 | 1933.12 | 思想의 善導에 就하야(特히 朝鮮事情에 鑑하야)(續) / 尹相鶴 | |
| 14546 | 尹象鉉 | 윤상현 | 12 | 55 | 1916.12 | 日誌大要 | |
| 14547 | 尹相浩 | 윤상호 | 33 | 29 | 1931.12 | 聲討顚末 | |
| 14548 | 尹相浩 | 윤상호 | 34 | 56 | 1932.03 | 明倫學院評議會員名簿 | |
| 14549 | 尹相浩 | 윤상호 | 35 | 25 | 1932.12 | 孝壽帖〉賀韻 / 尹相浩 | |
| 14550 | 尹相浩 | 윤상호 | 36 | 66 | 1933.12 | 明倫學院評議員名簿 | |
| 14551 | 尹相浩 | 윤상호 | 37 | 67 | 1934.10 | 明倫學院評議員名簿 | |
| 14552 | 尹相浩 | 윤상호 | 40 | 43 | 1936.08 | 成竹似先生追悼錄〉挽故成均館博士成竹似先生 / 尹相浩 | |
| 14553 | 尹相浩 | 윤상호 | 40 | 53 | 1936.08 | 鄭茂亭先生追悼錄〉輓詞 / 尹相浩 | |
| 14554 | 尹相浩 | 윤상호 | 41 | 63 | 1937.02 | 明倫學院評議員名簿(昭和十一年一月一日) | |
| 14555 | 尹相浩 | 윤상호 | 45 | 27 | 1940.12 | 朝鮮儒林大會(朝鮮儒道聯合會創立總會) 會錄槪要〉朝鮮儒道聯合會役員名簿(昭和十四年十一月一日現在) | |
| 14556 | 尹相浩 | 윤상호 | 46 | 33 | 1941.12 | 明倫專門學院日誌大要(昭和十四年七月ヨリ昭和十六年六月マデ) | |
| 14557 | 尹碩輔 | 윤석보 | 29 | 19 | 1928.12 | 孺人慶州金氏烈行紀蹟碑 / 金完鎭 | 원문은 碩輔 |
| 14558 | 尹錫鳳 | 윤석봉 | 40 | 35 | 1936.08 | 文廟釋奠狀況〉[秋期釋奠 擧行] | |
| 14559 | 尹錫鳳 | 윤석봉 | 40 | 63 | 1936.08 | 第四回卒業式狀況及第七回新入生名簿〉聽講生修了生名簿 | |
| 14560 | 尹錫鳳 | 윤석봉 | 41 | 35 | 1937.02 | 文廟春季釋奠狀況 | |
| 14561 | 尹錫衡 | 윤석형 | 14 | 75 | 1917.07 | 地方報告〉[尹錫衡의 報告] | |
| 14562 | 尹宣擧 | 윤선거 | 11 | 27 | 1916.06 | 經學淺知錄(續) / 金文演 | 원문은 宣擧 |
| 14563 | 尹成圭 | 윤성규 | 23 | 51 | 1922.12 | 長湍郡文廟重修韻 / 尹成圭 | |
| 14564 | 尹城炳晧 | 윤성병호 | 46 | 17 | 1941.12 | 釋奠狀況〉昭和十六年春季釋奠狀況 | 尹炳晧 |
| 14565 | 尹城炳晧 | 윤성병호 | 47 | 36 | 1943.01 | 釋奠狀況〉昭和十六年秋季釋奠狀況 | 尹炳晧 |
| 14566 | 尹城炳晧 | 윤성병호 | 47 | 38 | 1943.01 | 釋奠狀況〉昭和十七年春季釋奠狀況 | 尹炳晧 |

| 번호 | 원문 | 현대어(독음) | 호 | 쪽 | 발행일 | 기사명 / 필자 | 비고 |
|---|---|---|---|---|---|---|---|
| 14567 | 尹城炳晧 | 윤성병호 | 47 | 41 | 1943.01 | 釋奠狀況〉昭和十七年秋季釋奠狀況 | 尹炳晧 |
| 14568 | 尹城炳晧 | 윤성병호 | 48 | 51 | 1944.04 | 釋奠狀況〉昭和十八年春季釋奠狀況 | 尹炳晧 |
| 14569 | 尹城炳晧 | 윤성병호 | 48 | 52 | 1944.04 | 釋奠狀況〉昭和十八年春季釋奠狀況 | 尹炳晧 |
| 14570 | 尹城炳晧 | 윤성병호 | 48 | 62 | 1944.04 | 經學院日誌大要(昭和十七年七月ヨリ昭和十八年六月マテ) | 尹炳晧 |
| 14571 | 尹星駿 | 윤성준 | 11 | 56 | 1916.06 | 賢關記聞(續) / 李大榮 | |
| 14572 | 尹性學 | 윤성학 | 27 | 87 | 1926.12 | 地方報告〉[成秉鎬 等의 報告] | |
| 14573 | 尹性學 | 윤성학 | 29 | 19 | 1928.12 | 孺人慶州金氏烈行紀蹟碑 / 金完鎭 | 원문은 性學 |
| 14574 | 尹世勛 | 윤세훈 | 31 | 32 | 1930.08 | 日誌大要 | |
| 14575 | 尹世勛 | 윤세훈 | 31 | 33 | 1930.08 | 日誌大要 | |
| 14576 | 尹秀恒 | 윤수항 | 12 | 55 | 1916.12 | 日誌大要 | |
| 14577 | 尹壽鉉 | 윤수현 | 44 | 90 | 1939.10 | 明倫專門學院記事〉本科第十回入學許可者 | |
| 14578 | 尹壽鉉 | 윤수현 | 46 | 14 | 1941.12 | 釋奠狀況〉昭和十四年秋季釋奠狀況 | |
| 14579 | 尹順玉 | 윤순옥 | 43 | 28 | 1938.12 | 儒林特志〉[姜錫圭의 보고]〉祭需品奉納者氏名及物名 | |
| 14580 | 尹時學 | 윤시학 | 21 | 93 | 1921.03 | 日誌大要 | |
| 14581 | 尹時學 | 윤시학 | 28 | 48 | 1927.12 | 日誌大要 | |
| 14582 | 尹時薰 | 윤시훈 | 25 | 82 | 1924.12 | 地方報告〉[尹時薰의 報告] | |
| 14583 | 尹時薰 | 윤시훈 | 26 | 76 | 1925.12 | 地方報告〉[尹時薰의 報告] | |
| 14584 | 尹氏 | 윤씨 | 9 | 52 | 1915.12 | 講說〉講題 三人行必有我師(大正四年六月十二日第十三回講演) / 朴箕陽 | |
| 14585 | 尹氏婦 | 윤씨부 | 27 | 87 | 1926.12 | 地方報告〉[成秉鎬 等의 報告] | |
| 14586 | 尹安仁 | 윤안인 | 43 | 17 | 1938.12 | 敎化編年(續) / 李大榮 | 조선의 문신 |
| 14587 | 尹野定鉉 | 윤야정현 | 48 | 51 | 1944.04 | 釋奠狀況〉昭和十八年春季釋奠狀況 | 尹定鉉 |
| 14588 | 尹寧求 | 윤영구 | 9 | 12 | 1915.12 | 經學管見(上) / 尹寧求 | |
| 14589 | 尹寧求 | 윤영구 | 10 | 10 | 1916.03 | 經學管見(續) / 尹寧求 | |
| 14590 | 尹寧求 | 윤영구 | 11 | 15 | 1916.06 | 經學管見(續) / 尹寧求 | |
| 14591 | 尹寧求 | 윤영구 | 12 | 6 | 1916.12 | 經學管見(續) / 尹寧求 | |
| 14592 | 尹寧求 | 윤영구 | 14 | 2 | 1917.07 | 經學管見(續) / 尹寧求 | |
| 14593 | 尹寧求 | 윤영구 | 15 | 1 | 1917.10 | 經學管見(續) / 尹寧求 | |
| 14594 | 尹寧求 | 윤영구 | 17 | 1 | 1918.07 | 經學管見(續) / 尹寧求 | |
| 14595 | 尹寧求 | 윤영구 | 18 | 7 | 1918.09 | 經學管見(續) / 尹寧求 | |
| 14596 | 尹寧求 | 윤영구 | 19 | 7 | 1918.12 | 經學管見(續) / 尹寧求 | |
| 14597 | 尹寧求 | 윤영구 | 20 | 13 | 1920.03 | 經學管見(續) / 尹寧求 | |
| 14598 | 尹寧求 | 윤영구 | 21 | 10 | 1921.03 | 經學管見(續) / 尹寧求 | |

| 번호 | 원문 | 현대어(독음) | 호 | 쪽 | 발행일 | 기사명 / 필자 | 비고 |
|---|---|---|---|---|---|---|---|
| 14599 | 尹宷求 | 윤영구 | 45 | 21 | 1940.12 | 朝鮮儒林大會(朝鮮儒道聯合會創立總會) 會錄槪要〉朝鮮儒道聯合會役員名簿(昭和十四年十一月一日現在) | |
| 14600 | 尹寧求 | 윤영구 | 13 | 2 | 1917.03 | 經學管見(續) / 尹寧求 | |
| 14601 | 尹泳龜 | 윤영구 | 32 | 37 | 1930.12 | 日誌大要 | |
| 14602 | 尹泳龜 | 윤영구 | 33 | 43 | 1931.12 | 文廟釋奠狀況 | |
| 14603 | 尹泳龜 | 윤영구 | 31 | 61 | 1930.08 | 入學許可者名簿 | |
| 14604 | 尹泳龜 | 윤영구 | 35 | 30 | 1932.12 | 文廟釋奠狀況 | |
| 14605 | 尹泳龜 | 윤영구 | 35 | 74 | 1932.12 | 明倫學院第一回卒業生名簿 | |
| 14606 | 尹瑛善 | 윤영선 | 37 | 30 | 1934.10 | 孝烈行蹟〉[韓基定 等의 보고] | |
| 14607 | 尹永燁 | 윤영엽 | 33 | 36 | 1931.12 | 聲討顚末 | |
| 14608 | 尹永鎭 | 윤영진 | 23 | 57 | 1922.12 | 日誌大要 | |
| 14609 | 尹泳哲 | 윤영철 | 36 | 70 | 1933.12 | 明倫學院第四回入學許可者名簿 | |
| 14610 | 尹泳哲 | 윤영철 | 37 | 46 | 1934.10 | 文廟釋奠狀況〉[秋期釋奠 擧行] | |
| 14611 | 尹泳哲 | 윤영철 | 37 | 51 | 1934.10 | 文廟釋奠狀況〉[春期釋奠 擧行] | |
| 14612 | 尹泳哲 | 윤영철 | 40 | 35 | 1936.08 | 文廟釋奠狀況〉[秋期釋奠 擧行] | |
| 14613 | 尹泳哲 | 윤영철 | 40 | 48 | 1936.08 | 鄭茂亭先生追悼錄〉弔辭 / 尹泳哲 | |
| 14614 | 尹泳哲 | 윤영철 | 40 | 61 | 1936.08 | 第四回卒業式狀況及第七回新入生名簿〉第四回卒業生名簿 | |
| 14615 | 尹泳哲 | 윤영철 | 40 | 64 | 1936.08 | 第四回卒業式狀況及第七回新入生名簿〉明倫學院第一會硏究科入學許可者名簿 | |
| 14616 | 尹泳哲 | 윤영철 | 41 | 35 | 1937.02 | 文廟春季釋奠狀況 | |
| 14617 | 尹永台 | 윤영태 | 9 | 51 | 1915.12 | 日誌大要 | |
| 14618 | 尹永台 | 윤영태 | 23 | 51 | 1922.12 | 長湍郡文廟重修韻 / 尹永台 | |
| 14619 | 尹永泰 | 윤영태 | 37 | 57 | 1934.10 | 文廟釋奠狀況〉[尹永泰의 보고] | |
| 14620 | 尹永泰 | 윤영태 | 38 | 36 | 1935.03 | 地方儒林狀況〉[尹永泰의 보고] | |
| 14621 | 尹永泰 | 윤영태 | 38 | 48 | 1935.03 | 文廟釋奠狀況〉地方文廟秋期釋奠狀況表 | |
| 14622 | 尹永泰 | 윤영태 | 39 | 54 | 1935.10 | 文廟釋奠狀況〉地方文廟春期釋奠狀況表 | |
| 14623 | 尹英浩 | 윤영호 | 33 | 37 | 1931.12 | 聲討顚末 | |
| 14624 | 尹五榮 | 윤오영 | 32 | 44 | 1930.12 | 地方報告〉地方儒林狀況〉[李學魯의 報告] | |
| 14625 | 尹容燮 | 윤용섭 | 44 | 78 | 1939.10 | 文廟秋季釋奠狀況 | |
| 14626 | 尹容燮 | 윤용섭 | 44 | 79 | 1939.10 | 文廟秋季釋奠狀況 | |
| 14627 | 尹容燮 | 윤용섭 | 45 | 33 | 1940.12 | 朝鮮儒林大會(朝鮮儒道聯合會創立總會) 會錄槪要〉朝鮮儒道聯合會役員名簿(昭和十四年十一月一日現在) | |
| 14628 | 尹容遠 | 윤용원 | 20 | 46 | 1920.03 | 日誌大要 | |
| 14629 | 尹祐燮 | 윤우섭 | 26 | 46 | 1925.12 | 日誌大要 | |

| 번호 | 원문 | 현대어(독음) | 호 | 쪽 | 발행일 | 기사명 / 필자 | 비고 |
|---|---|---|---|---|---|---|---|
| 14630 | 尹友榮 | 윤우영 | 30 | 44 | 1929.12 | 日誌大要 | |
| 14631 | 尹瑗榮 | 윤원영 | 28 | 47 | 1927.12 | 日誌大要 | |
| 14632 | 尹瑗榮 | 윤원영 | 28 | 48 | 1927.12 | 日誌大要 | |
| 14633 | 尹裕植 | 윤유식 | 35 | 39 | 1932.12 | 孝烈行蹟〉[金溶容 等의 보고] | |
| 14634 | 尹應秀 | 윤응수 | 21 | 90 | 1921.03 | 日誌大要 | |
| 14635 | 尹毅燮 | 윤의섭 | 44 | 86 | 1939.10 | 文廟春季釋奠狀況 | |
| 14636 | 尹毅燮 | 윤의섭 | 45 | 33 | 1940.12 | 朝鮮儒林大會(朝鮮儒道聯合會創立總會) 會錄槪要〉朝鮮儒道聯合會役員名簿(昭和十四年十一月一日現在) | |
| 14637 | 尹毅燮 | 윤의섭 | 46 | 13 | 1941.12 | 釋奠狀況〉昭和十四年秋季釋奠狀況 | |
| 14638 | 尹毅燮 | 윤의섭 | 46 | 15 | 1941.12 | 釋奠狀況〉昭和十五年春季釋奠狀況 | |
| 14639 | 尹益模 | 윤익모 | 24 | 91 | 1923.12 | 地方報告〉[尹益模의 報告] | |
| 14640 | 尹仁求 | 윤인구 | 18 | 78 | 1918.09 | 地方報告〉[尹定普의 報告] | |
| 14641 | 尹仁熙 | 윤인희 | 44 | 92 | 1939.10 | 明倫專門學院記事〉研究科第二回入學許可者 | |
| 14642 | 尹仁熙 | 윤인희 | 46 | 14 | 1941.12 | 釋奠狀況〉昭和十四年秋季釋奠狀況 | |
| 14643 | 尹仁熙 | 윤인희 | 46 | 15 | 1941.12 | 釋奠狀況〉昭和十五年春季釋奠狀況 | |
| 14644 | 尹仁熙 | 윤인희 | 46 | 16 | 1941.12 | 釋奠狀況〉昭和十五年秋季釋奠狀況 | |
| 14645 | 尹仁熙 | 윤인희 | 46 | 17 | 1941.12 | 釋奠狀況〉昭和十六年春季釋奠狀況 | |
| 14646 | 尹仁熙 | 윤인희 | 47 | 37 | 1943.01 | 釋奠狀況〉昭和十六年秋季釋奠狀況 | |
| 14647 | 尹鎰榮 | 윤일영 | 45 | 35 | 1940.12 | 朝鮮儒林大會(朝鮮儒道聯合會創立總會) 會錄槪要〉朝鮮儒道聯合會役員名簿(昭和十四年十一月一日現在) | |
| 14648 | 尹滋祿 | 윤자록 | 27 | 80 | 1926.12 | 地方報告〉[朴庚禧의 報告] | |
| 14649 | 尹滋弼 | 윤자필 | 28 | 78 | 1927.12 | 地方報告〉[柳(言+彔)의 報告] | |
| 14650 | 尹章燮 | 윤장섭 | 44 | 86 | 1939.10 | 文廟春季釋奠狀況 | |
| 14651 | 尹章燮 | 윤장섭 | 46 | 14 | 1941.12 | 釋奠狀況〉昭和十四年秋季釋奠狀況 | |
| 14652 | 尹章燮 | 윤장섭 | 46 | 15 | 1941.12 | 釋奠狀況〉昭和十五年春季釋奠狀況 | |
| 14653 | 尹章燮 | 윤장섭 | 45 | 33 | 1940.12 | 朝鮮儒林大會(朝鮮儒道聯合會創立總會) 會錄槪要〉朝鮮儒道聯合會役員名簿(昭和十四年十一月一日現在) | |
| 14654 | 綸齋 | 윤재 | 11 | 56 | 1916.06 | 賢關記聞(續) / 李大榮 | 申在明 |
| 14655 | 尹在九 | 윤재구 | 36 | 71 | 1933.12 | 明倫學院第四回入學許可者名簿 | |
| 14656 | 尹在九 | 윤재구 | 37 | 46 | 1934.10 | 文廟釋奠狀況〉[秋期釋奠 擧行] | |
| 14657 | 尹在九 | 윤재구 | 38 | 44 | 1935.03 | 文廟釋奠狀況〉[秋期釋奠 擧行] | |
| 14658 | 尹在九 | 윤재구 | 40 | 35 | 1936.08 | 文廟釋奠狀況〉[秋期釋奠 擧行] | |
| 14659 | 尹在九 | 윤재구 | 40 | 61 | 1936.08 | 第四回卒業式狀況及第七回新入生名簿 | |

| 번호 | 원문 | 현대어(독음) | 호 | 쪽 | 발행일 | 기사명 / 필자 | 비고 |
|---|---|---|---|---|---|---|---|
| 14660 | 尹在九 | 윤재구 | 40 | 62 | 1936.08 | 第四回卒業式狀況及第七回新入生名簿〉第四回卒業生名簿 | |
| 14661 | 尹在九 | 윤재구 | 40 | 64 | 1936.08 | 第四回卒業式狀況及第七回新入生名簿〉明倫學院第一會硏究科入學許可者名簿 | |
| 14662 | 尹在九 | 윤재구 | 41 | 35 | 1937.02 | 文廟春季釋奠狀況 | |
| 14663 | 尹在九 | 윤재구 | 41 | 37 | 1937.02 | 文廟秋季釋奠狀況 | |
| 14664 | 尹在九 | 윤재구 | 42 | 38 | 1937.12 | 文廟春季釋奠狀況 | |
| 14665 | 尹在九 | 윤재구 | 42 | 72 | 1937.12 | 第五回卒業式狀況及第八回新入生名簿〉硏究科現在學生名簿 | |
| 14666 | 尹在九 | 윤재구 | 43 | 66 | 1938.12 | 文廟春季釋奠狀況 | |
| 14667 | 尹在九 | 윤재구 | 44 | 79 | 1939.10 | 文廟秋季釋奠狀況 | |
| 14668 | 尹在九 | 윤재구 | 44 | 86 | 1939.10 | 文廟春季釋奠狀況 | |
| 14669 | 尹在九 | 윤재구 | 44 | 87 | 1939.10 | 文廟春季釋奠狀況 | |
| 14670 | 尹在九 | 윤재구 | 45 | 39 | 1940.12 | 朝鮮儒林大會(朝鮮儒道聯合會創立總會) 會錄槪要〉朝鮮儒道聯合會役員名簿(昭和十四年十一月一日現在) | |
| 14671 | 尹在九 | 윤재구 | 46 | 14 | 1941.12 | 釋奠狀況〉昭和十四年秋季釋奠狀況 | |
| 14672 | 尹在善 | 윤재선 | 33 | 34 | 1931.12 | 聲討顚末 | |
| 14673 | 尹在順 | 윤재순 | 42 | 38 | 1937.12 | 文廟春季釋奠狀況 | |
| 14674 | 尹在順 | 윤재순 | 42 | 71 | 1937.12 | 第五回卒業式狀況及第八回新入生名簿〉第八回入學許可者名簿 | |
| 14675 | 尹在順 | 윤재순 | 43 | 59 | 1938.12 | 文廟秋季釋奠狀況 | |
| 14676 | 尹在順 | 윤재순 | 43 | 67 | 1938.12 | 文廟春季釋奠狀況 | |
| 14677 | 尹在順 | 윤재순 | 44 | 79 | 1939.10 | 文廟秋季釋奠狀況 | |
| 14678 | 尹在順 | 윤재순 | 44 | 87 | 1939.10 | 文廟春季釋奠狀況 | |
| 14679 | 尹在順 | 윤재순 | 46 | 14 | 1941.12 | 釋奠狀況〉昭和十四年秋季釋奠狀況 | |
| 14680 | 尹在暢 | 윤재양 | 23 | 84 | 1922.12 | 地方報告〉[柳雲赫의 報告] | |
| 14681 | 尹烇 | 윤전 | 43 | 20 | 1938.12 | 江華忠烈祠享祀位次及祝文式 | |
| 14682 | 尹定模 | 윤정모 | 23 | 57 | 1922.12 | 日誌大要 | |
| 14683 | 尹定普 | 윤정보 | 18 | 78 | 1918.09 | 地方報告〉[尹定普의 報告] | |
| 14684 | 尹定普 | 윤정보 | 18 | 81 | 1918.09 | 地方報告〉[尹定普의 報告] | |
| 14685 | 尹貞燮 | 윤정섭 | 20 | 37 | 1920.03 | 求禮郡文廟重修捐義錄小序 / 金商翊 | |
| 14686 | 尹定鉉 | 윤정현 | 45 | 31 | 1940.12 | 朝鮮儒林大會(朝鮮儒道聯合會創立總會) 會錄槪要〉朝鮮儒道聯合會役員名簿(昭和十四年十一月一日現在) | |
| 14687 | 尹定鉉 | 윤정현 | 46 | 24 | 1941.12 | 經學院日誌大要(昭和十四年七月ヨリ昭和十六年六月マテ) | |
| 14688 | 尹濟善 | 윤제선 | 30 | 44 | 1929.12 | 日誌大要 | |

| 번호 | 원문 | 현대어(독음) | 호 | 쪽 | 발행일 | 기사명 / 필자 | 비고 |
|---|---|---|---|---|---|---|---|
| 14689 | 尹鐘均 | 윤종균 | 20 | 41 | 1920.03 | 求禮郡文廟重修落成式韻 / 尹鐘均 | |
| 14690 | 尹鍾燾 | 윤종도 | 33 | 35 | 1931.12 | 聲討顚末 | |
| 14691 | 尹鍾燾 | 윤종도 | 33 | 46 | 1931.12 | 文廟釋奠狀況〉[尹鍾燾의 보고] | |
| 14692 | 尹鍾燾 | 윤종도 | 33 | 51 | 1931.12 | 文廟釋奠狀況〉[尹鍾燾의 보고] | |
| 14693 | 尹鍾壽 | 윤종수 | 32 | 47 | 1930.12 | 地方報告〉各郡文廟釋奠狀況〉[尹鍾壽의 보고] | |
| 14694 | 尹琮鉉 | 윤종현 | 45 | 36 | 1940.12 | 朝鮮儒林大會(朝鮮儒道聯合會創立總會) 會錄槪要〉朝鮮儒道聯合會役員名簿(昭和十四年十一月一日現在) | |
| 14695 | 尹鍾鉉 | 윤종현 | 21 | 93 | 1921.03 | 日誌大要 | |
| 14696 | 尹冑燮 | 윤주섭 | 16 | 31 | 1918.03 | 日誌大要 | |
| 14697 | 尹柱聖 | 윤주성 | 45 | 21 | 1940.12 | 朝鮮儒林大會(朝鮮儒道聯合會創立總會) 會錄槪要〉朝鮮儒道聯合會役員名簿(昭和十四年十一月一日現在) | |
| 14698 | 尹柱臣 | 윤주신 | 32 | 45 | 1930.12 | 地方報告〉各郡文廟釋奠狀況〉[尹柱臣의 보고] | |
| 14699 | 尹周榮 | 윤주영 | 23 | 59 | 1922.12 | 日誌大要 | |
| 14700 | 尹柱英 | 윤주영 | 26 | 89 | 1925.12 | 地方報告〉[尹柱英의 報告] | |
| 14701 | 尹重殷 | 윤중은 | 20 | 38 | 1920.03 | 求禮郡文廟重修捐義錄小序 / 金商翊 | |
| 14702 | 尹拯 | 윤증 | 11 | 27 | 1916.06 | 經學淺知錄(續) / 金文演 | 원문은 拯 |
| 14703 | 尹拯 | 윤증 | 28 | 3 | 1927.12 | 朝鮮詩文變遷論 / 鄭萬朝 | 원문은 拯 |
| 14704 | 尹志述 | 윤지술 | 10 | 48 | 1916.03 | 賢關記聞(續) / 李大榮 | |
| 14705 | 尹志述 | 윤지술 | 10 | 49 | 1916.03 | 賢關記聞(續) / 李大榮 | |
| 14706 | 尹志述 | 윤지술 | 30 | 40 | 1929.12 | 日誌大要 | |
| 14707 | 尹之任 | 윤지임 | 33 | 37 | 1931.12 | 聲討顚末 | |
| 14708 | 尹瑨榮 | 윤진영 | 44 | 79 | 1939.10 | 文廟秋季釋奠狀況 | |
| 14709 | 尹瑨榮 | 윤진영 | 44 | 87 | 1939.10 | 文廟春季釋奠狀況 | |
| 14710 | 尹瑨榮 | 윤진영 | 45 | 35 | 1940.12 | 朝鮮儒林大會(朝鮮儒道聯合會創立總會) 會錄槪要〉朝鮮儒道聯合會役員名簿(昭和十四年十一月一日現在) | |
| 14711 | 尹集 | 윤집 | 43 | 20 | 1938.12 | 江華忠烈祠享祀位次及祝文式 | |
| 14712 | 尹瓚炳 | 윤찬병 | 33 | 35 | 1931.12 | 聲討顚末 | |
| 14713 | 尹纘榮 | 윤찬영 | 45 | 40 | 1940.12 | 朝鮮儒林大會(朝鮮儒道聯合會創立總會) 會錄槪要〉朝鮮儒道聯合會役員名簿(昭和十四年十一月一日現在) | |
| 14714 | 尹天求 | 윤천구 | 7 | 54 | 1915.06 | 日誌大要 | |
| 14715 | 尹天求 | 윤천구 | 9 | 39 | 1915.12 | 日誌大要 | |
| 14716 | 尹天求 | 윤천구 | 9 | 40 | 1915.12 | 日誌大要 | |
| 14717 | 尹天求 | 윤천구 | 9 | 42 | 1915.12 | 日誌大要 | |
| 14718 | 尹天求 | 윤천구 | 11 | 62 | 1916.06 | 日誌大要 | |

| 번호 | 원문 | 현대어(독음) | 호 | 쪽 | 발행일 | 기사명 / 필자 | 비고 |
|---|---|---|---|---|---|---|---|
| 14719 | 尹天求 | 윤천구 | 12 | 53 | 1916.12 | 日誌大要 | |
| 14720 | 尹天求 | 윤천구 | 16 | 32 | 1918.03 | 日誌大要 | |
| 14721 | 尹天求 | 윤천구 | 17 | 42 | 1918.07 | 日誌大要 | |
| 14722 | 尹天求 | 윤천구 | 19 | 30 | 1918.12 | 日誌大要 | |
| 14723 | 尹天求 | 윤천구 | 19 | 31 | 1918.12 | 日誌大要 | |
| 14724 | 尹天求 | 윤천구 | 20 | 46 | 1920.03 | 日誌大要 | |
| 14725 | 尹天求 | 윤천구 | 20 | 49 | 1920.03 | 日誌大要 | |
| 14726 | 尹春年 | 윤춘년 | 43 | 19 | 1938.12 | 敎化編年(續) / 李大榮 | 조선의 문신 |
| 14727 | 尹致昈 | 윤치오 | 45 | 30 | 1940.12 | 朝鮮儒林大會(朝鮮儒道聯合會創立總會) 會錄槪要〉朝鮮儒道聯合會役員名簿(昭和十四年十一月一日現在) | |
| 14728 | 尹治衡 | 윤치형 | 45 | 38 | 1940.12 | 朝鮮儒林大會(朝鮮儒道聯合會創立總會) 會錄槪要〉朝鮮儒道聯合會役員名簿(昭和十四年十一月一日現在) | |
| 14729 | 尹倬 | 윤탁 | 8 | 38 | 1915.09 | 賢關記聞 / 李大榮 | 원문은 倬 |
| 14730 | 尹倬 | 윤탁 | 43 | 15 | 1938.12 | 敎化編年(續) / 李大榮 | |
| 14731 | 尹倬 | 윤탁 | 43 | 16 | 1938.12 | 敎化編年(續) / 李大榮 | |
| 14732 | 尹鐸 | 윤탁 | 12 | 14 | 1916.12 | 孟子緖論 / 金文演 | |
| 14733 | 尹泰 | 윤태 | 45 | 35 | 1940.12 | 朝鮮儒林大會(朝鮮儒道聯合會創立總會) 會錄槪要〉朝鮮儒道聯合會役員名簿(昭和十四年十一月一日現在) | |
| 14734 | 尹泰彬 | 윤태빈 | 45 | 21 | 1940.12 | 朝鮮儒林大會(朝鮮儒道聯合會創立總會) 會錄槪要〉朝鮮儒道聯合會役員名簿(昭和十四年十一月一日現在) | |
| 14735 | 尹平窩 | 윤평와 | 8 | 38 | 1915.09 | 賢關記聞 / 李大榮 | |
| 14736 | 尹弼求 | 윤필구 | 45 | 34 | 1940.12 | 朝鮮儒林大會(朝鮮儒道聯合會創立總會) 會錄槪要〉朝鮮儒道聯合會役員名簿(昭和十四年十一月一日現在) | |
| 14737 | 尹河博 | 윤하박 | 28 | 75 | 1927.12 | 地方報告〉[李勉應의 報告] | |
| 14738 | 尹河博 | 윤하박 | 37 | 25 | 1934.10 | 孝烈行蹟〉[權益相의 보고] | |
| 14739 | 尹夏鏞 | 윤하용 | 45 | 30 | 1940.12 | 朝鮮儒林大會(朝鮮儒道聯合會創立總會) 會錄槪要〉朝鮮儒道聯合會役員名簿(昭和十四年十一月一日現在) | |
| 14740 | 尹學淳 | 윤학순 | 29 | 77 | 1928.12 | 地方報告〉[金鍾烈의 報告] | |
| 14741 | 尹學淳 | 윤학순 | 29 | 78 | 1928.12 | 地方報告〉[金鍾烈의 報告] | |
| 14742 | 尹漢相 | 윤한상 | 38 | 49 | 1935.03 | 文廟釋奠狀況〉地方文廟秋期釋奠狀況表 | |
| 14743 | 尹漢相 | 윤한상 | 39 | 54 | 1935.10 | 文廟釋奠狀況〉地方文廟春期釋奠狀況表 | |
| 14744 | 尹行惪 | 윤행덕 | 20 | 36 | 1920.03 | 求禮郡文廟重修捐義錄小序 / 金商翊 | |
| 14745 | 尹行恁 | 윤행임 | 21 | 66 | 1921.03 | 三洙瑣談(續) / 元泳義 | |

| 번호 | 원문 | 현대어(독음) | 호 | 쪽 | 발행일 | 기사명 / 필자 | 비고 |
|------|------|------------|-----|-----|--------|--------------|------|
| 14746 | 尹行恁 | 윤행임 | 29 | 28 | 1928.12 | 三洙瑣談(續) / 元泳義 | |
| 14747 | 尹獻榮 | 윤헌영 | 44 | 78 | 1939.10 | 文廟秋季釋奠狀況 | |
| 14748 | 尹亨林 | 윤형림 | 15 | 31 | 1917.10 | 日誌大要 | |
| 14749 | 尹弘基 | 윤홍기 | 19 | 37 | 1918.12 | 日誌大要 | |
| 14750 | 尹弘燮 | 윤홍섭 | 23 | 54 | 1922.12 | 日誌大要 | |
| 14751 | 尹弘燮 | 윤홍섭 | 45 | 23 | 1940.12 | 朝鮮儒林大會(朝鮮儒道聯合會創立總會) 會錄概要〉朝鮮儒道聯合會役員名簿(昭和十四年十一月一日現在) | |
| 14752 | 尹泓誼 | 윤홍의 | 20 | 49 | 1920.03 | 日誌大要 | |
| 14753 | 允和 | 윤화 | 33 | 10 | 1931.12 | 陽川朴公遺墟碑 / 魏大源 | 朴榮勳 |
| 14754 | 尹和靖 | 윤화정 | 12 | 8 | 1916.12 | 經學管見(續) / 尹寧求 | |
| 14755 | 尹和靖 | 윤화정 | 21 | 69 | 1921.03 | 三洙瑣談(續) / 元泳義 | |
| 14756 | 尹和靖 | 윤화정 | 27 | 35 | 1926.12 | 三洙瑣談(續) / 元泳義 | |
| 14757 | 尹淮 | 윤회 | 11 | 54 | 1916.06 | 賢關記聞(續) / 李大榮 | |
| 14758 | 尹淮 | 윤회 | 44 | 50 | 1939.10 | 嘉言善行 / 李昇圭 | |
| 14759 | 尹鑴 | 윤휴 | 11 | 27 | 1916.06 | 經學淺知錄(續) / 金文演 | 원문은 鑴 |
| 14760 | 尹喜 | 윤희 | 1 | 22 | 1913.12 | 經學當明者 四 / 呂圭亨 | |
| 14761 | 尹喜 | 윤희 | 5 | 85 | 1914.12 | 講說〉講題 謹庠序之教申之以孝悌之義(大正三年十月十日第八回講演)〉續演 / 呂圭亨 | |
| 14762 | 尹喜 | 윤희 | 9 | 59 | 1915.12 | 講說〉講題 三人行必有我師(大正四年六月十二日第十三回講演) / 呂圭亨 | |
| 14763 | 尹喜求 | 윤희구 | 1 | 59 | 1913.12 | 本院職員錄 大正二年十二月 日 現在 | |
| 14764 | 尹喜求 | 윤희구 | 26 | 10 | 1925.12 | 奉化郡重修學記 / 尹喜求 | |
| 14765 | 尹喜求 | 윤희구 | 26 | 34 | 1925.12 | 崧陽過孔司成聖學 / 尹喜求 | |
| 14766 | 尹喜求 | 윤희구 | 26 | 49 | 1925.12 | 日誌大要 | |
| 14767 | 尹喜求 | 윤희구 | 27 | 52 | 1926.12 | 日誌大要 | |
| 14768 | 尹喜求 | 윤희구 | 28 | 37 | 1927.12 | 壽星詩帖 / 尹喜求 | |
| 14769 | 尹喜求 | 윤희구 | 28 | 43 | 1927.12 | 日誌大要 | |
| 14770 | 尹喜求 | 윤희구 | 28 | 47 | 1927.12 | 日誌大要 | |
| 14771 | 尹喜求 | 윤희구 | 29 | 21 | 1928.12 | 祭勿齋金講士文 / 院僚一同 | |
| 14772 | 尹喜求 | 윤희구 | 29 | 35 | 1928.12 | 大樹帖 / 尹喜求 | |
| 14773 | 尹喜求 | 윤희구 | 29 | 38 | 1928.12 | 日誌大要 | |
| 14774 | 尹喜求 | 윤희구 | 29 | 43 | 1928.12 | 日誌大要 | |
| 14775 | 尹喜求 | 윤희구 | 30 | 40 | 1929.12 | 日誌大要 | |
| 14776 | 尹喜求 | 윤희구 | 30 | 45 | 1929.12 | 日誌大要 | |
| 14777 | 尹羲炳 | 윤희병 | 23 | 21 | 1922.12 | 益山郡礪山文廟重修記 / 成岐運 | |
| 14778 | 栗 | 율 | 21 | 66 | 1921.03 | 三洙瑣談(續) / 元泳義 | |

| 번호 | 원문 | 현대어(독음) | 호 | 쪽 | 발행일 | 기사명 / 필자 | 비고 |
|---|---|---|---|---|---|---|---|
| 14779 | 栗 | 율 | 22 | 14 | 1922.03 | 經學講論 / 成樂賢 | |
| 14780 | 栗 | 율 | 23 | 15 | 1922.12 | 孔夫子忌辰四十周甲追慕辭 / 李學魯 | |
| 14781 | 栗 | 율 | 29 | 25 | 1928.12 | 三洙瑣談(續) / 元泳義 | |
| 14782 | 栗 | 율 | 29 | 28 | 1928.12 | 三洙瑣談(續) / 元泳義 | |
| 14783 | 栗 | 율 | 30 | 31 | 1929.12 | 三洙瑣談(續) / 元泳義 | |
| 14784 | 栗谷 | 율곡 | 11 | 80 | 1916.06 | 講說〉二宮尊德翁의 報德教 要旨(大正五年四月八日第十七回講演) / 立柄教俊 | |
| 14785 | 栗谷 | 율곡 | 16 | 49 | 1918.03 | 講題〉講題 存其心養其性所以事天也(大正六年十月十四日江陵郡講演) / 李容稙 | |
| 14786 | 栗谷 | 율곡 | 16 | 82 | 1918.03 | 地方報告〉[鄭準民의 報告] | |
| 14787 | 栗谷 | 율곡 | 18 | 61 | 1918.09 | 講說〉講題 道在邇而求諸遠事在易而求諸難(大正七年五月十五日義州郡鄕校講演)〉尾附 / 梁鳳濟 | |
| 14788 | 栗谷 | 율곡 | 20 | 34 | 1920.03 | 洪川郡鄕約契設立勸諭文 / 金東勳 | |
| 14789 | 栗谷 | 율곡 | 22 | 68 | 1922.03 | 講說〉文質彬彬然後君子(大正十年六月十五日禮山郡白日場講演) / 成樂賢 | |
| 14790 | 栗谷 | 율곡 | 23 | 49 | 1922.12 | 三洙瑣談(二十一號續) / 元泳義 | |
| 14791 | 栗谷 | 율곡 | 24 | 84 | 1923.12 | 講說〉講題 時代之儒教 / 金完鎭 | |
| 14792 | 栗谷 | 율곡 | 25 | 52 | 1924.12 | 講說〉講題 儒素 / 金完鎭 | |
| 14793 | 栗谷 | 율곡 | 25 | 67 | 1924.12 | 講說〉講題 明倫 / 李大榮 | |
| 14794 | 栗谷 | 율곡 | 28 | 3 | 1927.12 | 朝鮮詩文變遷論 / 鄭萬朝 | |
| 14795 | 栗谷 | 율곡 | 30 | 29 | 1929.12 | 三洙瑣談(續) / 元泳義 | |
| 14796 | 栗谷 | 율곡 | 30 | 32 | 1929.12 | 三洙瑣談(續) / 元泳義 | |
| 14797 | 栗谷 | 율곡 | 30 | 33 | 1929.12 | 三洙瑣談(續) / 元泳義 | |
| 14798 | 栗谷 | 율곡 | 30 | 63 | 1929.12 | 講說〉講題 朝鮮의 在한 聖學道統 : 李退溪先生을 憶함 / 赤木萬二郎 | |
| 14799 | 栗谷 | 율곡 | 33 | 7 | 1931.12 | 海州郡文廟重修記 / 鄭萬朝 | |
| 14800 | 栗谷 | 율곡 | 35 | 4 | 1932.12 | 經傳解釋通例 / 李學魯 | |
| 14801 | 栗谷 | 율곡 | 35 | 8 | 1932.12 | 心性情理氣圖解 / 元弘植 | |
| 14802 | 栗谷 | 율곡 | 35 | 9 | 1932.12 | 心性情理氣圖解 / 元弘植 | |
| 14803 | 栗谷 | 율곡 | 37 | 38 | 1934.10 | 地方儒林狀況〉[李大榮의 보고]〉書院狀況 | |
| 14804 | 栗谷 | 율곡 | 37 | 40 | 1934.10 | 地方儒林狀況〉[李大榮의 보고]〉書院狀況 | |
| 14805 | 栗谷 | 율곡 | 38 | 22 | 1935.03 | 東洋에斯文이有함(續) / 福士末之助 | |
| 14806 | 栗谷 | 율곡 | 40 | 43 | 1936.08 | 成竹似先生追悼錄〉挽故成均館博士成竹似先生 / 尹相浩 | |
| 14807 | 栗谷 | 율곡 | 42 | 58 | 1937.12 | 文廟享祀位次及聖賢姓名爵號考 / 金完鎭 | 李珥 |
| 14808 | 栗谷 | 율곡 | 44 | 49 | 1939.10 | 嘉言善行 / 李昇圭 | |

| 번호 | 원문 | 현대어(독음) | 호 | 쪽 | 발행일 | 기사명 / 필자 | 비고 |
|---|---|---|---|---|---|---|---|
| 14809 | 栗谷 | 율곡 | 44 | 50 | 1939.10 | 嘉言善行 / 李昇圭 | |
| 14810 | 栗谷 | 율곡 | 45 | 117 | 1940.12 | 黃海道儒道聯合會結成式 | |
| 14811 | 栗谷 | 율곡 | 11 | 79 | 1916.06 | 講說〉二宮尊德翁의 報德敎 要旨(大正五年四月八日第十七回講演) / 立柄敎俊 | |
| 14812 | 栗亭 | 율정 | 27 | 13 | 1926.12 | 崔孝子實記 / 沈璿澤 | 崔鶴齡 |
| 14813 | 隆景 | 융경 | 48 | 50 | 1944.04 | 嘉言善行 / 李敬植 | 고바야카와 다카카게 (小早川隆景) |
| 14814 | 隆道公 | 융도공 | 42 | 48 | 1937.12 | 文廟享祀位次及聖賢姓名爵號考 / 金完鎭 | 孔子 |
| 14815 | 殷太師 | 은 태사 | 31 | 2 | 1930.08 | 儒道論 / 池琓洙 | 箕子 |
| 14816 | 隱溪翁 | 은계옹 | 40 | 15 | 1936.08 | 鄭隱溪翁六十一壽序 / 權純九 | |
| 14817 | 隱公 | 은공 | 8 | 20 | 1915.09 | 孔子年報(續) / 呂圭亨 | |
| 14818 | 隱公 | 은공 | 25 | 24 | 1924.12 | 釋奠에 就하야(續) / 佐藤廣治 | |
| 14819 | 隱公 | 은공 | 31 | 3 | 1930.08 | 經學源流 / 權純九 | |
| 14820 | 殷烈公 | 은렬공 | 46 | 28 | 1941.12 | 孝烈行跡報告 其四 / 金在宇 | 姜民瞻의 諡號 |
| 14821 | 殷盈孫 | 은영손 | 10 | 18 | 1916.03 | 經學管見(續) / 尹寧求 | |
| 14822 | 殷玉裁 | 은옥재 | 34 | 5 | 1932.03 | 最近經學考 / 權純九 | |
| 14823 | 殷鼎 | 은정 | 11 | 26 | 1916.06 | 經學淺知錄(續) / 金文演 | |
| 14824 | 殷宗 | 은종 | 8 | 22 | 1915.09 | 孔子年報(續) / 呂圭亨 | |
| 14825 | 殷宗 | 은종 | 9 | 55 | 1915.12 | 講說〉講題 三人行必有我師(大正四年六月十二日第十三回講演) / 鄭鳳時 | |
| 14826 | 殷宗 | 은종 | 9 | [16] | 1915.12 | 卽位大禮式獻頌文 / 鄭鳳時 | |
| 14827 | 殷宗 | 은종 | 9 | [7] | 1915.12 | 卽位大禮式獻頌文 / 李人稙 | |
| 14828 | 殷宗 | 은종 | 9 | [9] | 1915.12 | 卽位大禮式獻頌文 / 黃敦秀 | |
| 14829 | 殷宗 | 은종 | 22 | 12 | 1922.03 | 經學講論 / 成樂賢 | 殷 高宗, 武丁 |
| 14830 | 殷紂 | 은주 | 7 | 40 | 1915.06 | 論語考證(續) / 金文演 | |
| 14831 | 殷衡 | 은형 | 33 | 56 | 1931.12 | 孝烈行蹟〉[金時一 等의 보고] | |
| 14832 | 乙支文德 | 을지문덕 | 44 | 58 | 1939.10 | 朝鮮詩學考 / 李昇圭 | |
| 14833 | 陰康 | 음강 | 15 | 4 | 1917.10 | 經學管見(續) / 尹寧求 | 陰康氏 |
| 14834 | 浥白堂 | 읍백당 | 33 | 8 | 1931.12 | 孺人羅州林氏孝烈碑 / 成樂賢 | |
| 14835 | 鷹松龍種 | 응송용종 | 45 | 25 | 1940.12 | 朝鮮儒林大會(朝鮮儒道聯合會創立總會) 會錄槪要〉朝鮮儒道聯合會役員名簿(昭和十四年十一月一日現在) | 다카마츠 류다네 |
| 14836 | 應神 | 응신 | 41 | 18 | 1937.02 | 博士王仁傳 / 李學魯 | |
| 14837 | 應神天皇 | 응신 천황 | 17 | 48 | 1918.07 | 講說〉講題 國民道德은 何也오(大正六年十一月十日第二十六回講演) / 立柄敎俊 | 오진 천황 |

| 번호 | 원문 | 현대어(독음) | 호 | 쪽 | 발행일 | 기사명 / 필자 | 비고 |
|---|---|---|---|---|---|---|---|
| 14838 | 應神天皇 | 응신 천황 | 41 | 16 | 1937.02 | 博士王仁傳 / 李學魯 | 오진 천황 |
| 14839 | 應神天皇 | 응신 천황 | 41 | 17 | 1937.02 | 博士王仁傳 / 李學魯 | 오진 천황 |
| 14840 | 應五 | 응오 | 39 | 41 | 1935.10 | 孝烈行蹟〉[景能賢 等의 보고] | |
| 14841 | 應仁天皇 | 응인 천황 | 22 | 22 | 1922.03 | 經學院釋奠祭拜時告文 / 工藤一記等 | 오니 천황 |
| 14842 | 應撝謙 | 응휘겸 | 13 | 5 | 1917.03 | 經學管見(續) / 尹寧求 | |
| 14843 | 義公 | 의공 | 48 | 39 | 1944.04 | 儒教の進むべき道 / 朱柄乾 | 도쿠가와 미츠쿠니(德川光圀)의 諡號 |
| 14844 | 宜臼 | 의구 | 46 | 63 | 1941.12 | 講演及講習〉時局と婦道實踐(講演速記) / 永田種秀 | 西周 幽王의 태자 |
| 14845 | 義國 | 의국 | 21 | 26 | 1921.03 | 鄭信國傳 / 鄭崙秀 | |
| 14846 | 猗相 | 의상 | 9 | 21 | 1915.12 | 經學管見(下) / 尹寧求 | |
| 14847 | 義城金氏 | 의성 김씨 | 28 | 81 | 1927.12 | 地方報告〉[李起台 等의 報告] | |
| 14848 | 義烈公 | 의열공 | 43 | 20 | 1938.12 | 江華忠烈祠享祀位次及祝文式 | |
| 14849 | 懿子 | 의자 | 3 | 29 | 1914.06 | 孔子年報(續) / 呂圭亨 | |
| 14850 | 懿子 | 의자 | 11 | 39 | 1916.06 | 經義答問 / 黃敦秀 | |
| 14851 | 懿子 | 의자 | 12 | 27 | 1916.12 | 孔門問同答異 / 鄭淳默 | |
| 14852 | 宜齋朴公 | 의재박공 | 37 | 18 | 1934.10 | 祭宜齋朴司成文 / 生徒一同 | |
| 14853 | 宜齋朴君 | 의재박군 | 37 | 17 | 1934.10 | 祭宜齋朴司成文 / 職員一同 | |
| 14854 | 儀狄 | 의적 | 12 | 78 | 1916.12 | 地方報告〉[黃敦秀의 報告] | |
| 14855 | 宜祖 | 의조 | 37 | 38 | 1934.10 | 地方儒林狀況〉[李大榮의 보고]〉書院狀況 | |
| 14856 | 宜祖 | 의조 | 37 | 39 | 1934.10 | 地方儒林狀況〉[李大榮의 보고]〉書院狀況 | |
| 14857 | 宜祖 | 의조 | 37 | 40 | 1934.10 | 地方儒林狀況〉[李大榮의 보고]〉書院狀況 | |
| 14858 | 宜宗 | 의종 | 37 | 38 | 1934.10 | 地方儒林狀況〉[李大榮의 보고]〉書院狀況 | |
| 14859 | 毅宗皇帝 | 의종 황제 | 5 | 49 | 1914.12 | 容思衍(續) / 李鼎煥 | |
| 14860 | 義鎭 | 의진 | 33 | 8 | 1931.12 | 孺人羅州林氏孝烈碑 / 成樂賢 | |
| 14861 | 伊 | 이 | 1 | 2 | 1913.12 | 經學院雜誌序 / 鄭鳳時 | 伊尹 |
| 14862 | 伊 | 이 | 6 | 60 | 1915.03 | 講說〉講題 善養吾浩然之氣(大正三年十一月二十一日第九回講演) / 李容植 | 伊尹 |
| 14863 | 伊 | 이 | 6 | 61 | 1915.03 | 講說〉講題 善養吾浩然之氣(大正三年十一月二十一日第九回講演) / 李容植 | 伊尹 |
| 14864 | 伊 | 이 | 8 | 2 | 1915.09 | 儒教論 / 呂圭亨 | 伊尹 |
| 14865 | 伊 | 이 | 12 | 7 | 1916.12 | 經學管見(續) / 尹寧求 | 程顥과 程頤 형제(이들이 살던 곳이 伊水) |
| 14866 | 伊 | 이 | 15 | 21 | 1917.10 | 經義問對 / 李載烈 | 伊尹 |

| 번호 | 원문 | 현대어(독음) | 호 | 쪽 | 발행일 | 기사명 / 필자 | 비고 |
|---|---|---|---|---|---|---|---|
| 14867 | 伊 | 이 | 16 | 48 | 1918.03 | 講說〉講題 存其心養其性所以事天也(大正六年十月十四日江陵郡講演) / 李容稙 | 伊尹 |
| 14868 | 伊 | 이 | 19 | 56 | 1918.12 | 講說〉講題 子路人告之以有過則喜(大正七年九月七日第三十回講演)〉續演 / 呂圭亨 | 伊尹 |
| 14869 | 伊 | 이 | 26 | 50 | 1925.12 | 講說〉講題 儒者之地位及義務 / 李大榮 | 伊尹 |
| 14870 | 伊 | 이 | 30 | 1 | 1929.12 | 雜誌第三十號發行說 / 權純九 | 程顥과 程頤 형제(이들이 살던 곳이 伊水) |
| 14871 | 伊 | 이 | 44 | 40 | 1939.10 | 經儒學 / 金誠鎭 | 伊尹 |
| 14872 | 李 | 이 | 11 | 56 | 1916.06 | 賢關記聞(續) / 李大榮 | 李濟 |
| 14873 | 李 | 이 | 11 | 56 | 1916.06 | 賢關記聞(續) / 李大榮 | 李鼎輔 |
| 14874 | 李 | 이 | 11 | 56 | 1916.06 | 賢關記聞(續) / 李大榮 | 李勉昇 |
| 14875 | 李 | 이 | 12 | 51 | 1916.12 | 日誌大要 | 李容稙 |
| 14876 | 李 | 이 | 13 | 37 | 1917.03 | 日誌大要 | 李仁稙, 원문은 菊初李公 |
| 14877 | 李 | 이 | 13 | 45 | 1917.03 | 講說〉立身致富之要訣(大正五年六月十日第十九回講演) / 村上唯吉 | 李容稙 |
| 14878 | 李 | 이 | 15 | 30 | 1917.10 | 日誌大要 | 李容稙 |
| 14879 | 李 | 이 | 15 | 52 | 1917.10 | 講說〉光州郡鄕校演講(大正六年四月二十六日)〉講演結辭 / 鄭崙秀 | 李容稙 |
| 14880 | 李 | 이 | 15 | 58 | 1917.10 | 講說〉泰仁鄕校講演(大正六年五月一日)〉開講趣旨說 / 金奉斗 | 李容稙 |
| 14881 | 李 | 이 | 16 | 82 | 1918.03 | 地方報告〉[鄭準民의 報告] | 李滉 |
| 14882 | 李 | 이 | 17 | 72 | 1918.07 | 地方報告〉[李秉會의 報告] | 李連松 |
| 14883 | 李 | 이 | 19 | 36 | 1918.12 | 日誌大要 | 李容稙 |
| 14884 | 李 | 이 | 20 | 45 | 1920.03 | 日誌大要 | 李容稙 |
| 14885 | 李 | 이 | 22 | 56 | 1922.03 | 日誌大要 | 李大榮 |
| 14886 | 李 | 이 | 24 | 53 | 1923.12 | 日誌大要 | 李大榮 |
| 14887 | 李 | 이 | 24 | 57 | 1923.12 | 日誌大要 | 李大榮 |
| 14888 | 李 | 이 | 25 | 78 | 1924.12 | 地方報告〉[李大榮의 報告] | 李大榮 |
| 14889 | 李 | 이 | 27 | 60 | 1926.12 | 日誌大要 | 李大榮 |
| 14890 | 李 | 이 | 28 | 4 | 1927.12 | 朝鮮詩文變遷論 / 鄭萬朝 | 李匡呂 |
| 14891 | 李 | 이 | 28 | 42 | 1927.12 | 日誌大要 | 李軫鎬 |
| 14892 | 李 | 이 | 28 | 45 | 1927.12 | 日誌大要 | 李大榮 |
| 14893 | 李 | 이 | 28 | 46 | 1927.12 | 日誌大要 | 李軫鎬 |
| 14894 | 李 | 이 | 28 | 49 | 1927.12 | 日誌大要 | 李大榮 |

| 번호 | 원문 | 현대어(독음) | 호 | 쪽 | 발행일 | 기사명 / 필자 | 비고 |
|---|---|---|---|---|---|---|---|
| 14895 | 李 | 이 | 28 | 78 | 1927.12 | 地方報告〉[金完鎭의 報告] | 李覺鍾 |
| 14896 | 李 | 이 | 28 | 78 | 1927.12 | 地方報告〉[金完鎭의 報告] | 李宅珏 |
| 14897 | 李 | 이 | 29 | 37 | 1928.12 | 日誌大要 | 李軫鎬 |
| 14898 | 李 | 이 | 29 | 40 | 1928.12 | 日誌大要 | 李大榮 |
| 14899 | 李 | 이 | 29 | 41 | 1928.12 | 日誌大要 | 李大榮 |
| 14900 | 李 | 이 | 29 | 41 | 1928.12 | 日誌大要 | 李軫鎬 |
| 14901 | 李 | 이 | 29 | 42 | 1928.12 | 日誌大要 | 李軫鎬 |
| 14902 | 李 | 이 | 29 | 43 | 1928.12 | 日誌大要 | 李軫鎬 |
| 14903 | 李 | 이 | 29 | 79 | 1928.12 | 地方報告〉[李大榮과 李學魯의 報告] | 李大榮 |
| 14904 | 李 | 이 | 29 | 79 | 1928.12 | 地方報告〉[李大榮과 李學魯의 報告] | 李學魯 |
| 14905 | 李 | 이 | 30 | 17 | 1929.12 | 祭研堂李講士文 / 朴初陽 | |
| 14906 | 李 | 이 | 30 | 40 | 1929.12 | 日誌大要 | 李軫鎬 |
| 14907 | 李 | 이 | 30 | 42 | 1929.12 | 日誌大要 | 李軫鎬 |
| 14908 | 李 | 이 | 32 | 40 | 1930.12 | 地方報告〉地方儒林狀況〉[成樂賢의 報告] | 李湛 |
| 14909 | 李 | 이 | 32 | 40 | 1930.12 | 地方報告〉地方儒林狀況〉[成樂賢의 報告] | 李洽 |
| 14910 | 李 | 이 | 32 | 41 | 1930.12 | 地方報告〉地方儒林狀況〉[成樂賢의 報告] | 李塏 |
| 14911 | 李 | 이 | 32 | 42 | 1930.12 | 地方報告〉地方儒林狀況〉[成樂賢의 報告] | 李世龜 |
| 14912 | 李 | 이 | 32 | 42 | 1930.12 | 地方報告〉地方儒林狀況〉[成樂賢의 報告] | 李若氷 |
| 14913 | 李 | 이 | 33 | 7 | 1931.12 | 海州郡文廟重修記 / 鄭萬朝 | 李珥 |
| 14914 | 李 | 이 | 40 | 16 | 1936.08 | 文房四友說 / 韓昌愚 | 李白 |
| 14915 | 李 | 이 | 40 | 34 | 1936.08 | 文廟釋奠狀況〉[秋期釋奠 擧行] | 李大榮 |
| 14916 | 李 | 이 | 41 | 30 | 1937.02 | 石庭李司成六十一歲生朝 | 李大榮 |
| 14917 | 李 | 이 | 42 | 34 | 1937.12 | 日誌大要 | 李大榮 |
| 14918 | 李 | 이 | 42 | 35 | 1937.12 | 日誌大要 | 李大榮 |
| 14919 | 李 | 이 | 44 | 73 | 1939.10 | 日誌大要(自昭和十三年六月 至昭和十三年十二月) | 李大榮 |
| 14920 | 李 | 이 | 44 | 74 | 1939.10 | 日誌大要(自昭和十三年六月 至昭和十三年十二月) | 李大榮 |
| 14921 | 李 | 이 | 44 | 75 | 1939.10 | 日誌大要(自昭和十三年六月 至昭和十三年十二月) | 李大榮 |
| 14922 | 李 | 이 | 44 | 76 | 1939.10 | 日誌大要(自昭和十三年六月 至昭和十三年十二月) | 李大榮 |
| 14923 | 李 | 이 | 44 | 82 | 1939.10 | 日誌大要(自昭和十三年六月 至昭和十三年十二月) | 李大榮 |
| 14924 | 李 | 이 | 44 | 82 | 1939.10 | 日誌大要(自昭和十三年六月 至昭和十三年十二月) | 李重憲 |

| 번호 | 원문 | 현대어(독음) | 호 | 쪽 | 발행일 | 기사명 / 필자 | 비고 |
|---|---|---|---|---|---|---|---|
| 14925 | 李 | 이 | 44 | 83 | 1939.10 | 日誌大要(自昭和十三年六月 至昭和十三年十二月) | 李大榮 |
| 14926 | 李 | 이 | 44 | 83 | 1939.10 | 日誌大要(自昭和十三年六月 至昭和十三年十二月) | 李重憲 |
| 14927 | 李 | 이 | 44 | 84 | 1939.10 | 日誌大要(自昭和十三年六月 至昭和十三年十二月) | 李大榮 |
| 14928 | 李 | 이 | 44 | 84 | 1939.10 | 日誌大要(自昭和十三年六月 至昭和十三年十二月) | 李重憲 |
| 14929 | 李 | 이 | 44 | 85 | 1939.10 | 日誌大要(自昭和十三年六月 至昭和十三年十二月) | 李大榮 |
| 14930 | 李 | 이 | 44 | 85 | 1939.10 | 日誌大要(自昭和十三年六月 至昭和十三年十二月) | 李重憲 |
| 14931 | 李 | 이 | 45 | 6 | 1940.12 | 朝鮮儒林大會(朝鮮儒道聯合會創立總會) 會錄槪要 | 李源甫 |
| 14932 | 李 | 이 | 45 | 7 | 1940.12 | 朝鮮儒林大會(朝鮮儒道聯合會創立總會) 會錄槪要 | 李源甫 |
| 14933 | 李 | 이 | 45 | 7 | 1940.12 | 朝鮮儒林大會(朝鮮儒道聯合會創立總會) 會錄槪要 | 李敬植 |
| 14934 | 李 | 이 | 45 | 8 | 1940.12 | 朝鮮儒林大會(朝鮮儒道聯合會創立總會) 會錄槪要 | 李敬植 |
| 14935 | 李 | 이 | 45 | 9 | 1940.12 | 朝鮮儒林大會(朝鮮儒道聯合會創立總會) 會錄槪要 | 李大榮 |
| 14936 | 李 | 이 | 45 | 65 | 1940.12 | 忠淸南道儒道聯合會結成式 | 李源甫 |
| 14937 | 李 | 이 | 45 | 65 | 1940.12 | 忠淸南道儒道聯合會結成式 | 李聖根 |
| 14938 | 李 | 이 | 45 | 123 | 1940.12 | 平安南道儒道聯合會結成式 | 李敬植 |
| 14939 | 李 | 이 | 45 | 142 | 1940.12 | 咸鏡北道儒道聯合會結成式 | 李敬植 |
| 14940 | 李 | 이 | 45 | 142 | 1940.12 | 咸鏡北道儒道聯合會結成式 | 李基枋 |
| 14941 | 李 | 이 | 46 | 32 | 1941.12 | 明倫專門學院日誌大要(昭和十四年七月ヨリ 昭和十六年六月マデ) | 李璉燮 |
| 14942 | 李 | 이 | 47 | 37 | 1943.01 | 釋奠狀況〉昭和十七年春季釋奠狀況 | 李恒九 |
| 14943 | 李 | 이 | 47 | 41 | 1943.01 | 釋奠狀況〉昭和十七年秋季釋奠狀況 | 李恒九 |
| 14944 | 李 | 이 | 48 | 51 | 1944.04 | 釋奠狀況〉昭和十八年春季釋奠狀況 | 李恒九 |
| 14945 | 李 | 이 | 48 | 52 | 1944.04 | 釋奠狀況〉昭和十八年秋季釋奠狀況 | 李恒九 |
| 14946 | 李家 | 이가 | 47 | 36 | 1943.01 | 釋奠狀況〉昭和十六年秋季釋奠狀況 | 李軫鎬, 李家軫鎬 |
| 14947 | 李家 | 이가 | 47 | 37 | 1943.01 | 釋奠狀況〉昭和十七年春季釋奠狀況 | 李軫鎬, 李家軫鎬 |
| 14948 | 李佳雨 | 이가우 | 24 | 55 | 1923.12 | 日誌大要 | |
| 14949 | 李佳雨 | 이가우 | 25 | 38 | 1924.12 | 日誌大要 | |

| 번호 | 원문 | 현대어(독음) | 호 | 쪽 | 발행일 | 기사명 / 필자 | 비고 |
|---|---|---|---|---|---|---|---|
| 14950 | 李佳雨 | 이가우 | 25 | 44 | 1924.12 | 日誌大要 | |
| 14951 | 李佳雨 | 이가우 | 25 | 45 | 1924.12 | 日誌大要 | |
| 14952 | 李佳雨 | 이가우 | 26 | 41 | 1925.12 | 日誌大要 | |
| 14953 | 李佳雨 | 이가우 | 26 | 42 | 1925.12 | 日誌大要 | |
| 14954 | 李佳雨 | 이가우 | 26 | 46 | 1925.12 | 日誌大要 | |
| 14955 | 李佳雨 | 이가우 | 26 | 49 | 1925.12 | 日誌大要 | |
| 14956 | 李佳雨 | 이가우 | 27 | 53 | 1926.12 | 日誌大要 | |
| 14957 | 李佳雨 | 이가우 | 27 | 54 | 1926.12 | 日誌大要 | |
| 14958 | 李佳雨 | 이가우 | 27 | 59 | 1926.12 | 日誌大要 | |
| 14959 | 李佳雨 | 이가우 | 28 | 44 | 1927.12 | 日誌大要 | |
| 14960 | 李佳雨 | 이가우 | 28 | 48 | 1927.12 | 日誌大要 | |
| 14961 | 李家源 | 이가원 | 47 | 41 | 1943.01 | 釋奠狀況〉昭和十七年秋季釋奠狀況 | |
| 14962 | 李家源甫 | 이가원보 | 46 | 32 | 1941.12 | 明倫專門學院日誌大要(昭和十四年七月ヨリ 昭和十六年六月マデ) | 李源甫 |
| 14963 | 李覺鍾 | 이각종 | 28 | 78 | 1927.12 | 地方報告〉[沈璿澤의 報告] | |
| 14964 | 李覺鍾 | 이각종 | 33 | 24 | 1931.12 | 日誌大要 | |
| 14965 | 李覺鍾 | 이각종 | 33 | 25 | 1931.12 | 日誌大要 | |
| 14966 | 李覺鍾 | 이각종 | 33 | 26 | 1931.12 | 聲討顛末 | |
| 14967 | 李覺鍾 | 이각종 | 33 | 27 | 1931.12 | 聲討顛末 | |
| 14968 | 李覺鍾 | 이각종 | 33 | 28 | 1931.12 | 聲討顛末 | |
| 14969 | 李覺鍾 | 이각종 | 33 | 30 | 1931.12 | 聲討顛末 | |
| 14970 | 李覺鍾 | 이각종 | 33 | 32 | 1931.12 | 聲討顛末 | |
| 14971 | 李覺鍾 | 이각종 | 33 | 33 | 1931.12 | 聲討顛末 | |
| 14972 | 李覺鍾 | 이각종 | 33 | 41 | 1931.12 | 地方儒林狀況 | |
| 14973 | 李覺鍾 | 이각종 | 33 | 50 | 1931.12 | 文廟釋奠狀況〉[宋基善의 보고] | |
| 14974 | 李覺鍾 | 이각종 | 33 | 51 | 1931.12 | 文廟釋奠狀況〉[崔泰鎭의 보고] | |
| 14975 | 李覺鍾 | 이각종 | 33 | 52 | 1931.12 | 文廟釋奠狀況〉[全恒鍊의 보고] | |
| 14976 | 李覺鍾 | 이각종 | 33 | 53 | 1931.12 | 文廟釋奠狀況〉[姜尙祖의 보고] | |
| 14977 | 李覺鍾 | 이각종 | 35 | 36 | 1932.12 | 文廟釋奠狀況〉[李鍾貞의 보고] | |
| 14978 | 李覺鍾 | 이각종 | 35 | 37 | 1932.12 | 文廟釋奠狀況〉[李鍾貞의 보고] | |
| 14979 | 李柬 | 이간 | 11 | 27 | 1916.06 | 經學淺知錄(續) / 金文演 | 원문은 柬 |
| 14980 | 李葛菴 | 이갈암 | 11 | 27 | 1916.06 | 經學淺知錄(續) / 金文演 | 李玄逸 |
| 14981 | 李絳 | 이강 | 16 | 7 | 1918.03 | 經學管見(續) / 尹寧求 | |
| 14982 | 李薑山 | 이강산 | 28 | 4 | 1927.12 | 朝鮮詩文變遷論 / 鄭萬朝 | 李書九 |
| 14983 | 李康用 | 이강용 | 25 | 44 | 1924.12 | 日誌大要 | |
| 14984 | 李康元 | 이강원 | 33 | 21 | 1931.12 | 壽松帖〉敬賀鄭提學先生喜壽 / 李康元 | |

| 번호 | 원문 | 현대어(독음) | 호 | 쪽 | 발행일 | 기사명 / 필자 | 비고 |
|---|---|---|---|---|---|---|---|
| 14985 | 李康元 | 이강원 | 33 | 29 | 1931.12 | 聲討顚末 | |
| 14986 | 李康元 | 이강원 | 34 | 56 | 1932.03 | 明倫學院評議會員名簿 | |
| 14987 | 李康元 | 이강원 | 36 | 66 | 1933.12 | 明倫學院評議員名簿 | |
| 14988 | 李康元 | 이강원 | 37 | 67 | 1934.10 | 明倫學院評議員名簿 | |
| 14989 | 李康元 | 이강원 | 39 | 44 | 1935.10 | 地方儒林狀況〉[李康元의 보고] | |
| 14990 | 李康元 | 이강원 | 39 | 53 | 1935.10 | 文廟釋奠狀況〉地方文廟春期釋奠狀況表 | |
| 14991 | 李康元 | 이강원 | 40 | 42 | 1936.08 | 成竹似先生追悼錄〉挽故成均舘博士成竹似先生 / 魏大源 | |
| 14992 | 李康元 | 이강원 | 40 | 53 | 1936.08 | 鄭茂亭先生追悼錄〉輓詞 / 李康元 | |
| 14993 | 李康元 | 이강원 | 41 | 31 | 1937.02 | 挽鄭茂亭先生 | 柏菴 |
| 14994 | 李康元 | 이강원 | 41 | 63 | 1937.02 | 明倫學院評議員名簿(昭和十一年一月一日) | |
| 14995 | 李康元 | 이강원 | 43 | 44 | 1938.12 | 故大提學鄭鳳時先生輓詞 / 李康元 | |
| 14996 | 李康元 | 이강원 | 45 | 27 | 1940.12 | 朝鮮儒林大會(朝鮮儒道聯合會創立總會) 會錄槪要〉朝鮮儒道聯合會役員名簿(昭和十四年十一月一日現在) | |
| 14997 | 李剛主 | 이강주 | 10 | 24 | 1916.03 | 經學淺知錄 / 金文演 | |
| 14998 | 李康中 | 이강중 | 22 | 53 | 1922.03 | 日誌大要 | |
| 14999 | 李塏 | 이개 | 32 | 41 | 1930.12 | 地方報告〉地方儒林狀況〉[成樂賢의 報告] | 원문은 塏 |
| 15000 | 李揵洙 | 이건수 | 22 | 53 | 1922.03 | 日誌大要 | |
| 15001 | 李建植 | 이건식 | 46 | 15 | 1941.12 | 釋奠狀況〉昭和十五年春季釋奠狀況 | |
| 15002 | 李建租 | 이건조 | 44 | 87 | 1939.10 | 文廟春季釋奠狀況 | |
| 15003 | 李建植 | 이건직 | 45 | 38 | 1940.12 | 朝鮮儒林大會(朝鮮儒道聯合會創立總會) 會錄槪要〉朝鮮儒道聯合會役員名簿(昭和十四年十一月一日現在) | |
| 15004 | 李建植 | 이건직 | 45 | 42 | 1940.12 | 朝鮮儒林大會(朝鮮儒道聯合會創立總會) 會錄槪要〉朝鮮儒道聯合會役員名簿(昭和十四年十一月一日現在) | |
| 15005 | 李建植 | 이건직 | 46 | 14 | 1941.12 | 釋奠狀況〉昭和十四年秋季釋奠狀況 | |
| 15006 | 李建植 | 이건직 | 46 | 16 | 1941.12 | 釋奠狀況〉昭和十五年秋季釋奠狀況 | |
| 15007 | 李建植 | 이건직 | 47 | 38 | 1943.01 | 釋奠狀況〉昭和十七年春季釋奠狀況 | |
| 15008 | 李建植 | 이건직 | 47 | 41 | 1943.01 | 釋奠狀況〉昭和十七年秋季釋奠狀況 | |
| 15009 | 李建植 | 이건직 | 48 | 51 | 1944.04 | 釋奠狀況〉昭和十八年春季釋奠狀況 | |
| 15010 | 李建植 | 이건직 | 48 | 53 | 1944.04 | 釋奠狀況〉昭和十八年秋季釋奠狀況 | |
| 15011 | 李建昌 | 이건창 | 28 | 4 | 1927.12 | 朝鮮詩文變遷論 / 鄭萬朝 | 원문은 建昌 |
| 15012 | 李建浩 | 이건호 | 20 | 37 | 1920.03 | 求禮郡文廟重修捐義錄小序 / 金商翊 | |
| 15013 | 李建浩 | 이건호 | 20 | 41 | 1920.03 | 求禮郡文廟重修落成式韻 / 李建浩 | |
| 15014 | 李建鎬 | 이건호 | 23 | 21 | 1922.12 | 益山郡礪山文廟重修記 / 成岐運 | |

| 번호 | 원문 | 현대어(독음) | 호 | 쪽 | 발행일 | 기사명 / 필자 | 비고 |
|---|---|---|---|---|---|---|---|
| 15015 | 李謙聖 | 이겸성 | 45 | 29 | 1940.12 | 朝鮮儒林大會(朝鮮儒道聯合會創立總會) 會錄槪要〉朝鮮儒道聯合會役員名簿(昭和十四年十一月一日現在) | |
| 15016 | 李謙濟 | 이겸제 | 45 | 25 | 1940.12 | 朝鮮儒林大會(朝鮮儒道聯合會創立總會) 會錄槪要〉朝鮮儒道聯合會役員名簿(昭和十四年十一月一日現在) | |
| 15017 | 李敬烈 | 이경렬 | 46 | 17 | 1941.12 | 釋奠狀況〉昭和十六年春季釋奠狀況 | |
| 15018 | 李景奭 | 이경석 | 16 | 25 | 1918.03 | 賢關記聞(續) / 李大榮 | |
| 15019 | 李敬善 | 이경선 | 20 | 58 | 1920.03 | 地方報告〉[李泰林의 報告] | 영흥군수 |
| 15020 | 李慶世 | 이경세 | 45 | 30 | 1940.12 | 朝鮮儒林大會(朝鮮儒道聯合會創立總會) 會錄槪要〉朝鮮儒道聯合會役員名簿(昭和十四年十一月一日現在) | |
| 15021 | 李敬植 | 이경식 | 39 | 50 | 1935.10 | 日誌大要 | |
| 15022 | 李敬植 | 이경식 | 43 | 57 | 1938.12 | 日誌大要 | |
| 15023 | 李敬植 | 이경식 | 43 | 72 | 1938.12 | 第六回卒業式狀況及第九回新入生名簿 | |
| 15024 | 李敬植 | 이경식 | 44 | 77 | 1939.10 | 日誌大要(自昭和十三年六月 至昭和十三年十二月) | |
| 15025 | 李敬植 | 이경식 | 44 | 78 | 1939.10 | 文廟秋季釋奠狀況 | |
| 15026 | 李敬植 | 이경식 | 44 | 80 | 1939.10 | 日誌大要(自昭和十三年六月 至昭和十三年十二月) | |
| 15027 | 李敬植 | 이경식 | 44 | 81 | 1939.10 | 日誌大要(自昭和十三年六月 至昭和十三年十二月) | |
| 15028 | 李敬植 | 이경식 | 44 | 82 | 1939.10 | 日誌大要(自昭和十三年六月 至昭和十三年十二月) | |
| 15029 | 李敬植 | 이경식 | 45 | 6 | 1940.12 | 朝鮮儒林大會(朝鮮儒道聯合會創立總會) 會錄槪要 | |
| 15030 | 李敬植 | 이경식 | 45 | 23 | 1940.12 | 朝鮮儒林大會(朝鮮儒道聯合會創立總會) 會錄槪要〉朝鮮儒道聯合會役員名簿(昭和十四年十一月一日現在) | |
| 15031 | 李敬植 | 이경식 | 45 | 24 | 1940.12 | 朝鮮儒林大會(朝鮮儒道聯合會創立總會) 會錄槪要〉朝鮮儒道聯合會役員名簿(昭和十四年十一月一日現在) | |
| 15032 | 李敬植 | 이경식 | 45 | 47 | 1940.12 | 京畿道儒道聯合會結成式 | |
| 15033 | 李敬植 | 이경식 | 45 | 56 | 1940.12 | 忠淸北道儒道聯合會結成式 | |
| 15034 | 李敬植 | 이경식 | 45 | 65 | 1940.12 | 忠淸南道儒道聯合會結成式 | |
| 15035 | 李敬植 | 이경식 | 45 | 92 | 1940.12 | 全羅北道儒道聯合會結成式 | |
| 15036 | 李敬植 | 이경식 | 45 | 104 | 1940.12 | 慶尙北道儒道聯合會結成式 | |
| 15037 | 李敬植 | 이경식 | 45 | 110 | 1940.12 | 慶尙南道儒道聯合會結成式 | |
| 15038 | 李敬植 | 이경식 | 45 | 111 | 1940.12 | 慶尙南道儒道聯合會結成式 | |

| 번호 | 원문 | 현대어(독음) | 호 | 쪽 | 발행일 | 기사명 / 필자 | 비고 |
|---|---|---|---|---|---|---|---|
| 15039 | 李敬植 | 이경식 | 45 | 117 | 1940.12 | 黃海道儒道聯合會結成式 | 원문은 李教植로 오기됨 |
| 15040 | 李敬植 | 이경식 | 45 | 129 | 1940.12 | 平安北道儒道聯合會結成式 | |
| 15041 | 李敬植 | 이경식 | 45 | 135 | 1940.12 | 咸鏡南道儒道聯合會結成式 | |
| 15042 | 李敬植 | 이경식 | 46 | 14 | 1941.12 | 釋奠狀況〉昭和十四年秋季釋奠狀況 | |
| 15043 | 李敬植 | 이경식 | 46 | 15 | 1941.12 | 釋奠狀況〉昭和十五年春季釋奠狀況 | |
| 15044 | 李敬植 | 이경식 | 46 | 16 | 1941.12 | 釋奠狀況〉昭和十五年秋季釋奠狀況 | |
| 15045 | 李敬植 | 이경식 | 46 | 18 | 1941.12 | 釋奠狀況〉昭和十六年春季釋奠狀況 | |
| 15046 | 李敬植 | 이경식 | 46 | 20 | 1941.12 | 經學院日誌大要(昭和十四年七月ヨリ昭和十六年六月マテ) | |
| 15047 | 李敬植 | 이경식 | 46 | 21 | 1941.12 | 經學院日誌大要(昭和十四年七月ヨリ昭和十六年六月マテ) | |
| 15048 | 李敬植 | 이경식 | 46 | 22 | 1941.12 | 經學院日誌大要(昭和十四年七月ヨリ昭和十六年六月マテ) | |
| 15049 | 李敬植 | 이경식 | 46 | 23 | 1941.12 | 經學院日誌大要(昭和十四年七月ヨリ昭和十六年六月マテ) | |
| 15050 | 李敬植 | 이경식 | 46 | 24 | 1941.12 | 經學院日誌大要(昭和十四年七月ヨリ昭和十六年六月マテ) | |
| 15051 | 李敬植 | 이경식 | 46 | 25 | 1941.12 | 經學院日誌大要(昭和十四年七月ヨリ昭和十六年六月マテ) | |
| 15052 | 李敬植 | 이경식 | 46 | 34 | 1941.12 | 全羅南道儒林大會 | |
| 15053 | 李敬植 | 이경식 | 46 | 42 | 1941.12 | 江原道儒道聯合會結成式 | |
| 15054 | 李敬植 | 이경식 | 46 | 51 | 1941.12 | 講演及講習〉主婦講演會 | |
| 15055 | 李敬植 | 이경식 | 47 | 24 | 1943.01 | 徵兵制の實施に當りて / 李敬植 | |
| 15056 | 李敬植 | 이경식 | 47 | 37 | 1943.01 | 釋奠狀況〉昭和十六年秋季釋奠狀況 | |
| 15057 | 李敬植 | 이경식 | 47 | 38 | 1943.01 | 釋奠狀況〉昭和十七年春季釋奠狀況 | |
| 15058 | 李敬植 | 이경식 | 47 | 42 | 1943.01 | 釋奠狀況〉昭和十七年秋季釋奠狀況 | |
| 15059 | 李敬植 | 이경식 | 47 | 45 | 1943.01 | 經學院日誌大要(昭和十六年七月ヨリ昭和十七年六月マテ) | |
| 15060 | 李敬植 | 이경식 | 47 | 46 | 1943.01 | 經學院日誌大要(昭和十六年七月ヨリ昭和十七年六月マテ) | |
| 15061 | 李敬植 | 이경식 | 47 | 47 | 1943.01 | 經學院日誌大要(昭和十六年七月ヨリ昭和十七年六月マテ) | |
| 15062 | 李敬植 | 이경식 | 48 | 36 | 1944.04 | 半島學徒に對する陸軍特別志願兵制の實施に就て / 李敬植 | |
| 15063 | 李敬植 | 이경식 | 48 | 48 | 1944.04 | 嘉言善行 / 李敬植 | |
| 15064 | 李敬植 | 이경식 | 48 | 52 | 1944.04 | 釋奠狀況〉昭和十八年春季釋奠狀況 | |
| 15065 | 李敬植 | 이경식 | 48 | 53 | 1944.04 | 釋奠狀況〉昭和十八年秋季釋奠狀況 | |

| 번호 | 원문 | 현대어(독음) | 호 | 쪽 | 발행일 | 기사명 / 필자 | 비고 |
|---|---|---|---|---|---|---|---|
| 15066 | 李敬植 | 이경식 | 48 | 54 | 1944.04 | 釋奠狀況〉祭器の獻納と代替品の奉納 | |
| 15067 | 李敬植 | 이경식 | 48 | 61 | 1944.04 | 經學院日誌大要(昭和十七年七月ヨリ昭和十八年六月マテ) | |
| 15068 | 李敬植 | 이경식 | 48 | 62 | 1944.04 | 經學院日誌大要(昭和十七年七月ヨリ昭和十八年六月マテ) | |
| 15069 | 李慶運 | 이경운 | 37 | 72 | 1934.10 | 明倫學院第五回入學許可者名簿 | |
| 15070 | 李慶運 | 이경운 | 38 | 44 | 1935.03 | 文廟釋奠狀況〉[秋期釋奠 擧行] | |
| 15071 | 李慶運 | 이경운 | 40 | 35 | 1936.08 | 文廟釋奠狀況〉[秋期釋奠 擧行] | |
| 15072 | 李慶運 | 이경운 | 41 | 35 | 1937.02 | 文廟春季釋奠狀況 | |
| 15073 | 李慶運 | 이경운 | 41 | 37 | 1937.02 | 文廟秋季釋奠狀況 | |
| 15074 | 李慶運 | 이경운 | 42 | 71 | 1937.12 | 第五回卒業式狀況及第八回新入生名簿〉第五回卒業生名簿 | |
| 15075 | 李慶運 | 이경운 | 43 | 50 | 1938.12 | 鄭松里先生追悼錄〉吊辭 / 李泳珪 等 | |
| 15076 | 李慶運 | 이경운 | 43 | 66 | 1938.12 | 文廟春季釋奠狀況 | |
| 15077 | 李慶應 | 이경응 | 33 | 35 | 1931.12 | 聲討顚末 | |
| 15078 | 李慶應 | 이경응 | 33 | 37 | 1931.12 | 聲討顚末 | |
| 15079 | 李景宰 | 이경재 | 27 | 86 | 1926.12 | 地方報告〉[高彦柱 等의 報告] | 원문은 景宰 |
| 15080 | 李京柱 | 이경주 | 40 | 31 | 1936.08 | 平壤文廟移建落成式竝儒林大會狀況 | |
| 15081 | 李景珍 | 이경진 | 20 | 38 | 1920.03 | 求禮郡文廟重修捐義錄小序 / 金商翊 | |
| 15082 | 李景浩 | 이경호 | 14 | 11 | 1917.07 | 平澤文廟重修記 / 金允植 | |
| 15083 | 李慶徽 | 이경휘 | 11 | 54 | 1916.06 | 賢關記聞(續) / 李大榮 | |
| 15084 | 李啓善 | 이계선 | 45 | 37 | 1940.12 | 朝鮮儒林大會(朝鮮儒道聯合會創立總會) 會錄槪要〉朝鮮儒道聯合會役員名簿(昭和十四年十一月一日現在) | |
| 15085 | 李繼孫 | 이계손 | 40 | 18 | 1936.08 | 敎化編年(續) / 李大榮 | |
| 15086 | 李桂沁 | 이계심 | 37 | 52 | 1934.10 | 文廟釋奠狀況〉[李桂沁의 보고] | |
| 15087 | 李桂沁 | 이계심 | 38 | 49 | 1935.03 | 文廟釋奠狀況〉地方文廟秋期釋奠狀況表 | |
| 15088 | 李啓陽 | 이계양 | 14 | 39 | 1917.07 | 日誌大要 | |
| 15089 | 李啓益 | 이계익 | 21 | 90 | 1921.03 | 日誌大要 | |
| 15090 | 李翶 | 이고 | 4 | 8 | 1914.09 | 學說 / 呂圭亨 | |
| 15091 | 李翶 | 이고 | 11 | 21 | 1916.06 | 經學管見(續) / 尹寧求 | |
| 15092 | 李塨 | 이공 | 13 | 5 | 1917.03 | 經學管見(續) / 尹寧求 | |
| 15093 | 李瓘 | 이관 | 26 | 25 | 1925.12 | 釋奠에 就ㅎ야(續) / 佐藤廣治 | |
| 15094 | 李寬求 | 이관구 | 45 | 40 | 1940.12 | 朝鮮儒林大會(朝鮮儒道聯合會創立總會) 會錄槪要〉朝鮮儒道聯合會役員名簿(昭和十四年十一月一日現在) | |
| 15095 | 李寬義 | 이관의 | 11 | 27 | 1916.06 | 經學淺知錄(續) / 金文演 | 원문은 寬義 |

| 번호 | 원문 | 현대어(독음) | 호 | 쪽 | 발행일 | 기사명 / 필자 | 비고 |
|---|---|---|---|---|---|---|---|
| 15096 | 伊關重俊 | 이관중준 | 23 | 80 | 1922.12 | 地方報告〉[成樂賢의 報告] | 대전군수 |
| 15097 | 李廣 | 이광 | 41 | 52 | 1937.02 | 敬神崇祖의 觀念 / 金完鎭 | |
| 15098 | 李匡來 | 이광래 | 45 | 41 | 1940.12 | 朝鮮儒林大會(朝鮮儒道聯合會創立總會) 會錄槪要〉朝鮮儒道聯合會役員名簿(昭和十四年十一月一日現在) | |
| 15099 | 李匡呂 | 이광려 | 28 | 4 | 1927.12 | 朝鮮詩文變遷論 / 鄭萬朝 | 원문은 匡呂 |
| 15100 | 李光淳 | 이광순 | 23 | 52 | 1922.12 | 長湍郡文廟重修韻 / 李光淳 | |
| 15101 | 李光暎 | 이광영 | 20 | 21 | 1920.03 | 經學管見(續) / 尹寧求 | |
| 15102 | 李光翼 | 이광익 | 40 | 37 | 1936.08 | 文廟釋奠狀況〉[地方文廟春期釋奠狀況表] | |
| 15103 | 李光琮 | 이광종 | 39 | 41 | 1935.10 | 孝烈行蹟〉[朴元東의 보고] | |
| 15104 | 李光鍾 | 이광종 | 1 | 56 | 1913.12 | 日誌大要 | |
| 15105 | 李光鍾 | 이광종 | 1 | 63 | 1913.12 | 講說〉大正二年六月十四日第一回演講〉(講章益者三友損者三友)〉敷演 / 權寧瑀 | |
| 15106 | 李光地 | 이광지 | 12 | 7 | 1916.12 | 經學管見(續) / 尹寧求 | |
| 15107 | 李光地 | 이광지 | 12 | 8 | 1916.12 | 經學管見(續) / 尹寧求 | |
| 15108 | 李光地 | 이광지 | 13 | 5 | 1917.03 | 經學管見(續) / 尹寧求 | |
| 15109 | 李光地 | 이광지 | 21 | 18 | 1921.03 | 經學管見(續) / 尹寧求 | |
| 15110 | 李光地 | 이광지 | 21 | 19 | 1921.03 | 經學管見(續) / 尹寧求 | |
| 15111 | 李敎敏 | 이교민 | 38 | 47 | 1935.03 | 文廟釋奠狀況〉地方文廟秋期釋奠狀況表 | |
| 15112 | 李敎升 | 이교승 | 16 | 56 | 1918.03 | 地方報告〉[崔成集의 報告] | |
| 15113 | 李敎植 | 이교식 | 45 | 34 | 1940.12 | 朝鮮儒林大會(朝鮮儒道聯合會創立總會) 會錄槪要〉朝鮮儒道聯合會役員名簿(昭和十四年十一月一日現在) | |
| 15114 | 李喬永 | 이교영 | 33 | 32 | 1931.12 | 聲討顚末 | |
| 15115 | 李喬永 | 이교영 | 45 | 23 | 1940.12 | 朝鮮儒林大會(朝鮮儒道聯合會創立總會) 會錄槪要〉朝鮮儒道聯合會役員名簿(昭和十四年十一月一日現在) | |
| 15116 | 李敎貞 | 이교정 | 48 | 58 | 1944.04 | 一. 孝烈行跡報告 其五 / 崔鎭奎 | |
| 15117 | 李敎昌 | 이교창 | 45 | 39 | 1940.12 | 朝鮮儒林大會(朝鮮儒道聯合會創立總會) 會錄槪要〉朝鮮儒道聯合會役員名簿(昭和十四年十一月一日現在) | |
| 15118 | 李俅 | 이구 | 28 | 44 | 1927.12 | 日誌大要 | |
| 15119 | 李覯 | 이구 | 11 | 24 | 1916.06 | 經學管見(續) / 尹寧求 | |
| 15120 | 李覯 | 이구 | 32 | 7 | 1930.12 | 經學源流(續) / 權純九 | |
| 15121 | 李龜善 | 이구선 | 20 | 38 | 1920.03 | 求禮郡文廟重修捐義錄小序 / 金商翊 | |
| 15122 | 李龜鍾 | 이구종 | 43 | 36 | 1938.12 | 皇軍慰問詩 / 李龜鍾 | |
| 15123 | 李國煥 | 이국환 | 36 | 10 | 1933.12 | 東萊鄭氏孝行實蹟碑文 / 魏大源 | |

| 번호 | 원문 | 현대어(독음) | 호 | 쪽 | 발행일 | 기사명 / 필자 | 비고 |
|---|---|---|---|---|---|---|---|
| 15124 | 李君 | 이군 | 12 | 20 | 1916.12 | 送剛庵副學賀魯庵閣下陞內閣首輔序 / 金允植 | 李容稙, 원문은 剛庵李君 |
| 15125 | 李君 | 이군 | 12 | 21 | 1916.12 | 謹呈雲養先生書 / 寺內正毅 | 李容稙, 원문은 剛庵李君 |
| 15126 | 李公 | 이공 | 17 | 75 | 1918.07 | 地方報告〉[金在昌 등의 報告] | 李容稙, 원문은 剛庵李公 |
| 15127 | 二宮 | 이궁 | 11 | 77 | 1916.06 | 講說〉二宮尊德翁의 報德敎 要旨(大正五年四月八日第十七回講演) / 立柄敎俊 | 니노미야 손토쿠 (二宮尊德) |
| 15128 | 二宮 | 이궁 | 11 | 79 | 1916.06 | 講說〉二宮尊德翁의 報德敎 要旨(大正五年四月八日第十七回講演) / 立柄敎俊 | 니노미야 손토쿠 (二宮尊德) |
| 15129 | 二宮 | 이궁 | 11 | 80 | 1916.06 | 講說〉二宮尊德翁의 報德敎 要旨(大正五年四月八日第十七回講演) / 立柄敎俊 | 니노미야 손토쿠 (二宮尊德) |
| 15130 | 二宮 | 이궁 | 12 | 62 | 1916.12 | 講說〉二宮尊德翁의 人物及道德(大正五年五月十三日第十八回講演) / 太田秀穗 | 니노미야 손토쿠 (二宮尊德) |
| 15131 | 二宮 | 이궁 | 12 | 66 | 1916.12 | 講說〉二宮尊德翁의 人物及道德(大正五年五月十三日第十八回講演) / 太田秀穗 | 니노미야 손토쿠 (二宮尊德) |
| 15132 | 二宮尊德 | 이궁존덕 | 11 | 64 | 1916.06 | 日誌大要 | 니노미야 손토쿠, 니노미야 다카노리 |
| 15133 | 二宮尊德 | 이궁존덕 | 11 | 76 | 1916.06 | 講說〉二宮尊德翁의 報德敎 要旨(大正五年四月八日第十七回講演) / 立柄敎俊 | 니노미야 손토쿠, 니노미야 다카노리 |
| 15134 | 二宮尊德 | 이궁존덕 | 12 | 48 | 1916.12 | 日誌大要 | 니노미야 손토쿠, 니노미야 다카노리 |
| 15135 | 二宮尊德 | 이궁존덕 | 12 | 59 | 1916.12 | 講說〉二宮尊德翁의 人物及道德(大正五年五月十三日第十八回講演) / 太田秀穗 | 니노미야 손토쿠, 니노미야 다카노리 |
| 15136 | 二宮尊德 | 이궁존덕 | 48 | 48 | 1944.04 | 嘉言善行 / 李敬植 | 니노미야 손토쿠, 니노미야 다카노리 |
| 15137 | 二宮治重 | 이궁치중 | 45 | 20 | 1940.12 | 朝鮮儒林大會(朝鮮儒道聯合會創立總會) 會錄槪要〉朝鮮儒道聯合會役員名簿(昭和十四年十一月一日現在) | 니노미야 하루시게 |

| 번호 | 원문 | 현대어(독음) | 호 | 쪽 | 발행일 | 기사명 / 필자 | 비고 |
|---|---|---|---|---|---|---|---|
| 15138 | 李揆甲 | 이규갑 | 23 | 59 | 1922.12 | 日誌大要 | |
| 15139 | 李揆甲 | 이규갑 | 25 | 44 | 1924.12 | 日誌大要 | |
| 15140 | 李揆同 | 이규동 | 44 | 87 | 1939.10 | 文廟春季釋奠狀況 | |
| 15141 | 李揆同 | 이규동 | 45 | 38 | 1940.12 | 朝鮮儒林大會(朝鮮儒道聯合會創立總會) 會錄槪要>朝鮮儒道聯合會役員名簿(昭和十四年十一月一日現在) | |
| 15142 | 李揆同 | 이규동 | 46 | 14 | 1941.12 | 釋奠狀況>昭和十四年秋季釋奠狀況 | |
| 15143 | 李揆同 | 이규동 | 46 | 15 | 1941.12 | 釋奠狀況>昭和十五年春季釋奠狀況 | |
| 15144 | 李圭文 | 이규문 | 29 | 78 | 1928.12 | 地方報告>[李大榮과 李學魯의 報告] | |
| 15145 | 李圭伯 | 이규백 | 43 | 34 | 1938.12 | 皇軍慰問詩 / 李圭伯 | |
| 15146 | 李圭白 | 이규백 | 19 | 82 | 1918.12 | 地方報告>[博川郡 儒林契 組織 消息] | |
| 15147 | 李奎報 | 이규보 | 28 | 2 | 1927.12 | 朝鮮詩文變遷論 / 鄭萬朝 | 원문은 奎報 |
| 15148 | 李奎報 | 이규보 | 47 | 33 | 1943.01 | 朝鮮詩學考(第十四號續) / 李昇圭 | |
| 15149 | 李奎報 | 이규보 | 48 | 44 | 1944.04 | 朝鮮詩學考(前號續) / 李昇圭 | |
| 15150 | 李奎報 | 이규보 | 48 | 45 | 1944.04 | 朝鮮詩學考(前號續) / 李昇圭 | |
| 15151 | 李奎報 | 이규보 | 48 | 46 | 1944.04 | 朝鮮詩學考(前號續) / 李昇圭 | |
| 15152 | 李奎相 | 이규상 | 26 | 41 | 1925.12 | 日誌大要 | |
| 15153 | 李奎燮 | 이규섭 | 36 | 39 | 1933.12 | 孝烈行蹟>[李奎燮 等의 보고] | |
| 15154 | 李奎燁 | 이규엽 | 20 | 36 | 1920.03 | 求禮郡文廟重修捐義錄小序 / 金商翊 | |
| 15155 | 李奎寧 | 이규영 | 35 | 28 | 1932.12 | 地方儒林狀況>[李奎寧 等의 보고] | |
| 15156 | 李圭完 | 이규완 | 21 | 56 | 1921.03 | 掌議에 關한 規程 | |
| 15157 | 李圭完 | 이규완 | 24 | 43 | 1923.12 | 鄕校財産管理規則施行細則(續) | |
| 15158 | 李圭完 | 이규완 | 25 | 31 | 1924.12 | 掌議에 關한 規程(續) | |
| 15159 | 李達鎔 | 이규용 | 45 | 32 | 1940.12 | 朝鮮儒林大會(朝鮮儒道聯合會創立總會) 會錄槪要>朝鮮儒道聯合會役員名簿(昭和十四年十一月一日現在) | |
| 15160 | 李圭元 | 이규원 | 45 | 25 | 1940.12 | 朝鮮儒林大會(朝鮮儒道聯合會創立總會) 會錄槪要>朝鮮儒道聯合會役員名簿(昭和十四年十一月一日現在) | |
| 15161 | 李揆眞 | 이규진 | 20 | 55 | 1920.03 | 地方報告>[金東勳의 報告] | |
| 15162 | 李圭昌 | 이규창 | 23 | 27 | 1922.12 | 山淸郡明倫堂重建記 / 金翰植 | |
| 15163 | 李圭昌 | 이규창 | 23 | 86 | 1922.12 | 地方報告>[金性在의 報告] | |
| 15164 | 李奎轍 | 이규철 | 38 | 46 | 1935.03 | 文廟釋奠狀況>地方文廟秋期釋奠狀況表 | |
| 15165 | 李奎夏 | 이규하 | 48 | 53 | 1944.04 | 釋奠狀況>昭和十八年秋季釋奠狀況 | |
| 15166 | 李奎華 | 이규화 | 33 | 34 | 1931.12 | 聲討顚末 | |
| 15167 | 李奎煥 | 이규환 | 27 | 83 | 1926.12 | 地方報告>[李奎煥의 報告] | |
| 15168 | 李克 | 이극 | 10 | 10 | 1916.03 | 經學管見(續) / 尹寧求 | |

| 번호 | 원문 | 현대어(독음) | 호 | 쪽 | 발행일 | 기사명 / 필자 | 비고 |
|---|---|---|---|---|---|---|---|
| 15169 | 李克 | 이극 | 44 | 35 | 1939.10 | 經儒學 / 金誠鎭 | |
| 15170 | 李克基 | 이극기 | 10 | 33 | 1916.03 | 典祀廳記 / 李淑瑊 撰 | 원문은<br>李公克基 |
| 15171 | 李克墩 | 이극돈 | 40 | 18 | 1936.08 | 敎化編年(續) / 李大榮 | |
| 15172 | 李克培 | 이극배 | 40 | 20 | 1936.08 | 敎化編年(續) / 李大榮 | |
| 15173 | 李克增 | 이극증 | 10 | 30 | 1916.03 | 享官廳記 / 洪貴達 撰 | |
| 15174 | 李根培 | 이근배 | 9 | 51 | 1915.12 | 日誌大要 | |
| 15175 | 李根常 | 이근상 | 29 | 44 | 1928.12 | 日誌大要 | |
| 15176 | 李根常 | 이근상 | 45 | 30 | 1940.12 | 朝鮮儒林大會(朝鮮儒道聯合會創立總會) 會錄概要〉朝鮮儒道聯合會役員名簿(昭和十四年十一月一日現在) | |
| 15177 | 李瑾洙 | 이근수 | 36 | 28 | 1933.12 | 文廟釋奠狀況〉[全國煥의 보고] | |
| 15178 | 李近洙 | 이근수 | 35 | 32 | 1932.12 | 文廟釋奠狀況〉[李近洙의 보고] | |
| 15179 | 李近洙 | 이근수 | 35 | 41 | 1932.12 | 孝烈行蹟〉[李根洙의 보고] | |
| 15180 | 李近洙 | 이근수 | 35 | 42 | 1932.12 | 孝烈行蹟〉[李根洙의 보고] | |
| 15181 | 李根中 | 이근중 | 15 | 34 | 1917.10 | 日誌大要 | |
| 15182 | 李根中 | 이근중 | 15 | 68 | 1917.10 | 講說〉大邱高等普通學校講演(大正六年五月十六日)〉來賓李根中講七月章要旨 / 李根中 | |
| 15183 | 李根昌 | 이근창 | 25 | 38 | 1924.12 | 日誌大要 | |
| 15184 | 李根昌 | 이근창 | 25 | 39 | 1924.12 | 日誌大要 | |
| 15185 | 李根昌 | 이근창 | 33 | 37 | 1931.12 | 聲討顚末 | |
| 15186 | 李根泰 | 이근태 | 31 | 37 | 1930.08 | 地方報告〉各郡文廟釋奠狀況〉[李根泰의 보고] | |
| 15187 | 李根泰 | 이근태 | 32 | 48 | 1930.12 | 地方報告〉各郡文廟釋奠狀況〉[李根泰의 보고] | |
| 15188 | 李根恒 | 이근항 | 9 | 51 | 1915.12 | 日誌大要 | |
| 15189 | 李根馨 | 이근형 | 30 | 41 | 1929.12 | 日誌大要 | |
| 15190 | 李根浩 | 이근호 | 20 | 36 | 1920.03 | 求禮郡文廟重修捐義錄小序 / 金商翊 | |
| 15191 | 李金玉 | 이금옥 | 32 | 52 | 1930.12 | 地方報告〉孝烈行蹟〉[成錫永 等의 보고] | |
| 15192 | 李肯稙 | 이긍직 | 25 | 73 | 1924.12 | 地方報告〉[李肯稙 等의 報告] | |
| 15193 | 李奇 | 이기 | 15 | 18 | 1917.10 | 詩經蔫辨 / 金文演 | |
| 15194 | 李起南 | 이기남 | 20 | 38 | 1920.03 | 求禮郡文廟重修捐義錄小序 / 金商翊 | |
| 15195 | 李基德 | 이기덕 | 20 | 49 | 1920.03 | 日誌大要 | |
| 15196 | 李基枋 | 이기방 | 45 | 24 | 1940.12 | 朝鮮儒林大會(朝鮮儒道聯合會創立總會) 會錄概要〉朝鮮儒道聯合會役員名簿(昭和十四年十一月一日現在) | |
| 15197 | 李奇範 | 이기범 | 40 | 64 | 1936.08 | 第四回卒業式狀況及第七回新入生名簿〉明倫學院第一會研究科入學許可者名簿 | |
| 15198 | 李奇範 | 이기범 | 42 | 38 | 1937.12 | 文廟春季釋奠狀況 | |

| 번호 | 원문 | 현대어(독음) | 호 | 쪽 | 발행일 | 기사명 / 필자 | 비고 |
|---|---|---|---|---|---|---|---|
| 15199 | 李奇範 | 이기범 | 42 | 72 | 1937.12 | 第五回卒業式狀況及第八回新入生名簿〉研究科現在學生名簿 | |
| 15200 | 李奇範 | 이기범 | 44 | 78 | 1939.10 | 文廟秋季釋奠狀況 | |
| 15201 | 李箕範 | 이기범 | 43 | 35 | 1938.12 | 皇軍慰問詩 / 李箕範 | |
| 15202 | 李基福 | 이기복 | 24 | 55 | 1923.12 | 日誌大要 | |
| 15203 | 李基福 | 이기복 | 25 | 38 | 1924.12 | 日誌大要 | |
| 15204 | 李奇鳳 | 이기봉 | 32 | 49 | 1930.12 | 地方報告〉各郡文廟釋奠狀況〉[金泰彦의 보고] | |
| 15205 | 李箕紹 | 이기소 | 40 | 56 | 1936.08 | 鄭茂亭先生追悼錄〉輓詞 / 李箕紹 | |
| 15206 | 李機淳 | 이기순 | 14 | 61 | 1917.07 | 地方報告〉[李機淳의 報告] | |
| 15207 | 李箕承 | 이기승 | 33 | 36 | 1931.12 | 聲討顚末 | |
| 15208 | 李基永 | 이기영 | 15 | 31 | 1917.10 | 日誌大要 | |
| 15209 | 李箕榮 | 이기영 | 28 | 43 | 1927.12 | 日誌大要 | |
| 15210 | 李箕榮 | 이기영 | 28 | 44 | 1927.12 | 日誌大要 | |
| 15211 | 李起榮 | 이기영 | 20 | 37 | 1920.03 | 求禮郡文廟重修捐義錄小序 / 金商翊 | |
| 15212 | 李基五 | 이기오 | 20 | 46 | 1920.03 | 日誌大要 | |
| 15213 | 李埼鎔 | 이기용 | 45 | 25 | 1940.12 | 朝鮮儒林大會(朝鮮儒道聯合會創立總會) 會錄概要〉朝鮮儒道聯合會役員名簿(昭和十四年十一月一日現在) | |
| 15214 | 李夔鏞 | 이기용 | 33 | 36 | 1931.12 | 聲討顚末 | |
| 15215 | 李起元 | 이기원 | 20 | 38 | 1920.03 | 求禮郡文廟重修捐義錄小序 / 金商翊 | |
| 15216 | 李起源 | 이기원 | 30 | 79 | 1929.12 | 地方報告〉[曺秉益의 報告] | |
| 15217 | 李起寅 | 이기인 | 45 | 41 | 1940.12 | 朝鮮儒林大會(朝鮮儒道聯合會創立總會) 會錄概要〉朝鮮儒道聯合會役員名簿(昭和十四年十一月一日現在) | |
| 15218 | 李氣鍾 | 이기종 | 23 | 59 | 1922.12 | 日誌大要 | |
| 15219 | 李耆鍾 | 이기종 | 45 | 40 | 1940.12 | 朝鮮儒林大會(朝鮮儒道聯合會創立總會) 會錄概要〉朝鮮儒道聯合會役員名簿(昭和十四年十一月一日現在) | |
| 15220 | 李起俊 | 이기준 | 43 | 29 | 1938.12 | 儒林特志〉[姜錫圭의 보고]〉祭需品奉納者氏名及物名 | |
| 15221 | 李箕重 | 이기중 | 10 | 48 | 1916.03 | 賢關記聞(續) / 李大榮 | |
| 15222 | 李基燦 | 이기찬 | 45 | 23 | 1940.12 | 朝鮮儒林大會(朝鮮儒道聯合會創立總會) 會錄概要〉朝鮮儒道聯合會役員名簿(昭和十四年十一月一日現在) | |
| 15223 | 李基燦 | 이기찬 | 45 | 24 | 1940.12 | 朝鮮儒林大會(朝鮮儒道聯合會創立總會) 會錄概要〉朝鮮儒道聯合會役員名簿(昭和十四年十一月一日現在) | |
| 15224 | 李基澈 | 이기철 | 33 | 34 | 1931.12 | 聲討顚末 | |

| 번호 | 원문 | 현대어(독음) | 호 | 쪽 | 발행일 | 기사명 / 필자 | 비고 |
|---|---|---|---|---|---|---|---|
| 15225 | 李基澈 | 이기철 | 40 | 37 | 1936.08 | 文廟釋奠狀況〉[地方文廟春期釋奠狀況表] | |
| 15226 | 李起台 | 이기태 | 28 | 81 | 1927.12 | 地方報告〉[李起台 等의 報告] | |
| 15227 | 李起泰 | 이기태 | 20 | 37 | 1920.03 | 求禮郡文廟重修捐義錄小序 / 金商翊 | |
| 15228 | 李基(糸+憲) | 이기헌 | 20 | 49 | 1920.03 | 日誌大要 | |
| 15229 | 李基(糸+憲) | 이기헌 | 21 | 90 | 1921.03 | 日誌大要 | |
| 15230 | 李基(糸+憲) | 이기헌 | 21 | 91 | 1921.03 | 日誌大要 | |
| 15231 | 李基(糸+憲) | 이기헌 | 22 | 49 | 1922.03 | 故經學院副提學久庵朴公挽詞 / 李基(糸+憲) | |
| 15232 | 李基(糸+憲) | 이기헌 | 22 | 56 | 1922.03 | 日誌大要 | |
| 15233 | 李基(糸+憲) | 이기헌 | 23 | 57 | 1922.12 | 日誌大要 | |
| 15234 | 李基(糸+憲) | 이기헌 | 24 | 57 | 1923.12 | 日誌大要 | |
| 15235 | 李冀鉉 | 이기현 | 21 | 90 | 1921.03 | 日誌大要 | |
| 15236 | 李起煥 | 이기환 | 20 | 38 | 1920.03 | 求禮郡文廟重修捐義錄小序 / 金商翊 | |
| 15237 | 李吉甫 | 이길보 | 18 | 7 | 1918.09 | 經學管見(續) / 尹寧求 | |
| 15238 | 李洛雨 | 이낙우 | 33 | 50 | 1931.12 | 文廟釋奠狀況〉[本院秋期釋奠에 대한 報告] | |
| 15239 | 李洛雨 | 이낙우 | 34 | 58 | 1932.03 | 明倫學院昭和六年度入學許可者名簿 | |
| 15240 | 李洛雨 | 이낙우 | 36 | 25 | 1933.12 | 文廟釋奠狀況〉[秋期釋奠 擧行] | |
| 15241 | 李洛雨 | 이낙우 | 36 | 29 | 1933.12 | 文廟釋奠狀況〉[春期釋奠 擧行] | |
| 15242 | 李洛雨 | 이낙우 | 36 | 55 | 1933.12 | 第二回學生卒業式狀況 | |
| 15243 | 李洛雨 | 이낙우 | 36 | 68 | 1933.12 | 明倫學院第二回卒業生名簿 | |
| 15244 | 李樂應 | 이낙응 | 44 | 74 | 1939.10 | 日誌大要(自昭和十三年六月 至昭和十三年十二月) | |
| 15245 | 李洛鍾 | 이낙종 | 36 | 32 | 1933.12 | 文廟釋奠狀況〉[李時雨의 報告] | |
| 15246 | 李蘭順 | 이난순 | 43 | 28 | 1938.12 | 儒林特志〉[姜錫圭의 報告]〉祭需品奉納者氏名及物名 | |
| 15247 | 李南喆 | 이남철 | 33 | 34 | 1931.12 | 聲討顚末 | |
| 15248 | 李魯榮 | 이노영 | 27 | 52 | 1926.12 | 日誌大要 | |
| 15249 | 李魯榮 | 이노영 | 27 | 53 | 1926.12 | 日誌大要 | |
| 15250 | 李魯學 | 이노학 | 23 | 61 | 1922.12 | 講說〉講題 凡有血氣者莫不尊親(大正十一年五月七日追慕禮式時) / 李魯學 | |
| 15251 | 李能世 | 이능세 | 45 | 23 | 1940.12 | 朝鮮儒林大會(朝鮮儒道聯合會創立總會) 會錄概要〉朝鮮儒道聯合會役員名簿(昭和十四年十一月一日現在) | |

| 번호 | 원문 | 현대어(독음) | 호 | 쪽 | 발행일 | 기사명 / 필자 | 비고 |
|---|---|---|---|---|---|---|---|
| 15252 | 李端夏 | 이단하 | 11 | 54 | 1916.06 | 賢關記聞(續) / 李大榮 | |
| 15253 | 李達 | 이달 | 28 | 3 | 1927.12 | 朝鮮詩文變遷論 / 鄭萬朝 | 원문은 達 |
| 15254 | 李達均 | 이달균 | 31 | 33 | 1930.08 | 日誌大要 | |
| 15255 | 李達秀 | 이달수 | 20 | 49 | 1920.03 | 日誌大要 | |
| 15256 | 李達秀 | 이달수 | 21 | 90 | 1921.03 | 日誌大要 | |
| 15257 | 李達秀 | 이달수 | 21 | 93 | 1921.03 | 日誌大要 | |
| 15258 | 李達秀 | 이달수 | 22 | 54 | 1922.03 | 日誌大要 | |
| 15259 | 李達秀 | 이달수 | 22 | 58 | 1922.03 | 日誌大要 | |
| 15260 | 李達秀 | 이달수 | 24 | 59 | 1923.12 | 日誌大要 | |
| 15261 | 李達鎔 | 이달용 | 45 | 20 | 1940.12 | 朝鮮儒林大會(朝鮮儒道聯合會創立總會) 會錄槪要〉朝鮮儒道聯合會役員名簿(昭和十四年十一月一日現在) | |
| 15262 | 李達中 | 이달중 | 14 | 39 | 1917.07 | 日誌大要 | |
| 15263 | 李達顯 | 이달현 | 21 | 95 | 1921.03 | 地方報告〉[金文鉉의 報告] | |
| 15264 | 李達勳 | 이달훈 | 45 | 32 | 1940.12 | 朝鮮儒林大會(朝鮮儒道聯合會創立總會) 會錄槪要〉朝鮮儒道聯合會役員名簿(昭和十四年十一月一日現在) | |
| 15265 | 李湛 | 이담 | 32 | 40 | 1930.12 | 地方報告〉地方儒林狀況〉[成樂賢의 報告] | 원문은 湛 |
| 15266 | 李大榮 | 이대영 | 1 | 45 | 1913.12 | 日誌大要 | |
| 15267 | 李大榮 | 이대영 | 1 | 58 | 1913.12 | 本院職員錄 大正二年十二月 日 現在 | |
| 15268 | 李大榮 | 이대영 | 1 | 59 | 1913.12 | 本院職員錄 大正二年十二月 日 現在 | |
| 15269 | 李大榮 | 이대영 | 5 | 69 | 1914.12 | 日誌大要 | |
| 15270 | 李大榮 | 이대영 | 7 | 54 | 1915.06 | 日誌大要 | |
| 15271 | 李大榮 | 이대영 | 8 | 34 | 1915.09 | 賢關記聞 / 李大榮 | |
| 15272 | 李大榮 | 이대영 | 9 | 31 | 1915.12 | 賢關記聞(續) / 李大榮 | |
| 15273 | 李大榮 | 이대영 | 9 | 37 | 1915.12 | 謹次龍田韻 / 李大榮 | |
| 15274 | 李大榮 | 이대영 | 9 | 40 | 1915.12 | 日誌大要 | |
| 15275 | 李大榮 | 이대영 | 9 | 41 | 1915.12 | 日誌大要 | |
| 15276 | 李大榮 | 이대영 | 9 | 51 | 1915.12 | 日誌大要 | |
| 15277 | 李大榮 | 이대영 | 9 | 52 | 1915.12 | 日誌大要 | |
| 15278 | 李大榮 | 이대영 | 10 | 46 | 1916.03 | 賢關記聞(續) / 李大榮 | |
| 15279 | 李大榮 | 이대영 | 10 | 55 | 1916.03 | 元朝謁聖廟有感 / 李大榮 | |
| 15280 | 李大榮 | 이대영 | 11 | 52 | 1916.06 | 賢關記聞(續) / 李大榮 | |
| 15281 | 李大榮 | 이대영 | 11 | 59 | 1916.06 | 三月十四日瞻拜開城文廟識感 / 李大榮 | |
| 15282 | 李大榮 | 이대영 | 11 | 62 | 1916.06 | 日誌大要 | |
| 15283 | 李大榮 | 이대영 | 12 | 38 | 1916.12 | 賢關記聞(續) / 李大榮 | |
| 15284 | 李大榮 | 이대영 | 12 | 48 | 1916.12 | 日誌大要 | |

| 번호 | 원문 | 현대어(독음) | 호 | 쪽 | 발행일 | 기사명 / 필자 | 비고 |
|---|---|---|---|---|---|---|---|
| 15285 | 李大榮 | 이대영 | 12 | 52 | 1916.12 | 日誌大要 | |
| 15286 | 李大榮 | 이대영 | 13 | 28 | 1917.03 | 賢關記聞(續) / 李大榮 | |
| 15287 | 李大榮 | 이대영 | 14 | 39 | 1917.07 | 日誌大要 | |
| 15288 | 李大榮 | 이대영 | 15 | 25 | 1917.10 | 賢關記聞(十三號續) / 李大榮 | |
| 15289 | 李大榮 | 이대영 | 15 | 28 | 1917.10 | 光州鄕校講製時有感 / 李大榮 | |
| 15290 | 李大榮 | 이대영 | 15 | 30 | 1917.10 | 日誌大要 | |
| 15291 | 李大榮 | 이대영 | 16 | 24 | 1918.03 | 賢關記聞(續) / 李大榮 | |
| 15292 | 李大榮 | 이대영 | 16 | 31 | 1918.03 | 日誌大要 | |
| 15293 | 李大榮 | 이대영 | 17 | 32 | 1918.07 | 賢關記聞(續) / 李大榮 | |
| 15294 | 李大榮 | 이대영 | 17 | 42 | 1918.07 | 日誌大要 | |
| 15295 | 李大榮 | 이대영 | 18 | 28 | 1918.09 | 賢關記聞(續) / 李大榮 | |
| 15296 | 李大榮 | 이대영 | 18 | 43 | 1918.09 | 日誌大要 | |
| 15297 | 李大榮 | 이대영 | 19 | 26 | 1918.12 | 賢關記聞(續) / 李大榮 | |
| 15298 | 李大榮 | 이대영 | 19 | 30 | 1918.12 | 日誌大要 | |
| 15299 | 李大榮 | 이대영 | 19 | 31 | 1918.12 | 日誌大要 | |
| 15300 | 李大榮 | 이대영 | 20 | 25 | 1920.03 | 賢關記聞(續) / 李大榮 | |
| 15301 | 李大榮 | 이대영 | 20 | 46 | 1920.03 | 日誌大要 | |
| 15302 | 李大榮 | 이대영 | 20 | 49 | 1920.03 | 日誌大要 | |
| 15303 | 李大榮 | 이대영 | 21 | 62 | 1921.03 | 賢關記聞(續) / 李大榮 | |
| 15304 | 李大榮 | 이대영 | 21 | 89 | 1921.03 | 日誌大要 | |
| 15305 | 李大榮 | 이대영 | 21 | 92 | 1921.03 | 日誌大要 | |
| 15306 | 李大榮 | 이대영 | 22 | 23 | 1922.03 | 故講士荷亭呂公圭亨祭文 | |
| 15307 | 李大榮 | 이대영 | 22 | 50 | 1922.03 | 故經學院副提學久庵朴公挽詞 / 李大榮 | |
| 15308 | 李大榮 | 이대영 | 22 | 53 | 1922.03 | 日誌大要 | |
| 15309 | 李大榮 | 이대영 | 22 | 55 | 1922.03 | 日誌大要 | |
| 15310 | 李大榮 | 이대영 | 22 | 57 | 1922.03 | 日誌大要 | |
| 15311 | 李大榮 | 이대영 | 22 | 58 | 1922.03 | 日誌大要 | |
| 15312 | 李大榮 | 이대영 | 22 | 59 | 1922.03 | 日誌大要 | |
| 15313 | 李大榮 | 이대영 | 22 | 84 | 1922.03 | [판권사항] | |
| 15314 | 李大榮 | 이대영 | 23 | 28 | 1922.12 | 祭華陰鄭司成文 | |
| 15315 | 李大榮 | 이대영 | 23 | 39 | 1922.12 | 孔夫子忌辰四十周甲追慕禮式及紀念事業發起文 | |
| 15316 | 李大榮 | 이대영 | 23 | 54 | 1922.12 | 日誌大要 | |
| 15317 | 李大榮 | 이대영 | 23 | 55 | 1922.12 | 日誌大要 | |
| 15318 | 李大榮 | 이대영 | 23 | 56 | 1922.12 | 日誌大要 | |
| 15319 | 李大榮 | 이대영 | 23 | 58 | 1922.12 | 日誌大要 | |

| 번호 | 원문 | 현대어(독음) | 호 | 쪽 | 발행일 | 기사명 / 필자 | 비고 |
|---|---|---|---|---|---|---|---|
| 15320 | 李大榮 | 이대영 | 23 | 59 | 1922.12 | 日誌大要 | |
| 15321 | 李大榮 | 이대영 | 23 | 91 | 1922.12 | [판권사항] | |
| 15322 | 李大榮 | 이대영 | 24 | 54 | 1923.12 | 日誌大要 | |
| 15323 | 李大榮 | 이대영 | 24 | 55 | 1923.12 | 日誌大要 | |
| 15324 | 李大榮 | 이대영 | 24 | 58 | 1923.12 | 日誌大要 | |
| 15325 | 李大榮 | 이대영 | 24 | 59 | 1923.12 | 日誌大要 | |
| 15326 | 李大榮 | 이대영 | 24 | 97 | 1923.12 | [판권사항] | |
| 15327 | 李大榮 | 이대영 | 25 | 37 | 1924.12 | 日誌大要 | |
| 15328 | 李大榮 | 이대영 | 25 | 38 | 1924.12 | 日誌大要 | |
| 15329 | 李大榮 | 이대영 | 25 | 40 | 1924.12 | 日誌大要 | |
| 15330 | 李大榮 | 이대영 | 25 | 43 | 1924.12 | 日誌大要 | |
| 15331 | 李大榮 | 이대영 | 25 | 45 | 1924.12 | 日誌大要 | |
| 15332 | 李大榮 | 이대영 | 25 | 46 | 1924.12 | 日誌大要 | |
| 15333 | 李大榮 | 이대영 | 25 | 65 | 1924.12 | 講說〉講題 明倫 / 李大榮 | |
| 15334 | 李大榮 | 이대영 | 25 | 77 | 1924.12 | 地方報告〉[李大榮의 報告] | |
| 15335 | 李大榮 | 이대영 | 25 | 85 | 1924.12 | 地方報告〉[李大榮의 報告] | |
| 15336 | 李大榮 | 이대영 | 25 | 88 | 1924.12 | [판권사항] | |
| 15337 | 李大榮 | 이대영 | 26 | 40 | 1925.12 | 日誌大要 | |
| 15338 | 李大榮 | 이대영 | 26 | 42 | 1925.12 | 日誌大要 | |
| 15339 | 李大榮 | 이대영 | 26 | 44 | 1925.12 | 日誌大要 | |
| 15340 | 李大榮 | 이대영 | 26 | 45 | 1925.12 | 日誌大要 | |
| 15341 | 李大榮 | 이대영 | 26 | 46 | 1925.12 | 日誌大要 | |
| 15342 | 李大榮 | 이대영 | 26 | 48 | 1925.12 | 日誌大要 | |
| 15343 | 李大榮 | 이대영 | 26 | 49 | 1925.12 | 講說〉講題 儒者之地位及義務 / 李大榮 | |
| 15344 | 李大榮 | 이대영 | 26 | 99 | 1925.12 | [판권사항] | |
| 15345 | 李大榮 | 이대영 | 27 | 52 | 1926.12 | 日誌大要 | |
| 15346 | 李大榮 | 이대영 | 27 | 53 | 1926.12 | 日誌大要 | |
| 15347 | 李大榮 | 이대영 | 27 | 55 | 1926.12 | 日誌大要 | |
| 15348 | 李大榮 | 이대영 | 27 | 58 | 1926.12 | 日誌大要 | |
| 15349 | 李大榮 | 이대영 | 27 | 59 | 1926.12 | 日誌大要 | |
| 15350 | 李大榮 | 이대영 | 27 | 89 | 1926.12 | [판권사항] | |
| 15351 | 李大榮 | 이대영 | 28 | 13 | 1927.12 | 孝烈婦金氏碑 / 李大榮 | |
| 15352 | 李大榮 | 이대영 | 28 | 14 | 1927.12 | 祭講士梅下鄭公文 / 李大榮 | |
| 15353 | 李大榮 | 이대영 | 28 | 38 | 1927.12 | 壽星詩帖 / 李大榮 | |
| 15354 | 李大榮 | 이대영 | 28 | 40 | 1927.12 | 東石申講士挽章 / 李大榮 | |
| 15355 | 李大榮 | 이대영 | 28 | 43 | 1927.12 | 日誌大要 | |

| 번호 | 원문 | 현대어(독음) | 호 | 쪽 | 발행일 | 기사명 / 필자 | 비고 |
|------|------|------------|----|----|--------|--------------|------|
| 15356 | 李大榮 | 이대영 | 28 | 44 | 1927.12 | 日誌大要 | |
| 15357 | 李大榮 | 이대영 | 28 | 46 | 1927.12 | 日誌大要 | |
| 15358 | 李大榮 | 이대영 | 28 | 47 | 1927.12 | 日誌大要 | |
| 15359 | 李大榮 | 이대영 | 28 | 48 | 1927.12 | 日誌大要 | |
| 15360 | 李大榮 | 이대영 | 28 | 89 | 1927.12 | [판권사항] | |
| 15361 | 李大榮 | 이대영 | 29 | 33 | 1928.12 | 聚奎帖 / 李大榮 | |
| 15362 | 李大榮 | 이대영 | 29 | 35 | 1928.12 | 大樹帖 / 李大榮 | |
| 15363 | 李大榮 | 이대영 | 29 | 38 | 1928.12 | 日誌大要 | |
| 15364 | 李大榮 | 이대영 | 29 | 39 | 1928.12 | 日誌大要 | |
| 15365 | 李大榮 | 이대영 | 29 | 43 | 1928.12 | 日誌大要 | |
| 15366 | 李大榮 | 이대영 | 29 | 45 | 1928.12 | 日誌大要 | |
| 15367 | 李大榮 | 이대영 | 29 | 78 | 1928.12 | 地方報告〉[李大榮과 李學魯의 報告] | |
| 15368 | 李大榮 | 이대영 | 29 | 83 | 1928.12 | [판권사항] | |
| 15369 | 李大榮 | 이대영 | 30 | 37 | 1929.12 | 雪重帖 / 李大榮 | |
| 15370 | 李大榮 | 이대영 | 30 | 41 | 1929.12 | 日誌大要 | |
| 15371 | 李大榮 | 이대영 | 30 | 42 | 1929.12 | 日誌大要 | |
| 15372 | 李大榮 | 이대영 | 30 | 43 | 1929.12 | 日誌大要 | |
| 15373 | 李大榮 | 이대영 | 30 | 44 | 1929.12 | 日誌大要 | |
| 15374 | 李大榮 | 이대영 | 30 | 83 | 1929.12 | [판권사항] | |
| 15375 | 李大榮 | 이대영 | 31 | 22 | 1930.08 | 講題 儒者爲人所需 / 李大榮 | |
| 15376 | 李大榮 | 이대영 | 31 | 28 | 1930.08 | 日誌大要 | |
| 15377 | 李大榮 | 이대영 | 31 | 29 | 1930.08 | 日誌大要 | |
| 15378 | 李大榮 | 이대영 | 31 | 30 | 1930.08 | 日誌大要 | |
| 15379 | 李大榮 | 이대영 | 31 | 32 | 1930.08 | 日誌大要 | |
| 15380 | 李大榮 | 이대영 | 31 | 33 | 1930.08 | 日誌大要 | |
| 15381 | 李大榮 | 이대영 | 31 | 34 | 1930.08 | 日誌大要 | |
| 15382 | 李大榮 | 이대영 | 31 | 54 | 1930.08 | 事務報告 / 神尾弌春 | |
| 15383 | 李大榮 | 이대영 | 31 | 60 | 1930.08 | 明倫學院職員名簿 | |
| 15384 | 李大榮 | 이대영 | 31 | 63 | 1930.08 | [판권사항] | |
| 15385 | 李大榮 | 이대영 | 32 | 37 | 1930.12 | 日誌大要 | |
| 15386 | 李大榮 | 이대영 | 32 | 38 | 1930.12 | 日誌大要 | |
| 15387 | 李大榮 | 이대영 | 32 | 74 | 1930.12 | [판권사항] | |
| 15388 | 李大榮 | 이대영 | 33 | 19 | 1931.12 | 壽松帖〉敬賀鄭提學先生喜壽 / 李大榮 | |
| 15389 | 李大榮 | 이대영 | 33 | 24 | 1931.12 | 日誌大要 | |
| 15390 | 李大榮 | 이대영 | 33 | 29 | 1931.12 | 聲討顚末 | |
| 15391 | 李大榮 | 이대영 | 33 | 38 | 1931.12 | 地方儒林狀況〉[李大榮의 보고] | |

| 번호 | 원문 | 현대어(독음) | 호 | 쪽 | 발행일 | 기사명 / 필자 | 비고 |
|---|---|---|---|---|---|---|---|
| 15392 | 李大榮 | 이대영 | 33 | 42 | 1931.12 | 文廟釋奠狀況 | |
| 15393 | 李大榮 | 이대영 | 33 | 43 | 1931.12 | 文廟釋奠狀況 | |
| 15394 | 李大榮 | 이대영 | 33 | 48 | 1931.12 | 文廟釋奠狀況〉[本院秋期釋奠에 대한 보고] | |
| 15395 | 李大榮 | 이대영 | 33 | 50 | 1931.12 | 文廟釋奠狀況〉[本院秋期釋奠에 대한 보고] | |
| 15396 | 李大榮 | 이대영 | 33 | 58 | 1931.12 | [판권사항] | |
| 15397 | 李大榮 | 이대영 | 34 | 29 | 1932.03 | 賀崔君崙熙大庭稼圃詞伯七一長筵 / 李大榮 | |
| 15398 | 李大榮 | 이대영 | 34 | 30 | 1932.03 | 松庵崔講士定鉉挽 / 李大榮 | |
| 15399 | 李大榮 | 이대영 | 34 | 55 | 1932.03 | 明倫學院職員名簿 | |
| 15400 | 李大榮 | 이대영 | 34 | 60 | 1932.03 | [판권사항] | |
| 15401 | 李大榮 | 이대영 | 35 | 24 | 1932.12 | 孝壽帖〉賀韻 / 李大榮 | |
| 15402 | 李大榮 | 이대영 | 35 | 29 | 1932.12 | 文廟釋奠狀況 | |
| 15403 | 李大榮 | 이대영 | 35 | 30 | 1932.12 | 文廟釋奠狀況 | |
| 15404 | 李大榮 | 이대영 | 35 | 72 | 1932.12 | 明倫學院職員名簿 | |
| 15405 | 李大榮 | 이대영 | 35 | 78 | 1932.12 | [판권사항] | |
| 15406 | 李大榮 | 이대영 | 36 | 21 | 1933.12 | 澹圃姜講師挽 / 李大榮 | |
| 15407 | 李大榮 | 이대영 | 36 | 23 | 1933.12 | 日誌大要 | |
| 15408 | 李大榮 | 이대영 | 36 | 25 | 1933.12 | 文廟釋奠狀況〉[秋期釋奠 擧行] | |
| 15409 | 李大榮 | 이대영 | 36 | 29 | 1933.12 | 文廟釋奠狀況〉[春期釋奠 擧行] | |
| 15410 | 李大榮 | 이대영 | 36 | 30 | 1933.12 | 文廟釋奠狀況〉[春期釋奠 擧行] | |
| 15411 | 李大榮 | 이대영 | 36 | 65 | 1933.12 | 明倫學院職員名簿 | |
| 15412 | 李大榮 | 이대영 | 36 | 73 | 1933.12 | [판권사항] | |
| 15413 | 李大榮 | 이대영 | 37 | 21 | 1934.10 | 教化編年 / 李大榮 | |
| 15414 | 李大榮 | 이대영 | 37 | 36 | 1934.10 | 地方儒林狀況〉[李大榮의 보고] | |
| 15415 | 李大榮 | 이대영 | 37 | 45 | 1934.10 | 文廟釋奠狀況〉[秋期釋奠 擧行] | |
| 15416 | 李大榮 | 이대영 | 37 | 46 | 1934.10 | 文廟釋奠狀況〉[秋期釋奠 擧行] | |
| 15417 | 李大榮 | 이대영 | 37 | 51 | 1934.10 | 文廟釋奠狀況〉[春期釋奠 擧行] | |
| 15418 | 李大榮 | 이대영 | 37 | 66 | 1934.10 | 明倫學院職員名簿 | |
| 15419 | 李大榮 | 이대영 | 37 | 73 | 1934.10 | [판권사항] | |
| 15420 | 李大榮 | 이대영 | 38 | 42 | 1935.03 | 日誌大要 | |
| 15421 | 李大榮 | 이대영 | 38 | 43 | 1935.03 | 文廟釋奠狀況〉[秋期釋奠 擧行] | |
| 15422 | 李大榮 | 이대영 | 38 | 44 | 1935.03 | 文廟釋奠狀況〉[秋期釋奠 擧行] | |
| 15423 | 李大榮 | 이대영 | 38 | 53 | 1935.03 | [판권사항] | |
| 15424 | 李大榮 | 이대영 | 39 | 45 | 1935.10 | 挽崔講師崙熙 / 李大榮 | |
| 15425 | 李大榮 | 이대영 | 39 | 50 | 1935.10 | 日誌大要 | |
| 15426 | 李大榮 | 이대영 | 39 | 51 | 1935.10 | 文廟釋奠狀況〉[春期釋奠 擧行] | |
| 15427 | 李大榮 | 이대영 | 39 | 52 | 1935.10 | 文廟釋奠狀況〉[春期釋奠 擧行] | |

| 번호 | 원문 | 현대어(독음) | 호 | 쪽 | 발행일 | 기사명 / 필자 | 비고 |
|---|---|---|---|---|---|---|---|
| 15428 | 李大榮 | 이대영 | 39 | 61 | 1935.10 | [판권사항] | |
| 15429 | 李大榮 | 이대영 | 40 | 18 | 1936.08 | 敎化編年(續) / 李大榮 | |
| 15430 | 李大榮 | 이대영 | 40 | 34 | 1936.08 | 日誌大要 | |
| 15431 | 李大榮 | 이대영 | 40 | 35 | 1936.08 | 文廟釋奠狀況〉[秋期釋奠 擧行] | |
| 15432 | 李大榮 | 이대영 | 40 | 39 | 1936.08 | 成竹似先生追悼錄〉成竹似自輓詩 | |
| 15433 | 李大榮 | 이대영 | 40 | 43 | 1936.08 | 成竹似先生追悼錄〉挽故成均館博士成竹似先生 / 尹相浩 | 원문은 李先生大榮氏 |
| 15434 | 李大榮 | 이대영 | 41 | 2 | 1937.02 | 正心 / 李大榮 | |
| 15435 | 李大榮 | 이대영 | 41 | 20 | 1937.02 | 敎化編年(續) / 李大榮 | |
| 15436 | 李大榮 | 이대영 | 41 | 34 | 1937.02 | 日誌大要 | |
| 15437 | 李大榮 | 이대영 | 41 | 35 | 1937.02 | 文廟春季釋奠狀況 | |
| 15438 | 李大榮 | 이대영 | 41 | 37 | 1937.02 | 文廟秋季釋奠狀況 | |
| 15439 | 李大榮 | 이대영 | 41 | 42 | 1937.02 | 經學院永年勤續職員褒彰式狀況 | |
| 15440 | 李大榮 | 이대영 | 41 | 58 | 1937.02 | 經學院職員名簿(昭和十一年十一月一日) | |
| 15441 | 李大榮 | 이대영 | 41 | 60 | 1937.02 | 明倫學院職員名簿(昭和十一年一月一日現在) | |
| 15442 | 李大榮 | 이대영 | 41 | 62 | 1937.02 | 明倫學院評議員名簿(昭和十一年一月一日) | |
| 15443 | 李大榮 | 이대영 | 42 | 38 | 1937.12 | 文廟春季釋奠狀況 | |
| 15444 | 李大榮 | 이대영 | 43 | 15 | 1938.12 | 敎化編年(續) / 李大榮 | |
| 15445 | 李大榮 | 이대영 | 43 | 39 | 1938.12 | 故大提學鄭鳳時先生輓詞 / 李大榮 | |
| 15446 | 李大榮 | 이대영 | 43 | 58 | 1938.12 | 文廟秋季釋奠狀況 | |
| 15447 | 李大榮 | 이대영 | 43 | 65 | 1938.12 | 文廟春季釋奠狀況 | |
| 15448 | 李大榮 | 이대영 | 44 | 78 | 1939.10 | 文廟秋季釋奠狀況 | |
| 15449 | 李大榮 | 이대영 | 44 | 85 | 1939.10 | 文廟春季釋奠狀況 | |
| 15450 | 李大榮 | 이대영 | 45 | 21 | 1940.12 | 朝鮮儒林大會(朝鮮儒道聯合會創立總會) 會錄槪要〉朝鮮儒道聯合會役員名簿(昭和十四年十一月一日現在) | |
| 15451 | 李大榮 | 이대영 | 45 | 117 | 1940.12 | 黃海道儒道聯合會結成式 | |
| 15452 | 李大榮 | 이대영 | 46 | 13 | 1941.12 | 釋奠狀況〉昭和十四年秋季釋奠狀況 | |
| 15453 | 李大榮 | 이대영 | 46 | 14 | 1941.12 | 釋奠狀況〉昭和十五年春季釋奠狀況 | |
| 15454 | 李大榮 | 이대영 | 46 | 16 | 1941.12 | 釋奠狀況〉昭和十五年秋季釋奠狀況 | |
| 15455 | 李大榮 | 이대영 | 46 | 22 | 1941.12 | 經學院日誌大要(昭和十四年七月ヨリ昭和十六年六月マテ) | |
| 15456 | 李大榮 | 이대영 | 46 | 23 | 1941.12 | 經學院日誌大要(昭和十四年七月ヨリ昭和十六年六月マテ) | |
| 15457 | 李大榮 | 이대영 | 47 | 45 | 1943.01 | 經學院日誌大要(昭和十六年七月ヨリ昭和十七年六月マテ) | |
| 15458 | 李大源 | 이대원 | 25 | 41 | 1924.12 | 日誌大要 | |

| 번호 | 원문 | 현대어(독음) | 호 | 쪽 | 발행일 | 기사명 / 필자 | 비고 |
|---|---|---|---|---|---|---|---|
| 15459 | 李大源 | 이대원 | 30 | 35 | 1929.12 | 祭粢料傳達式狀況 | |
| 15460 | 李悳珪 | 이덕규 | 12 | 52 | 1916.12 | 日誌大要 | |
| 15461 | 李悳珪 | 이덕규 | 12 | 53 | 1916.12 | 日誌大要 | |
| 15462 | 李悳珪 | 이덕규 | 45 | 32 | 1940.12 | 朝鮮儒林大會(朝鮮儒道聯合會創立總會) 會錄槪要>朝鮮儒道聯合會役員名簿(昭和十四年十一月一日現在) | |
| 15463 | 李德根 | 이덕근 | 40 | 19 | 1936.08 | 敎化編年(續) / 李大榮 | |
| 15464 | 李德基 | 이덕기 | 28 | 74 | 1927.12 | 地方報告>[李德基의 報告] | |
| 15465 | 李德基 | 이덕기 | 28 | 84 | 1927.12 | 地方報告>[李德基의 報告] | |
| 15466 | 李德基 | 이덕기 | 29 | 14 | 1928.12 | 鳳山郡鄕校重修記 / 鄭萬朝 | 원문은 李君德基 |
| 15467 | 李德立 | 이덕립 | 30 | 79 | 1929.12 | 地方報告>[曹秉益의 報告] | |
| 15468 | 李德懋 | 이덕무 | 28 | 4 | 1927.12 | 朝鮮詩文變遷論 / 鄭萬朝 | 원문은 德懋 |
| 15469 | 李德懋 | 이덕무 | 44 | 51 | 1939.10 | 嘉言善行 / 李昇圭 | |
| 15470 | 李德商 | 이덕상 | 28 | 43 | 1927.12 | 日誌大要 | |
| 15471 | 李德商 | 이덕상 | 28 | 44 | 1927.12 | 日誌大要 | |
| 15472 | 李德榮 | 이덕영 | 12 | 52 | 1916.12 | 日誌大要 | |
| 15473 | 李德榮 | 이덕영 | 12 | 53 | 1916.12 | 日誌大要 | |
| 15474 | 李德必 | 이덕필 | 35 | 10 | 1932.12 | 慶壽帖序 / 朴豊緖 | |
| 15475 | 李燾 | 이도 | 15 | 2 | 1917.10 | 經學管見(續) / 尹寧求 | |
| 15476 | 李燾 | 이도 | 15 | 5 | 1917.10 | 經學管見(續) / 尹寧求 | |
| 15477 | 李導純 | 이도순 | 45 | 41 | 1940.12 | 朝鮮儒林大會(朝鮮儒道聯合會創立總會) 會錄槪要>朝鮮儒道聯合會役員名簿(昭和十四年十一月一日現在) | |
| 15478 | 李陶庵 | 이도암 | 11 | 27 | 1916.06 | 經學淺知錄(續) / 金文演 | 李縡 |
| 15479 | 李陶隱 | 이도은 | 11 | 26 | 1916.06 | 經學淺知錄(續) / 金文演 | 李崇仁 |
| 15480 | 李陶隱 | 이도은 | 28 | 2 | 1927.12 | 朝鮮詩文變遷論 / 鄭萬朝 | 李崇仁 |
| 15481 | 李敦叙 | 이돈서 | 43 | 21 | 1938.12 | 江華忠烈祠享祀位次及祝文式 | |
| 15482 | 李敦燁 | 이돈엽 | 38 | 47 | 1935.03 | 文廟釋奠狀況>地方文廟秋期釋奠狀況表 | |
| 15483 | 李惇五 | 이돈오 | 43 | 21 | 1938.12 | 江華忠烈祠享祀位次及祝文式 | |
| 15484 | 伊東 | 이동 | 47 | 41 | 1943.01 | 釋奠狀況>昭和十七年秋季釋奠狀況 | 尹致昊, 伊東致昊 |
| 15485 | 李侗 | 이동 | 8 | 35 | 1915.09 | 賢關記聞 / 李大榮 | |
| 15486 | 李侗 | 이동 | 10 | 51 | 1916.03 | 賢關記聞(續) / 李大榮 | |
| 15487 | 李侗 | 이동 | 21 | 21 | 1921.03 | 經學管見(續) / 尹寧求 | |
| 15488 | 李侗 | 이동 | 42 | 47 | 1937.12 | 文廟享祀位次及聖賢姓名爵號考 / 金完鎭 | 文靖公 |

| 번호 | 원문 | 현대어(독음) | 호 | 쪽 | 발행일 | 기사명 / 필자 | 비고 |
|---|---|---|---|---|---|---|---|
| 15489 | 李侗 | 이동 | 42 | 57 | 1937.12 | 文廟享祀位次及聖賢姓名爵號考 / 金完鎭 | 文靖公, 원문은 姓李名侗 |
| 15490 | 李東坤 | 이동곤 | 40 | 64 | 1936.08 | 第四回卒業式狀況及第七回新入生名簿〉明倫學院第一會硏究科入學許可者名簿 | |
| 15491 | 李東坤 | 이동곤 | 42 | 38 | 1937.12 | 文廟春季釋奠狀況 | |
| 15492 | 李東坤 | 이동곤 | 42 | 72 | 1937.12 | 第五回卒業式狀況及第八回新入生名簿〉硏究科現在學生名簿 | |
| 15493 | 李東坤 | 이동곤 | 43 | 66 | 1938.12 | 文廟春季釋奠狀況 | |
| 15494 | 李東坤 | 이동곤 | 44 | 78 | 1939.10 | 文廟秋季釋奠狀況 | |
| 15495 | 李同栢 | 이동백 | 17 | 75 | 1918.07 | 地方報告〉[金在昌 등의 報告] | |
| 15496 | 李東範 | 이동범 | 31 | 62 | 1930.08 | 入學許可者名簿 | |
| 15497 | 李東範 | 이동범 | 32 | 37 | 1930.12 | 日誌大要 | |
| 15498 | 李東範 | 이동범 | 33 | 43 | 1931.12 | 文廟釋奠狀況 | |
| 15499 | 李東範 | 이동범 | 34 | 32 | 1932.03 | 日誌大要 | |
| 15500 | 李東範 | 이동범 | 35 | 30 | 1932.12 | 文廟釋奠狀況 | |
| 15501 | 李東範 | 이동범 | 35 | 74 | 1932.12 | 明倫學院第一回卒業生名簿 | |
| 15502 | 李東範 | 이동범 | 36 | 69 | 1933.12 | 明倫學院補習科第一回修了生名簿 | |
| 15503 | 李東岳 | 이동악 | 28 | 3 | 1927.12 | 朝鮮詩文變遷論 / 鄭萬朝 | 李安訥 |
| 15504 | 李東陽 | 이동양 | 16 | 5 | 1918.03 | 經學管見(續) / 尹寧求 | |
| 15505 | 李東陽 | 이동양 | 19 | 9 | 1918.12 | 經學管見(續) / 尹寧求 | |
| 15506 | 李東宇 | 이동우 | 25 | 86 | 1924.12 | 地方報告〉[李佑根의 報告] | |
| 15507 | 李東雨 | 이동우 | 33 | 49 | 1931.12 | 文廟釋奠狀況〉[本院秋期釋奠에 대한 보고] | |
| 15508 | 李東雨 | 이동우 | 34 | 57 | 1932.03 | 明倫學院昭和六年度入學許可者名簿 | |
| 15509 | 李東雨 | 이동우 | 36 | 29 | 1933.12 | 文廟釋奠狀況〉[春期釋奠 擧行] | 원문은 李東兩로 오기됨 |
| 15510 | 李東雨 | 이동우 | 36 | 67 | 1933.12 | 明倫學院第二回卒業生名簿 | |
| 15511 | 伊東忠太 | 이동충태 | 39 | 18 | 1935.10 | 湯島聖堂孔子祭典狀況〉聖堂復興由來 / 材團法人 斯文會 | 이토 추타 |
| 15512 | 伊東致昊 | 이동치호 | 46 | 66 | 1941.12 | 講演及講習〉時局と婦道實踐(講演速記) / 永田種秀 | 尹致昊 |
| 15513 | 李東夏 | 이동하 | 43 | 29 | 1938.12 | 儒林特志〉[姜錫圭의 보고]〉祭需品奉納者氏名及物名 | |
| 15514 | 李東薰 | 이동훈 | 30 | 79 | 1929.12 | 地方報告〉[李東薰의 報告] | |
| 15515 | 李東薰 | 이동훈 | 45 | 26 | 1940.12 | 朝鮮儒林大會(朝鮮儒道聯合會創立總會) 會錄槪要〉朝鮮儒道聯合會役員名簿(昭和十四年十一月一日現在) | |
| 15516 | 伊豆凡夫 | 이두범부 | 42 | 36 | 1937.12 | 日誌大要 | 이즈 츠네오 |

| 번호 | 원문 | 현대어(독음) | 호 | 쪽 | 발행일 | 기사명 / 필자 | 비고 |
|---|---|---|---|---|---|---|---|
| 15517 | 李斗純 | 이두순 | 48 | 53 | 1944.04 | 釋奠狀況〉昭和十八年秋季釋奠狀況 | |
| 15518 | 李斗永 | 이두영 | 38 | 42 | 1935.03 | 日誌大要 | |
| 15519 | 李得全 | 이득전 | 43 | 16 | 1938.12 | 敎化編年(續) / 李大榮 | |
| 15520 | 伊藤 | 이등 | 31 | 36 | 1930.08 | 地方報告〉各郡文廟釋奠狀況〉[張珍奎의 보고] | 이토 |
| 15521 | 伊藤藤太郎 | 이등등태랑 | 19 | 37 | 1918.12 | 日誌大要 | 이토 도타로 |
| 15522 | 伊藤博文 | 이등박문 | 48 | 24 | 1944.04 | (十月十五日於經學院秋季釋典)時局と儒道 / 鈴川壽男 | 이토 히로부미 |
| 15523 | 伊藤源助 | 이등원조 | 10 | 21 | 1916.03 | 經學淺知錄 / 金文演 | 이토 겐스케 |
| 15524 | 伊藤仁齋 | 이등인재 | 18 | 49 | 1918.09 | 講說〉講題 內地의 宋學(大正七年五月十一日 第二十八回講演) / 今關壽麿 | 이토 진사이 |
| 15525 | 伊藤仁齋 | 이등인재 | 18 | 54 | 1918.09 | 講說〉講題 內地의 宋學(大正七年五月十一日 第二十八回講演) / 今關壽麿 | 이토 진사이 |
| 15526 | 伊藤仁齋 | 이등인재 | 23 | 66 | 1922.12 | 講說〉講題 師道(大正十一年五月七日追慕禮 式時) / 赤木萬二郎 | 이토 진사이 |
| 15527 | 伊藤仁齋 | 이등인재 | 29 | 55 | 1928.12 | 講說〉講題 道德的精神 / 白井成允 | 이토 진사이 |
| 15528 | 李濂 | 이렴 | 18 | 11 | 1918.09 | 經學管見(續) / 尹寧求 | |
| 15529 | 李陵 | 이릉 | 4 | 3 | 1914.09 | 學說 / 呂圭亨 | |
| 15530 | 李萬國 | 이만국 | 43 | 29 | 1938.12 | 儒林特志〉[姜錫圭의 보고]〉祭需品奉納者氏 名及物名 | |
| 15531 | 李晚奎 | 이만규 | 19 | 35 | 1918.12 | 日誌大要 | |
| 15532 | 李晚奎 | 이만규 | 19 | 59 | 1918.12 | 講說〉講題 孝弟也者其爲仁之本歟(大正七年 十月十二日第三十一回講演)〉敷演 / 李晚奎 | |
| 15533 | 李萬珪 | 이만규 | 45 | 37 | 1940.12 | 朝鮮儒林大會(朝鮮儒道聯合會創立總會) 會 錄槪要〉朝鮮儒道聯合會役員名簿(昭和十四年 十一月一日現在) | |
| 15534 | 李萬純 | 이만순 | 46 | 15 | 1941.12 | 釋奠狀況〉昭和十五年春季釋奠狀況 | |
| 15535 | 李晚榮 | 이만영 | 12 | 53 | 1916.12 | 日誌大要 | |
| 15536 | 李萬榮 | 이만영 | 30 | 70 | 1929.12 | 地方報告〉[李廷勳의 報告] | |
| 15537 | 李晚圃 | 이만포 | 11 | 57 | 1916.06 | 賢關記聞(續) / 李大榮 | 李勉昇 |
| 15538 | 李冕九 | 이면구 | 38 | 44 | 1935.03 | 文廟釋奠狀況〉地方文廟秋期釋奠狀況表 | |
| 15539 | 李冕九 | 이면구 | 39 | 52 | 1935.10 | 文廟釋奠狀況〉地方文廟春期釋奠狀況表 | |
| 15540 | 李冕秀 | 이면수 | 30 | 41 | 1929.12 | 日誌大要 | |
| 15541 | 李冕秀 | 이면수 | 30 | 44 | 1929.12 | 日誌大要 | |
| 15542 | 李勉昇 | 이면승 | 11 | 56 | 1916.06 | 賢關記聞(續) / 李大榮 | 원문은 勉昇 |
| 15543 | 李冕宇 | 이면우 | 33 | 37 | 1931.12 | 聲討顚末 | |
| 15544 | 李勉應 | 이면응 | 28 | 75 | 1927.12 | 地方報告〉[李勉應의 報告] | |
| 15545 | 李冕熙 | 이면희 | 12 | 52 | 1916.12 | 日誌大要 | |

| 번호 | 원문 | 현대어(독음) | 호 | 쪽 | 발행일 | 기사명 / 필자 | 비고 |
|---|---|---|---|---|---|---|---|
| 15546 | 李冕熙 | 이면희 | 12 | 53 | 1916.12 | 日誌大要 | |
| 15547 | 李蓂 | 이명 | 43 | 19 | 1938.12 | 敎化編年(續) / 李大榮 | |
| 15548 | 李明敎 | 이명교 | 24 | 58 | 1923.12 | 日誌大要 | |
| 15549 | 李明敎 | 이명교 | 24 | 59 | 1923.12 | 日誌大要 | |
| 15550 | 李明翔 | 이명상 | 45 | 20 | 1940.12 | 朝鮮儒林大會(朝鮮儒道聯合會創立總會) 會錄槪要〉朝鮮儒道聯合會役員名簿(昭和十四年十一月一日現在) | |
| 15551 | 李命性 | 이명성 | 9 | 42 | 1915.12 | 日誌大要 | |
| 15552 | 李明世 | 이명세 | 45 | 34 | 1940.12 | 朝鮮儒林大會(朝鮮儒道聯合會創立總會) 會錄槪要〉朝鮮儒道聯合會役員名簿(昭和十四年十一月一日現在) | |
| 15553 | 李明世 | 이명세 | 45 | 42 | 1940.12 | 朝鮮儒林大會(朝鮮儒道聯合會創立總會) 會錄槪要〉朝鮮儒道聯合會役員名簿(昭和十四年十一月一日現在) | |
| 15554 | 李命崇 | 이명숭 | 40 | 21 | 1936.08 | 敎化編年(續) / 李大榮 | |
| 15555 | 李明宰 | 이명재 | 16 | 31 | 1918.03 | 日誌大要 | |
| 15556 | 李明宰 | 이명재 | 17 | 11 | 1918.07 | 論語釋義 / 李明宰 | |
| 15557 | 李明宰 | 이명재 | 18 | 1 | 1918.09 | 學說 / 李明宰 | |
| 15558 | 李明宰 | 이명재 | 20 | 3 | 1920.03 | 論語釋義(第十七號續) / 李明宰 | |
| 15559 | 李鳴夏 | 이명하 | 16 | 59 | 1918.03 | 地方報告〉[南相台의 報告] | |
| 15560 | 李明漢 | 이명한 | 10 | 31 | 1916.03 | 書享官廳壁記後 / 李明漢 撰 | |
| 15561 | 李明漢 | 이명한 | 21 | 65 | 1921.03 | 賢關記聞(續) / 李大榮 | 원문은 李文靖明漢 |
| 15562 | 李明鎬 | 이명호 | 23 | 59 | 1922.12 | 日誌大要 | |
| 15563 | 李明厚 | 이명후 | 39 | 53 | 1935.10 | 文廟釋奠狀況〉地方文廟春期釋奠狀況表 | |
| 15564 | 李根泰 | 이모태 | 33 | 56 | 1931.12 | 孝烈行蹟〉[李模泰 等의 보고] | |
| 15565 | 李穆 | 이목 | 9 | 31 | 1915.12 | 賢關記聞(續) / 李大榮 | |
| 15566 | 李牧隱 | 이목은 | 11 | 26 | 1916.06 | 經學淺知錄(續) / 金文演 | 李穡 |
| 15567 | 李牧隱 | 이목은 | 28 | 2 | 1927.12 | 朝鮮詩文變遷論 / 鄭萬朝 | 李穡 |
| 15568 | 李茂植 | 이무식 | 35 | 76 | 1932.12 | 明倫學院昭和七年度第三回入學許可者名簿 | |
| 15569 | 李茂植 | 이무식 | 36 | 29 | 1933.12 | 文廟釋奠狀況〉[春期釋奠 擧行] | |
| 15570 | 李茂植 | 이무식 | 37 | 51 | 1934.10 | 文廟釋奠狀況〉[春期釋奠 擧行] | |
| 15571 | 李茂植 | 이무식 | 37 | 68 | 1934.10 | 明倫學院第三回卒業生名簿 | |
| 15572 | 李茂植 | 이무식 | 38 | 43 | 1935.03 | 文廟釋奠狀況〉[秋期釋奠 擧行] | |
| 15573 | 李茂植 | 이무식 | 39 | 52 | 1935.10 | 文廟釋奠狀況〉[春期釋奠 擧行] | |
| 15574 | 李茂植 | 이무식 | 39 | 56 | 1935.10 | 第三回卒業生名簿(新規第一回昭和十年三月) | |
| 15575 | 李文求 | 이문구 | 12 | 55 | 1916.12 | 日誌大要 | |

| 번호 | 원문 | 현대어(독음) | 호 | 쪽 | 발행일 | 기사명 / 필자 | 비고 |
|---|---|---|---|---|---|---|---|
| 15576 | 李文圭 | 이문규 | 16 | 31 | 1918.03 | 日誌大要 | |
| 15577 | 李文範 | 이문범 | 43 | 35 | 1938.12 | 皇軍慰問詩 / 李文範 | |
| 15578 | 李文成 | 이문성 | 10 | 51 | 1916.03 | 賢關記聞(續) / 李大榮 | 李珥 |
| 15579 | 李文成 | 이문성 | 15 | 25 | 1917.10 | 賢關記聞(十三號續) / 李大榮 | 李珥 |
| 15580 | 李文成 | 이문성 | 43 | 14 | 1938.12 | 信川鄕校重修記 / 金完鎭 | 李珥 |
| 15581 | 李文成公 | 이문성공 | 37 | 40 | 1934.10 | 地方儒林狀況〉[李大榮의 보고]〉書院狀況 | 栗谷 李珥 |
| 15582 | 李文洙 | 이문수 | 16 | 31 | 1918.03 | 日誌大要 | |
| 15583 | 李文用 | 이문용 | 45 | 30 | 1940.12 | 朝鮮儒林大會(朝鮮儒道聯合會創立總會) 會錄槪要〉朝鮮儒道聯合會役員名簿(昭和十四年十一月一日現在) | |
| 15584 | 李文和 | 이문화 | 32 | 23 | 1930.12 | 金夫人烈行碑銘幷序 / 沈璿澤 | 원문은 文和 |
| 15585 | 李敏相 | 이민상 | 18 | 39 | 1918.09 | 上林忠淸南道長官頒桐苗事業顚末 / 金完鎭 | |
| 15586 | 李敏秀 | 이민수 | 12 | 55 | 1916.12 | 日誌大要 | |
| 15587 | 李敏秀 | 이민수 | 17 | 42 | 1918.07 | 日誌大要 | |
| 15588 | 李敏寧 | 이민영 | 22 | 79 | 1922.03 | 地方報告〉[成樂賢의 報告] | |
| 15589 | 李敏榮 | 이민영 | 28 | 44 | 1927.12 | 日誌大要 | |
| 15590 | 李敏應 | 이민응 | 45 | 30 | 1940.12 | 朝鮮儒林大會(朝鮮儒道聯合會創立總會) 會錄槪要〉朝鮮儒道聯合會役員名簿(昭和十四年十一月一日現在) | |
| 15591 | 李敏夏 | 이민하 | 25 | 80 | 1924.12 | 地方報告〉[張憲洙의 報告] | |
| 15592 | 李敏恒 | 이민항 | 40 | 38 | 1936.08 | 文廟釋奠狀況〉[地方文廟春期釋奠狀況表] | |
| 15593 | 李勃言 | 이발언 | 39 | 30 | 1935.10 | 東京斯文會主催儒道大會狀況 | |
| 15594 | 李芳雨 | 이방우 | 20 | 52 | 1920.03 | 地方報告〉[李芳雨의 報告] | |
| 15595 | 李芳雨 | 이방우 | 23 | 22 | 1922.12 | 益山郡礪山文廟重修記 / 成岐運 | |
| 15596 | 李芳雨 | 이방우 | 23 | 88 | 1922.12 | 地方報告〉[李芳雨의 報告] | |
| 15597 | 李邦獻 | 이방헌 | 21 | 20 | 1921.03 | 經學管見(續) / 尹寧求 | |
| 15598 | 李培來 | 이배래 | 12 | 85 | 1916.12 | 地方報告〉[李培來의 報告] | |
| 15599 | 李白 | 이백 | 3 | 9 | 1914.06 | 論四經讀法(上篇) / 呂圭亨 | |
| 15600 | 李白 | 이백 | 9 | 16 | 1915.12 | 經學管見(上) / 尹寧求 | |
| 15601 | 李白 | 이백 | 44 | 58 | 1939.10 | 朝鮮詩學考 / 李昇圭 | |
| 15602 | 李白圭 | 이백규 | 36 | 27 | 1933.12 | 文廟釋奠狀況〉[李白圭의 보고] | |
| 15603 | 李伯淳 | 이백순 | 34 | 58 | 1932.03 | 明倫學院昭和六年度入學許可者名簿 | |
| 15604 | 李伯淳 | 이백순 | 35 | 30 | 1932.12 | 文廟釋奠狀況 | |
| 15605 | 李伯淳 | 이백순 | 36 | 30 | 1933.12 | 文廟釋奠狀況〉[春期釋奠 擧行] | |
| 15606 | 李伯淳 | 이백순 | 36 | 68 | 1933.12 | 明倫學院第二回卒業生名簿 | |
| 15607 | 李伯淳 | 이백순 | 45 | 37 | 1940.12 | 朝鮮儒林大會(朝鮮儒道聯合會創立總會) 會錄槪要〉朝鮮儒道聯合會役員名簿(昭和十四年十一月一日現在) | |

| 번호 | 원문 | 현대어(독음) | 호 | 쪽 | 발행일 | 기사명 / 필자 | 비고 |
|------|------|-------------|-----|-----|--------|---------------|------|
| 15608 | 李百藥 | 이백약 | 14 | 7 | 1917.07 | 經學管見(續) / 尹寧求 | |
| 15609 | 李白雲 | 이백운 | 28 | 2 | 1927.12 | 朝鮮詩文變遷論 / 鄭萬朝 | 李奎報 |
| 15610 | 李璠 | 이번 | 1 | 39 | 1913.12 | 近世事十條 / 李商永 | 원문은 璠 |
| 15611 | 李範喬 | 이범교 | 45 | 31 | 1940.12 | 朝鮮儒林大會(朝鮮儒道聯合會創立總會) 會錄槪要〉朝鮮儒道聯合會役員名簿(昭和十四年十一月一日現在) | |
| 15612 | 李範圭 | 이범규 | 23 | 40 | 1922.12 | 孔夫子忌辰四十周甲追慕禮式及紀念事業發起文 | |
| 15613 | 李範奭 | 이범석 | 32 | 44 | 1930.12 | 地方報告〉地方儒林狀況〉[李學魯의 報告] | |
| 15614 | 李範錫 | 이범석 | 45 | 31 | 1940.12 | 朝鮮儒林大會(朝鮮儒道聯合會創立總會) 會錄槪要〉朝鮮儒道聯合會役員名簿(昭和十四年十一月一日現在) | |
| 15615 | 李範星 | 이범성 | 45 | 35 | 1940.12 | 朝鮮儒林大會(朝鮮儒道聯合會創立總會) 會錄槪要〉朝鮮儒道聯合會役員名簿(昭和十四年十一月一日現在) | |
| 15616 | 李範世 | 이범세 | 35 | 11 | 1932.12 | 慶壽帖序 / 李範世 | |
| 15617 | 李凡秀 | 이범수 | 45 | 41 | 1940.12 | 朝鮮儒林大會(朝鮮儒道聯合會創立總會) 會錄槪要〉朝鮮儒道聯合會役員名簿(昭和十四年十一月一日現在) | |
| 15618 | 李範昇 | 이범승 | 35 | 63 | 1932.12 | 評議員會狀況〉事業經過報告 / 高木善人 | |
| 15619 | 李範昇 | 이범승 | 45 | 30 | 1940.12 | 朝鮮儒林大會(朝鮮儒道聯合會創立總會) 會錄槪要〉朝鮮儒道聯合會役員名簿(昭和十四年十一月一日現在) | |
| 15620 | 李範昇 | 이범승 | 46 | 33 | 1941.12 | 明倫專門學院日誌大要(昭和十四年七月ヨリ昭和十六年六月マデ) | |
| 15621 | 李範益 | 이범익 | 39 | 4 | 1935.10 | 關東四會說 / 鄭鳳時 | |
| 15622 | 李範益 | 이범익 | 45 | 22 | 1940.12 | 朝鮮儒林大會(朝鮮儒道聯合會創立總會) 會錄槪要〉朝鮮儒道聯合會役員名簿(昭和十四年十一月一日現在) | |
| 15623 | 李範柱 | 이범주 | 16 | 55 | 1918.03 | 地方報告〉[成樂賢의 報告] | |
| 15624 | 李範喆 | 이범철 | 23 | 40 | 1922.12 | 孔夫子忌辰四十周甲追慕禮式及紀念事業發起文 | |
| 15625 | 李範喆 | 이범철 | 23 | 56 | 1922.12 | 日誌大要 | |
| 15626 | 李範喆 | 이범철 | 23 | 57 | 1922.12 | 日誌大要 | |
| 15627 | 李範轍 | 이범철 | 16 | 70 | 1918.03 | 地方報告〉[李範轍의 報告] | |
| 15628 | 李範鎬 | 이범호 | 17 | 77 | 1918.07 | 地方報告〉[金在昌 등의 報告] | |
| 15629 | 李鼊 | 이벽 | 9 | 31 | 1915.12 | 賢關記聞(續) / 李大榮 | |
| 15630 | 李鼊 | 이벽 | 40 | 22 | 1936.08 | 敎化編年(續) / 李大榮 | |
| 15631 | 李芮 | 이병 | 21 | 75 | 1921.03 | 鄕校財産沿革 / 金完鎭 | |

| 번호 | 원문 | 현대어(독음) | 호 | 쪽 | 발행일 | 기사명 / 필자 | 비고 |
|---|---|---|---|---|---|---|---|
| 15632 | 李炳觀 | 이병관 | 45 | 20 | 1940.12 | 朝鮮儒林大會(朝鮮儒道聯合會創立總會) 會錄槪要〉朝鮮儒道聯合會役員名簿(昭和十四年十一月一日現在) | |
| 15633 | 李炳奎 | 이병규 | 45 | 28 | 1940.12 | 朝鮮儒林大會(朝鮮儒道聯合會創立總會) 會錄槪要〉朝鮮儒道聯合會役員名簿(昭和十四年十一月一日現在) | |
| 15634 | 李炳根 | 이병근 | 44 | 85 | 1939.10 | 日誌大要(自昭和十三年六月 至昭和十三年十二月) | |
| 15635 | 李丙吉 | 이병길 | 45 | 33 | 1940.12 | 朝鮮儒林大會(朝鮮儒道聯合會創立總會) 會錄槪要〉朝鮮儒道聯合會役員名簿(昭和十四年十一月一日現在) | |
| 15636 | 李丙吉 | 이병길 | 45 | 41 | 1940.12 | 朝鮮儒林大會(朝鮮儒道聯合會創立總會) 會錄槪要〉朝鮮儒道聯合會役員名簿(昭和十四年十一月一日現在) | |
| 15637 | 李丙燾 | 이병도 | 45 | 38 | 1940.12 | 朝鮮儒林大會(朝鮮儒道聯合會創立總會) 會錄槪要〉朝鮮儒道聯合會役員名簿(昭和十四年十一月一日現在) | |
| 15638 | 李炳斗 | 이병두 | 39 | 7 | 1935.10 | 送李君往浙江序 / 金文演 | |
| 15639 | 李秉來 | 이병래 | 39 | 58 | 1935.10 | 明倫學院第六回入學許可者名簿(昭和十年度) | |
| 15640 | 李秉來 | 이병래 | 41 | 35 | 1937.02 | 文廟春季釋奠狀況 | |
| 15641 | 李秉來 | 이병래 | 41 | 37 | 1937.02 | 文廟秋季釋奠狀況 | |
| 15642 | 李秉來 | 이병래 | 43 | 59 | 1938.12 | 文廟秋季釋奠狀況 | |
| 15643 | 李秉來 | 이병래 | 43 | 66 | 1938.12 | 文廟春季釋奠狀況 | |
| 15644 | 李秉來 | 이병래 | 43 | 72 | 1938.12 | 第六回卒業式狀況及第九回新入生名簿〉第六回卒業生名簿 | |
| 15645 | 李丙烈 | 이병렬 | 45 | 41 | 1940.12 | 朝鮮儒林大會(朝鮮儒道聯合會創立總會) 會錄槪要〉朝鮮儒道聯合會役員名簿(昭和十四年十一月一日現在) | |
| 15646 | 李炳烈 | 이병렬 | 39 | 50 | 1935.10 | 日誌大要 | |
| 15647 | 李炳烈 | 이병렬 | 45 | 32 | 1940.12 | 朝鮮儒林大會(朝鮮儒道聯合會創立總會) 會錄槪要〉朝鮮儒道聯合會役員名簿(昭和十四年十一月一日現在) | |
| 15648 | 李丙默 | 이병묵 | 45 | 29 | 1940.12 | 朝鮮儒林大會(朝鮮儒道聯合會創立總會) 會錄槪要〉朝鮮儒道聯合會役員名簿(昭和十四年十一月一日現在) | |
| 15649 | 李丙三 | 이병삼 | 46 | 21 | 1941.12 | 經學院日誌大要(昭和十四年七月ヨリ昭和十六年六月マテ) | |
| 15650 | 李秉韶 | 이병소 | 45 | 28 | 1940.12 | 朝鮮儒林大會(朝鮮儒道聯合會創立總會) 會錄槪要〉朝鮮儒道聯合會役員名簿(昭和十四年十一月一日現在) | |

| 번호 | 원문 | 현대어(독음) | 호 | 쪽 | 발행일 | 기사명 / 필자 | 비고 |
|---|---|---|---|---|---|---|---|
| 15651 | 李秉升 | 이병승 | 11 | 57 | 1916.06 | 賢關記聞(續) / 李大榮 | |
| 15652 | 李炳愚 | 이병우 | 18 | 45 | 1918.09 | 日誌大要 | |
| 15653 | 李秉懿 | 이병의 | 24 | 55 | 1923.12 | 日誌大要 | |
| 15654 | 李秉懿 | 이병의 | 24 | 59 | 1923.12 | 日誌大要 | |
| 15655 | 李秉懿 | 이병의 | 35 | 44 | 1932.12 | 孝烈行蹟〉[李秉懿 等의 보고] | |
| 15656 | 李炳翼 | 이병익 | 18 | 45 | 1918.09 | 日誌大要 | |
| 15657 | 李秉翼 | 이병익 | 17 | 74 | 1918.07 | 地方報告〉[咸一奎의 報告] | |
| 15658 | 李秉翼 | 이병익 | 22 | 76 | 1922.03 | 地方報告〉[李秉翼의 報告] | |
| 15659 | 李秉翼 | 이병익 | 22 | 82 | 1922.03 | 地方報告〉[李秉翼의 報告] | |
| 15660 | 李秉翼 | 이병익 | 23 | 81 | 1922.12 | 地方報告〉[李秉翼의 報告] | |
| 15661 | 李秉翼 | 이병익 | 23 | 85 | 1922.12 | 地方報告〉[李秉翼의 報告] | |
| 15662 | 李秉楨 | 이병정 | 38 | 49 | 1935.03 | 文廟釋奠狀況〉地方文廟秋期釋奠狀況表 | |
| 15663 | 李秉楨 | 이병정 | 39 | 55 | 1935.10 | 文廟釋奠狀況〉地方文廟春期釋奠狀況表 | |
| 15664 | 李丙冑 | 이병주 | 45 | 39 | 1940.12 | 朝鮮儒林大會(朝鮮儒道聯合會創立總會) 會錄槪要〉朝鮮儒道聯合會役員名簿(昭和十四年十一月一日現在) | |
| 15665 | 李丙冑 | 이병주 | 46 | 13 | 1941.12 | 釋奠狀況〉昭和十四年秋季釋奠狀況 | |
| 15666 | 李丙冑 | 이병주 | 46 | 15 | 1941.12 | 釋奠狀況〉昭和十五年春季釋奠狀況 | |
| 15667 | 李炳柱 | 이병주 | 31 | 29 | 1930.08 | 日誌大要 | |
| 15668 | 李炳稙 | 이병직 | 20 | 37 | 1920.03 | 求禮郡文廟重修捐義錄小序 / 金商翊 | |
| 15669 | 李秉直 | 이병직 | 45 | 34 | 1940.12 | 朝鮮儒林大會(朝鮮儒道聯合會創立總會) 會錄槪要〉朝鮮儒道聯合會役員名簿(昭和十四年十一月一日現在) | |
| 15670 | 李炳振 | 이병진 | 25 | 44 | 1924.12 | 日誌大要 | |
| 15671 | 李丙瓚 | 이병찬 | 45 | 37 | 1940.12 | 朝鮮儒林大會(朝鮮儒道聯合會創立總會) 會錄槪要〉朝鮮儒道聯合會役員名簿(昭和十四年十一月一日現在) | |
| 15672 | 李炳春 | 이병춘 | 19 | 37 | 1918.12 | 日誌大要 | |
| 15673 | 李炳夏 | 이병하 | 43 | 29 | 1938.12 | 儒林特志〉[姜錫圭의 보고]〉祭需品奉納者氏名及物名 | |
| 15674 | 李秉夏 | 이병하 | 33 | 52 | 1931.12 | 文廟釋奠狀況〉[李秉夏의 보고] | |
| 15675 | 李秉夏 | 이병하 | 35 | 32 | 1932.12 | 文廟釋奠狀況〉[李秉夏의 보고] | |
| 15676 | 李秉漢 | 이병한 | 43 | 14 | 1938.12 | 信川鄕校重修記 / 金完鎭 | |
| 15677 | 李秉協 | 이병협 | 27 | 53 | 1926.12 | 日誌大要 | |
| 15678 | 李炳浩 | 이병호 | 20 | 22 | 1920.03 | 求禮郡文廟重修記 / 金商翊 | |
| 15679 | 李炳浩 | 이병호 | 20 | 37 | 1920.03 | 求禮郡文廟重修捐義錄小序 / 金商翊 | |
| 15680 | 李秉浩 | 이병호 | 23 | 21 | 1922.12 | 益山郡礪山文廟重修記 / 成岐運 | |

| 번호 | 원문 | 현대어(독음) | 호 | 쪽 | 발행일 | 기사명 / 필자 | 비고 |
|------|------|------------|----|----|--------|--------------|------|
| 15681 | 李秉浩 | 이병호 | 23 | 88 | 1922.12 | 地方報告〉[李芳雨의 報告] | |
| 15682 | 李秉會 | 이병회 | 17 | 71 | 1918.07 | 地方報告〉[李秉會의 報告] | |
| 15683 | 李秉會 | 이병회 | 17 | 74 | 1918.07 | 地方報告〉[李秉會의 報告] | |
| 15684 | 李秉會 | 이병회 | 19 | 78 | 1918.12 | 地方報告〉[李秉會의 報告] | |
| 15685 | 李炳輝 | 이병휘 | 27 | 71 | 1926.12 | 地方報告〉[任衡宰 等의 報告] | 원문은 炳輝 |
| 15686 | 李丙熙 | 이병희 | 45 | 41 | 1940.12 | 朝鮮儒林大會(朝鮮儒道聯合會創立總會) 會錄概要〉朝鮮儒道聯合會役員名簿(昭和十四年十一月一日現在) | |
| 15687 | 李炳熙 | 이병희 | 25 | 32 | 1924.12 | 富川郡仁川鄕校重修落成詩韻 / 李炳熙 | |
| 15688 | 李秉禧 | 이병희 | 44 | 91 | 1939.10 | 明倫專門學院記事〉本科第十回入學許可者 | |
| 15689 | 李輔商 | 이보상 | 30 | 41 | 1929.12 | 日誌大要 | |
| 15690 | 李輔相 | 이보상 | 41 | 11 | 1937.02 | 正心에 對하야 / 李輔相 | |
| 15691 | 李輔相 | 이보상 | 45 | 28 | 1940.12 | 朝鮮儒林大會(朝鮮儒道聯合會創立總會) 會錄概要〉朝鮮儒道聯合會役員名簿(昭和十四年十一月一日現在) | |
| 15692 | 李輔奭 | 이보석 | 38 | 45 | 1935.03 | 文廟釋奠狀況〉地方文廟秋期釋奠狀況表 | |
| 15693 | 李普赫 | 이보혁 | 23 | 87 | 1922.12 | 地方報告〉[金煥容의 報告] | |
| 15694 | 李復齡 | 이복령 | 8 | 39 | 1915.09 | 賢關記聞 / 李大榮 | |
| 15695 | 李福鎬 | 이복호 | 36 | 71 | 1933.12 | 明倫學院第四回入學許可者名簿 | |
| 15696 | 彝峯 | 이봉 | 24 | 13 | 1923.12 | 彝峯金公遺墟碑文 / 成岐運 | 金文軾 |
| 15697 | 彝峰 | 이봉 | 24 | 14 | 1923.12 | 彝峯金公遺墟碑文 / 成岐運 | 金文軾 |
| 15698 | 李鳳九 | 이봉구 | 35 | 76 | 1932.12 | 明倫學院昭和七年度第三回入學許可者名簿 | |
| 15699 | 李鳳九 | 이봉구 | 36 | 29 | 1933.12 | 文廟釋奠狀況〉[春期釋奠 擧行] | |
| 15700 | 李鳳九 | 이봉구 | 37 | 51 | 1934.10 | 文廟釋奠狀況〉[春期釋奠 擧行] | |
| 15701 | 李鳳九 | 이봉구 | 37 | 69 | 1934.10 | 明倫學院第三回卒業生名簿 | |
| 15702 | 李鳳九 | 이봉구 | 38 | 44 | 1935.03 | 文廟釋奠狀況〉[秋期釋奠 擧行] | |
| 15703 | 李鳳九 | 이봉구 | 39 | 52 | 1935.10 | 文廟釋奠狀況〉[春期釋奠 擧行] | |
| 15704 | 李鳳九 | 이봉구 | 39 | 56 | 1935.10 | 第三回卒業生名簿(新規第一回昭和十年三月) | |
| 15705 | 李鳳茂 | 이봉무 | 43 | 74 | 1938.12 | 第六回卒業式狀況及第九回新入生名簿〉第九回入學許可者名簿 | |
| 15706 | 李鳳成 | 이봉성 | 43 | 67 | 1938.12 | 文廟春季釋奠狀況 | |
| 15707 | 李鳳成 | 이봉성 | 43 | 74 | 1938.12 | 第六回卒業式狀況及第九回新入生名簿〉第九回入學許可者名簿 | |
| 15708 | 李鳳成 | 이봉성 | 44 | 79 | 1939.10 | 文廟秋季釋奠狀況 | |
| 15709 | 李鳳梧 | 이봉오 | 29 | 77 | 1928.12 | 地方報告〉[金鍾烈의 報告] | |
| 15710 | 李鳳梧 | 이봉오 | 34 | 8 | 1932.03 | 節婦全氏碑 / 權純九 | |

| 번호 | 원문 | 현대어(독음) | 호 | 쪽 | 발행일 | 기사명 / 필자 | 비고 |
|---|---|---|---|---|---|---|---|
| 15711 | 李鳳鎔 | 이봉용 | 45 | 41 | 1940.12 | 朝鮮儒林大會(朝鮮儒道聯合會創立總會) 會錄槪要〉朝鮮儒道聯合會役員名簿(昭和十四年十一月一日現在) | |
| 15712 | 李鳳徵 | 이봉징 | 8 | 37 | 1915.09 | 賢關記聞 / 李大榮 | |
| 15713 | 李鳳徵 | 이봉징 | 10 | 50 | 1916.03 | 賢關記聞(續) / 李大榮 | |
| 15714 | 李鳳徵 | 이봉징 | 21 | 64 | 1921.03 | 賢關記聞(續) / 李大榮 | |
| 15715 | 이브 | 이브 | 32 | 14 | 1930.12 | 講題 現代世相과 儒學의 本領 / 渡邊信治 | |
| 15716 | 李斌承 | 이빈승 | 16 | 31 | 1918.03 | 日誌大要 | |
| 15717 | 李斯 | 이사 | 6 | 5 | 1915.03 | 緒論 / 呂圭亨 | |
| 15718 | 李斯 | 이사 | 9 | 17 | 1915.12 | 經學管見(上) / 尹寧求 | |
| 15719 | 李斯 | 이사 | 12 | 11 | 1916.12 | 孟子緒論 / 金文演 | |
| 15720 | 李斯 | 이사 | 16 | 45 | 1918.03 | 講說〉講題 林放問禮之本(大正六年九月二十七日平壤府鄕校講演) / 朴齊斌 | |
| 15721 | 李斯 | 이사 | 20 | 29 | 1920.03 | 三洙瑣談(續) / 元泳義 | |
| 15722 | 李斯 | 이사 | 40 | 16 | 1936.08 | 文房四友說 / 韓昌愚 | |
| 15723 | 李思轍 | 이사철 | 27 | 87 | 1926.12 | 地方報告〉[高彦柱 等의 報告] | 원문은 思轍 |
| 15724 | 李思恆 | 이사항 | 45 | 31 | 1940.12 | 朝鮮儒林大會(朝鮮儒道聯合會創立總會) 會錄槪要〉朝鮮儒道聯合會役員名簿(昭和十四年十一月一日現在) | |
| 15725 | 伊山光植 | 이산광식 | 48 | 52 | 1944.04 | 釋奠狀況〉昭和十八年春季釋奠狀況 | |
| 15726 | 伊山光植 | 이산광식 | 48 | 53 | 1944.04 | 釋奠狀況〉昭和十八年秋季釋奠狀況 | |
| 15727 | 李山亨根 | 이산형근 | 47 | 37 | 1943.01 | 釋奠狀況〉昭和十六年秋季釋奠狀況 | 李亨根 |
| 15728 | 李山亨根 | 이산형근 | 48 | 52 | 1944.04 | 釋奠狀況〉昭和十八年春季釋奠狀況 | 李亨根 |
| 15729 | 伊森明治 | 이삼명치 | 45 | 25 | 1940.12 | 朝鮮儒林大會(朝鮮儒道聯合會創立總會) 會錄槪要〉朝鮮儒道聯合會役員名簿(昭和十四年十一月一日現在) | 이모리 메이지 |
| 15730 | 李三洲 | 이삼주 | 11 | 57 | 1916.06 | 賢關記聞(續) / 李大榮 | 李鼎輔 |
| 15731 | 李三次 | 이삼차 | 25 | 36 | 1924.12 | 日誌大要 | |
| 15732 | 李翔 | 이상 | 11 | 27 | 1916.06 | 經學淺知錄(續) / 金文演 | 원문은 翔 |
| 15733 | 李相寬 | 이상관 | 20 | 38 | 1920.03 | 求禮郡文廟重修捐義錄小序 / 金商翊 | |
| 15734 | 李相奎 | 이상규 | 33 | 32 | 1931.12 | 聲討顚末 | |
| 15735 | 李相逵 | 이상규 | 33 | 34 | 1931.12 | 聲討顚末 | |
| 15736 | 李相基 | 이상기 | 45 | 34 | 1940.12 | 朝鮮儒林大會(朝鮮儒道聯合會創立總會) 會錄槪要〉朝鮮儒道聯合會役員名簿(昭和十四年十一月一日現在) | |
| 15737 | 李尙吉 | 이상길 | 43 | 20 | 1938.12 | 江華忠烈祠享祀位次及祝文式 | |
| 15738 | 李相斗 | 이상두 | 33 | 37 | 1931.12 | 聲討顚末 | |

| 번호 | 원문 | 현대어(독음) | 호 | 쪽 | 발행일 | 기사명 / 필자 | 비고 |
|---|---|---|---|---|---|---|---|
| 15739 | 李常林 | 이상림 | 43 | 29 | 1938.12 | 儒林特志〉[姜錫圭의 報告]〉祭需品奉納者氏名及物名 | |
| 15740 | 李相萬 | 이상만 | 20 | 38 | 1920.03 | 求禮郡文廟重修捐義錄小序 / 金商翊 | |
| 15741 | 李尙馥 | 이상복 | 28 | 71 | 1927.12 | 地方報告〉[李尙馥 等의 報告] | |
| 15742 | 李尙馥 | 이상복 | 29 | 70 | 1928.12 | 地方報告〉[李尙馥의 報告] | |
| 15743 | 李相線 | 이상선 | 26 | 45 | 1925.12 | 日誌大要 | |
| 15744 | 李相線 | 이상선 | 26 | 46 | 1925.12 | 日誌大要 | |
| 15745 | 李象善 | 이상선 | 16 | 27 | 1918.03 | 保寧郡藍浦鄕校重修韻 / 李象善 | |
| 15746 | 伊桑阿 | 이상아 | 13 | 5 | 1917.03 | 經學管見(續) / 尹寧求 | |
| 15747 | 李相淵 | 이상연 | 36 | 71 | 1933.12 | 明倫學院第四回入學許可者名簿 | |
| 15748 | 李相淵 | 이상연 | 37 | 46 | 1934.10 | 文廟釋奠狀況〉[秋期釋奠 擧行] | |
| 15749 | 李相淵 | 이상연 | 40 | 35 | 1936.08 | 文廟釋奠狀況〉[秋期釋奠 擧行] | |
| 15750 | 李相淵 | 이상연 | 40 | 62 | 1936.08 | 第四回卒業式狀況及第七回新入生名簿〉第四回卒業生名簿 | |
| 15751 | 李相淵 | 이상연 | 41 | 35 | 1937.02 | 文廟春季釋奠狀況 | |
| 15752 | 李相淵 | 이상연 | 45 | 37 | 1940.12 | 朝鮮儒林大會(朝鮮儒道聯合會創立總會) 會錄概要〉朝鮮儒道聯合會役員名簿(昭和十四年十一月一日現在) | |
| 15753 | 李商永 | 이상영 | 1 | 37 | 1913.12 | 近世事十條 / 李商永 | |
| 15754 | 李商永 | 이상영 | 1 | 59 | 1913.12 | 本院職員錄 大正二年十二月 日 現在 | |
| 15755 | 李商永 | 이상영 | 5 | 16 | 1914.12 | 經義講論 十六條 / 李商永 | |
| 15756 | 李商永 | 이상영 | 25 | 33 | 1924.12 | 贈別沈講士璿澤 / 李商永 | |
| 15757 | 李相玉 | 이상옥 | 45 | 40 | 1940.12 | 朝鮮儒林大會(朝鮮儒道聯合會創立總會) 會錄概要〉朝鮮儒道聯合會役員名簿(昭和十四年十一月一日現在) | |
| 15758 | 李相旭 | 이상욱 | 25 | 44 | 1924.12 | 日誌大要 | |
| 15759 | 李尙毅 | 이상의 | 44 | 50 | 1939.10 | 嘉言善行 / 李昇圭 | |
| 15760 | 李相仁 | 이상인 | 31 | 33 | 1930.08 | 日誌大要 | |
| 15761 | 李象靖 | 이상정 | 17 | 24 | 1918.07 | 安東高山書院重興祝詞 / 高橋亨 | |
| 15762 | 李庠稙 | 이상직 | 9 | 39 | 1915.12 | 日誌大要 | |
| 15763 | 李庠稙 | 이상직 | 9 | 40 | 1915.12 | 日誌大要 | |
| 15764 | 李庠稙 | 이상직 | 9 | 42 | 1915.12 | 日誌大要 | |
| 15765 | 李尙弼 | 이상필 | 44 | 90 | 1939.10 | 明倫專門學院記事〉本科第十回入學許可者 | |
| 15766 | 李尙弼 | 이상필 | 46 | 14 | 1941.12 | 釋奠狀況〉昭和十四年秋季釋奠狀況 | |
| 15767 | 李尙弼 | 이상필 | 46 | 16 | 1941.12 | 釋奠狀況〉昭和十五年秋季釋奠狀況 | |
| 15768 | 李相鶴 | 이상학 | 44 | 90 | 1939.10 | 明倫專門學院記事〉本科第十回入學許可者 | |
| 15769 | 李相鶴 | 이상학 | 46 | 14 | 1941.12 | 釋奠狀況〉昭和十四年秋季釋奠狀況 | |

| 번호 | 원문 | 현대어(독음) | 호 | 쪽 | 발행일 | 기사명 / 필자 | 비고 |
|------|------|------|----|----|--------|--------------|------|
| 15770 | 李相鶴 | 이상학 | 46 | 15 | 1941.12 | 釋奠狀況〉昭和十五年春季釋奠狀況 | |
| 15771 | 李相鶴 | 이상학 | 46 | 16 | 1941.12 | 釋奠狀況〉昭和十五年秋季釋奠狀況 | |
| 15772 | 李相瀚 | 이상한 | 33 | 35 | 1931.12 | 聲討顚末 | |
| 15773 | 李相協 | 이상협 | 45 | 26 | 1940.12 | 朝鮮儒林大會(朝鮮儒道聯合會創立總會) 會錄槪要〉朝鮮儒道聯合會役員名簿(昭和十四年十一月一日現在) | |
| 15774 | 李尙鎬 | 이상호 | 30 | 37 | 1929.12 | 雪重帖 / 李尙鎬 | |
| 15775 | 李尙鎬 | 이상호 | 32 | 34 | 1930.12 | 崧陽書院祭拜敬次板上韻 / 李尙鎬 | |
| 15776 | 李尙鎬 | 이상호 | 33 | 19 | 1931.12 | 壽松帖〉敬賀鄭提學先生喜壽 / 李尙鎬 | |
| 15777 | 李尙鎬 | 이상호 | 33 | 29 | 1931.12 | 聲討顚末 | |
| 15778 | 李尙鎬 | 이상호 | 35 | 22 | 1932.12 | 孝壽帖〉賀韻 / 李尙鎬 | |
| 15779 | 李尙鎬 | 이상호 | 39 | 17 | 1935.10 | 湯島聖堂孔子祭典狀況 | |
| 15780 | 李尙鎬 | 이상호 | 39 | 30 | 1935.10 | 東京斯文會主催儒道大會狀況 | |
| 15781 | 李尙鎬 | 이상호 | 39 | 49 | 1935.10 | 日誌大要 | |
| 15782 | 李尙鎬 | 이상호 | 40 | 44 | 1936.08 | 成竹似先生追悼錄〉挽故成均館博士成竹似先生 / 李尙鎬 | |
| 15783 | 李尙鎬 | 이상호 | 40 | 51 | 1936.08 | 鄭茂亭先生追悼錄〉輓詞 / 李尙鎬 | |
| 15784 | 李尙鎬 | 이상호 | 41 | 59 | 1937.02 | 經學院講士名簿(昭和十一年十一月一日) | |
| 15785 | 李尙鎬 | 이상호 | 43 | 40 | 1938.12 | 故大提學鄭鳳時先生輓詞 / 李尙鎬 | |
| 15786 | 李尙鎬 | 이상호 | 43 | 53 | 1938.12 | 日誌大要 | |
| 15787 | 李尙鎬 | 이상호 | 45 | 23 | 1940.12 | 朝鮮儒林大會(朝鮮儒道聯合會創立總會) 會錄槪要〉朝鮮儒道聯合會役員名簿(昭和十四年十一月一日現在) | |
| 15788 | 李相浩 | 이상호 | 30 | 71 | 1929.12 | 地方報告〉[崔仁鶴 等의 報告] | |
| 15789 | 李祥鎬 | 이상호 | 38 | 47 | 1935.03 | 文廟釋奠狀況〉地方文廟秋期釋奠狀況表 | |
| 15790 | 李穡 | 이색 | 11 | 26 | 1916.06 | 經學淺知錄(續) / 金文演 | 원문은 檣 |
| 15791 | 李穡 | 이색 | 28 | 2 | 1927.12 | 朝鮮詩文變遷論 / 鄭萬朝 | 원문은 檣 |
| 15792 | 李書九 | 이서구 | 28 | 4 | 1927.12 | 朝鮮詩文變遷論 / 鄭萬朝 | 원문은 書九 |
| 15793 | 李瑞潤 | 이서윤 | 36 | 33 | 1933.12 | 文廟釋奠狀況〉[李瑞潤의 보고] | |
| 15794 | 李錫九 | 이석구 | 45 | 30 | 1940.12 | 朝鮮儒林大會(朝鮮儒道聯合會創立總會) 會錄槪要〉朝鮮儒道聯合會役員名簿(昭和十四年十一月一日現在) | |
| 15795 | 李錫奎 | 이석규 | 19 | 82 | 1918.12 | 地方報告〉[李錫奎의 報告] | |
| 15796 | 李錫奎 | 이석규 | 33 | 35 | 1931.12 | 聲討顚末 | |
| 15797 | 李錫奎 | 이석규 | 33 | 36 | 1931.12 | 聲討顚末 | |
| 15798 | 李錫根 | 이석근 | 25 | 33 | 1924.12 | 富川郡仁川鄕校重修落成詩韻 / 李錫根 | |
| 15799 | 李錫龍 | 이석룡 | 28 | 77 | 1927.12 | 地方報告〉[李錫龍 等의 報告] | |

| 번호 | 원문 | 현대어(독음) | 호 | 쪽 | 발행일 | 기사명 / 필자 | 비고 |
|---|---|---|---|---|---|---|---|
| 15800 | 李錫膺 | 이석응 | 27 | 10 | 1926.12 | 梅洞雅會集序 / 崔定鉉 | |
| 15801 | 李錫仁 | 이석인 | 30 | 71 | 1929.12 | 地方報告〉[崔仁鶴 等의 報告] | |
| 15802 | 李錫一 | 이석일 | 32 | 23 | 1930.12 | 金夫人烈行碑銘并序 / 沈璿澤 | |
| 15803 | 李石庭 | 이석정 | 21 | 86 | 1921.03 | 十月之望與李石庭明倫堂玩月(六十韻) / 鄭崙秀 | |
| 15804 | 李石庭 | 이석정 | 21 | 87 | 1921.03 | 十月之望與李石庭明倫堂玩月(六十韻) / 鄭崙秀 | |
| 15805 | 李石庭 | 이석정 | 34 | 7 | 1932.03 | 節婦全氏碑 / 權純九 | |
| 15806 | 李石庭 | 이석정 | 39 | 48 | 1935.10 | 李石庭衝熱遠訪別後倀然走筆 / 韓昌愚 | |
| 15807 | 李石亨 | 이석형 | 8 | 24 | 1915.09 | 尊經閣記 / 徐居正 撰 | |
| 15808 | 李石亨 | 이석형 | 11 | 54 | 1916.06 | 賢關記聞(續) / 李大榮 | |
| 15809 | 李石亨 | 이석형 | 37 | 21 | 1934.10 | 敎化編年 / 李大榮 | |
| 15810 | 李錫瀅 | 이석형 | 27 | 59 | 1926.12 | 日誌大要 | |
| 15811 | 李錫禧 | 이석희 | 33 | 40 | 1931.12 | 地方儒林狀況〉[李大榮의 보고]〉書院狀況 | |
| 15812 | 李善 | 이선 | 21 | 15 | 1921.03 | 經學管見(續) / 尹寧求 | |
| 15813 | 李選 | 이선 | 11 | 27 | 1916.06 | 經學淺知錄(續) / 金文演 | 원문은 選 |
| 15814 | 李璿一 | 이선일 | 19 | 79 | 1918.12 | 地方報告〉[咸一奎의 報告] | |
| 15815 | 李宣鎬 | 이선호 | 40 | 34 | 1936.08 | 日誌大要 | |
| 15816 | 李宣鎬 | 이선호 | 41 | 32 | 1937.02 | 日誌大要 | |
| 15817 | 李宣鎬 | 이선호 | 41 | 33 | 1937.02 | 日誌大要 | |
| 15818 | 李宣鎬 | 이선호 | 41 | 35 | 1937.02 | 文廟春季釋奠狀況 | |
| 15819 | 李燮宰 | 이섭재 | 45 | 31 | 1940.12 | 朝鮮儒林大會(朝鮮儒道聯合會創立總會) 會錄槪要〉朝鮮儒道聯合會役員名簿(昭和十四年十一月一日現在) | |
| 15820 | 李晟 | 이성 | 10 | 47 | 1916.03 | 賢關記聞(續) / 李大榮 | |
| 15821 | 李誠 | 이성 | 19 | 12 | 1918.12 | 經學管見(續) / 尹寧求 | |
| 15822 | 李星慶 | 이성경 | 39 | 58 | 1935.10 | 明倫學院第六回入學許可者名簿(昭和十年度) | |
| 15823 | 李星慶 | 이성경 | 41 | 37 | 1937.02 | 文廟秋季釋奠狀況 | |
| 15824 | 李星慶 | 이성경 | 42 | 38 | 1937.12 | 文廟春季釋奠狀況 | |
| 15825 | 李星慶 | 이성경 | 43 | 59 | 1938.12 | 文廟秋季釋奠狀況 | |
| 15826 | 李星慶 | 이성경 | 43 | 73 | 1938.12 | 第六回卒業式狀況及第九回新入生名簿〉第六回卒業生名簿 | |
| 15827 | 李星谷 | 이성곡 | 11 | 57 | 1916.06 | 賢關記聞(續) / 李大榮 | 李濟 |
| 15828 | 李醒狂 | 이성광 | 11 | 27 | 1916.06 | 經學淺知錄(續) / 金文演 | 李深源 |
| 15829 | 李聖九 | 이성구 | 16 | 34 | 1918.03 | 日誌大要 | |
| 15830 | 李聖根 | 이성근 | 45 | 21 | 1940.12 | 朝鮮儒林大會(朝鮮儒道聯合會創立總會) 會錄槪要〉朝鮮儒道聯合會役員名簿(昭和十四年十一月一日現在) | |

| 번호 | 원문 | 현대어(독음) | 호 | 쪽 | 발행일 | 기사명 / 필자 | 비고 |
|---|---|---|---|---|---|---|---|
| 15831 | 李聖根 | 이성근 | 45 | 73 | 1940.12 | 忠淸南道儒道聯合會結成式〉忠淸南道儒道聯合會結成式會長式辭要旨 / 李聖根 | |
| 15832 | 李聖根 | 이성근 | 45 | 75 | 1940.12 | 忠淸南道儒道聯合會結成式〉忠淸南道儒道聯合會結成式道知事告辭要旨 / 李聖根 | |
| 15833 | 李宬基 | 이성기 | 14 | 39 | 1917.07 | 日誌大要 | |
| 15834 | 李晟來 | 이성래 | 31 | 33 | 1930.08 | 日誌大要 | |
| 15835 | 李聲魯 | 이성로 | 45 | 34 | 1940.12 | 朝鮮儒林大會(朝鮮儒道聯合會創立總會) 會錄槪要〉朝鮮儒道聯合會役員名簿(昭和十四年十一月一日現在) | |
| 15836 | 李成茂 | 이성무 | 8 | 70 | 1915.09 | 地方報告〉[崔東吉의 報告] | |
| 15837 | 李聖默 | 이성묵 | 45 | 39 | 1940.12 | 朝鮮儒林大會(朝鮮儒道聯合會創立總會) 會錄槪要〉朝鮮儒道聯合會役員名簿(昭和十四年十一月一日現在) | |
| 15838 | 李聖默 | 이성묵 | 48 | 61 | 1944.04 | 經學院日誌大要(昭和十七年七月ヨリ昭和十八年六月マテ) | |
| 15839 | 李成儀 | 이성의 | 20 | 37 | 1920.03 | 求禮郡文廟重修捐義錄小序 / 金商翊 | |
| 15840 | 李聖儀 | 이성의 | 28 | 80 | 1927.12 | 地方報告〉[金祐濟의 報告] | |
| 15841 | 李星贊 | 이성찬 | 33 | 37 | 1931.12 | 聲討顚末 | |
| 15842 | 李星湖 | 이성호 | 12 | 35 | 1916.12 | 讀書私記(續) / 洪鍾佶 | 李瀷 |
| 15843 | 李星湖 | 이성호 | 32 | 43 | 1930.12 | 地方報告〉地方儒林狀況〉[成樂賢의 報告] | |
| 15844 | 李聖鎬 | 이성호 | 33 | 49 | 1931.12 | 文廟釋奠狀況〉[本院秋期釋奠에 대한 보고] | |
| 15845 | 李聖鎬 | 이성호 | 34 | 59 | 1932.03 | 明倫學院昭和六年度入學許可者名簿 | |
| 15846 | 李聖鎬 | 이성호 | 36 | 69 | 1933.12 | 明倫學院第二回卒業生名簿 | |
| 15847 | 李聖鎬 | 이성호 | 37 | 62 | 1934.10 | 第四回評議員會狀況〉事業經過報告 / 兪萬兼 | |
| 15848 | 李晟煥 | 이성환 | 45 | 29 | 1940.12 | 朝鮮儒林大會(朝鮮儒道聯合會創立總會) 會錄槪要〉朝鮮儒道聯合會役員名簿(昭和十四年十一月一日現在) | |
| 15849 | 李世匡 | 이세광 | 40 | 21 | 1936.08 | 敎化編年(續) / 李大榮 | |
| 15850 | 李世龜 | 이세구 | 32 | 42 | 1930.12 | 地方報告〉地方儒林狀況〉[成樂賢의 報告] | 원문은 世龜 |
| 15851 | 李世永 | 이세영 | 30 | 41 | 1929.12 | 日誌大要 | |
| 15852 | 李世永 | 이세영 | 31 | 29 | 1930.08 | 日誌大要 | |
| 15853 | 李世楨 | 이세정 | 44 | 73 | 1939.10 | 日誌大要(自昭和十三年六月 至昭和十三年十二月) | |
| 15854 | 李世楨 | 이세정 | 45 | 34 | 1940.12 | 朝鮮儒林大會(朝鮮儒道聯合會創立總會) 會錄槪要〉朝鮮儒道聯合會役員名簿(昭和十四年十一月一日現在) | |
| 15855 | 李世楨 | 이세정 | 46 | 21 | 1941.12 | 經學院日誌大要(昭和十四年七月ヨリ昭和十六年六月マテ) | |
| 15856 | 李世弘 | 이세홍 | 28 | 48 | 1927.12 | 日誌大要 | |

| 번호 | 원문 | 현대어(독음) | 호 | 쪽 | 발행일 | 기사명 / 필자 | 비고 |
|---|---|---|---|---|---|---|---|
| 15857 | 二疏 | 이소 | 16 | 5 | 1918.03 | 經學管見(續) / 尹寧求 | 疏廣과 疏受 |
| 15858 | 二蕭 | 이소 | 10 | 13 | 1916.03 | 經學管見(續) / 尹寧求 | 蘇軾과 蘇轍 |
| 15859 | 李素立 | 이소립 | 10 | 15 | 1916.03 | 經學管見(續) / 尹寧求 | |
| 15860 | 李蕭遠 | 이소원 | 9 | 28 | 1915.12 | 孔子年報(續) / 呂圭亨 | |
| 15861 | 李蓀谷 | 이손곡 | 28 | 3 | 1927.12 | 朝鮮詩文變遷論 / 鄭萬朝 | 李達 |
| 15862 | 李松塢 | 이송오 | 15 | 83 | 1917.10 | 地方報告〉[秋永求의 報告] | |
| 15863 | 李晬光 | 이수광 | 10 | 53 | 1916.03 | 賢關記聞(續) / 李大榮 | |
| 15864 | 李壽根 | 이수근 | 43 | 28 | 1938.12 | 儒林特志〉[姜錫圭의 報告]〉祭需品奉納者氏名及物名 | |
| 15865 | 李壽洛 | 이수락 | 39 | 59 | 1935.10 | 明倫學院第六回入學許可者名簿(昭和十年度) | |
| 15866 | 李壽洛 | 이수락 | 41 | 37 | 1937.02 | 文廟秋季釋奠狀況 | |
| 15867 | 李壽洛 | 이수락 | 42 | 38 | 1937.12 | 文廟春季釋奠狀況 | |
| 15868 | 李壽洛 | 이수락 | 43 | 59 | 1938.12 | 文廟秋季釋奠狀況 | |
| 15869 | 李壽洛 | 이수락 | 43 | 73 | 1938.12 | 第六回卒業式狀況及第九回新入生名簿〉第六回卒業生名簿 | |
| 15870 | 李壽源 | 이수원 | 34 | 57 | 1932.03 | 明倫學院昭和六年度入學許可者名簿 | |
| 15871 | 李壽源 | 이수원 | 35 | 30 | 1932.12 | 文廟釋奠狀況 | |
| 15872 | 李壽源 | 이수원 | 36 | 25 | 1933.12 | 文廟釋奠狀況〉[秋期釋奠 擧行] | |
| 15873 | 李壽源 | 이수원 | 36 | 30 | 1933.12 | 文廟釋奠狀況〉[春期釋奠 擧行] | |
| 15874 | 李壽源 | 이수원 | 36 | 55 | 1933.12 | 第二回學生卒業式狀況 | |
| 15875 | 李壽源 | 이수원 | 36 | 67 | 1933.12 | 明倫學院第二回卒業生名簿 | |
| 15876 | 李壽源 | 이수원 | 36 | 72 | 1933.12 | 明倫學院第二回補習科生名簿 | |
| 15877 | 李壽源 | 이수원 | 37 | 46 | 1934.10 | 文廟釋奠狀況〉[秋期釋奠 擧行] | |
| 15878 | 李壽源 | 이수원 | 37 | 51 | 1934.10 | 文廟釋奠狀況〉[春期釋奠 擧行] | |
| 15879 | 李壽源 | 이수원 | 37 | 65 | 1934.10 | 第三回學生卒業式狀況 | |
| 15880 | 李壽源 | 이수원 | 37 | 70 | 1934.10 | 明倫學院補習科第二回修了生名簿 | |
| 15881 | 李壽源 | 이수원 | 45 | 37 | 1940.12 | 朝鮮儒林大會(朝鮮儒道聯合會創立總會) 會錄槪要〉朝鮮儒道聯合會役員名簿(昭和十四年十一月一日現在) | |
| 15882 | 李秀益 | 이수익 | 44 | 91 | 1939.10 | 明倫專門學院記事〉研究科第二回入學許可者 | |
| 15883 | 李秀益 | 이수익 | 44 | 92 | 1939.10 | 明倫專門學院記事〉研究科第二回入學許可者 | |
| 15884 | 李秀益 | 이수익 | 46 | 13 | 1941.12 | 釋奠狀況〉昭和十四年秋季釋奠狀況 | |
| 15885 | 李秀益 | 이수익 | 46 | 14 | 1941.12 | 釋奠狀況〉昭和十四年秋季釋奠狀況 | |
| 15886 | 李秀益 | 이수익 | 46 | 15 | 1941.12 | 釋奠狀況〉昭和十五年春季釋奠狀況 | |
| 15887 | 李秀益 | 이수익 | 46 | 16 | 1941.12 | 釋奠狀況〉昭和十五年秋季釋奠狀況 | |
| 15888 | 李秀翼 | 이수익 | 46 | 15 | 1941.12 | 釋奠狀況〉昭和十五年春季釋奠狀況 | |
| 15889 | 李壽鍾 | 이수종 | 31 | 29 | 1930.08 | 日誌大要 | |

| 번호 | 원문 | 현대어(독음) | 호 | 쪽 | 발행일 | 기사명 / 필자 | 비고 |
|---|---|---|---|---|---|---|---|
| 15890 | 李壽鍾 | 이수종 | 31 | 30 | 1930.08 | 日誌大要 | |
| 15891 | 李守鍾 | 이수종 | 16 | 54 | 1918.03 | 地方報告〉[成樂賢의 報告] | |
| 15892 | 李秀洪 | 이수홍 | 28 | 43 | 1927.12 | 日誌大要 | |
| 15893 | 李洙壎 | 이수훈 | 23 | 21 | 1922.12 | 益山郡礪山文廟重修記 / 成岐運 | 李洙薰 |
| 15894 | 李洙薰 | 이수훈 | 23 | 89 | 1922.12 | 地方報告〉[李芳雨의 報告] | |
| 15895 | 李淑瑊 | 이숙함 | 10 | 33 | 1916.03 | 典祀廳記 / 李淑瑊 撰 | |
| 15896 | 李淑瑊 | 이숙함 | 21 | 65 | 1921.03 | 賢關記聞(續) / 李大榮 | 원문은<br>李文莊淑瑊 |
| 15897 | 李舜基 | 이순기 | 16 | 60 | 1918.03 | 地方報告〉[南相台의 報告] | |
| 15898 | 李淳榮 | 이순영 | 9 | 40 | 1915.12 | 日誌大要 | |
| 15899 | 李淳榮 | 이순영 | 9 | 42 | 1915.12 | 日誌大要 | |
| 15900 | 李淳榮 | 이순영 | 11 | 62 | 1916.06 | 日誌大要 | |
| 15901 | 李淳榮 | 이순영 | 12 | 53 | 1916.12 | 日誌大要 | |
| 15902 | 李淳榮 | 이순영 | 16 | 32 | 1918.03 | 日誌大要 | |
| 15903 | 李淳榮 | 이순영 | 19 | 30 | 1918.12 | 日誌大要 | |
| 15904 | 李淳榮 | 이순영 | 19 | 31 | 1918.12 | 日誌大要 | |
| 15905 | 李淳榮 | 이순영 | 20 | 46 | 1920.03 | 日誌大要 | |
| 15906 | 李淳榮 | 이순영 | 20 | 49 | 1920.03 | 日誌大要 | |
| 15907 | 李淳榮 | 이순영 | 21 | 90 | 1921.03 | 日誌大要 | |
| 15908 | 李淳榮 | 이순영 | 21 | 93 | 1921.03 | 日誌大要 | |
| 15909 | 李淳榮 | 이순영 | 22 | 54 | 1922.03 | 日誌大要 | |
| 15910 | 李淳榮 | 이순영 | 23 | 55 | 1922.12 | 日誌大要 | |
| 15911 | 李淳榮 | 이순영 | 23 | 60 | 1922.12 | 日誌大要 | |
| 15912 | 李淳榮 | 이순영 | 25 | 38 | 1924.12 | 日誌大要 | |
| 15913 | 李淳榮 | 이순영 | 25 | 44 | 1924.12 | 日誌大要 | |
| 15914 | 李淳榮 | 이순영 | 26 | 41 | 1925.12 | 日誌大要 | |
| 15915 | 李淳榮 | 이순영 | 26 | 46 | 1925.12 | 日誌大要 | |
| 15916 | 李淳榮 | 이순영 | 27 | 53 | 1926.12 | 日誌大要 | |
| 15917 | 李淳榮 | 이순영 | 27 | 59 | 1926.12 | 日誌大要 | |
| 15918 | 李淳榮 | 이순영 | 28 | 44 | 1927.12 | 日誌大要 | |
| 15919 | 李淳榮 | 이순영 | 28 | 48 | 1927.12 | 日誌大要 | |
| 15920 | 李淳榮 | 이순영 | 29 | 39 | 1928.12 | 日誌大要 | |
| 15921 | 李淳榮 | 이순영 | 29 | 44 | 1928.12 | 日誌大要 | |
| 15922 | 李淳榮 | 이순영 | 30 | 42 | 1929.12 | 日誌大要 | |
| 15923 | 李淳榮 | 이순영 | 30 | 44 | 1929.12 | 日誌大要 | |
| 15924 | 李淳榮 | 이순영 | 31 | 30 | 1930.08 | 日誌大要 | |

| 번호 | 원문 | 현대어(독음) | 호 | 쪽 | 발행일 | 기사명 / 필자 | 비고 |
|------|------|------|------|------|------|------|------|
| 15925 | 李淳榮 | 이순영 | 31 | 33 | 1930.08 | 日誌大要 | |
| 15926 | 李純宇 | 이순우 | 28 | 81 | 1927.12 | 地方報告〉[李起台 等의 報告] | |
| 15927 | 李舜翼 | 이순익 | 18 | 45 | 1918.09 | 日誌大要 | |
| 15928 | 李順稙 | 이순직 | 37 | 55 | 1934.10 | 文廟釋奠狀況〉[李順稙의 보고] | |
| 15929 | 李淳欽 | 이순흠 | 22 | 81 | 1922.03 | 地方報告〉[李淳欽의 報告] | |
| 15930 | 李崇仁 | 이숭인 | 11 | 26 | 1916.06 | 經學淺知錄(續) / 金文演 | 원문은 崇仁 |
| 15931 | 李崇仁 | 이숭인 | 28 | 2 | 1927.12 | 朝鮮詩文變遷論 / 鄭萬朝 | 원문은 崇仁 |
| 15932 | 李習之 | 이습지 | 16 | 45 | 1918.03 | 講說〉講題 林放問禮之本(大正六年九月二十七日平壤府鄕校講演) / 朴齊斌 | 李翶 |
| 15933 | 李昇 | 이승 | 14 | 6 | 1917.07 | 經學管見(續) / 尹寧求 | |
| 15934 | 李承九 | 이승구 | 29 | 14 | 1928.12 | 鳳山郡鄕校重修記 / 鄭萬朝 | 원문은 李侯承九 |
| 15935 | 李承圭 | 이승규 | 27 | 59 | 1926.12 | 日誌大要 | |
| 15936 | 李昇圭 | 이승규 | 40 | 56 | 1936.08 | 鄭茂亭先生追悼錄〉輓詞 / 李昇圭 | |
| 15937 | 李昇圭 | 이승규 | 41 | 61 | 1937.02 | 明倫學院職員名簿(昭和十一年一月一日現在) | |
| 15938 | 李昇圭 | 이승규 | 44 | 25 | 1939.10 | 儒敎의 起源과 流派 / 李昇圭 | |
| 15939 | 李昇圭 | 이승규 | 44 | 48 | 1939.10 | 嘉言善行 / 李昇圭 | |
| 15940 | 李昇圭 | 이승규 | 44 | 56 | 1939.10 | 朝鮮詩學考 / 李昇圭 | |
| 15941 | 李昇圭 | 이승규 | 45 | 34 | 1940.12 | 朝鮮儒林大會(朝鮮儒道聯合會創立總會) 會錄概要〉朝鮮儒道聯合會役員名簿(昭和十四年十一月一日現在) | |
| 15942 | 李昇圭 | 이승규 | 46 | 11 | 1941.12 | 嘉言善行 / 李昇圭 | |
| 15943 | 李昇圭 | 이승규 | 46 | 33 | 1941.12 | 明倫專門學院日誌大要(昭和十四年七月ヨリ昭和十六年六月マデ) | |
| 15944 | 李昇圭 | 이승규 | 47 | 32 | 1943.01 | 朝鮮詩學考(第十四號續) / 李昇圭 | |
| 15945 | 李昇圭 | 이승규 | 48 | 43 | 1944.04 | 朝鮮詩學考(前號續) / 李昇圭 | |
| 15946 | 李承瑾 | 이승근 | 16 | 35 | 1918.03 | 日誌大要 | |
| 15947 | 李承瑾 | 이승근 | 16 | 36 | 1918.03 | 日誌大要 | |
| 15948 | 李昇寧 | 이승녕 | 38 | 45 | 1935.03 | 文廟釋奠狀況〉地方文廟秋期釋奠狀況表 | |
| 15949 | 李承晚 | 이승만 | 37 | 51 | 1934.10 | 文廟釋奠狀況〉[春期釋奠 擧行] | |
| 15950 | 李承晚 | 이승만 | 37 | 69 | 1934.10 | 明倫學院第三回卒業生名簿 | |
| 15951 | 李承冕 | 이승면 | 35 | 76 | 1932.12 | 明倫學院昭和七年度第三回入學許可者名簿 | |
| 15952 | 李承冕 | 이승면 | 36 | 29 | 1933.12 | 文廟釋奠狀況〉[春期釋奠 擧行] | |
| 15953 | 李承冕 | 이승면 | 37 | 51 | 1934.10 | 文廟釋奠狀況〉[春期釋奠 擧行] | |
| 15954 | 李承冕 | 이승면 | 37 | 69 | 1934.10 | 明倫學院第三回卒業生名簿 | |
| 15955 | 李承冕 | 이승면 | 38 | 44 | 1935.03 | 文廟釋奠狀況〉[秋期釋奠 擧行] | |
| 15956 | 李承冕 | 이승면 | 39 | 52 | 1935.10 | 文廟釋奠狀況〉[春期釋奠 擧行] | |

| 번호 | 원문 | 현대어(독음) | 호 | 쪽 | 발행일 | 기사명 / 필자 | 비고 |
|---|---|---|---|---|---|---|---|
| 15957 | 李承冕 | 이승면 | 39 | 56 | 1935.10 | 第三回卒業生名簿(新規第一回昭和十年三月) | |
| 15958 | 李昇模 | 이승모 | 38 | 48 | 1935.03 | 文廟釋奠狀況〉地方文廟秋期釋奠狀況表 | |
| 15959 | 李承穆 | 이승목 | 23 | 81 | 1922.12 | 地方報告〉[蔡奎璧의 報告] | |
| 15960 | 李承穆 | 이승목 | 24 | 51 | 1923.12 | 牙山郡新昌鄉校東齋重修韻 / 李承穆 | |
| 15961 | 李承穆 | 이승목 | 27 | 80 | 1926.12 | 地方報告〉[李承穆의 報告] | |
| 15962 | 李承召 | 이승소 | 8 | 37 | 1915.09 | 賢關記聞 / 李大榮 | |
| 15963 | 李承召 | 이승소 | 37 | 22 | 1934.10 | 敎化編年 / 李大榮 | |
| 15964 | 李承召 | 이승소 | 40 | 21 | 1936.08 | 敎化編年(續) / 李大榮 | |
| 15965 | 李承順 | 이승순 | 30 | 80 | 1929.12 | 地方報告〉[申大均의 報告] | |
| 15966 | 李承鎔 | 이승용 | 26 | 75 | 1925.12 | 地方報告〉[李承鎔의 報告] | |
| 15967 | 李承鎔 | 이승용 | 27 | 72 | 1926.12 | 地方報告〉[李承鎔의 報告] | |
| 15968 | 李升雨 | 이승우 | 45 | 23 | 1940.12 | 朝鮮儒林大會(朝鮮儒道聯合會創立總會) 會錄槪要〉朝鮮儒道聯合會役員名簿(昭和十四年十一月一日現在) | |
| 15969 | 李承旭 | 이승욱 | 23 | 39 | 1922.12 | 孔夫子忌辰四十周甲追慕禮式及紀念事業發起文 | |
| 15970 | 李承旭 | 이승욱 | 23 | 56 | 1922.12 | 日誌大要 | |
| 15971 | 李承旭 | 이승욱 | 23 | 57 | 1922.12 | 日誌大要 | |
| 15972 | 李承儀 | 이승의 | 16 | 27 | 1918.03 | 保寧郡藍浦鄉校重修韻 / 李承儀 | |
| 15973 | 李承宰 | 이승재 | 45 | 39 | 1940.12 | 朝鮮儒林大會(朝鮮儒道聯合會創立總會) 會錄槪要〉朝鮮儒道聯合會役員名簿(昭和十四年十一月一日現在) | |
| 15974 | 李承俊 | 이승준 | 22 | 81 | 1922.03 | 地方報告〉[李承俊의 報告] | |
| 15975 | 李升鉉 | 이승현 | 23 | 57 | 1922.12 | 日誌大要 | |
| 15976 | 李承鉉 | 이승현 | 13 | 9 | 1917.03 | 孔聖遺訓講話序 / 金允植 | |
| 15977 | 李承皓 | 이승호 | 20 | 36 | 1920.03 | 求禮郡文廟重修捐義錄小序 / 金商翊 | |
| 15978 | 李昇浩 | 이승호 | 28 | 43 | 1927.12 | 日誌大要 | |
| 15979 | 李時發 | 이시발 | 16 | 56 | 1918.03 | 地方報告〉[金東振의 報告] | |
| 15980 | 李時發 | 이시발 | 18 | 20 | 1918.09 | 茂朱郡鄉校重修記 / 金允植 | 원문은<br>李君時發 |
| 15981 | 李時榮 | 이시영 | 18 | 45 | 1918.09 | 日誌大要 | |
| 15982 | 李時榮 | 이시영 | 38 | 45 | 1935.03 | 文廟釋奠狀況〉地方文廟秋期釋奠狀況表 | |
| 15983 | 李時榮 | 이시영 | 43 | 26 | 1938.12 | 孝烈行蹟〉[李時榮의 보고] | |
| 15984 | 李時雨 | 이시우 | 36 | 32 | 1933.12 | 文廟釋奠狀況〉[李時雨의 보고] | |
| 15985 | 李時稷 | 이시직 | 43 | 20 | 1938.12 | 江華忠烈祠享祀位次及祝文式 | |
| 15986 | 李時熙 | 이시희 | 19 | 37 | 1918.12 | 日誌大要 | |
| 15987 | 李植 | 이식 | 3 | 48 | 1914.06 | 講士視察見聞所記 / 呂圭亨 | |

| 번호 | 원문 | 현대어(독음) | 호 | 쪽 | 발행일 | 기사명 / 필자 | 비고 |
|---|---|---|---|---|---|---|---|
| 15988 | 李植 | 이식 | 21 | 65 | 1921.03 | 賢關記聞(續) / 李大榮 | 원문은<br>李文靖植 |
| 15989 | 李植 | 이식 | 28 | 3 | 1927.12 | 朝鮮詩文變遷論 / 鄭萬朝 | 원문은 植 |
| 15990 | 李伸 | 이신 | 39 | 53 | 1935.10 | 文廟釋奠狀況〉地方文廟春期釋奠狀況表 | |
| 15991 | 李伸 | 이신 | 40 | 36 | 1936.08 | 文廟釋奠狀況〉[地方文廟春期釋奠狀況表] | |
| 15992 | 李信宇 | 이신우 | 28 | 80 | 1927.12 | 地方報告〉[金祐濟의 報告] | |
| 15993 | 李臣濟 | 이신제 | 16 | 59 | 1918.03 | 地方報告〉[南相台의 報告] | |
| 15994 | 李心 | 이심 | 15 | 5 | 1917.10 | 經學管見(續) / 尹寧求 | |
| 15995 | 李心求 | 이심구 | 35 | 76 | 1932.12 | 明倫學院昭和七年度第三回入學許可者名簿 | |
| 15996 | 李心求 | 이심구 | 36 | 25 | 1933.12 | 文廟釋奠狀況〉[秋期釋奠 擧行] | |
| 15997 | 李心求 | 이심구 | 36 | 29 | 1933.12 | 文廟釋奠狀況〉[春期釋奠 擧行] | |
| 15998 | 李心求 | 이심구 | 37 | 46 | 1934.10 | 文廟釋奠狀況〉[秋期釋奠 擧行] | |
| 15999 | 李心求 | 이심구 | 37 | 69 | 1934.10 | 明倫學院第三回卒業生名簿 | |
| 16000 | 李深源 | 이심원 | 11 | 27 | 1916.06 | 經學淺知錄(續) / 金文演 | 원문은 深源 |
| 16001 | 李深源 | 이심원 | 40 | 20 | 1936.08 | 敎化編年(續) / 李大榮 | 원문은<br>朱溪副正深源 |
| 16002 | 李心傳 | 이심전 | 19 | 8 | 1918.12 | 經學管見(續) / 尹寧求 | |
| 16003 | 李心傳 | 이심전 | 20 | 18 | 1920.03 | 經學管見(續) / 尹寧求 | |
| 16004 | 李心傳 | 이심전 | 21 | 12 | 1921.03 | 經學管見(續) / 尹寧求 | |
| 16005 | 李氏 | 이씨 | 6 | 1 | 1915.03 | 緒論 / 呂圭亨 | 李翔 |
| 16006 | 李氏 | 이씨 | 9 | 59 | 1915.12 | 講說〉講題 三人行必有我師(大正四年六月十二日第十三回講演) / 呂圭亨 | |
| 16007 | 李氏 | 이씨 | 19 | 16 | 1918.12 | 四書小註辨疑(續) / 李鶴在 | |
| 16008 | 李氏 | 이씨 | 27 | 87 | 1926.12 | 地方報告〉[高彦柱 等의 報告] | 원문<br>閔家婦李氏 |
| 16009 | 李氏 | 이씨 | 29 | 80 | 1928.12 | 地方報告〉[柳春錫 等의 報告] | 원문<br>玄君仲妻李氏 |
| 16010 | 李氏 | 이씨 | 31 | 39 | 1930.08 | 地方報告〉孝烈行蹟〉[金璣淵의 보고] | 원문<br>張士衡妻李氏 |
| 16011 | 李雅亭 | 이아정 | 28 | 4 | 1927.12 | 朝鮮詩文變遷論 / 鄭萬朝 | 李德懋 |
| 16012 | 李嶽降 | 이악강 | 28 | 37 | 1927.12 | 壽星詩帖 / 鄭萬朝 | 원문은<br>李公嶽降 |
| 16013 | 李安訥 | 이안눌 | 28 | 3 | 1927.12 | 朝鮮詩文變遷論 / 鄭萬朝 | 원문은 安訥 |
| 16014 | 李仰 | 이앙 | 39 | 53 | 1935.10 | 文廟釋奠狀況〉地方文廟春期釋奠狀況表 | |
| 16015 | 李仰 | 이앙 | 40 | 36 | 1936.08 | 文廟釋奠狀況〉[地方文廟春期釋奠狀況表] | |
| 16016 | 李埜 | 이야 | 28 | 44 | 1927.12 | 日誌大要 | |
| 16017 | 李埜 | 이야 | 30 | 41 | 1929.12 | 日誌大要 | |

| 번호 | 원문 | 현대어(독음) | 호 | 쪽 | 발행일 | 기사명 / 필자 | 비고 |
|---|---|---|---|---|---|---|---|
| 16018 | 李若氷 | 이약빙 | 32 | 42 | 1930.12 | 地方報告〉地方儒林狀況〉[成樂賢의 報告] | 원문은 若氷 |
| 16019 | 李若水 | 이약수 | 43 | 16 | 1938.12 | 敎化編年(續) / 李大榮 | |
| 16020 | 伊陽伯 | 이양백 | 42 | 50 | 1937.12 | 文廟享祀位次及聖賢姓名爵號考 / 金完鎭 | 程頤 |
| 16021 | 李亮稙 | 이양직 | 12 | 52 | 1916.12 | 日誌大要 | |
| 16022 | 李亮稙 | 이양직 | 12 | 53 | 1916.12 | 日誌大要 | |
| 16023 | 李亮稙 | 이양직 | 14 | 39 | 1917.07 | 日誌大要 | |
| 16024 | 李亮稙 | 이양직 | 16 | 32 | 1918.03 | 日誌大要 | |
| 16025 | 李亮稙 | 이양직 | 19 | 31 | 1918.12 | 日誌大要 | |
| 16026 | 李亮稙 | 이양직 | 19 | 30 | 1918.12 | 日誌大要 | |
| 16027 | 李陽春 | 이양춘 | 39 | 39 | 1935.10 | 孝烈行蹟〉[韓啓東의 보고] | |
| 16028 | 李億命 | 이억명 | 33 | 53 | 1931.12 | 文廟釋奠狀況〉[姜尙祖의 보고] | |
| 16029 | 李彦迪 | 이언적 | 10 | 51 | 1916.03 | 賢關記聞(續) / 李大榮 | |
| 16030 | 李彦迪 | 이언적 | 25 | 41 | 1924.12 | 日誌大要 | |
| 16031 | 李彦迪 | 이언적 | 30 | 35 | 1929.12 | 祭粢料傳達式狀況 | |
| 16032 | 李彦迪 | 이언적 | 30 | 58 | 1929.12 | 講說〉講題 朝鮮의 在한 聖學道統 : 李退溪先生을 憶함 / 赤木萬二郞 | |
| 16033 | 李彦迪 | 이언적 | 33 | 40 | 1931.12 | 地方儒林狀況〉[李大榮의 보고]〉書院狀況 | 원문은 李先生彦迪 |
| 16034 | 李彦迪 | 이언적 | 42 | 48 | 1937.12 | 文廟享祀位次及聖賢姓名爵號考 / 金完鎭 | 文元公 |
| 16035 | 李彦迪 | 이언적 | 42 | 58 | 1937.12 | 文廟享祀位次及聖賢姓名爵號考 / 金完鎭 | 文元公 |
| 16036 | 李彦迪 | 이언적 | 11 | 27 | 1916.06 | 經學淺知錄(續) / 金文演 | 원문은 彦迪 |
| 16037 | 李彦忠 | 이언충 | 43 | 18 | 1938.12 | 敎化編年(續) / 李大榮 | |
| 16038 | 李嚴澈 | 이엄철 | 38 | 47 | 1935.03 | 文廟釋奠狀況〉地方文廟秋期釋奠狀況表 | |
| 16039 | 李畬 | 이여 | 5 | 36 | 1914.12 | 樂器圖說 | |
| 16040 | 李延龍 | 이연룡 | 20 | 47 | 1920.03 | 日誌大要 | |
| 16041 | 李延普 | 이연보 | 10 | 51 | 1916.03 | 賢關記聞(續) / 李大榮 | |
| 16042 | 李璉燮 | 이연섭 | 37 | 72 | 1934.10 | 明倫學院第五回入學許可者名簿 | |
| 16043 | 李璉燮 | 이연섭 | 38 | 43 | 1935.03 | 文廟釋奠狀況〉[秋期釋奠 擧行] | |
| 16044 | 李璉燮 | 이연섭 | 38 | 44 | 1935.03 | 文廟釋奠狀況〉[秋期釋奠 擧行] | |
| 16045 | 李璉燮 | 이연섭 | 39 | 51 | 1935.10 | 文廟釋奠狀況〉[春期釋奠 擧行] | |
| 16046 | 李璉燮 | 이연섭 | 41 | 35 | 1937.02 | 文廟春季釋奠狀況 | |
| 16047 | 李璉燮 | 이연섭 | 41 | 37 | 1937.02 | 文廟秋季釋奠狀況 | |
| 16048 | 李璉燮 | 이연섭 | 42 | 38 | 1937.12 | 文廟春季釋奠狀況 | |
| 16049 | 李璉燮 | 이연섭 | 42 | 71 | 1937.12 | 第五回卒業式狀況及第八回新入生名簿〉第五回卒業生名簿 | |
| 16050 | 李璉燮 | 이연섭 | 42 | 73 | 1937.12 | 第五回卒業式狀況及第八回新入生名簿〉硏究科現在學生名簿 | |

| 번호 | 원문 | 현대어(독음) | 호 | 쪽 | 발행일 | 기사명 / 필자 | 비고 |
|---|---|---|---|---|---|---|---|
| 16051 | 李璉燮 | 이연섭 | 43 | 66 | 1938.12 | 文廟春季釋奠狀況 | |
| 16052 | 李璉燮 | 이연섭 | 44 | 79 | 1939.10 | 文廟秋季釋奠狀況 | |
| 16053 | 李璉燮 | 이연섭 | 44 | 83 | 1939.10 | 日誌大要(自昭和十三年六月 至昭和十三年十二月) | |
| 16054 | 李璉燮 | 이연섭 | 44 | 86 | 1939.10 | 文廟春季釋奠狀況 | |
| 16055 | 李璉燮 | 이연섭 | 44 | 92 | 1939.10 | 明倫專門學院記事〉研究科第二回入學許可者 | |
| 16056 | 李璉燮 | 이연섭 | 45 | 36 | 1940.12 | 朝鮮儒林大會(朝鮮儒道聯合會創立總會) 會錄槪要〉朝鮮儒道聯合會役員名簿(昭和十四年十一月一日現在) | |
| 16057 | 李璉燮 | 이연섭 | 45 | 42 | 1940.12 | 朝鮮儒林大會(朝鮮儒道聯合會創立總會) 會錄槪要〉朝鮮儒道聯合會役員名簿(昭和十四年十一月一日現在) | |
| 16058 | 李璉燮 | 이연섭 | 46 | 13 | 1941.12 | 釋奠狀況〉昭和十四年秋季釋奠狀況 | |
| 16059 | 李璉燮 | 이연섭 | 46 | 14 | 1941.12 | 釋奠狀況〉昭和十五年春季釋奠狀況 | |
| 16060 | 李璉燮 | 이연섭 | 46 | 16 | 1941.12 | 釋奠狀況〉昭和十五年秋季釋奠狀況 | |
| 16061 | 李璉燮 | 이연섭 | 46 | 23 | 1941.12 | 經學院日誌大要(昭和十四年七月ヨリ昭和十六年六月マテ) | |
| 16062 | 李璉燮 | 이연섭 | 46 | 24 | 1941.12 | 經學院日誌大要(昭和十四年七月ヨリ昭和十六年六月マテ) | |
| 16063 | 李璉燮 | 이연섭 | 46 | 25 | 1941.12 | 經學院日誌大要(昭和十四年七月ヨリ昭和十六年六月マテ) | |
| 16064 | 李璉燮 | 이연섭 | 47 | 45 | 1943.01 | 經學院日誌大要(昭和十六年七月ヨリ昭和十七年六月マテ) | |
| 16065 | 李璉燮 | 이연섭 | 47 | 46 | 1943.01 | 經學院日誌大要(昭和十六年七月ヨリ昭和十七年六月マテ) | |
| 16066 | 李連松 | 이연송 | 17 | 72 | 1918.07 | 地方報告〉[李秉會의 報告] | 원문은 連松 |
| 16067 | 李延壽 | 이연수 | 10 | 3 | 1916.03 | 經論 / 金元祐 | |
| 16068 | 李延壽 | 이연수 | 14 | 8 | 1917.07 | 經學管見(續) / 尹寧求 | |
| 16069 | 李延壽 | 이연수 | 15 | 5 | 1917.10 | 經學管見(續) / 尹寧求 | |
| 16070 | 李延平 | 이연평 | 16 | 48 | 1918.03 | 講說〉講題 存其心養其性所以事天也(大正六年十月十四日江陵郡講演) / 李容植 | |
| 16071 | 李淵夏 | 이연하 | 23 | 21 | 1922.12 | 益山郡礪山文廟重修記 / 成岐運 | |
| 16072 | 李淵會 | 이연회 | 20 | 53 | 1920.03 | 地方報告〉[權鳳洙의 報告] | |
| 16073 | 李永九 | 이영구 | 12 | 55 | 1916.12 | 日誌大要 | |
| 16074 | 李泳珪 | 이영규 | 31 | 61 | 1930.08 | 入學許可者名簿 | |
| 16075 | 李泳珪 | 이영규 | 32 | 37 | 1930.12 | 日誌大要 | |
| 16076 | 李泳珪 | 이영규 | 32 | 38 | 1930.12 | 日誌大要 | |
| 16077 | 李泳珪 | 이영규 | 33 | 43 | 1931.12 | 文廟釋奠狀況 | |

| 번호 | 원문 | 현대어(독음) | 호 | 쪽 | 발행일 | 기사명 / 필자 | 비고 |
|---|---|---|---|---|---|---|---|
| 16078 | 李泳珪 | 이영규 | 33 | 50 | 1931.12 | 文廟釋奠狀況〉[本院秋期釋奠에 대한 보고] | |
| 16079 | 李泳珪 | 이영규 | 35 | 30 | 1932.12 | 文廟釋奠狀況 | |
| 16080 | 李泳珪 | 이영규 | 35 | 74 | 1932.12 | 明倫學院第一回卒業生名簿 | |
| 16081 | 李泳珪 | 이영규 | 36 | 7 | 1933.12 | 祭澹圃姜講師文 / 明倫學院生徒一同 | |
| 16082 | 李泳珪 | 이영규 | 36 | 25 | 1933.12 | 文廟釋奠狀況〉[秋期釋奠 擧行] | |
| 16083 | 李泳珪 | 이영규 | 36 | 30 | 1933.12 | 文廟釋奠狀況〉[春期釋奠 擧行] | |
| 16084 | 李泳珪 | 이영규 | 36 | 55 | 1933.12 | 第二回學生卒業式狀況 | |
| 16085 | 李泳珪 | 이영규 | 36 | 69 | 1933.12 | 明倫學院補習科第一回修了生名簿 | |
| 16086 | 李泳珪 | 이영규 | 38 | 44 | 1935.03 | 文廟釋奠狀況〉[秋期釋奠 擧行] | |
| 16087 | 李泳珪 | 이영규 | 39 | 52 | 1935.10 | 文廟釋奠狀況〉[春期釋奠 擧行] | |
| 16088 | 李泳珪 | 이영규 | 40 | 47 | 1936.08 | 鄭茂亭先生追悼錄〉吊辭 / 李泳珪 李重憲 等 | |
| 16089 | 李泳珪 | 이영규 | 43 | 50 | 1938.12 | 鄭松里先生追悼錄〉吊辭 / 李泳珪 等 | |
| 16090 | 李泳珪 | 이영규 | 45 | 36 | 1940.12 | 朝鮮儒林大會(朝鮮儒道聯合會創立總會) 會錄槪要〉朝鮮儒道聯合會役員名簿(昭和十四年十一月一日現在) | |
| 16091 | 李泳珪 | 이영규 | 46 | 14 | 1941.12 | 釋奠狀況〉昭和十四年秋季釋奠狀況 | |
| 16092 | 李泳珪 | 이영규 | 46 | 15 | 1941.12 | 釋奠狀況〉昭和十五年春季釋奠狀況 | |
| 16093 | 李泳珪 | 이영규 | 46 | 16 | 1941.12 | 釋奠狀況〉昭和十五年秋季釋奠狀況 | |
| 16094 | 李泳珪 | 이영규 | 46 | 18 | 1941.12 | 釋奠狀況〉昭和十六年春季釋奠狀況 | |
| 16095 | 李泳珪 | 이영규 | 47 | 37 | 1943.01 | 釋奠狀況〉昭和十六年秋季釋奠狀況 | |
| 16096 | 李泳珪 | 이영규 | 47 | 39 | 1943.01 | 釋奠狀況〉昭和十七年春季釋奠狀況 | |
| 16097 | 李永斗 | 이영두 | 20 | 37 | 1920.03 | 求禮郡文廟重修捐義錄小序 / 金商翊 | |
| 16098 | 李永來 | 이영래 | 19 | 81 | 1918.12 | 地方報告〉[李永來의 報告] | |
| 16099 | 李永植 | 이영식 | 28 | 82 | 1927.12 | 地方報告〉[金祐濟의 報告] | |
| 16100 | 李永玉 | 이영옥 | 24 | 89 | 1923.12 | 地方報告〉[李永玉妻朱氏의 孝烈 關聯 報告] | |
| 16101 | 李永玉 | 이영옥 | 24 | 90 | 1923.12 | 地方報告〉[李永玉妻朱氏의 孝烈 關聯 報告] | |
| 16102 | 李永宇 | 이영우 | 20 | 37 | 1920.03 | 求禮郡文廟重修捐義錄小序 / 金商翊 | |
| 16103 | 李永雨 | 이영우 | 20 | 38 | 1920.03 | 求禮郡文廟重修捐義錄小序 / 金商翊 | |
| 16104 | 李英寅 | 이영인 | 22 | 53 | 1922.03 | 日誌大要 | |
| 16105 | 李英寅 | 이영인 | 29 | 44 | 1928.12 | 日誌大要 | |
| 16106 | 李英寅 | 이영인 | 46 | 16 | 1941.12 | 釋奠狀況〉昭和十五年秋季釋奠狀況 | |
| 16107 | 李寧齋 | 이영재 | 28 | 4 | 1927.12 | 朝鮮詩文變遷論 / 鄭萬朝 | 李建昌 |
| 16108 | 李靈齋 | 이영재 | 28 | 77 | 1927.12 | 地方報告〉[李錫龍 等의 報告] | |
| 16109 | 李永鎭 | 이영진 | 44 | 52 | 1939.10 | 孝烈行蹟〉[李泰義의 보고] | |
| 16110 | 李永哲 | 이영철 | 28 | 80 | 1927.12 | 地方報告〉[金祐濟의 報告] | |
| 16111 | 李瑛夏 | 이영하 | 25 | 81 | 1924.12 | 地方報告〉[李瑛夏의 報告] | |

| 번호 | 원문 | 현대어(독음) | 호 | 쪽 | 발행일 | 기사명 / 필자 | 비고 |
|------|------|------------|-----|-----|--------|-------------|------|
| 16112 | 夷羿 | 이예 | 7 | 39 | 1915.06 | 論語考證(續) / 金文演 | |
| 16113 | 李芮 | 이예 | 8 | 24 | 1915.09 | 尊經閣記 / 徐居正 撰 | |
| 16114 | 李完珪 | 이완규 | 45 | 38 | 1940.12 | 朝鮮儒林大會(朝鮮儒道聯合會創立總會) 會錄槪要〉朝鮮儒道聯合會役員名簿(昭和十四年十一月一日現在) | |
| 16115 | 李完世 | 이완세 | 20 | 46 | 1920.03 | 日誌大要 | |
| 16116 | 李完世 | 이완세 | 28 | 44 | 1927.12 | 日誌大要 | |
| 16117 | 李完世 | 이완세 | 28 | 47 | 1927.12 | 日誌大要 | |
| 16118 | 李完秀 | 이완수 | 27 | 53 | 1926.12 | 日誌大要 | |
| 16119 | 李完秀 | 이완수 | 28 | 44 | 1927.12 | 日誌大要 | |
| 16120 | 李完秀 | 이완수 | 28 | 48 | 1927.12 | 日誌大要 | |
| 16121 | 李完秀 | 이완수 | 29 | 39 | 1928.12 | 日誌大要 | |
| 16122 | 李完植 | 이완식 | 25 | 71 | 1924.12 | 地方報告〉[高奎相의 報告] | |
| 16123 | 李完植 | 이완식 | 25 | 72 | 1924.12 | 地方報告〉[高奎相의 報告] | |
| 16124 | 李完榮 | 이완영 | 45 | 36 | 1940.12 | 朝鮮儒林大會(朝鮮儒道聯合會創立總會) 會錄槪要〉朝鮮儒道聯合會役員名簿(昭和十四年十一月一日現在) | |
| 16125 | 李完用 | 이완용 | 9 | 42 | 1915.12 | 日誌大要 | |
| 16126 | 李完用 | 이완용 | 9 | 46 | 1915.12 | 日誌大要 | |
| 16127 | 李完用 | 이완용 | 9 | 65 | 1915.12 | 講說〉續演 | |
| 16128 | 李完用 | 이완용 | 10 | 68 | 1916.03 | 講說〉儒敎의 根本義(大正四年十月九日第十五回講演) | |
| 16129 | 李完應 | 이완응 | 30 | 79 | 1929.12 | 地方報告〉[曺秉益의 報告] | |
| 16130 | 李王 | 이왕 | 46 | 21 | 1941.12 | 經學院日誌大要(昭和十四年七月ヨリ昭和十六年六月マテ) | 李垠, 英親王 |
| 16131 | 李王妃 | 이왕 비 | 46 | 21 | 1941.12 | 經學院日誌大要(昭和十四年七月ヨリ昭和十六年六月マテ) | 원문은 李王同妃, 李方子 |
| 16132 | 李巍庵 | 이외암 | 11 | 27 | 1916.06 | 經學淺知錄(續) / 金文演 | 李柬 |
| 16133 | 李堯鉉 | 이요현 | 43 | 29 | 1938.12 | 儒林特志〉[姜錫圭의 보고]〉祭需品奉納者氏名及物名 | |
| 16134 | 李容九 | 이용구 | 46 | 27 | 1941.12 | 孝烈行跡報告 其二 / 安龍善 | |
| 16135 | 李龍奎 | 이용규 | 20 | 37 | 1920.03 | 求禮郡文廟重修捐義錄小序 / 金商翊 | |
| 16136 | 李用大 | 이용대 | 36 | 70 | 1933.12 | 明倫學院第四回入學許可者名簿 | |
| 16137 | 李用大 | 이용대 | 37 | 46 | 1934.10 | 文廟釋奠狀況〉[秋期釋奠 擧行] | |
| 16138 | 李用大 | 이용대 | 39 | 51 | 1935.10 | 文廟釋奠狀況〉[春期釋奠 擧行] | |
| 16139 | 李用大 | 이용대 | 40 | 35 | 1936.08 | 文廟釋奠狀況〉[秋期釋奠 擧行] | |
| 16140 | 李用大 | 이용대 | 40 | 61 | 1936.08 | 第四回卒業式狀況及第七回新入生名簿〉第四回卒業生名簿 | |

| 번호 | 원문 | 현대어(독음) | 호 | 쪽 | 발행일 | 기사명 / 필자 | 비고 |
|---|---|---|---|---|---|---|---|
| 16141 | 李用大 | 이용대 | 41 | 35 | 1937.02 | 文廟春季釋奠狀況 | |
| 16142 | 李用大 | 이용대 | 43 | 50 | 1938.12 | 鄭松里先生追悼錄〉吊辭 / 李泳珪 等 | |
| 16143 | 李龍眠 | 이용면 | 30 | [1] | 1929.12 | 李龍眠畵宣聖及七十二弟子像贊(金石萃編) | |
| 16144 | 李用默 | 이용묵 | 32 | 50 | 1930.12 | 地方報告〉孝烈行蹟〉[朴泰會 等의 보고] | |
| 16145 | 李容世 | 이용세 | 45 | 33 | 1940.12 | 朝鮮儒林大會(朝鮮儒道聯合會創立總會) 會錄槪要〉朝鮮儒道聯合會役員名簿(昭和十四年十一月一日現在) | |
| 16146 | 李容世 | 이용세 | 45 | 41 | 1940.12 | 朝鮮儒林大會(朝鮮儒道聯合會創立總會) 會錄槪要〉朝鮮儒道聯合會役員名簿(昭和十四年十一月一日現在) | |
| 16147 | 李容世 | 이용세 | 46 | 13 | 1941.12 | 釋奠狀況〉昭和十四年秋季釋奠狀況 | |
| 16148 | 李容世 | 이용세 | 46 | 15 | 1941.12 | 釋奠狀況〉昭和十五年春季釋奠狀況 | |
| 16149 | 李龍洙 | 이용수 | 28 | 87 | 1927.12 | 地方報告〉[吉基淳 等의 報告] | |
| 16150 | 李龍俶 | 이용숙 | 20 | 38 | 1920.03 | 求禮郡文廟重修捐義錄小序 / 金商翊 | |
| 16151 | 李瑢植 | 이용식 | 20 | 36 | 1920.03 | 求禮郡文廟重修捐義錄小序 / 金商翊 | |
| 16152 | 李龍巖 | 이용암 | 35 | 76 | 1932.12 | 明倫學院昭和七年度第三回入學許可者名簿 | |
| 16153 | 李龍巖 | 이용암 | 36 | 25 | 1933.12 | 文廟釋奠狀況〉[秋期釋奠 擧行] | |
| 16154 | 李龍五 | 이용오 | 19 | 79 | 1918.12 | 地方報告〉[咸一奎의 報告] | |
| 16155 | 李龍雨 | 이용우 | 27 | 58 | 1926.12 | 日誌大要 | |
| 16156 | 李龍雨 | 이용우 | 27 | 59 | 1926.12 | 日誌大要 | |
| 16157 | 李龍儀 | 이용의 | 36 | 35 | 1933.12 | 文廟釋奠狀況〉[李龍儀의 보고] | |
| 16158 | 李溶增 | 이용증 | 20 | 38 | 1920.03 | 求禮郡文廟重修捐義錄小序 / 金商翊 | |
| 16159 | 李容稙 | 이용직 | 1 | 1 | 1913.12 | 經學院雜誌序 / 李容稙 | |
| 16160 | 李容稙 | 이용직 | 1 | 44 | 1913.12 | 日誌大要 | |
| 16161 | 李容稙 | 이용직 | 1 | 56 | 1913.12 | 日誌大要 | |
| 16162 | 李容稙 | 이용직 | 1 | 57 | 1913.12 | 日誌大要 | |
| 16163 | 李容稙 | 이용직 | 1 | 58 | 1913.12 | 本院職員錄 大正二年十二月 日 現在 | |
| 16164 | 李容稙 | 이용직 | 1 | 59 | 1913.12 | 講說〉大正二年六月十四日第一回演講〉(講章益者三友損者三友) / 李容稷 | |
| 16165 | 李容稙 | 이용직 | 1 | 67 | 1913.12 | 講說〉大正二年九月四日第二回演講〉(講章此之謂絜矩之道) / 李容稷 | |
| 16166 | 李容稙 | 이용직 | 2 | 6 | 1914.03 | 華山問答 / 李容稙 | |
| 16167 | 李容稙 | 이용직 | 2 | 50 | 1914.03 | 日誌大要 | |
| 16168 | 李容稙 | 이용직 | 2 | 51 | 1914.03 | 日誌大要 | |
| 16169 | 李容稙 | 이용직 | 2 | 61 | 1914.03 | 講說〉講題 克己復禮(大正二年十月十一日第三回講演)〉敷演 / 李容稙 | |
| 16170 | 李容稙 | 이용직 | 2 | 65 | 1914.03 | 講說〉講題 克己復禮(大正二年十月十一日第三回講演)〉讀論 / 黃敦秀 | |

| 번호 | 원문 | 현대어(독음) | 호 | 쪽 | 발행일 | 기사명 / 필자 | 비고 |
|---|---|---|---|---|---|---|---|
| 16171 | 李容稙 | 이용직 | 2 | 69 | 1914.03 | 講說〉講題 必愼其獨(大正二年十一月八日第四回講演)〉敷演 / 李容稙 | |
| 16172 | 李容稙 | 이용직 | 3 | 56 | 1914.06 | 日誌大要 | |
| 16173 | 李容稙 | 이용직 | 3 | 62 | 1914.06 | 講說〉講題 孝子所以事君也弟者所以事長也慈者所以使衆也(大正三年三月三日第五回講演) / 李容稙 | |
| 16174 | 李容稙 | 이용직 | 3 | [0] | 1914.06 | 經學院副提學子爵李容稙閣下 | |
| 16175 | 李容稙 | 이용직 | 4 | 12 | 1914.09 | 華山問答(第二號續) / 李容稙 | |
| 16176 | 李容稙 | 이용직 | 4 | 53 | 1914.09 | 講說〉講題 文質彬彬然後君子(大正三年六月十三日第六回講演) | |
| 16177 | 李容稙 | 이용직 | 5 | 11 | 1914.12 | 華山問答(續) / 李容稙 | |
| 16178 | 李容稙 | 이용직 | 5 | 68 | 1914.12 | 日誌大要 | |
| 16179 | 李容稙 | 이용직 | 5 | 69 | 1914.12 | 講說〉講題 道也者不可須臾離也(大正三年九月二十九日第七回講演) / 李容稙 | |
| 16180 | 李容稙 | 이용직 | 5 | 79 | 1914.12 | 講說〉講題 謹庠序之敎申之以孝悌之義(大正三年十月十日第八回講演) / 李容稙 | |
| 16181 | 李容稙 | 이용직 | 6 | 9 | 1915.03 | 華山問答(續) / 李容稙 | |
| 16182 | 李容稙 | 이용직 | 6 | 57 | 1915.03 | 講說〉講題 善養吾浩然之氣(大正三年十一月二十一日第九回講演) / 李容稙 | |
| 16183 | 李容稙 | 이용직 | 7 | 4 | 1915.06 | 華山問答(續) / 李容稙 | |
| 16184 | 李容稙 | 이용직 | 7 | 53 | 1915.06 | 日誌大要 | |
| 16185 | 李容稙 | 이용직 | 7 | 65 | 1915.06 | 日誌大要 | |
| 16186 | 李容稙 | 이용직 | 7 | 66 | 1915.06 | 日誌大要 | |
| 16187 | 李容稙 | 이용직 | 7 | 67 | 1915.06 | 日誌大要 | |
| 16188 | 李容稙 | 이용직 | 7 | 69 | 1915.06 | 講說〉講題 孔子聖之時者也(大政四年三月十八日第十回講演) / 李容稙 | |
| 16189 | 李容稙 | 이용직 | 8 | 8 | 1915.09 | 華山問答(續) / 李容稙 | |
| 16190 | 李容稙 | 이용직 | 8 | 44 | 1915.09 | 日誌大要 | |
| 16191 | 李容稙 | 이용직 | 8 | 46 | 1915.09 | 講說〉講題 苟日新日日新又日新(大政四年四月十七日第十一回講演) / 李容稙 | |
| 16192 | 李容稙 | 이용직 | 8 | 51 | 1915.09 | 講說〉講題 道不遠人(大政四年五月八日第十二回講演) / 李容稙 | |
| 16193 | 李容稙 | 이용직 | 9 | 36 | 1915.12 | 拜龍田朱子廟敬次朱子韻 / 李容稙 | |
| 16194 | 李容稙 | 이용직 | 9 | 39 | 1915.12 | 日誌大要 | |
| 16195 | 李容稙 | 이용직 | 9 | 41 | 1915.12 | 日誌大要 | |
| 16196 | 李容稙 | 이용직 | 9 | 42 | 1915.12 | 日誌大要 | |
| 16197 | 李容稙 | 이용직 | 9 | 46 | 1915.12 | 日誌大要 | |
| 16198 | 李容稙 | 이용직 | 9 | 51 | 1915.12 | 日誌大要 | |

| 번호 | 원문 | 현대어(독음) | 호 | 쪽 | 발행일 | 기사명 / 필자 | 비고 |
|---|---|---|---|---|---|---|---|
| 16199 | 李容稙 | 이용직 | 9 | 52 | 1915.12 | 日誌大要 | |
| 16200 | 李容稙 | 이용직 | 9 | 60 | 1915.12 | 講說〉講題 溫故而知新(大正四年九月十三日第十四回講演) / 李容稙 | |
| 16201 | 李容稙 | 이용직 | 9 | [3] | 1915.12 | 卽位大禮式獻頌文 / 李容稙 | |
| 16202 | 李容稙 | 이용직 | 10 | 7 | 1916.03 | 經學說 / 李容稙 | |
| 16203 | 李容稙 | 이용직 | 10 | 61 | 1916.03 | 講說〉講題 生財有大道(大正四年十月九日第十五回講演) / 李容稙 | |
| 16204 | 李容稙 | 이용직 | 11 | 11 | 1916.06 | 經學說(續) / 李容稙 | |
| 16205 | 李容稙 | 이용직 | 11 | 61 | 1916.06 | 日誌大要 | |
| 16206 | 李容稙 | 이용직 | 11 | 62 | 1916.06 | 日誌大要 | |
| 16207 | 李容稙 | 이용직 | 11 | 65 | 1916.06 | 講說〉講題 人能弘道(大正四年三月十一日第十六回講演) / 李容稙 | |
| 16208 | 李容稙 | 이용직 | 12 | 3 | 1916.12 | 經學說(續) / 李容稙 | |
| 16209 | 李容稙 | 이용직 | 12 | 48 | 1916.12 | 日誌大要 | |
| 16210 | 李容稙 | 이용직 | 12 | 50 | 1916.12 | 日誌大要 | |
| 16211 | 李容稙 | 이용직 | 12 | 52 | 1916.12 | 日誌大要 | |
| 16212 | 李容稙 | 이용직 | 12 | 53 | 1916.12 | 日誌大要 | |
| 16213 | 李容稙 | 이용직 | 12 | 54 | 1916.12 | 日誌大要 | |
| 16214 | 李容稙 | 이용직 | 12 | 55 | 1916.12 | 日誌大要 | |
| 16215 | 李容稙 | 이용직 | 12 | 56 | 1916.12 | 講說〉講題 博學於文約之以禮(大正五年五月十三日第十八回講演) / 李容稙 | |
| 16216 | 李容稙 | 이용직 | 12 | 67 | 1916.12 | 講說〉講題 女爲君子儒無爲小人儒(大正五年五月十三日開城郡鄕校講演) / 李容稙 | |
| 16217 | 李容稙 | 이용직 | 12 | 72 | 1916.12 | 講說〉講題 善養吾浩然之氣(大正五年九月二十九日海州郡鄕校講演) / 李容稙 | |
| 16218 | 李容稙 | 이용직 | 12 | [2] | 1916.12 | 立太子禮獻頌文 / 李容稙 | |
| 16219 | 李容稙 | 이용직 | 13 | 36 | 1917.03 | 日誌大要 | |
| 16220 | 李容稙 | 이용직 | 13 | 39 | 1917.03 | 講說〉講題 五畝之宅樹之以桑(大正五年六月十日第十九回講演) / 李容稙 | |
| 16221 | 李容稙 | 이용직 | 13 | 50 | 1917.03 | 講說〉講題 人有不爲也而後可以有爲(大正五年九月七日第二十回講演) / 李容稙 | |
| 16222 | 李容稙 | 이용직 | 14 | 38 | 1917.07 | 日誌大要 | |
| 16223 | 李容稙 | 이용직 | 14 | 39 | 1917.07 | 日誌大要 | |
| 16224 | 李容稙 | 이용직 | 14 | 42 | 1917.07 | 日誌大要 | |
| 16225 | 李容稙 | 이용직 | 14 | 43 | 1917.07 | 講說〉講題 物有本末事有終始知所先後則近道矣(大正六年二月二十四日第二十一回講演) / 李容稙 | |

| 번호 | 원문 | 현대어(독음) | 호 | 쪽 | 발행일 | 기사명 / 필자 | 비고 |
|---|---|---|---|---|---|---|---|
| 16226 | 李容稙 | 이용직 | 14 | 52 | 1917.07 | 講說〉講題 德之不修學之不講聞義不能徙不善不能改是吾憂也(大正六年四月十四日第二十二回講演) / 李容稙 | |
| 16227 | 李容稙 | 이용직 | 15 | 30 | 1917.10 | 日誌大要 | |
| 16228 | 李容稙 | 이용직 | 15 | 33 | 1917.10 | 日誌大要 | |
| 16229 | 李容稙 | 이용직 | 15 | 34 | 1917.10 | 日誌大要 | |
| 16230 | 李容稙 | 이용직 | 15 | 43 | 1917.10 | 講說〉講題 己所不欲勿施於人(大正六年六月十六日第二十四回講演) / 李容稙 | |
| 16231 | 李容稙 | 이용직 | 15 | 49 | 1917.10 | 講說〉光州郡鄕校演講(大正六年四月二十六日)〉講題 子莫執中執中爲近之執中無權猶執一也 / 李容稙 | |
| 16232 | 李容稙 | 이용직 | 15 | 52 | 1917.10 | 講說〉光州郡鄕校講演(大正六年四月二十六日)〉開講辭告 / 宮木又七 | |
| 16233 | 李容稙 | 이용직 | 15 | 54 | 1917.10 | 講說〉泰仁鄕校講演(大正六年五月一日)〉講題 士不可以不弘毅任重而道遠 / 李容稙 | |
| 16234 | 李容稙 | 이용직 | 15 | 60 | 1917.10 | 講說〉大邱高等普通學校講演(大正六年五月十六日)〉講題 志於道據於德依於仁游於藝 / 李容稙 | |
| 16235 | 李容稙 | 이용직 | 16 | 31 | 1918.03 | 日誌大要 | |
| 16236 | 李容稙 | 이용직 | 16 | 32 | 1918.03 | 日誌大要 | |
| 16237 | 李容稙 | 이용직 | 16 | 35 | 1918.03 | 日誌大要 | |
| 16238 | 李容稙 | 이용직 | 16 | 37 | 1918.03 | 講說〉講題 聞一善言見一善行若決江河(大正六年九月二十二日第二十五回講演) / 李容稙 | |
| 16239 | 李容稙 | 이용직 | 16 | 47 | 1918.03 | 講說〉講題 存其心養其性所以事天也(大正六年十月十四日江陵郡講演) / 李容稙 | |
| 16240 | 李容稙 | 이용직 | 17 | 20 | 1918.07 | 咸悅鄕校儒林契券序 / 李容稙 | |
| 16241 | 李容稙 | 이용직 | 17 | 21 | 1918.07 | 旌善郡鄕校重修記 / 李容稙 | |
| 16242 | 李容稙 | 이용직 | 17 | 39 | 1918.07 | 日誌大要 | |
| 16243 | 李容稙 | 이용직 | 17 | 41 | 1918.07 | 日誌大要 | |
| 16244 | 李容稙 | 이용직 | 17 | 42 | 1918.07 | 日誌大要 | |
| 16245 | 李容稙 | 이용직 | 17 | 43 | 1918.07 | 講說〉講題 君子有大道必忠信以得之驕泰以失之(大正六年十一月十日第二十六回講演) / 李容稙 | |
| 16246 | 李容稙 | 이용직 | 17 | 54 | 1918.07 | 講說〉講題 君子無終食之間違仁造次必於是顚沛必於是(大正七年三月二十一日第二十七回講演) / 李容稙 | |
| 16247 | 李容稙 | 이용직 | 18 | 43 | 1918.09 | 日誌大要 | |
| 16248 | 李容稙 | 이용직 | 18 | 45 | 1918.09 | 日誌大要 | |
| 16249 | 李容稙 | 이용직 | 18 | 46 | 1918.09 | 講說〉講題 見義不爲無勇也(大正七年五月十一日第二十八回講演) / 李容稙 | |

| 번호 | 원문 | 현대어(독음) | 호 | 쪽 | 발행일 | 기사명 / 필자 | 비고 |
|---|---|---|---|---|---|---|---|
| 16250 | 李容稙 | 이용직 | 18 | 57 | 1918.09 | 講說〉講題 道在邇而求諸遠事在易而求諸難(大正七年五月十五日義州郡鄕校講演) / 李容稙 | |
| 16251 | 李容稙 | 이용직 | 19 | 30 | 1918.12 | 日誌大要 | |
| 16252 | 李容稙 | 이용직 | 19 | 32 | 1918.12 | 日誌大要 | |
| 16253 | 李容稙 | 이용직 | 19 | 35 | 1918.12 | 日誌大要 | |
| 16254 | 李容稙 | 이용직 | 19 | 36 | 1918.12 | 日誌大要 | |
| 16255 | 李容稙 | 이용직 | 19 | 38 | 1918.12 | 講說〉講題 君子所以異於人者以其存心也君子以仁存心 以禮存心(大正七年六月八日第二十九回講演) / 李容稙 | |
| 16256 | 李容稙 | 이용직 | 19 | 53 | 1918.12 | 講說〉講題 子路人告之以有過則喜(大正七年九月七日第三十回講演) / 李容稙 | |
| 16257 | 李容稙 | 이용직 | 19 | 56 | 1918.12 | 講說〉講題 孝弟也者其爲仁之本歟(大正七年十月十二日第三十一回講演) / 李容稙 | |
| 16258 | 李容稙 | 이용직 | 20 | 45 | 1920.03 | 日誌大要 | |
| 16259 | 李容稙 | 이용직 | 20 | 47 | 1920.03 | 日誌大要 | |
| 16260 | 李溶憲 | 이용헌 | 33 | 35 | 1931.12 | 聲討顚末 | |
| 16261 | 李鏞鎬 | 이용호 | 20 | 36 | 1920.03 | 求禮郡文廟重修捐義錄小序 / 金商翊 | |
| 16262 | 李瑢熙 | 이용희 | 19 | 37 | 1918.12 | 日誌大要 | |
| 16263 | 李禹珪 | 이우규 | 45 | 29 | 1940.12 | 朝鮮儒林大會(朝鮮儒道聯合會創立總會) 會錄槪要〉朝鮮儒道聯合會役員名簿(昭和十四年十一月一日現在) | |
| 16264 | 李佑根 | 이우근 | 25 | 33 | 1924.12 | 富川郡仁川鄕校重修落成詩韻 / 李佑根 | |
| 16265 | 李佑根 | 이우근 | 25 | 86 | 1924.12 | 地方報告〉[李佑根의 報告] | |
| 16266 | 李愚商 | 이우상 | 28 | 47 | 1927.12 | 日誌大要 | |
| 16267 | 李愚商 | 이우상 | 28 | 48 | 1927.12 | 日誌大要 | |
| 16268 | 李愚商 | 이우상 | 29 | 38 | 1928.12 | 日誌大要 | |
| 16269 | 李愚商 | 이우상 | 29 | 39 | 1928.12 | 日誌大要 | |
| 16270 | 李愚商 | 이우상 | 29 | 44 | 1928.12 | 日誌大要 | |
| 16271 | 李愚商 | 이우상 | 30 | 42 | 1929.12 | 日誌大要 | |
| 16272 | 李佑植 | 이우식 | 45 | 34 | 1940.12 | 朝鮮儒林大會(朝鮮儒道聯合會創立總會) 會錄槪要〉朝鮮儒道聯合會役員名簿(昭和十四年十一月一日現在) | |
| 16273 | 李牛岩 | 이우암 | 15 | 83 | 1917.10 | 地方報告〉[秋永求의 報告] | |
| 16274 | 李愚淵 | 이우연 | 43 | 25 | 1938.12 | 孝烈行蹟〉[文孟坤의 보고] | |
| 16275 | 李友榮 | 이우영 | 26 | 46 | 1925.12 | 日誌大要 | |
| 16276 | 李雨榮 | 이우영 | 24 | 58 | 1923.12 | 日誌大要 | |
| 16277 | 李雨榮 | 이우영 | 24 | 59 | 1923.12 | 日誌大要 | |

| 번호 | 원문 | 현대어(독음) | 호 | 쪽 | 발행일 | 기사명 / 필자 | 비고 |
|---|---|---|---|---|---|---|---|
| 16278 | 利右衛門 | 이우위문 | 48 | 48 | 1944.04 | 嘉言善行 / 李敬植 | 리에몬, 니노미야 리에몬(二宮利右衛門), 二宮尊德의 父 |
| 16279 | 李禹鍾 | 이우종 | 27 | 52 | 1926.12 | 日誌大要 | |
| 16280 | 李禹鍾 | 이우종 | 27 | 53 | 1926.12 | 日誌大要 | |
| 16281 | 李愚澈 | 이우철 | 38 | 47 | 1935.03 | 文廟釋奠狀況〉地方文廟秋期釋奠狀況表 | |
| 16282 | 李宇泰 | 이우태 | 25 | 32 | 1924.12 | 富川郡仁川鄉校重修落成詩韻 / 李宇泰 | |
| 16283 | 李煜 | 이욱 | 28 | 72 | 1927.12 | 地方報告〉[李煜 等의 報告] | |
| 16284 | 李煜 | 이욱 | 46 | 16 | 1941.12 | 釋奠狀況〉昭和十五年秋季釋奠狀況 | |
| 16285 | 李雲鵬 | 이운붕 | 39 | 43 | 1935.10 | 地方儒林狀況〉[李宥洙의 보고] | |
| 16286 | 李黿 | 이원 | 40 | 21 | 1936.08 | 教化編年(續) / 李大榮 | |
| 16287 | 李源嶠 | 이원교 | 48 | 61 | 1944.04 | 經學院日誌大要(昭和十七年七月ヨリ昭和十八年六月マテ) | |
| 16288 | 李源教 | 이원교 | 48 | 62 | 1944.04 | 經學院日誌大要(昭和十七年七月ヨリ昭和十八年六月マテ) | |
| 16289 | 李源九 | 이원구 | 23 | 84 | 1922.12 | 地方報告〉[余宗燁의 報告] | |
| 16290 | 李元今 | 이원금 | 19 | 82 | 1918.12 | 地方報告〉[朴晩赫의 報告] | |
| 16291 | 李源甫 | 이원보 | 44 | 92 | 1939.10 | 明倫專門學院記事〉研究科第二回入學許可者 | |
| 16292 | 李源甫 | 이원보 | 45 | 22 | 1940.12 | 朝鮮儒林大會(朝鮮儒道聯合會創立總會) 會錄概要〉朝鮮儒道聯合會役員名簿(昭和十四年十一月一日現在) | |
| 16293 | 李源甫 | 이원보 | 45 | 24 | 1940.12 | 朝鮮儒林大會(朝鮮儒道聯合會創立總會) 會錄概要〉朝鮮儒道聯合會役員名簿(昭和十四年十一月一日現在) | |
| 16294 | 李元福 | 이원복 | 43 | 29 | 1938.12 | 儒林特志〉[姜錫圭의 보고]〉祭需品奉納者氏名及物名 | |
| 16295 | 李元世 | 이원세 | 20 | 46 | 1920.03 | 日誌大要 | |
| 16296 | 李源鎔 | 이원용 | 45 | 29 | 1940.12 | 朝鮮儒林大會(朝鮮儒道聯合會創立總會) 會錄概要〉朝鮮儒道聯合會役員名簿(昭和十四年十一月一日現在) | |
| 16297 | 李轅應 | 이원응 | 45 | 35 | 1940.12 | 朝鮮儒林大會(朝鮮儒道聯合會創立總會) 會錄概要〉朝鮮儒道聯合會役員名簿(昭和十四年十一月一日現在) | |
| 16298 | 李元禎 | 이원정 | 21 | 64 | 1921.03 | 賢關記聞(續) / 李大榮 | |
| 16299 | 李元植 | 이원직 | 38 | 35 | 1935.03 | 地方儒林狀況〉[李元植의 보고] | |
| 16300 | 李元植 | 이원직 | 38 | 49 | 1935.03 | 文廟釋奠狀況〉地方文廟秋期釋奠狀況表 | |
| 16301 | 李元植 | 이원직 | 39 | 41 | 1935.10 | 孝烈行蹟〉[李元植 等의 보고] | |

| 번호 | 원문 | 현대어(독음) | 호 | 쪽 | 발행일 | 기사명 / 필자 | 비고 |
|---|---|---|---|---|---|---|---|
| 16302 | 李元植 | 이원식 | 39 | 55 | 1935.10 | 文廟釋奠狀況〉地方文廟春期釋奠狀況表 | |
| 16303 | 李元璀 | 이원최 | 32 | 6 | 1930.12 | 經學源流(續) / 權純九 | |
| 16304 | 李源春 | 이원춘 | 33 | 38 | 1931.12 | 地方儒林狀況〉[李源春의 보고] | |
| 16305 | 李元熙 | 이원희 | 33 | 38 | 1931.12 | 聲討顚末 | |
| 16306 | 李月沙 | 이월사 | 28 | 3 | 1927.12 | 朝鮮詩文變遷論 / 鄭萬朝 | 李廷龜 |
| 16307 | 李攸 | 이유 | 19 | 8 | 1918.12 | 經學管見(續) / 尹甯求 | 원문은 李收로 오기됨 |
| 16308 | 李儒慶 | 이유경 | 33 | 3 | 1931.12 | 經筵問對箚記 / 權純九 | |
| 16309 | 李裕慶 | 이유경 | 36 | 10 | 1933.12 | 東萊鄭氏孝行實蹟碑文 / 魏大源 | 원문은 裕慶 |
| 16310 | 李裕岦 | 이유립 | 33 | 36 | 1931.12 | 聲討顚末 | |
| 16311 | 李幼武 | 이유무 | 17 | 2 | 1918.07 | 經學管見(續) / 尹甯求 | |
| 16312 | 李裕奭 | 이유석 | 16 | 60 | 1918.03 | 地方報告〉[南相台의 報告] | |
| 16313 | 李宥洙 | 이유수 | 38 | 50 | 1935.03 | 文廟釋奠狀況〉地方文廟秋期釋奠狀況表 | |
| 16314 | 李宥洙 | 이유수 | 39 | 43 | 1935.10 | 地方儒林狀況〉[李宥洙의 보고] | |
| 16315 | 李宥洙 | 이유수 | 39 | 54 | 1935.10 | 文廟釋奠狀況〉地方文廟春期釋奠狀況表 | |
| 16316 | 李宥洙 | 이유수 | 40 | 38 | 1936.08 | 文廟釋奠狀況〉[地方文廟春期釋奠狀況表] | |
| 16317 | 李有榮 | 이유영 | 33 | 37 | 1931.12 | 聲討顚末 | |
| 16318 | 李逌雨 | 이유우 | 37 | 46 | 1934.10 | 文廟釋奠狀況〉[秋期釋奠 擧行] | |
| 16319 | 李逌雨 | 이유우 | 37 | 69 | 1934.10 | 明倫學院第三回卒業生名簿 | |
| 16320 | 李逌雨 | 이유우 | 39 | 52 | 1935.10 | 文廟釋奠狀況〉[春期釋奠 擧行] | |
| 16321 | 李逌雨 | 이유우 | 39 | 57 | 1935.10 | 第三回卒業生名簿(新規第一回昭和十年三月) | |
| 16322 | 李逌雨 | 이유우 | 40 | 64 | 1936.08 | 第四回卒業式狀況及第七回新入生名簿〉明倫學院第一會硏究科入學許可者名簿 | |
| 16323 | 李逌雨 | 이유우 | 41 | 37 | 1937.02 | 文廟秋季釋奠狀況 | |
| 16324 | 李逌雨 | 이유우 | 42 | 72 | 1937.12 | 第五回卒業式狀況及第八回新入生名簿〉硏究科現在學生名簿 | |
| 16325 | 李逌雨 | 이유우 | 43 | 50 | 1938.12 | 鄭松里先生追悼錄〉弔辭 / 李逌雨 等 | |
| 16326 | 李逌雨 | 이유우 | 43 | 59 | 1938.12 | 文廟秋季釋奠狀況 | |
| 16327 | 李逌雨 | 이유우 | 44 | 79 | 1939.10 | 文廟秋季釋奠狀況 | |
| 16328 | 李逌雨 | 이유우 | 44 | 87 | 1939.10 | 文廟春季釋奠狀況 | |
| 16329 | 李逌雨 | 이유우 | 45 | 36 | 1940.12 | 朝鮮儒林大會(朝鮮儒道聯合會創立總會) 會錄槪要〉朝鮮儒道聯合會役員名簿(昭和十四年十一月一日現在) | |
| 16330 | 李幼滋 | 이유자 | 16 | 6 | 1918.03 | 經學管見(續) / 尹甯求 | |
| 16331 | 李惟泰 | 이유태 | 11 | 27 | 1916.06 | 經學淺知錄(續) / 金文演 | 원문은 惟泰 |
| 16332 | 伊尹 | 이윤 | 4 | 43 | 1914.09 | 孔子年報(續) / 呂圭亨 | |
| 16333 | 伊尹 | 이윤 | 5 | 48 | 1914.12 | 容思衍(續) / 李鼎煥 | |

| 번호 | 원문 | 현대어(독음) | 호 | 쪽 | 발행일 | 기사명 / 필자 | 비고 |
|---|---|---|---|---|---|---|---|
| 16334 | 伊尹 | 이윤 | 7 | 70 | 1915.06 | 講說〉講題 孔子聖之時者也(大政四年三月十八日第十回講演) / 李容稙 | |
| 16335 | 伊尹 | 이윤 | 7 | 71 | 1915.06 | 講說〉講題 孔子聖之時者也(大政四年三月十八日第十回講演) / 李容稙 | |
| 16336 | 伊尹 | 이윤 | 7 | 72 | 1915.06 | 講說〉講題 孔子聖之時者也(大政四年三月十八日第十回講演)〉敷演 / 鄭鳳時 | |
| 16337 | 伊尹 | 이윤 | 7 | 73 | 1915.06 | 講說〉講題 孔子聖之時者也(大政四年三月十八日第十回講演)〉敷演 / 鄭鳳時 | |
| 16338 | 伊尹 | 이윤 | 7 | 76 | 1915.06 | 講說〉講題 孔子聖之時者也(大政四年三月十八日第十回講演)〉續演 / 呂圭亨 | |
| 16339 | 伊尹 | 이윤 | 7 | 77 | 1915.06 | 講說〉講題 孔子聖之時者也(大政四年三月十八日第十回講演)〉續演 / 呂圭亨 | |
| 16340 | 伊尹 | 이윤 | 8 | 51 | 1915.09 | 講說〉講題 苟日新日日新又日新(大政四年四月十七日第十一回講演)〉續演 / 呂圭亨 | |
| 16341 | 伊尹 | 이윤 | 8 | 64 | 1915.09 | 地方報告〉[韓昌愚의 報告] | |
| 16342 | 伊尹 | 이윤 | 9 | 12 | 1915.12 | 格致管見(續) / 李鼎煥 | |
| 16343 | 伊尹 | 이윤 | 10 | 8 | 1916.03 | 經學說 / 李容稙 | |
| 16344 | 伊尹 | 이윤 | 11 | 1 | 1916.06 | 經論 / 韓晩容 | |
| 16345 | 伊尹 | 이윤 | 12 | 4 | 1916.12 | 經學說(續) / 李容稙 | |
| 16346 | 伊尹 | 이윤 | 12 | 33 | 1916.12 | 讀書私記(續) / 洪鍾佶 | |
| 16347 | 伊尹 | 이윤 | 12 | 76 | 1916.12 | 講說〉講題 善養吾浩然之氣(大正五年九月二十九日海州郡鄕校講演) / 李容稙 | |
| 16348 | 伊尹 | 이윤 | 15 | 31 | 1917.10 | 日誌大要 | |
| 16349 | 伊尹 | 이윤 | 15 | 50 | 1917.10 | 講說〉光州郡鄕校演講(大正六年四月二十六日)〉講題 子莫執中執中爲近之執中無權猶執一也 / 李容稙 | |
| 16350 | 伊尹 | 이윤 | 28 | 68 | 1927.12 | 講說〉講題 孔夫子의 集大成 / 兒島獻吉郎 | |
| 16351 | 伊尹 | 이윤 | 31 | 21 | 1930.08 | 講題 窮塞禍患不以動其心·行吾義而已 / 李學魯 | |
| 16352 | 伊尹 | 이윤 | 36 | 1 | 1933.12 | 窮養達施論 / 權純九 | |
| 16353 | 伊尹 | 이윤 | 36 | 2 | 1933.12 | 窮養達施論 / 權純九 | |
| 16354 | 伊尹 | 이윤 | 39 | 2 | 1935.10 | 性善說 / 李學魯 | |
| 16355 | 伊尹 | 이윤 | 40 | 5 | 1936.08 | 儒教의 眞髓 / 鄭萬朝 | |
| 16356 | 伊尹 | 이윤 | 44 | 41 | 1939.10 | 經儒學 / 金誠鎭 | |
| 16357 | 伊尹 | 이윤 | 45 | 89 | 1940.12 | 忠淸南道儒道聯合會結成式〉東亞ノ建設卜儒道ノ精神 / 安寅植 | |
| 16358 | 伊尹 | 이윤 | 48 | 38 | 1944.04 | 儒教の進むべき道 / 朱柄乾 | |
| 16359 | 李允先 | 이윤선 | 30 | 79 | 1929.12 | 地方報告〉[曹秉益의 報告] | |
| 16360 | 李胤世 | 이윤세 | 9 | 39 | 1915.12 | 日誌大要 | |

| 번호 | 원문 | 현대어(독음) | 호 | 쪽 | 발행일 | 기사명 / 필자 | 비고 |
|---|---|---|---|---|---|---|---|
| 16361 | 李胤世 | 이윤세 | 9 | 40 | 1915.12 | 日誌大要 | |
| 16362 | 李胤世 | 이윤세 | 11 | 62 | 1916.06 | 日誌大要 | |
| 16363 | 李潤秀 | 이윤수 | 39 | 54 | 1935.10 | 文廟釋奠狀況>地方文廟春期釋奠狀況表 | |
| 16364 | 李潤秀 | 이윤수 | 40 | 37 | 1936.08 | 文廟釋奠狀況>[地方文廟春期釋奠狀況表] | |
| 16365 | 李倫在 | 이윤재 | 38 | 37 | 1935.03 | 孝烈行蹟>[李倫在 等의 보고] | |
| 16366 | 李倫在 | 이윤재 | 37 | 56 | 1934.10 | 文廟釋奠狀況>[李倫在의 보고] | |
| 16367 | 李允宰 | 이윤재 | 43 | 29 | 1938.12 | 儒林特志>[姜錫圭의 보고]>祭需品奉納者氏名及物名 | |
| 16368 | 李允載 | 이윤재 | 40 | 36 | 1936.08 | 文廟釋奠狀況>[地方文廟春期釋奠狀況表] | |
| 16369 | 李允熙 | 이윤희 | 45 | 33 | 1940.12 | 朝鮮儒林大會(朝鮮儒道聯合會創立總會) 會錄槪要>朝鮮儒道聯合會役員名簿(昭和十四年十一月一日現在) | |
| 16370 | 李栗谷 | 이율곡 | 1 | 39 | 1913.12 | 近世事十條 / 李商永 | 李珥 |
| 16371 | 李栗谷 | 이율곡 | 11 | 27 | 1916.06 | 經學淺知錄(續) / 金文演 | 李珥 |
| 16372 | 李栗谷 | 이율곡 | 26 | 10 | 1925.12 | 江陵郡鄕校重修記 / 鄭萬朝 | 李珥 |
| 16373 | 李栗谷 | 이율곡 | 28 | 2 | 1927.12 | 朝鮮詩文變遷論 / 鄭萬朝 | 李珥 |
| 16374 | 李栗谷 | 이율곡 | 30 | 62 | 1929.12 | 講說>講題 朝鮮의 在한 聖學道統 : 李退溪先生을 憶함 / 赤木萬二郎 | 李珥 |
| 16375 | 李栗谷 | 이율곡 | 32 | 21 | 1930.12 | 坡州郡鄕校明倫堂重修記 / 鄭萬朝 | 李珥 |
| 16376 | 李栗谷 | 이율곡 | 34 | 19 | 1932.03 | 思想善導에 關한 意見書 / 吳台煥 | 李珥 |
| 16377 | 李栗谷 | 이율곡 | 35 | 62 | 1932.12 | 評議員會狀況>演示 / 林 武樹 | 李珥 |
| 16378 | 李栗谷 | 이율곡 | 38 | 22 | 1935.03 | 東洋에斯文이有함(續) / 福士末之助 | 李珥 |
| 16379 | 李栗谷 | 이율곡 | 39 | [2] | 1935.10 | 儒敎의 使命에 邁往함을 望함 / 宇垣一成 | 李珥 |
| 16380 | 李栗谷 | 이율곡 | 40 | 26 | 1936.08 | 平壤文廟移建落成式竝儒林大會狀況 | 李珥 |
| 16381 | 李栗谷 | 이율곡 | 48 | 23 | 1944.04 | (十月十五日於經學院秋季釋典)時局と儒道 / 鈴川壽男 | 李珥 |
| 16382 | 李栗亭 | 이율정 | 11 | 27 | 1916.06 | 經學淺知錄(續) / 金文演 | 李寬義 |
| 16383 | 李殷圭 | 이은규 | 30 | 41 | 1929.12 | 日誌大要 | |
| 16384 | 李殷相 | 이은상 | 29 | 68 | 1928.12 | 地方報告>[李殷相의 報告] | |
| 16385 | 李殷相 | 이은상 | 35 | 45 | 1932.12 | 孝烈行蹟>[李殷相의 보고] | |
| 16386 | 李殷承 | 이은승 | 16 | 55 | 1918.03 | 地方報告>[成樂賢의 報告] | |
| 16387 | 李殷永 | 이은영 | 24 | 95 | 1923.12 | 地方報告>[金聖烈의 報告] | |
| 16388 | 李恩雨 | 이은우 | 45 | 30 | 1940.12 | 朝鮮儒林大會(朝鮮儒道聯合會創立總會) 會錄槪要>朝鮮儒道聯合會役員名簿(昭和十四年十一月一日現在) | |
| 16389 | 李殷雨 | 이은우 | 7 | 54 | 1915.06 | 日誌大要 | |
| 16390 | 李殷雨 | 이은우 | 9 | 39 | 1915.12 | 日誌大要 | |

| 번호 | 원문 | 현대어(독음) | 호 | 쪽 | 발행일 | 기사명 / 필자 | 비고 |
|---|---|---|---|---|---|---|---|
| 16391 | 李殷雨 | 이은우 | 9 | 40 | 1915.12 | 日誌大要 | |
| 16392 | 李殷雨 | 이은우 | 9 | 42 | 1915.12 | 日誌大要 | |
| 16393 | 李殷雨 | 이은우 | 11 | 62 | 1916.06 | 日誌大要 | |
| 16394 | 李殷雨 | 이은우 | 14 | 39 | 1917.07 | 日誌大要 | |
| 16395 | 李殷雨 | 이은우 | 17 | 42 | 1918.07 | 日誌大要 | |
| 16396 | 李殷雨 | 이은우 | 22 | 58 | 1922.03 | 日誌大要 | |
| 16397 | 李殷雨 | 이은우 | 24 | 59 | 1923.12 | 日誌大要 | |
| 16398 | 李殷雨 | 이은우 | 30 | 42 | 1929.12 | 日誌大要 | |
| 16399 | 李殷雨 | 이은우 | 30 | 44 | 1929.12 | 日誌大要 | |
| 16400 | 李殷雨 | 이은우 | 31 | 30 | 1930.08 | 日誌大要 | |
| 16401 | 李殷雨 | 이은우 | 31 | 33 | 1930.08 | 日誌大要 | |
| 16402 | 李殷浩 | 이은호 | 25 | 86 | 1924.12 | 地方報告〉[李佑根의 報告] | |
| 16403 | 李應九 | 이응구 | 45 | 30 | 1940.12 | 朝鮮儒林大會(朝鮮儒道聯合會創立總會) 會錄槪要〉朝鮮儒道聯合會役員名簿(昭和十四年十一月一日現在) | |
| 16404 | 李應圭 | 이응규 | 7 | 54 | 1915.06 | 日誌大要 | |
| 16405 | 李應圭 | 이응규 | 9 | 39 | 1915.12 | 日誌大要 | |
| 16406 | 李應圭 | 이응규 | 9 | 40 | 1915.12 | 日誌大要 | |
| 16407 | 李應圭 | 이응규 | 9 | 42 | 1915.12 | 日誌大要 | |
| 16408 | 李應圭 | 이응규 | 12 | 53 | 1916.12 | 日誌大要 | |
| 16409 | 李應圭 | 이응규 | 14 | 39 | 1917.07 | 日誌大要 | |
| 16410 | 李應圭 | 이응규 | 16 | 32 | 1918.03 | 日誌大要 | |
| 16411 | 李應圭 | 이응규 | 17 | 42 | 1918.07 | 日誌大要 | |
| 16412 | 李應圭 | 이응규 | 19 | 30 | 1918.12 | 日誌大要 | |
| 16413 | 李應圭 | 이응규 | 19 | 31 | 1918.12 | 日誌大要 | |
| 16414 | 李應圭 | 이응규 | 20 | 46 | 1920.03 | 日誌大要 | |
| 16415 | 李應圭 | 이응규 | 20 | 49 | 1920.03 | 日誌大要 | |
| 16416 | 李應圭 | 이응규 | 21 | 90 | 1921.03 | 日誌大要 | |
| 16417 | 李應圭 | 이응규 | 21 | 93 | 1921.03 | 日誌大要 | |
| 16418 | 李應圭 | 이응규 | 22 | 54 | 1922.03 | 日誌大要 | |
| 16419 | 李應圭 | 이응규 | 22 | 58 | 1922.03 | 日誌大要 | |
| 16420 | 李應圭 | 이응규 | 23 | 55 | 1922.12 | 日誌大要 | |
| 16421 | 李應圭 | 이응규 | 23 | 60 | 1922.12 | 日誌大要 | |
| 16422 | 李應圭 | 이응규 | 24 | 55 | 1923.12 | 日誌大要 | |
| 16423 | 李應圭 | 이응규 | 24 | 59 | 1923.12 | 日誌大要 | |
| 16424 | 李應圭 | 이응규 | 25 | 38 | 1924.12 | 日誌大要 | |

| 번호 | 원문 | 현대어(독음) | 호 | 쪽 | 발행일 | 기사명 / 필자 | 비고 |
|---|---|---|---|---|---|---|---|
| 16425 | 李應圭 | 이응규 | 25 | 44 | 1924.12 | 日誌大要 | |
| 16426 | 李應圭 | 이응규 | 26 | 41 | 1925.12 | 日誌大要 | |
| 16427 | 李應圭 | 이응규 | 26 | 46 | 1925.12 | 日誌大要 | |
| 16428 | 李應圭 | 이응규 | 26 | 49 | 1925.12 | 日誌大要 | |
| 16429 | 李應圭 | 이응규 | 27 | 53 | 1926.12 | 日誌大要 | |
| 16430 | 李應圭 | 이응규 | 27 | 59 | 1926.12 | 日誌大要 | |
| 16431 | 李應圭 | 이응규 | 28 | 44 | 1927.12 | 日誌大要 | |
| 16432 | 李應圭 | 이응규 | 28 | 48 | 1927.12 | 日誌大要 | |
| 16433 | 李應圭 | 이응규 | 29 | 39 | 1928.12 | 日誌大要 | |
| 16434 | 李應圭 | 이응규 | 29 | 44 | 1928.12 | 日誌大要 | |
| 16435 | 李應圭 | 이응규 | 30 | 42 | 1929.12 | 日誌大要 | |
| 16436 | 李應圭 | 이응규 | 30 | 44 | 1929.12 | 日誌大要 | |
| 16437 | 李應奎 | 이응규 | 29 | 18 | 1928.12 | 龍井文廟刱建記 / 金璜鎭 | |
| 16438 | 李膺世 | 이응세 | 29 | 38 | 1928.12 | 日誌大要 | |
| 16439 | 李膺鍾 | 이응종 | 45 | 28 | 1940.12 | 朝鮮儒林大會(朝鮮儒道聯合會創立總會) 會錄槪要〉朝鮮儒道聯合會役員名簿(昭和十四年十一月一日現在) | |
| 16440 | 李義八 | 이의팔 | 31 | 61 | 1930.08 | 入學許可者名簿 | |
| 16441 | 李義八 | 이의팔 | 32 | 37 | 1930.12 | 日誌大要 | |
| 16442 | 李義八 | 이의팔 | 32 | 38 | 1930.12 | 日誌大要 | |
| 16443 | 李義八 | 이의팔 | 33 | 42 | 1931.12 | 文廟釋奠狀況 | |
| 16444 | 李義八 | 이의팔 | 33 | 43 | 1931.12 | 文廟釋奠狀況 | |
| 16445 | 李義八 | 이의팔 | 35 | 30 | 1932.12 | 文廟釋奠狀況 | |
| 16446 | 李義八 | 이의팔 | 35 | 74 | 1932.12 | 明倫學院第一回卒業生名簿 | |
| 16447 | 李義八 | 이의팔 | 36 | 69 | 1933.12 | 明倫學院補習科第一回修了生名簿 | |
| 16448 | 李珥 | 이이 | 8 | 38 | 1915.09 | 賢關記聞 / 李大榮 | |
| 16449 | 李珥 | 이이 | 10 | 51 | 1916.03 | 賢關記聞(續) / 李大榮 | |
| 16450 | 李珥 | 이이 | 11 | 27 | 1916.06 | 經學淺知錄(續) / 金文演 | 원문은 珥 |
| 16451 | 李珥 | 이이 | 21 | 64 | 1921.03 | 賢關記聞(續) / 李大榮 | |
| 16452 | 李珥 | 이이 | 25 | 42 | 1924.12 | 日誌大要 | |
| 16453 | 李珥 | 이이 | 28 | 3 | 1927.12 | 朝鮮詩文變遷論 / 鄭萬朝 | 원문은 珥 |
| 16454 | 李珥 | 이이 | 30 | 35 | 1929.12 | 祭粢料傳達式狀況 | |
| 16455 | 李珥 | 이이 | 30 | 58 | 1929.12 | 講說〉講題 朝鮮의 在한 聖學道統：李退溪先生을 憶함 / 赤木萬二郎 | |
| 16456 | 李珥 | 이이 | 37 | 39 | 1934.10 | 地方儒林狀況〉[李大榮의 보고]〉書院狀況 | 원문은 李文成公珥 |
| 16457 | 李珥 | 이이 | 42 | 47 | 1937.12 | 文廟享祀位次及聖賢姓名爵號考 / 金完鎭 | 文成公 |

| 번호 | 원문 | 현대어(독음) | 호 | 쪽 | 발행일 | 기사명 / 필자 | 비고 |
|---|---|---|---|---|---|---|---|
| 16458 | 李珥 | 이이 | 42 | 58 | 1937.12 | 文廟享祀位次及聖賢姓名爵號考 / 金完鎭 | 文成公 |
| 16459 | 李珥 | 이이 | 44 | 49 | 1939.10 | 嘉言善行 / 李昇圭 | |
| 16460 | 李耳 | 이이 | 6 | 46 | 1915.03 | 論語考證 / 金文演 | |
| 16461 | 李二曲 | 이이곡 | 10 | 22 | 1916.03 | 經學淺知錄 / 金文演 | 李顒 |
| 16462 | 李二曲 | 이이곡 | 10 | 23 | 1916.03 | 經學淺知錄 / 金文演 | 李顒 |
| 16463 | 李履素齋 | 이이소재 | 11 | 27 | 1916.06 | 經學淺知錄(續) / 金文演 | 李仲虎 |
| 16464 | 李瀷 | 이익 | 12 | 35 | 1916.12 | 讀書私記(續) / 洪鍾佶 | 원문은 瀷 |
| 16465 | 李煜 | 이익 | 44 | 82 | 1939.10 | 日誌大要(自昭和十三年六月 至昭和十三年十二月) | |
| 16466 | 李煜 | 이익 | 44 | 86 | 1939.10 | 文廟春季釋奠狀況 | |
| 16467 | 李煜 | 이익 | 44 | 87 | 1939.10 | 文廟春季釋奠狀況 | |
| 16468 | 李煜 | 이익 | 45 | 36 | 1940.12 | 朝鮮儒林大會(朝鮮儒道聯合會創立總會) 會錄槪要〉朝鮮儒道聯合會役員名簿(昭和十四年十一月一日現在) | |
| 16469 | 李煜 | 이익 | 45 | 42 | 1940.12 | 朝鮮儒林大會(朝鮮儒道聯合會創立總會) 會錄槪要〉朝鮮儒道聯合會役員名簿(昭和十四年十一月一日現在) | |
| 16470 | 李煜 | 이익 | 46 | 13 | 1941.12 | 釋奠狀況〉昭和十四年秋季釋奠狀況 | |
| 16471 | 李煜 | 이익 | 46 | 16 | 1941.12 | 釋奠狀況〉昭和十五年秋季釋奠狀況 | |
| 16472 | 李煜 | 이익 | 46 | 17 | 1941.12 | 釋奠狀況〉昭和十六年春季釋奠狀況 | |
| 16473 | 李煜 | 이익 | 46 | 21 | 1941.12 | 經學院日誌大要(昭和十四年七月ヨリ昭和十六年六月マテ) | |
| 16474 | 李煜 | 이익 | 46 | 22 | 1941.12 | 經學院日誌大要(昭和十四年七月ヨリ昭和十六年六月マテ) | |
| 16475 | 李煜 | 이익 | 46 | 23 | 1941.12 | 經學院日誌大要(昭和十四年七月ヨリ昭和十六年六月マテ) | |
| 16476 | 李煜 | 이익 | 46 | 24 | 1941.12 | 經學院日誌大要(昭和十四年七月ヨリ昭和十六年六月マテ) | |
| 16477 | 李煜 | 이익 | 47 | 36 | 1943.01 | 釋奠狀況〉昭和十六年秋季釋奠狀況 | |
| 16478 | 李煜 | 이익 | 47 | 37 | 1943.01 | 釋奠狀況〉昭和十六年秋季釋奠狀況 | |
| 16479 | 李煜 | 이익 | 47 | 45 | 1943.01 | 經學院日誌大要(昭和十六年七月ヨリ昭和十七年六月マテ) | |
| 16480 | 李煜 | 이익 | 47 | 46 | 1943.01 | 經學院日誌大要(昭和十六年七月ヨリ昭和十七年六月マテ) | |
| 16481 | 李煜 | 이익 | 47 | 47 | 1943.01 | 經學院日誌大要(昭和十六年七月ヨリ昭和十七年六月マテ) | |
| 16482 | 李益朴 | 이익박 | 22 | 72 | 1922.03 | 地方報告〉[宋圭鎭의 報告] | |
| 16483 | 李益培 | 이익배 | 38 | 49 | 1935.03 | 文廟釋奠狀況〉地方文廟秋期釋奠狀況表 | |
| 16484 | 李益培 | 이익배 | 39 | 55 | 1935.10 | 文廟釋奠狀況〉地方文廟春期釋奠狀況表 | |

| 번호 | 원문 | 현대어(독음) | 호 | 쪽 | 발행일 | 기사명 / 필자 | 비고 |
|---|---|---|---|---|---|---|---|
| 16485 | 李益龍 | 이익룡 | 33 | 36 | 1931.12 | 聲討顚末 | |
| 16486 | 李益秀 | 이익수 | 46 | 16 | 1941.12 | 釋奠狀況〉昭和十五年秋季釋奠狀況 | |
| 16487 | 李益淳 | 이익순 | 20 | 37 | 1920.03 | 求禮郡文廟重修捐義錄小序 / 金商翊 | |
| 16488 | 李益齋 | 이익재 | 28 | 2 | 1927.12 | 朝鮮詩文變遷論 / 鄭萬朝 | 李齊賢 |
| 16489 | 李翊鎬 | 이익호 | 16 | 56 | 1918.03 | 地方報告〉[崔成集의 報告] | |
| 16490 | 李仁 | 이인 | 33 | 24 | 1931.12 | 日誌大要 | |
| 16491 | 李仁 | 이인 | 33 | 25 | 1931.12 | 日誌大要 | |
| 16492 | 李仁 | 이인 | 33 | 26 | 1931.12 | 聲討顚末 | |
| 16493 | 李仁 | 이인 | 33 | 27 | 1931.12 | 聲討顚末 | |
| 16494 | 李仁 | 이인 | 33 | 28 | 1931.12 | 聲討顚末 | |
| 16495 | 李仁 | 이인 | 33 | 30 | 1931.12 | 聲討顚末 | |
| 16496 | 李仁 | 이인 | 33 | 32 | 1931.12 | 聲討顚末 | |
| 16497 | 李仁 | 이인 | 33 | 33 | 1931.12 | 聲討顚末 | |
| 16498 | 李仁 | 이인 | 33 | 41 | 1931.12 | 地方儒林狀況 | |
| 16499 | 李仁 | 이인 | 33 | 50 | 1931.12 | 文廟釋奠狀況〉[宋基善의 보고] | |
| 16500 | 李仁 | 이인 | 33 | 51 | 1931.12 | 文廟釋奠狀況〉[崔泰鎭의 보고] | |
| 16501 | 李仁 | 이인 | 33 | 52 | 1931.12 | 文廟釋奠狀況〉[全恒鍊의 보고] | |
| 16502 | 李仁 | 이인 | 33 | 53 | 1931.12 | 文廟釋奠狀況〉[姜尙祖의 보고] | |
| 16503 | 李仁 | 이인 | 35 | 36 | 1932.12 | 文廟釋奠狀況〉[李鍾貞의 보고] | |
| 16504 | 李仁 | 이인 | 35 | 37 | 1932.12 | 文廟釋奠狀況〉[李鍾貞의 보고] | 원문은 仁 |
| 16505 | 李訒 | 이인 | 43 | 18, 19 | 1938.12 | 彙說: 敎化編年(續) / 李大榮 | |
| 16506 | 李寅求 | 이인구 | 23 | 57 | 1922.12 | 日誌大要 | |
| 16507 | 李仁老 | 이인로 | 47 | 33 | 1943.01 | 朝鮮詩學考(第十四號續) / 李昇圭 | |
| 16508 | 李仁老 | 이인로 | 47 | 35 | 1943.01 | 朝鮮詩學考(第十四號續) / 李昇圭 | |
| 16509 | 李寅旻 | 이인민 | 37 | 55 | 1934.10 | 文廟釋奠狀況〉[李仁旻의 보고] | |
| 16510 | 李仁復 | 이인복 | 11 | 26 | 1916.06 | 經學淺知錄(續) / 金文演 | 원문은 仁復 |
| 16511 | 李寅燮 | 이인섭 | 25 | 82 | 1924.12 | 地方報告〉[金永周의 報告] | |
| 16512 | 李寅秀 | 이인수 | 12 | 87 | 1916.12 | 地方報告〉[朴長鴻의 報告] | |
| 16513 | 李寅燁 | 이인엽 | 12 | 42 | 1916.12 | 賢關記聞(續) / 李大榮 | |
| 16514 | 李仁榮 | 이인영 | 45 | 35 | 1940.12 | 朝鮮儒林大會(朝鮮儒道聯合會創立總會) 會錄槪要〉朝鮮儒道聯合會役員名簿(昭和十四年十一月一日現在) | |
| 16515 | 李仁永 | 이인영 | 45 | 31 | 1940.12 | 朝鮮儒林大會(朝鮮儒道聯合會創立總會) 會錄槪要〉朝鮮儒道聯合會役員名簿(昭和十四年十一月一日現在) | |
| 16516 | 李寅榮 | 이인영 | 47 | 7 | 1943.01 | 戶籍整備入選標語 | |

| 번호 | 원문 | 현대어(독음) | 호 | 쪽 | 발행일 | 기사명 / 필자 | 비고 |
|---|---|---|---|---|---|---|---|
| 16517 | 李人稙 | 이인직 | 1 | 44 | 1913.12 | 日誌大要 | |
| 16518 | 李人稙 | 이인직 | 1 | 50 | 1913.12 | 日誌大要 | |
| 16519 | 李人稙 | 이인직 | 1 | 56 | 1913.12 | 日誌大要 | |
| 16520 | 李人稙 | 이인직 | 1 | 58 | 1913.12 | 本院職員錄 大正二年十二月 日 現在 | |
| 16521 | 李人稙 | 이인직 | 1 | 66 | 1913.12 | 講說〉大正二年六月十四日第一回演講〉(講章 益者三友損者三友)〉結辭 / 李人稙 | |
| 16522 | 李人稙 | 이인직 | 1 | 92 | 1913.12 | [판권사항] | |
| 16523 | 李人稙 | 이인직 | 2 | 51 | 1914.03 | 日誌大要 | |
| 16524 | 李人稙 | 이인직 | 2 | 100 | 1914.03 | [판권사항] | |
| 16525 | 李人稙 | 이인직 | 3 | 56 | 1914.06 | 日誌大要 | |
| 16526 | 李人稙 | 이인직 | 3 | 60 | 1914.06 | 日誌大要 | |
| 16527 | 李人稙 | 이인직 | 3 | 70 | 1914.06 | 講說〉講題 孝子所以事君也弟者所以事長也慈 者所以使衆也(大正三年三月三日第五回講演)〉 結辭 / 李人稙 | |
| 16528 | 李人稙 | 이인직 | 3 | 72 | 1914.06 | [판권사항] | |
| 16529 | 李人稙 | 이인직 | 3 | [0] | 1914.06 | [經學院視察團旅行紀念] | |
| 16530 | 李人稙 | 이인직 | 4 | 53 | 1914.09 | 日誌大要 | |
| 16531 | 李人稙 | 이인직 | 4 | 62 | 1914.09 | 講說〉講題 文質彬彬然後君子(大正三年六月 十三日第六回講演)〉結辭 / 李人稙 | |
| 16532 | 李人稙 | 이인직 | 4 | 69 | 1914.09 | [판권사항] | |
| 16533 | 李人稙 | 이인직 | 5 | 58 | 1914.12 | 日誌大要 | |
| 16534 | 李人稙 | 이인직 | 5 | 99 | 1914.12 | [판권사항] | |
| 16535 | 李人稙 | 이인직 | 6 | 73 | 1915.03 | [판권사항] | |
| 16536 | 李人稙 | 이인직 | 7 | 54 | 1915.06 | 日誌大要 | |
| 16537 | 李人稙 | 이인직 | 7 | 79 | 1915.06 | [판권사항] | |
| 16538 | 李人稙 | 이인직 | 8 | 75 | 1915.09 | [판권사항] | |
| 16539 | 李人稙 | 이인직 | 9 | 41 | 1915.12 | 日誌大要 | |
| 16540 | 李人稙 | 이인직 | 9 | 51 | 1915.12 | 日誌大要 | |
| 16541 | 李人稙 | 이인직 | 9 | 52 | 1915.12 | 日誌大要 | |
| 16542 | 李人稙 | 이인직 | 9 | 67 | 1915.12 | [판권사항] | |
| 16543 | 李人稙 | 이인직 | 9 | [8] | 1915.12 | 卽位大禮式獻頌文 / 李人稙 | |
| 16544 | 李人稙 | 이인직 | 10 | 55 | 1916.03 | 元朝謁聖廟有感 / 李人稙 | |
| 16545 | 李人稙 | 이인직 | 10 | 56 | 1916.03 | 日誌大要 | |
| 16546 | 李人稙 | 이인직 | 10 | 95 | 1916.03 | [판권사항] | |
| 16547 | 李人稙 | 이인직 | 11 | 61 | 1916.06 | 日誌大要 | |
| 16548 | 李人稙 | 이인직 | 11 | 84 | 1916.06 | [판권사항] | |
| 16549 | 李人稙 | 이인직 | 12 | 48 | 1916.12 | 日誌大要 | |

| 번호 | 원문 | 현대어(독음) | 호 | 쪽 | 발행일 | 기사명 / 필자 | 비고 |
|------|------|------------|-----|-----|--------|-------------|------|
| 16550 | 李人植 | 이인직 | 12 | 52 | 1916.12 | 日誌大要 | |
| 16551 | 李人植 | 이인직 | 12 | [4] | 1916.12 | 立太子禮獻頌文 / 李人植 | |
| 16552 | 李人植 | 이인직 | 13 | 36 | 1917.03 | 日誌大要 | |
| 16553 | 李人植 | 이인직 | 13 | 37 | 1917.03 | 日誌大要 | |
| 16554 | 李麟浩 | 이인호 | 20 | 37 | 1920.03 | 求禮郡文廟重修捐義錄小序 / 金商翊 | |
| 16555 | 李寅煥 | 이인환 | 21 | 64 | 1921.03 | 賢關記聞(續) / 李大榮 | |
| 16556 | 李寅興 | 이인흥 | 12 | 46 | 1916.12 | 奉讀經學院雜誌興感 / 李寅興 | |
| 16557 | 李麟熙 | 이인희 | 23 | 59 | 1922.12 | 日誌大要 | |
| 16558 | 夷逸 | 이일 | 8 | 20 | 1915.09 | 孔子年報(續) / 呂圭亨 | |
| 16559 | 李一齋 | 이일재 | 11 | 27 | 1916.06 | 經學淺知錄(續) / 金文演 | 李恒 |
| 16560 | 李自倫 | 이자륜 | 3 | 69 | 1914.06 | 講說〉講題 孝子所以事君也弟者所以事長也慈者所以使衆也(大正三年三月三日第五回講演)〉續演 / 呂圭亨 | |
| 16561 | 李自倫 | 이자륜 | 3 | 70 | 1914.06 | 講說〉講題 孝子所以事君也弟者所以事長也慈者所以使衆也(大正三年三月三日第五回講演)〉續演 / 呂圭亨 | |
| 16562 | 李自倫 | 이자윤 | 19 | 3 | 1918.12 | 學說 / 呂龍鉉 | |
| 16563 | 李莊魯 | 이장로 | 33 | 34 | 1931.12 | 聲討顚末 | |
| 16564 | 李莊魯 | 이장로 | 38 | 45 | 1935.03 | 文廟釋奠狀況〉地方文廟秋期釋奠狀況表 | |
| 16565 | 李長雨 | 이장우 | 15 | 33 | 1917.10 | 日誌大要 | |
| 16566 | 李緈 | 이재 | 11 | 27 | 1916.06 | 經學淺知錄(續) / 金文演 | 원문은 緈 |
| 16567 | 李載珏 | 이재각 | 30 | 41 | 1929.12 | 日誌大要 | |
| 16568 | 李載崑 | 이재곤 | 45 | 20 | 1940.12 | 朝鮮儒林大會(朝鮮儒道聯合會創立總會) 會錄概要〉朝鮮儒道聯合會役員名簿(昭和十四年十一月一日現在) | |
| 16569 | 金在瓘 | 이재관 | 11 | 62 | 1916.06 | 日誌大要 | |
| 16570 | 李載光 | 이재광 | 22 | 58 | 1922.03 | 日誌大要 | |
| 16571 | 李載光 | 이재광 | 24 | 55 | 1923.12 | 日誌大要 | |
| 16572 | 李載光 | 이재광 | 24 | 59 | 1923.12 | 日誌大要 | |
| 16573 | 李在龜 | 이재구 | 39 | 52 | 1935.10 | 文廟釋奠狀況〉[春期釋奠 擧行] | |
| 16574 | 李在龜 | 이재구 | 39 | 56 | 1935.10 | 第三回卒業式狀況 | |
| 16575 | 李在龜 | 이재구 | 39 | 57 | 1935.10 | 聽講修了生名簿 | |
| 16576 | 李在龜 | 이재구 | 40 | 35 | 1936.08 | 文廟釋奠狀況〉[秋期釋奠 擧行] | |
| 16577 | 李在龜 | 이재구 | 43 | 60 | 1938.12 | 文廟秋季釋奠狀況 | |
| 16578 | 李載龜 | 이재구 | 43 | 28 | 1938.12 | 儒林特志〉[姜錫圭의 보고]〉祭需品奉納者氏名及物名 | |
| 16579 | 李載斗 | 이재두 | 28 | 44 | 1927.12 | 日誌大要 | |

| 번호 | 원문 | 현대어(독음) | 호 | 쪽 | 발행일 | 기사명 / 필자 | 비고 |
|---|---|---|---|---|---|---|---|
| 16580 | 李載瑞 | 이재서 | 36 | 70 | 1933.12 | 明倫學院第四回入學許可者名簿 | |
| 16581 | 李載瑞 | 이재서 | 37 | 46 | 1934.10 | 文廟釋奠狀況〉[秋期釋奠 擧行] | |
| 16582 | 李載瑞 | 이재서 | 37 | 51 | 1934.10 | 文廟釋奠狀況〉[春期釋奠 擧行] | |
| 16583 | 李載瑞 | 이재서 | 38 | 44 | 1935.03 | 文廟釋奠狀況〉[秋期釋奠 擧行] | |
| 16584 | 李載瑞 | 이재서 | 39 | 52 | 1935.10 | 文廟釋奠狀況〉[春期釋奠 擧行] | |
| 16585 | 李載瑞 | 이재서 | 40 | 35 | 1936.08 | 文廟釋奠狀況〉[秋期釋奠 擧行] | |
| 16586 | 李載瑞 | 이재서 | 40 | 61 | 1936.08 | 第四回卒業式狀況及第七回新入生名簿〉第四回卒業生名簿 | |
| 16587 | 李載瑞 | 이재서 | 41 | 35 | 1937.02 | 文廟春季釋奠狀況 | |
| 16588 | 李載瑞 | 이재서 | 45 | 37 | 1940.12 | 朝鮮儒林大會(朝鮮儒道聯合會創立總會) 會錄槪要〉朝鮮儒道聯合會役員名簿(昭和十四年十一月一日現在) | |
| 16589 | 李載聖 | 이재성 | 47 | 41 | 1943.01 | 釋奠狀況〉昭和十七年秋季釋奠狀況 | |
| 16590 | 李載烈 | 이재열 | 15 | 21 | 1917.10 | 經義問對 / 李載烈 | |
| 16591 | 李載烈 | 이재열 | 17 | 35 | 1918.07 | 經義問對 / 李載烈 | |
| 16592 | 李在映 | 이재영 | 31 | 33 | 1930.08 | 日誌大要 | |
| 16593 | 李在暎 | 이재영 | 28 | 48 | 1927.12 | 日誌大要 | |
| 16594 | 李載榮 | 이재영 | 45 | 35 | 1940.12 | 朝鮮儒林大會(朝鮮儒道聯合會創立總會) 會錄槪要〉朝鮮儒道聯合會役員名簿(昭和十四年十一月一日現在) | |
| 16595 | 李在玉 | 이재옥 | 20 | 37 | 1920.03 | 求禮郡文廟重修捐義錄小序 / 金商翊 | |
| 16596 | 李載贄 | 이재지 | 11 | 10 | 1916.06 | 經論 / 韓晩容 | |
| 16597 | 李在燦 | 이재찬 | 43 | 28 | 1938.12 | 儒林特志〉[姜錫圭의 보고]〉祭需品奉納者氏名及物名 | |
| 16598 | 李載炫 | 이재현 | 48 | 56 | 1944.04 | 一. 孝烈行跡報告 其一 / 李載炫 | |
| 16599 | 李在華 | 이재화 | 16 | 61 | 1918.03 | 地方報告〉[朴晉遠의 報告] | |
| 16600 | 李在璜 | 이재황 | 26 | 41 | 1925.12 | 日誌大要 | |
| 16601 | 李在璜 | 이재황 | 27 | 53 | 1926.12 | 日誌大要 | |
| 16602 | 李在璜 | 이재황 | 27 | 54 | 1926.12 | 日誌大要 | |
| 16603 | 李在璜 | 이재황 | 29 | 39 | 1928.12 | 日誌大要 | |
| 16604 | 李在璜 | 이재황 | 30 | 41 | 1929.12 | 日誌大要 | |
| 16605 | 李在璜 | 이재황 | 30 | 45 | 1929.12 | 日誌大要 | |
| 16606 | 李迪雨 | 이적우 | 37 | 46 | 1934.10 | 文廟釋奠狀況〉[秋期釋奠 擧行] | |
| 16607 | 李迪雨 | 이적우 | 37 | 69 | 1934.10 | 明倫學院第三回卒業生名簿 | |
| 16608 | 李銓 | 이전 | 15 | 65 | 1917.10 | 講說〉大邱高等普通學校講演(大正六年五月十六日)〉常棣章講說 / 朴昇東 | |
| 16609 | 二程 | 이정 | 9 | 19 | 1915.12 | 經學管見(下) / 尹寧求 | 程顥와 程頤 |

| 번호 | 원문 | 현대어(독음) | 호 | 쪽 | 발행일 | 기사명 / 필자 | 비고 |
|------|------|-----------|----|----|--------|------------|------|
| 16610 | 二程 | 이정 | 10 | 22 | 1916.03 | 經學淺知錄 / 金文演 | 程顥와 程頤 |
| 16611 | 二程 | 이정 | 11 | 22 | 1916.06 | 經學管見(續) / 尹寧求 | 程顥와 程頤 |
| 16612 | 二程 | 이정 | 17 | 1 | 1918.07 | 經學管見(續) / 尹寧求 | 程顥와 程頤 |
| 16613 | 二程 | 이정 | 20 | 2 | 1920.03 | 講學言 / 呂圭亨 | 程顥와 程頤 |
| 16614 | 李靖 | 이정 | 40 | 16 | 1936.08 | 文房四友說 / 韓昌愚 | 程顥와 程頤 |
| 16615 | 李定九 | 이정구 | 45 | 29 | 1940.12 | 朝鮮儒林大會(朝鮮儒道聯合會創立總會) 會錄概要〉朝鮮儒道聯合會役員名簿(昭和十四年十一月一日現在) | |
| 16616 | 李廷龜 | 이정구 | 7 | 32 | 1915.06 | 文廟碑銘并序 | |
| 16617 | 李廷龜 | 이정구 | 11 | 53 | 1916.06 | 賢關記聞(續) / 李大榮 | |
| 16618 | 李廷龜 | 이정구 | 21 | 65 | 1921.03 | 賢關記聞(續) / 李大榮 | 원문은 李文忠廷龜 |
| 16619 | 李廷龜 | 이정구 | 28 | 3 | 1927.12 | 朝鮮詩文變遷論 / 鄭萬朝 | 원문은 廷龜 |
| 16620 | 李廷龜 | 이정구 | 42 | 60 | 1937.12 | 文廟享祀位次及聖賢姓名爵號考 / 金完鎭 | |
| 16621 | 李鼎求 | 이정구 | 45 | 37 | 1940.12 | 朝鮮儒林大會(朝鮮儒道聯合會創立總會) 會錄概要〉朝鮮儒道聯合會役員名簿(昭和十四年十一月一日現在) | |
| 16622 | 李定圭 | 이정규 | 23 | 59 | 1922.12 | 日誌大要 | |
| 16623 | 李定圭 | 이정규 | 24 | 55 | 1923.12 | 日誌大要 | |
| 16624 | 李定圭 | 이정규 | 24 | 59 | 1923.12 | 日誌大要 | |
| 16625 | 李定圭 | 이정규 | 25 | 44 | 1924.12 | 日誌大要 | |
| 16626 | 李定圭 | 이정규 | 25 | 45 | 1924.12 | 日誌大要 | |
| 16627 | 李定圭 | 이정규 | 26 | 41 | 1925.12 | 日誌大要 | |
| 16628 | 李定圭 | 이정규 | 26 | 42 | 1925.12 | 日誌大要 | |
| 16629 | 李定圭 | 이정규 | 26 | 46 | 1925.12 | 日誌大要 | |
| 16630 | 李定圭 | 이정규 | 26 | 47 | 1925.12 | 日誌大要 | |
| 16631 | 李定圭 | 이정규 | 26 | 49 | 1925.12 | 日誌大要 | |
| 16632 | 李定圭 | 이정규 | 27 | 53 | 1926.12 | 日誌大要 | |
| 16633 | 李定圭 | 이정규 | 27 | 54 | 1926.12 | 日誌大要 | |
| 16634 | 李定圭 | 이정규 | 27 | 59 | 1926.12 | 日誌大要 | |
| 16635 | 李定圭 | 이정규 | 28 | 44 | 1927.12 | 日誌大要 | |
| 16636 | 李定圭 | 이정규 | 28 | 48 | 1927.12 | 日誌大要 | |
| 16637 | 李定圭 | 이정규 | 29 | 39 | 1928.12 | 日誌大要 | |
| 16638 | 李定圭 | 이정규 | 29 | 45 | 1928.12 | 日誌大要 | |
| 16639 | 李定圭 | 이정규 | 30 | 44 | 1929.12 | 日誌大要 | |
| 16640 | 李定圭 | 이정규 | 31 | 30 | 1930.08 | 日誌大要 | |
| 16641 | 李定圭 | 이정규 | 31 | 33 | 1930.08 | 日誌大要 | |

| 번호 | 원문 | 현대어(독음) | 호 | 쪽 | 발행일 | 기사명 / 필자 | 비고 |
|---|---|---|---|---|---|---|---|
| 16642 | 李庭珪 | 이정규 | 23 | 40 | 1922.12 | 孔夫子忌辰四十周甲追慕禮式及紀念事業發起文 | |
| 16643 | 李正珪 | 이정규 | 7 | 54 | 1915.06 | 日誌大要 | |
| 16644 | 李貞奎 | 이정규 | 33 | 36 | 1931.12 | 聲討顚末 | |
| 16645 | 李貞珪 | 이정규 | 24 | 89 | 1923.12 | 地方報告〉[李貞珪의 報告] | |
| 16646 | 李廷机 | 이정기 | 6 | 39 | 1915.03 | 孔子年報(續) / 呂圭亨 | |
| 16647 | 李廷机 | 이정기 | 20 | 47 | 1920.03 | 日誌大要 | |
| 16648 | 李廷斗 | 이정두 | 23 | 88 | 1922.12 | 地方報告〉[乾元祠 新建 關聯 報告] | |
| 16649 | 李廷龍 | 이정룡 | 14 | 39 | 1917.07 | 日誌大要 | |
| 16650 | 李廷龍 | 이정룡 | 17 | 42 | 1918.07 | 日誌大要 | |
| 16651 | 李廷龍 | 이정룡 | 19 | 30 | 1918.12 | 日誌大要 | |
| 16652 | 李廷龍 | 이정룡 | 19 | 31 | 1918.12 | 日誌大要 | |
| 16653 | 李廷龍 | 이정룡 | 19 | 31 | 1918.03 | 日誌大要 | |
| 16654 | 李鼎輔 | 이정보 | 11 | 56 | 1916.06 | 賢關記聞(續) / 李大榮 | |
| 16655 | 李鼎輔 | 이정보 | 20 | 25 | 1920.03 | 賢關記聞(續) / 李大榮 | |
| 16656 | 李貞世 | 이정세 | 32 | 44 | 1930.12 | 地方報告〉各郡文廟釋奠狀況〉[李貞世의 보고] | |
| 16657 | 李貞世 | 이정세 | 33 | 44 | 1931.12 | 文廟釋奠狀況〉[李貞世의 보고] | |
| 16658 | 李丁玉 | 이정옥 | 45 | 36 | 1940.12 | 朝鮮儒林大會(朝鮮儒道聯合會創立總會) 會錄槪要〉朝鮮儒道聯合會役員名簿(昭和十四年十一月一日現在) | |
| 16659 | 李定容 | 이정용 | 37 | 72 | 1934.10 | 明倫學院第五回入學許可者名簿 | |
| 16660 | 李定容 | 이정용 | 40 | 35 | 1936.08 | 文廟釋奠狀況〉[秋期釋奠 擧行] | |
| 16661 | 李定容 | 이정용 | 41 | 37 | 1937.02 | 文廟秋季釋奠狀況 | |
| 16662 | 李定容 | 이정용 | 42 | 71 | 1937.12 | 第五回卒業式狀況及第八回新入生名簿〉第五回卒業生名簿 | |
| 16663 | 李晶應 | 이정응 | 40 | 36 | 1936.08 | 文廟釋奠狀況〉[地方文廟春期釋奠狀況表] | |
| 16664 | 李正儀 | 이정의 | 37 | 26 | 1934.10 | 孝烈行蹟〉[張漢錫의 보고] | |
| 16665 | 李定宰 | 이정재 | 45 | 32 | 1940.12 | 朝鮮儒林大會(朝鮮儒道聯合會創立總會) 會錄槪要〉朝鮮儒道聯合會役員名簿(昭和十四年十一月一日現在) | |
| 16666 | 李貞夏 | 이정하 | 32 | 43 | 1930.12 | 地方報告〉地方儒林狀況〉[李學魯의 報告] | |
| 16667 | 李鄭煥 | 이정환 | 8 | 11 | 1915.09 | 格致管見(續) / 李鄭煥 | |
| 16668 | 李鼎煥 | 이정환 | 1 | 56 | 1913.12 | 日誌大要 | |
| 16669 | 李鼎煥 | 이정환 | 1 | 61 | 1913.12 | 講說〉大正二年六月十四日第一回演講〉(講章益者三友損者三友)〉敷演 / 李鼎煥 | |
| 16670 | 李鼎煥 | 이정환 | 2 | 13 | 1914.03 | 格致管見 / 李鼎煥 | |
| 16671 | 李鼎煥 | 이정환 | 2 | 50 | 1914.03 | 日誌大要 | |

| 번호 | 원문 | 현대어(독음) | 호 | 쪽 | 발행일 | 기사명 / 필자 | 비고 |
|---|---|---|---|---|---|---|---|
| 16672 | 李鼎煥 | 이정환 | 2 | 51 | 1914.03 | 日誌大要 | |
| 16673 | 李鼎煥 | 이정환 | 2 | 64 | 1914.03 | 講說〉講題 克己復禮(大正二年十月十一日第三回講演)〉敷演 / 李鼎煥 | |
| 16674 | 李鼎煥 | 이정환 | 2 | 66 | 1914.03 | 講說〉講題 克己復禮(大正二年十月十一日第三回講演)〉讀論 / 黃敦秀 | |
| 16675 | 李鼎煥 | 이정환 | 2 | 72 | 1914.03 | 講說〉講題 必愼其獨(大正二年十一月八日第四回講演)〉敷演 / 李鼎煥 | |
| 16676 | 李鼎煥 | 이정환 | 3 | 15 | 1914.06 | 格致管見(續) / 李鼎煥 | |
| 16677 | 李鼎煥 | 이정환 | 4 | 16 | 1914.09 | 格致管見(續) / 李鼎煥 | |
| 16678 | 李鼎煥 | 이정환 | 4 | 46 | 1914.09 | 容思衍 / 李鼎煥 | |
| 16679 | 李鼎煥 | 이정환 | 5 | 18 | 1914.12 | 格致管見(續) / 李鼎煥 | |
| 16680 | 李鼎煥 | 이정환 | 5 | 47 | 1914.12 | 容思衍(續) / 李鼎煥 | |
| 16681 | 李鼎煥 | 이정환 | 6 | 14 | 1915.03 | 格致管見(續) / 李鼎煥 | |
| 16682 | 李鼎煥 | 이정환 | 6 | 41 | 1915.03 | 容思衍(續) / 李鼎煥 | |
| 16683 | 李鼎煥 | 이정환 | 7 | 7 | 1915.06 | 格致管見(續) / 李鼎煥 | |
| 16684 | 李鼎煥 | 이정환 | 7 | 33 | 1915.06 | 容思衍(續) / 李鼎煥 | |
| 16685 | 李鼎煥 | 이정환 | 8 | 26 | 1915.09 | 容思衍(續) / 李鼎煥 | |
| 16686 | 李鼎煥 | 이정환 | 9 | 10 | 1915.12 | 格致管見(續) / 李鼎煥 | |
| 16687 | 李廷勳 | 이정훈 | 30 | 70 | 1929.12 | 地方報告〉[李廷勳의 報告] | |
| 16688 | 二帝 | 이제 | 9 | 15 | 1915.12 | 經學管見(上) / 尹寧求 | 堯·舜 |
| 16689 | 二帝 | 이제 | 9 | 55 | 1915.12 | 講說〉講題 三人行必有我師(大正四年六月十二日第十三回講演) / 鄭鳳時 | 堯·舜 |
| 16690 | 二帝 | 이제 | 9 | 58 | 1915.12 | 講說〉講題 三人行必有我師(大正四年六月十二日第十三回講演) / 沈鐘舜 | 堯·舜 |
| 16691 | 二帝 | 이제 | 10 | 2 | 1916.03 | 經論 / 金元祐 | 堯·舜 |
| 16692 | 二帝 | 이제 | 10 | 21 | 1916.03 | 經學淺知錄 / 金文演 | 堯·舜 |
| 16693 | 李濟 | 이제 | 11 | 56 | 1916.06 | 賢關記聞(續) / 李大榮 | 원문은 濟 |
| 16694 | 李濟甲 | 이제갑 | 45 | 39 | 1940.12 | 朝鮮儒林大會(朝鮮儒道聯合會創立總會) 會錄槪要〉朝鮮儒道聯合會役員名簿(昭和十四年十一月一日現在) | |
| 16695 | 二帝三王 | 이제삼왕 | 1 | 16 | 1913.12 | 經學當明者 一 / 呂圭亨 | 堯·舜과 禹·湯·文王 |
| 16696 | 二帝三王 | 이제삼왕 | 1 | 18 | 1913.12 | 經學當明者 二 / 呂圭亨 | 堯·舜과 禹·湯·文王 |
| 16697 | 二帝三王 | 이제삼왕 | 35 | 1 | 1932.12 | 宗教說 / 權純九 | 堯·舜과 禹·湯·文王 |
| 16698 | 李濟臣 | 이제신 | 21 | 63 | 1921.03 | 賢關記聞(續) / 李大榮 | |
| 16699 | 李濟夏 | 이제하 | 20 | 37 | 1920.03 | 求禮郡文廟重修捐義錄小序 / 金商翊 | |

| 번호 | 원문 | 현대어(독음) | 호 | 쪽 | 발행일 | 기사명 / 필자 | 비고 |
|---|---|---|---|---|---|---|---|
| 16700 | 李齊賢 | 이제현 | 28 | 2 | 1927.12 | 朝鮮詩文變遷論 / 鄭萬朝 | 원문은 齊賢 |
| 16701 | 李濟熙 | 이제희 | 27 | 83 | 1926.12 | 地方報告〉[李濟熙의 報告] | |
| 16702 | 李祖烈 | 이조열 | 45 | 36 | 1940.12 | 朝鮮儒林大會(朝鮮儒道聯合會創立總會) 會錄概要〉朝鮮儒道聯合會役員名簿(昭和十四年十一月一日現在) | |
| 16703 | 李祖遠 | 이조원 | 32 | 41 | 1930.12 | 地方報告〉地方儒林狀況〉[成樂賢의 報告] | |
| 16704 | 李祖遠 | 이조원 | 45 | 28 | 1940.12 | 朝鮮儒林大會(朝鮮儒道聯合會創立總會) 會錄概要〉朝鮮儒道聯合會役員名簿(昭和十四年十一月一日現在) | |
| 16705 | 李祖一 | 이조일 | 27 | 7 | 1926.12 | 開城郡文廟重修記 / 崔基鉉 | 원문은 李君祖一 |
| 16706 | 理宗 | 이종 | 18 | 8 | 1918.09 | 經學管見(續) / 尹寧求 | |
| 16707 | 理宗 | 이종 | 20 | 18 | 1920.03 | 經學管見(續) / 尹寧求 | |
| 16708 | 理宗 | 이종 | 42 | 49 | 1937.12 | 文廟享祀位次及聖賢姓名爵號考 / 金完鎭 | 宋의 理宗, 趙昀 |
| 16709 | 李鍾珏 | 이종각 | 24 | 92 | 1923.12 | 地方報告〉[李鍾珏의 報告] | |
| 16710 | 李鍾甲 | 이종갑 | 28 | 48 | 1927.12 | 日誌大要 | |
| 16711 | 李鍾甲 | 이종갑 | 34 | 35 | 1932.03 | 孝烈行蹟〉[李鍾甲 等의 보고] | |
| 16712 | 李鍾甲 | 이종갑 | 45 | 29 | 1940.12 | 朝鮮儒林大會(朝鮮儒道聯合會創立總會) 會錄概要〉朝鮮儒道聯合會役員名簿(昭和十四年十一月一日現在) | |
| 16713 | 李鍾健 | 이종건 | 42 | 38 | 1937.12 | 文廟春季釋奠狀況 | |
| 16714 | 李鍾健 | 이종건 | 43 | 67 | 1938.12 | 文廟春季釋奠狀況 | |
| 16715 | 李鍾健 | 이종건 | 44 | 79 | 1939.10 | 文廟秋季釋奠狀況 | |
| 16716 | 李鍾健 | 이종건 | 44 | 91 | 1939.10 | 明倫專門學院記事〉研究科第二回入學許可者 | |
| 16717 | 李宗慶 | 이종경 | 43 | 16 | 1938.12 | 敎化編年(續) / 李大榮 | |
| 16718 | 李宗敎 | 이종교 | 34 | 53 | 1932.03 | 評議員會狀況 | |
| 16719 | 李宗九 | 이종구 | 16 | 70 | 1918.03 | 地方報告〉[李範轍의 報告] | |
| 16720 | 李鍾九 | 이종구 | 26 | 38 | 1925.12 | 日誌大要 | |
| 16721 | 李鍾求 | 이종구 | 33 | 36 | 1931.12 | 聲討顚末 | |
| 16722 | 李鍾珪 | 이종규 | 38 | 46 | 1935.03 | 文廟釋奠狀況〉地方文廟秋期釋奠狀況表 | |
| 16723 | 李種根 | 이종근 | 32 | 51 | 1930.12 | 地方報告〉孝烈行蹟〉[李種根의 보고] | |
| 16724 | 李鍾騏 | 이종기 | 41 | 26 | 1937.02 | 一. 孝烈行蹟〉[李學魯의 보고] | |
| 16725 | 李鍾祿 | 이종록 | 16 | 60 | 1918.03 | 地方報告〉[南相台의 報告] | |
| 16726 | 李鍾晚 | 이종만 | 1 | 79 | 1913.12 | 地方報告 大正元年始〉[黃敦秀의 報告] | |
| 16727 | 李鍾萬 | 이종만 | 45 | 31 | 1940.12 | 朝鮮儒林大會(朝鮮儒道聯合會創立總會) 會錄概要〉朝鮮儒道聯合會役員名簿(昭和十四年十一月一日現在) | |

| 번호 | 원문 | 현대어(독음) | 호 | 쪽 | 발행일 | 기사명 / 필자 | 비고 |
|---|---|---|---|---|---|---|---|
| 16728 | 李鍾明 | 이종명 | 20 | 53 | 1920.03 | 地方報告〉[李芳雨의 報告] | |
| 16729 | 李鍾明 | 이종명 | 23 | 21 | 1922.12 | 益山郡礪山文廟重修記 / 成岐運 | |
| 16730 | 李鍾默 | 이종묵 | 31 | 36 | 1930.08 | 地方報告〉各郡文廟釋奠狀況〉[李鍾默의 보고] | |
| 16731 | 李鍾默 | 이종묵 | 32 | 47 | 1930.12 | 地方報告〉各郡文廟釋奠狀況〉[李鍾默의 보고] | |
| 16732 | 李種文 | 이종문 | 25 | 42 | 1924.12 | 日誌大要 | |
| 16733 | 李種文 | 이종문 | 30 | 35 | 1929.12 | 祭菜料傳達式狀況 | |
| 16734 | 李鍾文 | 이종문 | 45 | 21 | 1940.12 | 朝鮮儒林大會(朝鮮儒道聯合會創立總會) 會錄槪要〉朝鮮儒道聯合會役員名簿(昭和十四年十一月一日現在) | |
| 16735 | 李鍾文 | 이종문 | 45 | 117 | 1940.12 | 黃海道儒道聯合會結成式 | |
| 16736 | 李鍾白 | 이종백 | 30 | 72 | 1929.12 | 地方報告〉[李鍾白의 報告] | |
| 16737 | 李鍾白 | 이종백 | 36 | 24 | 1933.12 | 日誌大要 | |
| 16738 | 李鍾白 | 이종백 | 38 | 42 | 1935.03 | 日誌大要 | |
| 16739 | 李鍾白 | 이종백 | 40 | 42 | 1936.08 | 成竹似先生追悼錄〉挽故成均館博士成竹似先生 / 金勛卿 | |
| 16740 | 李鍾白 | 이종백 | 40 | 57 | 1936.08 | 鄭茂亭先生追悼錄〉輓詞 / 李鍾白 | |
| 16741 | 李鍾白 | 이종백 | 41 | 60 | 1937.02 | 經學院講士名簿(昭和十一年十一月一日) | |
| 16742 | 李鍾白 | 이종백 | 45 | 27 | 1940.12 | 朝鮮儒林大會(朝鮮儒道聯合會創立總會) 會錄槪要〉朝鮮儒道聯合會役員名簿(昭和十四年十一月一日現在) | |
| 16743 | 李鍾白 | 이종백 | 46 | 24 | 1941.12 | 經學院日誌大要(昭和十四年七月ヨリ昭和十六年六月マテ) | |
| 16744 | 李鍾鳳 | 이종봉 | 43 | 59 | 1938.12 | 文廟秋季釋奠狀況 | |
| 16745 | 李鍾鳳 | 이종봉 | 43 | 66 | 1938.12 | 文廟春季釋奠狀況 | |
| 16746 | 李鍾奭 | 이종석 | 45 | 28 | 1940.12 | 朝鮮儒林大會(朝鮮儒道聯合會創立總會) 會錄槪要〉朝鮮儒道聯合會役員名簿(昭和十四年十一月一日現在) | |
| 16747 | 李鍾錫 | 이종석 | 40 | 63 | 1936.08 | 第四回卒業式狀況及第七回新入生名簿〉明倫學院第七回入學許可者名簿 | |
| 16748 | 李鍾錫 | 이종석 | 41 | 37 | 1937.02 | 文廟秋季釋奠狀況 | |
| 16749 | 李鍾錫 | 이종석 | 42 | 38 | 1937.12 | 文廟春季釋奠狀況 | |
| 16750 | 李鍾錫 | 이종석 | 43 | 59 | 1938.12 | 文廟秋季釋奠狀況 | |
| 16751 | 李鍾錫 | 이종석 | 43 | 66 | 1938.12 | 文廟春季釋奠狀況 | |
| 16752 | 李鍾錫 | 이종석 | 44 | 79 | 1939.10 | 文廟秋季釋奠狀況 | |
| 16753 | 李鍾璿 | 이종선 | 24 | 92 | 1923.12 | 地方報告〉[李鍾珏의 報告] | |
| 16754 | 李鍾璿 | 이종선 | 26 | 84 | 1925.12 | 地方報告〉[安秉烈의 報告] | |
| 16755 | 李鍾璿 | 이종선 | 35 | 37 | 1932.12 | 文廟釋奠狀況〉[李鍾貞의 보고] | |

| 번호 | 원문 | 현대어(독음) | 호 | 쪽 | 발행일 | 기사명 / 필자 | 비고 |
|------|------|-------------|-----|-----|--------|--------------|------|
| 16756 | 李鍾燮 | 이종섭 | 45 | 27 | 1940.12 | 朝鮮儒林大會(朝鮮儒道聯合會創立總會) 會錄槪要〉朝鮮儒道聯合會役員名簿(昭和十四年十一月一日現在) | |
| 16757 | 李鍾韶 | 이종소 | 24 | 92 | 1923.12 | 地方報告〉[韓克洙의 報告] | |
| 16758 | 李琮壽 | 이종수 | 39 | 60 | 1935.10 | 聽講生 | |
| 16759 | 李琮壽 | 이종수 | 41 | 37 | 1937.02 | 文廟秋季釋奠狀況 | |
| 16760 | 李琮壽 | 이종수 | 42 | 38 | 1937.12 | 文廟春季釋奠狀況 | |
| 16761 | 李琮壽 | 이종수 | 43 | 59 | 1938.12 | 文廟秋季釋奠狀況 | |
| 16762 | 李琮壽 | 이종수 | 43 | 73 | 1938.12 | 第六回卒業式狀況及第九回新入生名簿〉聽講生 | |
| 16763 | 李鍾守 | 이종수 | 20 | 37 | 1920.03 | 求禮郡文廟重修捐義錄小序 / 金商翊 | |
| 16764 | 李鍾順 | 이종순 | 36 | 30 | 1933.12 | 文廟釋奠狀況〉[李鍾顧의 보고] | |
| 16765 | 李鍾順 | 이종순 | 37 | 47 | 1934.10 | 文廟釋奠狀況〉[李鍾順의 보고] | |
| 16766 | 李種植 | 이종식 | 1 | 59 | 1913.12 | 本院職員錄 大正二年十二月 日 現在 | |
| 16767 | 李種植 | 이종식 | 8 | 45 | 1915.09 | 日誌大要 | |
| 16768 | 李鍾植 | 이종식 | 17 | 39 | 1918.07 | 日誌大要 | |
| 16769 | 李鍾億 | 이종억 | 37 | 49 | 1934.10 | 文廟釋奠狀況〉[李鍾億의 보고] | |
| 16770 | 李種玉 | 이종옥 | 14 | 62 | 1917.07 | 地方報告〉[李種玉의 報告] | |
| 16771 | 李鍾沃 | 이종옥 | 42 | 72 | 1937.12 | 第五回卒業式狀況及第八回新入生名簿〉第八回入學許可者名簿 | |
| 16772 | 李鍾沃 | 이종옥 | 43 | 59 | 1938.12 | 文廟秋季釋奠狀況 | |
| 16773 | 李鍾沃 | 이종옥 | 43 | 66 | 1938.12 | 文廟春季釋奠狀況 | |
| 16774 | 李鍾雨 | 이종우 | 12 | 55 | 1916.12 | 日誌大要 | |
| 16775 | 李鍾遠 | 이종원 | 12 | 55 | 1916.12 | 日誌大要 | |
| 16776 | 李鍾殷 | 이종은 | 22 | 76 | 1922.03 | 地方報告〉[李秉翼의 報告] | |
| 16777 | 李鍾殷 | 이종은 | 30 | 79 | 1929.12 | 地方報告〉[曹秉益의 報告] | |
| 16778 | 李鍾殷 | 이종은 | 33 | 34 | 1931.12 | 聲討顚末 | |
| 16779 | 李鍾殷 | 이종은 | 35 | 43 | 1932.12 | 孝烈行蹟〉[元敦常 等의 보고] | |
| 16780 | 李種益 | 이종익 | 30 | 44 | 1929.12 | 日誌大要 | |
| 16781 | 李鍾貞 | 이종정 | 35 | 36 | 1932.12 | 文廟釋奠狀況〉[李鍾貞의 보고] | |
| 16782 | 李鍾濬 | 이종준 | 25 | 11 | 1924.12 | 三水郡鄕校重修記 / 成岐運 | 원문은<br>李君鍾濬 |
| 16783 | 李鍾駿 | 이종준 | 44 | 81 | 1939.10 | 日誌大要(自昭和十三年六月 至昭和十三年十二月) | |
| 16784 | 李鍾振 | 이종진 | 26 | 10 | 1925.12 | 奉化郡重修學記 / 尹喜求 | 원문은<br>李君鍾振 |
| 16785 | 李鍾振 | 이종진 | 27 | 78 | 1926.12 | 地方報告〉[李鍾振의 報告] | |

| 번호 | 원문 | 현대어(독음) | 호 | 쪽 | 발행일 | 기사명 / 필자 | 비고 |
|---|---|---|---|---|---|---|---|
| 16786 | 李鍾泰 | 이종태 | 46 | 15 | 1941.12 | 釋奠狀況〉昭和十五年春季釋奠狀況 | |
| 16787 | 李鍾河 | 이종하 | 41 | 27 | 1937.02 | 一. 孝烈行蹟〉[朴元東의 보고] | |
| 16788 | 李鍾鶴 | 이종학 | 43 | 14 | 1938.12 | 信川鄕校重修記 / 金完鎭 | |
| 16789 | 李琮鉉 | 이종현 | 45 | 41 | 1940.12 | 朝鮮儒林大會(朝鮮儒道聯合會創立總會) 會錄概要〉朝鮮儒道聯合會役員名簿(昭和十四年十一月一日現在) | |
| 16790 | 李鍾協 | 이종협 | 33 | 36 | 1931.12 | 聲討顚末 | |
| 16791 | 李鍾榮 | 이종형 | 33 | 36 | 1931.12 | 聲討顚末 | |
| 16792 | 李鍾榮 | 이종형 | 33 | 51 | 1931.12 | 文廟釋奠狀況〉[李鍾榮의 보고] | |
| 16793 | 李鍾榮 | 이종형 | 34 | 33 | 1932.03 | 地方儒林狀況〉[李鍾榮의 보고] | |
| 16794 | 李鍾榮 | 이종형 | 35 | 29 | 1932.12 | 地方儒林狀況〉[李鍾榮 等의 보고] | |
| 16795 | 李鍾榮 | 이종형 | 35 | 33 | 1932.12 | 文廟釋奠狀況〉[李鍾榮의 보고] | |
| 16796 | 李鍾榮 | 이종형 | 36 | 27 | 1933.12 | 文廟釋奠狀況〉[李鍾榮의 보고] | |
| 16797 | 李鍾榮 | 이종형 | 36 | 35 | 1933.12 | 文廟釋奠狀況〉[李鍾榮의 보고] | |
| 16798 | 李鍾榮 | 이종형 | 37 | 34 | 1934.10 | 地方儒林狀況〉[李鍾榮의 보고] | |
| 16799 | 李鍾浩 | 이종호 | 48 | 58 | 1944.04 | 一. 孝烈行跡報告 其四 / 鄭民植 | |
| 16800 | 李宗煥 | 이종환 | 38 | 47 | 1935.03 | 文廟釋奠狀況〉地方文廟秋期釋奠狀況表 | |
| 16801 | 李琮煥 | 이종환 | 38 | 31 | 1935.03 | 橫城鄕校重修記 / 鄭鳳時 | 원문은 李侯琮煥 |
| 16802 | 李琮煥 | 이종환 | 38 | 32 | 1935.03 | 橫城鄕校重修記 / 鄭鳳時 | 원문은 李侯琮煥 |
| 16803 | 李琮煥 | 이종환 | 38 | 35 | 1935.03 | 地方儒林狀況〉[李元植의 보고] | |
| 16804 | 李鍾會 | 이종회 | 20 | 37 | 1920.03 | 求禮郡文廟重修捐義錄小序 / 金商翊 | |
| 16805 | 李佐源 | 이좌원 | 37 | 54 | 1934.10 | 文廟釋奠狀況〉[李佐源의 보고] | |
| 16806 | 李佐源 | 이좌원 | 38 | 45 | 1935.03 | 文廟釋奠狀況〉地方文廟秋期釋奠狀況表 | |
| 16807 | 李周鎬 | 이주호 | 16 | 58 | 1918.03 | 地方報告〉[鄭鳳時의 報告] | |
| 16808 | 李浚慶 | 이준경 | 11 | 53 | 1916.06 | 賢關記聞(續) / 李大榮 | |
| 16809 | 李浚慶 | 이준경 | 21 | 64 | 1921.03 | 賢關記聞(續) / 李大榮 | |
| 16810 | 李俊滿 | 이준만 | 43 | 32 | 1938.12 | 皇軍慰問詩 / 李俊滿 | |
| 16811 | 李俊民 | 이준민 | 1 | 38 | 1913.12 | 近世事十條 / 李商永 | |
| 16812 | 李俊衡 | 이준형 | 32 | 47 | 1930.12 | 地方報告〉各郡文廟釋奠狀況〉[李俊衡의 보고] | |
| 16813 | 李俊衡 | 이준형 | 33 | 37 | 1931.12 | 聲討顚末 | |
| 16814 | 李俊衡 | 이준형 | 33 | 52 | 1931.12 | 文廟釋奠狀況〉[李俊衡의 보고] | |
| 16815 | 李俊衡 | 이준형 | 36 | 28 | 1933.12 | 文廟釋奠狀況〉[李俊衡의 보고] | |
| 16816 | 李中根 | 이중근 | 34 | 58 | 1932.03 | 明倫學院昭和六年度入學許可者名簿 | |
| 16817 | 李中根 | 이중근 | 35 | 30 | 1932.12 | 文廟釋奠狀況 | |
| 16818 | 李中根 | 이중근 | 36 | 68 | 1933.12 | 明倫學院第二回卒業生名簿 | |

| 번호 | 원문 | 현대어(독음) | 호 | 쪽 | 발행일 | 기사명 / 필자 | 비고 |
|---|---|---|---|---|---|---|---|
| 16819 | 李重善 | 이중선 | 43 | 28 | 1938.12 | 儒林特志〉[姜錫圭의 報告]〉祭需品奉納者氏名及物名 | |
| 16820 | 李重億 | 이중억 | 46 | 27 | 1941.12 | 孝烈行跡報告 其二 / 安龍善 | |
| 16821 | 李重應 | 이중응 | 36 | 65 | 1933.12 | 明倫學院職員名簿 | |
| 16822 | 李重翊 | 이중익 | 45 | 27 | 1940.12 | 朝鮮儒林大會(朝鮮儒道聯合會創立總會) 會錄概要〉朝鮮儒道聯合會役員名簿(昭和十四年十一月一日現在) | |
| 16823 | 李重轍 | 이중철 | 45 | 35 | 1940.12 | 朝鮮儒林大會(朝鮮儒道聯合會創立總會) 會錄概要〉朝鮮儒道聯合會役員名簿(昭和十四年十一月一日現在) | |
| 16824 | 李重憲 | 이중헌 | 31 | 62 | 1930.08 | 入學許可者名簿 | |
| 16825 | 李重憲 | 이중헌 | 32 | 37 | 1930.12 | 日誌大要 | |
| 16826 | 李重憲 | 이중헌 | 32 | 38 | 1930.12 | 日誌大要 | |
| 16827 | 李重憲 | 이중헌 | 33 | 42 | 1931.12 | 文廟釋奠狀況 | |
| 16828 | 李重憲 | 이중헌 | 33 | 43 | 1931.12 | 文廟釋奠狀況 | |
| 16829 | 李重憲 | 이중헌 | 35 | 30 | 1932.12 | 文廟釋奠狀況 | |
| 16830 | 李重憲 | 이중헌 | 35 | 65 | 1932.12 | 第一回學生卒業式狀況 | |
| 16831 | 李重憲 | 이중헌 | 35 | 75 | 1932.12 | 明倫學院第一回卒業生名簿 | |
| 16832 | 李重憲 | 이중헌 | 36 | 24 | 1933.12 | 日誌大要 | |
| 16833 | 李重憲 | 이중헌 | 36 | 25 | 1933.12 | 文廟釋奠狀況〉[秋期釋奠 擧行] | |
| 16834 | 李重憲 | 이중헌 | 36 | 30 | 1933.12 | 文廟釋奠狀況〉[春期釋奠 擧行] | |
| 16835 | 李重憲 | 이중헌 | 36 | 55 | 1933.12 | 第二回學生卒業式狀況 | |
| 16836 | 李重憲 | 이중헌 | 36 | 70 | 1933.12 | 明倫學院補習科第一回修了生名簿 | |
| 16837 | 李重憲 | 이중헌 | 37 | 62 | 1934.10 | 第四回評議員會狀況〉事業經過報告 / 俞萬兼 | |
| 16838 | 李重憲 | 이중헌 | 37 | 63 | 1934.10 | 第四回評議員會狀況〉事業經過報告 / 俞萬兼 | |
| 16839 | 李重憲 | 이중헌 | 37 | 66 | 1934.10 | 明倫學院職員名簿 | |
| 16840 | 李重憲 | 이중헌 | 38 | 44 | 1935.03 | 文廟釋奠狀況〉[秋期釋奠 擧行] | |
| 16841 | 李重憲 | 이중헌 | 39 | 52 | 1935.10 | 文廟釋奠狀況〉[春期釋奠 擧行] | |
| 16842 | 李重憲 | 이중헌 | 40 | 35 | 1936.08 | 文廟釋奠狀況〉[秋期釋奠 擧行] | |
| 16843 | 李重憲 | 이중헌 | 40 | 47 | 1936.08 | 鄭茂亭先生追悼錄〉吊辭 / 李泳珪 李重憲 等 | |
| 16844 | 李重憲 | 이중헌 | 40 | 57 | 1936.08 | 鄭茂亭先生追悼錄〉輓詞 / 李重憲 | |
| 16845 | 李重憲 | 이중헌 | 41 | 33 | 1937.02 | 日誌大要 | |
| 16846 | 李重憲 | 이중헌 | 41 | 35 | 1937.02 | 文廟春季釋奠狀況 | |
| 16847 | 李重憲 | 이중헌 | 41 | 37 | 1937.02 | 文廟秋季釋奠狀況 | |
| 16848 | 李重憲 | 이중헌 | 41 | 59 | 1937.02 | 經學院職員名簿(昭和十一年十一月一日) | |
| 16849 | 李重憲 | 이중헌 | 41 | 62 | 1937.02 | 明倫學院職員名簿(昭和十一年一月一日現在) | |
| 16850 | 李重憲 | 이중헌 | 42 | 38 | 1937.12 | 文廟春季釋奠狀況 | |

| 번호 | 원문 | 현대어(독음) | 호 | 쪽 | 발행일 | 기사명 / 필자 | 비고 |
|---|---|---|---|---|---|---|---|
| 16851 | 李重憲 | 이중헌 | 43 | 50 | 1938.12 | 鄭松里先生追悼錄〉弔辭 / 李泳珪 等 | |
| 16852 | 李重憲 | 이중헌 | 43 | 59 | 1938.12 | 文廟秋季釋奠狀況 | |
| 16853 | 李重憲 | 이중헌 | 43 | 60 | 1938.12 | 文廟秋季釋奠狀況 | |
| 16854 | 李重憲 | 이중헌 | 43 | 66 | 1938.12 | 文廟春季釋奠狀況 | |
| 16855 | 李重憲 | 이중헌 | 43 | 67 | 1938.12 | 文廟春季釋奠狀況 | |
| 16856 | 李重憲 | 이중헌 | 43 | 71 | 1938.12 | [명륜학원 행사] | |
| 16857 | 李重憲 | 이중헌 | 44 | 77 | 1939.10 | 日誌大要(自昭和十三年六月 至昭和十三年十二月) | |
| 16858 | 李重憲 | 이중헌 | 44 | 78 | 1939.10 | 文廟秋季釋奠狀況 | |
| 16859 | 李重憲 | 이중헌 | 44 | 79 | 1939.10 | 文廟秋季釋奠狀況 | |
| 16860 | 李重憲 | 이중헌 | 44 | 89 | 1939.10 | 明倫專門學院記事 | |
| 16861 | 李重憲 | 이중헌 | 44 | 92 | 1939.10 | 明倫專門學院記事〉研究科第二回入學許可者 | |
| 16862 | 李重憲 | 이중헌 | 45 | 36 | 1940.12 | 朝鮮儒林大會(朝鮮儒道聯合會創立總會) 會錄概要〉朝鮮儒道聯合會役員名簿(昭和十四年十一月一日現在) | |
| 16863 | 李重憲 | 이중헌 | 46 | 14 | 1941.12 | 釋奠狀況〉昭和十四年秋季釋奠狀況 | |
| 16864 | 李重鉉 | 이중현 | 43 | 33 | 1938.12 | 皇軍慰問詩 / 李重鉉 | |
| 16865 | 李仲虎 | 이중호 | 11 | 27 | 1916.06 | 經學淺知錄(續) / 金文演 | 원문은 仲虎 |
| 16866 | 李仲虎 | 이중호 | 43 | 18 | 1938.12 | 教化編年(續) / 李大榮 | |
| 16867 | 李重桓 | 이중환 | 45 | 33 | 1940.12 | 朝鮮儒林大會(朝鮮儒道聯合會創立總會) 會錄概要〉朝鮮儒道聯合會役員名簿(昭和十四年十一月一日現在) | |
| 16868 | 以輕 | 이지 | 25 | 87 | 1924.12 | 地方報告〉[羅壽線 等의 通牒] | 柳軒(柳自湄의 子) |
| 16869 | 李址洙 | 이지수 | 28 | 13 | 1927.12 | 孝烈婦金氏碑 / 李大榮 | |
| 16870 | 李址洙 | 이지수 | 28 | 79 | 1927.12 | 地方報告〉[金鍾烈의 報告] | |
| 16871 | 李智寅 | 이지인 | 18 | 78 | 1918.09 | 地方報告〉[尹定普의 報告] | |
| 16872 | 李之才 | 이지재 | 9 | 19 | 1915.12 | 經學管見(下) / 尹寧求 | |
| 16873 | 李之藻 | 이지조 | 4 | 29 | 1914.09 | 禮器圖說(續) | |
| 16874 | 李之藻 | 이지조 | 13 | 5 | 1917.03 | 經學管見(續) / 尹寧求 | |
| 16875 | 李芝村 | 이지촌 | 11 | 27 | 1916.06 | 經學淺知錄(續) / 金文演 | 李喜朝 |
| 16876 | 李之春 | 이지춘 | 19 | 18 | 1918.12 | 會寧郡鄕校慕聖契序 / 金允植 | 원문은 李君之春 |
| 16877 | 李之鎬 | 이지호 | 45 | 41 | 1940.12 | 朝鮮儒林大會(朝鮮儒道聯合會創立總會) 會錄概要〉朝鮮儒道聯合會役員名簿(昭和十四年十一月一日現在) | |
| 16878 | 李芝湖 | 이지호 | 11 | 27 | 1916.06 | 經學淺知錄(續) / 金文演 | 李選 |
| 16879 | 李芝憙 | 이지희 | 35 | 77 | 1932.12 | 明倫學院昭和七年度第三回入學許可者名簿 | |

| 번호 | 원문 | 현대어(독음) | 호 | 쪽 | 발행일 | 기사명 / 필자 | 비고 |
|---|---|---|---|---|---|---|---|
| 16880 | 李稷 | 이직 | 7 | 29 | 1915.06 | 文廟碑銘幷序 | |
| 16881 | 李稷 | 이직 | 24 | 90 | 1923.12 | 地方報告〉[李永玉妻朱氏의 孝烈 關聯 報告] | 원문은 稜 |
| 16882 | 李稷 | 이직 | 37 | 21 | 1934.10 | 敎化編年 / 李大榮 | |
| 16883 | 李稷 | 이직 | 48 | 58 | 1944.04 | 一. 孝烈行跡報告 其五 / 崔鎭奎 | 원문은 稜 |
| 16884 | 李鎭國 | 이진국 | 43 | 66 | 1938.12 | 文廟春季釋奠狀況 | |
| 16885 | 李晉相 | 이진상 | 45 | 34 | 1940.12 | 朝鮮儒林大會(朝鮮儒道聯合會創立總會) 會錄概要〉朝鮮儒道聯合會役員名簿(昭和十四年十一月一日現在) | |
| 16886 | 李鎭業 | 이진업 | 43 | 67 | 1938.12 | 文廟春季釋奠狀況 | |
| 16887 | 李珍英 | 이진영 | 31 | 62 | 1930.08 | 入學許可者名簿 | |
| 16888 | 李珍英 | 이진영 | 32 | 38 | 1930.12 | 日誌大要 | |
| 16889 | 李珍英 | 이진영 | 33 | 49 | 1931.12 | 文廟釋奠狀況〉[本院秋期釋奠에 대한 보고] | |
| 16890 | 李珍英 | 이진영 | 35 | 30 | 1932.12 | 文廟釋奠狀況 | |
| 16891 | 李珍英 | 이진영 | 35 | 75 | 1932.12 | 明倫學院第一回卒業生名簿 | |
| 16892 | 李軫永 | 이진영 | 45 | 38 | 1940.12 | 朝鮮儒林大會(朝鮮儒道聯合會創立總會) 會錄概要〉朝鮮儒道聯合會役員名簿(昭和十四年十一月一日現在) | |
| 16893 | 李鎭泳 | 이진영 | 44 | 92 | 1939.10 | 明倫專門學院記事〉研究科第二回入學許可者 | |
| 16894 | 李鎭泳 | 이진영 | 46 | 14 | 1941.12 | 釋奠狀況〉昭和十四年秋季釋奠狀況 | |
| 16895 | 李鎭泳 | 이진영 | 46 | 15 | 1941.12 | 釋奠狀況〉昭和十五年春季釋奠狀況 | |
| 16896 | 李鎭泳 | 이진영 | 46 | 16 | 1941.12 | 釋奠狀況〉昭和十五年秋季釋奠狀況 | |
| 16897 | 李鎭泳 | 이진영 | 46 | 17 | 1941.12 | 釋奠狀況〉昭和十六年春季釋奠狀況 | |
| 16898 | 李鎭泳 | 이진영 | 46 | 18 | 1941.12 | 釋奠狀況〉昭和十六年春季釋奠狀況 | |
| 16899 | 李鎭泳 | 이진영 | 47 | 37 | 1943.01 | 釋奠狀況〉昭和十六年秋季釋奠狀況 | |
| 16900 | 李鎭愚 | 이진우 | 28 | 47 | 1927.12 | 日誌大要 | |
| 16901 | 李珍浩 | 이진호 | 20 | 38 | 1920.03 | 求禮郡文廟重修捐義錄小序 / 金商翊 | |
| 16902 | 李軫鎬 | 이진호 | 29 | 22 | 1928.12 | 勿齋金講士哀辭 / 李軫鎬 | |
| 16903 | 李軫鎬 | 이진호 | 45 | 22 | 1940.12 | 朝鮮儒林大會(朝鮮儒道聯合會創立總會) 會錄概要〉朝鮮儒道聯合會役員名簿(昭和十四年十一月一日現在) | |
| 16904 | 李珍煥 | 이진환 | 33 | 36 | 1931.12 | 聲討顚末 | |
| 16905 | 李集 | 이집 | 46 | 27 | 1941.12 | 孝烈行跡報告 其二 / 安龍善 | 원문은 集 |
| 16906 | 李贊郁 | 이찬욱 | 34 | 33 | 1932.03 | 地方儒林狀況〉[李鍾滎의 보고] | |
| 16907 | 李贊郁 | 이찬욱 | 35 | 29 | 1932.12 | 地方儒林狀況〉[李鍾滎 等의 보고] | |
| 16908 | 李昌根 | 이창근 | 35 | 63 | 1932.12 | 評議員會狀況〉事業經過報告 / 高木善人 | |
| 16909 | 李昌根 | 이창근 | 45 | 23 | 1940.12 | 朝鮮儒林大會(朝鮮儒道聯合會創立總會) 會錄概要〉朝鮮儒道聯合會役員名簿(昭和十四年十一月一日現在) | |

| 번호 | 원문 | 현대어(독음) | 호 | 쪽 | 발행일 | 기사명 / 필자 | 비고 |
|------|------|------------|----|----|--------|------------|------|
| 16910 | 李昌基 | 이창기 | 31 | 62 | 1930.08 | 入學許可者名簿 | |
| 16911 | 李昌基 | 이창기 | 32 | 37 | 1930.12 | 日誌大要 | |
| 16912 | 李昌基 | 이창기 | 33 | 42 | 1931.12 | 文廟釋奠狀況 | |
| 16913 | 李昌基 | 이창기 | 33 | 43 | 1931.12 | 文廟釋奠狀況 | |
| 16914 | 李昌基 | 이창기 | 33 | 50 | 1931.12 | 文廟釋奠狀況〉[本院秋期釋奠에 대한 보고] | |
| 16915 | 李昌基 | 이창기 | 35 | 65 | 1932.12 | 第一回學生卒業式狀況 | |
| 16916 | 李昌基 | 이창기 | 35 | 74 | 1932.12 | 明倫學院第一回卒業生名簿 | |
| 16917 | 李昌來 | 이창래 | 35 | 41 | 1932.12 | 孝烈行蹟〉[李根洙의 보고] | 원문은<br>李君昌來 |
| 16918 | 李昌魯 | 이창로 | 25 | 44 | 1924.12 | 日誌大要 | |
| 16919 | 李昌魯 | 이창로 | 38 | 46 | 1935.03 | 文廟釋奠狀況〉地方文廟秋期釋奠狀況表 | |
| 16920 | 李敞默 | 이창묵 | 11 | 80 | 1916.06 | 地方報告〉[李敞獻의 報告] | |
| 16921 | 李昌馥 | 이창복 | 39 | 59 | 1935.10 | 明倫學院第六回入學許可者名簿(昭和十年度) | |
| 16922 | 李昌馥 | 이창복 | 41 | 37 | 1937.02 | 文廟秋季釋奠狀況 | |
| 16923 | 李昌馥 | 이창복 | 42 | 38 | 1937.12 | 文廟春季釋奠狀況 | |
| 16924 | 李昌馥 | 이창복 | 43 | 59 | 1938.12 | 文廟秋季釋奠狀況 | |
| 16925 | 李昌馥 | 이창복 | 43 | 73 | 1938.12 | 第六回卒業式狀況及第九回新入生名簿〉第六回卒業生名簿 | |
| 16926 | 李昶燮 | 이창섭 | 33 | 35 | 1931.12 | 聲討顚末 | |
| 16927 | 李彰洙 | 이창수 | 23 | 59 | 1922.12 | 日誌大要 | |
| 16928 | 李昌雨 | 이창우 | 20 | 38 | 1920.03 | 求禮郡文廟重修捐義錄小序 / 金商翊 | |
| 16929 | 李昌雨 | 이창우 | 20 | 42 | 1920.03 | 求禮郡文廟重修落成式韻 / 李昌雨 | |
| 16930 | 李昌威 | 이창위 | 43 | 26 | 1938.12 | 孝烈行蹟〉[李昌威의 보고] | |
| 16931 | 李昌威 | 이창위 | 43 | 27 | 1938.12 | 孝烈行蹟〉[李昌威의 보고] | |
| 16932 | 李昌殷 | 이창은 | 45 | 41 | 1940.12 | 朝鮮儒林大會(朝鮮儒道聯合會創立總會) 會錄概要〉朝鮮儒道聯合會役員名簿(昭和十四年十一月一日現在) | |
| 16933 | 李昌義 | 이창의 | 20 | 37 | 1920.03 | 求禮郡文廟重修捐義錄小序 / 金商翊 | |
| 16934 | 李昌廈 | 이창하 | 36 | 68 | 1933.12 | 明倫學院第二回卒業生名簿 | |
| 16935 | 李昌廈 | 이창하 | 36 | 72 | 1933.12 | 明倫學院第二回補習科生名簿 | |
| 16936 | 李昌廈 | 이창하 | 37 | 46 | 1934.10 | 文廟釋奠狀況〉[秋期釋奠 擧行] | |
| 16937 | 李昌廈 | 이창하 | 33 | 49 | 1931.12 | 文廟釋奠狀況〉[本院秋期釋奠에 대한 보고] | |
| 16938 | 李昌廈 | 이창하 | 34 | 32 | 1932.03 | 日誌大要 | |
| 16939 | 李昌廈 | 이창하 | 34 | 58 | 1932.03 | 明倫學院昭和六年度入學許可者名簿 | |
| 16940 | 李昌廈 | 이창하 | 37 | 51 | 1934.10 | 文廟釋奠狀況〉[春期釋奠 擧行] | |
| 16941 | 李昌廈 | 이창하 | 37 | 70 | 1934.10 | 明倫學院補習科第二回修了生名簿 | |
| 16942 | 李昌河 | 이창하 | 32 | 49 | 1930.12 | 地方報告〉孝烈行蹟〉[吳炳肅 等의 보고] | |

| 번호 | 원문 | 현대어(독음) | 호 | 쪽 | 발행일 | 기사명 / 필자 | 비고 |
|---|---|---|---|---|---|---|---|
| 16943 | 李昌和 | 이창화 | 38 | 47 | 1935.03 | 文廟釋奠狀況〉地方文廟秋期釋奠狀況表 | |
| 16944 | 李昌煥 | 이창환 | 22 | 58 | 1922.03 | 日誌大要 | |
| 16945 | 李昌薰 | 이창훈 | 45 | 25 | 1940.12 | 朝鮮儒林大會(朝鮮儒道聯合會創立總會) 會錄概要〉朝鮮儒道聯合會役員名簿(昭和十四年十一月一日現在) | |
| 16946 | 李昌欽 | 이창흠 | 39 | 54 | 1935.10 | 文廟釋奠狀況〉地方文廟春期釋奠狀況表 | |
| 16947 | 李昌欽 | 이창흠 | 40 | 37 | 1936.08 | 文廟釋奠狀況〉[地方文廟春期釋奠狀況表] | |
| 16948 | 伊川 | 이천 | 2 | 59 | 1914.03 | 講說〉講題 克己復禮(大正二年十月十一日第三回講演) / 張錫周 | 程頤 |
| 16949 | 伊川 | 이천 | 5 | 48 | 1914.12 | 容思衍(續) / 李鼎煥 | 程頤 |
| 16950 | 伊川 | 이천 | 5 | 54 | 1914.12 | 容思衍(續) / 李鼎煥 | 程頤 |
| 16951 | 伊川 | 이천 | 6 | 63 | 1915.03 | 地方報告〉[韓昌愚 巡講] | 程頤 |
| 16952 | 伊川 | 이천 | 7 | 34 | 1915.06 | 容思衍(續) / 李鼎煥 | 程頤 |
| 16953 | 伊川 | 이천 | 8 | 28 | 1915.09 | 容思衍(續) / 李鼎煥 | 程頤 |
| 16954 | 伊川 | 이천 | 11 | 7 | 1916.06 | 經論 / 韓晩容 | 程頤 |
| 16955 | 伊川 | 이천 | 12 | 7 | 1916.12 | 經學管見(續) / 尹寧求 | 程頤 |
| 16956 | 伊川 | 이천 | 13 | 26 | 1917.03 | 讀書私記(續) / 洪鍾佶 | 程頤 |
| 16957 | 伊川 | 이천 | 23 | 80 | 1922.12 | 地方報告〉[河泰洪의 報告] | 程頤 |
| 16958 | 伊川 | 이천 | 27 | 32 | 1926.12 | 三洙瑣談(續) / 元泳義 | 程頤 |
| 16959 | 伊川 | 이천 | 27 | 35 | 1926.12 | 三洙瑣談(續) / 元泳義 | 程頤 |
| 16960 | 伊川 | 이천 | 32 | 7 | 1930.12 | 經學源流(續) / 權純九 | 程頤 |
| 16961 | 伊川 | 이천 | 35 | 3 | 1932.12 | 擧爾所知論 / 沈璿澤 | 程頤 |
| 16962 | 伊川 | 이천 | 41 | 5 | 1937.02 | 孔孟의 眞精神 / 羅一鳳 | 程頤 |
| 16963 | 伊川 | 이천 | 42 | 50 | 1937.12 | 文廟享祀位次及聖賢姓名爵號考 / 金完鎭 | 程頤 |
| 16964 | 伊川 | 이천 | 44 | 43 | 1939.10 | 大學主旨 / 崔浩然 | 程頤 |
| 16965 | 李哲儀 | 이철의 | 29 | 39 | 1928.12 | 日誌大要 | |
| 16966 | 李哲鎬 | 이철호 | 33 | 35 | 1931.12 | 聲討顚末 | |
| 16967 | 李哲鎬 | 이철호 | 33 | 53 | 1931.12 | 文廟釋奠狀況〉[李哲鎬의 보고] | |
| 16968 | 李哲鎬 | 이철호 | 35 | 34 | 1932.12 | 文廟釋奠狀況〉[李哲鎬의 보고] | |
| 16969 | 李哲鎬 | 이철호 | 36 | 27 | 1933.12 | 文廟釋奠狀況〉[李哲鎬의 보고] | |
| 16970 | 李轍和 | 이철화 | 44 | 92 | 1939.10 | 明倫專門學院記事〉研究科第二回入學許可者 | |
| 16971 | 李轍和 | 이철화 | 46 | 14 | 1941.12 | 釋奠狀況〉昭和十四年秋季釋奠狀況 | |
| 16972 | 李轍和 | 이철화 | 46 | 15 | 1941.12 | 釋奠狀況〉昭和十五年春季釋奠狀況 | |
| 16973 | 李轍和 | 이철화 | 46 | 16 | 1941.12 | 釋奠狀況〉昭和十五年秋季釋奠狀況 | |
| 16974 | 李詹 | 이첨 | 37 | 21 | 1934.10 | 敎化編年 / 李大榮 | |
| 16975 | 李淸 | 이청 | 15 | 5 | 1917.10 | 經學管見(續) / 尹寧求 | |

| 번호 | 원문 | 현대어(독음) | 호 | 쪽 | 발행일 | 기사명 / 필자 | 비고 |
|---|---|---|---|---|---|---|---|
| 16976 | 李淸馥 | 이청복 | 17 | 4 | 1918.07 | 經學管見(續) / 尹寧求 | |
| 16977 | 李淸植 | 이청식 | 13 | 5 | 1917.03 | 經學管見(續) / 尹寧求 | 원문은 淸植 |
| 16978 | 李草廬 | 이초려 | 11 | 27 | 1916.06 | 經學淺知錄(續) / 金文演 | 李惟泰 |
| 16979 | 李初陽 | 이초양 | 33 | 29 | 1931.12 | 聲討顚末 | |
| 16980 | 李樵隱 | 이초은 | 11 | 26 | 1916.06 | 經學淺知錄(續) / 金文演 | 李仁復 |
| 16981 | 李春世 | 이춘세 | 34 | 35 | 1932.03 | 孝烈行蹟〉[李春世 等의 보고] | |
| 16982 | 李充 | 이충 | 15 | 65 | 1917.10 | 講說〉大邱高等普通學校講演(大正六年五月十六日)〉常棣章講說 / 朴昇東 | |
| 16983 | 李忠求 | 이충구 | 25 | 78 | 1924.12 | 地方報告〉[李忠求 等의 報告] | |
| 16984 | 李忠珪 | 이충규 | 32 | 41 | 1930.12 | 地方報告〉地方儒林狀況〉[成樂賢의 報告] | |
| 16985 | 李忠武 | 이충무 | 24 | 73 | 1923.12 | 講說〉講題 盈科而後進 / 鄭準民 | |
| 16986 | 李忠鎬 | 이충호 | 15 | 34 | 1917.10 | 日誌大要 | |
| 16987 | 李忠鎬 | 이충호 | 15 | 75 | 1917.10 | 講說〉大邱高等普通學校講演(大正六年五月十六日)〉儒林總代祝辭 / 李忠鎬 | |
| 16988 | 李忠鎬 | 이충호 | 25 | 42 | 1924.12 | 日誌大要 | |
| 16989 | 李忠鎬 | 이충호 | 30 | 35 | 1929.12 | 祭粢料傳達式狀況 | |
| 16990 | 李致濂 | 이치렴 | 31 | 36 | 1930.08 | 地方報告〉各郡文廟釋奠狀況〉[李致濂의 보고] | |
| 16991 | 李致雄 | 이치웅 | 30 | 41 | 1929.12 | 日誌大要 | |
| 16992 | 李致雄 | 이치웅 | 30 | 42 | 1929.12 | 日誌大要 | |
| 16993 | 李治鎬 | 이치호 | 33 | 35 | 1931.12 | 聲討顚末 | |
| 16994 | 李稱翼 | 이칭익 | 45 | 35 | 1940.12 | 朝鮮儒林大會(朝鮮儒道聯合會創立總會) 會錄槪要〉朝鮮儒道聯合會役員名簿(昭和十四年十一月一日現在) | |
| 16995 | 李打愚 | 이타우 | 11 | 27 | 1916.06 | 經學淺知錄(續) / 金文演 | 李翔 |
| 16996 | 李湯熙 | 이탕희 | 34 | 59 | 1932.03 | 明倫學院昭和六年度入學許可者名簿 | |
| 16997 | 李湯熙 | 이탕희 | 36 | 25 | 1933.12 | 文廟釋奠狀況〉[秋期釋奠 擧行] | |
| 16998 | 李湯熙 | 이탕희 | 36 | 30 | 1933.12 | 文廟釋奠狀況〉[春期釋奠 擧行] | |
| 16999 | 李湯熙 | 이탕희 | 36 | 68 | 1933.12 | 明倫學院第二回卒業生名簿 | |
| 17000 | 李泰登 | 이태등 | 44 | 92 | 1939.10 | 明倫專門學院記事〉研究科第二回入學許可者 | |
| 17001 | 李泰登 | 이태등 | 46 | 13 | 1941.12 | 釋奠狀況〉昭和十四年秋季釋奠狀況 | |
| 17002 | 李泰登 | 이태등 | 46 | 15 | 1941.12 | 釋奠狀況〉昭和十五年春季釋奠狀況 | |
| 17003 | 李泰登 | 이태등 | 46 | 16 | 1941.12 | 釋奠狀況〉昭和十五年秋季釋奠狀況 | |
| 17004 | 李泰登 | 이태등 | 46 | 18 | 1941.12 | 釋奠狀況〉昭和十六年春季釋奠狀況 | |
| 17005 | 李泰登 | 이태등 | 47 | 37 | 1943.01 | 釋奠狀況〉昭和十六年秋季釋奠狀況 | |
| 17006 | 李泰林 | 이태림 | 20 | 58 | 1920.03 | 地方報告〉[李泰林의 報告] | |
| 17007 | 李泰文 | 이태문 | 38 | 47 | 1935.03 | 文廟釋奠狀況〉地方文廟秋期釋奠狀況表 | |
| 17008 | 李泰伯 | 이태백 | 11 | 24 | 1916.06 | 經學管見(續) / 尹寧求 | |

| 번호 | 원문 | 현대어(독음) | 호 | 쪽 | 발행일 | 기사명 / 필자 | 비고 |
|------|------|------------|----|----|--------|--------------|------|
| 17009 | 李泰洙 | 이태수 | 15 | 24 | 1917.10 | 經義問對 / 李泰洙 | |
| 17010 | 李泰淵 | 이태연 | 19 | 37 | 1918.12 | 日誌大要 | |
| 17011 | 李台榮 | 이태영 | 26 | 39 | 1925.12 | 日誌大要 | |
| 17012 | 李太王 | 이태왕 | 20 | 44 | 1920.03 | 日誌大要 | 高宗 |
| 17013 | 李太王 | 이태왕 | 46 | 20 | 1941.12 | 故經學院大提學從二位勳一等子爵尹德榮先生追悼錄 | |
| 17014 | 李泰潤 | 이태윤 | 30 | 76 | 1929.12 | 地方報告〉[李泰潤의 報告] | |
| 17015 | 李泰潤 | 이태윤 | 31 | 34 | 1930.08 | 地方報告〉各郡文廟釋奠狀況〉[李泰潤의 보고] | |
| 17016 | 李泰潤 | 이태윤 | 31 | 36 | 1930.08 | 地方報告〉各郡文廟釋奠狀況〉[李泰潤의 보고] | |
| 17017 | 李泰潤 | 이태윤 | 32 | 45 | 1930.12 | 地方報告〉各郡文廟釋奠狀況〉[權泰甲의 보고] | |
| 17018 | 李泰義 | 이태의 | 44 | 52 | 1939.10 | 孝烈行蹟〉[李泰義의 보고] | |
| 17019 | 李太祖 | 이태조 | 5 | 35 | 1914.12 | 樂器圖說 | |
| 17020 | 李太祖 | 이태조 | 41 | 15 | 1937.02 | 延州夏王廟重修記 / 鄭鳳時 | |
| 17021 | 李泰鉉 | 이태현 | 44 | 91 | 1939.10 | 明倫專門學院記事〉本科第十回入學許可者 | |
| 17022 | 李泰浩 | 이태호 | 43 | 29 | 1938.12 | 儒林特志〉[姜錫圭의 보고]〉祭需品奉納者氏名及物名 | |
| 17023 | 李泰浩 | 이태호 | 45 | 30 | 1940.12 | 朝鮮儒林大會(朝鮮儒道聯合會創立總會) 會錄概要〉朝鮮儒道聯合會役員名簿(昭和十四年十一月一日現在) | |
| 17024 | 李台煥 | 이태환 | 18 | 82 | 1918.09 | 地方報告〉[李台煥의 報告] | |
| 17025 | 李泰薰 | 이태훈 | 24 | 59 | 1923.12 | 日誌大要 | |
| 17026 | 李澤 | 이택 | 12 | 52 | 1916.12 | 日誌大要 | |
| 17027 | 李澤 | 이택 | 12 | 53 | 1916.12 | 日誌大要 | |
| 17028 | 李宅珪 | 이택규 | 23 | 82 | 1922.12 | 地方報告〉[崔命台의 報告] | 원문은 李俟宅珪 |
| 17029 | 李宅珪 | 이택규 | 24 | 94 | 1923.12 | 地方報告〉[崔命台의 報告] | |
| 17030 | 李宅珪 | 이택규 | 26 | 9 | 1925.12 | 江陵郡鄉校重修記 / 鄭萬朝 | |
| 17031 | 李澤堂 | 이택당 | 3 | 49 | 1914.06 | 講士視察見聞所記 / 呂圭亨 | 李植 |
| 17032 | 李澤堂 | 이택당 | 28 | 3 | 1927.12 | 朝鮮詩文變遷論 / 鄭萬朝 | 李植 |
| 17033 | 李宅來 | 이택래 | 45 | 38 | 1940.12 | 朝鮮儒林大會(朝鮮儒道聯合會創立總會) 會錄概要〉朝鮮儒道聯合會役員名簿(昭和十四年十一月一日現在) | |
| 17034 | 李宅來 | 이택래 | 46 | 13 | 1941.12 | 釋奠狀況〉昭和十四年秋季釋奠狀況 | |
| 17035 | 李宅來 | 이택래 | 46 | 16 | 1941.12 | 釋奠狀況〉昭和十五年秋季釋奠狀況 | |
| 17036 | 李宅來 | 이택래 | 47 | 36 | 1943.01 | 釋奠狀況〉昭和十六年秋季釋奠狀況 | |
| 17037 | 李宅來 | 이택래 | 48 | 51 | 1944.04 | 釋奠狀況〉昭和十八年春季釋奠狀況 | |
| 17038 | 李宅來 | 이택래 | 48 | 52 | 1944.04 | 釋奠狀況〉昭和十八年春季釋奠狀況 | |

| 번호 | 원문 | 현대어(독음) | 호 | 쪽 | 발행일 | 기사명 / 필자 | 비고 |
|---|---|---|---|---|---|---|---|
| 17039 | 李澤臨 | 이택임 | 32 | 51 | 1930.12 | 地方報告〉孝烈行蹟〉[韓洛奎 等의 보고] | |
| 17040 | 李澤政 | 이택정 | 39 | 59 | 1935.10 | 聽講生 | |
| 17041 | 李澤政 | 이택정 | 41 | 37 | 1937.02 | 文廟秋季釋奠狀況 | |
| 17042 | 李通鉉 | 이통현 | 29 | 44 | 1928.12 | 日誌大要 | |
| 17043 | 李退溪 | 이퇴계 | 11 | 27 | 1916.06 | 經學淺知錄(續) / 金文演 | 李滉 |
| 17044 | 李退溪 | 이퇴계 | 18 | 56 | 1918.09 | 講說〉講題 內地의 宋學(大正七年五月十一日 第二十八回講演) / 今關壽麿 | 李滉 |
| 17045 | 李退溪 | 이퇴계 | 28 | 2 | 1927.12 | 朝鮮詩文變遷論 / 鄭萬朝 | 李滉 |
| 17046 | 李退溪 | 이퇴계 | 30 | 57 | 1929.12 | 講說〉講題 朝鮮의 在한 聖學道統 : 李退溪先生을 憶함 / 赤木萬二郎 | 李滉 |
| 17047 | 李退溪 | 이퇴계 | 30 | 59 | 1929.12 | 講說〉講題 朝鮮의 在한 聖學道統 : 李退溪先生을 憶함 / 赤木萬二郎 | 李滉 |
| 17048 | 李退溪 | 이퇴계 | 30 | 63 | 1929.12 | 講說〉講題 朝鮮의 在한 聖學道統 : 李退溪先生을 憶함 / 赤木萬二郎 | 李滉 |
| 17049 | 李退溪 | 이퇴계 | 30 | 64 | 1929.12 | 講說〉講題 朝鮮의 在한 聖學道統 : 李退溪先生을 憶함 / 赤木萬二郎 | 李滉 |
| 17050 | 李退溪 | 이퇴계 | 30 | 66 | 1929.12 | 講說〉講題 朝鮮의 在한 聖學道統 : 李退溪先生을 憶함 / 赤木萬二郎 | 李滉 |
| 17051 | 李退溪 | 이퇴계 | 31 | 30 | 1930.08 | 日誌大要 | 李滉 |
| 17052 | 李退溪 | 이퇴계 | 35 | 62 | 1932.12 | 評議員會狀況〉演示 / 林 武樹 | 李滉 |
| 17053 | 李退溪 | 이퇴계 | 37 | 38 | 1934.10 | 地方儒林狀況〉[李大榮의 보고]〉書院狀況 | 李滉 |
| 17054 | 李退溪 | 이퇴계 | 38 | 22 | 1935.03 | 東洋에斯文이有함(續) / 福士末之助 | 李滉 |
| 17055 | 李退溪 | 이퇴계 | 38 | 23 | 1935.03 | 東洋에斯文이有함(續) / 福士末之助 | 李滉 |
| 17056 | 李退溪 | 이퇴계 | 39 | [2] | 1935.10 | 儒敎의 使命에 邁往함을 望함 / 宇垣一成 | 李滉 |
| 17057 | 李退溪 | 이퇴계 | 40 | 26 | 1936.08 | 平壤文廟移建落成式竝儒林大會狀況 | 李滉 |
| 17058 | 李退溪 | 이퇴계 | 45 | 74 | 1940.12 | 忠淸南道儒道聯合會結成式〉忠淸南道儒道聯合會結成式道知事告辭要旨 / 李聖根 | 李滉 |
| 17059 | 李坡 | 이파 | 19 | 26 | 1918.12 | 賢關記聞(續) / 李大榮 | |
| 17060 | 李坡 | 이파 | 40 | 20 | 1936.08 | 敎化編年(續) / 李大榮 | |
| 17061 | 伊坂鍾萬 | 이판종만 | 46 | 16 | 1941.12 | 釋奠狀況〉昭和十五年秋季釋奠狀況 | |
| 17062 | 伊坂鍾萬 | 이판종만 | 46 | 18 | 1941.12 | 釋奠狀況〉昭和十六年春季釋奠狀況 | |
| 17063 | 伊坂鍾萬 | 이판종만 | 47 | 37 | 1943.01 | 釋奠狀況〉昭和十六年秋季釋奠狀況 | |
| 17064 | 伊坂鍾萬 | 이판종만 | 47 | 39 | 1943.01 | 釋奠狀況〉昭和十七年春季釋奠狀況 | |
| 17065 | 伊坂鍾萬 | 이판종만 | 48 | 52 | 1944.04 | 釋奠狀況〉昭和十八年春季釋奠狀況 | |
| 17066 | 伊坂鍾萬 | 이판종만 | 48 | 53 | 1944.04 | 釋奠狀況〉昭和十八年秋季釋奠狀況 | |
| 17067 | 伊坂和夫 | 이판화부 | 48 | 63 | 1944.04 | 經學院日誌大要(昭和十七年七月ヨリ昭和十八年六月マテ) | 尹鍾華 |
| 17068 | 李平稙 | 이평직 | 12 | 53 | 1916.12 | 日誌大要 | |

| 번호 | 원문 | 현대어(독음) | 호 | 쪽 | 발행일 | 기사명 / 필자 | 비고 |
|------|------|--------------|-----|-----|--------|--------------|------|
| 17069 | 李彪 | 이표 | 32 | 3 | 1930.12 | 經學源流(續) / 權純九 | |
| 17070 | 李豊載 | 이풍재 | 44 | 82 | 1939.10 | 日誌大要(自昭和十三年六月 至昭和十三年十二月) | |
| 17071 | 李豊漢 | 이풍한 | 9 | 41 | 1915.12 | 日誌大要 | |
| 17072 | 李豊漢 | 이풍한 | 9 | 42 | 1915.12 | 日誌大要 | |
| 17073 | 李豊漢 | 이풍한 | 45 | 25 | 1940.12 | 朝鮮儒林大會(朝鮮儒道聯合會創立總會) 會錄槪要〉朝鮮儒道聯合會役員名簿(昭和十四年十一月一日現在) | |
| 17074 | 李豊熙 | 이풍희 | 25 | 44 | 1924.12 | 日誌大要 | |
| 17075 | 李弼承 | 이필승 | 20 | 49 | 1920.03 | 日誌大要 | |
| 17076 | 李必榮 | 이필영 | 28 | 87 | 1927.12 | 地方報告〉[吉基淳 等의 報告] | |
| 17077 | 李弼運 | 이필운 | 29 | 79 | 1928.12 | 地方報告〉[魏大源의 報告] | |
| 17078 | 李夏榮 | 이하영 | 29 | 43 | 1928.12 | 日誌大要 | |
| 17079 | 李夏班 | 이하정 | 45 | 28 | 1940.12 | 朝鮮儒林大會(朝鮮儒道聯合會創立總會) 會錄槪要〉朝鮮儒道聯合會役員名簿(昭和十四年十一月一日現在) | |
| 17080 | 李學魯 | 이학로 | 1 | 30 | 1913.12 | 天下文明說 / 李學魯 | |
| 17081 | 李學魯 | 이학로 | 1 | 52 | 1913.12 | 日誌大要 | |
| 17082 | 李學魯 | 이학로 | 11 | 82 | 1916.06 | 地方報告〉[黃敦秀의 報告] | |
| 17083 | 李學魯 | 이학로 | 12 | 48 | 1916.12 | 日誌大要 | |
| 17084 | 李學魯 | 이학로 | 12 | 49 | 1916.12 | 日誌大要 | |
| 17085 | 李學魯 | 이학로 | 12 | 72 | 1916.12 | 講說〉講題 女爲君子儒無爲小人儒(大正五年五月十三日開城郡鄕校講演) / 李學魯 | |
| 17086 | 李學魯 | 이학로 | 18 | 78 | 1918.09 | 地方報告〉[尹定普의 報告] | |
| 17087 | 李學魯 | 이학로 | 22 | 6 | 1922.03 | 中庸說 / 李學魯 | |
| 17088 | 李學魯 | 이학로 | 22 | 47 | 1922.03 | 故經學院副提學久庵朴公挽詞 / 李學魯 | |
| 17089 | 李學魯 | 이학로 | 22 | 55 | 1922.03 | 日誌大要 | |
| 17090 | 李學魯 | 이학로 | 23 | 1 | 1922.12 | 中庸說(續) / 李學魯 | |
| 17091 | 李學魯 | 이학로 | 23 | 14 | 1922.12 | 孔夫子忌辰四十周甲追慕辭 / 李學魯 | |
| 17092 | 李學魯 | 이학로 | 23 | 51 | 1922.12 | 長湍郡文廟重修韻 / 李學魯 | |
| 17093 | 李學魯 | 이학로 | 23 | 53 | 1922.12 | 日誌大要 | |
| 17094 | 李學魯 | 이학로 | 23 | 60 | 1922.12 | 日誌大要 | |
| 17095 | 李學魯 | 이학로 | 24 | 2 | 1923.12 | 中庸說(續) / 李學魯 | |
| 17096 | 李學魯 | 이학로 | 24 | 21 | 1923.12 | 開城郡士人申相千行錄 / 李學魯 | |
| 17097 | 李學魯 | 이학로 | 24 | 56 | 1923.12 | 日誌大要 | |
| 17098 | 李學魯 | 이학로 | 24 | 75 | 1923.12 | 講說〉講題 設爲庠序學校以教之皆所明人倫也 / 李學魯 | |

| 번호 | 원문 | 현대어(독음) | 호 | 쪽 | 발행일 | 기사명 / 필자 | 비고 |
|---|---|---|---|---|---|---|---|
| 17099 | 李學魯 | 이학로 | 24 | 89 | 1923.12 | 地方報告〉[李學魯의 報告] | |
| 17100 | 李學魯 | 이학로 | 25 | 1 | 1924.12 | 無形至大論 / 李學魯 | |
| 17101 | 李學魯 | 이학로 | 25 | 6 | 1924.12 | 中庸說(續) / 李學魯 | |
| 17102 | 李學魯 | 이학로 | 25 | 46 | 1924.12 | 日誌大要 | |
| 17103 | 李學魯 | 이학로 | 25 | 68 | 1924.12 | 講說〉講題 事親如事天 / 李學魯 | |
| 17104 | 李學魯 | 이학로 | 25 | 81 | 1924.12 | 地方報告〉[李學魯의 報告] | |
| 17105 | 李學魯 | 이학로 | 27 | 54 | 1926.12 | 日誌大要 | |
| 17106 | 李學魯 | 이학로 | 28 | 5 | 1927.12 | 理氣分合論 / 李學魯 | |
| 17107 | 李學魯 | 이학로 | 28 | 38 | 1927.12 | 壽星詩帖 / 李學魯 | |
| 17108 | 李學魯 | 이학로 | 29 | 15 | 1928.12 | 坡州郡文廟齋則序 / 李學魯 | |
| 17109 | 李學魯 | 이학로 | 29 | 32 | 1928.12 | 聚奎帖 / 李學魯 | |
| 17110 | 李學魯 | 이학로 | 29 | 43 | 1928.12 | 日誌大要 | |
| 17111 | 李學魯 | 이학로 | 29 | 50 | 1928.12 | 講說〉講題 生事愛敬死事哀戚 / 李學魯 | |
| 17112 | 李學魯 | 이학로 | 29 | 78 | 1928.12 | 地方報告〉[李大榮과 李學魯의 報告] | |
| 17113 | 李學魯 | 이학로 | 30 | 37 | 1929.12 | 雪重帖 / 李學魯 | |
| 17114 | 李學魯 | 이학로 | 30 | 45 | 1929.12 | 日誌大要 | |
| 17115 | 李學魯 | 이학로 | 30 | 48 | 1929.12 | 講說〉講題 旣庶矣富之旣富矣敎之 / 李學魯 | |
| 17116 | 李學魯 | 이학로 | 31 | 20 | 1930.08 | 講題 窮塞禍患不以動其心行吾義而已 / 李學魯 | |
| 17117 | 李學魯 | 이학로 | 31 | 27 | 1930.08 | 壽星帖 / 院僚一同 | |
| 17118 | 李學魯 | 이학로 | 32 | 1 | 1930.12 | 天人一源說 | |
| 17119 | 李學魯 | 이학로 | 32 | 21 | 1930.12 | 坡州郡鄕校明倫堂重修記 / 鄭萬朝 | 원문은 李君學魯 |
| 17120 | 李學魯 | 이학로 | 32 | 22 | 1930.12 | 坡州郡鄕校明倫堂重修記 / 李學魯 | |
| 17121 | 李學魯 | 이학로 | 32 | 32 | 1930.12 | 視察不二農場贈藤井組合長 / 李學魯 | |
| 17122 | 李學魯 | 이학로 | 32 | 33 | 1930.12 | 視察不二農場贈藤井組合長 / 李學魯 | |
| 17123 | 李學魯 | 이학로 | 32 | 43 | 1930.12 | 地方報告〉地方儒林狀況〉[李學魯의 報告] | |
| 17124 | 李學魯 | 이학로 | 32 | 44 | 1930.12 | 地方報告〉地方儒林狀況〉[李學魯의 報告] | |
| 17125 | 李學魯 | 이학로 | 33 | 1 | 1931.12 | 古今制器不同論 / 李學魯 | |
| 17126 | 李學魯 | 이학로 | 33 | 15 | 1931.12 | 聞曲阜兵變上蔣中正書 / 李學魯 | |
| 17127 | 李學魯 | 이학로 | 33 | 18 | 1931.12 | 壽松帖〉敬賀鄭提學先生喜壽 / 李學魯 | |
| 17128 | 李學魯 | 이학로 | 33 | 29 | 1931.12 | 聲討顚末 | |
| 17129 | 李學魯 | 이학로 | 34 | 1 | 1932.03 | 生三事一論 / 李學魯 | |
| 17130 | 李學魯 | 이학로 | 35 | 2 | 1932.12 | 以好問供勸學說 / 李學魯 | |
| 17131 | 李學魯 | 이학로 | 35 | 4 | 1932.12 | 經傳解釋通例 / 李學魯 | |
| 17132 | 李學魯 | 이학로 | 35 | 22 | 1932.12 | 孝壽帖〉賀韻 / 李學魯 | |

| 번호 | 원문 | 현대어(독음) | 호 | 쪽 | 발행일 | 기사명 / 필자 | 비고 |
|---|---|---|---|---|---|---|---|
| 17133 | 李學魯 | 이학로 | 36 | 8 | 1933.12 | 居然亭記 / 李學魯 | |
| 17134 | 李學魯 | 이학로 | 37 | 1 | 1934.10 | 心學說 / 李學魯 | |
| 17135 | 李學魯 | 이학로 | 39 | 2 | 1935.10 | 性善說 / 李學魯 | |
| 17136 | 李學魯 | 이학로 | 40 | 2 | 1936.08 | 聖師不裸辨 / 李學魯 | |
| 17137 | 李學魯 | 이학로 | 40 | 43 | 1936.08 | 成竹似先生追悼錄〉挽故成均館博士成竹似先生 / 吳鳳泳 | |
| 17138 | 李學魯 | 이학로 | 40 | 50 | 1936.08 | 鄭茂亭先生追悼錄〉輓詞 / 李學魯 | |
| 17139 | 李學魯 | 이학로 | 41 | 16 | 1937.02 | 博士王仁傳 / 李學魯 | |
| 17140 | 李學魯 | 이학로 | 41 | 26 | 1937.02 | 一. 孝烈行蹟〉[李學魯의 보고] | |
| 17141 | 李學魯 | 이학로 | 41 | 41 | 1937.02 | 經學院先職諸先生追悼式狀況〉追悼辭 / 李學魯 | |
| 17142 | 李學魯 | 이학로 | 41 | 43 | 1937.02 | 經學院永年勤續職員褒彰式狀況〉祝辭 / 李學魯 | |
| 17143 | 李學魯 | 이학로 | 41 | 59 | 1937.02 | 經學院講士名簿(昭和十一年十一月一日) | |
| 17144 | 李學魯 | 이학로 | 43 | 40 | 1938.12 | 故大提學鄭鳳時先生輓詞 / 李學魯 | |
| 17145 | 李學魯 | 이학로 | 44 | 75 | 1939.10 | 日誌大要(自昭和十三年六月 至昭和十三年十二月) | |
| 17146 | 李學善 | 이학선 | 31 | 40 | 1930.08 | 地方報告〉孝烈行蹟〉[李學善 等의 보고] | |
| 17147 | 李鶴雨 | 이학우 | 11 | 62 | 1916.06 | 日誌大要 | |
| 17148 | 李鶴雨 | 이학우 | 12 | 52 | 1916.12 | 日誌大要 | |
| 17149 | 李鶴雨 | 이학우 | 12 | 53 | 1916.12 | 日誌大要 | |
| 17150 | 李鶴雨 | 이학우 | 14 | 39 | 1917.07 | 日誌大要 | |
| 17151 | 李鶴雨 | 이학우 | 19 | 30 | 1918.12 | 日誌大要 | |
| 17152 | 李鶴雨 | 이학우 | 19 | 31 | 1918.12 | 日誌大要 | |
| 17153 | 李鶴雨 | 이학우 | 20 | 46 | 1920.03 | 日誌大要 | |
| 17154 | 李鶴雨 | 이학우 | 20 | 49 | 1920.03 | 日誌大要 | |
| 17155 | 李鶴在 | 이학재 | 1 | 29 | 1913.12 | 經學講席銘 / 李鶴在 | |
| 17156 | 李鶴在 | 이학재 | 1 | 53 | 1913.12 | 日誌大要 | |
| 17157 | 李鶴在 | 이학재 | 1 | 57 | 1913.12 | 日誌大要 | |
| 17158 | 李鶴在 | 이학재 | 1 | 58 | 1913.12 | 本院職員錄 大正二年十二月 日 現在 | |
| 17159 | 李鶴在 | 이학재 | 1 | 71 | 1913.12 | 講說〉大正二年九月四日第二回演講〉(講章此之謂絜矩之道)〉敷演 / 鄭鳳時 | |
| 17160 | 李鶴在 | 이학재 | 2 | 58 | 1914.03 | 日誌大要 | |
| 17161 | 李鶴在 | 이학재 | 2 | 76 | 1914.03 | 地方報告〉[李鶴在의 報告] | |
| 17162 | 李鶴在 | 이학재 | 3 | 11 | 1914.06 | 警學猥言 / 李鶴在 | |
| 17163 | 李鶴在 | 이학재 | 3 | 56 | 1914.06 | 日誌大要 | |
| 17164 | 李鶴在 | 이학재 | 3 | 60 | 1914.06 | 日誌大要 | |

| 번호 | 원문 | 현대어(독음) | 호 | 쪽 | 발행일 | 기사명 / 필자 | 비고 |
|---|---|---|---|---|---|---|---|
| 17165 | 李鶴在 | 이학재 | 3 | 61 | 1914.06 | 日誌大要 | |
| 17166 | 李鶴在 | 이학재 | 3 | 67 | 1914.06 | 講說〉講題 孝子所以事君也弟者所以事長也慈者所以使衆也(大正三年三月三日第五回講演)〉敷演 / 李鶴在 | |
| 17167 | 李鶴在 | 이학재 | 3 | [0] | 1914.06 | [經學院視察團旅行紀念] | |
| 17168 | 李鶴在 | 이학재 | 4 | 10 | 1914.09 | 雜誌辨 / 李鶴在 | |
| 17169 | 李鶴在 | 이학재 | 5 | 7 | 1914.12 | 道也者不可須臾離論 / 李鶴在 | |
| 17170 | 李鶴在 | 이학재 | 6 | 71 | 1915.03 | 地方報告〉[李鶴在 巡講] | |
| 17171 | 李鶴在 | 이학재 | 8 | 58 | 1915.09 | 地方報告〉[李鶴在의 報告] | |
| 17172 | 李鶴在 | 이학재 | 9 | [21] | 1915.12 | 卽位大禮式獻頌文 / 李鶴在 | |
| 17173 | 李鶴在 | 이학재 | 10 | 87 | 1916.03 | 地方報告〉[李鶴在의 報告] | |
| 17174 | 李鶴在 | 이학재 | 11 | 41 | 1916.06 | 四書小註辨疑 / 李鶴在 | |
| 17175 | 李鶴在 | 이학재 | 12 | 28 | 1916.12 | 四書小註辨疑(續) / 李鶴在 | |
| 17176 | 李鶴在 | 이학재 | 12 | [12] | 1916.12 | 立太子禮獻頌文 / 李鶴在 | |
| 17177 | 李鶴在 | 이학재 | 13 | 18 | 1917.03 | 四書小註辨疑(續) / 李鶴在 | |
| 17178 | 李鶴在 | 이학재 | 14 | 25 | 1917.07 | 四書小註辨疑(續) / 李鶴在 | |
| 17179 | 李鶴在 | 이학재 | 15 | 13 | 1917.10 | 四書小註辨疑(續) / 李鶴在 | |
| 17180 | 李鶴在 | 이학재 | 17 | 7 | 1918.07 | 四書小註辨疑(續) / 李鶴在 | |
| 17181 | 李鶴在 | 이학재 | 18 | 13 | 1918.09 | 四書小註辨疑(續) / 李鶴在 | |
| 17182 | 李鶴在 | 이학재 | 18 | 80 | 1918.09 | 地方報告〉[李鶴在의 報告] | |
| 17183 | 李鶴在 | 이학재 | 19 | 12 | 1918.12 | 四書小註辨疑(續) / 李鶴在 | |
| 17184 | 李鶴在 | 이학재 | 21 | 22 | 1921.03 | 四書小註辨疑(第十九號續) / 李鶴在 | |
| 17185 | 李鶴在 | 이학재 | 21 | 88 | 1921.03 | 日誌大要 | |
| 17186 | 李鶴在 | 이학재 | 21 | 91 | 1921.03 | 日誌大要 | |
| 17187 | 李鶴在 | 이학재 | 24 | 85 | 1923.12 | 講說〉講題 時代之儒敎 / 金完鎭 | |
| 17188 | 李學俊 | 이학준 | 37 | 48 | 1934.10 | 文廟釋奠狀況〉[崔泰鎭의 보고] | |
| 17189 | 李學駿 | 이학준 | 36 | 26 | 1933.12 | 文廟釋奠狀況〉[盧秉寅의 보고] | |
| 17190 | 李鶴泰 | 이학태 | 46 | 17 | 1941.12 | 釋奠狀況〉昭和十六年春季釋奠狀況 | |
| 17191 | 李翰 | 이한 | 28 | 2 | 1927.12 | 朝鮮詩文變遷論 / 鄭萬朝 | |
| 17192 | 李漢斗 | 이한두 | 20 | 38 | 1920.03 | 求禮郡文廟重修捐義錄小序 / 金商翊 | |
| 17193 | 李漢福 | 이한복 | 11 | 62 | 1916.06 | 日誌大要 | |
| 17194 | 李漢福 | 이한복 | 45 | 34 | 1940.12 | 朝鮮儒林大會(朝鮮儒道聯合會創立總會) 會錄概要〉朝鮮儒道聯合會役員名簿(昭和十四年十一月一日現在) | |
| 17195 | 李翰善 | 이한선 | 18 | 82 | 1918.09 | 地方報告〉[李台煥의 報告] | |
| 17196 | 李漢升 | 이한승 | 26 | 41 | 1925.12 | 日誌大要 | |
| 17197 | 李漢升 | 이한승 | 28 | 44 | 1927.12 | 日誌大要 | |

| 번호 | 원문 | 현대어(독음) | 호 | 쪽 | 발행일 | 기사명 / 필자 | 비고 |
|---|---|---|---|---|---|---|---|
| 17198 | 李漢昇 | 이한승 | 30 | 45 | 1929.12 | 日誌大要 | |
| 17199 | 李漢昇 | 이한승 | 31 | 30 | 1930.08 | 日誌大要 | |
| 17200 | 李恒 | 이항 | 11 | 27 | 1916.06 | 經學淺知錄(續) / 金文演 | 원문은 恆 |
| 17201 | 李恒九 | 이항구 | 45 | 20 | 1940.12 | 朝鮮儒林大會(朝鮮儒道聯合會創立總會) 會錄概要>朝鮮儒道聯合會役員名簿(昭和十四年十一月一日現在) | |
| 17202 | 李恒圭 | 이항규 | 45 | 38 | 1940.12 | 朝鮮儒林大會(朝鮮儒道聯合會創立總會) 會錄概要>朝鮮儒道聯合會役員名簿(昭和十四年十一月一日現在) | |
| 17203 | 李海壽 | 이해수 | 21 | 64 | 1921.03 | 賢關記聞(續) / 李大榮 | |
| 17204 | 李海昇 | 이해승 | 45 | 20 | 1940.12 | 朝鮮儒林大會(朝鮮儒道聯合會創立總會) 會錄概要>朝鮮儒道聯合會役員名簿(昭和十四年十一月一日現在) | |
| 17205 | 李海元 | 이해원 | 7 | 54 | 1915.06 | 日誌大要 | |
| 17206 | 李海元 | 이해원 | 9 | 42 | 1915.12 | 日誌大要 | |
| 17207 | 李海朝 | 이해조 | 23 | 40 | 1922.12 | 孔夫子忌辰四十周甲追慕禮式及紀念事業發起文 | |
| 17208 | 李海朝 | 이해조 | 23 | 57 | 1922.12 | 日誌大要 | |
| 17209 | 李海昌 | 이해창 | 45 | 20 | 1940.12 | 朝鮮儒林大會(朝鮮儒道聯合會創立總會) 會錄概要>朝鮮儒道聯合會役員名簿(昭和十四年十一月一日現在) | |
| 17210 | 李荇 | 이행 | 11 | 54 | 1916.06 | 賢關記聞(續) / 李大榮 | |
| 17211 | 李荇 | 이행 | 43 | 16 | 1938.12 | 敎化編年(續) / 李大榮 | |
| 17212 | 李行祖 | 이행조 | 32 | 44 | 1930.12 | 地方報告>地方儒林狀況>[李學魯의 報告] | |
| 17213 | 李獻慶 | 이헌경 | 33 | 3 | 1931.12 | 經筵問對箚記 / 權純九 | |
| 17214 | 李獻慶 | 이헌경 | 33 | 4 | 1931.12 | 經筵問對箚記 / 權純九 | 원문은 献慶 |
| 17215 | 李獻慶 | 이헌경 | 33 | 5 | 1931.12 | 經筵問對箚記 / 權純九 | 원문은 献慶 |
| 17216 | 李獻慶 | 이헌경 | 33 | 6 | 1931.12 | 經筵問對箚記 / 權純九 | 원문은 献慶 |
| 17217 | 李軒求 | 이헌구 | 45 | 36 | 1940.12 | 朝鮮儒林大會(朝鮮儒道聯合會創立總會) 會錄概要>朝鮮儒道聯合會役員名簿(昭和十四年十一月一日現在) | |
| 17218 | 李憲國 | 이헌국 | 25 | 86 | 1924.12 | 地方報告>[李憲國의 報告] | |
| 17219 | 李憲國 | 이헌국 | 26 | 82 | 1925.12 | 地方報告>[李憲國의 報告] | |
| 17220 | 李憲圭 | 이헌규 | 21 | 93 | 1921.03 | 日誌大要 | |
| 17221 | 李賢 | 이현 | 18 | 8 | 1918.09 | 經學管見(續) / 尹寧求 | |
| 17222 | 李鉉 | 이현 | 32 | 4 | 1930.12 | 經學源流(續) / 權純九 | |
| 17223 | 李炫觀 | 이현관 | 25 | 38 | 1924.12 | 日誌大要 | |
| 17224 | 李玄圭 | 이현규 | 7 | 54 | 1915.06 | 日誌大要 | |

| 번호 | 원문 | 현대어(독음) | 호 | 쪽 | 발행일 | 기사명 / 필자 | 비고 |
|---|---|---|---|---|---|---|---|
| 17225 | 李玄圭 | 이현규 | 9 | 39 | 1915.12 | 日誌大要 | |
| 17226 | 李玄圭 | 이현규 | 9 | 40 | 1915.12 | 日誌大要 | |
| 17227 | 李玄圭 | 이현규 | 9 | 42 | 1915.12 | 日誌大要 | |
| 17228 | 李玄圭 | 이현규 | 11 | 62 | 1916.06 | 日誌大要 | |
| 17229 | 李玄圭 | 이현규 | 12 | 53 | 1916.12 | 日誌大要 | |
| 17230 | 李玄圭 | 이현규 | 31 | 30 | 1930.08 | 日誌大要 | |
| 17231 | 李鉉範 | 이현범 | 37 | 49 | 1934.10 | 文廟釋奠狀況〉[李鉉範의 보고] | |
| 17232 | 李玄逸 | 이현일 | 11 | 27 | 1916.06 | 經學淺知錄(續) / 金文演 | 원문은 玄逸 |
| 17233 | 李鉉喆 | 이현철 | 20 | 49 | 1920.03 | 日誌大要 | |
| 17234 | 李衡 | 이형 | 18 | 10 | 1918.09 | 經學管見(續) / 尹寧求 | |
| 17235 | 李亨圭 | 이형규 | 39 | 54 | 1935.10 | 文廟釋奠狀況〉地方文廟春期釋奠狀況表 | |
| 17236 | 李亨燮 | 이형섭 | 23 | 87 | 1922.12 | 地方報告〉[宋繼麟의 報告] | |
| 17237 | 李亨宰 | 이형재 | 14 | 60 | 1917.07 | 地方報告〉[李亨宰 등의 報告] | |
| 17238 | 李亨振 | 이형진 | 29 | 39 | 1928.12 | 日誌大要 | |
| 17239 | 李瀅鎬 | 이형호 | 30 | 80 | 1929.12 | 地方報告〉[李瀅鎬의 報告] | |
| 17240 | 李好龍 | 이호룡 | 21 | 26 | 1921.03 | 鄭信國傳 / 鄭崙秀 | |
| 17241 | 李好龍 | 이호룡 | 10 | 52 | 1916.03 | 賢關記聞(續) / 李大榮 | |
| 17242 | 李鎬璉 | 이호련 | 22 | 73 | 1922.03 | 地方報告〉[李鎬璉의 報告] | |
| 17243 | 李好閔 | 이호민 | 5 | 36 | 1914.12 | 樂器圖說 | |
| 17244 | 李鎬白 | 이호백 | 23 | 57 | 1922.12 | 日誌大要 | |
| 17245 | 李鎬臣 | 이호신 | 37 | 50 | 1934.10 | 文廟釋奠狀況〉[金基世의 보고] | |
| 17246 | 李暤演 | 이호연 | 48 | 57 | 1944.04 | 一. 孝烈行跡報告 其三 / 李暤演 | |
| 17247 | 李鎬弼 | 이호필 | 24 | 54 | 1923.12 | 日誌大要 | |
| 17248 | 李鎬弼 | 이호필 | 24 | 55 | 1923.12 | 日誌大要 | |
| 17249 | 李鎬弼 | 이호필 | 45 | 36 | 1940.12 | 朝鮮儒林大會(朝鮮儒道聯合會創立總會) 會錄槪要〉朝鮮儒道聯合會役員名簿(昭和十四年十一月一日現在) | |
| 17250 | 李洪 | 이홍 | 15 | 65 | 1917.10 | 講說〉大邱高等普通學校講演(大正六年五月十六日)〉常棣章講說 / 朴昇東 | |
| 17251 | 李鴻來 | 이홍래 | 28 | 88 | 1927.12 | 地方報告〉[李鴻來의 報告] | |
| 17252 | 李鴻來 | 이홍래 | 29 | 76 | 1928.12 | 地方報告〉[李鴻來의 報告] | |
| 17253 | 李洪林 | 이홍림 | 35 | 76 | 1932.12 | 明倫學院昭和七年度第三回入學許可者名簿 | |
| 17254 | 李洪林 | 이홍림 | 36 | 29 | 1933.12 | 文廟釋奠狀況〉[春期釋奠 擧行] | |
| 17255 | 李洪林 | 이홍림 | 37 | 51 | 1934.10 | 文廟釋奠狀況〉[春期釋奠 擧行] | |
| 17256 | 李洪林 | 이홍림 | 37 | 69 | 1934.10 | 明倫學院第三回卒業生名簿 | |
| 17257 | 李洪林 | 이홍림 | 39 | 51 | 1935.10 | 文廟釋奠狀況〉[春期釋奠 擧行] | |

| 번호 | 원문 | 현대어(독음) | 호 | 쪽 | 발행일 | 기사명 / 필자 | 비고 |
|---|---|---|---|---|---|---|---|
| 17258 | 李洪林 | 이홍림 | 39 | 56 | 1935.10 | 第三回卒業生名簿(新規第一回昭和十年三月) | |
| 17259 | 李鴻默 | 이홍묵 | 45 | 33 | 1940.12 | 朝鮮儒林大會(朝鮮儒道聯合會創立總會) 會錄槪要>朝鮮儒道聯合會役員名簿(昭和十四年十一月一日現在) | |
| 17260 | 李弘鍾 | 이홍종 | 45 | 30 | 1940.12 | 朝鮮儒林大會(朝鮮儒道聯合會創立總會) 會錄槪要>朝鮮儒道聯合會役員名簿(昭和十四年十一月一日現在) | |
| 17261 | 李弘胄 | 이홍주 | 7 | 32 | 1915.06 | 文廟碑銘幷序 | |
| 17262 | 李和之 | 이화지 | 12 | 82 | 1916.12 | 地方報告>[金光鉉의 報告] | |
| 17263 | 李華鎭 | 이화진 | 33 | 36 | 1931.12 | 聲討顚末 | |
| 17264 | 李桓宰 | 이환재 | 28 | 47 | 1927.12 | 日誌大要 | |
| 17265 | 李桓宰 | 이환재 | 28 | 48 | 1927.12 | 日誌大要 | |
| 17266 | 李滉 | 이황 | 9 | 34 | 1915.12 | 賢關記聞(續) / 李大榮 | |
| 17267 | 李滉 | 이황 | 10 | 51 | 1916.03 | 賢關記聞(續) / 李大榮 | |
| 17268 | 李滉 | 이황 | 11 | 27 | 1916.06 | 經學淺知錄(續) / 金文演 | 원문은 滉 |
| 17269 | 李滉 | 이황 | 11 | 54 | 1916.06 | 賢關記聞(續) / 李大榮 | |
| 17270 | 李滉 | 이황 | 25 | 42 | 1924.12 | 日誌大要 | |
| 17271 | 李滉 | 이황 | 28 | 2 | 1927.12 | 朝鮮詩文變遷論 / 鄭萬朝 | 원문은 滉 |
| 17272 | 李滉 | 이황 | 30 | 35 | 1929.12 | 祭粢料傳達式狀況 | |
| 17273 | 李滉 | 이황 | 30 | 58 | 1929.12 | 講說>講題 朝鮮의 在한 聖學道統 : 李退溪先生을 憶함 / 赤木萬二郎 | |
| 17274 | 李滉 | 이황 | 42 | 47 | 1937.12 | 文廟享祀位次及聖賢姓名爵號考 / 金完鎭 | 文純公 |
| 17275 | 李滉 | 이황 | 42 | 58 | 1937.12 | 文廟享祀位次及聖賢姓名爵號考 / 金完鎭 | 文純公 |
| 17276 | 李滉 | 이황 | 42 | 59 | 1937.12 | 文廟享祀位次及聖賢姓名爵號考 / 金完鎭 | 文純公 |
| 17277 | 李滉 | 이황 | 43 | 15 | 1938.12 | 敎化編年(續) / 李大榮 | |
| 17278 | 李滉 | 이황 | 43 | 18 | 1938.12 | 敎化編年(續) / 李大榮 | |
| 17279 | 李滉 | 이황 | 44 | 49 | 1939.10 | 嘉言善行 / 李昇圭 | |
| 17280 | 李煌 | 이황 | 45 | 29 | 1940.12 | 朝鮮儒林大會(朝鮮儒道聯合會創立總會) 會錄槪要>朝鮮儒道聯合會役員名簿(昭和十四年十一月一日現在) | |
| 17281 | 李會極 | 이회극 | 25 | 84 | 1924.12 | 地方報告>[李會極의 報告] | |
| 17282 | 李會極 | 이회극 | 28 | 73 | 1927.12 | 地方報告>[李會極의 報告] | |
| 17283 | 李會極 | 이회극 | 28 | 82 | 1927.12 | 地方報告>[李會極의 報告] | |
| 17284 | 李會極 | 이회극 | 29 | 67 | 1928.12 | 地方報告>[李會極의 報告] | |
| 17285 | 李會極 | 이회극 | 29 | 73 | 1928.12 | 地方報告>[李會極의 報告] | |
| 17286 | 李會極 | 이회극 | 30 | 72 | 1929.12 | 地方報告>[李會極의 報告] | |
| 17287 | 李會極 | 이회극 | 30 | 75 | 1929.12 | 地方報告>[李會極의 報告] | |

| 번호 | 원문 | 현대어(독음) | 호 | 쪽 | 발행일 | 기사명 / 필자 | 비고 |
|---|---|---|---|---|---|---|---|
| 17288 | 李會極 | 이회극 | 31 | 35 | 1930.08 | 地方報告〉各郡文廟釋奠狀況〉[李會極의 보고] | |
| 17289 | 李會極 | 이회극 | 31 | 36 | 1930.08 | 地方報告〉各郡文廟釋奠狀況〉[李會極의 보고] | |
| 17290 | 李會極 | 이회극 | 32 | 44 | 1930.12 | 地方報告〉各郡文廟釋奠狀況〉[李會極의 보고] | |
| 17291 | 李會極 | 이회극 | 33 | 7 | 1931.12 | 海州郡文廟重修記 / 鄭萬朝 | 원문은 李君會極 |
| 17292 | 李會極 | 이회극 | 33 | 44 | 1931.12 | 文廟釋奠狀況〉[李會極의 보고] | |
| 17293 | 李會相 | 이회상 | 22 | 58 | 1922.03 | 日誌大要 | |
| 17294 | 李晦榮 | 이회영 | 9 | 39 | 1915.12 | 日誌大要 | |
| 17295 | 李晦榮 | 이회영 | 9 | 40 | 1915.12 | 日誌大要 | |
| 17296 | 李晦榮 | 이회영 | 11 | 62 | 1916.06 | 日誌大要 | |
| 17297 | 李晦齋 | 이회재 | 11 | 27 | 1916.06 | 經學淺知錄(續) / 金文演 | 李彦迪 |
| 17298 | 李晦齋 | 이회재 | 44 | 43 | 1939.10 | 大學主旨 / 崔浩然 | 李彦迪 |
| 17299 | 李會稷 | 이회직 | 29 | 5 | 1928.12 | 稼穡說 / 李會稷 | |
| 17300 | 李會稷 | 이회직 | 29 | 32 | 1928.12 | 聚奎帖 / 李會稷 | |
| 17301 | 李會稷 | 이회직 | 29 | 35 | 1928.12 | 大樹帖 / 李會稷 | |
| 17302 | 李會稷 | 이회직 | 29 | 37 | 1928.12 | 日誌大要 | |
| 17303 | 李會稷 | 이회직 | 30 | 45 | 1929.12 | 日誌大要 | |
| 17304 | 李會稷 | 이회직 | 30 | 46 | 1929.12 | 日誌大要 | |
| 17305 | 李孝女 | 이효녀 | 12 | 82 | 1916.12 | 地方報告〉[金光鉉의 報告] | |
| 17306 | 李孝女 | 이효녀 | 12 | 83 | 1916.12 | 地方報告〉[金光鉉의 報告] | |
| 17307 | 李壎相 | 이훈상 | 9 | 42 | 1915.12 | 日誌大要 | |
| 17308 | 李勳鏞 | 이훈용 | 34 | 59 | 1932.03 | 明倫學院昭和六年度入學許可者名簿 | |
| 17309 | 李勳鏞 | 이훈용 | 35 | 30 | 1932.12 | 文廟釋奠狀況 | |
| 17310 | 李勳鏞 | 이훈용 | 36 | 25 | 1933.12 | 文廟釋奠狀況〉[秋期釋奠 擧行] | |
| 17311 | 李勳鏞 | 이훈용 | 36 | 30 | 1933.12 | 文廟釋奠狀況〉[春期釋奠 擧行] | |
| 17312 | 李勳鏞 | 이훈용 | 36 | 68 | 1933.12 | 明倫學院第二回卒業生名簿 | |
| 17313 | 李勳鏞 | 이훈용 | 36 | 72 | 1933.12 | 明倫學院第二回補習科生名簿 | |
| 17314 | 李勳鏞 | 이훈용 | 37 | 46 | 1934.10 | 文廟釋奠狀況〉[秋期釋奠 擧行] | |
| 17315 | 李勳鏞 | 이훈용 | 37 | 51 | 1934.10 | 文廟釋奠狀況〉[春期釋奠 擧行] | |
| 17316 | 李勳鏞 | 이훈용 | 37 | 70 | 1934.10 | 明倫學院補習科第二回修了生名簿 | |
| 17317 | 李烜久 | 이훤구 | 33 | 36 | 1931.12 | 聲討顚末 | |
| 17318 | 李輝琳 | 이휘임 | 46 | 17 | 1941.12 | 釋奠狀況〉昭和十六年春季釋奠狀況 | |
| 17319 | 李洽 | 이흡 | 32 | 40 | 1930.12 | 地方報告〉地方儒林狀況〉[成樂賢의 報告] | 원문은 洽 |
| 17320 | 李興載 | 이흥재 | 18 | 78 | 1918.09 | 地方報告〉[方奎鶴의 報告] | |
| 17321 | 李興冑 | 이흥주 | 19 | 23 | 1918.12 | 三洙瑣談(續) / 元泳義 | |
| 17322 | 李熙建 | 이희건 | 27 | 59 | 1926.12 | 日誌大要 | |

| 번호 | 원문 | 현대어(독음) | 호 | 쪽 | 발행일 | 기사명 / 필자 | 비고 |
|---|---|---|---|---|---|---|---|
| 17323 | 李熙敬 | 이희경 | 30 | 41 | 1929.12 | 日誌大要 | |
| 17324 | 李羲奎 | 이희규 | 28 | 72 | 1927.12 | 地方報告〉[李煜 等의 報告] | |
| 17325 | 李熙大 | 이희대 | 30 | 41 | 1929.12 | 日誌大要 | |
| 17326 | 李熙德 | 이희덕 | 29 | 17 | 1928.12 | 龍井文廟刱建記 / 金璜鎭 | |
| 17327 | 李熙龍 | 이희룡 | 5 | 91 | 1914.12 | 關東講說〉講題 道不遠人 / 李熙龍 | |
| 17328 | 李熙萬 | 이희만 | 25 | 38 | 1924.12 | 日誌大要 | |
| 17329 | 李熙萬 | 이희만 | 27 | 53 | 1926.12 | 日誌大要 | |
| 17330 | 李希白 | 이희백 | 33 | 9 | 1931.12 | 司直金公墓碑銘并序 / 金完鎭 | |
| 17331 | 李希輔 | 이희보 | 43 | 17 | 1938.12 | 敎化編年(續) / 李大榮 | |
| 17332 | 李喜鳳 | 이희봉 | 15 | 33 | 1917.10 | 日誌大要 | |
| 17333 | 李熙鳳 | 이희봉 | 32 | 52 | 1930.12 | 地方報告〉孝烈行蹟〉[成錫永 等의 보고] | |
| 17334 | 李熙相 | 이희상 | 29 | 44 | 1928.12 | 日誌大要 | |
| 17335 | 李羲錫 | 이희석 | 1 | 47 | 1913.12 | 日誌大要 | |
| 17336 | 李羲錫 | 이희석 | 1 | 53 | 1913.12 | 日誌大要 | |
| 17337 | 李喜永 | 이희영 | 36 | 33 | 1933.12 | 文廟釋奠狀況〉[盧秉寅의 보고] | |
| 17338 | 李熙永 | 이희영 | 22 | 53 | 1922.03 | 日誌大要 | |
| 17339 | 李熙永 | 이희영 | 22 | 54 | 1922.03 | 日誌大要 | |
| 17340 | 李喜朝 | 이희조 | 11 | 27 | 1916.06 | 經學淺知錄(續) / 金文演 | 원문은 喜朝 |
| 17341 | 李熙天 | 이희천 | 26 | 45 | 1925.12 | 日誌大要 | |
| 17342 | 李熙天 | 이희천 | 26 | 46 | 1925.12 | 日誌大要 | |
| 17343 | 益都侯 | 익도후 | 42 | 51 | 1937.12 | 文廟享祀位次及聖賢姓名爵號考 / 金完鎭 | 樊須 |
| 17344 | 益都侯 | 익도후 | 42 | 46 | 1937.12 | 文廟享祀位次及聖賢姓名爵號考 / 金完鎭 | 樊須 |
| 17345 | 翼成公 | 익성공 | 22 | 72 | 1922.03 | 地方報告〉[宋圭鎭의 報告] | 黃喜 |
| 17346 | 益安大君 | 익안대군 | 27 | 71 | 1926.12 | 地方報告〉[任衡宰 等의 報告] | |
| 17347 | 翼齋 | 익재 | 11 | 56 | 1916.06 | 賢關記聞(續) / 李大榮 | 洪鳳漢 |
| 17348 | 仁 | 인 | 11 | 27 | 1916.06 | 經學淺知錄(續) / 金文演 | 조선 仁宗 |
| 17349 | 仁 | 인 | 28 | 3 | 1927.12 | 朝鮮詩文變遷論 / 鄭萬朝 | 조선 仁祖 |
| 17350 | 印樂源 | 인낙원 | 29 | 71 | 1928.12 | 地方報告〉[李尙馥의 報告] | |
| 17351 | 仁德天皇 | 인덕 천황 | 30 | 8 | 1929.12 | 中學漢文論(文貴在譯者) / 鹽谷 溫 | 닌토쿠 천황 |
| 17352 | 仁德天皇 | 인덕 천황 | 41 | 17 | 1937.02 | 博士王仁傳 / 李學魯 | 닌토쿠 천황 |
| 17353 | 仁明天皇 | 인명 천황 | 48 | 48 | 1944.04 | 嘉言善行 / 李敬植 | 닌묘 천황 |
| 17354 | 仁山金氏 | 인산 김씨 | 12 | 30 | 1916.12 | 四書小註辨疑(續) / 李鶴在 | |
| 17355 | 仁叟 | 인수 | 32 | 41 | 1930.12 | 地方報告〉地方儒林狀況〉[成樂賢의 報告] | 朴彭年 |
| 17356 | 仁粹大妃 | 인수대비 | 9 | 31 | 1915.12 | 賢關記聞(續) / 李大榮 | |
| 17357 | 忍齋 | 인재 | 37 | 30 | 1934.10 | 孝烈行蹟〉[博川文廟直員의 보고] | 金基洛 |
| 17358 | 印在鳳 | 인재봉 | 25 | 78 | 1924.12 | 地方報告〉[李忠求 等의 報告] | |

| 번호 | 원문 | 현대어(독음) | 호 | 쪽 | 발행일 | 기사명 / 필자 | 비고 |
|---|---|---|---|---|---|---|---|
| 17359 | 仁祖 | 인조 | 5 | 36 | 1914.12 | 樂器圖說 | |
| 17360 | 仁祖 | 인조 | 10 | 54 | 1916.03 | 賢關記聞(續) / 李大榮 | |
| 17361 | 仁祖 | 인조 | 11 | 52 | 1916.06 | 賢關記聞(續) / 李大榮 | |
| 17362 | 仁祖 | 인조 | 11 | 53 | 1916.06 | 賢關記聞(續) / 李大榮 | |
| 17363 | 仁祖 | 인조 | 11 | 54 | 1916.06 | 賢關記聞(續) / 李大榮 | |
| 17364 | 仁祖 | 인조 | 12 | 41 | 1916.12 | 賢關記聞(續) / 李大榮 | |
| 17365 | 仁祖 | 인조 | 15 | 25 | 1917.10 | 賢關記聞(十三號續) / 李大榮 | |
| 17366 | 仁祖 | 인조 | 17 | 34 | 1918.07 | 賢關記聞(續) / 李大榮 | |
| 17367 | 仁祖 | 인조 | 18 | 31 | 1918.09 | 賢關記聞(續) / 李大榮 | |
| 17368 | 仁祖 | 인조 | 21 | 26 | 1921.03 | 鄭信國傳 / 鄭崙秀 | |
| 17369 | 仁祖 | 인조 | 33 | 39 | 1931.12 | 地方儒林狀況〉[李大榮의 보고]〉書院狀況 | |
| 17370 | 仁祖 | 인조 | 42 | 58 | 1937.12 | 文廟享祀位次及聖賢姓名爵號考 / 金完鎭 | 조선의 李倧 |
| 17371 | 仁宗 | 인종 | 10 | 16 | 1916.03 | 經學管見(續) / 尹寧求 | |
| 17372 | 仁宗 | 인종 | 21 | 72 | 1921.03 | 鄕校財産沿革 / 金完鎭 | |
| 17373 | 仁宗 | 인종 | 21 | 74 | 1921.03 | 鄕校財産沿革 / 金完鎭 | |
| 17374 | 仁宗 | 인종 | 42 | 50 | 1937.12 | 文廟享祀位次及聖賢姓名爵號考 / 金完鎭 | 元의 仁宗 |
| 17375 | 仁宗 | 인종 | 42 | 57 | 1937.12 | 文廟享祀位次及聖賢姓名爵號考 / 金完鎭 | 元의 仁宗 |
| 17376 | 仁宗 | 인종 | 43 | 17 | 1938.12 | 敎化編年(續) / 李大榮 | 조선의 李岹 |
| 17377 | 仁宗 | 인종 | 47 | 33 | 1943.01 | 朝鮮詩學考(第十四號續) / 李昇圭 | 고려의 王楷 |
| 17378 | 仁川李氏 | 인천 이씨 | 27 | 86 | 1926.12 | 地方報告〉[高彦柱 等의 報告] | |
| 17379 | 仁平 | 인평 | 23 | 87 | 1922.12 | 地方報告〉[金煥容의 報告] | 李普赫 |
| 17380 | 仁惠侯 | 인혜후 | 37 | 37 | 1934.10 | 地方儒林狀況〉[李大榮의 보고]〉書院狀況 | 叔齊 |
| 17381 | 仁惠侯 | 인혜후 | 37 | 36 | 1934.10 | 地方儒林狀況〉[李大榮의 보고]〉書院狀況 | 叔齊 |
| 17382 | 印熙培 | 인희배 | 29 | 71 | 1928.12 | 地方報告〉[李尙馥의 報告] | 원문은 熙培 |
| 17383 | 一蠹 | 일두 | 42 | 58 | 1937.12 | 文廟享祀位次及聖賢姓名爵號考 / 金完鎭 | 鄭汝昌 |
| 17384 | 一松 | 일송 | 11 | 56 | 1916.06 | 賢關記聞(續) / 李大榮 | 沈喜壽 |
| 17385 | 日野資朝 | 일야자조 | 18 | 51 | 1918.09 | 講說〉講題 內地의 宋學(大正七年五月十一日第二十八回講演) / 今關壽麿 | 히노 스케토모 |
| 17386 | 日蓮 | 일연 | 48 | 35 | 1944.04 | 國民座右銘 | 니치렌 |
| 17387 | 日躋堂 | 일제당 | 26 | 95 | 1925.12 | 地方報告〉[高光俊 等의 報告] | 車殷輅 |
| 17388 | 一條實孝 | 일조실효 | 39 | 50 | 1935.10 | 日誌大要 | 이치조 사네타카 |
| 17389 | 林 | 임 | 33 | 26 | 1931.12 | 聲討顚末 | 하야시 시게키 (林茂樹) |
| 17390 | 林 | 임 | 47 | 38 | 1943.01 | 釋奠狀況〉昭和十七年春季釋奠狀況 | 林耕宇, 중화민국 경성총영사 |

| 번호 | 원문 | 현대어(독음) | 호 | 쪽 | 발행일 | 기사명 / 필자 | 비고 |
|---|---|---|---|---|---|---|---|
| 17391 | 林 | 임 | 47 | 41 | 1943.01 | 釋奠狀況〉昭和十七年秋季釋奠狀況 | 하야시 시게키 (林茂樹) |
| 17392 | 林 | 임 | 48 | 51 | 1944.04 | 釋奠狀況〉昭和十八年春季釋奠狀況 | 林耕宇, 중화민국 경성 총영사 |
| 17393 | 林 | 임 | 48 | 51 | 1944.04 | 釋奠狀況〉昭和十八年春季釋奠狀況 | 하야시 시게키 (林茂樹) |
| 17394 | 林 | 임 | 48 | 52 | 1944.04 | 釋奠狀況〉昭和十八年秋季釋奠狀況 | 하야시 시게키 (林茂樹) |
| 17395 | 林葛川 | 임갈천 | 11 | 27 | 1916.06 | 經學淺知錄(續) / 金文演 | 林薰 |
| 17396 | 林開 | 임개 | 2 | 30 | 1914.03 | 孔子年譜 / 呂圭亨 | |
| 17397 | 任建鎬 | 임건호 | 38 | 48 | 1935.03 | 文廟釋奠狀況〉地方文廟秋期釋奠狀況表 | |
| 17398 | 任建鎬 | 임건호 | 39 | 54 | 1935.10 | 文廟釋奠狀況〉地方文廟春期釋奠狀況表 | |
| 17399 | 林耕宇 | 임경우 | 47 | 46 | 1943.01 | 經學院日誌大要(昭和十六年七月ヨリ昭和十七年六月マテ) | 중화민국 경성총영사 |
| 17400 | 林九齡 | 임구령 | 46 | 29 | 1941.12 | 孝烈行跡報告 其五 / 金鍾鏵 | 원문은 九齡 |
| 17401 | 林龜淵 | 임구연 | 36 | 25 | 1933.12 | 文廟釋奠狀況〉[秋期釋奠 擧行] | |
| 17402 | 林龜淵 | 임구연 | 36 | 29 | 1933.12 | 文廟釋奠狀況〉[春期釋奠 擧行] | |
| 17403 | 林龜淵 | 임구연 | 36 | 67 | 1933.12 | 明倫學院第二回卒業生名簿 | |
| 17404 | 林龜淵 | 임구연 | 37 | 62 | 1934.10 | 第四回評議員會狀況〉事業經過報告 | |
| 17405 | 林龜淵 | 임구연 | 34 | 32 | 1932.03 | 日誌大要 | |
| 17406 | 林龜淵 | 임구연 | 34 | 57 | 1932.03 | 明倫學院昭和六年度入學許可者名簿 | |
| 17407 | 林龜淵 | 임구연 | 35 | 30 | 1932.12 | 文廟釋奠狀況 | |
| 17408 | 林龜淵 | 임구연 | 40 | 58 | 1936.08 | 鄭茂亭先生追悼錄〉輓詞 / 林龜淵 | |
| 17409 | 臨胊侯 | 임구후 | 42 | 55 | 1937.12 | 文廟享祀位次及聖賢姓名爵號考 / 金完鎭 | 公西輿如 |
| 17410 | 臨胊侯 | 임구후 | 42 | 47 | 1937.12 | 文廟享祀位次及聖賢姓名爵號考 / 金完鎭 | 公西輿如 |
| 17411 | 臨沂伯 | 임기백 | 42 | 53 | 1937.12 | 文廟享祀位次及聖賢姓名爵號考 / 金完鎭 | 顔祖 |
| 17412 | 林基陳 | 임기진 | 18 | 45 | 1918.09 | 日誌大要 | |
| 17413 | 林璣澤 | 임기택 | 24 | 88 | 1923.12 | 地方報告〉[林璣澤의 報告] | |
| 17414 | 任奇鎬 | 임기호 | 37 | 27 | 1934.10 | 孝烈行蹟〉[羅壽宇 等의 보고] | |
| 17415 | 臨沂侯 | 임기후 | 42 | 46 | 1937.12 | 文廟享祀位次及聖賢姓名爵號考 / 金完鎭 | 冉孺 |
| 17416 | 臨沂侯 | 임기후 | 42 | 52 | 1937.12 | 文廟享祀位次及聖賢姓名爵號考 / 金完鎭 | 冉孺 |
| 17417 | 任樂淳 | 임낙순 | 23 | 59 | 1922.12 | 日誌大要 | |
| 17418 | 林魯學 | 임노학 | 33 | 36 | 1931.12 | 聲討顚末 | |
| 17419 | 林大圭 | 임대규 | 30 | 41 | 1929.12 | 日誌大要 | |

| 번호 | 원문 | 현대어(독음) | 호 | 쪽 | 발행일 | 기사명 / 필자 | 비고 |
|---|---|---|---|---|---|---|---|
| 17420 | 任大椿 | 임대춘 | 10 | 25 | 1916.03 | 經學淺知錄 / 金文演 | 원문은 大椿 |
| 17421 | 林德久 | 임덕구 | 29 | 9 | 1928.12 | 大學問對 / 沈璿澤 | |
| 17422 | 林德周 | 임덕주 | 25 | 73 | 1924.12 | 地方報告>[李肯植 等의 報告] | |
| 17423 | 任道淳 | 임도순 | 45 | 36 | 1940.12 | 朝鮮儒林大會(朝鮮儒道聯合會創立總會) 會錄概要>朝鮮儒道聯合會役員名簿(昭和十四年十一月一日現在) | |
| 17424 | 林侗 | 임동 | 20 | 21 | 1920.03 | 經學管見(續) / 尹寧求 | |
| 17425 | 林東洙 | 임동수 | 20 | 36 | 1920.03 | 求禮郡文廟重修捐義錄小序 / 金商翊 | |
| 17426 | 林東洙 | 임동수 | 20 | 43 | 1920.03 | 求禮郡文廟重修落成式韻 / 林東洙 | |
| 17427 | 林東禧 | 임동희 | 38 | 49 | 1935.03 | 文廟釋奠狀況>地方文廟秋期釋奠狀況表 | |
| 17428 | 林東禧 | 임동희 | 40 | 37 | 1936.08 | 文廟釋奠狀況>[地方文廟春期釋奠狀況表] | |
| 17429 | 林羅山 | 임라산 | 18 | 53 | 1918.09 | 講說>講題 內地의 宋學(大正七年五月十一日第二十八回講演) / 今關壽麿 | 하야시 라잔 |
| 17430 | 林羅山 | 임라산 | 18 | 52 | 1918.09 | 講說>講題 內地의 宋學(大正七年五月十一日第二十八回講演) / 今關壽麿 | 하야시 라잔 |
| 17431 | 林廬侯 | 임려후 | 42 | 54 | 1937.12 | 文廟享祀位次及聖賢姓名爵號考 / 金完鎭 | 狄黑 |
| 17432 | 林廬侯 | 임려후 | 42 | 46 | 1937.12 | 文廟享祀位次及聖賢姓名爵號考 / 金完鎭 | 狄黑 |
| 17433 | 任冕準 | 임면준 | 36 | 26 | 1933.12 | 文廟釋奠狀況>[任冕準의 보고] | |
| 17434 | 任冕準 | 임면준 | 36 | 31 | 1933.12 | 文廟釋奠狀況>[任冕準의 보고] | |
| 17435 | 任命宰 | 임명재 | 30 | 74 | 1929.12 | 地方報告>[任命宰의 報告] | |
| 17436 | 任明宰 | 임명재 | 45 | 37 | 1940.12 | 朝鮮儒林大會(朝鮮儒道聯合會創立總會) 會錄概要>朝鮮儒道聯合會役員名簿(昭和十四年十一月一日現在) | |
| 17437 | 林茂樹 | 임무수 | 35 | 60 | 1932.12 | 評議員會狀況>演示 / 林 武樹 | 하야시 시게키 |
| 17438 | 林茂樹 | 임무수 | 36 | 51 | 1933.12 | 評議員會狀況>演示要領 / 林茂壽 | 하야시 시게키 |
| 17439 | 林茂樹 | 임무수 | 45 | 22 | 1940.12 | 朝鮮儒林大會(朝鮮儒道聯合會創立總會) 會錄概要>朝鮮儒道聯合會役員名簿(昭和十四年十一月一日現在) | 하야시 시게키 |
| 17440 | 林茂樹 | 임무수 | 47 | 19 | 1943.01 | 吾人の進軍譜 / 林 茂樹 | 하야시 시게키 |
| 17441 | 林茂樹 | 임무수 | 48 | 62 | 1944.04 | 經學院日誌大要(昭和十七年七月ヨリ昭和十八年六月マテ) | 하야시 시게키 |
| 17442 | 林文碩 | 임문석 | 38 | 36 | 1935.03 | 地方儒林狀況>[尹永泰의 보고] | |
| 17443 | 林文虎 | 임문호 | 26 | 73 | 1925.12 | 地方報告>[金完鎭의 報告] | |
| 17444 | 林般喜 | 임반희 | 42 | 71 | 1937.12 | 第五回卒業式狀況及第八回新入生名簿>第五回卒業生名簿 | |
| 17445 | 林放 | 임방 | 6 | 48 | 1915.03 | 論語考證 / 金文演 | |

| 번호 | 원문 | 현대어(독음) | 호 | 쪽 | 발행일 | 기사명 / 필자 | 비고 |
|---|---|---|---|---|---|---|---|
| 17446 | 林放 | 임방 | 6 | 52 | 1915.03 | 論語分類一覽 / 金文演 | |
| 17447 | 林放 | 임방 | 8 | 35 | 1915.09 | 賢關記聞 / 李大榮 | |
| 17448 | 林放 | 임방 | 16 | 34 | 1918.03 | 日誌大要 | |
| 17449 | 林放 | 임방 | 16 | 43 | 1918.03 | 講說〉講題 林放問禮之本(大正六年九月二十七日平壤府鄉校講演) / 朴齊斌 | |
| 17450 | 林放 | 임방 | 16 | 44 | 1918.03 | 講說〉講題 林放問禮之本(大正六年九月二十七日平壤府鄉校講演) / 朴齊斌 | |
| 17451 | 林放 | 임방 | 16 | 45 | 1918.03 | 講說〉講題 林放問禮之本(大正六年九月二十七日平壤府鄉校講演) / 朴齊斌 | |
| 17452 | 林放 | 임방 | 16 | 46 | 1918.03 | 講說〉講題 林放問禮之本(大正六年九月二十七日平壤府鄉校講演) / 朴齊斌 | |
| 17453 | 林放 | 임방 | 30 | [12] | 1929.12 | 李龍眠畫宣聖及七十二弟子像贊(金石萃編) | |
| 17454 | 林放 | 임방 | 30 | [3] | 1929.12 | 李龍眠畫宣聖及七十二弟子像贊(金石萃編) | |
| 17455 | 林放 | 임방 | 42 | 47 | 1937.12 | 文廟享祀位次及聖賢姓名爵號考 / 金完鎭 | 長山侯 |
| 17456 | 林放 | 임방 | 42 | 55 | 1937.12 | 文廟享祀位次及聖賢姓名爵號考 / 金完鎭 | 長山侯, 원문은 姓林名放 |
| 17457 | 任伯 | 임백 | 30 | [9] | 1929.12 | 李龍眠畫宣聖及七十二弟子像贊(金石萃編) | 公伯僚 |
| 17458 | 林繁藏 | 임번장 | 45 | 20 | 1940.12 | 朝鮮儒林大會(朝鮮儒道聯合會創立總會) 會錄槪要〉朝鮮儒道聯合會役員名簿(昭和十四年十一月一日現在) | 하야시 시게조 |
| 17459 | 林炳基 | 임병기 | 45 | 33 | 1940.12 | 朝鮮儒林大會(朝鮮儒道聯合會創立總會) 會錄槪要〉朝鮮儒道聯合會役員名簿(昭和十四年十一月一日現在) | |
| 17460 | 林炳棹 | 임병도 | 19 | 77 | 1918.12 | 地方報告〉[林炳棹의 報告] | |
| 17461 | 林炳棹 | 임병도 | 26 | 90 | 1925.12 | 地方報告〉[林炳棹 等의 報告] | |
| 17462 | 林炳棹 | 임병도 | 30 | 72 | 1929.12 | 地方報告〉[林炳棹의 報告] | |
| 17463 | 林炳棹 | 임병도 | 30 | 81 | 1929.12 | 地方報告〉[林炳棹 等의 報告] | |
| 17464 | 林秉雲 | 임병운 | 39 | 53 | 1935.10 | 文廟釋奠狀況〉地方文廟春期釋奠狀況表 | |
| 17465 | 林秉雲 | 임병운 | 40 | 36 | 1936.08 | 文廟釋奠狀況〉[地方文廟春期釋奠狀況表] | |
| 17466 | 林秉徹 | 임병철 | 23 | 88 | 1922.12 | 地方報告〉[乾元祠 新建 關聯 報告] | |
| 17467 | 林慮 | 임복 | 16 | 3 | 1918.03 | 經學管見(續) / 尹寧求 | |
| 17468 | 臨濮侯 | 임복후 | 42 | 46 | 1937.12 | 文廟享祀位次及聖賢姓名爵號考 / 金完鎭 | 施之常 |
| 17469 | 臨濮侯 | 임복후 | 42 | 55 | 1937.12 | 文廟享祀位次及聖賢姓名爵號考 / 金完鎭 | 施之常 |
| 17470 | 林鳳岡 | 임봉강 | 18 | 53 | 1918.09 | 講說〉講題 內地의 宋學(大正七年五月十一日第二十八回講演) / 今關壽麿 | 하야시 호코 |
| 17471 | 林奉在 | 임봉재 | 40 | 63 | 1936.08 | 第四回卒業式狀況及第七回新入生名簿〉明倫學院第七回入學許可者名簿 | |
| 17472 | 任不齊 | 임부제 | 30 | [6] | 1929.12 | 李龍眠畫宣聖及七十二弟子像贊(金石萃編) | 選 |

| 번호 | 원문 | 현대어(독음) | 호 | 쪽 | 발행일 | 기사명 / 필자 | 비고 |
|---|---|---|---|---|---|---|---|
| 17473 | 任不齊 | 임부제 | 42 | 46 | 1937.12 | 文廟享祀位次及聖賢姓名爵號考 / 金完鎭 | 當陽侯 |
| 17474 | 任不齊 | 임부제 | 42 | 53 | 1937.12 | 文廟享祀位次及聖賢姓名爵號考 / 金完鎭 | 當陽侯,<br>원문은<br>姓任名不齊 |
| 17475 | 任聖 | 임성 | 15 | 50 | 1917.10 | 講說〉光州郡鄉校演講(大正六年四月二十六日)〉講題 子莫執中執中爲近之執中無權猶執一也 / 李容植 | 伊尹 |
| 17476 | 任城伯 | 임성백 | 30 | [6] | 1929.12 | 李龍眠畫宣聖及七十二弟子像贊(金石萃編) | 任不齊 |
| 17477 | 任城伯 | 임성백 | 42 | 53 | 1937.12 | 文廟享祀位次及聖賢姓名爵號考 / 金完鎭 | 任不齊 |
| 17478 | 林聖信 | 임성신 | 39 | 42 | 1935.10 | 孝烈行蹟〉[朴元東의 보고] | |
| 17479 | 任城侯 | 임성후 | 42 | 46 | 1937.12 | 文廟享祀位次及聖賢姓名爵號考 / 金完鎭 | 原憲 |
| 17480 | 任城侯 | 임성후 | 42 | 51 | 1937.12 | 文廟享祀位次及聖賢姓名爵號考 / 金完鎭 | 原憲 |
| 17481 | 任叔英 | 임숙영 | 10 | 51 | 1916.03 | 賢關記聞(續) / 李大榮 | |
| 17482 | 林述齋 | 임술재 | 18 | 55 | 1918.09 | 講說〉講題 內地의 宋學(大正七年五月十一日 第二十八回講演) / 今關壽麿 | 하야시<br>줏사이 |
| 17483 | 林慎思 | 임신사 | 21 | 17 | 1921.03 | 經學管見(續) / 尹寧求 | |
| 17484 | 林榮植 | 임영식 | 48 | 52 | 1944.04 | 釋奠狀況〉昭和十八年春季釋奠狀況 | |
| 17485 | 林榮造 | 임영조 | 48 | 52 | 1944.04 | 釋奠狀況〉昭和十八年春季釋奠狀況 | |
| 17486 | 林榮造 | 임영조 | 48 | 54 | 1944.04 | 釋奠狀況〉昭和十八年秋季釋奠狀況 | |
| 17487 | 林龍相 | 임용상 | 45 | 29 | 1940.12 | 朝鮮儒林大會(朝鮮儒道聯合會創立總會) 會錄概要〉朝鮮儒道聯合會役員名簿(昭和十四年十一月一日現在) | |
| 17488 | 林龍相 | 임용상 | 46 | 17 | 1941.12 | 釋奠狀況〉昭和十六年春季釋奠狀況 | |
| 17489 | 林鏞洙 | 임용수 | 20 | 37 | 1920.03 | 求禮郡文廟重修捐義錄小序 / 金商翊 | |
| 17490 | 任龍宰 | 임용재 | 34 | 10 | 1932.03 | 祭任君龍宰文 / 明倫學院職員一同 | 원문은<br>任君龍宰 |
| 17491 | 任龍宰 | 임용재 | 34 | 11 | 1932.03 | 祭任君龍宰文 / 明倫學院生徒一同 | |
| 17492 | 任龍宰 | 임용재 | 34 | 31 | 1932.03 | 日誌大要 | |
| 17493 | 任龍宰 | 임용재 | 34 | 58 | 1932.03 | 明倫學院昭和六年度入學許可者名簿 | |
| 17494 | 任龍宰 | 임용재 | 35 | 63 | 1932.12 | 評議員會狀況〉事業經過報告 / 高木善人 | |
| 17495 | 林源生 | 임원생 | 20 | 38 | 1920.03 | 求禮郡文廟重修捐義錄小序 / 金商翊 | |
| 17496 | 林元周 | 임원주 | 20 | 37 | 1920.03 | 求禮郡文廟重修捐義錄小序 / 金商翊 | |
| 17497 | 任幼植 | 임유식 | 10 | 25 | 1916.03 | 經學淺知錄 / 金文演 | 任大椿 |
| 17498 | 林殷喜 | 임은희 | 37 | 72 | 1934.10 | 明倫學院第五回入學許可者名簿 | |
| 17499 | 林殷喜 | 임은희 | 41 | 35 | 1937.02 | 文廟春季釋奠狀況 | |
| 17500 | 林殷喜 | 임은희 | 42 | 71 | 1937.12 | 第五回卒業式狀況及第八回新入生名簿〉第五回卒業生名簿 | |
| 17501 | 林日周 | 임일주 | 20 | 38 | 1920.03 | 求禮郡文廟重修捐義錄小序 / 金商翊 | |

| 번호 | 원문 | 현대어(독음) | 호 | 쪽 | 발행일 | 기사명 / 필자 | 비고 |
|------|------|------------|-----|-----|--------|-------------|------|
| 17502 | 林廷植 | 임정식 | 46 | 18 | 1941.12 | 釋奠狀況〉昭和十六年春季釋奠狀況 | |
| 17503 | 林廷植 | 임정식 | 47 | 37 | 1943.01 | 釋奠狀況〉昭和十六年秋季釋奠狀況 | |
| 17504 | 林廷植 | 임정식 | 47 | 39 | 1943.01 | 釋奠狀況〉昭和十七年春季釋奠狀況 | |
| 17505 | 林廷植 | 임정식 | 47 | 42 | 1943.01 | 釋奠狀況〉昭和十七年秋季釋奠狀況 | |
| 17506 | 林廷植 | 임정식 | 48 | 52 | 1944.04 | 釋奠狀況〉昭和十八年春季釋奠狀況 | |
| 17507 | 林廷植 | 임정식 | 48 | 53 | 1944.04 | 釋奠狀況〉昭和十八年秋季釋奠狀況 | |
| 17508 | 臨濟伯 | 임제백 | 30 | [7] | 1929.12 | 李龍眠畫宣聖及七十二弟子像贊(金石萃編) | 狄黑 |
| 17509 | 臨濟伯 | 임제백 | 42 | 54 | 1937.12 | 文廟享祀位次及聖賢姓名爵號考 / 金完鎭 | 狄黑 |
| 17510 | 林朝門 | 임조문 | 45 | 33 | 1940.12 | 朝鮮儒林大會(朝鮮儒道聯合會創立總會) 會錄概要〉朝鮮儒道聯合會役員名簿(昭和十四年十一月一日現在) | |
| 17511 | 林鍾琪 | 임종기 | 20 | 37 | 1920.03 | 求禮郡文廟重修捐義錄小序 / 金商翊 | |
| 17512 | 林宗相 | 임종상 | 45 | 28 | 1940.12 | 朝鮮儒林大會(朝鮮儒道聯合會創立總會) 會錄概要〉朝鮮儒道聯合會役員名簿(昭和十四年十一月一日現在) | |
| 17513 | 林鍾瑛 | 임종영 | 20 | 37 | 1920.03 | 求禮郡文廟重修捐義錄小序 / 金商翊 | |
| 17514 | 任宗鎬 | 임종호 | 20 | 37 | 1920.03 | 求禮郡文廟重修捐義錄小序 / 金商翊 | |
| 17515 | 林周鉉 | 임주현 | 20 | 36 | 1920.03 | 求禮郡文廟重修捐義錄小序 / 金商翊 | |
| 17516 | 林直相 | 임직상 | 34 | 58 | 1932.03 | 明倫學院昭和六年度入學許可者名簿 | |
| 17517 | 林直相 | 임직상 | 36 | 67 | 1933.12 | 明倫學院第二回卒業生名簿 | |
| 17518 | 任稷淳 | 임직순 | 45 | 30 | 1940.12 | 朝鮮儒林大會(朝鮮儒道聯合會創立總會) 會錄概要〉朝鮮儒道聯合會役員名簿(昭和十四年十一月一日現在) | |
| 17519 | 林震根 | 임진근 | 38 | 47 | 1935.03 | 文廟釋奠狀況〉地方文廟秋期釋奠狀況表 | |
| 17520 | 林震燮 | 임진섭 | 19 | 82 | 1918.12 | 地方報告〉[李錫奎의 報告] | |
| 17521 | 林燦周 | 임찬주 | 31 | 32 | 1930.08 | 日誌大要 | |
| 17522 | 任昶宰 | 임창재 | 45 | 39 | 1940.12 | 朝鮮儒林大會(朝鮮儒道聯合會創立總會) 會錄概要〉朝鮮儒道聯合會役員名簿(昭和十四年十一月一日現在) | |
| 17523 | 任㼋宰 | 임창재 | 39 | 50 | 1935.10 | 日誌大要 | |
| 17524 | 林泉居士 | 임천거사 | 36 | 37 | 1933.12 | 孝烈行蹟〉[金基銖 等의 보고] | 金振彦 |
| 17525 | 林掇英 | 임철영 | 11 | 21 | 1916.06 | 經學管見(續) / 尹寧求 | |
| 17526 | 林椿 | 임춘 | 47 | 33 | 1943.01 | 朝鮮詩學考(第十四號續) / 李昇圭 | |
| 17527 | 林椿 | 임춘 | 48 | 46 | 1944.04 | 朝鮮詩學考(前號續) / 李昇圭 | |
| 17528 | 臨淄伯 | 임치백 | 30 | [11] | 1929.12 | 李龍眠畫宣聖及七十二弟子像贊(金石萃編) | 秦冄 |
| 17529 | 臨淄伯 | 임치백 | 42 | 47 | 1937.12 | 文廟享祀位次及聖賢姓名爵號考 / 金完鎭 | 公羊高 |
| 17530 | 臨淄伯 | 임치백 | 42 | 49 | 1937.12 | 文廟享祀位次及聖賢姓名爵號考 / 金完鎭 | 宰子 |
| 17531 | 臨淄伯 | 임치백 | 42 | 54 | 1937.12 | 文廟享祀位次及聖賢姓名爵號考 / 金完鎭 | 左人郢 |

| 번호 | 원문 | 현대어(독음) | 호 | 쪽 | 발행일 | 기사명 / 필자 | 비고 |
|---|---|---|---|---|---|---|---|
| 17532 | 臨淄伯 | 임치백 | 42 | 55 | 1937.12 | 文廟享祀位次及聖賢姓名爵號考 / 金完鎭 | 公羊高 |
| 17533 | 任泰圭 | 임태규 | 33 | 34 | 1931.12 | 聲討顚末 | |
| 17534 | 任泰攸 | 임태유 | 12 | 86 | 1916.12 | 地方報告〉[任泰攸의 報告] | |
| 17535 | 林逋 | 임포 | 21 | 20 | 1921.03 | 經學管見(續) / 尹寧求 | |
| 17536 | 林豊鎬 | 임풍호 | 20 | 37 | 1920.03 | 求禮郡文廟重修捐義錄小序 / 金商翊 | |
| 17537 | 林泌錫 | 임필석 | 46 | 29 | 1941.12 | 孝烈行跡報告 其五 / 金鍾鏵 | |
| 17538 | 林鶴松 | 임학송 | 18 | 45 | 1918.09 | 日誌大要 | |
| 17539 | 林學齋 | 임학재 | 18 | 53 | 1918.09 | 講說〉講題 內地의 宋學(大正七年五月十一日 第二十八回講演) / 今關壽麿 | 하야시 가쿠사이 |
| 17540 | 林漢銑 | 임한환 | 43 | 26 | 1938.12 | 孝烈行蹟〉[李昌威의 보고] | |
| 17541 | 林憲平 | 임헌평 | 48 | 63 | 1944.04 | 經學院日誌大要(昭和十七年七月ヨリ昭和 十八年六月マテ) | |
| 17542 | 林顯周 | 임현주 | 20 | 37 | 1920.03 | 求禮郡文廟重修捐義錄小序 / 金商翊 | |
| 17543 | 任衡宰 | 임형재 | 27 | 71 | 1926.12 | 地方報告〉[任衡宰 等의 報告] | |
| 17544 | 林昊相 | 임호상 | 45 | 30 | 1940.12 | 朝鮮儒林大會(朝鮮儒道聯合會創立總會) 會 錄槪要〉朝鮮儒道聯合會役員名簿(昭和十四年 十一月一日現在) | |
| 17545 | 任洪淳 | 임홍순 | 25 | 75 | 1924.12 | 地方報告〉[金性在의 報告] | |
| 17546 | 任洪章 | 임홍장 | 27 | 79 | 1926.12 | 地方報告〉[任洪章의 報告] | |
| 17547 | 任洪章 | 임홍장 | 27 | 84 | 1926.12 | 地方報告〉[任洪章의 報告] | |
| 17548 | 林會津 | 임회진 | 20 | 38 | 1920.03 | 求禮郡文廟重修捐義錄小序 / 金商翊 | |
| 17549 | 林薰 | 임훈 | 11 | 27 | 1916.06 | 經學淺知錄(續) / 金文演 | 원문은 薰 |
| 17550 | 林興秀 | 임흥수 | 35 | 77 | 1932.12 | 明倫學院昭和七年度第三回入學許可者名簿 | |
| 17551 | 林興秀 | 임흥수 | 37 | 51 | 1934.10 | 文廟釋奠狀況〉[春期釋奠 擧行] | |
| 17552 | 林興秀 | 임흥수 | 37 | 70 | 1934.10 | 明倫學院第三回卒業生名簿 | |
| 17553 | 立柄敎俊 | 입병교준 | 11 | 64 | 1916.06 | 日誌大要 | 원문은 立柄 效俊으로 오 기됨 |
| 17554 | 立柄敎俊 | 입병교준 | 11 | 76 | 1916.06 | 講說〉二宮尊德翁의 報德敎 要旨(大正五年四 月八日第十七回講演) / 立柄敎俊 | |
| 17555 | 立柄敎俊 | 입병교준 | 17 | 39 | 1918.07 | 日誌大要 | |
| 17556 | 立柄敎俊 | 입병교준 | 17 | 46 | 1918.07 | 講說〉講題 國民道德은 何也오(大正六年十一 月十日第二十六回講演) / 立柄敎俊 | |
| 17557 | 子 | 자 | 4 | 53 | 1914.09 | 講說〉講題 文質彬彬然後君子(大正三年六月 十三日第六回講演) | 孔子 |
| 17558 | 子 | 자 | 4 | 56 | 1914.09 | 講說〉講題 文質彬彬然後君子(大正三年六月 十三日第六回講演) | 孔子 |
| 17559 | 子 | 자 | 5 | 71 | 1914.12 | 講說〉講題 道也者不可須臾離也(大正三年九 月二十九日第七回講演) / 李容稙 | 孔子 |

| 번호 | 원문 | 현대어(독음) | 호 | 쪽 | 발행일 | 기사명 / 필자 | 비고 |
|---|---|---|---|---|---|---|---|
| 17560 | 子 | 자 | 5 | 72 | 1914.12 | 講說〉講題 道也者不可須臾離也(大正三年九月二十九日第七回講演) / 李容稙 | 孔子 |
| 17561 | 子 | 자 | 5 | 95 | 1914.12 | 關東講說〉講題 道不遠人 / 鄭顯成 | 孔子 |
| 17562 | 子 | 자 | 8 | 27 | 1915.09 | 容思衍(續) / 李鼎煥 | 孔子 |
| 17563 | 子 | 자 | 9 | 56 | 1915.12 | 講說〉講題 三人行必有我師(大正四年六月十二日第十三回講演) / 沈鐘舜 | 孔子 |
| 17564 | 子 | 자 | 10 | 87 | 1916.03 | 地方報告〉[李鶴在의 報告] | 孔子 |
| 17565 | 子 | 자 | 12 | 4 | 1916.12 | 經學說(續) / 李容稙 | 孔子 |
| 17566 | 子 | 자 | 12 | 5 | 1916.12 | 經學說(續) / 李容稙 | 孔子 |
| 17567 | 子 | 자 | 12 | 54 | 1916.12 | 日誌大要 | 孔子 |
| 17568 | 子 | 자 | 12 | 56 | 1916.12 | 講說〉講題 博學於文約之以禮(大正五年五月十三日第十八回講演) / 李容稙 | 孔子 |
| 17569 | 子 | 자 | 17 | 11 | 1918.07 | 論語釋義 / 李明宰 | 孔子 |
| 17570 | 子 | 자 | 17 | 15 | 1918.07 | 論語釋義 / 李明宰 | 孔子 |
| 17571 | 子 | 자 | 20 | 3 | 1920.03 | 論語釋義(第十七號續) / 李明宰 | 孔子 |
| 17572 | 子 | 자 | 30 | 28 | 1929.12 | 中庸問對(續) / 崔基鉉 | 孔子 |
| 17573 | 子 | 자 | 30 | 61 | 1929.12 | 講說〉講題 朝鮮의 在한 聖學道統 : 李退溪先生을 憶함 / 赤木萬二郎 | 孔子 |
| 17574 | 子 | 자 | 40 | 5 | 1936.08 | 儒敎의 眞髓 / 鄭萬朝 | 孔子 |
| 17575 | 子家 | 자가 | 20 | 29 | 1920.03 | 三洙瑣談(續) / 元泳義 | 孔求 |
| 17576 | 子家 | 자가 | 42 | 53 | 1937.12 | 文廟享祀位次及聖賢姓名爵號考 / 金完鎭 | 鄡單 |
| 17577 | 子幹 | 자간 | 42 | 56 | 1937.12 | 文廟享祀位次及聖賢姓名爵號考 / 金完鎭 | 盧植 |
| 17578 | 子彊 | 자강 | 42 | 53 | 1937.12 | 文廟享祀位次及聖賢姓名爵號考 / 金完鎭 | 句井彊 |
| 17579 | 子開 | 자개 | 30 | [10] | 1929.12 | 李龍眠畵宣聖及七十二弟子像贊(金石萃編) | 琴牢 |
| 17580 | 子開 | 자개 | 30 | [9] | 1929.12 | 李龍眠畵宣聖及七十二弟子像贊(金石萃編) | 漆雕開 |
| 17581 | 子開 | 자개 | 42 | 53 | 1937.12 | 文廟享祀位次及聖賢姓名爵號考 / 金完鎭 | 秦冉 |
| 17582 | 子開 | 자개 | 42 | 55 | 1937.12 | 文廟享祀位次及聖賢姓名爵號考 / 金完鎭 | 琴張 |
| 17583 | 子車 | 자거 | 42 | 49 | 1937.12 | 文廟享祀位次及聖賢姓名爵號考 / 金完鎭 | 孟子 |
| 17584 | 子車 | 자거 | 30 | [10] | 1929.12 | 李龍眠畵宣聖及七十二弟子像贊(金石萃編) | 步叔乘 |
| 17585 | 子車 | 자거 | 42 | 55 | 1937.12 | 文廟享祀位次及聖賢姓名爵號考 / 金完鎭 | 步叔乘 |
| 17586 | 子騫 | 자건 | 30 | [1] | 1929.12 | 李龍眠畵宣聖及七十二弟子像贊(金石萃編) | 閔損 |
| 17587 | 子騫 | 자건 | 42 | 49 | 1937.12 | 文廟享祀位次及聖賢姓名爵號考 / 金完鎭 | 閔損 |
| 17588 | 子京 | 자경 | 20 | 29 | 1920.03 | 三洙瑣談(續) / 元泳義 | 孔箕 |
| 17589 | 子季 | 자계 | 30 | [4] | 1929.12 | 李龍眠畵宣聖及七十二弟子像贊(金石萃編) | 商澤 |
| 17590 | 子季 | 자계 | 42 | 53 | 1937.12 | 文廟享祀位次及聖賢姓名爵號考 / 金完鎭 | 商澤 |
| 17591 | 子羔 | 자고 | 4 | 42 | 1914.09 | 孔子年報(續) / 呂圭亨 | |
| 17592 | 子羔 | 자고 | 30 | [5] | 1929.12 | 李龍眠畵宣聖及七十二弟子像贊(金石萃編) | 高柴 |

| 번호 | 원문 | 현대어(독음) | 호 | 쪽 | 발행일 | 기사명 / 필자 | 비고 |
|---|---|---|---|---|---|---|---|
| 17593 | 子羔 | 자고 | 42 | 51 | 1937.12 | 文廟享祀位次及聖賢姓名爵號考 / 金完鎭 | 高柴 |
| 17594 | 子高 | 자고 | 20 | 29 | 1920.03 | 三洙瑣談(續) / 元泳義 | 孔穿 |
| 17595 | 子貢 | 자공 | 2 | 61 | 1914.03 | 講說〉講題 克己復禮(大正二年十月十一日第三回講演)〉敷演 / 李容稙 | |
| 17596 | 子貢 | 자공 | 3 | 5 | 1914.06 | 儒敎尊尙說 / 張錫周 | |
| 17597 | 子貢 | 자공 | 3 | 32 | 1914.06 | 孔子年報(續) / 呂圭亨 | |
| 17598 | 子貢 | 자공 | 3 | 39 | 1914.06 | 講士視察見聞所記 / 呂圭亨 | |
| 17599 | 子貢 | 자공 | 4 | 3 | 1914.09 | 學說 / 呂圭亨 | |
| 17600 | 子貢 | 자공 | 4 | 43 | 1914.09 | 孔子年報(續) / 呂圭亨 | |
| 17601 | 子貢 | 자공 | 4 | 45 | 1914.09 | 孔子年報(續) / 呂圭亨 | |
| 17602 | 子貢 | 자공 | 4 | 53 | 1914.09 | 講說〉講題 文質彬彬然後君子(大正三年六月十三日第六回講演) | |
| 17603 | 子貢 | 자공 | 4 | 57 | 1914.09 | 講說〉講題 文質彬彬然後君子(大正三年六月十三日第六回講演) | |
| 17604 | 子貢 | 자공 | 4 | 58 | 1914.09 | 講說〉講題 文質彬彬然後君子(大正三年六月十三日第六回講演) | |
| 17605 | 子貢 | 자공 | 4 | 59 | 1914.09 | 講說〉講題 文質彬彬然後君子(大正三年六月十三日第六回講演) | |
| 17606 | 子貢 | 자공 | 5 | 17 | 1914.12 | 經義講論 十六條 / 李商永 | |
| 17607 | 子貢 | 자공 | 5 | 43 | 1914.12 | 孔子年報(續) / 呂圭亨 | |
| 17608 | 子貢 | 자공 | 5 | 45 | 1914.12 | 孔子年報(續) / 呂圭亨 | |
| 17609 | 子貢 | 자공 | 5 | 52 | 1914.12 | 容思衍(續) / 李鼎煥 | |
| 17610 | 子貢 | 자공 | 5 | 53 | 1914.12 | 容思衍(續) / 李鼎煥 | |
| 17611 | 子貢 | 자공 | 5 | 80 | 1914.12 | 講說〉講題 謹庠序之敎申之以孝悌之義(大正三年十月十日第八回講演) / 李容稙 | |
| 17612 | 子貢 | 자공 | 5 | 88 | 1914.12 | 關東講說〉講題 道不遠人 / 池台源 | |
| 17613 | 子貢 | 자공 | 6 | 36 | 1915.03 | 孔子年報(續) / 呂圭亨 | |
| 17614 | 子貢 | 자공 | 6 | 38 | 1915.03 | 孔子年報(續) / 呂圭亨 | |
| 17615 | 子貢 | 자공 | 6 | 54 | 1915.03 | 論語分類一覽 / 金文演 | |
| 17616 | 子貢 | 자공 | 7 | 2 | 1915.06 | 學說 / 呂圭亨 | |
| 17617 | 子貢 | 자공 | 7 | 5 | 1915.06 | 華山問答(續) / 李容稙 | |
| 17618 | 子貢 | 자공 | 7 | 26 | 1915.06 | 孔子年報(續) / 呂圭亨 | |
| 17619 | 子貢 | 자공 | 7 | 27 | 1915.06 | 孔子年報(續) / 呂圭亨 | |
| 17620 | 子貢 | 자공 | 7 | 42 | 1915.06 | 論語分類一覽(續) / 金文演 | |
| 17621 | 子貢 | 자공 | 7 | 43 | 1915.06 | 論語分類一覽(續) / 金文演 | |
| 17622 | 子貢 | 자공 | 7 | 46 | 1915.06 | 論語分類一覽(續) / 金文演 | |
| 17623 | 子貢 | 자공 | 7 | 49 | 1915.06 | 讀書私記 / 洪鐘佶 | |

ㅈ

| 번호 | 원문 | 현대어(독음) | 호 | 쪽 | 발행일 | 기사명 / 필자 | 비고 |
|---|---|---|---|---|---|---|---|
| 17624 | 子貢 | 자공 | 8 | 19 | 1915.09 | 孔子年報(續) / 呂圭亨 | |
| 17625 | 子貢 | 자공 | 8 | 20 | 1915.09 | 孔子年報(續) / 呂圭亨 | |
| 17626 | 子貢 | 자공 | 8 | 21 | 1915.09 | 孔子年報(續) / 呂圭亨 | |
| 17627 | 子貢 | 자공 | 8 | 22 | 1915.09 | 孔子年報(續) / 呂圭亨 | |
| 17628 | 子貢 | 자공 | 9 | 6 | 1915.12 | 經說(續) / 韓晚容 | |
| 17629 | 子貢 | 자공 | 9 | 25 | 1915.12 | 孔子年報(續) / 呂圭亨 | |
| 17630 | 子貢 | 자공 | 9 | 26 | 1915.12 | 孔子年報(續) / 呂圭亨 | |
| 17631 | 子貢 | 자공 | 11 | 12 | 1916.06 | 經學說(續) / 李容稙 | |
| 17632 | 子貢 | 자공 | 11 | 23 | 1916.06 | 經學管見(續) / 尹寧求 | |
| 17633 | 子貢 | 자공 | 11 | 38 | 1916.06 | 經義答問 / 黃敦秀 | |
| 17634 | 子貢 | 자공 | 12 | 27 | 1916.12 | 孔門問同答異 / 鄭淳默 | |
| 17635 | 子貢 | 자공 | 12 | 28 | 1916.12 | 孔門問同答異 / 鄭淳默 | |
| 17636 | 子貢 | 자공 | 12 | 57 | 1916.12 | 講說〉講題 博學於文約之以禮(大正五年五月十三日第十八回講演) / 李容稙 | |
| 17637 | 子貢 | 자공 | 12 | 76 | 1916.12 | 講說〉講題 善養吾浩然之氣(大正五年九月二十九日海州郡鄕校講演) / 李容稙 | |
| 17638 | 子貢 | 자공 | 14 | 13 | 1917.07 | 溫故而知新可以爲師矣 / 田中玄黃 | |
| 17639 | 子貢 | 자공 | 14 | 67 | 1917.07 | 地方報告〉[宋在永의 報告]〉釋奠祭文 / 黃羲民 | |
| 17640 | 子貢 | 자공 | 15 | 43 | 1917.10 | 講說〉講題 己所不欲勿施於人(大正六年六月十六日第二十四回講演) / 李容稙 | |
| 17641 | 子貢 | 자공 | 15 | 45 | 1917.10 | 講說〉講題 己所不欲勿施於人(大正六年六月十六日第二十四回講演)〉續演 / 呂圭亨 | |
| 17642 | 子貢 | 자공 | 15 | 55 | 1917.10 | 講說〉泰仁鄕校講演(大正六年五月一日)〉講題 士不可以不弘毅任重而道遠 / 李容稙 | |
| 17643 | 子貢 | 자공 | 16 | 34 | 1918.03 | 日誌大要 | |
| 17644 | 子貢 | 자공 | 16 | 50 | 1918.03 | 講說〉講題 存其心養其性所以事天也(大正六年十月十四日江陵郡講演)〉續演 / 鄭鳳時 | |
| 17645 | 子貢 | 자공 | 17 | 5 | 1918.07 | 經學管見(續) / 尹寧求 | |
| 17646 | 子貢 | 자공 | 17 | 14 | 1918.07 | 論語釋義 / 李明宰 | |
| 17647 | 子貢 | 자공 | 20 | 30 | 1920.03 | 三洙瑣談(續) / 元泳義 | |
| 17648 | 子貢 | 자공 | 21 | 1 | 1921.03 | 論說(寄書第二) / 呂圭亨 | |
| 17649 | 子貢 | 자공 | 22 | 18 | 1922.03 | 經義問對 / 沈璿澤 | |
| 17650 | 子貢 | 자공 | 22 | 19 | 1922.03 | 經義問對 / 沈璿澤 | |
| 17651 | 子貢 | 자공 | 22 | 60 | 1922.03 | 講說〉一貫之道 / 宇野哲人 | |
| 17652 | 子貢 | 자공 | 23 | 38 | 1922.12 | 孔夫子忌辰四十周甲追慕禮式及紀念事業發起文 | |
| 17653 | 子貢 | 자공 | 24 | 1 | 1923.12 | 論語疑義問答 / 鄭萬朝 | |

| 번호 | 원문 | 현대어(독음) | 호 | 쪽 | 발행일 | 기사명 / 필자 | 비고 |
|---|---|---|---|---|---|---|---|
| 17654 | 子貢 | 자공 | 25 | 17 | 1924.12 | 三洙瑣談(續) / 元泳義 | |
| 17655 | 子貢 | 자공 | 28 | 67 | 1927.12 | 講說〉講題 孔夫子의 集大成 / 兒島獻吉郎 | |
| 17656 | 子貢 | 자공 | 28 | 68 | 1927.12 | 講說〉講題 孔夫子의 集大成 / 兒島獻吉郎 | |
| 17657 | 子貢 | 자공 | 30 | 50 | 1929.12 | 講說〉講題 仰至聖孔夫子 / 福士末之助 | |
| 17658 | 子貢 | 자공 | 30 | 65 | 1929.12 | 講說〉講題 朝鮮의 在한 聖學道統 : 李退溪先生을 憶함 / 赤木萬二郎 | |
| 17659 | 子貢 | 자공 | 30 | [2] | 1929.12 | 李龍眠畫宣聖及七十二弟子像贊(金石萃編) | 端木賜 |
| 17660 | 子貢 | 자공 | 31 | 3 | 1930.08 | 經學源流 / 權純九 | |
| 17661 | 子貢 | 자공 | 37 | 2 | 1934.10 | 心學說 / 李學魯 | |
| 17662 | 子貢 | 자공 | 39 | 14 | 1935.10 | 農村振興과 儒林의 覺醒(每日申報社說抄錄) –時運時變에 適應하라 | |
| 17663 | 子貢 | 자공 | 41 | 18 | 1937.02 | 博士王仁傳 / 李學魯 | |
| 17664 | 子貢 | 자공 | 42 | 49 | 1937.12 | 文廟享祀位次及聖賢姓名爵號考 / 金完鎭 | 端木賜 |
| 17665 | 子公羊子 | 자공양자 | 18 | 25 | 1918.09 | 三洙瑣談 / 元泳義 | 公羊子 |
| 17666 | 子驕 | 자교 | 30 | [6] | 1929.12 | 李龍眠畫宣聖及七十二弟子像贊(金石萃編) | 顔高 |
| 17667 | 子驕 | 자교 | 42 | 53 | 1937.12 | 文廟享祀位次及聖賢姓名爵號考 / 金完鎭 | 顔高 |
| 17668 | 子丘 | 자구 | 6 | 48 | 1915.03 | 論語考證 / 金文演 | 林放 |
| 17669 | 子丘 | 자구 | 30 | [3] | 1929.12 | 李龍眠畫宣聖及七十二弟子像贊(金石萃編) | 林放 |
| 17670 | 子丘 | 자구 | 42 | 55 | 1937.12 | 文廟享祀位次及聖賢姓名爵號考 / 金完鎭 | 林放 |
| 17671 | 子國 | 자국 | 42 | 56 | 1937.12 | 文廟享祀位次及聖賢姓名爵號考 / 金完鎭 | 孔安國 |
| 17672 | 子禽 | 자금 | 7 | 46 | 1915.06 | 論語分類一覽(續) / 金文演 | 陳亢 |
| 17673 | 子禽 | 자금 | 17 | 14 | 1918.07 | 論語釋義 / 李明宰 | 陳亢 |
| 17674 | 子禽 | 자금 | 30 | [5] | 1929.12 | 李龍眠畫宣聖及七十二弟子像贊(金石萃編) | 陳亢 |
| 17675 | 子禽 | 자금 | 42 | 55 | 1937.12 | 文廟享祀位次及聖賢姓名爵號考 / 金完鎭 | 陳亢 |
| 17676 | 子旗 | 자기 | 30 | [4] | 1929.12 | 李龍眠畫宣聖及七十二弟子像贊(金石萃編) | 巫馬施 |
| 17677 | 子期 | 자기 | 30 | [5] | 1929.12 | 李龍眠畫宣聖及七十二弟子像贊(金石萃編) | 漆雕徒父 |
| 17678 | 子期 | 자기 | 30 | [9] | 1929.12 | 李龍眠畫宣聖及七十二弟子像贊(金石萃編) | 叔仲會 |
| 17679 | 子期 | 자기 | 31 | 4 | 1930.08 | 經學源流 / 權純九 | 楚의 熊結 |
| 17680 | 子期 | 자기 | 42 | 52 | 1937.12 | 文廟享祀位次及聖賢姓名爵號考 / 金完鎭 | 巫馬施 |
| 17681 | 子期 | 자기 | 42 | 54 | 1937.12 | 文廟享祀位次及聖賢姓名爵號考 / 金完鎭 | 叔仲會 |
| 17682 | 子祺 | 자기 | 30 | [5] | 1929.12 | 李龍眠畫宣聖及七十二弟子像贊(金石萃編) | 榮旂 |
| 17683 | 子祺 | 자기 | 30 | [7] | 1929.12 | 李龍眠畫宣聖及七十二弟子像贊(金石萃編) | 縣成 |
| 17684 | 子祺 | 자기 | 42 | 54 | 1937.12 | 文廟享祀位次及聖賢姓名爵號考 / 金完鎭 | 榮旂 |
| 17685 | 子祺 | 자기 | 42 | 54 | 1937.12 | 文廟享祀位次及聖賢姓名爵號考 / 金完鎭 | 縣成 |
| 17686 | 子南 | 자남 | 30 | [5] | 1929.12 | 李龍眠畫宣聖及七十二弟子像贊(金石萃編) | 秦祖 |
| 17687 | 子南 | 자남 | 42 | 54 | 1937.12 | 文廟享祀位次及聖賢姓名爵號考 / 金完鎭 | 秦祖 |

| 번호 | 원문 | 현대어(독음) | 호 | 쪽 | 발행일 | 기사명 / 필자 | 비고 |
|---|---|---|---|---|---|---|---|
| 17688 | 子魯 | 자노 | 30 | [6] | 1929.12 | 李龍眠畵宣聖及七十二弟子像贊(金石萃編) | 冉孺 |
| 17689 | 子魯 | 자노 | 42 | 52 | 1937.12 | 文廟享祀位次及聖賢姓名爵號考 / 金完鎭 | 冉孺 |
| 17690 | 子徒 | 자도 | 30 | [4] | 1929.12 | 李龍眠畵宣聖及七十二弟子像贊(金石萃編) | 鄭國 |
| 17691 | 子徒 | 자도 | 30 | [8] | 1929.12 | 李龍眠畵宣聖及七十二弟子像贊(金石萃編) | 壤駟赤 |
| 17692 | 子徒 | 자도 | 42 | 53 | 1937.12 | 文廟享祀位次及聖賢姓名爵號考 / 金完鎭 | 壤駟赤 |
| 17693 | 子徒 | 자도 | 42 | 54 | 1937.12 | 文廟享祀位次及聖賢姓名爵號考 / 金完鎭 | 鄭國 |
| 17694 | 子都 | 자도 | 34 | 6 | 1932.03 | 經義問對 / 韓昌愚 | 鄭의 미남 |
| 17695 | 子歛 | 자렴 | 30 | [6] | 1929.12 | 李龍眠畵宣聖及七十二弟子像贊(金石萃編) | 邦巽 |
| 17696 | 子歛 | 자렴 | 42 | 54 | 1937.12 | 文廟享祀位次及聖賢姓名爵號考 / 金完鎭 | 邦巽 |
| 17697 | 子斂 | 자렴 | 30 | [7] | 1929.12 | 李龍眠畵宣聖及七十二弟子像贊(金石萃編) | 漆雕哆 |
| 17698 | 子路 | 자로 | 1 | 1 | 1913.12 | 經學院雜誌序 / 李容稙 | |
| 17699 | 子路 | 자로 | 1 | 3 | 1913.12 | 經學院雜誌序 / 鄭鳳時 | |
| 17700 | 子路 | 자로 | 2 | 92 | 1914.03 | 地方報告〉[成樂賢의 報告] | |
| 17701 | 子路 | 자로 | 3 | 59 | 1914.06 | 日誌大要 | |
| 17702 | 子路 | 자로 | 4 | 40 | 1914.09 | 孔子年報(續) / 呂圭亨 | |
| 17703 | 子路 | 자로 | 4 | 41 | 1914.09 | 孔子年報(續) / 呂圭亨 | |
| 17704 | 子路 | 자로 | 4 | 42 | 1914.09 | 孔子年報(續) / 呂圭亨 | |
| 17705 | 子路 | 자로 | 4 | 56 | 1914.09 | 講說〉講題 文質彬彬然後君子(大正三年六月十三日第六回講演) | |
| 17706 | 子路 | 자로 | 4 | 57 | 1914.09 | 講說〉講題 文質彬彬然後君子(大正三年六月十三日第六回講演) | |
| 17707 | 子路 | 자로 | 4 | 59 | 1914.09 | 講說〉講題 文質彬彬然後君子(大正三年六月十三日第六回講演) | |
| 17708 | 子路 | 자로 | 5 | 20 | 1914.12 | 格致管見(續) / 李鼎煥 | |
| 17709 | 子路 | 자로 | 5 | 39 | 1914.12 | 孔子年報(續) / 呂圭亨 | |
| 17710 | 子路 | 자로 | 5 | 42 | 1914.12 | 孔子年報(續) / 呂圭亨 | |
| 17711 | 子路 | 자로 | 5 | 43 | 1914.12 | 孔子年報(續) / 呂圭亨 | |
| 17712 | 子路 | 자로 | 5 | 44 | 1914.12 | 孔子年報(續) / 呂圭亨 | |
| 17713 | 子路 | 자로 | 5 | 45 | 1914.12 | 孔子年報(續) / 呂圭亨 | |
| 17714 | 子路 | 자로 | 5 | 74 | 1914.12 | 講說〉講題 道也者不可須臾離也(大正三年九月二十九日第七回講演)〉續演 / 呂圭亨 | |
| 17715 | 子路 | 자로 | 6 | 9 | 1915.03 | 華山問答(續) / 李容稙 | |
| 17716 | 子路 | 자로 | 6 | 10 | 1915.03 | 華山問答(續) / 李容稙 | |
| 17717 | 子路 | 자로 | 6 | 36 | 1915.03 | 孔子年報(續) / 呂圭亨 | |
| 17718 | 子路 | 자로 | 6 | 38 | 1915.03 | 孔子年報(續) / 呂圭亨 | |
| 17719 | 子路 | 자로 | 6 | 39 | 1915.03 | 孔子年報(續) / 呂圭亨 | |
| 17720 | 子路 | 자로 | 6 | 40 | 1915.03 | 孔子年報(續) / 呂圭亨 | |

| 번호 | 원문 | 현대어(독음) | 호 | 쪽 | 발행일 | 기사명 / 필자 | 비고 |
|---|---|---|---|---|---|---|---|
| 17721 | 子路 | 자로 | 6 | 54 | 1915.03 | 論語分類一覽 / 金文演 | |
| 17722 | 子路 | 자로 | 7 | 42 | 1915.06 | 論語分類一覽(續) / 金文演 | |
| 17723 | 子路 | 자로 | 7 | 44 | 1915.06 | 論語分類一覽(續) / 金文演 | |
| 17724 | 子路 | 자로 | 7 | 76 | 1915.06 | 講說〉講題 孔子聖之時者也(大政四年三月十八日第十回講演)〉敷演 / 梁鳳濟 | |
| 17725 | 子路 | 자로 | 9 | 26 | 1915.12 | 孔子年報(續) / 呂圭亨 | |
| 17726 | 子路 | 자로 | 11 | 12 | 1916.06 | 經學說(續) / 李容稙 | |
| 17727 | 子路 | 자로 | 11 | 72 | 1916.06 | 講說〉浴乎沂風乎舞雩詠而歸(大正五年四月八日第十七回講演) / 鄭鳳時 | |
| 17728 | 子路 | 자로 | 11 | 73 | 1916.06 | 講說〉浴乎沂風乎舞雩詠而歸(大正五年四月八日第十七回講演) / 鄭鳳時 | |
| 17729 | 子路 | 자로 | 11 | 74 | 1916.06 | 講說〉浴乎沂風乎舞雩詠而歸(大正五年四月八日第十七回講演) / 呂圭亨 | |
| 17730 | 子路 | 자로 | 11 | 75 | 1916.06 | 講說〉浴乎沂風乎舞雩詠而歸(大正五年四月八日第十七回講演) / 呂圭亨 | |
| 17731 | 子路 | 자로 | 12 | 27 | 1916.12 | 孔門問同答異 / 鄭淳默 | |
| 17732 | 子路 | 자로 | 12 | 28 | 1916.12 | 孔門問同答異 / 鄭淳默 | |
| 17733 | 子路 | 자로 | 16 | 52 | 1918.03 | 講說〉講題 存其心養其性所以事天也(大正六年十月十四日江陵郡講演)〉續演 / 鄭鳳時 | |
| 17734 | 子路 | 자로 | 19 | 32 | 1918.12 | 日誌大要 | |
| 17735 | 子路 | 자로 | 19 | 54 | 1918.12 | 講說〉講題 子路人告之以有過則喜(大正七年九月七日第三十回講演) / 李容稙 | |
| 17736 | 子路 | 자로 | 19 | 55 | 1918.12 | 講說〉講題 子路人告之以有過則喜(大正七年九月七日第三十回講演) / 李容稙 | |
| 17737 | 子路 | 자로 | 19 | 56 | 1918.12 | 講說〉講題 子路人告之以有過則喜(大正七年九月七日第三十回講演)〉續演 / 呂圭亨 | |
| 17738 | 子路 | 자로 | 22 | 10 | 1922.03 | 中庸說 / 李學魯 | |
| 17739 | 子路 | 자로 | 22 | 12 | 1922.03 | 經學講論 / 成樂賢 | |
| 17740 | 子路 | 자로 | 22 | 13 | 1922.03 | 經學講論 / 成樂賢 | |
| 17741 | 子路 | 자로 | 22 | 68 | 1922.03 | 講說〉子路人告之以有過則喜 / 成樂賢 | |
| 17742 | 子路 | 자로 | 22 | 69 | 1922.03 | 講說〉子路人告之以有過則喜 / 成樂賢 | |
| 17743 | 子路 | 자로 | 22 | 70 | 1922.03 | 講說〉子路人告之以有過則喜 / 成樂賢 | |
| 17744 | 子路 | 자로 | 23 | 5 | 1922.12 | 中庸說(續) / 李學魯 | |
| 17745 | 子路 | 자로 | 24 | 1 | 1923.12 | 論語疑義問答 / 鄭萬朝 | |
| 17746 | 子路 | 자로 | 24 | 63 | 1923.12 | 講說〉講題 知天命說 / 服部宇之吉 | |
| 17747 | 子路 | 자로 | 25 | 5 | 1924.12 | 論語疑義問答(續) / 鄭萬朝 | |
| 17748 | 子路 | 자로 | 26 | 18 | 1925.12 | 三洙瑣談(續) / 元泳義 | |
| 17749 | 子路 | 자로 | 26 | 19 | 1925.12 | 三洙瑣談(續) / 元泳義 | |

| 번호 | 원문 | 현대어(독음) | 호 | 쪽 | 발행일 | 기사명 / 필자 | 비고 |
|---|---|---|---|---|---|---|---|
| 17750 | 子路 | 자로 | 26 | 21 | 1925.12 | 三洙瑣談(續) / 元泳義 | |
| 17751 | 子路 | 자로 | 26 | 64 | 1925.12 | 講說〉講題 德者本也財者末也 / 鄭鳳時 | |
| 17752 | 子路 | 자로 | 26 | 65 | 1925.12 | 講說〉講題 德者本也財者末也 / 鄭鳳時 | |
| 17753 | 子路 | 자로 | 27 | 49 | 1926.12 | 釋奠에 就ᄒ야(續) / 佐藤廣治 | |
| 17754 | 子路 | 자로 | 27 | 50 | 1926.12 | 釋奠에 就ᄒ야(續) / 佐藤廣治 | |
| 17755 | 子路 | 자로 | 29 | 66 | 1928.12 | 講說〉講題 道德的精神 / 白井成允 | |
| 17756 | 子路 | 자로 | 29 | 71 | 1928.12 | 地方報告〉[李尙馥의 報告] | |
| 17757 | 子路 | 자로 | 30 | [2] | 1929.12 | 李龍眠畵宣聖及七十二弟子像贊(金石萃編) | |
| 17758 | 子路 | 자로 | 31 | 17 | 1930.08 | 講題 德者本也財者末也 / 成樂賢 | |
| 17759 | 子路 | 자로 | 33 | 28 | 1931.12 | 聲討顚末 | |
| 17760 | 子路 | 자로 | 34 | 7 | 1932.03 | 經義問對 / 韓昌愚 | |
| 17761 | 子路 | 자로 | 37 | 7 | 1934.10 | 東洋에 斯文이 有함 / 福士末之助 | |
| 17762 | 子路 | 자로 | 41 | 8 | 1937.02 | 天地人 / 羅一鳳 | |
| 17763 | 子路 | 자로 | 42 | 49 | 1937.12 | 文廟享祀位次及聖賢姓名爵號考 / 金完鎭 | 仲由 |
| 17764 | 子柳 | 자류 | 42 | 52 | 1937.12 | 文廟享祀位次及聖賢姓名爵號考 / 金完鎭 | 顏辛 |
| 17765 | 子里 | 자리 | 30 | [11] | 1929.12 | 李龍眠畵宣聖及七十二弟子像贊(金石萃編) | 后處 |
| 17766 | 子里 | 자리 | 42 | 53 | 1937.12 | 文廟享祀位次及聖賢姓名爵號考 / 金完鎭 | 后處 |
| 17767 | 子莫 | 자막 | 2 | 86 | 1914.03 | 地方報告〉[梁鳳濟의 報告] | |
| 17768 | 子莫 | 자막 | 4 | 67 | 1914.09 | 地方報告〉[嚴思溶과 池瑀錫의 報告] | |
| 17769 | 子莫 | 자막 | 5 | 14 | 1914.12 | 華山問答(續) / 李容稙 | |
| 17770 | 子莫 | 자막 | 10 | 1 | 1916.03 | 經論 / 金元祐 | |
| 17771 | 子莫 | 자막 | 10 | 7 | 1916.03 | 經學說 / 李容稙 | |
| 17772 | 子莫 | 자막 | 12 | 34 | 1916.12 | 讀書私記(續) / 洪鍾佶 | |
| 17773 | 子莫 | 자막 | 15 | 49 | 1917.10 | 講說〉光州郡鄕校演講(大正六年四月二十六日)〉講題 子莫執中執中爲近之執中無權猶執一也 / 李容稙 | |
| 17774 | 子莫 | 자막 | 15 | 50 | 1917.10 | 講說〉光州郡鄕校演講(大正六年四月二十六日)〉講題 子莫執中執中爲近之執中無權猶執一也 / 李容稙 | |
| 17775 | 子莫 | 자막 | 15 | 52 | 1917.10 | 講說〉光州郡鄕校演講(大正六年四月二十六日)〉講演結辭 / 鄭崙秀 | |
| 17776 | 子莫 | 자막 | 15 | 55 | 1917.10 | 講說〉泰仁鄕校講演(大正六年五月一日)〉講題 士不可以不弘毅任重而道遠 / 李容稙 | |
| 17777 | 子莫 | 자막 | 18 | 74 | 1918.09 | 地方報告〉[成樂賢의 報告] | |
| 17778 | 子莫 | 자막 | 18 | 75 | 1918.09 | 地方報告〉[成樂賢의 報告] | |
| 17779 | 子莫 | 자막 | 21 | 67 | 1921.03 | 三洙瑣談(續) / 元泳義 | |
| 17780 | 子莫 | 자막 | 23 | 20 | 1922.12 | 中庸演箚序 / 鄭萬朝 | |

ㅈ

| 번호 | 원문 | 현대어(독음) | 호 | 쪽 | 발행일 | 기사명 / 필자 | 비고 |
|---|---|---|---|---|---|---|---|
| 17781 | 子莫 | 자막 | 26 | 61 | 1925.12 | 講說〉講題 君子時中 / 沈璿澤 | |
| 17782 | 子莫 | 자막 | 29 | 27 | 1928.12 | 三洙瑣談(續) / 元泳義 | |
| 17783 | 子蔑 | 자멸 | 20 | 29 | 1920.03 | 三洙瑣談(續) / 元泳義 | |
| 17784 | 子蔑 | 자멸 | 30 | [7] | 1929.12 | 李龍眠畫宣聖及七十二弟子像贊(金石萃編) | 孔忠 |
| 17785 | 子蔑 | 자멸 | 42 | 55 | 1937.12 | 文廟享祀位次及聖賢姓名爵號考 / 金完鎭 | 孔忠 |
| 17786 | 子明 | 자명 | 30 | [6] | 1929.12 | 李龍眠畫宣聖及七十二弟子像贊(金石萃編) | 石作蜀 |
| 17787 | 子明 | 자명 | 42 | 53 | 1937.12 | 文廟享祀位次及聖賢姓名爵號考 / 金完鎭 | 石作蜀 |
| 17788 | 子木 | 자목 | 30 | [9] | 1929.12 | 李龍眠畫宣聖及七十二弟子像贊(金石萃編) | 商瞿 |
| 17789 | 子木 | 자목 | 42 | 51 | 1937.12 | 文廟享祀位次及聖賢姓名爵號考 / 金完鎭 | 商瞿 |
| 17790 | 子木金父 | 자목금부 | 2 | 27 | 1914.03 | 孔子年譜 / 呂圭亨 | |
| 17791 | 子文 | 자문 | 42 | 53 | 1937.12 | 文廟享祀位次及聖賢姓名爵號考 / 金完鎭 | 漆雕徒父 |
| 17792 | 子房 | 자방 | 26 | 58 | 1925.12 | 講說〉講題 今日吾人之急先務 / 鄭鳳時 | 張良 |
| 17793 | 子丕 | 자비 | 30 | [10] | 1929.12 | 李龍眠畫宣聖及七十二弟子像贊(金石萃編) | 秦商 |
| 17794 | 子丕 | 자비 | 42 | 52 | 1937.12 | 文廟享祀位次及聖賢姓名爵號考 / 金完鎭 | 秦商 |
| 17795 | 子思 | 자사 | 1 | 18 | 1913.12 | 經學當明者 二 / 呂圭亨 | |
| 17796 | 子思 | 자사 | 2 | 36 | 1914.03 | 大成殿神位圖 | 沂國述聖公 |
| 17797 | 子思 | 자사 | 3 | 47 | 1914.06 | 講士視察見聞所記 / 呂圭亨 | |
| 17798 | 子思 | 자사 | 4 | 12 | 1914.09 | 華山問答(第二號續) / 李容稙 | |
| 17799 | 子思 | 자사 | 4 | 13 | 1914.09 | 華山問答(第二號續) / 李容稙 | |
| 17800 | 子思 | 자사 | 4 | 15 | 1914.09 | 華山問答(第二號續) / 李容稙 | |
| 17801 | 子思 | 자사 | 4 | 44 | 1914.09 | 孔子年報(續) / 呂圭亨 | |
| 17802 | 子思 | 자사 | 5 | 11 | 1914.12 | 華山問答(續) / 李容稙 | |
| 17803 | 子思 | 자사 | 5 | 15 | 1914.12 | 華山問答(續) / 李容稙 | |
| 17804 | 子思 | 자사 | 5 | 70 | 1914.12 | 講說〉講題 道也者不可須臾離也(大正三年九月二十九日第七回講演) / 李容稙 | |
| 17805 | 子思 | 자사 | 5 | 84 | 1914.12 | 講說〉講題 謹庠序之教申之以孝悌之義(大正三年十月十日第八回講演)〉續演 / 呂圭亨 | |
| 17806 | 子思 | 자사 | 5 | 90 | 1914.12 | 關東講說〉講題 道不遠人 / 丁相燮 | |
| 17807 | 子思 | 자사 | 6 | 63 | 1915.03 | 地方報告〉[韓昌愚 巡講] | |
| 17808 | 子思 | 자사 | 7 | 6 | 1915.06 | 華山問答(續) / 李容稙 | |
| 17809 | 子思 | 자사 | 8 | 11 | 1915.09 | 華山問答(續) / 李容稙 | |
| 17810 | 子思 | 자사 | 8 | 35 | 1915.09 | 賢關記聞 / 李大榮 | |
| 17811 | 子思 | 자사 | 8 | 49 | 1915.09 | 講說〉講題 苟日新日日新又日新(大政四年四月十七日第十一回講演)〉敷演 / 鄭鳳時 | |
| 17812 | 子思 | 자사 | 8 | 52 | 1915.09 | 講說〉講題 道不遠人(大政四年五月八日第十二回講演) / 李容稙 | |

| 번호 | 원문 | 현대어(독음) | 호 | 쪽 | 발행일 | 기사명 / 필자 | 비고 |
|---|---|---|---|---|---|---|---|
| 17813 | 子思 | 자사 | 8 | 53 | 1915.09 | 講說〉講題 道不遠人(大政四年五月八日第十二回講演) / 李容稙 | |
| 17814 | 子思 | 자사 | 8 | 56 | 1915.09 | 講說〉講題 道不遠人(大政四年五月八日第十二回講演)〉敷演 / 沈鍾舜 | |
| 17815 | 子思 | 자사 | 9 | 17 | 1915.12 | 經學管見(上) / 尹寧求 | |
| 17816 | 子思 | 자사 | 9 | 57 | 1915.12 | 講說〉講題 三人行必有我師(大正四年六月十二日第十三回講演) / 沈鐘舜 | |
| 17817 | 子思 | 자사 | 10 | 4 | 1916.03 | 經論 / 金元祐 | |
| 17818 | 子思 | 자사 | 10 | 17 | 1916.03 | 經學管見(續) / 尹寧求 | |
| 17819 | 子思 | 자사 | 10 | 46 | 1916.03 | 賢關記聞(續) / 李大榮 | |
| 17820 | 子思 | 자사 | 10 | 51 | 1916.03 | 賢關記聞(續) / 李大榮 | |
| 17821 | 子思 | 자사 | 10 | 69 | 1916.03 | 地方報告〉[黃敦秀의 報告] | |
| 17822 | 子思 | 자사 | 11 | 12 | 1916.06 | 經學說(續) / 李容稙 | |
| 17823 | 子思 | 자사 | 12 | 12 | 1916.12 | 孟子緖論 / 金文演 | |
| 17824 | 子思 | 자사 | 12 | 49 | 1916.12 | 日誌大要 | |
| 17825 | 子思 | 자사 | 13 | 22 | 1917.03 | 四書小註辨疑(續) / 李鶴在 | |
| 17826 | 子思 | 자사 | 13 | 23 | 1917.03 | 四書小註辨疑(續) / 李鶴在 | |
| 17827 | 子思 | 자사 | 14 | 19 | 1917.07 | 庸學問對 / 朴長鴻 | |
| 17828 | 子思 | 자사 | 15 | 24 | 1917.10 | 經義問對 / 李泰洙 | |
| 17829 | 子思 | 자사 | 15 | 49 | 1917.10 | 講說〉光州郡鄕校演講(大正六年四月二十六日)〉講題 子莫執中執中爲近之執中無權猶執一也 / 李容稙 | |
| 17830 | 子思 | 자사 | 16 | 51 | 1918.03 | 講說〉講題 存其心養其性所以事天也(大正六年十月十四日江陵郡講演)〉續演 / 鄭鳳時 | |
| 17831 | 子思 | 자사 | 17 | 16 | 1918.07 | 中庸章句問對(續) / 朴長鴻 | |
| 17832 | 子思 | 자사 | 17 | 17 | 1918.07 | 中庸章句問對(續) / 朴長鴻 | |
| 17833 | 子思 | 자사 | 17 | 31 | 1918.07 | 洙澳問答 / 元泳義 | |
| 17834 | 子思 | 자사 | 17 | 55 | 1918.07 | 講說〉講題 君子無終食之間違仁造次必於是顚沛必於是(大正七年三月二十一日第二十七回講演) / 李容稙 | |
| 17835 | 子思 | 자사 | 18 | 28 | 1918.09 | 三洙瑣談 / 元泳義 | |
| 17836 | 子思 | 자사 | 20 | 7 | 1920.03 | 中庸章句問對(續) / 朴長鴻 | |
| 17837 | 子思 | 자사 | 20 | 29 | 1920.03 | 三洙瑣談(續) / 元泳義 | |
| 17838 | 子思 | 자사 | 20 | 31 | 1920.03 | 三洙瑣談(續) / 元泳義 | |
| 17839 | 子思 | 자사 | 21 | 3 | 1921.03 | 老生常談 / 金完鎭 | |
| 17840 | 子思 | 자사 | 21 | 68 | 1921.03 | 三洙瑣談(續) / 元泳義 | |
| 17841 | 子思 | 자사 | 22 | 10 | 1922.03 | 中庸說 / 李學魯 | |
| 17842 | 子思 | 자사 | 22 | 19 | 1922.03 | 經義問對 / 沈璿澤 | |

| 번호 | 원문 | 현대어(독음) | 호 | 쪽 | 발행일 | 기사명 / 필자 | 비고 |
|---|---|---|---|---|---|---|---|
| 17843 | 子思 | 자사 | 23 | 66 | 1922.12 | 講說〉講題 師道(大正十一年五月七日追慕禮式時) / 赤木萬二郎 | |
| 17844 | 子思 | 자사 | 24 | 82 | 1923.12 | 講說〉講題 時代之儒敎 / 金完鎭 | |
| 17845 | 子思 | 자사 | 26 | 11 | 1925.12 | 四書講解總說 / 元泳義 | |
| 17846 | 子思 | 자사 | 26 | 14 | 1925.12 | 四書講解總說 / 元泳義 | |
| 17847 | 子思 | 자사 | 26 | 15 | 1925.12 | 四書講解總說 / 元泳義 | |
| 17848 | 子思 | 자사 | 27 | 21 | 1926.12 | 經義問對 / 韓昌愚 | |
| 17849 | 子思 | 자사 | 27 | 28 | 1926.12 | 中庸問對 / 沈璿澤 | |
| 17850 | 子思 | 자사 | 29 | 10 | 1928.12 | 中庸問對 / 崔基鉉 | |
| 17851 | 子思 | 자사 | 29 | 26 | 1928.12 | 三洙瑣談(續) / 元泳義 | |
| 17852 | 子思 | 자사 | 30 | [3] | 1929.12 | 李龍眠畵宣聖及七十二弟子像贊(金石萃編) | |
| 17853 | 子思 | 자사 | 31 | 4 | 1930.08 | 經學源流 / 權純九 | |
| 17854 | 子思 | 자사 | 35 | 5 | 1932.12 | 經傳解釋通例 / 李學魯 | |
| 17855 | 子思 | 자사 | 35 | 8 | 1932.12 | 心性情理氣圖解 / 元弘植 | |
| 17856 | 子思 | 자사 | 36 | 2 | 1933.12 | 經義問對(續) / 韓昌愚 | |
| 17857 | 子思 | 자사 | 37 | 1 | 1934.10 | 心學說 / 李學魯 | |
| 17858 | 子思 | 자사 | 37 | 5 | 1934.10 | 天道人道說 / 元弘植 | |
| 17859 | 子思 | 자사 | 39 | 2 | 1935.10 | 性善說 / 李學魯 | |
| 17860 | 子思 | 자사 | 39 | 19 | 1935.10 | 湯島聖堂孔子祭典狀況〉孔子祭神位及陳設圖昭和十年四月三十日 / 材團法人 斯文會祭典部 | |
| 17861 | 子思 | 자사 | 39 | 20 | 1935.10 | 湯島聖堂孔子祭典狀況〉四配位陣設圖 | |
| 17862 | 子思 | 자사 | 42 | 49 | 1937.12 | 文廟享祀位次及聖賢姓名爵號考 / 金完鎭 | 公伋 |
| 17863 | 子思 | 자사 | 42 | 54 | 1937.12 | 文廟享祀位次及聖賢姓名爵號考 / 金完鎭 | 燕汲 |
| 17864 | 子思 | 자사 | 44 | 37 | 1939.10 | 經儒學 / 金誠鎭 | |
| 17865 | 子思 | 자사 | 44 | 56 | 1939.10 | 文藝原流 / 崔浩然 | |
| 17866 | 子思 | 자사 | 46 | 5 | 1941.12 | 大學序文先儒論辨 / 金誠鎭 | |
| 17867 | 子思 | 자사 | 48 | 40 | 1944.04 | 儒道綱領 / 金誠鎭 | |
| 17868 | 子思 | 자사 | 48 | 41 | 1944.04 | 儒道綱領 / 金誠鎭 | |
| 17869 | 子思 | 자사 | 48 | 42 | 1944.04 | 儒道綱領 / 金誠鎭 | |
| 17870 | 子思子 | 자사자 | 2 | 86 | 1914.03 | 地方報告〉[梁鳳濟의 報告] | |
| 17871 | 子思子 | 자사자 | 5 | 7 | 1914.12 | 道也者不可須臾離論 / 李鶴在 | |
| 17872 | 子思子 | 자사자 | 5 | 69 | 1914.12 | 講說〉講題 道也者不可須臾離也(大正三年九月二十九日第七回講演) / 李容植 | |
| 17873 | 子思子 | 자사자 | 5 | 72 | 1914.12 | 講說〉講題 道也者不可須臾離也(大正三年九月二十九日第七回講演)〉敷演 / 鄭鳳時 | |
| 17874 | 子思子 | 자사자 | 5 | 73 | 1914.12 | 講說〉講題 道也者不可須臾離也(大正三年九月二十九日第七回講演)〉敷演 / 鄭鳳時 | |

| 번호 | 원문 | 현대어(독음) | 호 | 쪽 | 발행일 | 기사명 / 필자 | 비고 |
|---|---|---|---|---|---|---|---|
| 17875 | 子思子 | 자사자 | 5 | 89 | 1914.12 | 關東講說〉講題 道不遠人 / 丁相燮 | |
| 17876 | 子思子 | 자사자 | 5 | 91 | 1914.12 | 關東講說〉講題 道不遠人 / 李熙龍 | |
| 17877 | 子思子 | 자사자 | 5 | 94 | 1914.12 | 關東講說〉講題 道不遠人 / 鄭顯成 | |
| 17878 | 子思子 | 자사자 | 8 | 43 | 1915.09 | 日誌大要 | |
| 17879 | 子思子 | 자사자 | 9 | 3 | 1915.12 | 經說(續) / 韓晩容 | |
| 17880 | 子思子 | 자사자 | 10 | 70 | 1916.03 | 地方報告〉[黃敦秀의 報告] | |
| 17881 | 子思子 | 자사자 | 14 | 2 | 1917.07 | 經學管見(續) / 尹寧求 | |
| 17882 | 子思子 | 자사자 | 18 | 25 | 1918.09 | 三洙瑣談 / 元泳義 | |
| 17883 | 子思子 | 자사자 | 18 | 60 | 1918.09 | 講說〉講題 道在邇而求諸遠事在易而求諸難(大正七年五月十五日義州郡鄉校講演)〉敷演 / 梁鳳濟 | |
| 17884 | 子思子 | 자사자 | 27 | 82 | 1926.12 | 地方報告〉[金商璉의 報告] | |
| 17885 | 子思子 | 자사자 | 28 | 10 | 1927.12 | 中庸問對(續) / 沈璿澤 | |
| 17886 | 子思子 | 자사자 | 30 | 58 | 1929.12 | 講說〉講題 朝鮮의 在한 聖學道統 : 李退溪先生을 憶함 / 赤木萬二郎 | |
| 17887 | 子思子 | 자사자 | 32 | 7 | 1930.12 | 經義問答 / 韓昌愚 | |
| 17888 | 子思子 | 자사자 | 42 | 46 | 1937.12 | 文廟享祀位次及聖賢姓名爵號考 / 金完鎭 | 沂國述聖公, 子思 |
| 17889 | 子思子 | 자사자 | 42 | 49 | 1937.12 | 文廟享祀位次及聖賢姓名爵號考 / 金完鎭 | 子思 |
| 17890 | 子思子 | 자사자 | 42 | 60 | 1937.12 | 文廟享祀位次及聖賢姓名爵號考 / 金完鎭 | 子思 |
| 17891 | 子思子 | 자사자 | 44 | 17 | 1939.10 | 時局의 認識과 儒林의 覺醒(昭和十三年 十月十五日 秋季釋奠後 經學院 明倫堂 講演) / 尹德榮 | |
| 17892 | 子産 | 자산 | 3 | 37 | 1914.06 | 孔子年報(續) / 呂圭亨 | |
| 17893 | 子産 | 자산 | 4 | 55 | 1914.09 | 講說〉講題 文質彬彬然後君子(大正三年六月十三日第六回講演) | |
| 17894 | 子産 | 자산 | 5 | 43 | 1914.12 | 孔子年報(續) / 呂圭亨 | |
| 17895 | 子産 | 자산 | 6 | 45 | 1915.03 | 論語考證 / 金文演 | |
| 17896 | 子産 | 자산 | 12 | 69 | 1916.12 | 講說〉講題 女爲君子儒無爲小人儒(大正五年五月十三日開城郡鄉校講演) / 李容稙 | |
| 17897 | 子産 | 자산 | 25 | 14 | 1924.12 | 三洙瑣談(續) / 元泳義 | |
| 17898 | 子産 | 자산 | 30 | [11] | 1929.12 | 李龍眠畵宣聖及七十二弟子像贊(金石萃編) | |
| 17899 | 子産 | 자산 | 42 | 52 | 1937.12 | 文廟享祀位次及聖賢姓名爵號考 / 金完鎭 | 冉季 |
| 17900 | 子上 | 자상 | 20 | 29 | 1920.03 | 三洙瑣談(續) / 元泳義 | 孔白 |
| 17901 | 子上 | 자상 | 30 | [3] | 1929.12 | 李龍眠畵宣聖及七十二弟子像贊(金石萃編) | 公西蒧 |
| 17902 | 子上 | 자상 | 42 | 55 | 1937.12 | 文廟享祀位次及聖賢姓名爵號考 / 金完鎭 | 公西輿如 |
| 17903 | 子上 | 자상 | 42 | 55 | 1937.12 | 文廟享祀位次及聖賢姓名爵號考 / 金完鎭 | 公西蒧 |
| 17904 | 子索 | 자색 | 42 | 54 | 1937.12 | 文廟享祀位次及聖賢姓名爵號考 / 金完鎭 | 罕父黑 |

| 번호 | 원문 | 현대어(독음) | 호 | 쪽 | 발행일 | 기사명 / 필자 | 비고 |
|---|---|---|---|---|---|---|---|
| 17905 | 子西 | 자서 | 6 | 38 | 1915.03 | 孔子年報(續) / 呂圭亨 | |
| 17906 | 子西 | 자서 | 9 | 28 | 1915.12 | 孔子年報(續) / 呂圭亨 | |
| 17907 | 子西 | 자서 | 14 | 67 | 1917.07 | 地方報告>[宋在永의 報告]>釋奠祭文 / 黃羲民 | |
| 17908 | 子西 | 자서 | 15 | 37 | 1917.10 | 講說>講題 子曰君子之道四某未能一焉所求乎子以事父未能也所求乎臣以事君未能也所求乎弟以事兄未能也所求乎朋友先施之未能也(大正六年五月十二日第二十三回講演)>續演 / 呂圭亨 | |
| 17909 | 子晳 | 자석 | 30 | [4] | 1929.12 | 李龍眠畵宣聖及七十二弟子像贊(金石萃編) | 曾點, 원문은 晳로 오기됨 |
| 17910 | 子晳 | 자석 | 30 | [11] | 1929.12 | 李龍眠畵宣聖及七十二弟子像贊(金石萃編) | 奚容蒧 |
| 17911 | 子晳 | 자석 | 42 | 53 | 1937.12 | 文廟享祀位次及聖賢姓名爵號考 / 金完鎭 | 奚容蒧 |
| 17912 | 子晳 | 자석 | 42 | 59 | 1937.12 | 文廟享祀位次及聖賢姓名爵號考 / 金完鎭 | 曾點 |
| 17913 | 子析 | 자석 | 30 | [8] | 1929.12 | 李龍眠畵宣聖及七十二弟子像贊(金石萃編) | 伯虔, 원문은 子折으로 오기됨 |
| 17914 | 子石 | 자석 | 30 | [8] | 1929.12 | 李龍眠畵宣聖及七十二弟子像贊(金石萃編) | 公孫龍 |
| 17915 | 子石 | 자석 | 42 | 52 | 1937.12 | 文廟享祀位次及聖賢姓名爵號考 / 金完鎭 | 公孫龍 |
| 17916 | 子選 | 자선 | 42 | 53 | 1937.12 | 文廟享祀位次及聖賢姓名爵號考 / 金完鎭 | 任不齊 |
| 17917 | 子聖 | 자성 | 10 | 17 | 1916.03 | 經學管見(續) / 尹寧求 | |
| 17918 | 子聲 | 자성 | 30 | [11] | 1929.12 | 李龍眠畵宣聖及七十二弟子像贊(金石萃編) | 樂欬 |
| 17919 | 子聲 | 자성 | 30 | [7] | 1929.12 | 李龍眠畵宣聖及七十二弟子像贊(金石萃編) | 顔噲 |
| 17920 | 子聲 | 자성 | 42 | 54 | 1937.12 | 文廟享祀位次及聖賢姓名爵號考 / 金完鎭 | 樂欬 |
| 17921 | 子聲 | 자성 | 42 | 55 | 1937.12 | 文廟享祀位次及聖賢姓名爵號考 / 金完鎭 | 顔噲 |
| 17922 | 子續 | 자속 | 30 | [7] | 1929.12 | 李龍眠畵宣聖及七十二弟子像贊(金石萃編) | 申棖 |
| 17923 | 子循 | 자순 | 30 | [7] | 1929.12 | 李龍眠畵宣聖及七十二弟子像贊(金石萃編) | 曹卹 |
| 17924 | 子循 | 자순 | 42 | 52 | 1937.12 | 文廟享祀位次及聖賢姓名爵號考 / 金完鎭 | 曹卹 |
| 17925 | 子順 | 자순 | 20 | 29 | 1920.03 | 三洙瑣談(續) / 元泳義 | 孔愼 |
| 17926 | 子乘 | 자승 | 42 | 53 | 1937.12 | 文廟享祀位次及聖賢姓名爵號考 / 金完鎭 | 公夏首 |
| 17927 | 子勝 | 자승 | 2 | 27 | 1914.03 | 孔子年譜 / 呂圭亨 | |
| 17928 | 子愼 | 자신 | 42 | 56 | 1937.12 | 文廟享祀位次及聖賢姓名爵號考 / 金完鎭 | 服虔 |
| 17929 | 子沈子 | 자심자 | 18 | 25 | 1918.09 | 三洙瑣談 / 元泳義 | |
| 17930 | 慈氏 | 자씨 | 1 | 37 | 1913.12 | 近世事十條 / 李商永 | |
| 17931 | 子我 | 자아 | 30 | [2] | 1929.12 | 李龍眠畵宣聖及七十二弟子像贊(金石萃編) | 宰子 |
| 17932 | 子我 | 자아 | 42 | 49 | 1937.12 | 文廟享祀位次及聖賢姓名爵號考 / 金完鎭 | 宰子 |
| 17933 | 自庵 | 자암 | 32 | 40 | 1930.12 | 地方報告>地方儒林狀況>[成樂賢의 報告] | 金綠 |
| 17934 | 子若 | 자약 | 42 | 51 | 1937.12 | 文廟享祀位次及聖賢姓名爵號考 / 金完鎭 | 漆雕開 |

ㅈ

| 번호 | 원문 | 현대어(독음) | 호 | 쪽 | 발행일 | 기사명 / 필자 | 비고 |
|---|---|---|---|---|---|---|---|
| 17935 | 子襄 | 자양 | 12 | 74 | 1916.12 | 講說〉講題 善養吾浩然之氣(大正五年九月二十九日海州郡鄕校講演) / 李容稙 | |
| 17936 | 子襄 | 자양 | 18 | 46 | 1918.09 | 講說〉講題 見義不爲無勇也(大正七年五月十一日第二十八回講演) / 李容稙 | |
| 17937 | 子襄 | 자양 | 20 | 29 | 1920.03 | 三洙瑣談(續) / 元泳義 | 孔騰 |
| 17938 | 子襄 | 자양 | 42 | 53 | 1937.12 | 文廟享祀位次及聖賢姓名爵號考 / 金完鎭 | 顔祖 |
| 17939 | 紫陽夫子 | 자양부자 | 27 | 70 | 1926.12 | 地方報告〉[申喆休의 報告] | 朱熹 |
| 17940 | 紫陽夫子 | 자양부자 | 44 | 42 | 1939.10 | 大學主旨 / 崔浩然 | 朱熹 |
| 17941 | 子魚 | 자어 | 20 | 29 | 1920.03 | 三洙瑣談(續) / 元泳義 | 孔鮒 |
| 17942 | 子輿 | 자여 | 8 | 21 | 1915.09 | 孔子年報(續) / 呂圭亨 | |
| 17943 | 子輿 | 자여 | 8 | 22 | 1915.09 | 孔子年報(續) / 呂圭亨 | |
| 17944 | 子輿 | 자여 | 8 | 29 | 1915.09 | 容思衍(續) / 李鼎煥 | |
| 17945 | 子輿 | 자여 | 20 | 30 | 1920.03 | 三洙瑣談(續) / 元泳義 | |
| 17946 | 子輿 | 자여 | 30 | [3] | 1929.12 | 李龍眠畵宣聖及七十二弟子像贊(金石萃編) | |
| 17947 | 子輿 | 자여 | 42 | 48 | 1937.12 | 文廟享祀位次及聖賢姓名爵號考 / 金完鎭 | |
| 17948 | 子輿 | 자여 | 42 | 49 | 1937.12 | 文廟享祀位次及聖賢姓名爵號考 / 金完鎭 | |
| 17949 | 子淵 | 자연 | 30 | [1] | 1929.12 | 李龍眠畵宣聖及七十二弟子像贊(金石萃編) | 顔回 |
| 17950 | 子淵 | 자연 | 42 | 48 | 1937.12 | 文廟享祀位次及聖賢姓名爵號考 / 金完鎭 | 顔回 |
| 17951 | 子冉 | 자염 | 42 | 54 | 1937.12 | 文廟享祀位次及聖賢姓名爵號考 / 金完鎭 | 顔何 |
| 17952 | 子容 | 자용 | 30 | [8] | 1929.12 | 李龍眠畵宣聖及七十二弟子像贊(金石萃編) | 南宮括 |
| 17953 | 子庸 | 자용 | 42 | 54 | 1937.12 | 文廟享祀位次及聖賢姓名爵號考 / 金完鎭 | 廉潔 |
| 17954 | 子牛 | 자우 | 30 | [9] | 1929.12 | 李龍眠畵宣聖及七十二弟子像贊(金石萃編) | 司馬耕 |
| 17955 | 子牛 | 자우 | 42 | 51 | 1937.12 | 文廟享祀位次及聖賢姓名爵號考 / 金完鎭 | 司馬耕 |
| 17956 | 子羽 | 자우 | 30 | [3] | 1929.12 | 李龍眠畵宣聖及七十二弟子像贊(金石萃編) | 澹臺滅明 |
| 17957 | 子羽 | 자우 | 42 | 51 | 1937.12 | 文廟享祀位次及聖賢姓名爵號考 / 金完鎭 | 澹臺滅明 |
| 17958 | 子雲 | 자운 | 6 | 2 | 1915.03 | 緖論 / 呂圭亨 | |
| 17959 | 子元 | 자원 | 37 | 20 | 1934.10 | 學說 / 權純九 | |
| 17960 | 子有 | 자유 | 30 | [2] | 1929.12 | 李龍眠畵宣聖及七十二弟子像贊(金石萃編) | 冉求 |
| 17961 | 子有 | 자유 | 30 | [4] | 1929.12 | 李龍眠畵宣聖及七十二弟子像贊(金石萃編) | 有若 |
| 17962 | 子有 | 자유 | 42 | 49 | 1937.12 | 文廟享祀位次及聖賢姓名爵號考 / 金完鎭 | 冉求 |
| 17963 | 子有 | 자유 | 42 | 52 | 1937.12 | 文廟享祀位次及聖賢姓名爵號考 / 金完鎭 | 有若 |
| 17964 | 子柳 | 자유 | 30 | [10] | 1929.12 | 李龍眠畵宣聖及七十二弟子像贊(金石萃編) | 顔幸 |
| 17965 | 子游 | 자유 | 3 | 65 | 1914.06 | 講說〉講題 孝子所以事君也弟者所以事長也慈者所以使衆也(大正三年三月三日第五回講演) / 李容稙 | |
| 17966 | 子游 | 자유 | 4 | 58 | 1914.09 | 講說〉講題 文質彬彬然後君子(大正三年六月十三日第六回講演) | |

| 번호 | 원문 | 현대어(독음) | 호 | 쪽 | 발행일 | 기사명 / 필자 | 비고 |
|---|---|---|---|---|---|---|---|
| 17967 | 子游 | 자유 | 5 | 52 | 1914.12 | 容思衍(續) / 李鼎煥 | |
| 17968 | 子游 | 자유 | 8 | 19 | 1915.09 | 孔子年報(續) / 呂圭亨 | |
| 17969 | 子游 | 자유 | 11 | 12 | 1916.06 | 經學說(續) / 李容稙 | |
| 17970 | 子游 | 자유 | 12 | 11 | 1916.12 | 孟子緖論 / 金文演 | |
| 17971 | 子游 | 자유 | 12 | 27 | 1916.12 | 孔門問同答異 / 鄭淳默 | |
| 17972 | 子游 | 자유 | 12 | 75 | 1916.12 | 講說〉講題 善養吾浩然之氣(大正五年九月二十九日海州郡鄉校講演) / 李容稙 | |
| 17973 | 子游 | 자유 | 17 | 56 | 1918.07 | 講說〉講題 君子無終食之間違仁造次必於是顚沛必於是(大正七年三月二十一日第二十七回講演)〉續演 / 呂圭亨 | |
| 17974 | 子游 | 자유 | 18 | 22 | 1918.09 | 瑞興郡鄉校重修記 / 金允植 | |
| 17975 | 子游 | 자유 | 18 | 25 | 1918.09 | 三洙瑣談 / 元泳義 | |
| 17976 | 子游 | 자유 | 19 | 71 | 1918.12 | 講說〉講題 孟懿子問孝(大正七年十一月十六日第三十二回講演) / 朴齊斌 | |
| 17977 | 子游 | 자유 | 20 | 3 | 1920.03 | 論語釋義(第十七號續) / 李明宰 | |
| 17978 | 子游 | 자유 | 20 | 4 | 1920.03 | 論語釋義(第十七號續) / 李明宰 | |
| 17979 | 子游 | 자유 | 30 | [2] | 1929.12 | 李龍眠畵宣聖及七十二弟子像贊(金石萃編) | |
| 17980 | 子游 | 자유 | 33 | 7 | 1931.12 | 海州郡文廟重修記 / 鄭萬朝 | |
| 17981 | 子由 | 자유 | 11 | 21 | 1916.06 | 經學管見(續) / 尹寧求 | |
| 17982 | 子遊 | 자유 | 7 | 42 | 1915.06 | 論語分類一覽(續) / 金文演 | |
| 17983 | 子遊 | 자유 | 7 | 45 | 1915.06 | 論語分類一覽(續) / 金文演 | |
| 17984 | 子遊 | 자유 | 42 | 50 | 1937.12 | 文廟享祀位次及聖賢姓名爵號考 / 金完鎭 | 言偓 |
| 17985 | 子張 | 자장 | 2 | 62 | 1914.03 | 講說〉講題 克己復禮(大正二年十月十一日第三回講演)〉敷演 / 李容稙 | |
| 17986 | 子張 | 자장 | 4 | 57 | 1914.09 | 講說〉講題 文質彬彬然後君子(大正三年六月十三日第六回講演) | |
| 17987 | 子張 | 자장 | 5 | 52 | 1914.12 | 容思衍(續) / 李鼎煥 | |
| 17988 | 子張 | 자장 | 6 | 54 | 1915.03 | 論語分類一覽 / 金文演 | |
| 17989 | 子張 | 자장 | 7 | 29 | 1915.06 | 文廟碑銘并序 | |
| 17990 | 子張 | 자장 | 7 | 42 | 1915.06 | 論語分類一覽(續) / 金文演 | |
| 17991 | 子張 | 자장 | 7 | 44 | 1915.06 | 論語分類一覽(續) / 金文演 | |
| 17992 | 子張 | 자장 | 10 | 51 | 1916.03 | 賢關記聞(續) / 李大榮 | |
| 17993 | 子張 | 자장 | 11 | 11 | 1916.06 | 經學說(續) / 李容稙 | |
| 17994 | 子張 | 자장 | 12 | 27 | 1916.12 | 孔門問同答異 / 鄭淳默 | |
| 17995 | 子張 | 자장 | 12 | 28 | 1916.12 | 孔門問同答異 / 鄭淳默 | |
| 17996 | 子張 | 자장 | 12 | 75 | 1916.12 | 講說〉講題 善養吾浩然之氣(大正五年九月二十九日海州郡鄉校講演) / 李容稙 | |

| 번호 | 원문 | 현대어(독음) | 호 | 쪽 | 발행일 | 기사명 / 필자 | 비고 |
|---|---|---|---|---|---|---|---|
| 17997 | 子張 | 자장 | 22 | 16 | 1922.03 | 經義問對 / 沈璿澤 | |
| 17998 | 子張 | 자장 | 22 | 17 | 1922.03 | 經義問對 / 沈璿澤 | |
| 17999 | 子張 | 자장 | 23 | 4 | 1922.12 | 中庸說(續) / 李學魯 | |
| 18000 | 子張 | 자장 | 29 | 32 | 1928.12 | 聚奎帖 / 成樂賢 | |
| 18001 | 子張 | 자장 | 30 | [5] | 1929.12 | 李龍眠畵宣聖及七十二弟子像贊(金石萃編) | |
| 18002 | 子張 | 자장 | 31 | 4 | 1930.08 | 經學源流 / 權純九 | |
| 18003 | 子張 | 자장 | 40 | 44 | 1936.08 | 成竹似先生追悼錄〉挽故成均館博士成竹似先生 / 李學魯 | |
| 18004 | 子張 | 자장 | 42 | 50 | 1937.12 | 文廟享祀位次及聖賢姓名爵號考 / 金完鎭 | 顓孫師 |
| 18005 | 子長 | 자장 | 8 | 20 | 1915.09 | 孔子年報(續) / 呂圭亨 | |
| 18006 | 子長 | 자장 | 8 | 24 | 1915.09 | 尊經閣記 / 徐居正 撰 | |
| 18007 | 子長 | 자장 | 30 | [3] | 1929.12 | 李龍眠畵宣聖及七十二弟子像贊(金石萃編) | |
| 18008 | 子長 | 자장 | 42 | 51 | 1937.12 | 文廟享祀位次及聖賢姓名爵號考 / 金完鎭 | 公冶長 |
| 18009 | 子籍 | 자적 | 42 | 54 | 1937.12 | 文廟享祀位次及聖賢姓名爵號考 / 金完鎭 | 原亢 |
| 18010 | 子政 | 자정 | 42 | 56 | 1937.12 | 文廟享祀位次及聖賢姓名爵號考 / 金完鎭 | 劉向 |
| 18011 | 子正 | 자정 | 42 | 53 | 1937.12 | 文廟享祀位次及聖賢姓名爵號考 / 金完鎭 | 公良孺 |
| 18012 | 子程子 | 자정자 | 6 | 46 | 1915.03 | 論語考證 / 金文演 | |
| 18013 | 子程子 | 자정자 | 13 | 20 | 1917.03 | 四書小註辨疑(續) / 李鶴在 | |
| 18014 | 子程子 | 자정자 | 18 | 25 | 1918.09 | 三洙瑣談 / 元泳義 | |
| 18015 | 子程子 | 자정자 | 29 | 7 | 1928.12 | 大學問對 / 沈璿澤 | |
| 18016 | 子周 | 자주 | 30 | [9] | 1929.12 | 李龍眠畵宣聖及七十二弟子像贊(金石萃編) | 公伯僚 |
| 18017 | 子周 | 자주 | 42 | 55 | 1937.12 | 文廟享祀位次及聖賢姓名爵號考 / 金完鎭 | 申棖 |
| 18018 | 子周子 | 자주자 | 6 | 46 | 1915.03 | 論語考證 / 金文演 | |
| 18019 | 子朱子 | 자주자 | 1 | 68 | 1913.12 | 講說〉大正二年九月四日第二回演講〉(講章此之謂絜矩之道) / 李容稙 | 朱子 |
| 18020 | 子中 | 자중 | 42 | 53 | 1937.12 | 文廟享祀位次及聖賢姓名爵號考 / 金完鎭 | 公肩定 |
| 18021 | 子曾子 | 자증자 | 6 | 46 | 1915.03 | 論語考證 / 金文演 | 曾鞏 |
| 18022 | 子之 | 자지 | 12 | 5 | 1916.12 | 經學說(續) / 李容稙 | |
| 18023 | 子之 | 자지 | 12 | 16 | 1916.12 | 孟子緒論 / 金文演 | |
| 18024 | 子之 | 자지 | 30 | [4] | 1929.12 | 李龍眠畵宣聖及七十二弟子像贊(金石萃編) | 秦非 |
| 18025 | 子之 | 자지 | 30 | [8] | 1929.12 | 李龍眠畵宣聖及七十二弟子像贊(金石萃編) | 公祖句茲 |
| 18026 | 子之 | 자지 | 42 | 54 | 1937.12 | 文廟享祀位次及聖賢姓名爵號考 / 金完鎭 | 公祖句茲 |
| 18027 | 子之 | 자지 | 42 | 55 | 1937.12 | 文廟享祀位次及聖賢姓名爵號考 / 金完鎭 | 秦非 |
| 18028 | 子遲 | 자지 | 30 | [3] | 1929.12 | 李龍眠畵宣聖及七十二弟子像贊(金石萃編) | 樊須 |
| 18029 | 子遲 | 자지 | 42 | 51 | 1937.12 | 文廟享祀位次及聖賢姓名爵號考 / 金完鎭 | 樊須 |
| 18030 | 子泉 | 자천 | 7 | 41 | 1915.06 | 論語考證(續) / 金文演 | |

| 번호 | 원문 | 현대어(독음) | 호 | 쪽 | 발행일 | 기사명 / 필자 | 비고 |
|---|---|---|---|---|---|---|---|
| 18031 | 子賤 | 자천 | 4 | 55 | 1914.09 | 講說〉講題 文質彬彬然後君子(大正三年六月十三日第六回講演) | |
| 18032 | 子賤 | 자천 | 7 | 46 | 1915.06 | 論語分類一覽(續) / 金文演 | |
| 18033 | 子賤 | 자천 | 30 | [10] | 1929.12 | 李龍眠畵宣聖及七十二弟子像贊(金石萃編) | |
| 18034 | 子賤 | 자천 | 42 | 56 | 1937.12 | 文廟享祀位次及聖賢姓名爵號考 / 金完鎭 | 伏勝 |
| 18035 | 子踐 | 자천 | 8 | 20 | 1915.09 | 孔子年報(續) / 呂圭亨 | |
| 18036 | 子瞻 | 자첨 | 11 | 21 | 1916.06 | 經學管見(續) / 尹寧求 | 蘇軾, 원문은 子瞻으로 오기됨 |
| 18037 | 羅雅各 | 자코모 로 (나아각) | 3 | 27 | 1914.06 | 格致管見(續) / 李鼎煥 | Giacomo Rho |
| 18038 | 子苹 | 자평 | 15 | 5 | 1917.10 | 經學管見(續) / 尹寧求 | |
| 18039 | 子皮 | 자피 | 6 | 45 | 1915.03 | 論語考證 / 金文演 | 罕虎 |
| 18040 | 子夏 | 자하 | 1 | 90 | 1913.12 | 地方報告 大正元年始〉[成樂賢의 報告] | |
| 18041 | 子夏 | 자하 | 3 | 32 | 1914.06 | 孔子年報(續) / 呂圭亨 | |
| 18042 | 子夏 | 자하 | 3 | 65 | 1914.06 | 講說〉講題 孝子所以事君也弟者所以事長也慈者所以使衆也(大正三年三月三日第五回講演) / 李容植 | |
| 18043 | 子夏 | 자하 | 4 | 57 | 1914.09 | 講說〉講題 文質彬彬然後君子(大正三年六月十三日第六回講演) | |
| 18044 | 子夏 | 자하 | 4 | 58 | 1914.09 | 講說〉講題 文質彬彬然後君子(大正三年六月十三日第六回講演) | |
| 18045 | 子夏 | 자하 | 5 | 17 | 1914.12 | 經義講論 十六條 / 李商永 | |
| 18046 | 子夏 | 자하 | 5 | 88 | 1914.12 | 關東講說〉講題 道不遠人 / 池台源 | |
| 18047 | 子夏 | 자하 | 6 | 11 | 1915.03 | 華山問答(續) / 李容植 | |
| 18048 | 子夏 | 자하 | 6 | 54 | 1915.03 | 論語分類一覽 / 金文演 | |
| 18049 | 子夏 | 자하 | 7 | 34 | 1915.06 | 容思衍(續) / 李鼎煥 | |
| 18050 | 子夏 | 자하 | 7 | 36 | 1915.06 | 容思衍(續) / 李鼎煥 | |
| 18051 | 子夏 | 자하 | 7 | 42 | 1915.06 | 論語分類一覽(續) / 金文演 | |
| 18052 | 子夏 | 자하 | 7 | 44 | 1915.06 | 論語分類一覽(續) / 金文演 | |
| 18053 | 子夏 | 자하 | 8 | 20 | 1915.09 | 孔子年報(續) / 呂圭亨 | |
| 18054 | 子夏 | 자하 | 9 | 25 | 1915.12 | 孔子年報(續) / 呂圭亨 | |
| 18055 | 子夏 | 자하 | 9 | 29 | 1915.12 | 孔子年報(續) / 呂圭亨 | |
| 18056 | 子夏 | 자하 | 9 | 61 | 1915.12 | 講說〉講題 溫故而知新(大正四年九月十三日第十四回講演) / 李容植 | |
| 18057 | 子夏 | 자하 | 10 | 12 | 1916.03 | 經學管見(續) / 尹寧求 | |
| 18058 | 子夏 | 자하 | 10 | 14 | 1916.03 | 經學管見(續) / 尹寧求 | |
| 18059 | 子夏 | 자하 | 11 | 11 | 1916.06 | 經學說(續) / 李容植 | |

| 번호 | 원문 | 현대어(독음) | 호 | 쪽 | 발행일 | 기사명 / 필자 | 비고 |
|------|------|------------|----|----|--------|-------------|------|
| 18060 | 子夏 | 자하 | 11 | 12 | 1916.06 | 經學說(續) / 李容稙 | |
| 18061 | 子夏 | 자하 | 11 | 38 | 1916.06 | 經義答問 / 黃敦秀 | |
| 18062 | 子夏 | 자하 | 12 | 11 | 1916.12 | 孟子緒論 / 金文演 | |
| 18063 | 子夏 | 자하 | 12 | 27 | 1916.12 | 孔門問同答異 / 鄭淳默 | |
| 18064 | 子夏 | 자하 | 12 | 28 | 1916.12 | 孔門問同答異 / 鄭淳默 | |
| 18065 | 子夏 | 자하 | 12 | 56 | 1916.12 | 講說〉講題 博學於文約之以禮(大正五年五月十三日第十八回講演) / 李容稙 | |
| 18066 | 子夏 | 자하 | 12 | 71 | 1916.12 | 講說〉講題 女爲君子儒無爲小人儒(大正五年五月十三日開城郡鄕校講演) / 黃敦秀 | |
| 18067 | 子夏 | 자하 | 12 | 72 | 1916.12 | 講說〉講題 女爲君子儒無爲小人儒(大正五年五月十三日開城郡鄕校講演) / 李學魯 | |
| 18068 | 子夏 | 자하 | 12 | 75 | 1916.12 | 講說〉講題 善養吾浩然之氣(大正五年九月二十九日海州郡鄕校講演) / 李容稙 | |
| 18069 | 子夏 | 자하 | 13 | 11 | 1917.03 | 原儒 / 鄭崙秀 | |
| 18070 | 子夏 | 자하 | 14 | 13 | 1917.07 | 溫故而知新可以爲師矣 / 田中玄黃 | |
| 18071 | 子夏 | 자하 | 15 | 20 | 1917.10 | 經義問對 / 權重國 | |
| 18072 | 子夏 | 자하 | 15 | 21 | 1917.10 | 經義問對 / 權重國 | |
| 18073 | 子夏 | 자하 | 16 | 45 | 1918.03 | 講說〉講題 林放問禮之本(大正六年九月二十七日平壤府鄕校講演) / 朴齊斌 | |
| 18074 | 子夏 | 자하 | 17 | 13 | 1918.07 | 論語釋義 / 李明宰 | |
| 18075 | 子夏 | 자하 | 17 | 56 | 1918.07 | 講說〉講題 君子無終食之間違仁造次必於是顚沛必於是(大正七年三月二十一日第二十七回講演)〉續演 / 呂圭亨 | |
| 18076 | 子夏 | 자하 | 18 | 61 | 1918.09 | 講說〉講題 道在邇而求諸遠事在易而求諸難(大正七年五月十五日義州郡鄕校講演)〉告詞(賞品授與式時) / 梁鳳濟 | |
| 18077 | 子夏 | 자하 | 19 | 71 | 1918.12 | 講說〉講題 孟懿子問孝(大正七年十一月十六日第三十二回講演) / 朴齊斌 | |
| 18078 | 子夏 | 자하 | 20 | 3 | 1920.03 | 論語釋義(第十七號續) / 李明宰 | |
| 18079 | 子夏 | 자하 | 20 | 4 | 1920.03 | 論語釋義(第十七號續) / 李明宰 | |
| 18080 | 子夏 | 자하 | 20 | 5 | 1920.03 | 論語釋義(第十七號續) / 李明宰 | |
| 18081 | 子夏 | 자하 | 22 | 13 | 1922.03 | 經學講論 / 成樂賢 | |
| 18082 | 子夏 | 자하 | 22 | 17 | 1922.03 | 經義問對 / 沈璿澤 | |
| 18083 | 子夏 | 자하 | 24 | 2 | 1923.12 | 論語疑義問答 / 鄭萬朝 | |
| 18084 | 子夏 | 자하 | 25 | 62 | 1924.12 | 講說〉講題 三綱五倫說 / 鄭準民 | |
| 18085 | 子夏 | 자하 | 30 | [2] | 1929.12 | 李龍眠畵宣聖及七十二弟子像贊(金石萃編) | |
| 18086 | 子夏 | 자하 | 31 | 4 | 1930.08 | 經學源流 / 權純九 | |
| 18087 | 子夏 | 자하 | 35 | 1 | 1932.12 | 宗敎說 / 權純九 | |

| 번호 | 원문 | 현대어(독음) | 호 | 쪽 | 발행일 | 기사명 / 필자 | 비고 |
|---|---|---|---|---|---|---|---|
| 18088 | 子夏 | 자하 | 40 | 2 | 1936.08 | 聖師不裸辨 / 李學魯 | |
| 18089 | 子夏 | 자하 | 40 | 7 | 1936.08 | 儒敎의 眞髓 / 鄭萬朝 | |
| 18090 | 子夏 | 자하 | 42 | 50 | 1937.12 | 文廟享祀位次及聖賢姓名爵號考 / 金完鎭 | 卜商 |
| 18091 | 子夏 | 자하 | 42 | 55 | 1937.12 | 文廟享祀位次及聖賢姓名爵號考 / 金完鎭 | |
| 18092 | 子夏 | 자하 | 44 | 34 | 1939.10 | 經儒學 / 金誠鎭 | |
| 18093 | 子夏 | 자하 | 44 | 36 | 1939.10 | 經儒學 / 金誠鎭 | |
| 18094 | 子夏 | 자하 | 47 | 26 | 1943.01 | 論語要義 / 崔浩然 | |
| 18095 | 子夏 | 자하 | 47 | 27 | 1943.01 | 論語要義 / 崔浩然 | |
| 18096 | 子夏 | 자하 | 47 | 28 | 1943.01 | 論語要義 / 崔浩然 | |
| 18097 | 紫下 | 자하 | 40 | 41 | 1936.08 | 成竹似先生追悼錄〉挽故成均館博士成竹似先生 / 韓昌愚 | 韓昌愚 |
| 18098 | 紫下 | 자하 | 40 | 56 | 1936.08 | 鄭茂亭先生追悼錄〉輓詞 / 韓昌愚 | 韓昌愚 |
| 18099 | 子夏子 | 자하자 | 28 | 69 | 1927.12 | 講說〉講題 孔夫子의 集大成 / 兒島獻吉郞 | 子夏, 卜商 |
| 18100 | 子恒 | 자항 | 30 | [8] | 1929.12 | 李龍眠畵宣聖及七十二弟子像贊(金石萃編) | 施之常 |
| 18101 | 子恒 | 자항 | 42 | 55 | 1937.12 | 文廟享祀位次及聖賢姓名爵號考 / 金完鎭 | 施之常 |
| 18102 | 子楷 | 자해 | 42 | 52 | 1937.12 | 文廟享祀位次及聖賢姓名爵號考 / 金完鎭 | 伯虔 |
| 18103 | 子行 | 자행 | 42 | 54 | 1937.12 | 文廟享祀位次及聖賢姓名爵號考 / 金完鎭 | 左人郢 |
| 18104 | 慈湖 | 자호 | 10 | 23 | 1916.03 | 經學淺知錄 / 金文演 | 楊簡 |
| 18105 | 子華 | 자화 | 7 | 44 | 1915.06 | 論語分類一覽(續) / 金文演 | |
| 18106 | 子華 | 자화 | 7 | 45 | 1915.06 | 論語分類一覽(續) / 金文演 | |
| 18107 | 子華 | 자화 | 7 | 50 | 1915.06 | 讀書私記 / 洪鐘佶 | |
| 18108 | 子華 | 자화 | 11 | 12 | 1916.06 | 經學說(續) / 李容稙 | |
| 18109 | 子華 | 자화 | 30 | [9] | 1929.12 | 李龍眠畵宣聖及七十二弟子像贊(金石萃編) | |
| 18110 | 子華 | 자화 | 42 | 52 | 1937.12 | 文廟享祀位次及聖賢姓名爵號考 / 金完鎭 | 公西赤 |
| 18111 | 子厚 | 자후 | 42 | 50 | 1937.12 | 文廟享祀位次及聖賢姓名爵號考 / 金完鎭 | 張載 |
| 18112 | 子欽 | 자흠 | 42 | 53 | 1937.12 | 文廟享祀位次及聖賢姓名爵號考 / 金完鎭 | 漆雕哆 |
| 18113 | 潛說友 | 잠설우 | 18 | 9 | 1918.09 | 經學管見(續) / 尹寧求 | |
| 18114 | 潛室陳氏 | 잠실 진씨 | 5 | 8 | 1914.12 | 道也者不可須臾離論 / 李鶴在 | |
| 18115 | 潛室陳氏 | 잠실 진씨 | 14 | 29 | 1917.07 | 四書小註辨疑(續) / 李鶴在 | |
| 18116 | 潛室陳氏 | 잠실 진씨 | 18 | 15 | 1918.09 | 四書小註辨疑(續) / 李鶴在 | |
| 18117 | 潛齋 | 잠재 | 17 | 24 | 1918.07 | 安東高山書院重興祝詞 / 高橋亨 | |
| 18118 | 張 | 장 | 1 | 9 | 1913.12 | 論說 / 呂圭亨 | 張載 |
| 18119 | 張 | 장 | 1 | 26 | 1913.12 | 庸言 / 金允植 | 張載 |
| 18120 | 張 | 장 | 8 | 67 | 1915.09 | 地方報告〉[成樂賢의 報告] | 張儀 |
| 18121 | 張 | 장 | 10 | 23 | 1916.03 | 經學淺知錄 / 金文演 | 張載 |
| 18122 | 張 | 장 | 10 | 48 | 1916.03 | 賢關記聞(續) / 李大榮 | 張載 |

| 번호 | 원문 | 현대어(독음) | 호 | 쪽 | 발행일 | 기사명 / 필자 | 비고 |
|---|---|---|---|---|---|---|---|
| 18123 | 張 | 장 | 11 | 67 | 1916.06 | 講說〉講題 人能弘道(大正四年三月十一日第十六回講演)〉續演 / 呂圭亨 | 張載, 張橫渠 |
| 18124 | 張 | 장 | 16 | 20 | 1918.03 | 閒窓問對 / 朴昇東 | 張載 |
| 18125 | 張 | 장 | 16 | 48 | 1918.03 | 講說〉講題 存其心養其性所以事天也(大正六年十月十四日江陵郡講演) / 李容植 | 張載 |
| 18126 | 張 | 장 | 23 | 15 | 1922.12 | 孔夫子忌辰四十周甲追慕辭 / 李學魯 | 張載 |
| 18127 | 張 | 장 | 26 | 64 | 1925.12 | 講說〉講題 德者本也財者末也 / 鄭鳳時 | 張儀 |
| 18128 | 張 | 장 | 29 | 28 | 1928.12 | 三洙瑣談(續) / 元泳義 | 張載 |
| 18129 | 張 | 장 | 31 | 6 | 1930.08 | 經學源流 / 權純九 | 張禹 |
| 18130 | 張 | 장 | 31 | 17 | 1930.08 | 講題 德者本也財者末也 / 成樂賢 | 張儀 |
| 18131 | 張 | 장 | 44 | 56 | 1939.10 | 文藝原流 / 崔浩然 | 張載 |
| 18132 | 張 | 장 | 47 | 28 | 1943.01 | 論語要義 / 崔浩然 | 張儀 |
| 18133 | 張 | 장 | 48 | 9 | 1944.04 | 大東亞共同宣言の解説 | 장징후이(張景惠) |
| 18134 | 張 | 장 | 48 | 11 | 1944.04 | 大東亞共同宣言の解説 | 장징후이(張景惠) |
| 18135 | 莊 | 장 | 1 | 12 | 1913.12 | 論說 / 呂圭亨 | |
| 18136 | 莊 | 장 | 1 | 22 | 1913.12 | 經學當明者 四 / 呂圭亨 | |
| 18137 | 莊 | 장 | 4 | 6 | 1914.09 | 學說 / 呂圭亨 | |
| 18138 | 莊 | 장 | 5 | 97 | 1914.12 | 關東講說〉講題 道不遠人 / 吳致翊 | |
| 18139 | 莊 | 장 | 6 | 1 | 1915.03 | 緖論 / 呂圭亨 | |
| 18140 | 莊 | 장 | 6 | 3 | 1915.03 | 緖論 / 呂圭亨 | |
| 18141 | 莊 | 장 | 8 | 6 | 1915.09 | 經說 本論附 / 韓晩容 | |
| 18142 | 莊 | 장 | 8 | 23 | 1915.09 | 明倫堂記 / 成侃 撰 | |
| 18143 | 莊 | 장 | 9 | 54 | 1915.12 | 講說〉講題 三人行必有我師(大正四年六月十二日第十三回講演) / 朴箕陽 | |
| 18144 | 莊 | 장 | 11 | 2 | 1916.06 | 經論 / 韓晩容 | |
| 18145 | 莊 | 장 | 11 | 3 | 1916.06 | 經論 / 韓晩容 | |
| 18146 | 莊 | 장 | 11 | 6 | 1916.06 | 經論 / 韓晩容 | |
| 18147 | 莊 | 장 | 11 | 21 | 1916.06 | 經學管見(續) / 尹寧求 | |
| 18148 | 莊 | 장 | 12 | 12 | 1916.12 | 孟子緖論 / 金文演 | |
| 18149 | 莊 | 장 | 13 | 53 | 1917.03 | 講說〉講題 人有不爲也而後可以有爲(大正五年九月七日第二十回講演)〉續演 / 呂圭亨 | |
| 18150 | 莊 | 장 | 14 | 1 | 1917.07 | 經言 / 鄭崙秀 | |
| 18151 | 莊 | 장 | 14 | 3 | 1917.07 | 經學管見(續) / 尹寧求 | |
| 18152 | 莊 | 장 | 21 | 17 | 1921.03 | 經學管見(續) / 尹寧求 | |
| 18153 | 莊 | 장 | 30 | 17 | 1929.12 | 送金亭三歸堤川 / 俞鎭贊 | |

| 번호 | 원문 | 현대어(독음) | 호 | 쪽 | 발행일 | 기사명 / 필자 | 비고 |
|---|---|---|---|---|---|---|---|
| 18154 | 莊 | 장 | 39 | 11 | 1935.10 | 精神指導에 對하야(每日申報 昭和十年 七月十四日 心田開發에 關한 寄稿) / 安寅植 | |
| 18155 | 莊 | 장 | 40 | 12 | 1936.08 | 心田開發에 對한 儒敎 / 鄭鳳時 | |
| 18156 | 莊 | 장 | 40 | 16 | 1936.08 | 文房四友說 / 韓昌愚 | |
| 18157 | 莊 | 장 | 47 | 28 | 1943.01 | 論語要義 / 崔浩然 | |
| 18158 | 蔣 | 장 | 43 | 30 | 1938.12 | 皇軍慰問詩 / 柳正秀 | 장제스 (蔣介石) |
| 18159 | 蔣 | 장 | 44 | 72 | 1939.10 | 一億一心滅私奉公 長期戰에 對應 消費節約에 主婦의 協力이 必要 | 장제스 (蔣介石) |
| 18160 | 張佳允 | 장가윤 | 17 | 6 | 1918.07 | 經學管見(續) / 尹寧求 | |
| 18161 | 張鑑 | 장감 | 11 | 24 | 1916.06 | 經學管見(續) / 尹寧求 | |
| 18162 | 張江裁 | 장강재 | 39 | 30 | 1935.10 | 東京斯文會主催儒道大會狀況 | |
| 18163 | 蔣介石 | 장개석 | 33 | 15 | 1931.12 | 聞曲阜兵變上蔣中正書 / 李學魯 | 장제스, 원문은 蔣首席介石 |
| 18164 | 蔣介石 | 장개석 | 42 | 13 | 1937.12 | 北支事變에 直面하야 輕擧妄動을 愼戒하라 / 三橋孝一郎 | 장제스 |
| 18165 | 蔣介石 | 장개석 | 42 | 21 | 1937.12 | 支那事變에 對하야 / 金大羽 | 장제스 |
| 18166 | 蔣介石 | 장개석 | 44 | 18 | 1939.10 | 時局의 認識과 儒林의 覺醒(昭和十三年 十月十五日 秋季釋奠後 經學院 明倫堂 講演) / 尹德榮 | 장제스 |
| 18167 | 蔣介石 | 장개석 | 45 | 80 | 1940.12 | 忠淸南道儒道聯合會結成式〉東亞ノ建設ト儒道ノ精神 / 安寅植 | 장제스 |
| 18168 | 蔣介石 | 장개석 | 45 | 97 | 1940.12 | 全羅北道儒道聯合會結成式 〉全羅北道儒道聯合會結成式會長式辭要旨 | 장제스 |
| 18169 | 蔣介石 | 장개석 | 46 | 65 | 1941.12 | 講演及講習〉時局と婦道實踐(講演速記) / 永田種秀 | 장제스 |
| 18170 | 蔣介石 | 장개석 | 47 | 16 | 1943.01 | 儒道の復興 / 俞萬兼 | 장제스 |
| 18171 | 蔣介石 | 장개석 | 48 | 8 | 1944.04 | 大東亞共同宣言の解說 | 장제스 |
| 18172 | 莊景公 | 장경공 | 27 | 13 | 1926.12 | 崔孝子實記 / 沈璿澤 | 崔思全 |
| 18173 | 莊景公 | 장경공 | 30 | 75 | 1929.12 | 地方報告〉[金炳庸 等의 報告] | 崔思全 |
| 18174 | 張谿谷 | 장계곡 | 28 | 3 | 1927.12 | 朝鮮詩文變遷論 / 鄭萬朝 | 張維 |
| 18175 | 張谿谷 | 장계곡 | 30 | 1 | 1929.12 | 雜誌第三十號發行說 / 權純九 | 張維 |
| 18176 | 張固 | 장고 | 18 | 12 | 1918.09 | 經學管見(續) / 尹寧求 | |
| 18177 | 長谷川 | 장곡천 | 14 | 38 | 1917.07 | 日誌大要 | 하세가와 요시미치 (長谷川好道) |
| 18178 | 長谷川 | 장곡천 | 14 | 41 | 1917.07 | 日誌大要 | 하세가와 요시미치 (長谷川好道) |

| 번호 | 원문 | 현대어(독음) | 호 | 쪽 | 발행일 | 기사명 / 필자 | 비고 |
|---|---|---|---|---|---|---|---|
| 18179 | 長谷川 | 장곡천 | 16 | 30 | 1918.03 | 日誌大要 | 하세가와 요시미치 (長谷川好道) |
| 18180 | 長谷川 | 장곡천 | 16 | 32 | 1918.03 | 日誌大要 | 하세가와 요시미치 (長谷川好道) |
| 18181 | 長谷川 | 장곡천 | 20 | 47 | 1920.03 | 日誌大要 | 하세가와 요시미치 (長谷川好道) |
| 18182 | 長谷川好道 | 장곡천호도 | 13 | [0] | 1917.03 | 朝鮮總督伯爵長谷川好道閣下 | 하세가와 요시미치 |
| 18183 | 長谷川好道 | 장곡천호도 | 20 | 48 | 1920.03 | 日誌大要 | 하세가와 요시미치 |
| 18184 | 張公藝 | 장공예 | 1 | 20 | 1913.12 | 經學當明者 三 / 呂圭亨 | |
| 18185 | 張公藝 | 장공예 | 1 | 21 | 1913.12 | 經學當明者 三 / 呂圭亨 | |
| 18186 | 張公藝 | 장공예 | 3 | 70 | 1914.06 | 講說〉講題 孝子所以事君也弟者所以事長也慈者所以使衆也(大正三年三月三日第五回講演)〉續演 / 呂圭亨 | |
| 18187 | 張公藝 | 장공예 | 26 | 16 | 1925.12 | 欲齊其家先修其身論 / 成樂賢 | |
| 18188 | 莊蹻 | 장교 | 16 | 49 | 1918.03 | 講說〉講題 存其心養其性所以事天也(大正六年十月十四日江陵郡講演) / 李容稙 | 원문은 蹻 |
| 18189 | 莊蹻 | 장교 | 17 | 55 | 1918.07 | 講說〉講題 君子無終食之間違仁造次必於是顚沛必於是(大正七年三月二十一日第二十七回講演) / 李容稙 | 원문은 蹻 |
| 18190 | 張九成 | 장구성 | 11 | 24 | 1916.06 | 經學管見(續) / 尹寧求 | |
| 18191 | 張九成 | 장구성 | 21 | 22 | 1921.03 | 經學管見(續) / 尹寧求 | |
| 18192 | 張國重 | 장국중 | 16 | 36 | 1918.03 | 日誌大要 | |
| 18193 | 張譏 | 장기 | 32 | 4 | 1930.12 | 經學源流(續) / 權純九 | |
| 18194 | 張箕殷 | 장기은 | 28 | 81 | 1927.12 | 地方報告〉[朴泳龜의 報告] | |
| 18195 | 張南軒 | 장남헌 | 27 | 18 | 1926.12 | 易經講解總說 / 元泳義 | |
| 18196 | 張湛 | 장담 | 6 | 42 | 1915.03 | 容思衍(續) / 李鼎煥 | |
| 18197 | 張導義 | 장도희 | 20 | 37 | 1920.03 | 求禮郡文廟重修捐義錄小序 / 金商翊 | |
| 18198 | 張東旻 | 장동민 | 37 | 32 | 1934.10 | 孝烈行蹟〉[忠淸北道知事의 보고] | |
| 18199 | 張東海 | 장동해 | 19 | 56 | 1918.12 | 講說〉講題 子路人告之以有過則喜(大正七年九月七日第三十回講演)〉續演 / 呂圭亨 | |
| 18200 | 張斗極 | 장두극 | 27 | 76 | 1926.12 | 地方報告〉[申泰岳의 報告] | 원문은 斗極 |
| 18201 | 將樂伯 | 장락백 | 8 | 35 | 1915.09 | 賢關記聞 / 李大榮 | 楊時 |
| 18202 | 將樂伯 | 장락백 | 10 | 51 | 1916.03 | 賢關記聞(續) / 李大榮 | 楊時 |
| 18203 | 將樂伯 | 장락백 | 42 | 47 | 1937.12 | 文廟享祀位次及聖賢姓名爵號考 / 金完鎮 | 楊時 |

| 번호 | 원문 | 현대어(독음) | 호 | 쪽 | 발행일 | 기사명 / 필자 | 비고 |
|---|---|---|---|---|---|---|---|
| 18204 | 將樂伯 | 장락백 | 42 | 57 | 1937.12 | 文廟享祀位次及聖賢姓名爵號考 / 金完鎭 | 楊時 |
| 18205 | 張良 | 장량 | 8 | 2 | 1915.09 | 儒敎論 / 呂圭亨 | |
| 18206 | 張良 | 장량 | 25 | 5 | 1924.12 | 論語疑義問答(續) / 鄭萬朝 | |
| 18207 | 張良 | 장량 | 44 | 40 | 1939.10 | 經儒學 / 金誠鎭 | |
| 18208 | 張鳴鳳 | 장명봉 | 18 | 10 | 1918.09 | 經學管見(續) / 尹寧求 | |
| 18209 | 藏文仲 | 장문중 | 6 | 53 | 1915.03 | 論語分類一覽 / 金文演 | |
| 18210 | 張伯行 | 장백행 | 10 | 24 | 1916.03 | 經學淺知錄 / 金文演 | |
| 18211 | 張璠 | 장번 | 15 | 2 | 1917.10 | 經學管見(續) / 尹寧求 | |
| 18212 | 張炳晩 | 장병만 | 31 | 62 | 1930.08 | 入學許可者名簿 | |
| 18213 | 張炳晩 | 장병만 | 32 | 38 | 1930.12 | 日誌大要 | |
| 18214 | 張炳晩 | 장병만 | 33 | 43 | 1931.12 | 文廟釋奠狀況 | |
| 18215 | 張炳晩 | 장병만 | 33 | 50 | 1931.12 | 文廟釋奠狀況〉[本院秋期釋奠에 대한 보고] | |
| 18216 | 張炳晩 | 장병만 | 34 | 32 | 1932.03 | 日誌大要 | |
| 18217 | 張炳晩 | 장병만 | 35 | 30 | 1932.12 | 文廟釋奠狀況 | |
| 18218 | 張炳晩 | 장병만 | 35 | 74 | 1932.12 | 明倫學院第一回卒業生名簿 | |
| 18219 | 張炳天 | 장병천 | 25 | 38 | 1924.12 | 日誌大要 | |
| 18220 | 張步 | 장보 | 12 | 14 | 1916.12 | 孟子緖論 / 金文演 | |
| 18221 | 張鳳周 | 장봉주 | 20 | 38 | 1920.03 | 求禮郡文廟重修捐義錄小序 / 金商翊 | |
| 18222 | 張鳳翰 | 장봉한 | 45 | 35 | 1940.12 | 朝鮮儒林大會(朝鮮儒道聯合會創立總會) 會錄槪要〉朝鮮儒道聯合會役員名簿(昭和十四年十一月一日現在) | |
| 18223 | 張鳳煥 | 장봉환 | 18 | 78 | 1918.09 | 地方報告〉[尹定普의 報告] | |
| 18224 | 張孚敬 | 장부경 | 10 | 46 | 1916.03 | 賢關記聞(續) / 李大榮 | |
| 18225 | 長部謹吾 | 장부근오 | 44 | 81 | 1939.10 | 日誌大要(自昭和十三年六月 至昭和十三年十二月) | 오사베 긴고 |
| 18226 | 張思叔 | 장사숙 | 4 | 47 | 1914.09 | 容思衍 / 李鼎煥 | |
| 18227 | 張思叔 | 장사숙 | 4 | 49 | 1914.09 | 容思衍 / 李鼎煥 | |
| 18228 | 張士衡 | 장사형 | 31 | 39 | 1930.08 | 地方報告〉孝烈行蹟〉[金機淵의 보고] | |
| 18229 | 長山侯 | 장산후 | 42 | 47 | 1937.12 | 文廟享祀位次及聖賢姓名爵號考 / 金完鎭 | 林放 |
| 18230 | 長山侯 | 장산후 | 42 | 55 | 1937.12 | 文廟享祀位次及聖賢姓名爵號考 / 金完鎭 | 林放 |
| 18231 | 長山侯 | 장산후 | 8 | 35 | 1915.09 | 賢關記聞 / 李大榮 | 林放 |
| 18232 | 張相基 | 장상기 | 20 | 38 | 1920.03 | 求禮郡文廟重修捐義錄小序 / 金商翊 | |
| 18233 | 張商英 | 장상영 | 5 | 54 | 1914.12 | 容思衍(續) / 李鼎煥 | |
| 18234 | 張相轍 | 장상철 | 25 | 85 | 1924.12 | 地方報告〉[李大榮의 報告] | |
| 18235 | 莊生 | 장생 | 34 | 12 | 1932.03 | 祭任君龍宰文 / 明倫學院生徒一同 | 莊子 |
| 18236 | 莊生 | 장생 | 47 | 26 | 1943.01 | 論語要義 / 崔浩然 | 呂留良 |

| 번호 | 원문 | 현대어(독음) | 호 | 쪽 | 발행일 | 기사명 / 필자 | 비고 |
|---|---|---|---|---|---|---|---|
| 18237 | 張書翰 | 장서한 | 39 | 30 | 1935.10 | 東京斯文會主催儒道大會狀況 | |
| 18238 | 張錫完 | 장석완 | 44 | 79 | 1939.10 | 文廟秋季釋奠狀況 | |
| 18239 | 張錫完 | 장석완 | 44 | 86 | 1939.10 | 文廟春季釋奠狀況 | |
| 18240 | 張錫完 | 장석완 | 45 | 33 | 1940.12 | 朝鮮儒林大會(朝鮮儒道聯合會創立總會) 會錄概要〉朝鮮儒道聯合會役員名簿(昭和十四年十一月一日現在) | |
| 18241 | 張錫完 | 장석완 | 45 | 41 | 1940.12 | 朝鮮儒林大會(朝鮮儒道聯合會創立總會) 會錄概要〉朝鮮儒道聯合會役員名簿(昭和十四年十一月一日現在) | |
| 18242 | 張錫完 | 장석완 | 46 | 14 | 1941.12 | 釋奠狀況〉昭和十四年秋季釋奠狀況 | |
| 18243 | 張錫完 | 장석완 | 46 | 15 | 1941.12 | 釋奠狀況〉昭和十五年春季釋奠狀況 | |
| 18244 | 張錫完 | 장석완 | 46 | 18 | 1941.12 | 釋奠狀況〉昭和十六年春季釋奠狀況 | |
| 18245 | 張錫完 | 장석완 | 47 | 37 | 1943.01 | 釋奠狀況〉昭和十六年秋季釋奠狀況 | |
| 18246 | 張錫完 | 장석완 | 47 | 39 | 1943.01 | 釋奠狀況〉昭和十七年春季釋奠狀況 | |
| 18247 | 張錫元 | 장석원 | 25 | 81 | 1924.12 | 地方報告〉[安世哲의 報告] | |
| 18248 | 張錫元 | 장석원 | 45 | 26 | 1940.12 | 朝鮮儒林大會(朝鮮儒道聯合會創立總會) 會錄概要〉朝鮮儒道聯合會役員名簿(昭和十四年十一月一日現在) | |
| 18249 | 張錫周 | 장석주 | 2 | 50 | 1914.03 | 日誌大要 | |
| 18250 | 張錫周 | 장석주 | 2 | 51 | 1914.03 | 日誌大要 | |
| 18251 | 張錫周 | 장석주 | 2 | 58 | 1914.03 | 講說〉講題 克己復禮(大正二年十月十一日第三回講演) / 張錫周 | |
| 18252 | 張錫周 | 장석주 | 2 | 65 | 1914.03 | 講說〉講題 克己復禮(大正二年十月十一日第三回講演)〉讀論 / 黃敦秀 | |
| 18253 | 張錫周 | 장석주 | 2 | 67 | 1914.03 | 講說〉講題 必愼其獨(大正二年十一月八日第四回講演) / 張錫周 | |
| 18254 | 張錫周 | 장석주 | 3 | 4 | 1914.06 | 儒敎尊尙說 / 張錫周 | |
| 18255 | 張錫賢 | 장석현 | 20 | 38 | 1920.03 | 求禮郡文廟重修捐義錄小序 / 金商翊 | |
| 18256 | 張錫壎 | 장석훈 | 20 | 37 | 1920.03 | 求禮郡文廟重修捐義錄小序 / 金商翊 | |
| 18257 | 張星度 | 장성도 | 45 | 8 | 1940.12 | 朝鮮儒林大會(朝鮮儒道聯合會創立總會) 會錄概要 | |
| 18258 | 張聖源 | 장성원 | 29 | 44 | 1928.12 | 日誌大要 | |
| 18259 | 張世淳 | 장세순 | 20 | 38 | 1920.03 | 求禮郡文廟重修捐義錄小序 / 金商翊 | |
| 18260 | 章世純 | 장세순 | 12 | 10 | 1916.12 | 經學管見(續) / 尹寧求 | |
| 18261 | 長孫無忌 | 장손무기 | 19 | 12 | 1918.12 | 經學管見(續) / 尹寧求 | |
| 18262 | 張燧 | 장수 | 11 | 20 | 1916.06 | 經學管見(續) / 尹寧求 | |
| 18263 | 張守節 | 장수절 | 6 | 47 | 1915.03 | 論語考證 / 金文演 | |
| 18264 | 張守節 | 장수절 | 14 | 3 | 1917.07 | 經學管見(續) / 尹寧求 | |

| 번호 | 원문 | 현대어(독음) | 호 | 쪽 | 발행일 | 기사명 / 필자 | 비고 |
|---|---|---|---|---|---|---|---|
| 18265 | 張巡 | 장순 | 1 | 21 | 1913.12 | 經學當明者 三 / 呂圭亨 | |
| 18266 | 張純相 | 장순상 | 43 | 33 | 1938.12 | 皇軍慰問詩 / 張純相 | |
| 18267 | 張順洪 | 장순홍 | 20 | 38 | 1920.03 | 求禮郡文廟重修捐義錄小序 / 金商翊 | |
| 18268 | 張習 | 장습 | 18 | 9 | 1918.09 | 經學管見(續) / 尹寧求 | |
| 18269 | 張栻 | 장식 | 8 | 35 | 1915.09 | 賢關記聞 / 李大榮 | |
| 18270 | 張栻 | 장식 | 11 | 24 | 1916.06 | 經學管見(續) / 尹寧求 | |
| 18271 | 張栻 | 장식 | 42 | 47 | 1937.12 | 文廟享祀位次及聖賢姓名爵號考 / 金完鎭 | 華陽伯 |
| 18272 | 張栻 | 장식 | 42 | 57 | 1937.12 | 文廟享祀位次及聖賢姓名爵號考 / 金完鎭 | 華陽伯, 원문은 姓張名栻 |
| 18273 | 張氏 | 장씨 | 10 | 19 | 1916.03 | 經學管見(續) / 尹寧求 | 張栻 |
| 18274 | 張氏 | 장씨 | 27 | 76 | 1926.12 | 地方報告〉[申泰岳의 報告] | 明川郡 淸溪洞 烈女 |
| 18275 | 張氏 | 장씨 | 27 | 77 | 1926.12 | 地方報告〉[申泰岳의 報告] | 明川郡 淸溪洞 烈女 |
| 18276 | 莊氏 | 장씨 | 12 | 1 | 1916.12 | 經學院雜誌序 / 金允植 | |
| 18277 | 莊氏 | 장씨 | 41 | 10 | 1937.02 | 我 / 金誠鎭 | 莊子 |
| 18278 | 長野 | 장야 | 25 | 43 | 1924.12 | 日誌大要 | 나가노 칸 (長野幹) |
| 18279 | 長野 | 장야 | 25 | 45 | 1924.12 | 日誌大要 | 나가노 칸 (長野幹) |
| 18280 | 長野 | 장야 | 26 | 37 | 1925.12 | 日誌大要 | 나가노 칸 (長野幹) |
| 18281 | 長野 | 장야 | 26 | 40 | 1925.12 | 日誌大要 | 나가노 칸 (長野幹) |
| 18282 | 長野幹 | 장야간 | 25 | 42 | 1924.12 | 日誌大要 | 나가노 칸 |
| 18283 | 莊襄 | 장양 | 17 | 6 | 1918.07 | 經學管見(續) / 尹寧求 | |
| 18284 | 張楊園 | 장양원 | 10 | 22 | 1916.03 | 經學淺知錄 / 金文演 | 張履祥 |
| 18285 | 張楊園 | 장양원 | 10 | 23 | 1916.03 | 經學淺知錄 / 金文演 | 張履祥 |
| 18286 | 張養浩 | 장양호 | 19 | 7 | 1918.12 | 經學管見(續) / 尹寧求 | |
| 18287 | 張億鎭 | 장억진 | 27 | 59 | 1926.12 | 日誌大要 | |
| 18288 | 丈广 | 장엄 | 40 | 42 | 1936.08 | 成竹似先生追悼錄〉挽故成均館博士成竹似先生 / 金勛卿 | 魏大源, 원문은 丈亇로 오기됨 |
| 18289 | 丈广 | 장엄 | 40 | 52 | 1936.08 | 鄭茂亭先生追悼錄〉輓詞 / 魏大源 | 魏大源 |
| 18290 | 張旅軒 | 장여헌 | 11 | 27 | 1916.06 | 經學淺知錄(續) / 金文演 | 張顯光 |
| 18291 | 張然七 | 장연칠 | 45 | 39 | 1940.12 | 朝鮮儒林大會(朝鮮儒道聯合會創立總會) 會錄槪要〉朝鮮儒道聯合會役員名簿(昭和十四年十一月一日現在) | |

| 번호 | 원문 | 현대어(독음) | 호 | 쪽 | 발행일 | 기사명 / 필자 | 비고 |
|---|---|---|---|---|---|---|---|
| 18292 | 張說 | 장열 | 10 | 17 | 1916.03 | 經學管見(續) / 尹寧求 | |
| 18293 | 張勇 | 장용 | 16 | 6 | 1918.03 | 經學管見(續) / 尹寧求 | |
| 18294 | 張龍錫 | 장용석 | 16 | 57 | 1918.03 | 地方報告〉[鄭鳳時의 報告] | |
| 18295 | 張龍源 | 장용원 | 35 | 33 | 1932.12 | 文廟釋奠狀況〉[張龍源의 보고] | |
| 18296 | 張友植 | 장우식 | 45 | 29 | 1940.12 | 朝鮮儒林大會(朝鮮儒道聯合會創立總會) 會錄概要〉朝鮮儒道聯合會役員名簿(昭和十四年十一月一日現在) | |
| 18297 | 張原 | 장원 | 16 | 5 | 1918.03 | 經學管見(續) / 尹寧求 | |
| 18298 | 張元基相 | 장원기상 | 46 | 33 | 1941.12 | 明倫專門學院日誌大要(昭和十四年七月ヨリ昭和十六年六月マデ) | 張基相 |
| 18299 | 張元學 | 장원학 | 30 | 72 | 1929.12 | 地方報告〉[張元學의 報告] | |
| 18300 | 張維 | 장유 | 28 | 3 | 1927.12 | 朝鮮詩文變遷論 / 鄭萬朝 | 원문은 維 |
| 18301 | 張孺人 | 장유인 | 27 | 9 | 1926.12 | 烈女申婦張孺人碑 / 金完鎭 | |
| 18302 | 漳隱 | 장은 | 35 | 8 | 1932.12 | 心性情理氣圖解 / 元弘植 | |
| 18303 | 張儀 | 장의 | 10 | 76 | 1916.03 | 地方報告〉[成樂賢의 報告] | 원문은 儀 |
| 18304 | 張儀 | 장의 | 15 | 55 | 1917.10 | 講說〉泰仁鄉校講演(大正六年五月一日)〉講題 士不可以不弘毅任重而道遠 / 李容植 | 원문은 儀 |
| 18305 | 張儀 | 장의 | 17 | 30 | 1918.07 | 洙澳問答 / 元泳義 | 원문은 儀 |
| 18306 | 張儀 | 장의 | 39 | 14 | 1935.10 | 農村振興과 儒林의 覺醒(每日申報社說抄錄) ─時運時變에 適應하라 | |
| 18307 | 張爾岐 | 장이기 | 10 | 22 | 1916.03 | 經學淺知錄 / 金文演 | 원문은 爾岐 |
| 18308 | 張以寧 | 장이녕 | 10 | 16 | 1916.03 | 經學管見(續) / 尹寧求 | |
| 18309 | 張履祥 | 장이상 | 10 | 22 | 1916.03 | 經學淺知錄 / 金文演 | 원문은 履祥 |
| 18310 | 張寅源 | 장인원 | 23 | 40 | 1922.12 | 孔夫子忌辰四十周甲追慕禮式及紀念事業發起文 | |
| 18311 | 張寅源 | 장인원 | 23 | 56 | 1922.12 | 日誌大要 | |
| 18312 | 張寅源 | 장인원 | 45 | 26 | 1940.12 | 朝鮮儒林大會(朝鮮儒道聯合會創立總會) 會錄概要〉朝鮮儒道聯合會役員名簿(昭和十四年十一月一日現在) | |
| 18313 | 張子 | 장자 | 6 | 41 | 1915.03 | 容思衍(續) / 李鼎煥 | |
| 18314 | 張子 | 장자 | 8 | 52 | 1915.09 | 講說〉講題 道不遠人(大政四年五月八日第十二回講演) / 李容植 | |
| 18315 | 張子 | 장자 | 11 | 22 | 1916.06 | 經學管見(續) / 尹寧求 | |
| 18316 | 張子 | 장자 | 14 | 29 | 1917.07 | 四書小註辨疑(續) / 李鶴在 | |
| 18317 | 張子 | 장자 | 14 | 30 | 1917.07 | 四書小註辨疑(續) / 李鶴在 | |
| 18318 | 張子 | 장자 | 18 | 17 | 1918.09 | 中庸章句問對(續) / 朴長鴻 | |
| 18319 | 張子 | 장자 | 20 | 32 | 1920.03 | 三洙瑣談(續) / 元泳義 | |
| 18320 | 張子 | 장자 | 21 | 18 | 1921.03 | 經學管見(續) / 尹寧求 | |

| 번호 | 원문 | 현대어(독음) | 호 | 쪽 | 발행일 | 기사명 / 필자 | 비고 |
|---|---|---|---|---|---|---|---|
| 18321 | 張子 | 장자 | 21 | 19 | 1921.03 | 經學管見(續) / 尹寧求 | |
| 18322 | 張子 | 장자 | 21 | 21 | 1921.03 | 經學管見(續) / 尹寧求 | |
| 18323 | 張子 | 장자 | 23 | 47 | 1922.12 | 三洙瑣談(二十一號續) / 元泳義 | |
| 18324 | 張子 | 장자 | 27 | 18 | 1926.12 | 易經講解總說 / 元泳義 | |
| 18325 | 張子 | 장자 | 29 | 29 | 1928.12 | 三洙瑣談(續) / 元泳義 | |
| 18326 | 張子 | 장자 | 30 | 32 | 1929.12 | 三洙瑣談(續) / 元泳義 | |
| 18327 | 張子 | 장자 | 35 | 4 | 1932.12 | 經傳解釋通例 / 李學魯 | |
| 18328 | 張子 | 장자 | 36 | 3 | 1933.12 | 經義問對(續) / 韓昌愚 | |
| 18329 | 張子 | 장자 | 37 | 4 | 1934.10 | 天道人道說 / 元弘植 | |
| 18330 | 張子 | 장자 | 39 | 2 | 1935.10 | 性善說 / 李學魯 | |
| 18331 | 張子 | 장자 | 46 | 8 | 1941.12 | 大學序文先儒論辨 / 金誠鎭 | |
| 18332 | 莊子 | 장자 | 3 | 35 | 1914.06 | 孔子年報(續) / 呂圭亨 | |
| 18333 | 莊子 | 장자 | 3 | 36 | 1914.06 | 孔子年報(續) / 呂圭亨 | |
| 18334 | 莊子 | 장자 | 3 | 37 | 1914.06 | 孔子年報(續) / 呂圭亨 | |
| 18335 | 莊子 | 장자 | 5 | 3 | 1914.12 | 孔敎卽東亞之宗敎 / 金文演 | |
| 18336 | 莊子 | 장자 | 6 | 4 | 1915.03 | 緒論 / 呂圭亨 | |
| 18337 | 莊子 | 장자 | 6 | 46 | 1915.03 | 論語考證 / 金文演 | |
| 18338 | 莊子 | 장자 | 6 | 47 | 1915.03 | 論語考證 / 金文演 | |
| 18339 | 莊子 | 장자 | 7 | 38 | 1915.06 | 論語考證(續) / 金文演 | |
| 18340 | 莊子 | 장자 | 11 | 15 | 1916.06 | 經學管見(續) / 尹寧求 | |
| 18341 | 莊子 | 장자 | 11 | 21 | 1916.06 | 經學管見(續) / 尹寧求 | |
| 18342 | 莊子 | 장자 | 15 | 17 | 1917.10 | 詩經蔿辨 / 金文演 | |
| 18343 | 莊子 | 장자 | 25 | 16 | 1924.12 | 三洙瑣談(續) / 元泳義 | |
| 18344 | 莊子 | 장자 | 39 | 11 | 1935.10 | 精神指導에 對하야(每日申報 昭和十年 七月 十四日 心田開發에 關한 寄稿) / 安寅植 | |
| 18345 | 莊子 | 장자 | 40 | 3 | 1936.08 | 儒敎의 眞髓 / 鄭萬朝 | |
| 18346 | 莊子 | 장자 | 47 | 30 | 1943.01 | 儒林覺醒論 / 金誠鎭 | |
| 18347 | 莊子 | 장자 | 47 | 31 | 1943.01 | 儒林覺醒論 / 金誠鎭 | |
| 18348 | 張子房 | 장자방 | 6 | 6 | 1915.03 | 緒論 / 呂圭亨 | |
| 18349 | 張自勳 | 장자훈 | 15 | 2 | 1917.10 | 經學管見(續) / 尹寧求 | |
| 18350 | 張作霖 | 장작림 | 42 | 20 | 1937.12 | 支那事變에 對하야 / 金大羽 | |
| 18351 | 張作霖 | 장작림 | 47 | 13 | 1943.01 | 儒道の復興 / 俞萬兼 | |
| 18352 | 張作霖 | 장작림 | 47 | 14 | 1943.01 | 儒道の復興 / 俞萬兼 | |
| 18353 | 張載 | 장재 | 2 | 36 | 1914.03 | 大成殿神位圖 | 郿伯 |
| 18354 | 張載 | 장재 | 8 | 35 | 1915.09 | 賢關記聞 / 李大榮 | |
| 18355 | 張載 | 장재 | 10 | 51 | 1916.03 | 賢關記聞(續) / 李大榮 | |

| 번호 | 원문 | 현대어(독음) | 호 | 쪽 | 발행일 | 기사명 / 필자 | 비고 |
|---|---|---|---|---|---|---|---|
| 18356 | 張載 | 장재 | 21 | 18 | 1921.03 | 經學管見(續) / 尹寧求 | |
| 18357 | 張載 | 장재 | 30 | 62 | 1929.12 | 講說〉講題 朝鮮의 在한 聖學道統 : 李退溪先生을 憶함 / 赤木萬二郞 | |
| 18358 | 張載 | 장재 | 42 | 46 | 1937.12 | 文廟享祀位次及聖賢姓名爵號考 / 金完鎭 | 郿伯, 張橫渠 |
| 18359 | 張載 | 장재 | 42 | 50 | 1937.12 | 文廟享祀位次及聖賢姓名爵號考 / 金完鎭 | 郿伯, 원문은 姓張名載 |
| 18360 | 張在昌 | 장재창 | 20 | 22 | 1920.03 | 求禮郡文廟重修記 / 金商翊 | |
| 18361 | 張在昌 | 장재창 | 20 | 37 | 1920.03 | 求禮郡文廟重修捐義錄小序 / 金商翊 | |
| 18362 | 張笥 | 장저 | 40 | 16 | 1936.08 | 文房四友說 / 韓昌愚 | |
| 18363 | 長沮 | 장저 | 24 | 64 | 1923.12 | 講說〉講題 知天命說 / 服部宇之吉 | |
| 18364 | 長沮 | 장저 | 25 | 16 | 1924.12 | 三洙瑣談(續) / 元泳義 | |
| 18365 | 張籍 | 장적 | 4 | 8 | 1914.09 | 學說 / 呂圭亨 | |
| 18366 | 張籍 | 장적 | 9 | 54 | 1915.12 | 講說〉講題 三人行必有我師(大正四年六月十二日第十三回講演) / 朴箕陽 | |
| 18367 | 壯節公 | 장절공 | 27 | 76 | 1926.12 | 地方報告〉[申泰岳의 報告] | 申崇謙 |
| 18368 | 張廷玉 | 장정옥 | 14 | 10 | 1917.07 | 經學管見(續) / 尹寧求 | |
| 18369 | 張貞熙 | 장정희 | 20 | 37 | 1920.03 | 求禮郡文廟重修捐義錄小序 / 金商翊 | |
| 18370 | 蔣悌生 | 장제생 | 11 | 17 | 1916.06 | 經學管見(續) / 尹寧求 | |
| 18371 | 張召史 | 장 조이 | 39 | 42 | 1935.10 | 孝烈行蹟〉[朴元東의 보고] | 召史는 이두로서 조이로 읽음 |
| 18372 | 張存中 | 장존중 | 12 | 9 | 1916.12 | 經學管見(續) / 尹寧求 | |
| 18373 | 張鍾祐 | 장종우 | 20 | 37 | 1920.03 | 求禮郡文廟重修捐義錄小序 / 金商翊 | |
| 18374 | 莊周 | 장주 | 3 | 37 | 1914.06 | 孔子年報(續) / 呂圭亨 | 莊子 |
| 18375 | 莊周 | 장주 | 4 | 2 | 1914.09 | 學說 / 呂圭亨 | 莊子 |
| 18376 | 莊周 | 장주 | 8 | 2 | 1915.09 | 儒教論 / 呂圭亨 | 莊子 |
| 18377 | 莊周 | 장주 | 9 | 59 | 1915.12 | 講說〉講題 三人行必有我師(大正四年六月十二日第十三回講演) / 呂圭亨 | 莊子 |
| 18378 | 莊周 | 장주 | 16 | 45 | 1918.03 | 講說〉講題 林放問禮之本(大正六年九月二十七日平壤府鄕校講演) / 朴齊斌 | 莊子 |
| 18379 | 莊周 | 장주 | 25 | 63 | 1924.12 | 講說〉講題 儒教者의 辯 / 朴箕陽 | 莊子 |
| 18380 | 莊周 | 장주 | 44 | 40 | 1939.10 | 經儒學 / 金誠鎭 | 莊子 |
| 18381 | 莊周 | 장주 | 45 | 86 | 1940.12 | 忠淸南道儒道聯合會結成式〉東亞ノ建設ト儒道ノ精神 / 安寅植 | 莊子 |
| 18382 | 章俊卿 | 장준경 | 20 | 15 | 1920.03 | 經學管見(續) / 尹寧求 | |
| 18383 | 張之宏 | 장지굉 | 7 | 41 | 1915.06 | 論語考證(續) / 金文演 | |

| 번호 | 원문 | 현대어(독음) | 호 | 쪽 | 발행일 | 기사명 / 필자 | 비고 |
|---|---|---|---|---|---|---|---|
| 18384 | 張志善 | 장지선 | 14 | 62 | 1917.07 | 地方報告〉[李種玉의 報告] | |
| 18385 | 張稷相 | 장직상 | 45 | 26 | 1940.12 | 朝鮮儒林大會(朝鮮儒道聯合會創立總會) 會錄槪要〉朝鮮儒道聯合會役員名簿(昭和十四年十一月一日現在) | |
| 18386 | 張珍奎 | 장진규 | 31 | 36 | 1930.08 | 地方報告〉各郡文廟釋奠狀況〉[張珍奎의 보고] | |
| 18387 | 張振善 | 장진선 | 30 | 80 | 1929.12 | 地方報告〉[申大均의 報告] | |
| 18388 | 張軫瑚 | 장진호 | 27 | 71 | 1926.12 | 地方報告〉[鄭大仲 等의 報告] | 원문은 軫瑚 |
| 18389 | 張蒼 | 장창 | 12 | 11 | 1916.12 | 孟子緖論 / 金文演 | |
| 18390 | 臧倉 | 장창 | 11 | 24 | 1916.06 | 經學管見(續) / 尹寧求 | |
| 18391 | 張昌奎 | 장창규 | 43 | 37 | 1938.12 | 皇軍慰問詩 / 張昌奎 | |
| 18392 | 張劭園 | 장초원 | 19 | 17 | 1918.12 | 經學院祝辭 / 張劭園 | |
| 18393 | 張村應範 | 장촌응범 | 46 | 24 | 1941.12 | 經學院日誌大要(昭和十四年七月ヨリ昭和十六年六月マテ) | 張應範 |
| 18394 | 張總 | 장총 | 26 | 26 | 1925.12 | 釋奠에 就ㅎ야(續) / 佐藤廣治 | |
| 18395 | 張璁 | 장총 | 27 | 48 | 1926.12 | 釋奠에 就ㅎ야(續) / 佐藤廣治 | |
| 18396 | 章沖 | 장충 | 15 | 3 | 1917.10 | 經學管見(續) / 尹寧求 | |
| 18397 | 張鐸魯 | 장탁로 | 20 | 23 | 1920.03 | 求禮郡文廟重修記 / 金商翊 | |
| 18398 | 張鐸魯 | 장탁로 | 20 | 36 | 1920.03 | 求禮郡文廟重修捐義錄小序 / 金商翊 | |
| 18399 | 張鐸魯 | 장탁로 | 20 | 41 | 1920.03 | 求禮郡文廟重修落成式韻 / 張鐸魯 | |
| 18400 | 張兌相 | 장태상 | 43 | 32 | 1938.12 | 皇軍慰問詩 / 張兌相 | |
| 18401 | 張太素 | 장태소 | 14 | 7 | 1917.07 | 經學管見(續) / 尹寧求 | |
| 18402 | 張特立 | 장특립 | 9 | 20 | 1915.12 | 經學管見(下) / 尹寧求 | |
| 18403 | 張河景 | 장하경 | 39 | 40 | 1935.10 | 孝烈行蹟〉[羅壽宇 等의 보고] | |
| 18404 | 張河春 | 장하춘 | 39 | 40 | 1935.10 | 孝烈行蹟〉[羅壽宇 等의 보고] | |
| 18405 | 張學良 | 장학량 | 42 | 20 | 1937.12 | 支那事變에 對하야 / 金大羽 | |
| 18406 | 張學淳 | 장학순 | 45 | 40 | 1940.12 | 朝鮮儒林大會(朝鮮儒道聯合會創立總會) 會錄槪要〉朝鮮儒道聯合會役員名簿(昭和十四年十一月一日現在) | |
| 18407 | 張漢錫 | 장한석 | 37 | 26 | 1934.10 | 孝烈行蹟〉[張漢錫의 보고] | |
| 18408 | 張漢錫 | 장한석 | 37 | 29 | 1934.10 | 孝烈行蹟〉[張漢錫의 보고] | |
| 18409 | 張恒 | 장항 | 19 | 74 | 1918.12 | 講說〉講題 孟懿子問孝(大正七年十一月十六日第三十二回講演)〉續演 / 呂圭亨 | |
| 18410 | 蔣偕 | 장해 | 16 | 7 | 1918.03 | 經學管見(續) / 尹寧求 | |
| 18411 | 張海若 | 장해약 | 39 | 30 | 1935.10 | 東京斯文會主催儒道大會狀況 | |
| 18412 | 張行遠 | 장행원 | 45 | 29 | 1940.12 | 朝鮮儒林大會(朝鮮儒道聯合會創立總會) 會錄槪要〉朝鮮儒道聯合會役員名簿(昭和十四年十一月一日現在) | |

| 번호 | 원문 | 현대어(독음) | 호 | 쪽 | 발행일 | 기사명 / 필자 | 비고 |
|------|------|------------|-----|-----|--------|--------------|------|
| 18413 | 張憲根 | 장헌근 | 26 | 9 | 1925.12 | 江陵郡鄕校重修記 / 鄭萬朝 | 원문은 張侯憲根 |
| 18414 | 張憲根 | 장헌근 | 45 | 26 | 1940.12 | 朝鮮儒林大會(朝鮮儒道聯合會創立總會) 會錄槪要〉朝鮮儒道聯合會役員名簿(昭和十四年十一月一日現在) | |
| 18415 | 莊獻世子 | 장헌세자 | 9 | 35 | 1915.12 | 賢關記聞(續) / 李大榮 | |
| 18416 | 莊獻世子 | 장헌세자 | 11 | 57 | 1916.06 | 賢關記聞(續) / 李大榮 | |
| 18417 | 張憲洙 | 장헌수 | 25 | 80 | 1924.12 | 地方報告〉[張憲洙의 報告] | |
| 18418 | 張憲植 | 장헌식 | 25 | 42 | 1924.12 | 日誌大要 | |
| 18419 | 張憲植 | 장헌식 | 45 | 25 | 1940.12 | 朝鮮儒林大會(朝鮮儒道聯合會創立總會) 會錄槪要〉朝鮮儒道聯合會役員名簿(昭和十四年十一月一日現在) | |
| 18420 | 張赫 | 장혁 | 45 | 38 | 1940.12 | 朝鮮儒林大會(朝鮮儒道聯合會創立總會) 會錄槪要〉朝鮮儒道聯合會役員名簿(昭和十四年十一月一日現在) | |
| 18421 | 張鉉 | 장현 | 18 | 9 | 1918.09 | 經學管見(續) / 尹寧求 | |
| 18422 | 張顯光 | 장현광 | 11 | 27 | 1916.06 | 經學淺知錄(續) / 金文演 | 원문은 顯光 |
| 18423 | 張惠言 | 장혜언 | 10 | 25 | 1916.03 | 經學淺知錄 / 金文演 | |
| 18424 | 張惠言 | 장혜언 | 34 | 5 | 1932.03 | 最近經學考 / 權純九 | |
| 18425 | 張弧 | 장호 | 21 | 17 | 1921.03 | 經學管見(續) / 尹寧求 | |
| 18426 | 張浩植 | 장호식 | 37 | 31 | 1934.10 | 孝烈行蹟〉[張浩植 等의 보고] | |
| 18427 | 張蒿菴 | 장호암 | 10 | 22 | 1916.03 | 經學淺知錄 / 金文演 | 張爾岐 |
| 18428 | 張蒿菴 | 장호암 | 10 | 23 | 1916.03 | 經學淺知錄 / 金文演 | |
| 18429 | 萇弘 | 장홍 | 1 | 65 | 1913.12 | 講說〉大正二年六月十四日第一回演講〉(講章益者三友損者三友)〉續演 / 呂圭亨 | |
| 18430 | 萇弘 | 장홍 | 3 | 35 | 1914.06 | 孔子年報(續) / 呂圭亨 | |
| 18431 | 萇弘 | 장홍 | 9 | 53 | 1915.12 | 講說〉講題 三人行必有我師(大正四年六月十二日第十三回講演) / 朴箕陽 | |
| 18432 | 萇弘 | 장홍 | 14 | 66 | 1917.07 | 地方報告〉[宋在永의 報告]釋奠祭文 / 黃羲民 | |
| 18433 | 萇弘 | 장홍 | 21 | 68 | 1921.03 | 三洙瑣談(續) / 元泳義 | |
| 18434 | 萇弘 | 장홍 | 22 | 12 | 1922.03 | 經學講論 / 成樂賢 | |
| 18435 | 張弘基 | 장홍기 | 26 | 45 | 1925.12 | 日誌大要 | |
| 18436 | 張鴻斗 | 장홍두 | 25 | 80 | 1924.12 | 地方報告〉[張憲洙의 報告] | |
| 18437 | 張鴻植 | 장홍식 | 6 | 55 | 1915.03 | 參講演有感(二首) / 張鴻植 | |
| 18438 | 張華植 | 장화식 | 33 | 37 | 1931.12 | 聲討顚末 | |
| 18439 | 章懷太子 | 장회태자 | 14 | 4 | 1917.07 | 經學管見(續) / 尹寧求 | |
| 18440 | 章懷太子 | 장회태자 | 17 | 5 | 1918.07 | 經學管見(續) / 尹寧求 | |
| 18441 | 張橫渠 | 장횡거 | 2 | 16 | 1914.03 | 格致管見 / 李鼎煥 | 張載 |

ㅈ

| 번호 | 원문 | 현대어(독음) | 호 | 쪽 | 발행일 | 기사명 / 필자 | 비고 |
|---|---|---|---|---|---|---|---|
| 18442 | 張橫渠 | 장횡거 | 4 | 23 | 1914.09 | 張橫渠正蒙書中第七大心編讀解私記 / 呂圭亨 | 張載 |
| 18443 | 張橫渠 | 장횡거 | 5 | 25 | 1914.12 | 定性書演解 / 呂圭亨 | 張載 |
| 18444 | 張橫渠 | 장횡거 | 9 | 6 | 1915.12 | 經說(續) / 韓晩容 | 張載 |
| 18445 | 張橫渠 | 장횡거 | 9 | 19 | 1915.12 | 經學管見(下) / 尹寧求 | 張載 |
| 18446 | 張橫渠 | 장횡거 | 10 | 20 | 1916.03 | 經學管見(續) / 尹寧求 | 張載 |
| 18447 | 張橫渠 | 장횡거 | 11 | 9 | 1916.06 | 經論 / 韓晩容 | 張載 |
| 18448 | 張橫渠 | 장횡거 | 18 | 50 | 1918.09 | 講說〉講題 內地의 宋學(大正七年五月十一日第二十八回講演) / 今關壽麿 | 張載 |
| 18449 | 張橫渠 | 장횡거 | 19 | 74 | 1918.12 | 講說〉講題 孟懿子問孝(大正七年十一月十六日第三十二回講演)〉續演 / 呂圭亨 | 張載 |
| 18450 | 張橫渠 | 장횡거 | 21 | 69 | 1921.03 | 三洙瑣談(續) / 元泳義 | 張載 |
| 18451 | 張橫渠 | 장횡거 | 24 | 60 | 1923.12 | 講說〉講題 知天命說 / 服部宇之吉 | 張載 |
| 18452 | 張橫渠 | 장횡거 | 30 | 58 | 1929.12 | 講說〉講題 朝鮮의 在한 聖學道統 : 李退溪先生을 憶함 / 赤木萬二郎 | 張載 |
| 18453 | 張橫渠 | 장횡거 | 30 | 64 | 1929.12 | 講說〉講題 朝鮮의 在한 聖學道統 : 李退溪先生을 憶함 / 赤木萬二郎 | 張載 |
| 18454 | 張橫渠 | 장횡거 | 36 | 1 | 1933.12 | 窮養達施論 / 權純九 | 張載 |
| 18455 | 張橫渠 | 장횡거 | 40 | 5 | 1936.08 | 儒敎의 眞髓 / 鄭萬朝 | 張載 |
| 18456 | 張橫渠 | 장횡거 | 26 | 17 | 1925.12 | 欲齊其家先修其身論 / 成樂賢 | 張載 |
| 18457 | 莊煦 | 장후 | 12 | 10 | 1916.12 | 經學管見(續) / 尹寧求 | |
| 18458 | 張壎 | 장훈 | 20 | 38 | 1920.03 | 求禮郡文廟重修捐義錄小序 / 金商翊 | |
| 18459 | 張欽夫 | 장흠부 | 10 | 21 | 1916.03 | 經學淺知錄 / 金文演 | |
| 18460 | 齋藤 | 재등 | 20 | 50 | 1920.03 | 日誌大要 | 사이토 마코토 (齋藤實) |
| 18461 | 齋藤 | 재등 | 21 | 82 | 1921.03 | 鄕校財産沿革 / 金完鎭 | 사이토 마코토 (齋藤實) |
| 18462 | 齋藤 | 재등 | 21 | 92 | 1921.03 | 日誌大要 | 사이토 마코토 (齋藤實) |
| 18463 | 齋藤 | 재등 | 21 | 93 | 1921.03 | 日誌大要 | 사이토 마코토 (齋藤實) |
| 18464 | 齋藤 | 재등 | 24 | 53 | 1923.12 | 日誌大要 | 사이토 마코토 (齋藤實) |
| 18465 | 齋藤 | 재등 | 24 | 57 | 1923.12 | 日誌大要 | 사이토 마코토 (齋藤實) |

| 번호 | 원문 | 현대어(독음) | 호 | 쪽 | 발행일 | 기사명 / 필자 | 비고 |
|------|------|------------|----|----|--------|------------|------|
| 18466 | 齋藤 | 재등 | 25 | 43 | 1924.12 | 日誌大要 | 사이토 마코토 (齋藤實) |
| 18467 | 齋藤 | 재등 | 26 | 40 | 1925.12 | 日誌大要 | 사이토 마코토 (齋藤實) |
| 18468 | 齋藤 | 재등 | 28 | 42 | 1927.12 | 日誌大要 | 사이토 마코토 (齋藤實) |
| 18469 | 齋藤 | 재등 | 28 | 46 | 1927.12 | 日誌大要 | 사이토 마코토 (齋藤實) |
| 18470 | 齋藤 | 재등 | 30 | 58 | 1929.12 | 講說〉講題 朝鮮의 在한 聖學道統 : 李退溪先生을 憶함 / 赤木萬二郎 | 사이토 마코토 (齋藤實) |
| 18471 | 齋藤 | 재등 | 31 | 15 | 1930.08 | 講題 我國近時의 立法과 儒道와의 關係 / 武部欽一 | 사이토 마코토 (齋藤實) |
| 18472 | 齋藤 | 재등 | 31 | 28 | 1930.08 | 日誌大要 | 사이토 마코토 (齋藤實) |
| 18473 | 齋藤 | 재등 | 31 | 50 | 1930.08 | 明倫學院設置의 趣旨(昭和五年二月 總督府 新聞記者室에서) | 사이토 마코토 (齋藤實) |
| 18474 | 齋藤 | 재등 | 32 | 36 | 1930.12 | 日誌大要 | 사이토 마코토 (齋藤實) |
| 18475 | 齋藤 | 재등 | 32 | 38 | 1930.12 | 日誌大要 | 사이토 마코토 (齋藤實) |
| 18476 | 齋藤 | 재등 | 33 | 24 | 1931.12 | 日誌大要 | 사이토 마코토 (齋藤實) |
| 18477 | 齋藤 | 재등 | 33 | 29 | 1931.12 | 聲討顚末 | 사이토 마코토 (齋藤實) |
| 18478 | 齋藤 | 재등 | 33 | 41 | 1931.12 | 文廟釋奠狀況 | 사이토 마코토 (齋藤實) |
| 18479 | 齋藤 | 재등 | 33 | 42 | 1931.12 | 文廟釋奠狀況 | 사이토 마코토 (齋藤實) |

| 번호 | 원문 | 현대어(독음) | 호 | 쪽 | 발행일 | 기사명 / 필자 | 비고 |
|------|------|------------|----|----|--------|-------------|------|
| 18480 | 齋藤 | 재등 | 34 | 45 | 1932.03 | 評議員會狀況 | 사이토 마코토 (齋藤實) |
| 18481 | 齋藤 | 재등 | 34 | 51 | 1932.03 | 評議員會狀況 | 사이토 마코토 (齋藤實) |
| 18482 | 齋藤 | 재등 | 34 | 52 | 1932.03 | 評議員會狀況 | 사이토 마코토 (齋藤實) |
| 18483 | 齋藤 | 재등 | 39 | 31 | 1935.10 | 東京斯文會主催儒道大會狀況 | 사이토 마코토 (齋藤實) |
| 18484 | 齋藤 | 재등 | 45 | 8 | 1940.12 | 朝鮮儒林大會(朝鮮儒道聯合會創立總會) 會錄槪要 | 사이토 마코토 (齋藤實) |
| 18485 | 齋藤久太郎 | 재등구태랑 | 45 | 31 | 1940.12 | 朝鮮儒林大會(朝鮮儒道聯合會創立總會) 會錄槪要〉朝鮮儒道聯合會役員名簿(昭和十四年十一月一日現在) | 사이토 구타로 |
| 18486 | 齋藤實 | 재등실 | 20 | 47 | 1920.03 | 日誌大要 | 사이토 마코토 |
| 18487 | 齋藤實 | 재등실 | 20 | [0] | 1920.03 | 朝鮮總督男爵齋藤實閣下 | 사이토 마코토 |
| 18488 | 齋藤實 | 재등실 | 20 | [3] | 1920.03 | 總督諭告 / 齋藤 實 | 사이토 마코토 |
| 18489 | 齋藤實 | 재등실 | 20 | [5] | 1920.03 | 經學院職員講士에對한訓示 / 齋藤 實 | 사이토 마코토 |
| 18490 | 齋藤實 | 재등실 | 21 | 33 | 1921.03 | 鄕校財産管理規則 附黍熙 | 사이토 마코토 |
| 18491 | 齋藤實 | 재등실 | 21 | [2] | 1921.03 | 朝鮮總督府訓令 第二十七號 / 齋藤實 | 사이토 마코토 |
| 18492 | 齋藤實 | 재등실 | 23 | 29 | 1922.12 | 經學院規定中改正件 | 사이토 마코토 |
| 18493 | 齋藤實 | 재등실 | 24 | 48 | 1923.12 | 地方文廟職員에 關한 府令 | 사이토 마코토 |
| 18494 | 齋藤實 | 재등실 | 25 | [2] | 1924.12 | [論告] / 齋藤實 | 사이토 마코토 |
| 18495 | 齋藤實 | 재등실 | 34 | 44 | 1932.03 | 評議員會狀況 | 사이토 마코토 |
| 18496 | 齋藤五吉 | 재등오길 | 45 | 26 | 1940.12 | 朝鮮儒林大會(朝鮮儒道聯合會創立總會) 會錄槪要〉朝鮮儒道聯合會役員名簿(昭和十四年十一月一日現在) | |

| 번호 | 원문 | 현대어(독음) | 호 | 쪽 | 발행일 | 기사명 / 필자 | 비고 |
|---|---|---|---|---|---|---|---|
| 18497 | 齋藤治郎 | 재등치랑 | 45 | 39 | 1940.12 | 朝鮮儒林大會(朝鮮儒道聯合會創立總會) 會錄槪要〉朝鮮儒道聯合會役員名簿(昭和十四年十一月一日現在) | |
| 18498 | 宰我 | 재아 | 1 | 19 | 1913.12 | 經學當明者 二 / 呂圭亨 | |
| 18499 | 宰我 | 재아 | 6 | 52 | 1915.03 | 論語分類一覽 / 金文演 | |
| 18500 | 宰我 | 재아 | 7 | 45 | 1915.06 | 論語分類一覽(續) / 金文演 | |
| 18501 | 宰我 | 재아 | 8 | 10 | 1915.09 | 華山問答(續) / 李容稙 | |
| 18502 | 宰我 | 재아 | 12 | 67 | 1916.12 | 講說〉講題 女爲君子儒無爲小人儒(大正五年五月十三日開城郡鄕校講演) / 李容稙 | |
| 18503 | 宰我 | 재아 | 12 | 76 | 1916.12 | 講說〉講題 善養吾浩然之氣(大正五年九月二十九日海州郡鄕校講演) / 李容稙 | |
| 18504 | 宰我 | 재아 | 19 | 73 | 1918.12 | 講說〉講題 孟懿子問孝(大正七年十一月十六日第三十二回講演)〉續演 / 呂圭亨 | |
| 18505 | 宰子 | 재여 | 2 | 36 | 1914.03 | 大成殿神位圖 | |
| 18506 | 宰子 | 재여 | 3 | 29 | 1914.06 | 孔子年報(續) / 呂圭亨 | |
| 18507 | 宰子 | 재여 | 4 | 3 | 1914.09 | 學說 / 呂圭亨 | |
| 18508 | 宰子 | 재여 | 6 | 38 | 1915.03 | 孔子年報(續) / 呂圭亨 | |
| 18509 | 宰子 | 재여 | 6 | 40 | 1915.03 | 孔子年報(續) / 呂圭亨 | |
| 18510 | 宰子 | 재여 | 7 | 29 | 1915.06 | 文廟碑銘幷序 | |
| 18511 | 宰子 | 재여 | 29 | 56 | 1928.12 | 講說〉講題 道德的精神 / 白井成允 | |
| 18512 | 宰子 | 재여 | 30 | [2] | 1929.12 | 李龍眠畵宣聖及七十二弟子像賛(金石萃編) | |
| 18513 | 宰子 | 재여 | 42 | 46 | 1937.12 | 文廟享祀位次及聖賢姓名爵號考 / 金完鎭 | 齊公 |
| 18514 | 宰子 | 재여 | 42 | 49 | 1937.12 | 文廟享祀位次及聖賢姓名爵號考 / 金完鎭 | 齊公, 원문은 姓宰名子 |
| 18515 | 褚少孫 | 저소손 | 14 | 2 | 1917.07 | 經學管見(續) / 尹寧求 | |
| 18516 | 褚遂良 | 저수량 | 10 | 20 | 1916.03 | 經學管見(續) / 尹寧求 | |
| 18517 | 褚徵 | 저징 | 10 | 20 | 1916.03 | 經學管見(續) / 尹寧求 | |
| 18518 | 翟 | 적 | 31 | 6 | 1930.08 | 經學源流 / 權純九 | 翟牧 |
| 18519 | 赤 | 적 | 11 | 72 | 1916.06 | 講說〉浴乎沂風乎舞雩詠而歸(大正五年四月八日第十七回講演) / 鄭鳳時 | |
| 18520 | 赤 | 적 | 11 | 73 | 1916.06 | 講說〉浴乎沂風乎舞雩詠而歸(大正五年四月八日第十七回講演) / 鄭鳳時 | |
| 18521 | 翟耆年 | 적기년 | 20 | 16 | 1920.03 | 經學管見(續) / 尹寧求 | |
| 18522 | 赤木萬二郎 | 적목만이랑 | 23 | 60 | 1922.12 | 日誌大要 | 아카기 만지로 |
| 18523 | 赤木萬二郎 | 적목만이랑 | 23 | 64 | 1922.12 | 講說〉講題 師道(大正十一年五月七日追慕禮式時) / 赤木萬二郎 | 아카기 만지로 |

| 번호 | 원문 | 현대어(독음) | 호 | 쪽 | 발행일 | 기사명 / 필자 | 비고 |
|---|---|---|---|---|---|---|---|
| 18524 | 赤木萬二郎 | 적목만이랑 | 30 | 57 | 1929.12 | 講說〉講題 朝鮮의 在한 聖學道統 : 李退溪先生을 憶함 / 赤木萬二郎 | 아카기 만지로 |
| 18525 | 赤木萬二郎 | 적목만이랑 | 31 | 30 | 1930.08 | 日誌大要 | 아카기 만지로 |
| 18526 | 狄武襄 | 적무양 | 1 | 20 | 1913.12 | 經學當明者 三 / 呂圭亨 | |
| 18527 | 荻山秀雄 | 적산수웅 | 45 | 25 | 1940.12 | 朝鮮儒林大會(朝鮮儒道聯合會創立總會) 會錄槪要〉朝鮮儒道聯合會役員名簿(昭和十四年十一月一日現在) | 오기야마 히데오 |
| 18528 | 荻生徂來 | 적생조래 | 18 | 49 | 1918.09 | 講說〉講題 內地의 宋學(大正七年五月十一日第二十八回講演) / 今關壽麿 | 오규 소라이 |
| 18529 | 荻生徂來 | 적생조래 | 41 | 16 | 1937.02 | 博士王仁傳 / 李學魯 | 오규 소라이, 원문은 荻生祖來로 오기됨 |
| 18530 | 荻生徂徠 | 적생조래 | 18 | 54 | 1918.09 | 講說〉講題 內地의 宋學(大正七年五月十一日第二十八回講演) / 今關壽麿 | 오규 소라이 |
| 18531 | 荻生徂徠 | 적생조래 | 29 | 55 | 1928.12 | 講說〉講題 道德的精神 / 白井成允 | 오규 소라이 |
| 18532 | 赤松子 | 적송자 | 9 | 5 | 1915.12 | 經說(續) / 韓晩容 | |
| 18533 | 翟酺 | 적포 | 31 | 4 | 1930.08 | 經學源流 / 權純九 | |
| 18534 | 狄黑 | 적흑 | 30 | [7] | 1929.12 | 李龍眠畵宣聖及七十二弟子像贊(金石萃編) | 晳 |
| 18535 | 狄黑 | 적흑 | 42 | 46 | 1937.12 | 文廟享祀位次及聖賢姓名爵號考 / 金完鎭 | 林廬侯 |
| 18536 | 狄黑 | 적흑 | 42 | 54 | 1937.12 | 文廟享祀位次及聖賢姓名爵號考 / 金完鎭 | 林廬侯, 원문은 姓狄名黑 |
| 18537 | 翟黑子 | 적흑자 | 2 | 69 | 1914.03 | 講說〉講題 必愼其獨(大正二年十一月八日第四回講演)〉敷演 / 李容植 | 遼東公 |
| 18538 | 翟黑子 | 적흑자 | 2 | 70 | 1914.03 | 講說〉講題 必愼其獨(大正二年十一月八日第四回講演)〉敷演 / 李容植 | |
| 18539 | 田蚡 | 전개 | 1 | 8 | 1913.12 | 論說 / 呂圭亨 | |
| 18540 | 錢鏗 | 전갱 | 6 | 46 | 1915.03 | 論語考證 / 金文演 | |
| 18541 | 田觀淵 | 전관연 | 25 | 82 | 1924.12 | 地方報告〉[金基衡의 報告] | |
| 18542 | 全九鉉 | 전구현 | 16 | 58 | 1918.03 | 地方報告〉[鄭鳳時의 報告] | |
| 18543 | 全國煥 | 전국환 | 35 | 35 | 1932.12 | 文廟釋奠狀況〉[全國煥의 보고] | |
| 18544 | 全國煥 | 전국환 | 36 | 28 | 1933.12 | 文廟釋奠狀況〉[全國煥의 보고] | |
| 18545 | 全國煥 | 전국환 | 36 | 32 | 1933.12 | 文廟釋奠狀況〉[全國煥의 보고] | |
| 18546 | 全國煥 | 전국환 | 37 | 48 | 1934.10 | 文廟釋奠狀況〉[全國煥의 보고] | |
| 18547 | 全國煥 | 전국환 | 37 | 56 | 1934.10 | 文廟釋奠狀況〉[全國煥의 보고] | |
| 18548 | 全國煥 | 전국환 | 38 | 49 | 1935.03 | 文廟釋奠狀況〉地方文廟秋期釋奠狀況表 | |
| 18549 | 田基魯 | 전기로 | 33 | 36 | 1931.12 | 聲討顚末 | |

| 번호 | 원문 | 현대어(독음) | 호 | 쪽 | 발행일 | 기사명 / 필자 | 비고 |
|---|---|---|---|---|---|---|---|
| 18550 | 全起業 | 전기업 | 43 | 21 | 1938.12 | 江華忠烈祠享祀位次及祝文式 | |
| 18551 | 田祿生 | 전녹생 | 23 | 88 | 1922.12 | 地方報告〉[乾元祠 新建 關聯 報告] | |
| 18552 | 錢大昭 | 전대소 | 34 | 5 | 1932.03 | 最近經學考 / 權純九 | 원문은 大昭 |
| 18553 | 田代氏 | 전대씨 | 48 | 49 | 1944.04 | 嘉言善行 / 李敬植 | 다시로시, 미야케 쇼사이(三宅尙齋)의 妻 |
| 18554 | 全大榮 | 전대영 | 26 | 93 | 1925.12 | 地方報告〉[全大榮 等의 報告] | |
| 18555 | 錢大昕 | 전대흔 | 10 | 24 | 1916.03 | 經學淺知錄 / 金文演 | 원문은 大昕 |
| 18556 | 錢大昕 | 전대흔 | 34 | 5 | 1932.03 | 最近經學考 / 權純九 | |
| 18557 | 田德龍 | 전덕룡 | 45 | 30 | 1940.12 | 朝鮮儒林大會(朝鮮儒道聯合會創立總會) 會錄槪要〉朝鮮儒道聯合會役員名簿(昭和十四年十一月一日現在) | |
| 18558 | 田德龍 | 전덕룡 | 48 | 63 | 1944.04 | 經學院日誌大要(昭和十七年七月ヨリ昭和十八年六月マテ) | |
| 18559 | 田德龍 | 전덕룡 | 40 | 31 | 1936.08 | 平壤文廟移建落成式竝儒林大會狀況 | |
| 18560 | 田德龍 | 전덕룡 | 45 | 9 | 1940.12 | 朝鮮儒林大會(朝鮮儒道聯合會創立總會) 會錄槪要 | |
| 18561 | 田島 | 전도 | 41 | 55 | 1937.02 | 定州儒林會發會式狀況 | 다지마 야스히데(田島泰秀) |
| 18562 | 全敦永 | 전돈영 | 23 | 59 | 1922.12 | 日誌大要 | |
| 18563 | 全敦永 | 전돈영 | 26 | 45 | 1925.12 | 日誌大要 | |
| 18564 | 全東善 | 전동선 | 16 | 57 | 1918.03 | 地方報告〉[鄭鳳時의 報告] | |
| 18565 | 全明煥 | 전명환 | 46 | 15 | 1941.12 | 釋奠狀況〉昭和十五年春季釋奠狀況 | |
| 18566 | 全丙錫 | 전병석 | 27 | 53 | 1926.12 | 日誌大要 | |
| 18567 | 田保橋四朗 | 전보교사랑 | 40 | 60 | 1936.08 | 鄭茂亭先生追悼錄〉節山博士輓茂亭太史揭載斯文會誌次韻却寄 / 田保橋四朗 | 다보하시 시로, 皓堂 |
| 18568 | 錢福 | 전복 | 21 | 12 | 1921.03 | 經學管見(續) / 尹寧求 | |
| 18569 | 田生 | 전생 | 1 | 8 | 1913.12 | 論說 / 呂圭亨 | |
| 18570 | 田生 | 전생 | 31 | 4 | 1930.08 | 經學源流 / 權純九 | |
| 18571 | 全錫禹 | 전석우 | 16 | 57 | 1918.03 | 地方報告〉[鄭鳳時의 報告] | |
| 18572 | 全錫仁 | 전석인 | 23 | 50 | 1922.12 | 孔夫子忌辰四十周甲追慕韻 / 全錫仁 | |
| 18573 | 全奭鎭 | 전석진 | 26 | 46 | 1925.12 | 日誌大要 | |
| 18574 | 顓孫師 | 전손사 | 2 | 36 | 1914.03 | 大成殿神位圖 | 子張, 潁川侯 |
| 18575 | 顓孫師 | 전손사 | 30 | [5] | 1929.12 | 李龍眠畵宣聖及七十二弟子像贊(金石萃編) | 子張 |
| 18576 | 顓孫師 | 전손사 | 42 | 46 | 1937.12 | 文廟享祀位次及聖賢姓名爵號考 / 金完鎭 | 潁川侯 |

| 번호 | 원문 | 현대어(독음) | 호 | 쪽 | 발행일 | 기사명 / 필자 | 비고 |
|---|---|---|---|---|---|---|---|
| 18577 | 顓孫師 | 전손사 | 42 | 50 | 1937.12 | 文廟享祀位次及聖賢姓名爵號考 / 金完鎭 | 陳公, 원문은 姓顓孫名師 |
| 18578 | 田順萬 | 전순만 | 22 | 74 | 1922.03 | 地方報告〉[成樂賢의 報告] | |
| 18579 | 錢時 | 전시 | 11 | 16 | 1916.06 | 經學管見(續) / 尹寧求 | |
| 18580 | 錢時 | 전시 | 21 | 12 | 1921.03 | 經學管見(續) / 尹寧求 | |
| 18581 | 田氏 | 전씨 | 4 | 44 | 1914.09 | 孔子年報(續) / 呂圭亨 | |
| 18582 | 全永萬 | 전영만 | 38 | 37 | 1935.03 | 孝烈行蹟〉[全永萬 等의 보고] | |
| 18583 | 全永鐸 | 전영탁 | 32 | 49 | 1930.12 | 地方報告〉各郡文廟釋奠狀況〉[金泰彦의 보고] | |
| 18584 | 全緩 | 전완 | 10 | 13 | 1916.03 | 經學管見(續) / 尹寧求 | |
| 18585 | 田王孫 | 전왕손 | 31 | 6 | 1930.08 | 經學源流 / 權純九 | |
| 18586 | 全龍珏 | 전용각 | 16 | 9 | 1918.03 | 旌善郡鄕校靑衿錄序 / 金允植 | 원문은 全君龍珏 |
| 18587 | 全龍珏 | 전용각 | 17 | 22 | 1918.07 | 旌善郡鄕校重修記 / 李容稙 | 원문은 全君龍珏 |
| 18588 | 田溶鎭 | 전용진 | 23 | 88 | 1922.12 | 地方報告〉[乾元祠 新建 關聯 報告] | |
| 18589 | 顓頊 | 전욱 | 6 | 46 | 1915.03 | 論語考證 / 金文演 | |
| 18590 | 顓頊 | 전욱 | 9 | 21 | 1915.12 | 經學管見(下) / 尹寧求 | |
| 18591 | 顓頊 | 전욱 | 44 | 32 | 1939.10 | 經儒學 / 金誠鎭 | |
| 18592 | 顓頊 | 전욱 | 46 | 7 | 1941.12 | 大學序文先儒論辨 / 金誠鎭 | |
| 18593 | 全雲漢 | 전운한 | 30 | 44 | 1929.12 | 日誌大要 | |
| 18594 | 田元奎 | 전원규 | 15 | 33 | 1917.10 | 日誌大要 | |
| 18595 | 田利敬 | 전이경 | 44 | 91 | 1939.10 | 明倫專門學院記事〉本科第十回入學許可者 | |
| 18596 | 田利敬 | 전이경 | 46 | 14 | 1941.12 | 釋奠狀況〉昭和十四年秋季釋奠狀況 | |
| 18597 | 傅霖 | 전임 | 33 | 56 | 1931.12 | 孝烈行蹟〉[金時一 等의 보고] | |
| 18598 | 田子方 | 전자방 | 17 | 46 | 1918.07 | 講說〉講題 君子有大道必忠信以得之驕泰以失之(大正六年十一月十日第二十六回講演)〉續演 / 呂圭亨 | |
| 18599 | 田載球 | 전재구 | 35 | 28 | 1932.12 | 地方儒林狀況〉[金炳寔 等의 보고] | |
| 18600 | 全鼎燁 | 전정엽 | 16 | 57 | 1918.03 | 地方報告〉[鄭鳳時의 報告] | |
| 18601 | 全宗度 | 전종도 | 16 | 57 | 1918.03 | 地方報告〉[鄭鳳時의 報告] | |
| 18602 | 全州李氏 | 전주 이씨 | 26 | 75 | 1925.12 | 地方報告〉[金鳳浩 等의 報告] | |
| 18603 | 全州李氏 | 전주 이씨 | 27 | 71 | 1926.12 | 地方報告〉[任衡宰 等의 報告] | |
| 18604 | 全州李氏 | 전주 이씨 | 27 | 76 | 1926.12 | 地方報告〉[高光俊 等의 報告] | |
| 18605 | 全州李氏 | 전주 이씨 | 29 | 71 | 1928.12 | 地方報告〉[康來夏 等의 報告] | |
| 18606 | 全州李氏 | 전주 이씨 | 29 | 79 | 1928.12 | 地方報告〉[魏大源의 報告] | |
| 18607 | 全州李氏 | 전주 이씨 | 30 | 71 | 1929.12 | 地方報告〉[崔仁鶴 等의 報告] | |

| 번호 | 원문 | 현대어(독음) | 호 | 쪽 | 발행일 | 기사명 / 필자 | 비고 |
|---|---|---|---|---|---|---|---|
| 18608 | 全州李氏 | 전주 이씨 | 30 | 80 | 1929.12 | 地方報告〉[申大均의 報告] | |
| 18609 | 錢竹汀 | 전죽정 | 10 | 24 | 1916.03 | 經學淺知錄 / 金文演 | 錢大昕 |
| 18610 | 田中 | 전중 | 20 | 45 | 1920.03 | 日誌大要 | 다나카 히로키치 (田中廣吉) |
| 18611 | 田中 | 전중 | 26 | 37 | 1925.12 | 日誌大要 | 다나카 도쿠타로 (田中德太郎) |
| 18612 | 田中 | 전중 | 45 | 6 | 1940.12 | 朝鮮儒林大會(朝鮮儒道聯合會創立總會) 會錄概要 | 다나카 사부로 (田中三郎) |
| 18613 | 田中 | 전중 | 45 | 111 | 1940.12 | 慶尙南道儒道聯合會結成式 | 다나카 사부로 (田中三郎) |
| 18614 | 田中 | 전중 | 47 | 8 | 1943.01 | 內務部長會議ニ於ナル田中政務總監訓示要旨 －朝鮮靑年特別鍊成令實施－ / 田中武雄 | 다나카 다케오 (田中武雄) |
| 18615 | 田中 | 전중 | 47 | 41 | 1943.01 | 釋奠狀況〉昭和十七年秋季釋奠狀況 | 다나카 다케오 (田中武雄) |
| 18616 | 田中 | 전중 | 48 | 51 | 1944.04 | 釋奠狀況〉昭和十八年春季釋奠狀況 | 다나카 다케오 (田中武雄) |
| 18617 | 田中 | 전중 | 48 | 52 | 1944.04 | 釋奠狀況〉昭和十八年秋季釋奠狀況 | 다나카 다케오 (田中武雄) |
| 18618 | 田仲 | 전중 | 8 | 1 | 1915.09 | 儒敎論 / 呂圭亨 | |
| 18619 | 田仲 | 전중 | 8 | 2 | 1915.09 | 儒敎論 / 呂圭亨 | |
| 18620 | 田仲 | 전중 | 44 | 40 | 1939.10 | 經儒學 / 金誠鎭 | |
| 18621 | 田中 | 전중 | 44 | 6 | 1939.10 | 內鮮一體의 具現に就て / 南 次郎 | 다나카 기이치 (田中義一) |
| 18622 | 田中德太郎 | 전중덕태랑 | 45 | 27 | 1940.12 | 朝鮮儒林大會(朝鮮儒道聯合會創立總會) 會錄概要〉朝鮮儒道聯合會役員名簿(昭和十四年十一月一日現在) | 다나카 도쿠타로 |
| 18623 | 田中卯三 | 전중묘삼 | 25 | 42 | 1924.12 | 日誌大要 | 다나카 우조 |
| 18624 | 田中武雄 | 전중무웅 | 47 | 11 | 1943.01 | 內務部長會議ニ於ナル田中政務總監訓示要旨 －朝鮮靑年特別鍊成令實施－ / 田中武雄 | 다나카 다케오 |
| 18625 | 田中武雄 | 전중무웅 | 47 | [4] | 1943.01 | 政務總監田中武雄閣下 사진 | 다나카 다케오 |

| 번호 | 원문 | 현대어(독음) | 호 | 쪽 | 발행일 | 기사명 / 필자 | 비고 |
|---|---|---|---|---|---|---|---|
| 18626 | 田中三郎 | 전중삼랑 | 42 | 73 | 1937.12 | 第五回卒業式狀況及第八回新入生名簿 | 다나카 사부로 |
| 18627 | 田中三郎 | 전중삼랑 | 44 | 82 | 1939.10 | 日誌大要(自昭和十三年六月 至昭和十三年十二月) | 다나카 사부로 |
| 18628 | 田中三郎 | 전중삼랑 | 45 | 32 | 1940.12 | 朝鮮儒林大會(朝鮮儒道聯合會創立總會) 會錄槪要>朝鮮儒道聯合會役員名簿(昭和十四年十一月一日現在) | 다나카 사부로 |
| 18629 | 田中三郎 | 전중삼랑 | 46 | 14 | 1941.12 | 釋奠狀況>昭和十四年秋季釋奠狀況 | 다나카 사부로 |
| 18630 | 田中三郎 | 전중삼랑 | 46 | 15 | 1941.12 | 釋奠狀況>昭和十五年春季釋奠狀況 | 다나카 사부로 |
| 18631 | 田中三郎 | 전중삼랑 | 46 | 16 | 1941.12 | 釋奠狀況>昭和十五年秋季釋奠狀況 | 다나카 사부로 |
| 18632 | 田中三郎 | 전중삼랑 | 46 | 18 | 1941.12 | 釋奠狀況>昭和十六年春季釋奠狀況 | 다나카 사부로 |
| 18633 | 田中三郎 | 전중삼랑 | 46 | 22 | 1941.12 | 經學院日誌大要(昭和十四年七月ヨリ昭和十六年六月マテ) | 다나카 사부로 |
| 18634 | 田中三郎 | 전중삼랑 | 46 | 23 | 1941.12 | 經學院日誌大要(昭和十四年七月ヨリ昭和十六年六月マテ) | 다나카 사부로 |
| 18635 | 田中三郎 | 전중삼랑 | 46 | 33 | 1941.12 | 明倫專門學院日誌大要(昭和十四年七月ヨリ昭和十六年六月マデ) | 다나카 사부로 |
| 18636 | 田中利夫 | 전중이부 | 47 | 7 | 1943.01 | 戶籍整備入選標語 | 다나카 도시오 |
| 18637 | 田中玄黃 | 전중현황 | 14 | 12 | 1917.07 | 溫故而知新可以爲師矣 / 田中玄黃 | 다나카 겐코 |
| 18638 | 田中玄黃 | 전중현황 | 14 | 63 | 1917.07 | 地方報告>[金壽哲의 報告] | 다나카 겐코 |
| 18639 | 全鎭極 | 전진극 | 31 | 29 | 1930.08 | 日誌大要 | |
| 18640 | 全昌林 | 전창림 | 37 | 34 | 1934.10 | 地方儒林狀況>[李鍾榮의 보고] | |
| 18641 | 全處中 | 전처중 | 29 | 77 | 1928.12 | 地方報告>[金鍾烈의 報告] | |
| 18642 | 田川常次郎 | 전천상차랑 | 45 | 31 | 1940.12 | 朝鮮儒林大會(朝鮮儒道聯合會創立總會) 會錄槪要>朝鮮儒道聯合會役員名簿(昭和十四年十一月一日現在) | 다가와 츠네지로 |
| 18643 | 顓川侯 | 전천후 | 2 | 36 | 1914.03 | 大成殿神位圖 | 顓孫師 |
| 18644 | 全泰鎭 | 전태진 | 39 | 52 | 1935.10 | 文廟釋奠狀況>地方文廟春期釋奠狀況表 | |
| 18645 | 全泰鎭 | 전태진 | 40 | 36 | 1936.08 | 文廟釋奠狀況>[地方文廟春期釋奠狀況表] | |
| 18646 | 田何 | 전하 | 9 | 20 | 1915.12 | 經學管見(下) / 尹寧求 | |
| 18647 | 全學根 | 전학근 | 23 | 54 | 1922.12 | 日誌大要 | |
| 18648 | 全恒鍊 | 전항동 | 33 | 34 | 1931.12 | 聲討顚末 | |
| 18649 | 全恒鍊 | 전항련 | 33 | 34 | 1931.12 | 聲討顚末 | |
| 18650 | 全恒鍊 | 전항련 | 33 | 52 | 1931.12 | 文廟釋奠狀況>[全恒鍊의 보고] | |

| 번호 | 원문 | 현대어(독음) | 호 | 쪽 | 발행일 | 기사명 / 필자 | 비고 |
|------|------|------------|----|----|--------|-------------|------|
| 18651 | 田海俊 | 전해준 | 31 | 62 | 1930.08 | 入學許可者名簿 | |
| 18652 | 田海俊 | 전해준 | 32 | 38 | 1930.12 | 日誌大要 | |
| 18653 | 田海俊 | 전해준 | 33 | 43 | 1931.12 | 文廟釋奠狀況 | |
| 18654 | 田海俊 | 전해준 | 33 | 49 | 1931.12 | 文廟釋奠狀況〉[本院秋期釋奠에 대한 보고] | |
| 18655 | 田海俊 | 전해준 | 34 | 32 | 1932.03 | 日誌大要 | |
| 18656 | 田海俊 | 전해준 | 35 | 30 | 1932.12 | 文廟釋奠狀況 | |
| 18657 | 田海俊 | 전해준 | 35 | 75 | 1932.12 | 明倫學院第一回卒業生名簿 | |
| 18658 | 田亨鎭 | 전형진 | 36 | 31 | 1933.12 | 文廟釋奠狀況〉[田亨鎭의 보고] | |
| 18659 | 田亨鎭 | 전형진 | 37 | 57 | 1934.10 | 文廟釋奠狀況〉[田亨鎭의 보고] | |
| 18660 | 田亨鎭 | 전형진 | 38 | 47 | 1935.03 | 文廟釋奠狀況〉地方文廟秋期釋奠狀況表 | |
| 18661 | 全瑩弼 | 전형필 | 45 | 33 | 1940.12 | 朝鮮儒林大會(朝鮮儒道聯合會創立總會) 會錄概要〉朝鮮儒道聯合會役員名簿(昭和十四年十一月一日現在) | |
| 18662 | 全泓燁 | 전홍엽 | 33 | 10 | 1931.12 | 陽川朴公遺墟碑 / 魏大源 | 원문은 全君泓燁 |
| 18663 | 田泓俊 | 전홍준 | 30 | 78 | 1929.12 | 地方報告〉[曹秉益의 報告] | |
| 18664 | 田泓俊 | 전홍준 | 30 | 79 | 1929.12 | 地方報告〉[曹秉益의 報告] | 원문은 泓俊 |
| 18665 | 田壎 | 전훈 | 45 | 35 | 1940.12 | 朝鮮儒林大會(朝鮮儒道聯合會創立總會) 會錄概要〉朝鮮儒道聯合會役員名簿(昭和十四年十一月一日現在) | |
| 18666 | 全興植 | 전흥식 | 16 | 34 | 1918.03 | 日誌大要 | |
| 18667 | 節山 | 절산 | 40 | 58 | 1936.08 | 鄭茂亭先生追悼錄〉奉輓鄭茂亭先生 / 鹽谷溫 | |
| 18668 | 節山 | 절산 | 40 | 59 | 1936.08 | 鄭茂亭先生追悼錄〉節山博士輓茂亭太史揭載斯文會誌次韻却寄 / 鄭鳳時 | |
| 18669 | 佔畢 | 점필 | 4 | 8 | 1914.09 | 學說 / 呂圭亨 | 金宗直 |
| 18670 | 佔畢 | 점필 | 21 | 2 | 1921.03 | 論說(寄書第二) / 呂圭亨 | 金宗直 |
| 18671 | 佔畢齋 | 점필재 | 11 | 26 | 1916.06 | 經學淺知錄(續) / 金文演 | 金宗直 |
| 18672 | 接輿 | 접여 | 9 | 53 | 1915.12 | 講說〉講題 三人行必有我師(大正四年六月十二日第十三回講演) / 朴箕陽 | |
| 18673 | 接輿 | 접여 | 24 | 64 | 1923.12 | 講說〉講題 知天命說 / 服部宇之吉 | |
| 18674 | 接輿 | 접여 | 25 | 16 | 1924.12 | 三洙瑣談(續) / 元泳義 | |
| 18675 | 定 | 정 | 9 | 28 | 1915.12 | 孔子年報(續) / 呂圭亨 | 定公 |
| 18676 | 正 | 정 | 42 | 50 | 1937.12 | 文廟享祀位次及聖賢姓名爵號考 / 金完鎭 | 程頤의 시호 |
| 18677 | 程 | 정 | 1 | 9 | 1913.12 | 論說 / 呂圭亨 | |
| 18678 | 程 | 정 | 1 | 18 | 1913.12 | 經學當明者 一 / 呂圭亨 | |
| 18679 | 程 | 정 | 1 | 26 | 1913.12 | 庸言 / 金允植 | |
| 18680 | 程 | 정 | 3 | 45 | 1914.06 | 講士視察見聞所記 / 呂圭亨 | |

| 번호 | 원문 | 현대어(독음) | 호 | 쪽 | 발행일 | 기사명 / 필자 | 비고 |
|---|---|---|---|---|---|---|---|
| 18681 | 程 | 정 | 5 | 20 | 1914.12 | 格致管見(續) / 李鼎煥 | |
| 18682 | 程 | 정 | 5 | 89 | 1914.12 | 關東講說〉講題 道不遠人 / 池台源 | |
| 18683 | 程 | 정 | 6 | 7 | 1915.03 | 書雜誌後 / 黃敦秀 | |
| 18684 | 程 | 정 | 8 | 4 | 1915.09 | 經說 本論附 / 韓晚容 | |
| 18685 | 程 | 정 | 9 | 34 | 1915.12 | 賢關記聞(續) / 李大榮 | |
| 18686 | 程 | 정 | 10 | 21 | 1916.03 | 經學淺知錄 / 金文演 | |
| 18687 | 程 | 정 | 10 | 22 | 1916.03 | 經學淺知錄 / 金文演 | |
| 18688 | 程 | 정 | 10 | 23 | 1916.03 | 經學淺知錄 / 金文演 | |
| 18689 | 程 | 정 | 10 | 24 | 1916.03 | 經學淺知錄 / 金文演 | |
| 18690 | 程 | 정 | 10 | 26 | 1916.03 | 經學淺知錄 / 金文演 | |
| 18691 | 程 | 정 | 10 | 48 | 1916.03 | 賢關記聞(續) / 李大榮 | |
| 18692 | 程 | 정 | 11 | 16 | 1916.06 | 經學管見(續) / 尹寧求 | |
| 18693 | 程 | 정 | 11 | 26 | 1916.06 | 經學淺知錄(續) / 金文演 | |
| 18694 | 程 | 정 | 11 | 27 | 1916.06 | 經學淺知錄(續) / 金文演 | |
| 18695 | 程 | 정 | 11 | 35 | 1916.06 | 丕闡堂記 / 宋時烈 | |
| 18696 | 程 | 정 | 12 | 7 | 1916.12 | 經學管見(續) / 尹寧求 | |
| 18697 | 程 | 정 | 12 | 82 | 1916.12 | 地方報告〉[鄭準民의 報告] | |
| 18698 | 程 | 정 | 15 | 71 | 1917.10 | 講說〉大邱高等普通學校講演(大正六年五月十六日)〉儒敎의 庶民的 發展 / 高橋亨 | 程顥와 程頤 |
| 18699 | 程 | 정 | 16 | 20 | 1918.03 | 開窓問對 / 朴昇東 | |
| 18700 | 程 | 정 | 16 | 48 | 1918.03 | 講說〉講題 存其心養其性所以事天也(大正六年十月十四日江陵郡講演) / 李容植 | |
| 18701 | 程 | 정 | 16 | 49 | 1918.03 | 講說〉講題 存其心養其性所以事天也(大正六年十月十四日江陵郡講演) / 李容植 | |
| 18702 | 程 | 정 | 18 | 5 | 1918.09 | 學說 / 李明宰 | |
| 18703 | 程 | 정 | 18 | 6 | 1918.09 | 學說 / 李明宰 | |
| 18704 | 程 | 정 | 18 | 75 | 1918.09 | 地方報告〉[成樂賢의 報告] | |
| 18705 | 程 | 정 | 19 | 29 | 1918.12 | 賢關記聞(續) / 李大榮 | |
| 18706 | 程 | 정 | 20 | 32 | 1920.03 | 三洙瑣談(續) / 元泳義 | |
| 18707 | 程 | 정 | 21 | 18 | 1921.03 | 經學管見(續) / 尹寧求 | |
| 18708 | 程 | 정 | 22 | 14 | 1922.03 | 經學講論 / 成樂賢 | |
| 18709 | 程 | 정 | 22 | 25 | 1922.03 | 奉東同院諸僚 / 鄭萬朝 | |
| 18710 | 程 | 정 | 23 | 15 | 1922.12 | 孔夫子忌辰四十周甲追慕辭 / 李學魯 | |
| 18711 | 程 | 정 | 24 | 75 | 1923.12 | 講說〉講題 設爲庠序學校以敎之皆所明人倫也 / 李學魯 | |
| 18712 | 程 | 정 | 27 | 15 | 1926.12 | 易經講解總說 / 元泳義 | |
| 18713 | 程 | 정 | 29 | 28 | 1928.12 | 三洙瑣談(續) / 元泳義 | |

| 번호 | 원문 | 현대어(독음) | 호 | 쪽 | 발행일 | 기사명 / 필자 | 비고 |
|---|---|---|---|---|---|---|---|
| 18714 | 程 | 정 | 30 | 1 | 1929.12 | 雜誌第三十號發行說 / 權純九 | 程顥와 程頤 |
| 18715 | 程 | 정 | 30 | 66 | 1929.12 | 講說〉講題 朝鮮의 在한 聖學道統 : 李退溪先生을 憶함 / 赤木萬二郎 | |
| 18716 | 程 | 정 | 31 | 16 | 1930.08 | 講題 修身齊家治國平天下 / 成樂賢 | |
| 18717 | 程 | 정 | 34 | 4 | 1932.03 | 最近經學考 / 權純九 | |
| 18718 | 程 | 정 | 36 | 38 | 1933.12 | 孝烈行蹟〉[李奎燮 等의 보고] | 程顥와 程頤 |
| 18719 | 程 | 정 | 37 | 28 | 1934.10 | 孝烈行蹟〉[申彦鳳 等의 보고] | 程顥와 程頤 |
| 18720 | 程 | 정 | 40 | 30 | 1936.08 | 平壤文廟移建落成式竝儒林大會狀況 | |
| 18721 | 程 | 정 | 40 | 59 | 1936.08 | 鄭茂亭先生追悼錄〉輓茂亭太史揭載斯文會誌次韻却寄 / 橋茂一郎 | |
| 18722 | 程 | 정 | 44 | 33 | 1939.10 | 經儒學 / 金誠鎭 | |
| 18723 | 程 | 정 | 44 | 44 | 1939.10 | 大學主旨 / 崔浩然 | |
| 18724 | 程 | 정 | 44 | 56 | 1939.10 | 文藝原流 / 崔浩然 | |
| 18725 | 程 | 정 | 46 | 2 | 1941.12 | 興學養材 / 崔浩然 | |
| 18726 | 程 | 정 | 47 | 28 | 1943.01 | 論語要義 / 崔浩然 | |
| 18727 | 程 | 정 | 48 | 41 | 1944.04 | 儒道綱領 / 金誠鎭 | |
| 18728 | 貞 | 정 | 37 | 20 | 1934.10 | 學說 / 權純九 | 顏貞, 顏芝의 子 |
| 18729 | 鄭 | 정 | 9 | 21 | 1915.12 | 經學管見(下) / 尹寧求 | 鄭玄 |
| 18730 | 鄭 | 정 | 10 | 13 | 1916.03 | 經學管見(續) / 尹寧求 | 鄭玄 |
| 18731 | 鄭 | 정 | 11 | 5 | 1916.06 | 經論 / 韓晩容 | 鄭玄 |
| 18732 | 鄭 | 정 | 15 | 54 | 1917.10 | 講說〉光州郡鄉校講演(大正六年四月二十六日)〉說諭(賞品授與式日) / 元應常 | 鄭夢周 |
| 18733 | 鄭 | 정 | 17 | 72 | 1918.07 | 地方報告〉[李秉會의 報告] | 鄭夢周 |
| 18734 | 鄭 | 정 | 19 | 2 | 1918.12 | 學說 / 呂龍鉉 | 鄭玄 |
| 18735 | 鄭 | 정 | 19 | 19 | 1918.12 | 雲山郡文廟祭官案序 / 申鉉求 | 鄭夢周 |
| 18736 | 鄭 | 정 | 21 | 90 | 1921.03 | 日誌大要 | 鄭崙秀 |
| 18737 | 鄭 | 정 | 22 | 52 | 1922.03 | 日誌大要 | 鄭崙秀 |
| 18738 | 鄭 | 정 | 22 | 55 | 1922.03 | 日誌大要 | 鄭崙秀 |
| 18739 | 鄭 | 정 | 22 | 55 | 1922.03 | 日誌大要 | 鄭喆永 |
| 18740 | 鄭 | 정 | 27 | 54 | 1926.12 | 日誌大要 | 鄭萬朝 |
| 18741 | 鄭 | 정 | 28 | 44 | 1927.12 | 日誌大要 | 鄭萬朝 |
| 18742 | 鄭 | 정 | 28 | 46 | 1927.12 | 日誌大要 | 鄭萬朝 |
| 18743 | 鄭 | 정 | 28 | 48 | 1927.12 | 日誌大要 | 鄭萬朝 |
| 18744 | 鄭 | 정 | 29 | 40 | 1928.12 | 日誌大要 | 鄭萬朝 |
| 18745 | 鄭 | 정 | 29 | 41 | 1928.12 | 日誌大要 | 鄭萬朝 |
| 18746 | 鄭 | 정 | 30 | 45 | 1929.12 | 日誌大要 | 鄭萬朝 |

| 번호 | 원문 | 현대어(독음) | 호 | 쪽 | 발행일 | 기사명 / 필자 | 비고 |
|---|---|---|---|---|---|---|---|
| 18747 | 鄭 | 정 | 31 | 34 | 1930.08 | 日誌大要 | 鄭鳳時 |
| 18748 | 鄭 | 정 | 33 | 23 | 1931.12 | 日誌大要 | 鄭萬朝 |
| 18749 | 鄭 | 정 | 33 | 40 | 1931.12 | 地方儒林狀況〉[李大榮의 보고]〉書院狀況 | 鄭述 |
| 18750 | 鄭 | 정 | 37 | 65 | 1934.10 | 第三回學生卒業式狀況 | 鄭萬朝 |
| 18751 | 鄭 | 정 | 38 | 41 | 1935.03 | 日誌大要 | 鄭萬朝 |
| 18752 | 鄭 | 정 | 38 | 41 | 1935.03 | 日誌大要 | 鄭鳳時 |
| 18753 | 鄭 | 정 | 39 | 16 | 1935.10 | 湯島聖堂孔子祭典狀況 | 鄭萬朝 |
| 18754 | 鄭 | 정 | 39 | 49 | 1935.10 | 日誌大要 | 鄭萬朝 |
| 18755 | 鄭 | 정 | 40 | 25 | 1936.08 | 平壤文廟移建落成式竝儒林大會狀況 | 鄭萬朝 |
| 18756 | 鄭 | 정 | 40 | 26 | 1936.08 | 平壤文廟移建落成式竝儒林大會狀況 | 鄭萬朝 |
| 18757 | 鄭 | 정 | 40 | 28 | 1936.08 | 平壤文廟移建落成式竝儒林大會狀況 | 鄭萬朝 |
| 18758 | 鄭 | 정 | 40 | 33 | 1936.08 | 日誌大要 | 鄭萬朝 |
| 18759 | 鄭 | 정 | 40 | 33 | 1936.08 | 日誌大要 | 鄭鳳時 |
| 18760 | 鄭 | 정 | 40 | 34 | 1936.08 | 日誌大要 | 鄭萬朝 |
| 18761 | 鄭 | 정 | 40 | 46 | 1936.08 | 鄭茂亭先生追悼錄〉先生의 畧歷 | 鄭萬朝 |
| 18762 | 鄭 | 정 | 41 | 32 | 1937.02 | 日誌大要 | 鄭萬朝 |
| 18763 | 鄭 | 정 | 41 | 38 | 1937.02 | 經學院先職諸先生追悼式狀況 | 鄭鳳時 |
| 18764 | 鄭 | 정 | 42 | 34 | 1937.12 | 日誌大要 | 鄭鳳時 |
| 18765 | 鄭 | 정 | 42 | 35 | 1937.12 | 日誌大要 | 鄭鳳時 |
| 18766 | 鄭 | 정 | 42 | 36 | 1937.12 | 日誌大要 | 鄭鳳時 |
| 18767 | 鄭 | 정 | 44 | 75 | 1939.10 | 日誌大要(自昭和十三年六月 至昭和十三年十二月) | 鄭喆永 |
| 18768 | 鄭 | 정 | 44 | 77 | 1939.10 | 日誌大要(自昭和十三年六月 至昭和十三年十二月) | 鄭喆永 |
| 18769 | 靜 | 정 | 21 | 66 | 1921.03 | 三洙瑣談(續) / 元泳義 | 靜菴 趙光祖 |
| 18770 | 靜 | 정 | 23 | 15 | 1922.12 | 孔夫子忌辰四十周甲追慕辭 / 李學魯 | 靜菴 趙光祖 |
| 18771 | 靜 | 정 | 29 | 28 | 1928.12 | 三洙瑣談(續) / 元泳義 | 靜菴 趙光祖 |
| 18772 | 鄭嘉謨 | 정가모 | 25 | 44 | 1924.12 | 日誌大要 |  |
| 18773 | 鄭嘉謨 | 정가모 | 27 | 52 | 1926.12 | 日誌大要 |  |
| 18774 | 鄭嘉謨 | 정가모 | 27 | 53 | 1926.12 | 日誌大要 |  |
| 18775 | 鄭鋼奎 | 정강규 | 33 | 37 | 1931.12 | 聲討顚末 |  |
| 18776 | 鄭康成 | 정강성 | 7 | 40 | 1915.06 | 論語考證(續) / 金文演 | 鄭玄 |
| 18777 | 鄭康成 | 정강성 | 7 | 41 | 1915.06 | 論語考證(續) / 金文演 | 鄭玄 |
| 18778 | 鄭康成 | 정강성 | 8 | 34 | 1915.09 | 賢關記聞 / 李大榮 | 鄭玄 |
| 18779 | 鄭康成 | 정강성 | 9 | 19 | 1915.12 | 經學管見(下) / 尹寧求 | 鄭玄 |
| 18780 | 鄭康成 | 정강성 | 10 | 13 | 1916.03 | 經學管見(續) / 尹寧求 | 鄭玄 |

| 번호 | 원문 | 현대어(독음) | 호 | 쪽 | 발행일 | 기사명 / 필자 | 비고 |
|------|------|------------|----|----|--------|-------------|------|
| 18781 | 鄭康成 | 정강성 | 10 | 14 | 1916.03 | 經學管見(續) / 尹寧求 | 鄭玄 |
| 18782 | 鄭康成 | 정강성 | 10 | 17 | 1916.03 | 經學管見(續) / 尹寧求 | 鄭玄 |
| 18783 | 鄭康成 | 정강성 | 11 | 3 | 1916.06 | 經論 / 韓晩容 | 鄭玄 |
| 18784 | 鄭康成 | 정강성 | 12 | 25 | 1916.12 | 舞器圖說(續) | 鄭玄 |
| 18785 | 鄭康成 | 정강성 | 13 | 13 | 1917.03 | 舞器圖說(續) | 鄭玄 |
| 18786 | 鄭康成 | 정강성 | 13 | 14 | 1917.03 | 舞器圖說(續) | 鄭玄 |
| 18787 | 鄭康成 | 정강성 | 16 | 14 | 1918.03 | 詩經蔫辨 / 金文演 | 鄭玄 |
| 18788 | 鄭康成 | 정강성 | 16 | 16 | 1918.03 | 詩經蔫辨 / 金文演 | 鄭玄 |
| 18789 | 鄭康成 | 정강성 | 16 | 17 | 1918.03 | 詩經蔫辨 / 金文演 | 鄭玄 |
| 18790 | 鄭康成 | 정강성 | 18 | 25 | 1918.09 | 三洙瑣談 / 元泳義 | 鄭玄 |
| 18791 | 鄭康成 | 정강성 | 19 | 23 | 1918.12 | 三洙瑣談(續) / 元泳義 | 鄭玄 |
| 18792 | 鄭康成 | 정강성 | 31 | 4 | 1930.08 | 經學源流 / 權純九 | 鄭玄 |
| 18793 | 鄭康成 | 정강성 | 31 | 6 | 1930.08 | 經學源流 / 權純九 | 鄭玄 |
| 18794 | 鄭康成 | 정강성 | 32 | 7 | 1930.12 | 經學源流(續) / 權純九 | 鄭玄 |
| 18795 | 鄭康成 | 정강성 | 40 | 50 | 1936.08 | 鄭茂亭先生追悼錄〉輓詞 / 李學魯 | 鄭玄 |
| 18796 | 鄭康成 | 정강성 | 43 | 40 | 1938.12 | 故大提學鄭鳳時先生輓詞 / 李學魯 | 鄭玄 |
| 18797 | 鄭康成 | 정강성 | 44 | 40 | 1939.10 | 經儒學 / 金誠鎭 | 鄭玄 |
| 18798 | 鄭鏘奎 | 정개규 | 33 | 37 | 1931.12 | 聲討顚末 | |
| 18799 | 鄭居中 | 정거중 | 19 | 10 | 1918.12 | 經學管見(續) / 尹寧求 | |
| 18800 | 鄭健裕 | 정건유 | 45 | 30 | 1940.12 | 朝鮮儒林大會(朝鮮儒道聯合會創立總會) 會錄概要〉朝鮮儒道聯合會役員名簿(昭和十四年十一月一日現在) | |
| 18801 | 正卿 | 정경 | 48 | 50 | 1944.04 | 嘉言善行 / 李敬植 | 오쿠누키 마사노리(奧貫正卿), 오쿠누키 유잔(奧貫友山) |
| 18802 | 鄭瓊 | 정경 | 41 | 24 | 1937.02 | 敎化編年(續) / 李大榮 | |
| 18803 | 鄭敬德 | 정경덕 | 5 | 99 | 1914.12 | [판권사항] | |
| 18804 | 鄭敬德 | 정경덕 | 6 | 73 | 1915.03 | [판권사항] | |
| 18805 | 鄭敬德 | 정경덕 | 8 | 75 | 1915.09 | [판권사항] | |
| 18806 | 鄭敬德 | 정경덕 | 9 | 67 | 1915.12 | [판권사항] | |
| 18807 | 鄭敬德 | 정경덕 | 10 | 95 | 1916.03 | [판권사항] | |
| 18808 | 鄭敬德 | 정경덕 | 11 | 84 | 1916.06 | [판권사항] | |
| 18809 | 鄭敬德 | 정경덕 | 12 | 89 | 1916.12 | [판권사항] | |
| 18810 | 鄭敬德 | 정경덕 | 13 | 69 | 1917.03 | [판권사항] | |
| 18811 | 鄭敬德 | 정경덕 | 14 | 93 | 1917.07 | [판권사항] | |

| 번호 | 원문 | 현대어(독음) | 호 | 쪽 | 빌행일 | 기사명 / 필자 | 비고 |
|---|---|---|---|---|---|---|---|
| 18812 | 鄭敬德 | 정경덕 | 15 | 85 | 1917.10 | [판권사항] | |
| 18813 | 鄭敬德 | 정경덕 | 17 | 82 | 1918.07 | [판권사항] | |
| 18814 | 鄭敬德 | 정경덕 | 18 | 85 | 1918.09 | [판권사항] | |
| 18815 | 鄭敬德 | 정경덕 | 19 | 85 | 1918.12 | [판권사항] | |
| 18816 | 鄭經德 | 정경덕 | 7 | 79 | 1915.06 | [판권사항] | |
| 18817 | 貞敬夫人<br>朴氏 | 정경부인<br>박씨 | 30 | 60 | 1929.12 | 講說〉講題 朝鮮의 在한 聖學道統 : 李退溪先生을 憶함 / 赤木萬二郎 | |
| 18818 | 鄭經山 | 정경산 | 11 | 57 | 1916.06 | 賢關記聞(續) / 李大榮 | 鄭元容 |
| 18819 | 鄭卿錫 | 정경석 | 20 | 36 | 1920.03 | 求禮郡文廟重修捐義錄小序 / 金商翊 | |
| 18820 | 鄭敬永 | 정경영 | 20 | 38 | 1920.03 | 求禮郡文廟重修捐義錄小序 / 金商翊 | |
| 18821 | 鄭啓源 | 정계원 | 45 | 40 | 1940.12 | 朝鮮儒林大會(朝鮮儒道聯合會創立總會) 會錄槪要〉朝鮮儒道聯合會役員名簿(昭和十四年十一月一日現在) | |
| 18822 | 正考父 | 정고보 | 2 | 27 | 1914.03 | 孔子年譜 / 呂圭亨 | |
| 18823 | 正考父 | 정고보 | 20 | 29 | 1920.03 | 三洙瑣談(續) / 元泳義 | |
| 18824 | 正考父 | 정고보 | 24 | 66 | 1923.12 | 講說〉講題 知天命說 / 服部宇之吉 | |
| 18825 | 丁恭 | 정공 | 10 | 14 | 1916.03 | 經學管見(續) / 尹寧求 | |
| 18826 | 定公 | 정공 | 2 | 32 | 1914.03 | 孔子年譜 / 呂圭亨 | 원문은<br>定獻二公 |
| 18827 | 定公 | 정공 | 4 | 40 | 1914.09 | 孔子年報(續) / 呂圭亨 | |
| 18828 | 定公 | 정공 | 4 | 42 | 1914.09 | 孔子年報(續) / 呂圭亨 | |
| 18829 | 定公 | 정공 | 4 | 44 | 1914.09 | 孔子年報(續) / 呂圭亨 | |
| 18830 | 定公 | 정공 | 5 | 37 | 1914.12 | 孔子年報(續) / 呂圭亨 | |
| 18831 | 定公 | 정공 | 5 | 38 | 1914.12 | 孔子年報(續) / 呂圭亨 | |
| 18832 | 定公 | 정공 | 5 | 39 | 1914.12 | 孔子年報(續) / 呂圭亨 | |
| 18833 | 定公 | 정공 | 5 | 41 | 1914.12 | 孔子年報(續) / 呂圭亨 | |
| 18834 | 定公 | 정공 | 5 | 43 | 1914.12 | 孔子年報(續) / 呂圭亨 | |
| 18835 | 定公 | 정공 | 5 | 53 | 1914.12 | 容思衍(續) / 李鼎煥 | |
| 18836 | 定公 | 정공 | 7 | 24 | 1915.06 | 孔子年報(續) / 呂圭亨 | |
| 18837 | 定公 | 정공 | 16 | 14 | 1918.03 | 詩經蔿辨 / 金文演 | |
| 18838 | 定公 | 정공 | 24 | 65 | 1923.12 | 講說〉講題 知天命說 / 服部宇之吉 | |
| 18839 | 定公 | 정공 | 44 | 30 | 1939.10 | 儒敎의 起源과 流派 / 李昇圭 | |
| 18840 | 定公 | 정공 | 48 | 49 | 1944.04 | 嘉言善行 / 李敬植 | |
| 18841 | 鄭公 | 정공 | 42 | 46 | 1937.12 | 文廟享祀位次及聖賢姓名爵號考 / 金完鎭 | 冉耕 |
| 18842 | 丁公著 | 정공저 | 11 | 24 | 1916.06 | 經學管見(續) / 尹寧求 | |
| 18843 | 靖郭君 | 정곽군 | 13 | 26 | 1917.03 | 讀書私記(續) / 洪鍾佶 | 孟嘗 |
| 18844 | 丁寬 | 정관 | 9 | 20 | 1915.12 | 經學管見(下) / 尹寧求 | |

| 번호 | 원문 | 현대어(독음) | 호 | 쪽 | 발행일 | 기사명 / 필자 | 비고 |
|------|------|------------|-----|-----|---------|--------------|------|
| 18845 | 鄭寬朝 | 정관조 | 20 | 38 | 1920.03 | 求禮郡文廟重修捐義錄小序 / 金商翊 | |
| 18846 | 鄭觀好 | 정관호 | 23 | 57 | 1922.12 | 日誌大要 | |
| 18847 | 程廣 | 정광 | 23 | 80 | 1922.12 | 地方報告〉[河泰洪의 報告] | |
| 18848 | 鄭光運 | 정광운 | 30 | 74 | 1929.12 | 地方報告〉[洪淳益 等의 報告] | |
| 18849 | 鄭廣佐 | 정광좌 | 41 | 24 | 1937.02 | 敎化編年(續) / 李大榮 | |
| 18850 | 鄭光弼 | 정광필 | 41 | 24 | 1937.02 | 敎化編年(續) / 李大榮 | |
| 18851 | 鄭光弼 | 정광필 | 44 | 51 | 1939.10 | 嘉言善行 / 李昇圭 | |
| 18852 | 鄭僑源 | 정교원 | 23 | 84 | 1922.12 | 地方報告〉[余宗燁의 報告] | |
| 18853 | 鄭僑源 | 정교원 | 45 | 22 | 1940.12 | 朝鮮儒林大會(朝鮮儒道聯合會創立總會) 會錄槪要〉朝鮮儒道聯合會役員名簿(昭和十四年十一月一日現在) | |
| 18854 | 鄭僑源 | 정교원 | 45 | 24 | 1940.12 | 朝鮮儒林大會(朝鮮儒道聯合會創立總會) 會錄槪要〉朝鮮儒道聯合會役員名簿(昭和十四年十一月一日現在) | |
| 18855 | 鄭敎海 | 정교해 | 33 | 37 | 1931.12 | 聲討顚末 | |
| 18856 | 程俱 | 정구 | 19 | 7 | 1918.12 | 經學管見(續) / 尹寧求 | |
| 18857 | 鄭述 | 정구 | 11 | 27 | 1916.06 | 經學淺知錄(續) / 金文演 | 원문은 述 |
| 18858 | 鄭述 | 정구 | 33 | 39 | 1931.12 | 地方儒林狀況〉[李大榮의 보고]〉書院狀況 | 원문은 鄭先生述 |
| 18859 | 鄭求玉 | 정구옥 | 37 | 33 | 1934.10 | 孝烈行蹟〉[忠淸北道知事의 보고] | |
| 18860 | 鄭求鎔 | 정구용 | 46 | 26 | 1941.12 | 孝烈行跡報告 其一 / 鄭求鎔 | |
| 18861 | 鄭求忠 | 정구충 | 45 | 33 | 1940.12 | 朝鮮儒林大會(朝鮮儒道聯合會創立總會) 會錄槪要〉朝鮮儒道聯合會役員名簿(昭和十四年十一月一日現在) | |
| 18862 | 鄭龜煥 | 정구환 | 37 | 72 | 1934.10 | 明倫學院第五回入學許可者名簿 | |
| 18863 | 鄭龜煥 | 정구환 | 38 | 43 | 1935.03 | 文廟釋奠狀況〉[秋期釋奠 擧行] | |
| 18864 | 鄭龜煥 | 정구환 | 40 | 35 | 1936.08 | 文廟釋奠狀況〉[秋期釋奠 擧行] | |
| 18865 | 鄭龜煥 | 정구환 | 41 | 35 | 1937.02 | 文廟春季釋奠狀況 | |
| 18866 | 鄭龜煥 | 정구환 | 42 | 38 | 1937.12 | 文廟春季釋奠狀況 | |
| 18867 | 鄭龜煥 | 정구환 | 42 | 70 | 1937.12 | 第五回卒業式狀況及第八回新入生名簿〉第五回卒業生名簿 | |
| 18868 | 鄭龜煥 | 정구환 | 42 | 72 | 1937.12 | 第五回卒業式狀況及第八回新入生名簿〉硏究科現在學生名簿 | |
| 18869 | 鄭龜煥 | 정구환 | 43 | 59 | 1938.12 | 文廟秋季釋奠狀況 | |
| 18870 | 鄭龜煥 | 정구환 | 43 | 67 | 1938.12 | 文廟春季釋奠狀況 | |
| 18871 | 鄭龜煥 | 정구환 | 44 | 79 | 1939.10 | 文廟秋季釋奠狀況 | |
| 18872 | 鄭龜煥 | 정구환 | 44 | 81 | 1939.10 | 日誌大要(自昭和十三年六月 至昭和十三年十二月) | |

| 번호 | 원문 | 현대어(독음) | 호 | 쪽 | 발행일 | 기사명 / 필자 | 비고 |
|---|---|---|---|---|---|---|---|
| 18873 | 鄭龜煥 | 정구환 | 44 | 87 | 1939.10 | 文廟春季釋奠狀況 | |
| 18874 | 鄭龜煥 | 정구환 | 45 | 37 | 1940.12 | 朝鮮儒林大會(朝鮮儒道聯合會創立總會) 會錄概要〉朝鮮儒道聯合會役員名簿(昭和十四年十一月一日現在) | |
| 18875 | 鄭國 | 정국 | 30 | [4] | 1929.12 | 李龍眠畵宣聖及七十二弟子像贊(金石萃編) | 子徒,<br>본명은 鄭邦 |
| 18876 | 鄭國 | 정국 | 42 | 47 | 1937.12 | 文廟享祀位次及聖賢姓名爵號考 / 金完鎭 | 胸山侯,<br>본명은 鄭邦 |
| 18877 | 鄭國 | 정국 | 42 | 54 | 1937.12 | 文廟享祀位次及聖賢姓名爵號考 / 金完鎭 | 胸山侯,<br>본명은 鄭邦,<br>원문은 姓鄭<br>名國 |
| 18878 | 丁奎東 | 정규동 | 36 | 71 | 1933.12 | 明倫學院第四回入學許可者名簿 | |
| 18879 | 丁奎東 | 정규동 | 40 | 35 | 1936.08 | 文廟釋奠狀況〉[秋期釋奠 擧行] | |
| 18880 | 丁奎東 | 정규동 | 40 | 62 | 1936.08 | 第四回卒業式狀況及第七回新入生名簿〉第四回卒業生名簿 | |
| 18881 | 丁奎東 | 정규동 | 41 | 35 | 1937.02 | 文廟春季釋奠狀況 | |
| 18882 | 丁奎洛 | 정규락 | 37 | 52 | 1934.10 | 文廟釋奠狀況〉[丁奎洛의 보고] | |
| 18883 | 丁奎洛 | 정규락 | 38 | 46 | 1935.03 | 文廟釋奠狀況〉地方文廟秋期釋奠狀況表 | |
| 18884 | 丁奎洛 | 정규락 | 39 | 52 | 1935.10 | 文廟釋奠狀況〉地方文廟春期釋奠狀況表 | |
| 18885 | 丁奎洛 | 정규락 | 40 | 36 | 1936.08 | 文廟釋奠狀況〉[地方文廟春期釋奠狀況表] | |
| 18886 | 丁奎穆 | 정규목 | 46 | 14 | 1941.12 | 釋奠狀況〉昭和十四年秋季釋奠狀況 | |
| 18887 | 丁奎穆 | 정규목 | 46 | 15 | 1941.12 | 釋奠狀況〉昭和十五年春季釋奠狀況 | |
| 18888 | 丁奎泰 | 정규태 | 45 | 31 | 1940.12 | 朝鮮儒林大會(朝鮮儒道聯合會創立總會) 會錄概要〉朝鮮儒道聯合會役員名簿(昭和十四年十一月一日現在) | |
| 18889 | 鄭圭漢 | 정규한 | 31 | 61 | 1930.08 | 入學許可者名簿 | |
| 18890 | 鄭圭漢 | 정규한 | 32 | 38 | 1930.12 | 日誌大要 | |
| 18891 | 鄭圭漢 | 정규한 | 33 | 43 | 1931.12 | 文廟釋奠狀況 | |
| 18892 | 鄭圭漢 | 정규한 | 33 | 49 | 1931.12 | 文廟釋奠狀況〉[本院秋期釋奠에 대한 보고] | |
| 18893 | 鄭圭漢 | 정규한 | 35 | 74 | 1932.12 | 明倫學院第一回卒業生名簿 | |
| 18894 | 鄭圭漢 | 정규한 | 36 | 30 | 1933.12 | 文廟釋奠狀況〉[春期釋奠 擧行] | |
| 18895 | 鄭圭漢 | 정규한 | 36 | 69 | 1933.12 | 明倫學院補習科第一回修了生名簿 | |
| 18896 | 鄭糺海 | 정규해 | 45 | 32 | 1940.12 | 朝鮮儒林大會(朝鮮儒道聯合會創立總會) 會錄概要〉朝鮮儒道聯合會役員名簿(昭和十四年十一月一日現在) | |
| 18897 | 鄭奎憲 | 정규헌 | 39 | 52 | 1935.10 | 文廟釋奠狀況〉地方文廟春期釋奠狀況表 | |
| 18898 | 鄭奎憲 | 정규헌 | 40 | 36 | 1936.08 | 文廟釋奠狀況〉[地方文廟春期釋奠狀況表] | |
| 18899 | 鄭近相 | 정근상 | 25 | 41 | 1924.12 | 日誌大要 | |

| 번호 | 원문 | 현대어(독음) | 호 | 쪽 | 발행일 | 기사명 / 필자 | 비고 |
|---|---|---|---|---|---|---|---|
| 18900 | 鄭近相 | 정근상 | 30 | 35 | 1929.12 | 祭粢料傳達式狀況 | |
| 18901 | 鄭麒洛 | 정기락 | 7 | 53 | 1915.06 | 日誌大要 | |
| 18902 | 鄭起謨 | 정기모 | 45 | 41 | 1940.12 | 朝鮮儒林大會(朝鮮儒道聯合會創立總會) 會錄槪要〉朝鮮儒道聯合會役員名簿(昭和十四年十一月一日現在) | |
| 18903 | 鄭樂寅 | 정낙인 | 19 | 31 | 1918.12 | 日誌大要 | |
| 18904 | 鄭樂寅 | 정낙인 | 19 | 30 | 1918.12 | 日誌大要 | |
| 18905 | 鄭洛鍾 | 정낙종 | 20 | 38 | 1920.03 | 求禮郡文廟重修捐義錄小序 / 金商翊 | |
| 18906 | 鄭樂周 | 정낙주 | 33 | 35 | 1931.12 | 聲討顚末 | |
| 18907 | 鄭蘭敎 | 정난교 | 45 | 26 | 1940.12 | 朝鮮儒林大會(朝鮮儒道聯合會創立總會) 會錄槪要〉朝鮮儒道聯合會役員名簿(昭和十四年十一月一日現在) | |
| 18908 | 鄭來和 | 정내화 | 33 | 27 | 1931.12 | 聲討顚末 | |
| 18909 | 鄭來和 | 정내화 | 33 | 34 | 1931.12 | 聲討顚末 | |
| 18910 | 鄭來和 | 정내화 | 33 | 53 | 1931.12 | 文廟釋奠狀況〉[鄭來和의 보고] | |
| 18911 | 鄭來和 | 정내화 | 34 | 35 | 1932.03 | 孝烈行蹟〉[鄭來和 等의 보고] | |
| 18912 | 鄭來和 | 정내화 | 35 | 34 | 1932.12 | 文廟釋奠狀況〉[鄭來和의 보고] | |
| 18913 | 鄭來和 | 정내화 | 35 | 39 | 1932.12 | 孝烈行蹟〉[鄭來和 等의 보고] | |
| 18914 | 鄭來和 | 정내화 | 36 | 27 | 1933.12 | 文廟釋奠狀況〉[鄭來和의 보고] | |
| 18915 | 鄭來和 | 정내화 | 36 | 33 | 1933.12 | 文廟釋奠狀況〉[鄭來和의 보고] | |
| 18916 | 鄭來和 | 정내화 | 36 | 37 | 1933.12 | 孝烈行蹟〉[金思敏 等의 보고] | |
| 18917 | 井丹 | 정단 | 10 | 19 | 1916.03 | 經學管見(續) / 尹寧求 | |
| 18918 | 鄭大圭 | 정대규 | 38 | 45 | 1935.03 | 文廟釋奠狀況〉地方文廟秋期釋奠狀況表 | |
| 18919 | 鄭大龍 | 정대룡 | 42 | 38 | 1937.12 | 文廟春季釋奠狀況 | |
| 18920 | 丁大武 | 정대무 | 45 | 36 | 1940.12 | 朝鮮儒林大會(朝鮮儒道聯合會創立總會) 會錄槪要〉朝鮮儒道聯合會役員名簿(昭和十四年十一月一日現在) | |
| 18921 | 程大中 | 정대중 | 12 | 10 | 1916.12 | 經學管見(續) / 尹寧求 | |
| 18922 | 程大中 | 정대중 | 13 | 3 | 1917.03 | 經學管見(續) / 尹寧求 | |
| 18923 | 鄭大仲 | 정대중 | 27 | 71 | 1926.12 | 地方報告〉[鄭大仲 等의 報告] | |
| 18924 | 井大春 | 정대춘 | 10 | 19 | 1916.03 | 經學管見(續) / 尹寧求 | |
| 18925 | 鄭德允 | 정덕윤 | 38 | 36 | 1935.03 | 地方儒林狀況〉[尹永泰의 보고] | |
| 18926 | 鄭德鉉 | 정덕현 | 17 | 71 | 1918.07 | 地方報告〉[權錫柱의 報告] | |
| 18927 | 丁度 | 정도 | 9 | 21 | 1915.12 | 經學管見(下) / 尹寧求 | |
| 18928 | 鄭導三 | 정도삼 | 27 | 79 | 1926.12 | 地方報告〉[趙正三의 報告] | |
| 18929 | 鄭道淳 | 정도순 | 45 | 38 | 1940.12 | 朝鮮儒林大會(朝鮮儒道聯合會創立總會) 會錄槪要〉朝鮮儒道聯合會役員名簿(昭和十四年十一月一日現在) | |

ㅈ

| 번호 | 원문 | 현대어(독음) | 호 | 쪽 | 발행일 | 기사명 / 필자 | 비고 |
|---|---|---|---|---|---|---|---|
| 18930 | 鄭度源 | 정도원 | 33 | 37 | 1931.12 | 聲討顚末 | |
| 18931 | 鄭道傳 | 정도전 | 11 | 53 | 1916.06 | 賢關記聞(續) / 李大榮 | |
| 18932 | 鄭道傳 | 정도전 | 37 | 21 | 1934.10 | 敎化編年 / 李大榮 | 奉化伯 |
| 18933 | 鄭東萊 | 정동래 | 31 | 27 | 1930.08 | 壽星帖 / 院僚一同 | |
| 18934 | 鄭東鮮 | 정동선 | 23 | 21 | 1922.12 | 益山郡礪山文廟重修記 / 成岐運 | |
| 18935 | 鄭東鮮 | 정동선 | 23 | 89 | 1922.12 | 地方報告〉[李芳雨의 報告] | |
| 18936 | 丁蘭 | 정란 | 48 | 48 | 1944.04 | 嘉言善行 / 李敬植 | |
| 18937 | 亭林 | 정림 | 34 | 4 | 1932.03 | 最近經學考 / 權純九 | |
| 18938 | 鄭萬朝 | 정만조 | 1 | 4 | 1913.12 | 經學院雜誌祝辭 / 鄭萬朝 | |
| 18939 | 鄭萬朝 | 정만조 | 1 | 28 | 1913.12 | 上經學院書 / 鄭萬朝 | |
| 18940 | 鄭萬朝 | 정만조 | 1 | 59 | 1913.12 | 本院職員錄 大正二年十二月 日 現在 | |
| 18941 | 鄭萬朝 | 정만조 | 22 | 24 | 1922.03 | 奉柬同院諸僚 / 鄭萬朝 | |
| 18942 | 鄭萬朝 | 정만조 | 22 | 47 | 1922.03 | 故經學院副提學久庵朴公挽詞 / 鄭萬朝 | |
| 18943 | 鄭萬朝 | 정만조 | 22 | 51 | 1922.03 | 故經學院講士荷亭呂公輓詞 / 鄭萬朝 | |
| 18944 | 鄭萬朝 | 정만조 | 22 | 56 | 1922.03 | 日誌大要 | |
| 18945 | 鄭萬朝 | 정만조 | 23 | 20 | 1922.12 | 中庸演箚序 / 鄭萬朝 | |
| 18946 | 鄭萬朝 | 정만조 | 23 | 21 | 1922.12 | 中庸演箚序 / 鄭萬朝 | |
| 18947 | 鄭萬朝 | 정만조 | 23 | 39 | 1922.12 | 孔夫子忌辰四十周甲追慕禮式及紀念事業發起文 | |
| 18948 | 鄭萬朝 | 정만조 | 23 | 53 | 1922.12 | 日誌大要 | |
| 18949 | 鄭萬朝 | 정만조 | 23 | 56 | 1922.12 | 日誌大要 | |
| 18950 | 鄭萬朝 | 정만조 | 23 | 60 | 1922.12 | 日誌大要 | |
| 18951 | 鄭萬朝 | 정만조 | 24 | 1 | 1923.12 | 論語疑義問答 / 鄭萬朝 | |
| 18952 | 鄭萬朝 | 정만조 | 24 | 16 | 1923.12 | 平康郡鄕校重修記 / 鄭萬朝 | |
| 18953 | 鄭萬朝 | 정만조 | 24 | 50 | 1923.12 | 湯島聖堂祭典叅拜志感 / 鄭萬朝 | |
| 18954 | 鄭萬朝 | 정만조 | 24 | 56 | 1923.12 | 日誌大要 | |
| 18955 | 鄭萬朝 | 정만조 | 25 | 5 | 1924.12 | 論語疑義問答(續) / 鄭萬朝 | |
| 18956 | 鄭萬朝 | 정만조 | 25 | 12 | 1924.12 | 湯島詩帖序 / 鄭萬朝 | |
| 18957 | 鄭萬朝 | 정만조 | 25 | 13 | 1924.12 | 湯島詩帖序 / 鄭萬朝 | |
| 18958 | 鄭萬朝 | 정만조 | 26 | 9 | 1925.12 | 江陵郡鄕校重修記 / 鄭萬朝 | |
| 18959 | 鄭萬朝 | 정만조 | 26 | 48 | 1925.12 | 日誌大要 | |
| 18960 | 鄭萬朝 | 정만조 | 26 | 49 | 1925.12 | 日誌大要 | |
| 18961 | 鄭萬朝 | 정만조 | 27 | 52 | 1926.12 | 日誌大要 | |
| 18962 | 鄭萬朝 | 정만조 | 27 | 58 | 1926.12 | 日誌大要 | |
| 18963 | 鄭萬朝 | 정만조 | 27 | 68 | 1926.12 | 講說〉講題 舊學及新學 / 鄭萬朝 | |
| 18964 | 鄭萬朝 | 정만조 | 28 | 1 | 1927.12 | 朝鮮詩文變遷論 / 鄭萬朝 | |

| 번호 | 원문 | 현대어(독음) | 호 | 쪽 | 발행일 | 기사명 / 필자 | 비고 |
|---|---|---|---|---|---|---|---|
| 18965 | 鄭萬朝 | 정만조 | 28 | 37 | 1927.12 | 壽星詩帖 / 鄭萬朝 | |
| 18966 | 鄭萬朝 | 정만조 | 28 | 43 | 1927.12 | 日誌大要 | |
| 18967 | 鄭萬朝 | 정만조 | 28 | 47 | 1927.12 | 日誌大要 | |
| 18968 | 鄭萬朝 | 정만조 | 29 | 14 | 1928.12 | 鳳山郡鄕校重修記 / 鄭萬朝 | |
| 18969 | 鄭萬朝 | 정만조 | 29 | 21 | 1928.12 | 祭勿齋金講士文 / 院僚一同 | |
| 18970 | 鄭萬朝 | 정만조 | 29 | 31 | 1928.12 | 聚奎帖 / 鄭萬朝 | |
| 18971 | 鄭萬朝 | 정만조 | 29 | 34 | 1928.12 | 大樹帖 / 鄭萬朝 | |
| 18972 | 鄭萬朝 | 정만조 | 29 | 38 | 1928.12 | 日誌大要 | |
| 18973 | 鄭萬朝 | 정만조 | 29 | 43 | 1928.12 | 日誌大要 | |
| 18974 | 鄭萬朝 | 정만조 | 29 | 46 | 1928.12 | 講說〉講題 學所以明人倫 / 鄭萬朝 | |
| 18975 | 鄭萬朝 | 정만조 | 30 | 2 | 1929.12 | 仁義說示友人 / 鄭萬朝 | |
| 18976 | 鄭萬朝 | 정만조 | 30 | 17 | 1929.12 | 祭于堂尹副學文 / 鄭萬朝 | |
| 18977 | 鄭萬朝 | 정만조 | 30 | 36 | 1929.12 | 祭粢料傳達式狀況 / 鄭萬朝 | |
| 18978 | 鄭萬朝 | 정만조 | 30 | 40 | 1929.12 | 日誌大要 | |
| 18979 | 鄭萬朝 | 정만조 | 30 | 43 | 1929.12 | 日誌大要 | |
| 18980 | 鄭萬朝 | 정만조 | 30 | 45 | 1929.12 | 日誌大要 | |
| 18981 | 鄭萬朝 | 정만조 | 30 | [0] | 1929.12 | 經學院大提學鄭萬朝閣下 | |
| 18982 | 鄭萬朝 | 정만조 | 31 | 24 | 1930.08 | 靜雲精舍存藁序 / 鄭萬朝 | |
| 18983 | 鄭萬朝 | 정만조 | 31 | 27 | 1930.08 | 壽星帖 / 院僚一同 | |
| 18984 | 鄭萬朝 | 정만조 | 31 | 29 | 1930.08 | 日誌大要 | |
| 18985 | 鄭萬朝 | 정만조 | 31 | 31 | 1930.08 | 日誌大要 | |
| 18986 | 鄭萬朝 | 정만조 | 31 | 32 | 1930.08 | 日誌大要 | |
| 18987 | 鄭萬朝 | 정만조 | 31 | 51 | 1930.08 | 明倫學院設置의 趣旨(昭和五年二月 總督府 新聞記者室에서) | |
| 18988 | 鄭萬朝 | 정만조 | 31 | 53 | 1930.08 | 事務報告 / 神尾弍春 | |
| 18989 | 鄭萬朝 | 정만조 | 31 | 54 | 1930.08 | 事務報告 / 神尾弍春 | |
| 18990 | 鄭萬朝 | 정만조 | 31 | 58 | 1930.08 | 明倫學院記 / 鄭萬朝 | |
| 18991 | 鄭萬朝 | 정만조 | 31 | 60 | 1930.08 | 明倫學院職員名簿 | |
| 18992 | 鄭萬朝 | 정만조 | 32 | 21 | 1930.12 | 坡州郡鄕校明倫堂重修記 / 鄭萬朝 | |
| 18993 | 鄭萬朝 | 정만조 | 32 | 31 | 1930.12 | 視察不二農場贈藤井組合長 / 鄭萬朝 | |
| 18994 | 鄭萬朝 | 정만조 | 32 | 36 | 1930.12 | 日誌大要 | |
| 18995 | 鄭萬朝 | 정만조 | 33 | 6 | 1931.12 | 海州郡文廟重修記 / 鄭萬朝 | |
| 18996 | 鄭萬朝 | 정만조 | 33 | 11 | 1931.12 | 祭松庵崔講士文 | |
| 18997 | 鄭萬朝 | 정만조 | 33 | 18 | 1931.12 | 壽松帖〉敬賀鄭提學先生喜壽 / 鄭萬朝 | |
| 18998 | 鄭萬朝 | 정만조 | 33 | 28 | 1931.12 | 聲討顚末 | |
| 18999 | 鄭萬朝 | 정만조 | 33 | 32 | 1931.12 | 聲討顚末 | |

| 번호 | 원문 | 현대어(독음) | 호 | 쪽 | 발행일 | 기사명 / 필자 | 비고 |
|---|---|---|---|---|---|---|---|
| 19000 | 鄭萬朝 | 정만조 | 33 | 42 | 1931.12 | 文廟釋奠狀況 | |
| 19001 | 鄭萬朝 | 정만조 | 33 | 48 | 1931.12 | 文廟釋奠狀況〉[本院秋期釋奠에 대한 보고] | |
| 19002 | 鄭萬朝 | 정만조 | 34 | 10 | 1932.03 | 祭任君龍宰文 / 明倫學院職員一同 | |
| 19003 | 鄭萬朝 | 정만조 | 34 | 29 | 1932.03 | 賀崔君崙熙大庭稼圃詞伯七一長筵 / 鄭萬朝 | |
| 19004 | 鄭萬朝 | 정만조 | 34 | 31 | 1932.03 | 日誌大要 | |
| 19005 | 鄭萬朝 | 정만조 | 34 | 52 | 1932.03 | 評議員會狀況 | |
| 19006 | 鄭萬朝 | 정만조 | 34 | 54 | 1932.03 | 明倫學院職員名簿 | |
| 19007 | 鄭萬朝 | 정만조 | 34 | 55 | 1932.03 | 明倫學院職員名簿 | |
| 19008 | 鄭萬朝 | 정만조 | 35 | 21 | 1932.12 | 孝壽帖〉賀韻 / 鄭萬朝 | |
| 19009 | 鄭萬朝 | 정만조 | 35 | 27 | 1932.12 | 日誌大要 | |
| 19010 | 鄭萬朝 | 정만조 | 35 | 29 | 1932.12 | 文廟釋奠狀況 | |
| 19011 | 鄭萬朝 | 정만조 | 35 | 57 | 1932.12 | 評議員會狀況〉開會辭 / 鄭萬朝 | |
| 19012 | 鄭萬朝 | 정만조 | 35 | 66 | 1932.12 | 第一回學生卒業式狀況〉誨告 / 鄭萬朝 | |
| 19013 | 鄭萬朝 | 정만조 | 35 | 72 | 1932.12 | 明倫學院職員名簿 | |
| 19014 | 鄭萬朝 | 정만조 | 36 | 5 | 1933.12 | 南海郡文廟重修記 / 鄭萬朝 | |
| 19015 | 鄭萬朝 | 정만조 | 36 | 6 | 1933.12 | 祭澹圃姜講師文 / 明倫學院職員一同 | |
| 19016 | 鄭萬朝 | 정만조 | 36 | 8 | 1933.12 | 族姪寅赫子婦密陽朴氏孝烈紀蹟碑銘 / 鄭萬朝 | |
| 19017 | 鄭萬朝 | 정만조 | 36 | 20 | 1933.12 | 澹圃姜講師挽 / 鄭萬朝 | |
| 19018 | 鄭萬朝 | 정만조 | 36 | 25 | 1933.12 | 文廟釋奠狀況〉[秋期釋奠 擧行] | |
| 19019 | 鄭萬朝 | 정만조 | 36 | 29 | 1933.12 | 文廟釋奠狀況〉[春期釋奠 擧行] | |
| 19020 | 鄭萬朝 | 정만조 | 36 | 50 | 1933.12 | 評議員會狀況〉開會辭 / 鄭萬朝 | |
| 19021 | 鄭萬朝 | 정만조 | 36 | 64 | 1933.12 | 明倫學院職員名簿 | |
| 19022 | 鄭萬朝 | 정만조 | 37 | 16 | 1934.10 | 烈婦慶州崔氏紀行碑銘 / 鄭萬朝 | |
| 19023 | 鄭萬朝 | 정만조 | 37 | 17 | 1934.10 | 祭宜齋朴司成文 / 職員一同 | |
| 19024 | 鄭萬朝 | 정만조 | 37 | 18 | 1934.10 | 祭彌山沈講師文 / 明倫學院一同 | |
| 19025 | 鄭萬朝 | 정만조 | 37 | 45 | 1934.10 | 文廟釋奠狀況〉[秋期釋奠 擧行] | |
| 19026 | 鄭萬朝 | 정만조 | 37 | 51 | 1934.10 | 文廟釋奠狀況〉[春期釋奠 擧行] | |
| 19027 | 鄭萬朝 | 정만조 | 37 | 59 | 1934.10 | 第四回評議員會狀況〉開會辭 / 鄭萬朝 | |
| 19028 | 鄭萬朝 | 정만조 | 37 | 65 | 1934.10 | 明倫學院職員名簿 | |
| 19029 | 鄭萬朝 | 정만조 | 38 | 32 | 1935.03 | 祭時軒崔講師文 / 明倫學院職員一同 | |
| 19030 | 鄭萬朝 | 정만조 | 38 | 43 | 1935.03 | 文廟釋奠狀況〉[秋期釋奠 擧行] | |
| 19031 | 鄭萬朝 | 정만조 | 39 | 29 | 1935.10 | 湯島聖堂孔子祭典狀況〉告文 / 鄭萬朝 | |
| 19032 | 鄭萬朝 | 정만조 | 39 | 30 | 1935.10 | 東京斯文會主催儒道大會狀況 | |
| 19033 | 鄭萬朝 | 정만조 | 39 | 31 | 1935.10 | 東京斯文會主催儒道大會狀況 | |
| 19034 | 鄭萬朝 | 정만조 | 39 | 35 | 1935.10 | 東京斯文會主催儒道大會狀況〉演說要旨 / 鄭萬朝 | |

| 번호 | 원문 | 현대어(독음) | 호 | 쪽 | 발행일 | 기사명 / 필자 | 비고 |
|---|---|---|---|---|---|---|---|
| 19035 | 鄭萬朝 | 정만조 | 39 | 45 | 1935.10 | 挽崔講師崙熙 | |
| 19036 | 鄭萬朝 | 정만조 | 39 | 50 | 1935.10 | 日誌大要 | |
| 19037 | 鄭萬朝 | 정만조 | 39 | 51 | 1935.10 | 文廟釋奠狀況〉[春期釋奠 擧行] | |
| 19038 | 鄭萬朝 | 정만조 | 40 | 3 | 1936.08 | 儒敎의 眞髓 / 鄭萬朝 | |
| 19039 | 鄭萬朝 | 정만조 | 40 | 35 | 1936.08 | 文廟釋奠狀況〉[秋期釋奠 擧行] | |
| 19040 | 鄭萬朝 | 정만조 | 40 | 38 | 1936.08 | 成竹似先生追悼錄 | |
| 19041 | 鄭萬朝 | 정만조 | 40 | 46 | 1936.08 | 鄭茂亭先生追悼錄〉先生의 畧歷 | 원문은 萬朝 |
| 19042 | 鄭萬朝 | 정만조 | 43 | 48 | 1938.12 | 鄭松里先生追悼錄〉畧歷 | |
| 19043 | 鄭勔 | 정면 | 15 | 26 | 1917.10 | 賢關記聞(十三號續) / 李大榮 | |
| 19044 | 程明道 | 정명도 | 18 | 50 | 1918.09 | 講說〉講題 內地의 宋學(大正七年五月十一日第二十八回講演) / 今關壽麿 | 程顥 |
| 19045 | 程明道 | 정명도 | 22 | 11 | 1922.03 | 經學講論 / 成樂賢 | 程顥 |
| 19046 | 程明道 | 정명도 | 30 | 58 | 1929.12 | 講說〉講題 朝鮮의 在한 聖學道統 : 李退溪先生을 憶함 / 赤木萬二郎 | 程顥 |
| 19047 | 程明道 | 정명도 | 40 | 3 | 1936.08 | 儒敎의 眞髓 / 鄭萬朝 | 程顥 |
| 19048 | 程明道 | 정명도 | 45 | 85 | 1940.12 | 忠淸南道儒道聯合會結成式〉東亞ノ建設ト儒道ノ精神 / 安寅植 | 程顥 |
| 19049 | 程明道 | 정명도 | 45 | 86 | 1940.12 | 忠淸南道儒道聯合會結成式〉東亞ノ建設ト儒道ノ精神 / 安寅植 | 程顥 |
| 19050 | 程明道 | 정명도 | 45 | 89 | 1940.12 | 忠淸南道儒道聯合會結成式〉東亞ノ建設ト儒道ノ精神 / 安寅植 | 程顥 |
| 19051 | 鄭命謨 | 정명모 | 30 | 44 | 1929.12 | 日誌大要 | |
| 19052 | 鄭明善 | 정명선 | 45 | 31 | 1940.12 | 朝鮮儒林大會(朝鮮儒道聯合會創立總會) 會錄槪要〉朝鮮儒道聯合會役員名簿(昭和十四年十一月一日現在) | |
| 19053 | 鄭明煥 | 정명한 | 37 | 33 | 1934.10 | 孝烈行蹟〉[忠淸北道知事의 보고] | |
| 19054 | 鄭夢周 | 정몽주 | 10 | 51 | 1916.03 | 賢關記聞(續) / 李大榮 | |
| 19055 | 鄭夢周 | 정몽주 | 11 | 26 | 1916.06 | 經學淺知錄(續) / 金文演 | 원문은 夢周 |
| 19056 | 鄭夢周 | 정몽주 | 15 | 53 | 1917.10 | 講說〉光州郡鄕校講演(大正六年四月二十六日)〉說論(賞品授與式日) / 元應常 | |
| 19057 | 鄭夢周 | 정몽주 | 17 | 72 | 1918.07 | 地方報告〉[李秉會의 報告] | 원문은 夢周 |
| 19058 | 鄭夢周 | 정몽주 | 25 | 41 | 1924.12 | 日誌大要 | |
| 19059 | 鄭夢周 | 정몽주 | 28 | 2 | 1927.12 | 朝鮮詩文變遷論 / 鄭萬朝 | 원문은 夢周 |
| 19060 | 鄭夢周 | 정몽주 | 30 | 35 | 1929.12 | 祭粢料傳達式狀況 | |
| 19061 | 鄭夢周 | 정몽주 | 30 | 58 | 1929.12 | 講說〉講題 朝鮮의 在한 聖學道統 : 李退溪先生을 憶함 / 赤木萬二郎 | |
| 19062 | 鄭夢周 | 정몽주 | 40 | 20 | 1936.08 | 敎化編年(續) / 李大榮 | |
| 19063 | 鄭夢周 | 정몽주 | 40 | 21 | 1936.08 | 敎化編年(續) / 李大榮 | |

| 번호 | 원문 | 헌대어(독음) | 호 | 쪽 | 발행일 | 기사명 / 필자 | 비고 |
|---|---|---|---|---|---|---|---|
| 19064 | 鄭夢周 | 정몽주 | 41 | 23 | 1937.02 | 敎化編年(續) / 李大榮 | |
| 19065 | 鄭夢周 | 정몽주 | 42 | 47 | 1937.12 | 文廟享祀位次及聖賢姓名爵號考 / 金完鎭 | 文忠公 |
| 19066 | 鄭夢周 | 정몽주 | 42 | 57 | 1937.12 | 文廟享祀位次及聖賢姓名爵號考 / 金完鎭 | 文忠公 |
| 19067 | 鄭夢周 | 정몽주 | 43 | 19 | 1938.12 | 敎化編年(續) / 李大榮 | |
| 19068 | 正廟 | 정묘 | 19 | 20 | 1918.12 | 雲山郡文廟祭官案序 / 申鉉求 | 正祖 |
| 19069 | 正廟 | 정묘 | 29 | 28 | 1928.12 | 三洙瑣談(續) / 元泳義 | 正祖 |
| 19070 | 鄭茂亭 | 정무정 | 40 | 46 | 1936.08 | 鄭茂亭先生追悼錄 | 鄭萬朝 |
| 19071 | 鄭茂亭 | 정무정 | 40 | 47 | 1936.08 | 鄭茂亭先生追悼錄〉吊辭 / 鄭鳳時 等 | 鄭萬朝 |
| 19072 | 鄭茂亭 | 정무정 | 40 | 58 | 1936.08 | 鄭茂亭先生追悼錄〉奉輓鄭茂亭先生 / 鹽谷溫 | 鄭萬朝 |
| 19073 | 鄭茂亭 | 정무정 | 41 | 31 | 1937.02 | 挽鄭茂亭先生 | 鄭萬朝 |
| 19074 | 鄭汶鉉 | 정문현 | 28 | 39 | 1927.12 | 壽星詩帖 / 鄭汶鉉 | |
| 19075 | 鄭汶鉉 | 정문현 | 28 | 52 | 1927.12 | 日誌大要 | |
| 19076 | 鄭汶鉉 | 정문현 | 29 | 33 | 1928.12 | 聚奎帖 / 鄭汶鉉 | |
| 19077 | 鄭汶鉉 | 정문현 | 29 | 36 | 1928.12 | 大樹帖 / 鄭汶鉉 | |
| 19078 | 鄭汶鉉 | 정문현 | 29 | 41 | 1928.12 | 日誌大要 | |
| 19079 | 鄭汶鉉 | 정문현 | 29 | 69 | 1928.12 | 地方報告〉[鄭汶鉉의 報告] | |
| 19080 | 鄭汶鉉 | 정문현 | 29 | 72 | 1928.12 | 地方報告〉[鄭汶鉉의 報告] | |
| 19081 | 鄭汶鉉 | 정문현 | 30 | 37 | 1929.12 | 雪重帖 / 鄭汶鉉 | |
| 19082 | 鄭汶鉉 | 정문현 | 31 | 27 | 1930.08 | 壽星帖 / 院僚一同 | |
| 19083 | 鄭汶鉉 | 정문현 | 33 | 20 | 1931.12 | 壽松帖〉敬賀鄭提學先生喜壽 / 鄭汶鉉 | |
| 19084 | 鄭汶鉉 | 정문현 | 33 | 29 | 1931.12 | 聲討顚末 | |
| 19085 | 鄭汶鉉 | 정문현 | 34 | 33 | 1932.03 | 地方儒林狀況〉[鄭汶鉉의 보고] | |
| 19086 | 鄭汶鉉 | 정문현 | 35 | 22 | 1932.12 | 孝壽帖〉賀韻 / 鄭汶鉉 | |
| 19087 | 鄭汶鉉 | 정문현 | 39 | 49 | 1935.10 | 日誌大要 | |
| 19088 | 鄭文炯 | 정문형 | 10 | 30 | 1916.03 | 享官廳記 / 洪貴達 撰 | |
| 19089 | 貞愍公 | 정민공 | 23 | 80 | 1922.12 | 地方報告〉[河泰洪의 報告] | 柳澗 |
| 19090 | 貞愍公 | 정민공 | 37 | 39 | 1934.10 | 地方儒林狀況〉[李大榮의 보고]〉書院狀況 | 安瑭 |
| 19091 | 貞愍公 | 정민공 | 37 | 40 | 1934.10 | 地方儒林狀況〉[李大榮의 보고]〉書院狀況 | 安瑭 |
| 19092 | 鄭民植 | 정민식 | 48 | 58 | 1944.04 | 一. 孝烈行跡報告 其四 / 鄭民植 | |
| 19093 | 鄭民朝 | 정민조 | 41 | 29 | 1937.02 | 二. 儒林特志〉[鄭在德의 보고] | |
| 19094 | 鄭敏和 | 정민화 | 22 | 53 | 1922.03 | 日誌大要 | |
| 19095 | 鄭敏和 | 정민화 | 22 | 54 | 1922.03 | 日誌大要 | |
| 19096 | 鄭枋 | 정방 | 37 | 17 | 1934.10 | 茂長文廟重修記 / 金甯漢 | |
| 19097 | 鄭方坤 | 정방곤 | 11 | 18 | 1916.06 | 經學管見(續) / 尹寧求 | |
| 19098 | 鄭倍傑 | 정배걸 | 11 | 26 | 1916.06 | 經學淺知錄(續) / 金文演 | |
| 19099 | 鄭倍傑 | 정배걸 | 40 | 9 | 1936.08 | 朝鮮儒敎의 大觀 / 鄭鳳時 | |

| 번호 | 원문 | 현대어(독음) | 호 | 쪽 | 발행일 | 기사명 / 필자 | 비고 |
|---|---|---|---|---|---|---|---|
| 19100 | 鄭白 | 정백 | 9 | 44 | 1915.12 | 日誌大要 | |
| 19101 | 鄭伯周 | 정백주 | 22 | 72 | 1922.03 | 地方報告〉[宋圭鎭의 報告] | |
| 19102 | 鄭秉謨 | 정병모 | 30 | 44 | 1929.12 | 日誌大要 | |
| 19103 | 鄭丙朝 | 정병조 | 45 | 21 | 1940.12 | 朝鮮儒林大會(朝鮮儒道聯合會創立總會) 會錄槪要〉朝鮮儒道聯合會役員名簿(昭和十四年十一月一日現在) | |
| 19104 | 鄭普鉉 | 정보현 | 43 | 32 | 1938.12 | 皇軍慰問詩 / 鄭普鉉 | |
| 19105 | 鄭鳳洙 | 정봉수 | 14 | 75 | 1917.07 | 地方報告〉[趙相河 등의 報告] | |
| 19106 | 鄭鳳時 | 정봉시 | 1 | 2 | 1913.12 | 經學院雜誌序 / 鄭鳳時 | |
| 19107 | 鄭鳳時 | 정봉시 | 1 | 34 | 1913.12 | 釋奠翌日㦖講演有感 / 鄭鳳時 | |
| 19108 | 鄭鳳時 | 정봉시 | 1 | 47 | 1913.12 | 日誌大要 | |
| 19109 | 鄭鳳時 | 정봉시 | 1 | 57 | 1913.12 | 日誌大要 | |
| 19110 | 鄭鳳時 | 정봉시 | 1 | 58 | 1913.12 | 本院職員錄 大正二年十二月 日 現在 | |
| 19111 | 鄭鳳時 | 정봉시 | 1 | 59 | 1913.12 | 本院職員錄 大正二年十二月 日 現在 | |
| 19112 | 鄭鳳時 | 정봉시 | 1 | 70 | 1913.12 | 講說〉大正二年九月四日第二回演講〉(講章此之謂絜矩之道)〉敷演 / 鄭鳳時 | |
| 19113 | 鄭鳳時 | 정봉시 | 2 | 50 | 1914.03 | 日誌大要 | |
| 19114 | 鄭鳳時 | 정봉시 | 2 | 51 | 1914.03 | 日誌大要 | |
| 19115 | 鄭鳳時 | 정봉시 | 2 | 58 | 1914.03 | 日誌大要 | |
| 19116 | 鄭鳳時 | 정봉시 | 2 | 62 | 1914.03 | 講說〉講題 克己復禮(大正二年十月十一日第三回講演)〉敷演 / 鄭鳳時 | |
| 19117 | 鄭鳳時 | 정봉시 | 2 | 66 | 1914.03 | 講說〉講題 克己復禮(大正二年十月十一日第三回講演)〉讀論 / 黃敦秀 | |
| 19118 | 鄭鳳時 | 정봉시 | 2 | 70 | 1914.03 | 講說〉講題 必愼其獨(大正二年十一月八日第四回講演)〉敷演 / 鄭鳳時 | |
| 19119 | 鄭鳳時 | 정봉시 | 2 | 95 | 1914.03 | 地方報告〉[鄭鳳時의 報告] | |
| 19120 | 鄭鳳時 | 정봉시 | 3 | 61 | 1914.06 | 日誌大要 | |
| 19121 | 鄭鳳時 | 정봉시 | 3 | [0] | 1914.06 | [經學院視察團旅行紀念] | |
| 19122 | 鄭鳳時 | 정봉시 | 4 | 53 | 1914.09 | 日誌大要 | |
| 19123 | 鄭鳳時 | 정봉시 | 4 | 58 | 1914.09 | 講說〉講題 文質彬彬然後君子(大正三年六月十三日第六回講演) | |
| 19124 | 鄭鳳時 | 정봉시 | 5 | 68 | 1914.12 | 日誌大要 | |
| 19125 | 鄭鳳時 | 정봉시 | 5 | 69 | 1914.12 | 日誌大要 | |
| 19126 | 鄭鳳時 | 정봉시 | 5 | 72 | 1914.12 | 講說〉講題 道也者不可須臾離也(大正三年九月二十九日第七回講演)〉敷演 / 鄭鳳時 | |
| 19127 | 鄭鳳時 | 정봉시 | 5 | 82 | 1914.12 | 講說〉講題 謹庠序之敎申之以孝悌之義(大正三年十月十日第八回講演)〉敷演 / 鄭鳳時 | |
| 19128 | 鄭鳳時 | 정봉시 | 5 | 86 | 1914.12 | 關東講說 | |

| 번호 | 원문 | 현대어(독음) | 호 | 쪽 | 발행일 | 기사명 / 필지 | 비고 |
|---|---|---|---|---|---|---|---|
| 19129 | 鄭鳳時 | 정봉시 | 6 | 57 | 1915.03 | 日誌大要 | |
| 19130 | 鄭鳳時 | 정봉시 | 6 | 59 | 1915.03 | 講說〉講題 善養吾浩然之氣(大正三年十一月二十一日第九回講演) / 李容稙 | |
| 19131 | 鄭鳳時 | 정봉시 | 7 | 65 | 1915.06 | 日誌大要 | |
| 19132 | 鄭鳳時 | 정봉시 | 7 | 66 | 1915.06 | 日誌大要 | |
| 19133 | 鄭鳳時 | 정봉시 | 7 | 67 | 1915.06 | 日誌大要 | |
| 19134 | 鄭鳳時 | 정봉시 | 7 | 72 | 1915.06 | 講說〉講題 孔子聖之時者也(大政四年三月十八日第十回講演)〉敷演 / 鄭鳳時 | |
| 19135 | 鄭鳳時 | 정봉시 | 8 | 44 | 1915.09 | 日誌大要 | |
| 19136 | 鄭鳳時 | 정봉시 | 8 | 47 | 1915.09 | 講說〉講題 苟日新日日新又日新(大政四年四月十七日第十一回講演)〉敷演 / 鄭鳳時 | |
| 19137 | 鄭鳳時 | 정봉시 | 8 | 53 | 1915.09 | 講說〉講題 道不遠人(大政四年五月八日第十二回講演)〉敷演 / 鄭鳳時 | |
| 19138 | 鄭鳳時 | 정봉시 | 9 | 54 | 1915.12 | 講說〉講題 三人行必有我師(大正四年六月十二日第十三回講演) / 鄭鳳時 | |
| 19139 | 鄭鳳時 | 정봉시 | 9 | [18] | 1915.12 | 卽位大禮式獻頌文 / 鄭鳳時 | |
| 19140 | 鄭鳳時 | 정봉시 | 11 | 64 | 1916.06 | 日誌大要 | |
| 19141 | 鄭鳳時 | 정봉시 | 11 | 72 | 1916.06 | 講說〉浴乎沂風乎舞雩詠而歸(大正五年四月八日第十七回講演) / 鄭鳳時 | |
| 19142 | 鄭鳳時 | 정봉시 | 16 | 35 | 1918.03 | 日誌大要 | |
| 19143 | 鄭鳳時 | 정봉시 | 16 | 36 | 1918.03 | 日誌大要 | |
| 19144 | 鄭鳳時 | 정봉시 | 16 | 50 | 1918.03 | 講說〉講題 存其心養其性所以事天也(大正六年十月十四日江陵郡講演)〉續演 / 鄭鳳時 | |
| 19145 | 鄭鳳時 | 정봉시 | 16 | 57 | 1918.03 | 地方報告〉[鄭鳳時의 報告] | |
| 19146 | 鄭鳳時 | 정봉시 | 17 | 63 | 1918.07 | 地方報告〉[鄭鳳時의 報告] | |
| 19147 | 鄭鳳時 | 정봉시 | 17 | 64 | 1918.07 | 地方報告〉[鄭鳳時의 報告] | |
| 19148 | 鄭鳳時 | 정봉시 | 17 | 76 | 1918.07 | 地方報告〉[金在昌 등의 報告] | |
| 19149 | 鄭鳳時 | 정봉시 | 21 | 29 | 1921.03 | 養正契帖序 / 鄭鳳時 | |
| 19150 | 鄭鳳時 | 정봉시 | 21 | 31 | 1921.03 | 歸厚契帖序 / 鄭鳳時 | |
| 19151 | 鄭鳳時 | 정봉시 | 22 | 49 | 1922.03 | 故經學院副提學久庵朴公挽詞 / 鄭鳳時 | |
| 19152 | 鄭鳳時 | 정봉시 | 22 | 70 | 1922.03 | 講說〉以文會友以友輔仁 / 鄭鳳時 | |
| 19153 | 鄭鳳時 | 정봉시 | 23 | 40 | 1922.12 | 孔夫子忌辰四十周甲追慕禮式及紀念事業發起文 | |
| 19154 | 鄭鳳時 | 정봉시 | 23 | 56 | 1922.12 | 日誌大要 | |
| 19155 | 鄭鳳時 | 정봉시 | 24 | 50 | 1923.12 | 湯島聖堂祭典衆拜志感 / 鄭鳳時 | |
| 19156 | 鄭鳳時 | 정봉시 | 24 | 56 | 1923.12 | 日誌大要 | |
| 19157 | 鄭鳳時 | 정봉시 | 24 | 57 | 1923.12 | 日誌大要 | |
| 19158 | 鄭鳳時 | 정봉시 | 24 | 78 | 1923.12 | 講說〉講題 儒道 / 鄭鳳時 | |

| 번호 | 원문 | 현대어(독음) | 호 | 쪽 | 발행일 | 기사명 / 필자 | 비고 |
|------|------|-------------|----|----|--------|--------------|------|
| 19159 | 鄭鳳時 | 정봉시 | 24 | 91 | 1923.12 | 地方報告〉[金完鎭의 報告] | |
| 19160 | 鄭鳳時 | 정봉시 | 25 | 46 | 1924.12 | 日誌大要 | |
| 19161 | 鄭鳳時 | 정봉시 | 25 | 48 | 1924.12 | 講說〉講題 儒道 / 鄭鳳時 | |
| 19162 | 鄭鳳時 | 정봉시 | 25 | 71 | 1924.12 | 地方報告〉[鄭鳳時의 報告] | |
| 19163 | 鄭鳳時 | 정봉시 | 25 | 87 | 1924.12 | 地方報告〉[鄭鳳時의 報告] | |
| 19164 | 鄭鳳時 | 정봉시 | 26 | 34 | 1925.12 | 奉和香堂博士 / 鄭鳳時 | |
| 19165 | 鄭鳳時 | 정봉시 | 26 | 43 | 1925.12 | 日誌大要 | |
| 19166 | 鄭鳳時 | 정봉시 | 26 | 48 | 1925.12 | 日誌大要 | |
| 19167 | 鄭鳳時 | 정봉시 | 26 | 55 | 1925.12 | 講說〉講題 今日吾人之急先務 / 鄭鳳時 | |
| 19168 | 鄭鳳時 | 정봉시 | 26 | 64 | 1925.12 | 講說〉講題 德者本也財者末也 / 鄭鳳時 | |
| 19169 | 鄭鳳時 | 정봉시 | 26 | 85 | 1925.12 | 地方報告〉[鄭鳳時의 報告] | |
| 19170 | 鄭鳳時 | 정봉시 | 27 | 51 | 1926.12 | 日誌大要 | |
| 19171 | 鄭鳳時 | 정봉시 | 27 | 54 | 1926.12 | 日誌大要 | |
| 19172 | 鄭鳳時 | 정봉시 | 27 | 57 | 1926.12 | 日誌大要 | |
| 19173 | 鄭鳳時 | 정봉시 | 27 | 66 | 1926.12 | 講說〉講題 子以四敎文行忠信 / 鄭鳳時 | |
| 19174 | 鄭鳳時 | 정봉시 | 27 | 84 | 1926.12 | 地方報告〉[鄭鳳時의 報告] | |
| 19175 | 鄭鳳時 | 정봉시 | 28 | 38 | 1927.12 | 壽星詩帖 / 鄭鳳時 | |
| 19176 | 鄭鳳時 | 정봉시 | 28 | 54 | 1927.12 | 講說〉講題 謹庠序之教申之以孝悌之義 / 鄭鳳時 | |
| 19177 | 鄭鳳時 | 정봉시 | 28 | 73 | 1927.12 | 地方報告〉[鄭鳳時의 報告] | |
| 19178 | 鄭鳳時 | 정봉시 | 29 | 1 | 1928.12 | 儒道說 / 鄭鳳時 | |
| 19179 | 鄭鳳時 | 정봉시 | 29 | 33 | 1928.12 | 聚奎帖 / 鄭鳳時 | |
| 19180 | 鄭鳳時 | 정봉시 | 29 | 36 | 1928.12 | 大樹帖 / 鄭鳳時 | |
| 19181 | 鄭鳳時 | 정봉시 | 30 | 15 | 1929.12 | 白川鄕校重修記 / 鄭鳳時 | |
| 19182 | 鄭鳳時 | 정봉시 | 30 | 36 | 1929.12 | 祭粢料傳達式狀況 / 鄭鳳時 | |
| 19183 | 鄭鳳時 | 정봉시 | 30 | 45 | 1929.12 | 日誌大要 | |
| 19184 | 鄭鳳時 | 정봉시 | 30 | 46 | 1929.12 | 講說〉講題 旣庶矣富之旣富矣敎之 / 鄭鳳時 | |
| 19185 | 鄭鳳時 | 정봉시 | 31 | 17 | 1930.08 | 講題 德者本也財者末也 / 成樂賢 | |
| 19186 | 鄭鳳時 | 정봉시 | 31 | 25 | 1930.08 | 題壽星帖 / 鄭鳳時 | |
| 19187 | 鄭鳳時 | 정봉시 | 31 | 29 | 1930.08 | 日誌大要 | |
| 19188 | 鄭鳳時 | 정봉시 | 31 | 32 | 1930.08 | 日誌大要 | |
| 19189 | 鄭鳳時 | 정봉시 | 31 | 34 | 1930.08 | 日誌大要 | |
| 19190 | 鄭鳳時 | 정봉시 | 31 | 54 | 1930.08 | 事務報告 / 神尾弌春 | |
| 19191 | 鄭鳳時 | 정봉시 | 31 | 60 | 1930.08 | 明倫學院職員名簿 | |
| 19192 | 鄭鳳時 | 정봉시 | 32 | 36 | 1930.12 | 日誌大要 | |
| 19193 | 鄭鳳時 | 정봉시 | 33 | 8 | 1931.12 | 朱夫子誕降八百年紀念祭告文 / 鄭鳳時 | |

| 번호 | 원문 | 현대어(독음) | 호 | 쪽 | 발행일 | 기사명 / 필자 | 비고 |
|------|------|------------|----|----|--------|--------------|------|
| 19194 | 鄭鳳時 | 정봉시 | 33 | 22 | 1931.12 | 壽松帖〉敬賀鄭提學先生喜壽 / 鄭鳳時 | |
| 19195 | 鄭鳳時 | 정봉시 | 33 | 23 | 1931.12 | 日誌大要 | |
| 19196 | 鄭鳳時 | 정봉시 | 33 | 28 | 1931.12 | 聲討顚末 | |
| 19197 | 鄭鳳時 | 정봉시 | 33 | 42 | 1931.12 | 文廟釋奠狀況 | |
| 19198 | 鄭鳳時 | 정봉시 | 33 | 48 | 1931.12 | 文廟釋奠狀況〉[本院秋期釋奠에 대한 보고] | |
| 19199 | 鄭鳳時 | 정봉시 | 34 | 31 | 1932.03 | 日誌大要 | |
| 19200 | 鄭鳳時 | 정봉시 | 34 | 32 | 1932.03 | 日誌大要 | |
| 19201 | 鄭鳳時 | 정봉시 | 34 | 55 | 1932.03 | 明倫學院職員名簿 | |
| 19202 | 鄭鳳時 | 정봉시 | 34 | 56 | 1932.03 | 明倫學院評議會員名簿 | |
| 19203 | 鄭鳳時 | 정봉시 | 35 | 22 | 1932.12 | 孝壽帖〉賀韻 / 鄭鳳時 | |
| 19204 | 鄭鳳時 | 정봉시 | 35 | 29 | 1932.12 | 文廟釋奠狀況 | |
| 19205 | 鄭鳳時 | 정봉시 | 35 | 72 | 1932.12 | 明倫學院職員名簿 | |
| 19206 | 鄭鳳時 | 정봉시 | 36 | 20 | 1933.12 | 澹圃姜講師挽 / 鄭鳳時 | |
| 19207 | 鄭鳳時 | 정봉시 | 36 | 24 | 1933.12 | 日誌大要 | |
| 19208 | 鄭鳳時 | 정봉시 | 36 | 25 | 1933.12 | 文廟釋奠狀況〉[秋期釋奠 擧行] | |
| 19209 | 鄭鳳時 | 정봉시 | 36 | 29 | 1933.12 | 文廟釋奠狀況〉[春期釋奠 擧行] | |
| 19210 | 鄭鳳時 | 정봉시 | 36 | 64 | 1933.12 | 明倫學院職員名簿 | |
| 19211 | 鄭鳳時 | 정봉시 | 36 | 65 | 1933.12 | 明倫學院評議員名簿 | |
| 19212 | 鄭鳳時 | 정봉시 | 37 | 45 | 1934.10 | 文廟釋奠狀況〉[秋期釋奠 擧行] | |
| 19213 | 鄭鳳時 | 정봉시 | 37 | 51 | 1934.10 | 文廟釋奠狀況〉[春期釋奠 擧行] | |
| 19214 | 鄭鳳時 | 정봉시 | 37 | 65 | 1934.10 | 明倫學院職員名簿 | |
| 19215 | 鄭鳳時 | 정봉시 | 37 | 67 | 1934.10 | 明倫學院評議員名簿 | |
| 19216 | 鄭鳳時 | 정봉시 | 38 | 31 | 1935.03 | 橫城鄕校重修記 / 鄭鳳時 | |
| 19217 | 鄭鳳時 | 정봉시 | 38 | 43 | 1935.03 | 文廟釋奠狀況〉[秋期釋奠 擧行] | |
| 19218 | 鄭鳳時 | 정봉시 | 39 | 4 | 1935.10 | 關東四會說 / 鄭鳳時 | |
| 19219 | 鄭鳳時 | 정봉시 | 39 | 50 | 1935.10 | 日誌大要 | |
| 19220 | 鄭鳳時 | 정봉시 | 39 | 51 | 1935.10 | 文廟釋奠狀況〉[春期釋奠 擧行] | |
| 19221 | 鄭鳳時 | 정봉시 | 40 | 8 | 1936.08 | 朝鮮儒敎의 大觀 / 鄭鳳時 | |
| 19222 | 鄭鳳時 | 정봉시 | 40 | 32 | 1936.08 | 日誌大要 | |
| 19223 | 鄭鳳時 | 정봉시 | 40 | 34 | 1936.08 | 日誌大要 | |
| 19224 | 鄭鳳時 | 정봉시 | 40 | 35 | 1936.08 | 文廟釋奠狀況〉[秋期釋奠 擧行] | |
| 19225 | 鄭鳳時 | 정봉시 | 40 | 47 | 1936.08 | 鄭茂亭先生追悼錄〉吊辭 / 鄭鳳時 等 | |
| 19226 | 鄭鳳時 | 정봉시 | 40 | 50 | 1936.08 | 鄭茂亭先生追悼錄〉哀辭 / 鄭鳳時 | |
| 19227 | 鄭鳳時 | 정봉시 | 40 | 59 | 1936.08 | 鄭茂亭先生追悼錄〉節山博士輓茂亭太史揭載斯文會誌次韻却寄 / 鄭鳳時 | |
| 19228 | 鄭鳳時 | 정봉시 | 41 | 15 | 1937.02 | 延州夏王廟重修記 / 鄭鳳時 | |

| 번호 | 원문 | 현대어(독음) | 호 | 쪽 | 발행일 | 기사명 / 필자 | 비고 |
|---|---|---|---|---|---|---|---|
| 19229 | 鄭鳳時 | 정봉시 | 41 | 30 | 1937.02 | 挽成竹似先生 | |
| 19230 | 鄭鳳時 | 정봉시 | 41 | 31 | 1937.02 | 挽崔講師崟熙 | |
| 19231 | 鄭鳳時 | 정봉시 | 41 | 34 | 1937.02 | 日誌大要 | |
| 19232 | 鄭鳳時 | 정봉시 | 41 | 35 | 1937.02 | 文廟春季釋奠狀況 | |
| 19233 | 鄭鳳時 | 정봉시 | 41 | 37 | 1937.02 | 文廟秋季釋奠狀況 | |
| 19234 | 鄭鳳時 | 정봉시 | 41 | 42 | 1937.02 | 經學院永年勤續職員褒彰式狀況〉式辭 / 鄭鳳時 | |
| 19235 | 鄭鳳時 | 정봉시 | 41 | 45 | 1937.02 | 國民精神作興週間運動狀況 | |
| 19236 | 鄭鳳時 | 정봉시 | 41 | 58 | 1937.02 | 經學院職員名簿(昭和十一年十一月一日) | |
| 19237 | 鄭鳳時 | 정봉시 | 41 | 60 | 1937.02 | 明倫學院職員名簿(昭和十一年一月一日現在) | |
| 19238 | 鄭鳳時 | 정봉시 | 42 | 37 | 1937.12 | 文廟春季釋奠狀況 | |
| 19239 | 鄭鳳時 | 정봉시 | 43 | 38 | 1938.12 | 故大提學鄭鳳時先生輓詞 / 柳正秀 | |
| 19240 | 鄭鳳時 | 정봉시 | 43 | 48 | 1938.12 | 鄭松里先生追悼錄〉畧歷 | |
| 19241 | 鄭鳳時 | 정봉시 | 43 | 49 | 1938.12 | 鄭松里先生追悼錄〉吊辭 / 南 次郎 | |
| 19242 | 鄭鳳時 | 정봉시 | 43 | 58 | 1938.12 | 文廟秋季釋奠狀況 | |
| 19243 | 鄭鳳時 | 정봉시 | 43 | 71 | 1938.12 | [명륜학원 행사] | |
| 19244 | 鄭鳳鉉 | 정봉현 | 2 | 58 | 1914.03 | 日誌大要 | |
| 19245 | 鄭鳳鉉 | 정봉현 | 3 | 61 | 1914.06 | 日誌大要 | |
| 19246 | 鄭鳳鉉 | 정봉현 | 3 | [0] | 1914.06 | [經學院視察團旅行紀念] | |
| 19247 | 鄭鳳鉉 | 정봉현 | 6 | 57 | 1915.03 | 日誌大要 | |
| 19248 | 鄭鳳鉉 | 정봉현 | 6 | 64 | 1915.03 | 地方報告〉[鄭鳳鉉 巡講] | |
| 19249 | 鄭鳳鉉 | 정봉현 | 9 | [13] | 1915.12 | 卽位大禮式獻頌文 / 鄭鳳鉉 | |
| 19250 | 鄭鳳鉉 | 정봉현 | 12 | [8] | 1916.12 | 立太子禮獻頌文 / 鄭鳳鉉 | |
| 19251 | 鄭鳳鉉 | 정봉현 | 15 | 30 | 1917.10 | 日誌大要 | |
| 19252 | 鄭鳳鉉 | 정봉현 | 16 | 28 | 1918.03 | 平壤府文廟參拜有感 / 鄭鳳鉉 | |
| 19253 | 鄭鳳鉉 | 정봉현 | 16 | 29 | 1918.03 | 箕宮參拜後吟 / 鄭鳳鉉 | |
| 19254 | 鄭鳳鉉 | 정봉현 | 16 | 29 | 1918.03 | 崇仁殿參拜後吟 / 鄭鳳鉉 | |
| 19255 | 鄭鳳鉉 | 정봉현 | 20 | 44 | 1920.03 | 日誌大要 | |
| 19256 | 鄭鳳鉉 | 정봉현 | 21 | 88 | 1921.03 | 日誌大要 | |
| 19257 | 鄭奉禧 | 정봉희 | 36 | 6 | 1933.12 | 南海郡文廟重修記 / 鄭萬朝 | 원문은 鄭君奉禧 |
| 19258 | 鄭奉禧 | 정봉희 | 47 | 48 | 1943.01 | 一. 孝烈行跡報告 其二 / 鄭奉禧 | |
| 19259 | 鄭奉禧 | 정봉희 | 47 | 49 | 1943.01 | 一. 孝烈行跡報告 其三 / 鄭奉禧 | |
| 19260 | 程夫子 | 정부자 | 14 | 19 | 1917.07 | 庸學問對 / 朴長鴻 | |
| 19261 | 程夫子 | 정부자 | 27 | 23 | 1926.12 | 中庸問對 / 沈璿澤 | |
| 19262 | 鄭富憲 | 정부헌 | 29 | 44 | 1928.12 | 日誌大要 | |

| 번호 | 원문 | 현대어(독음) | 호 | 쪽 | 발행일 | 기사명 / 필자 | 비고 |
|---|---|---|---|---|---|---|---|
| 19263 | 鄭鵬 | 정붕 | 9 | 32 | 1915.12 | 賢關記聞(續) / 李大榮 | 원문은 鵬 |
| 19264 | 鄭司農 | 정사농 | 13 | 17 | 1917.03 | 舞器圖說(續) | |
| 19265 | 鄭士龍 | 정사룡 | 28 | 3 | 1927.12 | 朝鮮詩文變遷論 / 鄭萬朝 | 원문은 士龍 |
| 19266 | 鄭士龍 | 정사룡 | 43 | 18 | 1938.12 | 敎化編年(續) / 李大榮 | |
| 19267 | 鄭士龍 | 정사룡 | 43 | 19 | 1938.12 | 敎化編年(續) / 李大榮 | |
| 19268 | 程沙隨 | 정사수 | 27 | 17 | 1926.12 | 易經講解總說 / 元泳義 | |
| 19269 | 丁俟菴 | 정사암 | 28 | 4 | 1927.12 | 朝鮮詩文變遷論 / 鄭萬朝 | 丁若鏞 |
| 19270 | 井上 | 정상 | 24 | 83 | 1923.12 | 講說〉講題 時代之儒敎 / 金完鎭 | 이노우에 데츠지로 (井上哲次郎) |
| 19271 | 井上 | 정상 | 26 | 47 | 1925.12 | 日誌大要 | 이노우에 데츠지로 (井上哲次郎) |
| 19272 | 井上 | 정상 | 39 | 31 | 1935.10 | 東京斯文會主催儒道大會狀況 | 이노우에 데츠지로 (井上哲次郎) |
| 19273 | 鄭相國 | 정상국 | 11 | 56 | 1916.06 | 賢關記聞(續) / 李大榮 | 鄭羽良 |
| 19274 | 鄭相國 | 정상국 | 11 | 56 | 1916.06 | 賢關記聞(續) / 李大榮 | 鄭元容 |
| 19275 | 井上金峩 | 정상금아 | 18 | 49 | 1918.09 | 講說〉講題 內地의 宋學(大正七年五月十一日第二十八回講演) / 今關壽麿 | 이노우에 긴가 |
| 19276 | 井上金蛾 | 정상금아 | 18 | 54 | 1918.09 | 講說〉講題 內地의 宋學(大正七年五月十一日第二十八回講演) / 今關壽麿 | 이노우에 긴가 |
| 19277 | 井上茂一 | 정상무일 | 43 | 27 | 1938.12 | 儒林特志〉[姜錫圭의 보고] | 이노우에 모이치 |
| 19278 | 井上文雄 | 정상문웅 | 48 | 20 | 1944.04 | (四月十五日於經學院春季釋典)櫻と日本精神 / 白神壽吉 | 이노우에 후미오 |
| 19279 | 丁相燮 | 정상섭 | 5 | 89 | 1914.12 | 關東講說〉講題 道不遠人 / 丁相燮 | |
| 19280 | 井上梧陰 | 정상오음 | 18 | 56 | 1918.09 | 講說〉講題 內地의 宋學(大正七年五月十一日第二十八回講演) / 今關壽麿 | 이노우에 고인, 이노우에 고와시(井上毅) |
| 19281 | 井上哲次郎 | 정상철차랑 | 26 | 44 | 1925.12 | 日誌大要 | 이노우에 데츠지로 |
| 19282 | 井上哲次郎 | 정상철차랑 | 26 | 46 | 1925.12 | 日誌大要 | 이노우에 데츠지로 |
| 19283 | 井上哲次郎 | 정상철차랑 | 39 | 32 | 1935.10 | 東京斯文會主催儒道大會狀況〉式辭 / 井上哲次郎 | 이노우에 데츠지로 |
| 19284 | 井上淸 | 정상청 | 45 | 25 | 1940.12 | 朝鮮儒林大會(朝鮮儒道聯合會創立總會) 會錄槪要〉朝鮮儒道聯合會役員名簿(昭和十四年十一月一日現在) | |

| 번호 | 원문 | 현대어(독음) | 호 | 쪽 | 발행일 | 기사명 / 필자 | 비고 |
|---|---|---|---|---|---|---|---|
| 19285 | 鄭錫驥 | 정석기 | 36 | 6 | 1933.12 | 南海郡文廟重修記 / 鄭萬朝 | |
| 19286 | 鄭碩謨 | 정석모 | 41 | 32 | 1937.02 | 日誌大要 | |
| 19287 | 鄭碩謨 | 정석모 | 41 | 59 | 1937.02 | 經學院講士名簿(昭和十一年十一月一日) | |
| 19288 | 鄭碩謨 | 정석모 | 43 | 56 | 1938.12 | 日誌大要 | |
| 19289 | 鄭碩謨 | 정석모 | 45 | 27 | 1940.12 | 朝鮮儒林大會(朝鮮儒道聯合會創立總會) 會錄槪要〉朝鮮儒道聯合會役員名簿(昭和十四年十一月一日現在) | |
| 19290 | 鄭錫溶 | 정석용 | 45 | 32 | 1940.12 | 朝鮮儒林大會(朝鮮儒道聯合會創立總會) 會錄槪要〉朝鮮儒道聯合會役員名簿(昭和十四年十一月一日現在) | |
| 19291 | 鄭誠謹 | 정성근 | 40 | 22 | 1936.08 | 敎化編年(續) / 李大榮 | |
| 19292 | 鄭性謨 | 정성모 | 28 | 76 | 1927.12 | 地方報告〉[鄭性謨 等의 報告] | |
| 19293 | 鄭性謨 | 정성모 | 28 | 77 | 1927.12 | 地方報告〉[鄭性謨 等의 報告] | |
| 19294 | 鄭世球 | 정세구 | 43 | 16 | 1938.12 | 敎化編年(續) / 李大榮 | |
| 19295 | 鄭世子 | 정세자 | 13 | 6 | 1917.03 | 經學管見(續) / 尹寧求 | |
| 19296 | 鄭世鎭 | 정세진 | 14 | 39 | 1917.07 | 日誌大要 | |
| 19297 | 鄭小同 | 정소동 | 11 | 15 | 1916.06 | 經學管見(續) / 尹寧求 | |
| 19298 | 鄭松江 | 정송강 | 1 | 38 | 1913.12 | 近世事十條 / 李商永 | |
| 19299 | 鄭守夢 | 정수몽 | 11 | 27 | 1916.06 | 經學淺知錄(續) / 金文演 | 鄭曄 |
| 19300 | 鄭守夢 | 정수몽 | 37 | 40 | 1934.10 | 地方儒林狀況〉[李大榮의 보고]〉書院狀況 | 鄭曄 |
| 19301 | 鄭秀彦 | 정수언 | 17 | 42 | 1918.07 | 日誌大要 | |
| 19302 | 鄭壽永 | 정수영 | 41 | 35 | 1937.02 | 文廟春季釋奠狀況 | |
| 19303 | 鄭秀八 | 정수팔 | 9 | 39 | 1915.12 | 日誌大要 | |
| 19304 | 鄭秀八 | 정수팔 | 9 | 40 | 1915.12 | 日誌大要 | |
| 19305 | 鄭秀八 | 정수팔 | 9 | 42 | 1915.12 | 日誌大要 | |
| 19306 | 正叔 | 정숙 | 42 | 50 | 1937.12 | 文廟享祀位次及聖賢姓名爵號考 / 金完鎭 | 程頤 |
| 19307 | 鄭叔根 | 정숙근 | 41 | 21 | 1937.02 | 敎化編年(續) / 李大榮 | |
| 19308 | 程叔子 | 정숙자 | 9 | 58 | 1915.12 | 講說〉講題 三人行必有我師(大正四年六月十二日第十三回講演) / 沈鐘舜 | 程頤 |
| 19309 | 正淳 | 정순 | 1 | 38 | 1913.12 | 近世事十條 / 李商永 | 趙石帆 |
| 19310 | 鄭淳默 | 정순묵 | 12 | 27 | 1916.12 | 孔門問同答異 / 鄭淳默 | |
| 19311 | 鄭淳翼 | 정순익 | 20 | 44 | 1920.03 | 日誌大要 | |
| 19312 | 鄭淳瓚 | 정순찬 | 20 | 53 | 1920.03 | 地方報告〉[李芳雨의 報告] | |
| 19313 | 鄭淳瓚 | 정순찬 | 23 | 21 | 1922.12 | 益山郡礪山文廟重修記 / 成岐運 | |
| 19314 | 鄭淳賢 | 정순현 | 40 | 33 | 1936.08 | 日誌大要 | |
| 19315 | 鄭淳賢 | 정순현 | 41 | 60 | 1937.02 | 經學院講士名簿(昭和十一年十一月一日) | |

| 번호 | 원문 | 현대어(독음) | 호 | 쪽 | 발행일 | 기사명 / 필자 | 비고 |
|---|---|---|---|---|---|---|---|
| 19316 | 鄭淳賢 | 정순현 | 45 | 27 | 1940.12 | 朝鮮儒林大會(朝鮮儒道聯合會創立總會) 會錄概要〉朝鮮儒道聯合會役員名簿(昭和十四年十一月一日現在) | |
| 19317 | 鄭淳賢 | 정순현 | 46 | 24 | 1941.12 | 經學院日誌大要(昭和十四年七月ヨリ昭和十六年六月マテ) | |
| 19318 | 鄭時斌 | 정시빈 | 26 | 41 | 1925.12 | 日誌大要 | |
| 19319 | 鄭信國 | 정신국 | 10 | 52 | 1916.03 | 賢關記聞(續) / 李大榮 | |
| 19320 | 鄭信國 | 정신국 | 21 | 26 | 1921.03 | 鄭信國傳 / 鄭崙秀 | |
| 19321 | 鄭新堂 | 정신당 | 9 | 32 | 1915.12 | 賢關記聞(續) / 李大榮 | 鄭鵬 |
| 19322 | 丁莘白 | 정신백 | 39 | 30 | 1935.10 | 東京斯文會主催儒道大會狀況 | |
| 19323 | 鄭氏 | 정씨 | 14 | 17 | 1917.07 | 舞器圖說(續) | |
| 19324 | 鄭氏環 | 정씨환 | 19 | 23 | 1918.12 | 三洙瑣談(續) / 元泳義 | |
| 19325 | 鄭氏環 | 정씨환 | 19 | 24 | 1918.12 | 三洙瑣談(續) / 元泳義 | |
| 19326 | 整庵 | 정암 | 10 | 23 | 1916.03 | 經學淺知錄 / 金文演 | 羅欽順 |
| 19327 | 靜庵 | 정암 | 33 | 7 | 1931.12 | 深谷書院重修記 / 金文演 | 趙光祖 |
| 19328 | 靜庵 | 정암 | 35 | 9 | 1932.12 | 心性情理氣圖解 / 元弘植 | 趙光祖 |
| 19329 | 靜庵 | 정암 | 42 | 58 | 1937.12 | 文廟享祀位次及聖賢姓名爵號考 / 金完鎭 | 趙光祖 |
| 19330 | 靜庵 | 정암 | 44 | 49 | 1939.10 | 嘉言善行 / 李昇圭 | 趙光祖 |
| 19331 | 靜庵 | 정암 | 44 | 51 | 1939.10 | 嘉言善行 / 李昇圭 | 趙光祖 |
| 19332 | 靜菴 | 정암 | 29 | 24 | 1928.12 | 三洙瑣談(續) / 元泳義 | 趙光祖 |
| 19333 | 靜菴 | 정암 | 40 | 43 | 1936.08 | 成竹似先生追悼錄〉挽故成均館博士成竹似先生 / 李學魯 | 趙光祖 |
| 19334 | 丁若鏞 | 정약용 | 28 | 4 | 1927.12 | 朝鮮詩文變遷論 / 鄭萬朝 | 원문은 若鏞 |
| 19335 | 正養 | 정양 | 38 | 37 | 1935.03 | 孝烈行蹟〉[崔永植 等의 보고] | |
| 19336 | 鄭養齋 | 정양재 | 39 | 31 | 1935.10 | 東京斯文會主催儒道大會狀況 | |
| 19337 | 鄭餘慶 | 정여경 | 33 | 9 | 1931.12 | 司直金公墓碑銘并序 / 金完鎭 | |
| 19338 | 鄭汝昌 | 정여창 | 10 | 51 | 1916.03 | 賢關記聞(續) / 李大榮 | |
| 19339 | 鄭汝昌 | 정여창 | 11 | 26 | 1916.06 | 經學淺知錄(續) / 金文演 | 원문은 汝昌 |
| 19340 | 鄭汝昌 | 정여창 | 25 | 41 | 1924.12 | 日誌大要 | |
| 19341 | 鄭汝昌 | 정여창 | 30 | 35 | 1929.12 | 祭粢料傳達式狀況 | |
| 19342 | 鄭汝昌 | 정여창 | 30 | 58 | 1929.12 | 講說〉講題 朝鮮의 在한 聖學道統：李退溪先生을 憶함 / 赤木萬二郎 | |
| 19343 | 鄭汝昌 | 정여창 | 40 | 21 | 1936.08 | 敎化編年(續) / 李大榮 | |
| 19344 | 鄭汝昌 | 정여창 | 41 | 23 | 1937.02 | 敎化編年(續) / 李大榮 | |
| 19345 | 鄭汝昌 | 정여창 | 42 | 48 | 1937.12 | 文廟享祀位次及聖賢姓名爵號考 / 金完鎭 | 文獻公 |
| 19346 | 鄭汝昌 | 정여창 | 42 | 58 | 1937.12 | 文廟享祀位次及聖賢姓名爵號考 / 金完鎭 | 文獻公 |
| 19347 | 鄭汝昌 | 정여창 | 43 | 19 | 1938.12 | 敎化編年(續) / 李大榮 | |

| 번호 | 원문 | 현대어(독음) | 호 | 쪽 | 발행일 | 기사명 / 필자 | 비고 |
|------|------|------------|-----|-----|--------|--------------|------|
| 19348 | 鄭汝諧 | 정여해 | 11 | 22 | 1916.06 | 經學管見(續) / 尹寧求 | |
| 19349 | 鄭演敎 | 정연교 | 45 | 37 | 1940.12 | 朝鮮儒林大會(朝鮮儒道聯合會創立總會) 會錄槪要〉朝鮮儒道聯合會役員名簿(昭和十四年十一月一日現在) | |
| 19350 | 鄭然基 | 정연기 | 36 | 35 | 1933.12 | 文廟釋奠狀況〉[權在源의 보고] | |
| 19351 | 鄭然基 | 정연기 | 45 | 24 | 1940.12 | 朝鮮儒林大會(朝鮮儒道聯合會創立總會) 會錄槪要〉朝鮮儒道聯合會役員名簿(昭和十四年十一月一日現在) | |
| 19352 | 鄭燕謨 | 정연모 | 29 | 38 | 1928.12 | 日誌大要 | |
| 19353 | 鄭燕謨 | 정연모 | 29 | 39 | 1928.12 | 日誌大要 | |
| 19354 | 鄭淵韶 | 정연소 | 38 | 47 | 1935.03 | 文廟釋奠狀況〉地方文廟秋期釋奠狀況表 | |
| 19355 | 鄭然陞 | 정연승 | 23 | 59 | 1922.12 | 日誌大要 | |
| 19356 | 鄭曄 | 정엽 | 11 | 27 | 1916.06 | 經學淺知錄(續) / 金文演 | 원문은 曅 |
| 19357 | 鄭曄 | 정엽 | 11 | 54 | 1916.06 | 賢關記聞(續) / 李大榮 | |
| 19358 | 程嬰 | 정영 | 23 | 89 | 1922.12 | 地方報告〉[崔潤鍾의 報告] | |
| 19359 | 鄭永文 | 정영문 | 1 | 76 | 1913.12 | 地方報告 大正元年始〉[崔敦澈의 報告] | |
| 19360 | 鄭榮燮 | 정영섭 | 20 | 58 | 1920.03 | 地方報告〉[趙翰誠 등의 報告] | |
| 19361 | 鄭榮燮 | 정영섭 | 21 | 93 | 1921.03 | 地方報告〉[趙翰誠의 報告] | |
| 19362 | 鄭永喆 | 정영철 | 42 | 35 | 1937.12 | 日誌大要 | |
| 19363 | 丁永鎬 | 정영호 | 20 | 56 | 1920.03 | 地方報告〉[趙翰誠 등의 報告] | |
| 19364 | 丁永鎬 | 정영호 | 20 | 58 | 1920.03 | 地方報告〉[趙翰誠 등의 報告] | |
| 19365 | 丁玉亭 | 정옥정 | 43 | 16 | 1938.12 | 敎化編年(續) / 李大榮 | |
| 19366 | 鄭完燮 | 정완섭 | 9 | 38 | 1915.12 | 日誌大要 | |
| 19367 | 鄭完燮 | 정완섭 | 9 | 39 | 1915.12 | 日誌大要 | |
| 19368 | 鄭完燮 | 정완섭 | 9 | 40 | 1915.12 | 日誌大要 | |
| 19369 | 鄭完燮 | 정완섭 | 9 | 41 | 1915.12 | 日誌大要 | |
| 19370 | 鄭完燮 | 정완섭 | 9 | 42 | 1915.12 | 日誌大要 | |
| 19371 | 鄭完植 | 정완식 | 30 | 74 | 1929.12 | 地方報告〉[洪淳益 等의 報告] | |
| 19372 | 丁鏞 | 정용 | 5 | 23 | 1914.12 | 格致管見(續) / 李鼎煥 | 丁若鏞, 원문은 茶山丁氏鏞 |
| 19373 | 鄭鏞悳 | 정용덕 | 33 | 37 | 1931.12 | 聲討顚末 | |
| 19374 | 鄭羽良 | 정우량 | 11 | 56 | 1916.06 | 賢關記聞(續) / 李大榮 | 원문은 羽良 |
| 19375 | 鄭雨範 | 정우범 | 19 | 30 | 1918.12 | 日誌大要 | |
| 19376 | 鄭雨范 | 정우범 | 19 | 31 | 1918.12 | 日誌大要 | |
| 19377 | 鄭羽錫 | 정우석 | 34 | 59 | 1932.03 | 明倫學院昭和六年度入學許可者名簿 | |
| 19378 | 鄭羽錫 | 정우석 | 35 | 30 | 1932.12 | 文廟釋奠狀況 | |

| 번호 | 원문 | 현대어(독음) | 호 | 쪽 | 발행일 | 기사명 / 필자 | 비고 |
|---|---|---|---|---|---|---|---|
| 19379 | 鄭羽錫 | 정우석 | 36 | 25 | 1933.12 | 文廟釋奠狀況〉[秋期釋奠 擧行] | |
| 19380 | 鄭羽錫 | 정우석 | 36 | 69 | 1933.12 | 明倫學院第二回卒業生名簿 | |
| 19381 | 鄭羽錫 | 정우석 | 40 | 57 | 1936.08 | 鄭茂亭先生追悼錄〉輓詞 / 鄭羽錫 | |
| 19382 | 丁禹燮 | 정우섭 | 17 | 71 | 1918.07 | 地方報告〉[權錫柱의 報告] | |
| 19383 | 鄭瑀鎔 | 정우용 | 16 | 82 | 1918.03 | 地方報告〉[廉愚哲의 報告] | |
| 19384 | 鄭雲國 | 정운국 | 28 | 43 | 1927.12 | 日誌大要 | |
| 19385 | 鄭雲國 | 정운국 | 28 | 44 | 1927.12 | 日誌大要 | |
| 19386 | 鄭雲龍 | 정운룡 | 28 | 83 | 1927.12 | 地方報告〉[鄭雲龍의 報告] | |
| 19387 | 鄭雲成 | 정운성 | 38 | 35 | 1935.03 | 地方儒林狀況〉[權重林의 보고] | |
| 19388 | 鄭蕓時 | 정운시 | 14 | 39 | 1917.07 | 日誌大要 | |
| 19389 | 鄭雲作 | 정운작 | 47 | 38 | 1943.01 | 釋奠狀況〉昭和十七年春季釋奠狀況 | |
| 19390 | 鄭雲作 | 정운작 | 47 | 41 | 1943.01 | 釋奠狀況〉昭和十七年秋季釋奠狀況 | |
| 19391 | 鄭雲翰 | 정운한 | 31 | 61 | 1930.08 | 入學許可者名簿 | |
| 19392 | 鄭雲翰 | 정운한 | 32 | 37 | 1930.12 | 日誌大要 | |
| 19393 | 鄭雲翰 | 정운한 | 33 | 43 | 1931.12 | 文廟釋奠狀況 | |
| 19394 | 鄭雲翰 | 정운한 | 33 | 49 | 1931.12 | 文廟釋奠狀況〉[本院秋期釋奠에 대한 보고] | |
| 19395 | 鄭雲翰 | 정운한 | 35 | 74 | 1932.12 | 明倫學院第一回卒業生名簿 | |
| 19396 | 鄭雲翰 | 정운한 | 36 | 30 | 1933.12 | 文廟釋奠狀況〉[春期釋奠 擧行] | |
| 19397 | 鄭雲翰 | 정운한 | 36 | 69 | 1933.12 | 明倫學院補習科第一回修了生名簿 | |
| 19398 | 鄭元錫 | 정원석 | 20 | 38 | 1920.03 | 求禮郡文廟重修捐義錄小序 / 金商翊 | |
| 19399 | 鄭元容 | 정원용 | 11 | 56 | 1916.06 | 賢關記聞(續) / 李大榮 | 원문은 元容 |
| 19400 | 鄭源彩 | 정원채 | 20 | 37 | 1920.03 | 求禮郡文廟重修捐義錄小序 / 金商翊 | |
| 19401 | 廷尉平 | 정위평 | 20 | 17 | 1920.03 | 經學管見(續) / 尹寧求 | |
| 19402 | 魏有權 | 정유권 | 32 | 23 | 1930.12 | 士人魏元良事蹟碑銘 / 沈璿澤 | 원문은 有權 |
| 19403 | 鄭允建 | 정윤건 | 38 | 48 | 1935.03 | 文廟釋奠狀況〉地方文廟秋期釋奠狀況表 | |
| 19404 | 鄭允錫 | 정윤석 | 28 | 86 | 1927.12 | 地方報告〉[鄭允錫의 報告] | |
| 19405 | 鄭崙秀 | 정윤수 | 13 | 10 | 1917.03 | 原教 / 鄭崙秀 | |
| 19406 | 鄭崙秀 | 정윤수 | 13 | 11 | 1917.03 | 原儒 / 鄭崙秀 | |
| 19407 | 鄭崙秀 | 정윤수 | 13 | 32 | 1917.03 | 謁文廟言志 / 鄭崙秀 | |
| 19408 | 鄭崙秀 | 정윤수 | 13 | 37 | 1917.03 | 日誌大要 | |
| 19409 | 鄭崙秀 | 정윤수 | 14 | 1 | 1917.07 | 經言 / 鄭崙秀 | |
| 19410 | 鄭崙秀 | 정윤수 | 14 | 36 | 1917.07 | 隨李副學行經學講演于井邑武城書院(崔孤雲書院)以武城聞絃歌之聲懸題試士仍次其韻 / 鄭崙秀 | |
| 19411 | 鄭崙秀 | 정윤수 | 14 | 38 | 1917.07 | 日誌大要 | |
| 19412 | 鄭崙秀 | 정윤수 | 14 | 39 | 1917.07 | 日誌大要 | |

| 번호 | 원문 | 현대어(독음) | 호 | 쪽 | 발행일 | 기사명 / 필자 | 비고 |
|---|---|---|---|---|---|---|---|
| 19413 | 鄭崙秀 | 정윤수 | 15 | 7 | 1917.10 | 學言 / 鄭崙秀 | |
| 19414 | 鄭崙秀 | 정윤수 | 15 | 28 | 1917.10 | 泮水飮泉歌 / 鄭崙秀 | |
| 19415 | 鄭崙秀 | 정윤수 | 15 | 30 | 1917.10 | 日誌大要 | |
| 19416 | 鄭崙秀 | 정윤수 | 15 | 52 | 1917.10 | 講說〉光州郡鄕校演講(大正六年四月二十六日)〉講演結辭 / 鄭崙秀 | |
| 19417 | 鄭崙秀 | 정윤수 | 16 | 31 | 1918.03 | 日誌大要 | |
| 19418 | 鄭崙秀 | 정윤수 | 16 | 33 | 1918.03 | 日誌大要 | |
| 19419 | 鄭崙秀 | 정윤수 | 16 | 84 | 1918.03 | [판권사항] | |
| 19420 | 鄭崙秀 | 정윤수 | 17 | 39 | 1918.07 | 日誌大要 | |
| 19421 | 鄭崙秀 | 정윤수 | 17 | 41 | 1918.07 | 日誌大要 | |
| 19422 | 鄭崙秀 | 정윤수 | 17 | 82 | 1918.07 | [판권사항] | |
| 19423 | 鄭崙秀 | 정윤수 | 18 | 43 | 1918.09 | 日誌大要 | |
| 19424 | 鄭崙秀 | 정윤수 | 18 | 44 | 1918.09 | 日誌大要 | |
| 19425 | 鄭崙秀 | 정윤수 | 18 | 85 | 1918.09 | [판권사항] | |
| 19426 | 鄭崙秀 | 정윤수 | 19 | 30 | 1918.12 | 日誌大要 | |
| 19427 | 鄭崙秀 | 정윤수 | 19 | 31 | 1918.12 | 日誌大要 | |
| 19428 | 鄭崙秀 | 정윤수 | 19 | 35 | 1918.12 | 日誌大要 | |
| 19429 | 鄭崙秀 | 정윤수 | 19 | 36 | 1918.12 | 日誌大要 | |
| 19430 | 鄭崙秀 | 정윤수 | 19 | 85 | 1918.12 | [판권사항] | |
| 19431 | 鄭崙秀 | 정윤수 | 20 | 46 | 1920.03 | 日誌大要 | |
| 19432 | 鄭崙秀 | 정윤수 | 20 | 49 | 1920.03 | 日誌大要 | |
| 19433 | 鄭崙秀 | 정윤수 | 20 | 61 | 1920.03 | [판권사항] | |
| 19434 | 鄭崙秀 | 정윤수 | 21 | 24 | 1921.03 | 順天郡儒生尊聖錄序 / 鄭崙秀 | |
| 19435 | 鄭崙秀 | 정윤수 | 21 | 26 | 1921.03 | 鄭信國傳 / 鄭崙秀 | |
| 19436 | 鄭崙秀 | 정윤수 | 21 | 27 | 1921.03 | 鄭信國傳 / 鄭崙秀 | |
| 19437 | 鄭崙秀 | 정윤수 | 21 | 85 | 1921.03 | 謝咸南講士朴杞川遺蠟燭 / 鄭崙秀 | |
| 19438 | 鄭崙秀 | 정윤수 | 21 | 86 | 1921.03 | 十月之望與李石庭明倫堂玩月(六十韻) / 鄭崙秀 | |
| 19439 | 鄭崙秀 | 정윤수 | 21 | 89 | 1921.03 | 日誌大要 | |
| 19440 | 鄭崙秀 | 정윤수 | 21 | 92 | 1921.03 | 日誌大要 | |
| 19441 | 鄭崙秀 | 정윤수 | 21 | 99 | 1921.03 | [판권사항] | |
| 19442 | 鄭崙秀 | 정윤수 | 22 | 53 | 1922.03 | 日誌大要 | |
| 19443 | 鄭崙秀 | 정윤수 | 22 | 54 | 1922.03 | 日誌大要 | |
| 19444 | 鄭隱溪翁 | 정은계옹 | 40 | 15 | 1936.08 | 鄭隱溪翁六十一壽序 / 權純九 | 鄭昌憲 |
| 19445 | 鄭殷弼 | 정은필 | 45 | 35 | 1940.12 | 朝鮮儒林大會(朝鮮儒道聯合會創立總會) 會錄概要〉朝鮮儒道聯合會役員名簿(昭和十四年十一月一日現在) | |

| 번호 | 원문 | 현대어(독음) | 호 | 쪽 | 발행일 | 기사명 / 필자 | 비고 |
|---|---|---|---|---|---|---|---|
| 19446 | 鄭應斗 | 정응두 | 48 | 48 | 1944.04 | 嘉言善行 / 李敬植 | |
| 19447 | 鄭應善 | 정응선 | 2 | 83 | 1914.03 | 地方報告〉[金光鉉의 報告] | |
| 19448 | 程義燮 | 정의섭 | 23 | 80 | 1922.12 | 地方報告〉[河泰洪의 報告] | |
| 19449 | 鄭義烈 | 정의열 | 25 | 41 | 1924.12 | 日誌大要 | |
| 19450 | 鄭義烈 | 정의열 | 30 | 35 | 1929.12 | 祭粢料傳達式狀況 | |
| 19451 | 程頤 | 정이 | 2 | 36 | 1914.03 | 大成殿神位圖 | 洛國公 |
| 19452 | 程頤 | 정이 | 8 | 35 | 1915.09 | 賢關記聞 / 李大榮 | |
| 19453 | 程頤 | 정이 | 10 | 51 | 1916.03 | 賢關記聞(續) / 李大榮 | |
| 19454 | 程頤 | 정이 | 42 | 46 | 1937.12 | 文廟享祀位次及聖賢姓名爵號考 / 金完鎭 | 洛國公 |
| 19455 | 程頤 | 정이 | 42 | 50 | 1937.12 | 文廟享祀位次及聖賢姓名爵號考 / 金完鎭 | 洛國公, 원문은 姓程名頤 |
| 19456 | 程伊川 | 정이천 | 1 | 17 | 1913.12 | 經學當明者 一 / 呂圭亨 | 程頤 |
| 19457 | 程伊川 | 정이천 | 6 | 3 | 1915.03 | 緖論 / 呂圭亨 | 程頤 |
| 19458 | 程伊川 | 정이천 | 9 | 19 | 1915.12 | 經學管見(下) / 尹寧求 | 程頤 |
| 19459 | 程伊川 | 정이천 | 18 | 50 | 1918.09 | 講說〉講題 內地의 宋學(大正七年五月十一日 第二十八回講演) / 今關壽麿 | 程頤 |
| 19460 | 程伊川 | 정이천 | 24 | 61 | 1923.12 | 講說〉講題 知天命說 / 服部宇之吉 | 程頤 |
| 19461 | 程伊川 | 정이천 | 30 | 58 | 1929.12 | 講說〉講題 朝鮮의 在한 聖學道統 : 李退溪先生을 憶함 / 赤木萬二郎 | 程頤 |
| 19462 | 鄭翼圭 | 정익규 | 20 | 37 | 1920.03 | 求禮郡文廟重修捐義錄小序 / 金商翊 | |
| 19463 | 鄭麟卿 | 정인경 | 10 | 32 | 1916.03 | 書享官廳壁記後 / 李明漢 撰 | 원문은 鄭公麟卿 |
| 19464 | 鄭寅昉 | 정인방 | 45 | 36 | 1940.12 | 朝鮮儒林大會(朝鮮儒道聯合會創立總會) 會錄槪要〉朝鮮儒道聯合會役員名簿(昭和十四年十一月一日現在) | |
| 19465 | 鄭寅書 | 정인서 | 41 | 61 | 1937.02 | 明倫學院職員名簿(昭和十一年一月一日現在) | |
| 19466 | 鄭寅書 | 정인서 | 45 | 34 | 1940.12 | 朝鮮儒林大會(朝鮮儒道聯合會創立總會) 會錄槪要〉朝鮮儒道聯合會役員名簿(昭和十四年十一月一日現在) | |
| 19467 | 鄭寅善 | 정인선 | 45 | 28 | 1940.12 | 朝鮮儒林大會(朝鮮儒道聯合會創立總會) 會錄槪要〉朝鮮儒道聯合會役員名簿(昭和十四年十一月一日現在) | |
| 19468 | 鄭寅成 | 정인성 | 30 | 41 | 1929.12 | 日誌大要 | |
| 19469 | 鄭寅肅 | 정인숙 | 1 | 79 | 1913.12 | 地方報告 大正元年始〉[黃敦秀의 報告] | |
| 19470 | 鄭寅淳 | 정인순 | 31 | 62 | 1930.08 | 入學許可者名簿 | |
| 19471 | 鄭寅淳 | 정인순 | 32 | 37 | 1930.12 | 日誌大要 | |
| 19472 | 鄭寅淳 | 정인순 | 33 | 43 | 1931.12 | 文廟釋奠狀況 | |

| 번호 | 원문 | 현대어(독음) | 호 | 쪽 | 발행일 | 기사명 / 필자 | 비고 |
|---|---|---|---|---|---|---|---|
| 19473 | 鄭寅淳 | 정인순 | 35 | 30 | 1932.12 | 文廟釋奠狀況 | |
| 19474 | 鄭寅郁 | 정인욱 | 20 | 37 | 1920.03 | 求禮郡文廟重修捐義錄小序 / 金商翊 | |
| 19475 | 鄭麟址 | 정인지 | 15 | 25 | 1917.10 | 賢關記聞(十三號續) / 李大榮 | 원문은 鄭公麟址 |
| 19476 | 鄭麟趾 | 정인지 | 40 | 21 | 1936.08 | 敎化編年(續) / 李大榮 | |
| 19477 | 鄭麟趾 | 정인지 | 11 | 35 | 1916.06 | 受賜鍾尊記 / 辛碩祖 | |
| 19478 | 鄭麟趾 | 정인지 | 11 | 54 | 1916.06 | 賢關記聞(續) / 李大榮 | |
| 19479 | 鄭麟趾 | 정인지 | 19 | 26 | 1918.12 | 賢關記聞(續) / 李大榮 | |
| 19480 | 鄭寅澤 | 정인택 | 17 | 42 | 1918.07 | 日誌大要 | |
| 19481 | 鄭寅澤 | 정인택 | 19 | 30 | 1918.12 | 日誌大要 | |
| 19482 | 鄭寅澤 | 정인택 | 19 | 31 | 1918.12 | 日誌大要 | |
| 19483 | 鄭寅澤 | 정인택 | 20 | 46 | 1920.03 | 日誌大要 | |
| 19484 | 鄭寅澤 | 정인택 | 22 | 58 | 1922.03 | 日誌大要 | |
| 19485 | 鄭寅澤 | 정인택 | 23 | 55 | 1922.12 | 日誌大要 | |
| 19486 | 鄭寅澤 | 정인택 | 23 | 60 | 1922.12 | 日誌大要 | |
| 19487 | 鄭寅澤 | 정인택 | 24 | 59 | 1923.12 | 日誌大要 | |
| 19488 | 鄭寅澤 | 정인택 | 25 | 44 | 1924.12 | 日誌大要 | |
| 19489 | 鄭寅澤 | 정인택 | 26 | 49 | 1925.12 | 日誌大要 | |
| 19490 | 鄭寅澤 | 정인택 | 27 | 53 | 1926.12 | 日誌大要 | |
| 19491 | 鄭寅赫 | 정인혁 | 34 | 35 | 1932.03 | 孝烈行蹟〉[李春世 等의 보고] | |
| 19492 | 鄭寅赫 | 정인혁 | 36 | 8 | 1933.12 | 族姪寅赫子婦密陽朴氏孝烈紀蹟碑銘 / 鄭萬朝 | 원문은 寅赫 |
| 19493 | 鄭仁好 | 정인호 | 45 | 36 | 1940.12 | 朝鮮儒林大會(朝鮮儒道聯合會創立總會) 會錄槪要〉朝鮮儒道聯合會役員名簿(昭和十四年十一月一日現在) | |
| 19494 | 鄭寅會 | 정인회 | 44 | 78 | 1939.10 | 文廟秋季釋奠狀況 | |
| 19495 | 鄭寅會 | 정인회 | 44 | 79 | 1939.10 | 文廟秋季釋奠狀況 | |
| 19496 | 鄭寅會 | 정인회 | 44 | 86 | 1939.10 | 文廟春季釋奠狀況 | |
| 19497 | 鄭寅會 | 정인회 | 45 | 36 | 1940.12 | 朝鮮儒林大會(朝鮮儒道聯合會創立總會) 會錄槪要〉朝鮮儒道聯合會役員名簿(昭和十四年十一月一日現在) | |
| 19498 | 鄭一蠹 | 정일두 | 11 | 26 | 1916.06 | 經學淺知錄(續) / 金文演 | 鄭汝昌 |
| 19499 | 鄭日淳 | 정일순 | 23 | 59 | 1922.12 | 日誌大要 | |
| 19500 | 程子 | 정자 | 2 | 6 | 1914.03 | 華山問答 / 李容稙 | |
| 19501 | 程子 | 정자 | 2 | 84 | 1914.03 | 地方報告〉[金光鉉의 報告] | |
| 19502 | 程子 | 정자 | 4 | 22 | 1914.09 | 格致管見(續) / 李鼎煥 | |
| 19503 | 程子 | 정자 | 5 | 8 | 1914.12 | 道也者不可須臾離論 / 李鶴在 | |
| 19504 | 程子 | 정자 | 5 | 95 | 1914.12 | 關東講說〉講題 道不遠人 / 鄭顯成 | |

| 번호 | 원문 | 현대어(독음) | 호 | 쪽 | 발행일 | 기사명 / 필자 | 비고 |
|---|---|---|---|---|---|---|---|
| 19505 | 程子 | 정자 | 6 | 4 | 1915.03 | 緒論 / 呂圭亨 | |
| 19506 | 程子 | 정자 | 6 | 5 | 1915.03 | 緒論 / 呂圭亨 | |
| 19507 | 程子 | 정자 | 6 | 10 | 1915.03 | 華山問答(續) / 李容稙 | |
| 19508 | 程子 | 정자 | 6 | 58 | 1915.03 | 講說〉講題 善養吾浩然之氣(大正三年十一月二十一日第九回講演) / 李容稙 | |
| 19509 | 程子 | 정자 | 7 | 49 | 1915.06 | 讀書私記 / 洪鐘佶 | |
| 19510 | 程子 | 정자 | 7 | 73 | 1915.06 | 講說〉講題 孔子聖之時者也(大政四年三月十八日第十回講演)〉敷演 / 鄭鳳時 | |
| 19511 | 程子 | 정자 | 8 | 9 | 1915.09 | 華山問答(續) / 李容稙 | |
| 19512 | 程子 | 정자 | 8 | 50 | 1915.09 | 講說〉講題 苟日新日日新又日新(大政四年四月十七日第十一回講演)〉敷演 / 沈鍾舜 | |
| 19513 | 程子 | 정자 | 9 | 8 | 1915.12 | 讀書警心說 / 韓昌愚 | |
| 19514 | 程子 | 정자 | 10 | 17 | 1916.03 | 經學管見(續) / 尹寧求 | |
| 19515 | 程子 | 정자 | 10 | 20 | 1916.03 | 經學管見(續) / 尹寧求 | |
| 19516 | 程子 | 정자 | 11 | 6 | 1916.06 | 經論 / 韓晚容 | |
| 19517 | 程子 | 정자 | 11 | 8 | 1916.06 | 經論 / 韓晚容 | |
| 19518 | 程子 | 정자 | 11 | 34 | 1916.06 | 丕闡堂記 / 宋時烈 | |
| 19519 | 程子 | 정자 | 11 | 47 | 1916.06 | 讀書私記(第八號續) / 洪鐘佶 | |
| 19520 | 程子 | 정자 | 11 | 48 | 1916.06 | 讀書私記(第八號續) / 洪鐘佶 | |
| 19521 | 程子 | 정자 | 11 | 74 | 1916.06 | 講說〉浴乎沂風乎舞雩詠而歸(大正五年四月八日第十七回講演) / 呂圭亨 | |
| 19522 | 程子 | 정자 | 11 | 75 | 1916.06 | 講說〉浴乎沂風乎舞雩詠而歸(大正五年四月八日第十七回講演) / 呂圭亨 | |
| 19523 | 程子 | 정자 | 12 | 12 | 1916.12 | 孟子緒論 / 金文演 | |
| 19524 | 程子 | 정자 | 12 | 15 | 1916.12 | 孟子緒論 / 金文演 | |
| 19525 | 程子 | 정자 | 12 | 33 | 1916.12 | 讀書私記(續) / 洪鍾佶 | |
| 19526 | 程子 | 정자 | 12 | 34 | 1916.12 | 讀書私記(續) / 洪鍾佶 | |
| 19527 | 程子 | 정자 | 12 | 57 | 1916.12 | 講說〉講題 博學於文約之以禮(大正五年五月十三日第十八回講演) / 李容稙 | |
| 19528 | 程子 | 정자 | 12 | 58 | 1916.12 | 講說〉講題 博學於文約之以禮(大正五年五月十三日第十八回講演) / 呂圭亨 | |
| 19529 | 程子 | 정자 | 13 | 26 | 1917.03 | 讀書私記(續) / 洪鍾佶 | |
| 19530 | 程子 | 정자 | 14 | 12 | 1917.07 | 溫故而知新可以爲師矣 / 田中玄黃 | |
| 19531 | 程子 | 정자 | 14 | 29 | 1917.07 | 四書小註辨疑(續) / 李鶴在 | |
| 19532 | 程子 | 정자 | 15 | 16 | 1917.10 | 詩經蔦辨 / 金文演 | |
| 19533 | 程子 | 정자 | 15 | 20 | 1917.10 | 經義問對 / 權重國 | |
| 19534 | 程子 | 정자 | 15 | 45 | 1917.10 | 講說〉講題 己所不欲勿施於人(大正六年六月十六日第二十四回講演)〉續演 / 呂圭亨 | |

| 번호 | 원문 | 현대어(독음) | 호 | 쪽 | 발행일 | 기사명 / 필자 | 비고 |
|---|---|---|---|---|---|---|---|
| 19535 | 程子 | 정자 | 15 | 55 | 1917.10 | 講說〉泰仁鄕校講演(大正六年五月一日)〉講題 士不可以不弘毅任重而道遠 / 李容稙 | |
| 19536 | 程子 | 정자 | 16 | 21 | 1918.03 | 中庸扁題章句問對 / 朴長鴻 | |
| 19537 | 程子 | 정자 | 16 | 50 | 1918.03 | 講說〉講題 存其心養其性所以事天也(大正六年十月十四日江陵郡講演)〉續演 / 鄭鳳時 | |
| 19538 | 程子 | 정자 | 17 | 4 | 1918.07 | 經學管見(續) / 尹寧求 | |
| 19539 | 程子 | 정자 | 17 | 17 | 1918.07 | 中庸章句問對(續) / 朴長鴻 | |
| 19540 | 程子 | 정자 | 17 | 55 | 1918.07 | 講說〉講題 君子無終食之間違仁造次必於是顚沛必於是(大正七年三月二十一日第二十七回講演) / 李容稙 | |
| 19541 | 程子 | 정자 | 17 | 56 | 1918.07 | 講說〉講題 君子無終食之間違仁造次必於是顚沛必於是(大正七年三月二十一日第二十七回講演)〉續演 / 呂圭亨 | |
| 19542 | 程子 | 정자 | 18 | 15 | 1918.09 | 四書小註辨疑(續) / 李鶴在 | |
| 19543 | 程子 | 정자 | 18 | 53 | 1918.09 | 講說〉講題 內地의 宋學(大正七年五月十一日第二十八回講演) / 今關壽麿 | |
| 19544 | 程子 | 정자 | 18 | 74 | 1918.09 | 地方報告〉[成樂賢의 報告] | |
| 19545 | 程子 | 정자 | 19 | 24 | 1918.12 | 三洙瑣談(續) / 元泳義 | |
| 19546 | 程子 | 정자 | 19 | 25 | 1918.12 | 三洙瑣談(續) / 元泳義 | |
| 19547 | 程子 | 정자 | 19 | 55 | 1918.12 | 講說〉講題 子路人告之以有過則喜(大正七年九月七日第三十回講演) / 李容稙 | |
| 19548 | 程子 | 정자 | 19 | 58 | 1918.12 | 講說〉講題 孝弟也者其爲仁之本歟(大正七年十月十二日第三十一回講演)〉續演 / 呂圭亨 | |
| 19549 | 程子 | 정자 | 20 | 4 | 1920.03 | 論語釋義(第十七號續) / 李明宰 | |
| 19550 | 程子 | 정자 | 20 | 10 | 1920.03 | 庸學問對 / 朴昇東 | |
| 19551 | 程子 | 정자 | 21 | 4 | 1921.03 | 老生常談 / 金完鎭 | |
| 19552 | 程子 | 정자 | 21 | 19 | 1921.03 | 經學管見(續) / 尹寧求 | |
| 19553 | 程子 | 정자 | 21 | 20 | 1921.03 | 經學管見(續) / 尹寧求 | |
| 19554 | 程子 | 정자 | 21 | 21 | 1921.03 | 經學管見(續) / 尹寧求 | |
| 19555 | 程子 | 정자 | 21 | 69 | 1921.03 | 三洙瑣談(續) / 元泳義 | |
| 19556 | 程子 | 정자 | 22 | 69 | 1922.03 | 講說〉子路人告之以有過則喜 / 成樂賢 | |
| 19557 | 程子 | 정자 | 24 | 2 | 1923.12 | 論語疑義問答 / 鄭萬朝 | |
| 19558 | 程子 | 정자 | 24 | 9 | 1923.12 | 經義問對(續) / 沈璿澤 | |
| 19559 | 程子 | 정자 | 24 | 18 | 1923.12 | 讀書私記(十三號續) / 洪鍾佶 | |
| 19560 | 程子 | 정자 | 25 | 14 | 1924.12 | 三洙瑣談(續) / 元泳義 | |
| 19561 | 程子 | 정자 | 25 | 17 | 1924.12 | 三洙瑣談(續) / 元泳義 | |
| 19562 | 程子 | 정자 | 26 | 5 | 1925.12 | 仁義와 現代思潮 / 服部宇之吉 | |
| 19563 | 程子 | 정자 | 26 | 11 | 1925.12 | 四書講解總說 / 元泳義 | |

| 번호 | 원문 | 현대어(독음) | 호 | 쪽 | 발행일 | 기사명 / 필자 | 비고 |
|---|---|---|---|---|---|---|---|
| 19564 | 程子 | 정자 | 26 | 14 | 1925.12 | 四書講解總說 / 元泳義 | |
| 19565 | 程子 | 정자 | 26 | 19 | 1925.12 | 三洙瑣談(續) / 元泳義 | |
| 19566 | 程子 | 정자 | 26 | 23 | 1925.12 | 三洙瑣談(續) / 元泳義 | |
| 19567 | 程子 | 정자 | 26 | 61 | 1925.12 | 講說〉講題 君子時中 / 沈璿澤 | |
| 19568 | 程子 | 정자 | 27 | 16 | 1926.12 | 易經講解總說 / 元泳義 | |
| 19569 | 程子 | 정자 | 27 | 17 | 1926.12 | 易經講解總說 / 元泳義 | |
| 19570 | 程子 | 정자 | 27 | 20 | 1926.12 | 經義問對 / 韓昌愚 | |
| 19571 | 程子 | 정자 | 27 | 24 | 1926.12 | 中庸問對 / 沈璿澤 | |
| 19572 | 程子 | 정자 | 27 | 28 | 1926.12 | 中庸問對 / 沈璿澤 | |
| 19573 | 程子 | 정자 | 27 | 41 | 1926.12 | 釋奠에 就ㅎ야(續) / 佐藤廣治 | |
| 19574 | 程子 | 정자 | 28 | 6 | 1927.12 | 理氣分合論 / 李學魯 | |
| 19575 | 程子 | 정자 | 29 | 7 | 1928.12 | 大學問對 / 沈璿澤 | |
| 19576 | 程子 | 정자 | 29 | 29 | 1928.12 | 三洙瑣談(續) / 元泳義 | |
| 19577 | 程子 | 정자 | 30 | 29 | 1929.12 | 三洙瑣談(續) / 元泳義 | |
| 19578 | 程子 | 정자 | 30 | 32 | 1929.12 | 三洙瑣談(續) / 元泳義 | |
| 19579 | 程子 | 정자 | 30 | 33 | 1929.12 | 三洙瑣談(續) / 元泳義 | |
| 19580 | 程子 | 정자 | 30 | 34 | 1929.12 | 三洙瑣談(續) / 元泳義 | |
| 19581 | 程子 | 정자 | 34 | 1 | 1932.03 | 生三事一論 / 李學魯 | |
| 19582 | 程子 | 정자 | 34 | 6 | 1932.03 | 經義問對 / 韓昌愚 | |
| 19583 | 程子 | 정자 | 35 | 4 | 1932.12 | 經傳解釋通例 / 李學魯 | |
| 19584 | 程子 | 정자 | 35 | 7 | 1932.12 | 心性情理氣圖解 / 元弘植 | |
| 19585 | 程子 | 정자 | 35 | 8 | 1932.12 | 心性情理氣圖解 / 元弘植 | |
| 19586 | 程子 | 정자 | 35 | 9 | 1932.12 | 心性情理氣圖解 / 元弘植 | |
| 19587 | 程子 | 정자 | 37 | 5 | 1934.10 | 天道人道說 / 元弘植 | |
| 19588 | 程子 | 정자 | 38 | 27 | 1935.03 | 性理 | |
| 19589 | 程子 | 정자 | 39 | 2 | 1935.10 | 性善說 / 李學魯 | |
| 19590 | 程子 | 정자 | 42 | 57 | 1937.12 | 文廟享祀位次及聖賢姓名爵號考 / 金完鎭 | |
| 19591 | 程子 | 정자 | 43 | 10 | 1938.12 | 善惡皆天理論 / 權純九 | |
| 19592 | 程子 | 정자 | 43 | 11 | 1938.12 | 善惡皆天理論 / 權純九 | |
| 19593 | 程子 | 정자 | 44 | 37 | 1939.10 | 經儒學 / 金誠鎭 | |
| 19594 | 程子 | 정자 | 44 | 41 | 1939.10 | 經儒學 / 金誠鎭 | |
| 19595 | 程子 | 정자 | 44 | 42 | 1939.10 | 大學主旨 / 崔浩然 | |
| 19596 | 程子 | 정자 | 44 | 43 | 1939.10 | 大學主旨 / 崔浩然 | |
| 19597 | 程子 | 정자 | 45 | 87 | 1940.12 | 忠淸南道儒道聯合會結成式〉東亞ノ建設ト儒道ノ精神 / 安寅植 | |
| 19598 | 程子 | 정자 | 46 | 10 | 1941.12 | 大學序文先儒論辨 / 金誠鎭 | |

| 번호 | 원문 | 현대어(독음) | 호 | 쪽 | 발행일 | 기사명 / 필자 | 비고 |
|---|---|---|---|---|---|---|---|
| 19599 | 程子 | 정자 | 47 | 26 | 1943.01 | 論語要義 / 崔浩然 | |
| 19600 | 鄭自英 | 정자영 | 37 | 24 | 1934.10 | 敎化編年 / 李大榮 | |
| 19601 | 鄭莊公 | 정장공 | 27 | 34 | 1926.12 | 三洙瑣談(續) / 元泳義 | |
| 19602 | 鄭在德 | 정재덕 | 41 | 29 | 1937.02 | 二. 儒林特志〉[鄭在德의 보고] | |
| 19603 | 鄭在鳳 | 정재봉 | 23 | 59 | 1922.12 | 日誌大要 | |
| 19604 | 鄭在蘊 | 정재온 | 44 | 82 | 1939.10 | 日誌大要(自昭和十三年六月 至昭和十三年十二月) | |
| 19605 | 鄭在殷 | 정재은 | 43 | 31 | 1938.12 | 皇軍慰問詩 / 鄭在殷 | |
| 19606 | 鄭在益 | 정재익 | 30 | 41 | 1929.12 | 日誌大要 | |
| 19607 | 鄭在弼 | 정재필 | 23 | 57 | 1922.12 | 日誌大要 | |
| 19608 | 程正叔 | 정정숙 | 6 | 37 | 1915.03 | 孔子年報(續) / 呂圭亨 | 程頤 |
| 19609 | 程正叔 | 정정숙 | 44 | 37 | 1939.10 | 經儒學 / 金誠鎭 | 程頤 |
| 19610 | 鄭濟善 | 정제선 | 24 | 23 | 1923.12 | 悼權婦人文 / 鄭濟善 | |
| 19611 | 鄭濟殷 | 정제은 | 19 | 20 | 1918.12 | 雲山郡文廟祭官案序 / 申鉉求 | |
| 19612 | 正助 | 정조 | 48 | 50 | 1944.04 | 嘉言善行 / 李敬植 | 오쿠누키 마사노리(奧貫正卿), 오쿠누키 유잔(奧貫友山) |
| 19613 | 正祖 | 정조 | 15 | 26 | 1917.10 | 賢關記聞(十三號續) / 李大榮 | |
| 19614 | 正祖 | 정조 | 16 | 24 | 1918.03 | 賢關記聞(續) / 李大榮 | |
| 19615 | 正祖 | 정조 | 17 | 32 | 1918.07 | 賢關記聞(續) / 李大榮 | |
| 19616 | 正祖 | 정조 | 18 | 31 | 1918.09 | 賢關記聞(續) / 李大榮 | |
| 19617 | 正祖 | 정조 | 20 | 25 | 1920.03 | 賢關記聞(續) / 李大榮 | |
| 19618 | 正祖 | 정조 | 20 | 30 | 1920.03 | 三洙瑣談(續) / 元泳義 | |
| 19619 | 正祖 | 정조 | 21 | 63 | 1921.03 | 賢關記聞(續) / 李大榮 | |
| 19620 | 正祖 | 정조 | 21 | 65 | 1921.03 | 賢關記聞(續) / 李大榮 | |
| 19621 | 正祖 | 정조 | 21 | 66 | 1921.03 | 三洙瑣談(續) / 元泳義 | |
| 19622 | 正祖 | 정조 | 28 | 4 | 1927.12 | 朝鮮詩文變遷論 / 鄭萬朝 | |
| 19623 | 正祖 | 정조 | 37 | 38 | 1934.10 | 地方儒林狀況〉[李大榮의 보고]〉書院狀況 | |
| 19624 | 正祖 | 정조 | 38 | 29 | 1935.03 | 太學志慶詩帖序 | |
| 19625 | 靜存齋 | 정존재 | 32 | 40 | 1930.12 | 地方報告〉地方儒林狀況〉[成樂賢의 報告] | 李湛 |
| 19626 | 定宗 | 정종 | 11 | 52 | 1916.06 | 賢關記聞(續) / 李大榮 | |
| 19627 | 正宗 | 정종 | 33 | 3 | 1931.12 | 經筵問對箚記 / 權純九 | 조선의 正祖 |
| 19628 | 正宗 | 정종 | 42 | 58 | 1937.12 | 文廟享祀位次及聖賢姓名爵號考 / 金完鎭 | 조선의 正祖 |
| 19629 | 鄭鍾冕 | 정종면 | 29 | 74 | 1928.12 | 地方報告〉[鄭鍾冕의 報告] | |
| 19630 | 鄭鍾冕 | 정종면 | 30 | 73 | 1929.12 | 地方報告〉[鄭鍾冕의 報告] | |

| 번호 | 원문 | 현대어(독음) | 호 | 쪽 | 발행일 | 기사명 / 필자 | 비고 |
|------|------|------------|----|----|--------|--------------|------|
| 19631 | 鄭鍾冕 | 정종면 | 30 | 75 | 1929.12 | 地方報告〉[鄭鍾冕의 報告] | |
| 19632 | 鄭鍾冕 | 정종면 | 30 | 76 | 1929.12 | 地方報告〉[鄭鍾冕의 報告] | |
| 19633 | 鄭周錫 | 정주석 | 32 | 49 | 1930.12 | 地方報告〉孝烈行蹟〉[吳炳肅 等의 보고] | |
| 19634 | 鄭株源 | 정주원 | 42 | 36 | 1937.12 | 日誌大要 | |
| 19635 | 鄭株源 | 정주원 | 43 | 14 | 1938.12 | 信川鄉校重修記 / 金完鎭 | |
| 19636 | 鄭準民 | 정준민 | 9 | 51 | 1915.12 | 日誌大要 | |
| 19637 | 鄭準民 | 정준민 | 11 | 59 | 1916.06 | 三月十四日瞻拜開城文廟識感 / 鄭準民 | |
| 19638 | 鄭準民 | 정준민 | 12 | 49 | 1916.12 | 日誌大要 | |
| 19639 | 鄭準民 | 정준민 | 12 | 80 | 1916.12 | 地方報告〉[鄭準民의 報告] | |
| 19640 | 鄭準民 | 정준민 | 12 | [9] | 1916.12 | 立太子禮獻頌文 / 鄭準民 | |
| 19641 | 鄭準民 | 정준민 | 14 | 38 | 1917.07 | 日誌大要 | |
| 19642 | 鄭準民 | 정준민 | 14 | 42 | 1917.07 | 日誌大要 | |
| 19643 | 鄭準民 | 정준민 | 14 | 76 | 1917.07 | 地方報告〉[鄭準民의 報告] | |
| 19644 | 鄭準民 | 정준민 | 15 | 33 | 1917.10 | 日誌大要 | |
| 19645 | 鄭準民 | 정준민 | 15 | 34 | 1917.10 | 日誌大要 | |
| 19646 | 鄭準民 | 정준민 | 15 | 66 | 1917.10 | 講說〉大邱高等普通學校講演(大正六年五月十六日)〉慶南講士鄭準民講演要旨 / 鄭準民 | |
| 19647 | 鄭準民 | 정준민 | 16 | 80 | 1918.03 | 地方報告〉[鄭準民의 報告] | |
| 19648 | 鄭準民 | 정준민 | 18 | 82 | 1918.09 | 地方報告〉[李台煥의 報告] | |
| 19649 | 鄭準民 | 정준민 | 22 | 48 | 1922.03 | 故經學院副提學久庵朴公挽詞 / 鄭準民 | |
| 19650 | 鄭準民 | 정준민 | 23 | 18 | 1922.12 | 孔夫子忌辰四十周甲追慕辭 / 鄭準民 | |
| 19651 | 鄭準民 | 정준민 | 23 | 56 | 1922.12 | 日誌大要 | |
| 19652 | 鄭準民 | 정준민 | 23 | 78 | 1922.12 | 講說〉講題 儒道 / 鄭準民 | |
| 19653 | 鄭準民 | 정준민 | 23 | 82 | 1922.12 | 地方報告〉[鄭準民의 報告] | |
| 19654 | 鄭準民 | 정준민 | 23 | 83 | 1922.12 | 地方報告〉[鄭準民의 報告] | |
| 19655 | 鄭準民 | 정준민 | 24 | 72 | 1923.12 | 講說〉講題 盈科而後進 / 鄭準民 | |
| 19656 | 鄭準民 | 정준민 | 25 | 39 | 1924.12 | 日誌大要 | |
| 19657 | 鄭準民 | 정준민 | 25 | 59 | 1924.12 | 講說〉講題 三綱五倫說 / 鄭準民 | |
| 19658 | 鄭準民 | 정준민 | 25 | 77 | 1924.12 | 地方報告〉[鄭準民의 報告] | |
| 19659 | 鄭準民 | 정준민 | 26 | 42 | 1925.12 | 日誌大要 | |
| 19660 | 鄭準民 | 정준민 | 26 | 43 | 1925.12 | 日誌大要 | |
| 19661 | 鄭準民 | 정준민 | 26 | 84 | 1925.12 | 地方報告〉[鄭準民의 報告] | |
| 19662 | 鄭準民 | 정준민 | 26 | 85 | 1925.12 | 地方報告〉[鄭準民의 報告] | |
| 19663 | 鄭準民 | 정준민 | 27 | 54 | 1926.12 | 日誌大要 | |
| 19664 | 鄭準民 | 정준민 | 27 | 60 | 1926.12 | 日誌大要 | |
| 19665 | 鄭準民 | 정준민 | 16 | 35 | 1918.03 | 日誌大要 | |

| 번호 | 원문 | 현대어(독음) | 호 | 쪽 | 발행일 | 기사명 / 필자 | 비고 |
|---|---|---|---|---|---|---|---|
| 19666 | 丁駿燮 | 정준섭 | 40 | 64 | 1936.08 | 第四回卒業式狀況及第七回新入生名簿〉明倫學院第一會研究科入學許可者名簿 | |
| 19667 | 丁駿燮 | 정준섭 | 41 | 37 | 1937.02 | 文廟秋季釋奠狀況 | |
| 19668 | 丁駿燮 | 정준섭 | 42 | 38 | 1937.12 | 文廟春季釋奠狀況 | |
| 19669 | 丁駿燮 | 정준섭 | 42 | 73 | 1937.12 | 第五回卒業式狀況及第八回新入生名簿〉研究科現在學生名簿 | |
| 19670 | 丁駿燮 | 정준섭 | 43 | 59 | 1938.12 | 文廟秋季釋奠狀況 | |
| 19671 | 丁駿燮 | 정준섭 | 43 | 60 | 1938.12 | 文廟秋季釋奠狀況 | |
| 19672 | 鄭衆 | 정중 | 16 | 1 | 1918.03 | 經學管見(續) / 尹寧求 | |
| 19673 | 鄭衆 | 정중 | 42 | 46 | 1937.12 | 文廟享祀位次及聖賢姓名爵號考 / 金完鎭 | 中牟伯 |
| 19674 | 鄭衆 | 정중 | 42 | 56 | 1937.12 | 文廟享祀位次及聖賢姓名爵號考 / 金完鎭 | 中牟伯, 원문은 姓鄭名衆 |
| 19675 | 鄭衆良 | 정중량 | 8 | 35 | 1915.09 | 賢關記聞 / 李大榮 | |
| 19676 | 鄭知常 | 정지상 | 28 | 2 | 1927.12 | 朝鮮詩文變遷論 / 鄭萬朝 | |
| 19677 | 鄭知常 | 정지상 | 47 | 33 | 1943.01 | 朝鮮詩學考(第十四號續) / 李昇圭 | |
| 19678 | 鄭知常 | 정지상 | 47 | 34 | 1943.01 | 朝鮮詩學考(第十四號續) / 李昇圭 | |
| 19679 | 鄭芝秀 | 정지수 | 22 | 53 | 1922.03 | 日誌大要 | |
| 19680 | 鄭芝秀 | 정지수 | 22 | 54 | 1922.03 | 日誌大要 | |
| 19681 | 鄭之雲 | 정지운 | 11 | 27 | 1916.06 | 經學淺知錄(續) / 金文演 | 원문은 之雲 |
| 19682 | 鄭志學 | 정지학 | 23 | 54 | 1922.12 | 日誌大要 | |
| 19683 | 鄭志學 | 정지학 | 23 | 55 | 1922.12 | 日誌大要 | |
| 19684 | 鄭稷謨 | 정직모 | 45 | 29 | 1940.12 | 朝鮮儒林大會(朝鮮儒道聯合會創立總會) 會錄槪要〉朝鮮儒道聯合會役員名簿(昭和十四年十一月一日現在) | |
| 19685 | 鄭鎭九 | 정진구 | 31 | 29 | 1930.08 | 日誌大要 | |
| 19686 | 鄭鎭九 | 정진구 | 31 | 30 | 1930.08 | 日誌大要 | |
| 19687 | 鄭鎭九 | 정진구 | 31 | 33 | 1930.08 | 日誌大要 | |
| 19688 | 鄭鎭九 | 정진구 | 31 | 61 | 1930.08 | 明倫學院職員名簿 | |
| 19689 | 鄭鎭九 | 정진구 | 32 | 36 | 1930.12 | 日誌大要 | |
| 19690 | 鄭鎭九 | 정진구 | 32 | 37 | 1930.12 | 日誌大要 | |
| 19691 | 鄭鎭九 | 정진구 | 32 | 38 | 1930.12 | 日誌大要 | |
| 19692 | 鄭鎭九 | 정진구 | 33 | 23 | 1931.12 | 日誌大要 | |
| 19693 | 鄭溱源 | 정진원 | 30 | 41 | 1929.12 | 日誌大要 | |
| 19694 | 鄭鎭澔 | 정진호 | 22 | 53 | 1922.03 | 日誌大要 | |
| 19695 | 鄭鎭澔 | 정진호 | 22 | 54 | 1922.03 | 日誌大要 | |
| 19696 | 鄭鎭弘 | 정진홍 | 23 | 40 | 1922.12 | 孔夫子忌辰四十周甲追慕禮式及紀念事業發起文 | |

| 번호 | 원문 | 현대어(독음) | 호 | 쪽 | 발행일 | 기사명 / 필자 | 비고 |
|---|---|---|---|---|---|---|---|
| 19697 | 鄭鎭弘 | 정진홍 | 23 | 56 | 1922.12 | 日誌大要 | |
| 19698 | 鄭鎭弘 | 정진홍 | 26 | 96 | 1925.12 | 地方報告〉[金完鎭의 報告] | |
| 19699 | 鄭鎭洪 | 정진홍 | 26 | 41 | 1925.12 | 日誌大要 | |
| 19700 | 鄭珍煥 | 정진환 | 45 | 8 | 1940.12 | 朝鮮儒林大會(朝鮮儒道聯合會創立總會) 會錄槪要 | |
| 19701 | 鄭燦甲 | 정찬갑 | 20 | 37 | 1920.03 | 求禮郡文廟重修捐義錄小序 / 金商翊 | |
| 19702 | 鄭燦書 | 정찬서 | 34 | 58 | 1932.03 | 明倫學院昭和六年度入學許可者名簿 | |
| 19703 | 鄭燦書 | 정찬서 | 35 | 30 | 1932.12 | 文廟釋奠狀況 | |
| 19704 | 鄭燦書 | 정찬서 | 36 | 29 | 1933.12 | 文廟釋奠狀況〉[春期釋奠 擧行] | |
| 19705 | 鄭燦書 | 정찬서 | 36 | 68 | 1933.12 | 明倫學院第二回卒業生名簿 | |
| 19706 | 鄭燦書 | 정찬서 | 36 | 72 | 1933.12 | 明倫學院第二回補習科生名簿 | |
| 19707 | 鄭昌謨 | 정창모 | 34 | 35 | 1932.03 | 孝烈行蹟〉[李春世 等의 보고] | 원문은 昌謨 |
| 19708 | 鄭昌謨 | 정창모 | 36 | 8 | 1933.12 | 族姪寅赫子婦密陽朴氏孝烈紀蹟碑銘 / 鄭萬朝 | 원문은 昌謨 |
| 19709 | 鄭昌燮 | 정창섭 | 12 | 55 | 1916.12 | 日誌大要 | |
| 19710 | 鄭昌燮 | 정창섭 | 4 | 52 | 1914.09 | 呈經學院 / 鄭昌燮 | |
| 19711 | 鄭昌孫 | 정창손 | 11 | 54 | 1916.06 | 賢關記聞(續) / 李大榮 | |
| 19712 | 鄭昌孫 | 정창손 | 19 | 26 | 1918.12 | 賢關記聞(續) / 李大榮 | |
| 19713 | 鄭昌孫 | 정창손 | 40 | 21 | 1936.08 | 教化編年(續) / 李大榮 | |
| 19714 | 鄭昌憲 | 정창헌 | 37 | 72 | 1934.10 | 明倫學院第五回入學許可者名簿 | |
| 19715 | 鄭昌憲 | 정창헌 | 38 | 44 | 1935.03 | 文廟釋奠狀況〉[秋期釋奠 擧行] | |
| 19716 | 鄭昌憲 | 정창헌 | 39 | 51 | 1935.10 | 文廟釋奠狀況〉[春期釋奠 擧行] | |
| 19717 | 鄭昌憲 | 정창헌 | 40 | 15 | 1936.08 | 鄭隱溪翁六十一壽序 / 權純九 | |
| 19718 | 鄭昌憲 | 정창헌 | 41 | 35 | 1937.02 | 文廟春季釋奠狀況 | |
| 19719 | 鄭昌憲 | 정창헌 | 41 | 37 | 1937.02 | 文廟秋季釋奠狀況 | |
| 19720 | 鄭昌憲 | 정창헌 | 42 | 71 | 1937.12 | 第五回卒業式狀況及第八回新入生名簿〉第五回卒業生名簿 | |
| 19721 | 程川 | 정천 | 11 | 18 | 1916.06 | 經學管見(續) / 尹寧求 | |
| 19722 | 程川 | 정천 | 23 | 88 | 1922.12 | 地方報告〉[乾元祠 新建 關聯 報告] | 金懷鍊 |
| 19723 | 鄭天謨 | 정천모 | 45 | 33 | 1940.12 | 朝鮮儒林大會(朝鮮儒道聯合會創立總會) 會錄槪要〉朝鮮儒道聯合會役員名簿(昭和十四年十一月一日現在) | |
| 19724 | 鄭喆水 | 정철수 | 24 | 54 | 1923.12 | 日誌大要 | |
| 19725 | 鄭喆永 | 정철영 | 1 | 45 | 1913.12 | 日誌大要 | |
| 19726 | 鄭喆永 | 정철영 | 1 | 58 | 1913.12 | 本院職員錄 大正二年十二月 日 現在 | |
| 19727 | 鄭喆永 | 정철영 | 1 | 59 | 1913.12 | 本院職員錄 大正二年十二月 日 現在 | |
| 19728 | 鄭喆永 | 정철영 | 3 | 60 | 1914.06 | 日誌大要 | |
| 19729 | 鄭喆永 | 정철영 | 3 | [0] | 1914.06 | [經學院視察團旅行紀念] | |

| 번호 | 원문 | 현대어(독음) | 호 | 쪽 | 발행일 | 기사명 / 필자 | 비고 |
|------|------|------------|-----|-----|--------|--------------|------|
| 19730 | 鄭喆永 | 정철영 | 5 | 69 | 1914.12 | 日誌大要 | |
| 19731 | 鄭喆永 | 정철영 | 7 | 54 | 1915.06 | 日誌大要 | |
| 19732 | 鄭喆永 | 정철영 | 9 | 36 | 1915.12 | 拜龍田朱子廟敬次朱子韻 / 鄭喆永 | |
| 19733 | 鄭喆永 | 정철영 | 9 | 40 | 1915.12 | 日誌大要 | |
| 19734 | 鄭喆永 | 정철영 | 9 | 41 | 1915.12 | 日誌大要 | |
| 19735 | 鄭喆永 | 정철영 | 9 | 51 | 1915.12 | 日誌大要 | |
| 19736 | 鄭喆永 | 정철영 | 9 | 52 | 1915.12 | 日誌大要 | |
| 19737 | 鄭喆永 | 정철영 | 10 | 55 | 1916.03 | 元朝謁聖廟有感 / 鄭喆永 | |
| 19738 | 鄭喆永 | 정철영 | 11 | 62 | 1916.06 | 日誌大要 | |
| 19739 | 鄭喆永 | 정철영 | 12 | 51 | 1916.12 | 日誌大要 | |
| 19740 | 鄭喆永 | 정철영 | 12 | 52 | 1916.12 | 日誌大要 | |
| 19741 | 鄭喆永 | 정철영 | 12 | 54 | 1916.12 | 日誌大要 | |
| 19742 | 鄭喆永 | 정철영 | 14 | 39 | 1917.07 | 日誌大要 | |
| 19743 | 鄭喆永 | 정철영 | 16 | 31 | 1918.03 | 日誌大要 | |
| 19744 | 鄭喆永 | 정철영 | 16 | 33 | 1918.03 | 日誌大要 | |
| 19745 | 鄭喆永 | 정철영 | 16 | 35 | 1918.03 | 日誌大要 | |
| 19746 | 鄭喆永 | 정철영 | 17 | 41 | 1918.07 | 日誌大要 | |
| 19747 | 鄭喆永 | 정철영 | 17 | 42 | 1918.07 | 日誌大要 | |
| 19748 | 鄭喆永 | 정철영 | 19 | 30 | 1918.12 | 日誌大要 | |
| 19749 | 鄭喆永 | 정철영 | 19 | 31 | 1918.12 | 日誌大要 | |
| 19750 | 鄭喆永 | 정철영 | 19 | 35 | 1918.12 | 日誌大要 | |
| 19751 | 鄭喆永 | 정철영 | 20 | 46 | 1920.03 | 日誌大要 | |
| 19752 | 鄭喆永 | 정철영 | 20 | 49 | 1920.03 | 日誌大要 | |
| 19753 | 鄭喆永 | 정철영 | 21 | 89 | 1921.03 | 日誌大要 | |
| 19754 | 鄭喆永 | 정철영 | 21 | 92 | 1921.03 | 日誌大要 | |
| 19755 | 鄭喆永 | 정철영 | 22 | 50 | 1922.03 | 故經學院副提學久庵朴公挽詞 / 鄭喆永 | |
| 19756 | 鄭喆永 | 정철영 | 22 | 53 | 1922.03 | 日誌大要 | |
| 19757 | 鄭喆永 | 정철영 | 22 | 58 | 1922.03 | 日誌大要 | |
| 19758 | 鄭喆永 | 정철영 | 23 | 28 | 1922.12 | 祭華陰鄭司成文 | |
| 19759 | 鄭喆永 | 정철영 | 23 | 54 | 1922.12 | 日誌大要 | |
| 19760 | 鄭喆永 | 정철영 | 23 | 56 | 1922.12 | 日誌大要 | |
| 19761 | 鄭喆永 | 정철영 | 23 | 59 | 1922.12 | 日誌大要 | |
| 19762 | 鄭喆永 | 정철영 | 24 | 54 | 1923.12 | 日誌大要 | |
| 19763 | 鄭喆永 | 정철영 | 24 | 58 | 1923.12 | 日誌大要 | |
| 19764 | 鄭喆永 | 정철영 | 25 | 37 | 1924.12 | 日誌大要 | |
| 19765 | 鄭喆永 | 정철영 | 25 | 38 | 1924.12 | 日誌大要 | |

| 번호 | 원문 | 현대어(독음) | 호 | 쪽 | 발행일 | 기사명 / 필자 | 비고 |
|---|---|---|---|---|---|---|---|
| 19766 | 鄭喆永 | 정철영 | 25 | 43 | 1924.12 | 日誌大要 | |
| 19767 | 鄭喆永 | 정철영 | 25 | 44 | 1924.12 | 日誌大要 | |
| 19768 | 鄭喆永 | 정철영 | 26 | 41 | 1925.12 | 日誌大要 | |
| 19769 | 鄭喆永 | 정철영 | 26 | 42 | 1925.12 | 日誌大要 | |
| 19770 | 鄭喆永 | 정철영 | 26 | 45 | 1925.12 | 日誌大要 | |
| 19771 | 鄭喆永 | 정철영 | 26 | 48 | 1925.12 | 日誌大要 | |
| 19772 | 鄭喆永 | 정철영 | 27 | 52 | 1926.12 | 日誌大要 | |
| 19773 | 鄭喆永 | 정철영 | 27 | 58 | 1926.12 | 日誌大要 | |
| 19774 | 鄭喆永 | 정철영 | 28 | 14 | 1927.12 | 祭東石申講士文 / 鄭喆永 | |
| 19775 | 鄭喆永 | 정철영 | 28 | 43 | 1927.12 | 日誌大要 | |
| 19776 | 鄭喆永 | 정철영 | 28 | 47 | 1927.12 | 日誌大要 | |
| 19777 | 鄭喆永 | 정철영 | 28 | 49 | 1927.12 | 日誌大要 | |
| 19778 | 鄭喆永 | 정철영 | 29 | 34 | 1928.12 | 聚奎帖 / 鄭喆永 | |
| 19779 | 鄭喆永 | 정철영 | 29 | 38 | 1928.12 | 日誌大要 | |
| 19780 | 鄭喆永 | 정철영 | 29 | 42 | 1928.12 | 日誌大要 | |
| 19781 | 鄭喆永 | 정철영 | 29 | 44 | 1928.12 | 日誌大要 | |
| 19782 | 鄭喆永 | 정철영 | 30 | 41 | 1929.12 | 日誌大要 | |
| 19783 | 鄭喆永 | 정철영 | 30 | 44 | 1929.12 | 日誌大要 | |
| 19784 | 鄭喆永 | 정철영 | 31 | 26 | 1930.08 | 祭棠西崔講士文 / 鄭喆永 | |
| 19785 | 鄭喆永 | 정철영 | 31 | 29 | 1930.08 | 日誌大要 | |
| 19786 | 鄭喆永 | 정철영 | 31 | 32 | 1930.08 | 日誌大要 | |
| 19787 | 鄭喆永 | 정철영 | 31 | 34 | 1930.08 | 日誌大要 | |
| 19788 | 鄭喆永 | 정철영 | 31 | 61 | 1930.08 | 明倫學院職員名簿 | |
| 19789 | 鄭喆永 | 정철영 | 32 | 33 | 1930.12 | 視察不二農場贈藤井組合長 / 鄭喆永 | |
| 19790 | 鄭喆永 | 정철영 | 32 | 37 | 1930.12 | 日誌大要 | |
| 19791 | 鄭喆永 | 정철영 | 33 | 29 | 1931.12 | 聲討顛末 | |
| 19792 | 鄭喆永 | 정철영 | 33 | 42 | 1931.12 | 文廟釋奠狀況 | |
| 19793 | 鄭喆永 | 정철영 | 33 | 49 | 1931.12 | 文廟釋奠狀況〉[本院秋期釋奠에 대한 보고] | |
| 19794 | 鄭喆永 | 정철영 | 34 | 30 | 1932.03 | 賀崔君崙熙大庭稼圃詞伯七一長筵 / 鄭喆永 | |
| 19795 | 鄭喆永 | 정철영 | 34 | 32 | 1932.03 | 日誌大要 | |
| 19796 | 鄭喆永 | 정철영 | 34 | 55 | 1932.03 | 明倫學院職員名簿 | |
| 19797 | 鄭喆永 | 정철영 | 35 | 24 | 1932.12 | 孝壽帖〉賀韻 / 鄭喆永 | |
| 19798 | 鄭喆永 | 정철영 | 35 | 27 | 1932.12 | 日誌大要 | |
| 19799 | 鄭喆永 | 정철영 | 35 | 28 | 1932.12 | 日誌大要 | |
| 19800 | 鄭喆永 | 정철영 | 35 | 30 | 1932.12 | 文廟釋奠狀況 | |
| 19801 | 鄭喆永 | 정철영 | 35 | 72 | 1932.12 | 明倫學院職員名簿 | |

| 번호 | 원문 | 현대어(독음) | 호 | 쪽 | 발행일 | 기사명 / 필자 | 비고 |
|---|---|---|---|---|---|---|---|
| 19802 | 鄭喆永 | 정철영 | 36 | 21 | 1933.12 | 澹圃姜講師挽 / 鄭喆永 | |
| 19803 | 鄭喆永 | 정철영 | 36 | 25 | 1933.12 | 文廟釋奠狀況〉[秋期釋奠 擧行] | |
| 19804 | 鄭喆永 | 정철영 | 36 | 29 | 1933.12 | 文廟釋奠狀況〉[春期釋奠 擧行] | |
| 19805 | 鄭喆永 | 정철영 | 36 | 65 | 1933.12 | 明倫學院職員名簿 | |
| 19806 | 鄭喆永 | 정철영 | 37 | 45 | 1934.10 | 文廟釋奠狀況〉[秋期釋奠 擧行] | |
| 19807 | 鄭喆永 | 정철영 | 37 | 51 | 1934.10 | 文廟釋奠狀況〉[春期釋奠 擧行] | |
| 19808 | 鄭喆永 | 정철영 | 37 | 66 | 1934.10 | 明倫學院職員名簿 | |
| 19809 | 鄭喆永 | 정철영 | 38 | 43 | 1935.03 | 文廟釋奠狀況〉[秋期釋奠 擧行] | |
| 19810 | 鄭喆永 | 정철영 | 39 | 46 | 1935.10 | 挽崔講師崙熙 / 鄭喆永 | |
| 19811 | 鄭喆永 | 정철영 | 39 | 51 | 1935.10 | 文廟釋奠狀況〉[春期釋奠 擧行] | |
| 19812 | 鄭喆永 | 정철영 | 40 | 35 | 1936.08 | 文廟釋奠狀況〉[秋期釋奠 擧行] | |
| 19813 | 鄭喆永 | 정철영 | 40 | 42 | 1936.08 | 成竹似先生追悼錄〉挽故成均館博士成竹似先生 / 李康元 | |
| 19814 | 鄭喆永 | 정철영 | 41 | 34 | 1937.02 | 日誌大要 | |
| 19815 | 鄭喆永 | 정철영 | 41 | 35 | 1937.02 | 文廟春季釋奠狀況 | |
| 19816 | 鄭喆永 | 정철영 | 41 | 37 | 1937.02 | 文廟秋季釋奠狀況 | |
| 19817 | 鄭喆永 | 정철영 | 41 | 42 | 1937.02 | 經學院永年勤續職員褒彰式狀況 | |
| 19818 | 鄭喆永 | 정철영 | 41 | 58 | 1937.02 | 經學院職員名簿(昭和十一年十一月一日) | |
| 19819 | 鄭喆永 | 정철영 | 41 | 62 | 1937.02 | 明倫學院職員名簿(昭和十一年一月一日現在) | |
| 19820 | 鄭喆永 | 정철영 | 42 | 38 | 1937.12 | 文廟春季釋奠狀況 | |
| 19821 | 鄭喆永 | 정철영 | 43 | 59 | 1938.12 | 文廟秋季釋奠狀況 | |
| 19822 | 鄭喆永 | 정철영 | 43 | 66 | 1938.12 | 文廟春季釋奠狀況 | |
| 19823 | 鄭喆永 | 정철영 | 44 | 77 | 1939.10 | 日誌大要(自昭和十三年六月 至昭和十三年十二月) | |
| 19824 | 鄭喆永 | 정철영 | 44 | 78 | 1939.10 | 文廟秋季釋奠狀況 | |
| 19825 | 鄭喆永 | 정철영 | 44 | 80 | 1939.10 | 日誌大要(自昭和十三年六月 至昭和十三年十二月) | |
| 19826 | 鄭喆永 | 정철영 | 44 | 82 | 1939.10 | 日誌大要(自昭和十三年六月 至昭和十三年十二月) | |
| 19827 | 鄭喆永 | 정철영 | 44 | 86 | 1939.10 | 文廟春季釋奠狀況 | |
| 19828 | 鄭喆永 | 정철영 | 45 | 33 | 1940.12 | 朝鮮儒林大會(朝鮮儒道聯合會創立總會) 會錄槪要〉朝鮮儒道聯合會役員名簿(昭和十四年十一月一日現在) | |
| 19829 | 鄭樵 | 정초 | 11 | 16 | 1916.06 | 經學管見(續) / 尹寧求 | |
| 19830 | 鄭樵 | 정초 | 15 | 4 | 1917.10 | 經學管見(續) / 尹寧求 | |
| 19831 | 鄭樵 | 정초 | 15 | 6 | 1917.10 | 經學管見(續) / 尹寧求 | |
| 19832 | 鄭樵 | 정초 | 19 | 9 | 1918.12 | 經學管見(續) / 尹寧求 | |

| 번호 | 원문 | 현대어(독음) | 호 | 쪽 | 발행일 | 기사명 / 필자 | 비고 |
|---|---|---|---|---|---|---|---|
| 19833 | 鄭樵 | 정초 | 20 | 13 | 1920.03 | 經學管見(續) / 尹寧求 | |
| 19834 | 鄭樵 | 정초 | 20 | 14 | 1920.03 | 經學管見(續) / 尹寧求 | |
| 19835 | 鄭樵 | 정초 | 21 | 13 | 1921.03 | 經學管見(續) / 尹寧求 | |
| 19836 | 鄭樵 | 정초 | 21 | 17 | 1921.03 | 經學管見(續) / 尹寧求 | |
| 19837 | 鄭秋巒 | 정추만 | 11 | 27 | 1916.06 | 經學淺知錄(續) / 金文演 | 鄭之雲 |
| 19838 | 鄭秋巒 | 정추만 | 30 | 31 | 1929.12 | 三洙瑣談(續) / 元泳義 | 鄭之雲 |
| 19839 | 鄭忠 | 정충 | 11 | 56 | 1916.06 | 賢關記聞(續) / 李大榮 | |
| 19840 | 鄭冲 | 정충 | 44 | 34 | 1939.10 | 經儒學 / 金誠鎭 | |
| 19841 | 鄭忠敎 | 정충교 | 16 | 36 | 1918.03 | 日誌大要 | |
| 19842 | 精忠堂 | 정충당 | 28 | 77 | 1927.12 | 地方報告〉[鄭性謨 等의 報告] | |
| 19843 | 丁忠僕 | 정충복 | 24 | 92 | 1923.12 | 地方報告〉[韓克洙의 報告] | 丁敬孫 |
| 19844 | 正親町天皇 | 정친정천황 | 48 | 50 | 1944.04 | 嘉言善行 / 李敬植 | 오기마치천황 |
| 19845 | 鄭泰均 | 정태균 | 33 | 29 | 1931.12 | 聲討顚末 | |
| 19846 | 鄭泰均 | 정태균 | 34 | 57 | 1932.03 | 明倫學院評議會員名簿 | |
| 19847 | 鄭泰均 | 정태균 | 36 | 66 | 1933.12 | 明倫學院評議員名簿 | |
| 19848 | 鄭泰均 | 정태균 | 37 | 68 | 1934.10 | 明倫學院評議員名簿 | |
| 19849 | 鄭泰均 | 정태균 | 41 | 63 | 1937.02 | 明倫學院評議員名簿(昭和十一年一月一日) | |
| 19850 | 鄭泰均 | 정태균 | 45 | 27 | 1940.12 | 朝鮮儒林大會(朝鮮儒道聯合會創立總會) 會錄槪要〉朝鮮儒道聯合會役員名簿(昭和十四年十一月一日現在) | |
| 19851 | 鄭泰均 | 정태균 | 46 | 33 | 1941.12 | 明倫專門學院日誌大要(昭和十四年七月ヨリ昭和十六年六月マデ) | |
| 19852 | 鄭泰敏 | 정태민 | 39 | 59 | 1935.10 | 明倫學院第六回入學許可者名簿(昭和十年度) | |
| 19853 | 鄭泰敏 | 정태민 | 42 | 38 | 1937.12 | 文廟春季釋奠狀況 | |
| 19854 | 鄭泰敏 | 정태민 | 43 | 59 | 1938.12 | 文廟秋季釋奠狀況 | |
| 19855 | 鄭泰敏 | 정태민 | 43 | 73 | 1938.12 | 第六回卒業式狀況及第九回新入生名簿〉第六回卒業生名簿 | |
| 19856 | 鄭泰碩 | 정태석 | 45 | 31 | 1940.12 | 朝鮮儒林大會(朝鮮儒道聯合會創立總會) 會錄槪要〉朝鮮儒道聯合會役員名簿(昭和十四年十一月一日現在) | |
| 19857 | 鄭泰佑 | 정태우 | 33 | 38 | 1931.12 | 聲討顚末 | 원문은 鄭泰佐로 오기됨 |
| 19858 | 鄭泰佑 | 정태우 | 33 | 54 | 1931.12 | 文廟釋奠狀況〉[鄭泰佑의 보고] | |
| 19859 | 鄭泰佑 | 정태우 | 35 | 34 | 1932.12 | 文廟釋奠狀況〉[鄭泰佑의 보고] | |
| 19860 | 鄭泰佑 | 정태우 | 36 | 27 | 1933.12 | 文廟釋奠狀況〉[鄭泰佑의 보고] | |
| 19861 | 鄭兌浩 | 정태호 | 34 | 32 | 1932.03 | 日誌大要 | |
| 19862 | 鄭兌浩 | 정태호 | 34 | 58 | 1932.03 | 明倫學院昭和六年度入學許可者名簿 | |

| 번호 | 원문 | 현대어(독음) | 호 | 쪽 | 발행일 | 기사명 / 필자 | 비고 |
|---|---|---|---|---|---|---|---|
| 19863 | 鄭兒浩 | 정태호 | 35 | 30 | 1932.12 | 文廟釋奠狀況 | |
| 19864 | 鄭兒浩 | 정태호 | 36 | 25 | 1933.12 | 文廟釋奠狀況〉[秋期釋奠 擧行] | |
| 19865 | 鄭兒浩 | 정태호 | 36 | 29 | 1933.12 | 文廟釋奠狀況〉[春期釋奠 擧行] | |
| 19866 | 鄭兒浩 | 정태호 | 36 | 68 | 1933.12 | 明倫學院第二回卒業生名簿 | |
| 19867 | 鄭太和 | 정태화 | 12 | 42 | 1916.12 | 賢關記聞(續) / 李大榮 | |
| 19868 | 鄭太和 | 정태화 | 18 | 30 | 1918.09 | 賢關記聞(續) / 李大榮 | |
| 19869 | 鄭台煥 | 정태환 | 44 | 54 | 1939.10 | 孝烈行蹟〉[朴容國의 보고] | |
| 19870 | 鄭宅述 | 정택술 | 33 | 38 | 1931.12 | 聲討顚末 | |
| 19871 | 鄭圃隱 | 정포은 | 11 | 26 | 1916.06 | 經學淺知錄(續) / 金文演 | 鄭夢周 |
| 19872 | 鄭圃隱 | 정포은 | 28 | 2 | 1927.12 | 朝鮮詩文變遷論 / 鄭萬朝 | 鄭夢周 |
| 19873 | 鄭鶴奎 | 정학규 | 38 | 35 | 1935.03 | 地方儒林狀況〉[權重林의 보고] | |
| 19874 | 鄭鶴南 | 정학남 | 11 | 57 | 1916.06 | 賢關記聞(續) / 李大榮 | 鄭羽良 |
| 19875 | 鄭學濟 | 정학제 | 19 | 31 | 1918.12 | 日誌大要 | |
| 19876 | 鄭寒岡 | 정한강 | 11 | 27 | 1916.06 | 經學淺知錄(續) / 金文演 | 鄭逑 |
| 19877 | 鄭漢奎 | 정한규 | 20 | 37 | 1920.03 | 求禮郡文廟重修捐義錄小序 / 金商翊 | |
| 19878 | 丁翰根 | 정한근 | 13 | 35 | 1917.03 | 日誌大要 | |
| 19879 | 鄭漢冕 | 정한면 | 20 | 36 | 1920.03 | 求禮郡文廟重修捐義錄小序 / 金商翊 | |
| 19880 | 鄭恒全 | 정항전 | 38 | 46 | 1935.03 | 文廟釋奠狀況〉地方文廟秋期釋奠狀況表 | |
| 19881 | 鄭海慤 | 정해각 | 33 | 35 | 1931.12 | 聲討顚末 | |
| 19882 | 鄭海德 | 정해덕 | 20 | 22 | 1920.03 | 求禮郡文廟重修記 / 金商翊 | |
| 19883 | 鄭海德 | 정해덕 | 20 | 37 | 1920.03 | 求禮郡文廟重修捐義錄小序 / 金商翊 | |
| 19884 | 鄭海悳 | 정해덕 | 20 | 54 | 1920.03 | 地方報告〉[權鳳洙의 報告] | 鄭海德 |
| 19885 | 鄭海鳳 | 정해봉 | 15 | 31 | 1917.10 | 日誌大要 | |
| 19886 | 丁海鵬 | 정해봉 | 45 | 38 | 1940.12 | 朝鮮儒林大會(朝鮮儒道聯合會創立總會) 會錄槪要〉朝鮮儒道聯合會役員名簿(昭和十四年十一月一日現在) | |
| 19887 | 鄭海悅 | 정해열 | 28 | 71 | 1927.12 | 地方報告〉[李尙馥 等의 報告] | |
| 19888 | 鄭海雄 | 정해웅 | 33 | 35 | 1931.12 | 聲討顚末 | |
| 19889 | 鄭海澤 | 정해택 | 36 | 10 | 1933.12 | 東萊鄭氏孝行實蹟碑文 / 魏大源 | 원문은 海澤 |
| 19890 | 鄭海杓 | 정해표 | 20 | 37 | 1920.03 | 求禮郡文廟重修捐義錄小序 / 金商翊 | |
| 19891 | 鄭玄 | 정현 | 1 | 18 | 1913.12 | 經學當明者 二 / 呂圭亨 | |
| 19892 | 鄭玄 | 정현 | 8 | 2 | 1915.09 | 儒教論 / 呂圭亨 | |
| 19893 | 鄭玄 | 정현 | 8 | 3 | 1915.09 | 儒教論 / 呂圭亨 | |
| 19894 | 鄭玄 | 정현 | 8 | 35 | 1915.09 | 賢關記聞 / 李大榮 | |
| 19895 | 鄭玄 | 정현 | 9 | 18 | 1915.12 | 經學管見(下) / 尹寧求 | |
| 19896 | 鄭玄 | 정현 | 10 | 11 | 1916.03 | 經學管見(續) / 尹寧求 | |

| 번호 | 원문 | 현대어(독음) | 호 | 쪽 | 발행일 | 기사명 / 필자 | 비고 |
|---|---|---|---|---|---|---|---|
| 19897 | 鄭玄 | 정현 | 10 | 17 | 1916.03 | 經學管見(續) / 尹寧求 | |
| 19898 | 鄭玄 | 정현 | 10 | 19 | 1916.03 | 經學管見(續) / 尹寧求 | |
| 19899 | 鄭玄 | 정현 | 11 | 15 | 1916.06 | 經學管見(續) / 尹寧求 | |
| 19900 | 鄭玄 | 정현 | 11 | 18 | 1916.06 | 經學管見(續) / 尹寧求 | |
| 19901 | 鄭玄 | 정현 | 24 | 29 | 1923.12 | 釋奠에 就하야 / 佐藤廣治 | |
| 19902 | 鄭玄 | 정현 | 24 | 30 | 1923.12 | 釋奠에 就하야 / 佐藤廣治 | |
| 19903 | 鄭玄 | 정현 | 24 | 31 | 1923.12 | 釋奠에 就하야 / 佐藤廣治 | |
| 19904 | 鄭玄 | 정현 | 24 | 32 | 1923.12 | 釋奠에 就하야 / 佐藤廣治 | |
| 19905 | 鄭玄 | 정현 | 24 | 35 | 1923.12 | 釋奠에 就하야 / 佐藤廣治 | |
| 19906 | 鄭玄 | 정현 | 25 | 18 | 1924.12 | 釋奠에 就하야(續) / 佐藤廣治 | |
| 19907 | 鄭玄 | 정현 | 25 | 19 | 1924.12 | 釋奠에 就하야(續) / 佐藤廣治 | |
| 19908 | 鄭玄 | 정현 | 27 | 37 | 1926.12 | 釋奠에 就ᄒ야(續) / 佐藤廣治 | |
| 19909 | 鄭玄 | 정현 | 32 | 5 | 1930.12 | 經學源流(續) / 權純九 | |
| 19910 | 鄭玄 | 정현 | 42 | 47 | 1937.12 | 文廟享祀位次及聖賢姓名爵號考 / 金完鎭 | 高密伯 |
| 19911 | 鄭玄 | 정현 | 42 | 56 | 1937.12 | 文廟享祀位次及聖賢姓名爵號考 / 金完鎭 | 高密伯,<br>원문은<br>姓鄭名玄 |
| 19912 | 鄭玄 | 정현 | 44 | 35 | 1939.10 | 經儒學 / 金誠鎭 | |
| 19913 | 鄭玄 | 정현 | 44 | 37 | 1939.10 | 經儒學 / 金誠鎭 | |
| 19914 | 鄭玄 | 정현 | 45 | 86 | 1940.12 | 忠淸南道儒道聯合會結成式〉東亞ノ建設卜儒道ノ精神 / 安寅植 | |
| 19915 | 鄭顯成 | 정현성 | 5 | 93 | 1914.12 | 關東講說〉講題 道不遠人 / 鄭顯成 | |
| 19916 | 鄭鉉洙 | 정현수 | 33 | 35 | 1931.12 | 聲討顚末 | |
| 19917 | 鄭鉉洙 | 정현수 | 33 | 36 | 1931.12 | 聲討顚末 | |
| 19918 | 鄭鉉載 | 정현재 | 32 | 49 | 1930.12 | 地方報告〉各郡文廟釋奠狀況〉[金泰彦의 보고] | |
| 19919 | 程顥 | 정호 | 2 | 36 | 1914.03 | 大成殿神位圖 | 豫國公 |
| 19920 | 程顥 | 정호 | 8 | 35 | 1915.09 | 賢關記聞 / 李大榮 | |
| 19921 | 程顥 | 정호 | 10 | 51 | 1916.03 | 賢關記聞(續) / 李大榮 | |
| 19922 | 程顥 | 정호 | 42 | 46 | 1937.12 | 文廟享祀位次及聖賢姓名爵號考 / 金完鎭 | 豫國公 |
| 19923 | 程顥 | 정호 | 42 | 50 | 1937.12 | 文廟享祀位次及聖賢姓名爵號考 / 金完鎭 | 豫國公,<br>원문은<br>姓程名顥 |
| 19924 | 鄭鎬敬 | 정호경 | 27 | 52 | 1926.12 | 日誌大要 | |
| 19925 | 鄭鎬敬 | 정호경 | 27 | 53 | 1926.12 | 日誌大要 | |
| 19926 | 鄭鎬鳳 | 정호봉 | 33 | 29 | 1931.12 | 聲討顚末 | |
| 19927 | 鄭鎬鳳 | 정호봉 | 34 | 57 | 1932.03 | 明倫學院評議會員名簿 | |
| 19928 | 鄭鎬鳳 | 정호봉 | 35 | 23 | 1932.12 | 孝壽帖〉賀韻 / 鄭鎬鳳 | |

| 번호 | 원문 | 현대어(독음) | 호 | 쪽 | 발행일 | 기사명 / 필자 | 비고 |
|---|---|---|---|---|---|---|---|
| 19929 | 鄭鎬鳳 | 정호봉 | 36 | 67 | 1933.12 | 明倫學院評議員名簿 | |
| 19930 | 鄭鎬鳳 | 정호봉 | 37 | 44 | 1934.10 | 日誌大要 | |
| 19931 | 鄭鎬鳳 | 정호봉 | 38 | 51 | 1935.03 | 第五會評議員會狀況 | |
| 19932 | 鄭鎬瑄 | 정호선 | 38 | 35 | 1935.03 | 地方儒林狀況〉[李元稙의 보고] | |
| 19933 | 鄭湖陰 | 정호음 | 28 | 3 | 1927.12 | 朝鮮詩文變遷論 / 鄭萬朝 | 鄭士龍 |
| 19934 | 丁鴻 | 정홍 | 10 | 19 | 1916.03 | 經學管見(續) / 尹寧求 | |
| 19935 | 鄭弘基 | 정홍기 | 32 | 51 | 1930.12 | 地方報告〉孝烈行蹟〉[都始澤 等의 보고] | 원문은 鄭公弘基 |
| 19936 | 丁洪順 | 정홍순 | 20 | 38 | 1920.03 | 求禮郡文廟重修捐義錄小序 / 金商翊 | |
| 19937 | 鄭華國 | 정화국 | 6 | 55 | 1915.03 | 聞講演有感 / 鄭華國 | |
| 19938 | 鄭黃 | 정황 | 19 | 25 | 1918.12 | 三洙瑣談(續) / 元泳義 | |
| 19939 | 鄭曉 | 정효 | 21 | 13 | 1921.03 | 經學管見(續) / 尹寧求 | |
| 19940 | 丁孝公 | 정효공 | 10 | 19 | 1916.03 | 經學管見(續) / 尹寧求 | 丁鴻 |
| 19941 | 鄭厚叔 | 정후숙 | 11 | 24 | 1916.06 | 經學管見(續) / 尹寧求 | |
| 19942 | 鄭熙碩 | 정희석 | 33 | 36 | 1931.12 | 聲討顚末 | |
| 19943 | 諸葛 | 제갈 | 1 | 20 | 1913.12 | 經學當明者 三 / 呂圭亨 | |
| 19944 | 諸葛 | 제갈 | 1 | 21 | 1913.12 | 經學當明者 三 / 呂圭亨 | |
| 19945 | 諸葛孔明 | 제갈공명 | 2 | 73 | 1914.03 | 講說〉講題 必愼其獨(大正二年十一月八日第四回講演)〉續演 / 呂圭亨 | |
| 19946 | 諸葛孔明 | 제갈공명 | 7 | 77 | 1915.06 | 講說〉講題 孔子聖之時者也(大政四年三月十八日第十回講演)〉續演 / 呂圭亨 | |
| 19947 | 諸葛孔明 | 제갈공명 | 15 | 1 | 1917.10 | 經學管見(續) / 尹寧求 | |
| 19948 | 諸葛孔明 | 제갈공명 | 19 | 56 | 1918.12 | 講說〉講題 子路人告之以有過則喜(大正七年九月七日第三十回講演)〉續演 / 呂圭亨 | |
| 19949 | 諸葛孔明 | 제갈공명 | 48 | 24 | 1944.04 | (十月十五日於經學院秋季釋典)時局と儒道 / 鈴川壽男 | |
| 19950 | 諸葛亮 | 제갈량 | 6 | 37 | 1915.03 | 孔子年報(續) / 呂圭亨 | |
| 19951 | 諸葛亮 | 제갈량 | 16 | 48 | 1918.03 | 講說〉講題 存其心養其性所以事天也(大正六年十月十四日江陵郡講演) / 李容稙 | |
| 19952 | 諸葛亮 | 제갈량 | 46 | 62 | 1941.12 | 講演及講習〉時局と婦道實踐(講演速記) / 永田種秀 | |
| 19953 | 諸葛武侯 | 제갈무후 | 6 | 4 | 1915.03 | 緖論 / 呂圭亨 | |
| 19954 | 諸葛武侯 | 제갈무후 | 15 | 20 | 1917.10 | 經義問對 / 權重國 | |
| 19955 | 諸葛武候 | 제갈무후 | 24 | 73 | 1923.12 | 講說〉講題 盈科而後進 / 鄭準民 | |
| 19956 | 齊景公 | 제경공 | 3 | 33 | 1914.06 | 孔子年報(續) / 呂圭亨 | 齊의 景公 |
| 19957 | 齊景公 | 제경공 | 3 | 34 | 1914.06 | 孔子年報(續) / 呂圭亨 | 齊의 景公 |
| 19958 | 齊景公 | 제경공 | 6 | 35 | 1915.03 | 孔子年報(續) / 呂圭亨 | 齊의 景公 |

| 번호 | 원문 | 현대어(독음) | 호 | 쪽 | 발행일 | 기사명 / 필자 | 비고 |
|---|---|---|---|---|---|---|---|
| 19959 | 齊景公 | 제경공 | 6 | 54 | 1915.03 | 論語分類一覽 / 金文演 | 齊의 景公 |
| 19960 | 齊景公 | 제경공 | 9 | 9 | 1915.12 | 經學先務之要 / 朴長鴻 | 齊의 景公 |
| 19961 | 齊景公 | 제경공 | 12 | 27 | 1916.12 | 孔門問同答異 / 鄭淳默 | 齊의 景公 |
| 19962 | 齊景公 | 제경공 | 15 | 37 | 1917.10 | 講說〉講題 子曰君子之道四某未能一焉所求乎子以事父未能也所求乎臣以事君未能也所求乎弟以事兄未能也所求乎朋友先施之未能也(大正六年五月十二日第二十三回講演)〉續演 / 呂圭亨 | 齊의 景公 |
| 19963 | 齊景公 | 제경공 | 20 | 39 | 1920.03 | 求禮文廟修繕同志會發起會席上演說 / 高塘柱 | 齊의 景公 |
| 19964 | 齊景公 | 제경공 | 20 | 40 | 1920.03 | 求禮文廟修繕同志會發起會席上演說 / 高塘柱 | 齊의 景公 |
| 19965 | 齊景公 | 제경공 | 37 | 2 | 1934.10 | 心學說 / 李學魯 | 齊의 景公 |
| 19966 | 齊古 | 제고 | 19 | 74 | 1918.12 | 講說〉講題 孟懿子問孝(大正七年十一月十六日第三十二回講演)〉續演 / 呂圭亨 | |
| 19967 | 帝嚳 | 제곡 | 7 | 39 | 1915.06 | 論語考證(續) / 金文演 | |
| 19968 | 帝嚳 | 제곡 | 20 | 28 | 1920.03 | 三洙瑣談(續) / 元泳義 | |
| 19969 | 帝嚳 | 제곡 | 23 | 61 | 1922.12 | 講說〉講題 凡有血氣者莫不尊親(大正十一年五月七日追慕禮式時) / 李魯學 | |
| 19970 | 帝嚳 | 제곡 | 46 | 7 | 1941.12 | 大學序文先儒論辨 / 金誠鎭 | |
| 19971 | 齊公 | 제공 | 2 | 36 | 1914.03 | 大成殿神位圖 | 宰子 |
| 19972 | 齊公 | 제공 | 14 | 67 | 1917.07 | 地方報告〉[宋在永의 報告]〉釋奠祭文 / 黃義民 | 齊의 景公 |
| 19973 | 齊公 | 제공 | 42 | 46 | 1937.12 | 文廟享祀位次及聖賢姓名爵號考 / 金完鎭 | 宰子 |
| 19974 | 齊公 | 제공 | 42 | 49 | 1937.12 | 文廟享祀位次及聖賢姓名爵號考 / 金完鎭 | 宰子 |
| 19975 | 帝魁 | 제괴 | 9 | 21 | 1915.12 | 經學管見(下) / 尹寧求 | |
| 19976 | 帝魁 | 제괴 | 44 | 34 | 1939.10 | 經儒學 / 金誠鎭 | |
| 19977 | 齊國公 | 제국공 | 10 | 46 | 1916.03 | 賢關記聞(續) / 李大榮 | 叔梁紇 |
| 19978 | 齊國公 | 제국공 | 10 | 47 | 1916.03 | 賢關記聞(續) / 李大榮 | 叔梁紇 |
| 19979 | 齊國公 | 제국공 | 10 | 49 | 1916.03 | 賢關記聞(續) / 李大榮 | 叔梁紇 |
| 19980 | 齊國公 | 제국공 | 42 | 43 | 1937.12 | 文廟釋奠期日改正ノ件(昭和十二年二月十二日學祕第九號總督府學務局長通牒) | 叔梁紇 |
| 19981 | 齊國公 | 제국공 | 42 | 48 | 1937.12 | 文廟享祀位次及聖賢姓名爵號考 / 金完鎭 | 叔梁紇 |
| 19982 | 齊國公 | 제국공 | 42 | 51 | 1937.12 | 文廟享祀位次及聖賢姓名爵號考 / 金完鎭 | 朱熹 |
| 19983 | 齊國公 | 제국공 | 42 | 59 | 1937.12 | 文廟享祀位次及聖賢姓名爵號考 / 金完鎭 | 孔叔梁紇 |
| 19984 | 齊明天皇 | 제명 천황 | 48 | 49 | 1944.04 | 嘉言善行 / 李敬植 | 사이메이 천황 |
| 19985 | 齊宣 | 제선 | 5 | 82 | 1914.12 | 講說〉講題 謹庠序之教申之以孝悌之義(大正三年十月十日第八回講演)〉敷演 / 鄭鳳時 | 齊의 宣王 |
| 19986 | 齊宣 | 제선 | 17 | 64 | 1918.07 | 地方報告〉[鄭鳳時의 報告] | 齊의 宣王 |
| 19987 | 齊宣 | 제선 | 30 | 49 | 1929.12 | 講說〉講題 既庶矣富之既富矣教之 / 李學魯 | 齊의 宣王 |

| 번호 | 원문 | 현대어(독음) | 호 | 쪽 | 발행일 | 기사명 / 필자 | 비고 |
|---|---|---|---|---|---|---|---|
| 19988 | 齊宣王 | 제선왕 | 5 | 48 | 1914.12 | 容思衍(續) / 李鼎煥 | 齊의 宣王 |
| 19989 | 齊宣王 | 제선왕 | 11 | 49 | 1916.06 | 讀書私記(第八號續) / 洪鐘佶 | 齊의 宣王 |
| 19990 | 齊宣王 | 제선왕 | 13 | 40 | 1917.03 | 講說〉講題 五畝之宅樹之以桑(大正五年六月十日第十九回講演) / 李容稙 | 齊의 宣王 |
| 19991 | 齊宣王 | 제선왕 | 13 | 44 | 1917.03 | 講說〉講題 五畝之宅樹之以桑(大正五年六月十日第十九回講演)〉續演 / 呂圭亨 | 齊의 宣王 |
| 19992 | 齊宣王 | 제선왕 | 17 | 30 | 1918.07 | 洙澳問答 / 元泳義 | 齊의 宣王 |
| 19993 | 齊宣王 | 제선왕 | 17 | 76 | 1918.07 | 地方報告〉[金在昌 등의 報告] | 齊의 宣王 |
| 19994 | 齊宣王 | 제선왕 | 19 | 59 | 1918.12 | 講說〉講題 孝弟也者其爲仁之本歟(大正七年十月十二日第三十一回講演)〉敷演 / 李晚奎 | 齊의 宣王 |
| 19995 | 齊宣王 | 제선왕 | 23 | 13 | 1922.12 | 經義問答 / 韓昌愚 | 齊의 宣王 |
| 19996 | 齊宣王 | 제선왕 | 24 | 8 | 1923.12 | 經義問對(續) / 沈璿澤 | 齊의 宣王 |
| 19997 | 齊宣王 | 제선왕 | 28 | 55 | 1927.12 | 講說〉講題 謹庠序之敎申之以孝悌之義 / 鄭鳳時 | 齊의 宣王 |
| 19998 | 諸城侯 | 제성후 | 42 | 46 | 1937.12 | 文廟享祀位次及聖賢姓名爵號考 / 金完鎭 | 冄季 |
| 19999 | 諸城侯 | 제성후 | 42 | 52 | 1937.12 | 文廟享祀位次及聖賢姓名爵號考 / 金完鎭 | 冄季 |
| 20000 | 帝舜 | 제순 | 10 | 10 | 1916.03 | 經學管見(續) / 尹寧求 | 舜 |
| 20001 | 帝舜 | 제순 | 11 | 66 | 1916.06 | 講說〉講題 人能弘道(大正四年三月十一日第十六回講演) / 李容稙 | 舜 |
| 20002 | 濟陽侯 | 제양후 | 42 | 47 | 1937.12 | 文廟享祀位次及聖賢姓名爵號考 / 金完鎭 | 奚容箴 |
| 20003 | 濟陽侯 | 제양후 | 42 | 53 | 1937.12 | 文廟享祀位次及聖賢姓名爵號考 / 金完鎭 | 奚容葴 |
| 20004 | 第五倫 | 제오륜 | 12 | 5 | 1916.12 | 經學說(續) / 李容稙 | 後漢의 관리 |
| 20005 | 齊王 | 제왕 | 11 | 52 | 1916.06 | 讀書私記(第八號續) / 洪鐘佶 | 齊의 宣王 |
| 20006 | 齊王 | 제왕 | 14 | 81 | 1917.07 | 地方報告〉[金光鉉의 報告] | 齊의 宣王 |
| 20007 | 齊王 | 제왕 | 17 | 68 | 1918.07 | 地方報告〉[韓昌愚의 報告] | 齊의 宣王 |
| 20008 | 齊王 | 제왕 | 17 | 78 | 1918.07 | 地方報告〉[金在昌 등의 報告] | 齊의 宣王 |
| 20009 | 齊王 | 제왕 | 17 | 80 | 1918.07 | 地方報告〉[金在昌 등의 報告] | 齊의 宣王 |
| 20010 | 齊王 | 제왕 | 17 | 81 | 1918.07 | 地方報告〉[金在昌 등의 報告] | 齊의 宣王 |
| 20011 | 齊王 | 제왕 | 25 | 29 | 1924.12 | 釋奠에 就하야(續) / 佐藤廣治 | 魏의 齊王 |
| 20012 | 齊王 | 제왕 | 31 | 19 | 1930.08 | 講題 德者本也財者末也 / 魏大源 | 齊의 宣王 |
| 20013 | 齊王儉 | 제왕검 | 1 | 22 | 1913.12 | 經學當明者 四 / 呂圭亨 | |
| 20014 | 帝堯 | 제요 | 11 | 66 | 1916.06 | 講說〉講題 人能弘道(大正四年三月十一日第十六回講演) / 李容稙 | 堯 |
| 20015 | 帝堯 | 제요 | 20 | 28 | 1920.03 | 三洙瑣談(續) / 元泳義 | 堯 |
| 20016 | 帝堯 | 제요 | 27 | 28 | 1926.12 | 中庸問對 / 沈璿澤 | 堯 |
| 20017 | 帝堯 | 제요 | 31 | 58 | 1930.08 | 明倫學院記 / 鄭萬朝 | 堯 |
| 20018 | 帝乙 | 제을 | 20 | 28 | 1920.03 | 三洙瑣談(續) / 元泳義 | |

| 번호 | 원문 | 현대어(독음) | 호 | 쪽 | 발행일 | 기사명 / 필자 | 비고 |
|---|---|---|---|---|---|---|---|
| 20019 | 帝乙 | 제을 | 44 | 57 | 1939.10 | 朝鮮詩學考 / 李昇圭 | |
| 20020 | 濟陰侯 | 제음후 | 42 | 46 | 1937.12 | 文廟享祀位次及聖賢姓名爵號考 / 金完鎭 | 顏噲 |
| 20021 | 濟陰侯 | 제음후 | 42 | 55 | 1937.12 | 文廟享祀位次及聖賢姓名爵號考 / 金完鎭 | 顏噲 |
| 20022 | 醍醐天皇 | 제호 천황 | 3 | 40 | 1914.06 | 講士視察見聞所記 / 呂圭亨 | 다이고 천황 |
| 20023 | 齊桓 | 제환 | 6 | 38 | 1915.03 | 孔子年報(續) / 呂圭亨 | 齊의 桓公 |
| 20024 | 齊桓 | 제환 | 13 | 40 | 1917.03 | 講說>講題 五畝之宅樹之以桑(大正五年六月十日第十九回講演) / 李容植 | 齊의 桓公 |
| 20025 | 齊侯 | 제후 | 30 | [2] | 1929.12 | 李龍眠畵宣聖及七十二弟子像贊(金石萃編) | 宰子 |
| 20026 | 齊侯 | 제후 | 42 | 49 | 1937.12 | 文廟享祀位次及聖賢姓名爵號考 / 金完鎭 | 宰子 |
| 20027 | 趙 | 조 | 11 | 56 | 1916.06 | 賢關記聞(續) / 李大榮 | 趙持謙 |
| 20028 | 趙 | 조 | 32 | 41 | 1930.12 | 地方報告>地方儒林狀況>[成樂賢의 報告] | 趙克善 |
| 20029 | 趙 | 조 | 44 | 83 | 1939.10 | 日誌大要(自昭和十三年六月 至昭和十三年十二月) | 趙泰植 |
| 20030 | 趙 | 조 | 44 | 84 | 1939.10 | 日誌大要(自昭和十三年六月 至昭和十三年十二月) | 趙泰植 |
| 20031 | 趙 | 조 | 44 | 85 | 1939.10 | 日誌大要(自昭和十三年六月 至昭和十三年十二月) | 趙泰植 |
| 20032 | 趙簡 | 조간 | 40 | 22 | 1936.08 | 敎化編年(續) / 李大榮 | |
| 20033 | 趙簡子 | 조간자 | 5 | 45 | 1914.12 | 孔子年報(續) / 呂圭亨 | |
| 20034 | 趙簡子 | 조간자 | 5 | 46 | 1914.12 | 孔子年報(續) / 呂圭亨 | |
| 20035 | 趙簡子 | 조간자 | 12 | 14 | 1916.12 | 孟子緖論 / 金文演 | |
| 20036 | 趙簡子 | 조간자 | 13 | 26 | 1917.03 | 讀書私記(續) / 洪鍾佶 | |
| 20037 | 趙堪 | 조감 | 33 | 11 | 1931.12 | 孝子司饔院奉事白公行狀 / 成樂賢 | 원문은 堪 |
| 20038 | 趙堪 | 조감 | 37 | 41 | 1934.10 | 地方儒林狀況>[李大榮의 보고]>書院狀況 | 원문은 玉川趙公堪 |
| 20039 | 曺康鉉 | 조강현 | 31 | 62 | 1930.08 | 入學許可者名簿 | |
| 20040 | 曺康鉉 | 조강현 | 32 | 38 | 1930.12 | 日誌大要 | |
| 20041 | 曺康鉉 | 조강현 | 33 | 43 | 1931.12 | 文廟釋奠狀況 | |
| 20042 | 曺康鉉 | 조강현 | 33 | 49 | 1931.12 | 文廟釋奠狀況>[本院秋期釋奠에 대한 보고] | |
| 20043 | 曺康鉉 | 조강현 | 34 | 32 | 1932.03 | 日誌大要 | |
| 20044 | 曺康鉉 | 조강현 | 35 | 30 | 1932.12 | 文廟釋奠狀況 | |
| 20045 | 曺康鉉 | 조강현 | 35 | 75 | 1932.12 | 明倫學院第一回卒業生名簿 | |
| 20046 | 曺康鉉 | 조강현 | 37 | 49 | 1934.10 | 文廟釋奠狀況>[李鉉範의 보고] | |
| 20047 | 趙謙彬 | 조겸빈 | 10 | 51 | 1916.03 | 賢關記聞(續) / 李大榮 | |
| 20048 | 趙經九 | 조경구 | 45 | 28 | 1940.12 | 朝鮮儒林大會(朝鮮儒道聯合會創立總會) 會錄槪要>朝鮮儒道聯合會役員名簿(昭和十四年十一月一日現在) | |

| 번호 | 원문 | 현대어(독음) | 호 | 쪽 | 발행일 | 기사명 / 필자 | 비고 |
|---|---|---|---|---|---|---|---|
| 20049 | 趙慶國 | 조경국 | 20 | 37 | 1920.03 | 求禮郡文廟重修捐義錄小序 / 金商翊 | |
| 20050 | 趙鏡夏 | 조경하 | 26 | 11 | 1925.12 | 奉化郡重修學記 / 尹喜求 | 원문<br>趙侯鏡夏 |
| 20051 | 趙鏡夏 | 조경하 | 27 | 79 | 1926.12 | 地方報告>[李鍾振의 報告] | |
| 20052 | 趙鏡夏 | 조경하 | 45 | 23 | 1940.12 | 朝鮮儒林大會(朝鮮儒道聯合會創立總會) 會錄槪要>朝鮮儒道聯合會役員名簿(昭和十四年十一月一日現在) | |
| 20053 | 趙京鎬 | 조경호 | 36 | 34 | 1933.12 | 文廟釋奠狀況>[白南洙의 보고] | |
| 20054 | 趙季仁 | 조계인 | 25 | 12 | 1924.12 | 湯島詩帖序 / 鄭萬朝 | |
| 20055 | 趙啓濬 | 조계준 | 38 | 48 | 1935.03 | 文廟釋奠狀況>地方文廟秋期釋奠狀況表 | |
| 20056 | 趙啓濬 | 조계준 | 40 | 37 | 1936.08 | 文廟釋奠狀況>[地方文廟春期釋奠狀況表] | |
| 20057 | 趙高 | 조고 | 22 | 69 | 1922.03 | 講說>子路人告之以有過則喜 / 成樂賢 | |
| 20058 | 晁公武 | 조공무 | 14 | 7 | 1917.07 | 經學管見(續) / 尹寧求 | |
| 20059 | 晁公武 | 조공무 | 14 | 9 | 1917.07 | 經學管見(續) / 尹寧求 | |
| 20060 | 晁公武 | 조공무 | 16 | 1 | 1918.03 | 經學管見(續) / 尹寧求 | |
| 20061 | 晁公武 | 조공무 | 20 | 13 | 1920.03 | 經學管見(續) / 尹寧求 | |
| 20062 | 晁公武 | 조공무 | 21 | 11 | 1921.03 | 經學管見(續) / 尹寧求 | |
| 20063 | 趙過 | 조과 | 9 | 45 | 1915.12 | 日誌大要 | |
| 20064 | 趙括 | 조괄 | 25 | 67 | 1924.12 | 講說>講題 明倫 / 李大榮 | |
| 20065 | 趙匡 | 조광 | 10 | 15 | 1916.03 | 經學管見(續) / 尹寧求 | |
| 20066 | 趙光植 | 조광식 | 26 | 41 | 1925.12 | 日誌大要 | |
| 20067 | 趙光植 | 조광식 | 26 | 47 | 1925.12 | 日誌大要 | |
| 20068 | 趙光植 | 조광식 | 27 | 53 | 1926.12 | 日誌大要 | |
| 20069 | 趙光祖 | 조광조 | 8 | 39 | 1915.09 | 賢關記聞 / 李大榮 | |
| 20070 | 趙光祖 | 조광조 | 9 | 33 | 1915.12 | 賢關記聞(續) / 李大榮 | 원문은 光祖 |
| 20071 | 趙光祖 | 조광조 | 10 | 51 | 1916.03 | 賢關記聞(續) / 李大榮 | |
| 20072 | 趙光祖 | 조광조 | 11 | 27 | 1916.06 | 經學淺知錄(續) / 金文演 | 원문은 光祖 |
| 20073 | 趙光祖 | 조광조 | 25 | 41 | 1924.12 | 日誌大要 | |
| 20074 | 趙光祖 | 조광조 | 30 | 35 | 1929.12 | 祭粢料傳達式狀況 | |
| 20075 | 趙光祖 | 조광조 | 30 | 58 | 1929.12 | 講說>講題 朝鮮의 在한 聖學道統 : 李退溪先生을 憶함 / 赤木萬二郎 | |
| 20076 | 趙光祖 | 조광조 | 41 | 21 | 1937.02 | 敎化編年(續) / 李大榮 | |
| 20077 | 趙光祖 | 조광조 | 41 | 22 | 1937.02 | 敎化編年(續) / 李大榮 | |
| 20078 | 趙光祖 | 조광조 | 41 | 23 | 1937.02 | 敎化編年(續) / 李大榮 | |
| 20079 | 趙光祖 | 조광조 | 41 | 24 | 1937.02 | 敎化編年(續) / 李大榮 | |
| 20080 | 趙光祖 | 조광조 | 42 | 47 | 1937.12 | 文廟享祀位次及聖賢姓名爵號考 / 金完鎭 | 文正公 |
| 20081 | 趙光祖 | 조광조 | 42 | 58 | 1937.12 | 文廟享祀位次及聖賢姓名爵號考 / 金完鎭 | 文正公 |

| 번호 | 원문 | 현대어(독음) | 호 | 쪽 | 발행일 | 기사명 / 필자 | 비고 |
|---|---|---|---|---|---|---|---|
| 20082 | 趙光祖 | 조광조 | 43 | 15 | 1938.12 | 敎化編年(續) / 李大榮 | |
| 20083 | 趙光祖 | 조광조 | 43 | 17 | 1938.12 | 敎化編年(續) / 李大榮 | |
| 20084 | 趙光祖 | 조광조 | 44 | 49 | 1939.10 | 嘉言善行 / 李昇圭 | |
| 20085 | 趙宏恩 | 조굉은 | 18 | 10 | 1918.09 | 經學管見(續) / 尹寧求 | |
| 20086 | 趙甌北 | 조구북 | 12 | 13 | 1916.12 | 孟子緖論 / 金文演 | 趙翼 |
| 20087 | 趙甌北 | 조구북 | 12 | 17 | 1916.12 | 孟子緖論 / 金文演 | |
| 20088 | 趙甌北 | 조구북 | 16 | 16 | 1918.03 | 詩經蔫辨 / 金文演 | 趙翼 |
| 20089 | 趙甌北 | 조구북 | 16 | 17 | 1918.03 | 詩經蔫辨 / 金文演 | 趙翼 |
| 20090 | 趙九顯 | 조구현 | 27 | 83 | 1926.12 | 地方報告〉[李奎煥의 報告] | |
| 20091 | 趙貴孫 | 조귀손 | 37 | 72 | 1934.10 | 明倫學院第五回入學許可者名簿 | |
| 20092 | 曺圭大 | 조규대 | 26 | 36 | 1925.12 | 江陵文廟重修落成韻 / 曺圭大 | |
| 20093 | 曺圭大 | 조규대 | 27 | 73 | 1926.12 | 地方報告〉[曺圭大의 報告] | |
| 20094 | 曺圭大 | 조규대 | 28 | 76 | 1927.12 | 地方報告〉[曺圭大의 報告] | |
| 20095 | 曺圭大 | 조규대 | 43 | 38 | 1938.12 | 皇軍慰問詩 / 曺圭大 | |
| 20096 | 曺圭喆 | 조규철 | 29 | 38 | 1928.12 | 日誌大要 | |
| 20097 | 曺圭喆 | 조규철 | 29 | 39 | 1928.12 | 日誌大要 | |
| 20098 | 趙均 | 조균 | 20 | 19 | 1920.03 | 經學管見(續) / 尹寧求 | |
| 20099 | 趙克善 | 조극선 | 32 | 41 | 1930.12 | 地方報告〉地方儒林狀況〉[成樂賢의 報告] | 원문은 克善 |
| 20100 | 趙根泳 | 조근영 | 45 | 33 | 1940.12 | 朝鮮儒林大會(朝鮮儒道聯合會創立總會) 會錄槪要〉朝鮮儒道聯合會役員名簿(昭和十四年十一月一日現在) | |
| 20101 | 趙根泳 | 조근영 | 45 | 42 | 1940.12 | 朝鮮儒林大會(朝鮮儒道聯合會創立總會) 會錄槪要〉朝鮮儒道聯合會役員名簿(昭和十四年十一月一日現在) | |
| 20102 | 趙岐 | 조기 | 11 | 17 | 1916.06 | 經學管見(續) / 尹寧求 | |
| 20103 | 趙岐 | 조기 | 11 | 23 | 1916.06 | 經學管見(續) / 尹寧求 | |
| 20104 | 趙岐 | 조기 | 11 | 24 | 1916.06 | 經學管見(續) / 尹寧求 | |
| 20105 | 趙岐 | 조기 | 31 | 4 | 1930.08 | 經學源流 / 權純九 | |
| 20106 | 趙岐 | 조기 | 18 | 25 | 1918.09 | 三洙瑣談 / 元泳義 | |
| 20107 | 趙基澤 | 조기택 | 45 | 7 | 1940.12 | 朝鮮儒林大會(朝鮮儒道聯合會創立總會) 會錄槪要 | |
| 20108 | 趙基澤 | 조기택 | 45 | 33 | 1940.12 | 朝鮮儒林大會(朝鮮儒道聯合會創立總會) 會錄槪要〉朝鮮儒道聯合會役員名簿(昭和十四年十一月一日現在) | |
| 20109 | 趙基澤 | 조기택 | 46 | 24 | 1941.12 | 經學院日誌大要(昭和十四年七月ヨリ昭和十六年六月マテ) | |
| 20110 | 曺岐鉉 | 조기현 | 35 | 42 | 1932.12 | 孝烈行蹟〉[白宗基 等의 보고] | |
| 20111 | 趙洛元 | 조낙원 | 25 | 41 | 1924.12 | 日誌大要 | |

| 번호 | 원문 | 현대어(독음) | 호 | 쪽 | 발행일 | 기사명 / 필자 | 비고 |
|---|---|---|---|---|---|---|---|
| 20112 | 趙洛元 | 조낙원 | 30 | 35 | 1929.12 | 祭粢料傳達式狀況 | |
| 20113 | 趙洛顯 | 조낙현 | 39 | 59 | 1935.10 | 明倫學院第六回入學許可者名簿(昭和十年度) | |
| 20114 | 趙洛顯 | 조낙현 | 42 | 38 | 1937.12 | 文廟春季釋奠狀況 | |
| 20115 | 趙洛顯 | 조낙현 | 43 | 59 | 1938.12 | 文廟秋季釋奠狀況 | |
| 20116 | 趙洛顯 | 조낙현 | 43 | 73 | 1938.12 | 第六回卒業式狀況及第九回新入生名簿〉第六回卒業生名簿 | |
| 20117 | 趙南吉 | 조남길 | 22 | 58 | 1922.03 | 日誌大要 | |
| 20118 | 趙南吉 | 조남길 | 25 | 44 | 1924.12 | 日誌大要 | |
| 20119 | 趙南吉 | 조남길 | 25 | 45 | 1924.12 | 日誌大要 | |
| 20120 | 曺南冥 | 조남명 | 1 | 38 | 1913.12 | 近世事十條 / 李商永 | 曺植 |
| 20121 | 曺南冥 | 조남명 | 11 | 27 | 1916.06 | 經學淺知錄(續) / 金文演 | 曺植 |
| 20122 | 趙南燮 | 조남섭 | 45 | 38 | 1940.12 | 朝鮮儒林大會(朝鮮儒道聯合會創立總會) 會錄槪要〉朝鮮儒道聯合會役員名簿(昭和十四年十一月一日現在) | |
| 20123 | 趙南星 | 조남성 | 12 | 8 | 1916.12 | 經學管見(續) / 尹寧求 | |
| 20124 | 趙南駿 | 조남준 | 45 | 39 | 1940.12 | 朝鮮儒林大會(朝鮮儒道聯合會創立總會) 會錄槪要〉朝鮮儒道聯合會役員名簿(昭和十四年十一月一日現在) | |
| 20125 | 曺端 | 조단 | 21 | 18 | 1921.03 | 經學管見(續) / 尹寧求 | |
| 20126 | 曺大家 | 조대가 | 14 | 3 | 1917.07 | 經學管見(續) / 尹寧求 | 班昭, 班固의 누이동생 |
| 20127 | 趙大植 | 조대식 | 33 | 29 | 1931.12 | 聲討顚末 | |
| 20128 | 趙德奎 | 조덕규 | 20 | 38 | 1920.03 | 求禮郡文廟重修捐義錄小序 / 金商翊 | |
| 20129 | 趙東洙 | 조동수 | 33 | 37 | 1931.12 | 聲討顚末 | |
| 20130 | 趙東植 | 조동식 | 45 | 30 | 1940.12 | 朝鮮儒林大會(朝鮮儒道聯合會創立總會) 會錄槪要〉朝鮮儒道聯合會役員名簿(昭和十四年十一月一日現在) | |
| 20131 | 趙東鐵 | 조동철 | 37 | 33 | 1934.10 | 孝烈行蹟〉[忠淸北道知事의 보고] | |
| 20132 | 趙東虎 | 조동호 | 44 | 86 | 1939.10 | 文廟春季釋奠狀況 | |
| 20133 | 趙東虎 | 조동호 | 45 | 33 | 1940.12 | 朝鮮儒林大會(朝鮮儒道聯合會創立總會) 會錄槪要〉朝鮮儒道聯合會役員名簿(昭和十四年十一月一日現在) | |
| 20134 | 趙東虎 | 조동호 | 45 | 42 | 1940.12 | 朝鮮儒林大會(朝鮮儒道聯合會創立總會) 會錄槪要〉朝鮮儒道聯合會役員名簿(昭和十四年十一月一日現在) | |
| 20135 | 趙東虎 | 조동호 | 46 | 15 | 1941.12 | 釋奠狀況〉昭和十五年春季釋奠狀況 | |
| 20136 | 趙東虎 | 조동호 | 47 | 39 | 1943.01 | 釋奠狀況〉昭和十七年春季釋奠狀況 | |
| 20137 | 趙東虎 | 조동호 | 47 | 42 | 1943.01 | 釋奠狀況〉昭和十七年秋季釋奠狀況 | |
| 20138 | 趙東虎 | 조동호 | 48 | 52 | 1944.04 | 釋奠狀況〉昭和十八年春季釋奠狀況 | |

| 번호 | 원문 | 현대어(독음) | 호 | 쪽 | 발행일 | 기사명 / 필자 | 비고 |
|---|---|---|---|---|---|---|---|
| 20139 | 趙東虎 | 조동호 | 48 | 54 | 1944.04 | 釋奠狀況〉昭和十八年秋季釋奠狀況 | |
| 20140 | 趙東煥 | 조동환 | 33 | 47 | 1931.12 | 文廟釋奠狀況〉[趙東煥의 보고] | |
| 20141 | 曺忘機 | 조망기 | 29 | 24 | 1928.12 | 三洙瑣談(續) / 元泳義 | 曺漢輔 |
| 20142 | 趙孟 | 조맹 | 19 | 56 | 1918.12 | 講說〉講題 子路人告之以有過則喜(大正七年九月七日第三十回講演)〉續演 / 呂圭亨 | |
| 20143 | 趙孟頫 | 조맹부 | 37 | 22 | 1934.10 | 敎化編年 / 李大榮 | |
| 20144 | 曺冕承 | 조면승 | 38 | 46 | 1935.03 | 文廟釋奠狀況〉地方文廟秋期釋奠狀況表 | |
| 20145 | 曺冕承 | 조면승 | 44 | 54 | 1939.10 | 孝烈行蹟〉[曺冕承의 보고] | |
| 20146 | 曺勉承 | 조면승 | 41 | 27 | 1937.02 | 一. 孝烈行蹟〉[曺勉承의 보고] | |
| 20147 | 趙明誠 | 조명성 | 20 | 16 | 1920.03 | 經學管見(續) / 尹寧求 | |
| 20148 | 趙命鎬 | 조명호 | 45 | 39 | 1940.12 | 朝鮮儒林大會(朝鮮儒道聯合會創立總會) 會錄概要〉朝鮮儒道聯合會役員名簿(昭和十四年十一月一日現在) | |
| 20149 | 趙命熙 | 조명희 | 45 | 31 | 1940.12 | 朝鮮儒林大會(朝鮮儒道聯合會創立總會) 會錄概要〉朝鮮儒道聯合會役員名簿(昭和十四年十一月一日現在) | |
| 20150 | 趙穆 | 조목 | 11 | 27 | 1916.06 | 經學淺知錄(續) / 金文演 | 원문은 穆 |
| 20151 | 曺無傷 | 조무상 | 31 | 21 | 1930.08 | 講題 窮塞禍患不以動其心行吾義而已 / 李學魯 | |
| 20152 | 曺武烈 | 조무열 | 33 | 38 | 1931.12 | 聲討顚末 | |
| 20153 | 趙文來 | 조문래 | 37 | 56 | 1934.10 | 文廟釋奠狀況〉[趙文來의 보고] | |
| 20154 | 趙文來 | 조문래 | 38 | 48 | 1935.03 | 文廟釋奠狀況〉地方文廟秋期釋奠狀況表 | |
| 20155 | 趙璞 | 조박 | 37 | 21 | 1934.10 | 敎化編年 / 李大榮 | |
| 20156 | 趙方 | 조방 | 10 | 16 | 1916.03 | 經學管見(續) / 尹寧求 | |
| 20157 | 趙方淳 | 조방순 | 14 | 75 | 1917.07 | 地方報告〉[趙相河 등의 報告] | |
| 20158 | 趙汸述 | 조방술 | 12 | 7 | 1916.12 | 經學管見(續) / 尹寧求 | |
| 20159 | 趙方暉 | 조방휘 | 12 | 83 | 1916.12 | 地方報告〉[趙榮 등의 報告] | |
| 20160 | 趙方暉 | 조방휘 | 12 | 84 | 1916.12 | 地方報告〉[趙榮 등의 報告] | |
| 20161 | 趙方暉 | 조방휘 | 14 | 75 | 1917.07 | 地方報告〉[趙相河 등의 報告] | |
| 20162 | 曹伯 | 조백 | 30 | [7] | 1929.12 | 李龍眠畫宣聖及七十二弟子像贊(金石萃編) | 曹岬 |
| 20163 | 曹伯 | 조백 | 42 | 52 | 1937.12 | 文廟享祀位次及聖賢姓名爵號考 / 金完鎭 | 曹岬 |
| 20164 | 趙抃 | 조변 | 16 | 48 | 1918.03 | 講說〉講題 存其心養其性所以事天也(大正六年十月十四日江陵郡講演) / 李容植 | |
| 20165 | 趙炳玖 | 조병구 | 25 | 38 | 1924.12 | 日誌大要 | |
| 20166 | 趙炳玖 | 조병구 | 26 | 41 | 1925.12 | 日誌大要 | |
| 20167 | 曺秉琪 | 조병기 | 40 | 62 | 1936.08 | 第四回卒業式狀況及第七回新入生名簿〉第四回卒業生名簿 | |
| 20168 | 曺秉瑾 | 조병기 | 36 | 70 | 1933.12 | 明倫學院第四回入學許可者名簿 | |

| 번호 | 원문 | 현대어(독음) | 호 | 쪽 | 발행일 | 기사명 / 필자 | 비고 |
|---|---|---|---|---|---|---|---|
| 20169 | 曹秉琪 | 조병기 | 37 | 46 | 1934.10 | 文廟釋奠狀況〉[秋期釋奠 擧行] | |
| 20170 | 曹秉琪 | 조병기 | 38 | 44 | 1935.03 | 文廟釋奠狀況〉[秋期釋奠 擧行] | |
| 20171 | 曹秉琪 | 조병기 | 39 | 52 | 1935.10 | 文廟釋奠狀況〉[春期釋奠 擧行] | |
| 20172 | 曹秉琪 | 조병기 | 40 | 35 | 1936.08 | 文廟釋奠狀況〉[秋期釋奠 擧行] | |
| 20173 | 曹秉琪 | 조병기 | 41 | 35 | 1937.02 | 文廟春季釋奠狀況 | |
| 20174 | 曹秉龍 | 조병룡 | 47 | 36 | 1943.01 | 釋奠狀況〉昭和十六年秋季釋奠狀況 | |
| 20175 | 曹秉龍 | 조병룡 | 47 | 37 | 1943.01 | 釋奠狀況〉昭和十六年秋季釋奠狀況 | |
| 20176 | 曹秉武 | 조병무 | 32 | 47 | 1930.12 | 地方報告〉各郡文廟釋奠狀況〉[曹秉武의 보고] | |
| 20177 | 曹秉武 | 조병무 | 33 | 45 | 1931.12 | 文廟釋奠狀況〉[曹秉武의 보고] | |
| 20178 | 曹秉武 | 조병무 | 35 | 33 | 1932.12 | 文廟釋奠狀況〉[曹秉武의 보고] | |
| 20179 | 曹秉相 | 조병상 | 45 | 23 | 1940.12 | 朝鮮儒林大會(朝鮮儒道聯合會創立總會) 會錄槪要〉朝鮮儒道聯合會役員名簿(昭和十四年十一月一日現在) | |
| 20180 | 曹秉相 | 조병상 | 45 | 24 | 1940.12 | 朝鮮儒林大會(朝鮮儒道聯合會創立總會) 會錄槪要〉朝鮮儒道聯合會役員名簿(昭和十四年十一月一日現在) | |
| 20181 | 曹秉相 | 조병상 | 45 | 47 | 1940.12 | 京畿道儒道聯合會結成式 | |
| 20182 | 趙炳淳 | 조병순 | 25 | 42 | 1924.12 | 日誌大要 | |
| 20183 | 趙炳淳 | 조병순 | 30 | 35 | 1929.12 | 祭粢料傳達式狀況 | |
| 20184 | 曹秉益 | 조병익 | 30 | 78 | 1929.12 | 地方報告〉[曹秉益의 報告] | |
| 20185 | 趙昺樞 | 조병추 | 26 | 37 | 1925.12 | 日誌大要 | |
| 20186 | 趙昺樞 | 조병추 | 26 | 39 | 1925.12 | 日誌大要 | |
| 20187 | 曹秉學 | 조병학 | 45 | 28 | 1940.12 | 朝鮮儒林大會(朝鮮儒道聯合會創立總會) 會錄槪要〉朝鮮儒道聯合會役員名簿(昭和十四年十一月一日現在) | |
| 20188 | 趙炳翁 | 조병흥 | 38 | 47 | 1935.03 | 文廟釋奠狀況〉地方文廟秋期釋奠狀況表 | |
| 20189 | 趙炳禧 | 조병희 | 14 | 64 | 1917.07 | 地方報告〉[金秉鉉의 報告] | |
| 20190 | 趙普 | 조보 | 4 | 8 | 1914.09 | 學說 / 呂圭亨 | |
| 20191 | 趙復陽 | 조복양 | 11 | 54 | 1916.06 | 賢關記聞(續) / 李大榮 | |
| 20192 | 趙本重和 | 조본중화 | 47 | 41 | 1943.01 | 釋奠狀況〉昭和十七年秋季釋奠狀況 | |
| 20193 | 趙奉濟 | 조봉제 | 36 | 34 | 1933.12 | 文廟釋奠狀況〉[趙奉濟의 보고] | |
| 20194 | 曹丕 | 조비 | 15 | 65 | 1917.10 | 講說〉大邱高等普通學校講演(大正六年五月十六日)〉常棣章講說 / 朴昇東 | |
| 20195 | 曹士冕 | 조사면 | 20 | 17 | 1920.03 | 經學管見(續) / 尹寧求 | |
| 20196 | 鳥飼生駒 | 조사생구 | 45 | 22 | 1940.12 | 朝鮮儒林大會(朝鮮儒道聯合會創立總會) 會錄槪要〉朝鮮儒道聯合會役員名簿(昭和十四年十一月一日現在) | 도리카이 이쿠마 |

| 번호 | 원문 | 현대어(독음) | 호 | 쪽 | 발행일 | 기사명 / 필자 | 비고 |
|---|---|---|---|---|---|---|---|
| 20197 | 鳥飼生駒 | 조사생구 | 45 | 24 | 1940.12 | 朝鮮儒林大會(朝鮮儒道聯合會創立總會) 會錄槪要〉朝鮮儒道聯合會役員名簿(昭和十四年十一月一日現在) | 도리카이 이쿠마 |
| 20198 | 趙士秀 | 조사수 | 43 | 18 | 1938.12 | 敎化編年(續) / 李大榮 | |
| 20199 | 趙相河 | 조상하 | 14 | 75 | 1917.07 | 地方報告〉[趙相河 등의 報告] | |
| 20200 | 趙相河 | 조상하 | 16 | 58 | 1918.03 | 地方報告〉[安鍾默의 報告] | |
| 20201 | 趙湅 | 조색 | 9 | 35 | 1915.12 | 賢關記聞(續) / 李大榮 | |
| 20202 | 曹錫文 | 조석문 | 26 | 80 | 1925.12 | 地方報告〉[羅燾佑 等의 報告] | |
| 20203 | 趙石帆 | 조석범 | 1 | 38 | 1913.12 | 近世事十條 / 李商永 | |
| 20204 | 曹錫八 | 조석팔 | 12 | 85 | 1916.12 | 地方報告〉[李培來의 報告] | |
| 20205 | 趙善用 | 조선용 | 45 | 40 | 1940.12 | 朝鮮儒林大會(朝鮮儒道聯合會創立總會) 會錄槪要〉朝鮮儒道聯合會役員名簿(昭和十四年十一月一日現在) | |
| 20206 | 趙星九 | 조성구 | 33 | 49 | 1931.12 | 文廟釋奠狀況〉[本院秋期釋奠에 대한 보고] | |
| 20207 | 趙星九 | 조성구 | 34 | 57 | 1932.03 | 明倫學院昭和六年度入學許可者名簿 | |
| 20208 | 趙星九 | 조성구 | 36 | 25 | 1933.12 | 文廟釋奠狀況〉[秋期釋奠 擧行] | |
| 20209 | 趙星九 | 조성구 | 36 | 67 | 1933.12 | 明倫學院第二回卒業生名簿 | |
| 20210 | 趙星九 | 조성구 | 37 | 62 | 1934.10 | 第四回評議員會狀況〉事業經過報告 / 兪萬兼 | |
| 20211 | 趙星九 | 조성구 | 45 | 37 | 1940.12 | 朝鮮儒林大會(朝鮮儒道聯合會創立總會) 會錄槪要〉朝鮮儒道聯合會役員名簿(昭和十四年十一月一日現在) | |
| 20212 | 趙性悳 | 조성덕 | 38 | 47 | 1935.03 | 文廟釋奠狀況〉地方文廟秋期釋奠狀況表 | |
| 20213 | 趙性悳 | 조성덕 | 39 | 53 | 1935.10 | 文廟釋奠狀況〉地方文廟春期釋奠狀況表 | |
| 20214 | 趙性悳 | 조성덕 | 40 | 37 | 1936.08 | 文廟釋奠狀況〉[地方文廟春期釋奠狀況表] | |
| 20215 | 趙星元 | 조성원 | 43 | 34 | 1938.12 | 皇軍慰問詩 / 趙星元 | |
| 20216 | 趙聖夏 | 조성하 | 38 | 46 | 1935.03 | 文廟釋奠狀況〉地方文廟秋期釋奠狀況表 | |
| 20217 | 趙聖夏 | 조성하 | 39 | 53 | 1935.10 | 文廟釋奠狀況〉地方文廟春期釋奠狀況表 | |
| 20218 | 趙聖夏 | 조성하 | 40 | 36 | 1936.08 | 文廟釋奠狀況〉[地方文廟春期釋奠狀況表] | |
| 20219 | 趙聖夏 | 조성하 | 44 | 53 | 1939.10 | 孝烈行蹟〉[趙聖夏의 보고] | |
| 20220 | 胙城侯 | 조성후 | 8 | 35 | 1915.09 | 賢關記聞 / 李大榮 | 廉潔 |
| 20221 | 胙城侯 | 조성후 | 42 | 47 | 1937.12 | 文廟享祀位次及聖賢姓名爵號考 / 金完鎭 | 廉潔 |
| 20222 | 胙城侯 | 조성후 | 42 | 54 | 1937.12 | 文廟享祀位次及聖賢姓名爵號考 / 金完鎭 | 樂欵 |
| 20223 | 趙世泳 | 조세영 | 31 | 62 | 1930.08 | 入學許可者名簿 | |
| 20224 | 趙世泳 | 조세영 | 33 | 43 | 1931.12 | 文廟釋奠狀況 | |
| 20225 | 趙世泳 | 조세영 | 35 | 30 | 1932.12 | 文廟釋奠狀況 | |
| 20226 | 趙世泳 | 조세영 | 35 | 74 | 1932.12 | 明倫學院第一回卒業生名簿 | |
| 20227 | 趙東虎 | 조속호 | 46 | 14 | 1941.12 | 釋奠狀況〉昭和十四年秋季釋奠狀況 | |

| 번호 | 원문 | 현대어(독음) | 호 | 쪽 | 발행일 | 기사명 / 필자 | 비고 |
|---|---|---|---|---|---|---|---|
| 20228 | 趙守倫 | 조수륜 | 12 | 39 | 1916.12 | 賢關記聞(續) / 李大榮 | |
| 20229 | 趙守鎬 | 조수호 | 31 | 39 | 1930.08 | 地方報告〉孝烈行蹟〉[李學善 等의 보고] | |
| 20230 | 趙順孫 | 조순손 | 12 | 8 | 1916.12 | 經學管見(續) / 尹寧求 | |
| 20231 | 趙順孫 | 조순손 | 12 | 9 | 1916.12 | 經學管見(續) / 尹寧求 | |
| 20232 | 趙順孫 | 조순손 | 12 | 10 | 1916.12 | 經學管見(續) / 尹寧求 | |
| 20233 | 趙洵元 | 조순원 | 45 | 35 | 1940.12 | 朝鮮儒林大會(朝鮮儒道聯合會創立總會) 會錄概要〉朝鮮儒道聯合會役員名簿(昭和十四年十一月一日現在) | |
| 20234 | 趙勝鉉 | 조승현 | 20 | 35 | 1920.03 | 金堤郡鄉校靑衿契發起通文 | |
| 20235 | 趙勝鉉 | 조승현 | 20 | 58 | 1920.03 | 地方報告〉[趙翰誠 등의 報告] | |
| 20236 | 曺植 | 조식 | 11 | 27 | 1916.06 | 經學淺知錄(續) / 金文演 | 원문은 植 |
| 20237 | 曺植 | 조식 | 16 | 15 | 1918.03 | 詩經蔫辨 / 金文演 | |
| 20238 | 曺植 | 조식 | 16 | 17 | 1918.03 | 詩經蔫辨 / 金文演 | |
| 20239 | 趙新儒 | 조신유 | 39 | 30 | 1935.10 | 東京斯文會主催儒道大會狀況 | |
| 20240 | 晁氏 | 조씨 | 20 | 14 | 1920.03 | 經學管見(續) / 尹寧求 | |
| 20241 | 曺氏 | 조씨 | 14 | 5 | 1917.07 | 經學管見(續) / 尹寧求 | |
| 20242 | 趙氏 | 조씨 | 12 | 15 | 1916.12 | 孟子緖論 / 金文演 | |
| 20243 | 趙氏 | 조씨 | 12 | 17 | 1916.12 | 孟子緖論 / 金文演 | |
| 20244 | 趙彦肅 | 조언숙 | 13 | 4 | 1917.03 | 經學管見(續) / 尹寧求 | |
| 20245 | 曺彦約 | 조언약 | 21 | 11 | 1921.03 | 經學管見(續) / 尹寧求 | |
| 20246 | 趙汝愚 | 조여우 | 16 | 6 | 1918.03 | 經學管見(續) / 尹寧求 | |
| 20247 | 晁說之 | 조열지 | 21 | 20 | 1921.03 | 經學管見(續) / 尹寧求 | |
| 20248 | 趙曄 | 조엽 | 31 | 5 | 1930.08 | 經學源流 / 權純九 | |
| 20249 | 趙榮 | 조영 | 12 | 83 | 1916.12 | 地方報告〉[趙榮 등의 報告] | |
| 20250 | 趙永 | 조영 | 14 | 75 | 1917.07 | 地方報告〉[趙相河 등의 報告] | |
| 20251 | 趙永元 | 조영원 | 15 | 31 | 1917.10 | 日誌大要 | |
| 20252 | 趙泳薰 | 조영훈 | 33 | 37 | 1931.12 | 聲討顚末 | |
| 20253 | 曺叡 | 조예 | 10 | 75 | 1916.03 | 地方報告〉[成樂賢의 報告] | |
| 20254 | 趙玉川 | 조옥천 | 33 | 11 | 1931.12 | 孝子司饔院奉事白公行狀 / 成樂賢 | 趙堪 |
| 20255 | 趙琬鎬 | 조완호 | 31 | 61 | 1930.08 | 入學許可者名簿 | |
| 20256 | 趙琬鎬 | 조완호 | 33 | 42 | 1931.12 | 文廟釋奠狀況 | |
| 20257 | 趙琬鎬 | 조완호 | 33 | 43 | 1931.12 | 文廟釋奠狀況 | |
| 20258 | 趙琬鎬 | 조완호 | 35 | 30 | 1932.12 | 文廟釋奠狀況 | |
| 20259 | 趙琬鎬 | 조완호 | 35 | 74 | 1932.12 | 明倫學院第一回卒業生名簿 | |
| 20260 | 趙琬鎬 | 조완호 | 32 | 37 | 1930.12 | 日誌大要 | |
| 20261 | 趙鏞起 | 조용기 | 20 | 38 | 1920.03 | 求禮郡文廟重修捐義錄小序 / 金商翊 | |

| 번호 | 원문 | 현대어(독음) | 호 | 쪽 | 발행일 | 기사명 / 필자 | 비고 |
|---|---|---|---|---|---|---|---|
| 20262 | 趙鏞悳 | 조용덕 | 33 | 37 | 1931.12 | 聲討顛末 | |
| 20263 | 趙龍門 | 조용문 | 11 | 27 | 1916.06 | 經學淺知錄(續) / 金文演 | 趙昱 |
| 20264 | 趙鏞俊 | 조용준 | 32 | 46 | 1930.12 | 地方報告>各郡文廟釋奠狀況>[趙鏞俊의 보고] | |
| 20265 | 趙溶夏 | 조용하 | 32 | 52 | 1930.12 | 地方報告>孝烈行蹟>[趙溶夏 等의 보고] | |
| 20266 | 趙溶夏 | 조용하 | 33 | 35 | 1931.12 | 聲討顛末 | |
| 20267 | 趙鏞夏 | 조용하 | 29 | 72 | 1928.12 | 地方報告>[鄭汝鉉의 報告] | |
| 20268 | 曺龍煥 | 조용환 | 43 | 29 | 1938.12 | 儒林特志>[姜錫圭의 보고]>祭需品奉納者氏名及物名 | |
| 20269 | 祖禹 | 조우 | 21 | 18 | 1921.03 | 經學管見(續) / 尹寧求 | |
| 20270 | 趙友誠 | 조우성 | 14 | 75 | 1917.07 | 地方報告>[趙相河 등의 報告] | |
| 20271 | 趙昱 | 조욱 | 11 | 27 | 1916.06 | 經學淺知錄(續) / 金文演 | 원문은 昱 |
| 20272 | 趙煜 | 조욱 | 17 | 5 | 1918.07 | 經學管見(續) / 尹寧求 | |
| 20273 | 趙雲柱 | 조운주 | 28 | 82 | 1927.12 | 地方報告>[金祐濟의 報告] | |
| 20274 | 趙月川 | 조월천 | 11 | 27 | 1916.06 | 經學淺知錄(續) / 金文演 | 趙穆 |
| 20275 | 趙義元 | 조의원 | 32 | 41 | 1930.12 | 地方報告>地方儒林狀況>[成樂賢의 報告] | |
| 20276 | 趙翼 | 조익 | 11 | 54 | 1916.06 | 賢關記聞(續) / 李大榮 | |
| 20277 | 趙翼 | 조익 | 12 | 13 | 1916.12 | 孟子緒論 / 金文演 | 원문은 翼 |
| 20278 | 趙翼 | 조익 | 16 | 16 | 1918.03 | 詩經蔦辨 / 金文演 | 원문은 翼 |
| 20279 | 趙翼 | 조익 | 16 | 17 | 1918.03 | 詩經蔦辨 / 金文演 | 원문은 翼 |
| 20280 | 趙翼元 | 조익원 | 43 | 33 | 1938.12 | 皇軍慰問詩 / 趙翼元 | |
| 20281 | 趙翊濟 | 조익제 | 23 | 86 | 1922.12 | 地方報告>[金性在의 報告] | |
| 20282 | 趙寅錫 | 조인석 | 44 | 86 | 1939.10 | 文廟春季釋奠狀況 | |
| 20283 | 趙寅錫 | 조인석 | 45 | 23 | 1940.12 | 朝鮮儒林大會(朝鮮儒道聯合會創立總會) 會錄槪要>朝鮮儒道聯合會役員名簿(昭和十四年十一月一日現在) | |
| 20284 | 趙麟濟 | 조인제 | 29 | 72 | 1928.12 | 地方報告>[鄭汝鉉의 報告] | |
| 20285 | 趙璜鎬 | 조인호 | 32 | 37 | 1930.12 | 日誌大要 | |
| 20286 | 趙一淸 | 조일청 | 18 | 11 | 1918.09 | 經學管見(續) / 尹寧求 | |
| 20287 | 趙子櫟 | 조자력 | 16 | 8 | 1918.03 | 經學管見(續) / 尹寧求 | |
| 20288 | 趙章年 | 조장년 | 26 | 77 | 1925.12 | 地方報告>[羅壽佑 等의 報告] | 趙章年 |
| 20289 | 趙在敦 | 조재돈 | 30 | 76 | 1929.12 | 地方報告>[趙在敦의 報告] | |
| 20290 | 趙載彦 | 조재언 | 14 | 76 | 1917.07 | 地方報告>[尹錫衡의 報告] | |
| 20291 | 趙銓九 | 조전구 | 31 | 29 | 1930.08 | 日誌大要 | |
| 20292 | 趙銓九 | 조전구 | 31 | 30 | 1930.08 | 日誌大要 | |
| 20293 | 篠田治策 | 조전치책 | 21 | 55 | 1921.03 | 掌議에 關훈 規程 | 시노다지사쿠 |

ㅈ

| 번호 | 원문 | 현대어(독음) | 호 | 쪽 | 발행일 | 기사명 / 필자 | 비고 |
|---|---|---|---|---|---|---|---|
| 20294 | 趙鼎 | 조정 | 40 | 41 | 1936.08 | 成竹似先生追悼錄〉挽故成均館博士成竹似先生 / 韓昌愚 | |
| 20295 | 曺正道 | 조정도 | 34 | 58 | 1932.03 | 明倫學院昭和六年度入學許可者名簿 | |
| 20296 | 曺正道 | 조정도 | 35 | 30 | 1932.12 | 文廟釋奠狀況 | |
| 20297 | 曺正道 | 조정도 | 36 | 25 | 1933.12 | 文廟釋奠狀況〉[秋期釋奠 擧行] | |
| 20298 | 曺正道 | 조정도 | 36 | 30 | 1933.12 | 文廟釋奠狀況〉[春期釋奠 擧行] | |
| 20299 | 曺正道 | 조정도 | 36 | 55 | 1933.12 | 第二回學生卒業式狀況 | |
| 20300 | 曺正道 | 조정도 | 36 | 68 | 1933.12 | 明倫學院第二回卒業生名簿 | |
| 20301 | 曺正道 | 조정도 | 36 | 72 | 1933.12 | 明倫學院第二回補習科生名簿 | |
| 20302 | 曺正道 | 조정도 | 37 | 46 | 1934.10 | 文廟釋奠狀況〉[秋期釋奠 擧行] | |
| 20303 | 曺正道 | 조정도 | 37 | 51 | 1934.10 | 文廟釋奠狀況〉[春期釋奠 擧行] | |
| 20304 | 曺正道 | 조정도 | 37 | 70 | 1934.10 | 明倫學院補習科第二回修了生名簿 | |
| 20305 | 曺正道 | 조정도 | 40 | 58 | 1936.08 | 鄭茂亭先生追悼錄〉輓詞 / 曹正道 | |
| 20306 | 趙正三 | 조정삼 | 27 | 79 | 1926.12 | 地方報告〉[趙正三의 報告] | |
| 20307 | 趙靜庵 | 조정암 | 9 | 33 | 1915.12 | 賢關記聞(續) / 李大榮 | 趙光祖 |
| 20308 | 趙靜庵 | 조정암 | 30 | 63 | 1929.12 | 講說〉講題 朝鮮의 在한 聖學道統：李退溪先生을 憶함 / 赤木萬二郎 | 趙光祖 |
| 20309 | 趙靜庵 | 조정암 | 37 | 38 | 1934.10 | 地方儒林狀況〉[李大榮의 보고]〉書院狀況 | 趙光祖 |
| 20310 | 趙靜菴 | 조정암 | 11 | 27 | 1916.06 | 經學淺知錄(續) / 金文演 | 趙光祖 |
| 20311 | 趙廷浩 | 조정호 | 20 | 38 | 1920.03 | 求禮郡文廟重修捐義錄小序 / 金商翊 | |
| 20312 | ジョセフィン | 조제핀 | 46 | 62 | 1941.12 | 講演及講習〉時局と婦道實踐(講演速記) / 永田種秀 | Joséphine de Beauharnais, 나폴레옹의 부인 |
| 20313 | 曹操 | 조조 | 1 | 69 | 1913.12 | 講說〉大正二年九月四日第二回演講〉(講章此之謂絜矩之道)〉敷演 / 呂圭亨 | |
| 20314 | 曹操 | 조조 | 8 | 11 | 1915.09 | 華山問答(續) / 李容植 | 원문은 操 |
| 20315 | 曹操 | 조조 | 10 | 75 | 1916.03 | 地方報告〉[成樂賢의 報告] | |
| 20316 | 曹操 | 조조 | 11 | 24 | 1916.06 | 經學管見(續) / 尹寧求 | |
| 20317 | 鼂錯 | 조조 | 1 | 20 | 1913.12 | 經學當明者 三 / 呂圭亨 | |
| 20318 | 趙鍾洛 | 조종락 | 38 | 49 | 1935.03 | 文廟釋奠狀況〉地方文廟秋期釋奠狀況表 | |
| 20319 | 趙宗顯 | 조종현 | 16 | 69 | 1918.03 | 地方報告〉[洪性肅의 報告] | |
| 20320 | 趙鍾灝 | 조종현 | 32 | 41 | 1930.12 | 地方報告〉地方儒林狀況〉[成樂賢의 報告] | |
| 20321 | 趙鍾華 | 조종화 | 45 | 41 | 1940.12 | 朝鮮儒林大會(朝鮮儒道聯合會創立總會) 會錄概要〉朝鮮儒道聯合會役員名簿(昭和十四年十一月一日現在) | |
| 20322 | 趙濬九 | 조준구 | 47 | 41 | 1943.01 | 釋奠狀況〉昭和十七年秋季釋奠狀況 | |
| 20323 | 趙濬九 | 조준구 | 48 | 52 | 1944.04 | 釋奠狀況〉昭和十八年春季釋奠狀況 | |

ㅈ

| 번호 | 원문 | 현대어(독음) | 호 | 쪽 | 발행일 | 기사명 / 필자 | 비고 |
|---|---|---|---|---|---|---|---|
| 20324 | 趙俊鎬 | 조준호 | 45 | 39 | 1940.12 | 朝鮮儒林大會(朝鮮儒道聯合會創立總會) 會錄槪要〉朝鮮儒道聯合會役員名簿(昭和十四年十一月一日現在) | |
| 20325 | 趙重穆 | 조중목 | 45 | 21 | 1940.12 | 朝鮮儒林大會(朝鮮儒道聯合會創立總會) 會錄槪要〉朝鮮儒道聯合會役員名簿(昭和十四年十一月一日現在) | |
| 20326 | 趙重峯 | 조중봉 | 8 | 37 | 1915.09 | 賢關記聞 / 李大榮 | |
| 20327 | 趙重應 | 조중응 | 1 | 57 | 1913.12 | 日誌大要 | |
| 20328 | 趙重應 | 조중응 | 1 | 72 | 1913.12 | 講說〉大正二年九月四日第二回演講〉(講章此之謂絜矩之道)〉結辭 / 趙重應 | |
| 20329 | 趙重應 | 조중응 | 15 | 34 | 1917.10 | 日誌大要 | |
| 20330 | 趙重應 | 조중응 | 15 | 46 | 1917.10 | 講說〉今日 朝鮮 儒敎人의 自覺處(大正六年十六日第二十四回講演) / 趙重應 | |
| 20331 | 趙重獻 | 조중헌 | 45 | 25 | 1940.12 | 朝鮮儒林大會(朝鮮儒道聯合會創立總會) 會錄槪要〉朝鮮儒道聯合會役員名簿(昭和十四年十一月一日現在) | |
| 20332 | 趙持謙 | 조지겸 | 11 | 54 | 1916.06 | 賢關記聞(續) / 李大榮 | |
| 20333 | 趙持謙 | 조지겸 | 11 | 56 | 1916.06 | 賢關記聞(續) / 李大榮 | |
| 20334 | 趙持謙 | 조지겸 | 21 | 64 | 1921.03 | 賢關記聞(續) / 李大榮 | |
| 20335 | 鼂錯 | 조착 | 9 | 20 | 1915.12 | 經學管見(下) / 尹寧求 | |
| 20336 | 鼂錯 | 조착 | 10 | 2 | 1916.03 | 經論 / 金元祐 | |
| 20337 | 趙贊誠 | 조 찬성 | 14 | 75 | 1917.07 | 地方報告〉[趙相河 등의 報告] | |
| 20338 | 曹參 | 조참 | 4 | 5 | 1914.09 | 學說 / 呂圭亨 | |
| 20339 | 曹參 | 조참 | 7 | 77 | 1915.06 | 講說〉講題 孔子聖之時者也(大政四年三月十八日第十回講演)〉續演 / 呂圭亨 | |
| 20340 | 趙昌元 | 조창원 | 45 | 41 | 1940.12 | 朝鮮儒林大會(朝鮮儒道聯合會創立總會) 會錄槪要〉朝鮮儒道聯合會役員名簿(昭和十四年十一月一日現在) | |
| 20341 | 趙天植 | 조천식 | 23 | 83 | 1922.12 | 地方報告〉[趙天植의 報告] | |
| 20342 | 趙天植 | 조천식 | 25 | 44 | 1924.12 | 日誌大要 | |
| 20343 | 趙天植 | 조천식 | 33 | 21 | 1931.12 | 壽松帖〉敬賀鄭提學先生喜壽 / 趙天植 | |
| 20344 | 趙天植 | 조천식 | 34 | 57 | 1932.03 | 明倫學院評議會員名簿 | |
| 20345 | 趙天植 | 조천식 | 36 | 22 | 1933.12 | 日誌大要 | |
| 20346 | 早川喜四郎 | 조천희사랑 | 44 | 84 | 1939.10 | 日誌大要(自昭和十三年六月 至昭和十三年十二月) | 하야카와 기시로 |
| 20347 | 趙春植 | 조춘식 | 33 | 49 | 1931.12 | 文廟釋奠狀況〉[本院秋期釋奠에 대한 보고] | |
| 20348 | 趙春植 | 조춘식 | 34 | 32 | 1932.03 | 日誌大要 | |
| 20349 | 趙春植 | 조춘식 | 34 | 58 | 1932.03 | 明倫學院昭和六年度入學許可者名簿 | |
| 20350 | 趙春植 | 조춘식 | 36 | 68 | 1933.12 | 明倫學院第二回卒業生名簿 | |

| 번호 | 원문 | 현대어(독음) | 호 | 쪽 | 발행일 | 기사명 / 필자 | 비고 |
|---|---|---|---|---|---|---|---|
| 20351 | 趙春植 | 조춘식 | 45 | 37 | 1940.12 | 朝鮮儒林大會(朝鮮儒道聯合會創立總會) 會錄槪要〉朝鮮儒道聯合會役員名簿(昭和十四年十一月一日現在) | |
| 20352 | 趙春煥 | 조춘환 | 29 | 19 | 1928.12 | 孺人慶州金氏烈行紀蹟碑 / 金完鎭 | 원문은 漢陽趙公春煥 |
| 20353 | 趙充國 | 조충국 | 9 | 17 | 1915.12 | 經學管見(上) / 尹寧求 | |
| 20354 | 趙徵元 | 조치원 | 9 | 42 | 1915.12 | 日誌大要 | |
| 20355 | 趙泰植 | 조태식 | 44 | 79 | 1939.10 | 文廟秋季釋奠狀況 | |
| 20356 | 趙泰植 | 조태식 | 44 | 83 | 1939.10 | 日誌大要(自昭和十三年六月 至昭和十三年十二月) | |
| 20357 | 趙泰植 | 조태식 | 44 | 86 | 1939.10 | 文廟春季釋奠狀況 | |
| 20358 | 趙泰植 | 조태식 | 45 | 36 | 1940.12 | 朝鮮儒林大會(朝鮮儒道聯合會創立總會) 會錄槪要〉朝鮮儒道聯合會役員名簿(昭和十四年十一月一日現在) | |
| 20359 | 趙泰植 | 조태식 | 45 | 42 | 1940.12 | 朝鮮儒林大會(朝鮮儒道聯合會創立總會) 會錄槪要〉朝鮮儒道聯合會役員名簿(昭和十四年十一月一日現在) | |
| 20360 | 趙泰植 | 조태식 | 46 | 14 | 1941.12 | 釋奠狀況〉昭和十五年春季釋奠狀況 | |
| 20361 | 趙泰植 | 조태식 | 46 | 15 | 1941.12 | 釋奠狀況〉昭和十五年春季釋奠狀況 | |
| 20362 | 趙泰植 | 조태식 | 46 | 16 | 1941.12 | 釋奠狀況〉昭和十五年秋季釋奠狀況 | |
| 20363 | 趙泰植 | 조태식 | 46 | 18 | 1941.12 | 釋奠狀況〉昭和十六年春季釋奠狀況 | |
| 20364 | 趙泰植 | 조태식 | 46 | 20 | 1941.12 | 經學院日誌大要(昭和十四年七月ヨリ昭和十六年六月マテ) | |
| 20365 | 趙泰植 | 조태식 | 46 | 21 | 1941.12 | 經學院日誌大要(昭和十四年七月ヨリ昭和十六年六月マテ) | |
| 20366 | 趙泰植 | 조태식 | 46 | 22 | 1941.12 | 經學院日誌大要(昭和十四年七月ヨリ昭和十六年六月マテ) | |
| 20367 | 趙泰植 | 조태식 | 46 | 23 | 1941.12 | 經學院日誌大要(昭和十四年七月ヨリ昭和十六年六月マテ) | |
| 20368 | 趙泰植 | 조태식 | 46 | 24 | 1941.12 | 經學院日誌大要(昭和十四年七月ヨリ昭和十六年六月マテ) | |
| 20369 | 趙泰植 | 조태식 | 46 | 25 | 1941.12 | 經學院日誌大要(昭和十四年七月ヨリ昭和十六年六月マテ) | |
| 20370 | 趙泰植 | 조태식 | 46 | 42 | 1941.12 | 江原道儒道聯合會結成式 | |
| 20371 | 趙泰植 | 조태식 | 47 | 37 | 1943.01 | 釋奠狀況〉昭和十六年秋季釋奠狀況 | |
| 20372 | 趙泰植 | 조태식 | 47 | 38 | 1943.01 | 釋奠狀況〉昭和十七年春季釋奠狀況 | |
| 20373 | 趙泰植 | 조태식 | 47 | 42 | 1943.01 | 釋奠狀況〉昭和十七年秋季釋奠狀況 | |
| 20374 | 趙泰植 | 조태식 | 47 | 45 | 1943.01 | 經學院日誌大要(昭和十六年七月ヨリ昭和十七年六月マテ) | |

| 번호 | 원문 | 현대어(독음) | 호 | 쪽 | 발행일 | 기사명 / 필자 | 비고 |
|---|---|---|---|---|---|---|---|
| 20375 | 趙泰植 | 조태식 | 47 | 46 | 1943.01 | 經學院日誌大要(昭和十六年七月ヨリ昭和十七年六月マテ) | |
| 20376 | 趙泰植 | 조태식 | 47 | 47 | 1943.01 | 經學院日誌大要(昭和十六年七月ヨリ昭和十七年六月マテ) | |
| 20377 | 趙泰植 | 조태식 | 48 | 51 | 1944.04 | 釋奠狀況〉昭和十八年春季釋奠狀況 | |
| 20378 | 趙泰植 | 조태식 | 48 | 53 | 1944.04 | 釋奠狀況〉昭和十八年秋季釋奠狀況 | |
| 20379 | 趙泰植 | 조태식 | 48 | 61 | 1944.04 | 經學院日誌大要(昭和十七年七月ヨリ昭和十八年六月マテ) | |
| 20380 | 趙泰鉉 | 조태현 | 21 | 96 | 1921.03 | 地方報告〉[趙泰鉉의 報告] | |
| 20381 | 趙泰義 | 조태희 | 36 | 71 | 1933.12 | 明倫學院第四回入學許可者名簿 | |
| 20382 | 趙泰義 | 조태희 | 37 | 45 | 1934.10 | 文廟釋奠狀況〉[秋期釋奠 擧行] | |
| 20383 | 趙泰義 | 조태희 | 37 | 46 | 1934.10 | 文廟釋奠狀況〉[秋期釋奠 擧行] | |
| 20384 | 趙泰義 | 조태희 | 40 | 35 | 1936.08 | 文廟釋奠狀況〉[秋期釋奠 擧行] | |
| 20385 | 趙泰義 | 조태희 | 40 | 62 | 1936.08 | 第四回卒業式狀況及第七回新入生名簿〉第四回卒業生名簿 | |
| 20386 | 趙泰義 | 조태희 | 41 | 35 | 1937.02 | 文廟春季釋奠狀況 | |
| 20387 | 趙泰義 | 조태희 | 43 | 51 | 1938.12 | 鄭松里先生追悼錄〉哀辭 / 趙泰義 | |
| 20388 | 曺澤承 | 조택승 | 2 | 25 | 1914.03 | 呈經學院祝賀新年 / 金光鉉 | |
| 20389 | 曺澤承 | 조택승 | 4 | 52 | 1914.09 | 呈經學院 / 曺澤承 | |
| 20390 | 曺必煥 | 조필환 | 35 | 38 | 1932.12 | 孝烈行蹟〉[魏啓龍 等의 보고] | |
| 20391 | 曺學佺 | 조학전 | 18 | 12 | 1918.09 | 經學管見(續) / 尹寧求 | |
| 20392 | 趙翰誠 | 조한성 | 20 | 35 | 1920.03 | 金堤郡鄕校靑衿契發起通文 | |
| 20393 | 趙翰誠 | 조한성 | 20 | 56 | 1920.03 | 地方報告〉[趙翰誠 등의 報告] | |
| 20394 | 趙翰誠 | 조한성 | 20 | 57 | 1920.03 | 地方報告〉[趙翰誠 등의 報告] | |
| 20395 | 趙翰誠 | 조한성 | 21 | 93 | 1921.03 | 地方報告〉[趙翰誠의 報告] | |
| 20396 | 趙㟓 | 조함 | 20 | 19 | 1920.03 | 經學管見(續) / 尹寧求 | |
| 20397 | 趙㟓 | 조함 | 20 | 20 | 1920.03 | 經學管見(續) / 尹寧求 | |
| 20398 | 趙憲 | 조헌 | 8 | 37 | 1915.09 | 賢關記聞 / 李大榮 | 원문은 憲 |
| 20399 | 趙憲 | 조헌 | 10 | 46 | 1916.03 | 賢關記聞(續) / 李大榮 | |
| 20400 | 趙憲 | 조헌 | 10 | 52 | 1916.03 | 賢關記聞(續) / 李大榮 | |
| 20401 | 趙憲 | 조헌 | 12 | 41 | 1916.12 | 賢關記聞(續) / 李大榮 | |
| 20402 | 趙憲 | 조헌 | 25 | 42 | 1924.12 | 日誌大要 | |
| 20403 | 趙憲 | 조헌 | 30 | 35 | 1929.12 | 祭粢料傳達式狀況 | |
| 20404 | 趙憲 | 조헌 | 30 | 58 | 1929.12 | 講說〉講題 朝鮮의 在한 聖學道統 : 李退溪先生을 憶함 / 赤木萬二郞 | |
| 20405 | 趙憲 | 조헌 | 37 | 39 | 1934.10 | 地方儒林狀況〉[李大榮의 보고]〉書院狀況 | 원문은 趙文烈公憲 |

| 번호 | 원문 | 현대어(독음) | 호 | 쪽 | 발행일 | 기사명 / 필자 | 비고 |
|---|---|---|---|---|---|---|---|
| 20406 | 趙憲 | 조헌 | 42 | 48 | 1937.12 | 文廟享祀位次及聖賢姓名爵號考 / 金完鎭 | 文烈公 |
| 20407 | 趙憲 | 조헌 | 42 | 58 | 1937.12 | 文廟享祀位次及聖賢姓名爵號考 / 金完鎭 | 文烈公 |
| 20408 | 趙憲 | 조헌 | 42 | 59 | 1937.12 | 文廟享祀位次及聖賢姓名爵號考 / 金完鎭 | |
| 20409 | 曺憲永 | 조헌영 | 12 | 85 | 1916.12 | 地方報告〉[李培來의 報告] | |
| 20410 | 趙賢 | 조현 | 16 | 5 | 1918.03 | 經學管見(續) / 尹寧求 | 汝陽縣 人 |
| 20411 | 趙賢均 | 조현균 | 41 | 55 | 1937.02 | 定州儒林會發會式狀況 | |
| 20412 | 曺協承 | 조협승 | 1 | 46 | 1913.12 | 日誌大要 | |
| 20413 | 曺協承 | 조협승 | 1 | 51 | 1913.12 | 日誌大要 | |
| 20414 | 曺協承 | 조협승 | 1 | 52 | 1913.12 | 日誌大要 | |
| 20415 | 曺協承 | 조협승 | 1 | 57 | 1913.12 | 日誌大要 | |
| 20416 | 曺協承 | 조협승 | 1 | 79 | 1913.12 | 地方報告 大正元年始〉[曺協承의 報告] | |
| 20417 | 曺協承 | 조협승 | 1 | 80 | 1913.12 | 地方報告 大正元年始〉[吳憲泳의 報告] | |
| 20418 | 曺協承 | 조협승 | 1 | 87 | 1913.12 | 地方報告 大正元年始〉[曺協承의 報告] | |
| 20419 | 曺協承 | 조협승 | 2 | 50 | 1914.03 | 日誌大要 | |
| 20420 | 曺協承 | 조협승 | 2 | 58 | 1914.03 | 日誌大要 | |
| 20421 | 晁逈 | 조형 | 21 | 20 | 1921.03 | 經學管見(續) / 尹寧求 | |
| 20422 | 趙瀅元 | 조형원 | 20 | 46 | 1920.03 | 日誌大要 | |
| 20423 | 趙亨楷 | 조형해 | 14 | 75 | 1917.07 | 地方報告〉[尹錫衡의 報告] | |
| 20424 | 曹卹 | 조휼 | 30 | [7] | 1929.12 | 李龍眠畵宣聖及七十二弟子像贊(金石萃編) | 子循 |
| 20425 | 曹卹 | 조휼 | 42 | 52 | 1937.12 | 文廟享祀位次及聖賢姓名爵號考 / 金完鎭 | 上蔡侯, 원문은 姓曹名卹 |
| 20426 | 曹郵 | 조휼 | 42 | 47 | 1937.12 | 文廟享祀位次及聖賢姓名爵號考 / 金完鎭 | 上蔡侯 |
| 20427 | 趙興奎 | 조흥규 | 32 | 44 | 1930.12 | 地方報告〉地方儒林狀況〉[李學魯의 報告] | |
| 20428 | 趙熙斗 | 조희두 | 40 | 38 | 1936.08 | 文廟釋奠狀況〉[地方文廟春期釋奠狀況表] | |
| 20429 | 趙希弁 | 조희변 | 20 | 13 | 1920.03 | 經學管見(續) / 尹寧求 | |
| 20430 | 趙熙粲 | 조희찬 | 16 | 53 | 1918.03 | 地方報告〉[成樂賢의 報告] | |
| 20431 | 拙庵 | 졸암 | 23 | 88 | 1922.12 | 地方報告〉[乾元祠 新建 關聯 報告] | 姜海遇 |
| 20432 | 拙窩公 | 졸와공 | 23 | 89 | 1922.12 | 地方報告〉[崔潤鍾의 報告] | 金時洛 |
| 20433 | 拙窩公 | 졸와공 | 23 | 90 | 1922.12 | 地方報告〉[崔潤鍾의 報告] | 金時洛 |
| 20434 | 鍾 | 종 | 40 | 16 | 1936.08 | 文房四友說 / 韓昌愚 | 魏晉시대 人 |
| 20435 | 宗凜 | 종름 | 18 | 12 | 1918.09 | 經學管見(續) / 尹寧求 | |
| 20436 | 鐘離權 | 종리권 | 9 | 5 | 1915.12 | 經說(續) / 韓晩容 | |
| 20437 | 鐘文烝 | 종문증 | 10 | 25 | 1916.03 | 經學淺知錄 / 金文演 | |
| 20438 | 鍾璿 | 종선 | 38 | 33 | 1935.03 | 絅菴言志序 / 成樂賢 | |
| 20439 | 宗聖 | 종성 | 4 | 9 | 1914.09 | 經學 / 朴長鴻 | 曾子 |

| 번호 | 원문 | 현대어(독음) | 호 | 쪽 | 빌헹일 | 기사명 / 필자 | 비고 |
|---|---|---|---|---|---|---|---|
| 20440 | 宗聖 | 종성 | 20 | 29 | 1920.03 | 三洙瑣談(續) / 元泳義 | 宗聖侯 |
| 20441 | 宗聖 | 종성 | 42 | 49 | 1937.12 | 文廟享祀位次及聖賢姓名爵號考 / 金完鎭 | 曾子 |
| 20442 | 宗聖 | 종성 | 42 | 60 | 1937.12 | 文廟享祀位次及聖賢姓名爵號考 / 金完鎭 | 曾子 |
| 20443 | 宗聖公 | 종성공 | 2 | 36 | 1914.03 | 大成殿神位圖 | 曾子 |
| 20444 | 宗聖公 | 종성공 | 2 | 41 | 1914.03 | 笏記 | 曾子 |
| 20445 | 宗聖公 | 종성공 | 2 | 42 | 1914.03 | 笏記 | 曾子 |
| 20446 | 宗聖公 | 종성공 | 8 | 35 | 1915.09 | 賢關記聞 / 李大榮 | 曾子 |
| 20447 | 宗聖公 | 종성공 | 10 | 49 | 1916.03 | 賢關記聞(續) / 李大榮 | 曾子 |
| 20448 | 宗聖公 | 종성공 | 10 | 50 | 1916.03 | 賢關記聞(續) / 李大榮 | 曾子 |
| 20449 | 宗聖公 | 종성공 | 19 | 29 | 1918.12 | 賢關記聞(續) / 李大榮 | 曾子 |
| 20450 | 鐘氏 | 종씨 | 10 | 18 | 1916.03 | 經學管見(續) / 尹寧求 | |
| 20451 | 鍾淵映 | 종연영 | 19 | 11 | 1918.12 | 經學管見(續) / 尹寧求 | |
| 20452 | 鍾繇 | 종요 | 11 | 4 | 1916.06 | 經論 / 韓晚容 | |
| 20453 | 從子聖 | 종자성 | 44 | 37 | 1939.10 | 經儒學 / 金誠鎭 | 戴德 |
| 20454 | 宗楚客 | 종초객 | 21 | 10 | 1921.03 | 經學管見(續) / 尹寧求 | |
| 20455 | 鍾峴 | 종현 | 35 | 12 | 1932.12 | 池石庵玩洙六十一壽序 / 權純九 | |
| 20456 | 左 | 좌 | 14 | 1 | 1917.07 | 經言 / 鄭崙秀 | 左慈 |
| 20457 | 左丘明 | 좌구명 | 1 | 19 | 1913.12 | 經學當明者 二 / 呂圭亨 | |
| 20458 | 左丘明 | 좌구명 | 1 | 62 | 1913.12 | 講說〉大正二年六月十四日第一回演講〉(講章 益者三友損者三友)〉敷演 / 權寧瑀 | |
| 20459 | 左丘明 | 좌구명 | 9 | 59 | 1915.12 | 講說〉講題 三人行必有我師(大正四年六月 十二日第十三回講演) / 呂圭亨 | |
| 20460 | 左丘明 | 좌구명 | 10 | 14 | 1916.03 | 經學管見(續) / 尹寧求 | |
| 20461 | 左丘明 | 좌구명 | 12 | 41 | 1916.12 | 賢關記聞(續) / 李大榮 | |
| 20462 | 左丘明 | 좌구명 | 15 | 17 | 1917.10 | 詩經蔦辨 / 金文演 | |
| 20463 | 左丘明 | 좌구명 | 16 | 1 | 1918.03 | 經學管見(續) / 尹寧求 | |
| 20464 | 左丘明 | 좌구명 | 42 | 46 | 1937.12 | 文廟享祀位次及聖賢姓名爵號考 / 金完鎭 | 中都伯 |
| 20465 | 左丘明 | 좌구명 | 42 | 55 | 1937.12 | 文廟享祀位次及聖賢姓名爵號考 / 金完鎭 | 中都伯, 원문은 姓左名丘明 |
| 20466 | 左丘明 | 좌구명 | 44 | 36 | 1939.10 | 經儒學 / 金誠鎭 | |
| 20467 | 左邱明 | 좌구명 | 31 | 4 | 1930.08 | 經學源流 / 權純九 | 左丘明 |
| 20468 | 左邱明 | 좌구명 | 42 | 60 | 1937.12 | 文廟享祀位次及聖賢姓名爵號考 / 金完鎭 | 左丘明 |
| 20469 | 佐藤廣治 | 좌등광치 | 24 | 27 | 1923.12 | 釋奠에 就하야 / 佐藤廣治 | 사토 히로지 |
| 20470 | 佐藤廣治 | 좌등광치 | 25 | 17 | 1924.12 | 釋奠에 就하야(續) / 佐藤廣治 | 사토 히로지 |
| 20471 | 佐藤廣治 | 좌등광치 | 26 | 24 | 1925.12 | 釋奠에 就ᄒ야(續) / 佐藤廣治 | 사토 히로지 |
| 20472 | 佐藤廣治 | 좌등광치 | 27 | 36 | 1926.12 | 釋奠에 就ᄒ야(續) / 佐藤廣治 | 사토 히로지 |

| 번호 | 원문 | 현대어(독음) | 호 | 쪽 | 발행일 | 기사명 / 필자 | 비고 |
|---|---|---|---|---|---|---|---|
| 20473 | 佐藤君纏 | 좌등군재 | 33 | 7 | 1931.12 | 海州郡文廟重修記 / 鄭萬朝 | 해주군수 |
| 20474 | 佐藤直方 | 좌등직방 | 18 | 54 | 1918.09 | 講說〉講題 內地의 宋學(大正七年五月十一日 第二十八回講演) / 今關壽麿 | 사토 나오카타 |
| 20475 | 左思 | 좌사 | 14 | 6 | 1917.07 | 經學管見(續) / 尹寧求 | |
| 20476 | 左氏 | 좌씨 | 4 | 44 | 1914.09 | 孔子年報(續) / 呂圭亨 | |
| 20477 | 左氏 | 좌씨 | 8 | 21 | 1915.09 | 孔子年報(續) / 呂圭亨 | |
| 20478 | 左氏 | 좌씨 | 10 | 16 | 1916.03 | 經學管見(續) / 尹寧求 | |
| 20479 | 左氏 | 좌씨 | 11 | 2 | 1916.06 | 經論 / 韓晩容 | |
| 20480 | 左氏 | 좌씨 | 14 | 9 | 1917.07 | 經學管見(續) / 尹寧求 | |
| 20481 | 左氏 | 좌씨 | 26 | 23 | 1925.12 | 三洙瑣談(續) / 元泳義 | |
| 20482 | 左氏 | 좌씨 | 44 | 33 | 1939.10 | 經儒學 / 金誠鎭 | |
| 20483 | 左人郢 | 좌인영 | 30 | [11] | 1929.12 | 李龍眠畫宣聖及七十二弟子像贊(金石萃編) | 行 |
| 20484 | 左人郢 | 좌인영 | 42 | 47 | 1937.12 | 文廟享祀位次及聖賢姓名爵號考 / 金完鎭 | 南華侯 |
| 20485 | 左人郢 | 좌인영 | 42 | 54 | 1937.12 | 文廟享祀位次及聖賢姓名爵號考 / 金完鎭 | 南華侯, 원문은 姓左名人郢 |
| 20486 | 左子 | 좌자 | 42 | 55 | 1937.12 | 文廟享祀位次及聖賢姓名爵號考 / 金完鎭 | 左丘明 |
| 20487 | 佐佐木藤太郎 | 좌좌목등태랑 | 21 | 59 | 1921.03 | 掌議에 關혼 規程 | 사사키 후지타로 |
| 20488 | 佐佐木藤太郎 | 좌좌목등태랑 | 22 | 29 | 1922.03 | 鄕校財産管理規則施行細則(續) | 사사키 후지타로 |
| 20489 | 左海夫子 | 좌해부자 | 37 | 38 | 1934.10 | 地方儒林狀況〉[李大榮의 보고]〉書院狀況 | 李珏 |
| 20490 | 周 | 주 | 1 | 2 | 1913.12 | 經學院雜誌序 / 鄭鳳時 | |
| 20491 | 周 | 주 | 1 | 9 | 1913.12 | 論說 / 呂圭亨 | |
| 20492 | 周 | 주 | 1 | 22 | 1913.12 | 經學當明者 四 / 呂圭亨 | |
| 20493 | 周 | 주 | 1 | 26 | 1913.12 | 庸言 / 金允植 | |
| 20494 | 周 | 주 | 6 | 38 | 1915.03 | 孔子年報(續) / 呂圭亨 | 周公 |
| 20495 | 周 | 주 | 6 | 64 | 1915.03 | 地方報告〉[金光鉉 巡講] | |
| 20496 | 周 | 주 | 7 | 40 | 1915.06 | 論語考證(續) / 金文演 | |
| 20497 | 周 | 주 | 8 | 2 | 1915.09 | 儒敎論 / 呂圭亨 | |
| 20498 | 周 | 주 | 9 | [1] | 1915.12 | 卽位大禮式獻頌文 / 朴齊純 | |
| 20499 | 周 | 주 | 10 | 23 | 1916.03 | 經學淺知錄 / 金文演 | |
| 20500 | 周 | 주 | 10 | 48 | 1916.03 | 賢關記聞(續) / 李大榮 | |
| 20501 | 周 | 주 | 11 | 6 | 1916.06 | 經論 / 韓晩容 | |
| 20502 | 周 | 주 | 12 | 33 | 1916.12 | 讀書私記(續) / 洪鍾佶 | |
| 20503 | 周 | 주 | 12 | 34 | 1916.12 | 讀書私記(續) / 洪鍾佶 | |
| 20504 | 周 | 주 | 13 | 11 | 1917.03 | 原敎 / 鄭崙秀 | |

| 번호 | 원문 | 현대어(독음) | 호 | 쪽 | 발행일 | 기사명 / 필자 | 비고 |
|---|---|---|---|---|---|---|---|
| 20505 | 周 | 주 | 16 | 48 | 1918.03 | 講說〉講題 存其心養其性所以事天也(大正六年十月十四日江陵郡講演) / 李容稙 | |
| 20506 | 周 | 주 | 20 | 32 | 1920.03 | 三洙瑣談(續) / 元泳義 | |
| 20507 | 周 | 주 | 23 | 14 | 1922.12 | 經義問答 / 韓昌愚 | |
| 20508 | 周 | 주 | 23 | 15 | 1922.12 | 孔夫子忌辰四十周甲追慕辭 / 李學魯 | |
| 20509 | 周 | 주 | 26 | 50 | 1925.12 | 講說〉講題 儒者之地位及義務 / 李大榮 | |
| 20510 | 周 | 주 | 27 | 15 | 1926.12 | 易經講解總說 / 元泳義 | |
| 20511 | 周 | 주 | 30 | [10] | 1929.12 | 李龍眠畵宣聖及七十二弟子像贊(金石萃編) | 申蕙 |
| 20512 | 周 | 주 | 34 | 4 | 1932.03 | 最近經學考 / 權純九 | |
| 20513 | 周 | 주 | 44 | 33 | 1939.10 | 經儒學 / 金誠鎭 | |
| 20514 | 周 | 주 | 44 | 40 | 1939.10 | 經儒學 / 金誠鎭 | |
| 20515 | 朱 | 주 | 1 | 9 | 1913.12 | 論說 / 呂圭亨 | |
| 20516 | 朱 | 주 | 1 | 18 | 1913.12 | 經學當明者 一 / 呂圭亨 | |
| 20517 | 朱 | 주 | 1 | 26 | 1913.12 | 庸言 / 金允植 | |
| 20518 | 朱 | 주 | 3 | 45 | 1914.06 | 講士視察見聞所記 / 呂圭亨 | |
| 20519 | 朱 | 주 | 5 | 20 | 1914.12 | 格致管見(續) / 李鼎煥 | |
| 20520 | 朱 | 주 | 5 | 89 | 1914.12 | 關東講說〉講題 道不遠人 / 池台源 | |
| 20521 | 朱 | 주 | 6 | 7 | 1915.03 | 書雜誌後 / 黃敦秀 | |
| 20522 | 朱 | 주 | 7 | 38 | 1915.06 | 論語考證(續) / 金文演 | |
| 20523 | 朱 | 주 | 8 | 4 | 1915.09 | 經說 本論附 / 韓晚容 | |
| 20524 | 朱 | 주 | 10 | 21 | 1916.03 | 經學淺知錄 / 金文演 | |
| 20525 | 朱 | 주 | 10 | 22 | 1916.03 | 經學淺知錄 / 金文演 | |
| 20526 | 朱 | 주 | 10 | 23 | 1916.03 | 經學淺知錄 / 金文演 | |
| 20527 | 朱 | 주 | 10 | 24 | 1916.03 | 經學淺知錄 / 金文演 | |
| 20528 | 朱 | 주 | 10 | 26 | 1916.03 | 經學淺知錄 / 金文演 | |
| 20529 | 朱 | 주 | 11 | 16 | 1916.06 | 經學管見(續) / 尹寧求 | |
| 20530 | 朱 | 주 | 11 | 26 | 1916.06 | 經學淺知錄(續) / 金文演 | |
| 20531 | 朱 | 주 | 11 | 27 | 1916.06 | 經學淺知錄(續) / 金文演 | |
| 20532 | 朱 | 주 | 11 | 35 | 1916.06 | 丕闡堂記 / 宋時烈 | |
| 20533 | 朱 | 주 | 12 | 82 | 1916.12 | 地方報告〉[鄭準民의 報告] | |
| 20534 | 朱 | 주 | 13 | 2 | 1917.03 | 經學管見(續) / 尹寧求 | |
| 20535 | 朱 | 주 | 15 | 13 | 1917.10 | 四書小註辨疑(續) / 李鶴在 | |
| 20536 | 朱 | 주 | 15 | 71 | 1917.10 | 講說〉大邱高等普通學校講演(大正六年五月十六日)〉儒教의 庶民的 發展 / 高橋亨 | 朱熹 |
| 20537 | 朱 | 주 | 16 | 48 | 1918.03 | 講說〉講題 存其心養其性所以事天也(大正六年十月十四日江陵郡講演) / 李容稙 | |

| 번호 | 원문 | 현대어(독음) | 호 | 쪽 | 발행일 | 기사명 / 필자 | 비고 |
|---|---|---|---|---|---|---|---|
| 20538 | 朱 | 주 | 16 | 49 | 1918.03 | 講說〉講題 存其心養其性所以事天也(大正六年十月十四日江陵郡講演) / 李容植 | |
| 20539 | 朱 | 주 | 18 | 5 | 1918.09 | 學說 / 李明宰 | |
| 20540 | 朱 | 주 | 18 | 6 | 1918.09 | 學說 / 李明宰 | |
| 20541 | 朱 | 주 | 19 | 29 | 1918.12 | 賢關記聞(續) / 李大榮 | |
| 20542 | 朱 | 주 | 21 | 18 | 1921.03 | 經學管見(續) / 尹寧求 | |
| 20543 | 朱 | 주 | 21 | 67 | 1921.03 | 三洙瑣談(續) / 元泳義 | |
| 20544 | 朱 | 주 | 22 | 14 | 1922.03 | 經學講論 / 成樂賢 | |
| 20545 | 朱 | 주 | 22 | 25 | 1922.03 | 奉東同院諸僚 / 鄭萬朝 | |
| 20546 | 朱 | 주 | 23 | 15 | 1922.12 | 孔夫子忌辰四十周甲追慕辭 / 李學魯 | |
| 20547 | 朱 | 주 | 23 | 20 | 1922.12 | 中庸演箚序 / 鄭萬朝 | |
| 20548 | 朱 | 주 | 24 | 75 | 1923.12 | 講說〉講題 設爲庠序學校以敎之皆所明人倫也 / 李學魯 | |
| 20549 | 朱 | 주 | 27 | 15 | 1926.12 | 易經講解總說 / 元泳義 | |
| 20550 | 朱 | 주 | 29 | 28 | 1928.12 | 三洙瑣談(續) / 元泳義 | |
| 20551 | 朱 | 주 | 30 | 1 | 1929.12 | 雜誌第三十號發行說 / 權純九 | 朱熹 |
| 20552 | 朱 | 주 | 30 | 66 | 1929.12 | 講說〉講題 朝鮮의 在한 聖學道統 : 李退溪先生을 憶함 / 赤木萬二郎 | |
| 20553 | 朱 | 주 | 31 | 16 | 1930.08 | 講題 修身齊家治國平天下 / 成樂賢 | |
| 20554 | 朱 | 주 | 36 | 38 | 1933.12 | 孝烈行蹟〉[李奎燮 等의 보고] | 朱熹 |
| 20555 | 朱 | 주 | 37 | 28 | 1934.10 | 孝烈行蹟〉[申彦鳳 等의 보고] | 朱熹 |
| 20556 | 朱 | 주 | 40 | 30 | 1936.08 | 平壤文廟移建落成式竝儒林大會狀況 | |
| 20557 | 朱 | 주 | 40 | 59 | 1936.08 | 鄭茂亭先生追悼錄〉節山博士輓茂亭太史揭載斯文會誌次韻却寄 / 橋茂一郎 | |
| 20558 | 朱 | 주 | 44 | 44 | 1939.10 | 大學主旨 / 崔浩然 | |
| 20559 | 朱 | 주 | 44 | 45 | 1939.10 | 嘉言善行을 記載함에 就하야 / 金誠鎭 | 朱子 |
| 20560 | 朱 | 주 | 46 | 2 | 1941.12 | 興學養材 / 崔浩然 | |
| 20561 | 朱 | 주 | 46 | 32 | 1941.12 | 明倫專門學院日誌大要(昭和十四年七月ヨリ昭和十六年六月マデ) | 朱炳乾 |
| 20562 | 朱 | 주 | 46 | 33 | 1941.12 | 明倫專門學院日誌大要(昭和十四年七月ヨリ昭和十六年六月マデ) | 朱炳乾 |
| 20563 | 朱 | 주 | 47 | 28 | 1943.01 | 論語要義 / 崔浩然 | |
| 20564 | 朱 | 주 | 48 | 41 | 1944.04 | 儒道綱領 / 金誠鎭 | |
| 20565 | 紂 | 주 | 1 | 68 | 1913.12 | 講說〉大正二年九月四日第二回演講〉(講章此之謂絜矩之道) / 李容稷 | |
| 20566 | 紂 | 주 | 2 | 10 | 1914.03 | 華山問答 / 李容植 | |
| 20567 | 紂 | 주 | 2 | 61 | 1914.03 | 講說〉講題 克己復禮(大正二年十月十一日第三回講演) / 張錫周 | |

| 번호 | 원문 | 현대어(독음) | 호 | 쪽 | 발행일 | 기사명 / 필자 | 비고 |
|---|---|---|---|---|---|---|---|
| 20568 | 紂 | 주 | 3 | 35 | 1914.06 | 孔子年報(續) / 呂圭亨 | |
| 20569 | 紂 | 주 | 5 | 88 | 1914.12 | 關東講說〉講題 道不遠人 / 池台源 | |
| 20570 | 紂 | 주 | 6 | 64 | 1915.03 | 地方報告〉[金光鉉 巡講] | |
| 20571 | 紂 | 주 | 7 | 41 | 1915.06 | 論語考證(續) / 金文演 | |
| 20572 | 紂 | 주 | 7 | 70 | 1915.06 | 講說〉講題 孔子聖之時者也(大政四年三月十八日第十回講演) / 李容稙 | |
| 20573 | 紂 | 주 | 9 | 55 | 1915.12 | 講說〉講題 三人行必有我師(大正四年六月十二日第十三回講演) / 鄭鳳時 | |
| 20574 | 紂 | 주 | 12 | 12 | 1916.12 | 孟子緒論 / 金文演 | |
| 20575 | 紂 | 주 | 15 | 21 | 1917.10 | 經義問對 / 李載烈 | |
| 20576 | 紂 | 주 | 16 | 49 | 1918.03 | 講說〉講題 存其心養其性所以事天也(大正六年十月十四日江陵郡講演) / 李容稙 | |
| 20577 | 紂 | 주 | 16 | 65 | 1918.03 | 地方報告〉[劉光澤의 報告] / 姜星熙 | |
| 20578 | 紂 | 주 | 17 | 44 | 1918.07 | 講說〉講題 君子有大道必忠信以得之驕泰以失之(大正六年十一月十日第二十六回講演) / 李容稙 | |
| 20579 | 紂 | 주 | 20 | 28 | 1920.03 | 三洙瑣談(續) / 元泳義 | |
| 20580 | 紂 | 주 | 26 | 30 | 1925.12 | 釋奠에 就ㅎ야(續) / 佐藤廣治 | |
| 20581 | 周舉 | 주거 | 10 | 19 | 1916.03 | 經學管見(續) / 尹寧求 | |
| 20582 | 朱璡淳 | 주겸순 | 43 | 31 | 1938.12 | 皇軍慰問詩 / 朱璡淳 | |
| 20583 | 周景王 | 주경왕 | 14 | 66 | 1917.07 | 地方報告〉[宋在永의 報告]〉釋奠祭文 / 黃義民 | 周의 景王 |
| 20584 | 朱景煥 | 주경환 | 13 | 32 | 1917.03 | 呈經學院 / 朱景煥 | |
| 20585 | 朱溪君 | 주계군 | 43 | 15 | 1938.12 | 教化編年(續) / 李大榮 | 李深源 |
| 20586 | 朱桂珍 | 주계진 | 9 | 51 | 1915.12 | 日誌大要 | |
| 20587 | 朱考亭 | 주고정 | 10 | 21 | 1916.03 | 經學淺知錄 / 金文演 | 朱熹 |
| 20588 | 朱考亭 | 주고정 | 10 | 22 | 1916.03 | 經學淺知錄 / 金文演 | 朱熹 |
| 20589 | 周公 | 주공 | 1 | 18 | 1913.12 | 經學當明者 二 / 呂圭亨 | |
| 20590 | 周公 | 주공 | 1 | 31 | 1913.12 | 天下文明說 / 李學魯 | |
| 20591 | 周公 | 주공 | 1 | 76 | 1913.12 | 地方報告 大正元年始〉[黃敦秀의 報告] | |
| 20592 | 周公 | 주공 | 2 | 29 | 1914.03 | 孔子年譜 / 呂圭亨 | |
| 20593 | 周公 | 주공 | 3 | 35 | 1914.06 | 孔子年報(續) / 呂圭亨 | |
| 20594 | 周公 | 주공 | 3 | 36 | 1914.06 | 孔子年報(續) / 呂圭亨 | |
| 20595 | 周公 | 주공 | 3 | 37 | 1914.06 | 孔子年報(續) / 呂圭亨 | |
| 20596 | 周公 | 주공 | 3 | 64 | 1914.06 | 講說〉講題 孝子所以事君也弟者所以事長也慈者所以使衆也(大正三年三月三日第五回講演) / 李容稙 | |
| 20597 | 周公 | 주공 | 4 | 56 | 1914.09 | 講說〉講題 文質彬彬然後君子(大正三年六月十三日第六回講演) | |

| 번호 | 원문 | 현대어(독음) | 호 | 쪽 | 발행일 | 기사명 / 필자 | 비고 |
|---|---|---|---|---|---|---|---|
| 20598 | 周公 | 주공 | 4 | 57 | 1914.09 | 講說〉講題 文質彬彬然後君子(大正三年六月十三日第六回講演) | |
| 20599 | 周公 | 주공 | 5 | 20 | 1914.12 | 格致管見(續) / 李鼎煥 | |
| 20600 | 周公 | 주공 | 5 | 53 | 1914.12 | 容思衍(續) / 李鼎煥 | |
| 20601 | 周公 | 주공 | 5 | 73 | 1914.12 | 講說〉講題 道也者不可須臾離也(大正三年九月二十九日第七回講演)〉敷演 / 鄭鳳時 | |
| 20602 | 周公 | 주공 | 5 | 81 | 1914.12 | 講說〉講題 謹庠序之敎申之以孝悌之義(大正三年十月十日第八回講演) / 李容植 | |
| 20603 | 周公 | 주공 | 6 | 3 | 1915.03 | 緒論 / 呂圭亨 | |
| 20604 | 周公 | 주공 | 6 | 49 | 1915.03 | 論語分類一覽 / 金文演 | |
| 20605 | 周公 | 주공 | 8 | 54 | 1915.09 | 講說〉講題 道不遠人(大政四年五月八日第十二回講演)〉敷演 / 鄭鳳時 | |
| 20606 | 周公 | 주공 | 9 | 18 | 1915.12 | 經學管見(下) / 尹寧求 | |
| 20607 | 周公 | 주공 | 10 | 12 | 1916.03 | 經學管見(續) / 尹寧求 | |
| 20608 | 周公 | 주공 | 10 | 16 | 1916.03 | 經學管見(續) / 尹寧求 | |
| 20609 | 周公 | 주공 | 10 | 17 | 1916.03 | 經學管見(續) / 尹寧求 | |
| 20610 | 周公 | 주공 | 10 | 18 | 1916.03 | 經學管見(續) / 尹寧求 | |
| 20611 | 周公 | 주공 | 10 | 19 | 1916.03 | 經學管見(續) / 尹寧求 | |
| 20612 | 周公 | 주공 | 10 | 31 | 1916.03 | 享官廳記 / 洪貴達 撰 | |
| 20613 | 周公 | 주공 | 11 | 1 | 1916.06 | 經論 / 韓晩容 | |
| 20614 | 周公 | 주공 | 11 | 23 | 1916.06 | 經學管見(續) / 尹寧求 | |
| 20615 | 周公 | 주공 | 11 | 66 | 1916.06 | 講說〉講題 人能弘道(大正四年三月十一日第十六回講演) / 李容植 | |
| 20616 | 周公 | 주공 | 12 | 35 | 1916.12 | 讀書私記(續) / 洪鍾佶 | |
| 20617 | 周公 | 주공 | 12 | 62 | 1916.12 | 講說〉二宮尊德翁의 人物及道德(大正五年五月十三日第十八回講演) / 太田秀穗 | |
| 20618 | 周公 | 주공 | 12 | 72 | 1916.12 | 講說〉講題 女爲君子儒無爲小人儒(大正五年五月十三日開城郡鄕校講演) / 黃敦秀 | |
| 20619 | 周公 | 주공 | 12 | 76 | 1916.12 | 講說〉講題 善養吾浩然之氣(大正五年九月二十九日海州郡鄕校講演) / 李容植 | |
| 20620 | 周公 | 주공 | 13 | 26 | 1917.03 | 讀書私記(續) / 洪鍾佶 | |
| 20621 | 周公 | 주공 | 13 | 27 | 1917.03 | 讀書私記(續) / 洪鍾佶 | |
| 20622 | 周公 | 주공 | 14 | 73 | 1917.07 | 地方報告〉[金潤卿의 報告] | |
| 20623 | 周公 | 주공 | 14 | 74 | 1917.07 | 地方報告〉[金潤卿의 報告] | |
| 20624 | 周公 | 주공 | 15 | 14 | 1917.10 | 四書小註辨疑(續) / 李鶴在 | |
| 20625 | 周公 | 주공 | 15 | 15 | 1917.10 | 四書小註辨疑(續) / 李鶴在 | |
| 20626 | 周公 | 주공 | 15 | 18 | 1917.10 | 詩經蔫辨 / 金文演 | |

| 번호 | 원문 | 현대어(독음) | 호 | 쪽 | 발행일 | 기사명 / 필자 | 비고 |
|---|---|---|---|---|---|---|---|
| 20627 | 周公 | 주공 | 15 | 69 | 1917.10 | 講說〉大邱高等普通學校講演(大正六年五月十六日)〉來賓李根中講七月章要旨 / 李根中 | |
| 20628 | 周公 | 주공 | 15 | 70 | 1917.10 | 講說〉大邱高等普通學校講演(大正六年五月十六日)〉儒敎의 庶民的 發展 / 高橋亨 | |
| 20629 | 周公 | 주공 | 16 | 48 | 1918.03 | 講說〉講題 存其心養其性所以事天也(大正六年十月十四日江陵郡講演) / 李容稙 | |
| 20630 | 周公 | 주공 | 16 | 64 | 1918.03 | 地方報告〉[劉光澤의 報告] / 姜星熙 | |
| 20631 | 周公 | 주공 | 16 | 65 | 1918.03 | 地方報告〉[劉光澤의 報告] / 姜星熙 | |
| 20632 | 周公 | 주공 | 17 | 46 | 1918.07 | 講說〉講題 君子有大道必忠信以得之驕泰以失之(大正六年十一月十日第二十六回講演)〉續演 / 呂圭亨 | |
| 20633 | 周公 | 주공 | 18 | 17 | 1918.09 | 中庸章句問對(續) / 朴長鴻 | |
| 20634 | 周公 | 주공 | 18 | 28 | 1918.09 | 三洙瑣談 / 元泳義 | |
| 20635 | 周公 | 주공 | 18 | 50 | 1918.09 | 講說〉講題 內地의 宋學(大正七年五月十一日第二十八回講演) / 今關壽麿 | |
| 20636 | 周公 | 주공 | 18 | 60 | 1918.09 | 講說〉講題 道在邇而求諸遠事在易而求諸難(大正七年五月十五日義州郡鄕校講演)〉敷演 / 梁鳳濟 | |
| 20637 | 周公 | 주공 | 19 | 25 | 1918.12 | 三洙瑣談(續) / 元泳義 | |
| 20638 | 周公 | 주공 | 19 | 57 | 1918.12 | 講說〉講題 孝弟也者其爲仁之本歟(大正七年十月十二日第三十一回講演) / 李容稙 | |
| 20639 | 周公 | 주공 | 20 | 31 | 1920.03 | 三洙瑣談(續) / 元泳義 | |
| 20640 | 周公 | 주공 | 21 | 21 | 1921.03 | 經學管見(續) / 尹寧求 | |
| 20641 | 周公 | 주공 | 21 | 68 | 1921.03 | 三洙瑣談(續) / 元泳義 | |
| 20642 | 周公 | 주공 | 23 | 61 | 1922.12 | 日誌大要 | |
| 20643 | 周公 | 주공 | 23 | 65 | 1922.12 | 講說〉講題 師道(大正十一年五月七日追慕禮式時) / 赤木萬二郎 | |
| 20644 | 周公 | 주공 | 23 | 69 | 1922.12 | 講說〉講題 周公孔子之道(大正十一年八月二十八日) / 今井彦三郎 | |
| 20645 | 周公 | 주공 | 23 | 70 | 1922.12 | 講說〉講題 周公孔子之道(大正十一年八月二十八日) / 今井彦三郎 | |
| 20646 | 周公 | 주공 | 23 | 72 | 1922.12 | 講說〉講題 周公孔子之道(大正十一年八月二十八日) / 今井彦三郎 | |
| 20647 | 周公 | 주공 | 23 | 73 | 1922.12 | 講說〉講題 周公孔子之道(大正十一年八月二十八日) / 今井彦三郎 | |
| 20648 | 周公 | 주공 | 23 | 74 | 1922.12 | 講說〉講題 周公孔子之道(大正十一年八月二十八日) / 今井彦三郎 | |
| 20649 | 周公 | 주공 | 24 | 6 | 1923.12 | 中庸說(續) / 李學魯 | |
| 20650 | 周公 | 주공 | 24 | 9 | 1923.12 | 經義問對(續) / 沈璿澤 | |

| 번호 | 원문 | 현대어(독음) | 호 | 쪽 | 발행일 | 기사명 / 필자 | 비고 |
|---|---|---|---|---|---|---|---|
| 20651 | 周公 | 주공 | 24 | 28 | 1923.12 | 釋奠에 就하야 / 佐藤廣治 | |
| 20652 | 周公 | 주공 | 24 | 31 | 1923.12 | 釋奠에 就하야 / 佐藤廣治 | |
| 20653 | 周公 | 주공 | 24 | 75 | 1923.12 | 講說〉講題 設爲庠序學校以敎之皆所明人倫也 / 李學魯 | |
| 20654 | 周公 | 주공 | 25 | 6 | 1924.12 | 中庸說(續) / 李學魯 | |
| 20655 | 周公 | 주공 | 25 | 16 | 1924.12 | 三洙瑣談(續) / 元泳義 | |
| 20656 | 周公 | 주공 | 25 | 28 | 1924.12 | 釋奠에 就하야(續) / 佐藤廣治 | |
| 20657 | 周公 | 주공 | 25 | 47 | 1924.12 | 講說〉講題 郁郁乎文哉 / 成樂賢 | |
| 20658 | 周公 | 주공 | 25 | 49 | 1924.12 | 講說〉講題 儒道 / 鄭鳳時 | |
| 20659 | 周公 | 주공 | 26 | 14 | 1925.12 | 四書講解總說 / 元泳義 | |
| 20660 | 周公 | 주공 | 26 | 32 | 1925.12 | 釋奠에 就ᄒ야(續) / 佐藤廣治 | |
| 20661 | 周公 | 주공 | 27 | 17 | 1926.12 | 易經講解總說 / 元泳義 | |
| 20662 | 周公 | 주공 | 27 | 34 | 1926.12 | 三洙瑣談(續) / 元泳義 | |
| 20663 | 周公 | 주공 | 28 | 8 | 1927.12 | 中庸問對(續) / 沈璿澤 | |
| 20664 | 周公 | 주공 | 28 | 69 | 1927.12 | 講說〉講題 孔夫子의 集大成 / 兒島獻吉郎 | |
| 20665 | 周公 | 주공 | 29 | 56 | 1928.12 | 講說〉講題 道德的精神 / 白井成允 | |
| 20666 | 周公 | 주공 | 30 | 28 | 1929.12 | 中庸問對(續) / 崔基鉉 | |
| 20667 | 周公 | 주공 | 30 | 58 | 1929.12 | 講說〉講題 朝鮮의 在한 聖學道統 : 李退溪先生을 憶함 / 赤木萬二郎 | |
| 20668 | 周公 | 주공 | 31 | 3 | 1930.08 | 經學源流 / 權純九 | |
| 20669 | 周公 | 주공 | 34 | 1 | 1932.03 | 生三事一論 / 李學魯 | |
| 20670 | 周公 | 주공 | 34 | 3 | 1932.03 | 天理人欲說 / 元弘植 | |
| 20671 | 周公 | 주공 | 35 | 1 | 1932.12 | 宗敎說 / 權純九 | |
| 20672 | 周公 | 주공 | 35 | 2 | 1932.12 | 宗敎說 / 權純九 | |
| 20673 | 周公 | 주공 | 37 | 6 | 1934.10 | 經義問答 / 韓昌愚 | |
| 20674 | 周公 | 주공 | 38 | 21 | 1935.03 | 改正朔不易時月論 / 權純九 | |
| 20675 | 周公 | 주공 | 39 | 2 | 1935.10 | 性善說 / 李學魯 | |
| 20676 | 周公 | 주공 | 40 | 2 | 1936.08 | 聖師不禖辨 / 李學魯 | |
| 20677 | 周公 | 주공 | 40 | 9 | 1936.08 | 朝鮮儒敎의 大觀 / 鄭鳳時 | |
| 20678 | 周公 | 주공 | 40 | 12 | 1936.08 | 心田開發에 對한 儒敎 / 鄭鳳時 | |
| 20679 | 周公 | 주공 | 44 | 28 | 1939.10 | 儒敎의 起源과 流派 / 李昇圭 | |
| 20680 | 周公 | 주공 | 44 | 30 | 1939.10 | 儒敎의 起源과 流派 / 李昇圭 | |
| 20681 | 周公 | 주공 | 44 | 33 | 1939.10 | 經儒學 / 金誠鎭 | |
| 20682 | 周公 | 주공 | 44 | 34 | 1939.10 | 經儒學 / 金誠鎭 | |
| 20683 | 周公 | 주공 | 44 | 36 | 1939.10 | 經儒學 / 金誠鎭 | |
| 20684 | 周公 | 주공 | 44 | 37 | 1939.10 | 經儒學 / 金誠鎭 | |

| 번호 | 원문 | 현대어(독음) | 호 | 쪽 | 발행일 | 기사명 / 필자 | 비고 |
|---|---|---|---|---|---|---|---|
| 20685 | 周公旦 | 주공단 | 44 | 28 | 1939.10 | 儒敎의 起源과 流派 / 李昇圭 | |
| 20686 | 朱公遷 | 주공천 | 12 | 10 | 1916.12 | 經學管見(續) / 尹寧求 | |
| 20687 | 朱寬淳 | 주관순 | 45 | 40 | 1940.12 | 朝鮮儒林大會(朝鮮儒道聯合會創立總會) 會錄槪要〉朝鮮儒道聯合會役員名簿(昭和十四年十一月一日現在) | |
| 20688 | 邾國公 | 주국공 | 10 | 46 | 1916.03 | 賢關記聞(續) / 李大榮 | 孟激, 맹자의 父 |
| 20689 | 邾國公 | 주국공 | 10 | 47 | 1916.03 | 賢關記聞(續) / 李大榮 | 孟激, 맹자의 父 |
| 20690 | 邾國公 | 주국공 | 10 | 49 | 1916.03 | 賢關記聞(續) / 李大榮 | 孟激, 맹자의 父 |
| 20691 | 邾國公 | 주국공 | 42 | 48 | 1937.12 | 文廟享祀位次及聖賢姓名爵號考 / 金完鎭 | 孟激 |
| 20692 | 邾國公 | 주국공 | 42 | 59 | 1937.12 | 文廟享祀位次及聖賢姓名爵號考 / 金完鎭 | 孟激 |
| 20693 | 朱珪 | 주규 | 20 | 19 | 1920.03 | 經學管見(續) / 尹寧求 | |
| 20694 | 朱祁 | 주기 | 21 | 11 | 1921.03 | 經學管見(續) / 尹寧求 | |
| 20695 | 周起元 | 주기원 | 16 | 6 | 1918.03 | 經學管見(續) / 尹寧求 | |
| 20696 | 朱南有 | 주남유 | 24 | 90 | 1923.12 | 地方報告〉[李永玉妻朱氏의 孝烈 關聯 報告] | |
| 20697 | 朱乃龍 | 주내룡 | 9 | 51 | 1915.12 | 日誌大要 | |
| 20698 | 周曇 | 주담 | 6 | 48 | 1915.03 | 論語考證 / 金文演 | |
| 20699 | 朱道煥 | 주도환 | 9 | 37 | 1915.12 | 奉和諸公次韻 / 朱道煥 | |
| 20700 | 周惇頤 | 주돈이 | 2 | 36 | 1914.03 | 大成殿神位圖 | 道國公, 周敦頤 |
| 20701 | 周惇頤 | 주돈이 | 8 | 35 | 1915.09 | 賢關記聞 / 李大榮 | 周敦頤 |
| 20702 | 周惇頤 | 주돈이 | 42 | 50 | 1937.12 | 文廟享祀位次及聖賢姓名爵號考 / 金完鎭 | 道國公, 원문은 姓周名惇頤, 周敦頤 |
| 20703 | 周敦頤 | 주돈이 | 10 | 51 | 1916.03 | 賢關記聞(續) / 李大榮 | |
| 20704 | 周敦頤 | 주돈이 | 42 | 46 | 1937.12 | 文廟享祀位次及聖賢姓名爵號考 / 金完鎭 | 道國公, 周惇頤 |
| 20705 | 朱東俊 | 주동준 | 46 | 13 | 1941.12 | 釋奠狀況〉昭和十四年秋季釋奠狀況 | |
| 20706 | 朱明鎬 | 주명호 | 21 | 13 | 1921.03 | 經學管見(續) / 尹寧求 | |
| 20707 | 朱睦潔 | 주목결 | 11 | 17 | 1916.06 | 經學管見(續) / 尹寧求 | |
| 20708 | 朱睦㭎 | 주목결 | 20 | 15 | 1920.03 | 經學管見(續) / 尹寧求 | |
| 20709 | 周穆王 | 주목왕 | 16 | 1 | 1918.03 | 經學管見(續) / 尹寧求 | 周의 穆王 |
| 20710 | 周武 | 주무 | 5 | 84 | 1914.12 | 講說〉講題 謹庠序之敎申之以孝悌之義(大正三年十月十日第八回講演)〉敷演 / 鄭鳳時 | 周 武王 |
| 20711 | 周武 | 주무 | 31 | 58 | 1930.08 | 明倫學院記 / 鄭萬朝 | 周 武王 |
| 20712 | 周武王 | 주무왕 | 18 | 28 | 1918.09 | 三洙瑣談 / 元泳義 | |

| 번호 | 원문 | 현대어(독음) | 호 | 쪽 | 발행일 | 기사명 / 필자 | 비고 |
|---|---|---|---|---|---|---|---|
| 20713 | 周武帝 | 주무제 | 6 | 46 | 1915.03 | 論語考證 / 金文演 | |
| 20714 | 周武帝 | 주무제 | 32 | 4 | 1930.12 | 經學源流(續) / 權純九 | |
| 20715 | 周茂振 | 주무진 | 10 | 15 | 1916.03 | 經學管見(續) / 尹寧求 | |
| 20716 | 朱文公 | 주문공 | 2 | 91 | 1914.03 | 地方報告〉[成樂賢의 報告] | 朱子 |
| 20717 | 朱文公 | 주문공 | 8 | 57 | 1915.09 | 講說〉講題 道不遠人(大政四年五月八日第十二回講演)〉續演 / 呂圭亨 | 朱子 |
| 20718 | 朱文公 | 주문공 | 10 | 13 | 1916.03 | 經學管見(續) / 尹寧求 | 朱子 |
| 20719 | 朱文公 | 주문공 | 10 | 20 | 1916.03 | 經學管見(續) / 尹寧求 | 朱子 |
| 20720 | 朱文公 | 주문공 | 18 | 61 | 1918.09 | 講說〉講題 道在邇而求諸遠事在易而求諸難(大正七年五月十五日義州郡鄕校講演)〉尾附 / 梁鳳濟 | 朱子 |
| 20721 | 朱文公 | 주문공 | 19 | 74 | 1918.12 | 講說〉講題 孟懿子問孝(大正七年十一月十六日第三十二回講演)〉續演 / 呂圭亨 | 朱子 |
| 20722 | 朱文公 | 주문공 | 22 | 65 | 1922.03 | 講說〉一貫之道 / 宇野哲人 | 朱子 |
| 20723 | 周密 | 주밀 | 12 | 15 | 1916.12 | 孟子緖論 / 金文演 | |
| 20724 | 周防 | 주방 | 31 | 5 | 1930.08 | 經學源流 / 權純九 | |
| 20725 | 朱柄乾 | 주병건 | 45 | 9 | 1940.12 | 朝鮮儒林大會(朝鮮儒道聯合會創立總會) 會錄槪要 | |
| 20726 | 朱柄乾 | 주병건 | 45 | 34 | 1940.12 | 朝鮮儒林大會(朝鮮儒道聯合會創立總會) 會錄槪要〉朝鮮儒道聯合會役員名簿(昭和十四年十一月一日現在) | |
| 20727 | 朱柄乾 | 주병건 | 45 | 42 | 1940.12 | 朝鮮儒林大會(朝鮮儒道聯合會創立總會) 會錄槪要〉朝鮮儒道聯合會役員名簿(昭和十四年十一月一日現在) | |
| 20728 | 朱柄乾 | 주병건 | 46 | 13 | 1941.12 | 釋奠狀況〉昭和十四年秋季釋奠狀況 | |
| 20729 | 朱柄乾 | 주병건 | 46 | 15 | 1941.12 | 釋奠狀況〉昭和十五年春季釋奠狀況 | |
| 20730 | 朱柄乾 | 주병건 | 46 | 16 | 1941.12 | 釋奠狀況〉昭和十五年秋季釋奠狀況 | |
| 20731 | 朱柄乾 | 주병건 | 46 | 18 | 1941.12 | 釋奠狀況〉昭和十六年春季釋奠狀況 | |
| 20732 | 朱柄乾 | 주병건 | 46 | 21 | 1941.12 | 經學院日誌大要(昭和十四年七月ヨリ昭和十六年六月マテ) | |
| 20733 | 朱柄乾 | 주병건 | 46 | 22 | 1941.12 | 經學院日誌大要(昭和十四年七月ヨリ昭和十六年六月マテ) | |
| 20734 | 朱柄乾 | 주병건 | 46 | 25 | 1941.12 | 經學院日誌大要(昭和十四年七月ヨリ昭和十六年六月マテ) | |
| 20735 | 朱柄乾 | 주병건 | 47 | 37 | 1943.01 | 釋奠狀況〉昭和十六年秋季釋奠狀況 | |
| 20736 | 朱柄乾 | 주병건 | 47 | 42 | 1943.01 | 釋奠狀況〉昭和十七年秋季釋奠狀況 | |
| 20737 | 朱柄乾 | 주병건 | 47 | 46 | 1943.01 | 經學院日誌大要(昭和十六年七月ヨリ昭和十七年六月マテ) | |
| 20738 | 朱炳乾 | 주병건 | 44 | 93 | 1939.10 | 明倫專門學院記事〉研究科第二回入學許可者 | |

| 번호 | 원문 | 현대어(독음) | 호 | 쪽 | 발행일 | 기사명 / 필자 | 비고 |
|---|---|---|---|---|---|---|---|
| 20739 | 朱炳乾 | 주병건 | 46 | 32 | 1941.12 | 明倫專門學院日誌大要(昭和十四年七月ヨリ昭和十六年六月マデ) | |
| 20740 | 朱炳乾 | 주병건 | 46 | 51 | 1941.12 | 講演及講習>主婦講演會 | |
| 20741 | 朱炳乾 | 주병건 | 48 | 37 | 1944.04 | 儒敎の進むべき道 / 朱柄乾 | |
| 20742 | 朱炳乾 | 주병건 | 48 | 52 | 1944.04 | 釋奠狀況>昭和十八年春季釋奠狀況 | |
| 20743 | 朱炳乾 | 주병건 | 48 | 53 | 1944.04 | 釋奠狀況>昭和十八年秋季釋奠狀況 | |
| 20744 | 朱炳奎 | 주병규 | 26 | 45 | 1925.12 | 日誌大要 | |
| 20745 | 奏柄執 | 주병집 | 20 | 56 | 1920.03 | 地方報告>[金圭의 報告] | |
| 20746 | 周孚先 | 주부선 | 11 | 22 | 1916.06 | 經學管見(續) / 尹寧求 | |
| 20747 | 朱夫子 | 주부자 | 1 | 89 | 1913.12 | 地方報告 大正元年始>[成樂賢의 報告] | |
| 20748 | 朱夫子 | 주부자 | 2 | 8 | 1914.03 | 華山問答 / 李容稙 | |
| 20749 | 朱夫子 | 주부자 | 6 | 43 | 1915.03 | 容思衍(續) / 李鼎煥 | |
| 20750 | 朱夫子 | 주부자 | 6 | 63 | 1915.03 | 地方報告>[韓昌愚 巡講] | |
| 20751 | 朱夫子 | 주부자 | 11 | 66 | 1916.06 | 講說>講題 人能弘道(大正四年三月十一日第十六回講演) / 李容稙 | |
| 20752 | 朱夫子 | 주부자 | 16 | 81 | 1918.03 | 地方報告>[鄭準民의 報告] | |
| 20753 | 朱夫子 | 주부자 | 18 | 25 | 1918.09 | 三洙瑣談 / 元泳義 | |
| 20754 | 朱夫子 | 주부자 | 18 | 60 | 1918.09 | 講說>講題 道在邇而求諸遠事在易而求諸難(大正七年五月十五日義州郡鄕校講演)>敷演 / 梁鳳濟 | |
| 20755 | 朱夫子 | 주부자 | 22 | 68 | 1922.03 | 講說>文質彬彬然後君子(大正十年六月十五日禮山郡白日場講演) 成樂賢 | |
| 20756 | 朱夫子 | 주부자 | 23 | 89 | 1922.12 | 地方報告>[崔潤鍾의 報告] | |
| 20757 | 朱夫子 | 주부자 | 24 | 78 | 1923.12 | 講說>講題 儒道 / 鄭鳳時 | |
| 20758 | 朱夫子 | 주부자 | 25 | 59 | 1924.12 | 講說>講題 修道之謂敎 / 沈璿澤 | |
| 20759 | 朱夫子 | 주부자 | 26 | 13 | 1925.12 | 四書講解總說 / 元泳義 | |
| 20760 | 朱夫子 | 주부자 | 27 | 23 | 1926.12 | 中庸問對 / 沈璿澤 | |
| 20761 | 朱夫子 | 주부자 | 27 | 32 | 1926.12 | 三洙瑣談(續) / 元泳義 | |
| 20762 | 朱夫子 | 주부자 | 27 | 35 | 1926.12 | 三洙瑣談(續) / 元泳義 | |
| 20763 | 朱夫子 | 주부자 | 29 | 9 | 1928.12 | 大學問對 / 沈璿澤 | |
| 20764 | 朱夫子 | 주부자 | 29 | 26 | 1928.12 | 三洙瑣談(續) / 元泳義 | |
| 20765 | 朱夫子 | 주부자 | 29 | 80 | 1928.12 | 地方報告>[柳春錫 等의 報告] | |
| 20766 | 朱夫子 | 주부자 | 30 | 20 | 1929.12 | 大學問對(續) / 沈璿澤 | |
| 20767 | 朱夫子 | 주부자 | 32 | 40 | 1930.12 | 地方報告>地方儒林狀況>[成樂賢의 報告] | |
| 20768 | 朱夫子 | 주부자 | 33 | 8 | 1931.12 | 朱夫子誕降八百年紀念祭告文 / 鄭鳳時 | |
| 20769 | 朱夫子 | 주부자 | 37 | 38 | 1934.10 | 地方儒林狀況>[李大榮의 보고]>書院狀況 | |
| 20770 | 朱夫子 | 주부자 | 41 | 23 | 1937.02 | 敎化編年(續) / 李大榮 | |

| 번호 | 원문 | 현대어(독음) | 호 | 쪽 | 발행일 | 기사명 / 필자 | 비고 |
|---|---|---|---|---|---|---|---|
| 20771 | 朱彬 | 주빈 | 46 | 13 | 1941.12 | 釋奠狀況〉昭和十四年秋季釋奠狀況 | |
| 20772 | 朱尙奎 | 주상규 | 27 | 70 | 1926.12 | 地方報告〉[申喆休의 報告] | |
| 20773 | 周璽 | 주새 | 16 | 5 | 1918.03 | 經學管見(續) / 尹寧求 | |
| 20774 | 朱錫天 | 주석천 | 9 | 51 | 1915.12 | 日誌大要 | |
| 20775 | 周宣光 | 주선광 | 10 | 19 | 1916.03 | 經學管見(續) / 尹寧求 | |
| 20776 | 周世鵬 | 주세붕 | 43 | 17 | 1938.12 | 敎化編年(續) / 李大榮 | |
| 20777 | 周世宗 | 주세종 | 3 | 43 | 1914.06 | 講士視察見聞所記 / 呂圭亨 | |
| 20778 | 周霄 | 주소 | 11 | 13 | 1916.06 | 經學說(續) / 李容稙 | |
| 20779 | 周昭王 | 주소왕 | 6 | 3 | 1915.03 | 緖論 / 呂圭亨 | |
| 20780 | 周昭王 | 주소왕 | 9 | 59 | 1915.12 | 講說〉講題 三人行必有我師(大正四年六月十二日第十三回講演) / 呂圭亨 | |
| 20781 | 朱壽昌 | 주수창 | 19 | 3 | 1918.12 | 學說 / 呂龍鉉 | |
| 20782 | 朱舜水 | 주순수 | 34 | 48 | 1932.03 | 評議員會狀況 | |
| 20783 | 周舜弼 | 주순필 | 20 | 12 | 1920.03 | 庸學問對 / 朴昇東 | |
| 20784 | 朱時憲 | 주시헌 | 30 | 73 | 1929.12 | 地方報告〉[林炳棹의 報告] | |
| 20785 | 朱軾 | 주식 | 17 | 5 | 1918.07 | 經學管見(續) / 尹寧求 | |
| 20786 | 主申 | 주신 | 19 | 74 | 1918.12 | 講說〉講題 孟懿子問孝(大正七年十一月十六日第三十二回講演)〉續演 / 呂圭亨 | |
| 20787 | 朱氏 | 주씨 | 15 | 13 | 1917.10 | 四書小註辨疑(續) / 李鶴在 | 朱子 |
| 20788 | 朱悅 | 주열 | 24 | 90 | 1923.12 | 地方報告〉[李永玉妻朱氏의 孝烈 關聯 報告] | 원문은 悅 |
| 20789 | 周濂溪 | 주염계 | 2 | 72 | 1914.03 | 講說〉講題 必愼其獨(大正二年十一月八日第四回講演)〉敷演 / 李鼎煥 | 周敦頤 |
| 20790 | 周濂溪 | 주염계 | 11 | 7 | 1916.06 | 經論 / 韓晩容 | 周敦頤 |
| 20791 | 周濂溪 | 주염계 | 18 | 50 | 1918.09 | 講說〉講題 內地의 宋學(大正七年五月十一日第二十八回講演) / 今關壽麿 | 周敦頤 |
| 20792 | 周濂溪 | 주염계 | 30 | 58 | 1929.12 | 講說〉講題 朝鮮의 在한 聖學道統 : 李退溪先生을 憶함 / 赤木萬二郎 | 周敦頤 |
| 20793 | 周濂溪 | 주염계 | 44 | 41 | 1939.10 | 經儒學 / 金誠鎭 | 周敦頤 |
| 20794 | 周濂溪 | 주염계 | 45 | 86 | 1940.12 | 忠淸南道儒道聯合會結成式〉東亞ノ建設ト儒道ノ精神 / 安寅植 | 周敦頤 |
| 20795 | 周濂溪 | 주염계 | 47 | 28 | 1943.01 | 論語要義 / 崔浩然 | 周敦頤 |
| 20796 | 周靈王 | 주영왕 | 2 | 29 | 1914.03 | 孔子年譜 / 呂圭亨 | 周의 靈王 |
| 20797 | 周靈王 | 주영왕 | 20 | 51 | 1920.03 | 講說〉孔子誕辰及其道義辨 / 高墉柱 | 周의 靈王 |
| 20798 | 朱榮煥 | 주영환 | 45 | 26 | 1940.12 | 朝鮮儒林大會(朝鮮儒道聯合會創立總會) 會錄槪要〉朝鮮儒道聯合會役員名簿(昭和十四年十一月一日現在) | |
| 20799 | 周王 | 주왕 | 10 | 33 | 1916.03 | 典祀廳記 / 李淑瑊 撰 | |
| 20800 | 周王 | 주왕 | 27 | 45 | 1926.12 | 釋奠에 就ᄒ야(續) / 佐藤廣治 | |

ㅈ

| 번호 | 원문 | 현대어(독음) | 호 | 쪽 | 발행일 | 기사명 / 필자 | 비고 |
|---|---|---|---|---|---|---|---|
| 20801 | 紂王 | 주왕 | 46 | 63 | 1941.12 | 講演及講習〉時局と婦道實踐(講演速記) / 永田種秀 | |
| 20802 | 周堯卿 | 주요경 | 10 | 13 | 1916.03 | 經學管見(續) / 尹寧求 | |
| 20803 | 朱雲 | 주운 | 1 | 17 | 1913.12 | 經學當明者 一 / 呂圭亨 | |
| 20804 | 周應 | 주응 | 18 | 8 | 1918.09 | 經學管見(續) / 尹寧求 | |
| 20805 | 周怡 | 주이 | 16 | 5 | 1918.03 | 經學管見(續) / 尹寧求 | |
| 20806 | 朱彝尊 | 주이존 | 15 | 17 | 1917.10 | 詩經蔿辨 / 金文演 | |
| 20807 | 朱彝尊 | 주이존 | 16 | 1 | 1918.03 | 經學管見(續) / 尹寧求 | |
| 20808 | 朱彝尊 | 주이존 | 18 | 10 | 1918.09 | 經學管見(續) / 尹寧求 | |
| 20809 | 朱彝尊 | 주이존 | 20 | 15 | 1920.03 | 經學管見(續) / 尹寧求 | |
| 20810 | 朱彝尊 | 주이존 | 20 | 21 | 1920.03 | 經學管見(續) / 尹寧求 | |
| 20811 | 朱仁軌 | 주인궤 | 4 | 47 | 1914.09 | 容思衍 / 李鼎煥 | |
| 20812 | 朱林 | 주임 | 46 | 15 | 1941.12 | 釋奠狀況〉昭和十五年春季釋奠狀況 | |
| 20813 | 周子 | 주자 | 4 | 15 | 1914.09 | 華山問答(第二號續) / 李容植 | |
| 20814 | 周子 | 주자 | 21 | 18 | 1921.03 | 經學管見(續) / 尹寧求 | |
| 20815 | 周子 | 주자 | 21 | 21 | 1921.03 | 經學管見(續) / 尹寧求 | |
| 20816 | 周子 | 주자 | 27 | 30 | 1926.12 | 三洙瑣談(續) / 元泳義 | |
| 20817 | 周子 | 주자 | 27 | 32 | 1926.12 | 三洙瑣談(續) / 元泳義 | |
| 20818 | 周子 | 주자 | 29 | 23 | 1928.12 | 三洙瑣談(續) / 元泳義 | |
| 20819 | 周子 | 주자 | 29 | 29 | 1928.12 | 三洙瑣談(續) / 元泳義 | |
| 20820 | 周子 | 주자 | 35 | 4 | 1932.12 | 經傳解釋通例 / 李學魯 | |
| 20821 | 周子 | 주자 | 39 | 2 | 1935.10 | 性善說 / 李學魯 | |
| 20822 | 周子 | 주자 | 42 | 50 | 1937.12 | 文廟享祀位次及聖賢姓名爵號考 / 金完鎭 | 周惇頤 |
| 20823 | 周子 | 주자 | 43 | 11 | 1938.12 | 善惡皆天理論 / 權純九 | |
| 20824 | 周子 | 주자 | 44 | 56 | 1939.10 | 文藝原流 / 崔浩然 | |
| 20825 | 周子 | 주자 | 46 | 7 | 1941.12 | 大學序文先儒論辨 / 金誠鎭 | |
| 20826 | 周子 | 주자 | 47 | 28 | 1943.01 | 論語要義 / 崔浩然 | |
| 20827 | 朱子 | 주자 | 1 | 19 | 1913.12 | 經學當明者 二 / 呂圭亨 | |
| 20828 | 朱子 | 주자 | 1 | 25 | 1913.12 | 庸言 / 金允植 | |
| 20829 | 朱子 | 주자 | 1 | 61 | 1913.12 | 講說〉大正二年六月十四日第一回演講〉(講章益者三友損者三友)〉敷演 / 李鼎煥 | |
| 20830 | 朱子 | 주자 | 1 | 90 | 1913.12 | 地方報告 大正元年始〉[成樂賢의 報告] | |
| 20831 | 朱子 | 주자 | 2 | 6 | 1914.03 | 華山問答 / 李容植 | |
| 20832 | 朱子 | 주자 | 2 | 7 | 1914.03 | 華山問答 / 李容植 | |
| 20833 | 朱子 | 주자 | 2 | 8 | 1914.03 | 華山問答 / 李容植 | |

| 번호 | 원문 | 현대어(독음) | 호 | 쪽 | 발행일 | 기사명 / 필자 | 비고 |
|---|---|---|---|---|---|---|---|
| 20834 | 朱子 | 주자 | 2 | 59 | 1914.03 | 講說〉講題 克己復禮(大正二年十月十一日第三回講演) / 張錫周 | |
| 20835 | 朱子 | 주자 | 2 | 64 | 1914.03 | 講說〉講題 克己復禮(大正二年十月十一日第三回講演)〉敷演 / 李鼎煥 | |
| 20836 | 朱子 | 주자 | 2 | 72 | 1914.03 | 講說〉講題 必愼其獨(大正二年十一月八日第四回講演)〉敷演 / 李鼎煥 | |
| 20837 | 朱子 | 주자 | 2 | 78 | 1914.03 | 地方報告〉[李鶴在의 報告] | |
| 20838 | 朱子 | 주자 | 3 | 70 | 1914.06 | 講說〉講題 孝子所以事君也弟者所以事長也慈者所以使衆也(大正三年三月三日第五回講演)〉續演 / 呂圭亨 | |
| 20839 | 朱子 | 주자 | 4 | 13 | 1914.09 | 華山問答(第二號續) / 李容稙 | |
| 20840 | 朱子 | 주자 | 4 | 27 | 1914.09 | 張橫渠正蒙書中第七大心編讀解私記 / 呂圭亨 | |
| 20841 | 朱子 | 주자 | 4 | 44 | 1914.09 | 孔子年報(續) / 呂圭亨 | |
| 20842 | 朱子 | 주자 | 4 | 60 | 1914.09 | 講說〉講題 文質彬彬然後君子(大正三年六月十三日第六回講演) | |
| 20843 | 朱子 | 주자 | 5 | 7 | 1914.12 | 道也者不可須臾離論 / 李鶴在 | |
| 20844 | 朱子 | 주자 | 5 | 8 | 1914.12 | 道也者不可須臾離論 / 李鶴在 | |
| 20845 | 朱子 | 주자 | 5 | 17 | 1914.12 | 經義講論 十六條 / 李商永 | |
| 20846 | 朱子 | 주자 | 5 | 18 | 1914.12 | 經義講論 十六條 / 李商永 | |
| 20847 | 朱子 | 주자 | 5 | 30 | 1914.12 | 定性書演解 / 呂圭亨 | |
| 20848 | 朱子 | 주자 | 5 | 48 | 1914.12 | 容思衍(續) / 李鼎煥 | |
| 20849 | 朱子 | 주자 | 5 | 54 | 1914.12 | 容思衍(續) / 李鼎煥 | |
| 20850 | 朱子 | 주자 | 5 | 77 | 1914.12 | 講說〉講題 道也者不可須臾離也(大正三年九月二十九日第七回講演)〉講說 / 宇佐美勝夫 | |
| 20851 | 朱子 | 주자 | 5 | 90 | 1914.12 | 關東講說〉講題 道不遠人 / 丁相爕 | |
| 20852 | 朱子 | 주자 | 5 | 91 | 1914.12 | 關東講說〉講題 道不遠人 / 李熙龍 | |
| 20853 | 朱子 | 주자 | 6 | 3 | 1915.03 | 緒論 / 呂圭亨 | |
| 20854 | 朱子 | 주자 | 6 | 4 | 1915.03 | 緒論 / 呂圭亨 | |
| 20855 | 朱子 | 주자 | 6 | 5 | 1915.03 | 緒論 / 呂圭亨 | |
| 20856 | 朱子 | 주자 | 6 | 10 | 1915.03 | 華山問答(續) / 李容稙 | |
| 20857 | 朱子 | 주자 | 6 | 11 | 1915.03 | 華山問答(續) / 李容稙 | |
| 20858 | 朱子 | 주자 | 6 | 62 | 1915.03 | 講說〉講題 善養吾浩然之氣(大正三年十一月二十一日第九回講演) / 李容稙 | |
| 20859 | 朱子 | 주자 | 6 | 70 | 1915.03 | 地方報告〉[黃敦秀 巡講] | |
| 20860 | 朱子 | 주자 | 7 | 4 | 1915.06 | 華山問答(續) / 李容稙 | |
| 20861 | 朱子 | 주자 | 7 | 42 | 1915.06 | 論語考證(續) / 金文演 | |
| 20862 | 朱子 | 주자 | 7 | 49 | 1915.06 | 讀書私記 / 洪鐘佶 | |
| 20863 | 朱子 | 주자 | 7 | 52 | 1915.06 | 讀書私記 / 洪鐘佶 | |

| 번호 | 원문 | 현대어(독음) | 호 | 쪽 | 발행일 | 기사명 / 필자 | 비고 |
|---|---|---|---|---|---|---|---|
| 20864 | 朱子 | 주자 | 7 | 72 | 1915.06 | 講說〉講題 孔子聖之時者也(大政四年三月十八日第十回講演)〉敷演 / 鄭鳳時 | |
| 20865 | 朱子 | 주자 | 8 | 9 | 1915.09 | 華山問答(續) / 李容稙 | |
| 20866 | 朱子 | 주자 | 8 | 10 | 1915.09 | 華山問答(續) / 李容稙 | |
| 20867 | 朱子 | 주자 | 8 | 31 | 1915.09 | 讀書私記(續) / 洪鐘佶 | |
| 20868 | 朱子 | 주자 | 8 | 33 | 1915.09 | 讀書私記(續) / 洪鐘佶 | |
| 20869 | 朱子 | 주자 | 8 | 37 | 1915.09 | 賢關記聞 / 李大榮 | |
| 20870 | 朱子 | 주자 | 8 | 46 | 1915.09 | 講說〉講題 苟日新日日新又日新(大政四年四月十七日第十一回講演) / 李容稙 | |
| 20871 | 朱子 | 주자 | 8 | 50 | 1915.09 | 講說〉講題 苟日新日日新又日新(大政四年四月十七日第十一回講演)〉續演 / 呂圭亨 | |
| 20872 | 朱子 | 주자 | 8 | 51 | 1915.09 | 講說〉講題 苟日新日日新又日新(大政四年四月十七日第十一回講演)〉續演 / 呂圭亨 | |
| 20873 | 朱子 | 주자 | 8 | 52 | 1915.09 | 講說〉講題 道不遠人(大政四年五月八日第十二回講演) / 李容稙 | |
| 20874 | 朱子 | 주자 | 8 | 54 | 1915.09 | 講說〉講題 道不遠人(大政四年五月八日第十二回講演)〉敷演 / 鄭鳳時 | |
| 20875 | 朱子 | 주자 | 8 | 64 | 1915.09 | 地方報告〉[韓昌愚의 報告] | |
| 20876 | 朱子 | 주자 | 9 | 32 | 1915.12 | 賢關記聞(續) / 李大榮 | |
| 20877 | 朱子 | 주자 | 10 | 3 | 1916.03 | 經論 / 金元祐 | |
| 20878 | 朱子 | 주자 | 10 | 18 | 1916.03 | 經學管見(續) / 尹寧求 | |
| 20879 | 朱子 | 주자 | 10 | 20 | 1916.03 | 經學管見(續) / 尹寧求 | |
| 20880 | 朱子 | 주자 | 10 | 48 | 1916.03 | 賢關記聞(續) / 李大榮 | |
| 20881 | 朱子 | 주자 | 10 | 54 | 1916.03 | 賢關記聞(續) / 李大榮 | |
| 20882 | 朱子 | 주자 | 10 | 89 | 1916.03 | 地方報告〉[李鶴在의 報告] | |
| 20883 | 朱子 | 주자 | 11 | 2 | 1916.06 | 經論 / 韓晩容 | |
| 20884 | 朱子 | 주자 | 11 | 4 | 1916.06 | 經論 / 韓晩容 | |
| 20885 | 朱子 | 주자 | 11 | 6 | 1916.06 | 經論 / 韓晩容 | |
| 20886 | 朱子 | 주자 | 11 | 7 | 1916.06 | 經論 / 韓晩容 | |
| 20887 | 朱子 | 주자 | 11 | 17 | 1916.06 | 經學管見(續) / 尹寧求 | |
| 20888 | 朱子 | 주자 | 11 | 18 | 1916.06 | 經學管見(續) / 尹寧求 | |
| 20889 | 朱子 | 주자 | 11 | 20 | 1916.06 | 經學管見(續) / 尹寧求 | |
| 20890 | 朱子 | 주자 | 11 | 21 | 1916.06 | 經學管見(續) / 尹寧求 | |
| 20891 | 朱子 | 주자 | 11 | 22 | 1916.06 | 經學管見(續) / 尹寧求 | |
| 20892 | 朱子 | 주자 | 11 | 34 | 1916.06 | 丕闡堂記 / 宋時烈 | |
| 20893 | 朱子 | 주자 | 11 | 40 | 1916.06 | 經義答問 / 黃敦秀 | |
| 20894 | 朱子 | 주자 | 11 | 41 | 1916.06 | 四書小註辨疑 / 李鶴在 | |

| 번호 | 원문 | 현대어(독음) | 호 | 쪽 | 발행일 | 기사명 / 필자 | 비고 |
|------|------|------------|----|----|--------|------------|------|
| 20895 | 朱子 | 주자 | 11 | 42 | 1916.06 | 四書小註辨疑 / 李鶴在 | |
| 20896 | 朱子 | 주자 | 11 | 45 | 1916.06 | 四書小註辨疑 / 李鶴在 | |
| 20897 | 朱子 | 주자 | 11 | 48 | 1916.06 | 讀書私記(第八號續) / 洪鐘佶 | |
| 20898 | 朱子 | 주자 | 11 | 50 | 1916.06 | 讀書私記(第八號續) / 洪鐘佶 | |
| 20899 | 朱子 | 주자 | 11 | 55 | 1916.06 | 賢關記聞(續) / 李大榮 | |
| 20900 | 朱子 | 주자 | 12 | 6 | 1916.12 | 經學管見(續) / 尹寧求 | |
| 20901 | 朱子 | 주자 | 12 | 7 | 1916.12 | 經學管見(續) / 尹寧求 | |
| 20902 | 朱子 | 주자 | 12 | 8 | 1916.12 | 經學管見(續) / 尹寧求 | |
| 20903 | 朱子 | 주자 | 12 | 9 | 1916.12 | 經學管見(續) / 尹寧求 | |
| 20904 | 朱子 | 주자 | 12 | 10 | 1916.12 | 經學管見(續) / 尹寧求 | |
| 20905 | 朱子 | 주자 | 12 | 15 | 1916.12 | 孟子緒論 / 金文演 | |
| 20906 | 朱子 | 주자 | 12 | 28 | 1916.12 | 孔門問同答異 / 鄭淳默 | |
| 20907 | 朱子 | 주자 | 12 | 34 | 1916.12 | 讀書私記(續) / 洪鍾佶 | |
| 20908 | 朱子 | 주자 | 12 | 67 | 1916.12 | 講說〉講題 女爲君子儒無爲小人儒(大正五年五月十三日開城郡鄉校講演) / 李容植 | |
| 20909 | 朱子 | 주자 | 13 | 4 | 1917.03 | 經學管見(續) / 尹寧求 | |
| 20910 | 朱子 | 주자 | 13 | 5 | 1917.03 | 經學管見(續) / 尹寧求 | |
| 20911 | 朱子 | 주자 | 13 | 19 | 1917.03 | 四書小註辨疑(續) / 李鶴在 | |
| 20912 | 朱子 | 주자 | 13 | 26 | 1917.03 | 讀書私記(續) / 洪鍾佶 | |
| 20913 | 朱子 | 주자 | 14 | 5 | 1917.07 | 經學管見(續) / 尹寧求 | |
| 20914 | 朱子 | 주자 | 14 | 19 | 1917.07 | 庸學問對 / 朴長鴻 | |
| 20915 | 朱子 | 주자 | 14 | 26 | 1917.07 | 四書小註辨疑(續) / 李鶴在 | |
| 20916 | 朱子 | 주자 | 14 | 29 | 1917.07 | 四書小註辨疑(續) / 李鶴在 | |
| 20917 | 朱子 | 주자 | 15 | 16 | 1917.10 | 詩經蔿辨 / 金文演 | |
| 20918 | 朱子 | 주자 | 15 | 18 | 1917.10 | 詩經蔿辨 / 金文演 | |
| 20919 | 朱子 | 주자 | 15 | 55 | 1917.10 | 講說〉泰仁鄉校講演(大正六年五月一日)〉講題 士不可以不弘毅任重而道遠 / 李容植 | |
| 20920 | 朱子 | 주자 | 16 | 8 | 1918.03 | 經學管見(續) / 尹寧求 | |
| 20921 | 朱子 | 주자 | 16 | 20 | 1918.03 | 閒窓問對 / 朴昇東 | |
| 20922 | 朱子 | 주자 | 16 | 21 | 1918.03 | 中庸扁題章句問對 / 朴長鴻 | |
| 20923 | 朱子 | 주자 | 16 | 50 | 1918.03 | 講說〉講題 存其心養其性所以事天也(大正六年十月十四日江陵郡講演)〉續演 / 鄭鳳時 | |
| 20924 | 朱子 | 주자 | 16 | 51 | 1918.03 | 講說〉講題 存其心養其性所以事天也(大正六年十月十四日江陵郡講演)〉續演 / 鄭鳳時 | |
| 20925 | 朱子 | 주자 | 17 | 1 | 1918.07 | 經學管見(續) / 尹寧求 | |
| 20926 | 朱子 | 주자 | 17 | 2 | 1918.07 | 經學管見(續) / 尹寧求 | |
| 20927 | 朱子 | 주자 | 17 | 4 | 1918.07 | 經學管見(續) / 尹寧求 | |

ㅈ

| 번호 | 원문 | 현대어(독음) | 호 | 쪽 | 발행일 | 기사명 / 필자 | 비고 |
|---|---|---|---|---|---|---|---|
| 20928 | 朱子 | 주자 | 17 | 7 | 1918.07 | 四書小註辨疑(續) / 李鶴在 | |
| 20929 | 朱子 | 주자 | 17 | 10 | 1918.07 | 四書小註辨疑(續) / 李鶴在 | |
| 20930 | 朱子 | 주자 | 17 | 15 | 1918.07 | 論語釋義 / 李明宰 | |
| 20931 | 朱子 | 주자 | 17 | 37 | 1918.07 | 經義問對 / 呂圭台 | |
| 20932 | 朱子 | 주자 | 17 | 54 | 1918.07 | 講說〉講題 君子無終食之間違仁造次必於是顚沛必於是(大正七年三月二十一日第二十七回講演) / 李容稙 | |
| 20933 | 朱子 | 주자 | 18 | 14 | 1918.09 | 四書小註辨疑(續) / 李鶴在 | |
| 20934 | 朱子 | 주자 | 18 | 15 | 1918.09 | 四書小註辨疑(續) / 李鶴在 | |
| 20935 | 朱子 | 주자 | 18 | 27 | 1918.09 | 三洙瑣談 / 元泳義 | |
| 20936 | 朱子 | 주자 | 18 | 50 | 1918.09 | 講說〉講題 內地의 宋學(大正七年五月十一日第二十八回講演) / 今關壽麿 | |
| 20937 | 朱子 | 주자 | 18 | 51 | 1918.09 | 講說〉講題 內地의 宋學(大正七年五月十一日第二十八回講演) / 今關壽麿 | |
| 20938 | 朱子 | 주자 | 18 | 52 | 1918.09 | 講說〉講題 內地의 宋學(大正七年五月十一日第二十八回講演) / 今關壽麿 | |
| 20939 | 朱子 | 주자 | 18 | 56 | 1918.09 | 講說〉講題 內地의 宋學(大正七年五月十一日第二十八回講演) / 今關壽麿 | |
| 20940 | 朱子 | 주자 | 18 | 64 | 1918.09 | 地方報告〉[黃敦秀의 報告] | |
| 20941 | 朱子 | 주자 | 19 | 14 | 1918.12 | 四書小註辨疑(續) / 李鶴在 | |
| 20942 | 朱子 | 주자 | 19 | 23 | 1918.12 | 三洙瑣談(續) / 元泳義 | |
| 20943 | 朱子 | 주자 | 19 | 24 | 1918.12 | 三洙瑣談(續) / 元泳義 | |
| 20944 | 朱子 | 주자 | 19 | 25 | 1918.12 | 三洙瑣談(續) / 元泳義 | |
| 20945 | 朱子 | 주자 | 19 | 29 | 1918.12 | 賢關記聞(續) / 李大榮 | |
| 20946 | 朱子 | 주자 | 19 | 61 | 1918.12 | 講說〉講題 孝弟也者其爲仁之本歟(大正七年十月十二日第三十一回講演)〉敷演 / 李晚奎 | |
| 20947 | 朱子 | 주자 | 20 | 2 | 1920.03 | 講學言 / 呂圭亨 | |
| 20948 | 朱子 | 주자 | 20 | 4 | 1920.03 | 論語釋義(第十七號續) / 李明宰 | |
| 20949 | 朱子 | 주자 | 20 | 10 | 1920.03 | 庸學問對 / 朴昇東 | |
| 20950 | 朱子 | 주자 | 20 | 12 | 1920.03 | 庸學問對 / 朴昇東 | |
| 20951 | 朱子 | 주자 | 20 | 32 | 1920.03 | 三洙瑣談(續) / 元泳義 | |
| 20952 | 朱子 | 주자 | 21 | 3 | 1921.03 | 老生常談 / 金完鎭 | |
| 20953 | 朱子 | 주자 | 21 | 11 | 1921.03 | 經學管見(續) / 尹寧求 | |
| 20954 | 朱子 | 주자 | 21 | 14 | 1921.03 | 經學管見(續) / 尹寧求 | |
| 20955 | 朱子 | 주자 | 21 | 18 | 1921.03 | 經學管見(續) / 尹寧求 | |
| 20956 | 朱子 | 주자 | 21 | 19 | 1921.03 | 經學管見(續) / 尹寧求 | |
| 20957 | 朱子 | 주자 | 21 | 20 | 1921.03 | 經學管見(續) / 尹寧求 | |

| 번호 | 원문 | 현대어(독음) | 호 | 쪽 | 발행일 | 기사명 / 필자 | 비고 |
|------|------|------------|----|----|--------|--------------|------|
| 20958 | 朱子 | 주자 | 21 | 21 | 1921.03 | 經學管見(續) / 尹寧求 | |
| 20959 | 朱子 | 주자 | 21 | 64 | 1921.03 | 賢關記聞(續) / 李大榮 | |
| 20960 | 朱子 | 주자 | 21 | 71 | 1921.03 | 三洙瑣談(續) / 元泳義 | |
| 20961 | 朱子 | 주자 | 22 | 62 | 1922.03 | 講說〉一貫之道 / 宇野哲人 | |
| 20962 | 朱子 | 주자 | 22 | 63 | 1922.03 | 講說〉一貫之道 / 宇野哲人 | |
| 20963 | 朱子 | 주자 | 23 | 9 | 1922.12 | 經義問對(續) / 沈璿澤 | |
| 20964 | 朱子 | 주자 | 23 | 10 | 1922.12 | 經義問對(續) / 沈璿澤 | |
| 20965 | 朱子 | 주자 | 23 | 11 | 1922.12 | 經義問對(續) / 沈璿澤 | |
| 20966 | 朱子 | 주자 | 23 | 13 | 1922.12 | 經義問答 / 韓昌愚 | |
| 20967 | 朱子 | 주자 | 23 | 20 | 1922.12 | 中庸演箚序 / 鄭萬朝 | |
| 20968 | 朱子 | 주자 | 23 | 48 | 1922.12 | 三洙瑣談(二十一號續) / 元泳義 | |
| 20969 | 朱子 | 주자 | 24 | 8 | 1923.12 | 經義問對(續) / 沈璿澤 | |
| 20970 | 朱子 | 주자 | 24 | 26 | 1923.12 | 三洙瑣談(續) / 元泳義 | |
| 20971 | 朱子 | 주자 | 24 | 61 | 1923.12 | 講說〉講題 知天命說 / 服部宇之吉 | |
| 20972 | 朱子 | 주자 | 24 | 62 | 1923.12 | 講說〉講題 知天命說 / 服部宇之吉 | |
| 20973 | 朱子 | 주자 | 26 | 5 | 1925.12 | 仁義와 現代思潮 / 服部宇之吉 | |
| 20974 | 朱子 | 주자 | 26 | 12 | 1925.12 | 四書講解總說 / 元泳義 | |
| 20975 | 朱子 | 주자 | 26 | 13 | 1925.12 | 四書講解總說 / 元泳義 | |
| 20976 | 朱子 | 주자 | 26 | 15 | 1925.12 | 四書講解總說 / 元泳義 | |
| 20977 | 朱子 | 주자 | 26 | 22 | 1925.12 | 三洙瑣談(續) / 元泳義 | |
| 20978 | 朱子 | 주자 | 26 | 25 | 1925.12 | 釋奠에 就ᄒ야(續) / 佐藤廣治 | |
| 20979 | 朱子 | 주자 | 27 | 16 | 1926.12 | 易經講解總說 / 元泳義 | |
| 20980 | 朱子 | 주자 | 27 | 17 | 1926.12 | 易經講解總說 / 元泳義 | |
| 20981 | 朱子 | 주자 | 27 | 18 | 1926.12 | 易經講解總說 / 元泳義 | |
| 20982 | 朱子 | 주자 | 27 | 22 | 1926.12 | 經義問對 / 韓昌愚 | |
| 20983 | 朱子 | 주자 | 27 | 24 | 1926.12 | 中庸問對 / 沈璿澤 | |
| 20984 | 朱子 | 주자 | 27 | 35 | 1926.12 | 三洙瑣談(續) / 元泳義 | |
| 20985 | 朱子 | 주자 | 27 | 36 | 1926.12 | 三洙瑣談(續) / 元泳義 | |
| 20986 | 朱子 | 주자 | 27 | 41 | 1926.12 | 釋奠에 就ᄒ야(續) / 佐藤廣治 | |
| 20987 | 朱子 | 주자 | 27 | 50 | 1926.12 | 釋奠에 就ᄒ야(續) / 佐藤廣治 | |
| 20988 | 朱子 | 주자 | 28 | 3 | 1927.12 | 朝鮮詩文變遷論 / 鄭萬朝 | |
| 20989 | 朱子 | 주자 | 28 | 7 | 1927.12 | 理氣分合論 / 李學魯 | |
| 20990 | 朱子 | 주자 | 28 | 29 | 1927.12 | 三洙瑣談(續) / 元泳義 | |
| 20991 | 朱子 | 주자 | 28 | 36 | 1927.12 | 三洙瑣談(續) / 元泳義 | |
| 20992 | 朱子 | 주자 | 29 | 9 | 1928.12 | 大學問對 / 沈璿澤 | |
| 20993 | 朱子 | 주자 | 29 | 25 | 1928.12 | 三洙瑣談(續) / 元泳義 | |

| 번호 | 원문 | 현대어(독음) | 호 | 쪽 | 발행일 | 기사명 / 필자 | 비고 |
|---|---|---|---|---|---|---|---|
| 20994 | 朱子 | 주자 | 29 | 28 | 1928.12 | 三洙瑣談(續) / 元泳義 | |
| 20995 | 朱子 | 주자 | 29 | 29 | 1928.12 | 三洙瑣談(續) / 元泳義 | |
| 20996 | 朱子 | 주자 | 30 | 18 | 1929.12 | 大學問對(續) / 沈璿澤 | |
| 20997 | 朱子 | 주자 | 30 | 32 | 1929.12 | 三洙瑣談(續) / 元泳義 | |
| 20998 | 朱子 | 주자 | 30 | 33 | 1929.12 | 三洙瑣談(續) / 元泳義 | |
| 20999 | 朱子 | 주자 | 30 | 34 | 1929.12 | 三洙瑣談(續) / 元泳義 | |
| 21000 | 朱子 | 주자 | 30 | 58 | 1929.12 | 講說〉講題 朝鮮의 在한 聖學道統：李退溪先生을 憶함 / 赤木萬二郎 | |
| 21001 | 朱子 | 주자 | 30 | 59 | 1929.12 | 講說〉講題 朝鮮의 在한 聖學道統：李退溪先生을 憶함 / 赤木萬二郎 | |
| 21002 | 朱子 | 주자 | 30 | 61 | 1929.12 | 講說〉講題 朝鮮의 在한 聖學道統：李退溪先生을 憶함 / 赤木萬二郎 | |
| 21003 | 朱子 | 주자 | 30 | 62 | 1929.12 | 講說〉講題 朝鮮의 在한 聖學道統：李退溪先生을 憶함 / 赤木萬二郎 | |
| 21004 | 朱子 | 주자 | 30 | 63 | 1929.12 | 講說〉講題 朝鮮의 在한 聖學道統：李退溪先生을 憶함 / 赤木萬二郎 | |
| 21005 | 朱子 | 주자 | 30 | 64 | 1929.12 | 講說〉講題 朝鮮의 在한 聖學道統：李退溪先生을 憶함 / 赤木萬二郎 | |
| 21006 | 朱子 | 주자 | 30 | 66 | 1929.12 | 講說〉講題 朝鮮의 在한 聖學道統：李退溪先生을 憶함 / 赤木萬二郎 | |
| 21007 | 朱子 | 주자 | 30 | 69 | 1929.12 | 講說〉講題 朝鮮의 在한 聖學道統：李退溪先生을 憶함 / 赤木萬二郎 | |
| 21008 | 朱子 | 주자 | 32 | 8 | 1930.12 | 經義問答 / 韓昌愚 | |
| 21009 | 朱子 | 주자 | 32 | 12 | 1930.12 | 講題 現代世相과 儒學의 本領 / 渡邊信治 | |
| 21010 | 朱子 | 주자 | 32 | 18 | 1930.12 | 講題 現代世相과 儒學의 本領 / 渡邊信治 | |
| 21011 | 朱子 | 주자 | 32 | 24 | 1930.12 | 三洙瑣談(十三號續) / 元泳義 | |
| 21012 | 朱子 | 주자 | 33 | 3 | 1931.12 | 經筵問對箚記 / 權純九 | |
| 21013 | 朱子 | 주자 | 33 | 4 | 1931.12 | 經筵問對箚記 / 權純九 | |
| 21014 | 朱子 | 주자 | 33 | 5 | 1931.12 | 經筵問對箚記 / 權純九 | |
| 21015 | 朱子 | 주자 | 34 | 1 | 1932.03 | 生三事一論 / 李學魯 | |
| 21016 | 朱子 | 주자 | 34 | 3 | 1932.03 | 天理人欲說 / 元弘植 | |
| 21017 | 朱子 | 주자 | 34 | 4 | 1932.03 | 最近經學考 / 權純九 | |
| 21018 | 朱子 | 주자 | 34 | 5 | 1932.03 | 最近經學考 / 權純九 | |
| 21019 | 朱子 | 주자 | 34 | 13 | 1932.03 | 三洙瑣談(續) / 元泳義 | |
| 21020 | 朱子 | 주자 | 35 | 4 | 1932.12 | 經傳解釋通例 / 李學魯 | |
| 21021 | 朱子 | 주자 | 35 | 7 | 1932.12 | 心性情理氣圖解 / 元弘植 | |
| 21022 | 朱子 | 주자 | 35 | 8 | 1932.12 | 心性情理氣圖解 / 元弘植 | |
| 21023 | 朱子 | 주자 | 35 | 9 | 1932.12 | 心性情理氣圖解 / 元弘植 | |

| 번호 | 원문 | 현대어(독음) | 호 | 쪽 | 발행일 | 기사명 / 필자 | 비고 |
|---|---|---|---|---|---|---|---|
| 21024 | 朱子 | 주자 | 37 | 4 | 1934.10 | 天道人道說 / 元弘植 | |
| 21025 | 朱子 | 주자 | 37 | 20 | 1934.10 | 學說 / 權純九 | |
| 21026 | 朱子 | 주자 | 38 | 21 | 1935.03 | 改正朔不易時月論 / 權純九 | |
| 21027 | 朱子 | 주자 | 38 | 27 | 1935.03 | 性理 | |
| 21028 | 朱子 | 주자 | 38 | 30 | 1935.03 | 太學志慶詩帖序 | |
| 21029 | 朱子 | 주자 | 39 | 2 | 1935.10 | 性善說 / 李學魯 | |
| 21030 | 朱子 | 주자 | 39 | 10 | 1935.10 | 精神指導에 對하야(每日申報 昭和十年 七月十四日 心田開發에 關한 寄稿) / 安寅植 | |
| 21031 | 朱子 | 주자 | 39 | 14 | 1935.10 | 農村振興과 儒林의 覺醒(每日申報社說抄錄) -時運時變에 適應하라 | |
| 21032 | 朱子 | 주자 | 39 | 15 | 1935.10 | 農村振興과 儒林의 覺醒(每日申報社說抄錄) -時運時變에 適應하라 | |
| 21033 | 朱子 | 주자 | 39 | [2] | 1935.10 | 儒教의 使命에 邁往함을 望함 / 宇垣一成 | |
| 21034 | 朱子 | 주자 | 40 | 60 | 1936.08 | 鄭茂亭先生追悼錄〉節山博士輓茂亭太史揭載斯文會誌次韻却寄 / 松田甲 | |
| 21035 | 朱子 | 주자 | 41 | 2 | 1937.02 | 正心 / 李大榮 | |
| 21036 | 朱子 | 주자 | 41 | 3 | 1937.02 | 正心 / 李大榮 | |
| 21037 | 朱子 | 주자 | 41 | 6 | 1937.02 | 天地人 / 羅一鳳 | |
| 21038 | 朱子 | 주자 | 42 | 57 | 1937.12 | 文廟享祀位次及聖賢姓名爵號考 / 金完鎭 | |
| 21039 | 朱子 | 주자 | 43 | 10 | 1938.12 | 善惡皆天理論 / 權純九 | |
| 21040 | 朱子 | 주자 | 43 | 11 | 1938.12 | 善惡皆天理論 / 權純九 | |
| 21041 | 朱子 | 주자 | 44 | 23 | 1939.10 | 躬行論 / 崔浩然 | |
| 21042 | 朱子 | 주자 | 44 | 35 | 1939.10 | 經儒學 / 金誠鎭 | |
| 21043 | 朱子 | 주자 | 44 | 37 | 1939.10 | 經儒學 / 金誠鎭 | |
| 21044 | 朱子 | 주자 | 44 | 38 | 1939.10 | 經儒學 / 金誠鎭 | |
| 21045 | 朱子 | 주자 | 44 | 41 | 1939.10 | 經儒學 / 金誠鎭 | |
| 21046 | 朱子 | 주자 | 44 | 44 | 1939.10 | 大學主旨 / 崔浩然 | |
| 21047 | 朱子 | 주자 | 44 | 46 | 1939.10 | 嘉言善行을 記載함에 就하야 / 金誠鎭 | |
| 21048 | 朱子 | 주자 | 44 | 56 | 1939.10 | 文藝原流 / 崔浩然 | |
| 21049 | 朱子 | 주자 | 45 | 86 | 1940.12 | 忠淸南道儒道聯合會結成式〉東亞ノ建設ト儒道ノ精神 / 安寅植 | |
| 21050 | 朱子 | 주자 | 46 | 4 | 1941.12 | 大學序文先儒論辨 / 金誠鎭 | |
| 21051 | 朱子 | 주자 | 46 | 5 | 1941.12 | 大學序文先儒論辨 / 金誠鎭 | |
| 21052 | 朱子 | 주자 | 46 | 7 | 1941.12 | 大學序文先儒論辨 / 金誠鎭 | |
| 21053 | 朱子 | 주자 | 46 | 10 | 1941.12 | 大學序文先儒論辨 / 金誠鎭 | |
| 21054 | 朱子 | 주자 | 48 | 39 | 1944.04 | 儒教の進むべき道 / 朱柄乾 | |
| 21055 | 朱子 | 주자 | 48 | 42 | 1944.04 | 儒道綱領 / 金誠鎭 | |

| 번호 | 원문 | 현대어(독음) | 호 | 쪽 | 발행일 | 기사명 / 필자 | 비고 |
|---|---|---|---|---|---|---|---|
| 21056 | 朱泚 | 주자 | 10 | 47 | 1916.03 | 賢關記聞(續) / 李大榮 | |
| 21057 | 注莊 | 주장 | 1 | 8 | 1913.12 | 論說 / 呂圭亨 | |
| 21058 | 朱載榮 | 주재영 | 26 | 11 | 1925.12 | 奉化郡重修學記 / 尹喜求 | 원문<br>朱侯載榮 |
| 21059 | 朱載榮 | 주재영 | 27 | 79 | 1926.12 | 地方報告〉[李鍾振의 報告] | |
| 21060 | 朱載堉 | 주재육 | 13 | 4 | 1917.03 | 經學管見(續) / 尹寧求 | |
| 21061 | 朱載堉 | 주재육 | 13 | 5 | 1917.03 | 經學管見(續) / 尹寧求 | |
| 21062 | 周宗建 | 주종건 | 11 | 23 | 1916.06 | 經學管見(續) / 尹寧求 | |
| 21063 | 朱鍾勳 | 주종훈 | 45 | 38 | 1940.12 | 朝鮮儒林大會(朝鮮儒道聯合會創立總會) 會錄槪要〉朝鮮儒道聯合會役員名簿(昭和十四年十一月一日現在) | |
| 21064 | 朱之蕃 | 주지번 | 10 | 54 | 1916.03 | 賢關記聞(續) / 李大榮 | |
| 21065 | 朱之蕃 | 주지번 | 37 | 41 | 1934.10 | 登望慕堂用板上韻 / 成樂賢 | |
| 21066 | 周鎭 | 주진 | 33 | 11 | 1931.12 | 孝子司甕院奉事白公行狀 / 成樂賢 | |
| 21067 | 朱珍 | 주진 | 31 | 33 | 1930.08 | 日誌大要 | |
| 21068 | 朱鎭福 | 주진복 | 24 | 14 | 1923.12 | 彝峯金公遺墟碑文 / 成岐運 | |
| 21069 | 周昌 | 주창 | 9 | 55 | 1915.12 | 講說〉講題 三人行必有我師(大正四年六月十二日第十三回講演) / 鄭鳳時 | |
| 21070 | 周處 | 주처 | 41 | 4 | 1937.02 | 正心 / 李大榮 | |
| 21071 | 周平王 | 주평왕 | 6 | 47 | 1915.03 | 論語考證 / 金文演 | |
| 21072 | 周平王 | 주평왕 | 7 | 41 | 1915.06 | 論語考證(續) / 金文演 | |
| 21073 | 朱虛伯 | 주허백 | 30 | [7] | 1929.12 | 李龍眠畵宣聖及七十二弟子像贊(金石萃編) | 顔噲 |
| 21074 | 朱虛伯 | 주허백 | 42 | 55 | 1937.12 | 文廟享祀位次及聖賢姓名爵號考 / 金完鎭 | 顔噲 |
| 21075 | 奏蕙田 | 주혜전 | 25 | 20 | 1924.12 | 釋奠에 就하야(續) / 佐藤廣治 | |
| 21076 | 朱鴻 | 주홍 | 19 | 74 | 1918.12 | 講說〉講題 孟懿子問孝(大正七年十一月十六日第三十二回講演)〉續演 / 呂圭亨 | |
| 21077 | 周煥 | 주환 | 33 | 11 | 1931.12 | 孝子司甕院奉事白公行狀 / 成樂賢 | |
| 21078 | 朱晦庵 | 주회암 | 1 | 17 | 1913.12 | 經學當明者 一 / 呂圭亨 | |
| 21079 | 朱晦庵 | 주회암 | 9 | 22 | 1915.12 | 經學管見(下) / 尹寧求 | |
| 21080 | 朱晦庵 | 주회암 | 15 | 1 | 1917.10 | 經學管見(續) / 尹寧求 | |
| 21081 | 朱晦庵 | 주회암 | 18 | 50 | 1918.09 | 講說〉講題 內地의 宋學(大正七年五月十一日第二十八回講演) / 今關壽麿 | 朱子 |
| 21082 | 朱晦庵 | 주회암 | 22 | 11 | 1922.03 | 經學講論 / 成樂賢 | 朱子 |
| 21083 | 朱晦庵 | 주회암 | 30 | 58 | 1929.12 | 講說〉講題 朝鮮의 在한 聖學道統：李退溪先生을 憶함 / 赤木萬二郎 | 朱子 |
| 21084 | 朱晦翁 | 주회옹 | 46 | 12 | 1941.12 | 嘉言善行 / 李昇圭 | 朱子 |
| 21085 | 周興烈 | 주흥렬 | 27 | 72 | 1926.12 | 地方報告〉[琴榮奭의 報告] | |

| 번호 | 원문 | 현대어(독음) | 호 | 쪽 | 발행일 | 기사명 / 필자 | 비고 |
|---|---|---|---|---|---|---|---|
| 21086 | 朱熹 | 주희 | 2 | 36 | 1914.03 | 大成殿神位圖 | 朱子 |
| 21087 | 朱熹 | 주희 | 8 | 35 | 1915.09 | 賢關記聞 / 李大榮 | 朱子 |
| 21088 | 朱熹 | 주희 | 10 | 51 | 1916.03 | 賢關記聞(續) / 李大榮 | 朱子 |
| 21089 | 朱熹 | 주희 | 26 | 25 | 1925.12 | 釋奠에 就ㅎ야(續) / 佐藤廣治 | 朱子 |
| 21090 | 朱熹 | 주희 | 42 | 46 | 1937.12 | 文廟享祀位次及聖賢姓名爵號考 / 金完鎭 | 微國公 |
| 21091 | 朱熹 | 주희 | 42 | 50 | 1937.12 | 文廟享祀位次及聖賢姓名爵號考 / 金完鎭 | 徽國公 朱子, 원문은 姓朱名熹 |
| 21092 | 竹內俊平 | 죽내준평 | 48 | 62 | 1944.04 | 經學院日誌大要(昭和十七年七月ヨリ昭和十八年六月マテ) | 다케우치 슌페이 |
| 21093 | 竹內淸一 | 죽내청일 | 39 | 50 | 1935.10 | 日誌大要 | 다케우치 세이이치 |
| 21094 | 竹內淸一 | 죽내청일 | 41 | 61 | 1937.02 | 明倫學院職員名簿(昭和十一年一月一日現在) | 다케우치 세이이치 |
| 21095 | 竹內淸一 | 죽내청일 | 45 | 27 | 1940.12 | 朝鮮儒林大會(朝鮮儒道聯合會創立總會) 會錄槪要〉朝鮮儒道聯合會役員名簿(昭和十四年十一月一日現在) | 다케우치 세이이치 |
| 21096 | 竹內擴充 | 죽내확충 | 45 | 32 | 1940.12 | 朝鮮儒林大會(朝鮮儒道聯合會創立總會) 會錄槪要〉朝鮮儒道聯合會役員名簿(昭和十四年十一月一日現在) | 安田銀行 京城支店長 |
| 21097 | 竹似 | 죽사 | 40 | 38 | 1936.08 | 成竹似先生追悼錄 | 成樂賢 |
| 21098 | 竹似 | 죽사 | 40 | 40 | 1936.08 | 成竹似先生追悼錄〉挽故成均館博士成竹似先生 / 池琓洙 | 成樂賢 |
| 21099 | 竹似 | 죽사 | 40 | 42 | 1936.08 | 成竹似先生追悼錄〉挽故成均館博士成竹似先生 / 李康元 | 成樂賢 |
| 21100 | 竹西 | 죽서 | 17 | 40 | 1918.07 | 日誌大要 | 朴稚祥 |
| 21101 | 竹城濟鳳 | 죽성제봉 | 46 | 17 | 1941.12 | 釋奠狀況〉昭和十六年春季釋奠狀況 | 朴濟奉 |
| 21102 | 竹城濟鳳 | 죽성제봉 | 47 | 36 | 1943.01 | 釋奠狀況〉昭和十六年秋季釋奠狀況 | 朴濟奉 |
| 21103 | 竹城濟鳳 | 죽성제봉 | 47 | 38 | 1943.01 | 釋奠狀況〉昭和十七年春季釋奠狀況 | 朴濟奉 |
| 21104 | 竹城濟鳳 | 죽성제봉 | 47 | 41 | 1943.01 | 釋奠狀況〉昭和十七年秋季釋奠狀況 | 朴濟奉 |
| 21105 | 竹城濟鳳 | 죽성제봉 | 48 | 51 | 1944.04 | 釋奠狀況〉昭和十八年春季釋奠狀況 | 朴濟奉 |
| 21106 | 竹城濟鳳 | 죽성제봉 | 48 | 53 | 1944.04 | 釋奠狀況〉昭和十八年秋季釋奠狀況 | 朴濟奉 |
| 21107 | 竹塢 | 죽오 | 36 | 37 | 1933.12 | 孝烈行蹟〉[金基銖 等의 보고] | 金履行 |
| 21108 | 竹齋 | 죽재 | 23 | 88 | 1922.12 | 地方報告〉[乾元祠 新建 關聯 報告] | 梁鐵堅 |
| 21109 | 竹齋 | 죽재 | 40 | 45 | 1936.08 | 成竹似先生追悼錄〉挽故成均館博士成竹似先生 / 金東振 | 金東振 |
| 21110 | 竹齋 | 죽재 | 41 | 31 | 1937.02 | 題金雨峯吹笛山房 | 金東振 |

| 번호 | 원문 | 현대어(독음) | 호 | 쪽 | 발행일 | 기사명 / 필자 | 비고 |
|------|------|-----------|-----|-----|--------|-------------|------|
| 21111 | 竹田宮<br>恒德王 | 죽전궁<br>항덕 왕 | 40 | 33 | 1936.08 | 日誌大要 | 다케다노미<br>야 츠네요시<br>왕, 다케다<br>츠네요시(竹<br>田恒德) |
| 21112 | 竹田宮<br>恒德王妃 | 죽전궁<br>항덕 왕비 | 40 | 33 | 1936.08 | 日誌大要 | 다케다노미<br>야 츠네요시<br>왕비, 다케<br>다 미츠코<br>(竹田光子) |
| 21113 | 竹村浩三 | 죽촌호삼 | 46 | 18 | 1941.12 | 釋奠狀況〉昭和十六年春季釋奠狀況 | |
| 21114 | 竹村浩三 | 죽촌호삼 | 47 | 37 | 1943.01 | 釋奠狀況〉昭和十六年秋季釋奠狀況 | |
| 21115 | 竹村浩三 | 죽촌호삼 | 47 | 39 | 1943.01 | 釋奠狀況〉昭和十七年春季釋奠狀況 | |
| 21116 | 竹坡 | 죽파 | 40 | 51 | 1936.08 | 鄭茂亭先生追悼錄〉輓詞 / 金東振 | 金東振 |
| 21117 | 竹下 | 죽하 | 40 | 55 | 1936.08 | 鄭茂亭先生追悼錄〉輓詞 / 金承烈 | 金承烈 |
| 21118 | 浚石 | 준석 | 38 | 40 | 1935.03 | 日誌大要 | 吳駿善 |
| 21119 | 蹲巖 | 준암 | 32 | 42 | 1930.12 | 地方報告〉地方儒林狀況〉[成樂賢의 報告] | 李若氷 |
| 21120 | 中 | 중 | 11 | 27 | 1916.06 | 經學淺知錄(續) / 金文演 | 조선의 中宗 |
| 21121 | 中江藤樹 | 중강등수 | 14 | 12 | 1917.07 | 溫故而知新可以爲師矣 / 田中玄黃 | 나카에 도쥬 |
| 21122 | 中江藤樹 | 중강등수 | 15 | 74 | 1917.10 | 講說〉大邱高等普通學校講演(大正六年五月十<br>六日)〉儒敎의 庶民的 發展 / 高橋亨 | 나카에 도쥬 |
| 21123 | 中江藤樹 | 중강등수 | 18 | 49 | 1918.09 | 講說〉講題 內地의 宋學(大正七年五月十一日<br>第二十八回講演) / 今關壽麿 | 나카에 도쥬 |
| 21124 | 中江藤樹 | 중강등수 | 30 | 62 | 1929.12 | 講說〉講題 朝鮮의 在한 聖學道統 : 李退溪先<br>生을 憶함 / 赤木萬二郎 | 나카에 도쥬 |
| 21125 | 中橋文相 | 중교문상 | 30 | 4 | 1929.12 | 中學漢文論(文貴在譯者) / 鹽谷 溫 | 나카하시<br>도쿠고로 |
| 21126 | 仲久 | 중구 | 32 | 40 | 1930.12 | 地方報告〉地方儒林狀況〉[成樂賢의 報告] | 李湛 |
| 21127 | 重邱伯 | 중구백 | 42 | 55 | 1937.12 | 文廟享祀位次及聖賢姓名爵號考 / 金完鎭 | 公西興如 |
| 21128 | 仲弓 | 중궁 | 2 | 61 | 1914.03 | 講說〉講題 克己復禮(大正二年十月十一日第<br>三回講演)〉敷演 / 李容稙 | |
| 21129 | 仲弓 | 중궁 | 2 | 62 | 1914.03 | 講說〉講題 克己復禮(大正二年十月十一日第<br>三回講演)〉敷演 / 鄭鳳時 | 冉雍의 자 |
| 21130 | 仲弓 | 중궁 | 6 | 54 | 1915.03 | 論語分類一覽 / 金文演 | |
| 21131 | 仲弓 | 중궁 | 7 | 42 | 1915.06 | 論語分類一覽(續) / 金文演 | |
| 21132 | 仲弓 | 중궁 | 10 | 87 | 1916.03 | 地方報告〉[李鶴在의 報告] | |
| 21133 | 仲弓 | 중궁 | 10 | 89 | 1916.03 | 地方報告〉[李鶴在의 報告] | |
| 21134 | 仲弓 | 중궁 | 10 | 90 | 1916.03 | 地方報告〉[李鶴在의 報告] | |
| 21135 | 仲弓 | 중궁 | 11 | 12 | 1916.06 | 經學說(續) / 李容稙 | |

| 번호 | 원문 | 현대어(독음) | 호 | 쪽 | 발행일 | 기사명 / 필자 | 비고 |
|---|---|---|---|---|---|---|---|
| 21136 | 仲弓 | 중궁 | 12 | 27 | 1916.12 | 孔門問同答異 / 鄭淳默 | |
| 21137 | 仲弓 | 중궁 | 12 | 28 | 1916.12 | 孔門問同答異 / 鄭淳默 | |
| 21138 | 仲弓 | 중궁 | 15 | 43 | 1917.10 | 講說〉講題 己所不欲勿施於人(大正六年六月十六日第二十四回講演) / 李容稙 | |
| 21139 | 仲弓 | 중궁 | 15 | 45 | 1917.10 | 講說〉講題 己所不欲勿施於人(大正六年六月十六日第二十四回講演) / 李容稙 | |
| 21140 | 仲弓 | 중궁 | 17 | 55 | 1918.07 | 講說〉講題 君子無終食之間違仁造次必於是顚沛必於是(大正七年三月二十一日第二十七回講演) / 李容稙 | |
| 21141 | 仲弓 | 중궁 | 30 | [1] | 1929.12 | 李龍眠畵宣聖及七十二弟子像贊(金石萃編) | |
| 21142 | 仲弓 | 중궁 | 31 | 4 | 1930.08 | 經學源流 / 權純九 | |
| 21143 | 仲弓 | 중궁 | 35 | 3 | 1932.12 | 擧爾所知論 / 沈璿澤 | |
| 21144 | 仲弓 | 중궁 | 42 | 49 | 1937.12 | 文廟享祀位次及聖賢姓名爵號考 / 金完鎭 | 冉雍 |
| 21145 | 仲尼 | 중니 | 2 | 28 | 1914.03 | 孔子年譜 / 呂圭亨 | |
| 21146 | 仲尼 | 중니 | 2 | 30 | 1914.03 | 孔子年譜 / 呂圭亨 | |
| 21147 | 仲尼 | 중니 | 2 | 62 | 1914.03 | 講說〉講題 克己復禮(大正二年十月十一日第三回講演)〉敷演 / 李容稙 | |
| 21148 | 仲尼 | 중니 | 2 | 92 | 1914.03 | 地方報告〉[成樂賢의 報告] | |
| 21149 | 仲尼 | 중니 | 3 | 29 | 1914.06 | 孔子年報(續) / 呂圭亨 | |
| 21150 | 仲尼 | 중니 | 4 | 5 | 1914.09 | 學說 / 呂圭亨 | |
| 21151 | 仲尼 | 중니 | 4 | 41 | 1914.09 | 孔子年報(續) / 呂圭亨 | |
| 21152 | 仲尼 | 중니 | 5 | 11 | 1914.12 | 華山問答(續) / 李容稙 | |
| 21153 | 仲尼 | 중니 | 5 | 44 | 1914.12 | 孔子年報(續) / 呂圭亨 | |
| 21154 | 仲尼 | 중니 | 6 | 35 | 1915.03 | 孔子年報(續) / 呂圭亨 | |
| 21155 | 仲尼 | 중니 | 6 | 49 | 1915.03 | 論語分類一覽 / 金文演 | |
| 21156 | 仲尼 | 중니 | 6 | 62 | 1915.03 | 講說〉講題 善養吾浩然之氣(大正三年十一月二十一日第九回講演) / 李容稙 | |
| 21157 | 仲尼 | 중니 | 7 | 23 | 1915.06 | 孔子年報(續) / 呂圭亨 | |
| 21158 | 仲尼 | 중니 | 7 | 26 | 1915.06 | 孔子年報(續) / 呂圭亨 | |
| 21159 | 仲尼 | 중니 | 7 | 27 | 1915.06 | 孔子年報(續) / 呂圭亨 | |
| 21160 | 仲尼 | 중니 | 7 | 41 | 1915.06 | 論語考證(續) / 金文演 | |
| 21161 | 仲尼 | 중니 | 7 | 73 | 1915.06 | 講說〉講題 孔子聖之時者也(大政四年三月十八日第十回講演)〉敷演 / 鄭鳳時 | |
| 21162 | 仲尼 | 중니 | 8 | 50 | 1915.09 | 講說〉講題 苟日新日日新又日新(大政四年四月十七日第十一回講演)〉續演 / 呂圭亨 | |
| 21163 | 仲尼 | 중니 | 8 | 52 | 1915.09 | 講說〉講題 道不遠人(大政四年五月八日第十二回講演) / 李容稙 | |
| 21164 | 仲尼 | 중니 | 9 | 30 | 1915.12 | 孔子年報(續) / 呂圭亨 | |

| 번호 | 원문 | 현대어(독음) | 호 | 쪽 | 발행일 | 기사명 / 필자 | 비고 |
|---|---|---|---|---|---|---|---|
| 21165 | 仲尼 | 중니 | 9 | 45 | 1915.12 | 日誌大要 | |
| 21166 | 仲尼 | 중니 | 10 | 10 | 1916.03 | 經學說 / 李容稙 | |
| 21167 | 仲尼 | 중니 | 12 | 11 | 1916.12 | 孟子緖論 / 金文演 | |
| 21168 | 仲尼 | 중니 | 14 | 65 | 1917.07 | 地方報告〉[宋在永의 報告])釋奠祭文 / 黃義民 | |
| 21169 | 仲尼 | 중니 | 15 | 16 | 1917.10 | 詩經蔿辨 / 金文演 | |
| 21170 | 仲尼 | 중니 | 15 | 36 | 1917.10 | 講說〉講題 子曰君子之道四某未能一焉所求乎子以事父未能也所求乎臣以事君未能也所求乎弟以事兄未能也所求乎朋友先施之未能也(大正六年五月十二日第二十三回講演) / 朴齊斌 | |
| 21171 | 仲尼 | 중니 | 17 | 77 | 1918.07 | 地方報告〉[金在昌 등의 報告] | |
| 21172 | 仲尼 | 중니 | 18 | 28 | 1918.09 | 三洙瑣談 / 元泳義 | |
| 21173 | 仲尼 | 중니 | 26 | 21 | 1925.12 | 三洙瑣談(續) / 元泳義 | |
| 21174 | 仲尼 | 중니 | 28 | 68 | 1927.12 | 講說〉講題 孔夫子의 集大成 / 兒島獻吉郎 | |
| 21175 | 仲尼 | 중니 | 30 | [1] | 1929.12 | 李龍眠畵宣聖及七十二弟子像贊(金石萃編) | |
| 21176 | 仲尼 | 중니 | 30 | [2] | 1929.12 | 李龍眠畵宣聖及七十二弟子像贊(金石萃編) | |
| 21177 | 仲尼 | 중니 | 37 | 5 | 1934.10 | 天道人道說 / 元弘植 | |
| 21178 | 仲尼 | 중니 | 37 | 37 | 1934.10 | 地方儒林狀況〉[李大榮의 보고])書院狀況 | |
| 21179 | 仲尼 | 중니 | 42 | 48 | 1937.12 | 文廟享祀位次及聖賢姓名爵號考 / 金完鎭 | 공자 |
| 21180 | 仲尼 | 중니 | 44 | 28 | 1939.10 | 儒敎의 起源과 流派 / 李昇圭 | |
| 21181 | 仲尼 | 중니 | 44 | 39 | 1939.10 | 經儒學 / 金誠鎭 | |
| 21182 | 仲尼 | 중니 | 48 | 37 | 1944.04 | 儒教の進むべき道 / 朱柄乾 | |
| 21183 | 仲德 | 중덕 | 46 | 19 | 1941.12 | 故經學院大提學從二位勳一等子爵尹德榮先生追悼錄 | 尹德榮 |
| 21184 | 中都伯 | 중도백 | 42 | 46 | 1937.12 | 文廟享祀位次及聖賢姓名爵號考 / 金完鎭 | 左丘明 |
| 21185 | 中都伯 | 중도백 | 42 | 55 | 1937.12 | 文廟享祀位次及聖賢姓名爵號考 / 金完鎭 | 左丘明 |
| 21186 | 中島喜一郎 | 중도희일랑 | 16 | 32 | 1918.03 | 日誌大要 | 총독부 촉탁 |
| 21187 | 仲良氏 | 중량씨 | 10 | 20 | 1916.03 | 經學管見(續) / 尹寧求 | 원문은 仲梁氏 |
| 21188 | 仲良氏 | 중량씨 | 31 | 4 | 1930.08 | 經學源流 / 權純九 | |
| 21189 | 中立 | 중립 | 42 | 57 | 1937.12 | 文廟享祀位次及聖賢姓名爵號考 / 金完鎭 | 楊時 |
| 21190 | 中牟伯 | 중모백 | 8 | 35 | 1915.09 | 賢關記聞 / 李大榮 | 鄭衆 |
| 21191 | 中牟伯 | 중모백 | 42 | 46 | 1937.12 | 文廟享祀位次及聖賢姓名爵號考 / 金完鎭 | 鄭衆 |
| 21192 | 中牟伯 | 중모백 | 42 | 56 | 1937.12 | 文廟享祀位次及聖賢姓名爵號考 / 金完鎭 | 鄭衆 |
| 21193 | 仲默 | 중묵 | 42 | 57 | 1937.12 | 文廟享祀位次及聖賢姓名爵號考 / 金完鎭 | 蔡沈 |
| 21194 | 重峯 | 중봉 | 42 | 58 | 1937.12 | 文廟享祀位次及聖賢姓名爵號考 / 金完鎭 | 趙憲 |
| 21195 | 中孚 | 중부 | 10 | 22 | 1916.03 | 經學淺知錄 / 金文演 | 李顥 |
| 21196 | 仲師 | 중사 | 42 | 56 | 1937.12 | 文廟享祀位次及聖賢姓名爵號考 / 金完鎭 | 鄭衆 |

| 번호 | 원문 | 현대어(독음) | 호 | 쪽 | 발행일 | 기사명 / 필자 | 비고 |
|---|---|---|---|---|---|---|---|
| 21197 | 中山 | 중산 | 33 | 16 | 1931.12 | 聞曲阜兵變上蔣中正書 / 李學魯 | |
| 21198 | 中山靖王 | 중산정왕 | 14 | 6 | 1917.07 | 經學管見(續) / 尹寧求 | 劉勝 |
| 21199 | 中西 | 중서 | 39 | 30 | 1935.10 | 東京斯文會主催儒道大會狀況 | |
| 21200 | 仲素 | 중소 | 42 | 57 | 1937.12 | 文廟享祀位次及聖賢姓名爵號考 / 金完鎭 | 羅從彦 |
| 21201 | 仲孫湫 | 중손추 | 10 | 17 | 1916.03 | 經學管見(續) / 尹寧求 | |
| 21202 | 仲叔圉 | 중숙어 | 9 | 28 | 1915.12 | 孔子年報(續) / 呂圭亨 | |
| 21203 | 中臣阿曾麻呂 | 중신아증마려 | 48 | 49 | 1944.04 | 嘉言善行 / 李敬植 | 中臣習宜阿曾麻呂(나카토미노스게노 아소마로), 나라시대 귀족 |
| 21204 | 重庵 | 중암 | 35 | 7 | 1932.12 | 心性情理氣圖解 / 元弘植 | |
| 21205 | 重菴 | 중암 | 36 | 8 | 1933.12 | 居然亭記 / 李學魯 | 金平默 |
| 21206 | 仲雍 | 중옹 | 6 | 48 | 1915.03 | 論語考證 / 金文演 | |
| 21207 | 仲由 | 중유 | 2 | 36 | 1914.03 | 大成殿神位圖 | 衛公, 子路 |
| 21208 | 仲由 | 중유 | 7 | 35 | 1915.06 | 容思衍(續) / 李鼎煥 | |
| 21209 | 仲由 | 중유 | 11 | 11 | 1916.06 | 經學說(續) / 李容稙 | |
| 21210 | 仲由 | 중유 | 12 | 57 | 1916.12 | 講說〉講題 博學於文約之以禮(大正五年五月十三日第十八回講演) / 李容稙 | |
| 21211 | 仲由 | 중유 | 17 | 80 | 1918.07 | 地方報告〉[金在昌 등의 報告] | |
| 21212 | 仲由 | 중유 | 30 | [2] | 1929.12 | 李龍眠畵宣聖及七十二弟子像贊(金石萃編) | 子路 |
| 21213 | 仲由 | 중유 | 42 | 46 | 1937.12 | 文廟享祀位次及聖賢姓名爵號考 / 金完鎭 | 衛公, 子路 |
| 21214 | 仲由 | 중유 | 42 | 49 | 1937.12 | 文廟享祀位次及聖賢姓名爵號考 / 金完鎭 | 衛公, 원문은 姓仲名由 |
| 21215 | 中井 | 중정 | 48 | 20 | 1944.04 | (四月十五日於經學院春季釋典)櫻と日本精神 / 白神壽吉 | 나카이 다케노신(中井猛之進) |
| 21216 | 中井 | 중정 | 48 | 21 | 1944.04 | (四月十五日於經學院春季釋典)櫻と日本精神 / 白神壽吉 | 나카이 다케노신(中井猛之進) |
| 21217 | 中宗 | 중종 | 8 | 38 | 1915.09 | 賢關記聞 / 李大榮 | |
| 21218 | 中宗 | 중종 | 9 | 33 | 1915.12 | 賢關記聞(續) / 李大榮 | |
| 21219 | 中宗 | 중종 | 10 | 51 | 1916.03 | 賢關記聞(續) / 李大榮 | |
| 21220 | 中宗 | 중종 | 11 | 52 | 1916.06 | 賢關記聞(續) / 李大榮 | |
| 21221 | 中宗 | 중종 | 11 | 53 | 1916.06 | 賢關記聞(續) / 李大榮 | |
| 21222 | 中宗 | 중종 | 11 | 54 | 1916.06 | 賢關記聞(續) / 李大榮 | |
| 21223 | 中宗 | 중종 | 12 | 39 | 1916.12 | 賢關記聞(續) / 李大榮 | |

| 번호 | 원문 | 현대어(독음) | 호 | 쪽 | 발행일 | 기사명 / 필자 | 비고 |
|---|---|---|---|---|---|---|---|
| 21224 | 中宗 | 중종 | 12 | 40 | 1916.12 | 賢關記聞(續) / 李大榮 | |
| 21225 | 中宗 | 중종 | 13 | 30 | 1917.03 | 賢關記聞(續) / 李大榮 | |
| 21226 | 中宗 | 중종 | 17 | 32 | 1918.07 | 賢關記聞(續) / 李大榮 | |
| 21227 | 中宗 | 중종 | 18 | 29 | 1918.09 | 賢關記聞(續) / 李大榮 | |
| 21228 | 中宗 | 중종 | 19 | 27 | 1918.12 | 賢關記聞(續) / 李大榮 | |
| 21229 | 中宗 | 중종 | 20 | 23 | 1920.03 | 求禮郡文廟重修記 / 金商翊 | |
| 21230 | 中宗 | 중종 | 20 | 39 | 1920.03 | 求禮文廟修繕同志會發起會席上演說 / 高塘柱 | |
| 21231 | 中宗 | 중종 | 21 | 63 | 1921.03 | 賢關記聞(續) / 李大榮 | |
| 21232 | 中宗 | 중종 | 21 | 75 | 1921.03 | 鄕校財産沿革 / 金完鎭 | |
| 21233 | 中宗 | 중종 | 41 | 20 | 1937.02 | 敎化編年(續) / 李大榮 | |
| 21234 | 中宗 | 중종 | 42 | 57 | 1937.12 | 文廟享祀位次及聖賢姓名爵號考 / 金完鎭 | 조선의 李懌 |
| 21235 | 中洲 | 중주 | 39 | [1] | 1935.10 | 儒敎의 使命에 邁往함을 望함 / 宇垣一成 | 미시마 추슈 (三島中洲) |
| 21236 | 中洲三島 | 중주삼도 | 31 | 24 | 1930.08 | 靜雲精舍存藁序 / 鄭萬朝 | 미시마 츄슈 |
| 21237 | 中村 | 중촌 | 44 | 82 | 1939.10 | 日誌大要(自昭和十三年六月 至昭和十三年十二月) | 나카무라 고타로 (中村孝太郎) |
| 21238 | 中村 | 중촌 | 44 | 85 | 1939.10 | 文廟春季釋奠狀況 | 나카무라 고타로 (中村孝太郎) |
| 21239 | 中村 | 중촌 | 45 | 6 | 1940.12 | 朝鮮儒林大會(朝鮮儒道聯合會創立總會) 會錄槪要 | 나카무라 고타로 (中村孝太郎) |
| 21240 | 中村 | 중촌 | 45 | 43 | 1940.12 | 朝鮮儒道聯合會總裁推戴式 | 나카무라 고타로 (中村孝太郎) |
| 21241 | 中村 | 중촌 | 46 | 13 | 1941.12 | 釋奠狀況〉昭和十四年秋季釋奠狀況 | 나카무라 고타로 (中村孝太郎) |
| 21242 | 中村 | 중촌 | 48 | 21 | 1944.04 | (四月十五日於經學院春季釋典)櫻と日本精神 / 白神壽吉 | 나카무라 히로시 (中村浩) |
| 21243 | 中村彦 | 중촌언 | 9 | 42 | 1915.12 | 日誌大要 | 나카무라 히코 |
| 21244 | 中村彦 | 중촌언 | 9 | 62 | 1915.12 | 講說〉朝鮮農業施設에 關한 說(大正四年九月十三日第十四回講演) | 나카무라 히코 |
| 21245 | 中村寅松 | 중촌인송 | 45 | 22 | 1940.12 | 朝鮮儒林大會(朝鮮儒道聯合會創立總會) 會錄槪要〉朝鮮儒道聯合會役員名簿(昭和十四年十一月一日現在) | 나카무라 도라마츠 |

| 번호 | 원문 | 현대어(독음) | 호 | 쪽 | 발행일 | 기사명 / 필자 | 비고 |
|---|---|---|---|---|---|---|---|
| 21246 | 中村一衛 | 중촌일위 | 19 | 65 | 1918.12 | 講說〉講題 普通教育에 在한 漢文科의 任務(大正七年十月十二日第三十一回講演) / 中村一衛 | 나카무라 가즈에 |
| 21247 | 中村一衞 | 중촌일위 | 19 | 35 | 1918.12 | 日誌大要 | 나카무라 가즈에 |
| 21248 | 中澤希南 | 중택희남 | 46 | 33 | 1941.12 | 明倫專門學院日誌大要(昭和十四年七月ヨリ昭和十六年六月マデ) | |
| 21249 | 仲平 | 중평 | 42 | 57 | 1937.12 | 文廟享祀位次及聖賢姓名爵號考 / 金完鎭 | 許衡 |
| 21250 | 中行氏 | 중항씨 | 5 | 45 | 1914.12 | 孔子年報(續) / 呂圭亨 | |
| 21251 | 即墨侯 | 즉묵후 | 42 | 54 | 1937.12 | 文廟享祀位次及聖賢姓名爵號考 / 金完鎭 | 公祖句玆 |
| 21252 | 即墨侯 | 즉묵후 | 42 | 46 | 1937.12 | 文廟享祀位次及聖賢姓名爵號考 / 金完鎭 | 公祖句玆 |
| 21253 | 曾 | 증 | 2 | 71 | 1914.03 | 講說〉講題 必愼其獨(大正二年十一月八日第四回講演)〉敷演 / 鄭鳳時 | |
| 21254 | 曾 | 증 | 5 | 21 | 1914.12 | 格致管見(續) / 李鼎煥 | |
| 21255 | 曾 | 증 | 6 | 58 | 1915.03 | 講說〉講題 善養吾浩然之氣(大正三年十一月二十一日第九回講演) / 李容稙 | |
| 21256 | 曾 | 증 | 10 | 21 | 1916.03 | 經學淺知錄 / 金文演 | |
| 21257 | 曾 | 증 | 10 | 50 | 1916.03 | 賢關記聞(續) / 李大榮 | |
| 21258 | 曾 | 증 | 11 | 39 | 1916.06 | 經義答問 / 黃敦秀 | |
| 21259 | 曾 | 증 | 11 | 65 | 1916.06 | 講說〉講題 人能弘道(大正四年三月十一日第十六回講演) / 李容稙 | |
| 21260 | 曾 | 증 | 12 | 6 | 1916.12 | 經學管見(續) / 尹寧求 | |
| 21261 | 曾 | 증 | 12 | 33 | 1916.12 | 讀書私記(續) / 洪鍾佶 | |
| 21262 | 曾 | 증 | 12 | 81 | 1916.12 | 地方報告〉[鄭準民의 報告] | |
| 21263 | 曾 | 증 | 15 | 49 | 1917.10 | 講說〉光州郡鄕校演講(大正六年四月二十六日)〉講題 子莫執中執中爲近之執中無權猶執一也 / 李容稙 | |
| 21264 | 曾 | 증 | 16 | 18 | 1918.03 | 閒窓問對 / 朴昇東 | |
| 21265 | 曾 | 증 | 16 | 48 | 1918.03 | 講說〉講題 存其心養其性所以事天也(大正六年十月十四日江陵郡講演) / 李容稙 | |
| 21266 | 曾 | 증 | 19 | 29 | 1918.12 | 賢關記聞(續) / 李大榮 | |
| 21267 | 曾 | 증 | 21 | 68 | 1921.03 | 三洙瑣談(續) / 元泳義 | |
| 21268 | 曾 | 증 | 23 | 9 | 1922.12 | 經義問對(續) / 沈璿澤 | |
| 21269 | 曾 | 증 | 23 | 19 | 1922.12 | 孔夫子忌辰四十周甲追慕辭 / 吳憲泳 | |
| 21270 | 曾 | 증 | 29 | 28 | 1928.12 | 三洙瑣談(續) / 元泳義 | |
| 21271 | 曾宏父 | 증굉보 | 20 | 17 | 1920.03 | 經學管見(續) / 尹寧求 | |
| 21272 | 曾國藩 | 증국번 | 18 | 50 | 1918.09 | 講說〉講題 內地의 宋學(大正七年五月十一日第二十八回講演) / 今關壽麿 | |

| 번호 | 원문 | 현대어(독음) | 호 | 쪽 | 발행일 | 기사명 / 필자 | 비고 |
|---|---|---|---|---|---|---|---|
| 21273 | 鄭伯 | 증백 | 42 | 52 | 1937.12 | 文廟享祀位次及聖賢姓名爵號考 / 金完鎭 | 巫馬施 |
| 21274 | 曾參 | 증삼 | 30 | [3] | 1929.12 | 李龍眠畵宣聖及七十二弟子像贊(金石萃編) | |
| 21275 | 曾參 | 증삼 | 42 | 48 | 1937.12 | 文廟享祀位次及聖賢姓名爵號考 / 金完鎭 | 曾子, 원문은 姓曾諱參 |
| 21276 | 曾晳 | 증석 | 3 | 64 | 1914.06 | 講說〉講題 孝子所以事君也弟子所以事長也慈者所以使衆也(大正三年三月三日第五回講演) / 李容稙 | |
| 21277 | 曾晳 | 증석 | 10 | 46 | 1916.03 | 賢關記聞(續) / 李大榮 | |
| 21278 | 曾晳 | 증석 | 11 | 72 | 1916.06 | 講說〉浴乎沂風乎舞雩詠而歸(大正五年四月八日第十七回講演) / 鄭鳳時 | |
| 21279 | 曾晳 | 증석 | 11 | 74 | 1916.06 | 講說〉浴乎沂風乎舞雩詠而歸(大正五年四月八日第十七回講演) / 鄭鳳時 | |
| 21280 | 曾晳 | 증석 | 19 | 62 | 1918.12 | 講說〉講題 孝弟也者其爲仁之本歟(大正七年十月十二日第三十一回講演)〉敷演 / 李晩奎 | |
| 21281 | 曾晳 | 증석 | 37 | 7 | 1934.10 | 東洋에 斯文이 有함 / 福士末之助 | |
| 21282 | 曾申 | 증신 | 31 | 4 | 1930.08 | 經學源流 / 權純九 | |
| 21283 | 曾氏 | 증씨 | 10 | 46 | 1916.03 | 賢關記聞(續) / 李大榮 | |
| 21284 | 曾氏 | 증씨 | 19 | 29 | 1918.12 | 賢關記聞(續) / 李大榮 | |
| 21285 | 曾氏 | 증씨 | 20 | 31 | 1920.03 | 三洙瑣談(續) / 元泳義 | |
| 21286 | 曾氏 | 증씨 | 25 | 10 | 1924.12 | 中庸說(續) / 李學魯 | |
| 21287 | 曾氏 | 증씨 | 40 | 9 | 1936.08 | 朝鮮儒敎의 大觀 / 鄭鳳時 | |
| 21288 | 曾氏 | 증씨 | 40 | 13 | 1936.08 | 心田開發에 對한 儒敎 / 鄭鳳時 | |
| 21289 | 曾恬 | 증염 | 21 | 20 | 1921.03 | 經學管見(續) / 尹寧求 | |
| 21290 | 增永正一 | 증영정일 | 45 | 20 | 1940.12 | 朝鮮儒林大會(朝鮮儒道聯合會創立總會) 會錄槪要〉朝鮮儒道聯合會役員名簿(昭和十四年十一月一日現在) | 마스나가 쇼이치 |
| 21291 | 曾元 | 증원 | 18 | 25 | 1918.09 | 三洙瑣談 / 元泳義 | |
| 21292 | 曾子 | 증자 | 1 | 67 | 1913.12 | 講說〉大正二年九月四日第二回演講〉(講章此之謂絜矩之道) / 李容稙 | |
| 21293 | 曾子 | 증자 | 1 | 68 | 1913.12 | 講說〉大正二年九月四日第二回演講〉(講章此之謂絜矩之道) / 李容稙 | |
| 21294 | 曾子 | 증자 | 1 | 90 | 1913.12 | 地方報告 大正元年始〉[成樂賢의 報告] | |
| 21295 | 曾子 | 증자 | 2 | 10 | 1914.03 | 華山問答 / 李容稙 | |
| 21296 | 曾子 | 증자 | 2 | 23 | 1914.03 | 格致管見 / 李鼎煥 | |
| 21297 | 曾子 | 증자 | 2 | 36 | 1914.03 | 大成殿神位圖 | 郕國宗聖公 |
| 21298 | 曾子 | 증자 | 2 | 72 | 1914.03 | 講說〉講題 必愼其獨(大正二年十一月八日第四回講演)〉敷演 / 李鼎煥 | |

| 번호 | 원문 | 현대어(독음) | 호 | 쪽 | 발행일 | 기사명 / 필자 | 비고 |
|---|---|---|---|---|---|---|---|
| 21299 | 曾子 | 증자 | 2 | 73 | 1914.03 | 講說〉講題 必愼其獨(大正二年十一月八日第四回講演)〉續演 / 呂圭亨 | |
| 21300 | 曾子 | 증자 | 2 | 84 | 1914.03 | 地方報告〉[金光鉉의 報告] | |
| 21301 | 曾子 | 증자 | 2 | 85 | 1914.03 | 地方報告〉[金光鉉의 報告] | |
| 21302 | 曾子 | 증자 | 2 | 92 | 1914.03 | 地方報告〉[成樂賢의 報告] | |
| 21303 | 曾子 | 증자 | 3 | 47 | 1914.06 | 講士視察見聞所記 / 呂圭亨 | |
| 21304 | 曾子 | 증자 | 3 | 62 | 1914.06 | 講說〉講題 孝子所以事君也弟者所以事長也慈者所以使衆也(大正三年三月三日第五回講演) / 李容稙 | |
| 21305 | 曾子 | 증자 | 3 | 64 | 1914.06 | 講說〉講題 孝子所以事君也弟者所以事長也慈者所以使衆也(大正三年三月三日第五回講演) / 李容稙 | |
| 21306 | 曾子 | 증자 | 3 | 65 | 1914.06 | 講說〉講題 孝子所以事君也弟者所以事長也慈者所以使衆也(大正三年三月三日第五回講演) / 李容稙 | |
| 21307 | 曾子 | 증자 | 3 | 67 | 1914.06 | 講說〉講題 孝子所以事君也弟者所以事長也慈者所以使衆也(大正三年三月三日第五回講演)〉敷演 / 李鶴在 | |
| 21308 | 曾子 | 증자 | 4 | 12 | 1914.09 | 華山問答(第二號續) / 李容稙 | |
| 21309 | 曾子 | 증자 | 4 | 41 | 1914.09 | 孔子年報(續) / 呂圭亨 | |
| 21310 | 曾子 | 증자 | 4 | 55 | 1914.09 | 講說〉講題 文質彬彬然後君子(大正三年六月十三日第六回講演) | |
| 21311 | 曾子 | 증자 | 4 | 56 | 1914.09 | 講說〉講題 文質彬彬然後君子(大正三年六月十三日第六回講演) | |
| 21312 | 曾子 | 증자 | 5 | 15 | 1914.12 | 華山問答(續) / 李容稙 | |
| 21313 | 曾子 | 증자 | 5 | 16 | 1914.12 | 經義講論 十六條 / 李商永 | |
| 21314 | 曾子 | 증자 | 5 | 17 | 1914.12 | 經義講論 十六條 / 李商永 | |
| 21315 | 曾子 | 증자 | 5 | 51 | 1914.12 | 容思衍(續) / 李鼎煥 | |
| 21316 | 曾子 | 증자 | 5 | 72 | 1914.12 | 講說〉講題 道也者不可須臾離也(大正三年九月二十九日第七回講演) / 李容稙 | |
| 21317 | 曾子 | 증자 | 5 | 88 | 1914.12 | 關東講說〉講題 道不遠人 / 池台源 | |
| 21318 | 曾子 | 증자 | 6 | 9 | 1915.03 | 華山問答(續) / 李容稙 | |
| 21319 | 曾子 | 증자 | 6 | 41 | 1915.03 | 容思衍(續) / 李鼎煥 | |
| 21320 | 曾子 | 증자 | 6 | 46 | 1915.03 | 論語考證 / 金文演 | |
| 21321 | 曾子 | 증자 | 7 | 6 | 1915.06 | 華山問答(續) / 李容稙 | |
| 21322 | 曾子 | 증자 | 7 | 43 | 1915.06 | 論語分類一覽(續) / 金文演 | |
| 21323 | 曾子 | 증자 | 7 | 49 | 1915.06 | 讀書私記 / 洪鐘佶 | |
| 21324 | 曾子 | 증자 | 8 | 5 | 1915.09 | 經說 本論附 / 韓晚容 | |
| 21325 | 曾子 | 증자 | 8 | 11 | 1915.09 | 華山問答(續) / 李容稙 | |

| 번호 | 원문 | 현대어(독음) | 호 | 쪽 | 발행일 | 기사명 / 필자 | 비고 |
|---|---|---|---|---|---|---|---|
| 21326 | 曾子 | 증자 | 8 | 28 | 1915.09 | 容思衍(續) / 李鼎煥 | |
| 21327 | 曾子 | 증자 | 8 | 35 | 1915.09 | 賢關記聞 / 李大榮 | |
| 21328 | 曾子 | 증자 | 8 | 46 | 1915.09 | 講說〉講題 苟日新日日新又日新(大政四年四月十七日第十一回講演) / 李容植 | |
| 21329 | 曾子 | 증자 | 8 | 48 | 1915.09 | 講說〉講題 苟日新日日新又日新(大政四年四月十七日第十一回講演)〉敷演 / 鄭鳳時 | |
| 21330 | 曾子 | 증자 | 8 | 72 | 1915.09 | 地方報告〉[崔東吉의 報告] | |
| 21331 | 曾子 | 증자 | 9 | 6 | 1915.12 | 經說(續) / 韓晩容 | |
| 21332 | 曾子 | 증자 | 9 | 12 | 1915.12 | 經學管見(上) / 尹寧求 | |
| 21333 | 曾子 | 증자 | 9 | 16 | 1915.12 | 經學管見(上) / 尹寧求 | |
| 21334 | 曾子 | 증자 | 9 | 57 | 1915.12 | 講說〉講題 三人行必有我師(大正四年六月十二日第十三回講演) / 沈鐘舜 | |
| 21335 | 曾子 | 증자 | 10 | 19 | 1916.03 | 經學管見(續) / 尹寧求 | |
| 21336 | 曾子 | 증자 | 10 | 46 | 1916.03 | 賢關記聞(續) / 李大榮 | |
| 21337 | 曾子 | 증자 | 10 | 51 | 1916.03 | 賢關記聞(續) / 李大榮 | |
| 21338 | 曾子 | 증자 | 10 | 66 | 1916.03 | 講說〉儒教의 根本義(大正四年十月九日第十五回講演) | |
| 21339 | 曾子 | 증자 | 10 | 70 | 1916.03 | 地方報告〉[黃敦秀의 報告] | |
| 21340 | 曾子 | 증자 | 11 | 12 | 1916.06 | 經學說(續) / 李容植 | |
| 21341 | 曾子 | 증자 | 11 | 39 | 1916.06 | 經義答問 / 黃敦秀 | |
| 21342 | 曾子 | 증자 | 11 | 49 | 1916.06 | 讀書私記(第八號續) / 洪鐘佶 | |
| 21343 | 曾子 | 증자 | 11 | 50 | 1916.06 | 讀書私記(第八號續) / 洪鐘佶 | |
| 21344 | 曾子 | 증자 | 12 | 49 | 1916.12 | 日誌大要 | |
| 21345 | 曾子 | 증자 | 12 | 57 | 1916.12 | 講說〉講題 博學於文約之以禮(大正五年五月十三日第十八回講演) / 李容植 | |
| 21346 | 曾子 | 증자 | 12 | 74 | 1916.12 | 講說〉講題 善養吾浩然之氣(大正五年九月二十九日海州郡鄉校講演) / 李容植 | |
| 21347 | 曾子 | 증자 | 14 | 2 | 1917.07 | 經學管見(續) / 尹寧求 | |
| 21348 | 曾子 | 증자 | 14 | 13 | 1917.07 | 溫故而知新可以爲師矣 / 田中玄黃 | |
| 21349 | 曾子 | 증자 | 15 | 23 | 1917.10 | 經義問對 / 李載烈 | |
| 21350 | 曾子 | 증자 | 15 | 24 | 1917.10 | 經義問對 / 李泰洙 | |
| 21351 | 曾子 | 증자 | 15 | 44 | 1917.10 | 講說〉講題 己所不欲勿施於人(大正六年六月十六日第二十四回講演) / 李容植 | |
| 21352 | 曾子 | 증자 | 15 | 45 | 1917.10 | 講說〉講題 己所不欲勿施於人(大正六年六月十六日第二十四回講演)〉續演 / 呂圭亨 | |
| 21353 | 曾子 | 증자 | 15 | 55 | 1917.10 | 講說〉泰仁鄉校講演(大正六年五月一日)〉講題 士不可以不弘毅任重而道遠 / 李容植 | |

| 번호 | 원문 | 현대어(독음) | 호 | 쪽 | 발행일 | 기사명 / 필자 | 비고 |
|------|------|-------------|----|----|--------|---------------|------|
| 21354 | 曾子 | 증자 | 15 | 57 | 1917.10 | 講說〉泰仁鄕校講演(大正六年五月一日)〉講題 士不可以不弘毅任重而道遠〉續演 / 金東振 | |
| 21355 | 曾子 | 증자 | 16 | 51 | 1918.03 | 講說〉講題 存其心養其性所以事天也(大正六年十月十四日江陵郡講演)〉續演 / 鄭鳳時 | |
| 21356 | 曾子 | 증자 | 17 | 12 | 1918.07 | 論語釋義 / 李明宰 | |
| 21357 | 曾子 | 증자 | 17 | 14 | 1918.07 | 論語釋義 / 李明宰 | |
| 21358 | 曾子 | 증자 | 17 | 31 | 1918.07 | 洙澳問答 / 元泳義 | |
| 21359 | 曾子 | 증자 | 17 | 32 | 1918.07 | 洙澳問答 / 元泳義 | |
| 21360 | 曾子 | 증자 | 17 | 36 | 1918.07 | 經義問對 / 李載烈 | |
| 21361 | 曾子 | 증자 | 17 | 43 | 1918.07 | 講說〉講題 君子有大道必忠信以得之驕泰以失之(大正六年十一月十日第二十六回講演) / 李容稙 | |
| 21362 | 曾子 | 증자 | 17 | 44 | 1918.07 | 講說〉講題 君子有大道必忠信以得之驕泰以失之(大正六年十一月十日第二十六回講演) / 李容稙 | |
| 21363 | 曾子 | 증자 | 17 | 56 | 1918.07 | 講說〉講題 君子無終食之間違仁造次必於是顚沛必於是(大正七年三月二十一日第二十七回講演)〉續演 / 呂圭亨 | |
| 21364 | 曾子 | 증자 | 17 | 69 | 1918.07 | 地方報告〉[韓昌愚의 報告] | |
| 21365 | 曾子 | 증자 | 18 | 25 | 1918.09 | 三洙瑣談 / 元泳義 | |
| 21366 | 曾子 | 증자 | 18 | 28 | 1918.09 | 三洙瑣談 / 元泳義 | |
| 21367 | 曾子 | 증자 | 18 | 46 | 1918.09 | 講說〉講題 見義不爲無勇也(大正七年五月十一日第二十八回講演) / 李容稙 | |
| 21368 | 曾子 | 증자 | 18 | 72 | 1918.09 | 地方報告〉[劉光澤의 報告] / 劉光澤 | |
| 21369 | 曾子 | 증자 | 19 | 57 | 1918.12 | 講說〉講題 孝弟也者其爲仁之本歟(大正七年十月十二日第三十一回講演) / 李容稙 | |
| 21370 | 曾子 | 증자 | 19 | 62 | 1918.12 | 講說〉講題 孝弟也者其爲仁之本歟(大正七年十月十二日第三十一回講演)〉敷演 / 李晚奎 | |
| 21371 | 曾子 | 증자 | 20 | 4 | 1920.03 | 論語釋義(第十七號續) / 李明宰 | |
| 21372 | 曾子 | 증자 | 20 | 29 | 1920.03 | 三洙瑣談(續) / 元泳義 | |
| 21373 | 曾子 | 증자 | 21 | 31 | 1921.03 | 歸厚契帖序 / 鄭鳳時 | |
| 21374 | 曾子 | 증자 | 21 | 69 | 1921.03 | 三洙瑣談(續) / 元泳義 | |
| 21375 | 曾子 | 증자 | 22 | 13 | 1922.03 | 經學講論 / 成樂賢 | |
| 21376 | 曾子 | 증자 | 22 | 60 | 1922.03 | 講說〉一貫之道 / 宇野哲人 | |
| 21377 | 曾子 | 증자 | 22 | 63 | 1922.03 | 講說〉一貫之道 / 宇野哲人 | |
| 21378 | 曾子 | 증자 | 22 | 70 | 1922.03 | 講說〉以文會友以友輔仁 / 鄭鳳時 | |
| 21379 | 曾子 | 증자 | 23 | 10 | 1922.12 | 經義問對(續) / 沈璿澤 | |
| 21380 | 曾子 | 증자 | 23 | 66 | 1922.12 | 講說〉講題 師道(大正十一年五月七日追慕禮式時) / 赤木萬二郎 | |

| 번호 | 원문 | 현대어(독음) | 호 | 쪽 | 발행일 | 기사명 / 필자 | 비고 |
|---|---|---|---|---|---|---|---|
| 21381 | 曾子 | 증자 | 24 | 2 | 1923.12 | 論語疑義問答 / 鄭萬朝 | |
| 21382 | 曾子 | 증자 | 24 | 9 | 1923.12 | 經義問對(續) / 沈璿澤 | |
| 21383 | 曾子 | 증자 | 24 | 26 | 1923.12 | 三洙瑣談(續) / 元泳義 | |
| 21384 | 曾子 | 증자 | 24 | 73 | 1923.12 | 講說〉講題 大學之道在明明德在新民 / 申泰岳 | |
| 21385 | 曾子 | 증자 | 24 | 82 | 1923.12 | 講說〉講題 時代之儒敎 / 金完鎭 | |
| 21386 | 曾子 | 증자 | 25 | 62 | 1924.12 | 講說〉講題 三綱五倫說 / 鄭準民 | |
| 21387 | 曾子 | 증자 | 26 | 11 | 1925.12 | 四書講解總說 / 元泳義 | |
| 21388 | 曾子 | 증자 | 26 | 12 | 1925.12 | 四書講解總說 / 元泳義 | |
| 21389 | 曾子 | 증자 | 26 | 14 | 1925.12 | 四書講解總說 / 元泳義 | |
| 21390 | 曾子 | 증자 | 27 | 21 | 1926.12 | 經義問對 / 韓昌愚 | |
| 21391 | 曾子 | 증자 | 27 | 34 | 1926.12 | 三洙瑣談(續) / 元泳義 | |
| 21392 | 曾子 | 증자 | 27 | 67 | 1926.12 | 講說〉講題 子以四敎文行忠信 / 鄭鳳時 | |
| 21393 | 曾子 | 증자 | 28 | 65 | 1927.12 | 講說〉講題 吾道一以貫之 / 沈璿澤 | |
| 21394 | 曾子 | 증자 | 29 | 20 | 1928.12 | 日三省箴 / 金東振 | |
| 21395 | 曾子 | 증자 | 30 | 53 | 1929.12 | 講說〉講題 仰至聖孔夫子 / 福士末之助 | |
| 21396 | 曾子 | 증자 | 30 | 58 | 1929.12 | 講說〉講題 朝鮮의 在한 聖學道統 : 李退溪先生을 憶함 / 赤木萬二郎 | |
| 21397 | 曾子 | 증자 | 31 | 4 | 1930.08 | 經學源流 / 權純九 | |
| 21398 | 曾子 | 증자 | 31 | 16 | 1930.08 | 講題 修身齊家治國平天下 / 成樂賢 | |
| 21399 | 曾子 | 증자 | 31 | 18 | 1930.08 | 講題 德者本也財者末也 / 成樂賢 | |
| 21400 | 曾子 | 증자 | 32 | 17 | 1930.12 | 講題 現代世相과 儒學의 本領 / 渡邊信治 | |
| 21401 | 曾子 | 증자 | 32 | 20 | 1930.12 | 講題 子以四敎文行忠信 / 池琓洙 | |
| 21402 | 曾子 | 증자 | 35 | 2 | 1932.12 | 以好問供勸學說 / 李學魯 | |
| 21403 | 曾子 | 증자 | 35 | 5 | 1932.12 | 經傳解釋通例 / 李學魯 | |
| 21404 | 曾子 | 증자 | 37 | 3 | 1934.10 | 自力更生 / 權純九 | |
| 21405 | 曾子 | 증자 | 39 | 2 | 1935.10 | 性善說 / 李學魯 | |
| 21406 | 曾子 | 증자 | 39 | 19 | 1935.10 | 湯島聖堂孔子祭典狀況〉孔子祭神位及陳設圖昭和十年四月三十日 / 材團法人 斯文會祭典部 | |
| 21407 | 曾子 | 증자 | 39 | 20 | 1935.10 | 湯島聖堂孔子祭典狀況〉四配位陣設圖 | |
| 21408 | 曾子 | 증자 | 40 | 7 | 1936.08 | 儒敎의 眞髓 / 鄭萬朝 | |
| 21409 | 曾子 | 증자 | 40 | 16 | 1936.08 | 文房四友說 / 韓昌愚 | |
| 21410 | 曾子 | 증자 | 42 | 46 | 1937.12 | 文廟享祀位次及聖賢姓名爵號考 / 金完鎭 | 郕國宗聖公 |
| 21411 | 曾子 | 증자 | 42 | 60 | 1937.12 | 文廟享祀位次及聖賢姓名爵號考 / 金完鎭 | |
| 21412 | 曾子 | 증자 | 43 | 24 | 1938.12 | 孝烈行蹟〉[金三鉉의 보고] | |
| 21413 | 曾子 | 증자 | 44 | 37 | 1939.10 | 經儒學 / 金誠鎭 | |

ㅈ

| 번호 | 원문 | 현대어(독음) | 호 | 쪽 | 발행일 | 기사명 / 필자 | 비고 |
|---|---|---|---|---|---|---|---|
| 21414 | 曾子 | 증자 | 46 | 5 | 1941.12 | 大學序文先儒論辨 / 金誠鎭 | |
| 21415 | 曾子 | 증자 | 46 | 9 | 1941.12 | 大學序文先儒論辨 / 金誠鎭 | |
| 21416 | 曾子 | 증자 | 46 | 28 | 1941.12 | 孝烈行跡報告 其三 / 朴尙錫 | |
| 21417 | 曾子 | 증자 | 47 | 27 | 1943.01 | 論語要義 / 崔浩然 | |
| 21418 | 曾田文甫 | 증전문보 | 35 | 64 | 1932.12 | 評議員會狀況〉事業經過報告 / 高木善人 | 소다 분포 |
| 21419 | 曾點 | 증점 | 7 | 45 | 1915.06 | 論語分類一覽(續) / 金文演 | |
| 21420 | 曾點 | 증점 | 10 | 46 | 1916.03 | 賢關記聞(續) / 李大榮 | |
| 21421 | 曾點 | 증점 | 11 | 73 | 1916.06 | 講說〉浴乎沂風乎舞雩詠而歸(大正五年四月八日第十七回講演) / 鄭鳳時 | |
| 21422 | 曾點 | 증점 | 11 | 74 | 1916.06 | 講說〉浴乎沂風乎舞雩詠而歸(大正五年四月八日第十七回講演) / 鄭鳳時 | |
| 21423 | 曾點 | 증점 | 11 | 75 | 1916.06 | 講說〉浴乎沂風乎舞雩詠而歸(大正五年四月八日第十七回講演) / 呂圭亨 | |
| 21424 | 曾點 | 증점 | 21 | 64 | 1921.03 | 賢關記聞(續) / 李大榮 | |
| 21425 | 曾點 | 증점 | 30 | [4] | 1929.12 | 李龍眠畵宣聖及七十二弟子像贊(金石萃編) | |
| 21426 | 曾點 | 증점 | 42 | 48 | 1937.12 | 文廟享祀位次及聖賢姓名爵號考 / 金完鎭 | 萊蕪侯, 원문은 點, 증자의 父 |
| 21427 | 曾點 | 증점 | 42 | 59 | 1937.12 | 文廟享祀位次及聖賢姓名爵號考 / 金完鎭 | 萊蕪侯, 원문은 姓曾名點, 曾子의 父 |
| 21428 | 摯 | 지 | 7 | 41 | 1915.06 | 論語考證(續) / 金文演 | |
| 21429 | 枝江侯 | 지강후 | 42 | 47 | 1937.12 | 文廟享祀位次及聖賢姓名爵號考 / 金完鎭 | 公孫龍 |
| 21430 | 枝江侯 | 지강후 | 42 | 52 | 1937.12 | 文廟享祀位次及聖賢姓名爵號考 / 金完鎭 | 公孫龍 |
| 21431 | 智光上人 | 지광상인 | 44 | 61 | 1939.10 | 朝鮮詩學考 / 李昇圭 | 지코 쇼닌 |
| 21432 | 池東燮 | 지동섭 | 36 | 32 | 1933.12 | 文廟釋奠狀況〉[池東燮의 보고] | |
| 21433 | 池東燮 | 지동섭 | 37 | 47 | 1934.10 | 文廟釋奠狀況〉[池東燮의 보고] | |
| 21434 | 池東燮 | 지동섭 | 37 | 52 | 1934.10 | 文廟釋奠狀況〉[池東燮의 보고] | |
| 21435 | 池東燮 | 지동섭 | 38 | 50 | 1935.03 | 文廟釋奠狀況〉地方文廟秋期釋奠狀況表 | |
| 21436 | 池東燮 | 지동섭 | 39 | 54 | 1935.10 | 文廟釋奠狀況〉地方文廟春期釋奠狀況表 | |
| 21437 | 池東燮 | 지동섭 | 40 | 38 | 1936.08 | 文廟釋奠狀況〉[地方文廟春期釋奠狀況表] | |
| 21438 | 智芳子 | 지방자 | 43 | 28 | 1938.12 | 儒林特志〉[姜錫圭의 보고]〉祭需品奉納者氏名及物名 | |
| 21439 | 池秉壽 | 지병수 | 20 | 23 | 1920.03 | 求禮郡文廟重修記 / 金商翊 | |
| 21440 | 芝峯 | 지봉 | 12 | 40 | 1916.12 | 賢關記聞(續) / 李大榮 | |
| 21441 | 芝山祺 | 지산기 | 46 | 24 | 1941.12 | 經學院日誌大要(昭和十四年七月ヨリ昭和十六年六月マテ) | 閔載祺 |

| 번호 | 원문 | 현대어(독음) | 호 | 쪽 | 발행일 | 기사명 / 필자 | 비고 |
|---|---|---|---|---|---|---|---|
| 21442 | 芝山祺 | 지산기 | 48 | 53 | 1944.04 | 釋奠狀況〉昭和十八年秋季釋奠狀況 | 閔載祺 |
| 21443 | 池上 | 지상 | 29 | 41 | 1928.12 | 日誌大要 | 이케가미 시로 (池上四郎) |
| 21444 | 池上 | 지상 | 29 | 43 | 1928.12 | 日誌大要 | 이케가미 시로 (池上四郎) |
| 21445 | 池上 | 지상 | 29 | 45 | 1928.12 | 日誌大要 | 이케가미 시로 (池上四郎) |
| 21446 | 池石庵 | 지석암 | 35 | 12 | 1932.12 | 池石庵玩洙六十一壽序 / 權純九 | 池玩洙 |
| 21447 | 池石庵 | 지석암 | 35 | 21 | 1932.12 | 孝壽帖 / 鄭萬朝 | 池玩洙 |
| 21448 | 至聖 | 지성 | 18 | 27 | 1918.09 | 三洙瑣談 / 元泳義 | |
| 21449 | 至聖 孔夫子 | 지성 공부자 | 24 | 27 | 1923.12 | 釋奠에 就하야 / 佐藤廣治 | |
| 21450 | 至聖 孔夫子 | 지성 공부자 | 30 | 50 | 1929.12 | 講說〉講題 仰至聖孔夫子 / 福士末之助 | |
| 21451 | 至聖 孔夫子 | 지성 공부자 | 30 | 51 | 1929.12 | 講說〉講題 仰至聖孔夫子 / 福士末之助 | |
| 21452 | 至聖 孔夫子 | 지성 공부자 | 30 | 58 | 1929.12 | 講說〉講題 朝鮮의 在한 聖學道統 : 李退溪先生을 憶함 / 赤木萬二郎 | |
| 21453 | 至聖 孔夫子 | 지성 공부자 | 37 | 7 | 1934.10 | 東洋에 斯文이 有함 / 福士末之助 | |
| 21454 | 至聖 孔夫子 | 지성 공부자 | 37 | 9 | 1934.10 | 東洋에 斯文이 有함 / 福士末之助 | |
| 21455 | 至聖孔子 | 지성 공자 | 39 | 32 | 1935.10 | 東京斯文會主催儒道大會狀況〉式辭 / 德川家達 | |
| 21456 | 至聖 文宣王 | 지성 문선왕 | 44 | 31 | 1939.10 | 儒敎의 起源과 流派 / 李昇圭 | |
| 21457 | 智成路 | 지성로 | 43 | 29 | 1938.12 | 儒林特志〉[姜錫圭의 보고]〉祭需品奉納者氏名及物名 | |
| 21458 | 至聖文宣王 | 지성문선왕 | 42 | 48 | 1937.12 | 文廟享祀位次及聖賢姓名爵號考 / 金完鎭 | 孔子 |
| 21459 | 至聖先師 | 지성선사 | 18 | 27 | 1918.09 | 三洙瑣談 / 元泳義 | |
| 21460 | 至聖先師 | 지성선사 | 18 | 28 | 1918.09 | 三洙瑣談 / 元泳義 | |
| 21461 | 至聖先師 | 지성선사 | 25 | 28 | 1924.12 | 釋奠에 就하야(續) / 佐藤廣治 | |
| 21462 | 至聖先師 | 지성선사 | 30 | 57 | 1929.12 | 講說〉講題 朝鮮의 在한 聖學道統 : 李退溪先生을 憶함 / 赤木萬二郎 | |
| 21463 | 至聖先師 | 지성선사 | 32 | 11 | 1930.12 | 講題 現代世相과 儒學의 本領 / 渡邊信治 | |
| 21464 | 至聖先師 | 지성선사 | 33 | 32 | 1931.12 | 聲討顚末 | |

| 번호 | 원문 | 현대어(독음) | 호 | 쪽 | 발행일 | 기사명 / 필자 | 비고 |
|---|---|---|---|---|---|---|---|
| 21465 | 至聖先師 | 지성선사 | 42 | 48 | 1937.12 | 文廟享祀位次及聖賢姓名爵號考 / 金完鎭 | |
| 21466 | 至聖先師 | 지성선사 | 44 | 31 | 1939.10 | 儒敎의 起源과 流派 / 李昇圭 | |
| 21467 | 至聖先師<br>孔夫子 | 지성선사<br>공부자 | 23 | 64 | 1922.12 | 講說〉講題 師道(大正十一年五月七日追慕禮式時) / 赤木萬二郎 | |
| 21468 | 至聖先師<br>孔夫子 | 지성선사<br>공부자 | 30 | 70 | 1929.12 | 講說〉講題 朝鮮의 在한 聖學道統 : 李退溪先生을 憶함 / 赤木萬二郎 | |
| 21469 | 至聖先師<br>孔子 | 지성선사<br>공자 | 27 | 42 | 1926.12 | 釋奠에 就ㅎ야(續) / 佐藤廣治 | |
| 21470 | 至聖先師<br>孔子 | 지성선사<br>공자 | 27 | 48 | 1926.12 | 釋奠에 就ㅎ야(續) / 佐藤廣治 | |
| 21471 | 至聖先師<br>孔子 | 지성선사<br>공자 | 42 | 43 | 1937.12 | 文廟釋奠期日改正ノ件(昭和十二年二月十二日學祕第九號總督府學務局長通牒) | |
| 21472 | 知守齋 | 지수재 | 32 | 42 | 1930.12 | 地方報告〉地方儒林狀況〉[成樂賢의 報告] | 俞拓基 |
| 21473 | 池琓洙 | 지완수 | 31 | 1 | 1930.08 | 儒道論 / 池琓洙 | |
| 21474 | 池琓洙 | 지완수 | 31 | 28 | 1930.08 | 壽星帖 / 院僚一同 | |
| 21475 | 池琓洙 | 지완수 | 40 | 33 | 1936.08 | 日誌大要 | |
| 21476 | 池琓洙 | 지완수 | 41 | 60 | 1937.02 | 經學院講士名簿(昭和十一年十一月一日) | |
| 21477 | 池琓洙 | 지완수 | 30 | 38 | 1929.12 | 雪重帖 / 池琓洙 | |
| 21478 | 池琓洙 | 지완수 | 30 | 39 | 1929.12 | 日誌大要 | |
| 21479 | 池琓洙 | 지완수 | 30 | 81 | 1929.12 | 地方報告〉[池琓洙의 報告] | |
| 21480 | 池琓洙 | 지완수 | 32 | 20 | 1930.12 | 講題 子以四敎文行忠信 / 池琓洙 | |
| 21481 | 池琓洙 | 지완수 | 32 | 33 | 1930.12 | 視察不二農場贈藤井組合長 / 池琓洙 | |
| 21482 | 池琓洙 | 지완수 | 32 | 35 | 1930.12 | 崧陽書院奓拜敬次板上韻 / 池琓洙 | |
| 21483 | 池琓洙 | 지완수 | 32 | 39 | 1930.12 | 地方報告〉地方儒林狀況〉[池琓洙의 報告] | |
| 21484 | 池琓洙 | 지완수 | 33 | 20 | 1931.12 | 壽松帖〉敬賀鄭提學先生喜壽 / 池琓洙 | |
| 21485 | 池琓洙 | 지완수 | 33 | 29 | 1931.12 | 聲討顚末 | |
| 21486 | 池琓洙 | 지완수 | 35 | 12 | 1932.12 | 池石庵琓洙六十一壽序 / 權純九 | 원문은 玩洙 |
| 21487 | 池琓洙 | 지완수 | 37 | 43 | 1934.10 | 日誌大要 | |
| 21488 | 池琓洙 | 지완수 | 40 | 40 | 1936.08 | 成竹似先生追悼錄〉挽故成均館博士成竹似先生 / 池琓洙 | |
| 21489 | 池琓洙 | 지완수 | 40 | 49 | 1936.08 | 鄭茂亭先生追悼錄〉祭文 / 池琓洙 | |
| 21490 | 池琓洙 | 지완수 | 40 | 52 | 1936.08 | 鄭茂亭先生追悼錄〉輓詞 / 池琓洙 | |
| 21491 | 池琓洙 | 지완수 | 43 | 42 | 1938.12 | 故大提學鄭鳳時先生輓詞 / 池琓洙 | |
| 21492 | 摯虞 | 지우 | 10 | 15 | 1916.03 | 經學管見(續) / 尹寧求 | |
| 21493 | 芝祐孟 | 지우맹 | 39 | 23 | 1935.10 | 湯島聖堂孔子祭典狀況〉孔子祭舞樂曲目竝配役 | |
| 21494 | 池瑀錫 | 지우석 | 4 | 67 | 1914.09 | 地方報告〉[嚴思溶과 池瑀錫의 報告] | |

| 번호 | 원문 | 현대어(독음) | 호 | 쪽 | 발행일 | 기사명 / 필자 | 비고 |
|------|------|------------|-----|-----|--------|--------------|------|
| 21495 | 芝祐泰 | 지우태 | 39 | 23 | 1935.10 | 湯島聖堂孔子祭典狀況〉孔子祭舞樂曲目竝配役 | |
| 21496 | 池應鉉 | 지응현 | 45 | 32 | 1940.12 | 朝鮮儒林大會(朝鮮儒道聯合會創立總會) 會錄槪要〉朝鮮儒道聯合會役員名簿(昭和十四年十一月一日現在) | |
| 21497 | 遲任 | 지임 | 8 | 50 | 1915.09 | 講說〉講題 苟日新日日新又日新(大政四年四月十七日第十一回講演)〉續演 / 呂圭亨 | |
| 21498 | 池正宣 | 지정선 | 45 | 40 | 1940.12 | 朝鮮儒林大會(朝鮮儒道聯合會創立總會) 會錄槪要〉朝鮮儒道聯合會役員名簿(昭和十四年十一月一日現在) | |
| 21499 | 池昌龍 | 지창룡 | 43 | 66 | 1938.12 | 文廟春季釋奠狀況 | |
| 21500 | 池昌宣 | 지창선 | 45 | 40 | 1940.12 | 朝鮮儒林大會(朝鮮儒道聯合會創立總會) 會錄槪要〉朝鮮儒道聯合會役員名簿(昭和十四年十一月一日現在) | |
| 21501 | 池昌永 | 지창영 | 28 | 43 | 1927.12 | 日誌大要 | |
| 21502 | 池昌永 | 지창영 | 28 | 44 | 1927.12 | 日誌大要 | |
| 21503 | 池昌夏 | 지창하 | 43 | 25 | 1938.12 | 孝烈行蹟〉[李時榮의 보고] | |
| 21504 | 池台源 | 지태원 | 5 | 87 | 1914.12 | 關東講說〉講題 道不遠人 / 池台源 | |
| 21505 | 持統天皇 | 지통 천황 | 48 | 49 | 1944.04 | 嘉言善行 / 李敬植 | 지토 천황 |
| 21506 | 志賀潔 | 지하결 | 31 | 56 | 1930.08 | 祝辭 / 志賀潔 | 시가 기요시 |
| 21507 | 志賀信光 | 지하신광 | 45 | 31 | 1940.12 | 朝鮮儒林大會(朝鮮儒道聯合會創立總會) 會錄槪要〉朝鮮儒道聯合會役員名簿(昭和十四年十一月一日現在) | 시가 노부미츠 |
| 21508 | 池喜烈 | 지희열 | 45 | 26 | 1940.12 | 朝鮮儒林大會(朝鮮儒道聯合會創立總會) 會錄槪要〉朝鮮儒道聯合會役員名簿(昭和十四年十一月一日現在) | |
| 21509 | 池喜烈 | 지희열 | 15 | 83 | 1917.10 | 地方報告〉[成樂賢의 報告] | |
| 21510 | 稷 | 직 | 1 | 2 | 1913.12 | 經學院雜誌序 / 鄭鳳時 | |
| 21511 | 稷 | 직 | 5 | 81 | 1914.12 | 講說〉講題 謹庠序之敎申之以孝悌之義(大正三年十月十日第八回講演) / 李容植 | |
| 21512 | 稷 | 직 | 6 | 65 | 1915.03 | 地方報告〉[金光鉉 巡講] | |
| 21513 | 稷 | 직 | 9 | 16 | 1915.12 | 經學管見(上) / 尹寧求 | |
| 21514 | 稷 | 직 | 10 | 8 | 1916.03 | 經學說 / 李容植 | |
| 21515 | 稷 | 직 | 12 | 33 | 1916.12 | 讀書私記(續) / 洪鍾佶 | |
| 21516 | 稷 | 직 | 12 | 34 | 1916.12 | 讀書私記(續) / 洪鍾佶 | |
| 21517 | 稷 | 직 | 15 | 49 | 1917.10 | 講說〉光州郡鄕校演講(大正六年四月二十六日)〉講題 子莫執中執中爲近之執中無權猶執一也 / 李容植 | |

| 번호 | 원문 | 현대어(독음) | 호 | 쪽 | 발행일 | 기사명 / 필자 | 비고 |
|---|---|---|---|---|---|---|---|
| 21518 | 稷 | 직 | 15 | 50 | 1917.10 | 講說〉光州郡鄕校演講(大正六年四月二十六日)〉講題 子莫執中執中爲近之執中無權猶執一也 / 李容稙 | |
| 21519 | 稷 | 직 | 16 | 48 | 1918.03 | 講說〉講題 存其心養其性所以事天也(大正六年十月十四日江陵郡講演) / 李容稙 | |
| 21520 | 稷 | 직 | 17 | 16 | 1918.07 | 中庸章句問對(續) / 朴長鴻 | |
| 21521 | 稷 | 직 | 23 | 14 | 1922.12 | 經義問答 / 韓昌愚 | |
| 21522 | 稷 | 직 | 27 | 21 | 1926.12 | 經義問對 / 韓昌愚 | |
| 21523 | 稷 | 직 | 44 | 34 | 1939.10 | 經儒學 / 金誠鎭 | |
| 21524 | 直卿 | 직경 | 42 | 57 | 1937.12 | 文廟享祀位次及聖賢姓名爵號考 / 金完鎭 | 黃榦 |
| 21525 | 織田信長 | 직전신장 | 38 | 23 | 1935.03 | 東洋에斯文이有함(續) / 福士末之助 | 오다 노부나가 |
| 21526 | 織田信長 | 직전신장 | 48 | 50 | 1944.04 | 嘉言善行 / 李敬植 | 오다 노부나가 |
| 21527 | 陳檉 | 진경 | 15 | 2 | 1917.10 | 經學管見(續) / 尹寧求 | |
| 21528 | 陳景雲 | 진경운 | 15 | 2 | 1917.10 | 經學管見(續) / 尹寧求 | |
| 21529 | 陳繼儒 | 진계유 | 11 | 63 | 1916.06 | 日誌大要 | |
| 21530 | 陳公 | 진공 | 42 | 50 | 1937.12 | 文廟享祀位次及聖賢姓名爵號考 / 金完鎭 | 顓孫師 |
| 21531 | 陳孔碩 | 진공석 | 12 | 9 | 1916.12 | 經學管見(續) / 尹寧求 | |
| 21532 | 陳喬樅 | 진교종 | 34 | 5 | 1932.03 | 最近經學考 / 權純九 | |
| 21533 | 陳騤 | 진규 | 19 | 7 | 1918.12 | 經學管見(續) / 尹寧求 | |
| 21534 | 眞崎 | 진기 | 46 | 17 | 1941.12 | 釋奠狀況〉昭和十六年春季釋奠狀況 | 마사키 나가토시 (眞崎長年) |
| 21535 | 眞崎 | 진기 | 47 | 36 | 1943.01 | 釋奠狀況〉昭和十六年秋季釋奠狀況 | 마사키 나가토시 (眞崎長年) |
| 21536 | 眞崎 | 진기 | 47 | 38 | 1943.01 | 釋奠狀況〉昭和十七年春季釋奠狀況 | 마사키 나가토시 (眞崎長年) |
| 21537 | 眞崎 | 진기 | 47 | 41 | 1943.01 | 釋奠狀況〉昭和十七年秋季釋奠狀況 | 마사키 나가토시 (眞崎長年) |
| 21538 | 眞崎長年 | 진기장년 | 46 | 69 | 1941.12 | 講演及講習〉學務局長挨拶要旨 / 眞崎長年 | 마사키 나가토시 |
| 21539 | 陳大任 | 진대임 | 14 | 10 | 1917.07 | 經學管見(續) / 尹寧求 | |
| 21540 | 眞德秀 | 진덕수 | 8 | 35 | 1915.09 | 賢關記聞 / 李大榮 | |
| 21541 | 眞德秀 | 진덕수 | 12 | 8 | 1916.12 | 經學管見(續) / 尹寧求 | |
| 21542 | 眞德秀 | 진덕수 | 12 | 9 | 1916.12 | 經學管見(續) / 尹寧求 | |

| 번호 | 원문 | 현대어(독음) | 호 | 쪽 | 발행일 | 기사명 / 필자 | 비고 |
|---|---|---|---|---|---|---|---|
| 21543 | 眞德秀 | 진덕수 | 42 | 47 | 1937.12 | 文廟享祀位次及聖賢姓名爵號考 / 金完鎭 | 浦城伯 |
| 21544 | 眞德秀 | 진덕수 | 42 | 57 | 1937.12 | 文廟享祀位次及聖賢姓名爵號考 / 金完鎭 | 浦城伯,<br>원문은<br>姓眞名德秀 |
| 21545 | 眞德女王 | 진덕여왕 | 8 | 35 | 1915.09 | 賢關記聞 / 李大榮 | |
| 21546 | 眞德女王 | 진덕여왕 | 18 | 27 | 1918.09 | 三洙瑣談 / 元泳義 | |
| 21547 | 眞德女王 | 진덕여왕 | 40 | 9 | 1936.08 | 朝鮮儒敎의 大觀 / 鄭鳳時 | |
| 21548 | 眞德女王 | 진덕여왕 | 44 | 59 | 1939.10 | 朝鮮詩學考 / 李昇圭 | |
| 21549 | 陳圖南 | 진도남 | 9 | 5 | 1915.12 | 經說(續) / 韓晩容 | |
| 21550 | 陳道周 | 진도주 | 23 | 21 | 1922.12 | 益山郡礪山文廟重修記 / 成岐運 | |
| 21551 | 陳道周 | 진도주 | 23 | 89 | 1922.12 | 地方報告〉[李芳雨의 報告] | |
| 21552 | 陳東 | 진동 | 10 | 47 | 1916.03 | 賢關記聞(續) / 李大榮 | |
| 21553 | 陳東 | 진동 | 30 | 40 | 1929.12 | 日誌大要 | |
| 21554 | 陳東旭 | 진동욱 | 43 | 35 | 1938.12 | 皇軍慰問詩 / 陳東旭 | |
| 21555 | 陳立 | 진립 | 10 | 25 | 1916.03 | 經學淺知錄 / 金文演 | |
| 21556 | 陳立 | 진립 | 34 | 5 | 1932.03 | 最近經學考 / 權純九 | |
| 21557 | 秦穆 | 진목 | 3 | 33 | 1914.06 | 孔子年報(續) / 呂圭亨 | 秦의 穆公,<br>嬴任好 |
| 21558 | 秦穆 | 진목 | 7 | 25 | 1915.06 | 孔子年報(續) / 呂圭亨 | 秦의 穆公,<br>嬴任好 |
| 21559 | 秦穆 | 진목 | 14 | 67 | 1917.07 | 地方報告〉[宋在永의 報告]〉釋奠祭文 / 黃羲民 | 秦의 穆公,<br>嬴任好 |
| 21560 | 秦穆公 | 진목공 | 6 | 38 | 1915.03 | 孔子年報(續) / 呂圭亨 | 秦의 穆公,<br>嬴任好 |
| 21561 | 秦穆公 | 진목공 | 6 | 45 | 1915.03 | 論語考證 / 金文演 | 秦의 穆公,<br>嬴任好 |
| 21562 | 秦穆公 | 진목공 | 9 | 21 | 1915.12 | 經學管見(下) / 尹寧求 | 秦의 穆公,<br>嬴任好 |
| 21563 | 秦穆公 | 진목공 | 19 | 56 | 1918.12 | 講說〉講題 子路人告之以有過則喜(大正七年<br>九月七日第三十回講演)〉續演 / 呂圭亨 | 秦의 穆公,<br>嬴任好 |
| 21564 | 秦穆公 | 진목공 | 44 | 34 | 1939.10 | 經儒學 / 金誠鎭 | 秦의 穆公,<br>嬴任好 |
| 21565 | 陳武 | 진무 | 32 | 3 | 1930.12 | 經學源流(續) / 權純九 | |
| 21566 | 晉文 | 진문 | 6 | 38 | 1915.03 | 孔子年報(續) / 呂圭亨 | 晉의 文公 |
| 21567 | 晉文 | 진문 | 13 | 40 | 1917.03 | 講說〉講題 五畝之宅樹之以桑(大正五年六月<br>十日第十九回講演) / 李容稙 | 晉의 文公 |
| 21568 | 晉文公 | 진문공 | 11 | 18 | 1916.06 | 經學管見(續) / 尹寧求 | 晉의 文公 |
| 21569 | 眞文忠 | 진문충 | 10 | 22 | 1916.03 | 經學淺知錄 / 金文演 | |

| 번호 | 원문 | 현대어(독음) | 호 | 쪽 | 발행일 | 기사명 / 필자 | 비고 |
|---|---|---|---|---|---|---|---|
| 21570 | 陳搏 | 진박 | 13 | 4 | 1917.03 | 經學管見(續) / 尹寧求 | |
| 21571 | 陳邦瞻 | 진방첨 | 15 | 3 | 1917.10 | 經學管見(續) / 尹寧求 | |
| 21572 | 陳柏 | 진백 | 5 | 49 | 1914.12 | 容思衍(續) / 李鼎煥 | 원문은 南塘陳氏柏 |
| 21573 | 陳伯 | 진백 | 30 | [5] | 1929.12 | 李龍眠畵宣聖及七十二弟子像贊(金石萃編) | 顓孫師 |
| 21574 | 陣白沙 | 진백사 | 11 | 10 | 1916.06 | 經論 / 韓晩容 | |
| 21575 | 陳白沙 | 진백사 | 10 | 22 | 1916.03 | 經學淺知錄 / 金文演 | |
| 21576 | 秦柄執 | 진병집 | 27 | 7 | 1926.12 | 開城郡文廟重修記 / 崔基鉉 | 원문은 秦侯柄執 |
| 21577 | 陳炳翕 | 진병흡 | 29 | 18 | 1928.12 | 龍井文廟刱建記 / 金璜鎭 | |
| 21578 | 秦父 | 진부 | 30 | [10] | 1929.12 | 李龍眠畵宣聖及七十二弟子像贊(金石萃編) | |
| 21579 | 陳傅良 | 진부량 | 19 | 11 | 1918.12 | 經學管見(續) / 尹寧求 | |
| 21580 | 陳北溪 | 진북계 | 29 | 9 | 1928.12 | 大學問對 / 沈璿澤 | |
| 21581 | 秦非 | 진비 | 42 | 46 | 1937.12 | 文廟享祀位次及聖賢姓名爵號考 / 金完鎭 | 華亭侯 |
| 21582 | 秦非 | 진비 | 42 | 55 | 1937.12 | 文廟享祀位次及聖賢姓名爵號考 / 金完鎭 | 華亭侯, 원문은 姓秦名非 |
| 21583 | 陳思 | 진사 | 20 | 18 | 1920.03 | 經學管見(續) / 尹寧求 | |
| 21584 | 陳思 | 진사 | 20 | 19 | 1920.03 | 經學管見(續) / 尹寧求 | |
| 21585 | 陳士元 | 진사원 | 11 | 22 | 1916.06 | 經學管見(續) / 尹寧求 | |
| 21586 | 陳士元 | 진사원 | 12 | 6 | 1916.12 | 經學管見(續) / 尹寧求 | |
| 21587 | 陳司敗 | 진사패 | 19 | 55 | 1918.12 | 講說>講題 子路人告之以有過則喜(大正七年九月七日第三十回講演)>續演 / 呂圭亨 | |
| 21588 | 陳司敗 | 진사패 | 33 | 27 | 1931.12 | 聲討顚末 | |
| 21589 | 秦商 | 진상 | 8 | 35 | 1915.09 | 賢關記聞 / 李大榮 | |
| 21590 | 秦商 | 진상 | 30 | [10] | 1929.12 | 李龍眠畵宣聖及七十二弟子像贊(金石萃編) | |
| 21591 | 秦商 | 진상 | 42 | 47 | 1937.12 | 文廟享祀位次及聖賢姓名爵號考 / 金完鎭 | 馮翊侯 |
| 21592 | 秦商 | 진상 | 42 | 52 | 1937.12 | 文廟享祀位次及聖賢姓名爵號考 / 金完鎭 | 馮翊侯, 원문은 姓秦名商 |
| 21593 | 陳相 | 진상 | 32 | 5 | 1930.12 | 經學源流(續) / 權純九 | |
| 21594 | 陳祥道 | 진상도 | 13 | 5 | 1917.03 | 經學管見(續) / 尹寧求 | |
| 21595 | 陳祥道 | 진상도 | 25 | 21 | 1924.12 | 釋奠에 就하야(續) / 佐藤廣治 | |
| 21596 | 陳詳道 | 진상도 | 11 | 21 | 1916.06 | 經學管見(續) / 尹寧求 | |
| 21597 | 陳相烈 | 진상렬 | 20 | 53 | 1920.03 | 地方報告>[李芳雨의 報告] | |
| 21598 | 陳相烈 | 진상렬 | 23 | 21 | 1922.12 | 益山郡礪山文廟重修記 / 成岐運 | |
| 21599 | 陳尙源 | 진상원 | 43 | 35 | 1938.12 | 皇軍慰問詩 / 陳尙源 | |

| 번호 | 원문 | 현대어(독음) | 호 | 쪽 | 발행일 | 기사명 / 필자 | 비고 |
|---|---|---|---|---|---|---|---|
| 21600 | 陳涉 | 진섭 | 20 | 29 | 1920.03 | 三洙瑣談(續) / 元泳義 | |
| 21601 | 眞城尙鎬 | 진성상호 | 46 | 24 | 1941.12 | 經學院日誌大要(昭和十四年七月ヨリ昭和十六年六月マテ) | 李尙鎬 |
| 21602 | 眞城尙鎬 | 진성상호 | 47 | 45 | 1943.01 | 經學院日誌大要(昭和十六年七月ヨリ昭和十七年六月マテ) | 李尙鎬 |
| 21603 | 陳成子 | 진성자 | 27 | 50 | 1926.12 | 釋奠에 就ㅎ야(續) / 佐藤廣治 | |
| 21604 | 陳壽 | 진수 | 10 | 3 | 1916.03 | 經論 / 金元祐 | |
| 21605 | 陳壽 | 진수 | 14 | 5 | 1917.07 | 經學管見(續) / 尹寧求 | |
| 21606 | 陳壽 | 진수 | 14 | 6 | 1917.07 | 經學管見(續) / 尹寧求 | |
| 21607 | 陳壽 | 진수 | 15 | 5 | 1917.10 | 經學管見(續) / 尹寧求 | |
| 21608 | 陳壽 | 진수 | 17 | 6 | 1918.07 | 經學管見(續) / 尹寧求 | |
| 21609 | 陳壽 | 진수 | 45 | 108 | 1940.12 | 慶尙北道儒道聯合會結成式〉慶尙北道儒道聯合會結成式會長告辭要旨 / 上瀧 基 | |
| 21610 | 陳壽祺 | 진수기 | 34 | 5 | 1932.03 | 最近經學考 / 權純九 | |
| 21611 | 陳淳 | 진순 | 12 | 9 | 1916.12 | 經學管見(續) / 尹寧求 | |
| 21612 | 陳勝 | 진승 | 4 | 7 | 1914.09 | 學說 / 呂圭亨 | |
| 21613 | 陳勝 | 진승 | 21 | 14 | 1921.03 | 經學管見(續) / 尹寧求 | |
| 21614 | 秦始皇 | 진시황 | 15 | 4 | 1917.10 | 經學管見(續) / 尹寧求 | |
| 21615 | 秦始皇 | 진시황 | 28 | 5 | 1927.12 | 朝鮮詩文變遷論 / 鄭萬朝 | |
| 21616 | 秦始皇帝 | 진시황제 | 27 | 2 | 1926.12 | 仁義와 現代思潮(續) / 服部宇之吉 | |
| 21617 | 陳實 | 진실 | 46 | 11 | 1941.12 | 嘉言善行 / 李昇圭 | |
| 21618 | 陳氏 | 진씨 | 2 | 47 | 1914.03 | 禮器圖說 | |
| 21619 | 陳氏 | 진씨 | 7 | 6 | 1915.06 | 華山問答(續) / 李容植 | |
| 21620 | 陳氏 | 진씨 | 12 | 29 | 1916.12 | 四書小註辨疑(續) / 李鶴在 | |
| 21621 | 陳氏 | 진씨 | 13 | 18 | 1917.03 | 四書小註辨疑(續) / 李鶴在 | |
| 21622 | 陳氏 | 진씨 | 14 | 26 | 1917.07 | 四書小註辨疑(續) / 李鶴在 | |
| 21623 | 陳氏 | 진씨 | 14 | 30 | 1917.07 | 四書小註辨疑(續) / 李鶴在 | |
| 21624 | 陳氏 | 진씨 | 18 | 15 | 1918.09 | 四書小註辨疑(續) / 李鶴在 | |
| 21625 | 陳氏 | 진씨 | 46 | 10 | 1941.12 | 大學序文先儒論辨 / 金誠鎭 | |
| 21626 | 陳暘 | 진양 | 13 | 3 | 1917.03 | 經學管見(續) / 尹寧求 | |
| 21627 | 晉陽姜氏 | 진양 강씨 | 35 | 42 | 1932.12 | 孝烈行蹟〉[白宗基 等의 보고] | |
| 21628 | 晋陽鄭氏 | 진양 정씨 | 14 | 62 | 1917.07 | 地方報告〉[李種玉의 報告] | |
| 21629 | 陳櫟 | 진역 | 21 | 13 | 1921.03 | 經學管見(續) / 尹寧求 | |
| 21630 | 秦冉 | 진염 | 8 | 35 | 1915.09 | 賢關記聞 / 李大榮 | |
| 21631 | 秦冉 | 진염 | 30 | [11] | 1929.12 | 李龍眠畫宣聖及七十二弟子像贊(金石萃編) | |
| 21632 | 秦冉 | 진염 | 30 | [12] | 1929.12 | 李龍眠畫宣聖及七十二弟子像贊(金石萃編) | |

ㅈ

| 번호 | 원문 | 현대어(독음) | 호 | 쪽 | 발행일 | 기사명 / 필자 | 비고 |
|---|---|---|---|---|---|---|---|
| 21633 | 秦冄 | 진염 | 42 | 46 | 1937.12 | 文廟享祀位次及聖賢姓名爵號考 / 金完鎭 | 新息侯 |
| 21634 | 秦冄 | 진염 | 42 | 53 | 1937.12 | 文廟享祀位次及聖賢姓名爵號考 / 金完鎭 | 新息侯,<br>원문은<br>姓秦名冄 |
| 21635 | 秦审 | 진영 | 42 | 53 | 1937.12 | 文廟享祀位次及聖賢姓名爵號考 / 金完鎭 | 秦冄,<br>원문은 审 |
| 21636 | 晉靈公 | 진영공 | 27 | 34 | 1926.12 | 三洙瑣談(續) / 元泳義 | |
| 21637 | 陳永現 | 진영현 | 36 | 34 | 1933.12 | 文廟釋奠狀況〉[陳永現의 보고] | |
| 21638 | 陳耀文 | 진요문 | 11 | 17 | 1916.06 | 經學管見(續) / 尹寧求 | |
| 21639 | 陳暐 | 진위 | 20 | 19 | 1920.03 | 經學管見(續) / 尹寧求 | |
| 21640 | 陳懿典 | 진의전 | 4 | 42 | 1914.09 | 孔子年報(續) / 呂圭亨 | |
| 21641 | 陳仁源 | 진인원 | 43 | 36 | 1938.12 | 皇軍慰問詩 / 陳仁源 | |
| 21642 | 陳任中 | 진임중 | 39 | 30 | 1935.10 | 東京斯文會主催儒道大會狀況 | |
| 21643 | 陳子 | 진자 | 5 | 46 | 1914.12 | 孔子年報(續) / 呂圭亨 | |
| 21644 | 陳子 | 진자 | 25 | 5 | 1924.12 | 論語疑義問答(續) / 鄭萬朝 | |
| 21645 | 晉灼 | 진작 | 18 | 7 | 1918.09 | 經學管見(續) / 尹寧求 | |
| 21646 | 陳塡 | 진전 | 12 | 9 | 1916.12 | 經學管見(續) / 尹寧求 | |
| 21647 | 陳鼎 | 진정 | 17 | 4 | 1918.07 | 經學管見(續) / 尹寧求 | |
| 21648 | 陳定國 | 진정국 | 35 | 27 | 1932.12 | 日誌大要 | |
| 21649 | 陳定國 | 진정국 | 36 | 32 | 1933.12 | 文廟釋奠狀況〉[陳定國의 보고] | |
| 21650 | 陳定國 | 진정국 | 43 | 56 | 1938.12 | 日誌大要 | |
| 21651 | 陳定國 | 진정국 | 43 | 66 | 1938.12 | 文廟春季釋奠狀況 | |
| 21652 | 陳正源 | 진정원 | 43 | 35 | 1938.12 | 皇軍慰問詩 / 陳正源 | |
| 21653 | 秦祖 | 진조 | 8 | 35 | 1915.09 | 賢關記聞 / 李大榮 | |
| 21654 | 秦祖 | 진조 | 30 | [5] | 1929.12 | 李龍眠畵宣聖及七十二弟子像贊(金石萃編) | |
| 21655 | 秦祖 | 진조 | 42 | 47 | 1937.12 | 文廟享祀位次及聖賢姓名爵號考 / 金完鎭 | 甄城候 |
| 21656 | 秦祖 | 진조 | 42 | 54 | 1937.12 | 文廟享祀位次及聖賢姓名爵號考 / 金完鎭 | 甄城候,<br>원문은<br>姓秦名祖 |
| 21657 | 陳祚 | 진조 | 26 | 25 | 1925.12 | 釋奠에 就ㅎ야(續) / 佐藤廣治 | |
| 21658 | 陳祖范 | 진조범 | 11 | 18 | 1916.06 | 經學管見(續) / 尹寧求 | |
| 21659 | 眞宗 | 진종 | 9 | 21 | 1915.12 | 經學管見(下) / 尹寧求 | |
| 21660 | 眞宗 | 진종 | 11 | 16 | 1916.06 | 經學管見(續) / 尹寧求 | |
| 21661 | 眞宗 | 진종 | 42 | 48 | 1937.12 | 文廟享祀位次及聖賢姓名爵號考 / 金完鎭 | 宋의 眞宗,<br>趙德昌 |
| 21662 | 眞宗 | 진종 | 44 | 31 | 1939.10 | 儒敎의 起源과 流派 / 李昇圭 | 趙恒 |
| 21663 | 晉州 姜氏 | 진주 강씨 | 30 | 81 | 1929.12 | 地方報告〉[金麗星의 報告] | |

| 번호 | 원문 | 현대어(독음) | 호 | 쪽 | 발행일 | 기사명 / 필자 | 비고 |
|---|---|---|---|---|---|---|---|
| 21664 | 晉州 姜氏 | 진주 강씨 | 33 | 54 | 1931.12 | 孝烈行蹟〉[朴鳳鎬 等의 보고] | |
| 21665 | 晉州 姜氏 | 진주 강씨 | 46 | 28 | 1941.12 | 孝烈行跡報告 其四 / 金在宇 | |
| 21666 | 陳仲擧 | 진중거 | 3 | 69 | 1914.06 | 講說〉講題 孝子所以事君也弟者所以事長也慈者所以使衆也(大正三年三月三日第五回講演)〉續演 / 呂圭亨 | |
| 21667 | 陳仲擧 | 진중거 | 3 | 70 | 1914.06 | 講說〉講題 孝子所以事君也弟者所以事長也慈者所以使衆也(大正三年三月三日第五回講演)〉續演 / 呂圭亨 | |
| 21668 | 陳仲子 | 진중자 | 16 | 52 | 1918.03 | 講說〉講題 存其心養其性所以事天也(大正六年十月十四日江陵郡講演)〉續演 / 鄭鳳時 | |
| 21669 | 陳振孫 | 진진손 | 20 | 14 | 1920.03 | 經學管見(續) / 尹寧求 | |
| 21670 | 陳振孫 | 진진손 | 20 | 17 | 1920.03 | 經學管見(續) / 尹寧求 | |
| 21671 | 陳次升 | 진차승 | 16 | 3 | 1918.03 | 經學管見(續) / 尹寧求 | |
| 21672 | 晉川 | 진천 | 22 | 72 | 1922.03 | 地方報告〉[宋圭鎭의 報告] | 姜利溫 |
| 21673 | 陳天祥 | 진천상 | 12 | 9 | 1916.12 | 經學管見(續) / 尹寧求 | |
| 21674 | 陳贄 | 진췌 | 24 | 73 | 1923.12 | 講說〉講題 盈科而後進 / 鄭準民 | |
| 21675 | 陳宅壎 | 진택훈 | 37 | 54 | 1934.10 | 文廟釋奠狀況〉[陳宅壎의 보고] | |
| 21676 | 陳宅壎 | 진택훈 | 38 | 50 | 1935.03 | 文廟釋奠狀況〉地方文廟秋期釋奠狀況表 | |
| 21677 | 陳平 | 진평 | 8 | 2 | 1915.09 | 儒敎論 / 呂圭亨 | |
| 21678 | 陳平 | 진평 | 21 | 20 | 1921.03 | 經學管見(續) / 尹寧求 | |
| 21679 | 陳平 | 진평 | 44 | 40 | 1939.10 | 經儒學 / 金誠鎭 | |
| 21680 | 晉必仲 | 진필중 | 32 | 51 | 1930.12 | 地方報告〉孝烈行蹟〉[李種根의 보고] | 원문은 晉公必仲 |
| 21681 | 陳亢 | 진항 | 30 | [12] | 1929.12 | 李龍眠畵宣聖及七十二弟子像贊(金石萃編) | |
| 21682 | 陳亢 | 진항 | 30 | [5] | 1929.12 | 李龍眠畵宣聖及七十二弟子像贊(金石萃編) | |
| 21683 | 陳亢 | 진항 | 42 | 47 | 1937.12 | 文廟享祀位次及聖賢姓名爵號考 / 金完鎭 | 南頓侯 |
| 21684 | 陳亢 | 진항 | 42 | 55 | 1937.12 | 文廟享祀位次及聖賢姓名爵號考 / 金完鎭 | 南頓侯, 원문은 姓陳名亢 |
| 21685 | 陳恒 | 진항 | 4 | 39 | 1914.09 | 孔子年報(續) / 呂圭亨 | |
| 21686 | 陳恒 | 진항 | 6 | 49 | 1915.03 | 論語分類一覽 / 金文演 | |
| 21687 | 陳恒 | 진항 | 8 | 22 | 1915.09 | 孔子年報(續) / 呂圭亨 | |
| 21688 | 陳恒 | 진항 | 24 | 24 | 1923.12 | 三洙瑣談(續) / 元泳義 | |
| 21689 | 陳恒 | 진항 | 26 | 22 | 1925.12 | 三洙瑣談(續) / 元泳義 | |
| 21690 | 秦獻公 | 진헌공 | 6 | 47 | 1915.03 | 論語考證 / 金文演 | |
| 21691 | 陳獻章 | 진헌장 | 8 | 35 | 1915.09 | 賢關記聞 / 李大榮 | |
| 21692 | 陳惠王 | 진혜왕 | 26 | 20 | 1925.12 | 三洙瑣談(續) / 元泳義 | |
| 21693 | 晉惠帝 | 진혜제 | 10 | 48 | 1916.03 | 賢關記聞(續) / 李大榮 | |

| 번호 | 원문 | 현대어(독음) | 호 | 쪽 | 발행일 | 기사명 / 필자 | 비고 |
|---|---|---|---|---|---|---|---|
| 21694 | 陳澔 | 진호 | 25 | 30 | 1924.12 | 釋奠에 就하야(續) / 佐藤廣治 | |
| 21695 | 陳瑚 | 진호 | 10 | 24 | 1916.03 | 經學淺知錄 / 金文演 | 원문은 瑚 |
| 21696 | 陳鴻振 | 진홍진 | 27 | 73 | 1926.12 | 地方報告〉[陳鴻振의 報告] | |
| 21697 | 陳鴻振 | 진홍진 | 27 | 83 | 1926.12 | 地方報告〉[陳鴻振의 報告] | |
| 21698 | 陳鴻振 | 진홍진 | 28 | 74 | 1927.12 | 地方報告〉[陳鴻振의 報告] | |
| 21699 | 陳澕 | 진화 | 47 | 33 | 1943.01 | 朝鮮詩學考(第十四號續) / 李昇圭 | |
| 21700 | 陳澕 | 진화 | 48 | 46 | 1944.04 | 朝鮮詩學考(前號續) / 李昇圭 | |
| 21701 | 陳確菴 | 진확암 | 10 | 24 | 1916.03 | 經學淺知錄 / 金文演 | 陳瑚 |
| 21702 | 陳奐 | 진환 | 10 | 25 | 1916.03 | 經學淺知錄 / 金文演 | |
| 21703 | 陳奐 | 진환 | 34 | 5 | 1932.03 | 最近經學考 / 權純九 | |
| 21704 | 陳煥章 | 진환장 | 39 | 37 | 1935.10 | 東京斯文會主催儒道大會狀況〉演說要旨 / 鄭萬朝 | |
| 21705 | 秦皇 | 진황 | 3 | 40 | 1914.06 | 講士視察見聞所記 / 呂圭亨 | |
| 21706 | 秦皇 | 진황 | 18 | 49 | 1918.09 | 講說〉講題 內地의 宋學(大正七年五月十一日第二十八回講演) / 今關壽麿 | |
| 21707 | 秦皇 | 진황 | 41 | 12 | 1937.02 | 正心에 對하야 / 李輔相 | |
| 21708 | 秦檜 | 진회 | 8 | 11 | 1915.09 | 華山問答(續) / 李容稙 | |
| 21709 | 陳侯 | 진후 | 6 | 35 | 1915.03 | 孔子年報(續) / 呂圭亨 | |
| 21710 | 陳侯 | 진후 | 42 | 50 | 1937.12 | 文廟享祀位次及聖賢姓名爵號考 / 金完鎭 | 顓孫師 |
| 21711 | 陳厚吉 | 진후길 | 39 | 30 | 1935.10 | 東京斯文會主催儒道大會狀況 | |
| 21712 | 陳后山 | 진후산 | 6 | 46 | 1915.03 | 論語考證 / 金文演 | |
| 21713 | 陳厚耀 | 진후요 | 15 | 6 | 1917.10 | 經學管見(續) / 尹寧求 | |
| 21714 | 陳希夷 | 진희이 | 6 | 2 | 1915.03 | 緒論 / 呂圭亨 | |
| 21715 | 執庵 | 집암 | 40 | 30 | 1936.08 | 平壤文廟移建落成式竝儒林大會狀況 | 黃順承 |
| 21716 | 執濟 | 집제 | 33 | 11 | 1931.12 | 孝子司甕院奉事白公行狀 / 成樂賢 | |
| 21717 | 徵在 | 징재 | 2 | 29 | 1914.03 | 孔子年譜 / 呂圭亨 | |
| 21718 | 車啓雲 | 차계운 | 27 | 88 | 1926.12 | 地方報告〉[奇奭鎭 等의 報告] | |
| 21719 | 車公 | 차공 | 26 | 95 | 1925.12 | 地方報告〉[高光俊 等의 報告] | 車殷輅 |
| 21720 | 車貴榮 | 차귀영 | 26 | 95 | 1925.12 | 地方報告〉[高光俊 等의 報告] | 원문은 貴榮 |
| 21721 | 車萬琪 | 차만기 | 28 | 80 | 1927.12 | 地方報告〉[高彦柱의 報告] | |
| 21722 | 車命世 | 차명세 | 43 | 21 | 1938.12 | 江華忠烈祠享祀位次及祝文式 | |
| 21723 | 車奉丹 | 차봉단 | 29 | 75 | 1928.12 | 地方報告〉[沈璿澤의 報告] | |
| 21724 | 車奉丹 | 차봉단 | 29 | 76 | 1928.12 | 地方報告〉[沈璿澤의 報告] | |
| 21725 | 車相鎬 | 차상호 | 17 | 42 | 1918.07 | 日誌大要 | |
| 21726 | 車相欽 | 차상흠 | 42 | 36 | 1937.12 | 日誌大要 | |
| 21727 | 車成轍 | 차성철 | 24 | 59 | 1923.12 | 日誌大要 | |

| 번호 | 원문 | 현대어(독음) | 호 | 쪽 | 발행일 | 기사명 / 필자 | 비고 |
|---|---|---|---|---|---|---|---|
| 21728 | 車龍甲 | 차용갑 | 33 | 54 | 1931.12 | 孝烈行蹟〉[朴鳳鎬 等의 보고] | |
| 21729 | 車雲景 | 차운경 | 27 | 59 | 1926.12 | 日誌大要 | |
| 21730 | 車胤 | 차윤 | 12 | 4 | 1916.12 | 經學說(續) / 李容稙 | |
| 21731 | 車正淳 | 차정순 | 30 | 75 | 1929.12 | 地方報告〉[車正淳의 報告] | |
| 21732 | 車濬潭 | 차준담 | 45 | 40 | 1940.12 | 朝鮮儒林大會(朝鮮儒道聯合會創立總會) 會錄槪要〉朝鮮儒道聯合會役員名簿(昭和十四年十一月一日現在) | |
| 21733 | 車鎭翊 | 차진익 | 28 | 80 | 1927.12 | 地方報告〉[高彦柱의 報告] | 원문은 鎭翊 |
| 21734 | 車致薰 | 차치훈 | 39 | 43 | 1935.10 | 地方儒林狀況〉[許湜의 보고] | |
| 21735 | 車泰益 | 차태익 | 45 | 40 | 1940.12 | 朝鮮儒林大會(朝鮮儒道聯合會創立總會) 會錄槪要〉朝鮮儒道聯合會役員名簿(昭和十四年十一月一日現在) | |
| 21736 | 滄江 | 창강 | 48 | 43 | 1944.04 | 朝鮮詩學考(前號續) / 李昇圭 | 金澤榮 |
| 21737 | 滄東 | 창동 | 40 | 56 | 1936.08 | 鄭茂亭先生追悼錄〉輓詞 / 李昇圭 | 李昇圭 |
| 21738 | 滄浪 | 창랑 | 37 | 41 | 1934.10 | 地方儒林狀況〉[李大榮의 보고]〉書院狀況 | 成文濬 |
| 21739 | 昌黎 | 창려 | 4 | 2 | 1914.09 | 學說 / 呂圭亨 | |
| 21740 | 昌黎 | 창려 | 4 | 6 | 1914.09 | 學說 / 呂圭亨 | |
| 21741 | 昌黎 | 창려 | 4 | 9 | 1914.09 | 經學 / 朴長鴻 | |
| 21742 | 昌黎 | 창려 | 9 | 3 | 1915.12 | 經說(續) / 韓晩容 | |
| 21743 | 昌黎 | 창려 | 9 | 54 | 1915.12 | 講說〉講題 三人行必有我師(大正四年六月十二日第十三回講演) / 朴箕陽 | |
| 21744 | 昌黎 | 창려 | 9 | 58 | 1915.12 | 講說〉講題 三人行必有我師(大正四年六月十二日第十三回講演) / 呂圭亨 | |
| 21745 | 昌黎 | 창려 | 9 | 59 | 1915.12 | 講說〉講題 三人行必有我師(大正四年六月十二日第十三回講演) / 呂圭亨 | |
| 21746 | 昌黎 | 창려 | 12 | 35 | 1916.12 | 讀書私記(續) / 洪鍾佶 | |
| 21747 | 昌黎 | 창려 | 16 | 20 | 1918.03 | 閒窓問對 / 朴昇東 | |
| 21748 | 昌黎 | 창려 | 41 | 19 | 1937.02 | 夜歸亭記 / 權純九 | |
| 21749 | 昌黎 | 창려 | 41 | 43 | 1937.02 | 經學院永年勤續職員褒彰式狀況〉祝辭 / 李學魯 | |
| 21750 | 昌黎伯 | 창려백 | 29 | 31 | 1928.12 | 聚奎帖 / 鄭萬朝 | 韓愈 |
| 21751 | 昌黎伯 | 창려백 | 42 | 56 | 1937.12 | 文廟享祀位次及聖賢姓名爵號考 / 金完鎭 | 韓愈 |
| 21752 | 昌黎佰 | 창려백 | 8 | 35 | 1915.09 | 賢關記聞 / 李大榮 | 韓愈 |
| 21753 | 昌黎伯 | 창려백 | 42 | 46 | 1937.12 | 文廟享祀位次及聖賢姓名爵號考 / 金完鎭 | 韓愈 |
| 21754 | 倉茂 | 창무 | 46 | 68 | 1941.12 | 講演及講習〉行事日程(於經學院明倫堂) | 구라시게 슈조 (倉茂周藏) |

| 번호 | 원문 | 현대어(독음) | 호 | 쪽 | 발행일 | 기사명 / 필자 | 비고 |
|---|---|---|---|---|---|---|---|
| 21755 | 倉富 | 창부 | 1 | 53 | 1913.12 | 日誌大要 | 구라토미 유자부로 (倉富勇三郎) |
| 21756 | 蒼史 | 창사 | 40 | 59 | 1936.08 | 鄭茂亭先生追悼錄〉節山博士輓茂亭太史揭載斯文會誌次韻却寄 / 俞鎭贊 | 俞鎭贊 |
| 21757 | 蒼史 | 창사 | 41 | 30 | 1937.02 | 挽成竹似先生 | 俞鎭贊 |
| 21758 | 滄柱 | 창주 | 3 | 67 | 1914.06 | 講說〉講題 孝子所以事君也弟者所以事長也慈者所以使衆也(大正三年三月三日第五回講演)〉敷演 / 黃敦秀 | |
| 21759 | 昌平伯 | 창평백 | 30 | [11] | 1929.12 | 李龍眠畵宣聖及七十二弟子像贊(金石萃編) | 樂欶 |
| 21760 | 昌平伯 | 창평백 | 42 | 54 | 1937.12 | 文廟享祀位次及聖賢姓名爵號考 / 金完鎭 | 樂欶 |
| 21761 | 倉頡氏 | 창힐씨 | 2 | 13 | 1914.03 | 格致管見 / 李鼎煥 | |
| 21762 | 蔡 | 채 | 19 | 24 | 1918.12 | 三洙瑣談(續) / 元泳義 | 蔡沈, 원문은 九峰蔡氏 |
| 21763 | 蔡 | 채 | 40 | 16 | 1936.08 | 文房四友說 / 韓昌愚 | 蔡襄 |
| 21764 | 蔡京朱 | 채경주 | 17 | 1 | 1918.07 | 經學管見(續) / 尹寧求 | |
| 21765 | 蔡九峰 | 채구봉 | 1 | 17 | 1913.12 | 經學當明者 一 / 呂圭亨 | |
| 21766 | 蔡奎璧 | 채규벽 | 23 | 81 | 1922.12 | 地方報告〉[蔡奎璧의 報告] | |
| 21767 | 蔡奎璧 | 채규벽 | 24 | 51 | 1923.12 | 牙山郡新昌鄕校東齋重修韻 / 蔡奎璧 | |
| 21768 | 蔡奎璧 | 채규벽 | 24 | 93 | 1923.12 | 地方報告〉[蔡奎璧의 報告] | |
| 21769 | 蔡奎璧 | 채규벽 | 24 | 96 | 1923.12 | 地方報告〉[蔡奎璧의 報告] | |
| 21770 | 蔡奎世 | 채규세 | 45 | 34 | 1940.12 | 朝鮮儒林大會(朝鮮儒道聯合會創立總會) 會錄槪要〉朝鮮儒道聯合會役員名簿(昭和十四年十一月一日現在) | |
| 21771 | 蔡奎漢 | 채규한 | 19 | 79 | 1918.12 | 地方報告〉[蔡奎漢의 報告] | |
| 21772 | 蔡洛夏 | 채낙하 | 38 | 45 | 1935.03 | 文廟釋奠狀況〉地方文廟秋期釋奠狀況表 | |
| 21773 | 蔡道卿 | 채도경 | 35 | 10 | 1932.12 | 慶壽帖序 / 朴豊緖 | |
| 21774 | 蔡模 | 채모 | 12 | 6 | 1916.12 | 經學管見(續) / 尹寧求 | |
| 21775 | 蔡模 | 채모 | 12 | 9 | 1916.12 | 經學管見(續) / 尹寧求 | |
| 21776 | 蔡伯喈 | 채백개 | 11 | 2 | 1916.06 | 經論 / 韓晩容 | |
| 21777 | 蔡鳳庵 | 채봉암 | 11 | 27 | 1916.06 | 經學淺知錄(續) / 金文演 | 蔡之洪 |
| 21778 | 蔡西山 | 채서산 | 12 | 6 | 1916.12 | 經學管見(續) / 尹寧求 | |
| 21779 | 蔡氏 | 채씨 | 13 | 4 | 1917.03 | 經學管見(續) / 尹寧求 | |
| 21780 | 蔡氏 | 채씨 | 13 | 5 | 1917.03 | 經學管見(續) / 尹寧求 | |
| 21781 | 蔡氏 | 채씨 | 19 | 25 | 1918.12 | 三洙瑣談(續) / 元泳義 | |
| 21782 | 蔡淵 | 채연 | 12 | 9 | 1916.12 | 經學管見(續) / 尹寧求 | |
| 21783 | 蔡寧錫 | 채영석 | 23 | 59 | 1922.12 | 日誌大要 | |
| 21784 | 蔡英錫 | 채영석 | 23 | 57 | 1922.12 | 日誌大要 | |

| 번호 | 원문 | 현대어(독음) | 호 | 쪽 | 발행일 | 기사명 / 필자 | 비고 |
|---|---|---|---|---|---|---|---|
| 21785 | 蔡邕 | 채옹 | 9 | 20 | 1915.12 | 經學管見(下) / 尹寧求 | |
| 21786 | 蔡邕 | 채옹 | 24 | 30 | 1923.12 | 釋奠에 就하야 / 佐藤廣治 | |
| 21787 | 蔡邕 | 채옹 | 44 | 34 | 1939.10 | 經儒學 / 金誠鎭 | |
| 21788 | 蔡羽 | 채우 | 18 | 9 | 1918.09 | 經學管見(續) / 尹寧求 | |
| 21789 | 蔡禹錫 | 채우석 | 33 | 47 | 1931.12 | 文廟釋奠狀況〉[蔡禹錫의 보고] | |
| 21790 | 蔡禹錫 | 채우석 | 35 | 32 | 1932.12 | 文廟釋奠狀況〉[蔡禹錫의 보고] | |
| 21791 | 蔡禹錫 | 채우석 | 36 | 26 | 1933.12 | 文廟釋奠狀況〉[蔡禹錫의 보고] | |
| 21792 | 蔡元 | 채원 | 31 | 5 | 1930.08 | 經學源流 / 權純九 | |
| 21793 | 蔡元定 | 채원정 | 11 | 23 | 1916.06 | 經學管見(續) / 尹寧求 | |
| 21794 | 蔡元定 | 채원정 | 13 | 3 | 1917.03 | 經學管見(續) / 尹寧求 | |
| 21795 | 蔡元定 | 채원정 | 13 | 4 | 1917.03 | 經學管見(續) / 尹寧求 | |
| 21796 | 蔡元定 | 채원정 | 44 | 34 | 1939.10 | 經儒學 / 金誠鎭 | |
| 21797 | 採有星 | 채유성 | 15 | 31 | 1917.10 | 日誌大要 | |
| 21798 | 蔡寅默 | 채인묵 | 23 | 57 | 1922.12 | 日誌大要 | |
| 21799 | 蔡節 | 채절 | 11 | 22 | 1916.06 | 經學管見(續) / 尹寧求 | |
| 21800 | 蔡之洪 | 채지홍 | 11 | 27 | 1916.06 | 經學淺知錄(續) / 金文演 | 원문은 之洪 |
| 21801 | 蔡淸 | 채청 | 12 | 10 | 1916.12 | 經學管見(續) / 尹寧求 | |
| 21802 | 蔡沈 | 채침 | 8 | 35 | 1915.09 | 賢關記聞 / 李大榮 | |
| 21803 | 蔡沈 | 채침 | 9 | 22 | 1915.12 | 經學管見(下) / 尹寧求 | |
| 21804 | 蔡沈 | 채침 | 11 | 17 | 1916.06 | 經學管見(續) / 尹寧求 | |
| 21805 | 蔡沈 | 채침 | 12 | 6 | 1916.12 | 經學管見(續) / 尹寧求 | 원문은 沈 |
| 21806 | 蔡沈 | 채침 | 12 | 9 | 1916.12 | 經學管見(續) / 尹寧求 | |
| 21807 | 蔡沈 | 채침 | 42 | 47 | 1937.12 | 文廟享祀位次及聖賢姓名爵號考 / 金完鎭 | 崇安伯 |
| 21808 | 蔡沈 | 채침 | 42 | 57 | 1937.12 | 文廟享祀位次及聖賢姓名爵號考 / 金完鎭 | 崇安伯, 원문은 姓蔡名沈 |
| 21809 | 蔡沈 | 채침 | 44 | 34 | 1939.10 | 經儒學 / 金誠鎭 | 원문은 蔡 |
| 21810 | 蔡澤 | 채택 | 26 | 68 | 1925.12 | 講說〉講題 邦有道貧且賤焉恥也 / 成樂賢 | |
| 21811 | 蔡蕙 | 채혜 | 12 | 83 | 1916.12 | 地方報告〉[金光鉉의 報告] | |
| 21812 | 戚袞 | 척곤 | 32 | 4 | 1930.12 | 經學源流(續) / 權純九 | |
| 21813 | 戚光 | 척광 | 18 | 9 | 1918.09 | 經學管見(續) / 尹寧求 | |
| 21814 | 瘠環 | 척환 | 2 | 34 | 1914.03 | 孔子年譜 / 呂圭亨 | |
| 21815 | 淺見絅齋 | 천견경재 | 18 | 54 | 1918.09 | 講說〉講題 內地의 宋學(大正七年五月十一日第二十八回講演) / 今關壽麿 | 아사미 게이사이 |
| 21816 | 淺見絅齋 | 천견경재 | 18 | 55 | 1918.09 | 講說〉講題 內地의 宋學(大正七年五月十一日第二十八回講演) / 今關壽麿 | 아사미 게이사이 |

| 번호 | 원문 | 현대어(독음) | 호 | 쪽 | 발행일 | 기사명 / 필자 | 비고 |
|---|---|---|---|---|---|---|---|
| 21817 | 淺見絅齋 | 천견경재 | 18 | 56 | 1918.09 | 講說〉講題 內地의 宋學(大正七年五月十一日第二十八回講演) / 今關壽麿 | 아사미 게이사이 |
| 21818 | 淺見絅齋 | 천견경재 | 48 | 23 | 1944.04 | (十月十五日於經學院秋季釋奠)時局と儒道 / 鈴川壽男 | 아사미 게이사이 |
| 21819 | 天谷健二 | 천곡건이 | 45 | 22 | 1940.12 | 朝鮮儒林大會(朝鮮儒道聯合會創立總會) 會錄槪要〉朝鮮儒道聯合會役員名簿(昭和十四年十一月一日現在) | |
| 21820 | 天南極 | 천남극 | 43 | 44 | 1938.12 | 故大提學鄭鳳時先生輓詞 / 李康元 | 南極仙翁, 남극성의 화신 |
| 21821 | 川島 | 천도 | 36 | 24 | 1933.12 | 文廟釋奠狀況〉[秋期釋奠 擧行] | 가와시마 요시유키(川島義之) |
| 21822 | 川島 | 천도 | 45 | 6 | 1940.12 | 朝鮮儒林大會(朝鮮儒道聯合會創立總會) 會錄槪要 | 가와시마 요시유키(川島義之) |
| 21823 | 川島 | 천도 | 45 | 43 | 1940.12 | 朝鮮儒道聯合會總裁推戴式 | 가와시마 요시유키(川島義之) |
| 21824 | 川島 | 천도 | 46 | 13 | 1941.12 | 釋奠狀況〉昭和十四年秋季釋奠狀況 | 가와시마 요시유키(川島義之) |
| 21825 | 川島 | 천도 | 46 | 15 | 1941.12 | 釋奠狀況〉昭和十五年秋季釋奠狀況 | 가와시마 요시유키(川島義之), 원문은 川岸으로 오기됨 |
| 21826 | 川島義之 | 천도의지 | 45 | 20 | 1940.12 | 朝鮮儒林大會(朝鮮儒道聯合會創立總會) 會錄槪要〉朝鮮儒道聯合會役員名簿(昭和十四年十一月一日現在) | 가와시마 요시유키 |
| 21827 | 天老王 | 천로왕 | 44 | 57 | 1939.10 | 朝鮮詩學考 / 李昇圭 | |
| 21828 | 川上 | 천상 | 3 | 70 | 1914.06 | 講說〉講題 孝子所以事君也弟者所以事長也慈者所以使衆也(大正三年三月三日第五回講演)〉結辭 / 李人稙 | |
| 21829 | 千錫範 | 천석범 | 20 | 36 | 1920.03 | 求禮郡文廟重修捐義錄小序 / 金商翊 | |
| 21830 | 千乘侯 | 천승후 | 42 | 52 | 1937.12 | 文廟享祀位次及聖賢姓名爵號考 / 金完鎭 | 梁鱣 |
| 21831 | 千乘侯 | 천승후 | 42 | 46 | 1937.12 | 文廟享祀位次及聖賢姓名爵號考 / 金完鎭 | 梁鱣 |
| 21832 | 千氏 | 천씨 | 32 | 50 | 1930.12 | 地方報告〉孝烈行蹟[柳星烈 等의 보고] | 金溶植의 妻 |
| 21833 | 天兒屋命 | 천아옥명 | 48 | 18 | 1944.04 | (四月十五日於經學院春季釋典)櫻と日本精神 / 白神壽吉 | 아메노코야네노미코토 |

| 번호 | 원문 | 현대어(독음) | 호 | 쪽 | 발행일 | 기사명 / 필자 | 비고 |
|---|---|---|---|---|---|---|---|
| 21834 | 川岸 | 천안 | 47 | 37 | 1943.01 | 釋奠狀況〉昭和十七年春季釋奠狀況 | 가와기시 분자부로 (川岸文三郎) |
| 21835 | 川岸文三郎 | 천안문삼랑 | 46 | 68 | 1941.12 | 講演及講習〉行事日程(於經學院明倫堂) | 가와기시 분자부로 |
| 21836 | 淺野太三郎 | 천야태삼랑 | 45 | 31 | 1940.12 | 朝鮮儒林大會(朝鮮儒道聯合會創立總會) 會錄概要〉朝鮮儒道聯合會役員名簿(昭和十四年十一月一日現在) | 아사노 다사부로 |
| 21837 | 天淵 | 천연 | 40 | 41 | 1936.08 | 成竹似先生追悼錄〉挽故成均館博士成竹似先生 / 金聖烈 | 金聖烈 |
| 21838 | 天淵 | 천연 | 40 | 54 | 1936.08 | 鄭茂亭先生追悼錄〉輓詞 / 金聖烈 | 金聖烈 |
| 21839 | 千一淸 | 천일청 | 24 | 92 | 1923.12 | 地方報告〉[李鍾珏의 報告] | |
| 21840 | 天章 | 천장 | 32 | 41 | 1930.12 | 地方報告〉地方儒林狀況〉[成樂賢의 報告] | 河緯地 |
| 21841 | 淺井安行 | 천정안행 | 16 | 76 | 1918.03 | 地方報告〉[宋在永의 報告]〉獎學에 就ᄒ야 / 淺井安行 | |
| 21842 | 天照大神 | 천조대신 | 3 | 43 | 1914.06 | 講士視察見聞所記 / 呂圭亨 | 아마테라스 오미카미 |
| 21843 | 天照大神 | 천조대신 | 45 | 72 | 1940.12 | 忠淸南道儒道聯合會結成式〉忠淸南道儒道聯合會結成式會長式辭要旨 / 李聖根 | 아마테라스 오미카미 |
| 21844 | 天照大神 | 천조대신 | 48 | 18 | 1944.04 | (四月十五日於經學院春季釋典)櫻と日本精神 / 白神壽吉 | 아마테라스 오미카미 |
| 21845 | 天照大神 | 천조대신 | 48 | 19 | 1944.04 | (四月十五日於經學院春季釋典)櫻と日本精神 / 白神壽吉 | 아마테라스 오미카미 |
| 21846 | 天縱之聖 | 천종지성 | 12 | 87 | 1916.12 | 地方報告〉[朴長鴻의 報告] | 공자 |
| 21847 | 天縱之聖 | 천종지성 | 31 | 22 | 1930.08 | 講題 儒者爲人所需 / 李大榮 | 공자 |
| 21848 | 天智天皇 | 천지 천황 | 48 | 49 | 1944.04 | 嘉言善行 / 李敬植 | 덴지 천황 |
| 21849 | 天津神 | 천진신 | 48 | 18 | 1944.04 | (四月十五日於經學院春季釋典)櫻と日本精神 / 白神壽吉 | 아마츠카미 |
| 21850 | 哲廟 | 철묘 | 33 | 10 | 1931.12 | 陽川朴公遺墟碑 / 魏大源 | 哲宗 |
| 21851 | 哲宗 | 철종 | 19 | 12 | 1918.12 | 經學管見(續) / 尹寧求 | |
| 21852 | 哲宗 | 철종 | 37 | 38 | 1934.10 | 地方儒林狀況〉[李大榮의 보고]〉書院狀況 | |
| 21853 | 哲宗 | 철종 | 42 | 50 | 1937.12 | 文廟享祀位次及聖賢姓名爵號考 / 金完鎭 | 宋의 哲宗, 趙煦 |
| 21854 | 詹道傳 | 첨도전 | 12 | 10 | 1916.12 | 經學管見(續) / 尹寧求 | 四書纂箋의 저자 |
| 21855 | 輒 | 첩 | 6 | 39 | 1915.03 | 孔子年報(續) / 呂圭亨 | 衛 出公 |
| 21856 | 淸麻呂 | 청마려 | 48 | 49 | 1944.04 | 嘉言善行 / 李敬植 | 와케노 기요마로 (和気淸麻呂) |

| 번호 | 원문 | 현대어(독음) | 호 | 쪽 | 발행일 | 기사명 / 필자 | 비고 |
|---|---|---|---|---|---|---|---|
| 21857 | 靑木戒三 | 청목계삼 | 25 | 42 | 1924.12 | 日誌大要 | 아오키 가이조 |
| 21858 | 淸甫 | 청보 | 32 | 41 | 1930.12 | 地方報告>地方儒林狀況>[成樂賢의 報告] | 李壏 |
| 21859 | 淸山昌植 | 청산창식 | 47 | 37 | 1943.01 | 釋奠狀況>昭和十六年秋季釋奠狀況 | |
| 21860 | 淸山昌植 | 청산창식 | 47 | 38 | 1943.01 | 釋奠狀況>昭和十七年春季釋奠狀況 | |
| 21861 | 淸山昌柱 | 청산창주 | 46 | 16 | 1941.12 | 釋奠狀況>昭和十五年秋季釋奠狀況 | |
| 21862 | 淸山昌柱 | 청산창주 | 46 | 18 | 1941.12 | 釋奠狀況>昭和十六年春季釋奠狀況 | |
| 21863 | 淸城府院君 | 청성부원군 | 10 | 51 | 1916.03 | 賢關記聞(續) / 李大榮 | 金錫胄 |
| 21864 | 淸世宗 | 청세종 | 12 | 16 | 1916.12 | 孟子緖論 / 金文演 | 淸의 世宗 |
| 21865 | 聽松 | 청송 | 40 | 43 | 1936.08 | 成竹似先生追悼錄>挽故成均館博士成竹似先生 / 李學魯 | 成守琛 |
| 21866 | 靑松 | 청송 | 38 | 30 | 1935.03 | 太學志慶詩帖序 | 沈煥之 |
| 21867 | 靑松沈氏 | 청송 심씨 | 22 | 77 | 1922.03 | 地方報告>[黃泳斌의 報告] | |
| 21868 | 靑松璿澤 | 청송선택 | 46 | 24 | 1941.12 | 經學院日誌大要(昭和十四年七月ヨリ昭和十六年六月マテ) | 沈璿澤 |
| 21869 | 淸水然昊 | 청수연호 | 48 | 52 | 1944.04 | 釋奠狀況>昭和十八年春季釋奠狀況 | |
| 21870 | 淸水然昊 | 청수연호 | 48 | 53 | 1944.04 | 釋奠狀況>昭和十八年秋季釋奠狀況 | |
| 21871 | 淸菴 | 청암 | 33 | 10 | 1931.12 | 孝子司甕院奉事白公行狀 / 成樂賢 | 白明洙 |
| 21872 | 靑鳥氏 | 청조씨 | 38 | 19 | 1935.03 | 改正朔不易時月論 / 權純九 | |
| 21873 | 淸州李氏 | 청주 이씨 | 32 | 49 | 1930.12 | 地方報告>孝烈行蹟>[吳炳肅 等의 보고] | |
| 21874 | 淸州韓氏 | 청주 한씨 | 33 | 10 | 1931.12 | 陽川朴公遺墟碑 / 魏大源 | |
| 21875 | 淸川昌柱 | 청천창주 | 46 | 17 | 1941.12 | 釋奠狀況>昭和十六年春季釋奠狀況 | |
| 21876 | 淸風 | 청풍 | 12 | 20 | 1916.12 | 送剛庵副學賀魯庵閣下陞內閣首輔序 / 金允植 | 金允植 |
| 21877 | 淸河達斌 | 청하달빈 | 46 | 24 | 1941.12 | 經學院日誌大要(昭和十四年七月ヨリ昭和十六年六月マテ) | 崔達斌 |
| 21878 | 淸河伯 | 청하백 | 30 | [3] | 1929.12 | 李龍眠畵宣聖及七十二弟子像贊(金石萃編) | 林放 |
| 21879 | 淸河伯 | 청하백 | 42 | 55 | 1937.12 | 文廟享祀位次及聖賢姓名爵號考 / 金完鎭 | 林放 |
| 21880 | 淸河濬鎔 | 청하준용 | 47 | 42 | 1943.01 | 釋奠狀況>昭和十七年秋季釋奠狀況 | |
| 21881 | 淸惠侯 | 청혜후 | 37 | 36 | 1934.10 | 地方儒林狀況>[李大榮의 보고]>書院狀況 | 伯夷 |
| 21882 | 淸惠侯 | 청혜후 | 37 | 37 | 1934.10 | 地方儒林狀況>[李大榮의 보고]>書院狀況 | |
| 21883 | 樵岡 | 초강 | 23 | 87 | 1922.12 | 地方報告>[金煥容의 報告] | 金鳳述 |
| 21884 | 楚邱伯 | 초구백 | 42 | 56 | 1937.12 | 文廟享祀位次及聖賢姓名爵號考 / 金完鎭 | 戴聖 |
| 21885 | 楚邱候 | 초구후 | 42 | 51 | 1937.12 | 文廟享祀位次及聖賢姓名爵號考 / 金完鎭 | 司馬耕 |
| 21886 | 楚國公 | 초국공 | 42 | 57 | 1937.12 | 文廟享祀位次及聖賢姓名爵號考 / 金完鎭 | 胡安國 |
| 21887 | 楚昭王 | 초소왕 | 3 | 29 | 1914.06 | 孔子年報(續) / 呂圭亨 | 楚의 昭王 |
| 21888 | 楚昭王 | 초소왕 | 6 | 37 | 1915.03 | 孔子年報(續) / 呂圭亨 | 楚의 昭王 |
| 21889 | 楚昭王 | 초소왕 | 6 | 38 | 1915.03 | 孔子年報(續) / 呂圭亨 | 楚의 昭王 |

| 번호 | 원문 | 현대어(독음) | 호 | 쪽 | 발행일 | 기사명 / 필자 | 비고 |
|---|---|---|---|---|---|---|---|
| 21890 | 楚昭王 | 초소왕 | 9 | 28 | 1915.12 | 孔子年報(續) / 呂圭亨 | 楚의 昭王 |
| 21891 | 楚昭王 | 초소왕 | 14 | 67 | 1917.07 | 地方報告〉[末在永의 報告])〉釋奠祭文 / 黃羲民 | 楚의 昭王 |
| 21892 | 楚昭王 | 초소왕 | 15 | 37 | 1917.10 | 講說〉講題 子曰君子之道四某未能一焉所求乎子以事父未能也所求乎臣以事君未能也所求乎弟以事兄未能也所求乎朋友先施之未能也(大正六年五月十二日第二十三回講演)〉續演 / 呂圭亨 | 楚의 昭王 |
| 21893 | 焦循 | 초순 | 10 | 25 | 1916.03 | 經學淺知錄 / 金文演 | |
| 21894 | 焦循 | 초순 | 34 | 5 | 1932.03 | 最近經學考 / 權純九 | |
| 21895 | 焦氏 | 초씨 | 6 | 2 | 1915.03 | 緒論 / 呂圭亨 | |
| 21896 | 楚王 | 초왕 | 6 | 47 | 1915.03 | 論語考證 / 金文演 | |
| 21897 | 楚元王 | 초원왕 | 31 | 4 | 1930.08 | 經學源流 / 權純九 | |
| 21898 | 焦袁熙 | 초원희 | 12 | 10 | 1916.12 | 經學管見(續) / 尹寧求 | |
| 21899 | 焦袁熹 | 초원희 | 13 | 3 | 1917.03 | 經學管見(續) / 尹寧求 | |
| 21900 | 焦竑 | 초횡 | 6 | 38 | 1915.03 | 孔子年報(續) / 呂圭亨 | |
| 21901 | 焦竑 | 초횡 | 20 | 14 | 1920.03 | 經學管見(續) / 尹寧求 | |
| 21902 | 村山時煥 | 촌산시환 | 46 | 33 | 1941.12 | 明倫專門學院日誌大要(昭和十四年七月ヨリ昭和十六年六月マデ) | |
| 21903 | 村上唯吉 | 촌상유길 | 12 | 50 | 1916.12 | 日誌大要 | 무라카미 다다요시 |
| 21904 | 村上唯吉 | 촌상유길 | 13 | 45 | 1917.03 | 講說〉立身致富之要訣(大正五年六月十日第十九回講演) / 村上唯吉 | 무라카미 다다요시 |
| 21905 | 村上唯吉 | 촌상유길 | 25 | 85 | 1924.12 | 地方報告〉[李大榮의 報告] | 무라카미 다다요시 |
| 21906 | 村田淸風 | 촌전청풍 | 48 | 25 | 1944.04 | (十月十五日於經學院秋季釋典)時局と儒道 / 鈴川壽男 | 무라타 세이후 |
| 21907 | 村重 | 촌중 | 48 | 50 | 1944.04 | 嘉言善行 / 李敬植 | 아라키 무라시게 (荒木村重) |
| 21908 | 聰智 | 총지 | 42 | 57 | 1937.12 | 文廟享祀位次及聖賢姓名爵號考 / 金完鎭 | 薛聰 |
| 21909 | 崔 | 최 | 45 | 129 | 1940.12 | 平安北道儒道聯合會結成式 | 崔益夏 |
| 21910 | 崔簡易 | 최간이 | 28 | 3 | 1927.12 | 朝鮮詩文變遷論 / 鄭萬朝 | 崔岦 |
| 21911 | 崔鑒 | 최감 | 2 | 69 | 1914.03 | 講說〉講題 必愼其獨(大正二年十一月八日第四回講演)〉敷演 / 李容植 | |
| 21912 | 崔敬文 | 최경문 | 20 | 38 | 1920.03 | 求禮郡文廟重修捐義錄小序 / 金商翊 | |
| 21913 | 崔景植 | 최경식 | 33 | 45 | 1931.12 | 文廟釋奠狀況〉[姜尙祖의 보고] | |
| 21914 | 崔景植 | 최경식 | 45 | 8 | 1940.12 | 朝鮮儒林大會(朝鮮儒道聯合會創立總會) 會錄槪要 | |

| 번호 | 원문 | 현대어(독음) | 호 | 쪽 | 발행일 | 기사명 / 필자 | 비고 |
|---|---|---|---|---|---|---|---|
| 21915 | 崔景植 | 최경식 | 45 | 29 | 1940.12 | 朝鮮儒林大會(朝鮮儒道聯合會創立總會) 會錄槪要〉朝鮮儒道聯合會役員名簿(昭和十四年十一月一日現在) | |
| 21916 | 崔絅菴 | 최경암 | 38 | 33 | 1935.03 | 絅菴言志序 / 成樂賢 | |
| 21917 | 崔敬用 | 최경용 | 20 | 38 | 1920.03 | 求禮郡文廟重修捐義錄小序 / 金商翊 | |
| 21918 | 崔璟俊 | 최경준 | 37 | 36 | 1934.10 | 地方儒林狀況〉[羅昌集 等의 보고] | |
| 21919 | 崔慶昌 | 최경창 | 28 | 3 | 1927.12 | 朝鮮詩文變遷論 / 鄭萬朝 | 원문은 慶昌 |
| 21920 | 崔烱河 | 최경하 | 20 | 36 | 1920.03 | 求禮郡文廟重修捐義錄小序 / 金商翊 | |
| 21921 | 崔敬鶴 | 최경학 | 23 | 88 | 1922.12 | 地方報告〉[乾元祠 新建 關聯 報告] | |
| 21922 | 崔景弘 | 최경홍 | 43 | 16 | 1938.12 | 敎化編年(續) / 李大榮 | |
| 21923 | 崔啓翁 | 최계옹 | 8 | 38 | 1915.09 | 賢關記聞 / 李大榮 | |
| 21924 | 崔孤雲 | 최고운 | 14 | 36 | 1917.07 | 京城文廟仲春釋奠陪觀恭賦 / 今關壽麿 | |
| 21925 | 崔孤雲 | 최고운 | 28 | 2 | 1927.12 | 朝鮮詩文變遷論 / 鄭萬朝 | 崔致遠 |
| 21926 | 崔孤竹 | 최고죽 | 28 | 3 | 1927.12 | 朝鮮詩文變遷論 / 鄭萬朝 | 崔慶昌 |
| 21927 | 崔坤述 | 최곤술 | 38 | 47 | 1935.03 | 文廟釋奠狀況〉地方文廟秋期釋奠狀況表 | |
| 21928 | 崔廣淵 | 최광연 | 14 | 74 | 1917.07 | 地方報告〉[成晃基의 報告] | |
| 21929 | 崔九炯 | 최구형 | 37 | 37 | 1934.10 | 地方儒林狀況〉[李大榮의 보고]〉書院狀況 | |
| 21930 | 崔國錄 | 최국록 | 18 | 45 | 1918.09 | 日誌大要 | |
| 21931 | 崔奎東 | 최규동 | 45 | 28 | 1940.12 | 朝鮮儒林大會(朝鮮儒道聯合會創立總會) 會錄槪要〉朝鮮儒道聯合會役員名簿(昭和十四年十一月一日現在) | |
| 21932 | 崔圭錫 | 최규석 | 16 | 55 | 1918.03 | 地方報告〉[成樂賢의 報告] | |
| 21933 | 崔奎煥 | 최규환 | 37 | 31 | 1934.10 | 孝烈行蹟〉[張浩植 等의 보고] | |
| 21934 | 崔均鎔 | 최균용 | 44 | 86 | 1939.10 | 文廟春季釋奠狀況 | |
| 21935 | 崔克鎔 | 최극용 | 40 | 31 | 1936.08 | 平壤文廟移建落成式竝儒林大會狀況 | |
| 21936 | 崔謹稷 | 최근직 | 45 | 41 | 1940.12 | 朝鮮儒林大會(朝鮮儒道聯合會創立總會) 會錄槪要〉朝鮮儒道聯合會役員名簿(昭和十四年十一月一日現在) | |
| 21937 | 崔基南 | 최기남 | 29 | 17 | 1928.12 | 龍井文廟刱建記 / 金璜鎭 | |
| 21938 | 崔基鉉 | 최기현 | 27 | 7 | 1926.12 | 開城郡文廟重修記 / 崔基鉉 | |
| 21939 | 崔基鉉 | 최기현 | 29 | 10 | 1928.12 | 中庸問對 / 崔基鉉 | |
| 21940 | 崔基鉉 | 최기현 | 30 | 22 | 1929.12 | 中庸問對(續) / 崔基鉉 | |
| 21941 | 崔洛基 | 최낙기 | 20 | 42 | 1920.03 | 求禮郡文廟重修落成式韻 / 崔洛基 | |
| 21942 | 崔楠 | 최남 | 45 | 34 | 1940.12 | 朝鮮儒林大會(朝鮮儒道聯合會創立總會) 會錄槪要〉朝鮮儒道聯合會役員名簿(昭和十四年十一月一日現在) | |
| 21943 | 崔南九 | 최남구 | 38 | 49 | 1935.03 | 文廟釋奠狀況〉地方文廟秋期釋奠狀況表 | |

| 번호 | 원문 | 현대어(독음) | 호 | 쪽 | 발행일 | 기사명 / 필자 | 비고 |
|---|---|---|---|---|---|---|---|
| 21944 | 崔南善 | 최남선 | 45 | 23 | 1940.12 | 朝鮮儒林大會(朝鮮儒道聯合會創立總會) 會錄概要〉朝鮮儒道聯合會役員名簿(昭和十四年十一月一日現在) | |
| 21945 | 崔達龍 | 최달룡 | 37 | 16 | 1934.10 | 烈婦慶州崔氏紀行碑銘 / 鄭萬朝 | |
| 21946 | 崔達斌 | 최달빈 | 23 | 54 | 1922.12 | 日誌大要 | |
| 21947 | 崔達斌 | 최달빈 | 23 | 55 | 1922.12 | 日誌大要 | |
| 21948 | 崔達斌 | 최달빈 | 33 | 34 | 1931.12 | 聲討顛末 | |
| 21949 | 崔達斌 | 최달빈 | 44 | 82 | 1939.10 | 日誌大要(自昭和十三年六月 至昭和十三年十二月) | |
| 21950 | 崔達斌 | 최달빈 | 45 | 34 | 1940.12 | 朝鮮儒林大會(朝鮮儒道聯合會創立總會) 會錄概要〉朝鮮儒道聯合會役員名簿(昭和十四年十一月一日現在) | |
| 21951 | 崔達斌 | 최달빈 | 46 | 32 | 1941.12 | 明倫專門學院日誌大要(昭和十四年七月ヨリ昭和十六年六月マデ) | |
| 21952 | 崔達淳 | 최달순 | 24 | 55 | 1923.12 | 日誌大要 | |
| 21953 | 崔達承 | 최달승 | 26 | 46 | 1925.12 | 日誌大要 | |
| 21954 | 崔燉大 | 최돈대 | 16 | 57 | 1918.03 | 地方報告〉[鄭鳳時의 報告] | |
| 21955 | 崔敦澈 | 최돈철 | 1 | 76 | 1913.12 | 地方報告 大正元年始〉[崔敦澈의 報告] | |
| 21956 | 崔東吉 | 최동길 | 8 | 69 | 1915.09 | 地方報告〉[崔東吉의 報告] | |
| 21957 | 崔東吉 | 최동길 | 24 | 94 | 1923.12 | 地方報告〉[崔命台의 報告] | |
| 21958 | 崔東壁 | 최동벽 | 16 | 16 | 1918.03 | 詩經蔫辨 / 金文演 | 崔述 |
| 21959 | 崔東壁 | 최동벽 | 16 | 17 | 1918.03 | 詩經蔫辨 / 金文演 | 崔述 |
| 21960 | 崔東壁 | 최동벽 | 12 | 13 | 1916.12 | 孟子緒論 / 金文演 | |
| 21961 | 崔東壁 | 최동벽 | 15 | 18 | 1917.10 | 詩經蔫辨 / 金文演 | |
| 21962 | 崔東稷 | 최동직 | 45 | 34 | 1940.12 | 朝鮮儒林大會(朝鮮儒道聯合會創立總會) 會錄概要〉朝鮮儒道聯合會役員名簿(昭和十四年十一月一日現在) | |
| 21963 | 崔斗淵 | 최두연 | 45 | 24 | 1940.12 | 朝鮮儒林大會(朝鮮儒道聯合會創立總會) 會錄概要〉朝鮮儒道聯合會役員名簿(昭和十四年十一月一日現在) | |
| 21964 | 崔斗淵 | 최두연 | 46 | 32 | 1941.12 | 明倫專門學院日誌大要(昭和十四年七月ヨリ昭和十六年六月マデ) | |
| 21965 | 崔麟 | 최린 | 45 | 22 | 1940.12 | 朝鮮儒林大會(朝鮮儒道聯合會創立總會) 會錄概要〉朝鮮儒道聯合會役員名簿(昭和十四年十一月一日現在) | |
| 21966 | 崔麟 | 최린 | 45 | 24 | 1940.12 | 朝鮮儒林大會(朝鮮儒道聯合會創立總會) 會錄概要〉朝鮮儒道聯合會役員名簿(昭和十四年十一月一日現在) | |
| 21967 | 崔麟 | 최린 | 45 | 47 | 1940.12 | 京畿道儒道聯合會結成式 | |

| 번호 | 원문 | 현대어(독음) | 호 | 쪽 | 발행일 | 기사명 / 필자 | 비고 |
|------|------|--------------|-----|-----|--------|---------------|------|
| 21968 | 崔麟 | 최린 | 45 | 56 | 1940.12 | 忠淸北道儒道聯合會結成式 | |
| 21969 | 崔麟 | 최린 | 45 | 65 | 1940.12 | 忠淸南道儒道聯合會結成式 | |
| 21970 | 崔麟 | 최린 | 45 | 92 | 1940.12 | 全羅北道儒道聯合會結成式 | |
| 21971 | 崔麟 | 최린 | 45 | 104 | 1940.12 | 慶尙北道儒道聯合會結成式 | |
| 21972 | 崔麟 | 최린 | 46 | 68 | 1941.12 | 講演及講習〉行事日程(於經學院明倫堂) | |
| 21973 | 崔岦 | 최립 | 28 | 3 | 1927.12 | 朝鮮詩文變遷論 / 鄭萬朝 | 원문은 岦 |
| 21974 | 崔萬基 | 최만기 | 18 | 45 | 1918.09 | 日誌大要 | |
| 21975 | 崔晩達 | 최만달 | 36 | 35 | 1933.12 | 文廟釋奠狀況〉[權在源의 보고] | |
| 21976 | 崔萬榮 | 최만영 | 25 | 38 | 1924.12 | 日誌大要 | |
| 21977 | 崔勉菴 | 최면암 | 36 | 9 | 1933.12 | 居然亭記 / 李學魯 | |
| 21978 | 崔命翼 | 최명익 | 29 | 74 | 1928.12 | 地方報告〉[崔命翼의 報告] | |
| 21979 | 崔明載 | 최명재 | 37 | 57 | 1934.10 | 文廟釋奠狀況〉[崔明載의 보고] | |
| 21980 | 崔明載 | 최명재 | 38 | 50 | 1935.03 | 文廟釋奠狀況〉地方文廟秋期釋奠狀況表 | |
| 21981 | 崔明俊 | 최명준 | 16 | 35 | 1918.03 | 日誌大要 | |
| 21982 | 崔命台 | 최명태 | 24 | 89 | 1923.12 | 地方報告〉[崔命台의 報告] | |
| 21983 | 崔命台 | 최명태 | 24 | 94 | 1923.12 | 地方報告〉[崔命台의 報告] | |
| 21984 | 崔命台 | 최명태 | 26 | 9 | 1925.12 | 江陵郡鄕校重修記 / 鄭萬朝 | |
| 21985 | 崔命台 | 최명태 | 26 | 35 | 1925.12 | 江陵文廟重修落成韻 / 崔命台 | |
| 21986 | 崔明台 | 최명태 | 23 | 82 | 1922.12 | 地方報告〉[崔命台의 報告] | |
| 21987 | 崔命浩 | 최명호 | 16 | 35 | 1918.03 | 日誌大要 | |
| 21988 | 崔文吉 | 최문길 | 30 | 73 | 1929.12 | 地方報告〉[崔文吉의 報告] | |
| 21989 | 崔文吉 | 최문길 | 30 | 77 | 1929.12 | 地方報告〉[崔文吉의 報告] | |
| 21990 | 崔文吉 | 최문길 | 30 | 80 | 1929.12 | 地方報告〉[崔文吉의 報告] | |
| 21991 | 崔文昌 | 최문창 | 19 | 20 | 1918.12 | 雲山郡文廟祭官案序 / 申鉉求 | 崔致遠 |
| 21992 | 崔文昌侯 | 최문창후 | 11 | 26 | 1916.06 | 經學淺知錄(續) / 金文演 | 崔致遠 |
| 21993 | 崔文憲 | 최문헌 | 43 | 14 | 1938.12 | 信川鄕校重修記 / 金完鎭 | 崔沖 |
| 21994 | 崔玟圭 | 최민규 | 20 | 37 | 1920.03 | 求禮郡文廟重修捐義錄小序 / 金商翊 | |
| 21995 | 崔旻燮 | 최민섭 | 29 | 18 | 1928.12 | 龍井文廟刱建記 / 金璜鎭 | |
| 21996 | 崔旻燮 | 최민섭 | 38 | 50 | 1935.03 | 文廟釋奠狀況〉地方文廟秋期釋奠狀況表 | |
| 21997 | 崔炳德 | 최병덕 | 28 | 48 | 1927.12 | 日誌大要 | |
| 21998 | 崔秉德 | 최병덕 | 16 | 59 | 1918.03 | 地方報告〉[南相台의 報告] | |
| 21999 | 崔秉德 | 최병덕 | 24 | 54 | 1923.12 | 日誌大要 | |
| 22000 | 崔秉德 | 최병덕 | 24 | 55 | 1923.12 | 日誌大要 | |
| 22001 | 崔秉德 | 최병덕 | 26 | 48 | 1925.12 | 日誌大要 | |
| 22002 | 崔秉德 | 최병덕 | 26 | 49 | 1925.12 | 日誌大要 | |
| 22003 | 崔秉德 | 최병덕 | 27 | 53 | 1926.12 | 日誌大要 | |

| 번호 | 원문 | 현대어(독음) | 호 | 쪽 | 발행일 | 기사명 / 필자 | 비고 |
|---|---|---|---|---|---|---|---|
| 22004 | 崔秉德 | 최병덕 | 27 | 54 | 1926.12 | 日誌大要 | |
| 22005 | 崔秉德 | 최병덕 | 27 | 59 | 1926.12 | 日誌大要 | |
| 22006 | 崔秉德 | 최병덕 | 28 | 48 | 1927.12 | 日誌大要 | |
| 22007 | 崔秉德 | 최병덕 | 29 | 39 | 1928.12 | 日誌大要 | |
| 22008 | 崔秉德 | 최병덕 | 30 | 45 | 1929.12 | 日誌大要 | |
| 22009 | 崔秉德 | 최병덕 | 31 | 33 | 1930.08 | 日誌大要 | |
| 22010 | 崔秉道 | 최병도 | 29 | 44 | 1928.12 | 日誌大要 | |
| 22011 | 崔秉道 | 최병도 | 29 | 45 | 1928.12 | 日誌大要 | |
| 22012 | 崔秉道 | 최병도 | 30 | 42 | 1929.12 | 日誌大要 | |
| 22013 | 崔秉烈 | 최병렬 | 16 | 31 | 1918.03 | 日誌大要 | |
| 22014 | 崔秉烈 | 최병렬 | 19 | 31 | 1918.12 | 日誌大要 | |
| 22015 | 崔秉烈 | 최병렬 | 19 | 30 | 1918.12 | 日誌大要 | |
| 22016 | 崔秉麟 | 최병린 | 20 | 37 | 1920.03 | 求禮郡文廟重修捐義錄小序 / 金商翊 | |
| 22017 | 崔炳涉 | 최병섭 | 31 | 57 | 1930.08 | 答辭 / 崔炳涉 | |
| 22018 | 崔炳涉 | 최병섭 | 31 | 62 | 1930.08 | 入學許可者名簿 | |
| 22019 | 崔炳涉 | 최병섭 | 32 | 38 | 1930.12 | 日誌大要 | |
| 22020 | 崔炳涉 | 최병섭 | 33 | 43 | 1931.12 | 文廟釋奠狀況 | |
| 22021 | 崔炳涉 | 최병섭 | 33 | 49 | 1931.12 | 文廟釋奠狀況〉[本院秋期釋奠에 대한 보고] | |
| 22022 | 崔炳涉 | 최병섭 | 35 | 30 | 1932.12 | 文廟釋奠狀況 | |
| 22023 | 崔炳涉 | 최병섭 | 35 | 65 | 1932.12 | 第一回學生卒業式狀況 | |
| 22024 | 崔炳涉 | 최병섭 | 35 | 70 | 1932.12 | 第一回學生卒業式狀況〉答辭 / 崔炳涉 | |
| 22025 | 崔炳涉 | 최병섭 | 35 | 75 | 1932.12 | 明倫學院第一回卒業生名簿 | |
| 22026 | 崔秉洵 | 최병순 | 16 | 35 | 1918.03 | 日誌大要 | |
| 22027 | 崔炳彦 | 최병언 | 20 | 37 | 1920.03 | 求禮郡文廟重修捐義錄小序 / 金商翊 | |
| 22028 | 崔秉元 | 최병원 | 16 | 57 | 1918.03 | 地方報告〉[鄭鳳時의 報告] | |
| 22029 | 崔晒爀 | 최병혁 | 43 | 33 | 1938.12 | 皇軍慰問詩 / 崔晒爀 | |
| 22030 | 崔炳協 | 최병협 | 20 | 37 | 1920.03 | 求禮郡文廟重修捐義錄小序 / 金商翊 | |
| 22031 | 崔福龍 | 최복룡 | 46 | 17 | 1941.12 | 釋奠狀況〉昭和十六年春季釋奠狀況 | |
| 22032 | 崔鳳齡 | 최봉령 | 27 | 13 | 1926.12 | 崔孝子實記 / 沈璿澤 | 원문은 鳳齡 |
| 22033 | 崔思全 | 최사전 | 27 | 13 | 1926.12 | 崔孝子實記 / 沈璿澤 | 원문은 思全 |
| 22034 | 崔山南 | 최산남 | 11 | 81 | 1916.06 | 地方報告〉[李敏獻의 報告] | |
| 22035 | 崔相奎 | 최상규 | 34 | 9 | 1932.03 | 四禮常變告祝序 / 金完鎭 | 원문은 崔司業相奎 |
| 22036 | 崔相悳 | 최상덕 | 45 | 40 | 1940.12 | 朝鮮儒林大會(朝鮮儒道聯合會創立總會) 會錄概要〉朝鮮儒道聯合會役員名簿(昭和十四年十一月一日現在) | |

| 번호 | 원문 | 현대어(독음) | 호 | 쪽 | 발행일 | 기사명 / 필자 | 비고 |
|---|---|---|---|---|---|---|---|
| 22037 | 崔相朝 | 최상조 | 16 | 56 | 1918.03 | 地方報告〉[朴在新의 報告] | |
| 22038 | 崔相朝 | 최상조 | 17 | 19 | 1918.07 | 咸悅鄕校重修記 / 金允植 | 원문은 崔君相朝 |
| 22039 | 崔相朝 | 최상조 | 17 | 20 | 1918.07 | 咸悅鄕校儒林契券序 / 李容稙 | |
| 22040 | 崔相鎬 | 최상호 | 37 | 31 | 1934.10 | 孝烈行蹟〉[佳慶學院 講士의 보고] | |
| 22041 | 崔瑞圭 | 최서규 | 16 | 36 | 1918.03 | 日誌大要 | |
| 22042 | 崔序鏞 | 최서용 | 33 | 49 | 1931.12 | 文廟釋奠狀況〉[本院秋期釋奠에 대한 보고] | |
| 22043 | 崔錫斗 | 최석두 | 45 | 28 | 1940.12 | 朝鮮儒林大會(朝鮮儒道聯合會創立總會) 會錄槪要〉朝鮮儒道聯合會役員名簿(昭和十四年十一月一日現在) | |
| 22044 | 崔錫楨 | 최석정 | 42 | 38 | 1937.12 | 文廟春季釋奠狀況 | |
| 22045 | 崔錫禎 | 최석정 | 40 | 64 | 1936.08 | 第四回卒業式狀況及第七回新入生名簿〉明倫學院第七回入學許可者名簿 | |
| 22046 | 崔錫禎 | 최석정 | 43 | 66 | 1938.12 | 文廟春季釋奠狀況 | |
| 22047 | 崔錫禎 | 최석정 | 44 | 79 | 1939.10 | 文廟秋季釋奠狀況 | |
| 22048 | 崔錫柱 | 최석주 | 17 | 71 | 1918.07 | 地方報告〉[權錫柱의 報告] | |
| 22049 | 崔錫珍 | 최석진 | 20 | 37 | 1920.03 | 求禮郡文廟重修捐義錄小序 / 金商翊 | |
| 22050 | 崔錫夏 | 최석하 | 29 | 40 | 1928.12 | 日誌大要 | |
| 22051 | 崔錫夏 | 최석하 | 30 | 46 | 1929.12 | 日誌大要 | |
| 22052 | 崔錫夏 | 최석하 | 33 | 23 | 1931.12 | 日誌大要 | |
| 22053 | 崔錫禧 | 최석희 | 35 | 35 | 1932.12 | 文廟釋奠狀況〉[崔錫禧의 보고] | |
| 22054 | 崔誠 | 최성 | 7 | 28 | 1915.06 | 文廟碑銘幷序 | |
| 22055 | 崔性圭 | 최성규 | 16 | 57 | 1918.03 | 地方報告〉[鄭鳳時의 報告] | |
| 22056 | 崔聖順 | 최성순 | 20 | 37 | 1920.03 | 求禮郡文廟重修捐義錄小序 / 金商翊 | |
| 22057 | 崔性俊 | 최성준 | 34 | 58 | 1932.03 | 明倫學院昭和六年度入學許可者名簿 | |
| 22058 | 崔性駿 | 최성준 | 33 | 49 | 1931.12 | 文廟釋奠狀況〉[本院秋期釋奠에 대한 보고] | |
| 22059 | 崔性駿 | 최성준 | 36 | 29 | 1933.12 | 文廟釋奠狀況〉[春期釋奠 擧行] | |
| 22060 | 崔性駿 | 최성준 | 36 | 68 | 1933.12 | 明倫學院第二回卒業生名簿 | |
| 22061 | 崔成集 | 최성집 | 16 | 27 | 1918.03 | 保寧郡藍浦鄕校重修韻 / 崔成集 | |
| 22062 | 崔成集 | 최성집 | 16 | 56 | 1918.03 | 地方報告〉[崔成集의 報告] | |
| 22063 | 崔守基 | 최수기 | 20 | 38 | 1920.03 | 求禮郡文廟重修捐義錄小序 / 金商翊 | |
| 22064 | 崔銖烈 | 최수열 | 20 | 36 | 1920.03 | 求禮郡文廟重修捐義錄小序 / 金商翊 | |
| 22065 | 崔順寬 | 최순관 | 20 | 37 | 1920.03 | 求禮郡文廟重修捐義錄小序 / 金商翊 | |
| 22066 | 崔順正 | 최순정 | 9 | 21 | 1915.12 | 經學管見(下) / 尹寧求 | |
| 22067 | 崔舜鉉 | 최순현 | 5 | 86 | 1914.12 | 關東講說〉講題 道不遠人 / 崔舜鉉 | |
| 22068 | 崔述 | 최술 | 16 | 16 | 1918.03 | 詩經蘁辨 / 金文演 | 원문은 述 |
| 22069 | 崔述 | 최술 | 16 | 17 | 1918.03 | 詩經蘁辨 / 金文演 | 원문은 述 |

ㅊ

| 번호 | 원문 | 현대어(독음) | 호 | 쪽 | 발행일 | 기사명 / 필자 | 비고 |
|---|---|---|---|---|---|---|---|
| 22070 | 崔勝萬 | 최승만 | 27 | 13 | 1926.12 | 崔孝子實記 / 沈璿澤 | 원문은 勝萬 |
| 22071 | 崔承宇 | 최승우 | 45 | 31 | 1940.12 | 朝鮮儒林大會(朝鮮儒道聯合會創立總會) 會錄概要>朝鮮儒道聯合會役員名簿(昭和十四年十一月一日現在) | |
| 22072 | 崔升鉉 | 최승현 | 16 | 60 | 1918.03 | 地方報告>[崔升鉉의 報告] | |
| 22073 | 崔升鉉 | 최승현 | 24 | 58 | 1923.12 | 日誌大要 | |
| 22074 | 崔升鉉 | 최승현 | 24 | 59 | 1923.12 | 日誌大要 | |
| 22075 | 崔時軒 | 최시헌 | 38 | 32 | 1935.03 | 祭時軒崔講師文 / 明倫學院職員一同 | 원문은 時軒崔君 |
| 22076 | 崔氏 | 최씨 | 11 | 81 | 1916.06 | 地方報告>[李敞獻의 報告] | |
| 22077 | 崔億圭 | 최억규 | 43 | 29 | 1938.12 | 儒林特志>[姜錫圭의 보고]>祭需品奉納者氏名及物名 | |
| 22078 | 崔彦英 | 최언영 | 33 | 9 | 1931.12 | 司直金公墓碑銘并序 / 金完鎮 | |
| 22079 | 崔汝綱 | 최여강 | 16 | 58 | 1918.03 | 地方報告>[鄭鳳時의 報告] | |
| 22080 | 崔演 | 최연 | 8 | 70 | 1915.09 | 地方報告>[崔東吉의 報告] | |
| 22081 | 崔榮 | 최영 | 12 | 40 | 1916.12 | 賢關記聞(續) / 李大榮 | |
| 22082 | 崔榮球 | 최영구 | 26 | 74 | 1925.12 | 地方報告>[黃圭轍 等의 報告] | 원문은 榮球 |
| 22083 | 崔瑩國 | 최영국 | 25 | 38 | 1924.12 | 日誌大要 | |
| 22084 | 崔瑩國 | 최영국 | 27 | 53 | 1926.12 | 日誌大要 | |
| 22085 | 崔瑩國 | 최영국 | 28 | 43 | 1927.12 | 日誌大要 | |
| 22086 | 崔瑩國 | 최영국 | 30 | 41 | 1929.12 | 日誌大要 | |
| 22087 | 崔瑩國 | 최영국 | 31 | 29 | 1930.08 | 日誌大要 | |
| 22088 | 崔瑩國 | 최영국 | 31 | 30 | 1930.08 | 日誌大要 | |
| 22089 | 崔瑩國 | 최영국 | 45 | 39 | 1940.12 | 朝鮮儒林大會(朝鮮儒道聯合會創立總會) 會錄概要>朝鮮儒道聯合會役員名簿(昭和十四年十一月一日現在) | |
| 22090 | 崔泳鵬 | 최영붕 | 25 | 75 | 1924.12 | 地方報告>[崔泳鵬의 報告] | |
| 22091 | 崔泳鵬 | 최영붕 | 25 | 76 | 1924.12 | 地方報告>[崔泳鵬의 報告] | |
| 22092 | 崔永植 | 최영식 | 38 | 37 | 1935.03 | 孝烈行蹟>[崔永植 等의 보고] | |
| 22093 | 崔靈恩 | 최영은 | 32 | 4 | 1930.12 | 經學源流(續) / 權純九 | |
| 22094 | 崔靈恩 | 최영은 | 32 | 5 | 1930.12 | 經學源流(續) / 權純九 | |
| 22095 | 崔榮振 | 최영진 | 26 | 86 | 1925.12 | 地方報告>[沈璿澤의 報告] | |
| 22096 | 崔榮振 | 최영진 | 27 | 13 | 1926.12 | 崔孝子實記 / 沈璿澤 | |
| 22097 | 崔榮則 | 최영칙 | 19 | 75 | 1918.12 | 地方報告>[崔榮則의 報告] | |
| 22098 | 崔永宅 | 최영택 | 33 | 36 | 1931.12 | 聲討顚末 | |
| 22099 | 崔榮夏 | 최영하 | 28 | 47 | 1927.12 | 日誌大要 | |
| 22100 | 崔永浩 | 최영호 | 44 | 86 | 1939.10 | 文廟春季釋奠狀況 | |

| 번호 | 원문 | 현대어(독음) | 호 | 쪽 | 발행일 | 기사명 / 필자 | 비고 |
|------|------|------------|----|----|--------|--------------|------|
| 22101 | 崔泳浩 | 최영호 | 46 | 15 | 1941.12 | 釋奠狀況〉昭和十五年春季釋奠狀況 | |
| 22102 | 崔禹圭 | 최우규 | 16 | 57 | 1918.03 | 地方報告〉[鄭鳳時의 報告] | |
| 22103 | 崔禹圭 | 최우규 | 40 | 37 | 1936.08 | 文廟釋奠狀況〉[地方文廟春期釋奠狀況表] | |
| 22104 | 崔遇喆 | 최우철 | 35 | 40 | 1932.12 | 孝烈行蹟〉[韓喆敎의 보고] | |
| 22105 | 崔雲五 | 최운오 | 16 | 34 | 1918.03 | 日誌大要 | |
| 22106 | 崔元榮 | 최원영 | 16 | 59 | 1918.03 | 地方報告〉[南相台의 報告] | |
| 22107 | 崔元榮 | 최원영 | 16 | 60 | 1918.03 | 地方報告〉[南相台의 報告] | |
| 22108 | 崔原在甲 | 최원재갑 | 47 | 42 | 1943.01 | 釋奠狀況〉昭和十七年秋季釋奠狀況 | |
| 22109 | 崔猿亭 | 최원정 | 8 | 70 | 1915.09 | 地方報告〉[崔東吉의 報告] | |
| 22110 | 崔元澤 | 최원택 | 30 | 75 | 1929.12 | 地方報告〉[金炳庸 等의 報告] | |
| 22111 | 崔月南 | 최월남 | 15 | 33 | 1917.10 | 日誌大要 | |
| 22112 | 崔惟吉 | 최유길 | 37 | 37 | 1934.10 | 地方儒林狀況〉[李大榮의 보고]〉書院狀況 | 원문은 文和公崔先生惟吉 |
| 22113 | 崔惟善 | 최유선 | 40 | 22 | 1936.08 | 敎化編年(續) / 李大榮 | |
| 22114 | 崔崙熙 | 최유희 | 35 | 27 | 1932.12 | 日誌大要 | |
| 22115 | 崔潤 | 최윤 | 45 | 23 | 1940.12 | 朝鮮儒林大會(朝鮮儒道聯合會創立總會) 會錄槪要〉朝鮮儒道聯合會役員名簿(昭和十四年十一月一日現在) | |
| 22116 | 崔潤 | 최윤 | 45 | 24 | 1940.12 | 朝鮮儒林大會(朝鮮儒道聯合會創立總會) 會錄槪要〉朝鮮儒道聯合會役員名簿(昭和十四年十一月一日現在) | |
| 22117 | 崔綸錫 | 최윤석 | 45 | 41 | 1940.12 | 朝鮮儒林大會(朝鮮儒道聯合會創立總會) 會錄槪要〉朝鮮儒道聯合會役員名簿(昭和十四年十一月一日現在) | |
| 22118 | 崔潤鍾 | 최윤종 | 23 | 89 | 1922.12 | 地方報告〉[崔潤鍾의 報告] | |
| 22119 | 崔允鎬 | 최윤호 | 35 | 76 | 1932.12 | 明倫學院昭和七年度第三回入學許可者名簿 | |
| 22120 | 崔允鎬 | 최윤호 | 36 | 29 | 1933.12 | 文廟釋奠狀況〉[春期釋奠 擧行] | |
| 22121 | 崔允鎬 | 최윤호 | 37 | 51 | 1934.10 | 文廟釋奠狀況〉[春期釋奠 擧行] | |
| 22122 | 崔允鎬 | 최윤호 | 37 | 69 | 1934.10 | 明倫學院第三回卒業生名簿 | |
| 22123 | 崔允鎬 | 최윤호 | 38 | 44 | 1935.03 | 文廟釋奠狀況〉[秋期釋奠 擧行] | |
| 22124 | 崔允鎬 | 최윤호 | 39 | 52 | 1935.10 | 文廟釋奠狀況〉[春期釋奠 擧行] | |
| 22125 | 崔允鎬 | 최윤호 | 39 | 56 | 1935.10 | 第三回卒業生名簿(新規第一回昭和十年三月) | |
| 22126 | 崔崙熙 | 최윤희 | 31 | 62 | 1930.08 | 入學許可者名簿 | |
| 22127 | 崔崙熙 | 최윤희 | 32 | 38 | 1930.12 | 日誌大要 | |
| 22128 | 崔崙熙 | 최윤희 | 33 | 43 | 1931.12 | 文廟釋奠狀況 | |
| 22129 | 崔崙熙 | 최윤희 | 33 | 49 | 1931.12 | 文廟釋奠狀況〉[本院秋期釋奠에 대한 보고] | |

| 번호 | 원문 | 현대어(독음) | 호 | 쪽 | 발행일 | 기사명 / 필자 | 비고 |
|------|------|-------------|----|----|--------|--------------|------|
| 22130 | 崔崙熙 | 최윤희 | 34 | 10 | 1932.03 | 送崔斯文崙熙壽其大人七十一生朝序 / 姜驥善 | 원문은 崔君崙熙 |
| 22131 | 崔崙熙 | 최윤희 | 34 | 29 | 1932.03 | 賀崔君崙熙大庭稼圃詞伯七一長筵 / 鄭萬朝 | 원문은 崔君崙熙 |
| 22132 | 崔崙熙 | 최윤희 | 35 | 65 | 1932.12 | 第一回學生卒業式狀況 | |
| 22133 | 崔崙熙 | 최윤희 | 35 | 73 | 1932.12 | 明倫學院職員名簿 | |
| 22134 | 崔崙熙 | 최윤희 | 35 | 75 | 1932.12 | 明倫學院第一回卒業生名簿 | |
| 22135 | 崔崙熙 | 최윤희 | 36 | 7 | 1933.12 | 祭澹圃姜講師文 / 明倫學院生徒一同 | |
| 22136 | 崔崙熙 | 최윤희 | 36 | 24 | 1933.12 | 日誌大要 | |
| 22137 | 崔崙熙 | 최윤희 | 36 | 25 | 1933.12 | 文廟釋奠狀況〉[秋期釋奠 擧行] | |
| 22138 | 崔崙熙 | 최윤희 | 36 | 29 | 1933.12 | 文廟釋奠狀況〉[春期釋奠 擧行] | |
| 22139 | 崔崙熙 | 최윤희 | 36 | 53 | 1933.12 | 評議員會狀況〉事業經過報告 / 俞萬兼 | |
| 22140 | 崔崙熙 | 최윤희 | 36 | 65 | 1933.12 | 明倫學院職員名簿 | |
| 22141 | 崔崙熙 | 최윤희 | 37 | 46 | 1934.10 | 文廟釋奠狀況〉[秋期釋奠 擧行] | |
| 22142 | 崔崙熙 | 최윤희 | 37 | 51 | 1934.10 | 文廟釋奠狀況〉[春期釋奠 擧行] | |
| 22143 | 崔崙熙 | 최윤희 | 37 | 61 | 1934.10 | 第四回評議員會狀況〉事業經過報告 / 俞萬兼 | |
| 22144 | 崔崙熙 | 최윤희 | 38 | 40 | 1935.03 | 日誌大要 | |
| 22145 | 崔崙熙 | 최윤희 | 38 | 52 | 1935.03 | 第五會評議員會狀況 | |
| 22146 | 崔崙熙 | 최윤희 | 39 | 45 | 1935.10 | 挽崔講師崙熙 / 鄭萬朝 | |
| 22147 | 崔崙熙 | 최윤희 | 41 | 31 | 1937.02 | 挽崔講師崙熙 | |
| 22148 | 崔義淳 | 최의순 | 28 | 47 | 1927.12 | 日誌大要 | |
| 22149 | 崔益澈 | 최익철 | 36 | 71 | 1933.12 | 明倫學院第四回入學許可者名簿 | |
| 22150 | 崔益澈 | 최익철 | 37 | 51 | 1934.10 | 文廟釋奠狀況〉[春期釋奠 擧行] | |
| 22151 | 崔益澈 | 최익철 | 38 | 43 | 1935.03 | 文廟釋奠狀況〉[秋期釋奠 擧行] | |
| 22152 | 崔益澈 | 최익철 | 40 | 35 | 1936.08 | 文廟釋奠狀況〉[秋期釋奠 擧行] | |
| 22153 | 崔益澈 | 최익철 | 40 | 62 | 1936.08 | 第四回卒業式狀況及第七回新入生名簿〉第四回卒業生名簿 | |
| 22154 | 崔益澈 | 최익철 | 41 | 35 | 1937.02 | 文廟春季釋奠狀況 | |
| 22155 | 崔益夏 | 최익하 | 45 | 24 | 1940.12 | 朝鮮儒林大會(朝鮮儒道聯合會創立總會) 會錄槪要〉朝鮮儒道聯合會役員名簿(昭和十四年十一月一日現在) | |
| 22156 | 崔益翰 | 최익한 | 45 | 30 | 1940.12 | 朝鮮儒林大會(朝鮮儒道聯合會創立總會) 會錄槪要〉朝鮮儒道聯合會役員名簿(昭和十四年十一月一日現在) | |
| 22157 | 崔仁師 | 최인사 | 9 | 21 | 1915.12 | 經學管見(下) / 尹寧求 | |
| 22158 | 崔仁鶴 | 최인학 | 29 | 68 | 1928.12 | 地方報告〉[崔仁鶴의 報告] | |
| 22159 | 崔仁鶴 | 최인학 | 29 | 73 | 1928.12 | 地方報告〉[崔仁鶴의 報告] | |

| 번호 | 원문 | 현대어(독음) | 호 | 쪽 | 발행일 | 기사명 / 필자 | 비고 |
|---|---|---|---|---|---|---|---|
| 22160 | 崔仁鶴 | 최인학 | 30 | 71 | 1929.12 | 地方報告〉[崔仁鶴 等의 報告] | |
| 22161 | 崔仁鶴 | 최인학 | 30 | 72 | 1929.12 | 地方報告〉[崔仁鶴의 報告] | |
| 22162 | 崔仁鶴 | 최인학 | 30 | 76 | 1929.12 | 地方報告〉[崔仁鶴의 報告] | |
| 22163 | 崔仁鶴 | 최인학 | 31 | 34 | 1930.08 | 地方報告〉各郡文廟釋奠狀況〉[崔仁鶴의 보고] | |
| 22164 | 崔自濱 | 최자빈 | 37 | 22 | 1934.10 | 敎化編年 / 李大榮 | |
| 22165 | 崔在卿 | 최재경 | 33 | 37 | 1931.12 | 聲討顚末 | |
| 22166 | 崔在林 | 최재림 | 20 | 38 | 1920.03 | 求禮郡文廟重修捐義錄小序 / 金商翊 | |
| 22167 | 崔載明 | 최재명 | 33 | 36 | 1931.12 | 聲討顚末 | |
| 22168 | 崔再雄 | 최재웅 | 2 | 83 | 1914.03 | 地方報告〉[金光鉉의 報告] | |
| 22169 | 崔在弼 | 최재필 | 38 | 31 | 1935.03 | 橫城鄕校重修記 / 鄭鳳時 | 원문은 崔斯文在弼 |
| 22170 | 崔在弼 | 최재필 | 38 | 35 | 1935.03 | 地方儒林狀況〉[李元稙의 보고] | |
| 22171 | 崔正植 | 최정식 | 34 | 32 | 1932.03 | 日誌大要 | |
| 22172 | 崔正植 | 최정식 | 34 | 59 | 1932.03 | 明倫學院昭和六年度入學許可者名簿 | |
| 22173 | 崔正植 | 최정식 | 35 | 30 | 1932.12 | 文廟釋奠狀況 | |
| 22174 | 崔正植 | 최정식 | 36 | 30 | 1933.12 | 文廟釋奠狀況〉[春期釋奠 擧行] | |
| 22175 | 崔正植 | 최정식 | 36 | 69 | 1933.12 | 明倫學院第二回卒業生名簿 | |
| 22176 | 崔正植 | 최정식 | 37 | 62 | 1934.10 | 第四回評議員會狀況〉事業經過報告 / 俞萬兼 | |
| 22177 | 崔正植 | 최정식 | 45 | 37 | 1940.12 | 朝鮮儒林大會(朝鮮儒道聯合會創立總會) 會錄槪要〉朝鮮儒道聯合會役員名簿(昭和十四年十一月一日現在) | |
| 22178 | 崔正燁 | 최정엽 | 48 | 52 | 1944.04 | 釋奠狀況〉昭和十八年春季釋奠狀況 | |
| 22179 | 崔正源 | 최정원 | 45 | 26 | 1940.12 | 朝鮮儒林大會(朝鮮儒道聯合會創立總會) 會錄槪要〉朝鮮儒道聯合會役員名簿(昭和十四年十一月一日現在) | |
| 22180 | 崔廷咸 | 최정함 | 26 | 41 | 1925.12 | 日誌大要 | |
| 22181 | 崔定鉉 | 최정현 | 25 | 40 | 1924.12 | 日誌大要 | |
| 22182 | 崔定鉉 | 최정현 | 27 | 10 | 1926.12 | 梅洞雅會集序 / 崔定鉉 | |
| 22183 | 崔定鉉 | 최정현 | 27 | 11 | 1926.12 | 烈婦崔氏旌閭重修記 / 崔定鉉 | |
| 22184 | 崔定鉉 | 최정현 | 27 | 54 | 1926.12 | 日誌大要 | |
| 22185 | 崔定鉉 | 최정현 | 28 | 39 | 1927.12 | 壽星詩帖 / 崔定鉉 | |
| 22186 | 崔定鉉 | 최정현 | 29 | 33 | 1928.12 | 聚奎帖 / 崔定鉉 | |
| 22187 | 崔定鉉 | 최정현 | 29 | 36 | 1928.12 | 大樹帖 / 崔定鉉 | |
| 22188 | 崔定鉉 | 최정현 | 30 | 38 | 1929.12 | 雪重帖 / 崔定鉉 | |
| 22189 | 崔定鉉 | 최정현 | 31 | 28 | 1930.08 | 壽星帖 / 院僚一同 | |
| 22190 | 崔定鉉 | 최정현 | 32 | 32 | 1930.12 | 視察不二農場贈藤井組合長 / 崔定鉉 | |
| 22191 | 崔定鉉 | 최정현 | 32 | 34 | 1930.12 | 崧陽書院祭拜敬次板上韻 / 崔定鉉 | |

| 번호 | 원문 | 현대어(독음) | 호 | 쪽 | 발행일 | 기사명 / 필자 | 비고 |
|---|---|---|---|---|---|---|---|
| 22192 | 崔定鉉 | 최정현 | 33 | 25 | 1931.12 | 日誌大要 | |
| 22193 | 崔定鉉 | 최정현 | 33 | 29 | 1931.12 | 聲討顚末 | |
| 22194 | 崔定鉉 | 최정현 | 34 | 30 | 1932.03 | 松庵崔講士定鉉挽 / 成樂賢 | 원문은<br>崔講士定鉉 |
| 22195 | 崔鼎興 | 최정흥 | 26 | 76 | 1925.12 | 地方報告〉[尹時薰의 報告] | |
| 22196 | 崔鍾九 | 최종구 | 38 | 49 | 1935.03 | 文廟釋奠狀況〉地方文廟秋期釋奠狀況表 | |
| 22197 | 崔鍾璿 | 최종선 | 45 | 39 | 1940.12 | 朝鮮儒林大會(朝鮮儒道聯合會創立總會) 會錄槪要〉朝鮮儒道聯合會役員名簿(昭和十四年十一月一日現在) | |
| 22198 | 崔鍾成 | 최종성 | 46 | 17 | 1941.12 | 釋奠狀況〉昭和十六年春季釋奠狀況 | |
| 22199 | 崔鍾弼 | 최종필 | 28 | 83 | 1927.12 | 地方報告〉[崔鍾弼의 報告] | |
| 22200 | 崔鍾弼 | 최종필 | 29 | 68 | 1928.12 | 地方報告〉[崔鍾弼의 報告] | |
| 22201 | 崔鍾環 | 최종환 | 35 | 45 | 1932.12 | 孝烈行蹟〉[李殷相의 보고] | |
| 22202 | 崔峻升 | 최준승 | 25 | 84 | 1924.12 | 地方報告〉[崔峻升의 報告] | |
| 22203 | 崔準集 | 최준집 | 45 | 27 | 1940.12 | 朝鮮儒林大會(朝鮮儒道聯合會創立總會) 會錄槪要〉朝鮮儒道聯合會役員名簿(昭和十四年十一月一日現在) | |
| 22204 | 崔中建 | 최중건 | 33 | 36 | 1931.12 | 聲討顚末 | |
| 22205 | 崔仲敏 | 최중민 | 38 | 48 | 1935.03 | 文廟釋奠狀況〉地方文廟秋期釋奠狀況表 | |
| 22206 | 崔志煥 | 최지환 | 45 | 26 | 1940.12 | 朝鮮儒林大會(朝鮮儒道聯合會創立總會) 會錄槪要〉朝鮮儒道聯合會役員名簿(昭和十四年十一月一日現在) | |
| 22207 | 崔鎭 | 최진 | 45 | 28 | 1940.12 | 朝鮮儒林大會(朝鮮儒道聯合會創立總會) 會錄槪要〉朝鮮儒道聯合會役員名簿(昭和十四年十一月一日現在) | |
| 22208 | 崔進圭 | 최진규 | 16 | 36 | 1918.03 | 日誌大要 | |
| 22209 | 崔鎭奎 | 최진규 | 48 | 58 | 1944.04 | 一. 孝烈行跡報告 其五 / 崔鎭奎 | |
| 22210 | 崔震斗 | 최진두 | 43 | 67 | 1938.12 | 文廟春季釋奠狀況 | |
| 22211 | 崔震斗 | 최진두 | 43 | 74 | 1938.12 | 第六回卒業式狀況及第九回新入生名簿〉第九回入學許可者名簿 | |
| 22212 | 崔震斗 | 최진두 | 44 | 79 | 1939.10 | 文廟秋季釋奠狀況 | |
| 22213 | 崔震斗 | 최진두 | 44 | 87 | 1939.10 | 文廟春季釋奠狀況 | |
| 22214 | 崔震斗 | 최진두 | 46 | 14 | 1941.12 | 釋奠狀況〉昭和十四年秋季釋奠狀況 | |
| 22215 | 崔震斗 | 최진두 | 46 | 15 | 1941.12 | 釋奠狀況〉昭和十五年春季釋奠狀況 | |
| 22216 | 崔鎭龍 | 최진룡 | 23 | 54 | 1922.12 | 日誌大要 | |
| 22217 | 崔鎭文 | 최진문 | 20 | 38 | 1920.03 | 求禮郡文廟重修捐義錄小序 / 金商翊 | |
| 22218 | 崔鎭泰 | 최진태 | 32 | 45 | 1930.12 | 地方報告〉各郡文廟釋奠狀況〉[崔鎭泰의 보고] | |
| 22219 | 崔鎭鶴 | 최진학 | 35 | 77 | 1932.12 | 明倫學院昭和七年度第三回入學許可者名簿 | |

| 번호 | 원문 | 현대어(독음) | 호 | 쪽 | 발행일 | 기사명 / 필자 | 비고 |
|---|---|---|---|---|---|---|---|
| 22220 | 崔鎭鶴 | 최진학 | 36 | 25 | 1933.12 | 文廟釋奠狀況〉[秋期釋奠 擧行] | |
| 22221 | 崔鎭鶴 | 최진학 | 37 | 46 | 1934.10 | 文廟釋奠狀況〉[秋期釋奠 擧行] | |
| 22222 | 崔鎭鶴 | 최진학 | 37 | 51 | 1934.10 | 文廟釋奠狀況〉[春期釋奠 擧行] | |
| 22223 | 崔鎭鶴 | 최진학 | 37 | 70 | 1934.10 | 明倫學院第三回卒業生名簿 | |
| 22224 | 崔鎭鶴 | 최진학 | 38 | 32 | 1935.03 | 祭時軒崔講師文 / 明倫學院生徒一同 | |
| 22225 | 崔鎭鶴 | 최진학 | 38 | 40 | 1935.03 | 日誌大要 | |
| 22226 | 崔鎭鶴 | 최진학 | 38 | 44 | 1935.03 | 文廟釋奠狀況〉[秋期釋奠 擧行] | |
| 22227 | 崔鎭鶴 | 최진학 | 39 | 51 | 1935.10 | 文廟釋奠狀況〉[春期釋奠 擧行] | |
| 22228 | 崔鎭鶴 | 최진학 | 39 | 57 | 1935.10 | 第三回卒業生名簿(新規第一回昭和十年三月) | |
| 22229 | 崔鎭漢 | 최진한 | 45 | 34 | 1940.12 | 朝鮮儒林大會(朝鮮儒道聯合會創立總會) 會錄槪要〉朝鮮儒道聯合會役員名簿(昭和十四年十一月一日現在) | |
| 22230 | 崔震煥 | 최진환 | 44 | 92 | 1939.10 | 明倫專門學院記事〉研究科第二回入學許可者 | |
| 22231 | 崔震煥 | 최진환 | 46 | 14 | 1941.12 | 釋奠狀況〉昭和十四年秋季釋奠狀況 | |
| 22232 | 崔震煥 | 최진환 | 46 | 15 | 1941.12 | 釋奠狀況〉昭和十五年春季釋奠狀況 | |
| 22233 | 崔震煥 | 최진환 | 46 | 16 | 1941.12 | 釋奠狀況〉昭和十五年秋季釋奠狀況 | |
| 22234 | 崔燦郁 | 최찬욱 | 20 | 38 | 1920.03 | 求禮郡文廟重修捐義錄小序 / 金商翊 | |
| 22235 | 崔昌傑 | 최창걸 | 39 | 55 | 1935.10 | 文廟釋奠狀況〉地方文廟春期釋奠狀況表 | |
| 22236 | 崔昌根 | 최창근 | 28 | 52 | 1927.12 | 日誌大要〉修理工事一覽表 | |
| 22237 | 崔彰玉 | 최창옥 | 45 | 7 | 1940.12 | 朝鮮儒林大會(朝鮮儒道聯合會創立總會) 會錄槪要 | |
| 22238 | 崔昌一 | 최창일 | 29 | 18 | 1928.12 | 龍井文廟刱建記 / 金璜鎭 | |
| 22239 | 崔昌迪 | 최창적 | 21 | 65 | 1921.03 | 賢關記聞(續) / 李大榮 | |
| 22240 | 崔昌學 | 최창학 | 45 | 24 | 1940.12 | 朝鮮儒林大會(朝鮮儒道聯合會創立總會) 會錄槪要〉朝鮮儒道聯合會役員名簿(昭和十四年十一月一日現在) | |
| 22241 | 崔敏鎬 | 최창호 | 43 | 67 | 1938.12 | 文廟春季釋奠狀況 | |
| 22242 | 崔敏鎬 | 최창호 | 43 | 74 | 1938.12 | 第六回卒業式狀況及第九回新入生名簿〉第九回入學許可者名簿 | |
| 22243 | 崔敏鎬 | 최창호 | 44 | 79 | 1939.10 | 文廟秋季釋奠狀況 | |
| 22244 | 崔敏鎬 | 최창호 | 44 | 87 | 1939.10 | 文廟春季釋奠狀況 | |
| 22245 | 崔敏鎬 | 최창호 | 46 | 14 | 1941.12 | 釋奠狀況〉昭和十四年秋季釋奠狀況 | |
| 22246 | 崔敏鎬 | 최창호 | 46 | 15 | 1941.12 | 釋奠狀況〉昭和十五年春季釋奠狀況 | |
| 22247 | 崔敏鎬 | 최창호 | 46 | 16 | 1941.12 | 釋奠狀況〉昭和十五年秋季釋奠狀況 | |
| 22248 | 崔敏鎬 | 최창호 | 46 | 18 | 1941.12 | 釋奠狀況〉昭和十六年春季釋奠狀況 | |
| 22249 | 崔敏鎬 | 최창호 | 47 | 37 | 1943.01 | 釋奠狀況〉昭和十六年秋季釋奠狀況 | |
| 22250 | 崔敏鎬 | 최창호 | 47 | 39 | 1943.01 | 釋奠狀況〉昭和十七年春季釋奠狀況 | |

| 번호 | 원문 | 현대어(독음) | 호 | 쪽 | 발행일 | 기사명 / 필자 | 비고 |
|---|---|---|---|---|---|---|---|
| 22251 | 崔哲 | 최철 | 22 | 72 | 1922.03 | 地方報告〉[宋圭鎭의 報告] | |
| 22252 | 崔春九 | 최춘구 | 20 | 37 | 1920.03 | 求禮郡文廟重修捐義錄小序 / 金商翊 | |
| 22253 | 崔冲 | 최충 | 11 | 26 | 1916.06 | 經學淺知錄(續) / 金文演 | 文憲公, 원문은 崔文獻冲 |
| 22254 | 崔冲 | 최충 | 27 | 13 | 1926.12 | 崔孝子實記 / 沈璿澤 | 원문은 冲 |
| 22255 | 崔冲 | 최충 | 37 | 37 | 1934.10 | 地方儒林狀況〉[李大榮의 보고]〉書院狀況 | 원문은 文憲公崔先生冲 |
| 22256 | 崔冲 | 최충 | 40 | 9 | 1936.08 | 朝鮮儒敎의 大觀 / 鄭鳳時 | |
| 22257 | 崔冲 | 최충 | 40 | 22 | 1936.08 | 敎化編年(續) / 李大榮 | |
| 22258 | 崔冲 | 최충 | 44 | 48 | 1939.10 | 嘉言善行 / 李昇圭 | |
| 22259 | 崔狎根 | 최충근 | 45 | 34 | 1940.12 | 朝鮮儒林大會(朝鮮儒道聯合會創立總會) 會錄概要〉朝鮮儒道聯合會役員名簿(昭和十四年十一月一日現在) | |
| 22260 | 崔致國 | 최치국 | 45 | 38 | 1940.12 | 朝鮮儒林大會(朝鮮儒道聯合會創立總會) 會錄概要〉朝鮮儒道聯合會役員名簿(昭和十四年十一月一日現在) | |
| 22261 | 崔致遠 | 최치원 | 10 | 48 | 1916.03 | 賢關記聞(續) / 李大榮 | |
| 22262 | 崔致遠 | 최치원 | 11 | 26 | 1916.06 | 經學淺知錄(續) / 金文演 | 원문은 致遠 |
| 22263 | 崔致遠 | 최치원 | 25 | 41 | 1924.12 | 日誌大要 | |
| 22264 | 崔致遠 | 최치원 | 28 | 2 | 1927.12 | 朝鮮詩文變遷論 / 鄭萬朝 | 원문은 致遠 |
| 22265 | 崔致遠 | 최치원 | 30 | 34 | 1929.12 | 祭粢料傳達式狀況 | |
| 22266 | 崔致遠 | 최치원 | 30 | 57 | 1929.12 | 講說〉講題 朝鮮의 在한 聖學道統 : 李退溪先生을 憶함 / 赤木萬二郎 | |
| 22267 | 崔致遠 | 최치원 | 42 | 47 | 1937.12 | 文廟享祀位次及聖賢姓名爵號考 / 金完鎭 | 文昌侯 |
| 22268 | 崔致遠 | 최치원 | 42 | 57 | 1937.12 | 文廟享祀位次及聖賢姓名爵號考 / 金完鎭 | 文昌侯 |
| 22269 | 崔致遠 | 최치원 | 44 | 60 | 1939.10 | 朝鮮詩學考 / 李昇圭 | |
| 22270 | 崔致遠 | 최치원 | 45 | 108 | 1940.12 | 慶尙北道儒道聯合會結成式〉慶尙北道儒道聯合會結成式會長告辭要旨 / 上瀧 基 | |
| 22271 | 崔泰鎭 | 최태진 | 31 | 37 | 1930.08 | 地方報告〉各郡文廟釋奠狀況〉[崔泰鎭의 보고] | |
| 22272 | 崔泰鎭 | 최태진 | 33 | 51 | 1931.12 | 文廟釋奠狀況〉[崔泰鎭의 보고] | |
| 22273 | 崔泰鎭 | 최태진 | 35 | 33 | 1932.12 | 文廟釋奠狀況〉[崔泰鎭의 보고] | |
| 22274 | 崔泰鎭 | 최태진 | 36 | 33 | 1933.12 | 文廟釋奠狀況〉[崔泰鎭의 보고] | |
| 22275 | 崔泰鎭 | 최태진 | 37 | 48 | 1934.10 | 文廟釋奠狀況〉[崔泰鎭의 보고] | |
| 22276 | 崔泰鎭 | 최태진 | 37 | 52 | 1934.10 | 文廟釋奠狀況〉[崔泰鎭의 보고] | |
| 22277 | 崔泰鎭 | 최태진 | 38 | 49 | 1935.03 | 文廟釋奠狀況〉地方文廟秋期釋奠狀況表 | |
| 22278 | 崔泰鎭 | 최태진 | 39 | 54 | 1935.10 | 文廟釋奠狀況〉地方文廟春期釋奠狀況表 | |
| 22279 | 崔泰鎭 | 최태진 | 40 | 37 | 1936.08 | 文廟釋奠狀況〉[地方文廟春期釋奠狀況表] | |

| 번호 | 원문 | 현대어(독음) | 호 | 쪽 | 발행일 | 기사명 / 필자 | 비고 |
|---|---|---|---|---|---|---|---|
| 22280 | 崔泰鉉 | 최태현 | 9 | 42 | 1915.12 | 日誌大要 | |
| 22281 | 崔豐植 | 최풍식 | 35 | 44 | 1932.12 | 孝烈行蹟〉[安赫遠의 보고] | |
| 22282 | 崔鶴齡 | 최학령 | 27 | 13 | 1926.12 | 崔孝子實記 / 沈璿澤 | 원문은 鶴齡 |
| 22283 | 崔漢基 | 최한기 | 20 | 37 | 1920.03 | 求禮郡文廟重修捐義錄小序 / 金商翊 | |
| 22284 | 崔恒 | 최항 | 8 | 24 | 1915.09 | 尊經閣記 / 徐居正 撰 | |
| 22285 | 崔恒 | 최항 | 11 | 54 | 1916.06 | 賢關記聞(續) / 李大榮 | |
| 22286 | 崔行敏 | 최행민 | 2 | 26 | 1914.03 | 奉呈經學院 / 朴元敎 | |
| 22287 | 崔鉉弼 | 최현필 | 25 | 41 | 1924.12 | 日誌大要 | |
| 22288 | 崔鉉弼 | 최현필 | 30 | 34 | 1929.12 | 祭粢料傳達式狀況 | |
| 22289 | 崔浩 | 최호 | 1 | 22 | 1913.12 | 經學當明者 四 / 呂圭亨 | |
| 22290 | 崔浩 | 최호 | 2 | 69 | 1914.03 | 講說〉講題 必愼其獨(大正二年十一月八日第四回講演)〉敷演 / 李容稙 | |
| 22291 | 崔浩 | 최호 | 2 | 70 | 1914.03 | 講說〉講題 必愼其獨(大正二年十一月八日第四回講演)〉敷演 / 李容稙 | |
| 22292 | 崔浩 | 최호 | 11 | 3 | 1916.06 | 經論 / 韓晩容 | |
| 22293 | 崔浩然 | 최호연 | 44 | 22 | 1939.10 | 躬行論 / 崔浩然 | |
| 22294 | 崔浩然 | 최호연 | 44 | 42 | 1939.10 | 大學主旨 / 崔浩然 | |
| 22295 | 崔浩然 | 최호연 | 44 | 55 | 1939.10 | 文藝原流 / 崔浩然 | |
| 22296 | 崔浩然 | 최호연 | 44 | 86 | 1939.10 | 文廟春季釋奠狀況 | |
| 22297 | 崔浩然 | 최호연 | 45 | 32 | 1940.12 | 朝鮮儒林大會(朝鮮儒道聯合會創立總會) 會錄槪要〉朝鮮儒道聯合會役員名簿(昭和十四年十一月一日現在) | |
| 22298 | 崔浩然 | 최호연 | 46 | 2 | 1941.12 | 興學養材 / 崔浩然 | |
| 22299 | 崔浩然 | 최호연 | 46 | 16 | 1941.12 | 釋奠狀況〉昭和十五年秋季釋奠狀況 | |
| 22300 | 崔浩然 | 최호연 | 46 | 17 | 1941.12 | 釋奠狀況〉昭和十六年春季釋奠狀況 | |
| 22301 | 崔浩然 | 최호연 | 47 | 26 | 1943.01 | 論語要義 / 崔浩然 | |
| 22302 | 崔鴻 | 최홍 | 17 | 6 | 1918.07 | 經學管見(續) / 尹寧求 | |
| 22303 | 崔洪烈 | 최홍렬 | 39 | 55 | 1935.10 | 文廟釋奠狀況〉地方文廟春期釋奠狀況表 | |
| 22304 | 崔候堞 | 최후첩 | 25 | 65 | 1924.12 | 講說〉講題 明倫 / 李大榮 | |
| 22305 | 鄒 | 추 | 11 | 5 | 1916.06 | 經論 / 韓晩容 | 『춘추추씨전』의 저자 |
| 22306 | 鄒 | 추 | 29 | 28 | 1928.12 | 三洙瑣談(續) / 元泳義 | 孟子 |
| 22307 | 鄒國 | 추국 | 20 | 29 | 1920.03 | 三洙瑣談(續) / 元泳義 | 孟子 |
| 22308 | 鄒國公 | 추국공 | 4 | 36 | 1914.09 | 樂章 | 孟子 |
| 22309 | 鄒國公 | 추국공 | 42 | 48 | 1937.12 | 文廟享祀位次及聖賢姓名爵號考 / 金完鎭 | 孟子 |
| 22310 | 鄒國亞聖公 | 추국아성공 | 42 | 46 | 1937.12 | 文廟享祀位次及聖賢姓名爵號考 / 金完鎭 | 孟子 |
| 22311 | 鄒國亞聖公 | 추국아성공 | 42 | 49 | 1937.12 | 文廟享祀位次及聖賢姓名爵號考 / 金完鎭 | 孟子 |

| 번호 | 원문 | 현대어(독음) | 호 | 쪽 | 발행일 | 기사명 / 필자 | 비고 |
|---|---|---|---|---|---|---|---|
| 22312 | 鄒孟 | 추맹 | 24 | 75 | 1923.12 | 講說〉講題 設爲庠序學校以敎之皆所明人倫也 / 李學魯 | |
| 22313 | 鄒孟氏 | 추맹씨 | 1 | 26 | 1913.12 | 庸言 / 金允植 | |
| 22314 | 鄒夫子 | 추부자 | 8 | 64 | 1915.09 | 地方報告〉[韓昌愚의 報告] | |
| 22315 | 鄒夫子 | 추부자 | 17 | 68 | 1918.07 | 地方報告〉[韓昌愚의 報告] | |
| 22316 | 秋山健三 | 추산건삼 | 48 | 54 | 1944.04 | 釋奠狀況〉昭和十八年秋季釋奠狀況 | |
| 22317 | 秋山鐵太郞 | 추산철태랑 | 9 | 38 | 1915.12 | 日誌大要 | 아키야마 데츠타로 |
| 22318 | 鄒聖 | 추성 | 1 | 29 | 1913.12 | 經學講席銘 / 李鶴在 | |
| 22319 | 鄒聖 | 추성 | 10 | 49 | 1916.03 | 賢關記聞(續) / 李大榮 | |
| 22320 | 鄒亞聖 | 추아성 | 11 | 66 | 1916.06 | 講說〉講題 人能弘道(大正四年三月十一日第十六回講演) / 李容植 | 孟子 |
| 22321 | 鄒陽 | 추양 | 6 | 45 | 1915.03 | 論語考證 / 金文演 | |
| 22322 | 鄒衍 | 추연 | 6 | 10 | 1915.03 | 華山問答(續) / 李容植 | |
| 22323 | 鄒衍 | 추연 | 9 | 1 | 1915.12 | 序 / 呂圭亨 | |
| 22324 | 鄒衍 | 추연 | 44 | 59 | 1939.10 | 朝鮮詩學考 / 李昇圭 | |
| 22325 | 秋永求 | 추영구 | 15 | 83 | 1917.10 | 地方報告〉[秋永求의 報告] | |
| 22326 | 萩原 | 추원 | 37 | 55 | 1934.10 | 文廟釋奠狀況〉[文錫烈의 보고] | 하기와라 히코조 (萩原彦三) |
| 22327 | 秋汀 | 추정 | 40 | 42 | 1936.08 | 成竹似先生追悼錄〉挽故成均館博士成竹似先生 / 金勛卿 | 宋始憲 |
| 22328 | 秋汀 | 추정 | 40 | 51 | 1936.08 | 鄭茂亭先生追悼錄〉輓詞 / 宋始憲 | 宋始憲 |
| 22329 | 鄒平侯 | 추평후 | 42 | 46 | 1937.12 | 文廟享祀位次及聖賢姓名爵號考 / 金完鎭 | 商澤 |
| 22330 | 鄒平侯 | 추평후 | 42 | 53 | 1937.12 | 文廟享祀位次及聖賢姓名爵號考 / 金完鎭 | 商澤 |
| 22331 | 祝穆 | 축목 | 18 | 8 | 1918.09 | 經學管見(續) / 尹寧求 | |
| 22332 | 祝阿伯 | 축아백 | 30 | [3] | 1929.12 | 李龍眠畵宣聖及七十二弟子像贊(金石萃編) | 公西蒧 |
| 22333 | 祝阿伯 | 축아백 | 42 | 55 | 1937.12 | 文廟享祀位次及聖賢姓名爵號考 / 金完鎭 | 公西蒧 |
| 22334 | 祝允明 | 축윤명 | 18 | 9 | 1918.09 | 經學管見(續) / 尹寧求 | |
| 22335 | 祝允明 | 축윤명 | 20 | 19 | 1920.03 | 經學管見(續) / 尹寧求 | |
| 22336 | 筑紫薩夜麻 | 축자살야마 | 48 | 49 | 1944.04 | 嘉言善行 / 李敬植 | 츠쿠시노 사치야마 |
| 22337 | 祝鮀 | 축타 | 9 | 28 | 1915.12 | 孔子年報(續) / 呂圭亨 | |
| 22338 | 春山 | 춘산 | 47 | 45 | 1943.01 | 經學院日誌大要(昭和十六年七月ヨリ昭和十七年六月マテ) | 李明世 |
| 22339 | 春山明世 | 춘산명세 | 47 | 37 | 1943.01 | 釋奠狀況〉昭和十六年秋季釋奠狀況 | 李明世 |
| 22340 | 春山明世 | 춘산명세 | 47 | 39 | 1943.01 | 釋奠狀況〉昭和十七年春季釋奠狀況 | 李明世 |
| 22341 | 春山明世 | 춘산명세 | 47 | 42 | 1943.01 | 釋奠狀況〉昭和十七年秋季釋奠狀況 | 李明世 |

| 번호 | 원문 | 현대어(독음) | 호 | 쪽 | 발행일 | 기사명 / 필자 | 비고 |
|---|---|---|---|---|---|---|---|
| 22342 | 春山明世 | 춘산명세 | 48 | 52 | 1944.04 | 釋奠狀況〉昭和十八年春季釋奠狀況 | 李明世 |
| 22343 | 春山明世 | 춘산명세 | 48 | 53 | 1944.04 | 釋奠狀況〉昭和十八年秋季釋奠狀況 | 李明世 |
| 22344 | 春圃 | 춘포 | 40 | 39 | 1936.08 | 成竹似先生追悼錄〉挽故成均館博士成竹似先生 / 孔聖學 | 孔聖學 |
| 22345 | 春圃 | 춘포 | 40 | 53 | 1936.08 | 鄭茂亭先生追悼錄〉輓詞 / 孔聖學 | 孔聖學 |
| 22346 | 出公 | 출공 | 6 | 39 | 1915.03 | 孔子年報(續) / 呂圭亨 | 衛의 出公 |
| 22347 | 忠簡 | 충간 | 32 | 41 | 1930.12 | 地方報告〉地方儒林狀況〉[成樂賢의 報告] | 李墍 |
| 22348 | 忠簡公 | 충간공 | 43 | 20 | 1938.12 | 江華忠烈祠享祀位次及祝文式 | |
| 22349 | 忠景 | 충경 | 32 | 41 | 1930.12 | 地方報告〉地方儒林狀況〉[成樂賢의 報告] | 柳誠源 |
| 22350 | 忠亮 | 충량 | 42 | 57 | 1937.12 | 文廟享祀位次及聖賢姓名爵號考 / 金完鎭 | 呂祖謙의 시호 |
| 22351 | 忠烈 | 충렬 | 32 | 41 | 1930.12 | 地方報告〉地方儒林狀況〉[成樂賢의 報告] | 河緯地 |
| 22352 | 忠烈公 | 충렬공 | 43 | 20 | 1938.12 | 江華忠烈祠享祀位次及祝文式 | |
| 22353 | 忠烈公 | 충렬공 | 43 | 21 | 1938.12 | 江華忠烈祠享祀位次及祝文式 | |
| 22354 | 忠烈王 | 충렬왕 | 12 | 39 | 1916.12 | 賢關記聞(續) / 李大榮 | |
| 22355 | 忠烈王 | 충렬왕 | 12 | 72 | 1916.12 | 講說〉講題 女爲君子儒無爲小人儒(大正五年五月十三日開城郡鄕校講演) / 李學魯 | |
| 22356 | 忠烈王 | 충렬왕 | 18 | 51 | 1918.09 | 講說〉講題 內地의 宋學(大正七年五月十一日第二十八回講演) / 今關壽麿 | |
| 22357 | 忠烈王 | 충렬왕 | 18 | 52 | 1918.09 | 講說〉講題 內地의 宋學(大正七年五月十一日第二十八回講演) / 今關壽麿 | |
| 22358 | 忠烈王 | 충렬왕 | 20 | 40 | 1920.03 | 求禮文廟修繕同志會發起會席上演說 / 高墉柱 | |
| 22359 | 忠烈王 | 충렬왕 | 29 | 16 | 1928.12 | 新興郡文廟刱建記 / 魏大源 | |
| 22360 | 忠烈王 | 충렬왕 | 40 | 9 | 1936.08 | 朝鮮儒敎의 大觀 / 鄭鳳時 | |
| 22361 | 忠烈王 | 충렬왕 | 47 | 33 | 1943.01 | 朝鮮詩學考(第十四號續) / 李昇圭 | |
| 22362 | 忠穆 | 충목 | 32 | 41 | 1930.12 | 地方報告〉地方儒林狀況〉[成樂賢의 報告] | 俞應孚 |
| 22363 | 忠穆公 | 충목공 | 43 | 20 | 1938.12 | 江華忠烈祠享祀位次及祝文式 | |
| 22364 | 忠武公 | 충무공 | 13 | 46 | 1917.03 | 講說〉立身致富之要訣(大正五年六月十日第十九回講演) / 村上唯吉 | 李舜臣 |
| 22365 | 忠武公 | 충무공 | 46 | 35 | 1941.12 | 全羅南道儒林大會 | 李舜臣 |
| 22366 | 忠文 | 충문 | 32 | 41 | 1930.12 | 地方報告〉地方儒林狀況〉[成樂賢의 報告] | 成三問 |
| 22367 | 忠愍公 | 충민공 | 43 | 21 | 1938.12 | 江華忠烈祠享祀位次及祝文式 | |
| 22368 | 忠敏公 | 충민공 | 23 | 88 | 1922.12 | 地方報告〉[乾元祠 新建 關聯 報告] | 金懷鍊 |
| 22369 | 忠宣王 | 충선왕 | 15 | 83 | 1917.10 | 地方報告〉[秋永求의 報告] | |
| 22370 | 忠宣王 | 충선왕 | 19 | 19 | 1918.12 | 雲山郡文廟祭官案序 / 申鉉求 | |
| 22371 | 忠肅 | 충숙 | 32 | 41 | 1930.12 | 地方報告〉地方儒林狀況〉[成樂賢의 報告] | 成勝 |
| 22372 | 忠肅公 | 충숙공 | 33 | 11 | 1931.12 | 孝子司饔院奉事白公行狀 / 成樂賢 | |

| 번호 | 원문 | 현대어(독음) | 호 | 쪽 | 발행일 | 기사명 / 필자 | 비고 |
|---|---|---|---|---|---|---|---|
| 22373 | 忠肅公 | 충숙공 | 37 | 40 | 1934.10 | 地方儒林狀況〉[李大榮의 보고]〉書院狀況 | 白仁傑 |
| 22374 | 忠肅公 | 충숙공 | 43 | 20 | 1938.12 | 江華忠烈祠享祀位次及祝文式 | |
| 22375 | 忠肅王 | 충숙왕 | 12 | 39 | 1916.12 | 賢關記聞(續) / 李大榮 | |
| 22376 | 忠肅王 | 충숙왕 | 21 | 72 | 1921.03 | 鄕校財産沿革 / 金完鎭 | |
| 22377 | 忠肅王 | 충숙왕 | 42 | 57 | 1937.12 | 文廟享祀位次及聖賢姓名爵號考 / 金完鎭 | |
| 22378 | 忠肅王 | 충숙왕 | 44 | 49 | 1939.10 | 嘉言善行 / 李昇圭 | |
| 22379 | 沖庵 | 충암 | 31 | 24 | 1930.08 | 講題 儒者爲人所需 / 李大榮 | |
| 22380 | 充虞 | 충우 | 12 | 17 | 1916.12 | 孟子緒論 / 金文演 | |
| 22381 | 忠正 | 충정 | 32 | 41 | 1930.12 | 地方報告〉地方儒林狀況〉[成樂賢의 報告] | 朴彭年 |
| 22382 | 忠靖 | 충정 | 48 | 48 | 1944.04 | 嘉言善行 / 李敬植 | 鄭應斗 |
| 22383 | 忠正公 | 충정공 | 43 | 20 | 1938.12 | 江華忠烈祠享祀位次及祝文式 | |
| 22384 | 忠正公 | 충정공 | 43 | 21 | 1938.12 | 江華忠烈祠享祀位次及祝文式 | |
| 22385 | 忠貞公 | 충정공 | 37 | 39 | 1934.10 | 地方儒林狀況〉[李大榮의 보고]〉書院狀況 | 金德誠 |
| 22386 | 忠貞公 | 충정공 | 43 | 20 | 1938.12 | 江華忠烈祠享祀位次及祝文式 | |
| 22387 | 忠州金氏 | 충주 김씨 | 31 | 38 | 1930.08 | 地方報告〉孝烈行蹟〉[金璣淵의 보고] | |
| 22388 | 忠憲公 | 충헌공 | 43 | 20 | 1938.12 | 江華忠烈祠享祀位次及祝文式 | |
| 22389 | 忠顯公 | 충현공 | 43 | 21 | 1938.12 | 江華忠烈祠享祀位次及祝文式 | |
| 22390 | 翠琴軒 | 취금헌 | 32 | 41 | 1930.12 | 地方報告〉地方儒林狀況〉[成樂賢의 報告] | 朴彭年 |
| 22391 | 醉石 | 취석 | 40 | 42 | 1936.08 | 成竹似先生追悼錄〉挽故成均館博士成竹似先生 / 金勛卿 | 李鍾白 |
| 22392 | 醉石 | 취석 | 40 | 57 | 1936.08 | 鄭茂亭先生追悼錄〉輓詞 / 李鍾白 | 李鍾白 |
| 22393 | 醉庵 | 취암 | 32 | 40 | 1930.12 | 地方報告〉地方儒林狀況〉[成樂賢의 報告] | 李洽 |
| 22394 | 醉庵 | 취암 | 32 | 41 | 1930.12 | 地方報告〉地方儒林狀況〉[成樂賢의 報告] | 李洽 |
| 22395 | 翠隱 | 취은 | 23 | 88 | 1922.12 | 地方報告〉[乾元祠 新建 關聯 報告] | 金斗鉉 |
| 22396 | 翠村 | 취촌 | 40 | 59 | 1936.08 | 鄭茂亭先生追悼錄〉節山博士輓茂亭太史揭載斯文會誌次韻却寄 / 橋茂一郎 | 다카하시 시게이치로 (高橋茂一郎) |
| 22397 | 稚郎子 | 치랑자 | 41 | 16 | 1937.02 | 博士王仁傳 / 李學魯 | 우치노와 기라츠코 (菟道稚郎子) |
| 22398 | 稚郎子 | 치랑자 | 41 | 17 | 1937.02 | 博士王仁傳 / 李學魯 | 우치노와 기라츠코 (菟道稚郎子) |
| 22399 | 稚郎子 | 치랑자 | 41 | 18 | 1937.02 | 博士王仁傳 / 李學魯 | 우치노와 기라츠코 (菟道稚郎子) |
| 22400 | 耻齋 | 치재 | 9 | 32 | 1915.12 | 賢關記聞(續) / 李大榮 | 洪仁祐 |
| 22401 | 雉姬 | 치희 | 44 | 58 | 1939.10 | 朝鮮詩學考 / 李昇圭 | |

| 번호 | 원문 | 현대어(독음) | 호 | 쪽 | 발행일 | 기사명 / 필자 | 비고 |
|---|---|---|---|---|---|---|---|
| 22402 | 漆雕開 | 칠조개 | 4 | 42 | 1914.09 | 孔子年報(續) / 呂圭亨 | |
| 22403 | 漆雕開 | 칠조개 | 7 | 45 | 1915.06 | 論語分類一覽(續) / 金文演 | |
| 22404 | 漆雕開 | 칠조개 | 30 | [9] | 1929.12 | 李龍眠畵宣聖及七十二弟子像贊(金石萃編) | |
| 22405 | 漆雕開 | 칠조개 | 42 | 46 | 1937.12 | 文廟享祀位次及聖賢姓名爵號考 / 金完鎭 | 平輿侯 |
| 22406 | 漆雕開 | 칠조개 | 42 | 51 | 1937.12 | 文廟享祀位次及聖賢姓名爵號考 / 金完鎭 | 平輿侯, 원문은 姓漆雕名開 |
| 22407 | 漆雕徒父 | 칠조도보 | 30 | [5] | 1929.12 | 李龍眠畵宣聖及七十二弟子像贊(金石萃編) | 子期 |
| 22408 | 漆雕徒父 | 칠조도보 | 42 | 46 | 1937.12 | 文廟享祀位次及聖賢姓名爵號考 / 金完鎭 | 高宛侯 |
| 22409 | 漆雕徒父 | 칠조도보 | 42 | 53 | 1937.12 | 文廟享祀位次及聖賢姓名爵號考 / 金完鎭 | 高宛侯, 원문은 姓漆雕名徒父 |
| 22410 | 柒彫氏 | 칠조씨 | 10 | 20 | 1916.03 | 經學管見(續) / 尹寧求 | 漆雕氏 |
| 22411 | 漆雕氏 | 칠조씨 | 31 | 4 | 1930.08 | 經學源流 / 權純九 | |
| 22412 | 漆雕哆 | 칠조치 | 30 | [7] | 1929.12 | 李龍眠畵宣聖及七十二弟子像贊(金石萃編) | 子斂 |
| 22413 | 漆雕哆 | 칠조치 | 42 | 46 | 1937.12 | 文廟享祀位次及聖賢姓名爵號考 / 金完鎭 | 濮陽侯 |
| 22414 | 漆雕哆 | 칠조치 | 42 | 53 | 1937.12 | 文廟享祀位次及聖賢姓名爵號考 / 金完鎭 | 濮陽侯, 원문은 姓漆雕名哆 |
| 22415 | ケイリー | 카네기 | 39 | 38 | 1935.10 | 東京斯文會主催儒道大會狀況〉演說要旨 / 失野恒太 | Andrew Carnegie |
| 22416 | 가이제루 | 카이저 | 27 | 2 | 1926.12 | 仁義와 現代思潮(續) / 服部宇之吉 | Kaiser, Wilhelm II 를 가리킴 |
| 22417 | カント | 칸트 | 32 | 18 | 1930.12 | 講題 現代世相과 儒學의 本領 / 渡邊信治 | Immanuel Kant |
| 22418 | 킨트 | 칸트 | 10 | 37 | 1916.03 | 敎育 / 朴稚祥 | Immanuel Kant |
| 22419 | 韓圖 | 칸트 (한도) | 5 | 66 | 1914.12 | 日誌大要 | Immanuel Kant |
| 22420 | 셰루즈스 | 켈수스, 첼수스 | 14 | 56 | 1917.07 | 講說〉法律과 道德(大正六年四月十四日第二十二回講演) / 吾孫子 勝 | Publius Juventius Celsus, 로마의 법학자 |
| 22421 | 기유리ー 夫婦 | 퀴리 부부 | 13 | 59 | 1917.03 | 講說〉朝鮮의 化學工業(大正五年九月七日第二十回講演) / 今津 明 | Marie Curie와 Pierre Curie |
| 22422 | 구리스도마우렌 | 크리스토퍼렌 | 17 | 57 | 1918.07 | 講說〉講題 朝鮮氣象에 就ᄒ야(大正七年三月二十一日第二十七回講演) / 平田德太郎 | Christopher Wren |

| 번호 | 원문 | 현대어(독음) | 호 | 쪽 | 발행일 | 기사명 / 필자 | 비고 |
|---|---|---|---|---|---|---|---|
| 22423 | 托克托 | 탁극탁 | 14 | 9 | 1917.07 | 經學管見(續) / 尹寧求 | |
| 22424 | 托克托 | 탁극탁 | 14 | 10 | 1917.07 | 經學管見(續) / 尹寧求 | |
| 22425 | 托克托 | 탁극탁 | 15 | 5 | 1917.10 | 經學管見(續) / 尹寧求 | |
| 22426 | 托克托 | 탁극탁 | 19 | 10 | 1918.12 | 經學管見(續) / 尹寧求 | |
| 22427 | 卓愼 | 탁신 | 11 | 54 | 1916.06 | 賢關記聞(續) / 李大榮 | |
| 22428 | 卓用濟 | 탁용제 | 40 | 37 | 1936.08 | 文廟釋奠狀況>[地方文廟春期釋奠狀況表] | |
| 22429 | 鐸椒 | 탁초 | 31 | 4 | 1930.08 | 經學源流 / 權純九 | |
| 22430 | 湯 | 탕 | 1 | 2 | 1913.12 | 經學院雜誌序 / 鄭鳳時 | |
| 22431 | 湯 | 탕 | 1 | 68 | 1913.12 | 講說>大正二年九月四日第二回演講>(講章此之謂絜矩之道) / 李容稙 | |
| 22432 | 湯 | 탕 | 1 | 70 | 1913.12 | 講說>大正二年九月四日第二回演講>(講章此之謂絜矩之道)>敷演 / 鄭鳳時 | |
| 22433 | 湯 | 탕 | 1 | 72 | 1913.12 | 講說>大正二年九月四日第二回演講>(講章此之謂絜矩之道)>敷演 / 鄭鳳時 | |
| 22434 | 湯 | 탕 | 1 | 76 | 1913.12 | 地方報告 大正元年始>[黃敦秀의 報告] | |
| 22435 | 湯 | 탕 | 5 | 73 | 1914.12 | 講說>講題 道也者不可須臾離也(大正三年九月二十九日第七回講演)>敷演 / 鄭鳳時 | |
| 22436 | 湯 | 탕 | 6 | 3 | 1915.03 | 緒論 / 呂圭亨 | |
| 22437 | 湯 | 탕 | 6 | 37 | 1915.03 | 孔子年報(續) / 呂圭亨 | |
| 22438 | 湯 | 탕 | 6 | 38 | 1915.03 | 孔子年報(續) / 呂圭亨 | |
| 22439 | 湯 | 탕 | 6 | 60 | 1915.03 | 講說>講題 善養吾浩然之氣(大正三年十一月二十一日第九回講演) / 李容稙 | |
| 22440 | 湯 | 탕 | 6 | 61 | 1915.03 | 講說>講題 善養吾浩然之氣(大正三年十一月二十一日第九回講演) / 李容稙 | |
| 22441 | 湯 | 탕 | 7 | 30 | 1915.06 | 文廟碑銘幷序 | |
| 22442 | 湯 | 탕 | 7 | 31 | 1915.06 | 文廟碑銘幷序 | |
| 22443 | 湯 | 탕 | 7 | 73 | 1915.06 | 講說>講題 孔子聖之時者也(大政四年三月十八日第十回講演)>敷演 / 鄭鳳時 | |
| 22444 | 湯 | 탕 | 7 | 74 | 1915.06 | 講說>講題 孔子聖之時者也(大政四年三月十八日第十回講演)>敷演 / 梁鳳濟 | |
| 22445 | 湯 | 탕 | 8 | 46 | 1915.09 | 講說>講題 苟日新日日新又日新(大政四年四月十七日第十一回講演) / 李容稙 | |
| 22446 | 湯 | 탕 | 8 | 47 | 1915.09 | 講說>講題 苟日新日日新又日新(大政四年四月十七日第十一回講演)>敷演 / 鄭鳳時 | |
| 22447 | 湯 | 탕 | 8 | 49 | 1915.09 | 講說>講題 苟日新日日新又日新(大政四年四月十七日第十一回講演)>敷演 / 鄭鳳時 | |
| 22448 | 湯 | 탕 | 8 | 50 | 1915.09 | 講說>講題 苟日新日日新又日新(大政四年四月十七日第十一回講演)>敷演 / 沈鍾舜 | |

| 번호 | 원문 | 현대어(독음) | 호 | 쪽 | 발행일 | 기사명 / 필자 | 비고 |
|---|---|---|---|---|---|---|---|
| 22449 | 湯 | 탕 | 8 | 51 | 1915.09 | 講說〉講題 苟日新日日新又日新(大政四年四月十七日第十一回講演)〉續演 / 呂圭亨 | |
| 22450 | 湯 | 탕 | 8 | 54 | 1915.09 | 講說〉講題 道不遠人(大政四年五月八日第十二回講演)〉敷演 / 鄭鳳時 | |
| 22451 | 湯 | 탕 | 8 | 73 | 1915.09 | 地方報告〉[崔東吉의 報告] | |
| 22452 | 湯 | 탕 | 8 | 74 | 1915.09 | 地方報告〉[崔東吉의 報告] | |
| 22453 | 湯 | 탕 | 9 | 22 | 1915.12 | 經學管見(下) / 尹寧求 | |
| 22454 | 湯 | 탕 | 9 | 55 | 1915.12 | 講說〉講題 三人行必有我師(大正四年六月十二日第十三回講演) / 鄭鳳時 | |
| 22455 | 湯 | 탕 | 10 | 8 | 1916.03 | 經學說 / 李容稙 | |
| 22456 | 湯 | 탕 | 10 | 65 | 1916.03 | 講說〉儒敎의 根本義(大正四年十月九日第十五回講演) | |
| 22457 | 湯 | 탕 | 12 | 33 | 1916.12 | 讀書私記(續) / 洪鍾佶 | |
| 22458 | 湯 | 탕 | 12 | 34 | 1916.12 | 讀書私記(續) / 洪鍾佶 | |
| 22459 | 湯 | 탕 | 12 | 72 | 1916.12 | 講說〉講題 女爲君子儒無爲小人儒(大正五年五月十三日開城郡鄕校講演) / 李學魯 | |
| 22460 | 湯 | 탕 | 12 | 76 | 1916.12 | 講說〉講題 善養吾浩然之氣(大正五年九月二十九日海州郡鄕校講演) / 李容稙 | |
| 22461 | 湯 | 탕 | 12 | 87 | 1916.12 | 地方報告〉[朴長鴻의 報告] | |
| 22462 | 湯 | 탕 | 13 | 11 | 1917.03 | 原敎 / 鄭崙秀 | |
| 22463 | 湯 | 탕 | 14 | 1 | 1917.07 | 經言 / 鄭崙秀 | |
| 22464 | 湯 | 탕 | 14 | 13 | 1917.07 | 溫故而知新可以爲師矣 / 田中玄黃 | |
| 22465 | 湯 | 탕 | 15 | 20 | 1917.10 | 經義問對 / 權重國 | |
| 22466 | 湯 | 탕 | 15 | 31 | 1917.10 | 日誌大要 | |
| 22467 | 湯 | 탕 | 16 | 48 | 1918.03 | 講說〉講題 存其心養其性所以事天也(大正六年十月十四日江陵郡講演) / 李容稙 | |
| 22468 | 湯 | 탕 | 17 | 16 | 1918.07 | 中庸章句問對(續) / 朴長鴻 | |
| 22469 | 湯 | 탕 | 17 | 44 | 1918.07 | 講說〉講題 君子有大道必忠信以得之驕泰以失之(大正六年十一月十日第二十六回講演) / 李容稙 | |
| 22470 | 湯 | 탕 | 17 | 56 | 1918.07 | 講說〉講題 君子無終食之間違仁造次必於是顚沛必於是(大正七年三月二十一日第二十七回講演)〉續演 / 呂圭亨 | |
| 22471 | 湯 | 탕 | 17 | 68 | 1918.07 | 地方報告〉[韓昌愚의 報告] | |
| 22472 | 湯 | 탕 | 18 | 50 | 1918.09 | 講說〉講題 內地의 宋學(大正七年五月十一日第二十八回講演) / 今關壽麿 | |
| 22473 | 湯 | 탕 | 18 | 60 | 1918.09 | 講說〉講題 道在邇而求諸遠事在易而求諸難(大正七年五月十五日義州郡鄕校講演)〉敷演 / 梁鳳濟 | |

| 번호 | 원문 | 현대어(독음) | 호 | 쪽 | 발행일 | 기사명 / 필자 | 비고 |
|---|---|---|---|---|---|---|---|
| 22474 | 湯 | 탕 | 20 | 30 | 1920.03 | 三洙瑣談(續) / 元泳義 | |
| 22475 | 湯 | 탕 | 20 | 31 | 1920.03 | 三洙瑣談(續) / 元泳義 | |
| 22476 | 湯 | 탕 | 21 | 68 | 1921.03 | 三洙瑣談(續) / 元泳義 | |
| 22477 | 湯 | 탕 | 22 | 16 | 1922.03 | 經義問對 / 沈璿澤 | |
| 22478 | 湯 | 탕 | 23 | 14 | 1922.12 | 經義問答 / 韓昌愚 | |
| 22479 | 湯 | 탕 | 23 | 65 | 1922.12 | 講說〉講題 師道(大正十一年五月七日追慕禮式時) / 赤木萬二郎 | |
| 22480 | 湯 | 탕 | 24 | 76 | 1923.12 | 講說〉講題 設爲庠序學校以敎之皆所明人倫也 / 李學魯 | |
| 22481 | 湯 | 탕 | 24 | 82 | 1923.12 | 講說〉講題 時代之儒敎 / 金完鎭 | |
| 22482 | 湯 | 탕 | 25 | 49 | 1924.12 | 講說〉講題 儒道 / 鄭鳳時 | |
| 22483 | 湯 | 탕 | 26 | 14 | 1925.12 | 四書講解總說 / 元泳義 | |
| 22484 | 湯 | 탕 | 26 | 62 | 1925.12 | 講說〉講題 君子時中 / 沈璿澤 | |
| 22485 | 湯 | 탕 | 27 | 21 | 1926.12 | 經義問對 / 韓昌愚 | |
| 22486 | 湯 | 탕 | 28 | 65 | 1927.12 | 講說〉講題 吾道一以貫之 / 沈璿澤 | |
| 22487 | 湯 | 탕 | 29 | 15 | 1928.12 | 坡州郡文廟齋則序 / 李學魯 | |
| 22488 | 湯 | 탕 | 29 | 56 | 1928.12 | 講說〉講題 道德的精神 / 白井成允 | |
| 22489 | 湯 | 탕 | 30 | 58 | 1929.12 | 講說〉講題 朝鮮의 在한 聖學道統 : 李退溪先生을 憶함 / 赤木萬二郎 | |
| 22490 | 湯 | 탕 | 30 | 67 | 1929.12 | 講說〉講題 朝鮮의 在한 聖學道統 : 李退溪先生을 憶함 / 赤木萬二郎 | |
| 22491 | 湯 | 탕 | 34 | 3 | 1932.03 | 天理人欲說 / 元弘植 | |
| 22492 | 湯 | 탕 | 37 | 5 | 1934.10 | 天道人道說 / 元弘植 | |
| 22493 | 湯 | 탕 | 39 | 1 | 1935.10 | 心田開發論 / 權純九 | |
| 22494 | 湯 | 탕 | 39 | 2 | 1935.10 | 性善說 / 李學魯 | |
| 22495 | 湯 | 탕 | 40 | 9 | 1936.08 | 朝鮮儒敎의 大觀 / 鄭鳳時 | |
| 22496 | 湯 | 탕 | 40 | 12 | 1936.08 | 心田開發에 對한 儒敎 / 鄭鳳時 | |
| 22497 | 湯 | 탕 | 43 | 30 | 1938.12 | 皇軍慰問詩 / 柳正秀 | |
| 22498 | 湯 | 탕 | 43 | 37 | 1938.12 | 皇軍慰問詩 / 張昌奎 | |
| 22499 | 湯斌 | 탕빈 | 17 | 4 | 1918.07 | 經學管見(續) / 尹寧求 | |
| 22500 | 湯王 | 탕왕 | 24 | 65 | 1923.12 | 講說〉講題 知天命說 / 服部宇之吉 | |
| 22501 | 湯中 | 탕중 | 39 | 30 | 1935.10 | 東京斯文會主催儒道大會狀況 | |
| 22502 | 湯淺 | 탕천 | 28 | 42 | 1927.12 | 日誌大要 | 유아사 구라헤이 (湯淺倉平) |
| 22503 | 湯淺 | 탕천 | 28 | 45 | 1927.12 | 日誌大要 | 유아사 구라헤이 (湯淺倉平) |

| 번호 | 원문 | 현대어(독음) | 호 | 쪽 | 발행일 | 기사명 / 필자 | 비고 |
|---|---|---|---|---|---|---|---|
| 22504 | 湯淺 | 탕천 | 28 | 49 | 1927.12 | 日誌大要 | 유아사 구라헤이 (湯淺倉平) |
| 22505 | 湯淺 | 탕천 | 29 | 37 | 1928.12 | 日誌大要 | 유아사 구라헤이 (湯淺倉平) |
| 22506 | 湯淺廉孫 | 탕천렴손 | 30 | 13 | 1929.12 | 中學漢文論(文貴在譯者) / 鹽谷 溫 | 유아사 렌손 |
| 22507 | 湯淺倉平 | 탕천창평 | 39 | 26 | 1935.10 | 湯島聖堂孔子祭典狀況〉祝辭 / 湯淺倉平 | 유아사 구라헤이 (湯淺倉平) |
| 22508 | 湯村辰二郎 | 탕촌진이랑 | 45 | 22 | 1940.12 | 朝鮮儒林大會(朝鮮儒道聯合會創立總會) 會錄槪要〉朝鮮儒道聯合會役員名簿(昭和十四年十一月一日現在) | 유노무라 다츠지로 |
| 22509 | 太甲 | 태갑 | 8 | 51 | 1915.09 | 講說〉講題 苟日新日日新又日新(大政四年四月十七日第十一回講演)〉續演 / 呂圭亨 | |
| 22510 | 太公 | 태공 | 12 | 33 | 1916.12 | 讀書私記(續) / 洪鍾佶 | |
| 22511 | 太公 | 태공 | 12 | 34 | 1916.12 | 讀書私記(續) / 洪鍾佶 | |
| 22512 | 太公 | 태공 | 14 | 73 | 1917.07 | 地方報告〉[金潤卿의 報告] | |
| 22513 | 太公 | 태공 | 25 | 6 | 1924.12 | 論語疑義問答(續) / 鄭萬朝 | |
| 22514 | 太公 | 태공 | 26 | 24 | 1925.12 | 釋奠에 就ᄒ야(續) / 佐藤廣治 | |
| 22515 | 太武 | 태무 | 2 | 69 | 1914.03 | 講說〉講題 必愼其獨(大正二年十一月八日第四回講演)〉敷演 / 李容稙 | |
| 22516 | 太武 | 태무 | 32 | 3 | 1930.12 | 經學源流(續) / 權純九 | |
| 22517 | 泰伯 | 태백 | 11 | 21 | 1916.06 | 經學管見(續) / 尹寧求 | |
| 22518 | 太夫人 | 태부인 | 35 | 10 | 1932.12 | 慶壽帖序 / 朴豊緒 | |
| 22519 | 太師 | 태사 | 42 | 48 | 1937.12 | 文廟享祀位次及聖賢姓名爵號考 / 金完鎭 | 孔子 |
| 22520 | 太師 | 태사 | 44 | 31 | 1939.10 | 儒敎의 起源과 流派 / 李昇圭 | 孔子 |
| 22521 | 太姒 | 태사 | 46 | 62 | 1941.12 | 講演及講習〉時局と婦道實踐(講演速記) / 永田種秀 | 周 文王의 왕후 |
| 22522 | 太史公 | 태사공 | 3 | 36 | 1914.06 | 孔子年報(續) / 呂圭亨 | 司馬遷 |
| 22523 | 太史公 | 태사공 | 5 | 45 | 1914.12 | 孔子年報(續) / 呂圭亨 | 司馬遷 |
| 22524 | 太史公 | 태사공 | 7 | 27 | 1915.06 | 孔子年報(續) / 呂圭亨 | 司馬遷 |
| 22525 | 太史公 | 태사공 | 9 | 29 | 1915.12 | 孔子年報(續) / 呂圭亨 | 司馬遷 |
| 22526 | 太史公 | 태사공 | 9 | 30 | 1915.12 | 孔子年報(續) / 呂圭亨 | 司馬遷 |
| 22527 | 太史公 | 태사공 | 27 | 16 | 1926.12 | 易經講解總說 / 元泳義 | 司馬遷 |
| 22528 | 太史公 | 태사공 | 38 | 21 | 1935.03 | 改正朔不易時月論 / 權純九 | 司馬遷 |
| 22529 | 太史公 | 태사공 | 44 | 16 | 1939.10 | 時局의 認識과 儒林의 覺醒(昭和十三年 十月十五日 秋季釋奠後 經學院 明倫堂 講演) / 尹德榮 | 司馬遷 |

| 번호 | 원문 | 현대어(독음) | 호 | 쪽 | 발행일 | 기사명 / 필자 | 비고 |
|---|---|---|---|---|---|---|---|
| 22530 | 太史儋 | 태사담 | 6 | 47 | 1915.03 | 論語考證 / 金文演 | |
| 22531 | 太史氏 | 태사씨 | 23 | 17 | 1922.12 | 孔夫子忌辰四十周甲追慕辭 / 李學魯 | |
| 22532 | 太史子輿 | 태사자여 | 26 | 23 | 1925.12 | 三洙瑣談(續) / 元泳義 | |
| 22533 | 太師摯 | 태사지 | 7 | 40 | 1915.06 | 論語考證(續) / 金文演 | |
| 22534 | 太史遷 | 태사천 | 29 | 31 | 1928.12 | 聚奎帖 / 鄭萬朝 | |
| 22535 | 太叔疾 | 태숙질 | 7 | 23 | 1915.06 | 孔子年報(續) / 呂圭亨 | |
| 22536 | 泰安崔氏 | 태안 최씨 | 27 | 11 | 1926.12 | 烈婦崔氏旌閭重修記 / 崔定鉉 | |
| 22537 | 太玉命 | 태옥명 | 48 | 18 | 1944.04 | (四月十五日於經學院春季釋典)櫻と日本精神 / 白神壽吉 | 후토다마 노미코토 |
| 22538 | 太王 | 태왕 | 15 | 14 | 1917.10 | 四書小註辨疑(續) / 李鶴在 | |
| 22539 | 太王 | 태왕 | 24 | 6 | 1923.12 | 中庸說(續) / 李學魯 | |
| 22540 | 太子少保 | 태자소보 | 42 | 48 | 1937.12 | 文廟享祀位次及聖賢姓名爵號考 / 金完鎭 | 曾子 |
| 22541 | 太子少師 | 태자소사 | 42 | 48 | 1937.12 | 文廟享祀位次及聖賢姓名爵號考 / 金完鎭 | 顔回 |
| 22542 | 太子太保 | 태자태보 | 42 | 49 | 1937.12 | 文廟享祀位次及聖賢姓名爵號考 / 金完鎭 | 曾子 |
| 22543 | 太子太師 | 태자태사 | 42 | 48 | 1937.12 | 文廟享祀位次及聖賢姓名爵號考 / 金完鎭 | 顔回 |
| 22544 | 太田秀穗 | 태전수수 | 1 | 59 | 1913.12 | 本院職員錄 大正二年十二月 日 現在 | 오타 히데오 |
| 22545 | 太田秀穗 | 태전수수 | 12 | 48 | 1916.12 | 日誌大要 | 오타 히데오 |
| 22546 | 太田秀穗 | 태전수수 | 12 | 59 | 1916.12 | 講說〉二宮尊德翁의 人物及道德(大正五年五月十三日第十八回講演) / 太田秀穗 | 오타 히데오 |
| 22547 | 太田秀穗 | 태전수수 | 15 | 35 | 1917.10 | 日誌大要 | 오타 히데오 |
| 22548 | 太祖 | 태조 | 7 | 28 | 1915.06 | 文廟碑銘幷序 | |
| 22549 | 太祖 | 태조 | 7 | 30 | 1915.06 | 文廟碑銘幷序 | |
| 22550 | 太祖 | 태조 | 8 | 22 | 1915.09 | 明倫堂記 / 成侃 撰 | |
| 22551 | 太祖 | 태조 | 8 | 34 | 1915.09 | 賢關記聞 / 李大榮 | |
| 22552 | 太祖 | 태조 | 9 | 22 | 1915.12 | 經學管見(下) / 尹寧求 | |
| 22553 | 太祖 | 태조 | 11 | 36 | 1916.06 | 受賜鍾尊記 / 辛碩祖 | |
| 22554 | 太祖 | 태조 | 11 | 52 | 1916.06 | 賢關記聞(續) / 李大榮 | |
| 22555 | 太祖 | 태조 | 11 | 53 | 1916.06 | 賢關記聞(續) / 李大榮 | |
| 22556 | 太祖 | 태조 | 17 | 7 | 1918.07 | 經學管見(續) / 尹寧求 | |
| 22557 | 太祖 | 태조 | 21 | 18 | 1921.03 | 經學管見(續) / 尹寧求 | |
| 22558 | 太祖 | 태조 | 21 | 64 | 1921.03 | 賢關記聞(續) / 李大榮 | |
| 22559 | 太祖 | 태조 | 21 | 74 | 1921.03 | 鄕校財産沿革 / 金完鎭 | |
| 22560 | 太祖 | 태조 | 24 | 32 | 1923.12 | 釋奠에 就하야 / 佐藤廣治 | |
| 22561 | 太祖 | 태조 | 28 | 2 | 1927.12 | 朝鮮詩文變遷論 / 鄭萬朝 | |
| 22562 | 太祖 | 태조 | 37 | 21 | 1934.10 | 敎化編年 / 李大榮 | |
| 22563 | 太祖 | 태조 | 40 | 21 | 1936.08 | 敎化編年(續) / 李大榮 | |

E

| 번호 | 원문 | 현대어(독음) | 호 | 쪽 | 발행일 | 기사명 / 필자 | 비고 |
|------|------|-------------|----|----|--------|--------------|------|
| 22564 | 太祖 | 태조 | 41 | 18 | 1937.02 | 博士王仁傳 / 李學魯 | |
| 22565 | 太祖 | 태조 | 42 | 56 | 1937.12 | 文廟享祀位次及聖賢姓名爵號考 / 金完鎭 | 明의 太祖, 朱元璋 |
| 22566 | 太祖 | 태조 | 46 | 62 | 1941.12 | 講演及講習〉時局と婦道實踐(講演速記) / 永田種秀 | |
| 22567 | 太祖 | 태조 | 48 | 58 | 1944.04 | 一. 孝烈行跡報告 其五 / 崔鎭奎 | |
| 22568 | 太祖<br>康獻大王 | 태조<br>강헌대왕 | 7 | 29 | 1915.06 | 文廟碑銘并序 | |
| 22569 | 太祖<br>康獻大王 | 태조<br>강헌대왕 | 8 | 24 | 1915.09 | 尊經閣記 / 徐居正 撰 | |
| 22570 | 太祖<br>康獻大王 | 태조<br>강헌대왕 | 10 | 33 | 1916.03 | 典祀廳記 / 李淑瑊 撰 | |
| 22571 | 太宗 | 태종 | 1 | 12 | 1913.12 | 論說 / 呂圭亨 | |
| 22572 | 太宗 | 태종 | 8 | 39 | 1915.09 | 賢關記聞 / 李大榮 | |
| 22573 | 太宗 | 태종 | 9 | 35 | 1915.12 | 賢關記聞(續) / 李大榮 | |
| 22574 | 太宗 | 태종 | 10 | 17 | 1916.03 | 經學管見(續) / 尹寧求 | |
| 22575 | 太宗 | 태종 | 10 | 51 | 1916.03 | 賢關記聞(續) / 李大榮 | |
| 22576 | 太宗 | 태종 | 11 | 36 | 1916.06 | 受賜鍾尊記 / 辛碩祖 | |
| 22577 | 太宗 | 태종 | 11 | 46 | 1916.06 | 讀書私記(第八號續) / 洪鐘佶 | |
| 22578 | 太宗 | 태종 | 11 | 52 | 1916.06 | 賢關記聞(續) / 李大榮 | |
| 22579 | 太宗 | 태종 | 11 | 53 | 1916.06 | 賢關記聞(續) / 李大榮 | |
| 22580 | 太宗 | 태종 | 11 | 54 | 1916.06 | 賢關記聞(續) / 李大榮 | |
| 22581 | 太宗 | 태종 | 12 | 38 | 1916.12 | 賢關記聞(續) / 李大榮 | |
| 22582 | 太宗 | 태종 | 12 | 40 | 1916.12 | 賢關記聞(續) / 李大榮 | |
| 22583 | 太宗 | 태종 | 13 | 28 | 1917.03 | 賢關記聞(續) / 李大榮 | |
| 22584 | 太宗 | 태종 | 14 | 6 | 1917.07 | 經學管見(續) / 尹寧求 | |
| 22585 | 太宗 | 태종 | 15 | 25 | 1917.10 | 賢關記聞(十三號續) / 李大榮 | |
| 22586 | 太宗 | 태종 | 18 | 28 | 1918.09 | 賢關記聞(續) / 李大榮 | |
| 22587 | 太宗 | 태종 | 21 | 17 | 1921.03 | 經學管見(續) / 尹寧求 | |
| 22588 | 太宗 | 태종 | 37 | 21 | 1934.10 | 敎化編年 / 李大榮 | |
| 22589 | 太宗 | 태종 | 39 | 22 | 1935.10 | 湯島聖堂孔子祭典狀況〉孔子祭舞樂曲目竝配役 | |
| 22590 | 太宗 | 태종 | 40 | 20 | 1936.08 | 敎化編年(續) / 李大榮 | |
| 22591 | 太宗 | 태종 | 40 | 21 | 1936.08 | 敎化編年(續) / 李大榮 | |
| 22592 | 太宗 | 태종 | 41 | 15 | 1937.02 | 延州夏王廟重修記 / 鄭鳳時 | |
| 22593 | 太宗 | 태종 | 41 | 18 | 1937.02 | 博士王仁傳 / 李學魯 | |
| 22594 | 太宗 | 태종 | 42 | 57 | 1937.12 | 文廟享祀位次及聖賢姓名爵號考 / 金完鎭 | 조선의<br>李芳遠 |

| 번호 | 원문 | 현대어(독음) | 호 | 쪽 | 발행일 | 기사명 / 필자 | 비고 |
|---|---|---|---|---|---|---|---|
| 22595 | 太宗 | 태종 | 44 | 31 | 1939.10 | 儒敎의 起源과 流派 / 李昇圭 | |
| 22596 | 太宗<br>恭定大王 | 태종<br>공정대왕 | 8 | 24 | 1915.09 | 尊經閣記 / 徐居正 撰 | |
| 22597 | 太宗<br>恭定大王 | 태종<br>공정대왕 | 11 | 35 | 1916.06 | 受賜鍾尊記 / 辛碩祖 | |
| 22598 | 太宗<br>武烈大王 | 태종<br>무열대왕 | 33 | 39 | 1931.12 | 地方儒林狀況〉[李大榮의 보고]〉書院狀況 | |
| 22599 | 太宗<br>武烈王 | 태종<br>무열왕 | 44 | 59 | 1939.10 | 朝鮮詩學考 / 李昇圭 | |
| 22600 | 太中 | 태중 | 13 | 26 | 1917.03 | 讀書私記(續) / 洪鍾佶 | |
| 22601 | 太初 | 태초 | 32 | 41 | 1930.12 | 地方報告〉地方儒林狀況〉[成樂賢의 報告] | 柳誠源 |
| 22602 | 太昊 | 태호 | 15 | 4 | 1917.10 | 經學管見(續) / 尹寧求 | 伏羲氏 |
| 22603 | 太皇帝 | 태황제 | 23 | 80 | 1922.12 | 地方報告〉[河泰洪의 報告] | 高宗 |
| 22604 | 澤田 | 택전 | 25 | 36 | 1924.12 | 日誌大要 | 澤田一仲 |
| 22605 | 澤田豊丈 | 택전풍장 | 25 | 41 | 1924.12 | 日誌大要 | 사와다<br>도요타케 |
| 22606 | 土橋惣一 | 토교총일 | 48 | 61 | 1944.04 | 經學院日誌大要(昭和十七年七月ヨリ昭和<br>十八年六月マテ) | 도바시<br>소이치 |
| 22607 | 菟道 | 토도 | 3 | 61 | 1914.06 | 日誌大要 | 우지노와<br>기라츠코<br>(菟道稚郎子) |
| 22608 | 菟道稚郎子 | 토도치랑자 | 30 | 8 | 1929.12 | 中學漢文論(文貴在譯者) / 鹽谷 溫 | 우지노와<br>기라츠코 |
| 22609 | 土師富杼 | 토사부저 | 48 | 49 | 1944.04 | 嘉言善行 / 李敬植 | 하지노 호도 |
| 22610 | 土師盛貞 | 토사성정 | 45 | 22 | 1940.12 | 朝鮮儒林大會(朝鮮儒道聯合會創立總會) 會<br>錄槪要〉朝鮮儒道聯合會役員名簿(昭和十四年<br>十一月一日現在) | 하지<br>모리사다 |
| 22611 | 通溪 | 통계 | 23 | 88 | 1922.12 | 地方報告〉[乾元祠 新建 關聯 報告] | 姜准仲 |
| 22612 | 退 | 퇴 | 21 | 66 | 1921.03 | 三洙瑣談(續) / 元泳義 | 李滉 |
| 22613 | 退 | 퇴 | 23 | 15 | 1922.12 | 孔夫子忌辰四十周甲追慕辭 / 李學魯 | 李滉 |
| 22614 | 退 | 퇴 | 29 | 28 | 1928.12 | 三洙瑣談(續) / 元泳義 | 李滉 |
| 22615 | 退溪 | 퇴계 | 11 | 47 | 1916.06 | 讀書私記(第八號續) / 洪鍾佶 | |
| 22616 | 退溪 | 퇴계 | 13 | 31 | 1917.03 | 賢關記聞(續) / 李大榮 | |
| 22617 | 退溪 | 퇴계 | 15 | 71 | 1917.10 | 講說〉大邱高等普通學校講演(大正六年五月十<br>六日)〉儒敎의 庶民的 發展 / 高橋亨 | |
| 22618 | 退溪 | 퇴계 | 16 | 82 | 1918.03 | 地方報告〉[鄭準民의 報告] | |
| 22619 | 退溪 | 퇴계 | 27 | 32 | 1926.12 | 三洙瑣談(續) / 元泳義 | |
| 22620 | 退溪 | 퇴계 | 28 | 3 | 1927.12 | 朝鮮詩文變遷論 / 鄭萬朝 | |

| 번호 | 원문 | 현대어(독음) | 호 | 쪽 | 발행일 | 기사명 / 필자 | 비고 |
|---|---|---|---|---|---|---|---|
| 22621 | 退溪 | 퇴계 | 30 | 31 | 1929.12 | 三洙瑣談(續) / 元泳義 | |
| 22622 | 退溪 | 퇴계 | 30 | 32 | 1929.12 | 三洙瑣談(續) / 元泳義 | |
| 22623 | 退溪 | 퇴계 | 30 | 33 | 1929.12 | 三洙瑣談(續) / 元泳義 | |
| 22624 | 退溪 | 퇴계 | 30 | 65 | 1929.12 | 講說〉講題 朝鮮의 在한 聖學道統：李退溪先生을 憶함 / 赤木萬二郎 | |
| 22625 | 退溪 | 퇴계 | 30 | 69 | 1929.12 | 講說〉講題 朝鮮의 在한 聖學道統：李退溪先生을 憶함 / 赤木萬二郎 | |
| 22626 | 退溪 | 퇴계 | 42 | 58 | 1937.12 | 文廟享祀位次及聖賢姓名爵號考 / 金完鎮 | |
| 22627 | 退溪 | 퇴계 | 44 | 43 | 1939.10 | 大學主旨 / 崔浩然 | |
| 22628 | 退溪 | 퇴계 | 44 | 49 | 1939.10 | 嘉言善行 / 李昇圭 | |
| 22629 | 退溪 | 퇴계 | 46 | 4 | 1941.12 | 大學序文先儒論辨 / 金誠鎮 | |
| 22630 | 退溪 | 퇴계 | 46 | 6 | 1941.12 | 大學序文先儒論辨 / 金誠鎮 | |
| 22631 | 退溪 | 퇴계 | 46 | 7 | 1941.12 | 大學序文先儒論辨 / 金誠鎮 | |
| 22632 | 退溪 | 퇴계 | 46 | 9 | 1941.12 | 大學序文先儒論辨 / 金誠鎮 | |
| 22633 | 退溪 | 퇴계 | 46 | 10 | 1941.12 | 大學序文先儒論辨 / 金誠鎮 | |
| 22634 | 退溪 | 퇴계 | 48 | 42 | 1944.04 | 儒道綱領 / 金誠鎮 | |
| 22635 | 退陶 | 퇴도 | 17 | 24 | 1918.07 | 安東高山書院重興祝詞 / 高橋亨 | 李滉 |
| 22636 | 退憂亭 | 퇴우정 | 33 | 8 | 1931.12 | 孺人羅州林氏孝烈碑 / 成樂賢 | 朴承宗 |
| 22637 | 退之 | 퇴지 | 1 | 9 | 1913.12 | 論說 / 呂圭亨 | 韓愈 |
| 22638 | 退之 | 퇴지 | 16 | 46 | 1918.03 | 講說〉講題 林放問禮之本(大正六年九月二十七日平壤府鄕校講演) / 朴齊斌 | 韓愈 |
| 22639 | 退之 | 퇴지 | 42 | 56 | 1937.12 | 文廟享祀位次及聖賢姓名爵號考 / 金完鎮 | 韓愈 |
| 22640 | 番陽沈氏 | 파양 심씨 | 11 | 42 | 1916.06 | 四書小註辨疑 / 李鶴在 | |
| 22641 | 坡翁 | 파옹 | 21 | 87 | 1921.03 | 十月之望與李石庭明倫堂玩月(六十韻) / 鄭崙秀 | 蘇軾 |
| 22642 | 波田 | 파전 | 47 | 41 | 1943.01 | 釋奠狀況〉昭和十七年秋季釋奠狀況 | 하타시게카즈(波田重一) |
| 22643 | 波田重一 | 파전중일 | 45 | 20 | 1940.12 | 朝鮮儒林大會(朝鮮儒道聯合會創立總會) 會錄概要〉朝鮮儒道聯合會役員名簿(昭和十四年十一月一日現在) | 하타시게카즈 |
| 22644 | 波田重一 | 파전중일 | 48 | 34 | 1944.04 | 待望の兵制改正に就て / 波田重一 | 하타시게카즈 |
| 22645 | 阪谷 | 판곡 | 39 | 31 | 1935.10 | 東京斯文會主催儒道大會狀況 | 사카타니요시로(阪谷芳郎) |
| 22646 | 板垣 | 판원 | 47 | 45 | 1943.01 | 經學院日誌大要(昭和十六年七月ヨリ昭和十七年六月マテ) | 이타가키세이시로(板垣征四郎) |

| 번호 | 원문 | 현대어(독음) | 호 | 쪽 | 발행일 | 기사명 / 필자 | 비고 |
|---|---|---|---|---|---|---|---|
| 22647 | 板垣 | 판원 | 47 | 47 | 1943.01 | 經學院日誌大要(昭和十六年七月ヨリ昭和十七年六月マテ) | 이타가키 세이시로 (板垣征四郎) |
| 22648 | 板垣征四郎 | 판원정사랑 | 48 | 33 | 1944.04 | 朝鮮に徵兵令實施さる / 板垣征四郎 | 이타가키 세이시로 |
| 22649 | 坂井田敏雄 | 판정전민웅 | 47 | 7 | 1943.01 | 戶籍整備入選標語 | 사카이다 도시오 |
| 22650 | 八木信雄 | 팔목신웅 | 45 | 23 | 1940.12 | 朝鮮儒林大會(朝鮮儒道聯合會創立總會) 會錄概要〉朝鮮儒道聯合會役員名簿(昭和十四年十一月一日現在) | 야기 노부오 |
| 22651 | 八幡神 | 팔번신 | 48 | 49 | 1944.04 | 嘉言善行 / 李敬植 | 하치만카미 |
| 22652 | 八束淸貫 | 팔속청관 | 47 | 47 | 1943.01 | 經學院日誌大要(昭和十六年七月ヨリ昭和十七年六月マテ) | 야츠카 기요츠라 |
| 22653 | 八尋生男 | 팔심생남 | 39 | 50 | 1935.10 | 日誌大要 | 야히로 이쿠오 |
| 22654 | 八尋生男 | 팔심생남 | 41 | 61 | 1937.02 | 明倫學院職員名簿(昭和十一年一月一日現在) | 야히로 이쿠오 |
| 22655 | 八尋生男 | 팔심생남 | 45 | 27 | 1940.12 | 朝鮮儒林大會(朝鮮儒道聯合會創立總會) 會錄概要〉朝鮮儒道聯合會役員名簿(昭和十四年十一月一日現在) | 야히로 이쿠오 |
| 22656 | 沛公 | 패공 | 31 | 21 | 1930.08 | 講題 窮塞禍患不以動其心行吾義而已 / 李學魯 | |
| 22657 | 彭 | 팽 | 31 | 6 | 1930.08 | 經學源流 / 權純九 | 彭宣 |
| 22658 | 彭更 | 팽경 | 11 | 13 | 1916.06 | 經學說(續) / 李容稙 | |
| 22659 | 彭聃 | 팽담 | 6 | 47 | 1915.03 | 論語考證 / 金文演 | |
| 22660 | 彭百川 | 팽백천 | 16 | 2 | 1918.03 | 經學管見(續) / 尹寧求 | |
| 22661 | 彭城送 | 팽성공 | 42 | 49 | 1937.12 | 文廟享祀位次及聖賢姓名爵號考 / 金完鎭 | 冉求 |
| 22662 | 彭城伯 | 팽성백 | 8 | 35 | 1915.09 | 賢關記聞 / 李大榮 | 劉向 |
| 22663 | 彭城伯 | 팽성백 | 42 | 56 | 1937.12 | 文廟享祀位次及聖賢姓名爵號考 / 金完鎭 | 劉向 |
| 22664 | 彭城伯 | 팽성백 | 42 | 46 | 1937.12 | 文廟享祀位次及聖賢姓名爵號考 / 金完鎭 | 劉向 |
| 22665 | 彭氏 | 팽씨 | 13 | 4 | 1917.03 | 經學管見(續) / 尹寧求 | |
| 22666 | 彭衙伯 | 팽아백 | 30 | [11] | 1929.12 | 李龍眠畵宣聖及七十二弟子像贊(金石萃編) | 臨淄伯 |
| 22667 | 彭衙伯 | 팽아백 | 42 | 53 | 1937.12 | 文廟享祀位次及聖賢姓名爵號考 / 金完鎭 | 秦冉 |
| 22668 | 彭祖 | 팽조 | 6 | 46 | 1915.03 | 論語考證 / 金文演 | |
| 22669 | 南懷仁 | 페르디난트 페르비스트 (남회인) | 6 | 15 | 1915.03 | 格致管見(續) / 李鼎煥 | Ferdinand Verbiest |
| 22670 | 片山兼山 | 편산겸산 | 18 | 49 | 1918.09 | 講說〉講題 內地의 宋學(大正七年五月十一日第二十八回講演) / 今關壽麿 | 가타야마 겐 |

| 번호 | 원문 | 현대어(독음) | 호 | 쪽 | 발행일 | 기사명 / 필자 | 비고 |
|------|------|--------------|-----|-----|--------|----------------|------|
| 22671 | 片山嵓 | 편산암 | 18 | 45 | 1918.09 | 日誌大要 | 가타야마 이와오 |
| 22672 | 片山嵓 | 편산암 | 19 | 39 | 1918.12 | 講說〉講題 化學과 人生(大正七年六月八日第二十九回講演) / 片山 嵓 | 가타야마 이와오 |
| 22673 | 片淵梅次郎 | 편연매차랑 | 45 | 41 | 1940.12 | 朝鮮儒林大會(朝鮮儒道聯合會創立總會) 會錄槪要〉朝鮮儒道聯合會役員名簿(昭和十四年十一月一日現在) | |
| 22674 | 扁鵲 | 편작 | 4 | 5 | 1914.09 | 學說 / 呂圭亨 | |
| 22675 | 平康蔡氏 | 평강 채씨 | 27 | 78 | 1926.12 | 地方報告〉[姜永邰의 報告] | |
| 22676 | 平瀨一矢 | 평뢰일의 | 48 | 61 | 1944.04 | 經學院日誌大要(昭和十七年七月ヨリ昭和十八年六月マテ) | 경성고등공업학교 교수 |
| 22677 | 平陸伯 | 평륙백 | 30 | [6] | 1929.12 | 李龍眠畵宣聖及七十二弟子像贊(金石萃編) | 邦異 |
| 22678 | 平陸伯 | 평륙백 | 42 | 54 | 1937.12 | 文廟享祀位次及聖賢姓名爵號考 / 金完鎭 | 邦異 |
| 22679 | 平山 | 평산 | 47 | 47 | 1943.01 | 經學院日誌大要(昭和十六年七月ヨリ昭和十七年六月マテ) | 총독부 촉탁 |
| 22680 | 平山申氏 | 평산 신씨 | 26 | 79 | 1925.12 | 地方報告〉[宋相弼의 報告] | |
| 22681 | 平山光一 | 평산광일 | 47 | 47 | 1943.01 | 經學院日誌大要(昭和十六年七月ヨリ昭和十七年六月マテ) | |
| 22682 | 平山成琓 | 평산성완 | 47 | 41 | 1943.01 | 釋奠狀況〉昭和十七年秋季釋奠狀況 | |
| 22683 | 平山成琓 | 평산성완 | 47 | 44 | 1943.01 | 感謝一束 | |
| 22684 | 平山正 | 평산정 | 37 | 45 | 1934.10 | 日誌大要 | 히라야마 마사시 |
| 22685 | 平山正 | 평산정 | 37 | 66 | 1934.10 | 明倫學院職員名簿 | 히라야마 마사시 |
| 22686 | 平山正 | 평산정 | 38 | 52 | 1935.03 | 第五會評議員會狀況 | 히라야마 마사시 |
| 22687 | 平山正 | 평산정 | 41 | 61 | 1937.02 | 明倫學院職員名簿(昭和十一年一月一日現在) | 히라야마 마사시 |
| 22688 | 平山正 | 평산정 | 44 | 92 | 1939.10 | 明倫專門學院記事〉研究科第二回入學許可者 | 히라야마 마사시 |
| 22689 | 平山泰仁 | 평산태인 | 46 | 34 | 1941.12 | 全羅南道儒林大會 | |
| 22690 | 平山泰仁 | 평산태인 | 46 | 42 | 1941.12 | 江原道儒道聯合會結成式 | |
| 22691 | 平山泰仁 | 평산태인 | 47 | 37 | 1943.01 | 釋奠狀況〉昭和十六年秋季釋奠狀況 | |
| 22692 | 平山泰仁 | 평산태인 | 47 | 38 | 1943.01 | 釋奠狀況〉昭和十七年春季釋奠狀況 | |
| 22693 | 平山泰仁 | 평산태인 | 47 | 39 | 1943.01 | 釋奠狀況〉昭和十七年春季釋奠狀況 | |
| 22694 | 平山泰仁 | 평산태인 | 47 | 42 | 1943.01 | 釋奠狀況〉昭和十七年秋季釋奠狀況 | |
| 22695 | 平山泰仁 | 평산태인 | 48 | 52 | 1944.04 | 釋奠狀況〉昭和十八年春季釋奠狀況 | |
| 22696 | 平山泰仁 | 평산태인 | 48 | 53 | 1944.04 | 釋奠狀況〉昭和十八年秋季釋奠狀況 | |

| 번호 | 원문 | 현대어(독음) | 호 | 쪽 | 발행일 | 기사명 / 필자 | 비고 |
|---|---|---|---|---|---|---|---|
| 22697 | 平山泰仁 | 평산태인 | 48 | 61 | 1944.04 | 經學院日誌大要(昭和十七年七月ヨリ昭和十八年六月マテ) | |
| 22698 | 平山泰仁 | 평산태인 | 48 | 63 | 1944.04 | 經學院日誌大要(昭和十七年七月ヨリ昭和十八年六月マテ) | |
| 22699 | 平城君 | 평성군 | 25 | 73 | 1924.12 | 地方報告〉[李肯植 等의 報告] | |
| 22700 | 平輿侯 | 평여후 | 42 | 46 | 1937.12 | 文廟享祀位次及聖賢姓名爵號考 / 金完鎭 | 漆雕開 |
| 22701 | 平輿侯 | 평여후 | 42 | 51 | 1937.12 | 文廟享祀位次及聖賢姓名爵號考 / 金完鎭 | 漆雕開 |
| 22702 | 平王 | 평왕 | 38 | 21 | 1935.03 | 改正朔不易時月論 / 權純九 | |
| 22703 | 平陰侯 | 평음후 | 42 | 47 | 1937.12 | 文廟享祀位次及聖賢姓名爵號考 / 金完鎭 | 有若 |
| 22704 | 平陰侯 | 평음후 | 42 | 52 | 1937.12 | 文廟享祀位次及聖賢姓名爵號考 / 金完鎭 | 有若 |
| 22705 | 平齋 | 평재 | 12 | 50 | 1916.12 | 日誌大要 | 朴齊純 |
| 22706 | 平田德太郎 | 평전덕태랑 | 17 | 43 | 1918.07 | 日誌大要 | 히라타 도쿠타로 |
| 22707 | 平田德太郎 | 평전덕태랑 | 17 | 56 | 1918.07 | 講說〉講題 朝鮮氣象에 就ㅎ야(大正七年三月二十一日第二十七回講演) / 平田德太郎 | 히라타 도쿠타로 |
| 22708 | 平井 | 평정 | 27 | 51 | 1926.12 | 日誌大要 | 히라이 미츠오 (平井三男) |
| 22709 | 平井 | 평정 | 28 | 42 | 1927.12 | 日誌大要 | 히라이 미츠오 (平井三男) |
| 22710 | 平井 | 평정 | 28 | 78 | 1927.12 | 地方報告〉[沈璿澤의 報告] | 히라이 미츠오 (平井三男) |
| 22711 | 平井 | 평정 | 29 | 42 | 1928.12 | 日誌大要 | 히라이 미츠오 (平井三男) |
| 22712 | 平井三男 | 평정삼남 | 27 | 57 | 1926.12 | 日誌大要 | 히라이 미츠오 |
| 22713 | 平帝 | 평제 | 1 | 8 | 1913.12 | 論說 / 呂圭亨 | |
| 22714 | 平帝 | 평제 | 44 | 31 | 1939.10 | 儒敎의 起源과 流派 / 李昇圭 | |
| 22715 | 褒姒 | 포사 | 18 | 4 | 1918.09 | 學說 / 李明宰 | 西周 幽王의 후궁 |
| 22716 | 褒姒 | 포사 | 46 | 63 | 1941.12 | 講演及講習〉時局と婦道實踐(講演速記) / 永田種秀 | 西周 幽王의 후궁 |
| 22717 | 褒成 | 포성 | 20 | 29 | 1920.03 | 三洙瑣談(續) / 元泳義 | 孔延年 |
| 22718 | 浦城伯 | 포성백 | 8 | 35 | 1915.09 | 賢關記聞 / 李大榮 | 眞德秀 |
| 22719 | 浦城伯 | 포성백 | 42 | 47 | 1937.12 | 文廟享祀位次及聖賢姓名爵號考 / 金完鎭 | 眞德秀 |
| 22720 | 浦城伯 | 포성백 | 42 | 57 | 1937.12 | 文廟享祀位次及聖賢姓名爵號考 / 金完鎭 | 眞德秀 |

| 번호 | 원문 | 현대어(독음) | 호 | 쪽 | 발행일 | 기사명 / 필자 | 비고 |
|---|---|---|---|---|---|---|---|
| 22721 | 褒成宣尼公 | 포성선니공 | 42 | 48 | 1937.12 | 文廟享祀位次及聖賢姓名爵號考 / 金完鎭 | 공자 |
| 22722 | 褒成宣尼公 | 포성선니공 | 42 | 59 | 1937.12 | 文廟享祀位次及聖賢姓名爵號考 / 金完鎭 | |
| 22723 | 褒成宣尼父 | 포성선니부 | 44 | 31 | 1939.10 | 儒教의 起源과 流派 / 李昇圭 | 孔子 |
| 22724 | 褒成侯 | 포성후 | 20 | 29 | 1920.03 | 三洙瑣談(續) / 元泳義 | 孔忠 |
| 22725 | 鮑氏 | 포씨 | 11 | 18 | 1916.06 | 經學管見(續) / 尹寧求 | |
| 22726 | 圃隱 | 포은 | 17 | 72 | 1918.07 | 地方報告〉[李秉會의 報告] | 鄭夢周 |
| 22727 | 圃隱 | 포은 | 18 | 21 | 1918.09 | 瑞興郡鄕校重修記 / 金允植 | 鄭夢周 |
| 22728 | 圃隱 | 포은 | 19 | 20 | 1918.12 | 雲山郡文廟祭官案序 / 申鉉求 | 鄭夢周 |
| 22729 | 圃隱 | 포은 | 31 | 2 | 1930.08 | 儒道論 / 池琬洙 | |
| 22730 | 圃隱 | 포은 | 42 | 57 | 1937.12 | 文廟享祀位次及聖賢姓名爵號考 / 金完鎭 | 鄭夢周 |
| 22731 | 褒亭 | 포정 | 20 | 29 | 1920.03 | 三洙瑣談(續) / 元泳義 | 褒亭侯 |
| 22732 | 鮑照 | 포조 | 12 | 12 | 1916.03 | 孟子緒論 / 金文演 | |
| 22733 | 褒尊候 | 포존후 | 42 | 48 | 1937.12 | 文廟享祀位次及聖賢姓名爵號考 / 金完鎭 | 孔子 |
| 22734 | 包拯 | 포증 | 16 | 3 | 1918.03 | 經學管見(續) / 尹寧求 | |
| 22735 | 鮑彪 | 포표 | 16 | 1 | 1918.03 | 經學管見(續) / 尹寧求 | |
| 22736 | 包咸 | 포함 | 6 | 46 | 1915.03 | 論語考證 / 金文演 | |
| 22737 | 包犧 | 포희 | 24 | 75 | 1923.12 | 講說〉講題 設爲庠序學校以敎之皆所明人倫也 / 李學魯 | 伏羲 |
| 22738 | 包義 | 포희 | 1 | 31 | 1913.12 | 天下文明說 / 李學魯 | 伏羲 |
| 22739 | 包義 | 포희 | 33 | 2 | 1931.12 | 古今制器不同論 / 李學魯 | 伏羲 |
| 22740 | 包義 | 포희 | 33 | 15 | 1931.12 | 聞曲阜兵變上蔣中正書 / 李學魯 | 伏羲 |
| 22741 | 庖犧 | 포희 | 1 | 16 | 1913.12 | 經學當明者 一 / 呂圭亨 | 伏羲 |
| 22742 | 包犧氏 | 포희씨 | 46 | 7 | 1941.12 | 大學序文先儒論辨 / 金誠鎭 | 伏羲 |
| 22743 | 庖犧氏 | 포희씨 | 2 | 17 | 1914.03 | 格致管見 / 李鼎煥 | 伏羲 |
| 22744 | 庖犧氏 | 포희씨 | 9 | 11 | 1915.12 | 格致管見(續) / 李鼎煥 | 伏羲 |
| 22745 | 庖犧氏 | 포희씨 | 9 | 17 | 1915.12 | 經學管見(下) / 尹寧求 | 伏羲 |
| 22746 | 庖義氏 | 포희씨 | 20 | 31 | 1920.03 | 三洙瑣談(續) / 元泳義 | 伏羲 |
| 22747 | 表順成 | 표순성 | 42 | 36 | 1937.12 | 日誌大要 | |
| 22748 | 瓢翁 | 표옹 | 37 | 41 | 1934.10 | 登望慕堂用板上韻 / 成樂賢 | |
| 22749 | 피-타-大帝 | 표트르대제 | 44 | 68 | 1939.10 | 一億一心滅私奉公 長期戰에 對應 消費節約에 主婦의 協力이 必要 | Pyotr I |
| 22750 | 彪奚 | 표해 | 15 | 17 | 1917.10 | 詩經蔦辨 / 金文演 | 彪侯 |
| 22751 | 馮去疾 | 풍거질 | 2 | 32 | 1914.03 | 孔子年譜 / 呂圭亨 | |
| 22752 | 馮道 | 풍도 | 8 | 65 | 1915.09 | 地方報告〉[韓昌愚의 報告] | |
| 22753 | 豊城 | 풍성 | 30 | 13 | 1929.12 | 中學漢文論(文貴在譯者) / 鹽谷 溫 | 호시노 히사시(星野恒)의 호 |

| 번호 | 원문 | 현대어(독음) | 호 | 쪽 | 발행일 | 기사명 / 필자 | 비고 |
|------|------|------------|----|----|--------|-------------|------|
| 22754 | 豊昇三 | 풍승삼 | 39 | 22 | 1935.10 | 湯島聖堂孔子祭典狀況〉孔子祭舞樂曲目竝配役 | 분노쇼조 |
| 22755 | 豊臣秀吉 | 풍신수길 | 18 | 52 | 1918.09 | 講說〉講題 內地의 宋學(大正七年五月十一日第二十八回講演) / 今關壽麿 | 도요토미 히데요시 |
| 22756 | 楓崖 | 풍애 | 32 | 41 | 1930.12 | 地方報告〉地方儒林狀況〉[成樂賢의 報告] | 安敏學 |
| 22757 | 豊壤趙氏 | 풍양 조씨 | 26 | 83 | 1925.12 | 地方報告〉[黃圭轍의 報告] | 원문은 豊壞로 오기됨 |
| 22758 | 豊永眞里 | 풍영진리 | 14 | 40 | 1917.07 | 日誌大要 | 도요나가 마사토 |
| 22759 | 豊永眞里 | 풍영진리 | 14 | 46 | 1917.07 | 講說〉講題 利用厚生(大正六年二月二十四日第二十一回講演) / 豊永眞里 | 도요나가 마사토 |
| 22760 | 馮翊侯 | 풍익후 | 8 | 35 | 1915.09 | 賢關記聞 / 李大榮 | 秦商 |
| 22761 | 馮翊侯 | 풍익후 | 42 | 47 | 1937.12 | 文廟享祀位次及聖賢姓名爵號考 / 金完鎭 | 秦商 |
| 22762 | 馮翊侯 | 풍익후 | 42 | 52 | 1937.12 | 文廟享祀位次及聖賢姓名爵號考 / 金完鎭 | 秦商 |
| 22763 | 豊田神尙 | 풍전신상 | 39 | 30 | 1935.10 | 東京斯文會主催儒道大會狀況 | 濟南에 학교 설립 |
| 22764 | 馮從吾 | 풍종오 | 17 | 3 | 1918.07 | 經學管見(續) / 尹寧求 | |
| 22765 | 豊川武顯 | 풍천무현 | 48 | 52 | 1944.04 | 釋奠狀況〉昭和十八年春季釋奠狀況 | |
| 22766 | 豊川武顯 | 풍천무현 | 48 | 54 | 1944.04 | 釋奠狀況〉昭和十八年秋季釋奠狀況 | |
| 22767 | 楓川碩謨 | 풍천석모 | 46 | 24 | 1941.12 | 經學院日誌大要(昭和十四年七月ヨリ昭和十六年六月マテ) | 鄭碩謨 |
| 22768 | 豊村芝演 | 풍촌지연 | 48 | 54 | 1944.04 | 釋奠狀況〉昭和十八年秋季釋奠狀況 | |
| 22769 | 馮休 | 풍휴 | 11 | 24 | 1916.06 | 經學管見(續) / 尹寧求 | |
| 22770 | フラング ヴァンダ リツプ | 프랭크 밴 더립 | 39 | 38 | 1935.10 | 東京斯文會主催儒道大會狀況〉演說要旨 / 失野恒太 | Frank A. Vanderlip |
| 22771 | 皮錫瑞 | 피석서 | 10 | 25 | 1916.03 | 經學淺知錄 / 金文演 | |
| 22772 | 必淳 | 필순 | 33 | 10 | 1931.12 | 陽川朴公遺墟碑 / 魏大源 | |
| 22773 | 佛肸 | 필힐 | 4 | 42 | 1914.09 | 孔子年報(續) / 呂圭亨 | |
| 22774 | 佛肸 | 필힐 | 5 | 45 | 1914.12 | 孔子年報(續) / 呂圭亨 | |
| 22775 | 佛肸 | 필힐 | 6 | 49 | 1915.03 | 論語分類一覽 / 金文演 | |
| 22776 | 河 | 하 | 32 | 41 | 1930.12 | 地方報告〉地方儒林狀況〉[成樂賢의 報告] | 河緯地 |
| 22777 | 河間王 | 하간왕 | 9 | 21 | 1915.12 | 經學管見(下) / 尹寧求 | 劉德 |
| 22778 | 河間獻王 | 하간헌왕 | 44 | 37 | 1939.10 | 經儒學 / 金誠鎭 | 劉德 |
| 22779 | 下岡 | 하강 | 26 | 37 | 1925.12 | 日誌大要 | 시모오카 츄지 (下岡忠治) |

| 번호 | 원문 | 현대어(독음) | 호 | 쪽 | 발행일 | 기사명 / 필자 | 비고 |
|---|---|---|---|---|---|---|---|
| 22780 | 下岡 | 하강 | 26 | 40 | 1925.12 | 日誌大要 | 시모오카 츄지 (下岡忠治) |
| 22781 | 下岡 | 하강 | 26 | 42 | 1925.12 | 日誌大要 | 시모오카 츄지 (下岡忠治) |
| 22782 | 下岡 | 하강 | 27 | 54 | 1926.12 | 日誌大要 | 시모오카 츄지 (下岡忠治) |
| 22783 | 下岡 | 하강 | 27 | 55 | 1926.12 | 日誌大要 | 시모오카 츄지 (下岡忠治) |
| 22784 | 夏桀 | 하걸 | 8 | 48 | 1915.09 | 講說〉講題 苟日新日日新又日新(大政四年四月十七日第十一回講演)〉敷演 / 鄭鳳時 | |
| 22785 | 夏桀 | 하걸 | 9 | 58 | 1915.12 | 講說〉講題 三人行必有我師(大正四年六月十二日第十三回講演) / 沈鐘舜 | |
| 22786 | 河謙進 | 하겸진 | 45 | 32 | 1940.12 | 朝鮮儒林大會(朝鮮儒道聯合會創立總會) 會錄概要〉朝鮮儒道聯合會役員名簿(昭和十四年十一月一日現在) | |
| 22787 | 荷蕢 | 하괴 | 9 | 53 | 1915.12 | 講說〉講題 三人行必有我師(大正四年六月十二日第十三回講演) / 朴箕陽 | |
| 22788 | 荷簣 | 하괴 | 25 | 16 | 1924.12 | 三洙瑣談(續) / 元泳義 | |
| 22789 | 瑕邱江公 | 하구강공 | 31 | 4 | 1930.08 | 經學源流 / 權純九 | |
| 22790 | 瑕丘伯 | 하구백 | 30 | [9] | 1929.12 | 李龍眠畵宣聖及七十二弟子像贊(金石萃編) | 叔仲會 |
| 22791 | 瑕邱伯 | 하구백 | 42 | 54 | 1937.12 | 文廟享祀位次及聖賢姓名爵號考 / 金完鎭 | 叔仲會 |
| 22792 | 瑕邱伯 | 하구백 | 42 | 55 | 1937.12 | 文廟享祀位次及聖賢姓名爵號考 / 金完鎭 | 左丘明 |
| 22793 | 瑕邱候 | 하구후 | 42 | 49 | 1937.12 | 文廟享祀位次及聖賢姓名爵號考 / 金完鎭 | 曾子 |
| 22794 | 河南 | 하남 | 9 | 19 | 1915.12 | 經學管見(下) / 尹寧求 | |
| 22795 | 河南程氏 | 하남 정씨 | 23 | 80 | 1922.12 | 地方報告〉[河泰洪의 報告] | |
| 22796 | 河南伯 | 하남백 | 42 | 50 | 1937.12 | 文廟享祀位次及聖賢姓名爵號考 / 金完鎭 | 程顥 |
| 22797 | 河內公 | 하내공 | 42 | 50 | 1937.12 | 文廟享祀位次及聖賢姓名爵號考 / 金完鎭 | 仲由, 子路 |
| 22798 | 河東公 | 하동공 | 42 | 50 | 1937.12 | 文廟享祀位次及聖賢姓名爵號考 / 金完鎭 | 卜商, 子夏 |
| 22799 | 河東市逸 | 하동시일 | 46 | 24 | 1941.12 | 經學院日誌大要(昭和十四年七月ヨリ昭和十六年六月マテ) | |
| 22800 | 河東燦鳳 | 하동찬봉 | 48 | 52 | 1944.04 | 釋奠狀況〉昭和十八年春季釋奠狀況 | |
| 22801 | 河東燦鳳 | 하동찬봉 | 48 | 54 | 1944.04 | 釋奠狀況〉昭和十八年秋季釋奠狀況 | |
| 22802 | 河崙 | 하륜 | 7 | 29 | 1915.06 | 文廟碑銘幷序 | |
| 22803 | 河崙 | 하륜 | 10 | 51 | 1916.03 | 賢關記聞(續) / 李大榮 | |
| 22804 | 河崙 | 하륜 | 11 | 53 | 1916.06 | 賢關記聞(續) / 李大榮 | |

| 번호 | 원문 | 현대어(독음) | 호 | 쪽 | 발행일 | 기사명 / 필자 | 비고 |
|---|---|---|---|---|---|---|---|
| 22805 | 河崙 | 하륜 | 13 | 28 | 1917.03 | 賢關記聞(續) / 李大榮 | |
| 22806 | 何孟春 | 하맹춘 | 16 | 5 | 1918.03 | 經學管見(續) / 尹寧求 | |
| 22807 | 河伯 | 하백 | 3 | 42 | 1914.06 | 講士視察見聞所記 / 呂圭亨 | |
| 22808 | 何蕃 | 하번 | 10 | 47 | 1916.03 | 賢關記聞(續) / 李大榮 | |
| 22809 | 何蕃 | 하번 | 10 | 48 | 1916.03 | 賢關記聞(續) / 李大榮 | |
| 22810 | 何蕃 | 하번 | 30 | 40 | 1929.12 | 日誌大要 | |
| 22811 | 下邳公 | 하비공 | 42 | 49 | 1937.12 | 文廟享祀位次及聖賢姓名爵號考 / 金完鎭 | 冉雍 |
| 22812 | 下邳伯 | 하비백 | 30 | [11] | 1929.12 | 李龍眠畵宣聖及七十二弟子像贊(金石萃編) | 奚容蒧 |
| 22813 | 下邳伯 | 하비백 | 42 | 53 | 1937.12 | 文廟享祀位次及聖賢姓名爵號考 / 金完鎭 | 奚容蒧 |
| 22814 | 夏山茂 | 하산무 | 46 | 51 | 1941.12 | 講演及講習〉主婦講演會 | 曺秉相 |
| 22815 | 河西 | 하서 | 1 | 40 | 1913.12 | 近世事十條 / 李商永 | 金麟厚 |
| 22816 | 河西 | 하서 | 42 | 58 | 1937.12 | 文廟享祀位次及聖賢姓名爵號考 / 金完鎭 | 金麟厚 |
| 22817 | 何涉 | 하섭 | 10 | 15 | 1916.03 | 經學管見(續) / 尹寧求 | |
| 22818 | 何劭公 | 하소공 | 34 | 4 | 1932.03 | 最近經學考 / 權純九 | 何休 |
| 22819 | 河氏 | 하씨 | 31 | 38 | 1930.08 | 地方報告〉孝烈行蹟〉[河漢云 等의 보고] | |
| 22820 | 何晏 | 하안 | 4 | 41 | 1914.09 | 孔子年報(續) / 呂圭亨 | |
| 22821 | 何晏 | 하안 | 10 | 19 | 1916.03 | 經學管見(續) / 尹寧求 | |
| 22822 | 何晏 | 하안 | 11 | 20 | 1916.06 | 經學管見(續) / 尹寧求 | |
| 22823 | 何晏 | 하안 | 18 | 7 | 1918.09 | 經學管見(續) / 尹寧求 | |
| 22824 | 何晏 | 하안 | 22 | 62 | 1922.03 | 講說〉一貫之道 / 宇野哲人 | |
| 22825 | 夏言 | 하언 | 16 | 5 | 1918.03 | 經學管見(續) / 尹寧求 | |
| 22826 | 河演 | 하연 | 11 | 36 | 1916.06 | 受賜鍾尊記 / 辛碩祖 | |
| 22827 | 河永南 | 하영남 | 40 | 64 | 1936.08 | 第四回卒業式狀況及第七回新入生名簿〉明倫學院第七回入學許可者名簿 | |
| 22828 | 河永南 | 하영남 | 41 | 37 | 1937.02 | 文廟秋季釋奠狀況 | |
| 22829 | 河永南 | 하영남 | 42 | 38 | 1937.12 | 文廟春季釋奠狀況 | |
| 22830 | 河永南 | 하영남 | 43 | 59 | 1938.12 | 文廟秋季釋奠狀況 | |
| 22831 | 河永南 | 하영남 | 43 | 67 | 1938.12 | 文廟春季釋奠狀況 | |
| 22832 | 河永南 | 하영남 | 44 | 79 | 1939.10 | 文廟秋季釋奠狀況 | |
| 22833 | 河永洛 | 하영락 | 31 | 62 | 1930.08 | 入學許可者名簿 | |
| 22834 | 河永洛 | 하영락 | 32 | 38 | 1930.12 | 日誌大要 | |
| 22835 | 河永洛 | 하영락 | 33 | 43 | 1931.12 | 文廟釋奠狀況 | |
| 22836 | 河永洛 | 하영락 | 33 | 50 | 1931.12 | 文廟釋奠狀況〉[本院秋期釋奠에 대한 보고] | |
| 22837 | 河永洛 | 하영락 | 35 | 65 | 1932.12 | 第一回學生卒業式狀況 | |
| 22838 | 河永洛 | 하영락 | 35 | 75 | 1932.12 | 明倫學院第一回卒業生名簿 | |
| 22839 | 河永洛 | 하영락 | 36 | 25 | 1933.12 | 文廟釋奠狀況〉[秋期釋奠 擧行] | |

| 번호 | 원문 | 현대어(독음) | 호 | 쪽 | 발행일 | 기사명 / 필자 | 비고 |
|---|---|---|---|---|---|---|---|
| 22840 | 河永洛 | 하영락 | 36 | 30 | 1933.12 | 文廟釋奠狀況〉[春期釋奠 擧行] | |
| 22841 | 河永洛 | 하영락 | 36 | 70 | 1933.12 | 明倫學院補習科第一回修了生名簿 | |
| 22842 | 夏王 | 하왕 | 41 | 15 | 1937.02 | 延州夏王廟重修記 / 鄭鳳時 | |
| 22843 | 夏禹 | 하우 | 1 | 22 | 1913.12 | 經學當明者 四 / 呂圭亨 | |
| 22844 | 夏禹 | 하우 | 4 | 9 | 1914.09 | 經學 / 朴長鴻 | |
| 22845 | 夏禹 | 하우 | 8 | 66 | 1915.09 | 地方報告〉[成樂賢의 報告] | |
| 22846 | 夏禹 | 하우 | 11 | 66 | 1916.06 | 講說〉講題 人能弘道(大正四年三月十一日第十六回講演) / 李容植 | |
| 22847 | 夏禹 | 하우 | 12 | [7] | 1916.12 | 立太子禮獻頌文 / 鄭鳳鉉 | |
| 22848 | 夏禹 | 하우 | 15 | 20 | 1917.10 | 經義問對 / 權重國 | |
| 22849 | 夏禹 | 하우 | 17 | 68 | 1918.07 | 地方報告〉[韓昌愚의 報告] | |
| 22850 | 夏禹 | 하우 | 41 | 3 | 1937.02 | 正心 / 李大榮 | |
| 22851 | 夏禹氏 | 하우씨 | 19 | 29 | 1918.12 | 賢關記聞(續) / 李大榮 | |
| 22852 | 夏禹氏 | 하우씨 | 45 | 89 | 1940.12 | 忠淸南道儒道聯合會結成式〉東亞ノ建設卜儒道ノ精神 / 安寅植 | |
| 22853 | 河緯地 | 하위지 | 32 | 41 | 1930.12 | 地方報告〉地方儒林狀況〉[成樂賢의 報告] | 원문은 緯地 |
| 22854 | 夏育 | 하육 | 10 | 76 | 1916.03 | 地方報告〉[成樂賢의 報告] | 원문은 育 |
| 22855 | 何胤 | 하윤 | 10 | 13 | 1916.03 | 經學管見(續) / 尹寧求 | 원문은 何應으로 오기됨 |
| 22856 | 何異孫 | 하이손 | 11 | 16 | 1916.06 | 經學管見(續) / 尹寧求 | |
| 22857 | 河一秉 | 하일병 | 19 | 83 | 1918.12 | 地方報告〉[河一秉의 報告] | |
| 22858 | 河章鉉 | 하장현 | 17 | 79 | 1918.07 | 地方報告〉[金在昌 등의 報告] | |
| 22859 | 河載久 | 하재구 | 25 | 84 | 1924.12 | 地方報告〉[河載久의 報告] | |
| 22860 | 賀田直治 | 하전직치 | 45 | 21 | 1940.12 | 朝鮮儒林大會(朝鮮儒道聯合會創立總會) 會錄槪要〉朝鮮儒道聯合會役員名簿(昭和十四年十一月一日現在) | 가다 나오지 |
| 22861 | 荷亭 | 하정 | 22 | 50 | 1922.03 | 故經學院講士荷亭呂公輓詞 / 朴箕陽 | 呂圭亨 |
| 22862 | 河廷植 | 하정식 | 29 | 72 | 1928.12 | 地方報告〉[鄭汶鉉의 報告] | |
| 22863 | 荷篠 | 하조 | 9 | 53 | 1915.12 | 講說〉講題 三人行必有我師(大正四年六月十二日第十三回講演) / 朴箕陽 | |
| 22864 | 河駿錫 | 하준석 | 45 | 26 | 1940.12 | 朝鮮儒林大會(朝鮮儒道聯合會創立總會) 會錄槪要〉朝鮮儒道聯合會役員名簿(昭和十四年十一月一日現在) | |
| 22865 | 河駿錫 | 하준석 | 45 | 110 | 1940.12 | 慶尙南道儒道聯合會結成式 | |
| 22866 | 何曾 | 하증 | 31 | 18 | 1930.08 | 講題 德者本也財者末也 / 成樂賢 | |
| 22867 | 何曾 | 하증 | 31 | 20 | 1930.08 | 講題 德者本也財者末也 / 魏大源 | |

| 번호 | 원문 | 현대어(독음) | 호 | 쪽 | 발행일 | 기사명 / 필자 | 비고 |
|---|---|---|---|---|---|---|---|
| 22868 | 下村進 | 하촌진 | 45 | 22 | 1940.12 | 朝鮮儒林大會(朝鮮儒道聯合會創立總會) 會錄槪要〉朝鮮儒道聯合會役員名簿(昭和十四年十一月一日現在) | 총독부 관료 |
| 22869 | 河春慶 | 하춘경 | 31 | 38 | 1930.08 | 地方報告〉孝烈行蹟[河漢云 等의 보고] | 원문은 春慶 |
| 22870 | 河泰洪 | 하태홍 | 23 | 80 | 1922.12 | 地方報告〉[河泰洪의 報告] | |
| 22871 | 河漢云 | 하한운 | 31 | 38 | 1930.08 | 地方報告〉孝烈行蹟[河漢云 等의 보고] | |
| 22872 | 河漢云 | 하한운 | 33 | 35 | 1931.12 | 聲討顚末 | |
| 22873 | 夏侯 | 하후 | 14 | 91 | 1917.07 | 地方報告〉[黃敦秀의 報告]〉答辭 / 朴聲九 | |
| 22874 | 夏侯 | 하후 | 31 | 5 | 1930.08 | 經學源流 / 權純九 | |
| 22875 | 夏侯 | 하후 | 46 | 4 | 1941.12 | 興學養材 / 崔浩然 | |
| 22876 | 夏后相 | 하후상 | 7 | 39 | 1915.06 | 論語考證(續) / 金文演 | |
| 22877 | 夏侯勝 | 하후승 | 1 | 17 | 1913.12 | 經學當明者 一 / 呂圭亨 | |
| 22878 | 夏侯勝 | 하후승 | 14 | 90 | 1917.07 | 地方報告〉[黃敦秀의 報告]〉答辭 / 朴聲九 | |
| 22879 | 夏侯勝 | 하후승 | 31 | 21 | 1930.08 | 講題 窮塞禍患不以動其心行吾義而已 / 李學魯 | |
| 22880 | 夏后氏 | 하후씨 | 3 | 55 | 1914.06 | 禮器圖說(續) | |
| 22881 | 夏后氏 | 하후씨 | 4 | 29 | 1914.09 | 禮器圖說(續) | |
| 22882 | 夏后氏 | 하후씨 | 9 | 25 | 1915.12 | 孔子年報(續) / 呂圭亨 | |
| 22883 | 何休 | 하휴 | 10 | 14 | 1916.03 | 經學管見(續) / 尹寧求 | |
| 22884 | 何休 | 하휴 | 10 | 51 | 1916.03 | 賢關記聞(續) / 李大榮 | |
| 22885 | 何休 | 하휴 | 25 | 19 | 1924.12 | 釋奠에 就하야(續) / 佐藤廣治 | |
| 22886 | 何休 | 하휴 | 31 | 5 | 1930.08 | 經學源流 / 權純九 | |
| 22887 | 何休 | 하휴 | 31 | 6 | 1930.08 | 經學源流 / 權純九 | |
| 22888 | 何休 | 하휴 | 44 | 36 | 1939.10 | 經儒學 / 金誠鎭 | |
| 22889 | 郝經 | 학경 | 15 | 5 | 1917.10 | 經學管見(續) / 尹寧求 | |
| 22890 | 學驅 | 학구 | 40 | 60 | 1936.08 | 鄭茂亭先生追悼錄〉節山博士輓茂亭太史揭載斯文會誌次韻却寄 / 松田甲 | 松田甲 |
| 22891 | 鶴南 | 학남 | 11 | 56 | 1916.06 | 賢關記聞(續) / 李大榮 | 鄭羽良 |
| 22892 | 鶴峯 | 학봉 | 17 | 24 | 1918.07 | 安東高山書院重興祝詞 / 高橋亨 | |
| 22893 | 郝玉麟 | 학옥린 | 18 | 10 | 1918.09 | 經學管見(續) / 尹寧求 | |
| 22894 | 郝玉麟 | 학옥린 | 18 | 11 | 1918.09 | 經學管見(續) / 尹寧求 | |
| 22895 | 郝懿行 | 학의행 | 10 | 25 | 1916.03 | 經學淺知錄 / 金文演 | |
| 22896 | 郝懿行 | 학의행 | 34 | 5 | 1932.03 | 最近經學考 / 權純九 | |
| 22897 | 鶴田 | 학전 | 40 | 55 | 1936.08 | 鄭茂亭先生追悼錄〉輓詞 / 金誠鎭 | 金誠鎭 |
| 22898 | 鶴洲 | 학주 | 29 | 19 | 1928.12 | 孺人慶州金氏烈行紀蹟碑 / 金完鎭 | 金弘郁 |
| 22899 | 韓 | 한 | 5 | 86 | 1914.12 | 關東講說〉講題 道不遠人 / 崔舜鉉 | 韓非子 |

| 번호 | 원문 | 현대어(독음) | 호 | 쪽 | 발행일 | 기사명 / 필자 | 비고 |
|------|------|------|----|----|--------|--------------|------|
| 22900 | 韓 | 한 | 7 | 77 | 1915.06 | 講說〉講題 孔子聖之時者也(大政四年三月十八日第十回講演)〉續演 / 呂圭亨 | 韓非子 |
| 22901 | 韓 | 한 | 28 | 79 | 1927.12 | 地方報告〉[金完鎭의 報告] | 韓圭復 |
| 22902 | 韓 | 한 | 40 | 16 | 1936.08 | 文房四友說 / 韓昌愚 | 韓愈 |
| 22903 | 韓 | 한 | 40 | 47 | 1936.08 | 鄭茂亭先生追悼錄〉吊辭 / 鄭鳳時 等 | 韓愈 |
| 22904 | 韓 | 한 | 40 | 54 | 1936.08 | 鄭茂亭先生追悼錄〉輓詞 / 黃錫龍 | 韓愈 |
| 22905 | 韓 | 한 | 40 | 59 | 1936.08 | 鄭茂亭先生追悼錄〉節山博士輓茂亭太史揭載斯文會誌次韻却寄 / 橋茂一郎 | 韓愈 |
| 22906 | 韓 | 한 | 47 | 28 | 1943.01 | 論語要義 / 崔浩然 | 韓非子 |
| 22907 | 韓 | 한 | 47 | 36 | 1943.01 | 釋奠狀況〉昭和十六年秋季釋奠狀況 | 韓相龍 |
| 22908 | 韓 | 한 | 47 | 37 | 1943.01 | 釋奠狀況〉昭和十七年春季釋奠狀況 | 韓相龍 |
| 22909 | 韓 | 한 | 47 | 41 | 1943.01 | 釋奠狀況〉昭和十七年秋季釋奠狀況 | 韓相龍 |
| 22910 | 韓 | 한 | 48 | 51 | 1944.04 | 釋奠狀況〉昭和十八年春季釋奠狀況 | 韓相龍 |
| 22911 | 漢太史公 | 한 태사공 | 9 | 10 | 1915.12 | 格致管見(續) / 李鼎煥 | 司馬遷 |
| 22912 | 寒岡 | 한강 | 17 | 24 | 1918.07 | 安東高山書院重興祝詞 / 高橋亨 | 鄭述 |
| 22913 | 寒岡 | 한강 | 33 | 40 | 1931.12 | 地方儒林狀況〉[李大榮의 보고]〉書院狀況 | 鄭述 |
| 22914 | 韓康伯 | 한강백 | 11 | 2 | 1916.06 | 經論 / 韓晚容 | 韓伯 |
| 22915 | 韓卿 | 한경 | 33 | 10 | 1931.12 | 陽川朴公遺墟碑 / 魏大源 | 원문은 卿 |
| 22916 | 韓啓東 | 한계동 | 29 | 38 | 1928.12 | 日誌大要 | |
| 22917 | 韓啓東 | 한계동 | 36 | 39 | 1933.12 | 孝烈行蹟〉[韓啓東의 보고] | |
| 22918 | 韓啓東 | 한계동 | 39 | 39 | 1935.10 | 孝烈行蹟〉[韓啓東의 보고] | |
| 22919 | 韓啓東 | 한계동 | 41 | 27 | 1937.02 | 一. 孝烈行蹟〉[韓啓東의 보고] | |
| 22920 | 韓啓灝 | 한계호 | 23 | 81 | 1922.12 | 地方報告〉[韓啓灝의 報告] | |
| 22921 | 韓啓灝 | 한계호 | 25 | 84 | 1924.12 | 地方報告〉[韓啓灝의 報告] | |
| 22922 | 漢高 | 한고 | 23 | 8 | 1922.12 | 經義問對(續) / 沈璿澤 | |
| 22923 | 漢高帝 | 한고제 | 42 | 48 | 1937.12 | 文廟享祀位次及聖賢姓名爵號考 / 金完鎭 | 劉邦 |
| 22924 | 漢高祖 | 한고조 | 18 | 27 | 1918.09 | 三洙瑣談 / 元泳義 | 劉邦 |
| 22925 | 漢高祖 | 한고조 | 18 | 28 | 1918.09 | 三洙瑣談 / 元泳義 | 劉邦 |
| 22926 | 漢高祖 | 한고조 | 24 | 31 | 1923.12 | 釋奠에 就하야 / 佐藤廣治 | 劉邦 |
| 22927 | 漢高皇 | 한고황 | 33 | 6 | 1931.12 | 海州郡文廟重修記 / 鄭萬朝 | 劉邦 |
| 22928 | 韓圭復 | 한규복 | 22 | 79 | 1922.03 | 地方報告〉[成樂賢의 報告] | |
| 22929 | 韓圭復 | 한규복 | 23 | 80 | 1922.12 | 地方報告〉[成樂賢의 報告] | |
| 22930 | 韓圭復 | 한규복 | 30 | 36 | 1929.12 | 祭粢料傳達式狀況 | |
| 22931 | 韓圭復 | 한규복 | 35 | 27 | 1932.12 | 日誌大要 | |
| 22932 | 韓圭復 | 한규복 | 36 | 34 | 1933.12 | 文廟釋奠狀況〉[吳元東의 보고] | |
| 22933 | 韓圭復 | 한규복 | 39 | 50 | 1935.10 | 日誌大要 | |

| 번호 | 원문 | 현대어(독음) | 호 | 쪽 | 발행일 | 기사명 / 필자 | 비고 |
|---|---|---|---|---|---|---|---|
| 22934 | 韓圭復 | 한규복 | 45 | 22 | 1940.12 | 朝鮮儒林大會(朝鮮儒道聯合會創立總會) 會錄概要〉朝鮮儒道聯合會役員名簿(昭和十四年十一月一日現在) | |
| 22935 | 韓圭聲 | 한규성 | 19 | 37 | 1918.12 | 日誌大要 | |
| 22936 | 韓赳淵 | 한규연 | 22 | 83 | 1922.03 | 地方報告〉[韓赳淵의 報告] | |
| 22937 | 韓奎澤 | 한규택 | 17 | 42 | 1918.07 | 日誌大要 | |
| 22938 | 韓奎會 | 한규회 | 40 | 63 | 1936.08 | 第四回卒業式狀況及第七回新入生名簿〉明倫學院第七回入學許可者名簿 | |
| 22939 | 韓奎會 | 한규회 | 41 | 37 | 1937.02 | 文廟秋季釋奠狀況 | |
| 22940 | 韓奎會 | 한규회 | 44 | 79 | 1939.10 | 文廟秋季釋奠狀況 | |
| 22941 | 韓克洙 | 한극수 | 24 | 92 | 1923.12 | 地方報告〉[韓克洙의 報告] | |
| 22942 | 韓肯鎬 | 한긍호 | 45 | 20 | 1940.12 | 朝鮮儒林大會(朝鮮儒道聯合會創立總會) 會錄概要〉朝鮮儒道聯合會役員名簿(昭和十四年十一月一日現在) | |
| 22943 | 韓琦 | 한기 | 46 | 11 | 1941.12 | 嘉言善行 / 李昇圭 | 원문은 韓魏公琦 |
| 22944 | 韓基邦 | 한기방 | 34 | 26 | 1932.03 | 敎化事業에 關한 建議書 / 韓基邦 | |
| 22945 | 韓基邦 | 한기방 | 45 | 33 | 1940.12 | 朝鮮儒林大會(朝鮮儒道聯合會創立總會) 會錄概要〉朝鮮儒道聯合會役員名簿(昭和十四年十一月一日現在) | |
| 22946 | 韓基範 | 한기범 | 20 | 38 | 1920.03 | 求禮郡文廟重修捐義錄小序 / 金商翊 | |
| 22947 | 韓基鵬 | 한기붕 | 22 | 58 | 1922.03 | 日誌大要 | |
| 22948 | 韓基鵬 | 한기붕 | 23 | 55 | 1922.12 | 日誌大要 | |
| 22949 | 韓基鵬 | 한기붕 | 23 | 60 | 1922.12 | 日誌大要 | |
| 22950 | 韓箕洙 | 한기수 | 34 | 58 | 1932.03 | 明倫學院昭和六年度入學許可者名簿 | |
| 22951 | 韓箕洙 | 한기수 | 35 | 30 | 1932.12 | 文廟釋奠狀況 | |
| 22952 | 韓箕洙 | 한기수 | 36 | 29 | 1933.12 | 文廟釋奠狀況〉[春期釋奠 擧行] | |
| 22953 | 韓箕洙 | 한기수 | 36 | 68 | 1933.12 | 明倫學院第二回卒業生名簿 | |
| 22954 | 韓箕洙 | 한기수 | 40 | 58 | 1936.08 | 鄭茂亭先生追悼錄〉輓詞 / 韓箕洙 | |
| 22955 | 韓基岳 | 한기악 | 9 | 41 | 1915.12 | 日誌大要 | |
| 22956 | 韓基岳 | 한기악 | 9 | 42 | 1915.12 | 日誌大要 | |
| 22957 | 韓基定 | 한기정 | 37 | 30 | 1934.10 | 孝烈行蹟〉[韓基定 等의 보고] | |
| 22958 | 韓吉雄 | 한길웅 | 37 | 48 | 1934.10 | 文廟釋奠狀況〉[韓吉雄의 보고] | |
| 22959 | 韓洛奎 | 한낙규 | 32 | 52 | 1930.12 | 地方報告〉孝烈行蹟〉[韓洛奎 等의 보고] | |
| 22960 | 韓南塘 | 한남당 | 11 | 27 | 1916.06 | 經學淺知錄(續) / 金文演 | 韓元震 |
| 22961 | 韓湛 | 한담 | 44 | 91 | 1939.10 | 明倫專門學院記事〉研究科第二回入學許可者 | |
| 22962 | 韓湛 | 한담 | 46 | 13 | 1941.12 | 釋奠狀況〉昭和十四年秋季釋奠狀況 | |
| 22963 | 韓湛 | 한담 | 46 | 15 | 1941.12 | 釋奠狀況〉昭和十五年春季釋奠狀況 | |

| 번호 | 원문 | 현대어(독음) | 호 | 쪽 | 발행일 | 기사명 / 필자 | 비고 |
|------|------|-------------|-----|-----|--------|---------------|------|
| 22964 | 韓湛 | 한담 | 46 | 16 | 1941.12 | 釋奠狀況〉昭和十五年秋季釋奠狀況 | |
| 22965 | 韓悳鉉 | 한덕현 | 22 | 72 | 1922.03 | 地方報告〉[韓悳鉉의 報告] | |
| 22966 | 韓道權 | 한도권 | 20 | 36 | 1920.03 | 求禮郡文廟重修捐義錄小序 / 金商翊 | |
| 22967 | 韓晚容 | 한만용 | 8 | 3 | 1915.09 | 經說 本論附 / 韓晚容 | |
| 22968 | 韓晚容 | 한만용 | 9 | 3 | 1915.12 | 經說(續) / 韓晚容 | |
| 22969 | 韓晚容 | 한만용 | 11 | 1 | 1916.06 | 經論 / 韓晚容 | |
| 22970 | 韓萬重 | 한만중 | 40 | 36 | 1936.08 | 文廟釋奠狀況〉[地方文廟春期釋奠狀況表] | |
| 22971 | 韓萬熙 | 한만희 | 45 | 33 | 1940.12 | 朝鮮儒林大會(朝鮮儒道聯合會創立總會) 會錄槪要〉朝鮮儒道聯合會役員名簿(昭和十四年十一月一日現在) | |
| 22972 | 韓命敎 | 한명교 | 33 | 34 | 1931.12 | 聲討顚末 | |
| 22973 | 韓明錫 | 한명석 | 38 | 44 | 1935.03 | 文廟釋奠狀況〉地方文廟秋期釋奠狀況表 | |
| 22974 | 韓明錫 | 한명석 | 45 | 30 | 1940.12 | 朝鮮儒林大會(朝鮮儒道聯合會創立總會) 會錄槪要〉朝鮮儒道聯合會役員名簿(昭和十四年十一月一日現在) | |
| 22975 | 韓明勗 | 한명욱 | 5 | 36 | 1914.12 | 樂器圖說 | |
| 22976 | 韓明履 | 한명이 | 18 | 77 | 1918.09 | 地方報告〉[朴晉遠의 報告] | |
| 22977 | 韓明履 | 한명이 | 45 | 38 | 1940.12 | 朝鮮儒林大會(朝鮮儒道聯合會創立總會) 會錄槪要〉朝鮮儒道聯合會役員名簿(昭和十四年十一月一日現在) | |
| 22978 | 漢明帝 | 한명제 | 19 | 57 | 1918.12 | 講說〉講題 孝弟也者其爲仁之本歟(大正七年十月十二日第三十一回講演) / 李容稙 | |
| 22979 | 韓明澮 | 한명회 | 8 | 24 | 1915.09 | 尊經閣記 / 徐居正 撰 | |
| 22980 | 韓明澮 | 한명회 | 37 | 24 | 1934.10 | 敎化編年 / 李大榮 | |
| 22981 | 漢武 | 한무 | 3 | 40 | 1914.06 | 講士視察見聞所記 / 呂圭亨 | |
| 22982 | 漢武 | 한무 | 20 | 29 | 1920.03 | 三洙瑣談(續) / 元泳義 | |
| 22983 | 漢武 | 한무 | 31 | 4 | 1930.08 | 經學源流 / 權純九 | |
| 22984 | 漢武 | 한무 | 41 | 12 | 1937.02 | 正心에 對하야 / 李輔相 | |
| 22985 | 漢武帝 | 한무제 | 10 | 16 | 1916.03 | 經學管見(續) / 尹寧求 | |
| 22986 | 韓文公 | 한문공 | 3 | 65 | 1914.06 | 講說〉講題 孝子所以事君也弟者所以事長也慈者所以使衆也(大正三年三月三日第五回講演) / 李容稙 | 韓愈 |
| 22987 | 韓文公 | 한문공 | 21 | 69 | 1921.03 | 三洙瑣談(續) / 元泳義 | 韓愈 |
| 22988 | 韓文公 | 한문공 | 34 | 12 | 1932.03 | 祭任君龍宰文 / 明倫學院生徒一同 | 韓愈 |
| 22989 | 韓文公 | 한문공 | 36 | 6 | 1933.12 | 南海郡文廟重修記 / 鄭萬朝 | 韓愈 |
| 22990 | 韓文公 | 한문공 | 44 | 42 | 1939.10 | 大學主旨 / 崔浩然 | 韓愈 |
| 22991 | 韓文公 | 한문공 | 44 | 55 | 1939.10 | 文藝原流 / 崔浩然 | 韓愈 |
| 22992 | 漢文帝 | 한문제 | 1 | 18 | 1913.12 | 經學當明者 二 / 呂圭亨 | 劉恒 |

| 번호 | 원문 | 현대어(독음) | 호 | 쪽 | 발행일 | 기사명 / 필자 | 비고 |
|---|---|---|---|---|---|---|---|
| 22993 | 漢文帝 | 한문제 | 10 | 17 | 1916.03 | 經學管見(續) / 尹寧求 | 劉恒 |
| 22994 | 韓文欽 | 한문흠 | 33 | 35 | 1931.12 | 聲討顚末 | |
| 22995 | 韓文欽 | 한문흠 | 33 | 52 | 1931.12 | 文廟釋奠狀況〉[韓文欽의 보고] | |
| 22996 | 韓邦奇 | 한방기 | 13 | 4 | 1917.03 | 經學管見(續) / 尹寧求 | |
| 22997 | 韓伯 | 한백 | 1 | 8 | 1913.12 | 論說 / 呂圭亨 | |
| 22998 | 韓伯康 | 한백강 | 27 | 17 | 1926.12 | 易經講解總說 / 元泳義 | |
| 22999 | 韓範洙 | 한범수 | 38 | 46 | 1935.03 | 文廟釋奠狀況〉地方文廟秋期釋奠狀況表 | |
| 23000 | 韓秉悳 | 한병덕 | 30 | 78 | 1929.12 | 地方報告〉[韓秉悳의 報告] | |
| 23001 | 韓秉浩 | 한병호 | 32 | 49 | 1930.12 | 地方報告〉各郡文廟釋奠狀況〉[金泰彦의 보고] | |
| 23002 | 罕父黑 | 한보흑 | 8 | 35 | 1915.09 | 賢關記聞 / 李大榮 | |
| 23003 | 罕父黑 | 한보흑 | 42 | 46 | 1937.12 | 文廟享祀位次及聖賢姓名爵號考 / 金完鎭 | 祈鄕侯 |
| 23004 | 韓鳳履 | 한봉리 | 35 | 44 | 1932.12 | 孝烈行蹟〉[李秉懿 等의 보고] | |
| 23005 | 韓鳳燮 | 한봉섭 | 30 | 41 | 1929.12 | 日誌大要 | |
| 23006 | 韓鳳燮 | 한봉섭 | 31 | 39 | 1930.08 | 地方報告〉孝烈行蹟〉[韓鳳燮 等의 보고] | |
| 23007 | 罕父黑 | 한부흑 | 42 | 54 | 1937.12 | 文廟享祀位次及聖賢姓名爵號考 / 金完鎭 | 祈鄕侯, 원문은 姓罕父名黑 |
| 23008 | 韓非 | 한비 | 4 | 3 | 1914.09 | 學說 / 呂圭亨 | 韓非子 |
| 23009 | 韓非 | 한비 | 6 | 4 | 1915.03 | 緒論 / 呂圭亨 | 韓非子 |
| 23010 | 韓非 | 한비 | 12 | 11 | 1916.12 | 孟子緒論 / 金文演 | 韓非子 |
| 23011 | 韓非 | 한비 | 14 | 3 | 1917.07 | 經學管見(續) / 尹寧求 | 韓非子 |
| 23012 | 韓山李氏 | 한산 이씨 | 14 | 75 | 1917.07 | 地方報告〉[尹錫衡의 報告] | |
| 23013 | 韓湘 | 한상 | 9 | 5 | 1915.12 | 經說(續) / 韓晩容 | |
| 23014 | 韓相公 | 한상공 | 10 | 31 | 1916.03 | 享官廳記 / 洪貴達 撰 | |
| 23015 | 韓相龍 | 한상룡 | 39 | 50 | 1935.10 | 日誌大要 | |
| 23016 | 韓相龍 | 한상룡 | 44 | 82 | 1939.10 | 日誌大要(自昭和十三年六月 至昭和十三年十二月) | |
| 23017 | 韓相龍 | 한상룡 | 45 | 22 | 1940.12 | 朝鮮儒林大會(朝鮮儒道聯合會創立總會) 會錄槪要〉朝鮮儒道聯合會役員名簿(昭和十四年十一月一日現在) | |
| 23018 | 韓相龍 | 한상룡 | 45 | 24 | 1940.12 | 朝鮮儒林大會(朝鮮儒道聯合會創立總會) 會錄槪要〉朝鮮儒道聯合會役員名簿(昭和十四年十一月一日現在) | |
| 23019 | 韓相龍 | 한상룡 | 45 | 47 | 1940.12 | 京畿道儒道聯合會結成式 | |
| 23020 | 韓相龍 | 한상룡 | 47 | 46 | 1943.01 | 經學院日誌大要(昭和十六年七月ヨリ昭和十七年六月マテ) | |
| 23021 | 韓相億 | 한상억 | 45 | 33 | 1940.12 | 朝鮮儒林大會(朝鮮儒道聯合會創立總會) 會錄槪要〉朝鮮儒道聯合會役員名簿(昭和十四年十一月一日現在) | |

| 번호 | 원문 | 현대어(독음) | 호 | 쪽 | 발행일 | 기사명 / 필자 | 비고 |
|------|------|------------|----|----|--------|--------------|------|
| 23022 | 韓相殷 | 한상은 | 36 | 6 | 1933.12 | 南海郡文廟重修記 / 鄭萬朝 | |
| 23023 | 韓相春 | 한상춘 | 20 | 38 | 1920.03 | 求禮郡文廟重修捐義錄小序 / 金商翊 | |
| 23024 | 韓碩敎 | 한석교 | 20 | 37 | 1920.03 | 求禮郡文廟重修捐義錄小序 / 金商翊 | |
| 23025 | 韓錫圭 | 한석규 | 33 | 34 | 1931.12 | 聲討顚末 | |
| 23026 | 韓石淵 | 한석연 | 43 | 28 | 1938.12 | 儒林特志〉[姜錫圭의 보고]〉祭需品奉納者氏名及物名 | |
| 23027 | 韓碩淵 | 한석연 | 43 | 27 | 1938.12 | 孝烈行蹟〉[朴尙錫의 보고] | |
| 23028 | 韓錫鎭 | 한석진 | 26 | 81 | 1925.12 | 地方報告〉[孔在煥의 報告] | |
| 23029 | 韓宣子 | 한선자 | 3 | 36 | 1914.06 | 孔子年報(續) / 呂圭亨 | |
| 23030 | 韓宣子 | 한선자 | 6 | 45 | 1915.03 | 論語考證 / 金文演 | |
| 23031 | 漢宣帝 | 한선제 | 10 | 17 | 1916.03 | 經學管見(續) / 尹寧求 | |
| 23032 | 韓成雲 | 한성운 | 37 | 62 | 1934.10 | 第四回評議員會狀況〉事業經過報告 / 俞萬兼 | |
| 23033 | 韓世淳 | 한세순 | 38 | 44 | 1935.03 | 文廟釋奠狀況〉地方文廟秋期釋奠狀況表 | |
| 23034 | 韓世淳 | 한세순 | 40 | 36 | 1936.08 | 文廟釋奠狀況〉[地方文廟春期釋奠狀況表] | |
| 23035 | 韓世淳 | 한세순 | 41 | 29 | 1937.02 | 二. 儒林特志〉[鄭在德의 보고] | |
| 23036 | 韓壽吉 | 한수길 | 30 | 79 | 1929.12 | 地方報告〉[曺秉益의 報告] | |
| 23037 | 漢植 | 한식 | 18 | 78 | 1918.09 | 地方報告〉[尹定普의 報告] | |
| 23038 | 韓軾東 | 한식동 | 33 | 37 | 1931.12 | 聲討顚末 | |
| 23039 | 韓軾東 | 한식동 | 45 | 32 | 1940.12 | 朝鮮儒林大會(朝鮮儒道聯合會創立總會) 會錄槪要〉朝鮮儒道聯合會役員名簿(昭和十四年十一月一日現在) | |
| 23040 | 漢氏 | 한씨 | 10 | 13 | 1916.03 | 經學管見(續) / 尹寧求 | |
| 23041 | 韓氏 | 한씨 | 1 | 26 | 1913.12 | 庸言 / 金允植 | |
| 23042 | 韓氏 | 한씨 | 1 | 27 | 1913.12 | 庸言 / 金允植 | |
| 23043 | 韓氏 | 한씨 | 1 | 28 | 1913.12 | 庸言 / 金允植 | |
| 23044 | 韓氏 | 한씨 | 6 | 1 | 1915.03 | 緖論 / 呂圭亨 | |
| 23045 | 韓氏 | 한씨 | 20 | 32 | 1920.03 | 三洙瑣談(續) / 元泳義 | |
| 23046 | 漢安茂 | 한안무 | 3 | 61 | 1914.06 | 日誌大要 | |
| 23047 | 韓若愚 | 한약우 | 21 | 96 | 1921.03 | 地方報告〉[翰若愚의 報告] | |
| 23048 | 漢陽趙氏 | 한양 조씨 | 26 | 77 | 1925.12 | 地方報告〉[羅壽佑 等의 報告] | |
| 23049 | 韓良錫 | 한양석 | 20 | 36 | 1920.03 | 求禮郡文廟重修捐義錄小序 / 金商翊 | |
| 23050 | 韓亮鎬 | 한양호 | 45 | 28 | 1940.12 | 朝鮮儒林大會(朝鮮儒道聯合會創立總會) 會錄槪要〉朝鮮儒道聯合會役員名簿(昭和十四年十一月一日現在) | |
| 23051 | 韓延壽 | 한연수 | 13 | 27 | 1917.03 | 讀書私記(續) / 洪鍾佶 | |
| 23052 | 韓延壽 | 한연수 | 20 | 33 | 1920.03 | 洪川郡鄕約契設立勸諭文 / 金東勳 | |
| 23053 | 韓嬰 | 한영 | 1 | 17 | 1913.12 | 經學當明者 一 / 呂圭亨 | |

| 번호 | 원문 | 현대어(독음) | 호 | 쪽 | 발행일 | 기사명 / 필자 | 비고 |
|---|---|---|---|---|---|---|---|
| 23054 | 韓嬰 | 한영 | 15 | 17 | 1917.10 | 詩經蒬辨 / 金文演 | |
| 23055 | 韓嬰 | 한영 | 15 | 19 | 1917.10 | 詩經蒬辨 / 金文演 | |
| 23056 | 韓嬰 | 한영 | 31 | 4 | 1930.08 | 經學源流 / 權純九 | |
| 23057 | 韓嬰 | 한영 | 31 | 5 | 1930.08 | 經學源流 / 權純九 | |
| 23058 | 韓永錫 | 한영석 | 25 | 78 | 1924.12 | 地方報告〉[韓永錫 等의 報告] | |
| 23059 | 韓榮瑄 | 한영선 | 36 | 70 | 1933.12 | 明倫學院第四回入學許可者名簿 | |
| 23060 | 韓榮瑄 | 한영선 | 37 | 51 | 1934.10 | 文廟釋奠狀況〉[春期釋奠 擧行] | |
| 23061 | 韓泳夏 | 한영하 | 23 | 27 | 1922.12 | 經學院銘 / 韓泳夏 | |
| 23062 | 韓泳夏 | 한영하 | 26 | 45 | 1925.12 | 日誌大要 | |
| 23063 | 韓泳夏 | 한영하 | 26 | 46 | 1925.12 | 日誌大要 | |
| 23064 | 韓泳夏 | 한영하 | 37 | 49 | 1934.10 | 文廟釋奠狀況〉[韓泳夏의 보고] | |
| 23065 | 韓溶 | 한용 | 40 | 31 | 1936.08 | 平壤文廟移建落成式竝儒林大會狀況 | |
| 23066 | 韓用均 | 한용균 | 24 | 59 | 1923.12 | 日誌大要 | |
| 23067 | 韓容復 | 한용복 | 44 | 53 | 1939.10 | 孝烈行蹟〉[韓容復의 보고] | |
| 23068 | 韓龍松 | 한용송 | 48 | 57 | 1944.04 | 一. 孝烈行跡報告 其三 / 李暐演 | |
| 23069 | 漢容漢 | 한용한 | 20 | 47 | 1920.03 | 日誌大要 | |
| 23070 | 韓元植 | 한원식 | 42 | 38 | 1937.12 | 文廟春季釋奠狀況 | |
| 23071 | 韓元植 | 한원식 | 42 | 71 | 1937.12 | 第五回卒業式狀況及第八回新入生名簿〉第八回入學許可者名簿 | |
| 23072 | 韓元植 | 한원식 | 43 | 59 | 1938.12 | 文廟秋季釋奠狀況 | |
| 23073 | 韓元植 | 한원식 | 43 | 67 | 1938.12 | 文廟春季釋奠狀況 | |
| 23074 | 韓元震 | 한원진 | 11 | 27 | 1916.06 | 經學淺知錄(續) / 金文演 | 원문은 元震 |
| 23075 | 韓愈 | 한유 | 2 | 53 | 1914.03 | 日誌大要 | |
| 23076 | 韓愈 | 한유 | 4 | 65 | 1914.09 | 地方報告〉[黃敦秀의 報告] | |
| 23077 | 韓愈 | 한유 | 5 | 75 | 1914.12 | 講說〉講題 道也者不可須臾離也(大正三年九月二十九日第七回講演)〉續演 / 呂圭亨 | |
| 23078 | 韓愈 | 한유 | 8 | 21 | 1915.09 | 孔子年報(續) / 呂圭亨 | |
| 23079 | 韓愈 | 한유 | 8 | 35 | 1915.09 | 賢關記聞 / 李大榮 | |
| 23080 | 韓愈 | 한유 | 9 | 16 | 1915.12 | 經學管見(上) / 尹寧求 | |
| 23081 | 韓愈 | 한유 | 11 | 21 | 1916.06 | 經學管見(續) / 尹寧求 | |
| 23082 | 韓愈 | 한유 | 12 | 11 | 1916.12 | 孟子緒論 / 金文演 | |
| 23083 | 韓愈 | 한유 | 12 | 12 | 1916.12 | 孟子緒論 / 金文演 | |
| 23084 | 韓愈 | 한유 | 21 | 14 | 1921.03 | 經學管見(續) / 尹寧求 | |
| 23085 | 韓愈 | 한유 | 28 | 2 | 1927.12 | 朝鮮詩文變遷論 / 鄭萬朝 | |
| 23086 | 韓愈 | 한유 | 28 | 4 | 1927.12 | 朝鮮詩文變遷論 / 鄭萬朝 | |
| 23087 | 韓愈 | 한유 | 42 | 46 | 1937.12 | 文廟享祀位次及聖賢姓名爵號考 / 金完鎭 | 昌黎伯 |

| 번호 | 원문 | 현대어(독음) | 호 | 쪽 | 발행일 | 기사명 / 필자 | 비고 |
|---|---|---|---|---|---|---|---|
| 23088 | 韓愈 | 한유 | 42 | 56 | 1937.12 | 文廟享祀位次及聖賢姓名爵號考 / 金完鎭 | 昌黎伯, 원문은 姓韓名愈 |
| 23089 | 韓裕相 | 한유상 | 25 | 44 | 1924.12 | 日誌大要 | |
| 23090 | 韓翼敎 | 한익교 | 45 | 23 | 1940.12 | 朝鮮儒林大會(朝鮮儒道聯合會創立總會) 會錄槪要〉朝鮮儒道聯合會役員名簿(昭和十四年十一月一日現在) | |
| 23091 | 韓翼敎 | 한익교 | 47 | 46 | 1943.01 | 經學院日誌大要(昭和十六年七月ヨリ昭和十七年六月マテ) | |
| 23092 | 韓翊南 | 한익남 | 27 | 72 | 1926.12 | 地方報告〉[韓翊南의 報告] | |
| 23093 | 韓翊南 | 한익남 | 27 | 80 | 1926.12 | 地方報告〉[韓翊南의 報告] | |
| 23094 | 韓翊南 | 한익남 | 28 | 83 | 1927.12 | 地方報告〉[韓翊南의 報告] | |
| 23095 | 韓翊南 | 한익남 | 29 | 68 | 1928.12 | 地方報告〉[韓翊南의 報告] | |
| 23096 | 韓翊南 | 한익남 | 29 | 74 | 1928.12 | 地方報告〉[韓翊南의 報告] | |
| 23097 | 韓翊南 | 한익남 | 30 | 72 | 1929.12 | 地方報告〉[韓翊南의 報告] | |
| 23098 | 韓寅楨 | 한인정 | 35 | 77 | 1932.12 | 明倫學院昭和七年度第三回入學許可者名簿 | |
| 23099 | 韓寅楨 | 한인정 | 37 | 51 | 1934.10 | 文廟釋奠狀況〉[春期釋奠 擧行] | |
| 23100 | 韓寅楨 | 한인정 | 37 | 70 | 1934.10 | 明倫學院第三回卒業生名簿 | |
| 23101 | 韓寅楨 | 한인정 | 38 | 44 | 1935.03 | 文廟釋奠狀況〉[秋期釋奠 擧行] | |
| 23102 | 韓寅楨 | 한인정 | 39 | 51 | 1935.10 | 文廟釋奠狀況〉[春期釋奠 擧行] | |
| 23103 | 韓寅楨 | 한인정 | 39 | 57 | 1935.10 | 第三回卒業生名簿(新規第一回昭和十年三月) | |
| 23104 | 韓寅楨 | 한인정 | 45 | 37 | 1940.12 | 朝鮮儒林大會(朝鮮儒道聯合會創立總會) 會錄槪要〉朝鮮儒道聯合會役員名簿(昭和十四年十一月一日現在) | |
| 23105 | 韓任敎 | 한임교 | 20 | 37 | 1920.03 | 求禮郡文廟重修捐義錄小序 / 金商翊 | |
| 23106 | 韓子 | 한자 | 5 | 94 | 1914.12 | 關東講說〉講題 道不遠人 / 鄭顯成 | |
| 23107 | 韓子 | 한자 | 8 | 55 | 1915.09 | 講說〉講題 道不遠人(大政四年五月八日第十二回講演)〉敷演 / 沈鍾舜 | |
| 23108 | 韓子 | 한자 | 12 | 11 | 1916.12 | 孟子緖論 / 金文演 | |
| 23109 | 韓子 | 한자 | 29 | 28 | 1928.12 | 三洙瑣談(續) / 元泳義 | |
| 23110 | 韓子 | 한자 | 35 | 8 | 1932.12 | 心性情理氣圖解 / 元弘植 | |
| 23111 | 韓子 | 한자 | 36 | 3 | 1933.12 | 經義問對(續) / 韓昌愚 | |
| 23112 | 韓子 | 한자 | 39 | 3 | 1935.10 | 性善說 / 李學魯 | |
| 23113 | 韓子 | 한자 | 46 | 6 | 1941.12 | 大學序文先儒論辨 / 金誠鎭 | |
| 23114 | 韓壯根 | 한장근 | 39 | 59 | 1935.10 | 明倫學院第六回入學許可者名簿(昭和十年度) | |
| 23115 | 韓壯根 | 한장근 | 41 | 35 | 1937.02 | 文廟春季釋奠狀況 | |
| 23116 | 韓壯根 | 한장근 | 43 | 59 | 1938.12 | 文廟秋季釋奠狀況 | |

| 번호 | 원문 | 현대어(독음) | 호 | 쪽 | 발행일 | 기사명 / 필자 | 비고 |
|---|---|---|---|---|---|---|---|
| 23117 | 韓壯根 | 한장근 | 43 | 73 | 1938.12 | 第六回卒業式狀況及第九回新入生名簿〉第六回卒業生名簿 | |
| 23118 | 韓璋愚 | 한장우 | 22 | 58 | 1922.03 | 日誌大要 | |
| 23119 | 韓璋愚 | 한장우 | 23 | 59 | 1922.12 | 日誌大要 | |
| 23120 | 寒齋 | 한재 | 9 | 31 | 1915.12 | 賢關記聞(續) / 李大榮 | 李穆 |
| 23121 | 韓載經 | 한재경 | 45 | 35 | 1940.12 | 朝鮮儒林大會(朝鮮儒道聯合會創立總會) 會錄槪要〉朝鮮儒道聯合會役員名簿(昭和十四年十一月一日現在) | |
| 23122 | 韓楨麟 | 한정린 | 26 | 82 | 1925.12 | 地方報告〉[韓楨麟의 報告] | |
| 23123 | 韓楨麟 | 한정린 | 27 | 73 | 1926.12 | 地方報告〉[韓楨麟의 報告] | |
| 23124 | 漢帝 | 한제 | 32 | 5 | 1930.12 | 經學源流(續) / 權純九 | |
| 23125 | 漢帝 | 한제 | 34 | 4 | 1932.03 | 最近經學考 / 權純九 | |
| 23126 | 漢帝 | 한제 | 12 | 63 | 1916.12 | 講說〉二宮尊德翁의 人物及道德(大正五年五月十三日第十八回講演) / 太田秀穗 | 昭烈, 劉備 |
| 23127 | 韓鐘基 | 한종기 | 33 | 10 | 1931.12 | 陽川朴公遺墟碑 / 魏大源 | 원문은 鐘基 |
| 23128 | 韓鍾植 | 한종식 | 30 | 41 | 1929.12 | 日誌大要 | |
| 23129 | 韓鍾植 | 한종식 | 30 | 44 | 1929.12 | 日誌大要 | |
| 23130 | 韓俊相 | 한준상 | 25 | 38 | 1924.12 | 日誌大要 | |
| 23131 | 韓鎭洙 | 한진수 | 40 | 36 | 1936.08 | 文廟釋奠狀況〉[地方文廟春期釋奠狀況表] | |
| 23132 | 韓鎭憲 | 한진헌 | 45 | 38 | 1940.12 | 朝鮮儒林大會(朝鮮儒道聯合會創立總會) 會錄槪要〉朝鮮儒道聯合會役員名簿(昭和十四年十一月一日現在) | |
| 23133 | 寒泟 | 한착 | 7 | 38 | 1915.06 | 論語考證(續) / 金文演 | |
| 23134 | 寒泟 | 한착 | 7 | 39 | 1915.06 | 論語考證(續) / 金文演 | |
| 23135 | 寒泟 | 한착 | 7 | 40 | 1915.06 | 論語考證(續) / 金文演 | |
| 23136 | 韓昌東 | 한창동 | 41 | 63 | 1937.02 | 明倫學院評議員名簿(昭和十一年一月一日) | |
| 23137 | 韓昌東 | 한창동 | 43 | 43 | 1938.12 | 故大提學鄭鳳時先生輓詞 / 韓昌東 | |
| 23138 | 韓昌東 | 한창동 | 45 | 23 | 1940.12 | 朝鮮儒林大會(朝鮮儒道聯合會創立總會) 會錄槪要〉朝鮮儒道聯合會役員名簿(昭和十四年十一月一日現在) | |
| 23139 | 韓昌東 | 한창동 | 46 | 33 | 1941.12 | 明倫專門學院日誌大要(昭和十四年七月ヨリ昭和十六年六月マデ) | |
| 23140 | 韓昌黎 | 한창려 | 1 | 8 | 1913.12 | 論說 / 呂圭亨 | |
| 23141 | 韓昌黎 | 한창려 | 3 | 36 | 1914.06 | 孔子年報(續) / 呂圭亨 | |
| 23142 | 韓昌錫 | 한창석 | 7 | 54 | 1915.06 | 日誌大要 | |
| 23143 | 韓昌玉 | 한창옥 | 21 | 95 | 1921.03 | 地方報告〉[金文鉉의 報告] | |
| 23144 | 韓昌愚 | 한창우 | 1 | 52 | 1913.12 | 日誌大要 | |
| 23145 | 韓昌愚 | 한창우 | 1 | 57 | 1913.12 | 日誌大要 | |

| 번호 | 원문 | 현대어(독음) | 호 | 쪽 | 발행일 | 기사명 / 필자 | 비고 |
|---|---|---|---|---|---|---|---|
| 23146 | 韓昌愚 | 한창우 | 1 | 58 | 1913.12 | 本院職員錄 大正二年十二月 日 現在 | |
| 23147 | 韓昌愚 | 한창우 | 1 | 91 | 1913.12 | 地方報告 大正元年始>[韓昌愚의 報告 | |
| 23148 | 韓昌愚 | 한창우 | 2 | 3 | 1914.03 | 經學要義 / 韓昌愚 | |
| 23149 | 韓昌愚 | 한창우 | 2 | 58 | 1914.03 | 日誌大要 | |
| 23150 | 韓昌愚 | 한창우 | 2 | 81 | 1914.03 | 地方報告>[韓昌愚의 報告] | |
| 23151 | 韓昌愚 | 한창우 | 3 | 7 | 1914.06 | 經學說 / 韓昌愚 | |
| 23152 | 韓昌愚 | 한창우 | 3 | 60 | 1914.06 | 日誌大要 | |
| 23153 | 韓昌愚 | 한창우 | 3 | [0] | 1914.06 | [經學院視察團旅行紀念] | |
| 23154 | 韓昌愚 | 한창우 | 5 | 69 | 1914.12 | 日誌大要 | |
| 23155 | 韓昌愚 | 한창우 | 6 | 63 | 1915.03 | 地方報告>[韓昌愚 巡講] | |
| 23156 | 韓昌愚 | 한창우 | 8 | 62 | 1915.09 | 地方報告>[韓昌愚의 報告] | |
| 23157 | 韓昌愚 | 한창우 | 9 | 7 | 1915.12 | 讀書警心說 / 韓昌愚 | |
| 23158 | 韓昌愚 | 한창우 | 9 | [11] | 1915.12 | 卽位大禮式獻頌文 / 韓昌愚 | |
| 23159 | 韓昌愚 | 한창우 | 10 | 90 | 1916.03 | 地方報告>[韓昌愚의 報告] | |
| 23160 | 韓昌愚 | 한창우 | 11 | 59 | 1916.06 | 三月十四日瞻拜開城文廟識感 / 韓昌愚 | |
| 23161 | 韓昌愚 | 한창우 | 12 | 26 | 1916.12 | 經義問答 / 韓昌愚 | |
| 23162 | 韓昌愚 | 한창우 | 12 | 78 | 1916.12 | 地方報告>[韓昌愚의 報告] | |
| 23163 | 韓昌愚 | 한창우 | 12 | [6] | 1916.12 | 立太子禮獻頌文 / 韓昌愚 | |
| 23164 | 韓昌愚 | 한창우 | 17 | 35 | 1918.07 | 經義問對 / 李載烈 | |
| 23165 | 韓昌愚 | 한창우 | 17 | 67 | 1918.07 | 地方報告>[韓昌愚의 報告] | |
| 23166 | 韓昌愚 | 한창우 | 22 | 47 | 1922.03 | 故經學院副提學久庵朴公挽詞 / 韓昌愚 | |
| 23167 | 韓昌愚 | 한창우 | 23 | 12 | 1922.12 | 經義問答 / 韓昌愚 | |
| 23168 | 韓昌愚 | 한창우 | 23 | 49 | 1922.12 | 孔夫子忌辰四十周甲追慕韻 / 韓昌愚 | |
| 23169 | 韓昌愚 | 한창우 | 23 | 53 | 1922.12 | 日誌大要 | |
| 23170 | 韓昌愚 | 한창우 | 24 | 57 | 1923.12 | 日誌大要 | |
| 23171 | 韓昌愚 | 한창우 | 24 | 93 | 1923.12 | 地方報告>[韓昌愚의 報告] | |
| 23172 | 韓昌愚 | 한창우 | 27 | 19 | 1926.12 | 經義問對 / 韓昌愚 | |
| 23173 | 韓昌愚 | 한창우 | 27 | 54 | 1926.12 | 日誌大要 | |
| 23174 | 韓昌愚 | 한창우 | 28 | 38 | 1927.12 | 壽星詩帖 / 韓昌愚 | |
| 23175 | 韓昌愚 | 한창우 | 28 | 45 | 1927.12 | 日誌大要 | |
| 23176 | 韓昌愚 | 한창우 | 28 | 63 | 1927.12 | 講說>講題 明倫說 / 韓昌愚 | |
| 23177 | 韓昌愚 | 한창우 | 28 | 76 | 1927.12 | 地方報告>[金完鎭의 報告] | |
| 23178 | 韓昌愚 | 한창우 | 29 | 32 | 1928.12 | 聚奎帖 / 韓昌愚 | |
| 23179 | 韓昌愚 | 한창우 | 29 | 35 | 1928.12 | 大樹帖 / 韓昌愚 | |
| 23180 | 韓昌愚 | 한창우 | 30 | 37 | 1929.12 | 雪重帖 / 韓昌愚 | |
| 23181 | 韓昌愚 | 한창우 | 31 | 27 | 1930.08 | 壽星帖 / 院僚一同 | |

| 번호 | 원문 | 현대어(독음) | 호 | 쪽 | 발행일 | 기사명 / 필자 | 비고 |
|---|---|---|---|---|---|---|---|
| 23182 | 韓昌愚 | 한창우 | 32 | 7 | 1930.12 | 經義問答 / 韓昌愚 | |
| 23183 | 韓昌愚 | 한창우 | 32 | 32 | 1930.12 | 視察不二農場贈藤井組合長 / 韓昌愚 | |
| 23184 | 韓昌愚 | 한창우 | 32 | 33 | 1930.12 | 崧陽書院祭拜敬次板上韻 / 韓昌愚 | |
| 23185 | 韓昌愚 | 한창우 | 33 | 18 | 1931.12 | 壽松帖〉敬賀鄭提學先生喜壽 / 韓昌愚 | |
| 23186 | 韓昌愚 | 한창우 | 33 | 29 | 1931.12 | 聲討顛末 | |
| 23187 | 韓昌愚 | 한창우 | 34 | 6 | 1932.03 | 經義問對 / 韓昌愚 | |
| 23188 | 韓昌愚 | 한창우 | 36 | 2 | 1933.12 | 經義問對(續) / 韓昌愚 | |
| 23189 | 韓昌愚 | 한창우 | 36 | 22 | 1933.12 | 日誌大要 | |
| 23190 | 韓昌愚 | 한창우 | 36 | 23 | 1933.12 | 日誌大要 | |
| 23191 | 韓昌愚 | 한창우 | 37 | 5 | 1934.10 | 經義問答 / 韓昌愚 | |
| 23192 | 韓昌愚 | 한창우 | 37 | 41 | 1934.10 | 有爲 / 韓昌愚 | |
| 23193 | 韓昌愚 | 한창우 | 38 | 27 | 1935.03 | 性理 | |
| 23194 | 韓昌愚 | 한창우 | 38 | 39 | 1935.03 | 挽宜齋朴司成 / 韓昌愚 | |
| 23195 | 韓昌愚 | 한창우 | 39 | 48 | 1935.10 | 李石庭衝熱遠訪別後悵然走筆 / 韓昌愚 | |
| 23196 | 韓昌愚 | 한창우 | 40 | 16 | 1936.08 | 文房四友說 / 韓昌愚 | |
| 23197 | 韓昌愚 | 한창우 | 40 | 41 | 1936.08 | 成竹似先生追悼錄〉挽故成均館博士成竹似先生 / 韓昌愚 | |
| 23198 | 韓昌愚 | 한창우 | 40 | 56 | 1936.08 | 鄭茂亭先生追悼錄〉輓詞 / 韓昌愚 | |
| 23199 | 韓昌愚 | 한창우 | 41 | 30 | 1937.02 | 石庭李司成六十一歲生朝 | |
| 23200 | 韓昌愚 | 한창우 | 43 | 44 | 1938.12 | 故大提學鄭鳳時先生輓詞 / 韓昌愚 | |
| 23201 | 韓喆敎 | 한철교 | 35 | 41 | 1932.12 | 孝烈行蹟〉[韓喆敎의 보고] | |
| 23202 | 韓忠 | 한충 | 44 | 51 | 1939.10 | 嘉言善行 / 李昇圭 | |
| 23203 | 韓致亨 | 한치형 | 10 | 30 | 1916.03 | 享官廳記 / 洪貴達 撰 | |
| 23204 | 韓快鎬 | 한쾌호 | 33 | 49 | 1931.12 | 文廟釋奠狀況〉[本院秋期釋奠에 대한 보고] | |
| 23205 | 韓快鎬 | 한쾌호 | 34 | 59 | 1932.03 | 明倫學院昭和六年度入學許可者名簿 | |
| 23206 | 韓快鎬 | 한쾌호 | 36 | 25 | 1933.12 | 文廟釋奠狀況〉[秋期釋奠 擧行] | |
| 23207 | 韓快鎬 | 한쾌호 | 36 | 30 | 1933.12 | 文廟釋奠狀況〉[春期釋奠 擧行] | |
| 23208 | 韓快鎬 | 한쾌호 | 36 | 69 | 1933.12 | 明倫學院第二回卒業生名簿 | |
| 23209 | 韓快鎬 | 한쾌호 | 36 | 72 | 1933.12 | 明倫學院第二回補習科生名簿 | |
| 23210 | 韓快鎬 | 한쾌호 | 37 | 46 | 1934.10 | 文廟釋奠狀況〉[秋期釋奠 擧行] | |
| 23211 | 韓快鎬 | 한쾌호 | 37 | 51 | 1934.10 | 文廟釋奠狀況〉[春期釋奠 擧行] | |
| 23212 | 韓快鎬 | 한쾌호 | 37 | 71 | 1934.10 | 明倫學院補習科第二回修了生名簿 | |
| 23213 | 韓佗冑 | 한탁주 | 8 | 11 | 1915.09 | 華山問答(續) / 李容稙 | |
| 23214 | 韓太傅 | 한태부 | 1 | 8 | 1913.12 | 論說 / 呂圭亨 | |
| 23215 | 韓太傅 | 한태부 | 31 | 4 | 1930.08 | 經學源流 / 權純九 | |
| 23216 | 韓退之 | 한퇴지 | 1 | 8 | 1913.12 | 論說 / 呂圭亨 | |

| 번호 | 원문 | 현대어(독음) | 호 | 쪽 | 발행일 | 기사명 / 필자 | 비고 |
|------|------|------|----|----|--------|------------|------|
| 23217 | 韓退之 | 한퇴지 | 2 | 52 | 1914.03 | 日誌大要 | |
| 23218 | 韓退之 | 한퇴지 | 4 | 8 | 1914.09 | 學說 / 呂圭亨 | |
| 23219 | 韓退之 | 한퇴지 | 6 | 4 | 1915.03 | 緖論 / 呂圭亨 | |
| 23220 | 韓退之 | 한퇴지 | 9 | 46 | 1915.12 | 日誌大要 | |
| 23221 | 韓退之 | 한퇴지 | 10 | 18 | 1916.03 | 經學管見(續) / 尹寧求 | |
| 23222 | 韓退之 | 한퇴지 | 10 | 21 | 1916.03 | 經學淺知錄 / 金文演 | |
| 23223 | 韓退之 | 한퇴지 | 11 | 3 | 1916.06 | 經論 / 韓晩容 | |
| 23224 | 韓退之 | 한퇴지 | 16 | 45 | 1918.03 | 講說〉講題 林放問禮之本(大正六年九月二十七日平壤府鄕校講演) / 朴齊斌 | |
| 23225 | 韓退之 | 한퇴지 | 22 | 49 | 1922.03 | 故經學院副提學久庵朴公挽詞 / 金完鎭 | |
| 23226 | 韓退之 | 한퇴지 | 45 | 86 | 1940.12 | 忠淸南道儒道聯合會結成式〉東亞ノ建設ト儒道ノ精神 / 安寅植 | |
| 23227 | 漢平帝 | 한평제 | 27 | 46 | 1926.12 | 釋奠에 就ᄒ야(續) / 佐藤廣治 | 劉衎 |
| 23228 | 漢平帝 | 한평제 | 42 | 48 | 1937.12 | 文廟享祀位次及聖賢姓名爵號考 / 金完鎭 | 漢의 平帝, 劉衎 |
| 23229 | 漢平帝 | 한평제 | 42 | 59 | 1937.12 | 文廟享祀位次及聖賢姓名爵號考 / 金完鎭 | |
| 23230 | 韓弼楨 | 한필정 | 29 | 38 | 1928.12 | 日誌大要 | |
| 23231 | 韓弼鎬 | 한필호 | 39 | 44 | 1935.10 | 地方儒林狀況〉[振威郡鄕校의 보고] | |
| 23232 | 韓學倫 | 한학륜 | 45 | 41 | 1940.12 | 朝鮮儒林大會(朝鮮儒道聯合會創立總會) 會錄槪要〉朝鮮儒道聯合會役員名簿(昭和十四年十一月一日現在) | |
| 23233 | 韓亨魯 | 한형로 | 14 | 64 | 1917.07 | 地方報告〉[金秉鉉의 報告] | |
| 23234 | 韓亨允 | 한형윤 | 17 | 33 | 1918.07 | 賢關記聞(續) / 李大榮 | |
| 23235 | 漢惠帝 | 한혜제 | 9 | 20 | 1915.12 | 經學管見(下) / 尹寧求 | 劉盈 |
| 23236 | 韓濩 | 한호 | 9 | 35 | 1915.12 | 賢關記聞(續) / 李大榮 | 韓石峯 |
| 23237 | 韓弘斗 | 한홍두 | 12 | 47 | 1916.12 | 奉讀經學院雜誌興感 / 韓弘斗 | |
| 23238 | 漢和帝 | 한화제 | 42 | 48 | 1937.12 | 文廟享祀位次及聖賢姓名爵號考 / 金完鎭 | 漢의 和帝, 劉肇 |
| 23239 | 韓晦善 | 한회선 | 1 | 47 | 1913.12 | 日誌大要 | |
| 23240 | 韓晦善 | 한회선 | 1 | 53 | 1913.12 | 日誌大要 | |
| 23241 | 寒暄堂 | 한훤당 | 33 | 40 | 1931.12 | 地方儒林狀況〉[李大榮의 보고]〉書院狀況 | 金宏弼 |
| 23242 | 寒暄堂 | 한훤당 | 42 | 57 | 1937.12 | 文廟享祀位次及聖賢姓名爵號考 / 金完鎭 | 金宏弼 |
| 23243 | 寒暄堂 | 한훤당 | 44 | 49 | 1939.10 | 嘉言善行 / 李昇圭 | 金宏弼 |
| 23244 | 漢興 | 한흥 | 1 | 8 | 1913.12 | 論說 / 呂圭亨 | |
| 23245 | 韓熙洙 | 한희수 | 39 | 54 | 1935.10 | 文廟釋奠狀況〉地方文廟春期釋奠狀況表 | |
| 23246 | 韓熙洙 | 한희수 | 40 | 37 | 1936.08 | 文廟釋奠狀況〉[地方文廟春期釋奠狀況表] | |
| 23247 | 韓熙洙 | 한희수 | 42 | 38 | 1937.12 | 文廟春季釋奠狀況 | |

| 번호 | 원문 | 현대어(독음) | 호 | 쪽 | 발행일 | 기사명 / 필자 | 비고 |
|---|---|---|---|---|---|---|---|
| 23248 | 咸秉業 | 함병업 | 41 | 61 | 1937.02 | 明倫學院職員名簿(昭和十一年一月一日現在) | |
| 23249 | 咸秉業 | 함병업 | 42 | 73 | 1937.12 | 第五回卒業式狀況及第八回新入生名簿 | |
| 23250 | 咸奉澤 | 함봉택 | 33 | 56 | 1931.12 | 孝烈行蹟〉[金時一 等의 보고] | |
| 23251 | 咸一奎 | 함일규 | 17 | 74 | 1918.07 | 地方報告〉[咸一奎의 報告] | |
| 23252 | 咸一奎 | 함일규 | 19 | 79 | 1918.12 | 地方報告〉[咸一奎의 報告] | |
| 23253 | 項篤壽 | 항독수 | 17 | 3 | 1918.07 | 經學管見(續) / 尹寧求 | |
| 23254 | 亢父伯 | 항부백 | 42 | 53 | 1937.12 | 文廟享祀位次及聖賢姓名爵號考 / 金完鎭 | 公夏首 |
| 23255 | 杭世駿 | 항세준 | 14 | 5 | 1917.07 | 經學管見(續) / 尹寧求 | |
| 23256 | 項羽 | 항우 | 1 | 66 | 1913.12 | 講說〉大正二年六月十四日第一回演講〉(講章 益者三友損者三友)〉結辭 / 李人植 | 원문은 頂羽 로 오기됨 |
| 23257 | 項羽 | 항우 | 17 | 6 | 1918.07 | 經學管見(續) / 尹寧求 | |
| 23258 | 項羽 | 항우 | 25 | 51 | 1924.12 | 講說〉講題 儒素 / 金完鎭 | |
| 23259 | 項羽 | 항우 | 25 | 67 | 1924.12 | 講說〉講題 明倫 / 李大榮 | |
| 23260 | 項羽 | 항우 | 31 | 21 | 1930.08 | 講題 窮塞禍患不以動其心行吾義而已 / 李學魯 | |
| 23261 | 項原 | 항원 | 17 | 1 | 1918.07 | 經學管見(續) / 尹寧求 | |
| 23262 | 項籍 | 항적 | 27 | 29 | 1926.12 | 中庸問對 / 沈璿澤 | |
| 23263 | 項橐 | 항탁 | 7 | 40 | 1915.06 | 論語考證(續) / 金文演 | |
| 23264 | 項橐 | 항탁 | 1 | 65 | 1913.12 | 講說〉大正二年六月十四日第一回演講〉(講章 益者三友損者三友)〉續演 / 呂圭亨 | |
| 23265 | 項橐 | 항탁 | 9 | 53 | 1915.12 | 講說〉講題 三人行必有我師(大正四年六月 十二日第十三回講演) / 朴箕陽 | |
| 23266 | 亥角仲藏 | 해각중장 | 21 | 58 | 1921.03 | 掌議에 關한 規程 | 이즈미 쥬조 |
| 23267 | 亥角仲藏 | 해각중장 | 22 | 38 | 1922.03 | 鄕校財産管理規則施行細則(續) | 이즈미 쥬조 |
| 23268 | 亥角仲藏 | 해각중장 | 24 | 36 | 1923.12 | 掌議에 關한 規程(續) | 이즈미 쥬조 |
| 23269 | 亥角仲藏 | 해각중장 | 25 | 42 | 1924.12 | 日誌大要 | 이즈미 쥬조 |
| 23270 | 海岡 | 해강 | 34 | 34 | 1932.03 | 孝烈行蹟〉[鄭來和 等의 보고] | 金容奎 |
| 23271 | 海東孔子 | 해동공자 | 44 | 48 | 1939.10 | 嘉言善行 / 李昇圭 | |
| 23272 | 海陵胡氏 | 해릉 호씨 | 15 | 13 | 1917.10 | 四書小註辨疑(續) / 李鶴在 | |
| 23273 | 海民 | 해민 | 33 | 11 | 1931.12 | 孝子司甕院奉事白公行狀 / 成樂賢 | |
| 23274 | 海石 | 해석 | 11 | 56 | 1916.06 | 賢關記聞(續) / 李大榮 | 金載瓚 |
| 23275 | 海吳鳳泳 | 해오봉영 | 46 | 33 | 1941.12 | 明倫專門學院日誌大要(昭和十四年七月ヨリ 昭和十六年六月マデ) | 吳鳳泳 |
| 23276 | 奚容蒧 | 해용잠 | 42 | 47 | 1937.12 | 文廟享祀位次及聖賢姓名爵號考 / 金完鎭 | 濟陽侯 |
| 23277 | 奚容蒧 | 해용점 | 30 | [11] | 1929.12 | 李龍眠畵宣聖及七十二弟子像贊(金石萃編) | 子皙 |
| 23278 | 奚容蒧 | 해용점 | 42 | 53 | 1937.12 | 文廟享祀位次及聖賢姓名爵號考 / 金完鎭 | 濟陽侯, 원문은 姓奚容名蒧 |

| 번호 | 원문 | 현대어(독음) | 호 | 쪽 | 발행일 | 기사명 / 필자 | 비고 |
|---|---|---|---|---|---|---|---|
| 23279 | 海州吳氏 | 해주 오씨 | 28 | 87 | 1927.12 | 地方報告〉[吉基淳 等의 報告] | |
| 23280 | 海州崔氏 | 해주 최씨 | 33 | 55 | 1931.12 | 孝烈行蹟〉[朴鳳鎬 等의 보고] | |
| 23281 | 海津 | 해진 | 22 | 83 | 1922.03 | 地方報告〉[盧一愚의 報告] | 海津惟一 |
| 23282 | 海槎 | 해차 | 40 | 39 | 1936.08 | 成竹似先生追悼錄〉挽故成均館博士成竹似先生 / 權純九 | 權純九 |
| 23283 | 海槎 | 해차 | 40 | 50 | 1936.08 | 鄭茂亭先生追悼錄〉哀辭 / 權純九 | 權純九 |
| 23284 | 海春 | 해춘 | 40 | 54 | 1936.08 | 鄭茂亭先生追悼錄〉輓詞 / 黃錫龍 | 黃錫龍 |
| 23285 | 行 | 행 | 30 | [11] | 1929.12 | 李龍眠畵宣聖及七十二弟子像贊(金石萃編) | 左人郢 |
| 23286 | 向郭 | 향곽 | 1 | 8 | 1913.12 | 論說 / 呂圭亨 | |
| 23287 | 向伯 | 향백 | 30 | [9] | 1929.12 | 李龍眠畵宣聖及七十二弟子像贊(金石萃編) | 司馬耕 |
| 23288 | 向伯 | 향백 | 42 | 51 | 1937.12 | 文廟享祀位次及聖賢姓名爵號考 / 金完鎭 | 司馬耕 |
| 23289 | 鄕伯 | 향백 | 8 | 35 | 1915.09 | 賢關記聞 / 李大榮 | 盧植 |
| 23290 | 香山博 | 향산박 | 48 | 61 | 1944.04 | 經學院日誌大要(昭和十七年七月ヨリ昭和十八年六月マテ) | 가야마 히로시 |
| 23291 | 香山實 | 향산실 | 48 | 52 | 1944.04 | 釋奠狀況〉昭和十八年春季釋奠狀況 | |
| 23292 | 香山實 | 향산실 | 48 | 54 | 1944.04 | 釋奠狀況〉昭和十八年秋季釋奠狀況 | |
| 23293 | 香月 | 향월 | 42 | 22 | 1937.12 | 支那事變에 對하야 / 金大羽 | |
| 23294 | 向井虎吉 | 향정호길 | 36 | 24 | 1933.12 | 日誌大要 | 무카이 도라키치 |
| 23295 | 向井虎吉 | 향정호길 | 36 | 64 | 1933.12 | 明倫學院職員名簿 | 무카이 도라키치 |
| 23296 | 向井虎吉 | 향정호길 | 37 | 62 | 1934.10 | 第四回評議員會狀況〉事業經過報告 / 兪萬兼 | 무카이 도라키치 |
| 23297 | 向井虎吉 | 향정호길 | 37 | 66 | 1934.10 | 明倫學院職員名簿 | 무카이 도라키치 |
| 23298 | 向井虎吉 | 향정호길 | 41 | 61 | 1937.02 | 明倫學院職員名簿(昭和十一年一月一日現在) | 무카이 도라키치 |
| 23299 | 向井虎吉 | 향정호길 | 45 | 27 | 1940.12 | 朝鮮儒林大會(朝鮮儒道聯合會創立總會) 會錄槪要〉朝鮮儒道聯合會役員名簿(昭和十四年十一月一日現在) | 무카이 도라키치 |
| 23300 | 香村武夫 | 향촌무부 | 48 | 52 | 1944.04 | 釋奠狀況〉昭和十八年春季釋奠狀況 | |
| 23301 | 香村武夫 | 향촌무부 | 48 | 54 | 1944.04 | 釋奠狀況〉昭和十八年秋季釋奠狀況 | |
| 23302 | 許錫愚 | 허갈우 | 22 | 77 | 1922.03 | 地方報告〉[黃泳斌의 報告] | 원문은 許公錫愚 |
| 23303 | 許謙 | 허겸 | 12 | 9 | 1916.12 | 經學管見(續) / 尹寧求 | |
| 23304 | 許璟 | 허경 | 19 | 83 | 1918.12 | 地方報告〉[許璟 等의 報告] | |
| 23305 | 許璟 | 허경 | 21 | 25 | 1921.03 | 順天郡儒生尊聖錄序 / 鄭崙秀 | |
| 23306 | 許桂林 | 허계림 | 34 | 5 | 1932.03 | 最近經學考 / 權純九 | |

| 번호 | 원문 | 현대어(독음) | 호 | 쪽 | 발행일 | 기사명 / 필자 | 비고 |
|---|---|---|---|---|---|---|---|
| 23307 | 許科 | 허과 | 38 | 46 | 1935.03 | 文廟釋奠狀況〉地方文廟秋期釋奠狀況表 | |
| 23308 | 許瓘 | 허관 | 33 | 9 | 1931.12 | 司直金公墓碑銘并序 / 金完鎭 | |
| 23309 | 許奎 | 허규 | 20 | 37 | 1920.03 | 求禮郡文廟重修捐義錄小序 / 金商翊 | |
| 23310 | 許魯齋 | 허노재 | 10 | 22 | 1916.03 | 經學淺知錄 / 金文演 | |
| 23311 | 許魯齋 | 허노재 | 11 | 9 | 1916.06 | 經論 / 韓晩容 | |
| 23312 | 許道成 | 허도성 | 44 | 81 | 1939.10 | 日誌大要(自昭和十三年六月 至昭和十三年十二月) | |
| 23313 | 許棟 | 허동 | 15 | 33 | 1917.10 | 日誌大要 | |
| 23314 | 許科 | 허두 | 33 | 36 | 1931.12 | 聲討顚末 | |
| 23315 | 許科 | 허두 | 38 | 46 | 1935.03 | 文廟釋奠狀況〉地方文廟秋期釋奠狀況表 | |
| 23316 | 許萬昌 | 허만창 | 29 | 72 | 1928.12 | 地方報告〉[鄭汝鉉의 報告] | |
| 23317 | 許穆 | 허목 | 11 | 27 | 1916.06 | 經學淺知錄(續) / 金文演 | 원문은 穆 |
| 23318 | 許穆 | 허목 | 28 | 3 | 1927.12 | 朝鮮詩文變遷論 / 鄭萬朝 | 원문은 穆 |
| 23319 | 許眉叟 | 허미수 | 11 | 27 | 1916.06 | 經學淺知錄(續) / 金文演 | 許穆 |
| 23320 | 許眉叟 | 허미수 | 28 | 3 | 1927.12 | 朝鮮詩文變遷論 / 鄭萬朝 | 許穆 |
| 23321 | 許栢 | 허백 | 16 | 61 | 1918.03 | 地方報告〉[朴晋遠의 報告] | |
| 23322 | 許炳官 | 허병관 | 46 | 15 | 1941.12 | 釋奠狀況〉昭和十五年春季釋奠狀況 | |
| 23323 | 許叔牙 | 허숙아 | 10 | 13 | 1916.03 | 經學管見(續) / 尹寧求 | |
| 23324 | 許叔重 | 허숙중 | 10 | 19 | 1916.03 | 經學管見(續) / 尹寧求 | |
| 23325 | 許淳 | 허순 | 33 | 53 | 1931.12 | 文廟釋奠狀況〉[姜尙祖의 보고] | |
| 23326 | 許嵩 | 허숭 | 15 | 4 | 1917.10 | 經學管見(續) / 尹寧求 | |
| 23327 | 許湜 | 허식 | 33 | 34 | 1931.12 | 聲討顚末 | |
| 23328 | 許湜 | 허식 | 38 | 48 | 1935.03 | 文廟釋奠狀況〉地方文廟秋期釋奠狀況表 | |
| 23329 | 許湜 | 허식 | 39 | 43 | 1935.10 | 地方儒林狀況〉[許湜의 보고] | |
| 23330 | 許湜 | 허식 | 39 | 53 | 1935.10 | 文廟釋奠狀況〉地方文廟春期釋奠狀況表 | |
| 23331 | 許湜 | 허식 | 40 | 37 | 1936.08 | 文廟釋奠狀況〉[地方文廟春期釋奠狀況表] | |
| 23332 | 許愼 | 허신 | 10 | 19 | 1916.03 | 經學管見(續) / 尹寧求 | |
| 23333 | 許愼 | 허신 | 11 | 15 | 1916.06 | 經學管見(續) / 尹寧求 | |
| 23334 | 許愼 | 허신 | 13 | 14 | 1917.03 | 舞器圖說(續) | |
| 23335 | 許愼 | 허신 | 31 | 5 | 1930.08 | 經學源流 / 權純九 | |
| 23336 | 許愼 | 허신 | 31 | 6 | 1930.08 | 經學源流 / 權純九 | |
| 23337 | 許汝棻 | 허여분 | 39 | 30 | 1935.10 | 東京斯文會主催儒道大會狀況 | |
| 23338 | 許汝棻 | 허여분 | 39 | 31 | 1935.10 | 東京斯文會主催儒道大會狀況 | |
| 23339 | 許燁 | 허엽 | 44 | 79 | 1939.10 | 文廟秋季釋奠狀況 | |
| 23340 | 許燁 | 허엽 | 44 | 91 | 1939.10 | 明倫專門學院記事〉研究科第二回入學許可者 | |
| 23341 | 許泳 | 허영 | 26 | 90 | 1925.12 | 地方報告〉[林炳棹 等의 報告] | |

| 번호 | 원문 | 현대어(독음) | 호 | 쪽 | 발행일 | 기사명 / 필자 | 비고 |
|---|---|---|---|---|---|---|---|
| 23342 | 許泳奎 | 허영규 | 45 | 31 | 1940.12 | 朝鮮儒林大會(朝鮮儒道聯合會創立總會) 會錄概要〉朝鮮儒道聯合會役員名簿(昭和十四年十一月一日現在) | |
| 23343 | 許容 | 허용 | 18 | 10 | 1918.09 | 經學管見(續) / 尹寧求 | |
| 23344 | 許湧 | 허용 | 32 | 52 | 1930.12 | 地方報告〉孝烈行蹟[趙溶夏 等의 보고] | |
| 23345 | 許運 | 허운 | 12 | 55 | 1916.12 | 日誌大要 | |
| 23346 | 許運久 | 허운구 | 33 | 49 | 1931.12 | 文廟釋奠狀況〉[本院秋期釋奠에 대한 보고] | |
| 23347 | 許運久 | 허운구 | 35 | 30 | 1932.12 | 文廟釋奠狀況 | |
| 23348 | 許運久 | 허운구 | 36 | 25 | 1933.12 | 文廟釋奠狀況〉[秋期釋奠 擧行] | |
| 23349 | 許運久 | 허운구 | 36 | 30 | 1933.12 | 文廟釋奠狀況〉[春期釋奠 擧行] | |
| 23350 | 許運久 | 허운구 | 36 | 68 | 1933.12 | 明倫學院第二回卒業生名簿 | |
| 23351 | 許垣 | 허원 | 20 | 38 | 1920.03 | 求禮郡文廟重修捐義錄小序 / 金商翊 | |
| 23352 | 許源 | 허원 | 22 | 77 | 1922.03 | 地方報告〉[黃泳斌의 報告] | |
| 23353 | 許煒 | 허위 | 40 | 63 | 1936.08 | 第四回卒業式狀況及第七回新入生名簿〉明倫學院第七回入學許可者名簿 | |
| 23354 | 許煒 | 허위 | 41 | 37 | 1937.02 | 文廟秋季釋奠狀況 | |
| 23355 | 許煒 | 허위 | 42 | 38 | 1937.12 | 文廟春季釋奠狀況 | |
| 23356 | 許煒 | 허위 | 43 | 66 | 1938.12 | 文廟春季釋奠狀況 | |
| 23357 | 許煒 | 허위 | 43 | 67 | 1938.12 | 文廟春季釋奠狀況 | |
| 23358 | 許洧 | 허유 | 20 | 38 | 1920.03 | 求禮郡文廟重修捐義錄小序 / 金商翊 | |
| 23359 | 許由 | 허유 | 6 | 37 | 1915.03 | 孔子年報(續) / 呂圭亨 | |
| 23360 | 許在春 | 허재춘 | 26 | 76 | 1925.12 | 地方報告〉[尹時薰의 報告] | |
| 23361 | 許鄭東 | 허정동 | 11 | 26 | 1916.06 | 經學淺知錄(續) / 金文演 | |
| 23362 | 許禎胤 | 허정윤 | 31 | 38 | 1930.08 | 地方報告〉孝烈行蹟[河漢云 等의 보고] | |
| 23363 | 許稠 | 허조 | 41 | 23 | 1937.02 | 敎化編年(續) / 李大榮 | |
| 23364 | 許琮 | 허종 | 41 | 23 | 1937.02 | 敎化編年(續) / 李大榮 | |
| 23365 | 虛舟 | 허주 | 13 | 26 | 1917.03 | 讀書私記(續) / 洪鍾佶 | |
| 23366 | 許柱山 | 허주산 | 15 | 33 | 1917.10 | 日誌大要 | |
| 23367 | 許鎭 | 허진 | 20 | 36 | 1920.03 | 求禮郡文廟重修捐義錄小序 / 金商翊 | |
| 23368 | 許眞君 | 허진군 | 46 | 11 | 1941.12 | 嘉言善行 / 李昇圭 | 許遜 |
| 23369 | 許琛 | 허채 | 36 | 36 | 1933.12 | 孝烈行蹟〉[許琛 等의 보고] | |
| 23370 | 許淸 | 허청 | 36 | 27 | 1933.12 | 文廟釋奠狀況〉[許淸의 보고] | |
| 23371 | 許淸 | 허청 | 36 | 33 | 1933.12 | 文廟釋奠狀況〉[許淸의 보고] | |
| 23372 | 許淸 | 허청 | 37 | 35 | 1934.10 | 地方儒林狀況〉[許淸의 보고] | |
| 23373 | 許鏦 | 허총 | 38 | 45 | 1935.03 | 文廟釋奠狀況〉地方文廟秋期釋奠狀況表 | |

| 번호 | 원문 | 현대어(독음) | 호 | 쪽 | 발행일 | 기사명 / 필자 | 비고 |
|---|---|---|---|---|---|---|---|
| 23374 | 許澤 | 허택 | 45 | 40 | 1940.12 | 朝鮮儒林大會(朝鮮儒道聯合會創立總會) 會錄槪要〉朝鮮儒道聯合會役員名簿(昭和十四年十一月一日現在) | |
| 23375 | 許咸 | 허함 | 29 | 69 | 1928.12 | 地方報告〉[許咸의 報告] | |
| 23376 | 許咸 | 허함 | 29 | 77 | 1928.12 | 地方報告〉[許咸의 報告] | |
| 23377 | 許行 | 허행 | 24 | 26 | 1923.12 | 三洙瑣談(續) / 元泳義 | |
| 23378 | 許行 | 허행 | 32 | 5 | 1930.12 | 經學源流(續) / 權純九 | |
| 23379 | 許烱 | 허형 | 19 | 75 | 1918.12 | 地方報告〉[許烱의 報告] | |
| 23380 | 許烱 | 허형 | 30 | 81 | 1929.12 | 地方報告〉[林炳棹 等의 報告] | |
| 23381 | 許衡 | 허형 | 8 | 35 | 1915.09 | 賢關記聞 / 李大榮 | |
| 23382 | 許衡 | 허형 | 10 | 51 | 1916.03 | 賢關記聞(續) / 李大榮 | |
| 23383 | 許衡 | 허형 | 42 | 47 | 1937.12 | 文廟享祀位次及聖賢姓名爵號考 / 金完鎭 | 魏國公 |
| 23384 | 許衡 | 허형 | 42 | 57 | 1937.12 | 文廟享祀位次及聖賢姓名爵號考 / 金完鎭 | 魏國公, 원문은 姓許名衡 |
| 23385 | 許烱號 | 허형호 | 30 | 81 | 1929.12 | 地方報告〉[林炳棹 等의 報告] | |
| 23386 | 許燻 | 허훈 | 24 | 58 | 1923.12 | 日誌大要 | |
| 23387 | 許燻 | 허훈 | 24 | 59 | 1923.12 | 日誌大要 | |
| 23388 | 軒 | 헌 | 7 | 27 | 1915.06 | 孔子年報(續) / 呂圭亨 | 軒轅氏 |
| 23389 | 憲康王 | 헌강왕 | 44 | 60 | 1939.10 | 朝鮮詩學考 / 李昇圭 | |
| 23390 | 獻公 | 헌공 | 2 | 32 | 1914.03 | 孔子年譜 / 呂圭亨 | 원문은 定獻二公 |
| 23391 | 獻公 | 헌공 | 16 | 14 | 1918.03 | 詩經蔦辨 / 金文演 | |
| 23392 | 憲廟 | 헌묘 | 19 | 20 | 1918.12 | 雲山郡文廟祭官案序 / 申鉉求 | 憲宗 |
| 23393 | 憲廟 | 헌묘 | 33 | 11 | 1931.12 | 孝子司饔院奉事白公行狀 / 成樂賢 | 憲宗 |
| 23394 | 軒轅 | 헌원 | 10 | 10 | 1916.03 | 經學管見(續) / 尹寧求 | |
| 23395 | 軒轅 | 헌원 | 44 | 34 | 1939.10 | 經儒學 / 金誠鎭 | |
| 23396 | 獻帝 | 헌제 | 21 | 16 | 1921.03 | 經學管見(續) / 尹寧求 | 劉協 |
| 23397 | 憲宗 | 헌종 | 42 | 56 | 1937.12 | 文廟享祀位次及聖賢姓名爵號考 / 金完鎭 | 明의 成化帝, 朱見深 |
| 23398 | 헨드손 | 헨더슨 | 38 | 25 | 1935.03 | 東洋에斯文이有함(續) / 福士末之助 | Arthur Henderson |
| 23399 | 玄君仲 | 현군중 | 29 | 80 | 1928.12 | 地方報告〉[柳春錫 等의 報告] | |
| 23400 | 玄圭學 | 현규학 | 17 | 71 | 1918.07 | 地方報告〉[梁鳳濟의 報告] | |
| 23401 | 玄圭學 | 현규학 | 18 | 19 | 1918.09 | 博川郡鄕校儒林契券序 / 金允植 | |
| 23402 | 玄機圓 | 현기원 | 16 | 34 | 1918.03 | 日誌大要 | |
| 23403 | 縣亶 | 현단 | 30 | [12] | 1929.12 | 李龍眠畵宣聖及七十二弟子像贊(金石萃編) | |

| 번호 | 원문 | 현대어(독음) | 호 | 쪽 | 발행일 | 기사명 / 필자 | 비고 |
|---|---|---|---|---|---|---|---|
| 23404 | 玄斗榮 | 현두영 | 19 | 79 | 1918.12 | 地方報告>[蔡奎漢의 報告] | |
| 23405 | 玄相允 | 현상윤 | 45 | 28 | 1940.12 | 朝鮮儒林大會(朝鮮儒道聯合會創立總會) 會錄槪要>朝鮮儒道聯合會役員名簿(昭和十四年十一月一日現在) | |
| 23406 | 玄石 | 현석 | 37 | 40 | 1934.10 | 地方儒林狀況>[李大榮의 보고]>書院狀況 | 朴世采 |
| 23407 | 玄石 | 현석 | 42 | 59 | 1937.12 | 文廟享祀位次及聖賢姓名爵號考 / 金完鎭 | 朴世采 |
| 23408 | 縣成 | 현성 | 30 | [7] | 1929.12 | 李龍眠畫宣聖及七十二弟子像贊(金石萃編) | 子祺 |
| 23409 | 縣成 | 현성 | 42 | 46 | 1937.12 | 文廟享祀位次及聖賢姓名爵號考 / 金完鎭 | 武城侯 |
| 23410 | 縣成 | 현성 | 42 | 54 | 1937.12 | 文廟享祀位次及聖賢姓名爵號考 / 金完鎭 | 武城侯, 원문은 姓縣名成 |
| 23411 | 玄聖文宣王 | 현성문선왕 | 44 | 31 | 1939.10 | 儒教의 起源과 流派 / 李昇圭 | 孔子 |
| 23412 | 玄聖文聖王 | 현성문성왕 | 42 | 48 | 1937.12 | 文廟享祀位次及聖賢姓名爵號考 / 金完鎭 | 공자 |
| 23413 | 玄禹鉀 | 현우갑 | 40 | 38 | 1936.08 | 文廟釋奠狀況>[地方文廟春期釋奠狀況表] | |
| 23414 | 玄禹鉮 | 현우신 | 39 | 55 | 1935.10 | 文廟釋奠狀況>地方文廟春期釋奠狀況表 | |
| 23415 | 玄元帝 | 현원제 | 9 | 59 | 1915.12 | 講說>講題 三人行必有我師(大正四年六月十二日第十三回講演) / 呂圭亨 | |
| 23416 | 玄仁範 | 현인범 | 22 | 79 | 1922.03 | 地方報告>[閔載奭의 報告] | |
| 23417 | 玄裝 | 현장 | 18 | 12 | 1918.09 | 經學管見(續) / 尹寧求 | |
| 23418 | 玄在愚 | 현재우 | 20 | 38 | 1920.03 | 求禮郡文廟重修捐義錄小序 / 金商翊 | |
| 23419 | 玄鳥氏 | 현조씨 | 38 | 19 | 1935.03 | 改正朔不易時月論 / 權純九 | |
| 23420 | 玄宗 | 현종 | 11 | 20 | 1916.06 | 經學管見(續) / 尹寧求 | |
| 23421 | 玄宗 | 현종 | 19 | 7 | 1918.12 | 經學管見(續) / 尹寧求 | |
| 23422 | 玄宗 | 현종 | 25 | 29 | 1924.12 | 釋奠에 就하야(續) / 佐藤廣治 | |
| 23423 | 玄宗 | 현종 | 42 | 48 | 1937.12 | 文廟享祀位次及聖賢姓名爵號考 / 金完鎭 | 唐의 玄宗, 李隆基 |
| 23424 | 玄宗 | 현종 | 42 | 59 | 1937.12 | 文廟享祀位次及聖賢姓名爵號考 / 金完鎭 | 唐의 玄宗, 李隆基 |
| 23425 | 玄宗 | 현종 | 44 | 31 | 1939.10 | 儒教의 起源과 流派 / 李昇圭 | |
| 23426 | 玄宗 | 현종 | 46 | 63 | 1941.12 | 講演及講習>時局と婦道實踐(講演速記) / 永田種秀 | |
| 23427 | 顯宗 | 현종 | 9 | 20 | 1915.12 | 經學管見(下) / 尹寧求 | |
| 23428 | 顯宗 | 현종 | 10 | 46 | 1916.03 | 賢關記聞(續) / 李大榮 | |
| 23429 | 顯宗 | 현종 | 11 | 54 | 1916.06 | 賢關記聞(續) / 李大榮 | |
| 23430 | 顯宗 | 현종 | 11 | 55 | 1916.06 | 賢關記聞(續) / 李大榮 | |
| 23431 | 顯宗 | 현종 | 12 | 40 | 1916.12 | 賢關記聞(續) / 李大榮 | |
| 23432 | 顯宗 | 현종 | 12 | 42 | 1916.12 | 賢關記聞(續) / 李大榮 | |
| 23433 | 顯宗 | 현종 | 13 | 29 | 1917.03 | 賢關記聞(續) / 李大榮 | |

| 번호 | 원문 | 현대어(독음) | 호 | 쪽 | 발행일 | 기사명 / 필자 | 비고 |
|---|---|---|---|---|---|---|---|
| 23434 | 顯宗 | 현종 | 17 | 33 | 1918.07 | 賢關記聞(續) / 李大榮 | |
| 23435 | 顯宗 | 현종 | 18 | 30 | 1918.09 | 賢關記聞(續) / 李大榮 | |
| 23436 | 顯宗 | 현종 | 19 | 20 | 1918.12 | 雲山郡文廟祭官案序 / 申鉉求 | |
| 23437 | 顯宗 | 현종 | 21 | 64 | 1921.03 | 賢關記聞(續) / 李大榮 | |
| 23438 | 顯宗 | 현종 | 37 | 38 | 1934.10 | 地方儒林狀況〉[李大榮의 보고]〉書院狀況 | |
| 23439 | 顯宗 | 현종 | 42 | 57 | 1937.12 | 文廟享祀位次及聖賢姓名爵號考 / 金完鎭 | 고려의 王詢 |
| 23440 | 顯宗 | 현종 | 42 | 58 | 1937.12 | 文廟享祀位次及聖賢姓名爵號考 / 金完鎭 | 조선의 李栅 |
| 23441 | 顯宗 | 현종 | 44 | 48 | 1939.10 | 嘉言善行 / 李昇圭 | |
| 23442 | 玄宗皇帝 | 현종황제 | 19 | 74 | 1918.12 | 講說〉講題 孟懿子問孝(大正七年十一月十六日第三十二回講演)〉續演 / 呂圭亨 | |
| 23443 | 玄俊鎬 | 현준호 | 45 | 23 | 1940.12 | 朝鮮儒林大會(朝鮮儒道聯合會創立總會) 會錄槪要〉朝鮮儒道聯合會役員名簿(昭和十四年十一月一日現在) | |
| 23444 | 玄俊鎬 | 현준호 | 45 | 24 | 1940.12 | 朝鮮儒林大會(朝鮮儒道聯合會創立總會) 會錄槪要〉朝鮮儒道聯合會役員名簿(昭和十四年十一月一日現在) | |
| 23445 | 玄櫶 | 현헌 | 23 | 61 | 1922.12 | 日誌大要 | |
| 23446 | 玄櫶 | 현헌 | 31 | 54 | 1930.08 | 事務報告 / 神尾弌春 | |
| 23447 | 玄櫶 | 현헌 | 31 | 60 | 1930.08 | 明倫學院職員名簿 | |
| 23448 | 玄惠 | 현혜 | 18 | 51 | 1918.09 | 講說〉講題 內地의 宋學(大正七年五月十一日第二十八回講演) / 今關壽麿 | 겐에, 겐네 |
| 23449 | 玄惠 | 현혜 | 48 | 23 | 1944.04 | (十月十五日於經學院秋季釋典)時局と儒道 / 鈴川壽男 | 겐에, 겐네 |
| 23450 | 玄鎬燮 | 현호섭 | 45 | 36 | 1940.12 | 朝鮮儒林大會(朝鮮儒道聯合會創立總會) 會錄槪要〉朝鮮儒道聯合會役員名簿(昭和十四年十一月一日現在) | |
| 23451 | 夾際 | 협제 | 11 | 16 | 1916.06 | 經學管見(續) / 尹寧求 | 鄭樵 |
| 23452 | 荊公 | 형공 | 17 | 27 | 1918.07 | 開窓問對(續) / 朴昇東 | |
| 23453 | 邢昺 | 형병 | 6 | 45 | 1915.03 | 論語考證 / 金文演 | |
| 23454 | 邢昺 | 형병 | 6 | 46 | 1915.03 | 論語考證 / 金文演 | |
| 23455 | 邢昺 | 형병 | 11 | 18 | 1916.06 | 經學管見(續) / 尹寧求 | |
| 23456 | 邢昺 | 형병 | 37 | 20 | 1934.10 | 學說 / 權純九 | |
| 23457 | 兄山東宇 | 형산동우 | 46 | 33 | 1941.12 | 明倫專門學院日誌大要(昭和十四年七月ヨリ昭和十六年六月マデ) | |
| 23458 | 邢邵 | 형소 | 11 | 3 | 1916.06 | 經論 / 韓晩容 | |
| 23459 | 炯庵 | 형암 | 44 | 51 | 1939.10 | 嘉言善行 / 李昇圭 | 李德懋 |
| 23460 | 滎陽伯 | 형양백 | 8 | 35 | 1915.09 | 賢關記聞 / 李大榮 | 服虔 |

| 번호 | 원문 | 현대어(독음) | 호 | 쪽 | 발행일 | 기사명 / 필자 | 비고 |
|---|---|---|---|---|---|---|---|
| 23461 | 滎陽伯 | 형양백 | 30 | [4] | 1929.12 | 李龍眠畵宣聖及七十二弟子像贊(金石萃編) | 鄭國, 鄭邦, 胸山侯 |
| 23462 | 滎陽伯 | 형양백 | 42 | 46 | 1937.12 | 文廟享祀位次及聖賢姓名爵號考 / 金完鎭 | 服虔 |
| 23463 | 滎陽伯 | 형양백 | 42 | 54 | 1937.12 | 文廟享祀位次及聖賢姓名爵號考 / 金完鎭 | 鄭國, 鄭邦, 胸山侯 |
| 23464 | 滎陽伯 | 형양백 | 42 | 56 | 1937.12 | 文廟享祀位次及聖賢姓名爵號考 / 金完鎭 | 服虔 |
| 23465 | 衡熱 | 형열 | 39 | 48 | 1935.10 | 李石庭衝熱遠訪別後悵然走筆 / 韓昌愚 | 李石庭 |
| 23466 | 亨齋 | 형재 | 48 | 58 | 1944.04 | 一. 孝烈行跡報告 其五 / 崔鎭奎 | 李稷 |
| 23467 | 邢鍾厚 | 형종후 | 20 | 36 | 1920.03 | 求禮郡文廟重修捐義錄小序 / 金商翊 | |
| 23468 | 邢最 | 형최 | 19 | 74 | 1918.12 | 講說>講題 孟懿子問孝(大正七年十一月十六日第三十二回講演)>續演 / 呂圭亨 | |
| 23469 | 惠 | 혜 | 10 | 25 | 1916.03 | 經學淺知錄 / 金文演 | 惠棟 |
| 23470 | 惠 | 혜 | 34 | 4 | 1932.03 | 最近經學考 / 權純九 | 惠棟 |
| 23471 | 嵇康 | 혜강 | 6 | 37 | 1915.03 | 孔子年報(續) / 呂圭亨 | |
| 23472 | 惠公 | 혜공 | 5 | 44 | 1914.12 | 孔子年報(續) / 呂圭亨 | |
| 23473 | 惠棟 | 혜동 | 11 | 18 | 1916.06 | 經學管見(續) / 尹寧求 | |
| 23474 | 惠棟 | 혜동 | 34 | 5 | 1932.03 | 最近經學考 / 權純九 | |
| 23475 | 惠成王 | 혜성왕 | 12 | 13 | 1916.12 | 孟子緒論 / 金文演 | |
| 23476 | 惠王 | 혜왕 | 12 | 13 | 1916.12 | 孟子緒論 / 金文演 | |
| 23477 | 惠王 | 혜왕 | 16 | 34 | 1918.03 | 日誌大要 | |
| 23478 | 惠王 | 혜왕 | 31 | 14 | 1930.08 | 講題 我國近時의 立法과 儒道와의 關係 / 武部欽一 | |
| 23479 | 嵇曾筠 | 혜증균 | 18 | 10 | 1918.09 | 經學管見(續) / 尹寧求 | |
| 23480 | 惠晦 | 혜회 | 20 | 30 | 1920.03 | 三洙瑣談(續) / 元泳義 | |
| 23481 | 胡居仁 | 호거인 | 8 | 35 | 1915.09 | 賢關記聞 / 李大榮 | |
| 23482 | 胡居仁 | 호거인 | 21 | 18 | 1921.03 | 經學管見(續) / 尹寧求 | |
| 23483 | 胡敬齋 | 호경재 | 16 | 48 | 1918.03 | 講說>講題 存其心養其性所以事天也(大正六年十月十四日江陵郡講演) / 李容稙 | 胡居仁 |
| 23484 | 胡廣 | 호광 | 4 | 45 | 1914.09 | 孔子年報(續) / 呂圭亨 | |
| 23485 | 胡廣 | 호광 | 8 | 65 | 1915.09 | 地方報告>[韓昌愚의 報告] | |
| 23486 | 胡廣 | 호광 | 12 | 10 | 1916.12 | 經學管見(續) / 尹寧求 | |
| 23487 | 胡廣 | 호광 | 13 | 2 | 1917.03 | 經學管見(續) / 尹寧求 | |
| 23488 | 胡匡衷 | 호광충 | 34 | 5 | 1932.03 | 最近經學考 / 權純九 | |
| 23489 | 胡九成 | 호구성 | 16 | 48 | 1918.03 | 講說>講題 存其心養其性所以事天也(大正六年十月十四日江陵郡講演) / 李容稙 | |
| 23490 | 皓堂 | 호당 | 40 | 60 | 1936.08 | 鄭茂亭先生追悼錄>節山博士輓茂亭太史揭載斯文會誌次韻却寄 / 田保橋四朗 | 다보하시 시로 (田保橋四朗) |

| 번호 | 원문 | 현대어(독음) | 호 | 쪽 | 발행일 | 기사명 / 필자 | 비고 |
|------|------|------------|----|----|--------|--------------|------|
| 23491 | 胡東樵 | 호동초 | 10 | 22 | 1916.03 | 經學淺知錄 / 金文演 | 胡渭 |
| 23492 | 胡東樵 | 호동초 | 10 | 24 | 1916.03 | 經學淺知錄 / 金文演 | 胡渭 |
| 23493 | 胡母生 | 호모생 | 1 | 8 | 1913.12 | 論說 / 呂圭亨 | |
| 23494 | 胡母生 | 호모생 | 31 | 4 | 1930.08 | 經學源流 / 權純九 | |
| 23495 | 胡夢昱 | 호몽욱 | 16 | 8 | 1918.03 | 經學管見(續) / 尹寧求 | 원문은 夢昱 |
| 23496 | 胡培翬 | 호배휘 | 10 | 25 | 1916.03 | 經學淺知錄 / 金文演 | |
| 23497 | 胡培翬 | 호배휘 | 34 | 5 | 1932.03 | 最近經學考 / 權純九 | |
| 23498 | 胡柄文 | 호병문 | 12 | 9 | 1916.12 | 經學管見(續) / 尹寧求 | |
| 23499 | 胡炳文 | 호병문 | 12 | 7 | 1916.12 | 經學管見(續) / 尹寧求 | |
| 23500 | 壺山世榮 | 호산세영 | 47 | 37 | 1943.01 | 釋奠狀況〉昭和十六年秋季釋奠狀況 | |
| 23501 | 壺山世榮 | 호산세영 | 47 | 39 | 1943.01 | 釋奠狀況〉昭和十七年春季釋奠狀況 | |
| 23502 | 壺山世榮 | 호산세영 | 47 | 41 | 1943.01 | 釋奠狀況〉昭和十七年秋季釋奠狀況 | |
| 23503 | 胡三省 | 호삼성 | 15 | 2 | 1917.10 | 經學管見(續) / 尹寧求 | |
| 23504 | 胡石莊 | 호석장 | 10 | 24 | 1916.03 | 經學淺知錄 / 金文演 | 胡承諾 |
| 23505 | 胡世寧 | 호세녕 | 16 | 4 | 1918.03 | 經學管見(續) / 尹寧求 | |
| 23506 | 胡舜陟 | 호순척 | 2 | 30 | 1914.03 | 孔子年譜 / 呂圭亨 | |
| 23507 | 胡舜陟 | 호순척 | 16 | 7 | 1918.03 | 經學管見(續) / 尹寧求 | 원문은 舜陟 |
| 23508 | 호-스리- | 호슬리 | 17 | 57 | 1918.07 | 講說〉講題 朝鮮氣象에 就ㅎ야(大正七年三月二十一日第二十七回講演) / 平田德太郎 | John Horsley |
| 23509 | 胡承珙 | 호승공 | 10 | 25 | 1916.03 | 經學淺知錄 / 金文演 | |
| 23510 | 胡承珙 | 호승공 | 34 | 5 | 1932.03 | 最近經學考 / 權純九 | |
| 23511 | 胡承諾 | 호승락 | 10 | 24 | 1916.03 | 經學淺知錄 / 金文演 | 원문은 承諾 |
| 23512 | 胡雙湖 | 호쌍호 | 27 | 17 | 1926.12 | 易經講解總說 / 元泳義 | |
| 23513 | 胡氏 | 호씨 | 11 | 46 | 1916.06 | 讀書私記(第八號續) / 洪鐘佶 | |
| 23514 | 胡氏 | 호씨 | 17 | 17 | 1918.07 | 中庸章句問對(續) / 朴長鴻 | |
| 23515 | 胡氏 | 호씨 | 18 | 14 | 1918.09 | 四書小註辨疑(續) / 李鶴在 | |
| 23516 | 胡氏 | 호씨 | 19 | 14 | 1918.12 | 四書小註辨疑(續) / 李鶴在 | |
| 23517 | 胡氏 | 호씨 | 23 | 11 | 1922.12 | 經義問對(續) / 沈璿澤 | |
| 23518 | 胡氏 | 호씨 | 35 | 8 | 1932.12 | 心性情理氣圖解 / 元弘植 | |
| 23519 | 胡氏 | 호씨 | 39 | 3 | 1935.10 | 性善說 / 李學魯 | |
| 23520 | 胡安國 | 호안국 | 8 | 35 | 1915.09 | 賢關記聞 / 李大榮 | |
| 23521 | 胡安國 | 호안국 | 10 | 16 | 1916.03 | 經學管見(續) / 尹寧求 | |
| 23522 | 胡安國 | 호안국 | 11 | 17 | 1916.06 | 經學管見(續) / 尹寧求 | |
| 23523 | 胡安國 | 호안국 | 21 | 20 | 1921.03 | 經學管見(續) / 尹寧求 | |
| 23524 | 胡安國 | 호안국 | 42 | 47 | 1937.12 | 文廟享祀位次及聖賢姓名爵號考 / 金完鎭 | 建寧伯 |

| 번호 | 원문 | 현대어(독음) | 호 | 쪽 | 발행일 | 기사명 / 필자 | 비고 |
|---|---|---|---|---|---|---|---|
| 23525 | 胡安國 | 호안국 | 42 | 57 | 1937.12 | 文廟享祀位次及聖賢姓名爵號考 / 金完鎭 | 建寧伯, 원문은 姓胡名安國 |
| 23526 | 胡安國 | 호안국 | 44 | 36 | 1939.10 | 經儒學 / 金誠鎭 | |
| 23527 | 狐偃 | 호언 | 44 | 29 | 1939.10 | 儒敎의 起源과 流派 / 李昇圭 | |
| 23528 | 胡彦升 | 호언승 | 13 | 5 | 1917.03 | 經學管見(續) / 尹寧求 | |
| 23529 | 胡泳 | 호영 | 12 | 9 | 1916.12 | 經學管見(續) / 尹寧求 | |
| 23530 | 胡濙 | 호영 | 26 | 25 | 1925.12 | 釋奠에 就ㅎ야(續) / 佐藤廣治 | |
| 23531 | 胡五峯 | 호오봉 | 35 | 4 | 1932.12 | 經傳解釋通例 / 李學魯 | |
| 23532 | 胡雲峰 | 호운봉 | 27 | 17 | 1926.12 | 易經講解總說 / 元泳義 | |
| 23533 | 胡雲峰 | 호운봉 | 30 | 22 | 1929.12 | 大學問對(續) / 沈璿澤 | |
| 23534 | 浩原 | 호원 | 42 | 58 | 1937.12 | 文廟享祀位次及聖賢姓名爵號考 / 金完鎭 | 成渾 |
| 23535 | 胡瑗 | 호원 | 8 | 34 | 1915.09 | 賢關記聞 / 李大榮 | |
| 23536 | 胡瑗 | 호원 | 13 | 3 | 1917.03 | 經學管見(續) / 尹寧求 | |
| 23537 | 胡瑗 | 호원 | 14 | 92 | 1917.07 | 地方報告〉[黃敦秀의 報告]〉答辭 / 朴昇和 | |
| 23538 | 胡瑗 | 호원 | 41 | 23 | 1937.02 | 敎化編年(續) / 李大榮 | |
| 23539 | 胡瑗 | 호원 | 43 | 15 | 1938.12 | 敎化編年(續) / 李大榮 | |
| 23540 | 胡渭 | 호위 | 10 | 22 | 1916.03 | 經學淺知錄 / 金文演 | 원문은 渭 |
| 23541 | 胡渭 | 호위 | 11 | 18 | 1916.06 | 經學管見(續) / 尹寧求 | |
| 23542 | 胡渭 | 호위 | 12 | 7 | 1916.12 | 經學管見(續) / 尹寧求 | |
| 23543 | 胡一桂 | 호일계 | 21 | 13 | 1921.03 | 經學管見(續) / 尹寧求 | |
| 23544 | 胡仔 | 호자 | 16 | 7 | 1918.03 | 經學管見(續) / 尹寧求 | |
| 23545 | 胡早 | 호조 | 11 | 5 | 1916.06 | 經論 / 韓晩容 | |
| 23546 | 胡知柔 | 호지유 | 16 | 8 | 1918.03 | 經學管見(續) / 尹寧求 | |
| 23547 | 鎬贊 | 호찬 | 21 | 31 | 1921.03 | 歸厚契帖序 / 鄭鳳時 | |
| 23548 | 鎬贊 | 호찬 | 21 | 32 | 1921.03 | 歸厚契帖序 / 鄭鳳時 | |
| 23549 | 互鄕童子 | 호향동자 | 7 | 47 | 1915.06 | 論語分類一覽(續) / 金文演 | |
| 23550 | 胡龁 | 호흘 | 13 | 40 | 1917.03 | 講說〉講題 五畝之宅樹之以桑(大正五年六月十日第十九回講演) / 李容稙 | |
| 23551 | 洪 | 홍 | 29 | 78 | 1928.12 | 地方報告〉[李大榮과 李學魯의 報告] | 洪淳項 |
| 23552 | 洪侃 | 홍간 | 48 | 47 | 1944.04 | 朝鮮詩學考(前號續) / 李昇圭 | |
| 23553 | 洪健 | 홍건 | 20 | 37 | 1920.03 | 求禮郡文廟重修捐義錄小序 / 金商翊 | |
| 23554 | 洪建杓 | 홍건표 | 29 | 44 | 1928.12 | 日誌大要 | |
| 23555 | 洪鏡贊 | 홍경찬 | 23 | 59 | 1922.12 | 日誌大要 | |
| 23556 | 洪觀憙 | 홍관희 | 7 | 54 | 1915.06 | 日誌大要 | |
| 23557 | 洪觀憙 | 홍관희 | 9 | 39 | 1915.12 | 日誌大要 | |
| 23558 | 洪觀憙 | 홍관희 | 9 | 40 | 1915.12 | 日誌大要 | |

| 번호 | 원문 | 현대어(독음) | 호 | 쪽 | 발행일 | 기사명 / 필자 | 비고 |
|---|---|---|---|---|---|---|---|
| 23559 | 洪适 | 홍괄 | 20 | 15 | 1920.03 | 經學管見(續) / 尹寧求 | |
| 23560 | 洪适 | 홍괄 | 20 | 16 | 1920.03 | 經學管見(續) / 尹寧求 | |
| 23561 | 洪适 | 홍괄 | 20 | 19 | 1920.03 | 經學管見(續) / 尹寧求 | |
| 23562 | 洪光鉉 | 홍광현 | 33 | 46 | 1931.12 | 文廟釋奠狀況〉[洪光鉉의 보고] | |
| 23563 | 洪光鉉 | 홍광현 | 35 | 35 | 1932.12 | 文廟釋奠狀況〉[洪光鉉의 보고] | |
| 23564 | 洪光鉉 | 홍광현 | 35 | 37 | 1932.12 | 孝烈行蹟〉[洪光鉉 等의 보고] | |
| 23565 | 洪光鉉 | 홍광현 | 35 | 38 | 1932.12 | 孝烈行蹟〉[洪光鉉 等의 보고] | |
| 23566 | 洪教善 | 홍교선 | 24 | 52 | 1923.12 | 牙山郡新昌鄉校東齋重修韻 / 洪教善 | |
| 23567 | 洪貴達 | 홍귀달 | 10 | 31 | 1916.03 | 享官廳記 / 洪貴達 撰 | 원문은 貴達 |
| 23568 | 洪貴達 | 홍귀달 | 11 | 53 | 1916.06 | 賢關記聞(續) / 李大榮 | |
| 23569 | 洪貴達 | 홍귀달 | 21 | 65 | 1921.03 | 賢關記聞(續) / 李大榮 | 원문은 洪文匡貴達 |
| 23570 | 洪貴達 | 홍귀달 | 10 | 30 | 1916.03 | 享官廳記 / 洪貴達 撰 | |
| 23571 | 洪貴達 | 홍귀달 | 10 | 32 | 1916.03 | 書享官廳壁記後 / 李明漢 撰 | 원문은 洪公貴達 |
| 23572 | 弘基 | 홍기 | 33 | 11 | 1931.12 | 孝子司饔院奉事白公行狀 / 成樂賢 | |
| 23573 | 洪箕建 | 홍기건 | 19 | 22 | 1918.12 | 安州郡鄉校重修記 / 金允植 | |
| 23574 | 洪麒植 | 홍기식 | 38 | 53 | 1935.03 | [판권사항] | |
| 23575 | 洪樂性 | 홍낙성 | 11 | 57 | 1916.06 | 賢關記聞(續) / 李大榮 | |
| 23576 | 洪大善 | 홍대선 | 31 | 53 | 1930.08 | 事務報告 / 神尾弌春 | |
| 23577 | 洪大善 | 홍대선 | 31 | 61 | 1930.08 | 入學許可者名簿 | |
| 23578 | 洪大善 | 홍대선 | 32 | 37 | 1930.12 | 日誌大要 | |
| 23579 | 洪大善 | 홍대선 | 33 | 43 | 1931.12 | 文廟釋奠狀況 | |
| 23580 | 洪大善 | 홍대선 | 35 | 73 | 1932.12 | 明倫學院第一回卒業生名簿 | |
| 23581 | 洪斗源 | 홍두원 | 44 | 92 | 1939.10 | 明倫專門學院記事〉研究科第二回入學許可者 | |
| 23582 | 洪斗源 | 홍두원 | 46 | 14 | 1941.12 | 釋奠狀況〉昭和十四年秋季釋奠狀況 | |
| 23583 | 洪斗源 | 홍두원 | 46 | 15 | 1941.12 | 釋奠狀況〉昭和十五年春季釋奠狀況 | |
| 23584 | 洪斗源 | 홍두원 | 46 | 16 | 1941.12 | 釋奠狀況〉昭和十五年秋季釋奠狀況 | |
| 23585 | 洪斗源 | 홍두원 | 46 | 18 | 1941.12 | 釋奠狀況〉昭和十六年春季釋奠狀況 | |
| 23586 | 洪斗源 | 홍두원 | 47 | 37 | 1943.01 | 釋奠狀況〉昭和十六年秋季釋奠狀況 | |
| 23587 | 洪斗杓 | 홍두표 | 37 | 25 | 1934.10 | 孝烈行蹟〉[羅燾宇 等의 보고] | |
| 23588 | 洪命亨 | 홍명형 | 43 | 20 | 1938.12 | 江華忠烈祠享祀位次及祝文式 | |
| 23589 | 洪命憙 | 홍명희 | 45 | 28 | 1940.12 | 朝鮮儒林大會(朝鮮儒道聯合會創立總會) 會錄概要〉朝鮮儒道聯合會役員名簿(昭和十四年十一月一日現在) | |
| 23590 | 弘文公 | 홍문공 | 40 | 9 | 1936.08 | 朝鮮儒教의 大觀 / 鄭鳳時 | 鄭倍傑 |
| 23591 | 洪鳳漢 | 홍봉한 | 11 | 56 | 1916.06 | 賢關記聞(續) / 李大榮 | 원문은 鳳漢 |

| 번호 | 원문 | 현대어(독음) | 호 | 쪽 | 발행일 | 기사명 / 필자 | 비고 |
|---|---|---|---|---|---|---|---|
| 23592 | 洪思泳 | 홍사영 | 14 | 63 | 1917.07 | 地方報告〉[洪思泳의 報告] | |
| 23593 | 洪思勛 | 홍사훈 | 45 | 38 | 1940.12 | 朝鮮儒林大會(朝鮮儒道聯合會創立總會) 會錄槪要〉朝鮮儒道聯合會役員名簿(昭和十四年十一月一日現在) | |
| 23594 | 洪相國 | 홍상국 | 11 | 56 | 1916.06 | 賢關記聞(續) / 李大榮 | 洪鳳漢 |
| 23595 | 洪象漢 | 홍상한 | 10 | 53 | 1916.03 | 賢關記聞(續) / 李大榮 | |
| 23596 | 洪西潭 | 홍서담 | 15 | 83 | 1917.10 | 地方報告〉[秋永求의 報告] | |
| 23597 | 洪錫模 | 홍석모 | 44 | 91 | 1939.10 | 明倫專門學院記事〉本科第十回入學許可者 | |
| 23598 | 洪奭周 | 홍석주 | 28 | 4 | 1927.12 | 朝鮮詩文變遷論 / 鄭萬朝 | 원문은 奭周 |
| 23599 | 洪暹 | 홍섬 | 43 | 19 | 1938.12 | 教化編年(續) / 李大榮 | |
| 23600 | 洪性肅 | 홍성숙 | 16 | 69 | 1918.03 | 地方報告〉[洪性肅의 報告] | |
| 23601 | 洪性肅 | 홍성숙 | 17 | 70 | 1918.07 | 地方報告〉[洪性肅의 報告] | |
| 23602 | 洪性俊 | 홍성준 | 43 | 67 | 1938.12 | 文廟春季釋奠狀況 | |
| 23603 | 洪性俊 | 홍성준 | 43 | 74 | 1938.12 | 第六回卒業式狀況及第九回新入生名簿〉第九回入學許可者名簿 | |
| 23604 | 洪性俊 | 홍성준 | 44 | 79 | 1939.10 | 文廟秋季釋奠狀況 | |
| 23605 | 洪性俊 | 홍성준 | 44 | 87 | 1939.10 | 文廟春季釋奠狀況 | |
| 23606 | 洪聖俊 | 홍성준 | 44 | 90 | 1939.10 | 明倫專門學院記事〉本科第十回入學許可者 | |
| 23607 | 洪聖俊 | 홍성준 | 46 | 14 | 1941.12 | 釋奠狀況〉昭和十四年秋季釋奠狀況 | |
| 23608 | 洪聖俊 | 홍성준 | 46 | 15 | 1941.12 | 釋奠狀況〉昭和十五年春季釋奠狀況 | |
| 23609 | 洪聖俊 | 홍성준 | 46 | 16 | 1941.12 | 釋奠狀況〉昭和十五年秋季釋奠狀況 | |
| 23610 | 洪性直 | 홍성직 | 31 | 29 | 1930.08 | 日誌大要 | |
| 23611 | 洪淳益 | 홍순익 | 30 | 74 | 1929.12 | 地方報告〉[洪淳益 等의 報告] | |
| 23612 | 洪淳直 | 홍순직 | 40 | 36 | 1936.08 | 文廟釋奠狀況〉[地方文廟春期釋奠狀況表] | |
| 23613 | 洪淳哲 | 홍순철 | 25 | 38 | 1924.12 | 日誌大要 | |
| 23614 | 洪淳泌 | 홍순필 | 45 | 38 | 1940.12 | 朝鮮儒林大會(朝鮮儒道聯合會創立總會) 會錄槪要〉朝鮮儒道聯合會役員名簿(昭和十四年十一月一日現在) | |
| 23615 | 洪淳赫 | 홍순혁 | 23 | 59 | 1922.12 | 日誌大要 | |
| 23616 | 洪淳赫 | 홍순혁 | 24 | 54 | 1923.12 | 日誌大要 | |
| 23617 | 洪淳赫 | 홍순혁 | 24 | 55 | 1923.12 | 日誌大要 | |
| 23618 | 洪淳赫 | 홍순혁 | 24 | 59 | 1923.12 | 日誌大要 | |
| 23619 | 洪淳赫 | 홍순혁 | 26 | 41 | 1925.12 | 日誌大要 | |
| 23620 | 洪承喬 | 홍승구 | 45 | 35 | 1940.12 | 朝鮮儒林大會(朝鮮儒道聯合會創立總會) 會錄槪要〉朝鮮儒道聯合會役員名簿(昭和十四年十一月一日現在) | |
| 23621 | 洪承均 | 홍승균 | 35 | 27 | 1932.12 | 日誌大要 | |

| 번호 | 원문 | 현대어(독음) | 호 | 쪽 | 발행일 | 기사명 / 필자 | 비고 |
|---|---|---|---|---|---|---|---|
| 23622 | 洪承均 | 홍승균 | 45 | 22 | 1940.12 | 朝鮮儒林大會(朝鮮儒道聯合會創立總會) 會錄槪要〉朝鮮儒道聯合會役員名簿(昭和十四年十一月一日現在) | |
| 23623 | 洪承玉 | 홍승옥 | 33 | 36 | 1931.12 | 聲討顚末 | |
| 23624 | 洪承宇 | 홍승우 | 33 | 51 | 1931.12 | 文廟釋奠狀況〉[洪承宇의 보고] | |
| 23625 | 洪承宇 | 홍승우 | 35 | 30 | 1932.12 | 文廟釋奠狀況〉[洪承宇의 보고] | |
| 23626 | 洪承宇 | 홍승우 | 36 | 30 | 1933.12 | 文廟釋奠狀況〉[洪承宇의 보고] | |
| 23627 | 洪承宇 | 홍승우 | 37 | 46 | 1934.10 | 文廟釋奠狀況〉[洪承宇의 보고] | |
| 23628 | 洪承宇 | 홍승우 | 37 | 52 | 1934.10 | 文廟釋奠狀況〉[洪承宇의 보고] | |
| 23629 | 洪承宇 | 홍승우 | 38 | 48 | 1935.03 | 文廟釋奠狀況〉地方文廟秋期釋奠狀況表 | |
| 23630 | 洪承宇 | 홍승우 | 39 | 53 | 1935.10 | 文廟釋奠狀況〉地方文廟春期釋奠狀況表 | |
| 23631 | 洪承宇 | 홍승우 | 40 | 37 | 1936.08 | 文廟釋奠狀況〉[地方文廟春期釋奠狀況表] | |
| 23632 | 洪升杓 | 홍승표 | 45 | 35 | 1940.12 | 朝鮮儒林大會(朝鮮儒道聯合會創立總會) 會錄槪要〉朝鮮儒道聯合會役員名簿(昭和十四年十一月一日現在) | |
| 23633 | 洪承杓 | 홍승표 | 35 | 34 | 1932.12 | 文廟釋奠狀況〉[鄭來和의 보고] | |
| 23634 | 弘植 | 홍식 | 18 | 24 | 1918.09 | 三洙瑣談 / 元泳義 | |
| 23635 | 洪良浩 | 홍양호 | 28 | 4 | 1927.12 | 朝鮮詩文變遷論 / 鄭萬朝 | 원문은 良浩 |
| 23636 | 洪淵泉 | 홍연천 | 28 | 4 | 1927.12 | 朝鮮詩文變遷論 / 鄭萬朝 | 洪奭周 |
| 23637 | 洪英燮 | 홍영섭 | 33 | 34 | 1931.12 | 聲討顚末 | |
| 23638 | 洪英燮 | 홍영섭 | 33 | 50 | 1931.12 | 文廟釋奠狀況〉[洪英燮의 보고] | |
| 23639 | 洪榮濟 | 홍영제 | 18 | 45 | 1918.09 | 日誌大要 | |
| 23640 | 洪容齋 | 홍용재 | 16 | 16 | 1918.03 | 詩經蔦辨 / 金文演 | |
| 23641 | 洪容齋 | 홍용재 | 16 | 17 | 1918.03 | 詩經蔦辨 / 金文演 | |
| 23642 | 洪祐崇 | 홍우숭 | 23 | 40 | 1922.12 | 孔夫子忌辰四十周甲追慕禮式及紀念事業發起文 | |
| 23643 | 洪宇植 | 홍우식 | 12 | 53 | 1916.12 | 日誌大要 | |
| 23644 | 洪宇植 | 홍우식 | 16 | 31 | 1918.03 | 日誌大要 | |
| 23645 | 洪宇植 | 홍우식 | 17 | 42 | 1918.07 | 日誌大要 | |
| 23646 | 洪宇植 | 홍우식 | 19 | 30 | 1918.12 | 日誌大要 | |
| 23647 | 洪宇植 | 홍우식 | 19 | 31 | 1918.12 | 日誌大要 | |
| 23648 | 洪禹植 | 홍우식 | 20 | 46 | 1920.03 | 日誌大要 | |
| 23649 | 洪禹植 | 홍우식 | 21 | 90 | 1921.03 | 日誌大要 | |
| 23650 | 洪禹植 | 홍우식 | 22 | 54 | 1922.03 | 日誌大要 | |
| 23651 | 洪宇遠 | 홍우원 | 11 | 54 | 1916.06 | 賢關記聞(續) / 李大榮 | |
| 23652 | 洪祐翼 | 홍우익 | 33 | 34 | 1931.12 | 聲討顚末 | |
| 23653 | 洪宇植 | 홍우직 | 11 | 62 | 1916.06 | 日誌大要 | |

| 번호 | 원문 | 현대어(독음) | 호 | 쪽 | 발행일 | 기사명 / 필자 | 비고 |
|---|---|---|---|---|---|---|---|
| 23654 | 洪祐泰 | 홍우태 | 33 | 37 | 1931.12 | 聲討顚末 | |
| 23655 | 洪元植 | 홍원식 | 21 | 93 | 1921.03 | 日誌大要 | |
| 23656 | 洪元植 | 홍원식 | 22 | 58 | 1922.03 | 日誌大要 | |
| 23657 | 洪元植 | 홍원식 | 23 | 55 | 1922.12 | 日誌大要 | |
| 23658 | 洪元植 | 홍원식 | 23 | 59 | 1922.12 | 日誌大要 | |
| 23659 | 洪元植 | 홍원식 | 23 | 60 | 1922.12 | 日誌大要 | |
| 23660 | 洪元植 | 홍원식 | 24 | 55 | 1923.12 | 日誌大要 | |
| 23661 | 洪元植 | 홍원식 | 24 | 59 | 1923.12 | 日誌大要 | |
| 23662 | 洪元植 | 홍원식 | 26 | 41 | 1925.12 | 日誌大要 | |
| 23663 | 弘儒侯 | 홍유후 | 33 | 39 | 1931.12 | 地方儒林狀況〉[李大榮의 보고]〉書院狀況 | 薛聰 |
| 23664 | 弘儒侯 | 홍유후 | 40 | 9 | 1936.08 | 朝鮮儒敎의 大觀 / 鄭鳳時 | 薛聰 |
| 23665 | 弘儒侯 | 홍유후 | 42 | 47 | 1937.12 | 文廟享祀位次及聖賢姓名爵號考 / 金完鎭 | 薛聰 |
| 23666 | 弘儒侯 | 홍유후 | 42 | 57 | 1937.12 | 文廟享祀位次及聖賢姓名爵號考 / 金完鎭 | 薛聰 |
| 23667 | 弘儒侯 | 홍유후 | 47 | 50 | 1943.01 | 一. 孝烈行跡報告 其五 / 金蘭洙 | 薛聰 |
| 23668 | 洪潤睦 | 홍윤목 | 39 | 59 | 1935.10 | 明倫學院第六回入學許可者名簿(昭和十年度) | |
| 23669 | 洪耳溪 | 홍이계 | 28 | 4 | 1927.12 | 朝鮮詩文變遷論 / 鄭萬朝 | 洪良浩 |
| 23670 | 洪翼齋 | 홍익재 | 11 | 57 | 1916.06 | 賢關記聞(續) / 李大榮 | 洪鳳漢 |
| 23671 | 洪翼漢 | 홍익한 | 43 | 20 | 1938.12 | 江華忠烈祠享祀位次及祝文式 | |
| 23672 | 洪仁祐 | 홍인우 | 9 | 32 | 1915.12 | 賢關記聞(續) / 李大榮 | |
| 23673 | 洪仁祐 | 홍인우 | 9 | 33 | 1915.12 | 賢關記聞(續) / 李大榮 | 원문은 仁祐 |
| 23674 | 洪仁祐 | 홍인우 | 11 | 27 | 1916.06 | 經學淺知錄(續) / 金文演 | 원문은 仁祐 |
| 23675 | 洪仁祐 | 홍인우 | 21 | 64 | 1921.03 | 賢關記聞(續) / 李大榮 | |
| 23676 | 洪寅杓 | 홍인표 | 21 | 93 | 1921.03 | 日誌大要 | |
| 23677 | 洪璋善 | 홍장선 | 19 | 30 | 1918.12 | 日誌大要 | |
| 23678 | 洪璋善 | 홍장선 | 19 | 31 | 1918.12 | 日誌大要 | |
| 23679 | 洪在萬 | 홍재만 | 45 | 35 | 1940.12 | 朝鮮儒林大會(朝鮮儒道聯合會創立總會) 會錄槪要〉朝鮮儒道聯合會役員名簿(昭和十四年十一月一日現在) | |
| 23680 | 洪在勉 | 홍재면 | 17 | 42 | 1918.07 | 日誌大要 | |
| 23681 | 洪在震 | 홍재진 | 45 | 35 | 1940.12 | 朝鮮儒林大會(朝鮮儒道聯合會創立總會) 會錄槪要〉朝鮮儒道聯合會役員名簿(昭和十四年十一月一日現在) | |
| 23682 | 洪在皥 | 홍재호 | 45 | 39 | 1940.12 | 朝鮮儒林大會(朝鮮儒道聯合會創立總會) 會錄槪要〉朝鮮儒道聯合會役員名簿(昭和十四年十一月一日現在) | |
| 23683 | 洪鍾國 | 홍종국 | 45 | 26 | 1940.12 | 朝鮮儒林大會(朝鮮儒道聯合會創立總會) 會錄槪要〉朝鮮儒道聯合會役員名簿(昭和十四年十一月一日現在) | |

| 번호 | 원문 | 현대어(독음) | 호 | 쪽 | 발행일 | 기사명 / 필자 | 비고 |
|---|---|---|---|---|---|---|---|
| 23684 | 洪鍾根 | 홍종근 | 29 | 44 | 1928.12 | 日誌大要 | |
| 23685 | 洪鐘佶 | 홍종길 | 6 | 19 | 1915.03 | 新舊曆法解說 / 洪鐘佶 | |
| 23686 | 洪鐘佶 | 홍종길 | 6 | 56 | 1915.03 | 經學 / 洪鐘佶 | |
| 23687 | 洪鐘佶 | 홍종길 | 7 | 47 | 1915.06 | 讀書私記 / 洪鐘佶 | |
| 23688 | 洪鐘佶 | 홍종길 | 12 | 33 | 1916.12 | 讀書私記(續) / 洪鍾佶 | |
| 23689 | 洪鐘佶 | 홍종길 | 13 | 23 | 1917.03 | 讀書私記(續) / 洪鍾佶 | |
| 23690 | 洪鐘佶 | 홍종길 | 24 | 17 | 1923.12 | 讀書私記(十三號續) / 洪鍾佶 | |
| 23691 | 洪鐘佶 | 홍종길 | 45 | 35 | 1940.12 | 朝鮮儒林大會(朝鮮儒道聯合會創立總會) 會錄槪要〉朝鮮儒道聯合會役員名簿(昭和十四年十一月一日現在) | |
| 23692 | 洪鐘佶 | 홍종길 | 7 | 11 | 1915.06 | 新舊曆法解說(續) / 洪鐘佶 | |
| 23693 | 洪鐘佶 | 홍종길 | 8 | 30 | 1915.09 | 讀書私記(續) / 洪鐘佶 | |
| 23694 | 洪鐘佶 | 홍종길 | 11 | 46 | 1916.06 | 讀書私記(第八號續) / 洪鐘佶 | |
| 23695 | 洪鍾山 | 홍종산 | 24 | 16 | 1923.12 | 平康郡鄉校重修記 / 鄭萬朝 | |
| 23696 | 洪鐘遠 | 홍종원 | 12 | 53 | 1916.12 | 日誌大要 | |
| 23697 | 洪鐘振 | 홍종진 | 45 | 35 | 1940.12 | 朝鮮儒林大會(朝鮮儒道聯合會創立總會) 會錄槪要〉朝鮮儒道聯合會役員名簿(昭和十四年十一月一日現在) | |
| 23698 | 洪鍾贊 | 홍종찬 | 24 | 59 | 1923.12 | 日誌大要 | |
| 23699 | 洪鍾贊 | 홍종찬 | 25 | 44 | 1924.12 | 日誌大要 | |
| 23700 | 洪鍾贊 | 홍종찬 | 25 | 45 | 1924.12 | 日誌大要 | |
| 23701 | 洪鍾徹 | 홍종철 | 44 | 86 | 1939.10 | 文廟春季釋奠狀況 | |
| 23702 | 洪鍾泰 | 홍종태 | 37 | 48 | 1934.10 | 文廟釋奠狀況〉[洪鍾泰의 보고] | |
| 23703 | 洪鍾泰 | 홍종태 | 37 | 53 | 1934.10 | 文廟釋奠狀況〉[洪鍾泰의 보고] | |
| 23704 | 洪鍾弼 | 홍종필 | 11 | 62 | 1916.06 | 日誌大要 | |
| 23705 | 洪鍾澣 | 홍종한 | 45 | 30 | 1940.12 | 朝鮮儒林大會(朝鮮儒道聯合會創立總會) 會錄槪要〉朝鮮儒道聯合會役員名簿(昭和十四年十一月一日現在) | |
| 23706 | 洪鍾禧 | 홍종희 | 29 | 38 | 1928.12 | 日誌大要 | |
| 23707 | 洪遵 | 홍준 | 19 | 7 | 1918.12 | 經學管見(續) / 尹寧求 | |
| 23708 | 洪準源 | 홍준원 | 10 | 52 | 1916.03 | 賢關記聞(續) / 李大榮 | |
| 23709 | 洪川聖俊 | 홍천성준 | 46 | 17 | 1941.12 | 釋奠狀況〉昭和十六年春季釋奠狀況 | 洪聖俊 |
| 23710 | 洪川聖俊 | 홍천성준 | 46 | 18 | 1941.12 | 釋奠狀況〉昭和十六年春季釋奠狀況 | 洪聖俊 |
| 23711 | 洪川聖俊 | 홍천성준 | 47 | 37 | 1943.01 | 釋奠狀況〉昭和十六年秋季釋奠狀況 | 洪聖俊 |
| 23712 | 弘治 | 홍치 | 10 | 32 | 1916.03 | 書享官廳壁記後 / 李明漢 撰 | |
| 23713 | 弘治 | 홍치 | 20 | 19 | 1920.03 | 經學管見(續) / 尹寧求 | |

| 번호 | 원문 | 현대어(독음) | 호 | 쪽 | 발행일 | 기사명 / 필자 | 비고 |
|---|---|---|---|---|---|---|---|
| 23714 | 洪致業 | 홍치업 | 45 | 27 | 1940.12 | 朝鮮儒林大會(朝鮮儒道聯合會創立總會) 會錄槪要〉朝鮮儒道聯合會役員名簿(昭和十四年十一月一日現在) | |
| 23715 | 洪耻齋 | 홍치재 | 9 | 33 | 1915.12 | 賢關記聞(續) / 李大榮 | 洪仁祐 |
| 23716 | 洪耻齋 | 홍치재 | 11 | 27 | 1916.06 | 經學淺知錄(續) / 金文演 | 洪仁祐 |
| 23717 | 洪泰彛 | 홍태이 | 30 | 76 | 1929.12 | 地方報告〉[洪泰彛의 報告] | |
| 23718 | 洪泰彛 | 홍태이 | 31 | 35 | 1930.08 | 地方報告〉各郡文廟釋奠狀況[洪泰彛의 보고] | |
| 23719 | 洪泰彛 | 홍태이 | 31 | 36 | 1930.08 | 地方報告〉各郡文廟釋奠狀況[洪泰彛의 보고] | |
| 23720 | 洪宅柱 | 홍택주 | 45 | 21 | 1940.12 | 朝鮮儒林大會(朝鮮儒道聯合會創立總會) 會錄槪要〉朝鮮儒道聯合會役員名簿(昭和十四年十一月一日現在) | |
| 23721 | 洪河奎 | 홍하규 | 43 | 14 | 1938.12 | 信川鄕校重修記 / 金完鎭 | |
| 23722 | 洪鶴植 | 홍학식 | 27 | 52 | 1926.12 | 日誌大要 | |
| 23723 | 洪鶴植 | 홍학식 | 27 | 53 | 1926.12 | 日誌大要 | |
| 23724 | 洪惠厚 | 홍혜후 | 38 | 37 | 1935.03 | 孝烈行蹟〉[崔永植 等의 보고] | |
| 23725 | 洪浩善 | 홍호선 | 19 | 30 | 1918.12 | 日誌大要 | |
| 23726 | 洪浩善 | 홍호선 | 19 | 31 | 1918.12 | 日誌大要 | |
| 23727 | 洪興祖 | 홍흥조 | 2 | 32 | 1914.03 | 孔子年譜 / 呂圭亨 | |
| 23728 | 洪憙 | 홍희 | 23 | 57 | 1922.12 | 日誌大要 | |
| 23729 | 花岡 | 화강 | 47 | 47 | 1943.01 | 經學院日誌大要(昭和十六年七月ヨリ昭和十七年六月マテ) | 花岡卓 |
| 23730 | 花岡卓 | 화강탁 | 47 | 39 | 1943.01 | 釋奠狀況〉昭和十七年春季釋奠狀況 | |
| 23731 | 花岡卓 | 화강탁 | 47 | 42 | 1943.01 | 釋奠狀況〉昭和十七年秋季釋奠狀況 | |
| 23732 | 和久正志 | 화구정지 | 31 | 60 | 1930.08 | 明倫學院職員名簿 | |
| 23733 | 和氣淸麻呂 | 화기청마려 | 48 | 49 | 1944.04 | 嘉言善行 / 李敬植 | 와케노기요마로(和気淸麻呂) |
| 23734 | 花潭 | 화담 | 44 | 50 | 1939.10 | 嘉言善行 / 李昇圭 | 徐敬德 |
| 23735 | 化堂 | 화당 | 37 | 41 | 1934.10 | 地方儒林狀況〉[李大榮의 보고]〉書院狀況 | 申敏一 |
| 23736 | 和甫 | 화보 | 32 | 40 | 1930.12 | 地方報告〉地方儒林狀況〉[成樂賢의 報告] | 李洽 |
| 23737 | 華父督 | 화보독 | 20 | 29 | 1920.03 | 三洙瑣談(續) / 元泳義 | |
| 23738 | 花山君 | 화산군 | 37 | 21 | 1934.10 | 敎化編年 / 李大榮 | 權近 |
| 23739 | 花山院師賢 | 화산원사현 | 48 | 23 | 1944.04 | (十月十五日於經學院秋季釋典)時局と儒道 / 鈴川壽男 | 가잔인모로카타 |
| 23740 | 華西 | 화서 | 29 | 25 | 1928.12 | 三洙瑣談(續) / 元泳義 | 李恒老 |
| 23741 | 華西 | 화서 | 35 | 9 | 1932.12 | 心性情理氣圖解 / 元弘植 | 李恒老 |
| 23742 | 華西翁 | 화서옹 | 29 | 24 | 1928.12 | 三洙瑣談(續) / 元泳義 | 李恒老 |
| 23743 | 華西翁 | 화서옹 | 29 | 26 | 1928.12 | 三洙瑣談(續) / 元泳義 | 李恒老 |

| 번호 | 원문 | 현대어(독음) | 호 | 쪽 | 발행일 | 기사명 / 필자 | 비고 |
|---|---|---|---|---|---|---|---|
| 23744 | 和叔 | 화숙 | 42 | 59 | 1937.12 | 文廟享祀位次及聖賢姓名爵號考 / 金完鎭 | 朴世采 |
| 23745 | 華陽伯 | 화양백 | 8 | 35 | 1915.09 | 賢關記聞 / 李大榮 | 張栻 |
| 23746 | 華陽伯 | 화양백 | 42 | 57 | 1937.12 | 文廟享祀位次及聖賢姓名爵號考 / 金完鎭 | 張栻 |
| 23747 | 華陽伯 | 화양백 | 42 | 47 | 1937.12 | 文廟享祀位次及聖賢姓名爵號考 / 金完鎭 | 張栻 |
| 23748 | 花園天皇 | 화원 천황 | 18 | 51 | 1918.09 | 講說〉講題 內地의 宋學(大正七年五月十一日 第二十八回講演) / 今關壽麿 | 하나조노 천황 |
| 23749 | 華亭侯 | 화정후 | 42 | 55 | 1937.12 | 文廟享祀位次及聖賢姓名爵號考 / 金完鎭 | 秦非 |
| 23750 | 華亭侯 | 화정후 | 42 | 46 | 1937.12 | 文廟享祀位次及聖賢姓名爵號考 / 金完鎭 | 秦非 |
| 23751 | 華蜀君 | 화촉군 | 41 | 15 | 1937.02 | 延州夏王廟重修記 / 鄭鳳時 | |
| 23752 | 禾姬 | 화희 | 44 | 58 | 1939.10 | 朝鮮詩學考 / 李昇圭 | |
| 23753 | 桓 | 환 | 7 | 37 | 1915.06 | 容思衍(續) / 李鼎煥 | 桓帝 |
| 23754 | 桓 | 환 | 17 | 30 | 1918.07 | 洙澳問答 / 元泳義 | 桓公 |
| 23755 | 桓 | 환 | 34 | 3 | 1932.03 | 天理人欲說 / 元弘植 | 齊의 桓公 |
| 23756 | 桓公 | 환공 | 44 | 29 | 1939.10 | 儒敎의 起源과 流派 / 李昇圭 | 齊의 桓公 |
| 23757 | 桓寬 | 환관 | 12 | 12 | 1916.12 | 孟子緖論 / 金文演 | |
| 23758 | 桓寬 | 환관 | 21 | 15 | 1921.03 | 經學管見(續) / 尹寧求 | |
| 23759 | 桓文 | 환문 | 7 | 27 | 1915.06 | 孔子年報(續) / 呂圭亨 | |
| 23760 | 環峯朱氏 | 환봉 주씨 | 20 | 5 | 1920.03 | 中庸章句問對(續) / 朴長鴻 | |
| 23761 | 桓榮 | 환영 | 9 | 53 | 1915.12 | 講說〉講題 三人行必有我師(大正四年六月 十二日第十三回講演) / 朴箕陽 | |
| 23762 | 桓溫 | 환온 | 14 | 5 | 1917.07 | 經學管見(續) / 尹寧求 | |
| 23763 | 桓子 | 환자 | 6 | 35 | 1915.03 | 孔子年報(續) / 呂圭亨 | |
| 23764 | 桓魋 | 환퇴 | 5 | 43 | 1914.12 | 孔子年報(續) / 呂圭亨 | |
| 23765 | 桓魋 | 환퇴 | 9 | 28 | 1915.12 | 孔子年報(續) / 呂圭亨 | |
| 23766 | 桓魋 | 환퇴 | 9 | 53 | 1915.12 | 講說〉講題 三人行必有我師(大正四年六月 十二日第十三回講演) / 朴箕陽 | |
| 23767 | 桓魋 | 환퇴 | 29 | 65 | 1928.12 | 講說〉講題 道德的精神 / 白井成允 | |
| 23768 | 桓魋 | 환퇴 | 41 | 52 | 1937.02 | 敬神崇祖의 觀念 / 金完鎭 | |
| 23769 | 黃 | 황 | 2 | 72 | 1914.03 | 講說〉講題 必愼其獨(大正二年十一月八日第 四回講演)〉敷演 / 李鼎煥 | |
| 23770 | 黃 | 황 | 8 | 2 | 1915.09 | 儒敎論 / 呂圭亨 | |
| 23771 | 黃 | 황 | 13 | 53 | 1917.03 | 講說〉講題 人有不爲也而後可以有爲(大正五 年九月七日第二十回講演)〉續演 / 呂圭亨 | |
| 23772 | 黃 | 황 | 23 | 74 | 1922.12 | 講說〉講題 周公孔子之道(大正十一年八月 二十八日) / 今井彦三郎 | |
| 23773 | 黃 | 황 | 39 | 7 | 1935.10 | 送李君往浙江序 / 金文演 | |
| 23774 | 黃 | 황 | 40 | 16 | 1936.08 | 文房四友說 / 韓昌愚 | |

| 번호 | 원문 | 현대어(독음) | 호 | 쪽 | 발행일 | 기사명 / 필자 | 비고 |
|---|---|---|---|---|---|---|---|
| 23775 | 皇侃 | 황간 | 11 | 20 | 1916.06 | 經學管見(續) / 尹寧求 | |
| 23776 | 皇侃 | 황간 | 22 | 62 | 1922.03 | 講說〉一貫之道 / 宇野哲人 | |
| 23777 | 皇侃 | 황간 | 24 | 62 | 1923.12 | 講說〉講題 知天命說 / 服部宇之吉 | |
| 23778 | 皇侃 | 황간 | 24 | 63 | 1923.12 | 講說〉講題 知天命說 / 服部宇之吉 | |
| 23779 | 皇侃 | 황간 | 32 | 4 | 1930.12 | 經學源流(續) / 權純九 | |
| 23780 | 黃幹 | 황간 | 8 | 35 | 1915.09 | 賢關記聞 / 李大榮 | |
| 23781 | 黃幹 | 황간 | 10 | 51 | 1916.03 | 賢關記聞(續) / 李大榮 | |
| 23782 | 黃榦 | 황간 | 12 | 9 | 1916.12 | 經學管見(續) / 尹寧求 | |
| 23783 | 黃榦 | 황간 | 42 | 47 | 1937.12 | 文廟享祀位次及聖賢姓名爵號考 / 金完鎭 | 文肅公 |
| 23784 | 黃榦 | 황간 | 42 | 57 | 1937.12 | 文廟享祀位次及聖賢姓名爵號考 / 金完鎭 | 文肅公, 원문은 姓黃名榦 |
| 23785 | 黃甲性 | 황갑성 | 20 | 46 | 1920.03 | 日誌大要 | |
| 23786 | 黃圭瑞 | 황규서 | 23 | 54 | 1922.12 | 日誌大要 | |
| 23787 | 黃圭瑞 | 황규서 | 23 | 55 | 1922.12 | 日誌大要 | |
| 23788 | 黃圭秀 | 황규수 | 24 | 54 | 1923.12 | 日誌大要 | |
| 23789 | 黃圭秀 | 황규수 | 24 | 55 | 1923.12 | 日誌大要 | |
| 23790 | 黃奎昌 | 황규창 | 11 | 62 | 1916.06 | 日誌大要 | |
| 23791 | 黃圭轍 | 황규철 | 26 | 73 | 1925.12 | 地方報告〉[黃圭轍 等의 報告] | |
| 23792 | 黃圭轍 | 황규철 | 26 | 81 | 1925.12 | 地方報告〉[黃圭轍의 報告] | |
| 23793 | 黃圭轍 | 황규철 | 26 | 82 | 1925.12 | 地方報告〉[黃圭轍의 報告] | |
| 23794 | 黃圭炫 | 황규현 | 20 | 35 | 1920.03 | 金堤郡鄉校靑衿契發起通文 | |
| 23795 | 黃近性 | 황근성 | 21 | 90 | 1921.03 | 日誌大要 | |
| 23796 | 黃懦夫 | 황나부 | 28 | 77 | 1927.12 | 地方報告〉[李錫龍 等의 報告] | |
| 23797 | 黃老 | 황노 | 1 | 8 | 1913.12 | 論說 / 呂圭亨 | 黃帝와 老子 |
| 23798 | 黃老 | 황노 | 4 | 2 | 1914.09 | 學說 / 呂圭亨 | 黃帝와 老子 |
| 23799 | 黃老 | 황노 | 4 | 5 | 1914.09 | 學說 / 呂圭亨 | 黃帝와 老子 |
| 23800 | 黃老 | 황노 | 7 | 77 | 1915.06 | 講說〉講題 孔子聖之時者也(大政四年三月十八日第十回講演)〉續演 / 呂圭亨 | 黃帝와 老子 |
| 23801 | 黃老 | 황노 | 9 | 45 | 1915.12 | 日誌大要 | 黃帝와 老子 |
| 23802 | 黃魯直 | 황노직 | 5 | 54 | 1914.12 | 容思衍(續) / 李鼎煥 | |
| 23803 | 黃大坤 | 황대곤 | 43 | 21 | 1938.12 | 江華忠烈祠享祀位次及祝文式 | |
| 23804 | 黃大達 | 황대달 | 39 | 54 | 1935.10 | 文廟釋奠狀況〉地方文廟春期釋奠狀況表 | |
| 23805 | 黃大達 | 황대달 | 40 | 38 | 1936.08 | 文廟釋奠狀況〉[地方文廟春期釋奠狀況表] | |
| 23806 | 黃道周 | 황도주 | 11 | 20 | 1916.06 | 經學管見(續) / 尹寧求 | |
| 23807 | 黃敦秀 | 황돈수 | 1 | 4 | 1913.12 | 經學院雜誌祝辭 / 黃敦秀 | |

| 번호 | 원문 | 현대어(독음) | 호 | 쪽 | 발행일 | 기사명 / 필자 | 비고 |
|---|---|---|---|---|---|---|---|
| 23808 | 黃敦秀 | 황돈수 | 1 | 46 | 1913.12 | 日誌大要 | |
| 23809 | 黃敦秀 | 황돈수 | 1 | 50 | 1913.12 | 日誌大要 | |
| 23810 | 黃敦秀 | 황돈수 | 1 | 52 | 1913.12 | 日誌大要 | |
| 23811 | 黃敦秀 | 황돈수 | 1 | 58 | 1913.12 | 本院職員錄 大正二年十二月 日 現在 | |
| 23812 | 黃敦秀 | 황돈수 | 1 | 75 | 1913.12 | 地方報告 大正元年始〉[黃敦秀의 報告] | |
| 23813 | 黃敦秀 | 황돈수 | 1 | 76 | 1913.12 | 地方報告 大正元年始〉[黃敦秀의 報告] | |
| 23814 | 黃敦秀 | 황돈수 | 1 | 79 | 1913.12 | 地方報告 大正元年始〉[黃敦秀의 報告] | |
| 23815 | 黃敦秀 | 황돈수 | 1 | 80 | 1913.12 | 地方報告 大正元年始〉[吳憲泳의 報告] | |
| 23816 | 黃敦秀 | 황돈수 | 1 | 87 | 1913.12 | 地方報告 大正元年始〉[成樂賢의 報告] | |
| 23817 | 黃敦秀 | 황돈수 | 1 | 91 | 1913.12 | 地方報告 大正元年始〉[黃敦秀의 報告] | |
| 23818 | 黃敦秀 | 황돈수 | 2 | 50 | 1914.03 | 日誌大要 | |
| 23819 | 黃敦秀 | 황돈수 | 2 | 58 | 1914.03 | 日誌大要 | |
| 23820 | 黃敦秀 | 황돈수 | 2 | 65 | 1914.03 | 講說〉講題 克己復禮(大正二年十月十一日第三回講演)〉讀論 / 黃敦秀 | |
| 23821 | 黃敦秀 | 황돈수 | 2 | 75 | 1914.03 | 地方報告〉[黃敦秀의 報告] | |
| 23822 | 黃敦秀 | 황돈수 | 2 | 86 | 1914.03 | 地方報告〉[黃敦秀의 報告] | |
| 23823 | 黃敦秀 | 황돈수 | 2 | 93 | 1914.03 | 地方報告〉[黃敦秀의 報告] | |
| 23824 | 黃敦秀 | 황돈수 | 3 | 28 | 1914.06 | 登南山 / 黃敦秀 | |
| 23825 | 黃敦秀 | 황돈수 | 3 | 56 | 1914.06 | 日誌大要 | |
| 23826 | 黃敦秀 | 황돈수 | 3 | 57 | 1914.06 | 日誌大要 | |
| 23827 | 黃敦秀 | 황돈수 | 3 | 60 | 1914.06 | 日誌大要 | |
| 23828 | 黃敦秀 | 황돈수 | 3 | 66 | 1914.06 | 講說〉講題 孝子所以事君也弟者所以事長也慈者所以使衆也(大正三年三月三日第五回講演)〉敷演 / 黃敦秀 | |
| 23829 | 黃敦秀 | 황돈수 | 3 | [0] | 1914.06 | [經學院視察團旅行紀念] | |
| 23830 | 黃敦秀 | 황돈수 | 4 | 52 | 1914.09 | 行道 / 黃敦秀 | |
| 23831 | 黃敦秀 | 황돈수 | 4 | 64 | 1914.09 | 地方報告〉[黃敦秀의 報告] | |
| 23832 | 黃敦秀 | 황돈수 | 6 | 6 | 1915.03 | 書雜誌後 / 黃敦秀 | |
| 23833 | 黃敦秀 | 황돈수 | 6 | 70 | 1915.03 | 地方報告〉[黃敦秀 巡講] | |
| 23834 | 黃敦秀 | 황돈수 | 8 | 45 | 1915.09 | 日誌大要 | |
| 23835 | 黃敦秀 | 황돈수 | 8 | 57 | 1915.09 | 地方報告〉[黃敦秀의 報告] | |
| 23836 | 黃敦秀 | 황돈수 | 9 | [10] | 1915.12 | 卽位大禮式獻頌文 / 黃敦秀 | |
| 23837 | 黃敦秀 | 황돈수 | 10 | 68 | 1916.03 | 地方報告〉[黃敦秀의 報告] | |
| 23838 | 黃敦秀 | 황돈수 | 11 | 38 | 1916.06 | 經義答問 / 黃敦秀 | |
| 23839 | 黃敦秀 | 황돈수 | 11 | 59 | 1916.06 | 釋奠日有感 / 黃敦秀 | |
| 23840 | 黃敦秀 | 황돈수 | 11 | 81 | 1916.06 | 地方報告〉[黃敦秀의 報告] | |

| 번호 | 원문 | 현대어(독음) | 호 | 쪽 | 발행일 | 기사명 / 필자 | 비고 |
|---|---|---|---|---|---|---|---|
| 23841 | 黃敦秀 | 황돈수 | 12 | 48 | 1916.12 | 日誌大要 | |
| 23842 | 黃敦秀 | 황돈수 | 12 | 49 | 1916.12 | 日誌大要 | |
| 23843 | 黃敦秀 | 황돈수 | 12 | 71 | 1916.12 | 講說〉講題 女爲君子儒無爲小人儒(大正五年五月十三日開城郡鄉校講演) / 黃敦秀 | |
| 23844 | 黃敦秀 | 황돈수 | 12 | 77 | 1916.12 | 地方報告〉[黃敦秀의 報告] | |
| 23845 | 黃敦秀 | 황돈수 | 12 | [5] | 1916.12 | 立太子禮獻頌文 / 黃敦秀 | |
| 23846 | 黃敦秀 | 황돈수 | 14 | 41 | 1917.07 | 日誌大要 | |
| 23847 | 黃敦秀 | 황돈수 | 14 | 61 | 1917.07 | 地方報告〉[黃敦秀의 報告] | |
| 23848 | 黃敦秀 | 황돈수 | 14 | 85 | 1917.07 | 地方報告〉[黃敦秀의 報告] | |
| 23849 | 黃敦秀 | 황돈수 | 16 | 11 | 1918.03 | 陽城鄉校明倫堂重修記 / 金允植 | |
| 23850 | 黃敦秀 | 황돈수 | 16 | 58 | 1918.03 | 地方報告〉[南相台의 報告] | |
| 23851 | 黃敦秀 | 황돈수 | 16 | 59 | 1918.03 | 地方報告〉[南相台의 報告] | |
| 23852 | 黃敦秀 | 황돈수 | 18 | 62 | 1918.09 | 地方報告〉[黃敦秀의 報告] | |
| 23853 | 黃敦秀 | 황돈수 | 19 | 35 | 1918.12 | 日誌大要 | |
| 23854 | 黃敦秀 | 황돈수 | 21 | 32 | 1921.03 | 勸學文(陽城文廟釋奠翌日示參拜學生) / 黃敦秀 | |
| 23855 | 黃敦秀 | 황돈수 | 21 | 85 | 1921.03 | 見陽城文廟前杏樹枯枝復生感而有題 / 黃敦秀 | |
| 23856 | 黃敦秀 | 황돈수 | 22 | 54 | 1922.03 | 日誌大要 | |
| 23857 | 黃勉齋 | 황면재 | 14 | 91 | 1917.07 | 地方報告〉[黃敦秀의 報告]〉答辭 / 朴昇和 | 黃塔 |
| 23858 | 黃勉齋 | 황면재 | 16 | 48 | 1918.03 | 講說〉講題 存其心養其性所以事天也(大正六年十月十四日江陵郡講演) / 李容稙 | 黃塔 |
| 23859 | 黃勉齋 | 황면재 | 44 | 41 | 1939.10 | 經儒學 / 金誠鎭 | 黃塔 |
| 23860 | 荒木村重 | 황목촌중 | 48 | 50 | 1944.04 | 嘉言善行 / 李敬植 | 아라키무라시게 |
| 23861 | 黃博羣 | 황박군 | 47 | 46 | 1943.01 | 經學院日誌大要(昭和十六年七月ヨリ昭和十七年六月マテ) | |
| 23862 | 黃厖村 | 황방촌 | 28 | 77 | 1927.12 | 地方報告〉[李錫龍 等의 報告] | 黃喜 |
| 23863 | 黃伯 | 황백 | 30 | [8] | 1929.12 | 李龍眠畫宣聖及七十二弟子像贊(金石萃編) | 公孫龍 |
| 23864 | 黃伯 | 황백 | 42 | 52 | 1937.12 | 文廟享祀位次及聖賢姓名爵號考 / 金完鎭 | 公孫龍 |
| 23865 | 黃百家 | 황백가 | 10 | 24 | 1916.03 | 經學淺知錄 / 金文演 | |
| 23866 | 黃伯思 | 황백사 | 20 | 16 | 1920.03 | 經學管見(續) / 尹寧求 | |
| 23867 | 黃伯思 | 황백사 | 20 | 21 | 1920.03 | 經學管見(續) / 尹寧求 | |
| 23868 | 黃丙秀 | 황병수 | 21 | 93 | 1921.03 | 日誌大要 | |
| 23869 | 黃晒周 | 황병주 | 22 | 79 | 1922.03 | 地方報告〉[閔載爽의 報告] | |
| 23870 | 黃炳漢 | 황병한 | 38 | 38 | 1935.03 | 孝烈行蹟〉[黃炳濩 等의 보고] | |
| 23871 | 黃炳濩 | 황병호 | 37 | 54 | 1934.10 | 文廟釋奠狀況〉[黃炳濩의 보고] | |
| 23872 | 黃炳濩 | 황병호 | 38 | 46 | 1935.03 | 文廟釋奠狀況〉地方文廟秋期釋奠狀況表 | |

| 번호 | 원문 | 현대어(독음) | 호 | 쪽 | 발행일 | 기사명 / 필자 | 비고 |
|---|---|---|---|---|---|---|---|
| 23873 | 皇甫謐 | 황보밀 | 17 | 1 | 1918.07 | 經學管見(續) / 尹寧求 | |
| 23874 | 皇甫氏 | 황보씨 | 48 | 57 | 1944.04 | 一. 孝烈行跡報告 其三 / 李㻋演 | |
| 23875 | 黃鳳秀 | 황봉수 | 1 | 52 | 1913.12 | 日誌大要 | |
| 23876 | 黃封唱 | 황봉창 | 11 | 36 | 1916.06 | 受賜鍾尊記 / 辛碩祖 | |
| 23877 | 黃士穀 | 황사곡 | 12 | 9 | 1916.12 | 經學管見(續) / 尹寧求 | |
| 23878 | 黃石公 | 황석공 | 9 | 22 | 1915.12 | 經學管見(下) / 尹寧求 | |
| 23879 | 黃錫龍 | 황석룡 | 33 | 21 | 1931.12 | 壽松帖〉敬賀鄭提學先生喜壽 / 黃錫龍 | |
| 23880 | 黃錫龍 | 황석룡 | 33 | 29 | 1931.12 | 聲討顚末 | |
| 23881 | 黃錫龍 | 황석룡 | 34 | 57 | 1932.03 | 明倫學院評議會員名簿 | |
| 23882 | 黃錫龍 | 황석룡 | 36 | 66 | 1933.12 | 明倫學院評議員名簿 | |
| 23883 | 黃錫龍 | 황석룡 | 37 | 68 | 1934.10 | 明倫學院評議員名簿 | |
| 23884 | 黃錫龍 | 황석룡 | 38 | 34 | 1935.03 | 地方儒林狀況〉[黃錫龍의 보고] | |
| 23885 | 黃錫龍 | 황석룡 | 38 | 48 | 1935.03 | 文廟釋奠狀況〉地方文廟秋期釋奠狀況表 | |
| 23886 | 黃錫龍 | 황석룡 | 39 | 17 | 1935.10 | 湯島聖堂孔子祭典狀況 | |
| 23887 | 黃錫龍 | 황석룡 | 39 | 30 | 1935.10 | 東京斯文會主催儒道大會狀況 | |
| 23888 | 黃錫龍 | 황석룡 | 39 | 49 | 1935.10 | 日誌大要 | |
| 23889 | 黃錫龍 | 황석룡 | 40 | 54 | 1936.08 | 鄭茂亭先生追悼錄〉輓詞 / 黃錫龍 | |
| 23890 | 黃錫煥 | 황석환 | 41 | 63 | 1937.02 | 明倫學院評議員名簿(昭和十一年一月一日) | |
| 23891 | 黃錫煥 | 황석환 | 43 | 42 | 1938.12 | 故大提學鄭鳳時先生輓詞 / 黃錫煥 | |
| 23892 | 黃錫煥 | 황석환 | 45 | 27 | 1940.12 | 朝鮮儒林大會(朝鮮儒道聯合會創立總會) 會錄槪要〉朝鮮儒道聯合會役員名簿(昭和十四年十一月一日現在) | |
| 23893 | 黃錫煥 | 황석환 | 46 | 33 | 1941.12 | 明倫專門學院日誌大要(昭和十四年七月ヨリ昭和十六年六月マデ) | |
| 23894 | 黃善身 | 황선신 | 43 | 21 | 1938.12 | 江華忠烈祠享祀位次及祝文式 | |
| 23895 | 黃先容 | 황선용 | 33 | 36 | 1931.12 | 聲討顚末 | |
| 23896 | 黃省曾 | 황성증 | 7 | 26 | 1915.06 | 孔子年報(續) / 呂圭亨 | |
| 23897 | 黃省曾 | 황성증 | 21 | 16 | 1921.03 | 經學管見(續) / 尹寧求 | |
| 23898 | 黃巢 | 황소 | 44 | 60 | 1939.10 | 朝鮮詩學考 / 李昇圭 | |
| 23899 | 黃守身 | 황수신 | 22 | 72 | 1922.03 | 地方報告〉[宋圭鎭의 報告] | |
| 23900 | 黃淳龍 | 황순룡 | 29 | 75 | 1928.12 | 地方報告〉[黃淳龍의 報告] | |
| 23901 | 黃淳耀 | 황순요 | 17 | 4 | 1918.07 | 經學管見(續) / 尹寧求 | |
| 23902 | 黃述仁 | 황술인 | 9 | 37 | 1915.12 | 奉呈經學院 / 黃述仁 | |
| 23903 | 黃承彦 | 황승언 | 46 | 62 | 1941.12 | 講演及講習〉時局と婦道實踐(講演速記) / 永田種秀 | |
| 23904 | 黃信泰 | 황신태 | 45 | 39 | 1940.12 | 朝鮮儒林大會(朝鮮儒道聯合會創立總會) 會錄槪要〉朝鮮儒道聯合會役員名簿(昭和十四年十一月一日現在) | |

| 번호 | 원문 | 현대어(독음) | 호 | 쪽 | 발행일 | 기사명 / 필자 | 비고 |
|---|---|---|---|---|---|---|---|
| 23905 | 黃氏 | 황씨 | 11 | 43 | 1916.06 | 四書小註辨疑 / 李鶴在 | |
| 23906 | 黃氏 | 황씨 | 14 | 28 | 1917.07 | 四書小註辨疑(續) / 李鶴在 | |
| 23907 | 黃氏 | 황씨 | 17 | 16 | 1918.07 | 中庸章句問對(續) / 朴長鴻 | |
| 23908 | 黃氏 | 황씨 | 24 | 34 | 1923.12 | 釋奠에 就하야 / 佐藤廣治 | |
| 23909 | 黃氏 | 황씨 | 25 | 17 | 1924.12 | 釋奠에 就하야(續) / 佐藤廣治 | |
| 23910 | 黃氏 | 황씨 | 25 | 20 | 1924.12 | 釋奠에 就하야(續) / 佐藤廣治 | |
| 23911 | 黃氏 | 황씨 | 25 | 22 | 1924.12 | 釋奠에 就하야(續) / 佐藤廣治 | |
| 23912 | 黃氏 | 황씨 | 25 | 24 | 1924.12 | 釋奠에 就하야(續) / 佐藤廣治 | |
| 23913 | 黃氏 | 황씨 | 27 | 27 | 1926.12 | 中庸問對 / 沈璿澤 | |
| 23914 | 黃巖顯 | 황암현 | 20 | 36 | 1920.03 | 求禮郡文廟重修捐義錄小序 / 金商翊 | |
| 23915 | 黃楊秉 | 황양병 | 46 | 63 | 1941.12 | 講演及講習〉時局と婦道實踐(講演速記) / 永田種秀 | |
| 23916 | 黃業 | 황업 | 16 | 34 | 1918.03 | 日誌大要 | |
| 23917 | 黃業 | 황업 | 22 | 48 | 1922.03 | 故經學院副提學久庵朴公挽詞 / 黃業 | |
| 23918 | 黃業 | 황업 | 22 | 52 | 1922.03 | 日誌大要 | |
| 23919 | 黃業 | 황업 | 22 | 83 | 1922.03 | 地方報告〉[韓赳淵의 報告] | |
| 23920 | 黃業 | 황업 | 23 | 53 | 1922.12 | 日誌大要 | |
| 23921 | 黃業 | 황업 | 24 | 57 | 1923.12 | 日誌大要 | |
| 23922 | 黃業 | 황업 | 24 | 95 | 1923.12 | 地方報告〉[黃業의 報告] | |
| 23923 | 黃業 | 황업 | 25 | 34 | 1924.12 | 日誌大要 | |
| 23924 | 黃業 | 황업 | 25 | 40 | 1924.12 | 日誌大要 | |
| 23925 | 黃業 | 황업 | 23 | 19 | 1922.12 | 孔夫子忌辰四十周甲追慕辭 / 黃業 | |
| 23926 | 黃黎洲 | 황여주 | 10 | 22 | 1916.03 | 經學淺知錄 / 金文演 | 黃宗羲 |
| 23927 | 黃黎洲 | 황여주 | 10 | 23 | 1916.03 | 經學淺知錄 / 金文演 | 黃宗羲 |
| 23928 | 黃榮 | 황영 | 11 | 26 | 1916.06 | 經學淺知錄(續) / 金文演 | |
| 23929 | 黃泳斌 | 황영빈 | 16 | 61 | 1918.03 | 地方報告〉[黃泳斌의 報告] | |
| 23930 | 黃泳斌 | 황영빈 | 18 | 66 | 1918.09 | 地方報告〉[黃泳斌의 報告] | |
| 23931 | 黃泳斌 | 황영빈 | 22 | 77 | 1922.03 | 地方報告〉[黃泳斌의 報告] | |
| 23932 | 黃泳斌 | 황영빈 | 23 | 83 | 1922.12 | 地方報告〉[黃泳斌의 報告] | |
| 23933 | 黃泳斌 | 황영빈 | 25 | 83 | 1924.12 | 地方報告〉[黃泳斌의 報告] | |
| 23934 | 黃虞稷 | 황우직 | 20 | 15 | 1920.03 | 經學管見(續) / 尹寧求 | |
| 23935 | 黃義敦 | 황의돈 | 45 | 35 | 1940.12 | 朝鮮儒林大會(朝鮮儒道聯合會創立總會) 會錄概要〉朝鮮儒道聯合會役員名簿(昭和十四年十一月一日現在) | |
| 23936 | 黃義贊 | 황의찬 | 23 | 88 | 1922.12 | 地方報告〉[乾元祠 新建 關聯 報告] | |
| 23937 | 黃麟秀 | 황인수 | 20 | 49 | 1920.03 | 日誌大要 | |

| 번호 | 원문 | 현대어(독음) | 호 | 쪽 | 발행일 | 기사명 / 필자 | 비고 |
|---|---|---|---|---|---|---|---|
| 23938 | 黃仁植 | 황인식 | 25 | 82 | 1924.12 | 地方報告〉[金永周의 報告] | |
| 23939 | 黃一鎭 | 황일진 | 1 | 76 | 1913.12 | 地方報告 大正元年始〉[崔敦澈의 報告] | |
| 23940 | 黃一皓 | 황일호 | 43 | 20 | 1938.12 | 江華忠烈祠享祀位次及祝文式 | |
| 23941 | 荒田別 | 황전별 | 41 | 16 | 1937.02 | 博士王仁傳 / 李學魯 | 아라타와케, 『일본서기』의 무장 |
| 23942 | 黃廷桂 | 황정계 | 18 | 10 | 1918.09 | 經學管見(續) / 尹寧求 | |
| 23943 | 黃帝 | 황제 | 3 | 39 | 1914.06 | 講士視察見聞所記 / 呂圭亨 | |
| 23944 | 黃帝 | 황제 | 4 | 3 | 1914.09 | 學說 / 呂圭亨 | |
| 23945 | 黃帝 | 황제 | 6 | 19 | 1915.03 | 新舊曆法解說 / 洪鐘佶 | |
| 23946 | 黃帝 | 황제 | 7 | 39 | 1915.06 | 論語考證(續) / 金文演 | |
| 23947 | 黃帝 | 황제 | 8 | 7 | 1915.09 | 經說 本論附 / 韓晩容 | |
| 23948 | 黃帝 | 황제 | 9 | 10 | 1915.12 | 格致管見(續) / 李鼎煥 | |
| 23949 | 黃帝 | 황제 | 9 | 18 | 1915.12 | 經學管見(下) / 尹寧求 | |
| 23950 | 黃帝 | 황제 | 9 | 21 | 1915.12 | 經學管見(下) / 尹寧求 | |
| 23951 | 黃帝 | 황제 | 10 | 2 | 1916.03 | 經論 / 金元祐 | |
| 23952 | 黃帝 | 황제 | 14 | 65 | 1917.07 | 地方報告〉[宋在永의 報告]〉釋奠祭文 / 黃羲民 | |
| 23953 | 黃帝 | 황제 | 20 | 31 | 1920.03 | 三洙瑣談(續) / 元泳義 | |
| 23954 | 黃帝 | 황제 | 21 | 68 | 1921.03 | 三洙瑣談(續) / 元泳義 | |
| 23955 | 黃帝 | 황제 | 23 | 61 | 1922.12 | 講說〉講題 凡有血氣者莫不尊親(大正十一年五月七日追慕禮式時) / 李魯學 | |
| 23956 | 黃帝 | 황제 | 23 | 72 | 1922.12 | 講說〉講題 周公孔子之道(大正十一年八月二十八日) / 今井彥三郎 | |
| 23957 | 黃帝 | 황제 | 29 | 15 | 1928.12 | 坡州郡文廟齋則序 / 李學魯 | |
| 23958 | 黃帝 | 황제 | 33 | 2 | 1931.12 | 古今制器不同論 / 李學魯 | |
| 23959 | 黃帝 | 황제 | 33 | 15 | 1931.12 | 聞曲阜兵變上蔣中正書 / 李學魯 | |
| 23960 | 黃帝 | 황제 | 44 | 27 | 1939.10 | 儒敎의 起源과 流派 / 李昇圭 | |
| 23961 | 黃帝 | 황제 | 44 | 32 | 1939.10 | 經儒學 / 金誠鎭 | |
| 23962 | 黃帝 | 황제 | 44 | 34 | 1939.10 | 經儒學 / 金誠鎭 | |
| 23963 | 黃帝 | 황제 | 46 | 7 | 1941.12 | 大學序文先儒論辨 / 金誠鎭 | |
| 23964 | 黃鍾國 | 황종국 | 45 | 24 | 1940.12 | 朝鮮儒林大會(朝鮮儒道聯合會創立總會) 會錄槪要〉朝鮮儒道聯合會役員名簿(昭和十四年十一月一日現在) | |
| 23965 | 黃鍾河 | 황종하 | 43 | 36 | 1938.12 | 皇軍慰問詩 / 黃鍾河 | |
| 23966 | 黃宗羲 | 황종희 | 10 | 22 | 1916.03 | 經學淺知錄 / 金文演 | 원문은 宗義 |
| 23967 | 黃宗羲 | 황종희 | 12 | 7 | 1916.12 | 經學管見(續) / 尹寧求 | |
| 23968 | 黃宗羲 | 황종희 | 17 | 3 | 1918.07 | 經學管見(續) / 尹寧求 | |

| 번호 | 원문 | 현대어(독음) | 호 | 쪽 | 발행일 | 기사명 / 필자 | 비고 |
|---|---|---|---|---|---|---|---|
| 23969 | 黃宗羲 | 황종희 | 17 | 4 | 1918.07 | 經學管見(續) / 尹寧求 | |
| 23970 | 黃宗羲 | 황종희 | 34 | 4 | 1932.03 | 最近經學考 / 權純九 | |
| 23971 | 黃準性 | 황준성 | 45 | 32 | 1940.12 | 朝鮮儒林大會(朝鮮儒道聯合會創立總會) 會錄槪要〉朝鮮儒道聯合會役員名簿(昭和十四年十一月一日現在) | |
| 23972 | 黃中元 | 황중원 | 11 | 16 | 1916.06 | 經學管見(續) / 尹寧求 | |
| 23973 | 黃芝善 | 황지선 | 34 | 56 | 1932.03 | 明倫學院評議會員名簿 | |
| 23974 | 黃芝善 | 황지선 | 35 | 23 | 1932.12 | 孝壽帖〉賀韻 / 黃芝善 | |
| 23975 | 黃芝善 | 황지선 | 36 | 66 | 1933.12 | 明倫學院評議員名簿 | |
| 23976 | 黃芝善 | 황지선 | 37 | 67 | 1934.10 | 明倫學院評議員名簿 | |
| 23977 | 黃芝善 | 황지선 | 41 | 63 | 1937.02 | 明倫學院評議員名簿(昭和十一年一月一日) | |
| 23978 | 黃芝善 | 황지선 | 45 | 27 | 1940.12 | 朝鮮儒林大會(朝鮮儒道聯合會創立總會) 會錄槪要〉朝鮮儒道聯合會役員名簿(昭和十四年十一月一日現在) | |
| 23979 | 黃芝善 | 황지선 | 46 | 33 | 1941.12 | 明倫專門學院日誌大要(昭和十四年七月ヨリ昭和十六年六月マデ) | |
| 23980 | 黃枝欣 | 황지흔 | 27 | 57 | 1926.12 | 日誌大要 | |
| 23981 | 黃震 | 황진 | 21 | 19 | 1921.03 | 經學管見(續) / 尹寧求 | |
| 23982 | 黃震 | 황진 | 24 | 32 | 1923.12 | 釋奠에 就하야 / 佐藤廣治 | |
| 23983 | 黃震 | 황진 | 24 | 35 | 1923.12 | 釋奠에 就하야 / 佐藤廣治 | |
| 23984 | 黃震 | 황진 | 25 | 30 | 1924.12 | 釋奠에 就하야(續) / 佐藤廣治 | |
| 23985 | 黃鎭周 | 황진주 | 11 | 38 | 1916.06 | 經義答問 / 黃敦秀 | |
| 23986 | 黃贊性 | 황찬성 | 36 | 28 | 1933.12 | 文廟釋奠狀況〉[黃贊性의 보고] | |
| 23987 | 黃澈秀 | 황철수 | 20 | 49 | 1920.03 | 日誌大要 | |
| 23988 | 黃致斗 | 황치두 | 36 | 26 | 1933.12 | 文廟釋奠狀況〉[黃致斗의 보고] | |
| 23989 | 黃致斗 | 황치두 | 36 | 30 | 1933.12 | 文廟釋奠狀況〉[黃致斗의 보고] | |
| 23990 | 黃致斗 | 황치두 | 37 | 47 | 1934.10 | 文廟釋奠狀況〉[黃致斗의 보고] | |
| 23991 | 黃濯 | 황탁 | 43 | 67 | 1938.12 | 文廟春季釋奠狀況 | |
| 23992 | 黃濯 | 황탁 | 43 | 74 | 1938.12 | 第六回卒業式狀況及第九回新入生名簿〉第九回入學許可者名簿 | |
| 23993 | 黃濯 | 황탁 | 44 | 79 | 1939.10 | 文廟秋季釋奠狀況 | |
| 23994 | 黃濯 | 황탁 | 44 | 87 | 1939.10 | 文廟春季釋奠狀況 | |
| 23995 | 黃濯 | 황탁 | 46 | 14 | 1941.12 | 釋奠狀況〉昭和十四年秋季釋奠狀況 | |
| 23996 | 黃濯 | 황탁 | 46 | 15 | 1941.12 | 釋奠狀況〉昭和十五年春季釋奠狀況 | |
| 23997 | 黃濯 | 황탁 | 46 | 16 | 1941.12 | 釋奠狀況〉昭和十五年秋季釋奠狀況 | |
| 23998 | 黃濯 | 황탁 | 46 | 18 | 1941.12 | 釋奠狀況〉昭和十六年春季釋奠狀況 | |
| 23999 | 黃濯 | 황탁 | 47 | 37 | 1943.01 | 釋奠狀況〉昭和十六年秋季釋奠狀況 | |

| 번호 | 원문 | 현대어(독음) | 호 | 쪽 | 발행일 | 기사명 / 필자 | 비고 |
|---|---|---|---|---|---|---|---|
| 24000 | 黃澤 | 황택 | 12 | 7 | 1916.12 | 經學管見(續) / 尹寧求 | |
| 24001 | 黃澤 | 황택 | 41 | 21 | 1937.02 | 敎化編年(續) / 李大榮 | |
| 24002 | 黃覇 | 황패 | 14 | 90 | 1917.07 | 地方報告〉[黃敦秀의 報告]〉答辭 / 朴聲九 | |
| 24003 | 黃覇 | 황패 | 14 | 91 | 1917.07 | 地方報告〉[黃敦秀의 報告]〉答辭 / 朴聲九 | |
| 24004 | 黃歇 | 황헐 | 15 | 17 | 1917.10 | 詩經蔫辨 / 金文演 | |
| 24005 | 黃歇 | 황헐 | 15 | 18 | 1917.10 | 詩經蔫辨 / 金文演 | |
| 24006 | 黃淮 | 황회 | 16 | 7 | 1918.03 | 經學管見(續) / 尹寧求 | |
| 24007 | 黃喜 | 황희 | 8 | 69 | 1915.09 | 地方報告〉[崔東吉의 報告] | |
| 24008 | 黃喜 | 황희 | 9 | 33 | 1915.12 | 賢關記聞(續) / 李大榮 | |
| 24009 | 黃喜 | 황희 | 22 | 72 | 1922.03 | 地方報告〉[宋圭鎭의 報告] | |
| 24010 | 黃喜 | 황희 | 41 | 23 | 1937.02 | 敎化編年(續) / 李大榮 | |
| 24011 | 黃羲民 | 황희민 | 14 | 65 | 1917.07 | 地方報告〉[宋在永의 報告] | |
| 24012 | 黃羲民 | 황희민 | 14 | 68 | 1917.07 | 地方報告〉[宋在永의 報告]〉釋奠祭文 / 黃羲民 | |
| 24013 | 黃羲民 | 황희민 | 16 | 71 | 1918.03 | 地方報告〉[宋在永의 報告]〉新政과 儒生의 義務 / 黃羲民 | |
| 24014 | 黃羲民 | 황희민 | 17 | 72 | 1918.07 | 地方報告〉[李秉會의 報告] | |
| 24015 | 黃羲民 | 황희민 | 19 | 78 | 1918.12 | 地方報告〉[李秉會의 報告] | |
| 24016 | 回 | 회 | 11 | 23 | 1916.06 | 經學管見(續) / 尹寧求 | |
| 24017 | 回 | 회 | 23 | 5 | 1922.12 | 中庸說(續) / 李學魯 | |
| 24018 | 回 | 회 | 47 | 28 | 1943.01 | 論語要義 / 崔浩然 | |
| 24019 | 晦 | 회 | 29 | 25 | 1928.12 | 三洙瑣談(續) / 元泳義 | 李彦迪 |
| 24020 | 淮南王 | 회남왕 | 12 | 12 | 1916.12 | 孟子緒論 / 金文演 | 劉安 |
| 24021 | 鄁伯 | 회백 | 30 | [4] | 1929.12 | 李龍眠畵宣聖及七十二弟子像贊(金石萃編) | 巫馬施 |
| 24022 | 晦庵 | 회암 | 22 | 68 | 1922.03 | 講說〉文質彬彬然後君子(大正十年六月十五日禮山郡白日場講演) / 成樂賢 | 朱子 |
| 24023 | 晦庵 | 회암 | 30 | 58 | 1929.12 | 講說〉講題 朝鮮의 在한 聖學道統 : 李退溪先生을 憶함 / 赤木萬二郞 | 朱子 |
| 24024 | 晦庵 | 회암 | 30 | 59 | 1929.12 | 講說〉講題 朝鮮의 在한 聖學道統 : 李退溪先生을 憶함 / 赤木萬二郞 | 朱子 |
| 24025 | 晦庵 | 회암 | 32 | 40 | 1930.12 | 地方報告〉地方儒林狀況〉[成樂賢의 報告] | 朱子 |
| 24026 | 晦庵 | 회암 | 44 | 34 | 1939.10 | 經儒學 / 金誠鎭 | 朱子 |
| 24027 | 晦庵 | 회암 | 44 | 43 | 1939.10 | 大學主旨 / 崔浩然 | 朱子 |
| 24028 | 晦庵 | 회암 | 44 | 45 | 1939.10 | 嘉言善行을 記載함에 就하야 / 金誠鎭 | 朱子 |
| 24029 | 晦菴 | 회암 | 15 | 84 | 1917.10 | 地方報告〉[秋永求의 報告] | 朱子 |
| 24030 | 晦翁 | 회옹 | 34 | 10 | 1932.03 | 送崔斯文崙熙壽其大人七十一生朝序 / 姜驥善 | 朱子 |
| 24031 | 晦翁 | 회옹 | 34 | 12 | 1932.03 | 祭任君龍宰文 / 明倫學院生徒一同 | 朱子 |
| 24032 | 晦翁 | 회옹 | 36 | 62 | 1933.12 | 第二回學生卒業式狀況〉祝辭 / 宋之憲 | 朱子 |

| 번호 | 원문 | 현대어(독음) | 호 | 쪽 | 발행일 | 기사명 / 필자 | 비고 |
|---|---|---|---|---|---|---|---|
| 24033 | 晦翁 | 회옹 | 46 | 2 | 1941.12 | 興學養材 / 崔浩然 | 朱子 |
| 24034 | 晦翁夫子 | 회옹부자 | 36 | 8 | 1933.12 | 居然亭記 / 李學魯 | 朱子 |
| 24035 | 晦翁夫子 | 회옹부자 | 40 | 2 | 1936.08 | 聖師不裸辨 / 李學魯 | 朱子 |
| 24036 | 會子 | 회자 | 35 | 67 | 1932.12 | 第一回學生卒業式狀況〉誨告 / 宇垣一成 | |
| 24037 | 晦齋 | 회재 | 29 | 24 | 1928.12 | 三洙瑣談(續) / 元泳義 | 李彦迪 |
| 24038 | 晦齋 | 회재 | 33 | 3 | 1931.12 | 經筵問對箚記 / 權純九 | 李彦迪 |
| 24039 | 晦齋 | 회재 | 33 | 40 | 1931.12 | 地方儒林狀況〉[李大榮의 보고]〉書院狀況 | 李彦迪 |
| 24040 | 晦齋 | 회재 | 42 | 58 | 1937.12 | 文廟享祀位次及聖賢姓名爵號考 / 金完鎭 | 李彦迪 |
| 24041 | 晦齋 | 회재 | 44 | 50 | 1939.10 | 嘉言善行 / 李昇圭 | 李彦迪, 원문은 晦齊로 오기됨 |
| 24042 | 懷祖 | 회조 | 10 | 25 | 1916.03 | 經學淺知錄 / 金文演 | 王念孫 |
| 24043 | 淮漕 | 회조 | 11 | 5 | 1916.06 | 經論 / 韓晩容 | |
| 24044 | 晦軒 | 회헌 | 15 | 83 | 1917.10 | 地方報告〉[秋永求의 報告] | 安珦 |
| 24045 | 晦軒 | 회헌 | 16 | 28 | 1918.03 | 平壤府文廟參拜有感 / 鄭鳳鉉 | 安珦 |
| 24046 | 晦軒 | 회헌 | 17 | 72 | 1918.07 | 地方報告〉[李秉會의 報告] | 安裕 |
| 24047 | 晦軒 | 회헌 | 19 | 19 | 1918.12 | 雲山郡文廟祭官案序 / 申鉉求 | 安珦 |
| 24048 | 晦軒 | 회헌 | 20 | 40 | 1920.03 | 求禮文廟修繕同志會發起會席上演說 / 高墉柱 | 安珦 |
| 24049 | 晦軒 | 회헌 | 30 | 15 | 1929.12 | 白川鄕校重修記 / 鄭鳳時 | 安珦 |
| 24050 | 晦軒 | 회헌 | 30 | 16 | 1929.12 | 白川鄕校重修記 / 鄭鳳時 | 安珦 |
| 24051 | 晦軒 | 회헌 | 42 | 57 | 1937.12 | 文廟享祀位次及聖賢姓名爵號考 / 金完鎭 | 安珦 |
| 24052 | 橫渠 | 횡거 | 4 | 27 | 1914.09 | 張橫渠正蒙書中第七大心編讀解私記 / 呂圭亨 | 張載, 張橫渠 |
| 24053 | 橫渠 | 횡거 | 11 | 67 | 1916.06 | 講說〉講題 人能弘道(大正四年三月十一日第十六回講演)〉續演 / 呂圭亨 | 張載, 張橫渠 |
| 24054 | 橫渠 | 횡거 | 12 | 7 | 1916.12 | 經學管見(續) / 尹寧求 | 張載, 張橫渠 |
| 24055 | 橫渠 | 횡거 | 15 | 15 | 1917.10 | 四書小註辨疑(續) / 李鶴在 | 張載, 張橫渠 |
| 24056 | 橫渠 | 횡거 | 16 | 48 | 1918.03 | 講說〉講題 存其心養其性所以事天也(大正六年十月十四日江陵郡講演) / 李容植 | 張載, 張橫渠 |
| 24057 | 橫渠 | 횡거 | 27 | 32 | 1926.12 | 三洙瑣談(續) / 元泳義 | 張載, 張橫渠 |
| 24058 | 橫渠 | 횡거 | 27 | 35 | 1926.12 | 三洙瑣談(續) / 元泳義 | 張載, 張橫渠 |
| 24059 | 橫渠 | 횡거 | 30 | 62 | 1929.12 | 講說〉講題 朝鮮의 在한 聖學道統 : 李退溪先生을 憶함 / 赤木萬二郎 | 張載, 張橫渠 |

| 번호 | 원문 | 현대어(독음) | 호 | 쪽 | 발행일 | 기사명 / 필자 | 비고 |
|---|---|---|---|---|---|---|---|
| 24060 | 橫渠 | 횡거 | 30 | 64 | 1929.12 | 講說〉講題 朝鮮의 在한 聖學道統 : 李退溪先生을 憶함 / 赤木萬二郎 | 張載, 張橫渠 |
| 24061 | 橫渠 | 횡거 | 36 | 2 | 1933.12 | 窮養達施論 / 權純九 | 張載, 張橫渠 |
| 24062 | 橫山助成 | 횡산조성 | 39 | 28 | 1935.10 | 湯島聖堂孔子祭典狀況〉祝辭 / 橫山助成 | 도코야마 스케나리 |
| 24063 | 橫井小楠 | 횡정소남 | 18 | 56 | 1918.09 | 講說〉講題 內地의 宋學(大正七年五月十一日 第二十八回講演) / 今關壽麿 | 요코이 쇼난 |
| 24064 | 橫井小楠 | 횡정소남 | 30 | 65 | 1929.12 | 講說〉講題 朝鮮의 在한 聖學道統 : 李退溪先生을 憶함 / 赤木萬二郎 | 요코이 쇼난 |
| 24065 | 孝謙天皇 | 효겸 천황 | 30 | 8 | 1929.12 | 中學漢文論(文貴在譯者) / 鹽谷 溫 | 고켄 천황 |
| 24066 | 孝謙天皇 | 효겸 천황 | 48 | 49 | 1944.04 | 嘉言善行 / 李敬植 | 고켄 천황 |
| 24067 | 孝靈 | 효령 | 41 | 18 | 1937.02 | 博士王仁傳 / 李學魯 | 고레이 천황 |
| 24068 | 孝明 | 효명 | 9 | 21 | 1915.12 | 經學管見(下) / 尹寧求 | 고메이 천황 |
| 24069 | 孝明天皇 | 효명천황 | 48 | 23 | 1944.04 | (十月十五日於經學院秋季釋典)時局과 儒道 / 鈴川壽男 | 고메이 천황 |
| 24070 | 孝武 | 효무 | 37 | 20 | 1934.10 | 學說 / 權純九 | |
| 24071 | 孝文 | 효문 | 1 | 8 | 1913.12 | 論說 / 呂圭亨 | |
| 24072 | 孝文帝 | 효문제 | 42 | 48 | 1937.12 | 文廟享祀位次及聖賢姓名爵號考 / 金完鎭 | 魏의 孝文帝, 拓拔宏 |
| 24073 | 孝文帝 | 효문제 | 44 | 31 | 1939.10 | 儒敎의 起源과 流派 / 李昇圭 | 北魏의 황제 |
| 24074 | 孝愍皇帝 | 효민 황제 | 14 | 6 | 1917.07 | 經學管見(續) / 尹寧求 | 西晉 愍皇帝의 시호 |
| 24075 | 孝先 | 효선 | 10 | 24 | 1916.03 | 經學淺知錄 / 金文演 | 張伯行 |
| 24076 | 孝宗 | 효종 | 9 | 34 | 1915.12 | 賢關記聞(續) / 李大榮 | |
| 24077 | 孝宗 | 효종 | 11 | 27 | 1916.06 | 經學淺知錄(續) / 金文演 | |
| 24078 | 孝宗 | 효종 | 11 | 53 | 1916.06 | 賢關記聞(續) / 李大榮 | |
| 24079 | 孝宗 | 효종 | 12 | 39 | 1916.12 | 賢關記聞(續) / 李大榮 | |
| 24080 | 孝宗 | 효종 | 15 | 26 | 1917.10 | 賢關記聞(十三號續) / 李大榮 | |
| 24081 | 孝宗 | 효종 | 16 | 5 | 1918.03 | 經學管見(續) / 尹寧求 | |
| 24082 | 孝宗 | 효종 | 19 | 29 | 1918.12 | 賢關記聞(續) / 李大榮 | |
| 24083 | 孝宗 | 효종 | 21 | 63 | 1921.03 | 賢關記聞(續) / 李大榮 | |
| 24084 | 孝宗 | 효종 | 21 | 65 | 1921.03 | 賢關記聞(續) / 李大榮 | |
| 24085 | 孝宗 | 효종 | 37 | 40 | 1934.10 | 地方儒林狀況〉[李大榮의 보고]〉書院狀況 | |
| 24086 | 孝宗 | 효종 | 42 | 57 | 1937.12 | 文廟享祀位次及聖賢姓名爵號考 / 金完鎭 | 明의 弘治帝, 朱祐樘 |
| 24087 | 孝宗 | 효종 | 42 | 58 | 1937.12 | 文廟享祀位次及聖賢姓名爵號考 / 金完鎭 | 조선, 李淏 |
| 24088 | 孝直 | 효직 | 42 | 58 | 1937.12 | 文廟享祀位次及聖賢姓名爵號考 / 金完鎭 | 趙光祖 |

| 번호 | 원문 | 현대어(독음) | 호 | 쪽 | 발행일 | 기사명 / 필자 | 비고 |
|---|---|---|---|---|---|---|---|
| 24089 | 後堀河天皇 | 후굴하천황 | 48 | 50 | 1944.04 | 嘉言善行 / 李敬植 | 고호리카와천황 |
| 24090 | 後藤文夫 | 후등문부 | 39 | 27 | 1935.10 | 湯島聖堂孔子祭典狀況〉祝辭 / 後藤文夫 | 고토 후미오 |
| 24091 | 邱伯 | 후백 | 42 | 53 | 1937.12 | 文廟享祀位次及聖賢姓名爵號考 / 金完鎭 | 石作蜀 |
| 24092 | 後西院天皇 | 후서원천황 | 48 | 49 | 1944.04 | 嘉言善行 / 李敬植 | 고사이 천황(後西天皇), 後西院으로 追號 |
| 24093 | 邱昭伯 | 후소백 | 4 | 38 | 1914.09 | 孔子年報(續) / 呂圭亨 | |
| 24094 | 後陽成天皇 | 후양성천황 | 48 | 49 | 1944.04 | 嘉言善行 / 李敬植 | 고요제이천황 |
| 24095 | 後帝 | 후제 | 14 | 5 | 1917.07 | 經學管見(續) / 尹寧求 | 劉禪 |
| 24096 | 後醍醐天皇 | 후제호천황 | 18 | 51 | 1918.09 | 講說〉講題 內地의 宋學(大正七年五月十一日第二十八回講演) / 今關壽麿 | 고다이고천황 |
| 24097 | 後醍醐天皇 | 후제호천황 | 48 | 23 | 1944.04 | (十月十五日於經學院秋季釋典)時局と儒道 / 鈴川壽男 | 고다이고천황 |
| 24098 | 侯仲良 | 후중량 | 11 | 22 | 1916.06 | 經學管見(續) / 尹寧求 | |
| 24099 | 侯仲良 | 후중량 | 12 | 7 | 1916.12 | 經學管見(續) / 尹寧求 | |
| 24100 | 厚之 | 후지 | 42 | 58 | 1937.12 | 文廟享祀位次及聖賢姓名爵號考 / 金完鎭 | 金麟厚 |
| 24101 | 后稷 | 후직 | 5 | 52 | 1914.12 | 容思衍(續) / 李鼎煥 | |
| 24102 | 后稷 | 후직 | 7 | 25 | 1915.06 | 孔子年報(續) / 呂圭亨 | |
| 24103 | 后稷 | 후직 | 9 | 12 | 1915.12 | 格致管見(續) / 李鼎煥 | |
| 24104 | 后稷 | 후직 | 15 | 17 | 1917.10 | 詩經蔦辨 / 金文演 | |
| 24105 | 后稷 | 후직 | 16 | 16 | 1918.03 | 詩經蔦辨 / 金文演 | |
| 24106 | 后稷 | 후직 | 31 | 3 | 1930.08 | 經學源流 / 權純九 | |
| 24107 | 后稷 | 후직 | 32 | 33 | 1930.12 | 視察不二農場贈藤井組合長 / 池琓洙 | |
| 24108 | 后稷 | 후직 | 45 | 89 | 1940.12 | 忠淸南道儒道聯合會結成式〉東亞ノ建設ト儒道ノ精神 / 安寅植 | |
| 24109 | 后倉 | 후창 | 8 | 34 | 1915.09 | 賢關記聞 / 李大榮 | |
| 24110 | 后蒼 | 후창 | 1 | 18 | 1913.12 | 經學當明者 二 / 呂圭亨 | 전한시대 東海 사람 |
| 24111 | 后蒼 | 후창 | 10 | 17 | 1916.03 | 經學管見(續) / 尹寧求 | |
| 24112 | 后蒼 | 후창 | 44 | 37 | 1939.10 | 經儒學 / 金誠鎭 | |
| 24113 | 后處 | 후처 | 8 | 35 | 1915.09 | 賢關記聞 / 李大榮 | |
| 24114 | 后處 | 후처 | 30 | [11] | 1929.12 | 李龍眠畫宣聖及七十二弟子像贊(金石萃編) | 子里 |
| 24115 | 后處 | 후처 | 42 | 47 | 1937.12 | 文廟享祀位次及聖賢姓名爵號考 / 金完鎭 | 膠東侯 |
| 24116 | 后處 | 후처 | 42 | 53 | 1937.12 | 文廟享祀位次及聖賢姓名爵號考 / 金完鎭 | 膠東侯, 원문은 姓后名處 |

| 번호 | 원문 | 현대어(독음) | 호 | 쪽 | 발행일 | 기사명 / 필자 | 비고 |
|---|---|---|---|---|---|---|---|
| 24117 | 徽國公 | 휘국공 | 2 | 36 | 1914.03 | 大成殿神位圖 | 朱熹 |
| 24118 | 徽國公 | 휘국공 | 8 | 35 | 1915.09 | 賢關記聞 / 李大榮 | 朱熹 |
| 24119 | 徽國公 | 휘국공 | 10 | 51 | 1916.03 | 賢關記聞(續) / 李大榮 | 朱熹 |
| 24120 | 徽國公 | 휘국공 | 42 | 50 | 1937.12 | 文廟享祀位次及聖賢姓名爵號考 / 金完鎭 | 朱熹 |
| 24121 | 徽國文公 | 휘국문공 | 33 | 8 | 1931.12 | 朱夫子誕降八百年紀念祭告文 / 鄭鳳時 | 朱熹 |
| 24122 | 輝元 | 휘원 | 48 | 50 | 1944.04 | 嘉言善行 / 李敬植 | 모리 데루모토 (毛利輝元) |
| 24123 | 徽宗 | 휘종 | 17 | 1 | 1918.07 | 經學管見(續) / 尹寧求 |  |
| 24124 | 徽宗 | 휘종 | 42 | 49 | 1937.12 | 文廟享祀位次及聖賢姓名爵號考 / 金完鎭 | 宋의 徽宗, 趙佶 |
| 24125 | 休庵 | 휴암 | 37 | 40 | 1934.10 | 地方儒林狀況〉[李大榮의 보고]〉書院狀況 | 白仁傑 |
| 24126 | 休菴 | 휴암 | 33 | 10 | 1931.12 | 孝子司甕院奉事白公行狀 / 成樂賢 | 白仁傑 |
| 24127 | 興德張氏 | 흥덕 장씨 | 27 | 71 | 1926.12 | 地方報告〉[鄭大仲 等의 報告] |  |
| 24128 | 興武王 | 흥무왕 | 36 | 37 | 1933.12 | 孝烈行蹟〉[金基銖 等의 보고] | 金庾信 |
| 24129 | 羲 | 희 | 2 | 72 | 1914.03 | 講說〉講題 必愼其獨(大正二年十一月八日第四回講演)〉敷演 / 李鼎煥 | 伏羲氏 |
| 24130 | 羲 | 희 | 4 | 9 | 1914.09 | 經學 / 朴長鴻 | 伏羲氏 |
| 24131 | 羲 | 희 | 7 | 27 | 1915.06 | 孔子年報(續) / 呂圭亨 | 伏羲氏 |
| 24132 | 羲 | 희 | 7 | 30 | 1915.06 | 文廟碑銘幷序 | 伏羲氏 |
| 24133 | 羲 | 희 | 12 | [5] | 1916.12 | 立太子禮獻頌文 / 黃敦秀 | 伏羲氏 |
| 24134 | 羲 | 희 | 21 | 68 | 1921.03 | 三洙瑣談(續) / 元泳義 | 伏羲氏 |
| 24135 | 羲 | 희 | 27 | 15 | 1926.12 | 易經講解總說 / 元泳義 | 伏羲氏 |
| 24136 | 羲 | 희 | 7 | 38 | 1915.06 | 論語考證(續) / 金文演 | 伏羲氏 |
| 24137 | 姬聖 | 희성 | 4 | 9 | 1914.09 | 經學 / 朴長鴻 | 周公 |
| 24138 | 釐王 | 희왕 | 4 | 38 | 1914.09 | 孔子年報(續) / 呂圭亨 | 東周의 왕 |
| 24139 | 希元 | 희원 | 42 | 57 | 1937.12 | 文廟享祀位次及聖賢姓名爵號考 / 金完鎭 | 眞德秀 |
| 24140 | 希元 | 희원 | 42 | 58 | 1937.12 | 文廟享祀位次及聖賢姓名爵號考 / 金完鎭 | 金長生 |
| 24141 | 僖宗 | 희종 | 10 | 18 | 1916.03 | 經學管見(續) / 尹寧求 | 唐의 李儇 |
| 24142 | 僖宗 | 희종 | 44 | 60 | 1939.10 | 朝鮮詩學考 / 李昇圭 | 唐의 李儇 |
| 24143 | 希哲 | 희철 | 5 | 48 | 1914.12 | 容思衍(續) / 李鼎煥 | 呂榮公 |
| 24144 | 羲和 | 희화 | 6 | 19 | 1915.03 | 新舊曆法解說 / 洪鐘佶 |  |
| 24145 | 羲和 | 희화 | 38 | 19 | 1935.03 | 改正朔不易時月論 / 權純九 |  |
| 24146 | 羲皇 | 희황 | 5 | 22 | 1914.12 | 格致管見(續) / 李鼎煥 | 伏羲 |
| 24147 | ●園烟 | ●원연 | 40 | 39 | 1936.08 | 成竹似先生追悼錄〉成竹似自輓詩 | ●는 판독불가 |